DA RESPONSABILIDADE PRÉ-CONTRATUAL
EM
DIREITO INTERNACIONAL PRIVADO

DÁRIO MOURA VICENTE

DA RESPONSABILIDADE PRÉ-CONTRATUAL
EM
DIREITO INTERNACIONAL PRIVADO

*Dissertação de doutoramento
em Ciências Jurídicas
na Faculdade de Direito
da Universidade de Lisboa*

ALMEDINA

TÍTULO:	DA RESPONSABILIDADE PRÉ-CONTRATUAL EM DIREITO INTERNACIONAL PRIVADO
AUTOR:	DÁRIO MOURA VICENTE
EDITOR:	LIVRARIA ALMEDINA – COIMBRA www.almedina.net
LIVRARIAS:	LIVRARIA ALMEDINA ARCO DE ALMEDINA, 15 TELEF. 239 851 900 FAX 239 851 901 3004-509 COIMBRA – PORTUGAL LIVRARIA ALMEDINA – PORTO R. DE CEUTA, 79 TELEF. 22 205 9773 FAX 22 203 9497 4050-191 PORTO – PORTUGAL EDIÇÕES GLOBO, LDA. R. S. FILIPE NERY, 37-A (AO RATO) TELEF. 213857619 FAX 21 3844661 1250-225 LISBOA – PORTUGAL LIVRARIA ALMEDINA. ATRIUM SALDANHA LOJA 31 PRAÇA DUQUE DE SALDANHA, 1 TELEF. 213712690 atrium@almedina.net
EXECUÇÃO GRÁFICA:	G.C. – GRÁFICA DE COIMBRA, LDA. PALHEIRA – ASSAFARGE 3001-453 COIMBRA E-mail: producao@graficadecoimbra.pt FEVEREIRO, 2001
DEPÓSITO LEGAL:	161924/01

Toda a reprodução desta obra, por fotocópia ou outro qualquer processo, sem prévia autorização escrita do Editor, é ilícita e passível de procedimento judicial contra o infractor.

À minha mulher

O autor agradece:

À Professora Doutora Isabel de Magalhães Collaço, a orientação científica da presente dissertação;

Aos Professores Doutores Miguel Teixeira de Sousa e António Marques dos Santos, o apoio concedido na preparação da mesma;

À Faculdade de Direito da Universidade de Lisboa, a dispensa do serviço docente para a sua elaboração;

À Biblioteca Nacional de Lisboa e às Bibliotecas das Faculdades de Direito da Universidade de Lisboa, da Universidade de Coimbra e da Universidade Católica Portuguesa, as facilidades de trabalho proporcionadas;

Ao Max-Planck-Institut für ausländisches und internationales Privatrecht, *de Hamburgo, os estágios de investigação aí realizados nos anos de 1992, 1994, 1996 e 1998;*

À Junta Nacional de Investigação Científica e Tecnológica, à Fundação Calouste Gulbenkian, *ao* Deutscher Akademischer Austauschdienst *e à* Max-Planck-Gesellschaft, *as bolsas de estudo atribuídas em vista dos mencionados estágios.*

PLANO DA OBRA

Introdução

§ 1.° Objecto do estudo

§ 2.° Delimitação do âmbito da investigação

§ 3.° Sobre os valores e o método do Direito Internacional Privado

§ 4.° Plano da exposição

CAPÍTULO I
Da responsabilidade civil e das suas modalidades
no Direito Privado contemporâneo

§ 5.° Preliminares: sentido e alcance da indagação

§ 6.° Unidade ou pluralidade de formas da responsabilidade civil?

§ 7.° Do âmbito da responsabilidade contratual

§ 8.° Do âmbito da responsabilidade extracontratual

§ 9.° O concurso das responsabilidades contratual e extracontratual e o seu regime

§ 10.° Síntese e conclusoes

CAPÍTULO II
Da responsabilidade pré-contratual nos sistemas jurídicos nacionais.
Ensaio de uma comparação

§ 11.° Finalidade, objecto e âmbito da comparação

§ 12.° Das consagrações, do âmbito e da integração sistemática da responsabilidade pré-contratual

§ 13.° Dos pressupostos da responsabilidade pré-contratual

§ 14.° Dos fundamentos e funções sócio-económicas da responsabilidade pré-contratual

§ 15.° Síntese comparativa

CAPÍTULO III
Da responsabilidade pré-contratual no Direito uniforme

§ 16.° Generalidades sobre a unificação do Direito Privado

§ 17.° Da responsabilidade pré-contratual nas convenções de unificação do Direito Privado

§ 18.° Da responsabilidade pré-contratual em outros instrumentos de unificação e de harmonização do Direito Privado

CAPÍTULO IV
Da lei aplicável à responsabilidade pré-contratual

SECÇÃO I
Preliminares

§ 19.° Enunciado geral do problema. Razão de ordem

SECÇÃO II
Problemas de qualificação

§ 20.° Generalidades

§ 21.° Do objecto das regras de conflitos aplicáveis

§ 22.° Problemas específicos de qualificação em matéria de responsabilidade pré-contratual

SECÇÃO III
Da determinação da lei aplicável

§ 23.° Da designação pelas partes da lei aplicável

§ 24.° Da lei supletivamente aplicável

§ 25.° Da lei do lugar do facto

§ 26.° Dos desvios à aplicação da lei do lugar do facto

Da Responsabilidade Pré-Contratual em Direito Internacional Privado 11

CAPÍTULO V
Do concurso e da falta de normas aplicáveis

§ 27.º Do concurso de normas

§ 28.º Da falta de normas aplicáveis

CAPÍTULO VI
Problemas especiais relativos ao âmbito de aplicação do Direito competente

§ 29.º Da questão prévia

§ 30.º Problemas decorrentes da aplicabilidade de regimes materiais híbridos

§ 31.º Problemas decorrentes do desmembramento das situações jurídicas plurilocalizadas

CAPÍTULO VII
**Problemas de aplicação do Direito estrangeiro competente:
da concretização da boa fé e de outros conceitos indeterminados**

§ 32.º Generalidades

§ 33.º O problema no Direito comparado e no Direito português

CAPÍTULO VIII
Da eficácia das normas internacionalmente imperativas

§ 34.º Posição do problema. Sua caracterização

§ 35.º Principais valores e interesses a considerar

§ 36.º Regime aplicável

CAPÍTULO IX
Da reserva de ordem pública internacional

§ 37.º Preliminares

§ 38.º Boa fé na formação dos contratos e ordem pública internacional

§ 39.º Proporcionalidade da sanção e ordem pública internacional

CONCLUSÕES

§ 40.º Conclusões

ÍNDICES

Índice de abreviaturas
Índice bibliográfico
Índice de jurisprudência
Índice geral

ADVERTÊNCIAS

— O texto que segue corresponde, com correcções e aditamentos pontuais, à versão policopiada da dissertação apresentada na Faculdade de Direito de Lisboa em Outubro de 1999. Apenas em casos excepcionais foi tida em conta, na presente versão do estudo, doutrina, jurisprudência e legislação posterior a essa data.

— Nas notas as obras doutrinais e as decisões jurisdicionais são citadas de modo abreviado, segundo a ordem da data da sua publicação. As referências completas figuram nos índices bibliográfico e de jurisprudência.

— Os textos legislativos são identificados com todos os elementos relevantes na primeira citação; nas seguintes, apenas abreviadamente.

— As transcrições de textos estrangeiros são feitas no idioma em que os mesmos foram redigidos. Nas notas e no índice bibliográfico mencionam-se as traduções mais acessíveis ao leitor de língua portuguesa.

INTRODUÇÃO

§ 1.º
Objecto do estudo

1. Propomo-nos examinar no presente estudo, à luz do Direito Internacional Privado vigente na ordem jurídica portuguesa, os problemas específicos que levanta nas situações plurilocalizadas a regulação da responsabilidade por danos causados por actos ou omissões ocorridos nos preliminares e na conclusão dos contratos (*hoc sensu*, a responsabilidade pré-contratual).

No essencial, esses problemas são, de acordo com a concepção acerca do método daquele ramo do Direito que exporemos adiante, redutíveis ao seguinte: *a*) a determinação das normas de Direito uniforme que disciplinam a referida responsabilidade; *b*) faltando tais normas, a definição, por intermédio de uma ou mais regras de conflitos, da lei ou leis a que pertence regular a matéria, bem como do seu âmbito de competência; *c*) finalmente, a definição dos pressupostos e dos critérios que presidem à elaboração da disciplina material aplicável pelo próprio julgador (chamar-lhe-emos assim por facilidade de expressão, sem com isso querermos significar que os problemas aqui enunciados apenas obtêm solução pela via jurisdicional).

É bem conhecida a tendência que se regista nos sistemas jurídicos de diversos países para impor às partes certos deveres de conduta no processo formativo dos contratos, cujo incumprimento importa a obrigação de reparar os danos por essa forma causados a outrem. Admite-se mesmo, em alguns casos, a cominação de responsabilidade por danos originados em actuações lícitas e isentas de culpa verificadas nos preliminares ou na conclusão dos contratos.

Sucede, porém, que tanto o conteúdo e os pressupostos dessa responsabilidade como o alcance que a mesma reveste nos ordenamentos jurídicos locais são muito variáveis. Defrontam-se nesta matéria, com efeito, interesses de diversa ordem, que as legislações nacionais valoram diferentemente. A massificação das relações contratuais, que caracteriza as economias contemporâneas, e a necessidade de proteger o contraente mais fraco (em especial o consumidor, o trabalhador e o investidor não institucional em valores mobiliários), que lhe está associada, reclamam o reconhecimento de certos direitos a este sujeito no período da formação do contrato, entre os quais se destaca o de ser correctamente informado, e a cominação de responsabilidade pelos danos derivados do seu incumprimento. Mas a essa necessidade contrapõe-se, nos sistemas assentes na iniciativa privada, aqueloutra, não menos premente, de conter a responsabilidade civil dentro de limites razoáveis — pois que uma ilimitada imputação de danos a quem os causou poderia tornar economicamente inviável o exercício pelos particulares de actividades socialmente úteis —, a qual não pode deixar de afectar a amplitude com que é admitida a reparação de perdas patrimoniais sofridas na negociação e na conclusão de contratos.

Sendo reclamado o ressarcimento de danos sofridos *in contrahendo* em situações que se encontrem, directa ou indirectamente, em contacto com mais do que um ordenamento jurídico (ainda que apenas por serem submetidas às jurisdições de país diferente daquele com que possuem todas as suas conexões), só pode, pois, responder-se à questão de saber se antes da conclusão do contrato as partes já deviam ter-se por vinculadas através de recíprocos deveres de conduta e, na hipótese afirmativa, qual a sanção do seu incumprimento, resolvidos que estejam os problemas acima equacionados.

A integração económica e a liberalização do comércio internacional que marcam as sociedades actuais e a intensificação dos fluxos migratórios e do intercâmbio de bens e capitais delas resultantes propiciam a ocorrência de factos geradores de responsabilidade pré-contratual em situações plurilocalizadas, em particular nos países com uma estrutura económica e social significativamente dependente das transacções com o exterior, como o nosso. Esses fenómenos colocam, pois, na ordem do dia o tema de que nos vamos ocupar.

2. A fim de se entender devidamente a índole dos problemas postos, importa considerar algumas hipóteses típicas, extraídas da jurisprudência de diversos países[1].

---

[1] As decisões sobre elas proferidas serão relatadas adiante, no § 22.º.

Introdução 17

Seja, em primeiro lugar, o caso julgado em 1951 pelo *Landesarbeitsgericht* de Frankfurt a.M.[2]. Uma sociedade comercial com sede em Nova Iorque propusera a um cidadão britânico a celebração de um contrato de trabalho. As negociações com esse objectivo decorreram na Alemanha, em Inglaterra e nos Estados Unidos. No termo delas as partes chegaram a consenso quanto às cláusulas a incluir no contrato projectado, por força do qual o trabalhador deveria prestar os seus serviços a partir de certa data num estabelecimento que a entidade patronal se propunha constituir em Frankfurt a.M. Subsequentemente o britânico revogou o contrato de trabalho que mantinha com outra entidade. Porém, a sociedade desistiu de constituir o dito estabelecimento e recusou-se a celebrar o contrato de trabalho. O britânico requereu em juízo a indemnização dos prejuízos sofridos em virtude desse facto, com fundamento na *culpa in contrahendo* da contraparte. Levantou-se, a fim de se determinar se a sua pretensão devia ser julgada procedente pelo tribunal, a questão de saber qual o Direito aplicável.

Vejamos agora estoutro caso, submetido ao *Bezirksgericht* de Zurique[3]. Uma firma suíça, que se dedicava ao comércio de moedas, havia proposto a um coleccionador residente em Lisboa a venda de uma moeda antiga por certo preço. A moeda foi enviada de Paris, onde se encontrava, para Lisboa, a fim de aqui ser examinada pelo potencial adquirente. Este encarregou outrem de a expedir para Londres, com o objectivo de ser avaliada por um especialista. A moeda não chegou, porém, ao seu destinatário, nem foi encontrada na sequência de buscas para o efeito realizadas. A vendedora reclamou o pagamento pelo coleccionador do preço estipulado, a título de indemnização pela violação por este de deveres pré-contratuais de cuidado que sobre si recaíam. A decisão desta pretensão pressupunha a determinação, dentre os ordenamentos conexos com a situação, daquele cujas disposições deveriam ser aplicadas na espécie.

Recorde-se ainda a situação julgada pelo Supremo Tribunal de Justiça em 1974[4]. Um português vendera a uma sociedade com sede em Itália uma partida de granito, que foi expedida de Portugal para Carrara e aí

---

[2] Sentença de 14 de Março de 1951, *AP* 1951, pp. 541 ss.

[3] Relatado por FRANCK em «Ein Fall von culpa in contrahendo internationalen Rechts», *SJZ* 1956, pp. 106 ss. A causa não chegou, segundo informa o autor, a ser objecto de julgamento, por as partes terem transigido sobre o respectivo objecto.

[4] Acórdão de 10 de Dezembro de 1974, *BMJ* 242, pp. 231 ss. Sendo de agravo o recurso interposto para o Supremo, este não chegou a pronunciar-se sobre o mérito da causa.

18 *Da Responsabilidade Pré-Contratual em Direito Internacional Privado*

recebida pela compradora. A mercadoria revelou-se defeituosa, de tal modo que se tornou inutilizável e desprovida de qualquer interesse para a compradora, facto que era conhecido do vendedor no momento da celebração do contrato. A sociedade demandou o português, pedindo, ao abrigo do nosso Direito, a anulação do negócio com fundamento no dolo do réu e uma indemnização pelos danos sofridos. Suscitava-se, além da questão da competência internacional do tribunal português para julgar a lide, o problema de saber se a pretensão da autora devia ser deferida por aplicação da disposição do Direito português que manda observar as regras da boa fé na conclusão dos contratos.

Tomemos igualmente para exemplo o seguinte caso, decidido pelo *Court of Appeal* inglês em 1978[5]. O autor, um corretor de mercadorias estabelecido em Londres, pretendera adquirir determinada quantidade de açúcar a um corretor do Estado norte-americano de New Hampshire. De acordo com a prática corrente no meio, e porque nenhuma das partes se dispôs a revelar quer a identidade do respectivo cliente quer a origem ou o destino da mercadoria, convencionou-se que cada uma delas designaria um banco, que forneceria à contraparte as necessárias referências. Para o efeito, o autor indicou um banco de Londres; e o corretor americano, um banco sedeado em Nassau, nas Bahamas. O gerente deste comunicou ao autor, verbalmente e por escrito, que a mercadoria se encontrava disponível na quantidade pretendida e que os vendedores eram pessoas idóneas. Confiando nestas informações, o autor declinou uma oferta alternativa de fornecimento da mesma mercadoria e ajustou a revenda de parte dela a um terceiro. Verificou-se, afinal, que a mercadoria não existia, pelo que a projectada transacção não pôde consumar-se. O autor reclamou perante os tribunais ingleses o ressarcimento pelo banco de Nassau dos danos que alegadamente sofrera, correspondentes à comissão que teria auferido com a revenda das mercadorias. Invocou para tanto que a conduta do réu integrava o *tort* de *fraudulent misrepresentation*. Tendo o réu prestado as ditas informações em telefonemas e *telexes* expedidos de Nassau para Londres, suscitou-se a questão de saber se o ilícito em que se fundava a acção podia ter-se por praticado em Inglaterra — o que era decisivo a fim de que os tribunais locais pudessem conhecer da causa e para que o Direito inglês fosse aplicável na espécie.

---

[5] *Diamond v. Bank of London & Montreal Ltd.*, (1979) 1 *All E.R.* 561.

Atente-se por último nestoutra hipótese, julgada pelo Tribunal Federal suíço em 1987[6]. A ré, domiciliada na Suíça e interdita por prodigalidade nos termos do Direito local, celebrara com o autor, na África do Sul, diversos contratos relativos à prospecção de diamantes neste país, sem o consentimento do seu tutor e ocultando à contraparte a sua incapacidade. A transacção foi precedida de diversos contactos entre as partes, ocorridos na África do Sul e na Suíça. O autor reclamou perante os tribunais suíços, ao abrigo do artigo 411, n.° 2, do Código Civil suíço, a indemnização pela ré dos danos que alegadamente sofrera em consequência da ineficácia dos contratos. O deferimento da sua pretensão pressupunha que se verificasse, à luz do Direito de Conflitos do Estado do foro, ser essa disposição legal aplicável ao caso.

---

[6] Sentença de 17 de Dezembro de 1987, *ATF*, vol. 113/ II, pp. 476 ss.

§ 2.°
Delimitação do âmbito da investigação

3. Vai averiguar-se o modo como devem resolver-se os problemas acima enunciados pelo que respeita às diferentes categorias de situações típicas em que, à face das ordens jurídicas locais mais significativas, pode constituir-se a obrigação de indemnizar danos resultantes de actos ou omissões ocorridos no decurso das negociações preparatórias e na formação de um contrato — compreendendo portanto a responsabilidade pelo rompimento de negociações, pela celebração de um contrato inválido ou ineficaz e pela celebração de um contrato válido e eficaz em que surjam tais danos.

Deixaremos, todavia, fora do âmbito desta investigação as questões que suscita a disciplina jurídico-privada internacional da responsabilidade emergente da representação sem poderes, que foi entre nós objecto de um estudo recente[7], assim como da responsabilidade de terceiros que intervenham a qualquer outro título (de consultores, auditores, peritos, etc.) em negociações contratuais ou influenciem a sua conclusão ou os seus termos, pois que o seu tratamento jurídico no plano do Direito material se acha ainda insuficientemente definido em vários dos ordenamentos aqui considerados[8]. Também não iremos examinar *ex professo* as questões da mesma natureza que levanta a chamada responsabilidade por prospectos, a qual, porque respeita à conclusão de contratos em circunstâncias particulares e exerce funções sociais específicas, se acha submetida a um regime próprio[9].

A obrigação de indemnizar a que aqui nos reportamos é, por outro lado, tão-só a que deriva do incumprimento de deveres de conduta relativos

---

[7] *Vide* Maria Helena BRITO, *A representação nos contratos internacionais*, onde a questão do Direito aplicável à representação sem poderes é tratada a pp. 523 ss.

[8] Cfr. adiante, § 7.°, e a bibliografia aí citada.

[9] Sobre a delimitação desta figura relativamente à responsabilidade pré-contratual ver adiante, § 12.°, e a bibliografia aí citada.

Introdução

à formação dos contratos emergentes da lei, do costume ou de princípios gerais de Direito e de certas intervenções lícitas e isentas de culpa ocorridas no decurso das negociações preparatórias e da conclusão de contratos, das quais derivem danos para uma das partes. Exclui-se por conseguinte do âmbito da nossa indagação a responsabilidade pelo incumprimento de obrigações assumidas *ex voluntate*, tanto pelo que respeita ao estádio pré-contratual como relativamente à conclusão futura de um contrato.

Queda de igual modo excluída do escopo desta investigação a problemática relativa à obrigação de restituir aquilo com que uma das partes se locupletou mediante o rompimento das negociações tendentes à celebração de um contrato ou o incumprimento de deveres pré-contratuais de conduta.

4. É o contrato – e, por conseguinte, também a responsabilidade por danos surgidos da sua negociação e conclusão —, no nosso como em outros sistemas jurídicos, uma figura com aplicação aos mais variados domínios.

A presente investigação irá, no entanto, centrar-se no regime comum da responsabilidade pré-contratual em situações privadas internacionais, abstraindo dos problemas específicos da culpa na formação dos diferentes tipos contratuais.

Ela restringe-se, além disso, à disciplina da responsabilidade por danos resultantes do processo formativo de contratos obrigacionais, com exclusão dos que são fonte de relações de natureza institucional e dos demais a que se não aplica a Convenção sobre a Lei Aplicável às Obrigações Contratuais, aberta à assinatura em Roma em 19 de Junho de 1980 [10].

---

[10] De aqui em diante Convenção de Roma. Portugal aderiu a ela pela convenção assinada no Funchal em 18 de Maio de 1992, aprovada para ratificação pela Resolução da Assembleia da República n.° 3/94 e ratificada pelo Decreto do Presidente da República n.° 1/94, de 3 de Fevereiro. Ambas as convenções se encontram publicadas no *DR* n.° 28, I Série-A, de 3 de Fevereiro de 1994, respectivamente a pp. 521 s. e 522 ss. A dita convenção de adesão entrou em vigor nas relações entre Portugal e os demais Estados que depositaram os respectivos instrumentos de ratificação em 1 de Setembro de 1994: cfr. o Aviso do Ministério dos Negócios Estrangeiros n.° 240/94, publicado no *DR*, I Série-A, de 19 de Setembro de 1994. Pode ver-se o elenco actualizado daqueles Estados no Aviso do mesmo Ministério n.° 62/99, publicado no *DR*, I Série-A, n.° 132, de 8 de Junho de 1999. Observe-se que, atento o disposto no art. 2.° da Convenção de Roma, a lei designada nos termos das correspondentes disposições é aplicável pelos tribunais portugueses ainda que essa lei seja a de um Estado não contratante e, por maioria de razão, a de um dos Estados contra-

Pela mesma ordem de razões também não nos iremos debruçar sobre as questões especiais que suscita a responsabilidade pré-contratual derivada da negociação e conclusão de contratos entre Estados ou outros entes públicos e particulares estrangeiros.

Tão-pouco será aqui analisada a responsabilidade por danos eventualmente surgidos do processo formativo de negócios unilaterais. Embora seja admissível configurar em diversos ordenamentos jurídicos uma responsabilidade por culpa na formação desses negócios, é no contrato que o instituto em apreço encontra o seu âmbito típico de aplicação, como o evidencia a circunstância de apenas a ele se referirem as regras legais que o consagram em termos genéricos e a maioria das espécies sobre as quais os tribunais superiores dos diferentes países têm sido chamados a pronunciar-se. A responsabilidade pré-contratual tem assim carácter paradigmático. Por outro lado, a heterogeneidade dos negócios jurídicos unilaterais não propicia generalizações pelo que respeita ao regime da culpa na sua formação. Acresce que a categoria negócio jurídico é desconhecida de numerosos ordenamentos ou, pelo menos, não é neles objecto de uma disciplina autónoma, constituindo aí o regime dos contratos o Direito comum dos negócios jurídicos; o que inviabiliza uma comparação funcional de Direitos na base daquele conceito, que para o efeito não pode ser tomado como *tertium comparationis* [11].

Em virtude da delimitação do tema assim operada, não serão as conclusões que a final formularmos válidas para todas as situações compreendidas no domínio das regras de conflitos que constam dos arts. 41.° e 42.° do Código Civil — a que, aliás, corresponde hoje na ordem jurídica portuguesa um âmbito de aplicação residual —, que deliberadamente colocamos fora do nosso campo de análise.

---

tantes que não ratificaram a referida convenção de adesão (os quais são, à luz daquele último Aviso, a Dinamarca e a Irlanda). Entretanto, aderiram à Convenção de Roma, pela convenção celebrada em Bruxelas em 29 de Novembro de 1996, aprovada para ratificação pela Resolução da Assembleia da República n.° 51/99 e ratificada pelo Decreto do Presidente da República n.° 153/99, de 2 de Julho, os três novos Estados membros da União Europeia: a Áustria, a Finlândia e a Suécia. Esta última Convenção entrou em vigor em Portugal em 1 de Fevereiro de 2000: cfr., por último, o Aviso do Ministério dos Negócios Estrangeiros n.° 170/2000, publicado no *DR*, I Série-A, n.° 193, de 22 de Agosto de 2000.

[11] Cfr. ZWEIGERT, «"Rechtsgeschäft" und "Vertrag" heute», *in FS Max Rheinstein*, vol. II, pp. 493 ss. (p. 499), e ZWEIGERT-KÖTZ, *Einführung in die Rechtsvergleichung* (2.ª ed.), vol. II, p. 5.

Introdução 23

Não se logrará porventura desta forma o tratamento do tema segundo critérios de inteira abstracção e generalidade; mas nem por isso deixará de se atingir a essência dos problemas por ele suscitados, pois que ao procedermos deste modo apenas estaremos sacrificando, na busca das correspondentes soluções, o anómalo ou excepcional ao socialmente típico.

Situam-se ainda fora dos limites deste trabalho os problemas especiais que o tema suscita quando as questões atrás mencionadas hajam de ser decididas por árbitros ou por jurisdições cujo título de competência derive do Direito Internacional Público. Relativamente à arbitragem vigoram na ordem interna e internacional regras de conflitos especiais, como o art. 33.º da Lei da Arbitragem Voluntária e o art. 42.º da Convenção para a Resolução de Diferendos Relativos a Investimentos entre Estados e Nacionais de Outros Estados celebrada em Washington em 1965 [12], cuja interpretação, pela vastidão e complexidade das questões que suscita, não tem aqui cabimento [13].

5. Também não se incluem no âmbito do nosso estudo as questões da determinação dos tribunais internacionalmente competentes para conhecer das acções tendentes a obter o ressarcimento de danos devidos a factos ou omissões ocorridos *in contrahendo* e da eficácia internacional das decisões sobre elas proferidas.

É que embora o ligue a estas questões um indubitável nexo prático o problema da disciplina jurídica da responsabilidade pré-contratual em situações plurilocalizadas formula-se e resolve-se, em princípio, com autonomia relativamente a elas. Por três ordens de razões:

Primeiramente, porque não existe no Direito português um estrito paralelismo entre os critérios que presidem à determinação da lei aplicável e do tribunal competente, quer no sentido de a aplicabilidade do Direito de certo país fundar a competência internacional dos respectivos tribunais [14],

---

[12] Aprovada para ratificação pelo Decreto do Governo n.º 15/84, de 3 de Abril, publicado no *DR* n.º 79, I Série, de 3 de Abril de 1984, pp. 1102 ss.

[13] A essas questões nos reportámos no nosso *Da arbitragem comercial internacional. Direito aplicável ao mérito da causa*; para aí remetemos, portanto. Consultem-se ainda sobre o ponto, para além da bibliografia citada nesse estudo, os trabalhos posteriores de Magalhães Collaço, «L'arbitrage international dans la récente loi portugaise sur l'arbitrage voluntaire», *in Droit International et Droit Communautaire*, pp. 55 ss., e Lima Pinheiro, *Contrato de empreendimento comum (joint venture) em Direito Internacional Privado*, especialmente pp. 407 ss., 721 ss., 754 ss. e 873 ss.

[14] Consoante sucede no Direito inglês por força da *Order 11* das *Rules of the Supreme Court*, nos termos da qual os tribunais ingleses poderão exercer a sua jurisdição,

24 Da Responsabilidade Pré-Contratual em Direito Internacional Privado

quer no de a competência dos tribunais de determinado Estado acarretar a aplicabilidade do Direito local[15]; o que bem se compreende, visto não serem coincidentes os valores e interesses relevantes nestes domínios[16]. Daí que certos factores de conexão da maior importância nos conflitos de leis – como são, em matéria de obrigações contratuais, o lugar da residência habitual, da administração central ou do estabelecimento principal do devedor da prestação característica, e, no tocante ao estatuto pessoal dos indivíduos, a sua nacionalidade — não tenham qualquer influência na determinação do tribunal internacionalmente competente ou lhes caiba neste domínio um papel meramente residual. Daí também que na fixação do tribunal competente a garantia do acesso à justiça e a comodidade das partes justifiquem a consagração de competências concorrentes, entre as quais o autor pode optar[17], ao passo que no Direito de Conflitos

---

ainda que o réu não se encontre em Inglaterra e não se submeta aos tribunais locais, se a acção respeitar a um contrato «which is by its terms or by implication governed by English law». Um certo paralelismo («*Gleichlauf*») da competência legislativa e jurisdicional é também preconizado por parte da doutrina alemã (cfr. KROPHOLLER, *Internationale Zuständigkeit, in Handbuch des Internationalen Zivilverfahrenrechts*, vol. I, pp. 241 ss., e *IPR*, pp. 524 ss.) e suíça (cfr. VON OVERBECK, «Internationale Zuständigkeit und anwendbares Recht», *ASDI* 1964, pp. 25 ss. especialmente pp. 39 s.).

[15] Como pretendem EHRENZWEIG e outros: cfr. *infra*, § 3.°.

[16] Reconhecem-no entre nós, de modo expresso, FERRER CORREIA, *Direito Internacional Privado. Do reconhecimento e execução de sentenças estrangeiras. Aditamentos*, p. 25; *idem*, «Le système portugais sur la compétence internationale (directe)» *in Études en l'honneur de Pierre Lalive*, pp. 49 ss. (p. 58 s.); e MOURA RAMOS, *Da lei aplicável ao contrato de trabalho internacional*, p. 190. Cfr. ainda o nosso estudo «A competência internacional no Código de Processo Civil revisto: aspectos gerais», *in Aspectos do novo Processo Civil*, pp. 71 ss. (pp. 81 s.). Na doutrina alemã *vide* em idêntico sentido: SCHRÖDER, *Internationale Zuständigkeit*, p. 505; Christian VON BAR, *IPR*, vol. I, pp. 359 s.; KEGEL, *IPR*, p. 805; e GEIMER, *Internationales Zivilprozessrecht*, p. 290. Sobre os interesses subjacentes à regulamentação legal da competência internacional vejam-se ainda: HELDRICH, «Die Interessen bei der Regelung der internationalen Zuständigkeit», *in FS Ficker*, pp. 205 ss.; *idem, Internationale Zuständigkeit und anwendbares Recht*, pp. 102 ss.; e SCHACK, *Internationales Zivilverfahrensrecht*, pp. 79 ss.

[17] Assim sucede entre nós por força dos arts. 65.°, n.° 1, do Código de Processo Civil e 2.° e 5.° da Convenção Relativa à Competência Judiciária e à Execução de Decisões em Matéria Civil e Comercial, assinada em Bruxelas em 27 de Setembro de 1968, a que Portugal aderiu pela Convenção de San Sebastian de 26 de Maio de 1989, bem como da convenção assinada em Lugano em 16 de Setembro de 1988 (de aqui em diante, respectivamente, Convenções de Bruxelas e de Lugano), aprovadas para ratificação pelas Resoluções da Assembleia da República n.°s 34/91 e 33/91, e ratificadas pelos Decretos do Presidente da República n.°s 52/91 e 51/91, de 30 de Outubro. Ambas as convenções se encontram

Introdução 25

é para a competência exclusiva de uma das leis conexas com a situação controvertida que se tende, só excepcionalmente se admitindo conexões alternativas: não seria curial, com efeito, que o reconhecimento em juízo de um direito ficasse sistematicamente dependente da lei escolhida por uma das partes [18].

Em segundo lugar, porque não existe uma plena interdependência funcional entre as normas que disciplinam as questões em exame.

É certo que pelo funcionamento das normas sobre o reconhecimento de sentenças estrangeiras podem vir a inserir-se na ordem jurídica do foro situações jurídicas constituídas à sombra de uma lei que não seria aplicável de acordo com o Direito de Conflitos local, assim se restringindo o âmbito de aplicação deste último [19]. Mas não é menos exacto que a determinação da lei aplicável constitui um pressuposto do funcionamento das regras sobre a competência internacional directa e indirecta: por um lado, porque a caracterização do objecto do processo, a fim de que o tribunal possa pronunciar-se sobre a sua própria competência, bem como a concretização de certos factores de competência (*v.g.* o lugar do cumprimento da obrigação litigada), devem ser feitas à luz da *lex causae* [20]; por outro, por-

---

publicadas no suplemento ao *DR*, I Série-A, n.° 250, de 30 de Outubro de 1991. Sobre a influência da lei aplicável na determinação da competência internacional à luz da Convenção de Bruxelas ver Christian KOHLER, «L'influence de la loi applicable sur la compétence judiciaire d'après la Convention de Bruxelles», *in La Convenzione Giudiziaria di Bruxelles del 1968 e la riforma del processo civile italiano*, pp. 92 ss., e TEIXEIRA DE SOUSA--MOURA VICENTE, *Comentário à Convenção de Bruxelas*, pp. 89, 114 e 183.

[18] Cfr. nesta linha fundamental dc orientação BATIFFOL, «Observations sur les liens de la compétence judiciaire et de la compétence législative», *in Choix d'articles*, pp. 303 ss. (pp. 306 e 311).

[19] Cfr. MAGALHÃES COLLAÇO, *DIP*, vol. I, p. 56. Mais longe vai WENGLER, que caracteriza as regras relativas àquele reconhecimento como regras de conflitos «adicionais» ou «disfarçadas»: cfr. «The General Principles of Private International Law», *Rec. cours*, vol. 104 (1961-III), pp. 273 ss. (p. 443), e *IPR*, vol. I, pp. 395 ss.

[20] Aspecto que não é considerado pelos autores que, como Christian VON BAR, *IPR*, vol. I, p. 134, SCHACK, *Internationales Zivilverfahrensrecht*, p. 8, e GEIMER, *Internationales Zivilprozessrecht*, p. 20, sustentam a «superioridade» do Direito Processual Civil Internacional relativamente ao Direito Internacional Privado, por isso que seriam as regras sobre a competência internacional dos tribunais judiciais a decidir das regras de conflitos de leis aplicáveis. Pode ver-se uma aplicação da doutrina enunciada no texto na sentença do *Oberlandesgericht Hamburg* de 9 de Julho de 1976, *IPRspr.* 1976, n.° 125b, pp. 366 ss.: tendo sido instaurada perante tribunais alemães uma acção respeitante ao cumprimento de obrigações contratuais e pré-contratuais emergentes de um contrato sujeito ao Direito alemão, aqueles tribunais julgaram-se incompetentes, por o cumprimento dessas obrigações

26   *Da Responsabilidade Pré-Contratual em Direito Internacional Privado*

que a aplicação pelo tribunal de origem às questões por ele decididas da lei designada pelas regras de conflitos do Estado requerido condiciona, em determinadas situações, o reconhecimento das sentenças estrangeiras[21].

Em terceiro lugar, porque a actuação das regras de conflitos não se verifica exclusivamente no processo judicial. E mesmo neste não parecem admissíveis, atendendo aos resultados a que conduzem, tanto a subordinação sistemática da competência *legis* à competência *iudicis* como a solução inversa. A primeira, dado que envolve o risco de lesão de expectativas legítimas[22], só é aceitável, como forma de evitar a denegação de justiça, quando os mecanismos de determinação do conteúdo do Direito estrangeiro aplicável não funcionem[23]. A segunda, por ser alheia ao desejável equilíbrio entre as partes nos litígios internacionais e à necessária proximidade entre o tribunal e os factos da lide, por fomentar o nacionalismo na resolução dos conflitos de leis e por dificultar o reconhecimento internacional das sentenças; e também porque redundaria na unilateralidade do Direito de Conflitos (uma vez que os tribunais de cada país apenas julgariam as causas a que fosse aplicável a *lex fori*, nunca aplicariam Direito estrangeiro), sistema cujos pressupostos teoréticos e exequibilidade prática se encontram há muito postos em crise[24].

A resolução dos conflitos de leis no espaço não pressupõe, por conseguinte, o funcionamento das normas de conflitos de jurisdições, nem é limitada por elas. Tanto basta para que os mesmos possam ser estudados com independência relativamente a estas.

---

ser devido, nos termos do § 269, n.º 1, do Código Civil alemão, em Itália, razão por que, de acordo com o art. 5.º, n.º 1, da Convenção de Bruxelas, apenas as jurisdições deste país dispunham de competência internacional para decidir o litígio. O Tribunal de Justiça das Comunidades Europeias consagrou a referida doutrina no acórdão de 28 de Setembro de 1999, *CJTJ* 1999, I, pp. 6307 ss., no qual declarou que o art. 5.º, n.º 1, da Convenção de Bruxelas «deve ser interpretado no sentido de que o lugar onde a obrigação foi ou deve ser cumprida, na acepção desta disposição, deve ser determinado em conformidade com a lei que regula a obrigação em litígio de acordo com as regras de conflitos do órgão jurisdicional chamado a decidir o litígio».

[21] Cfr. os arts. 1100.º, n.º 2, do Código de Processo Civil, e 27.º, n.º 4, das Convenções de Bruxelas e de Lugano.

[22] Cfr. sobre o ponto *infra*, § 3.º.

[23] Cfr. por exemplo o art. 348.º, n.º 3, do Código Civil.

[24] Cfr. entre nós MAGALHÃES COLLAÇO, *DIP*, vol. I, pp. 261 ss.; FERRER CORREIA, *DIP. Alguns problemas*, pp. 129 ss.; e BAPTISTA MACHADO, *Lições de DIP*, pp. 66 ss.

6. Constitui escopo precípuo deste ensaio procurar, à face do Direito vigente em Portugal, soluções jurídicas para os problemas, anteriormente referidos, suscitados pela responsabilidade pré-contratual em situações plurilocalizadas.

O ponto de vista em que nos colocamos é primordialmente o do julgador e não o do legislador; e a finalidade que nos propomos eminentemente prática, por isso que se trata de pesquisar o modo de resolver juridicamente casos concretos. Mas porque em certos aspectos não se extrai dos dados normativos vigentes uma regulamentação adequada dessas questões não deixaremos, quando necessário, de propor para elas as soluções que se nos afiguram mais ajustadas aos valores fundamentais do Direito Internacional Privado.

A resolução adequada daqueles problemas supõe a prévia dilucidação destoutros: *a*) Como, isto é, por que meios, há-de o julgador desempenhar-se dessa incumbência? É a questão do método que preside à regulação das situações da vida privada internacional; *b*) Pode o julgador criar a solução desses problemas no momento da decisão do caso concreto, ou deve deduzi-la de uma norma preexistente? É o tema, conexo com o anterior, da natureza do juízo jurisdicional em Direito Internacional Privado; *c*) Em que valores e princípios se fundam as soluções obtidas para os ditos problemas e os métodos utilizados para alcançá-las? É a problemática da axiologia desta disciplina, que logicamente precede as anteriores.

Por estes pontos iremos, pois, começar o nosso estudo.

O tema que nos propomos tratar reclama, além disso, uma delimitação de certos conceitos fundamentais, que o Direito Internacional Privado emprega a fim de circunscrever o âmbito daquelas das suas regras a que são potencialmente reconduzíveis as situações da vida que aqui temos em vista.

Mais do que a busca de soluções para problemas concretos, o tema da indagação reclama, assim, uma reflexão sobre certos aspectos gerais daquele ramo do Direito: a técnica de que ele se serve, as suas categorias fundamentais e o seu sentido último. Vem daqui igualmente, se bem cuidamos, o interesse científico que reveste o assunto de que vai tratar-se.

§ 3.º
Sobre os valores e o método do Direito Internacional Privado

7. A determinação da disciplina jurídica da responsabilidade pré--contratual emergente de relações privadas internacionais, como a de quaisquer outras situações plurilocalizadas, suscita liminarmente a questão de saber qual o método ou métodos mais apropriados para esse efeito.

Ora, a opção por qualquer método de resolução de casos singulares é necessariamente tributária de determinado sistema de valores jurídicos: a metodologia do Direito Internacional Privado, do mesmo modo que a das restantes disciplinas jurídicas, subordina-se a uma certa axiologia.

Eis por que, em nosso modo de ver, o problema dos valores fundamentais que este ramo do Direito se propõe realizar, bem como o das relações entre os mesmos, não podem deixar de ser aqui versados, ainda que em breve esquisso.

Esta indagação justifica-se ainda na medida em que o conhecimento das valorações que subjazem ao sistema de conflitos é imprescindível à resolução de muitos dos problemas suscitados pela interpretação, integração e desenvolvimento das suas regras, bem como à eventual correcção pelo julgador do resultado da sua aplicação.

Dado que situámos a presente investigação no âmbito do Direito Internacional Privado vigente na ordem jurídica portuguesa, é com referência a ele que nos iremos debruçar sobre o tema.

8. Toda a problemática do Direito Internacional Privado (tomado aqui em sentido restrito[25]) nasce da conjugação de dois factores essenciais: a coexistência de uma pluralidade de comunidades humanas dotadas de ordens jurídicas próprias e a ligação de certas situações da vida com

---

[25] *Vide* sobre o conceito MARQUES DOS SANTOS, *As normas de aplicação imediata no DIP*, vol. I, p. 463, e BARRETO XAVIER, «Direito internacional privado», *in Enciclopédia Verbo Luso-Brasileira de Cultura*, vol. 9, col. 529.

Introdução 29

mais do que uma dessas comunidades — portanto com mais do que um Direito.

Estas situações encontram-se, mercê da diversidade daquelas ordens jurídicas, em grande instabilidade: o reconhecimento dos efeitos jurídicos que lhes pertencem segundo uma delas não se acha em regra assegurado nas demais. Fica assim fortemente dificultada a planificação de toda a vida de relação que transcenda as fronteiras de um Estado e colocam-se em risco direitos e expectativas legítimas dos indivíduos.

É o que sucede, por exemplo, se o emigrante que casou no país de acolhimento segundo a forma prevista no Direito local vir recusada eficácia ao seu casamento no país de que é originário; ou se a execução do testamento feito por um cidadão de certo país, que se radicou noutro e nele dispôs para depois da morte, de conformidade com as normas aí vigentes, dos bens que possuía no seu Estado nacional, for rejeitada nestoutro país a pretexto de não ter sido observada a forma nele exigida para a sua feitura; ou ainda se ao comerciante que adquiriu de boa fé (e por isso validamente) determinado objecto em país estrangeiro for oposta com êxito, ao abrigo da lei de um terceiro país, a nulidade da transacção por o objecto ter sido aí furtado ao seu proprietário original.

Avulta, pois, nesta disciplina a preocupação de conferir às relações privadas internacionais uma regulamentação certa e segura [26].

Por isso proclamou parte da doutrina, na esteira de SAVIGNY [27] e de KAHN [28], a harmonia jurídica internacional como ideal supremo do Direito

---

[26] Cfr. neste sentido, na doutrina portuguesa, FERRER CORREIA, *Lições de DIP*, pp. 37 s.; *idem, DIP. Alguns problemas*, pp. 24 e 109; BAPTISTA MACHADO, *Âmbito de eficácia e âmbito de competência das leis*, pp. 168, n. 14, e 182; *idem, Lições de DIP*, p. 51. Na doutrina estrangeira acentuam também a importância primordial da segurança e da previsibilidade nas relações privadas internacionais LALIVE, «Tendances et méthodes en DIP (Cours général)», *Rec. cours*, vol. 155 (1977-II), pp. 1 ss. (pp. 94, 129, 139, 361 e 366 ss.), e WENGLER, «L'évolution moderne du droit international privé et la prévisibilité du droit applicable», *RCDIP* 1990, pp. 657 ss. (também publicado *in Droit international et droit communautaire*, pp. 11 ss.). Sobre a relevância do tema na obra de FIRSCHING veja-se JAYME, «Rechtssicherheit und Vorhersehbarkeit als Grundwerte des IPR — Betrachtungen zum Lebenswerk von Karl Firsching», *in Gerechtigkeit im IPR im Wandel der Zeit*, pp. 31 ss.

[27] Cfr. *System des heutigen römischen Rechts*, vol. 8, p. 27: «die Rechtsverhältnisse, in Fällen einer Collision der Gesetze, dieselbe Beurtheilung zu erwarten haben, ohne Unterschied, ob in diesem oder jenem Staate das Urtheil gesprochen werde».

[28] Cfr. «Über Inhalt, Natur und Methode des Internationalen Privatrechts», *in Abhandlungen zum internationalen Privatrecht*, pp. 255 ss. (p. 310): «Ideal und Ziel alles internationalen Privatrechts ist die Gesetzesharmonie».

Internacional Privado[29]. Pautando-se por ele, deveriam tanto o legislador como o julgador proceder por forma a que fosse a mesma a valoração jurídica das situações plurilocalizadas em todos os Estados com elas conexos.

Supomos, no entanto, que não é apenas a exigências de certeza e de segurança jurídica que o Direito Internacional Privado contemporâneo visa dar resposta.

Se apenas a harmonia jurídica internacional estivesse em causa nesta disciplina o conteúdo das regras de conflitos seria, como reconhece FERRER CORREIA[30], indiferente: bastaria, a fim de garanti-la, que os Estados convencionassem entre si a aplicação sistemática de certa lei, qualquer que ela fosse, a cada categoria de questões privadas internacionais. Ora, o elemento de conexão da regra de conflitos constitui amiúde a projecção no

---

[29] Cfr., na literatura estrangeira, ZWEIGERT, «Die Dritte Schule im IPR», *in FS Raape*, pp. 35 ss. (pp. 49 ss.) (o autor viria, porém, sob a influência das doutrinas norte-americanas contemporâneas, a modificar substancialmente o seu pensamento sobre este ponto em estudo posterior: ver «Zur Armut des Internationalen Privatrechts an sozialen Werten», *RabelsZ* 1973, pp. 435 ss.); RABEL, *The Conflict of Laws. A Comparative Study*, vol. I, pp. 94 ss.; QUADRI, *Lezioni di DIP*, p. 133; FIRSCHING-VON HOFFMANN, *IPR*, pp. 3 s.; JAYME, «Identité culturelle et intégration: le Droit International Privé postmoderne. Cours général de Droit International Privé», *Rec. cours*, vol. 251 (1995), pp. 9 ss. (pp. 42 ss. e 89 s.); e KROPHOLLER, *IPR*, pp. 35 ss. Entre nós ver FERRER CORREIA, *Lições de DIP*, pp. 40 e 192; *idem, DIP. Alguns problemas*, p. 111.

Mais cépticos quanto ao alcance do princípio da harmonia de julgados e à viabilidade da sua implementação mostram-se MAURY, «Règles générales des conflits de lois», *Rec. cours*, vol. 57 (1936-III), pp. 325 ss. (p. 424); KEGEL, «Begriffs- und Interessenjurisprudenz im IPR», *in FS Lewald*, pp. 259 ss. (p. 277); STEINDORFF, *Sachnormen im IPR*, pp. 49 ss.; BATIFFOL, *Aspects philosophiques du DIP*, pp. 212 ss; *idem*, «Les intérêts de droit international privé», *in FS Kegel*, 1977, pp. 11 ss. (p. 18); BATIFFOL-LAGARDE, *DIP*, vol. I, p. 453; VISCHER, «General Course on Private International Law», *Rec. cours*, vol. 232 (1992-I), pp. 9 ss. (p. 29); e, na doutrina portuguesa, MAGALHÃES COLLAÇO, no prefácio ao estudo de CORTES ROSA, *Da questão incidental em DIP*, p. xvii (ver ainda, da autora, *DIP*, vol. II, 1959, pp. 92 ss.).

WENGLER prefere, a fim de designar a ideia a que fazemos referência no texto, a expressão «mínimo de conflitos», por isso que reconhece não poder esperar-se que venha a ser alcançada uma absoluta uniformidade de decisões sobre as mesmas situações da vida e porque outros princípios poderão reclamar a primazia no Estado do foro de certo factor de conexão apesar de os demais Estados o não acolherem: cfr., do autor, «Die Vorfrage im Kollisionsrecht», *RabelsZ* 1934, pp. 148 ss. (pp. 198 s.); «Les principes généraux du droit international privé et leurs conflits», *RCDIP* 1952, pp. 595 ss., e 1953, pp. 37 ss.; «General Principles of Private International Law», *Rec. cours*, vol. 104 (1961-III), pp. 273 ss. (pp. 364 ss.); e *IPR*, vol. I, pp. 63 e 68.

[30] *DIP. Alguns problemas*, p. 112.

Introdução 31

domínio normativo recortado pelo respectivo conceito-quadro do prisma valorativo próprio da ordem jurídica em que tal regra se integra quanto às matérias compreendidas nesse conceito. São exemplos deste fenómeno as regras que seleccionam o Direito aplicável em função de determinado resultado material tido como desejável: a conservação de um negócio jurídico, a legitimidade de um estado ou a protecção de certa categoria de sujeitos[31].

A orientação em apreço não permite, além disso, explicar satisfatoriamente o facto de a lei designada pelas regras de conflitos do Estado do foro ser por vezes aplicável apesar de não se reputar a si própria competente e de, por conseguinte, a sua aplicação não conduzir à harmonia de julgados. É o que sucede entre nós, em virtude do disposto no art. 16.º do Código Civil, sempre que a *lex causae* entenda que uma terceira lei deve aplicar-se ao caso e esta, por seu turno, remeta para outra legislação. O mesmo pode dizer-se das situações em que é preterida uma lei que possui com os factos uma conexão efectiva (*v.g.* por ser a da nacionalidade de certo indivíduo) e que se tem a si própria por aplicável aos mesmos, como acontece, por exemplo, em consequência do disposto no art. 12.º, n.º 1, da Convenção Relativa ao Estatuto dos Refugiados[32], que manda reger o estatuto pessoal destes pela lei do seu domicílio ou, na falta dele, pela lei da sua residência.

Por outro lado, em múltiplas circunstâncias, que adiante se analisarão mais detidamente, deve reconhecer-se ao julgador o poder de corrigir o resultado da aplicação das normas materiais ou de conflitos em presença e de conferir efeitos a normas não dimanadas da ordem jurídica competente segundo as regras de conflitos comuns. Assim sucede, por exemplo, quando da distribuição por diversas leis da competência para regular uma situação privada internacional decorram antinomias normativas; quando a

---

[31] Cfr., por exemplo, os arts. 31.º, n.º 2, 36.º e 65.º, n.º 1, do Código Civil e 9.º, n.ºs 1 e 2, da Convenção de Roma (*favor negotii*), 45.º, n.º 2, do mesmo Código (*favor laesi*), 4.º a 6.º da Convenção sobre a Lei Aplicável às Obrigações Alimentares concluída na Haia em 2 de Outubro de 1973, aprovada para ratificação pelo Decreto n.º 339/75, de 2 de Julho, *in DG*, n.º 150, suplemento, de 2 de Julho de 1975 (*favor creditoris*), e 5.º e 6.º da Convenção de Roma (protecção da parte mais fraca na relação jurídica).

[32] Assinada em Genebra em 28 de Julho de 1951 e aprovada para adesão pelo D.L. n.º 43.201, de 1 de Outubro de 1960, *in DG*, n.º 229, de 1 de Outubro de 1960. Cfr. ainda o Protocolo Adicional a esta convenção concluído em Nova Iorque em 31 de Janeiro de 1967, aprovado para adesão pelo Dec. n.º 207/75, de 17 de Abril, *in DG*, n.º 90, de 17 de Abril de 1975.

32 Da Responsabilidade Pré-Contratual em Direito Internacional Privado

aplicação de certas normas imperativas do Estado do foro (ou mesmo de outro país com o qual a situação se encontre conexa) se mostre essencial à realização dos objectivos de política legislativa através delas prosseguidos; e quando a aplicação da lei estrangeira competente conduza, no caso singular, a resultados aberrantes ou incompatíveis com o sentimento éticojurídico local [33].

O objectivo central do Direito Internacional Privado não se confina, pois, a assegurar a harmonia de julgados mediante a adopção de factores de conexão susceptíveis de garantirem a uniformidade da valoração daquelas relações nos sistemas jurídicos com elas conexos [34].

Aliás, contra o que supõe por exemplo KEGEL [35], por si só tal orientação não garante o reconhecimento das situações constituídas no Estado do foro por decisão de uma autoridade judicial ou administrativa nos ordenamentos jurídicos em que as mesmas, pela sua natureza ou conteúdo, devam produzir os seus efeitos. Basta, na verdade, que a competência internacional dessas autoridades não seja reconhecida por estes ordenamentos para que, apesar da identidade dos elementos de conexão adoptados pelas regras de conflitos de ambos os sistemas em presença, se formem situações claudicantes. E mesmo pelo que respeita às situações constituídas *ex lege* o risco de soluções divergentes é inevitável em razão da margem de liberdade de que goza o julgador na realização de operações como a qualificação, a atribuição de efeitos a normas internacionalmente imperativas ou a correcção do resultado da aplicação da lei competente.

A uniformidade de regulação das situações plurilocalizadas deve, por isso, ser preferentemente assegurada através da unificação, mediante convenções internacionais, das regras que disciplinam a competência internacional e o reconhecimento de sentenças estrangeiras.

Há-de, pois, convir-se em que é também de acordo com as exigências da justiça que a disciplina das relações plurilocalizadas tem de ser levada a efeito [36].

---

[33] Cfr. adiante, capítulos V, VIII e IX.

[34] Reconhece-o, por exemplo, WENGLER, «The General Principles of Private International Law», *Rec. cours*, vol. 104 (1961-III), pp. 273 ss. (pp. 436 s.), ao afirmar que a cláusula de ordem pública internacional «é mais forte do que qualquer outro princípio geral do Direito Internacional Privado».

[35] *IPR*, p. 112.

[36] Cfr. Fernando BRONZE, «"Continentalização" do direito inglês ou "insularização" do direito continental?», suplemento ao vol. XXII do *BFDUC*, pp. 1 ss. (pp. 140 ss., n. 478), e MOURA RAMOS, *Da lei aplicável ao contrato de trabalho internacional*, p. 681.

Isto dito, cumpre reconhecer que não estamos ainda na posse de elementos suficientes a fim de podermos ajuizar da maior ou menor valia dos diferentes métodos possíveis para dilucidar a questão que constitui objecto central deste estudo, porquanto a justiça e a segurança não são senão ideais jurídicos dotados de um alto grau de abstracção e como tal susceptíveis de serem preenchidos com os conteúdos mais díspares.

9. Procuraremos agora, por isso, especificar os valores em que assenta o Direito Internacional Privado vigente entre nós e os princípios que constituem a sua expressão normativa.

Tentar-se-á nesta sede pôr em evidência o que há de substancial, de um ponto de vista axiológico, na designação da lei aplicável às situações da vida privada internacional — o mesmo é dizer, na expressão de MENEZES CORDEIRO, a «materialidade da regulação jurídica» —, pois que, como nota este autor, «as proposições jurídicas devem ser entendidas como fórmulas portadoras de valores a efectivar e não como simples figurinos de rituais exteriores» [37].

Antes, porém, cumpre deixar aqui feitas, a benefício de ulterior demonstração, duas advertências.

Primeiramente: os valores que iremos referir inspiram tanto a escolha das conexões relevantes como a resolução (mediante regras de conflitos ou regras auxiliares destas) dos problemas derivados da coexistência de diferentes sistemas nacionais de conflitos de leis e ainda a conformação pelo próprio julgador da disciplina material aplicável às situações da vida privada internacional, nos casos em que a ela haja lugar.

Em segundo lugar: nenhuma categoria de valores ou interesses permite por si só explicar todo o sistema de conflitos, o qual, a nosso ver, não assenta num fundamento exclusivo. No quadro de um sistema móvel [38] há-

---

[37] Cfr. *Da boa fé no Direito Civil*, vol. II, pp. 1252 ss. e 1299; *Teoria geral do Direito Civil*, vol. I, pp. 407 ss. (especialmente pp. 409 s.); e *Tratado de Direito Civil português*, vol. I, *Parte geral*, t. I, pp. 189 s. Em sentido fundamentalmente concordante ver OLIVEIRA ASCENSÃO, *Teoria geral do Direito Civil*, vol. II, *Acções e factos jurídicos*, p. 371, n. 436, que reconhece deverem as regras jurídicas «ser entendidas como materiais e não formais». Para uma consagração recente desta ideia na jurisprudência portuguesa cfr. o ac. do STJ de 28 de Outubro de 1997, *BMJ* 470, pp. 597 ss. (p. 603).

[38] Cfr. sobre o conceito CANARIS, *Systemdenken und Systembegriff in der Jurisprudenz*, tradução portuguesa, pp. 127 ss. e 281 s.; e, entre nós, MENEZES CORDEIRO, *Da boa fé no Direito Civil*, vol. II, p. 1262, e *Tratado de Direito Civil português*, vol. I, *Parte geral*, t. I, p. 188.

34   *Da Responsabilidade Pré-Contratual em Direito Internacional Privado*

-de mesmo admitir-se um certo grau de mútua substituibilidade desses critérios orientadores da realização concreta do Direito.

Não pode, assim, ter-se hoje como exacta a concepção, oriunda do liberalismo de Oitocentos, segundo a qual no Direito de Conflitos apenas estariam em jogo interesses dos indivíduos [39]. Na base dela se operou a «revolução copernicana» [40] levada a efeito nesta disciplina por SAVIGNY, que a centrou na busca da lei aplicável à relação jurídica em lugar da determinação do âmbito espacial da regra de Direito [41].

Avultam decerto neste domínio valores e interesses individuais, cuja tutela é deixada pela ordem jurídica aos próprios titulares dos direitos subjectivos mediante os quais esses valores e interesses se realizam no mundo dos factos. Mas o Direito Internacional Privado contemporâneo — à imagem do Direito Privado em geral — prossegue também, *maxime* através de normas inderrogáveis por mero efeito da vontade dos indivíduos, valores e

---

[39] Neste sentido *vide*, porém, KEGEL, «The Crisis of Conflict of Laws», *Rec. cours* 1964-II, pp. 95 ss. (p. 207). Também LÜDERITZ coloca em primeiro plano na resolução dos conflitos de leis os interesses dos indivíduos: cfr. «Anknüpfung im Parteiinteresse», *in FS Kegel* (1977), pp. 31 ss. (pp. 35 e 53); e *IPR*, pp. 45 ss. Para uma crítica desta concepção veja-se BATIFFOL, *Aspects philosophiques du DIP*, pp. 197 ss. e 221 ss.

[40] A expressão é de NEUHAUS: cfr. *Die Grundbegriffe des IPR*, p. 94, e «Abschied von Savigny?», *RabelsZ* 1982, pp. 5 ss. (p. 7). No mesmo sentido ver KROPHOLLER, *IPR*, p. 13. Sobre o ponto consulte-se ainda COING, «Rechtsverhältnis und Rechtsinstitution im allgemeinen und internationalen Privatrecht bei Savigny», *in Eranion in honorem Maridakis*, vol. III, pp. 19 ss.

[41] Cfr. *System des heutigen römischen Rechts*, vol. 8, pp. 28 e 108, onde o autor estabelece como desígnio fundamental do Direito de Conflitos: «dass bei jedem Rechtsverhältniss dasjenige Rechtsgebiet aufgesucht werde, welchem dieses Rechtsverhältniss seiner eigenthümlichen Natur nach angehört oder unterworfen ist (worin dasselbe seinen Sitz hat)». É certo que já anteriormente WÄCHTER, no estudo «Über die Collision der Privatrechtsgesetze verschiedener Staaten», *AcP* 1841, pp. 230 ss., e 1842, pp. 1 ss., 161 ss. e 361 ss., havia colocado a questão dos conflitos de leis como sendo a da determinação das normas aplicáveis à relação jurídica (est. cit., pp. 236 s.: «Die Frage ist: nach welchen Rechtsnormen hat der Richter unseres Staates über ein vor ihn gebrachtes Rechtsverhältniss zu entscheiden, welches entweder im Auslande begründet wurde, oder bei welchem Ausländer beteiligt sind, oder welches sonst mit dem Auslande in einer Beziehung steht»); e recorreu até, posto que esporadicamente, à metáfora da «sede» da relação jurídica (est. cit., p. 185 do vol. de 1842). Mas a sua construção fazia assentar largamente a resolução dos conflitos de leis na pesquisa do sentido e do espírito («*Sinn und Geist*») das normas relevantes do Direito material do foro; o que permite aproximá-la muito mais das doutrinas estatutárias que a precederam do que do pensamento de SAVIGNY.

Introdução 35

interesses sociais[42]. A estes terá de reconhecer-se primazia quando se encontrem em conflito com os primeiros na regulação de situações privadas internacionais, em conformidade com o pensamento segundo o qual, constituindo objectivo primordial do Direito assegurar a coexistência dos homens em sociedade, deve o interesse geral prevalecer sobre o particular[43].

É verdade que já SAVIGNY integrou a *publica utilitas* na sua construção, por via da relevância que atribuiu às por ele denominadas «leis de natureza rigorosamente positiva e obrigatória»[44]. Contudo, estas assumiam na sua obra carácter excepcional, confinando-se a sua intervenção às hipóteses em que o Direito do foro havia de prevalecer sobre as disposições do ordenamento jurídico normalmente competente[45]. Nenhuma relevância era conferida pelo autor às leis da mesma índole de outros sistemas jurídicos; e tão-pouco revestiam os valores e interesses sociais que lhes estavam subjacentes significado especial na construção das regras de conflitos, em particular na eleição dos factores de conexão relevantes.

A natureza dos valores e interesses prosseguidos pela ordem jurídica em cada sector da vida privada internacional não é inteiramente desprovida de consequências no plano da estrutura formal das regras do Direito Internacional Privado. É sabido que na disciplina das situações plurilocalizadas tanto se pode partir da definição de certa consequência jurídica material para disciplinar o seu âmbito espacial de aplicação como, inversamente, perguntar pela lei que regula determinado *Tatbestand*. O próprio SAVIGNY admitiu a possibilidade de formular de dois modos a questão privada internacional: a que consiste em perguntar perante as regras jurídicas quais as relações que elas se destinam a reger e aquela que se reconduz a indagar quais as regras a que se encontram submetidas as relações jurídicas[46]. Como se verá[47], a

---

[42] Aspecto posto em destaque, na doutrina europeia, sobretudo por JOERGES, *Zum Funktionswandel des Kollisionsrechts*, especialmente pp. 153 ss. Sobre a crescente influência dos interesses públicos no Direito Internacional Privado contemporâneo consulte-se ainda, na literatura mais recente, MUIR WATT, «Droit public et droit privé dans les rapports internationaux (Vers la publicisation des conflits de lois?)», *Arch. Phil. Dr.* 1997, pp. 207 ss.

[43] Cremos poder ver-se no art. 29.° da Declaração Universal dos Direitos do Homem, de 10 de Dezembro de 1948, publicada no *DR*, I Série, de 9 de Março de 1978, uma expressão legislativa deste pensamento.

[44] *System des heutigen römischen Rechts*, vol. 8, pp. 33 ss.

[45] Cfr. neste mesmo sentido MARQUES DOS SANTOS, *As normas de aplicação imediata no DIP*, vol. II, p. 701.

[46] Cfr. *System*, cit., vol. 8, p. 3.

[47] *Infra*, cap. VIII.

36 Da Responsabilidade Pré-Contratual em Direito Internacional Privado

primeira destas formulações é utilizada sobretudo (embora não de modo exclusivo) quando os Estados procuram assegurar, no plano das relações privadas internacionais, a realização de determinados interesses ou valores sociais prosseguidos por normas imperativas do seu Direito interno.

10. Na base da ordem jurídica encontra-se a dignidade da pessoa humana, cuja salvaguarda constitui a finalidade precípua de todo o Direito[48]. Nela se fundam, designadamente, o reconhecimento de personalidade jurídica e de um certo número de direitos de personalidade a todos os seres humanos[49].

No Direito Internacional Privado o personalismo projecta-se em diferentes planos. Por um lado, ele reclama o reconhecimento aos estrangeiros da susceptibilidade de serem titulares de direitos na ordem interna[50]. Por outro, pode ver-se nele o fundamento da sujeição das matérias compreendidas no chamado estatuto pessoal dos indivíduos à respectiva lei pessoal. Entre nós o estado, a capacidade e os direitos de personalidade das pessoas singulares acham-se, com efeito, submetidos a uma lei que é, em princípio, de aplicação permanente, ou seja, a mesma onde quer que elas actuem ou se encontrem[51]. Isto, não apenas pelos inconvenientes de ordem prática que a

---

[48] Declara-o expressamente o art. 1.º da Constituição portuguesa. No sentido do texto cfr. Manuel GOMES DA SILVA, *Esboço de uma concepção personalista do Direito*, pp. 131, 133, 134 e 137 (ver, na mesma linha de orientação, o Parecer da Câmara Corporativa n.º 14/VIII, sobre «Colheita de órgãos e tecidos nos cadáveres», *in Actas da Câmara Corporativa*, 1963, n.º 51, pp. 421 ss., especialmente pp. 451 a 453, de que foi relator aquele autor).

[49] Cfr. Carlos da MOTA PINTO, *Teoria geral do Direito Civil*, pp. 84 ss.; CARVALHO FERNANDES, *Teoria geral do Direito Civil*, vol. I, pp. 63 ss.; PAIS DE VASCONCELOS, *Teoria geral do Direito Civil*, vol. I, p. 16; e OLIVEIRA ASCENSÃO, *Direito Civil. Teoria Geral*, vol. I, *Introdução. As pessoas. Os bens*, p. 64. No mesmo sentido quanto ao Direito alemão LARENZ-WOLF, *Allgemeiner Teil des Bürgerlichen Rechts*, pp. 22 s.

[50] Cfr. os arts. 6.º da Declaração Universal dos Direitos do Homem, 15.º, n.º 1, da Constituição e 14.º, n.º 1, do Código Civil. Na doutrina nacional cfr. FERRER CORREIA, comentário ao art. 1.º do anteprojecto de articulado relativo ao Direito Internacional Privado, de 1951, *in* FERRER CORREIA-FERREIRA PINTO, *DIP. Leis e projectos de leis. Convenções internacionais*, p. 22; MAGALHÃES COLLAÇO, *DIP*, vol. I, p. 239; MOURA RAMOS, «Estrangeiro», *in Polis*, vol. 2, cols. 1215 ss. (col. 1217); e MARQUES DOS SANTOS, *DIP. Sumários* (1987), pp. 34 e 241. Na doutrina estrangeira consulte-se sobre o fundamento axiológico do reconhecimento de personalidade jurídica aos estrangeiros, em especial, BATIFFOL, *Aspects philosophiques du DIP*, pp. 144 ss., e OPPETIT, *Philosophie du droit*, pp. 117 ss.

[51] Arts. 25.º, 26.º e 27.º do Código Civil.

Introdução 37

aplicação neste domínio da lei territorial ou da *lex fori* acarretariam para o indivíduo, mas sobretudo porque tais soluções poderiam despojá-lo de estados, qualidades ou situações jurídicas (*v.g.* o de cônjuge ou de filho) que integram uma parte da sua identidade, ferindo-o na sua dignidade [52]. Questão diversa é — cabe notá-lo — a eleição do factor de conexão a que compete indicar a lei pessoal das pessoas singulares. Este constitui fundamentalmente um problema de política legislativa e não axiológico [53]. Não sendo esse o estatuto da presente indagação, abstemo-nos de examiná-lo aqui [54].

11. Entre os traços fundamentais do Direito Internacional Privado vigente sobressai o reconhecimento aos sujeitos das relações privadas internacionais da faculdade de escolherem em certos domínios a lei aplicável a essas relações [55].

Através desse reconhecimento contribui o Direito de Conflitos para a certeza quanto ao regime jurídico aplicável às relações plurilocalizadas e para a segurança destas relações [56]; mas por via dele possibilita-se também às partes a eleição da lei que na sua óptica consagre o regime mais ajustado à particular correlação de interesses emergente das relações entre si estabelecidas e aos fins por elas prosseguidos [57].

---

[52] Cfr. entre nós FERRER CORREIA, «Unidade do estatuto pessoal», *in Estudos jurídicos III. DIP*, pp. 291 ss. (pp. 296 s.); *idem, Lições de DIP. Aditamentos. I. Nacionalidade: doutrina geral e direito português. II. Lei reguladora do estatuto pessoal*, p. 118. Na doutrina francesa contemporânea fundamenta também a aplicação permanente da lei pessoal na ideia de protecção da pessoa AUDIT, «Le caractère fonctionnel de la règle de conflit (sur la "crise des conflits de lois")», *Rec. cours*, vol. 186 (1984-III), pp. 219 ss. (p. 280).

[53] Como o demonstram claramente os trabalhos preparatórios do Código Civil português: cfr. o comentário ao art. 2.º do cit. anteprojecto de 1951, pp. 24 e s.

[54] Ver, em todo o caso, o que dizemos sobre o ponto *infra*, n.º 14, *in fine*.

[55] Cfr. os arts. 34.º e 41.º do Código Civil; 33.º, n.º 1, da Lei da Arbitragem Voluntária; 188.º, n.º 2, 189.º, 190.º e 191.º, n.º 1, do D.L. n.º 94-B/98, de 17 de Abril, que regula as condições de acesso e de exercício da actividade seguradora e resseguradora; 5.º da Convenção da Haia de 1978 sobre a Lei Aplicável aos Contratos de Mediação e à Representação, aprovada para ratificação pelo Decreto n.º 101/79, de 18 de Setembro (entrou em vigor em 1 de Maio de 1992: *vide* o Aviso do Ministério dos Negócios Estrangeiros n.º 239/97, *in DR*, I Série-A, n.º 173, de 29 de Julho de 1997); e 3.º da Convenção de Roma.

[56] Cfr. neste sentido RABEL, *The Conflict of Laws*, vol. II, p. 431; LANDO, «Contracts», *IECL*, vol. III, capítulo 24, p. 33.; MOURA RAMOS, *Da lei aplicável ao contrato de trabalho internacional*, pp. 461 ss.; CHESHIRE-NORTH-FAWCETT, *Private International Law*, p. 553; e NYGH, *Autonomy in International Contracts*, pp. 2 s.

[57] Admitem-no MAGALHÃES COLLAÇO, *Da compra e venda em DIP*, vol. I, p. 49; FERRER CORREIA, «Algumas considerações acerca da Convenção de Roma de 18 de Junho

38 *Da Responsabilidade Pré-Contratual em Direito Internacional Privado*

Afigura-se-nos por isso insatisfatória a caracterização do princípio da autonomia em Direito Internacional Privado como um mero expediente destinado a superar o «embaraço» suscitado pela determinação da lei aplicável aos contratos internacionais [58].

Este princípio representa antes a consagração no domínio em apreço da esfera de liberdade necessária à realização pelas pessoas dos seus intentos e ao desenvolvimento da sua personalidade [59], que à ordem jurídica cabe assegurar na medida em que tal não contenda com o bem comum e os direitos de outrem [60].

No Direito de Conflitos encontram-se consagrações da autonomia privada sobretudo no tocante à definição da lei aplicável às obrigações provenientes de negócio jurídico; mas parece de admitir o seu alargamento a outros domínios.

Assim, *de jure constituendo* poderia facultar-se aos interessados a escolha, por exemplo, da lei da residência habitual a fim de reger o seu estatuto pessoal quando a mesma se situe em Portugal e esses sujeitos tenham nacionalidade estrangeira: pois que o art. 31.º, n.º 2, do Código Civil já admite em ampla medida a sujeição dos negócios jurídicos do âmbito do estatuto pessoal à *lex domicilii* quando esta for uma lei estran-

---

de 1980 Sobre a Lei Aplicável às Obrigações Contratuais», *RLJ*, ano 122.º, pp. 289 ss. (pp. 291 e 362); KROPHOLLER, *IPR*, p. 274; LIMA PINHEIRO, *Contrato de empreendimento comum (joint venture) em DIP*, p. 460; e MAYER, *DIP*, p. 453.

[58] Assim, porém, KEGEL, *IPR*, p. 483, onde o art. 3.º, n.º 1, da Convenção de Roma é classificado como «*Verlegenheitslösung*».

[59] Erigido, após a revisão constitucional de 1997, em direito fundamental: cfr. o art. 26.º, n.º 1, da Constituição. No sentido da inclusão da autonomia privada no âmbito de tutela deste preceito pronunciam-se SOUSA RIBEIRO, *O problema do contrato*, pp. 145 ss., n. 350, e, no quadro da liberdade geral de acção humana que entende decorrer da afirmação constitucional do direito ao desenvolvimento da personalidade, Paulo MOTA PINTO, «O direito ao livre desenvolvimento da personalidade», *in Portugal-Brasil ano 2000. Tema Direito*, pp. 149 ss. (p. 214). Reconhece que o princípio da autonomia privada é tutelado constitucionalmente o ac. do STJ de 9 de Julho de 1998, *BMJ* 479, pp. 580 ss. (p. 583).

[60] Ver em sentido próximo o preâmbulo da Resolução adoptada pelo Instituto de Direito Internacional em 1991, intitulada «L'autonomie de la volonté des parties dans les contrats internationaux entre personnes privées» (*in Ann. IDI*, vol. 64-II, 1992, pp. 382 ss.), onde também se fundamenta o princípio da autonomia na liberdade individual. Cfr. sobre esse texto JAYME, «L'autonomie de la volonté des parties dans les contrats internationaux entre personnes privées. Rapport définitif», *in Ann. IDI*, vol. 64-I (1991), pp. 62 ss. (p. 64); «Die Parteiautonomie im internationalen Vertragsrecht auf dem Prüfstand — 65. Sitzung des Institut de Droit International in Basel», *IPRax* 1991, p. 429; e o est. cit. no *Rec. cours*, vol. 251, p. 147.

Introdução 39

geira, nenhuma razão se vê para que idêntica possibilidade não seja consignada em benefício da lei portuguesa, pelo menos quando o interessado aqui tenha mantido a sua residência habitual por um período razoável[61]. Supomos mesmo que tal solução se justifica à luz das mutações demográficas ocorridas no país nas últimas décadas; e que dela se encontra já um afloramento no art. 53.°, n.° 3, do Código[62].

A designação pelas partes da lei aplicável afigura-se-nos ainda admissível em matéria de responsabilidade extracontratual (excepto quando esta derive da infracção de norma legal destinada a proteger interesses particulares não disponíveis, como aqueles que são tutelados pelas normas penais), de gestão de negócios e de enriquecimento sem causa, desde que seja posterior à verificação dos factos geradores das correspondentes obrigações e não afecte os direitos de terceiros[63].

---

[61] De facto, o art. 31.°, n.° 2, do Código Civil apenas contempla a possibilidade de se reconhecerem em Portugal negócios celebrados no estrangeiro em conformidade com a lei da residência habitual do declarante (ou, segundo FERRER CORREIA, *DIP. Alguns problemas*, p. 258, e BAPTISTA MACHADO, *Lições de DIP*, p. 177, de acordo com a lei de um terceiro país, que seja competente de acordo com as normas de Direito Internacional Privado do Estado do domicílio); não, porém, a de cidadãos estrangeiros aqui residentes celebrarem no nosso país negócios jurídicos válidos segundo a lei portuguesa, mas que a sua lei nacional tenha por inválidos. Esta última hipótese apenas será possível se, conforme prescreve o art. 18.° do Código, *in casu* o Direito Internacional Privado da *lex patriae* devolver para o Direito interno português.

[62] Pode ver-se outra consagração da mesma ideia no art. 5, n.° 1, da Convenção da Haia de 1 de Agosto de 1989 sobre a Lei Aplicável às Sucessões por Morte, *in* CONFÉRENCE DE LA HAYE DE DROIT INTERNATIONAL PRIVÉ, *Recueil des Conventions (1951-1996)*, pp. 340 ss. (ainda não em vigor), que dispõe: «Une personne peut désigner la loi d'un Etat déterminé pour régir l'ensemble de sa succession. La désignation ne prend effet que si cette personne, au moment de la désignation ou au moment du décès, possédait la nationalité de cet Etat ou y avait sa résidence habituelle».

[63] Cfr. sobre o ponto o nosso *Da arbitragem comercial internacional*, pp. 127 ss. Consagram a liberdade de escolha da lei aplicável às obrigações não contratuais em termos próximos daqueles em que a preconizamos no texto: o art. 8 da Proposta de uma Convenção Europeia Sobre a Lei Aplicável às Obrigações Não Contratuais («Convenção de Roma II», prevista no plano de acção adoptado pelo Conselho Europeu em 3 de Dezembro de 1998, *in IPRax* 1999, pp. 288 ss.), elaborada pelo Grupo Europeu de Direito Internacional Privado (*in RCDIP* 1998, pp. 802 ss., e *IPRax* 1999, pp. 286 ss.; versão inglesa *in Eur. Rev. Priv. Law* 1999, pp. 46 ss.; cfr. JAYME, «Entwurf eines EU-Übereinkommens über das auf ausservertragliche Schuldverhältnisse anwendbare Recht», *IPRax* 1999, p. 298; FALLON, «Proposition pour une convention européenne sur la loi applicable aux obligations non contractuelles», *Eur. Rev. Priv. Law* 1999, pp. 45 ss.); e o art. 42 da Lei de Introdução ao Código Civil alemão, na redacção dada pela Lei de 21 de Maio de 1999 em vigor desde

40 *Da Responsabilidade Pré-Contratual em Direito Internacional Privado*

Mais longe na admissão da autonomia privada vai a doutrina dita das regras de conflitos facultativas, conforme a qual as partes podem eleger a *lex fori* em quaisquer matérias, abstendo-se de invocar em juízo o Direito estrangeiro competente segundo as regras de conflitos locais[64] ou celebrando um acordo processual com esse conteúdo[65].

Entre nós esta solução não é, porém, admissível *de jure constituto*, atento o disposto nos arts. 664.º do Código de Processo Civil e 348.º, n.º 2, do Código Civil[66]; e também porque envolveria potencialmente a violação de compromissos internacionais assumidos pelo Estado português através das convenções de unificação do Direito de Conflitos de que é parte. Tanto na indagação, como na interpretação e na aplicação das regras de conflitos e do Direito estrangeiro por elas designado, o juiz português não está, por conseguinte, sujeito às alegações das partes.

Tão-pouco seria aquela solução aceitável *de jure constituendo*, quer pelo prejuízo que da livre disposição pelas partes do Direito aplicável às situ-

---

1 de Junho de 1999 (*in IPRax* 1999, pp. 285 s.; tradução francesa *in RCDIP* 1999, pp. 870 ss.; cfr. WAGNER, «Zum Inkrafttreten des Gesetzes zum Internationalen Privatrecht für ausservertragliche Schuldverhältnisse und für Sache», *IPRax* 1999, pp. 210 ss.; SONNENBERGER, «La loi allemande du 21 mai 1999 sur le droit international privé des obligations non contractuelles et des biens», *RCDIP* 1999, pp. 647 ss.).

[64] *Vide* a exposição desta doutrina em FLESSNER, «Fakultatives Kollisionsrecht», *RabelsZ* 1970, pp. 547 ss.; *idem, Interessenjurisprudenz im IPR*, pp. 119 ss. Aceitam-na *de lege ferenda* ZWEIGERT, «Zur Armut des Internationalen Privatrechts an sozialen Werten», *RabelsZ* 1973, pp. 435 ss. (pp. 445 s.), e DE BOER, «Facultative Choice of Law. The Procedural Status of Choice-of-Law Rules and Foreign Law», *Rec. cours*, vol. 257 (1996), pp. 223 ss. (pp. 303 ss. e 420 s.). Para uma crítica vejam-se nomeadamente LALIVE, «Tendances et méthodes en droit international privé», *Rec. cours*, vol. 155 (1977-II), pp. 1 ss. (pp. 164 ss.); SCHURIG, *Kollisionsnorm und Sachrecht*, pp. 343 ss.; *idem*, «Interessenjurisprudenz contra Interessenjurisprudenz im IPR. Anmerkungen zu Flessners Thesen», *RabelsZ* 1995, pp. 229 ss. (p. 243); MOURA RAMOS, *Da lei aplicável ao contrato de trabalho internacional*, pp. 131 ss.; e MARQUES DOS SANTOS, *As normas de aplicação imediata no DIP*, vol. I, pp. 60 ss.

[65] É a solução consagrada na jurisprudência francesa em matéria de direitos disponíveis: cfr. o ac. da *Cour de Cassation* de 1 de Julho de 1997, *RCDIP* 1998, pp. 60 ss. (*2e espèce*), no qual se declara: «pour les droits dont elles ont la libre disposition, les parties peuvent s'accorder pour demander l'application de la loi française du for, malgré l'existence d'une convention internationale désignant la loi compétente; [...] un tel accord peut résulter des conclusions des parties invoquant une loi autre que celle qui est désignée par le traité». Para uma crítica desta jurisprudência cfr. a anotação de MAYER ao mesmo aresto, *RCDIP* 1998, pp. 62 ss., e *DIP*, p. 103. Ver ainda, na mesma linha fundamental de orientação, o ac. da Cassação francesa de 26 de Maio de 1999, *RCDIP* 1999, pp. 707 ss. (*1er arrêt*).

[66] Cfr. sobre esta disposição *infra*, § 33.º.

Introdução 41

ações da vida privada internacional poderia resultar para os valores sociais que o Direito Internacional Privado prossegue[67], quer pelos inconvenientes que tal solução traria à segurança do comércio jurídico internacional (pois que, por força dela, o Direito aplicável às questões plurilocalizadas só ficaria definido após os tribunais se terem pronunciado sobre estas). A doutrina em apreço constituiria, além disso, um poderoso incentivo à fraude nas situações em que o Estado do foro não possua qualquer conexão relevante do ponto de vista do Direito de Conflitos com a relação material litigada[68,69].

12. Outro dos fins a que o Direito Internacional Privado se dirige é a tutela da confiança nas relações plurilocalizadas.

De um modo geral, a protecção da confiança constitui uma das funções primordiais da ordem jurídica[70]. Ela é condição do equilíbrio social e da paz jurídica[71], que assentam largamente na permanência das posições

---

[67] Cfr. adiante, n.° 14.

[68] Observe-se que nos sistemas, como o inglês e o norte-americano, que colocam a cargo da parte interessada o ónus de alegar e provar o conteúdo e a vigência do Direito estrangeiro competente segundo as regras de conflitos locais, sob pena de ser aplicada a *lex fori* (cfr. *infra*, § 33.°), o risco de as partes manipularem desse modo o Direito aplicável é atenuado através da consagração da doutrina do *forum non conveniens*: cfr. SCOLES-HAY, *Conflict of Laws*, pp. 373 s.

[69] Numa outra ordem de considerações, refira-se ainda que um dos principais argumentos aduzidos pelos partidários do carácter facultativo das regras de conflitos — as dificuldades práticas da averiguação e prova da existência e do conteúdo do Direito estrangeiro designado pelas regras de conflitos (ver sobre o ponto a exposição de DE BOER, est. cit., pp. 303 ss., baseada na experiência do autor como juiz) — tende a perder muita da sua força com a facilitação do acesso à informação proporcionada pelas novas tecnologias. De todo o modo, o argumento não parece justificar por si só a aplicação da *lex fori* sempre que as partes não aleguem o Direito estrangeiro competente, mas, quando muito, a sua competência a título subsidiário, no caso de ser impossível determinar o conteúdo do Direito aplicável (como estabelece entre nós o art. 348.°, n.° 3, do Código Civil).

[70] Cfr. LARENZ, *Richtiges Recht*, pp. 80 s. (na tradução castelhana, p. 91), e *Methodenlehre der Rechtswissenschaft*, p. 424 (na tradução portuguesa, p. 603); LUHMANN, *Vertrauen. Ein Mechanismus der Reduktion sozialer Komplexität*, *passim*; *idem*, «Die Funktion des Rechts: Erwartungssicherung oder Verhaltenssteuerung», *in Ausdifferenzierung des Rechts*, pp. 73 ss.; BAPTISTA MACHADO, «Tutela da confiança e "venire contra factum proprium"», *in Obra Dispersa*, vol. I, pp. 345 ss. (p. 346); HAYEK, *Law, Legislation and Liberty*, vol. I, p. 98, e vol. II, p. 37; Paulo MOTA PINTO, *Declaração tácita e comportamento concludente no negócio jurídico*, p. 425; PAIS DE VASCONCELOS, *Teoria geral do direito civil*, vol. I, pp. 24 s.

[71] Assim LARENZ, *Richtiges Recht*, p. 80 (na tradução castelhana, p. 91); *idem*, *Allgemeiner Teil des deutschen Bürgerlichen Rechts*, p. 43.

jurídicas e na realização das legítimas expectativas geradas nas relações entre privados e entre estes e o Estado. O desaparecimento da confiança privaria de segurança o tráfico jurídico e inviabilizaria uma vida colectiva pacífica e de cooperação.

No Direito português a tutela da confiança dirigida a este fim constitui um princípio concretizador do Estado de Direito[72]. Entre os seus corolários contam-se a não retroactividade das leis[73], a ponderação na actividade administrativa da confiança suscitada na contraparte[74], a irrevogabilidade dos actos administrativos constitutivos de direitos, salvo quando ilegais e dentro de certos prazos[75], e o efeito de caso julgado das sentenças[76]. Fundam-se também nela a adopção de critérios objectivos de interpretação e integração dos negócios jurídicos, bem como de aferição da relevância da falta e vícios da vontade[77], a tutela da aparência em benefício do adquirente de bens alheios[78], do adquirente de coisa a comerciante que não tenha legitimidade para aliená-la[79], do portador de letra de que terceiro haja sido desapossado[80] e daquele que de boa fé contrate com agente sem poderes de representação ou que a este efectue uma prestação[81] e a protecção do titular da expectativa jurídica[82]. De tal modo a confiança é cara

---

[72] Cfr. GOMES CANOTILHO-VITAL MOREIRA, *Fundamentos da Constituição*, p. 84; GOMES CANOTILHO, *Direito Constitucional e Teoria da Constituição*, pp. 252 ss.

[73] Cfr. os arts. 18.°, n.° 3, e 29.° da Constituição e 12.°, n.° 1, do Código Civil.

[74] Art. 6.°-A, n.° 2, alínea *a*), do Código do Procedimento Administrativo.

[75] Arts. 83.° do Código Administrativo e 18.° da Lei Orgânica do Supremo Tribunal Administrativo.

[76] Art. 671.° do Código de Processo Civil.

[77] Arts. 236.°, n.° 1, 239.°, 244.° e 257.° do Código Civil.

[78] Arts. 892.° a 904.° e 956.° do Código Civil.

[79] Art. 1301.° do Código Civil.

[80] Art. 16.°, 2.° §, da Lei Uniforme Relativa às Letras e Livranças.

[81] Cfr. o art. 23.° do D.L. n.° 178/86, de 3 de Julho (Regulamenta o contrato de agência ou representação comercial).

[82] *Hoc sensu*, a esperança da aquisição de um direito ou de outra situação vantajosa que dependa de um facto complexo de formação sucessiva, de que se hajam já verificado alguns elementos, mas não todos. São titulares de expectativas jurídicas nesta acepção, por exemplo, o alienante e o adquirente condicional de um direito, o herdeiro legitimário, o fideicomissário e as próprias partes durante as negociações de um contrato (arts. 227.° e 275.°, 2, do Código Civil). Cfr. sobre o conceito GALVÃO TELLES, «Expectativa jurídica», *Dir.* 90.°, p. 2; OLIVEIRA ASCENSÃO, *Teoria geral do Direito Civil*, vol. IV, p. 97; CASTRO MENDES, *Teoria geral do Direito Civil*, vol. I, p. 376; MENEZES CORDEIRO, *Teoria geral do Direito Civil*, vol. I, pp. 261 s.; *idem*, *Tratado*, cit., vol. I, t. I, pp. 136 s.; PESSOA JORGE, *Ensaio sobre os pressupostos da responsabilidade civil*, pp. 312 s.; Carlos da MOTA PINTO,

Introdução 43

à ordem jurídica, que em atenção a ela se confere a situações jurídicas constituídas ilicitamente — *v.g.* a posse não titulada — a virtualidade de, quando mantidas por certo período de tempo, se converterem em situações jurídicas lícitas — por exemplo, mediante a aquisição pelo possuidor do direito real de gozo a cujo exercício corresponde a sua actuação [83].

Por outro lado, a tutela da confiança constitui um imperativo ético-jurídico, que encontra expressão nas disposições legais que consagram o princípio da boa fé [84]. Por força dele, quem crê efectivamente na bondade da sua própria posição jurídica merece uma certa tutela do Direito [85], sendo proscritos os comportamentos enganosos ou abusivos *in contrahendo*, no cumprimento das obrigações e no exercício de direitos em geral, bem como o *venire contra factum proprium* [86].

Ela corresponde, além disso, a uma necessidade própria das economias de consumo. Estas caracterizam-se, como já se referiu, pela massificação das relações contratuais e ainda pela sofisticação técnica dos produtos postos no mercado, cuja avaliação excede as aptidões da maioria dos seus adquirentes, e pelo recurso a poderosos instrumentos de mercadologia. A protecção da confiança depositada pelos contraentes na exactidão das informações que lhes são prestadas com vista à celebração dos contratos torna-se, neste contexto, imprescindível à segurança do tráfico jurídico. Não surpreende, por isso, que haja sido no domínio dos contratos de adesão que a tutela da confiança dirigida a este fim encontrou entre nós a sua mais nítida consagração legislativa [87].

Teoria geral do Direito Civil, pp. 180 s.; e Maria Raquel REI, «Da expectativa jurídica», *ROA* 1994, pp. 149 ss.

[83] Cfr. os arts. 1287.º a 1301.º do Código Civil. Sobre a protecção da confiança como valor tutelado pela posse *vide* MENEZES CORDEIRO, *A posse: perspectivas dogmáticas actuais*, pp. 49 s.

[84] Cfr. neste sentido LARENZ, *Allgemeiner Teil*, cit., p. 44, e LARENZ-WOLF, *Allgemeiner Teil des Bürgerlichen Rechts*, p. 33; e entre nós MENEZES CORDEIRO, *Da boa fé no Direito Civil*, vol. II, pp. 753 ss., 1234 ss. e 1298 s., e *Tratado*, cit., vol. I, t. I, p. 185.

[85] Cfr. os arts. 243.º, n.ºs 1 e 2, 612.º, 1269.º a 1275.º, 1294.º a 1296.º, 1298.º, 1299.º, 1647.º e 1648.º do Código Civil.

[86] Cfr. os arts. 227.º, n.º 1, 272.º, 275.º, n.º 2, 334.º e 762.º, n.º 2, do Código Civil.

[87] No art. 16.º, *a*), do Regime Jurídico das Cláusulas Contratuais Gerais instituído pelo D.L. n.º 446/85, de 25 de Outubro (alterado pelos D.L. n.ºs 220/95, de 31 de Agosto, e 249/99, de 7 de Julho) determina-se, efectivamente, que se pondere «a confiança suscitada, nas partes, pelo sentido global das cláusulas contratuais em causa, pelo processo de formação do contrato singular celebrado, pelo teor deste e ainda por quaisquer outros elementos atendíveis».

A tutela da confiança encontra-se estreitamente conexa com a ideia de autonomia. Num duplo sentido: por um lado, porque a confiança se traduz em larga medida na expectativa de que o próximo utilizará a sua liberdade de actuação de acordo com o que é legítimo esperar dele; por outro, porque a defraudação da confiança constitui amiúde, como se verá, uma forma de atentar contra a autodeterminação alheia[88].

Ela é, por outro lado, imprescindível ao funcionamento regular das sociedades estruturadas na base da repartição de tarefas entre os seus membros — e tanto mais assim quanto maior for o grau de especialização funcional destes. É que uma organização social estabelecida nesses moldes só é compatível com a autodeterminação da pessoa humana na medida em que cada um possa confiar nas informações que lhe são prestadas pelos demais nos domínios que transcendem as suas aptidões pessoais e em que, por conseguinte, carece da cooperação alheia para a satisfação das suas necessidades. Daí a crescente imposição pelas ordens jurídicas contemporâneas, entre as quais a nossa[89], aos profissionais dos diferentes ramos da actividade económica do dever de prestarem aos destinatários dos seus bens e serviços certas informações tidas como necessárias à formação do respectivo consentimento e a cominação de responsabilidade pelos prejuízos infligidos mediante a violação desses deveres. Daí também a consagração da responsabilidade objectiva do produtor por danos causados pelos produtos defeituosos que pôs em circulação — entendidos como aqueles que «não oferecem a segurança com que legitimamente se pode contar»[90].

---

[88] No caso de conflito entre a tutela da confiança e a liberdade de acção individual o Direito português tende a atribuir primazia à primeira. Depõem neste sentido a consagração no art. 227.º do Código Civil, nos mais amplos termos, da responsabilidade pré--contratual e a admissão nos arts. 899.º e 909.º do Código de uma responsabilidade deste tipo com carácter objectivo. Cfr. sobre o ponto *infra*, § 15.º.

[89] Ver por exemplo o art. 8.º da Lei n.º 24/96, de 31 de Julho (Estabelece o regime legal aplicável à defesa dos consumidores).

[90] Cfr. o art. 6.º, n.º 1, da Directiva do Conselho n.º 85/374/CEE, de 25 de Julho de 1985, *in JOCE* n.º L 210, de 7 de Agosto de 1985, e o art. 4.º, n.º 1, do D.L. n.º 383/89, de 6 de Novembro. Sobre o ponto consulte-se, na doutrina nacional, CALVÃO DA SILVA, *Responsabilidade civil do produtor*, pp. 500 e 633 ss.

Introdução 45

A tutela da confiança é também um princípio imanente às ordens jurídicas alemã[91] e italiana[92]. No próprio *Common Law* a tutela das expectativas razoáveis das partes é tida como preocupação primordial dos juízes[93].

Encontramos igualmente manifestações deste princípio no Direito uniforme. Tal é o caso da Convenção das Nações Unidas sobre os Contratos de Compra e Venda Internacional de Mercadorias[94], que em diversos preceitos consagra soluções inspiradas no respeito pela confiança legítima[95].

Este conta-se ainda entre os princípios gerais do Direito que, nos termos do Estatuto do Tribunal Internacional de Justiça, constituem fonte autónoma de Direito Internacional Público[96].

Tanto as ordens jurídicas nacionais como o Direito uniforme e o Direito Internacional protegem, pois, a confiança criada por condutas individuais e por actos normativos ou administrativos dimanados dos poderes públicos. É este, como já tem sido notado, um princípio universal de Direito[97].

Ora, sendo a confiança tutelada na ordem interna e no Direito das gentes, por maioria de razão há-de sê-lo no tráfico jurídico-privado internacional. Este favorece, na verdade, ao mais alto grau a constituição de situações em que certa ou certas ordens jurídicas reconhecem a determinada pessoa um direito subjectivo, afectando um bem à satisfação dos seus fins, daí resultando para o seu titular a esperança de que as demais ordens jurídicas conexas com a mesma situação da vida procedam de modo idêntico.

---

[91] Veja-se neste sentido, por muitos, LARENZ, *Methodenlehre*, cit., p. 424 (na tradução portuguesa, p. 603), onde o autor sustenta poder esse princípio «almejar a ser tido em conta em todos os ramos do Direito»; *Richtiges Recht*, pp. 80 ss. (na tradução castelhana, pp. 90 ss.); e *Allgemeiner Teil*, cit., pp. 43 ss. Cfr. também LARENZ-WOLF, *Allgemeiner Teil*, cit., pp. 33 s. Para um exame das diferentes aplicações do princípio no Direito Privado alemão *vide* EICHLER, *Die Rechtslehre vom Vertrauen*, pp. 38 ss.

[92] Cfr. SACCO, «Affidamento», *EDD*, vol. I, pp. 661 ss.

[93] Assim HAYEK, ob. cit., vol. I, p. 86. Cfr. também os autores e obras citados *infra*, § 14.°, a respeito da confiança como fundamento da responsabilidade *in contrahendo*.

[94] De que Portugal ainda não é parte. Cfr. a respectiva tradução portuguesa *in* M.A. BENTO SOARES-MOURA RAMOS, *Contratos internacionais*, pp. 446 ss.

[95] Cfr. os arts. 16, n.° 2, *b*), 29, n.° 2, 2ª parte, 35, n.° 2, *b*), 42, n.° 2, *b*), e 47. Na doutrina consultem-se sobre o ponto MAGNUS, «Die allgemeinen Grundsätze im UN-Kaufrecht», *RabelsZ* 1995, pp. 469 ss. (p. 481 s.), e HONNOLD, *Uniform Law for International Sales*, pp. 105 ss.

[96] Cfr. o art. 38.°, n.° 1, *c*). No sentido do texto ver GONÇALVES PEREIRA-FAUSTO DE QUADROS, *Manual de Direito Internacional Público*, p. 262.

[97] Cfr. neste sentido BAPTISTA MACHADO-MOURA RAMOS, «DIP. Parecer», *CJ* 1985, t. V, pp. 11 ss. (p. 20).

46 Da Responsabilidade Pré-Contratual em Direito Internacional Privado

No Direito Internacional Privado a tutela da confiança assume um significado plúrimo:

a) Em primeiro lugar, dela decorre a própria exigência de reconhecimento de eficácia à lei estrangeira na ordem interna. Violaria, na verdade, o princípio da confiança a sistemática sujeição das questões privadas internacionais à *lex fori*, visto que daí resultaria inevitavelmente a lesão de expectativas legítimas. Associada a esta ideia está a necessidade, que constitui uma condição indispensável de todo o comércio sobre-fronteiras, de previsibilidade pelos interessados da lei aplicável às situações da vida privada internacional, por forma que cada um saiba quais as regras por que deve pautar a sua conduta e, desse modo, quais os bens de que lhe é lícito dispor e qual a medida em que lhe é lícito interferir na esfera jurídica alheia.

b) Por outro lado, o princípio da confiança impõe, especialmente quando daí possam advir conflitos de deveres, que se evite a formação de situações claudicantes (i. é, de situações a que pertencem certos efeitos jurídicos em determinado Estado, que todavia não são reconhecidos noutro ou noutros com que as mesmas possuem conexões significativas). A consecução deste desiderato pressupõe nomeadamente o reconhecimento no Estado do foro de direitos subjectivos e de situações jurídicas favoráveis constituídas à luz de ordens jurídicas estrangeiras que possuam com os factos uma conexão relevante[98]; e que se procure assegurar o reconhecimento das situações jurídicas constituídas no Estado do foro nos países onde, pela sua natureza e conteúdo, elas se destinam a produzir efeitos.

c) A tutela da confiança pode ainda reclamar em determinados casos a protecção da aparência de um negócio jurídico válido e eficaz, que um sujeito erroneamente se representa como tal a partir das normas de um dos ordenamentos com que se encontra conexo e por ignorar um vício de que o mesmo padece segundo a lei em princípio aplicável de acordo com o Direito de Conflitos do foro[99].

---

[98] Observe-se que nestes casos a justificação da tutela jurídica da expectativa é acrescida pelo facto de não concorrerem neles apenas alguns dos elementos do facto complexo de que depende a aquisição de um direito, como sucede na expectativa em Direito interno, antes se achando já verificados num dado ordenamento jurídico todos esses elementos e estando apenas em causa o reconhecimento do direito ou da situação assim constituídos noutro ordenamento.

[99] *Vide* sobre o ponto, em especial, JOBARD-BACHELLIER, *L'apparence en droit international privé*, pp. 377 ss.

Introdução 47

d) Finalmente, exige a tutela da confiança que se obvie à sujeição das questões privadas internacionais a uma disciplina contrária à que para elas estabelece qualquer dos ordenamentos jurídicos com que se encontram conexas.

Para alguns o próprio fundamento ou problema central do Direito Internacional Privado consiste na tutela das expectativas naturais e razoáveis dos sujeitos jurídicos [100].

---

[100] Esta perspectiva achou especial acolhimento na doutrina italiana: vejam-se nomeadamente QUADRI, *Lezioni di DIP*, pp. 147 ss.; *idem*, «Acquisiti (Diritti)», *NssDI*, I/1, pp. 237 ss. (p. 241); e BETTI, *Problematica del Diritto Internazionale*, p. 162.

Em sentido crítico relativamente a essa tese pronuncia-se WENGLER (est cit. no *Rec. cours*, 1961-III, pp. 361 ss.), para quem o respeito pelas expectativas das partes não poderia constituir o princípio orientador da selecção dos elementos de conexão das regras de conflitos em todas as situações em que uma relação jurídica possua contactos com mais do que um território. O autor reconhece, contudo, que «uma relação social não deve ser sujeita a uma ordem jurídica local com que as partes de todo não podiam contar» (est. cit., p. 363, n. 17), e admite que a tutela das expectativas possa encontrar-se por detrás de certas regras de conflitos individualmente consideradas (*ibidem*, p. 364). A crítica de WENGLER dirige-se, assim, tão-só à possível relevância das expectativas individuais como factor determinante da escolha da lei aplicável em todos os casos de conflitos de leis; não à fundamentação nelas do Direito Internacional Privado como um todo (como sustenta QUADRI), nem tão-pouco à possibilidade de constituírem critério de eleição do elemento de conexão em casos individuais.

Na doutrina germânica contemporânea avulta em defesa da tutela das expectativas e da confiança dos indivíduos como missão essencial do Direito Internacional Privado KROPHOLLER, *IPR*, pp. 32 e 134 s.

Na doutrina suíça esta orientação é perfilhada entre outros por VISCHER, «The Antagonism Between Legal Security and The Search for Justice in the Field of Contracts», *Rec. cours*, vol. 142 (1974-II), pp. 1 ss. (p. 17); *idem*, «General Course on Private International Law», *Rec. cours*, vol. 232 (1992-I), pp. 9 ss. (p. 30); HEINI, «Vertrauensprinzip und Individualanknüpfung im internationalen Vertragsrecht», *in FS Vischer*, pp. 149 ss.; BUCHER, «L'attente légitime des partie», *in FS Heini*, pp. 95 ss.; *idem*, *DIP Suisse*, vol. I/2, pp. 87 s.; e GONZENBACH, *Die akzessorische Anknüpfung. Ein Beitrag zur Verwirklichung des Vertrauensprinzips im internationalen Deliktsrecht*, pp. 5 ss.

Na literatura jurídica anglo-saxónica atribuem particular relevo à protecção das expectativas das pessoas como fundamento do Direito de Conflitos, por último, NYGH, «The Reasonable Expectations of the Parties as a Guide to the Choice of Law in Contract and in Tort», *Rec. cours*, vol. 251 (1995), pp. 269 ss.; JAFFEY-CLARKSON-HILL, *Jaffey on the Conflict of Laws*, pp. 7 ss. e 508 s.; e CHESHIRE-NORTH-FAWCETT, *Private International Law*, p. 32.

A protecção das expectativas legítimas das partes obteve reconhecimento explícito como directriz fundamental da resolução dos conflitos de leis no § 6 (2) (d) do segundo *Restatement* norte-americano sobre os conflitos de leis (cfr. *infra*, n. 1347) e no art. 3515, 2.° §,

48 *Da Responsabilidade Pré-Contratual em Direito Internacional Privado*

Sem irmos tão longe, supomos que pode descortinar-se no princípio da confiança a justificação de várias soluções contidas no Direito Internacional Privado vigente. Vejamo-las.

Pelo que respeita à regulação do estatuto pessoal, é o princípio da confiança — nas suas vertentes de protecção das expectativas legítimas do declarante e de tutela da aparência ou da confiança de terceiros — que constitui o fundamento de certos limites à competência da lei pessoal dos indivíduos [101] e das pessoas colectivas [102], mediante os quais se procura assegurar a aplicação de uma lei com que esses sujeitos presumivelmente contaram, *maxime* por ser a que vigora no meio sócio-jurídico em que certo acto foi praticado. Nele assenta, além disso, a disciplina do conflito móvel constante de certos preceitos legais portugueses [103] que prevêem a manutenção de posições jurídicas adquiridas ao abrigo da anterior lei pessoal.

---

do Código Civil da Luisiana, revisto em 1991 (sobre esta disposição ver *infra*, n. 180; pode consultar-se o texto integral do Livro IV do referido Código *in* MARQUES DOS SANTOS, *DIP. Colectânea de textos legislativos de fonte interna e internacional*, pp. 1437 ss.).

Entre nós, pronunciou-se BAPTISTA MACHADO no sentido de que «a tutela da natural expectativa dos indivíduos (das partes interessadas em dadas posições ou situações jurídicas e de terceiros)» é a «finalidade primária do Direito de Conflitos, tanto no espaço como no tempo» (cfr. *Âmbito*, cit., p. 180, e *Lições de DIP*, p. 49) e constitui a sua «razão de ser» (cfr. BAPTISTA MACHADO-MOURA RAMOS, «DIP. Parecer», *CJ* 1985, t. V, pp. 11 ss., p. 20). Mais recentemente, o mesmo autor afirmou que o princípio da confiança é o «princípio fundamental de direito que está na raiz do direito internacional privado» (cfr. *Contributo da Escola de Coimbra para a teoria do DIP*, p. 13). A mesma concepção fundamental é perfilhada por FERRER CORREIA, *Lições de DIP*, p. 38 s.; *DIP. Alguns problemas*, pp. 24 e 109 s.; e «Homenagem ao Doutor Baptista Machado», *RLJ*, ano 125.°, pp. 193 ss. (p. 197) e MOURA RAMOS, *Da lei aplicável ao contrato de trabalho internacional*, pp. 201 e 306.

[101] Consagrados nos arts. 28.° e 31.°, n.° 2, do Código Civil e 11.° da Convenção de Roma. BAPTISTA MACHADO fundamenta expressamente o primeiro daqueles preceitos na tutela da confiança: cfr. *Lições de DIP*, p. 342. Por seu turno, MOURA RAMOS, *DIP. Programa, conteúdos e métodos de ensino*, p. 31, entende que a ideia de protecção da confiança «pretende que aos particulares sejam reconhecidos *in foro* os direitos cujo nascimento se efectivou com base num sistema estrangeiro diverso daquele a quem a regra de conflitos local reconhece a competência na matéria», problema a que o art. 31.°, n.° 2, «não deixa de dar uma resposta».

[102] Cfr. o art. 3.°, n.° 1, segunda parte, do Código das Sociedades Comerciais. Filia esse segmento normativo na necessidade de tutela da aparência, MOURA RAMOS, *Aspectos recentes do DIP português*, p. 30 da separata. Admite, por seu turno, que o fundamento da solução nele consagrada é a tutela da confiança de terceiros, LIMA PINHEIRO, «O Direito aplicável às sociedades. Contributo para o Direito Internacional Privado das sociedades», *ROA* 1998, pp. 673 ss. (pp. 699 e 757).

[103] Cfr. por exemplo os arts. 29.° e 63.°, n.° 2, do Código Civil.

Introdução 49

A tutela da confiança justifica também a aplicabilidade às obrigações emergentes de contrato da lei do país com o qual o mesmo apresente a conexão mais estreita[104], bem como da lei do país onde a parte que está obrigada a fornecer a prestação característica tem, no momento da celebração do contrato, a sua residência habitual ou a sua administração central[105]. Certos limites à competência da *lex substantiae* quanto à determinação do valor de uma conduta e do silêncio como declarações negociais[106] e a consagração de conexões alternativas para a aferição da validade formal dos negócios jurídicos[107] decorrem igualmente desse princípio.

O princípio da confiança está ainda na base das disposições legais que introduzem, mediante diferentes expedientes técnicos, autolimitações ao sistema de conflitos do foro. Incluem-se entre elas as cláusulas de excepção[108], que, além do mais, visam salvaguardar as legítimas expectativas das partes relativamente ao Direito aplicável, sempre que do conjunto das circunstâncias resultar que a relação *sub judice* apresenta uma conexão mais estreita com uma ordem jurídica que não a designada pela regra de conflitos relevante[109].

---

[104] Cfr. o art. 4.º, n.º 1, da Convenção de Roma e o art. 191.º, n.º 2, do D.L. n.º 94--B/98, de 17 de Abril (Regula as condições de acesso e de exercício da actividade seguradora e resseguradora no território da Comunidade Europeia, incluindo a exercida no âmbito institucional das zonas francas). Expressamente no sentido de que a «conexão individual» consistente na aplicação da lei que apresente com a relação *sub judice* a ligação espacial mais estreita, consagrada no referido preceito da Convenção de Roma, se funda no princípio da confiança jurídico-conflitual («kollisionsrechtliche Vertrauensprinzip»), *vide* HEINI, «Vertrauensprinzip und Individualanknüpfung im internationalen Vertragsrecht», *in FS Vischer*, pp. 149 ss. (p. 153 s.). Também NYGH, est. cit., p. 332, considera que a aplicação da lei do país que apresentar a conexão mais estreita com o contrato corresponderá em muitos casos às expectativas das partes.

[105] Cfr. o art. 4.º, n.º 2, da mesma Convenção. Desenvolveremos este ponto adiante, no § 24.º.

[106] Cfr. os arts. 35.º, n.ºs 2 e 3, do Código Civil e 8.º, n.º 2, da Convenção de Roma. No sentido do texto pode consultar-se, na doutrina portuguesa, António FRADA DE SOUSA, *Conflito de clausulados e consenso nos contratos internacionais*, pp. 209 s., 227 s. e 351.

[107] Cfr. os arts. 36.º, n.º 1, e 65.º, n.º 1, do Código Civil e 9.º, n.ºs 1 e 2, da Convenção de Roma.

[108] Como a que se acha consagrada no art. 6.º, n.º 2, *in fine*, da Convenção de Roma.

[109] Neste sentido pronunciam-se, à luz do art. 15.º da lei federal suíça de Direito Internacional Privado (cuja versão francesa se encontra reproduzida *in* MARQUES DOS SANTOS, *DIP. Colectânea de textos legislativos de fonte interna e internacional*, pp. 1521 ss.), VISCHER, «General Course on Private International Law», *Rec. cours*, vol. 232 (1992-I), pp. 9 ss. (p. 110), e *IPRGKommentar*-KELLER-GIRSBERGER, pp. 137 s. A mesma orientação

50 Da Responsabilidade Pré-Contratual em Direito Internacional Privado

É esse igualmente o caso das regras que disciplinam o reenvio, às quais subjaz a intenção primordial de assegurar a estabilidade das situações plurilocalizadas e, desse modo, a confiança dos interessados [110].

À mencionada categoria de disposições são outrossim reconduzíveis as normas que prevêem o reconhecimento de actos públicos estrangeiros independentemente de estes se fundarem no Direito competente segundo as regras de conflitos do Estado do foro [111].

---

era já preconizada no relatório oficial que acompanhou o correspondente projecto de lei: cfr. *Botschaft zum Bundesgesetz über das internationale Privatrecht (IPR-Gesetz)*, *in BBl.* 1983-I, pp. 263 ss. (p. 310).

[110] De facto, os arts. 17.° e 18.° do Código Civil visam possibilitar a aplicação em Portugal da mesma lei que seria aplicada à situação *sub judice* noutros países com ela espacialmente conexos, principalmente aqueles onde ela já terá produzido efeitos, justamente por forma a evitar a defraudação de expectativas criadas à sombra da lei desses países; e os arts. 36.°, n.° 2, e 65.°, n.° 1, do mesmo Código possibilitam este mesmo desiderato ao admitirem a validade formal das declarações negociais que observem a forma prescrita pela lei do Estado para que remete a regra de conflitos da lei local, ainda que esta não se repute competente.

O art. 19.°, n.° 1, por seu turno, estabelece uma restrição à aplicação daquelas primeiras disposições nos casos em que delas resulte a invalidade ou a ineficácia de um negócio jurídico que seria válido de acordo com a lei designada pela regra de conflitos portuguesa, visando evitar que através do reenvio a confiança dos interessados seja defraudada. Limita-se por isso a explicitar uma restrição à aplicabilidade dos arts. 17.° e 18.° que é exigida pela teleologia imanente aos mesmos: no Direito Internacional Privado português o objectivo da harmonia de julgados não pode ser prosseguido contra as expectativas dos interessados porque a tutela destas é um dos seus fundamentos precípuos.

Não existe por conseguinte verdadeira oposição entre os preceitos citados, pois que todos são emanação do mesmo pensamento fundamental.

Esta explicação unitária dos arts. 17.° a 19.°, n.° 1, permite precisar o âmbito de aplicação deste último preceito: ele não será aplicável, a nosso ver, em todos os casos em que não exista da parte dos interessados uma confiança fundada na aplicação da lei designada pela regra de conflitos portuguesa e, consequentemente, na validade ou eficácia de um negócio ou na legitimidade de um estado segundo essa lei. Isso sucederá nomeadamente quando o negócio fosse considerado inválido ou ineficaz ou o estado ilegítimo à face das únicas leis conectadas com a situação no momento da sua constituição; e quando estejam em causa negócios ainda não celebrados. Veja-se uma interpretação restritiva do art. 19.°, n.° 1, conducente a resultados análogos, mas com fundamentação diversa, em FERRER CORREIA, *Lições de DIP*, pp. 429 ss., e BAPTISTA MACHADO, *Lições de DIP*, p. 218. Diferentemente, porém, MAGALHÃES COLLAÇO, *DIP. O regime da devolução no Código Civil de 1966*, p. 23, entende que «o princípio do *favor negotii* opera como delimitador negativo das regras que consagram a devolução», sem a restrição assinalada. Também MARQUES DOS SANTOS, *DIP. Sumários* (1987), p. 165, considera o princípio do *favor negotii* «como sendo de hierarquia superior ao princípio da harmonia internacional de julgados».

[111] *Vide* o art. 1096.° do Código de Processo Civil, os arts. 6.° e 7.° do Código do

Introdução 51

É também na ideia de tutela da confiança nas transacções internacionais que se funda o reconhecimento pela doutrina e pela jurisprudência da figura dita a transposição[112], pois que através desta se visa evitar que, mormente no caso de conflito móvel, situações jurídicas constituídas ao abrigo de certo ordenamento se extingam em virtude de o seu novo estatuto não conhecer as categorias jurídicas de que as mesmas constituem expressão.

É ainda o princípio da confiança que subjaz ao disposto no art. 15.º do Código Civil, na medida em que nele se exclui qualquer qualificação primária, *lege fori*, das situações da vida privada internacional[113].

Ao princípio da confiança pode, por fim, reconduzir-se o chamado efeito atenuado da reserva de ordem pública internacional, que a jurisprudência francesa e parte da doutrina imputam a esta figura quando esteja em causa o reconhecimento no Estado do foro de situações constituídas no estrangeiro[114].

Registo Civil, o art. 44.º do Código do Notariado e os arts. 26.º e seguintes das Convenções de Bruxelas e de Lugano. A irrelevância da litispendência estrangeira (prevista entre nós no art. 497.º, n.º 3, do Código de Processo Civil), associada ao primado do caso julgado nacional sobre o caso julgado estrangeiro posterior, ainda que o tribunal estrangeiro haja prevenido a jurisdição (consagrado nos arts. 771.º, *g*), e 1100.º, n.º 1, do mesmo Código), diminui significativamente, no entanto, o referido alcance daquelas normas. Por isso certos textos convencionais e legais recentes admitem a relevância da litispendência estrangeira: cfr. por exemplo os arts. 21.º e seguintes das Convenções de Bruxelas e de Lugano, o art. 9.º da lei suíça de Direito Internacional Privado e o art. 7.º da Reforma do Sistema Italiano de Direito Internacional Privado. Sobre o relevo da confiança legítima como fundamento do reconhecimento das sentenças estrangeiras ver VON MEHREN, «Recognition and Enforcement of Foreign Judgments — General Theory and the Role of Jurisdictional Requirements», *Rec. cours*, vol. 167 (1980-II), pp. 9 ss. (pp. 22 ss. e 32).

[112] Sobre esta *vide*, na literatura jurídica estrangeira, LEWALD, «Règles générales des conflits de lois», *Rec. cours*, vol. 69 (1939-III), pp. 1 ss. (pp. 127 ss.); BETTI, *Problematica del diritto internazionale*, pp. 301 ss.; KELLER-SIEHR, *Allgemeine Lehren des IPR*, pp. 516 ss.; JAYME, «Identité culturelle et intégration: le DIP postmoderne», *Rec. Cours*, vol. 251 (1995), pp. 9 ss. (pp. 117 s.); LOOSCHELDERS, *Die Anpassung im IPR*, 64 ss., 183 ss., 269 ss. e 418; FIRSCHING-VON HOFFMANN, *IPR*, 216 s.; e KROPHOLLER, *IPR*, pp. 482 s. Na doutrina nacional podem consultar-se os estudos de MARQUES DOS SANTOS, *Breves considerações sobre a adaptação em DIP*, pp. 7 ss., e LIMA PINHEIRO, *A venda com reserva de propriedade em DIP*, pp. 192 ss.

[113] Cfr. *infra*, § 20.º.

[114] Cfr. BAPTISTA MACHADO, *Lições de DIP*, pp. 267 e 414, BATIFFOL-LAGARDE, *DIP*, vol. I, pp. 580 ss., e LAGARDE, «Public Policy», *in IECL*, vol. III, capítulo 11, pp. 38 ss. Observe-se que não parece exacta a designação aludida no texto a fim de exprimir a ideia em apreço, pois que a ordem pública internacional não produz em rigor efeitos menos

O pensamento da confiança aparece frequentemente associado à necessidade de segurança jurídica [115]. É isto exacto, no plano do Direito Internacional Privado, na medida em que, como se disse, através da tutela da confiança se tem em vista assegurar a previsibilidade do Direito aplicável e permitir a cada um conhecer a lei sob que vive, condição do exercício da sua liberdade; e é-o também porque a satisfação das legítimas expectativas individuais contribui para um estado de ordem propício à fluidez do comércio jurídico sobre-fronteiras e à paz jurídica nas relações privadas internacionais. Mas quando a tutela da confiança se consubstancie no reconhecimento no Estado do foro de direitos subjectivos ou outras situações jurídicas validamente constituídas à face de ordenamentos estrangeiros que com elas apresentem uma conexão espacial relevante constitui a mesma expressão de uma exigência de justiça. Por isso se nos afigura que no princípio da confiança se conjugam os valores axiais ou os fins últimos prosseguidos pelo Direito Internacional Privado: a ideia de Direito que o inspira.

Note-se que a referência do Direito Internacional Privado ao princípio da confiança, que assim preconizamos, não se confunde com a teoria dos direitos adquiridos.

Esta foi modernamente formulada, sob a influência de HUBER [116], por DICEY [117] e BEALE [118] no *Common Law*, por PILLET [119] na doutrina francesa

---

intensos nas hipóteses referidas, antes os pressupostos da sua intervenção são nelas mais exigentes.

[115] Assim, por exemplo, BAPTISTA MACHADO, «Tutela da confiança e "venire contra factum proprium"», cit., p. 362.

[116] Cfr. *De Conflictu Legum* (1ª ed., 1689; 2ª ed., 1707). Aí se encontra uma primeira formulação da ideia conforme a qual os negócios e actos jurídicos celebrados segundo a lei de certo lugar são válidos mesmo onde vigore uma lei diversa: «*Cuncta negotia et acta tam in judicio quam extra judicium, seu mortis causa sive inter vivos, secundum jus certi loci rite celebrata valent, etiam ubi diversa juris observatio viget, ac ubi sic inita, quemadmodum facta sunt, non valerent*» (ob. cit., n.º 3).

[117] Cfr. *Conflict of Laws*, 3ª ed. (1922), pp. 23 s.: «General Principle No. 1 — Any right which has been duly acquired under the law of any civilised country is recognised and, in general, enforced by English Courts, and no right which has not been duly acquired is enforced or, in general, recognised by English Courts» (texto reproduzido *in* PICONE-WENGLER, *IPR*, p. 53).

[118] Cfr. *A Treatise on the Conflict of Laws*, vol. III, pp. 1968 ss.: «A right having been created by the appropriate law, the recognition of its existence should follow everywhere. Thus an act valid where done cannot be called in question anywhere» (texto reproduzido *in* PICONE-WENGLER, *IPR*, p. 53).

[119] Cfr. *Traité pratique de DIP*, t. I, pp. 119 ss., e «La théorie générale des droits acquis», *Rec. cours*, vol. 8 (1925-II), pp. 485 ss. (pp. 489 ss.).

e por MACHADO VILLELA [120] entre nós; e obteve consagração na primeira versão do projecto de reforma do Código Civil francês em matéria de Direito Internacional Privado [121], no projecto de uma lei uniforme de Direito Internacional Privado para os países do Benelux e no projecto de um código de aplicação das normas jurídicas preparado no Brasil pela comissão de que foi relator Haroldo VALLADÃO [122, 123].

Do princípio da confiança pode decorrer, como veremos [124], o reconhecimento de situações jurídicas constituídas, mesmo *ex lege*, à sombra de ordenamentos jurídicos estrangeiros que com elas não possuam a conexão espacial exigível segundo as regras de conflitos do Estado do foro.

Contudo, esse reconhecimento não é, diversamente do que resulta da referida teoria, necessário ou indiscriminado (por indiferente à natureza do título de competência que se arroga a lei com base na qual se operou a aquisição do direito em questão), nem importa adesão aos sistemas da unilateralidade ou da autolimitação espacial das regras de conflitos que lhe estão associados [125]; antes depende de uma avaliação autónoma da legiti-

---

[120] Cfr. *Tratado elementar (teórico e prático) de DIP*, livro I, pp. 610 ss.

[121] Publicada na *RCDIP* 1950, pp. 111 ss., sob o título *Projet de Droit international privé élaboré par la Commission de Réforme du Code Civil*. Dispõe o art. 21.° desse texto: «A moins que la loi française ne fût compétente, toute situation juridique créée à l'étranger en vertu d'une loi étrangère qui se reconnaissait compétente, produit ses effets en France». Esta solução foi, porém, abandonada em versão ulterior desse projecto: cfr. *Projet de loi complétant le Code Civil en matière de Droit International Privé, RCDIP* 1970, pp. 835 ss.

[122] Cfr. o respectivo texto e trabalhos preparatórios em Haroldo VALLADÃO, *DIP*, vol. II, pp. 267 ss. Dispõe o art. 79: «São reconhecidos no Brasil direitos adquiridos no estrangeiro em virtude de ato ou julgamento ali realizados, de acordo com o direito estrangeiro vigorante, salvo se for caso de competência exclusiva do direito brasileiro, e observadas sempre as reservas da fraude à lei e da ordem pública (art. 80)».

[123] Não cabe manifestamente fazer aqui a exposição desta teoria, que se acha amplamente tratada na literatura jurídica portuguesa. *Vide* sobre o tema: MAGALHÃES COLLAÇO, *DIP*, vol. I, pp. 52 ss., e vol. II (ed. de 1967), pp. 67 s.; BAPTISTA MACHADO, *Âmbito*, cit., pp. 49 ss.; *idem*, «Autonomia do problema do reconhecimento dos direitos adquiridos em Machado Vilela e suas implicações», *SI* 1971, pp. 396 ss.; *idem, Lições de DIP*, pp. 21 ss.; FERRER CORREIA, *Lições de DIP*, pp. 521 ss.; *idem, DIP. Alguns problemas*, 222 ss; *idem*, «La doctrine des droits acquis dans un système de règles de conflit bilatérales», *in Estudos vários de Direito*, pp. 59 ss.; MOURA RAMOS, «Dos direitos adquiridos em DIP», *in Das relações privadas internacionais*, pp. 11 ss.; FERNANDES COSTA, «Direitos adquiridos e reconhecimento de sentenças estrangeiras», *in Estudos em homenagem ao Prof. Doutor A. Ferrer Correia*, vol. I, pp. 121 ss.

[124] Cfr. especialmente os §§ 27.° e 28.°.

[125] Tal é a solução preconizada entre outros por FRANCESKAKIS, *La théorie du renvoi et les conflits de systèmes en DIP*, pp. 200 s., GRAULICH, *Principes de DIP*, 1961,

midade da confiança invocada, a empreender pelo julgador no quadro dos valores que informam a ordem jurídica do foro e em face das circunstâncias do caso concreto.

É que nem todas as expectativas podem ser protegidas pela ordem jurídica[126]. «O reconhecimento geral e absoluto da tutela da confiança levaria, como adverte MENEZES CORDEIRO[127], a que boa parte das soluções jurídicas fosse desviada a favor daquilo em que, por uma razão ou outra, as pessoas acreditaram». Daí que apenas a frustração das expectativas que o Direito tenha por legítimas deva ser evitada.

A tutela da confiança pressupõe assim a verificação de diversos requisitos, que constituem, segundo a terminologia proposta por CANARIS, o tipo da confiança (*Vertrauenstatbestand*)[128].

Em tese geral, estes podem enunciar-se do seguinte modo: *a*) uma situação de confiança, consubstanciada na formação em determinado sujeito de uma expectativa; *b*) a legitimidade dessa expectativa, traduzida por um lado na boa fé subjectiva do confiante (o qual, ao formar a sua expectativa, deverá ter tomado todos os cuidados e preocupações usuais no tráfico jurídico ou exigidos pela lei) e, por outro, na existência de elementos objectivos capazes de em abstracto a provocarem; *c*) um investimento de confiança, consistente em actos ou omissões do confiante, que evidenciem (por isso que dela são um efeito) a expectativa nele criada e o dano que para si resultaria da ausência de tutela daquela; *d*) um nexo de

---

p. 176, QUADRI, *Lezioni di DIP*, pp. 177 s., GOTHOT, «Le renouveau de la tendance unilatéraliste en DIP», *RCDIP* 1971, pp. 1 ss., 209 ss. e 415 ss. (p. 9), e Haroldo VALLADÃO, *DIP*, vol. I, pp. 484 ss.

[126] Isto, ainda que a frustração da expectativa implique um dano para o seu titular, pois que, como salienta HAYEK, «não é possível nem desejável impedir todas as acções lesivas de terceiros, mas tão-só certos tipos de acções»: cfr. *Law, Legislation and Liberty*, vol. I, pp. 102 s. Ver ainda sobre o ponto *infra*, § 6.º.

[127] *Teoria geral do Direito Civil*, vol. I, p. 387; *Tratado*, cit., vol. I, t. I, pp. 184 s.

[128] Cfr. *Die Vertrauenshaftung im deutschen Privatrecht*, pp. 503 ss. Na civilística portuguesa podem consultar-se sobre o ponto: MENEZES CORDEIRO, *Da boa fé no direito civil*, vol. II, p. 1248; *idem, Teoria geral do Direito Civil*, vol. I, pp. 391 ss.; *idem, Tratado*, cit., vol. I, t. I, pp. 185 ss.; MENEZES CORDEIRO-CARNEIRO DA FRADA, «Da inadmissibilidade da recusa de ratificação por *venire contra factum proprium*», *Dir.* 1994, pp. 677 ss. (pp. 701 ss.); BAPTISTA MACHADO, «Tutela da confiança e "venire contra factum proprium"», cit., pp. 416 ss.; e CARNEIRO DA FRADA, *Uma «terceira via» no Direito da responsabilidade civil?*, pp. 103 s. Acerca dos pressupostos da aplicação do mesmo princípio no Direito Administrativo ver REBELO DE SOUSA, *Lições de Direito Administrativo*, vol. I, pp. 117 s.

Introdução 55

causalidade entre a situação de confiança e os actos ou omissões que integram o investimento de confiança; e *e*) quando a tutela da confiança onere outrem (*maxime* o responsável pelo investimento realizado pelo confiante) a imputabilidade da mesma a esse sujeito.

Consideremos agora as aplicações possíveis destes requisitos às relações plurilocalizadas:

a) Neste domínio, a expectativa traduzir-se-á, por via de regra, na esperança da afectação, no Estado do foro, de um bem de que certa pessoa é titular à face de um dos ordenamentos jurídicos conexos com a situação a regular. Tipicamente, ela decorrerá da aparência de validade ou eficácia de um negócio jurídico, inválido ou ineficaz segundo a lei em princípio competente para regê-lo, mas válido e eficaz perante a ordem jurídica do foro [129] ou de um país estrangeiro [130], onde foi celebrado; de certo dano ser indemnizável segundo a lei de um país diverso daquele onde ocorreu a omissão ou o acto lesivo [131]; ou de se ter operado certa composição de interesses mediante uma decisão judicial ou arbitral estrangeira, um acto autêntico ou uma transacção judicial lavrada em país estrangeiro [132].

b) A justificação da confiança derivará, nos casos apontados, da existência de uma conexão espacial relevante entre a situação da vida em apreço e a ordem jurídica à face da qual se formou a expectativa a tutelar ou o sistema judicial donde emana a decisão ou acto a reconhecer.

c) O investimento de confiança traduzir-se-á na prática pelo confiante, por exemplo, de actos de disposição de bens ou de alteração do seu *status* pessoal na convicção de que a validade ou a eficácia dos mesmos segundo certa ordem jurídica seria reconhecida no Estado do foro.

d) O nexo de causalidade entre a situação e o investimento de confiança consistirá geralmente em o confiante ter orientado a sua conduta pelas regras materiais, de conflitos de leis ou de jurisdições vigentes num

---

[129] Cfr. os arts. 28.°, n.° 1, do Código Civil e 11.° da Convenção de Roma.

[130] Cfr. os arts. 28.°, n.° 3, 31.°, n.° 2, 36.°, n.° 2, e 65.°, n.° 1, do Código Civil e 11.° da Convenção de Roma.

[131] Cfr. o art. 45.°, n.°s 2 e 3, do Código Civil.

[132] Cfr. nomeadamente os arts. 1094.° e seguintes do Código de Processo Civil, 26.° e seguintes e 50.° e seguintes das Convenções de Bruxelas e de Lugano e os arts. III e seguinte da Convenção sobre o Reconhecimento e a Execução de Sentenças Arbitrais Estrangeiras, celebrada em Nova Iorque, a 10 de Junho de 1958, e ratificada pelo Decreto do Presidente da República n.° 52/94, de 8 de Julho (entrou em vigor para Portugal em 16 de Janeiro de 1995: cfr. o Aviso do Ministério dos Negócios Estrangeiros n.° 142/95, publicado no *DR*, I série-A, n.° 141, de 21 de Junho de 1995).

dos ordenamentos com que a situação se encontra conexa. Naturalmente que esse nexo terá de ser apreciado na base de critérios objectivos — daquilo que corresponde ao curso normal das coisas em situações análogas —, não sendo de exigir a demonstração de que os actos do confiante foram realmente determinados pela expectativa formada no seu espírito.

e) A confiança será imputável àquele contra quem é invocada sempre que, por actos ou omissões, este a tiver promovido, instigado ou por qualquer forma dado azo à mesma, prevendo ou devendo prever que seria esse o efeito da sua conduta. É o que sucede, *v.g.*, se, ao celebrar um contrato de consumo em certo país, esse sujeito tiver ocultado à contraparte que é nacional de um país estrangeiro (ou se encontra domiciliado nele), perante o Direito do qual é incapaz, sendo que a lei do lugar da celebração o tem por capaz [133].

Os pressupostos que se acabam de referir não têm, cabe notá-lo, de concorrer em todas as situações [134]: por exemplo, a imputabilidade da confiança a outrem não tem cabimento sempre que a sua protecção não onere ninguém, como sucede nos casos em que se trate de reconhecer ao abrigo do art. 31.°, n.° 2, do Código Civil, mediante a sua transcrição no registo civil português, um casamento validamente celebrado por dois cidadãos portugueses no país do seu domicílio comum, que seria nulo perante a lei portuguesa.

Naturalmente que no Direito Internacional Privado as expectativas das partes não podem ser elevadas ao mesmo plano que as regras de conflitos de leis, derrogando-as: se assim fosse, estas ver-se-iam privadas de eficácia sempre que as partes não houvessem previsto a sua aplicação. O critério das expectativas das partes não é concebível, além disso, se não for integralmente objectivado: elas apenas relevam no sentido de fundar a aplicação a certas situações jurídico-privadas internacionais de um Direito diferente do que resultaria da aplicação das regras de conflitos ordinárias do foro quando as partes deviam ou podiam razoavelmente esperar a aplicação desse Direito [135].

---

[133] Observe-se a este propósito que o art. 11.° da Convenção de Roma coloca expressamente a cargo do responsável pela confiança o ónus de provar que esta não lhe é imputável, ao dispor que o incapaz segundo uma lei diversa da que vigora no lugar da celebração «só pode invocar a sua incapacidade» se no momento da celebração do contrato o outro contraente «tinha conhecimento dessa incapacidade ou a desconhecia por imprudência sua».

[134] No mesmo sentido, no domínio do Direito material, MENEZES CORDEIRO, *Teoria geral*, cit., vol. I, pp. 393 s., e *Tratado*, cit., vol. I, t. I, pp. 187 s.

[135] Assim Andreas BUCHER, «L'attente légitime des parties», *in FS Heini*, p. 95; *idem, DIP Suisse*, vol. I/2, p. 87.

Deste modo se obvia a alguns dos principais inconvenientes apontados à teoria dos direitos adquiridos e à doutrina da unilateralidade das regras de conflitos, que constitui um desenvolvimento da primeira: o de que elas envolvem um inaceitável abandono do controlo da competência da lei estrangeira ao abrigo da qual se constituíu a situação *sub judice*, a qual nem sempre se justifica, sobretudo quando não houver um laço forte entre ela e essa situação; e o de que as mesmas não fornecem qualquer critério de solução para o problema que se coloca quando duas ou mais leis estrangeiras diferentes se declaram simultaneamente aplicáveis ao caso de espécie.

A tutela da confiança nas relações privadas internacionais corresponde a uma exigência, neste domínio, do princípio da boa fé[136]. Poderá ver-se na irrelevância das situações de facto ou de direito criadas com o intuito fraudulento de evitar a aplicação da lei que, noutras circunstâncias, seria competente, cominada pelo art. 21.° do Código Civil português, uma outra manifestação desse princípio[137].

13. O Direito Internacional Privado presta ainda tributo ao valor da igualdade perante a lei.

Esta reclama uma valoração uniforme das relações sociais, tanto na ordem interna como na internacional: a causa igual deve ser dado tratamento igual. As relações plurilocalizadas devem, por isso, ser apreciadas, tanto quanto possível, à luz das mesmas regras, onde quer que os feitos a elas referentes sejam submetidos a julgamento.

Sucede, porém, frequentemente que diferentes jurisdições nacionais se reputam competentes para julgar os mesmos litígios. Quando assim aconteça, importa que daí não resulte para o autor a possibilidade de seleccionar, mediante a propositura da acção em determinado país, a lei mais favorável à sua pretensão[138]. Ao legislador de conflitos incumbe, portanto, criar as condições para que, não obstante a diversidade dos sistemas jurídicos nacionais, seja tanto quanto possível uniforme a composição dos refe-

---

[136] Cfr. BADER, «Der Schutz des guten Glaubens in Fällen mit Auslandsberührung», *MittRhNotK* 1994, pp. 161 ss.

[137] Consideram também que a teoria da fraude à lei em Direito Internacional Privado constitui uma aplicação nesta disciplina do princípio da boa fé: LOUSSOUARN, «Rapport de synthèse», *in Travaux de l'Association Henri Capitant*, vol. XLIII (1992), *La bonne foi*, pp. 7 ss. (p. 20); e Danièle ALEXANDRE, «Rapports français. Première Partie. Droit International Privé», *in ibidem*, pp. 547 ss. (p. 548).

[138] I. é, o chamado *forum shopping*.

58 *Da Responsabilidade Pré-Contratual em Direito Internacional Privado*

ridos litígios nos países com eles conexos. A harmonia jurídica internacional é, assim, reclamada pela igualdade entre as partes nesses litígios[139].

Esta directriz tanto se faz sentir no plano da formulação das regras de conflitos como no da resolução dos chamados conflitos de sistemas: no primeiro caso, mediante a adopção de factores de conexão susceptíveis de serem aceitos pelos demais sistemas nacionais; no segundo, através da consagração do reenvio e de outros títulos de relevância na ordem interna de regras de conflitos estrangeiras.

A igualdade deste modo visada possui, contudo, uma importância limitada: ela não pode implicar a supressão da liberdade de valoração pelo legislador nacional das situações da vida privada internacional, pois que estas podem reclamar a aplicação de certa lei ainda que a sua competência não seja aceita pelas demais ordens jurídicas em presença: é este, ao que supomos, o fundamento do disposto no art. 16.º do Código Civil, que consagra, como princípio geral, a referência material à lei estrangeira.

Daí que, em nosso modo de ver, a admissão do reenvio deva entender-se subordinada à condição de através dele não se frustrarem os motivos precípuos da atribuição de competência à lei designada pela regra de conflitos — pelo menos quando estes devam ter-se como de igual ou maior plana do que os que o fundamentam[140].

Esta ideia aflora entre nós nos arts. 17.º, n.º 2, e 18.º, n.º 2, do Código Civil[141]; mas pensamos que ela deve ser estendida a outras hipóteses não contempladas por esses preceitos[142].

---

[139] Mas não só: como vimos acima (n.º 12), ela é também postulada pela tutela da confiança nas situações plurilocalizadas.

[140] Solução que a Lei de Introdução ao Código Civil alemão consagra expressamente no seu art. 4, n.º 1, onde se lê: «Wird auf das Recht eines anderen Staates verwiesen, so ist auch dessen Internationales Privatrecht anzuwenden, sofern dies nicht dem Sinn der Verweisung widerspricht» (*vide* a tradução portuguesa deste preceito em FERRER CORREIA e FERREIRA PINTO, *DIP. Leis e projectos de leis. Convenções Internacionais*, p. 148; e em MARQUES DOS SANTOS, *DIP. Colectânea de textos legislativos de fonte interna e internacional*, p. 1346).

[141] A aceitação do reenvio nas hipóteses previstas nesses preceitos conduz, na verdade, à harmonia de julgados entre as leis em presença; contudo, o legislador excluiu-o no primeiro caso e subordinou-o a condições especiais no segundo, a fim de evitar que se aplique em matéria de estatuto pessoal das pessoas singulares uma lei diversa da da nacionalidade ou da residência habitual — as quais são no sistema de conflitos português as conexões primordiais naquela matéria. É, pois, em função dos juízos de valor que subjazem à eleição destas conexões — do «sentido da designação», para usar a terminologia do legislador alemão — que a lei delimita a admissibilidade do reenvio nas hipóteses em apreço.

[142] Por exemplo, aquela a que aludimos adiante, no § 25.º.

Introdução 59

Convém ainda notar, por outro lado, que, dentro de certos limites, o *forum shopping* pode ser tido como aceitável, pois que permite aos interessados tirar partido dos diferentes modelos de solução das mesmas questões jurídicas, assegurando, *v.g.*, à parte mais fraca no litígio a protecção de que careça [143].

A directriz acima referida deve também ser tomada em consideração na disciplina da competência internacional e do reconhecimento de sentenças estrangeiras: pelo que respeita à primeira, mediante a proscrição das chamadas competências exorbitantes; no tocante ao segundo, através da fiscalização pelo tribunal *ad quem* da competência do tribunal de origem [144].

O valor da igualdade postula ainda a uniformidade no tratamento dado às questões privadas internacionais no seio da mesma ordem jurídica, ideia que os internacionalistas têm procurado exprimir por referência aos princípios da harmonia jurídica material, ou interna [145], e da coerência [146,147].

---

[143] É esse o caso do credor de alimentos, do consumidor e do tomador do seguro, a quem as Convenções de Bruxelas e de Lugano facultam o acesso a foros alternativos: cfr. os respectivos arts. 5.°, n.° 2, 8.° a 12.°, 14.° e 15.°.

[144] Nem sempre o nosso legislador se tem mostrado sensível a esta última ordem de considerações: é ver a nova redacção da alínea *c*) do art. 1096.° do Código de Processo Civil, introduzida pela reforma de 1995-96, que veio facilitar a confirmação pelos tribunais portugueses de decisões proferidas por tribunais de países estrangeiros remotamente conexos com a lide, onde todavia seja dado ao autor obter uma composição da mesma mais favorável aos seus interesses. Cfr. sobre o ponto o nosso estudo «A competência internacional no Código de Processo Civil revisto: aspectos gerais», *in Aspectos do novo Processo Civil*, pp. 71 ss. (pp. 90 ss.).

[145] Ver em especial os trabalhos de WENGLER, «Die Vorfrage im Kollisionsrecht», *RabelsZ* 1934, pp. 148 ss. (p. 204); «Les principes généraux du droit international privé et leurs conflits», *RCDIP* 1952, pp. 595 ss. (pp. 602 s.); «The General Principles of Private International Law», *Rec. cours*, vol. 104 (1961-III), pp. 273 ss. (pp. 398 ss.); e *IPR*, vol. I, p. 70. Cfr. ainda na doutrina estrangeira Christian VON BAR, *IPR*, vol. I, p. 527; LÜDERITZ, *IPR*, 65; KEGEL, *IPR*, 113; FIRSCHING-VON HOFFMANN, *IPR*, 224 s.; e KROPHOLLER, *IPR*, 35 e 206. Entre nós *vide* MAGALHÃES COLLAÇO, prefácio a CORTES ROSA, *A questão incidental em DIP*, p. xx; BAPTISTA MACHADO, *Âmbito*, cit., p. 177; *idem, Lições de DIP*, 49; FERRER CORREIA, *DIP. Alguns problemas*, pp. 113 ss.; e MARQUES DOS SANTOS, *DIP. Sumários* (1987), p. 42.

[146] Cfr. sobre este Maria Helena BRITO, *A representação nos contratos internacionais*, pp. 571 ss. e 747.

[147] Que o valor da igualdade constitui o fundamento precípuo do princípio da unidade da ordem jurídica, ou da não contradição, reconhecem-no, por exemplo, CANARIS, *Systemdenken und Systembegriff in der Jurisprudenz*, pp. 20 ss. da tradução portuguesa, e CASTANHEIRA NEVES, «A unidade do sistema jurídico: o seu problema e o seu sentido», *in Digesta*, vol. 2.°, pp. 95 ss. (pp. 119 s.). À mesma conclusão chega, no plano do Direito

Ora, toda a aplicação a uma situação privada internacional de normas ou de complexos de normas extraídos de sistemas jurídicos diversos, na medida em que ignore as relações de pressuposição existentes entre elas e as demais normas desses sistemas, é susceptível de originar uma repartição de bens jurídicos diferente da que se obteria pela aplicação *in toto* de qualquer desses sistemas à situação considerada.

É o que sucede, por exemplo, se à indemnização concedida a certo título à vítima de um dano por uma das ordens jurídicas conexas com o caso vier somar-se a indemnização atribuída pelo mesmo facto, posto que a diverso título, por outra dessas ordens jurídicas, desde que em ambas se rejeite o cúmulo das indemnizações. Semelhante resultado — que o Direito Internacional Privado propicia em razão do método específico de que se socorre a fim de disciplinar as situações da vida que tem por objecto — não pode deixar de ter-se por lesivo do princípio da igualdade e como tal carecido de correcção [148].

14. Do que acima foi dito resulta já que, no nosso modo de ver, a autonomia privada não tem um alcance ilimitado no Direito de Conflitos. Este restringe-a, na verdade, em diversos domínios relativamente aos quais a ordem jurídica procura acautelar valores sociais [149].

Avulta entre estes a protecção dos mais fracos contra o risco de abusos por parte de quem ocupe posições de poder económico ou social.

No Direito vigente esse desiderato ganhou expressão nas regras de conflitos atinentes aos contratos celebrados por consumidores [150], ao contrato individual de trabalho [151], ao contrato de agência ou representação comercial [152], aos contratos relativos a direitos de habitação periódica em

---

Internacional Privado, Wengler, *IPR*, vol. I, p. 63. Cfr. ainda, deste autor, «Das Gleichheitsprinzip im Kollisionsrecht», *in Eranion in honorem Maridakis*, vol. III, pp. 323 ss. (p. 343 ss.); e «Les conflits de lois et le principe d'égalité», *RCDIP* 1963, pp. 203 ss. e 503 ss. (p. 222 ss.).

[148] Cfr. sobre o ponto *infra*, §§ 27.° e 28.°.

[149] O fenómeno era assinalado, já no início dos anos 70, por Zweigert, «Zur Armut des Internationalen Privatrechts an sozialen Werten», *RabelsZ* 1973, pp. 435 ss. (especialmente pp. 443 ss.).

[150] *Vide* o art. 5.° da Convenção de Roma e o art. 23.° do Regime Jurídico das Cláusulas Contratuais Gerais, na redacção dada pelo D.L. n.° 249/99, de 7 de Julho.

[151] Cfr. o art. 6.° da Convenção de Roma.

[152] Cfr. o art. 38.° do cit. D.L. n.° 178/86, de 3 de Julho.

Introdução

61

empreendimentos turísticos [153] e aos contratos de intermediação financeira celebrados com investidores não institucionais [154], as quais visam, por meio de técnicas diversas, assegurar ao contraente mais fraco a protecção que lhe é conferida pela lei de um dos países com os quais esses contratos se encontram conexos (*maxime* a que seria aplicável na ausência de *electio iuris*) [155].

Observa-se aqui um movimento de retorno ao *status* como critério de determinação da disciplina jurídica das relações interindividuais, por força do qual os direitos e deveres de certas categorias de pessoas nas relações de que são partes derivam mais da sua condição económica ou social do que daquilo que por elas foi livremente convencionado.

Neste contexto, um número crescente de regras de natureza institucional torna inoperante, no seu domínio próprio de aplicação, as disposições do Direito comum. Acentua-se assim o carácter já de si muito fragmentário do Direito Internacional Privado: a autonomização da disciplina jurídico-privada internacional de certas categorias de relações sociais na base da sua ordenação para finalidades específicas traz consigo outros tantos desvios às regras de conflitos gerais. Também aqui, no entanto, este ramo do Direito repercute tendências gerais do Direito Privado material.

Como exemplos de regras de conflitos que têm por escopo dar satisfação a necessidades de protecção social podem ainda apontar-se as que consagram o princípio da subsidiariedade da adopção transnacional (i. é, aquela que envolve a colocação do adoptando em país diverso do da sua residência habitual) [156], mediante o qual se procura preservar o bem-estar do adoptando e dispensar à criança privada de um ambiente familiar normal a protecção que a Constituição lhe garante.

São igualmente valores sociais — *maxime* a salvaguarda da soberania nacional, que pressupõe uma certa autodeterminação de cada país em matéria de organização económica e social [157] —, que, em parte, estão na base das regras de conflitos que estabelecem a aplicabilidade da *lex rei*

---

[153] Cfr. o art. 60.º, n.º 7, do D.L. n.º 275/93, de 5 de Agosto, na redacção dada pelo D.L. n.º 180/99, de 22 de Maio.

[154] Cfr. o art. 321.º, n.º 3, do Código dos Valores Mobiliários aprovado pelo D.L. n.º 486/99, de 13 de Novembro.

[155] *Vide* sobre essas regras de conflitos o que dizemos adiante, nos §§ 23.º e 36.º.

[156] Consagrado no art. 15.º, n.º 1, do D.L. n.º 185/93, de 22 de Maio, na redacção dada pelo art. 3.º do D.L. n.º 120/98, de 8 de Maio.

[157] Cfr. GOMES CANOTILHO-VITAL MOREIRA, *Fundamentos da Constituição*, p. 75.

62 Da Responsabilidade Pré-Contratual em Direito Internacional Privado

sitae à constituição e à transferência de direitos reais sobre coisas corpóreas [158]. Através delas o Estado reserva-se, na verdade, a faculdade de disciplinar juridicamente a propriedade sobre os meios de produção e, de um modo geral, o gozo de bens móveis e imóveis situados no respectivo território, mormente através da definição legal dos direitos reais que se podem constituir sobre esses bens e da regulação do seu conteúdo, da imposição de limites e proibições à aquisição ou à disposição de tais direitos ou da adopção de medidas de nacionalização, expropriação, requisição, confisco e outras relativas aos mesmos bens.

É ainda conforme à mesma ordem de preocupações a sujeição a regras especiais do exercício em território nacional, por pessoas colectivas com sede efectiva no estrangeiro, da sua actividade social [159]. Mediante essas regras procura-se, na verdade, além de tutelar interesses de terceiros e do tráfico jurídico, evitar que actuem aqui sem qualquer controlo organizações dotadas de grande poderio económico ou social, susceptíveis de pôr em risco a autoridade do Estado [160].

Mencionem-se também, a este propósito, as regras que prevêem a atribuição de efeitos a normas do Estado do foro (ou de outro Estado com que a situação a regular apresente uma conexão estreita), que regulem imperativamente o caso concreto independentemente da lei aplicável ao contrato [161]; e as que prescrevem a aplicabilidade da lei portuguesa às práticas restritivas da concorrência que ocorram em território nacional [162] e às ofertas de valores mobiliários dirigidas especificamente a pessoas com

---

[158] Cfr. o art. 46.º do Código Civil. Sobre os fundamentos desta regra e, em geral, da competência da *lex rei sitae* vejam-se, na doutrina portuguesa, FERRER CORREIA, *Lições de DIP* (1963), pp. 761 s.; *idem*, «Conflitos de leis em matéria de direitos sobre as coisas corpóreas», *RLJ*, ano 117.º (1984/85), pp. 298 ss. (= in *Temas de Direito Comercial e de DIP*, pp. 363 ss.); e LIMA PINHEIRO, *A venda com reserva de propriedade em DIP*, pp. 108 ss.; *idem*, *DIP. Parte especial*, p. 238. Na literatura estrangeira mais recente consultem-se: AUDIT, est. cit. no *Rec. cours*, vol. 186, pp. 282 ss; FIRSCHING, *Einführung in das IPR*, pp. 456 s.; PÉREZ VERA, *DIP*, vol. II, pp. 239 s.; KEGEL, *IPR*, pp. 111 e 570; VITTA-MOSCONI, *Corso di Diritto Internazionale Privato e Processuale*, p. 248; KROPHOLLER, *IPR*, 476 s.; BALLARINO, *DIP*, p. 561; e CHESHIRE-NORTH-FAWCETT, *Private International Law*, p. 929.

[159] Cfr. o art. 4.º do Código das Sociedades Comerciais.

[160] Cfr. FERRER CORREIA, *Lições de DIP*, pp. 102 s. e 126 s.

[161] Prevista designadamente nos arts. 16.º da Convenção da Haia de 1978 e 7.º da Convenção de Roma. Vê neste último preceito um afloramento do princípio da soberania estadual BONOMI, *Le norme imperative nel DIP*, p. 345.

[162] Consignada no art. 1.º, n.º 2, do D.L. n.º 371/93, de 9 de Outubro, que estabelece o regime geral de defesa e promoção da concorrência.

residência ou estabelecimento em Portugal[163]. Através delas visa-se assegurar a aplicação de disposições imperativas que prosseguem uma vasta plêiade de interesses sociais — como, por exemplo, o funcionamento regular dos mercados e a estabilidade dos preços e dos câmbios[164] —, reconduzíveis à noção de bem comum.

Releva igualmente entre os valores em apreço a paz social. Nela se funda, por exemplo, a aplicabilidade da *lex loci* às obrigações não voluntárias[165], mediante a qual se assegura eficácia territorial a normas que têm por escopo prevenir e reprimir intromissões ilícitas na esfera jurídica alheia, garantindo a convivência pacífica dos membros da comunidade em que vigoram. O mesmo pode dizer-se das disposições que excluem a aplicação dos preceitos da lei estrangeira indicados pela regra de conflitos quando esta envolva ofensa de princípios fundamentais da ordem pública internacional do Estado do foro[166], pois que através delas se procura obstar à constituição de situações que violentem de modo intolerável o sentimento ético-jurídico local e sejam por conseguinte susceptíveis de perturbar a paz jurídica.

Entre os valores sociais que o Direito Internacional Privado serve inclui-se ainda a preservação da identidade cultural dos indivíduos. Na regulação das situações privadas internacionais, este ideal poderá reclamar, além do reconhecimento da pluralidade das ordens jurídicas, a aplicação da lei nacional às matérias compreendidas no estatuto pessoal das pessoas singulares[167].

15. Consideremos agora a questão do método ou métodos de que o Direito Internacional Privado se socorre para realizar os valores que serve.

A esta temática tem a doutrina nacional dedicado larga atenção nos últimos anos[168]. Limitar-nos-emos, por isso, a expor aqui as grandes linhas

---

[163] Prevista no art. 108.º, n.º 1, do Código dos Valores Mobiliários.

[164] Cfr. sobre o ponto *infra*, §§ 34.º a 36.º.

[165] Cfr. os arts. 43.º e 45.º, n.º 1, do Código Civil.

[166] Como os arts. 22.º, n.º 1, 1651.º, n.º 2, e 1668.º, n.º 2, do Código Civil, 6.º, n.º 1, do Código do Registo Civil, 192.º do cit. D.L. n.º 94-B/98, de 17 de Abril, 17.º da Convenção da Haia de 1978 Sobre a Lei Aplicável aos Contratos de Mediação e à Representação e 16.º da Convenção de Roma.

[167] Ver neste sentido JAYME, est. cit., p. 253.

[168] Versaram-na com especial profundeza: FERRER CORREIA, *DIP. Alguns problemas*, pp. 15 a 108, e «Considerações sobre o método do DIP», *in Estudos vários de direito*, pp. 309 a 398; MOURA RAMOS, *DIP e Constituição*, pp. 37 ss., e *Da lei aplicável ao con-*

64   *Da Responsabilidade Pré-Contratual em Direito Internacional Privado*

de orientação que a seu respeito podem divisar-se na actualidade, examinando-as à luz dos valores fundamentais da disciplina, que enunciámos acima [169].

a) Em face de quanto se disse, fica excluída a idoneidade, a fim de servirem de base à determinação da disciplina das questões privadas internacionais, das orientações que sustentam a aplicação sistemática da *lex fori* [170] ou a aplicabilidade dessa lei como «regra básica» do Direito Internacional Privado [171].

Certo, estas possibilitam, ao menos em teoria, melhor administração da justiça, menor dispêndio de recursos e maior celeridade dos processos,

---

trato de trabalho internacional, pp. 75 a 359; MARQUES DOS SANTOS, *As normas de aplicação imediata no DIP*, vol. I; e LIMA PINHEIRO, *O contrato de empreendimento comum (joint venture) em DIP*, pp. 285 ss., 301 ss. e 736 ss. Cfr. ainda a abundante bibliografia aduzida nestas obras.

[169] Sobre a relevância do Direito material uniforme como modo de regulação das questões privadas internacionais e a sua articulação com o Direito Internacional Privado ver adiante, § 16.°.

[170] É muito antiga esta orientação. Os seus antecedentes remontam, pelo menos, às escolas estatutárias francesa e holandesa, que afirmaram o dogma da territorialidade do Direito. Vigora ainda hoje no Direito inglês pelo que respeita às acções de divórcio e separação judicial de pessoas e bens, às acções relativas ao exercício do poder paternal e à tutela de menores, de adopção e de alimentos: cfr. MORRIS-McCLEAN, *The Conflict of Laws*, p. 3.

[171] Era essa, no fundo, a solução sufragada por WÄCHTER, para quem, na falta de disposição expressa sobre a lei aplicável, haveria esta de ser determinada a partir da indagação do sentido e do espírito do Direito material do foro, devendo, na dúvida, aplicar-se este último: «Der Richter hat bei jedem einzelnen Gesetze seines Landes, das von dem vor ihn gebrachten Rechtsverhältnisse handelt, zunächst zu untersuchen, ob es dem Sinne des Gesetzes gemäss ist, dass es unbedingt, sollte auch das Verhältniss im Auslande begründet worden, oder ein Ausländer dabei betheiligt seyn, angewendet werde oder nicht, und wenn er jenes findet, es unbedingt zur Anwendung zu bringen» (est. cit., p. 263); «Wenn aber aus Richtung, Sinn und Geist des betreffenden besonderen Gesetzes eine Entscheidung über die Frage nicht mit Bestimmtheit sich entnehmen lässt: so hat der Richter im Zweifel das Recht seines Landes in Anwendung zu bringen» (*ibidem*, p. 265).

Contemporaneamente, ela tem sido preconizada sobretudo por EHRENZWEIG: cfr. «The Lex Fori — Basic Rule in the Conflict of Laws», *Mich. L.R.* 1960, pp. 637 ss.; «A Proper Law in a Proper Forum», *Oklahoma L.R.* 1965, pp. 340 ss.; e «Wirklichkeiten einer "Lex Fori Theorie"», *in FS Wengler*, vol. II, pp. 251 ss. Na Alemanha um certo *favor legis fori* foi preconizado por ZWEIGERT em «Zur Armut des IPR an sozialen Werten», *RabelsZ* 1973, pp. 435 ss. (pp. 445 s.). Entre nós MENEZES CORDEIRO pronuncia-se favoravelmente quanto àquela orientação: cfr. «Compra e venda internacional, inflacção, moeda estrangeira e taxa de juro», *in Banca, Bolsa e Crédito*, vol. I, pp. 237 ss., e *Manual de Direito do Trabalho*, p. 203.

atenta a desnecessidade, que lhes é inerente, de alegar e provar (ou de indagar *ex officio*) o teor do Direito estrangeiro.

Mas a exclusiva aplicação da lei interna às questões privadas internacionais, levando a desconhecer situações constituídas no estrangeiro, à sombra de uma lei estrangeira, lesaria os não nacionais [172]; e já antes se pôs em evidência como o reconhecimento de certas situações jurídicas de que estes são titulares à face da sua lei constitui uma exigência do respeito devido pela dignidade da pessoa humana, em que assenta toda a ordem jurídica.

Demais, ela implicaria a supressão da autonomia privada no tráfico jurídico internacional, salvo na medida em que às partes fosse dado escolher o foro competente.

Aquelas orientações constituem, por outro lado, um poderoso incentivo ao *forum shopping* [173] e possibilitam a selecção pelo autor do Direito mais favorável à sua posição, por isso que o país onde a acção for proposta será necessariamente aquele cujo Direito regerá o mérito da causa. Essa consequência, que se afigura contrária ao princípio da igualdade [174], apenas pode ser minimizada através do exercício pelo tribunal da faculdade de se declarar *forum non conveniens* [175]. Esta, porém, não existe no Direito português, pelo que entre nós os efeitos nocivos das orientações em apreço seriam inevitáveis.

Elas são, além disso, fundamentalmente incompatíveis com a tutela da confiança, visto que não asseguram a continuidade de situações constituídas ao abrigo de uma lei estrangeira com cuja aplicação os respectivos sujeitos podiam legitimamente contar [176].

---

[172] Assim, MAGALHÃES COLLAÇO, *DIP*, vol. I, p. 239.

[173] Reconhece-o, por exemplo, HAY, «The Interrelation of Jurisdiction and Choice--of-Law in United States Conflicts of Law», *ICLQ* 1979, pp. 161 ss. (pp. 165 e 182 s.).

[174] Neste sentido pronunciava-se já em 1889, em crítica à tese de WÄCHTER, Ludwig VON BAR, *Theorie und Praxis des IPR*, vol. I, p. 79: «Es kann daher nach jenem allgemein gültigen Satze nicht darauf ankommen, an welchem Orte zufällig ein Rechtsverhältniss Gegenstand eines Processes wird, selbst abgesehen von der höchst bedenklichen praktischen Consequenzen der Ansicht, welche von der *Lex fori*, daher im Falle einer gleichzeitigen Competenz der Gerichte mehrerer Staaten das Rechtsverhältniss von dem Belieben der klagenden Partei abhängig macht». Na doutrina mais recente ver no sentido do texto, por todos, WENGLER, *IPR*, vol. I, p. 64.

[175] Cfr., pelo que respeita ao Direito inglês, MORRIS-McCLEAN, ob. cit., pp. 93 ss. e p. 220.

[176] Salienta BAPTISTA MACHADO (*Âmbito*, cit., p. 128) que «a conduta (activa ou omissiva) dos indivíduos se deve considerar motivada e dirigida pela lei vigente ao tempo

66   *Da Responsabilidade Pré-Contratual em Direito Internacional Privado*

O mesmo pode dizer-se das doutrinas que, em lugar do recurso a regras de conflitos de fonte legal, costumeira ou jurisprudencial, preconizam a regulamentação das situações privadas internacionais mediante a formulação pelo julgador de soluções materiais *ad hoc* através da combinação das normas em concurso[177], a aplicação dentre estas normas das que o tribunal tenha por preferíveis, atentos os resultados que concitem[178], ou tão-só da que se lhe antolhe como a *best rule*[179], e a aplicação da lei do Estado que estiver mais legitimamente interessado na realização das *poli-*

---

dela, ou melhor, por uma lei que a esse tempo vinculava efectivamente os indivíduos»; e que «portanto, a dita conduta deve ser valorada por essa lei e nunca por uma lei posterior ou por uma lei que de forma alguma podia vincular os indivíduos naquele momento». Nisto consiste o princípio que o autor denomina da «não transactividade» da lei, por força do qual «nenhuma lei (a lei do foro ou qualquer outra) se aplica a factos que se não achem em contacto com ela» (*Lições de DIP*, pp. 9 s.; veja-se também *Âmbito*, p. 5, n. 6, e, em sentido concordante, Ferrer Correia, *DIP. Alguns problemas*, p. 228). Esse princípio constitui, para o autor, um *prius* relativamente à regra de conflitos, que consiste em «a mesma só poder designar uma das leis em cuja esfera de eficácia se situem os factos a regular» (*Âmbito*, p. 61).

[177] Assim Von Mehren, «Special Substantive Rules for Multistate Problems: their Rules and Significance in Contemporary Choice of Law Methodology», *Harvard L.R.* 1974, pp. 347 ss. (pp. 366 ss.).

[178] Cfr. Cavers, «A Critique of the Choice-of-Law Problem», *Harvard L.R.* 1933, pp. 173 ss. (pp. 192 s.) [=*in* Picone-Wengler, *IPR*, pp. 125 ss. (p.148)], que preconizava neste estudo como critérios orientadores desse «*result-selective approach*» a «justiça entre os indivíduos em litígio» e «as considerações de política social que as leis em conflito podem evocar». O referido texto foi geralmente interpretado no sentido de exprimir a adesão do autor à tese que propugna a escolha pelo julgador da «melhor lei» do ponto de vista do seu conteúdo material (assim, por exemplo, entre nós Ferrer Correia, «Considerações sobre o método do Direito Internacional Privado», *in Estudos vários de direito*, pp. 309 ss., p. 380). Mas Cavers procurou em textos ulteriores demarcar-se dessa construção, sustentando que a escolha das regras aplicáveis deveria depender também das conexões espaciais entre a situação controvertida e o Estado de que dimanam tais regras (cfr. a adenda do autor ao referido estudo de 1933, publicada em 1974 na citada colectânea de Picone-Wengler, a pp. 166 ss., e a crítica do autor à jurisprudência americana baseada no critério da «*best rule*» em Cavers, «Contemporary Conflicts Law in American Perspective», *Rec. cours*, vol. 131 (1970-III), pp. 75 ss. (p. 175). Sustenta também um «*result-selective method*» Juenger, «General Course in Private International Law (1983)», *Rec. cours*, vol. 193 (1985-IV), pp. 119 ss. (pp. 286 ss.).

[179] Admitem-na, entre outras «*choice-influencing considerations*», Leflar, «Choice-Influencing Considerations in Conflicts Law», *in NYULRev.* 1966, pp. 267 ss. (pp. 295 ss.), e Leflar-McDougall-Felix, *American Conflicts Law*, pp. 279 e 297 ss. Cfr. ainda Yntema, «Les objectifs du droit international privé», *RCDIP* 1959, pp. 1 ss. (p. 23), e Zweigert, «Zur Armut des IPR an sozialen Werten», *RabelsZ* 1973, pp. 435 ss (pp. 447 s.).

cies subjacentes às leis em concurso (ou, sendo uma delas a do foro, a aplicação desta) [180].

É conhecida a filiação dessas doutrinas no realismo jurídico norte-americano, que nega toda a vinculação do juiz a normas jurídicas e vê nestas meras conjecturas sobre o que os tribunais decidirão: o Direito real ou efectivo é, segundo esta orientação metodológica, aquele que resulta da conduta dos juízes e dos funcionários administrativos [181].

---

[180] Solução proposta por CURRIE: cfr. «Notes on Methods and Objectives in the Conflict of Laws», *in Selected Essays on the Conflict of Laws*, pp. 177 ss. (pp. 183 ss.); «The Constitution and the Choice of Law: Governmental Interests and the Judicial Function», *ibidem*, pp. 188 ss., e o comentário do autor à decisão proferida pelo *Court of Appeals of New York* no caso *Babcock v. Jackson*, *Col. L.R.* 1963, pp. 1233 ss. (pp. 1242 s.). No sentido de que as ideias de CURRIE obtiveram acolhimento («*a home*») no segundo *Restatement* norte-americano sobre os conflitos de leis ver HAY, recensão a FLESSNER, *Interessenjurisprudenz im internationalen Privatrecht*, AJCL 1991, pp. 437 ss. (p. 439).

Uma variante desta orientação — a doutrina dita do *comparative impairment* — é proposta por BAXTER, «Choice of Law and the Federal System», *Stan. L. Rev.* 1963, pp. 1 ss., que preconiza a resolução dos conflitos de leis na base de um juízo sobre qual o Estado, dentre os conexos com a situação plurilocalizada, cujos objectivos de política legislativa seriam mais prejudicados (*impaired*) pela não aplicação da sua lei. Sobre esta doutrina *vide*, na literatura europeia, KEGEL, *IECL*, vol. III, *Private International Law*, cap. 3, «Fundamental Approaches», p. 31, e MORRIS-MCCLEAN, *The Conflict of Laws*, p. 455.

Dessa doutrina se aproxima, sem todavia com ela se confundir, a regra consagrada no art. 3515 do Código Civil da Luisiana. Aí se dispõe: «Except as otherwise provided in this Book, an issue in a case having contacts with other states is governed by the law of the state whose policies would be most seriously impaired if its law were not applied to that issue. That state is determined by evaluating the strength and pertinence of the relevant policies of all involved states in light of: (1) the relationship of each state to the parties and the dispute; and (2) the policies and needs of the interstate and international systems, including the policies of upholding the justified expectations of parties and of minimizing the adverse consequences that might follow from subjecting a party to the law of more than one state»). Na determinação da lei aplicável tomam-se, assim, em consideração não apenas o interesse dos Estados em presença na realização das suas *policies*, mas também as conexões desse Estado com as partes e o litígio e as expectativas legítimas destas. *Vide* sobre o ponto SYMEONIDES, «Private International Law Codification in a Mixed Jurisdiction: The Louisiana Experience», *RabelsZ* 1993, pp. 460 ss. (pp. 469 s.).

Sobre o acolhimento da *interest analysis* e das demais doutrinas mencionadas no texto na jurisprudência norte-americana contemporânea ver SYMEONIDES-PERDUE-VON MEHREN, *Conflict of Laws: American, Comparative, International. Cases and Materials*, pp. 283 e ss., que concluem a este respeito: «if one were to define the dominant choice-of-law methodology in the United States today, it would have to be called *eclecticism*».

[181] Cfr. HOLMES, «The Path of the Law», *in Collected* Papers, pp. 167 ss. (p. 173): «The prophecies of what the courts will do in fact, and nothing more pretentious, are what

Ora, o realismo constitui expressão no domínio do jurídico das orientações filosóficas que descrêem do poder motivador da razão e sustentam a irracionalidade de todos os juízos de valor, hoje amplamente refutadas [182]. Subjaz-lhe ainda um radical jurisdicionalismo, que nega ao Direito toda a existência objectiva fora da decisão judicial; mas também esta concepção se afigura inaceitável, por desconforme com a função ordenadora que ao Direito pertence. O processo jurisdicional e a decisão dele emanada constituem a revelação de um estado patológico, que seria convertido em normal se não fosse possível conhecer fora dele o Direito vigente [183]. É um dado da experiência que as pessoas ajustam geralmente as suas condutas ao prescrito pelas regras jurídicas, com o sentimento de que estas correspondem a padrões de conduta obrigatórios; o que demonstra que as mesmas intervêm na vida social com carácter normativo, e não como meras previsões daquilo que os tribunais decidirão [184]. O Direito (incluindo o Direito Internacional Privado) actua, pois, nas relações sociais independentemente de uma definição prévia e heterónoma da conduta devida pelos respectivos sujeitos [185]; e mesmo os conflitos que se suscitam a este respeito são frequentemente resolvidos à margem dos tribunais.

A desconfiança do realismo jurídico relativamente à norma e a crença ingénua de que o juiz pode dispensá-la na decisão do caso resultam ainda do equívoco de que é do facto, tomado no seu estado natural, que aquele há-de partir para a determinação do respectivo regime jurídico; o que, como veremos, não corresponde ao processo mental efectivamente seguido na resolução dos casos singulares [186].

É certo que às mencionadas doutrinas não é inteiramente alheio algum grau de preocupação com a fundamentação racional da solução do

---

I mean by the law». No mesmo sentido *vide* Karl LLEWELLYN, *The Bramble Bush*, p. 12: «What [the officials of the law] do about disputes is, to my mind, the law itself»; *idem*, p. 14: «rules [...] are important [...] so far as they help you see or predict what judges will do or so far as they help you get judges to do something [...]. That is all their importance, except as pretty playthings». Para uma descrição das diferentes correntes realistas norte--americanas consulte-se RECASENS SICHES, *Panorama del pensamiento jurídico en el siglo XX*, t. II, pp. 619 ss.

[182] *Vide* sobre o ponto COING, *Grundzüge der Rechtsphilosophie*, pp. 55 ss.

[183] Cfr. neste sentido OLIVEIRA ASCENSÃO, *O Direito*, p. 478.

[184] Acentua também este ponto HART, *The Concept of Law*, p. 138 (na tradução portuguesa, p. 151).

[185] Cfr. MAGALHÃES COLLAÇO, *Da qualificação em DIP*, p. 11.

[186] Cfr. adiante, § 20.º.

conflito de leis, que as mesmas propõem seja levada a cabo, *v.g.*, mediante a ponderação dos objectivos de política legislativa implícitos nas leis em presença. Porém, o subjectivismo e o casuísmo que lhes são inerentes tornam estas orientações incompatíveis com a previsibilidade das regras aplicáveis às relações interindividuais, que o princípio da confiança postula.

É que, pelo menos quando a situação jurídica a regular possua contactos com a *lex fori*, a regra de conflitos funciona como verdadeira *regula agendi* [187], posto que indirecta [188], pois que a conduta das pessoas é influenciada pela previsão que estabeleçam sobre o que será em última análise a decisão dos tribunais locais acerca dos conflitos de interesses emergentes das relações plurilocalizadas de que são partes [189]; e os comportamentos individuais são também determinados pela circunstância de as pessoas se situarem, em sentido psicológico ou sociológico, na órbita de determinada ordem jurídica, sendo por esse motivo induzidas a representarem-se as situações jurídicas em que intervêm de conformidade com a disciplina para elas estabelecida por essa ordem jurídica [190].

Ora, a lei que na espécie *decidenda* conduzir ao resultado mais justo na óptica do julgador pode ser uma lei com cuja aplicação as partes de todo não contavam, o que violentaria as suas expectativas [191]; e o mesmo pode dizer-se da norma material construída pelo julgador mediante a combinação das leis em presença.

---

[187] Admitem-no expressamente, entre nós, FERRER CORREIA, *Lições de DIP*, p. 429, e BAPTISTA MACHADO, *Âmbito*, cit., p. 90, e *Lições de DIP*, pp. 157 s., 218 e 229. Outra não é a posição expressa no seu ensino oral por MAGALHÃES COLLAÇO, para quem as regras de conflitos não são meramente dirigidas ao juiz, antes são normas de conduta.

[188] No sentido de que não fornece directamente a solução material da situação jurídica a cuja regulamentação visa prover. Cfr. MAURY, «Règles générales des conflits de lois», *Rec. cours*, vol. 57 (1936-III), pp. 325 ss. (pp. 458 s.); GOLDSCHMIDT, «Die philosophischen Grundlagen des Internationalen Privatrechtes», *in FS Wolff*, pp. 203 ss. (p. 207); MAGALHÃES COLLAÇO, *DIP*, vol. I, p. 282; *idem, Da qualificação em DIP*, p. 258; EVRIGENIS, «Tendances doctrinales actuelles en Droit International Privé», *Rec. cours*, vol. 118 (1966-II), pp. 313 ss. (p. 319 s.); e MOURA RAMOS, *Da lei aplicável ao contrato de trabalho internacional*, p. 220. *Vide* também o que dizemos adiante sobre o objecto da norma de conflitos: § 20.°.

[189] Assim WENGLER, est. cit. no *Rec. cours*, 1961-III, pp. 346 e 371 s. Cfr. também entre nós MENEZES CORDEIRO, *Da boa fé no Direito Civil*, vol. II, p. 1243, para quem «o Direito surge como factor de confiança propiciando a redução das complexidades, base de qualquer decisão».

[190] Cfr. neste sentido BETTI, *Problematica del diritto internazionale*, p. 162.

[191] Cfr. ainda, a propósito dessa orientação metodológica, as observações feitas *infra*, no § 27.°.

Daqui esta conclusão: em princípio, a disciplina das situações pluri-localizadas deve ser levada a efeito na base de regras de conflitos, pois que só deste modo será possível aos interessados antever com um mínimo de segurança o Direito aplicável a essas situações e planear a sua vida em conformidade, confiando na realização desses planos [192].

A livre construção pelo julgador do regime aplicável a tais situações deve, pois, ter-se por inadmissível. Perante a ordem jurídica portuguesa seria, aliás, duvidosa a conformidade de semelhante orientação com o dever de obediência à lei.

Contra a doutrina que preconiza a resolução dos conflitos de leis por recurso à chamada *governmental interest analysis* pode ainda aduzir-se a objecção de que ela reduz os interesses relevantes neste domínio aos dos Estados, ignorando a existência, ao lado destes, dos interesses individuais a que acima aludimos, o que conduz a uma injustificada restrição da auto-nomia privada; e de que supõe a existência de interesses estaduais na apli-cação de todas as normas atinentes às relações entre privados, conquanto tais interesses nem sempre assumam relevo neste âmbito.

Além disso, esta doutrina presta-se facilmente a que, por apelo a supostos interesses do Estado do foro, os tribunais locais procurem ampliar indevidamente a esfera de competência da *lex fori*.

Por outro lado, nem sempre se afigura viável extrair dos objectivos de política legislativa visados pelas normas do Direito material qualquer conclusão quanto ao seu âmbito de aplicação espacial [193]. E mesmo quando

---

[192] Perfilha também este ponto de vista VISCHER, «Die Kritik an der herkömmlichen Methode des IPR. Hintergründe und Versuch einer Antwort», *in FS Germann*, pp. 287 ss. (p. 299).

[193] Cfr. neste sentido RABEL, *The Conflict of Laws*, vol. I, p. 103: «Private law rules ordinarily do not direct which persons or movables they include [...]. They are simply neu-tral: the *answer* is not in them». À mesma conclusão fundamental chega DE BOER na base de um minucioso exame da jurisprudência norte-americana relativa ao âmbito de aplicação espacial dos chamados *guest-passenger statutes* (cfr. *Beyond Lex Loci Delicti*, especial-mente pp. 403 e ss. e 500). Estes podem, segundo as decisões recenseadas pelo autor, visar pelo menos as seguintes *policies*: *a*) proteger os condutores de veículos contra a ingratidão dos passageiros transportados gratuitamente, negando-lhes uma *cause of action* no caso de sofrerem danos em consequência de um acidente ocorrido no decurso desse transporte; *b*) fomentar o transporte gratuito de passageiros, de modo a diminuir os custos da manuten-ção das rodovias e a procura de serviços de transporte público; *c*) aumentar a eficiência do sistema judicial, desencorajando a proposita de acções contra os condutores de veículos automóveis pelos passageiros por eles transportados gratuitamente; *d*) prevenir possíveis conluios entre estes em detrimento das companhias seguradoras; *e*) diminuir os prémios

Introdução   71

tal conclusão possa efectivamente ser formulada é o recurso sem quaisquer reservas a semelhante metodologia susceptível de conduzir à aplicação de normas desprovidas de conexão espacial bastante com os factos, lesando--se por essa via expectativas dignas de tutela. Assim sucederá, por exemplo, se, conforme postula aquela construção, uma norma que vise realizar dada finalidade sócio-económica em cuja consecução o Estado do foro esteja interessado for aplicada à situação controvertida, ainda que respectivos sujeitos tenham actuado sob a égide de outra lei, com cuja aplicação legitimamente contavam.

Donde resulta estoutra ideia: salvo nos casos em que a aplicabilidade de certa norma decorra de escolha das partes e esta deva ter-se por admissível, nomeadamente por ser feita de boa fé ou por se fundar num interesse legítimo, uma norma jurídica só pode ser aplicada a dada situação da vida quando entre ela e a ordem jurídica em que essa norma vigora exista um nexo espacial suficiente, fixado pelo legislador (ou em hipóteses que adiante se explicitarão pelo próprio julgador) na base de uma ponderação da importância relativa dos interesses em jogo e tendo presente o sistema de valores e princípios normativos translegais que informa a ordem jurídica local. A circunstância de a *policy* subjacente a certa norma material reclamar a sua aplicação ao caso *sub judice* não significa, pois, que haja necessariamente de sê-lo [194].

---

dos seguros de responsabilidade civil por danos causados em acidentes de viação; *f)* proteger os terceiros lesados em tais acidentes, mantendo incólume o património dos condutores por eles responsáveis. A esta luz os *guest-passenger statutes* podem ser tidos como aplicáveis quando vigorem em qualquer dos seguintes lugares: *a)* o da ocorrência do acidente; *b)* o da nacionalidade, do domicílio ou da residência do condutor; *c)* o da nacionalidade, do domicílio ou da residência do passageiro; *d)* o Estado do foro; *e)* o da incorporação, da administração central ou do estabelecimento da seguradora do condutor; *f)* aquele onde o condutor efectuou o seu seguro ou onde pagou os respectivos prémios; e *g)* o do domicílio ou residência dos terceiros lesados pelo mesmo acidente. Sendo as «políticas» subjacentes às leis em questão susceptíveis de interpretações tão divergentes, é a questão de saber se as mesmas reclamam a sua aplicação em determinado caso concreto, segundo DE BOER, insusceptível de uma resposta inequívoca. A delimitação do âmbito de aplicação espacial das leis na base das políticas que lhes subjazem revela-se mesmo permeável à manipulação pelo julgador, possibilitando decisões na realidade ditadas por factos inteiramente alheios aos interesses tutelados pelas leis em presença. A *interest analysis* soçobraria, assim, na sua aspiração a fornecer critérios objectivos e praticáveis de resolução dos conflitos de leis.

[194] Retomaremos esta questão adiante, no capítulo VIII, a propósito da eficácia das normas internacionalmente imperativas.

Tão-pouco se nos afigura viável prover à disciplina das situações privadas internacionais exclusivamente segundo normas e princípios comuns aos Direitos dos Estados com elas conexos, prescindindo da sua localização espacial por recurso a regras de conflitos de leis [195].

Que não é possível perguntar pelo conteúdo do Direito aplicável ao caso singular sem previamente nos interrogarmos sobre qual é esse Direito, já a seu tempo o notou LEWALD [196]; e com razão o fez, pois a resposta a estoutro quesito não é de modo algum evidente: dentre as várias ordens jurídicas ligadas a dada situação plurilocalizada só relevam na sua disciplina aquela ou aquelas a que o Direito de Conflitos do foro reconheça um título de competência bastante para o efeito [197]. É que, como sublinha FERRER CORREIA [198], da circunstância de uma situação da vida se achar em conexão com duas ou mais leis não deriva a necessária legitimidade de todas a fim de regulá-la; antes há que estabelecer entre elas uma relação de hierarquia, tendo em conta os fins gerais do Direito de Conflitos e os objectivos específicos que ele se propõe em cada domínio jurídico. O mesmo é dizer que a intervenção das regras de conflitos do foro é imprescindível à determinação das normas e princípios materiais que lhe podem ser aplicadas.

Não significa isto que a circunstância de as leis em presença consagrarem para a questão controvertida soluções comuns é irrelevante na sua disciplina [199], mas tão só que essa circunstância não dispensa a prévia intervenção de regras de conflitos e que o recurso àquelas soluções não é alternativa válida ao método tradicional da conexão.

---

[195] Como pretende, por exemplo, a doutrina que sustenta a autonomia de um «Direito transnacional» constituído por essas normas e princípios — cfr. LANGEN, «From Private International Law to Transnational Commercial Law», *Comp. Int. L. J. South. Africa* 1969, pp. 313 ss. (p. 318); *Transnationales Recht*, pp. 13 ss. — e a que designa as situações em que existem tais normas e princípios por *false conflicts* — cfr. CURRIE, «Notes on Methods and Objectives in the Conflict of Laws», *in Selected Essays*, pp. 177 ss. (pp. 183 s.); SCOLES-HAY, *Conflict of Laws*, p. 17; e MORRIS-McCLEAN, *The Conflict of Laws*, pp. 461 ss.

[196] Em «Le contrôle des cours suprêmes sur l'application des lois étrangères (Étude de jurisprudence comparée)», *Rec. cours*, vol. 57 (1936-III), pp. 203 ss. (p. 207).

[197] Ver em sentido substancialmente concordante Christian VON BAR, *IPR*, vol. I, p. 89.

[198] Cfr. «Considerações sobre o método do DIP», *in Estudos vários de direito*, pp. 309 ss. (p. 331).

[199] Cfr. sobre o ponto *infra*, § 27.°.

Análoga conclusão há-de formular-se a respeito da invocação neste contexto de princípios gerais de Direito, advogada por alguns[200]. Não só não se afigura possível divisar relativamente às matérias de que nos vamos ocupar aqui princípios comuns à generalidade dos sistemas jurídicos locais (não é sequer esse, como se verá, o caso do princípio da boa fé na formação dos contratos), como, além disso, dado o alto grau de abstracção desses princípios, parece muito difícil fundar exclusivamente neles a resolução pelos tribunais estaduais dos conflitos de interesses surgidos no tráfico jurídico internacional[201].

O que dissemos sobre a imprescindibilidade do recurso a regras de conflitos como ponto de partida da disciplina das relações privadas internacionais vale ainda pelo que respeita à eventual atribuição de efeitos aos usos do comércio. A eficácia destes, quer a título de instrumentos de interpretação e integração de declarações negociais, quer quando as partes se lhes refiram expressamente, incorporando-os nessas declarações, depende sempre, como defendemos noutro lugar[202], das normas da própria *lex contractus*, a qual deve ser determinada de acordo com as regras de conflitos aplicáveis à hipótese em apreço; o que exclui a admissibilidade da sua qualificação como fonte autónoma de regulamentação daquelas relações.

b) Vejamos agora quais os desvios que comportam estas directrizes metodológicas.

Sucede, por um lado, que em certos casos a lei aplicável não pode ser determinada directa ou exclusivamente por apelo à regra de conflitos, por isso que esta se limita a enunciar uma cláusula geral (como a de conexão mais estreita), carecida de concretização pelo julgador, ou tem acoplada uma cláusula de excepção. Por outro lado, a solução da questão privada internacional nem sempre se obtém pela subsunção da espécie decidenda sob as normas da lei designada pela regra de conflitos: é o que ocorre,

---

[200] Ver entre outros Oppetit, «Les principes généraux en droit international privé», *Arch. Phil. Dr.* 1987, pp. 179 ss.

[201] Cfr. nesta linha de orientação Wengler, «Les principes généraux du droit en tant que loi du contrat», *RCDIP* 1982, pp. 467 ss. (pp. 474 e 484).

[202] Cfr. o nosso *Da arbitragem comercial internacional*, pp. 159 ss., 200 e 259. Perfilham também o ponto de vista expresso no texto: Moura Ramos, *Da lei aplicável ao contrato de trabalho internacional*, p. 515; e, *de jure constituto*, Lima Pinheiro, *Contrato de empreendimento comum (joint venture) em DIP*, pp. 694 ss., «Venda marítima internacional: alguns aspectos fundamentais da sua regulação jurídica», *BFDB* 1998, pp. 173 ss. (p. 189), e *DIP. Parte especial*, pp. 215 s. Na doutrina estrangeira pode ver-se no mesmo sentido, por último, Hay, *IPR*, p. 162.

74 Da Responsabilidade Pré-Contratual em Direito Internacional Privado

nomeadamente, quando ao julgador caiba corrigir o resultado da sua aplicação (*v.g.* por apelo à reserva de ordem pública internacional), combinar ou cumular normas materiais em concurso ou integrar, *modo legislatoris*, lacunas rebeldes à analogia (como as que se verificam nas situações que denominamos de falta de normas aplicáveis) [203].

Revela-se nestas hipóteses a insuficiência da regra de conflitos a fim de prover à regulação de situações privadas internacionais. O Direito nelas afirmado pelo julgador não corresponde à mera reprodução de soluções previamente determinadas por intermédio de uma regra de conflitos, antes é fruto de uma elaboração *ope judicis*; sendo que a eficácia da decisão a proferir se estende potencialmente para além do caso concreto — por exemplo, na medida em que a sua fundamentação sirva de paradigma a futuras decisões sobre casos iguais ou semelhantes, constituindo por essa via o esteio de uma jurisprudência constante [204].

A admissibilidade de uma elaboração jurisprudencial do Direito com carácter complementar relativamente à lei, a levar a efeito no âmbito do sistema, que assim se preconiza, afigura-se-nos a orientação mais condizente com a adopção no plano do Direito Internacional Privado da desejável via média entre normativismo e decisionismo.

Esta posição metodológica não envolve — cumpre salientá-lo — qualquer adesão às correntes substancialistas do Direito Internacional Privado, pois que os pressupostos, critérios e fundamentos em que quanto a nós se há-de basear a formulação pelo julgador de soluções materiais próprias da vida privada internacional são diversos daqueles em que estas se fundam.

A elaboração jurisprudencial do Direito nas hipóteses que aqui temos em vista não é, na verdade, uma consequência necessária da circunstância de a situação controvertida se achar conexa com vários ordenamentos (como pretendem por exemplo STEINDORFF [205] e VON MEHREN [206]), antes constitui uma solução válida tão-só num número restrito de situações, que definiremos adiante. A nosso ver a natureza internacional de dada situação

---

[203] Cfr. adiante, §§ 27.º e 28.º.

[204] *Vide* no sentido de que as referências à jurisprudência constante, que se encontram nos arestos dos nossos tribunais superiores, indiciam o trânsito para uma visão da jurisprudência como fonte de Direito, OLIVEIRA ASCENSÃO, *O Direito*, p. 315.

[205] Cfr. *Sachnormen im IPR*, especialmente pp. 18 s., 23, 34 s., 50, 190 e 261 ss.

[206] Cfr. «Special Substantive Rules for Multistate Problems», *Harvard L.R.*, 1974, pp. 367 ss.

Introdução 75

da vida não impõe de per si soluções específicas para as questões jurídicas por elas suscitadas: demonstra-o, por exemplo, a circunstância de a regulamentação uniforme de certos institutos (como a letra, a livrança e o cheque) ser aplicável indistintamente às situações internas e internacionais. Apenas na medida em que os resultados da aplicação das normas do Direito interno a estas últimas situações se revelem insatisfatórios hão-de admitir-se soluções especiais.

Além disso, a conformação judicial dessas soluções não deve pressupor a igual legitimidade, a fim de reger a situação de facto, de todos os ordenamentos jurídicos locais com ela conexos, que ao juiz caberia conciliar ou combinar a seu talante, independentemente da intensidade das conexões existentes; antes se processa dentro das coordenadas fundamentais fornecidas pelos princípios constituintes do Direito de Conflitos do foro. A formulação *ope judicis* da solução das situações privadas internacionais não tem, assim, na sua base exclusivamente a consideração do conteúdo dos Direitos em presença, mas também, por exemplo, a circunstância de determinada solução corresponder melhor às expectativas das partes, à sua confiança — pois de nada serve aplicar à situação da vida *sub judice* as normas em abstracto mais justas se as partes não podiam contar com elas.

Por outro lado, cumpre sublinhar — sem prejuízo do que deixámos dito acerca das orientações que procuram maximizar o âmbito de aplicação da lei do foro — que a *lex fori* desempenha um papel central na disciplina das situações privadas internacionais. Se é certo que a diversidade das comunidades humanas importa a admissão de uma pluralidade de ordens jurídicas ao lado da do Estado do foro, não é menos exacto que a este pertence, no exercício da sua soberania, definir os pressupostos e os limites a que se subordina a aplicação na ordem interna do Direito estrangeiro. A lei do foro é, assim, a ordem jurídica de referência no juízo acerca da tolerabilidade do resultado da aplicação da lei designada pelas regras de conflitos [207] e a lei subsidiariamente aplicável nas hipóteses em que, afastada a aplicação dos preceitos da lei estrangeira ofensivos da ordem pública internacional do Estado do foro, não seja possível colher na legislação estrangeira competente as normas mais apropriadas ao caso [208], assim como nas situações em que se revele impossível determinar os elementos de facto ou de Direito de que dependa a designação da lei aplicá-

---

[207] Cfr. os preceitos citados *supra*, na nota 166.
[208] Cfr. o art. 22.º, n.º 2, do Código Civil.

vel[209] ou do próprio conteúdo do Direito estrangeiro competente[210]. A lei do foro possui deste modo vocação para reger, a título subsidiário, todas as relações plurilocalizadas presentes aos tribunais locais.

Excepcionalmente, pode a *lex fori* ser aplicável em primeira linha[211] ou pertencer-lhe delimitar as formas de tutela jurídica admissíveis no caso singular[212]. Certas regras de Direito Internacional Privado reconhecem ainda abertamente o primado das normas imperativas do Estado do foro que pretendam aplicar-se ao caso *sub judice* sobre as da lei em princípio competente para discippliná-las[213].

É, por outro lado, com base no Direito material do foro que deve apurar-se o conteúdo concreto dos elementos de conexão de diversas regras de conflitos[214]. Nos casos em que haja de recorrer-se para esse efeito às potenciais *leges causae* (como sucede, *v.g.*, em matéria de nacionalidade) é ainda por apelo à *lex fori* que hão-de resolver-se os conflitos entre essas leis quanto à concretização dos factores de conexão considerados[215].

Acresce que na interpretação, na integração e no desenvolvimento das regras de conflitos, bem como no caso a que chamamos concurso de normas antinómicas, a opção do julgador entre os preceitos de sistemas jurídicos concorrentes é, como a seu tempo veremos, necessariamente tributária dos juízos de valor do Direito do foro quanto ao conflito de interesses *sub judice* — como o é igualmente a eleição dos factores de conexão constantes daquelas regras. E há-de ser também sob a égide dos juízos de valor do foro que em última análise se decidirão os conflitos de siste-

---

[209] Cfr. o art. 23.º, n.º 2, do Código Civil.

[210] Cfr. o art. 348.º, n.º 3, do Código Civil.

[211] Como sucede nos casos previstos no art. 2.º da Convenção de Haia de 5 de Outubro de 1961 Relativa à Competência das Autoridades e à Lei Aplicável em Matéria de Protecção de Menores, aprovada para ratificação pelo D.L. n.º 48.494, de 22 de Julho de 1968, *in DG*, n.º 172, de 22 de Julho de 1968.

[212] Cfr. os arts. 27.º, n.º 2, do Código Civil e 1.º da Convenção para Regular os Conflitos de Leis e de Jurisdições em Matéria de Divórcio e de Separação de Pessoas, assinada na Haia em 1902, confirmada e ratificada por Carta Régia de 7 de Fevereiro de 1907 (*in DG*, n.º 62, de 18 de Março de 1907). *Vide* ainda os exemplos de aplicação cumulativa da *lex fori* e da *lex causae* em matéria de responsabilidade extracontratual referidos adiante, no § 26.º.

[213] É o caso, como veremos, do art. 7.º, n.º 2, da Convenção de Roma: cfr. *infra*, capítulo VIII.

[214] Cfr. a respeito do art. 45.º, n.º 1, do Código Civil o que dizemos *infra*, § 25.º.

[215] Ver entre nós, por exemplo, o art. 27.º da Lei da Nacionalidade.

mas em Direito Internacional Privado, quer estes surjam sob as vestes de um reenvio, quer se suscitem no âmbito da chamada questão prévia[216].

Uma rigorosa igualdade entre a *lex fori* e o Direito estrangeiro aplicável às situações da vida privada internacional, como a que foi preconizada por SAVIGNY[217], não se afigura, vistas as coisas sob este prisma, desejável ou sequer viável[218].

Pelo que respeita à designação da lei aplicável pela regra de conflitos, cabe ainda observar que ela não obedece a um critério único — *maxime* a localização espacial dos factos —, antes pode ter lugar, consoante já se referiu, em atenção a determinado resultado material tido como desejável pelo legislador do Estado do foro ou aos fins sociais típicos das normas ou institutos de Direito material visados por aquela regra — à sua função jurídico-política[219] — estabelecendo-se para o efeito uma ou mais conexões que levem à aplicação da lei que em concreto permita atingir aquele resultado ou realizar estes fins[220].

c) É, em suma, na base da conjugação de diferentes pontos de vista — nos quais se compreendem tanto a proximidade entre os factos e a lei que lhes é aplicável como a consecução de um resultado material justo à luz dos juízos de valor que informam o Direito do foro — que, faltando

---

[216] Cfr. *infra* § 29.º.

[217] Cfr. *System*, cit., vol. 8, pp. 25 e 32. A ela apenas seriam de admitir, segundo o autor, duas ordens de excepções: as «leis de natureza rigorosamente positiva e obrigatória» e as instituições jurídicas estrangeiras internamente desconhecidas (*ibidem*, p. 33). Cfr. entre nós FERRER CORREIA, «O DIP português e o princípio da igualdade», *RLJ*, ano 120.º, pp. 33 ss., e bibliografia aí aduzida.

[218] Reconhecem-no WENGLER, «Das Gleichheitsprinzip im Kollisionsrecht», *in Eranion in honorem Maridakis*, vol. III, pp. 323 ss. (pp. 367 ss. e 378), e CARBONE, «Il valore e gli effeti del diritto straniero nell'ordinamento italiano», *in Collisio Legum. Studi di diritto internazionale privato per Gerardo Broggini*, pp. 83 ss. (pp. 90 ss.). Cfr. ainda as diferenças de estatuto entre o Direito estrangeiro e o Direito do foro a que fazemos alusão adiante, no § 33.º.

[219] Por isso designa DE BOER esse modo de determinação da lei aplicável (que o autor entende ser o preferível) por «conexão funcional (*«functional allocation»*): cfr. *Beyond Lex Loci Delicti*, pp. 43 e ss. e 494 e s., e «Facultative Choice of Law», cit., p. 279.

[220] Nas hipóteses referidas no texto encontramo-nos perante uma variante do método tradicional do Direito de Conflitos: cfr. neste sentido SCHURIG, *Kollisionsnorm und Sachrecht*, pp. 247 s.; PATOCCHI, *Règles de rattachement localisatrices et règles de rattachement à caractère substantiel*, pp. 253 ss.; PICONE, *Ordinamento competente e DIP*, pp. 12 ss. e 31, e «Caratteri e evoluzione del metodo tradizionale dei conflitti di leggi», *in La riforma italiana del DIP*, pp. 243 ss. (pp. 247 e 251 ss.); LAGARDE, «Le principe de proximité en droit international privé contemporain», *Rec. cours*, vol. 196 (1986-I), pp. 9 ss. (p. 26).

78 Da Responsabilidade Pré-Contratual em Direito Internacional Privado

um Direito material especial regulador das situações da vida privada internacional, se há-de buscar a disciplina jurídica destas. Por isso proclamou a doutrina contemporânea o pluralismo dos métodos do Direito Internacional Privado [221].

Tal não significa, porém, que seja indiferente a opção por um dos métodos considerados, pois que só aquele que consiste na sujeição das relações privadas internacionais às disposições de uma ou mais das ordens jurídicas com elas conexas, a determinar por meio de regras de conflitos (o método dito conflitual ou da conexão), se afigura inteiramente conforme com os valores que a disciplina serve. Eis por que a nosso ver são estas regras, por assim dizer, o ponto de partida da realização do Direito nas situações plurilocalizadas.

As regras de conflitos tanto podem ser de fonte legislativa ou consuetudinária como, em determinadas circunstâncias, criadas pelo próprio julgador. Em certas situações — mormente aquelas em que ocorram concursos ou faltas de normas aplicáveis — pode o resultado da aplicação das normas materiais em presença à situação controvertida ser corrigido pelo julgador à luz das valorações imanentes ao sistema de conflitos. A título subsidiário, e excepcionalmente em primeira linha, serão aplicáveis as regras da *lex fori*.

Em qualquer caso, o problema do Direito Internacional Privado — ainda que concebido em sentido estrito — não se reduz a um problema de escolha da lei aplicável às situações privadas internacionais [222] na base da

---

[221] Cfr. Marín López, «Las normas de aplicación necesaria en derecho internacional privado», *REDI* 1970, pp. 19 ss. (p. 39); Batiffol, «Le pluralisme des méthodes en DIP», *Rec. cours*, vol. 139 (1973-II), pp. 75 ss.; Ferrer Correia, «Considerações sobre o método do DIP», *in Estudos vários de Direito*, pp. 309 ss. (p. 397); Carrillo Salcedo, *DIP*, pp. 77 ss.; Marques dos Santos, *As normas de aplicação imediata no DIP*, vol. I, p. 17, e vol. II, p. 1068; *idem, Defesa e ilustração do DIP*, p. 167; Scoles-Hay, *Conflict of Laws*, p. 35; Pérez Vera, *DIP*, vol. I, p. 72; Picone, «I metodi di coordinamento tra ordinamenti nel progetto di riforma del diritto internazionale privato italiano», *in La riforma italiana del DIP*, pp. 3 ss. (pp. 4 ss. e 37 ss.); *idem,* «La teoria generale del diritto internazionale privato nella legge italiana di riforma della materia», *in ibidem,* pp. 137 ss. (pp. 138 ss.); e Mayer, *DIP*, pp. 53 ss.

[222] É esta, no entanto, a orientação que tende a prevalecer na doutrina germânica: cfr. entre outros Schurig, *Kollisionsnorm und Sachrecht*, p. 230; Kegel, *IPR*, pp. 3 e 18; Firsching-Von Hoffmann, *IPR*, pp. 7 s.; e Kropholler, *IPR*, p. 1. Na doutrina portuguesa tem-se também entendido que o Direito Internacional Privado é essencialmente um Direito de Conflitos e o seu problema próprio o da escolha da lei aplicável (sem prejuízo de se incluirem no ensino dele certas matérias conexas, como a condição jurídica dos estrangei-

Introdução   79

sua localização espacial; antes carece de ser perspectivado mais amplamente como o problema posto pela necessidade de prover à regulamentação material dessas situações, naquilo que estas têm de específico em razão
do seu carácter internacional, compreendendo-se entre os seus modos possíveis de solução a conformação *ope judicis* dessa regulamentação [223].

Na disciplina das situações privadas internacionais há, assim, que
distinguir dois graus ou momentos: aquele em que se procede à determinação da lei aplicável por intermédio de regras de conflitos e aqueloutro
em que o julgador procura controlar e eventualmente corrigir o resultado
material da aplicação daquela lei à situação controvertida [224] ou coordenar

---

ros, a nacionalidade e o reconhecimento de sentenças estrangeiras, na medida em que as
normas que as regem constituem um pressuposto ou um limite à aplicação das regras de
conflitos): cfr. FERRER CORREIA, *Lições de DIP*, p. 82, e *DIP. Alguns problemas*, p. 22; e
BAPTISTA MACHADO, *Âmbito*, cit., p. 162, e *Lições de DIP*, pp. 12 ss.

[223] Cfr. nesta linha fundamental de orientação JITTA, *La méthode du DIP*, p. 44, que
já em 1890 criticava a redução da disciplina a uma «guilhotina de conflitos»; STEINDORFF,
Sachnormen im IPR, pp. 18 s., para quem «as soluções materiais não se situam meramente
nos confins do Direito Internacional Privado, não são tornadas necessárias pelas regulamentações jurídico-privadas internacionais apenas em casos singulares, antes constituem
um elemento nuclear do Direito Internacional Privado»; WENGLER, est. cit. no *Rec. cours*
1961-III, p. 459, que sublinha a necessidade de todas as regras de Direito Privado especificamente destinadas a reger situações pluriconectadas, mas que não constituam regras de
conflitos, serem «estudadas tão intensamente como as diferentes espécies de regras de conflitos tradicionais, em ordem a obter-se uma plena compreensão do significado do Direito
Internacional Privado»); e LALIVE, est. cit. no *Rec. cours* 1977-II, p. 33, que escreve: «Le
droit international privé n'est pas [...] un simple *Verweisungsrecht*: c'est un *Entschei-
dungsrecht*».

Entre nós, MAGALHÃES COLLAÇO ensina que «a norma de conflitos não se esgota com
a simples remissão para determinado sistema jurídico local, declarado competente para
resolver a questão; ela guarda sempre o controle do resultado a que conduz, em cada caso,
a aplicação da lei designada, nomeadamente quando essa lei é uma lei estrangeira, podendo
afastar ou modificar eventualmente a solução que resultaria do direito declarado em princípio competente» (cfr. *DIP*, vol. I, p. 30); e caracteriza o Direito de Conflitos como «um
processo de regulamentação indirecta da vida privada internacional» (cfr. *Da qualificação
em DIP*, p. 258). *Vide* ainda MARQUES DOS SANTOS, *As normas de aplicação imediata no
DIP*, vol. I, p. 36, n. 145, 3.º §; *idem, Defesa e ilustração do DIP*, pp. 165 e 191; MOURA
RAMOS, *DIP e Constituição*, pp. 84 e 170, e Maria Helena BRITO, *A representação nos contratos internacionais*, p. 516.

[224] Professam orientação semelhante: WENGLER, «Die Funktion der richterlichen
Entscheidung über internationale Rechtsverhältnisse», *RabelsZ* 1951, pp. 1 ss. (pp. 29 s.),
e KROPHOLLER, *IPR*, pp. 28 s. Sobre a correcção referida no texto ver *infra*, capítulos V, VI
e IX.

80 Da Responsabilidade Pré-Contratual em Direito Internacional Privado

as suas disposições com as de outra ou outras leis conexas com esta situação[225]. Nem sempre, porém, estes dois momentos são perfeitamente destrinçáveis; e ocorre por vezes, como vimos, ser o resultado material da aplicação das leis em presença, segundo a própria regra de conflitos, o critério determinante da opção por uma delas.

16. Gizados em traços muito largos os fins últimos do Direito Internacional Privado e os métodos de que ele se socorre para alcançá-los, podemos agora reverter à questão axiológica para, em jeito de conclusão, defrontar os seguintes problemas: Existe uma justiça própria desta disciplina? Se sim, qual o seu conteúdo?

À primeira questão responde de modo afirmativo o sector da doutrina segundo o qual a justiça do Direito Internacional Privado consistiria em aplicar às situações da vida privada internacional não a melhor lei do ponto de vista da regulamentação material que institui, mas a que melhores títulos exibir para o efeito, atentas as conexões espaciais que possuir com a situação *sub judice*[226].

Para tanto, já SAVIGNY preconizou que «para cada relação jurídica se procure o domínio jurídico a que, segundo a sua natureza própria, essa

---

[225] É o que preconizam na Alemanha STEINDORFF, *Sachnormen im IPR*, pp. 174 ss. e 236 (com o aplauso de WENGLER em recensão publicada no *AcP* 1959/60, pp. 543 ss., a p. 548) e os autores que admitem a tomada em consideração, em determinadas situações, de uma lei estrangeira como um facto (*datum*), a valorar à luz da lei do foro: é o caso de JAYME, «Ausländische Rechtsregeln und Tatbestände inländischer Sachnormen. Betrachtungen zu Ehrenzweigs Datum-Theorie», *in Gedächtnisschrift fur Albert Ehrenzweig*, pp. 37 ss.; *idem*, «Internationales Familienrecht heute», *in FS Müller-Freienfels*, pp. 341 ss. (p. 369); *idem*, est. cit. no *Rec. des cours* 1995, pp. 9 ss. (p. 87). Uma concepção próxima desta foi recentemente defendida entre nós por Maria Helena BRITO, que propõe a atendibilidade das normas materiais de uma ordem jurídica com que a situação privada internacional se ache em contacto, no quadro da aplicação das normas da *lex causae*, através do que a autora designa por «conexão complementar»: cfr. ob. cit., pp. 513, 519 ss., 565, 726 ss. e 749. Retomaremos o exame destas propostas metodológicas adiante, no capítulo VIII.

[226] Cfr. nesta linha fundamental de orientação: ZWEIGERT, «Die Dritte Schule im IPR», *in FS Raape*, pp. 35 ss. (p. 49); KEGEL, «Begriffs- und Interessenjurisprudenz im IPR», *in FS Lewald*, pp. 159 ss. (pp. 270 ss.); *idem*, «The Crisis of Conflict of Laws», *Rec. cours*, vol. 112 (1964-II), pp. 91 ss. (p. 184); *idem*, *IPR*, 106 ss.; BAPTISTA MACHADO, *Âmbito*, cit., pp. 161 ss.; *idem*, *Lições de DIP*, pp. 43 ss.; FERRER CORREIA, *Lições de DIP*, pp. 37 ss.; *idem*, *DIP. Alguns problemas*, pp. 23 s. e 126; NEUHAUS, *Die Grundbegriffe des IPR*, pp. 42 ss.; BATIFFOL, «Les intérêts de DIP», *in FS Kegel*, pp. 11 ss. (p. 14); e VITTA--MOSCONI, *Corso di Diritto Internazionale Privato e Processuale*, p. 30.

Introdução   81

relação pertence ou se encontra sujeita (onde possui a sua sede)» [227]; e na mesma linha fundamental de orientação sustenta-se modernamente, de acordo com o denominado «princípio da proximidade» ou da «conexão mais estreita», que as relações jurídicas devem ser regidas pela lei do país com que apresentem os laços mais estreitos [228].

Foi, porém, sobretudo na sequência dos trabalhos de KEGEL [229] que se afirmou na doutrina a concepção segundo a qual a distinção entre o Direito Internacional Privado e o Direito material deveria fazer-se na base da diversidade dos interesses prosseguidos por cada um destes sectores da ordem jurídica.

A justiça do Direito Internacional Privado seria, de acordo com esta orientação, «eminentemente formal» ou «materialmente neutra» e o seu *ex libris* o princípio da harmonia de julgados.

Não pode hoje ter-se por exacta esta asserção, pelos motivos que adiante se explicitarão, nem sequer segundo a perspectiva metodológica que encara o problema do Direito Internacional Privado como sendo exclusivamente o da escolha da lei aplicável às situações privadas internacionais na base da sua localização espacial; e menos ainda de acordo com aqueloutra orientação que entende que o verdadeiro problema desta disciplina consiste em prover à regulamentação dessas situações e que este desiderato se não obtém simplesmente pela determinação de uma ou mais leis

---

[227] «Dass bei jedem Rechtsverhältniss dasjenige Rechtsgebiet aufgesucht werde, welchem dieses Rechtsverhältniss seiner eigenthümlichen Natur nach angehört oder unterworfen ist (worin dasselbe seinen Sitz hat)»: *System*, cit., vol. 8, p. 108. V. também *ibidem*, pp. 28 e 118.

[228] Assim LAGARDE, «Le principe de proximité dans le DIP contemporain», *Rec. cours*, vol. 196 (1986-I), pp. 9 ss. (p. 29); *idem*, «Le droit international privé d'aujourd'hui et demain», nos estudos em honra de Skapski, pp. 175 ss. (p. 179); e BATIFFOL-LAGARDE, *DIP*, vol. I, p. 450 s. Observe-se que LAGARDE justifica o princípio da proximidade por apelo, além do mais, ao respeito pelas expectativas legítimas das partes e ao equilíbrio entre os interesses dos Estados (curso cit., p. 29) — i. é, com referência a valores materiais. Eis aqui, a nosso ver, o reconhecimento implícito de que a proximidade não constitui um valor (*hoc sensu*, um bem que se estime por si mesmo) do Direito Internacional Privado, mas uma fórmula, que apenas ganha sentido por referência a valores.

[229] Cfr. «Begriffs- und Interessenjurisprudenz im IPR», *in FS Lewald*, pp. 259 ss. (pp. 270 ss.); e *IPR*, pp. 55 e 107. Entre nós *vide* na mesma linha fundamental de orientação: FERRER CORREIA, «O novo DIP português», *in Estudos vários de direito*, pp. 3 ss. (p. 11); *idem*, «O princípio da autonomia do DIP no sistema jurídico português», *RDE* 1986, pp. 3 ss. (p. 5 s.); *idem*, *DIP. Alguns problemas*, p. 121, n. 26; e BAPTISTA MACHADO, *Âmbito*, cit., pp. 161 ss.; *idem*, *Lições de DIP*, pp. 43 ss.

82   Da Responsabilidade Pré-Contratual em Direito Internacional Privado

aplicáveis e pela subsunção das espécies nas normas que as contemplam, antes pressupõe amiúde uma intervenção constitutiva do julgador.

Na verdade, para quem, como nós, sustenta este último ponto de vista, a justiça do Direito Internacional Privado — *hoc sensu*, os princípios e valores últimos que o inspiram — não se cinge a uma directriz formal sobre o modo de achar a lei aplicável às situações plurilocalizadas, antes há-de traduzir-se em critérios orientadores da regulação pelo julgador dessas situações e da modelação por ele próprio da disciplina material que lhes é aplicável.

Por outro lado, os factores que presidem à escolha da ordem competente para reger as situações privadas internacionais não são hoje redutíveis à ideia de proximidade espacial, antes se mostram largamente permeáveis aos fins ou valores imperantes em cada ramo ou sector do Direito material e aos princípios que os exprimem [230] — o que mais não é do que uma manifestação da unidade do sistema jurídico, concebido como ordem axiológica ou teleológica de princípios jurídicos gerais [231].

---

[230] Assim já WENGLER, «Les principes généraux du DIP et leurs conflits», *RCDIP* 1952, pp. 595 ss. (pp. 606 ss.) e 1953, pp. 37 ss. (pp. 49 s.), e BATIFFOL, *Aspects philosophiques du DIP*, p. 39, que sustenta a existência de um «*lien organique*» entre o Direito interno e a regra de conflitos. Contra pronuncia-se KEGEL, est. cit. no *FS Lewald*, p. 268. Na doutrina estrangeira mais recente podem consultar-se: SCHURIG, *Kollisionsnorm und Sachrecht*, pp. 94 ss., 102 e 210 ss.; AUDIT, est. cit. no *Rec. cours*, vol. 186, pp. 270 ss.; *idem*, *DIP*, p. 87; *idem*, «Le Droit International Privé à fin du XXe siècle: progrès ou recul», *RIDC* 1998, pp. 421 ss. (pp. 423 ss. e 437 s.); Christian VON BAR, *IPR*, vol. I, pp. 199 s.; SCHWANDER, «Der Wandel des Privatrechts und seine Rückwirkungen auf das internationale Privatrecht», *ASDI* 1989, pp. 247 ss.; KROPHOLLER, *IPR*, p. 33; BRILMAYER, «The Role of Substantive and Choice of Law Policies in the Formation and Application of Choice of Law Rules», *Rec. cours*, vol. 252 (1995), pp. 9 ss. (pp. 62 s., 68 s., 75 s., 89 ss. e 92, n. 94) (embora perfilhando um ponto de vista fundamentalmente unilateralista); e FERNÁNDEZ ROZAS-SÁNCHEZ LORENZO, *DIP*, p. 182. Mais longe vão CALVO CARAVACA e CARRASCOSA GONZÁLEZ, *Introducción al Derecho Internacional Privado*, pp. 281 s., e *Derecho Internacional Privado*, vol. I, p. 162, que escrevem: «Toda norma de conflicto, — como cualquier norma del ordenamiento jurídico —, persigue la consecución de *objectivos materiales*». Na doutrina portuguesa *vide* MOURA RAMOS, *DIP e Constituição*, p. 169, e MARQUES DOS SANTOS, *Defesa e ilustração do DIP*, p. 165, n. 933.

Naturalmente que não sustentamos no texto a possibilidade de deduzir sistematicamente do fim social ou da *policy* das leis a solução dos conflitos entre as mesmas, à semelhança do que fizeram PILLET, *Traité pratique de DIP*, t. I, pp. 106 ss., MACHADO VILLELA, *Tratado*, cit., livro I, p. 399, e CURRIE (ests. cits. *supra*, n. 180); mas tão-só a necessidade de o legislador e o julgador atenderem, na regulamentação das situações plurilocalizadas, aos valores e princípios que perpassam a ordem jurídica e inspiram as opções legislativas em cada um dos sectores desta.

[231] *Sic*, CANARIS, *Systemdenken*, cit., tradução portuguesa, pp. 77 e 280.

Introdução 83

Esta abertura do Direito Internacional Privado aos valores materiais é particularmente notória nas regras de conflitos, ditas de «conexão substancial»[232], que operam a escolha da lei aplicável em função de um resultado material tido por desejável[233], bem como nas que exigem, mediante conexões cumulativas, que certos efeitos jurídicos sejam reconhecidos por dois ou mais sistemas a fim de que possam produzir-se na ordem interna[234]. Visa-se em ambos os casos assegurar a realização de determinados pontos de vista acolhidos pelo Direito interno na regulação jurídico-material das situações da vida que tais regras têm por objecto (como, por exemplo, a conservação dos negócios jurídicos, a protecção da parte mais fraca na relação jurídica ou a defesa da estabilidade institucional da família).

Mas o referido fenómeno ressuma ainda, a nosso ver, nas regras de conflitos que designam a lei aplicável na base da localização espacial dos factos da lide, pois que também neste caso a eleição das conexões relevantes é em larga medida determinada pelos valores fundamentais que enformam a ordem jurídica interna no domínio considerado — como o demonstram, por exemplo, as alterações introduzidas no Direito de Conflitos português na sequência da entrada em vigor da Constituição de 1976[235] e por diversa legislação ordinária posterior[236].

Eis por que não podemos acompanhar os autores que entendem que é apenas «uma razão abstracta de sede» que decide da lei mais adequada para se pronunciar sobre a questão privada internacional e que o elemento de conexão é «em si mesmo vazio de qualquer sentido material»[237].

Certo, a lei mais idónea para regular a situação plurilocalizada não é necessariamente a que conduz ao resultado mais justo do ponto de vista do Direito material do foro. Mas os valores que entre nós presidem à resolução dos conflitos de leis e de sistemas correspondem largamente, como se viu, aos fundamentos regulativos da ordem jurídica em geral e do Direito Privado em especial. Tal não prejudica — cumpre sublinhá-lo — que as

---

[232] Cfr. PATOCCHI, *Règles de rattachement localisatrices et règles de rattachement à caractère substantiel*, pp. 241 ss.

[233] Cfr. os exemplos mencionados *supra*, no n.º 8.

[234] Assim, por exemplo, os arts. 55.º, n.º 2, e 60.º, n.º 4, do Código Civil.

[235] Veja-se, quanto às regras de conflitos do Código Civil, o relatório do D.L. n.º 496/77, de 25 de Novembro, n.ºs 5 e 11, onde se reconhece expressamente que as modificações introduzidas nessas regras foram impostas pelos novos princípios proclamados pela Constituição.

[236] Sobre esta *vide* MOURA RAMOS, *Aspectos recentes do DIP português*, pp. 9 ss.

[237] Assim AZEVEDO MOREIRA, *Da questão prévia em DIP*, pp. 207 s.

84 Da Responsabilidade Pré-Contratual em Direito Internacional Privado

concretizações desses valores no Direito Internacional Privado apresentem um cunho específico, ditado pela natureza particular das situações da vida que esta disciplina tem por objecto.

À mesma conclusão chegará quem pretenda ver o fundamento último do Direito Internacional Privado na harmonia de julgados, pois que a salvaguarda dela não é apanágio deste ramo do Direito, antes avulta com igual intensidade noutros sectores da ordem jurídica [238].

Em suma: as regras de conflitos de leis no espaço não são «neutras», antes convocam, adaptando-os às necessidades do seu objecto próprio e à função específica que a ordem jurídica lhes comete, os princípios fundamentantes do Direito Privado, socorrendo-se para discipliná-lo de uma técnica própria. Por isso se nos afigura inteiramente exacta a sua caracterização como normas de Direito Privado especial [239].

Com QUADRI diremos, pois, que o Direito Internacional Privado de cada Estado constitui «o reflexo do espírito que anima o sistema material» [240].

---

[238] Cfr., por exemplo, os arts. 497.º, n.º 2, 678.º, n.ºs 4 e 6, 732.º-A e 732.º-B do Código de Processo Civil e 437.º do Código de Processo Penal. Atente-se ainda na directriz de ordem geral fixada no art. 8.º, n.º 3, do Código Civil.

[239] Tal é o entendimento perfilhado por MAGALHÃES COLLAÇO e MARQUES DOS SANTOS no seu ensino. Cfr., do último, *DIP. Sumários* (1987), p. 60, e *Defesa e ilustração do DIP*, p. 177. Ver ainda sobre o ponto FERRER CORREIA, *Lições de DIP*, pp. 35 ss., e BAPTISTA MACHADO, *Lições de DIP*, pp. 40 s.; KEGEL, *IPR*, p. 18; e KROPHOLLER, *IPR*, p. 8.

[240] *Lezioni di DIP*, p. 203. Ver em sentido concordante PICONE, «I metodi di coordinamento tra ordinamenti nel progetto di riforma del diritto internazionale privato italiano», *in La riforma italiana del diritto internazionale privato,* pp. 3 ss., que acrescenta: «le norme di conflitto riflettono comunque sempre, a livello della scelta dei criteri di collegamento, le più generali opzioni del legislatore sul piano del diritto materiale» (pp. 29 s., n. 66). Numa orientação próxima, escreve SPERDUTI que «[i]l est aussi naturel que cohérent qu'un Etat s'en tienne à sa propre idéologie lors de l'établissement de son système de droit international privé»: cfr. «Théorie du DIP», *Rec. cours*, vol. 122 (1967-III), pp. 173 ss. (p. 253). Em França sustenta AGOSTINI, na esteira de BARTIN, que «le droit international privé ne constitue jamais que la projection des dispositions du droit interne sur le plan international»; e refere como exemplos desse fenómeno a primazia conferida pelos internacionalistas anglo-saxónicos às questões da competência judiciária sobre as da competência legislativa e a teoria da *proper law*, as quais reflectiriam a concepção jurisprudencial do Direito própria do *Common Law*: cfr. *Droit comparé*, p. 189. Também na doutrina alemã se reconhece a existência de uma «relação de analogia ou paralelismo» entre os juízos de valor do Direito de Conflitos e os do Direito material: *vide* KROPHOLLER, *IPR*, p. 33. Entre nós, MOURA RAMOS refere, em *DIP e Constituição*, que as regras de conflitos «exprimem os princípios directores do sistema jurídico e a ideologia aceite pelo legislador» (pp. 169 s.) e se acham vinculadas «às finalidades humanas e sociais pelas quais se orienta a acção do legislador» (p. 209); o Direito Internacional Privado dos nossos dias, «invadido por valo-

Introdução 85

O Direito Internacional Privado serve, no seu domínio próprio, a ideia de Direito informadora da ordem jurídica em que se insere. Isso revela-se tanto no plano da escolha dos factores de conexão que integram as regras de conflitos como no da definição dos limites à intervenção destas regras, no da disciplina de diversos aspectos gerais atinentes ao seu funcionamento, no da regulamentação das condições de atribuição de eficácia no Estado do foro a actos públicos estrangeiros e no da conformação pelo próprio julgador do regime material aplicável às situações jurídicas que esta disciplina tem por objecto.

Entre a «sua» justiça e a do Direito Privado material não existe antinomia [241], mas tão-só diversidade de modos de expressão ou de actuação.

---

rações materiais», aparece em muitos sectores, segundo o autor, «como um puro direito material e voltado também para as tarefas de modelação da sociedade civil em que o Estado contemporâneo compromete o seu ordenamento jurídico» (p. 170). Subscreve este ponto de vista Jorge MIRANDA, *Manual de Direito Constitucional*, t. II, *Constituição e inconstitucionalidade*, p. 306.

[241] Cfr. neste sentido NEUHAUS, *Die Grundbegriffe des IPR*, pp. 42 ss.; LORENZ, *Zur Struktur des IPR*, 62; KELLER-SIEHR, *Allgemeine Lehren des IPR*, p. 250; LOOSCHELDERS, *Die Anpassung im IPR*, pp. 112 e 415; e KROPHOLLER, *IPR*, pp. 29. A este respeito, adverte WENGLER, *IPR*, vol. II, p. 768, que o ponto de vista conforme o qual existiria uma justiça própria do Direito Internacional Privado ignora a exigência de igual tratamento das situações conectadas de forma homogénea e heterogénea. Na doutrina portuguesa, também MOURA RAMOS reconhece que «a justiça conflitual não é, no fim de contas, um outro e diverso tipo de justiça, a opor à justiça material, mas antes a forma que nas relações plurilocalizadas esta necessariamente assume» (cfr. *Da lei aplicável ao contrato de trabalho internacional*, p. 255; o autor reiterou este ponto de vista no estudo «Droit International Privé vers la fin du vingtième siècle: avancement ou recul?», *BDDC* 1998, pp. 85 ss., p. 94).

§ 4.º
Plano da exposição

17. O Direito português, embora consagre uma disposição que regula em termos gerais a responsabilidade pré-contratual, não contém quaisquer preceitos especificamente dirigidos à disciplina dos conflitos de leis nesta matéria. Tão-pouco encontramos qualquer regra desse tipo nas convenções de Direito Internacional Privado que vigoram entre nós.

Sucede, por outro lado, que os problemas ou questões de Direito a que o instituto em apreço visa dar resposta na ordem jurídica portuguesa são resolvidos em alguns sistemas estrangeiros mediante figuras diversas; e mesmo nos ordenamentos em que existe uma disciplina específica das relações pré-contratuais ocorre serem diversos o conteúdo, a função e o enquadramento sistemático das normas que a integram.

É assim, ao menos numa primeira aproximação, questão nuclear na dilucidação dos problemas que constituem objecto do nosso estudo a que consiste em determinar quais as regras de conflitos de leis vigentes na ordem jurídica portuguesa a que podem ser reconduzidas as normas materiais que nos vários sistemas jurídicos locais, incluindo o nosso, disciplinam a responsabilidade civil por danos emergentes dos preliminares e da formação dos contratos.

A resolução desta questão pressupõe, além da interpretação e delimitação dos conceitos que definem o âmbito das regras de conflitos susceptíveis de serem chamadas a intervir a fim de prover à regulamentação dessa responsabilidade e da fixação dos juízos de valoração de interesses que lhes subjazem, a caracterização das referidas normas materiais nos quadros dos sistemas jurídicos em que se inscrevem. Em princípio, só será legítimo aplicar estas normas ao caso concreto se for possível descobrir na regulamentação por elas instituída os traços essenciais que identificam aqueles conceitos e se os elementos de conexão relevantes nos sectores normativos por eles recortados deferirem competência na espécie controvertida à ordem jurídica em que as mesmas normas se integram.

Parte-se por isso neste estudo da delimitação do âmbito das categorias jurídicas fundamentais em que, para efeitos da regulamentação das relações privadas internacionais através de regras de conflitos, podem a nosso ver ser classificadas as normas materiais que disciplinam a responsabilidade pré-contratual à face dos diversos ordenamentos jurídicos locais: a responsabilidade contratual e a responsabilidade extracontratual.

Sobre o sentido e o alcance da indagação a proceder a este respeito nos debruçaremos mais de espaço adiante, no capítulo a ela dedicada. Para aí remetemos, portanto.

Segue-se ao estudo das referidas categorias a análise comparativa do regime da responsabilidade pré-contratual perante os sistemas jurídicos nacionais. Por várias ordens de razões se nos afigura imprescindível essa análise:

Desde logo, porque a fim de se avaliarem correctamente as exigências de regulamentação jurídica das situações da vida privada internacional em qualquer domínio específico é imprescindível ter deste um conhecimento suficientemente profundo, tanto pelo que respeita aos problemas por eles suscitados como quanto às correlações de interesses que nelas se acham em jogo e aos juízos de valor sobre estas formulados na lei e nas demais fontes do Direito positivo.

Por outro lado, nenhum facto tem de per si qualquer relevância jurídica que não seja a que lhe é conferida por determinado ordenamento, através das consequências jurídicas que lhe imputa. Os factos potencialmente geradores de responsabilidade por danos causados nos preliminares e na conclusão dos contratos internacionais não podem, pois, ser considerados pelo julgador senão pelo prisma do ou dos ordenamentos que com eles se achem conexos, os quais lhe permitirão apurar o sentido ou os sentidos jurídicos possíveis desses factos e as consequências que em concreto lhes podem ser ligadas. Importa por isso, a fim de determinar a disciplina jurídica da responsabilidade pré-contratual emergente de relações privadas internacionais, conhecer o conteúdo e os pressupostos das sanções de que os eventos que lhes dão origem tipicamente são objecto nos diferentes ordenamentos jurídicos locais.

Acresce que, de acordo com a orientação metodológica acima traçada, há que averiguar, a fim de determinar a lei aplicável à responsabilidade civil por danos surgidos do processo formativo dos contratos, qual o conteúdo e a função das normas que a regulam nos ordenamentos conexos com a situação *sub judice*, em ordem a determinar se aos diversos processos técnicos adoptados pelas leis nacionais para disciplinar esta matéria

88 Da Responsabilidade Pré-Contratual em Direito Internacional Privado

correspondem funções sócio-jurídicas comensuráveis com as que o legislador de conflitos teve em mente ao estabelecer as categorias de conexão a que tais normas são potencialmente reconduzíveis.

Sucede, finalmente, que o funcionamento das regras de conflitos relevantes na matéria em apreço depende por vezes, como se verá, de um exame comparativo do conteúdo e dos pressupostos da responsabilidade por danos emergentes da negociação e conclusão de contratos cominada pelas leis em presença, dentre cujas disposições prevalecerão aquelas que em concreto se revelarem mais favoráveis aos interesses do sujeito da situação controvertida a quem essas regras visem assegurar certa protecção mínima.

Consideram-se na referida análise comparativa apenas os sistemas jurídicos romano-germânicos e de *Common Law* [242].

---

[242] Contra a tradicional distinção entre *Civil* e *Common Law* pronunciou-se, em estudo recente, James GORDLEY (cfr. «Common Law and civil law: eine überholte Unterscheidung», *ZEuP* 1993, pp. 498 ss.). Para o autor, as diferenças entre estes dois sistemas não têm carácter fundamental, pois que a estrutura que lhes subjaz não é diversa e não se pode afirmar que os problemas e as respectivas soluções que se encontram num deles não constituem também problemas e soluções no outro (o que GORDLEY considera como condição da alternatividade dos sistemas jurídicos).

O autor procura demonstrar que no século XIX o Direito anglo-americano foi integralmente reestruturado, mediante a recepção de categorias conceptuais provenientes do Direito continental. Até então, o *Common Law* estruturava-se na base das acções (*forms of actions*). Estas foram abolidas no séc. XIX, e em seu lugar passou o Direito a organizar-se segundo categorias jurídicas como o contrato, o acto ilícito e o Direito das Coisas (*ibidem*, p. 499). Em alguns casos foram integrados no novo Direito figuras do antigo *Common Law*, como a *consideration* (sobre esta ver *infra*, § 7.°). Esta constituiria no entanto, para o autor, um «resíduo» (*ibidem*, p. 502), de que o Direito anglo-americano se procura libertar. Também em relação ao Direito delitual se poderia falar, apesar da sua organização em torno de tipos delituais específicos e não de um princípio geral como o da responsabilidade aquiliana, de um catálogo de interesses dignos de protecção, que corresponderia àquele que o § 823 (1) do BGB consagra (*ibidem*, p. 509). Apenas o instituto do *trust* constituiria uma excepção a esta aproximação do Direito anglo-americano ao Direito continental, visto que não encontra neste um correspondente. O autor admite, no entanto, uma recepção da figura no Direito continental (*ibidem*, p. 516).

A tese de GORDLEY levanta questões que transcendem largamente o objecto do presente estudo. Sempre diremos, no entanto, que o âmbito material da comparação efectuada pelo autor, respeitante tão-só ao Direito patrimonial e deixando de parte as relações familiares e sucessórias, o Direito processual e todo o Direito público, se nos afigura insuficiente como base das conclusões que o autor sustenta.

Particulares reservas suscita também o critério utilizado pelo autor para a distinção entre sistemas ou famílias jurídicas, por demasiado simplificador, visto que não toma em

Introdução 89

As razões fundamentais desta restrição são a distanciação cultural e a escassez de meios de investigação disponíveis relativamente aos demais sistemas. As profundas transformações recentemente ocorridas na chamada família dos Direitos socialistas (que levaram, segundo KöTZ[243], ao seu quase desaparecimento), a diferente função que o contrato preenche nesses Direitos (consistente, ao menos em parte, na execução de obrigações impostas pelo plano[244]) e o diverso relevo que, por conseguinte, a responsabilidade pré-contratual neles assume, justificam também a sua exclusão do âmbito da presente indagação.

Dentre os ordenamentos jurídicos apontados, a nossa investigação limita-se àqueles que se encontram expressos em idiomas em que pudemos verificar pessoalmente as fontes originárias. Nestes tomam-se como referência, além do Direito português — tanto pela relevância específica que assume na regulação das situações privadas internacionais cometidas aos tribunais portugueses como pelo interesse que reveste para a compreensão das soluções nele vertidas a sua comparação com as dos demais ordenamentos jurídicos —, os sistemas tidos por mais representativos, quer pela influência que exercem sobre os demais, quer pelo seu grau de diferenciação ou pelo carácter típico das soluções que consagram. São eles: os Direitos alemão, francês e italiano, dentre os de *Civil Law*; e os Direitos inglês e dos Estados Unidos da América[245], nos de *Common Law*.

---

consideração importantes aspectos caracterizadores desses sistemas, entre os quais avultam, a nosso ver, o sistema económico vigente, as concepções dominantes quanto à relação entre a sociedade e os seus membros, o tipo de pensamento jurídico e as fontes do Direito (cfr. sobre a importância destes factores L. J. CONSTANTINESCO, «Ideologie als determinierendes Element zur Bildung der Rechtskreise», *ZfRV* 1978, pp. 161 ss., BOGDAN, *Comparative Law*, pp. 68 ss.; ZWEIGERT-KöTZ, *Einführung in die Rechtsvergleichung*, pp. 67 ss.; e FERREIRA DE ALMEIDA, *O ensino do Direito Comparado*, pp. 156 ss., e *Introdução ao Direito Comparado*, pp. 21 s.).

Sobre o ponto veja-se ainda KöTZ, «Abschied von der Rechtskreisenlehre?», *ZEuP* 1998, pp. 493 ss., que considera «irrealista» uma convergência a curto prazo entre o *Common* e o *Civil Law*. Para tanto seria também necessária, sublinha o autor, uma aproximação das «mentalidades» dos juristas, em especial no que respeita ao «estilo» do pensamento e da argumentação jurídicos, à atitude quanto ao valor intrínseco das regras formais e da construção jurídica e ao conflito entre a segurança e a justiça do caso singular.

[243] Cfr. o prefácio à 3ª edição da *Einführung in die Rechtsvergleichung*, p. V.

[244] Cfr. DAVID e JAUFFRET-SPINOSI, *Les grands systèmes de droit contemporains*, pp. 243 s., e a bibliografia aí mencionada.

[245] Não existe nos Estados Unidos, decerto, um *Common Law* federal, que possa servir de base à presente investigação; mas regista-se nesse país uma unidade fundamental do

Aos primeiros acrescentámos o Direito suíço, não tanto pelo carácter típico das soluções acolhidas nas respectivas normas de Direito material, mas sobretudo pela circunstância de nele vigorar uma codificação de Direito Interrnacional Privado que a justo título tem sido considerada modelar e que por conseguinte não poderia deixar de ser aqui tomada em consideração — sendo que o modo segundo o qual as regras constantes dessa codificação têm sido aplicadas à responsabilidade pré-contratual emergente de relações plurilocalizadas só pode ser devidamente entendida à luz daqueloutras normas.

Com os dados assim obtidos passa-se à determinação do regime jurídico da responsabilidade pré-contratual emergente de relações privadas internacionais. Desenvolve-se esta tarefa em vários momentos:

Estudam-se em primeiro lugar as soluções contidas nas convenções internacionais e outros instrumentos de unificação e harmonização do Direito Privado relevantes neste domínio: só na medida em que esses textos não consagrem normas que se ocupem especificamente do tema é que, de acordo com a directriz metodológica traçada no parágrafo anterior, há--de buscar-se a disciplina da responsabilidade pré-contratual emergente de relações privadas internacionais nas disposições que, nos diferentes ordenamentos, regulam a matéria em vista da vida jurídica local.

Examinam-se de seguida os problemas suscitados pela definição da lei aplicável à responsabilidade pré-contratual. Tratar-se-á nesta sede, uma vez delimitado o objecto das regras de conflitos potencialmente relevantes, da qualificação dos preceitos materiais que nos ordenamentos jurídicos considerados no estudo comparativo anteriormente empreendido se aplicam às pretensões indemnizatórias fundadas na responsabilidade pré--contratual. Estudar-se-ão depois os problemas que suscitam a interpretação, a integração e a concretização dos elementos de conexão acolhidos naquelas regras de conflitos.

Erroneamente se suporia, no entanto, que a chave do problema da disciplina da responsabilidade pré-contratual emergente de relações privadas internacionais se encontra na recondução daqueles preceitos aos quadros conceituais próprios do Direito de Conflitos do foro.

Direito, que viabiliza uma ciência jurídica comum. É o que sucede, nomeadamente, em matéria de contratos, cujo regime apenas diverge de Estado para Estado, segundo informa FARNSWORTH, em aspectos de pormenor: cfr., do autor, *An Introduction to the Legal System of the United States*, p. 122.

A descontinuidade que caracteriza os conceitos jurídicos enquanto formas de apreensão da realidade social ante a riqueza e a variedade dos fenómenos da vida determina amiúde a irredutibilidade dos segundos aos primeiros e a necessidade de fundar noutras bases a solução do caso singular.

Quando e como pode o julgador fazê-lo na dilucidação da questão privada internacional — eis a interrogação a que visam responder muitas das considerações expendidas neste estudo. Para tanto, procurar-se-á estabelecer critérios orientadores da conformação pelo próprio julgador da disciplina material aplicável à responsabilidade pré-contratual emergente de relações privadas internacionais, nomeadamente nos casos em que da concretização dos elementos de conexão das regras de conflitos relevantes resulte a aplicabilidade a determinada pretensão fundada naquela responsabilidade de preceitos materiais de mais do que uma ou de nenhuma das leis com ela conectadas (situações que denominamos, respectivamente, de concurso e falta de normas aplicáveis).

A delimitação do âmbito de competência da lei aplicável à responsabilidade pré-contratual suscita particulares dificuldades quando as respectivas normas se refiram, como seus pressupostos, a situações jurídicas autonomamente conectadas pelo Direito de Conflitos do foro, que sejam tidas como existentes e validamente constituídas à face da *lex fori* mas não segundo a *lex causae*, ou vice-versa; e bem assim quando na *lex causae* for aplicável à responsabilidade pré-contratual um regime material híbrido ou quando as regras de conflitos do foro submetam a leis distintas essa responsabilidade e os correspondentes factos indutores. A tais dificuldades se procurará igualmente dar resposta no capítulo dedicado à questão prévia e a outros problemas especiais relativos ao âmbito de aplicação do Direito competente.

Não menos dificultosa é a aplicação de preceitos de Direito estrangeiro que consagrem conceitos indeterminados, como os de boa fé, *faute* e *due care*, os quais fornecem ao julgador simples critérios valorativos carecidos de concretização. Defrontaremos este problema no capítulo atinente à aplicação do Direito estrangeiro competente.

Analisar-se-á ainda a questão da relevância das disposições imperativas, que, não pertencendo à lei reguladora da responsabilidade pré-contratual (ou que, pertencendo-lhe, não caibam na categoria normativa visada pela regra de conflitos que a designou), todavia pretendam aplicar-se às pretensões ressarcitórias que possuam determinado nexo espacial com o ordenamento jurídico em que tais disposições se integram.

Por fim, haverá que indagar qual a medida em que a boa fé e a proporcionalidade da sanção podem, enquanto princípios integrantes da ordem pública internacional do Estado português, obstar à aplicação do Direito estrangeiro competente segundo as regras de conflitos examinadas.

CAPÍTULO I

DA RESPONSABILIDADE CIVIL E DAS SUAS MODALIDADES NO DIREITO PRIVADO CONTEMPORÂNEO

§ 5.º
Preliminares: sentido e alcance da indagação

18. À imagem do que sucede na generalidade dos Direitos contemporâneos, o Direito português acolhe um sistema dualista de responsabilidade civil, que autonomiza, ao menos em parte, a disciplina da responsabilidade contratual ou obrigacional relativamente à da extracontratual ou extraobrigacional.

Esta bipartição reflecte-se no Direito de Conflitos de fonte interna, que contém regras distintas em matéria de obrigações provenientes de negócios jurídicos [246] e de responsabilidade extracontratual [247]. A distinção foi mantida na Convenção de Roma de 1980, que apenas se aplica às obrigações contratuais, incluindo as consequências do seu incumprimento [248].

O Direito Internacional Privado vigente recebeu, assim, o clássico dualismo das formas de responsabilidade civil, para cada uma das quais estabelece uma disciplina diferente. Um *tertium genus* de responsabilidade, como o que CANARIS [249] sustentou à face do Direito alemão e foi

---

[246] Cfr. os artigos 41.º e 42.º do Código Civil, os quais devem ser interpretados no sentido de que abrangem também o dever de indemnizar os danos resultantes do incumprimento dos deveres de prestação emergentes do negócio jurídico: cfr. *infra*, § 24.º.

[247] Cfr. o artigo 45.º do mesmo Código.

[248] Cfr. os respectivos artigos 1.º, n.º 1, e 10.º, n.º 1, *c)*.

[249] Cfr. *Die Vertrauenshaftung im Deutschen Privatrecht*, especialmente pp. 411 ss. e 439 ss., e «Schutzgesetze —Verkehrspflichten — Schutzpflichten», *in FS Larenz* 1983, pp. 27 ss. (pp. 85 ss.).

94 Da Responsabilidade Pré-Contratual em Direito Internacional Privado

admitido entre nós por BAPTISTA MACHADO[250], SINDE MONTEIRO[251] e CARNEIRO DA FRADA[252], não parece ter consagração, ao menos aparentemente, no nosso Direito Internacional Privado.

Ora os danos *ex culpa in contrahendo*, como os demais de que aqui nos vamos ocupar, não derivam, decerto, do incumprimento de qualquer dos deveres de prestação a que as partes se encontram adstritas em virtude da relação contratual; mas devem-se a actos ou omissões ocorridos no limiar dela e acham-se, caso a mesma venha a constituir-se, em estreita ligação com ela, pois que os deveres de conduta violados através desses actos e omissões são, como se verá, amiúde instituídos pela lei a fim de assegurar a correcta formação da vontade de contratar.

A hipótese de partida deste estudo é, pois, que as categorias de conexão a que as situações da vida privada internacional eventualmente geradoras de responsabilidade pré-contratual são susceptíveis de ser reconduzidas, a fim de se determinar a lei que lhes é aplicável, são fundamentalmente as obrigações contratuais (concretamente: a obrigação de indemnizar resultante do incumprimento de um dever de prestação, ou responsabilidade contratual) e a responsabilidade extracontratual.

De conformidade com a directriz metodológica em que assenta a nossa investigação, é com base no disposto nas mencionadas regras de conflitos que, em primeira linha, iremos buscar a disciplina jurídica dos pressupostos e do conteúdo do dever de indemnizar os referidos danos nas situações plurilocalizadas. (Não quer isto dizer, como já se tem dito[253], que os problemas suscitados pelas situações em apreço hajam de resolver-se meramente por apelo a tais regras, porquanto o resultado da aplicação da lei ou leis por elas designadas pode ter de ser corrigido pelo julgador, em termos e sob condições que se analisarão oportunamente.)

A comprovação da referida hipótese pressupõe, por um lado, o exame comparativo da disciplina da responsabilidade pré-contratual nos principais ordenamentos jurídicos locais e, por outro, a delimitação destas categorias de conexão, mediante a fixação das suas notas características fun-

---

[250] Cfr. «A cláusula do razoável», *in Obra dispersa*, vol. I, pp. 457 ss. (pp. 558 e 579).

[251] Cfr. *Responsabilidade por conselhos, recomendações ou informações*, pp. 509 s. e 640.

[252] Cfr. *Contrato e deveres de protecção*, pp. 257 s., e *Uma «terceira via» no direito da responsabilidade civil?*, pp. 5, 22 e 85 ss.

[253] Cfr. os autores e obras cits. adiante, § 22.°.

Da Responsabilidade Civil e das suas Modalidades 95

damentais. Àquele exame comparativo e a esta delimitação se procederá adiante. Antes, porém, cumpre precisar o seu sentido e alcance.

19. Os conceitos técnico-jurídicos que delimitam o âmbito das conexões consagradas nas regras de conflitos não são, como se sabe, susceptíveis de uma definição rigorosa, antes têm fronteiras por natureza imprecisas.

Isso se deve, por um lado, à circunstância de o seu teor de sentido radicar noutras normas jurídicas e, por outro, à sua potencial abertura a uma multiplicidade de regulamentações jurídicas de Direito nacional ou estrangeiro. Este o motivo por que esses conceitos são correntemente designados por «conceitos-quadro» (*Rahmenbegriffe*) ou «conceitos-sistema» (*Systembegriffe*)[254]. Daí também que, em rigor, só através da aplicação da regra de conflitos a hipóteses concretas seja efectivamente determinável o conteúdo desses conceitos[255]. Representaria assim um equívoco supor que aos conceitos empregados pelas regras de conflitos pertence um significado objectivamente definível, independente dos fins por elas visados. Só mediante a reconstituição das valorações de interesses subjacentes a essas regras, das finalidades sócio-políticas por elas prosseguidas, é possível determinar o alcance dos conceitos que delimitam o seu âmbito material de aplicação.

Não obstante isso, toda a aplicação da regra de conflitos pressupõe a prévia atribuição de um conteúdo mínimo a esses conceitos[256]. Não se

---

[254] Cfr. na doutrina portuguesa MAGALHÃES COLLAÇO, *Da qualificação em DIP*, pp. 122, 160, 177 e 207; FERRER CORREIA, *Lições de DIP*, p. 210; «DIP», *Polis*, vol. 2, cols. 462 ss. (col. 465); *DIP. Alguns problemas*, p. 151; e BAPTISTA MACHADO, *Lições de DIP*, pp. 17, 63 ss. e 93 ss.

[255] Este processo de conformação e desenvolvimento da regra jurídica («*shaping the rule*») através da casuística não é, aliás, exclusivo do Direito Internacional Privado: ele é, segundo alguns, próprio de todas as regras jurídicas. Cfr. neste sentido, nomeadamente, ESSER, *Grundsatz und Norm in der richterlichen Fortbildung des Privatrechts*, pp. 120, 278 e 285 (na tradução castelhana, pp. 153, 354 e 361), LARENZ, *Methodenlehre der Rechtswissenschaft*, p. 212 (na tradução portuguesa, p. 294), e HART, *The Concept of Law*, pp. 124 ss. (na tradução portuguesa, pp. 137 ss.), que exprime aquela ideia a propósito da «textura aberta» que imputa à lei; e entre nós José LAMEGO, *Hermenêutica e jurisprudência*, pp. 182, 189 s. e 277, e CASTANHEIRA NEVES, *Metodologia jurídica*, p. 179. No plano do Direito de Conflitos *vide* sobre o ponto, no sentido do texto, WENGLER, «Die Vorfrage im Kollisionsrecht», *RabelsZ* 1934, pp. 148 ss. (p.157), e MAGALHÃES COLLAÇO, ob. cit., pp. 93 s. e 192.

[256] Cfr. nesta linha geral de orientação WENGLER, est. cit., pp. 157 s., e MAGALHÃES COLLAÇO, *DIP*, vol. II, p. 136.

visa, na fixação desse conteúdo, propriamente definir tais conceitos imputando-lhes um conjunto rígido de características cuja verificação se tenha por necessária e suficiente a fim de que qualquer objecto lhes possa ser subsumido — o que pelas razões apontadas não se afigura curial nem possível —; mas tão-só determinar o ponto de partida da interpretação e aplicação da regra de conflitos [257]. Dito de outro modo, trata-se de indagar o «referente» cuja pré-compreensão é indispensável à apreensão do sentido dessa regra (como de toda a norma jurídica e, bem vistas as coisas, de todo o enunciado linguístico) [258].

As previsões legais reportam-se, na verdade, a situações ou relações da vida das quais o julgador possui uma pré-compreensão com que penetra no texto e da qual deriva uma «conjectura de sentido»: uma hipótese, que vem ou não a ser confirmada no decurso do processo interpretativo [259]. É pois sobre esta «conjectura de sentido» do conceito-quadro das regras de conflitos que nos iremos debruçar neste capítulo.

O conceito-quadro constitui uma ideia abstracta, que visa designar certa realidade (uma realidade normativa, como veremos adiante). Ora a

---

[257] Sobre a necessidade de um tal ponto de partida cfr. WENGLER, est. cit., pp. 157 s., e MAGALHÃES COLLAÇO, *Da qualificação em DIP*, pp. 39 ss.

[258] Mais amplamente, supomos poder mesmo afirmar-se que todo o objecto do pensamento se acha referido a outros objectos, só podendo ser determinado mediante a sua distinção relativamente a estes. Sobre a pré-compreensão e o entendimento que dela tem a chamada hermenêutica jurídica vejam-se, em especial, ESSER, *Vorverständnis und Methodenwahl in der Rechtsfindung, passim*, LARENZ, *Methodenlehre*, cit., pp. 206 ss. (na tradução portuguesa, pp. 285 ss.), e KAUFMANN, *Rechtsphilosophie*, pp. 8, 46, 58, 64 e 89. Na doutrina portuguesa podem consultar-se: BAPTISTA MACHADO, *Introdução ao Direito e ao discurso legitimador*, pp. 206 ss.; GOMES CANOTILHO, *Constituição dirigente e vinculação do legislador*, pp. 11 ss.; MENEZES CORDEIRO, *Da boa fé no direito civil*, vol. I, pp. 37 s.; *idem*, introdução à tradução portuguesa de CANARIS, *Systemdenken und Systembegriff in der Jurisprudenz*, pp. LIV ss. e CIX; José LAMEGO, *Hermenêutica e jurisprudência*, pp. 183, 186 s., 193 e 211 ss.; e CASTANHEIRA NEVES, «Método jurídico», *in Digesta*, vol. 2.º, pp. 283 ss. (pp. 320 s.).

[259] Cfr. LARENZ, *Methodenlehre*, cit., p. 207 (na tradução portuguesa, p. 288). Acrescenta a este respeito o mesmo autor: «O texto nada diz a quem não entenda já alguma coisa daquilo que ele trata. Só responde a quem o interroga correctamente» (ob. cit., p. 313; na tradução portuguesa, p. 441). Ver também ESSER, *Vorverständnis*, cit., p. 10. O alcance da «pré-compreensão» segundo este autor é, no entanto, fundamentalmente diverso daquele que LARENZ lhe imputa, na medida em que se reconduz a uma «ideia de solução do aplicador do Direito prévia ao acto de aplicação do Direito e à interpretação, posto que carecida de correcção» (ob. cit., p. 12). Vejam-se as críticas de LARENZ à construção de ESSER na ob. cit., pp. 210 s. e 348 s. (na tradução portuguesa, pp. 292 s. e 492 s.)

Da Responsabilidade Civil e das suas Modalidades 97

ideia não está antes da realidade: a inversa é que é verdadeira. A ideia é apenas a representação mental de certa realidade, que se forma após se ter tomado contacto com essa mesma realidade. Daí que o julgador não possa aceder à ideia que o conceito-quadro exprime senão a partir de realidades previamente conhecidas, que lhe sejam reconduzíveis à face do ou dos ordenamentos jurídicos em que é versado. É, pois, ao menos em parte, mediante um processo de comparação das realidades que lhe são familiares com aqueloutras que lhe é dado apreciar que o julgador há-de aferir a susceptibilidade de inclusão das segundas no conceito-quadro em que as primeiras se integram[260].

Pelo que respeita às regras de conflitos de fonte interna o ponto de partida da sua interpretação e aplicação, ou o seu «referente» hermenêutico, é constituído pelas regulamentações materiais que na ordem interna lhes são reconduzíveis. Essas regulamentações, que formam o núcleo da previsão legal da regra de conflitos[261], fornecem ao julgador as notas características essenciais dos conceitos de conexão — os elementos a partir dos quais se procurará captar a valoração em que se funda a regra de conflitos[262] — e constituem o termo de comparação de que ele se socorrerá a fim de ajuizar da susceptibilidade de inclusão na correspondente categoria de conexão da regulamentação material aplicável à situação *sub judice* no ordenamento local designado pela regra de conflitos.

As regulamentações jurídicas nacionais constituem, assim, como que as estruturas cognitivas, ou a forma, através das quais se processa o conhecimento pelo julgador da matéria constituída pelas regulamentações estrangeiras.

Concepção diversa desta foi sustentada entre nós por BAPTISTA MACHADO, para quem os conceitos-quadro não poderiam ser preenchidos com conteúdos de regulamentações jurídicas[263]. No entender daquele

---

[260] Cfr. *infra*, § 20.º.

[261] Assim WENGLER, est. cit., pp. 157 s.; MAURY, «Règles générales des conflits de lois», *Rec. cours*, vol. 57 (1936-III), pp. 325 ss. (pp. 492 e 504); SCHRÖDER, *Die Anpassung von Kollisions- und Sachnormen*, p. 94; e FERRER CORREIA, «O problema da qualificação segundo o novo Direito Internacional Privado português», *in Estudos jurídicos III*, pp. 43 ss (p. 51), *Lições de DIP*, pp. 275 s., e *DIP. Alguns problemas*, p. 156.

[262] Cfr. nesta linha fundamental de orientação WENGLER, «Die Qualifikation der materiellen Rechtssätze im IPR», *in FS Wolff*, pp. 337 ss. (p. 356); e entre nós MAGALHÃES COLLAÇO, *Da qualificação em DIP*, pp. 177 e 216 s.

[263] Cfr. *Âmbito de eficácia e âmbito de competência das leis*, p. 396, e *Lições de DIP*, pp. 94 s.

insigne autor, tais conceitos seriam, seguindo uma terminologia proposta por BURCKHARDT, «conceitos-pergunta» ou «conceitos-questão», isto é: conceitos que se limitam a referir questões jurídicas de Direito e não as correspondentes respostas normativas [264]. O *quid* comum aos vários ordenamentos jurídicos, que o conceito-quadro significa, não poderia ser descoberto olhando ao conteúdo de regulamentação das regras desses ordenamentos, mas antes ao problema jurídico que elas resolvem, à questão a que dão resposta [265].

Supomos, no entanto, que esta concepção não pode ser aceita, tanto no plano do Direito constituído como no do Direito constituendo. Ela levaria a admitir a aplicabilidade, por força da remissão operada por qualquer regra de conflitos portuguesa, de normas de um ordenamento estrangeiro que, reportando-se à questão de Direito visada por aquela regra, todavia consagrassem para ela uma solução ditada por finalidades muito diversas: porventura mesmo uma solução que tivesse subjacente uma valoração totalmente incompatível com a que informa a regra de conflitos [266].

Ora, quer-nos parecer que o nosso Direito de Conflitos não consente um tal resultado. Ele assenta, como veremos, no sistema que denominamos de referência selectiva à *lex causae* [267], por força do qual a competência atribuída a determinada lei abrange tão-só as normas desta que, pelo seu conteúdo e pela função que nela desempenham, integrem o regime do instituto visado na regra de conflitos que para ela remete [268]; e não todas as que visem a mesma questão fundamental de Direito [269].

O legislador pressupôs manifestamente que ao conceito-quadro da regra de conflitos subjaz um certo juízo de valor; e que este determina o âmbito da conexão. Pelo que a regra só será efectivamente respeitada se apenas forem abrangidas por esta as regulamentações materiais que, atentos o seu conteúdo e função económico-social, se mostrem compatíveis com esse juízo de valor.

Não parece ser outra, aliás, a solução do problema que se deduz do Estatuto dos Magistrados Judiciais, na medida em que nele se estabelece

---

[264] *Âmbito*, cit., pp. 258 ss. e 398 ss.; *Lições de DIP*, pp. 95 e 113.

[265] *Âmbito*, cit., pp. 402 s.; *Lições de DIP*, pp. 95 e 101.

[266] O que, aliás, parece ser expressamente reconhecido pelo autor em referência: cfr. *Âmbito*, cit., p. 402, n. 21.

[267] *Vide* sobre o assunto, mais desenvolvidamente, *infra*, § 20.º.

[268] Cfr. o artigo 15.º do Código Civil.

[269] Consoante a fórmula empregada nos artigos 678.º, n.º 4, e 732.º-A, n.º 2, do Código de Processo Civil.

Da Responsabilidade Civil e das suas Modalidades

que o dever de obediência à lei compreende o de respeitar os juízos de valor legais[270].

No Direito português o conteúdo de regulamentação das normas materiais potencialmente aplicáveis às situações plurilocalizadas não é, assim, indiferente ao funcionamento da regra de conflitos[271]. Este o ponto.

A concepção a que vimos aludindo filia-se de alguma sorte na tese segundo a qual a diversidade das soluções jurídicas vigentes para os mesmos problemas nos diferentes ordenamentos jurídicos locais é redutível à variabilidade dos processos técnicos de regulamentação das mesmas questões, valendo como princípio heurístico na comparação dos Direitos nacionais a *praesumptio similitudinis* das instituições jurídicas locais[272].

Estamos todavia em crer que esta presunção não toma na devida conta as diferenças substantivas que separam os Direitos nacionais enquanto formas de organização da vida colectiva e o substracto ideológico em que os mesmos assentam, o qual de algum modo permite explicá-las[273].

---

[270] Cfr. o art. 4.°, n.° 2, da Lei n.° 21/85, de 30 de Julho.

[271] Inexiste assim a coincidência de fundamentos entre o Direito de Conflitos e o Direito Comparado que BAPTISTA MACHADO crê descortinar no «paralelismo ou correspondência entre os problemas ou questões de direito que as normas dos diferentes sistemas jurídicos se propõem resolver» (cfr. *Âmbito*, cit., p. 399). Certo, a comparabilidade das normas ou institutos jurídicos materiais constitui um pressuposto da aplicação da regra de conflitos; esta requer, porém, algo mais, que se cifra na correspondência entre as valorações que a informam — que ao intérprete cumpre desvendar — e aqueloutras que subjazem às normas ou institutos materiais que se lhe pretendam reconduzir. Por isso observa com razão MAGALHÃES COLLAÇO que «a comparação de direitos não pode estar nem na raiz nem no fim do processo de interpretação da norma de conflitos, embora seja instrumento indispensável desse processo, na medida em que lhe fornece a matéria que tornará inteligível e justificável qualquer decisão sobre o sentido e alcance a atribuir aos conceitos próprios dessa norma» (cfr. *Da qualificação em DIP*, p. 175). Nem se vê como se possa afirmar, com aquele primeiro autor (ob. e loc. cits.), que o Direito de Conflitos e o Direito Comparado operam ao mesmo nível («o dos problemas ou questões de direito», e não o «das respectivas soluções ou respostas»): o Direito Comparado (*rectius*: o estudo comparativo de Direitos) exerce uma função essencialmente cognitiva (assim, por todos, ZWEIGERT-KÖTZ, *Einführung in die Rechtsvergleichung*, p. 14); ao passo que o Direito de Conflitos, de que o primeiro é uma ciência auxiliar, tem, enquanto ramo da ordem jurídica, uma função normativa. Situam-se por isso em planos distintos.

[272] Cfr. ZWEIGERT, «Méthodologie du droit comparé», *in Mélanges Maury*, vol. I, pp. 579 ss. (p. 592); *idem*, «Des solutions identiques par des voies différentes», *RIDC* 1966, pp. 1 ss. (p. 5); ZWEIGERT-KÖTZ, *Einführung in die Rechtsvergleichung*, p. 39; e BOGDAN, *Comparative Law*, pp. 97 s.

[273] Que todos os juízos de valor humanos assentam em última instância em determinados ideais, que às ciências sociais compete tornar inteligíveis, afirma-o por exemplo

Das estruturas económicas, sociais, culturais e religiosas de cada país, forjadas pela história, pela geografia e pela idiossincrasia das populações, derivam em cada momento necessidades próprias quanto à respectiva organização jurídica e política — em especial no tocante ao grau em que deve processar-se a intervenção do Estado na vida social e à liberdade de acção reconhecida aos particulares —, que tornam artificial qualquer presunção de similitude entre os Direitos nacionais.

Em larga medida, as diferenças dos regimes jurídicos estabelecidos para situações de facto análogas em países diversos são, pois, explicáveis pelas diferenças entre os respectivos sistemas económico, social e político. Mesmo em países com sistemas políticos similares, como os da Europa Ocidental e da América do Norte, as diferentes concepções neles prevalecentes quanto à distribuição do produto social e à responsabilidade do Estado pela promoção do bem-estar dos cidadãos reflectem-se não só nos sistemas tributário e de segurança social, mas também em múltiplos aspectos do Direito Privado (como o regime dos contratos de arrendamento, dos contratos de consumo de bens e serviços, da responsabilidade civil, etc.); e as divergências que entre eles se registam quanto à natureza e à organização da sociedade familiar repercutem-se igualmente em importantes aspectos da regulamentação legal desta (assim, por exemplo, no tocante à posição relativa dos cônjuges no matrimónio, à eficácia jurídica das uniões de facto, à admissibilidade do casamento entre pessoas do mesmo sexo, etc.).

Esta nota deixa compreender por que é de uma ideia de relatividade das instituições jurídicas, e não da sua equivalência, que em nosso modo de ver se há-de partir em Direito Internacional Privado; e também por que não parece admissível a redução do conceito-quadro da regra de conflitos a um «conceito-questão» desprovido de qualquer valoração dos problemas a que se reporta. A referida diferenciação entre os ordenamentos jurídicos reclama, na verdade, que se afira a admissibilidade da recondução de conteúdos normativos estrangeiros às regras de conflitos do foro na base de um juízo sobre a compatibilidade dos valores e interesses que lhes subjazem com aqueles que o legislador do foro teve em mente ao aludir aos conceitos que delimitam o âmbito daquelas regras. Outro corolário da mesma ideia é a consagração da reserva de ordem pública internacional do Estado do foro.

De resto, se fosse de admitir uma presunção de similitude ou de equivalência entre as soluções consagradas pelos diferentes Direitos nacionais

---

Max WEBER, «Die "Objektivität" sozialwissenschaftlicher und sozialpolitischer Erkenntnis», *in Gesammelte Aufsätze zur Wissenschaftslehre*, pp. 146 ss. (pp. 149 s.).

Da Responsabilidade Civil e das suas Modalidades

para as mesmas questões jurídicas nada obstaria à aplicação sistemática da *lex fori* às situações da vida privada internacional [274] — o que, pelas razões acima expostas, se nos afigura de rejeitar.

Na medida em que constituem a síntese da ordenação jurídica de certa categoria de situações da vida instituída pelo Direito positivo, os conceitos técnico-jurídicos mediante os quais o legislador define a previsão das normas jurídicas ressumam, pois, necessariamente a teleologia e a axiologia que o informam [275]. O âmbito material da regra de conflitos, recortado pelo respectivo conceito-quadro, é assim essencialmente determinado pelo juízo de valor objectivado na eleição de certo elemento de conexão para as situações da vida que aquele conceito descreve, bem como pelo sistema de valores e princípios normativos translegais que o fundamentam.

Para determinar qual o âmbito das matérias compreendidas no conceito-quadro não parece, por isso, suficiente perguntar por um problema ou questão de Direito. Terá antes de se indagar quais as preferências estabelecidas pelo legislador de conflitos entre valores e interesses concorrentes; o que torna forçosa a referência a um conteúdo de regulamentação, de que o conceito-quadro constitui a síntese [276].

---

[274] Reconhece-o expressamente ZWEIGERT, «Zur Armut des IPR an sozialen Werten», *RabelsZ* 1973, pp. 435 ss. (p. 446).

[275] Cfr. nesta linha fundamental de orientação Heinrich STOLL, «Begriff und Konstruktion in der Lehre von der Interessenjurisprudenz», *in Festgabe für Heck, Rümelin und Schmidt*, pp. 61 ss. (p. 89), para quem «os conceitos são a expressão sintética de determinada correlação de interesses e da respectiva valoração». No mesmo sentido veja-se COING, *Grundzüge der Rechtsphilosophie*, p. 223, onde o autor reconhece expressamente que a valoração consagrada na regra jurídica determina não só a consequência por ela cominada, mas também a própria delimitação do seu *Tatbestand*, e p. 280, onde salienta que «a previsão legal é construída a partir de pontos de vista valorativos». Também LARENZ, *Methodenlehre*, cit., pp. 482 ss. (na tradução portuguesa, pp. 586 ss.), admite que os (por ele denominados) «conceitos jurídicos determinados pela função» («*Funktionsbestimmte Rechtsbegriffe*») devem ser compreendidos por referência às valorações que lhes subjazem e aos princípios para que remetem. Cfr. ainda no mesmo sentido, do citado autor, *Allgemeiner Teil des deutschen Bürgerlichen Rechts*, p. 74, e LARENZ-WOLF, *Allgemeiner Teil des Bürgerlichen Rechts*, p. 95. Entre nós, sublinha MAGALHÃES COLLAÇO, *Da qualificação em DIP*, pp. 156 s., que «o tipo legal não pode ser encarado como uma descrição neutra da realidade», antes «através dele se enuncia a própria valoração de interesses que funda o comando contido na norma» (*ibidem*, 10). Outra não é a posição expressa por CASTANHEIRA NEVES, *Questão-de-facto — Questão-de-direito*, p. 277, n. 45, que vê nos conceitos «instrumentos significativos da expressão de juízos e intenções teleológico-significativos».

[276] Tomemos para exemplo o casamento. A diversidade de sexo dos nubentes é uma das notas essenciais do conceito de casamento no Direito português, tal como este se encon-

102 Da Responsabilidade Pré-Contratual em Direito Internacional Privado

Claro está que a circunstância de determinada regulamentação material estrangeira, que resolve certo problema jurídico visando finalidades fundamentalmente diversas das que o legislador do foro teve em mente ao aludir ao conceito-quadro de certa regra de conflitos (a que por hipótese são reconduzíveis as disposições da *lex fori* que se reportam ao mesmo problema), não ser convocada por essa regra de acordo com a concepção que acabamos de expor não obsta, por si só, a que a mesma seja apreendida por outra regra de conflitos [277].

O sentido e o alcance dos conceitos-quadro não se restringe em qualquer caso ao que corresponde aos conceitos homólogos do Direito material interno. Há que reconhecer, com a doutrina dominante entre nós [278],

---

tra regulado no Código Civil. Isso prende-se com os fins assinalados à união matrimonial no nosso Direito: esta visa, segundo se dispõe no art. 1577.º, a formação de uma «plena comunhão de vida» entre os cônjuges, a qual se realiza, nomeadamente, através da criação e da educação dos filhos e pressupõe, por conseguinte, «a relação de complementaridade entre os nubentes, assente na diversidade de sexos» (assim PIRES DE LIMA-ANTUNES VARELA, *Código Civil anotado*, vol. IV, p. 24; cfr. também ANTUNES VARELA, *Direito da Família*, vol. 1.º, pp. 181 s.). Daí que o art. 1628.º, alínea *e)*, do Código considere juridicamente inexistente o casamento contraído por duas pessoas do mesmo sexo. Quaisquer regulamentações estrangeiras que consintam um casamento deste tipo não serão, assim, reconduzíveis às nossas regras de conflitos relativas ao casamento, porquanto, apesar de se reportarem à mesma questão jurídica, lhes assiste uma teleologia fundamentalmente diversa da que a lei portuguesa tem em vista ao consagrar para essa categoria determinado elemento de conexão. *Vide*, no sentido de que a união entre pessoas do mesmo sexo não é susceptível de ser qualificada como casamento para os efeitos do art. 13 da Lei de Introdução ao Código Civil alemão, GAMILLSCHEG, «Überlegungen zur Methode der Qualifikation», *in FS Michaelis*, pp. 79 ss. (p. 80).

[277] Consideremos de novo o fenómeno mencionado na nota anterior. As uniões entre pessoas do mesmo sexo, pois que lhes falta um dos objectivos essenciais que o Direito português assinala ao casamento — a constituição de família mediante uma plena comunhão de vida —, não podem, como vimos, ser reconduzidas às regras de conflitos portuguesas cujo âmbito é delimitado através desta categoria. Na medida, porém, em que sejam, segundo a lei de certo país estrangeiro, fonte de direitos de crédito para os seus membros, nada impede que as normas que os consagram sejam subsumidas às regras de conflitos relativas às obrigações voluntárias. Questão diversa, que não podemos examinar aqui, é a de saber se à aplicação dessas normas obsta a reserva de ordem pública internacional do Estado português.

[278] *Vide* nomeadamente MAGALHÃES COLLAÇO, ob. cit., pp. 176 e 183; FERRER CORREIA, «O problema da qualificação», cit., pp. 33 ss., *DIP. Alguns problemas,* pp. 154 s., «DIP», *Polis*, vol. 2, cit., col. 467, e «O princípio da autonomia do direito internacional privado no sistema jurídico português», *RDE* 1986, pp. 3 ss.; e BAPTISTA MACHADO, *Lições de DIP*, p.112.

Da Responsabilidade Civil e das suas Modalidades 103

que lhes pertence uma certa autonomia ou «capacidade de expansão», podendo ser-lhes reconduzidos conteúdos normativos alienígenas, que esses conceitos não exprimem na ordem interna. Apenas dessa forma logrará o Direito de Conflitos desempenhar cabalmente a sua função de coordenação de leis de diferentes Estados com vista à regulamentação de relações plurilocalizadas. Ponto é que a esses conteúdos normativos presidam finalidades sócio-económicas compatíveis com a valoração de interesses subjacente à regra de conflitos.

20. Resulta de tudo isto que a indagação a levar a efeito neste capítulo preambular visará fundamentalmente a fixação dos pontos de referência da interpretação das regras de conflitos que, de acordo com a hipótese de trabalho atrás definida, são aplicáveis à responsabilidade pré-contratual em situações privadas internacionais.

Para tanto, há que determinar quais as finalidades sociais prosseguidas pela regulamentação positiva das diferentes modalidades da responsabilidade civil, as valorações de interesses que lhe subjazem e os princípios normativos supralegais que a inspiram.

Impõe-se para o efeito o recurso à comparação jurídica. Sobre o âmbito desta remete-se para o que acima se disse, na introdução a este estudo.

Com os elementos de análise assim recolhidos estaremos em condições de empreender o juízo de analogia requerido pela qualificação das disposições dos diversos ordenamentos jurídicos locais que disciplinam a responsabilidade pré-contratual.

Acresce ao exposto que a compreensão da disciplina jurídica da responsabilidade pré-contratual e dos seus institutos homólogos à face das diferentes ordens jurídicas locais, dos seus factos indutores, dos fins através dela prosseguidos e do enquadramento sistemático que nelas lhe pertence não é possível sem o conhecimento do regime, da estrutura e das funções sócio-económicas da responsabilidade civil nessas ordens jurídicas, nas diferentes modalidades que comporta, bem como dos contextos sociais e das correlações de interesses a que se reportam as normas que a integram; o que mais não é, aliás, do que uma expressão da intrínseca conexidade de cada preceito ou instituto jurídico com as demais partes integrantes do ordenamento a que pertence (em particular com aquelas com que se acham em relação de complementaridade teleológica, por isso que em conjugação com elas preenchem certos fins sociais).

Também essa referência da responsabilidade pré-contratual a um instituto de âmbito mais geral, que constitui como que o seu pano de fundo, justifica quanto a nós a necessidade de o caracterizar nos seus traços essenciais, de determinar as suas modalidades, de analisar o conteúdo, a estrutura e as funções destas e de examinar as relações entre elas.

Com os elementos obtidos através desta análise poder-se-á ulteriormente aferir em que medida as regras que disciplinam a responsabilidade pré-contratual visam resolver problemas suscitados pela configuração particular que a responsabilidade contratual e a responsabilidade extracontratual assumem à face dos vários ordenamentos jurídicos e prosseguem fins próprios destas (portanto, em que medida são acessórias e instrumentais em relação a estoutros complexos normativos).

Esta indagação não visa, contudo, apenas recolher elementos que possibilitem a delimitação dos conceitos de conexão empregues pelas regras de conflitos internas e internacionais aplicáveis à responsabilidade pré-contratual e a contextuação da sua disciplina positiva à face das ordens jurídicas mais significativas. Tem-se também em vista determinar se a distinção entre as responsabilidades contratual e extracontratual verdadeiramente se justifica — e, sendo afirmativa a resposta a este quesito, qual a *ratio* dessa distinção —, pois que se não for esse o caso, ou se o regime aplicável a cada uma destas formas de responsabilidade for o mesmo nos sistemas jurídicos que iremos considerar, os problemas de qualificação da responsabilidade pré-contratual e os concursos de normas com ela conexos logicamente desaparecem.

É precisamente por essa questão que, postos estes preliminares, iremos começar a análise da nossa temática.

§ 6.°
Unidade ou pluralidade de formas da responsabilidade civil?

21. O vocábulo «responder» tem como étimo latino *respondere*[279]. Constitui este último expressão da ideia de uma resposta reparadora da ruptura de um equilíbrio ou ordem, formado segundo determinado rito ou solenidade, a que corresponde a designação de *spondere*[280].

Perante o Direito português o conceito de responsabilidade civil pode ser definido como a obrigação de reparar um dano causado a outrem[281]. Ele identifica-se assim, no essencial, com os conceitos de *responsabilité civile* e de *responsabilità civile*, que a ciência jurídica tem isolado, respectivamente, nos Direitos francês[282] e italiano[283].

À luz dos Direitos alemão e suíço o termo *Haftung* é também empregado no sentido referido, mesmo pelos autores que vêem no débito e na

---

[279] Cfr. Cândido de FIGUEIREDO, *Dicionário da Língua Portuguesa*, vol. II, p. 902.

[280] Assim MAIORCA, «Responsabilità (teoria generale)», *EDD*, vol. XXXIX, p. 1004.

[281] Vejam-se nesta linha fundamental de orientação: Paulo CUNHA, *Direito Civil. Teoria geral da relação jurídica*, p. 12; VAZ SERRA, «Requisitos da responsabilidade civil», *BMJ* 92 (1960), p. 37; SINDE MONTEIRO, «Responsabilidade civil. I. Introdução», *RDE* 1978, pp. 313 ss. (p. 314); Manuel de ANDRADE, *Teoria Geral da Relação Jurídica*, vol. I, p. 126; Rui de ALARCÃO, *Direito das Obrigações*, p. 206; MENEZES CORDEIRO, *Direito das Obrigações*, vol. II, p. 258; DIAS MARQUES, *Noções elementares de Direito Civil*, p. 165; Carlos MOTA PINTO, *Teoria geral do Direito Civil*, p. 114; PESSOA JORGE, *Ensaio sobre os pressupostos da responsabilidade civil*, p. 36; GALVÃO TELLES, *Direito das Obrigações*, p. 208; ALMEIDA COSTA, *Direito das Obrigações*, p. 449; e OLIVEIRA ASCENSÃO, *Direito Civil. Teoria geral*, vol. II, *Acções e factos jurídicos*, p. 21.

[282] Cfr. MARTINE, *L'option entre la responsabilité contractuelle et la responsabilité délictuelle*, p. 7; TUNC, *IECL*, vol. XI, *Torts*, cap. I, p. 9; MAZEAUD-CHABAS, *Leçons de Droit Civil*, t. II, vol. I, *Obligations. Théorie générale*, pp. 359 e 365; VINEY, *Introduction à la responsabilité*, p. 1; LE TOURNEAU-CADIET, *Droit de la responsabilité*, p. 1; JOURDAIN, *Les principes de la responsabilité civile*, p. 1; CARBONNIER, *Droit civil*, t. 4, *Les Obligations*, pp. 280 e 345.

[283] Cfr. SCONAMIGLIO, «Responsabilità civile», *NssDI*, vol. XV, pp. 628 ss. (p. 634); BIANCA, *Diritto civile*, vol. V, *La responsabilità*, pp. 11 e 532; ALPA, *Istituzioni di Diritto Privato*, pp. 1095 s.

106 Da Responsabilidade Pré-Contratual em Direito Internacional Privado

responsabilidade vínculos distintos e reservam para o segundo a sujeição do património do devedor inadimplente à agressão do credor através da acção executiva [284].

Sobressai naquele conceito, como condição essencial da obrigação de indemnizar, o dano ou prejuízo [285]; em contrapartida, não se toma em consideração a fonte dessa obrigação (*hoc sensu*, o facto jurídico que lhe dá origem), a qual tanto pode consistir na violação de um direito de crédito proveniente de negócio jurídico, da lei ou de princípios gerais do Direito como na violação de direitos de natureza não creditícia, de factos lícitos danosos ou do risco.

Um tanto diversa é a realidade com que deparamos no *Common Law*: não existe aí um conceito geral de responsabilidade civil, pois que não há entre os *remedies* nele previstos para as hipóteses de *breach of contract* e para os diversos *torts* um denominador comum — mormente a ocorrência de um dano —, que permita agrupá-los numa categoria homogénea, análoga à responsabilidade civil dos Direitos continentais. Demonstra-o a circunstância de também poderem ser reclamadas «indemnizações» (*damages*) em situações de *iniuria sine damno*: é o caso dos chamados *nominal damages* [286], exigíveis em hipóteses de violação do contrato que não causem qualquer dano [287] e de *torts* ditos *actionable per se* [288] (como são, por

---

[284] Assim, à face do Direito alemão, LARENZ, *Lehrbuch des Schuldrechts*, vol. I, *Allgemeiner Teil*, p. 22, refere como significados possíveis da expressão *Haftung* o de «Verantwortlichkeit der Person für Schädigungen (mit der Folge einer Schadensersatzpflicht)» e o de «Unterworfensein ihres Vermögens unter den Zugriff der Gläubiger in der Zwangsvollstreckung»; por seu turno, BROX, *Allgemeines Schuldrecht*, p. 11, começa por definir *Haftung* como «das Unterworfensein des Schuldners unter den zwangsweisen Zugriff des Gläubigers», mas acrescenta: «Mit "Haftung" bezeichnet man häufig auch das Einstehenmüssen für entstandene Schäden». Perante o Direito suíço, GAUCH-SCHLUEP-SCHMID-REY, *Schweizerisches Obligationenrecht. Allgemeiner Teil*, vol. I, pp. 22 e ss., advertem que a palavra tem diversos significados, sendo um deles o de «Unterworfensein des Schuldners unter die Zugriffsmacht des Gläubigers, dem nicht geleistet wird» e outro o de «Schadensersatzpflicht» (este último, aquele em que ela é utilizada nos títulos à margem dos arts. 41 e 99 do Código das Obrigações).

[285] «O prejuízo é, escreveu Manuel GOMES DA SILVA, o fulcro de tôda a responsabilidade»: cfr. *O dever de prestar e o dever de indemnizar*, p. 156.

[286] I. é, a obrigação de pagar uma quantia pecuniária simbólica em consequência da violação de um direito.

[287] Assim, expressamente, o § 342 (2) do *Restatement of Contracts 2d* norte-americano. Cfr. na doutrina, quanto ao Direito inglês, McGREGOR, *On Damages*, pp. 6 s. e 249 ss.; e quanto ao Direito dos Estados Unidos FARNSWORTH, *Contracts*, vol. III, p. 185.

exemplo, os de *trespass to land*, *assault*, *false imprisonment* e *libel*). A inexistência de dano não prejudica, assim, quando se verifique a violação de um direito, que esta constitua uma *cause of action in tort*[289].

A diferente ênfase posta pelo *Common Law* neste elemento da responsabilidade civil, imprescindível para os sistemas continentais, decorre principalmente de razões históricas. Apontaremos, de um modo muito sumário, as seguintes: por um lado, a circunstância de certos *torts* de origem medieval (como os que acabámos de referir), visarem outros fins que não a reparação de um dano, como a manutenção da paz jurídica e a tutela de direitos de personalidade, permitiu dispensá-lo enquanto requisito da concessão de *damages*; por outro, o facto de a fixação do montante da indemnização ter figurado até recentemente entre as atribuições do júri levou os juízes ingleses a delimitarem o prejuízo indemnizável por recurso a outros conceitos, como os de *duty of care* e de *remoteness of damage*[290].

Em qualquer destas famílias jurídicas levanta-se, não obstante, o problema de saber se às diferentes fontes possíveis da obrigação de indemnizar devem corresponder regimes diversos; e se, em consequência, essa obrigação reveste diferentes formas. Este o tema de que nos iremos agora ocupar. Advirta-se que não temos a pretensão de empreender aqui um exame desenvolvido do assunto, cuja sede própria são os estudos dogmáticos de Direito Civil. Propomo-nos tão-só dar conta das suas origens e de alguns dos principais tópicos sobre que versa a discussão actual acerca do mesmo, para de seguida averiguarmos como ele se resolve nos sistemas jurídicos que tomámos como referência.

22. A *summa divisio* entre contrato e delito remonta às *Institutiones* de Gaio[291]. A distinção manteve-se essencial desde então[292] e encontra-se na base da ramificação da responsabilidade civil. Acolheu-a a codificação justinianeia, que lhe acrescentou todavia as categorias do quase-con-

---

[288] Cfr. sobre o conceito Salmond-Heuston, *On the Law of Torts*, p. 17; Markesinis-Deakin, *Tort Law*, p. 684.

[289] Cfr. Geldart, *Introduction to English Law*, p. 158.

[290] Cfr. Markesinis-Deakin, *Tort Law*, p. 684. Sobre os conceitos referidos no texto ver *infra*, § 13.º.

[291] Cfr. *Institutiones*, 3, 88. Aí se lê: «*Nunc transeamus* ad obligationes. Quarum summa diuisio in duas species diducitur; omnis enim obligatio uel ex contractu nascitur vel ex delicto».

[292] Cfr. Zimmermann, *The Law of Obligations. Roman Foundations of the Civilian Tradition*, p. 11.

108 *Da Responsabilidade Pré-Contratual em Direito Internacional Privado*

trato e do quase-delito [293]; e daqui transitou, sob a influência de POTHIER, para o Código Civil francês[294].

No Direito inglês a distinção entre *Law of Contract* e *Law of Torts* remonta ao séc. XIX [295] e deve-se em larga medida à influência exercida sobre autores como POLLOCK e ANSON, criadores do moderno Direito contratual inglês, pelos juristas romanos, por POTHIER e por SAVIGNY [296].

A distinção ajustava-se às concepções social e económica próprias do liberalismo e à ênfase por este posta no contrato como instrumento das trocas livres. O critério distintivo das duas formas de responsabilidade radicava por isso segundo a doutrina oitocentista essencialmente na circunstância de a responsabilidade contratual (ou por inexecução de obrigações) ter uma fonte consensual (o contrato), ao passo que a responsabilidade delitual, resultando da infracção de deveres gerais, não pressupunha qualquer relação anterior das partes e tinha por fonte exclusiva a lei [297].

23. No nosso tempo, a distinção entre as duas formas de responsabilidade, formulada nos referidos termos, foi posta em causa por diversas construções doutrinais, que preconizam a unidade da responsabilidade civil, do mesmo passo que advogam uma separação mais ou menos radical entre o dever de prestar e o dever de indemnizar a cargo do devedor inadimplente.

Ainda nos anos vinte, sustentou Henri MAZEAUD [298], seguido depois por Léon MAZEAUD e André TUNC [299] e por Jean MAZEAUD e François

---

[293] *Institutiones*, 3, 13, 2: «divisio [obligationum] in quattuor species diducitur: aut enim ex contractu sunt aut quasi ex contractu aut ex maleficio aut quasi ex maleficio».

[294] Cfr. o art. 1101, que define o contrato como «une convention par laquelle une ou plusieurs personnes s'obligent, envers une ou plusieurs autres, à donner, à faire ou à ne pas faire quelque chose», e o art. 1370, 4.° parágrafo, que submete ao regime próprio dos «engagements qui se forment sans convention» «les engagements qui [...] résultent ou des quasi-contrats ou des délits ou des quasi-délits».

[295] Cfr. ATIYAH, «Contracts, Promises and the Law of Obligations», *in Essays on Contract*, pp. 10 ss.

[296] Cfr. ATIYAH, *The Rise and Fall of Freedom of Contract*, pp. 682 s.

[297] Esta concepção é ainda hoje sustentada por uma parte da doutrina. Cfr., quanto ao Direito francês, MARTINE, *L'option entre la résponsabilité contractuelle et la résponsabilité délictuelle*, p. 7; e quanto ao Direito inglês SALMOND-HEUSTON, *The Law of Torts*, p. 11.

[298] Cfr. «Responsabilité délictuelle et responsabilité contractuelle», *RTDCiv.* 1929, pp. 551 ss. (p. 553).

[299] Cfr. Henri e Léon MAZEAUD e André TUNC, *Traité théorique et pratique de la responsabilité civile délictuelle et contractuelle*, t. I, p. 103.

Chabas[300], que à face do Direito francês «não existe diferença fundamental entre as duas ordens de responsabilidades», admitindo embora a existência entre elas de «diferenças acessórias». Estas seriam na sua maioria de índole «puramente histórica» e dificilmente passíveis de uma «justificação racional»[301]. Compartilham esta opinião Planiol-Ripert--Esmein[302], que consideram serem as diferenças entre as duas responsabilidades apenas «de natureza técnica». Paralelamente, entendem os autores mencionados em primeiro lugar que a obrigação do devedor de reparar o dano sofrido pelo credor em virtude da inexecução do contrato é perfeitamente distinta da obrigação que sobre ele recai de executar a prestação prometida: uma obrigação nova, que se substitui à anteriormente existente[303].

A mesma linha fundamental de orientação foi posteriormente adoptada entre nós por diversos autores.

No domínio do Código Civil anterior defendeu Manuel Gomes da Silva que «os dois ramos da responsabilidade não diferem nem por essência nem na generalidade ou individualidade das relações de cuja violação emergem, nem é diferente a importância social dos interesses a que uma e outra dizem respeito»[304]; e que «nenhuma divergência se nota entre o regime das duas [responsabilidades] e [...] só por equívoco ou simples preconceito se tem entendido o contrário»[305].

A primeira destas proposições baseia-se em três argumentos: *a*) O dever de prestar e o dever de indemnizar seriam radicalmente diversos, pelo que a responsabilidade contratual — ao contrário do que defendia a doutrina do século XIX — não se identifica com a obrigação violada: o dever de indemnizar não é o próprio dever de prestar, modificado no seu objecto mas conservando a sua própria identidade, antes segundo o autor algo de radicalmente diferente, pois que tem objecto, fim e fundamento diversos dele[306]. *b*) Ao contrário do que se supõe habitualmente, a responsabilidade aquiliana poderia ter por base a violação de deveres concretos: a obrigação de não causar danos surgiria quando alguém entra em situação de os

---

[300] Cfr. Henri, Léon e Jean Mazeaud e François Chabas, *Leçons de Droit Civil*, t. II, vol. I, *Obligations. Théorie générale*, pp. 368, 382 e 385 ss.

[301] Cfr. H. e L. Mazeaud-A. Tunc, ob. cit., p. 109.

[302] *Traité pratique de Droit Civil Français*, t. VI, *Obligations. 1e. partie*, p. 663. Cfr. no mesmo sentido Ripert-Boulanger, *Traité de Droit Civil*, t. II, p. 338.

[303] Cfr. H. Mazeaud, est. cit., p. 555; H. e L. Mazeaud-A. Tunc, ob. cit., p. 105.

[304] Cfr. ob. cit., p. 192.

[305] *Ibidem*, p. 210.

[306] *Ibidem*, pp. 226 ss. e 249.

110 *Da Responsabilidade Pré-Contratual em Direito Internacional Privado*

poder causar, o que lhe daria carácter concreto e evidenciaria que ela implica a existência de verdadeira relação jurídica [307]; e a responsabilidade delitual poderia ter por fonte a violação de um dever positivo, como o de defender pessoas que estão sendo vítimas de qualquer agressão, o qual é um dever concreto e relativo [308]. *c*) Seria profundamente errónea a ideia segundo a qual a responsabilidade delitual implica a violação de deveres fundamentais enquanto a contratual é apenas consequência da infracção a regras destinadas a facilitar a convivência social, mas não imprescindíveis. Na base dela estaria um preconceito liberal e individualista — o de que os homens estão vinculados fundamentalmente por deveres, em geral negativos, destinados a garantir a convivência social, conservando-se estranhos em tudo o que não for necessário para salvaguardar a liberdade individual. Ora esta concepção estaria posta de parte, pois que contemporaneamente numerosos contratos, bem como o exercício de várias profissões, são objecto de minuciosa regulamentação legal e os interesses que eles envolvem protegidos pelo Estado. Os prejuízos causados pela inexecução dos contratos seriam mesmo muitas vezes socialmente mais graves e reprimidos com sanções mais pesadas do que aqueles que dão lugar à responsabilidade aquiliana [309].

A segunda das referidas proposições funda-se numa análise do regime da responsabilidade civil empreendida à luz do Direito anterior ao Código Civil vigente; não iremos, pois, analisá-la neste lugar.

Já no âmbito do Código de 1966 a inexistência de uma distinção essencial entre a responsabilidade contratual e a extracontratual foi reafirmada por PESSOA JORGE [310]. Nesse sentido deporiam, segundo o autor, o facto de não serem suficientemente significativas as diferenças de regime entre as duas responsabilidades; a aplicabilidade de diversas disposições relativas à responsabilidade por factos ilícitos à violação de deveres decorrentes de negócios jurídicos; a necessidade de recorrer aos preceitos do capítulo do Código sobre a responsabilidade extracontratual para integrar lacunas da regulamentação legal da responsabilidade por violação de obrigações; a possibilidade de cumulação das duas responsabilidades quando emergentes do mesmo facto; a circunstância de a regulamentação legal da obrigação de indemnizar ser comum às suas diversas fontes. Pelo que res-

---

[307] *Ibidem*, p. 191.
[308] *Ibidem, idem.*
[309] *Ibidem*, p. 192.
[310] *Ensaio sobre os pressupostos da responsabilidade civil*, p. 41.

peita às relações entre o dever de prestar e o dever de indemnizar, o autor defende uma posição intermédia entre a que os identifica e a que os considera completa e radicalmente distintos: sendo eles autónomos, por isso que o seu objecto é diverso, não poderia contudo estabelecer-se entre eles uma distinção completa, dado que o seu fim é o mesmo: a satisfação do interesse do credor[311].

Orientação próxima desta foi sufragada por MENEZES CORDEIRO, que sustentou a viabilidade de uma «doutrina unitária da responsabilidade civil»[312]; mas o autor veio entretanto a abandonar essa posição[313].

Também ALMEIDA COSTA considera, à face do Código vigente, que o regime da responsabilidade contratual é basicamente idêntico ao da responsabilidade extracontratual, não existindo uma distinção essencial de regimes entre as duas formas clássicas de responsabilidade[314]. A maior parte das diferenças tradicionalmente admitidas não encontraria mesmo «qualquer justificação prática ou lógica»[315].

Entre as teses mais recentes que rejeitam a distinção da responsabilidade contratual relativamente à extracontratual sobressai a que é sustentada na Alemanha por PICKER[316]. O autor reconhece que o Direito alemão, tal como outros Direitos europeus, estabelece uma rigorosa distinção entre as responsabilidades contratual e extracontratual, à qual correspondem relevantes consequências práticas. De um modo geral a responsabilidade contratual coloca o credor em melhor posição do que a responsabilidade delitual[317]. A distinção entre as duas formas de responsabilidade e a tendência no sentido de alargar cada vez mais a primeira à custa da segunda[318] colocariam a jurisprudência e a doutrina perante o problema da determi-

---

[311] *Ibidem*, pp. 45 ss.

[312] Cfr. *Direito das Obrigações*, vol. II, p. 276.

[313] Cfr. *Da responsabilidade civil dos administradores das sociedades comerciais*, pp. 19 e 470.

[314] Cfr. *Direito das Obrigações*, pp. 468 s.

[315] *Ibidem*, p. 469.

[316] Cfr. «Positive Forderungsverletzung und culpa in contrahendo — zur Problematik der Haftungen "zwischen" Vertrag und Delikt», *AcP* 1983, pp. 369 ss.; «Vertragliche und deliktische Schadenshaftung — Überlegungen zu einer Neustrukturierung der Haftungssysteme», *JZ* 1987, pp. 1041 ss. Para uma exposição e crítica das posições deste autor vejam-se, entre nós, SINDE MONTEIRO, *Responsabilidade por conselhos, recomendações ou informações*, pp. 496 ss., e CARNEIRO DA FRADA, *Contrato e deveres de protecção*, pp. 223 ss.

[317] Est. cit. na *JZ* 1987, p. 1041.

[318] A que nos reportaremos adiante, no § 7.º.

112 *Da Responsabilidade Pré-Contratual em Direito Internacional Privado*

nação de um fundamento material que justifique a diversidade de regimes de responsabilidade e permita simultaneamente delimitá-las.

A busca de especiais motivos de imputação ou de «factores de agravamento da responsabilidade» que justifiquem a aplicação das regras da responsabilidade contratual constituiria segundo PICKER o elemento comum a todas as tentativas doutrinais de fundamentação da especialidade do regime dessa responsabilidade. Essas tentativas teriam, contudo, falhado, pois que a descoberta de «factores de fortalecimento do dever» emergentes da vinculação negocial ou de uma relação especial não foi conseguida [319].

O problema teria, assim, de ser encarado numa nova perspectiva. O autor entende que há que partir da consideração do fundamento último de todo o dever de ressarcir um dano, que em seu entender é o princípio do *neminem laedere* [320]. Por força dele, em princípio todos os danos seriam indemnizáveis. Não haveria, por isso, que procurar «factores de agravamento do dever», mas antes fundamentos da exclusão da responsabilidade [321]. A configuração restritiva do Direito delitual — em particular a exclusão da responsabilidade por danos patrimoniais não causados pela violação de direitos absolutos ou pela violação de leis de protecção, operada pelo § 823 do BGB — radicaria no objectivo de restringir o número dos potenciais credores de indemnização e de, por essa via, garantir a liberdade de acção [322]. Para PICKER este desiderato achar-se-ia satisfeito sempre que o titular de uma pretensão indemnizatória esteja individualizado e determinado através da violação de um direito absoluto ou de uma disposição que o proteja; e encontrar-se-ia também preenchido fora do âmbito dos contactos acidentais regulados pelo Direito delitual quando exista entre as partes uma «ligação especial» (*Sonderverbindung*), ou seja, quando o possível credor de uma indemnização se ache determinado previamente [323].

Assim sendo, haveria que concluir que às responsabilidades contratual e extracontratual assiste um fundamento homogéneo. Elas não se distinguiriam pelo seu conteúdo, mas tão-só pela forma de determinação do credor da indemnização: num caso através da fixação dos bens jurídicos

---

[319] Est. cit. na *JZ* 1987, p. 1047.

[320] Cfr. *AcP* 1983, pp. 460 ss., e *JZ* 1987, pp. 1048 ss.

[321] Cfr. *AcP* 1983, p. 466; *JZ* 1987, p. 1052.

[322] Cfr. *AcP* 1983, p. 477; *JZ* 1987, p. 1053.

[323] Cfr. *AcP* 1983, p. 478; *JZ* 1987, p. 1053.

Da Responsabilidade Civil e das suas Modalidades

cuja violação determina a responsabilidade, no outro através da dita «ligação especial»[324].

Da concepção exposta resultaria, segundo o autor, a eliminação da dicotomia responsabilidade contratual-responsabilidade extracontratual e a sua substituição pela distinção entre o dever de prestar de fundamento negocial e o dever de indemnizar imposto pela lei, pois que a causa do dever de indemnizar seria, mesmo no quadro de uma relação contratual, sempre o comportamento lesivo sancionado pelo Direito[325]. As duas formas de responsabilidade apenas diferiríam porque se socorrem de métodos diferentes de limitação da responsabilidade[326]. Verdadeiramente diferentes, em virtude do seu fundamento material e do seu conteúdo, seriam o dever de prestar de fonte negocial e a responsabilidade por danos[327].

Frente ao Direito inglês, a distinção entre *contract* e *tort* operada pela doutrina clássica a partir da fonte voluntária ou legal dos deveres emergentes dessas categorias foi contestada por ATIYAH[328], que aponta como «um dos fenómenos mais notórios dos tempos modernos [...] o gradual desvanecimento das fronteiras entre o Direito dos Contratos e as demais partes do Direito das Obrigações»[329].

Por um lado, salienta o autor, o modelo clássico do contrato, caldeado pela doutrina e pela jurisprudência inglesas dos sécs. XVIII e XIX e assente na teoria da vontade, não corresponde ao Direito contemporâneo. Neste vigoram sobretudo «critérios objectivos» quanto à determinação da existência e do sentido das vinculações contratuais, sendo para tanto irrelevantes as intenções das partes; a generalidade dos deveres contratuais tem fonte legal, não sendo os mesmos imputáveis, senão por via de uma ficção, à vontade das partes; e em virtude da ampla divulgação dos contratos *standard* o conteúdo das vinculações contratuais mais correntes não é hoje efectivamente negociada entre as partes, limitando-se uma delas a aceitar condições que lhe são na prática impostas pela outra. Demais,

---

[324] Cfr. *AcP* 1983, p. 479 s.; *JZ* 1987, p. 1054.

[325] Cfr. *AcP* 1983, p. 507; *JZ* 1987, p. 1055.

[326] Cfr. *AcP* 1983, p. 509; *JZ* 1987, p. 1055.

[327] Cfr. *JZ* 1987, p. 1056. Já no est. cit. *in AcP* 1983, p. 394, o autor definira o critério da causa da atribuição patrimonial como determinante da distinção entre o dever negocial de prestar e o dever legal de indemnizar.

[328] Cfr. *The Rise and Fall of Freedom of Contract*, pp. 691 ss. e 726 ss; «Contracts, Promises, and the Law of Obligations», *in Essays on Contract*, pp. 10 ss.; *An Introduction to the Law of Contract*, pp. 2 e 7 ss.

[329] Cfr. a ob. cit. em último lugar, p. 2.

mercê da profunda alteração dos valores políticos dominantes ocorrida a partir de 1870, e da introdução no Direito inglês de concepções colectivistas e socialistas, que nele exerceram acentuada influência até 1980, entrou em declínio o relevo atribuído à liberdade de escolha em matéria contratual, tendo a ordem jurídica passado a interferir de múltiplas formas na contratação privada, *v.g.* proibindo certos contratos e impondo determinadas condições em ordem a assegurar a justeza substancial das transacções. A doutrina da *frustration of contracts* veio também permitir aos tribunais extinguir contratos quando a sua execução se haja tornado impossível, independentemente de culpa de qualquer das partes; certa legislação publicada a partir dos meados do século impôs mesmo em determinadas circunstâncias o dever de contratar (por exemplo, aos proprietários de habitações); outra legislação ainda restringiu em muitos pontos a liberdade de estipulação, em ordem a proteger o trabalhador e o consumidor; e os próprios tribunais passaram a admitir «cláusulas implícitas» (*implied terms*) nos contratos e a interpretar as estipulações das partes por forma a alcançar o mesmo desiderato. O contrato não funda mais a sua eficácia, por conseguinte, exclusiva ou sequer predominantemente, na vontade das partes.

Por outro lado, o consentimento, a intenção e as condutas voluntárias não são, segundo ATIYAH, de todo irrelevantes no *Law of Torts*. A autonomização do *tort of negligence*, que domina o Direito delitual moderno, deveu-se justamente à necessidade de uma disciplina específica dos danos pessoais sofridos no âmbito de situações contratuais. Além disso, aquela responsabilidade resulta na maior parte dos casos de actuações voluntárias (por exemplo, a condução de veículos); pelo que do agente se pode dizer, com tanto ou tão pouco rigor como de qualquer contraente, que ao agir ele se submete às exigências da lei. A responsabilidade delitual do condutor perante o peão não difere significativamente, nesta perspectiva, da sua responsabilidade contratual perante o passageiro por si transportado. Em ambos os casos ela resulta primordialmente, segundo o autor, de algo que é feito voluntariamente, da existência de um benefício recíproco e da confiança. Acresce que certos ilícitos delituais, como os *torts* de *deceit, misrepresentation, duress, inducing breach of contract* e *negligence* determinam reflexamente as obrigações de contraentes e de putativos contraentes, ao definirem os parâmetros da actuação permissível no mercado, tanto nos preliminares como na execução dos contratos.

Por fim, assiste-se modernamente ao surgimento de responsabilidades *in contract* e *in tort* fundadas na confiança (que não no incumprimento de obrigações voluntariamente assumidas ou de deveres impostos pela lei, como pretendia a doutrina clássica): a tanto visariam, por exemplo, as regras atinentes à *misrepresentation*, às *warranties*, ao *estoppel* e ao *promissory estoppel*. Na medida em que se pretende desse modo prevenir certo tipo de danos — em particular os de natureza puramente patrimonial (*economic loss*) — o Direito dos Contratos sobrepor-se-ia hoje a largas esferas do Direito delitual.

Mais radical é a posição sustentada perante o Direito dos Estados Unidos da América por GILMORE, que proclamou em 1974 a «morte do contrato»[330]. A existência deste como figura autónoma relativamente ao delito pressupunha, segundo a doutrina clássica norte-americana, tal como foi exposta nas obras de HOLMES e WILLISTON, a verificação em concreto de três requisitos formais: a oferta, a aceitação e a «consideração» (*consideration*)[331].

Com o advento de novas formas de responsabilidade independentes desses requisitos, como são as que resultam do enriquecimento sem causa e da confiança na promessa informal desprovida de «consideração» (o *promissory estoppel*, consagrado no § 90 do primeiro e do segundo *Restatements of Contracts*[332]), teria deixado de existir qualquer distinção viável entre a responsabilidade *in contract* e a responsabilidade *in tort*[333].

Eis por que o contrato estaria hoje sendo «reabsorvido» pelo delito[334], donde irradiara na Idade Média através da acção de *assumpsit*, que constituía originariamente uma modalidade das acções (delituais) de *trespass on the case*[335].

24. O correcto entendimento das doutrinas expostas supõe o seu enquadramento nas tendências actuais da regulamentação jurídica do contrato e da responsabilidade civil extracontratual. A tanto dedicaremos agora algumas breves considerações.

Entre os fenómenos que caracterizam a transição do liberalismo de Oitocentos para o Estado social contemporâneo pode seguramente apontar-se o que consiste no amplo recurso àqueles institutos como instrumentos de justiça distributiva.

---

[330] Cfr. *The Death of Contract*, especialmente pp. 95 ss.

[331] Sobre esta *vide infra*, § 8.°.

[332] Cfr. sobre essa figura, adiante, § 12.°.

[333] Ob. cit., p. 96.

[334] *Ibidem,* p. 95.

[335] Cfr. sobre o ponto CHESHIRE-FIFOOT-FURMSTON, *Law of Contract*, pp. 4 s.

No plano da disciplina legislativa do contrato assistiu-se, desde o último quartel do século XIX, à crescente imposição de restrições à liberdade de celebração e de estipulação das respectivas condições, por forma a assegurar a realização de certos objectivos de política económica e social (nomeadamente a protecção da parte tida por mais fraca)[336]. No domínio da responsabilidade extracontratual obtiveram consagração legal expressa diferentes casos de responsabilidade objectiva, que permitem à vítima carecida de meios para suportar os danos causados por acidentes ocorridos no desenvolvimento de actividades socialmente úteis transferi-los para o lesante independentemente de culpa deste.

Radica aqui, em alguma medida, a crise da distinção entre as responsabilidades contratual e extracontratual a que fizemos alusão: o alargamento do âmbito das obrigações contratuais *ex lege*, e por conseguinte do contéudo imperativo do contrato, enfraqueceu significativamente a relevância da assunção voluntária de deveres de conduta e de prestação pelo devedor como critério delimitador do contrato relativamente ao delito. O primeiro aproximou-se, assim, ao menos aparentemente, do segundo.

Estamos, porém, em crer que esta evolução não determinou o declínio — muito menos a «morte» — do contrato e da responsabilidade consequente ao seu incumprimento como figuras autónomas. A demonstrá-lo aí está o florescimento por toda a parte de novas formas contratuais, que os tipos legais não reflectem senão em escassa medida[337].

Sucede, por outro lado, que a dita evolução depara hoje com uma certa resistência, se não mesmo com um movimento de sinal inverso, que cumpre referir.

O Direito Privado contemporâneo caracteriza-se por fazer recair amiúde sobre um dos sujeitos da relação jurídica — o empregador, o senhorio, o prestador de certos bens e serviços — os encargos inerentes à realização de certas finalidades sociais — *v.g.* a garantia de um rendimento mínimo e de habitação a baixo preço —, que o Estado não se encontra em condições de assegurar pelos seus próprios meios.

---

[336] Fenómeno posto em destaque entre nós nos anos 50 por José Hermano SARAIVA, *O problema do contrato. A crise do contratualismo e a construção científica do direito privado*, especialmente pp. 19 ss. Sobre os seus reflexos no novo Código Civil português, v. ANTUNES VARELA, «Do projecto ao Código Civil», *BMJ* 1966, pp. 5 ss.; *idem*, «Código Civil», *Polis*, vol. 1, cols. 929 ss. (cols. 933 ss.); *idem, Das Obrigações em geral*, vol. I, pp. 26 s., 30 ss., 222, n. 1, e 240 ss.; e Francisco José VELOZO, «Orientações Filosóficas do Código de 1867 e do futuro Código», *SI* 1967, pp. 155 ss. (pp. 217 ss.).

[337] Cfr. PAIS DE VASCONCELOS, *Contratos atípicos*, p. 2.

Frequentemente as restrições para esse fim impostas à liberdade contratual redundaram, todavia, em prejuízo daqueles que se tinha em vista proteger: pois que o aumento do custo de um bem ou serviço tende a reduzir a procura dele, o acréscimo de encargos imposto, entre outros, a empregadores e senhorios reflectiu-se negativamente na oferta de emprego e de habitações disponíveis para arrendamento [338].

No domínio da responsabilidade civil registou-se um fenómeno de certo modo paralelo: por um lado, porque o ressarcimento através dela dos danos acidentais envolve custos que por vezes excedem as próprias indemnizações arbitradas; por outro, porque a protecção por essa via assegurada às vítimas é inevitavelmente lacunar e falível, visto que só uma parte delas é adequadamente compensada; finalmente, porque mediante a celebração de seguros, cujos custos são repercutidos pelos produtores e fornecedores de bens e serviços sobre os respectivos adquirentes, os danos causados por acidentes ocorridos no âmbito da prestação desses bens e serviços são suportados pelos seus consumidores, entre os quais se encontram as potenciais vítimas — o que leva alguns a concluir ser a responsabilidade civil um sistema ineficiente de distribuição social de riscos e de danos [339].

Daqui resultou, sobretudo na literatura anglo-saxónica, um pensamento fortemente crítico da evolução assinalada e uma certa inflexão da política legislativa seguida nos sectores em apreço, que o Direito Comparado permite documentar.

Sustenta aquele pensamento que a regulamentação das relações contratuais deve cingir-se a assegurar a justiça processual pura nessas relações, i. é, segundo a definição de RAWLS [340], a existência de «um processo correcto ou equitativo que permite que o resultado, seja ele qual for, será igualmente correcto ou equitativo desde que o processo tenha sido devidamente respeitado». Ao Direito dos Contratos não caberia, segundo essa perspectiva, ocupar-se dos resultados destes últimos sob o ponto de vista da distribuição dos bens, pois que esta matéria integraria a justiça substantiva. Acresce, como sublinha POUND [341], que a «ideia humanitária» que subjaz por toda a parte à exoneração do devedor relativamente a obrigações voluntariamente assumidas e à transferência do dano para aqueles

---

[338] V. sobre o ponto TREBILCOCK, *The Limits of Freedom of Contract*, pp. 4 s.

[339] Cfr. neste sentido FLEMING, *The Law of Torts*, pp. 12 s.; ATIYAH-CANE, *Accidents, Compensation and the Law*, pp. 356 s.; e MARKESINIS-DEAKIN, *Tort Law*, p. 46.

[340] Cfr. *A Theory of Justice*, p. 86 da tradução portuguesa.

[341] Cfr. *An Introduction to the Philosophy of Law*, pp. 162 ss.

118   Da Responsabilidade Pré-Contratual em Direito Internacional Privado

que se encontram em melhores condições de suportá-lo poderá levar a perder de vista o interesse social na segurança das transacções e a ameaça que isso representa para a ordem económica.

No plano legislativo verificou-se na Europa, por um lado, a restauração da liberdade contratual em domínios de onde há muito se achava arredada ou em que era objecto de sérias limitações, *maxime* o dos arrendamentos vinculísticos e o das relações laborais [342], de par com a reprivatização de importantes meios de produção e a criação de novos benefícios sociais (como por exemplo rendimentos mínimos garantidos e subsídios de renda); e por outro a generalização de esquemas de segurança social susceptíveis de cobrir a maioria das situações em que uma pessoa se encontre carecida de assistência em virtude de um acidente danoso. Fazendo-se recair desta forma directamente sobre a comunidade certos encargos sociais, abriu-se o caminho para o regresso do Direito dos Contratos e da responsabilidade civil à sua função clássica de instrumento de justiça sinalagmática ou comutativa [343].

Como reflexo deste movimento reavivam-se as diferenças na disciplina jurídica das responsabilidades contratual e extracontratual — e é na averiguação destas, bem como da sua *ratio*, que, no nosso modo de ver, consiste o teste decisivo ao carácter unitário ou dualista da responsabilidade civil.

Certo, é hoje inquestionável a tendência que se regista em muitos sistemas jurídicos no sentido da equiparação das consequências das duas formas de responsabilidade. Para o efeito socorrem-se os legisladores de diferentes técnicas: nalguns sistemas regulamenta-se em termos gerais a

---

[342] Assim aconteceu entre nós nomeadamente por força da Lei n.º 46/85, de 20 de Setembro (que estabeleceu os regimes de renda livre, condicionada e apoiada nos contratos de arrendamento para habitação), e do D.L. n.º 64-A/89, de 27 de Fevereiro (que aprovou o regime jurídico da cessação do contrato individual de trabalho, incluindo as condições de celebração e caducidade do contrato de trabalho a termo).

[343] Que é a que lhe pertence na chamada «Sociedade de Direito Privado»: cfr. neste sentido CANARIS, «A liberdade e a justiça contratual na "sociedade de Direito Privado"», *in Contratos: actualidade e evolução*, pp. 49 ss. (pp. 65 s.). Sobre aquela noção ver MEST-MÄCKER, «Der Kampf ums Recht in der offenen Gesellschaft», *in Recht in der offenen Gesellschaft*, pp. 11 ss., que a define como «eine Gesellschaft [...] in de[r] an die Stelle von Privilegien, Vorrechten oder staatlicher Planung das Prinzip der Handlungsfreiheit tritt» (p. 18). Ver ainda sobre o tema HAYEK, *Law, Legislation and Liberty*, vol. II, p. 31, e BYDLINSKI, «Privatrechtsgesellschaft und etatisches Recht», nos estudos em honra de Skapski, pp. 23 ss.

Da Responsabilidade Civil e das suas Modalidades

obrigação de indemnização, independentemente da sua fonte [344], estabelecendo-se regras suplementares para a responsabilidade delitual [345] e para a responsabilidade contratual [346]; noutros consagram-se regras mais pormenorizadas sobre a responsabilidade contratual [347], que são em parte aplicáveis à responsabilidade delitual [348]; noutros ainda coloca-se a ênfase principal na regulamentação da responsabilidade delitual, para a qual se remete na disciplina da responsabilidade contratual [349].

Contudo, uma análise comparativa revela-nos que o regime das duas formas de responsabilidade difere na generalidade dos sistemas jurídicos em certos aspectos de grande relevo, como a definição do dano indemnizável, a exigibilidade de culpa, os sujeitos da obrigação de indemnização e os demais pressupostos desta, o regime da prescrição e caducidade, a transmissibilidade dos créditos indemnizatórios, o tribunal competente e a lei aplicável às relações plurilocalizadas.

Só uma indagação das causas dessas diferenças, que procure discernir o seu sentido profundo, permitirá concluir se elas são o mero fruto da tradição, sem qualquer justificação prática, ou se, ao invés, se fundam na diversidade ontológica das situações da vida humana tipicamente geradoras de cada uma das duas formas de responsabilidade e dos bens jurídicos, interesses e valores por elas tutelados. É o que passamos a fazer.

25. Ambas as vertentes da responsabilidade civil visam fundamentalmente, como se verá, a reparação de um dano. Nem todo o dano é, porém, ressarcível. Problema central de toda a temática da responsabilidade civil é, assim, pelo relevo social que assume, o da delimitação do dano indemnizável. Este pode ser enfrentado e resolvido sob diferentes ângulos.

---

[344] Como sucede nos §§ 249 a 255 do BGB e nos arts. 562.º a 572.º do Código Civil português.

[345] Assim o BGB, §§ 842 a 853; e o Código Civil português, arts. 494.º a 498.º e 507.º a 510.º.

[346] Código Civil português, arts. 798.º a 800.º, 806.º e 807.º e 809.º a 812.º.

[347] Como é o caso dos arts. 1142 a 1155 do Código Civil francês.

[348] Assim sucede, por exemplo, relativamente aos arts. 1149, 1151 e 1153, 1.º parágrafo, do Código: cfr. TERRÉ-SIMLER-LEQUETTE, *Droit civil. Les obligations*, p. 687; CARBONNIER, *Droit Civil*, t. 4, *Les Obligations,* pp. 362 e 373.

[349] É que sucede no Direito suíço, por força do disposto no art. 99, n.º 3, do Código das Obrigações, que dispõe: «Les règles relatives à la responsabilité dérivant d'actes illicites s'appliquent par analogie aux effets de la faute contractuelle». Entre nós socorre-se do mesmo expediente o art. 799.º, n.º 2, do Código Civil.

120 Da Responsabilidade Pré-Contratual em Direito Internacional Privado

a) Consideremos, antes de mais, a questão de saber se o dano patrimonial puro ou primário (*rein* ou *primär Vermögensschaden*; *pure economic loss*) — isto é, aquele que não é precedido de uma perda *in natura*, ou dano real, decorrente da violação de um direito absoluto de que o lesado seja titular — pode ter-se por indemnizável seja qual for a sua fonte ou tão-só em certas situações especificadas na lei ou em precedentes judiciais.

São vários os sistemas jurídicos em que a causação do dano patrimonial puro só é sancionada se existir uma relação jurídica especial, nomeadamente um contrato ou, como se verá, uma relação pré-contratual, entre o lesante e o lesado, da qual resulte para o primeiro um dever de cuidado relativamente aos interesses patrimoniais do segundo (salvo se tiver sido violada uma disposição legal de protecção ou o lesante tiver agido em abuso de direito).

Estão neste caso os Direitos alemão e português, pois que em ambos só as violações de direitos subjectivos ou de disposições legais de protecção de interesses alheios (na Alemanha também a ofensa intencional dos bons costumes) podem servir de fundamento à imputação delitual do dano ao lesante [350]. Idêntica conclusão pode formular-se perante o Direito suíço [351].

Também no *Common Law* vigora a regra segundo a qual o dever de cuidado no sentido de evitar a causação de danos a outrem se restringe, na falta de uma *special relationship* entre o agente e a vítima, ao dano físico causado às pessoas ou à propriedade [352]; e entende-se geralmente que o

---

[350] Cfr. os §§ 823 e 826 do BGB e o art. 483.°, n.° 1, do Código Civil (*vide* os textos destas disposições legais, bem como um exame dos sistemas de delimitação dos factos geradores de responsabilidade civil neles consagrados, *infra*, no § 8.°). Sobre o ponto consultem-se, relativamente ao Direito alemão, Kötz, «Economic Loss in Tort and Contract», *RabelsZ* 1994, pp. 423 ss. (p. 428); *idem, Deliktsrecht*, pp. 33 e 72; e Christian Von Bar, «Limitation and Mitigation in German Tort Law», *in The Limits of Liability*, pp. 17 ss. (pp. 22 ss.); e quanto ao Direito português Sinde Monteiro, *Responsabilidade por conselhos, recomendações ou informações*, pp. 187 ss.; Antunes Varela, *Das Obrigações em geral*, vol. I, pp. 643 ss.; e Carneiro da Frada, *Uma «terceira via» no direito da responsabilidade civil?*, pp. 37 s. Cfr. ainda, numa óptica de comparação de Direitos, Christian Von Bar, *Gemeineuropäisches Deliktsrecht*, vol. II, pp. 30 ss.

[351] Cfr. Keller, «Schweiz», *in Deliktsrecht in Europa*, p. 9; Guhl-Merz-Kummer-Koller-Druey, *Das Schweizerische Obligationenrecht*, pp. 99 e 174; e Gauch-Schluep-Schmid-Rey, *Schweizerisches Obligationenrecht. Allgemeiner Teil*, vol. II, p. 166.

[352] Cfr. quanto ao Direito inglês Salmond-Heuston, *The Law of Torts*, p. 227, Markesinis-Deakin, *Tort Law*, p. 84, e Rogers, «Keeping the Floodgates Shut: "Mitigation" and "Limitation" of Tort Liability in the English Common Law», *in The Limits of Liability*,

dano económico, correspondendo a uma expectativa de ganho que se viu gorada, pertence ao domínio do Direito dos Contratos[353]. (Admite-se no entanto que preenchem aquele requisito, justificando o ressarcimento *in tort* do dano económico, situações em que sejam prestadas falsas declarações nos preliminares e na conclusão dos contratos, de que trataremos adiante[354].)

Nestes ordenamentos o dano puramente patrimonial não é, pois, em princípio ressarcível *ex delicto*: valem quanto a ele as regras *casum sentit dominus* e *res perit domino suo*. «É boa política (disse-o HOLMES) deixar as perdas ficarem onde se registaram, excepto quando se demonstre haver razão especial para interferir»[355]. Em princípio, apenas se indemniza em sede delitual o dano patrimonial que seja o reflexo do dano real sobre a situação patrimonial do lesado. É antes com fundamento na responsabilidade contratual que o ressarcimento dos danos patrimoniais puros pode ser reclamado[356]. Historicamente, o Direito delitual encontra-se assim funcionalizado à protecção da vida, da integridade física e da propriedade das pessoas (*life, limb and property*)[357].

Este é, para MARKESINIS, o ponto em que a disciplina da responsabilidade civil no Direito alemão revela maior afinidade ideológica com o *Common Law*[358].

Mas mesmo nos sistemas jurídicos, como o francês, em que vigora uma ampla cláusula geral de responsabilidade civil que assegura em princípio a

---

pp. 75 ss. (pp. 82 s.); e quanto ao Direito dos Estados Unidos DOBBS, «Direct and General Limits on Tort Damages in the United States», *in ibidem*, pp. 27 ss. (pp. 40 s.).

[353] Cfr. ATIYAH, *An Introduction to the Law of Contract*, p. 380: «the protection of expectations is generally the province of contract law; it is because a contracting party has a *right* to the performance of the contract that he generally has a right to have his expected profits protected by the law».

[354] Cfr. o § 8.°.

[355] Cfr. *The Common Law*, p. 42: «sound policy lets losses lie where they fall, except where a special reason can be shown for interference». A mesma ideia acha-se expressa a p. 76 daquela obra.

[356] Assim LARENZ, *Lehrbuch des Schuldrechts*, vol. I, *Allgemeiner Teil*, p. 369.

[357] Assim, quanto ao Direito inglês, MARKESINIS-DEAKIN, ob. e loc. cits.; e quanto ao Direito alemão DEUTSCH, «Zum Verhältnis von vertraglicher und deliktischer Haftung», *in FS Michaelis*, pp. 26 ss. (p. 35).

[358] Cfr. *The German Law of Obligations*, vol. II, *The Law of Torts: A Comparative Introduction*, p. 43: «in no other area of its law of torts does German law demonstrate such an ideological affinity with the Common law as in its refusal to compensate pure economic loss through the medium of tort rules».

reparação integral do dano, qualquer que seja a sua natureza, os tribunais conseguem, por vias indirectas, limitar eficazmente as indemnizações[359].

Entre as principais razões justificativas deste regime avulta a necessidade de tutela da liberdade de actuação das pessoas, que uma protecção irrestrita do património comprometeria decisivamente.

A interacção social torna inevitável, com efeito, que constantemente se estejam causando danos patrimoniais a outrem. Tal ocorre, porém, as mais das vezes indirectamente, mediante o funcionamento de leis económicas: por exemplo, o comerciante que vende os seus produtos mais barato que um seu concorrente, diminuindo-lhe a clientela, prejudica-o desse modo; mas nem por isso terá de indemnizá-lo (excepto, evidentemente, se houver infringido disposições legais que visem protegê-lo).

Justamente a limitação da responsabilidade extracontratual às lesões de direitos absolutos e de leis de protecção permite estabelecer um equilíbrio aceitável entre a tutela dos interesses patrimoniais do lesado e a garantia da liberdade de acção do lesante[360], pois que desse modo se restringe o número dos potenciais credores de indemnização, concentrando-o nos titulares daqueles direitos e nos beneficiários das referidas leis. A não ser assim, teria o lesante de indemnizar não só a vítima directa e imediata da sua conduta, mas também todos aqueles que com ela se encontrem numa qualquer relação que determine o sofrimento de danos; o que criaria o perigo de um alargamento desmedido da responsabilidade civil, quer no tocante ao número de potenciais beneficiários quer pelo que respeita à dimensão das pretensões indemnizatórias, com um inevitável efeito inibidor de actividades socialmente úteis e do livre desenvolvimento da personalidade humana, que à ordem jurídica cabe assegurar.

Este problema não se coloca quanto à responsabilidade emergente do contrato e das demais relações de carácter negocial, pois que estas por natureza delimitam o círculo dos potenciais credores de indemnização. Eis por que não carece essa responsabilidade de uma restrição dos bens jurídicos através dela protegidos nem de uma exclusão de princípio da ressarcibilidade dos danos patrimoniais puros análoga à que vigora para a responsabilidade delitual[361].

---

[359] Cfr. VINEY, «Modération et limitation des responsabilités et des indemnisations», *in The Limits of Liability*, pp. 127 ss. (131 ss.).

[360] Neste sentido CANARIS, «Schutzgesetze — Verkehrspflichte — Schutzpflichten», *FS Larenz*, pp. 27 ss. (p. 39).

[361] Convergimos, pois, neste ponto com a explicação proposta por PICKER para o

Poderá ver-se um outro motivo da irressarcibilidade de princípio dos danos económicos na menor valia do património mobiliário, e por conse-

---

carácter mais restritivo do Direito delitual (cfr. ests. cits. no *AcP* 1983, p. 477, e na *JZ* 1987, p. 1053), a qual, aliás, é também aceite por LARENZ, ob. cit., p. 122.

Onde já não podemos acompanhá-lo é na ideia, por ele aventada, segundo a qual por força do princípio do *neminem laedere* — fundamento último, no seu entender, de todo o dever de indemnizar — quaisquer danos patrimoniais seriam indemnizáveis desde que na situação controvertida não ocorra fundamento algum de exclusão da responsabilidade. (Recorde-se que os danos desse tipo devem ter-se por ressarcíveis, de acordo com esta concepção, sempre que tal não tenha como consequência a criação do risco de potenciação do número de credores; o que não sucede segundo PICKER desde que o potencial credor de indemnização possa, ao menos em abstracto, ser determinado *ex ante*, mormente por existir entre as partes uma «ligação especial».)

Semelhante construção mostra-se, com efeito, susceptível de conduzir a resultados intoleráveis. Suponha-se que o potencial cliente de um banco solicita a este um empréstimo e que, sendo-lhe dito por um seu empregado que o pedido será certamente aprovado pelo órgão competente para o efeito, realiza diversas disposições, que vêm a saldar-se em prejuízos por o empréstimo não ser, afinal, concedido. Nesta hipótese resultam danos patrimoniais da prestação de uma informação errónea a uma pessoa relativamente à qual não existia qualquer dever legal ou negocial de fazê-lo, não ocorrendo culpa grave do lesante. De acordo com a tese de PICKER esses danos seriam, não obstante, ressarcíveis, visto que o número dos potenciais credores de indemnização se achava à partida delimitado; o que parece de muito duvidosa justificação e mesmo perigosamente inibidor da liberdade de actuação individual e da fluidez do tráfico jurídico.

Supomos, pois, que do *neminem laedere*, ainda que associado à verificação da inexistência em concreto de um especial motivo para excluir o dever de indemnizar ou mesmo de uma qualquer relação jurídica ou de facto entre o lesante e o lesado, não se segue a necessária imputabilidade ao primeiro dos danos patrimoniais sofridos pelo segundo. É antes do princípio contrário, por força do qual é o património da vítima que deve em regra suportar o dano, que há-de partir-se.

Aliás, traduzindo-se a imputação de danos, como já dissemos, numa limitação à liberdade de agir das pessoas não pode sequer afirmar-se a vigência sem restrições de um princípio de *neminem laedere*. A irressarcibilidade de princípio dos danos causados por informações, consagrada no art. 485.°, n.° 1, do Código português, é justamente expressão desta ideia: cfr. adiante, § 12.°, e bibliografia aí citada.

Observe-se ainda, a este propósito, que na imputação de danos meramente patrimoniais e na definição do conteúdo da correspondente responsabilidade deve também relevar a natureza das relações entre o lesante e o lesado: a existência de um contrato, e por conseguinte de deveres de fonte negocial a que corresponde geralmente uma contrapartida remunerada, justifica uma aceitação mais ampla do dever de indemnizar. A autonomização do regime da responsabilidade contratual funda-se por isso, entre outros motivos, no nível mais elevado dos deveres que vinculam as partes, cuja violação deu origem ao dano, e da diligência que lhes é exigível no seu cumprimento, não constituindo, pois, uma simples técnica de limitação da responsabilidade, como pretende PICKER.

guinte das lesões de que ele for objecto independentemente de um dano físico prévio, segundo a perspectiva própria dos juristas que, no século pregresso, forjaram a restrição da responsabilidade extracontratual às violações de direitos absolutos e de leis de protecção [362].

b) A delimitação dos tipos de danos indemnizáveis levanta um outro problema, que cabe agora examinar: o da ressarcibilidade dos danos não patrimoniais.

Alguns sistemas só prevêem o ressarcimento dos danos não patrimoniais nas acções delituais (assim o Direito alemão [363], o Direito italiano [364] e o Direito dos Estados Unidos da América, com excepções [365]); outros admitem a ressarcibilidade da dor e do sofrimento moral também em matéria contratual, posto que com restrições (é o que sucede no Direito inglês [366]).

Apenas o Direito francês, dentre os ordenamentos estrangeiros aqui considerados, prevê a reparação do dano moral resultante do incumprimento do contrato sem limitações especiais [367]; mas essa solução prende-se com a circunstância de neste Direito vigorar a regra do «não-cúmulo» (*non-cumul*) de responsabilidades [368], que seria inviável se fosse outro o regime do ressarcimento de tal dano.

À face do Direito português, parte da doutrina pronuncia-se contra a ressarcibilidade dos danos não patrimoniais no domínio da responsabilidade contratual [369]; mas a orientação inversa, conforme a qual se deve

---

[362] O que não implica — cabe notá-lo — que se justifique nos dias de hoje uma protecção delitual genérica do património mobiliário, porquanto esta contenderia de forma intolerável, como se viu, com a liberdade individual e a iniciativa económica privada, que os Direitos contemporâneos consagram, e subverteria, desse modo, a organização económica vigente. Quando muito, o que se afirma no texto permitirá explicar a maior acuidade que o problema da protecção dos danos económicos actualmente reveste.

[363] Por força do disposto nos §§ 253 e 847 do BGB. Cfr. LARENZ, ob. cit., pp. 474 s.

[364] Em virtude do art. 2059 do Código Civil. Cfr. SCONAMIGLIO, «Responsabilità contrattuale ed extracontrattuale», *NssDI*, vol. XV, pp. 670 ss. (673); DE CUPIS, *Il danno*, vol. I, p. 127; SALVI, «Responsabilità extracontrattuale (diritto vigente)», *EDD*, vol. XXXIX, pp. 1186 ss. (p. 1191).

[365] Cfr. PROSSER, «The Borderland of Tort and Contract», *in Selected Topics on the Law of Torts*, pp. 380 ss. (p. 426); PROSSER-KEETON, *The Law of Torts*, p. 665; FARNSWORTH, *Contracts*, vol. III, p. 274.

[366] Cfr. CHESHIRE-FIFOOT-FURMSTON, *Law of Contract*, p. 609, n. 12; TREITEL, *The Law of Contract*, pp. 876 ss.

[367] Cfr. CARBONNIER, *Droit civil*, t. 4, *Les Obligations*, pp. 285 s.

[368] Cfr. *infra*, § 9.º.

[369] Cfr. Rui de ALARCÃO, *Direito das obrigações*, p. 210; TEIXEIRA DE SOUSA, *O concurso de títulos de aquisição da prestação*, pp. 272 s.; e ANTUNES VARELA, *Das Obriga-*

admitir o ressarcimento desses danos nas duas espécies de responsabilidade, tem também sido defendida na doutrina[370] e na jurisprudência[371]. No sentido daquela primeira solução aduz-se a circunstância de o art. 496.° do Código Civil, que disciplina a matéria, ser privativo da responsabilidade extracontratual. Contra ela, o facto de os arts. 798.° e 804.°, n.° 1, do Código não distinguirem as duas categorias de danos. Ao regular os danos não patrimoniais tão-só na secção referente à responsabilidade extracontratual e não na que se reporta à obrigação de indemnização o Código parece no entanto querer restringir a esta forma de responsabilidade o ressarcimento desses danos[372].

À distinção dos regimes neste ponto está ligada a ideia de que uma irrestrita ressarcibilidade *ex contractu* dos danos não patrimoniais criaria, dada a grande frequência da responsabilidade contratual na vida económica contemporânea, o risco, para que adverte LARENZ[373], de um alargamento ilimitado da indemnização por danos e do número de processos tendentes a efectivá-la; e tentaria muitos a formularem pretensões indemnizatórias exageradas ou baseadas em motivos fúteis, com a consequente desvalorização dos bens imaterais cuja violação compete à ordem jurídica prevenir e reprimir sobretudo através de sanções penais.

Assim sendo, não parece de excluir a previsão em lei especial da ressarcibilidade dos danos não patrimoniais decorrentes da violação de certos contratos[374]; nem, onde a analogia das situações abrangidas pelas duas

---

ções em geral, vol. I, p. 627, e vol. II, p. 106; *idem*, anotação ao ac. do STJ de 25.5.1985, *RLJ*, ano 123.°, pp. 253 ss.

[370] Cfr. VAZ SERRA, anotação ao ac. do STJ de 4 de Junho de 1974, *RLJ*, ano 108.°, p. 222; GALVÃO TELLES, *Direito das Obrigações*, pp. 386 s.; PINTO MONTEIRO, *Cláusulas limitativas e de exclusão da responsabilidade civil*, p. 85; *idem, Cláusula penal e indemnização*, p. 31, n. 77; e ALMEIDA COSTA, *Direito das Obrigações*, pp. 523 s.

[371] Cfr. os acórdãos do Supremo Tribunal de Justiça de 15 de Junho de 1993, *BMJ* 428, pp. 530 ss. (p. 534), e da Relação de Coimbra de 30 de Junho de 1998, CJ 1998, t. III, pp. 43 ss. (p. 47), e referências neles contidas. Considera, porém, «ainda não resolvida» a dúvida sobre se a responsabilidade contratual abrange os danos não patrimoniais o ac. do Supremo Tribunal de Justiça de 25 de Novembro de 1998, *BMJ* 481, pp. 470 ss. (p. 474).

[372] Cfr. PIRES DE LIMA-ANTUNES VARELA, *Código Civil anotado,* vol. II, p. 501.

[373] Cfr. *Lehrbuch des Schuldrechts*, vol. I, *Allgemeiner Teil*, pp. 477 ss.

[374] Ver entre nós o art. 12.°, n.° 4, da Lei n.° 24/96, de 31 de Julho (Estabelece o regime legal aplicável à defesa dos consumidores), segundo o qual «o consumidor tem direito à indemnização dos danos patrimoniais e não patrimoniais resultantes do fornecimento de bens ou prestações de serviços defeituosos». Cfr. ainda o D.L. n.° 209/97, de 13 de Agosto (Regula o acesso e o exercício da actividade das agências de viagens e turismo),

126 *Da Responsabilidade Pré-Contratual em Direito Internacional Privado*

espécies de responsabilidade o justifique, a aplicação neste particular do regime da responsabilidade extracontratual à contratual, como estabelece o Direito suíço[375].

c) Passemos a uma outra vertente da problemática da delimitação do dano indemnizável: a que consiste em saber quais, dentre os danos sobrevindos a certo facto constitutivo de responsabilidade, devem ser reparados pelo seu autor.

Nos Direitos francês[376] e italiano[377] restringe-se o prejuízo indemnizável na responsabilidade contratual às consequências do incumprimento ou da mora previsíveis pelo devedor no momento da celebração do contrato, apenas se exceptuando desta regra os casos em que o devedor haja actuado com dolo; em contrapartida, o dano sofrido em consequência de um facto ilícito extracontratual é sempre ressarcível, posto que imprevisível[378].

No Direito inglês os danos indemnizáveis por violação do contrato são, segundo a regra estabelecida em 1854 no caso *Hadley v. Baxendale*[379], além dos que «possam justa e razoavelmente ser considerados como surgindo naturalmente, isto é, de acordo com o curso normal das coisas», os que «possa razoavelmente supor-se terem sido contemplados por ambas as partes no momento da celebração do contrato como a consequência provável da violação deste»[380].

---

alterado pelo D.L. n.º 12/99, de 11 de Janeiro e republicado em anexo a este último, cujo art. 41.º, n.º 2, alínea *c*), prevê o ressarcimento dos danos não patrimoniais causados por acções ou omissões dessas agências ou seus representantes a clientes ou a terceiros, no exercício das suas actividades próprias e acessórias. Também na Alemanha é indemnizável, por força do disposto no § 651f (2) do BGB, o dano consistente na inutilização do tempo de férias decorrente do incumprimento do contrato de viagem («*Reisevertrag*») regulado nos §§ 651a a 651k desse código.

[375] Cfr. o art. 49, n.º 1, do Código das Obrigações, aplicável por analogia aos efeitos da *faute* contratual, nos termos do art. 99, n.º 3, do mesmo Código.

[376] Art. 1150 do Código Civil.

[377] Art. 1225 do Código Civil.

[378] Cfr. MAZEAUD, «Responsabilité délictuelle et responsabilité contractuelle», *RTDC* 1929, pp. 551 ss. (p. 648); MAZEAUD-TUNC, *Traité théorique et pratique de la responsabilité civile délictuelle et contractuelle*, t. I, p. 240; MAZEAUD-CHABAS, *Leçons de Droit civil*, t. II, I vol., *Obligations. Théorie générale*, p. 371; TERRÉ-SIMLER-LEQUETTE, *Droit civil. Les obligations*, p. 633; BIANCA, *Diritto Civile*, vol. 5, *La responsabilità*, p. 548.

[379] (1843-60) *All E. R. Reprint* 461.

[380] «Where two parties have made a contract which one of them has broken the damages which the other party ought to receive in respect of such breach of contract should be such as may fairly and reasonably be considered as either arising naturally, i. e., accor-

Em 1949 Lorde ASQUITH sustentou, na decisão proferida pelo *Court of Appeal* no caso *Victoria Laundry (Windsor) v. Newman Industries Ltd.*[381], que as duas vertentes desta regra constituem emanações do princípio segundo o qual «nos casos de violação do contrato o lesado apenas tem direito a ser ressarcido do dano que ao tempo da celebração do contrato era razoavelmente previsível como susceptível de resultar da violação»[382]; mas esse entendimento foi censurado pela Câmara dos Lordes na decisão proferida em 1969 no caso *Koufos v. Czarnikow*[383]: a questão não consistiria em saber se o dano devia ter sido previsto pelo inadimplente, mas antes em determinar se a sua ocorrência foi «contemplada por ambas as partes, agindo como pessoas razoáveis»[384].

Justamente neste ponto diferem, como o reconheceu aquela instância, os regimes das responsabilidades contratual e delitual: quanto a esta última vigora o princípio, já sustentado por POLLOCK em 1850 e consagrado em 1961 no caso *Overseas Tankship (U.K.) Ltd. v. Morts Dock and Engineering Co. Ltd.*[385], da ressarcibilidade do dano razoavelmente previsível («*reasonably foreseeable*») no momento do acto ilícito, independentemente da probabilidade da sua ocorrência[386].

É, assim, mais exigente o juízo de prognose quanto à verificação do dano em matéria contratual do que em matéria delitual: ao passo que o agente responde por qualquer dano previsível por uma pessoa razoável, ainda que a sua ocorrência fosse muito improvável, requer-se um «perigo real» ou uma «possibilidade séria» da ocorrência do dano para que o devedor possa ser tido por responsável[387].

---

ding to the usual course of things, from such breach of contract itself, or such as may reasonably be supposed to have been in the contemplation of both parties at the time they made the contract as the probable result of the breach of it.»

[381] (1949) 1 *All E.R.* 997.

[382] «In cases of breach of contract the aggrieved party is only entitled to recover such part of the loss actually resulting as was at the time of the contract reasonably foreseeable as liable to result from the breach.»

[383] Também conhecido por *The Heron II*, (1969) 1 *A.C.* 350.

[384] «What was in the assumed contemplation of both parties acting as reasonable men in the light of the general or special facts (as the case may be) known to both parties in regard to damages as the result of a breach of contract» (Lorde UPJOHN).

[385] Também conhecido por *The Wagon Mound*, (1961) 1 *All E.R.* 404.

[386] Cfr. SALMOND-HEUSTON, *Law of Torts*, pp. 605 e 608 ss.

[387] Neste sentido cfr. o *speech* de Lorde UPJOHN no caso *Koufos v. Czarnikow*, cit.: «It is clear that on the one hand the test of foreseeability as laid down in the case of tort is

128   *Da Responsabilidade Pré-Contratual em Direito Internacional Privado*

A mesma ordem fundamental de soluções vigora nos Estados Unidos da América. Foi, com efeito, consagrada no § 351 (1) do segundo *Restatement of the Law of Contract* a regra segundo a qual não é ressarcível o dano que o lesante não tivesse qualquer razão para prever como consequência provável da violação do contrato quando este foi celebrado [388]; e acrescenta-se no parágrafo (2) da mesma disposição que o dano será tido como previsível se resultar da violação segundo o curso normal das coisas ou de circunstâncias especiais, que a parte inadimplente conhecia ou devia conhecer [389]. No § 2-715, parágrafo (2), alínea (a), do *Uniform Commercial Code* acolhe-se idêntico critério quanto à responsabilidade do vendedor pela violação do contrato, ao prever-se a imputação a este de «qualquer dano resultante de exigências e necessidades gerais ou especiais que o vendedor conhecesse ou devesse conhecer ao tempo da contratação e que não pudesse ser razoavelmente prevenido» [390]. Entende-se a este respeito que o devedor inadimplente não carece ter consentido, tacitamente sequer, na sua responsabilidade pelo dano; apenas é exigível que lhe tenha sido dado conhecimento dos factos que o tornavam previsível [391]. Contudo, em alguns Estados norte-americanos compreendem-se na responsabilidade do lesante tão-só os danos por que este tacitamente quis responsabilizar-se [392] (conforme, de resto, já advogara HOLMES [393]). Ao invés, em matéria delitual basta a previsibilidade do dano no momento da prática do acto ilícito [394].

A reparação assegurada pela acção delitual é, pois, nestes ordenamentos frequentemente mais ampla do que a facultada pela acção contra-

---

not the test for breach of contract [...]. I am content to adopt as the test a "real danger" or a "serious possibility"».

[388] «Damages are not recoverable for loss that the party in breach did not have reason to foresee as a probable result of the breach when the contract was made».

[389] «Loss may be foreseeable as a probable result of a breach because it follows from the breach (a) in the ordinary course of events, or (b) as a result of special circumstances, beyond the ordinary course of events, that the party in breach had reason to know».

[390] «Consequential damages resulting form the seller's breach include (a) any loss resulting from general or particular requirements and needs of which the seller at the time of contracting had reason to know and which could not reasonably be prevented by cover or otherwise».

[391] Cfr. FARNSWORTH, *Contracts*, vol. III, p. 244.

[392] Cfr. PROSSER-KEETON, *The Law of Torts*, p. 665, e referências.

[393] Cfr. *The Common Law*, pp. 236 s.

[394] Cfr. sobre o ponto PROSSER-KEETON, ob. cit., pp. 280 ss.

tual [395]. A salvaguarda da autonomia da vontade e a concepção do contrato como assunção do risco de um evento futuro garantido pelo devedor da prestação [396] surgem-nos como pano de fundo desta diversidade de regimes, visto que se atende na delimitação do dano indemnizável tão-só aos riscos que o devedor, expressa ou tacitamente, assumiu no momento da celebração do contrato. Sendo as obrigações contratuais voluntariamente assumidas, entende-se que seria injusto impor ao devedor uma responsabilidade por consequências do seu incumprimento imprevisíveis à data da contratação, a menos que aquele tenha agido dolosamente; até porque, como sustentou Lorde REID na opinião que proferiu sobre o citado caso *Koufos v. Czarnikow*, o contraente que queira precaver-se contra um risco inusitado pode fazê-lo chamando a atenção da contraparte para esse risco antes da celebração do contrato, o que não está ao alcance do lesado *in tort*.

Por outro lado, a imputação do risco do dano ao único contraente que dele tinha conhecimento permite a sua distribuição de modo mais eficiente, pois que induz esse contraente a tomar as precauções apropriadas ou a revelá-lo à contraparte, pagando-lhe para que esta o assuma [397].

Finalmente, visa-se restringir o âmbito da responsabilidade contratual, em que se incorre mais facilmente, mas que se reporta a danos tipicamente menos graves [398]. Não podemos, por conseguinte, subscrever a afirmação de CORTES ROSA [399] segundo a qual não se justificaria a diferença de tratamento que os Direitos inglês e francês estabelecem para a determinação dos danos ressarcíveis em caso de responsabilidade contratual e de responsabilidade delitual.

---

[395] Assim, quanto ao Direito francês: MAZEAUD, «Responsabilité délictuelle et responsabilité contractuelle», *RTDC* 1929, pp. 551 ss. (p. 648); MAZEAUD-TUNC, *Traité théorique et pratique de la responsabilité civile délictuelle et contractuelle*, t. I, p. 239; e CARBONNIER, *Droit Civil*, t. 4, *Les Obligations*, pp. 484 s.; quanto ao Direito inglês: SALMOND-HEUSTON, *Law of Torts*, p. 621; e quanto ao Direito dos Estados Unidos PROSSER, «The Bordeland of Tort and Contract», *in Selected Topics on the Law of Torts*, pp. 380 ss. (p. 425); PROSSER-KEETON, *The Law of Torts*, p. 665.

[396] Cfr. sobre o ponto adiante, n.º 26.

[397] Neste sentido POSNER, *Economic Analysis of Law*, p. 127.

[398] Assim WEIR, «Complex Liabilities», *IECL*, vol. XI, *Torts*, cap. 12, p. 11.

[399] Cfr. *A delimitação do prejuízo indemnizável em Direito Comparado inglês e francês*, p. 46.

O Direito português, seguindo uma solução adoptada na Alemanha e na Suíça por parte da doutrina[400] e da jurisprudência[401], só prevê a obrigação de indemnização relativamente aos danos que se achem ligados ao facto através de um nexo de causalidade adequada. Embora o seu texto admita maior latitude, deve ter-se essa solução por consagrada no art. 563.° do Código Civil, como o inculca a circunstância de aí se exigir um juízo sobre a probabilidade de o dano resultar da lesão para que exista a obrigação de indemnização e pode inferir-se dos respectivos trabalhos preparatórios[402]. O preceito vale, é certo, quanto a ambas as formas de responsabilidade; mas nada impede que, tal como sucede em relação à responsabilidade por factos lícitos e pelo risco, o juízo abstracto de adequação seja formulado pelo tribunal em termos mais exigentes para a responsabilidade contratual[403]. Em nosso modo de ver, o julgador deve tomar em consideração naquele juízo não só as circunstâncias conhecidas pelo lesante

---

[400] Cfr. quanto ao Direito alemão LARENZ, ob. cit., pp. 435 ss., e quanto ao Direito suíço KELLER, «Schweiz», *in Deliktsrecht in Europa*, p. 9

[401] No Direito alemão acolhe-se hoje em alguma jurisprudência do *Bundesgerichtshof* (*vide* as referências em *Palandt*-HEINRICHS, pré-anotação 5 d) ao § 249 do BGB, p. 262), quanto à delimitação dos danos indemnizáveis, a teoria da imputação segundo o «escopo de protecção» (*Schutzzweck*) visado pela norma legal violada ou pelo contrato não cumprido ou defeituosamente executado, primeiramente formulada por RABEL (cfr. *Das Recht des Warenkaufs*, vol. I, p. 497) e à qual aderiu parte considerável da doutrina (é o caso de VON CAEMMERER, STOLL, ESSER-SCHMIDT e outros). Segundo esta teoria, não é em função da existência de um nexo de causalidade que se opera aquela delimitação, antes se deve entender que só os danos que atingem os interesses protegidos pelos deveres legais ou contratuais violados têm de ser ressarcidos. Contra ela pronunciam-se — se bem os entendemos — LARENZ, ob. cit., p. 441, e FIKENTSCHER, *Schuldrecht*, p. 295, que salientam que o interesse protegido pela norma violada releva na fundamentação da responsabilidade, mas não para a delimitação do dano indemnizável. Na doutrina portuguesa preconiza também um nexo de «causalidade normativa», em termos substancialmente coincidentes com os da doutrina referida acima, MENEZES CORDEIRO, *Da responsabilidade civil dos administradores das sociedades anónimas*, pp. 532 ss. Não podemos, no entanto, acompanhar o autor neste passo. Ainda que o dano recaia no escopo de protecção da norma violada pode suceder que o facto que dele é condição *sine qua non* se não mostre, segundo o curso normal das coisas, idóneo a causá-lo; hipótese em que quanto a nós não deve o agente responder por ele.

[402] Cfr. neste sentido: PESSOA JORGE, *Ensaio*, cit., pp. 412 s.; ANTUNES VARELA, *Das Obrigações em geral*, vol. I, p. 928; GALVÃO TELLES, *Direito das Obrigações*, p. 409; ALMEIDA COSTA, *Direito das Obrigações*, p. 678.

[403] No sentido de uma formulação mais restritiva da doutrina da causalidade adequada para a responsabilidade por intervenções lícitas v. ANTUNES VARELA, ob. cit., pp. 922 s., secundado por ALMEIDA COSTA, ob. cit., p. 675.

Da Responsabilidade Civil e das suas Modalidades

e cognoscíveis por uma pessoa normal à data da produção do dano, mas também a possibilidade de o lesado, nos preliminares, na conclusão e na própria execução do contrato cujo incumprimento ou cumprimento defeituoso originou certo dano, informar a contraparte do risco da ocorrência do mesmo, pagando-lhe em conformidade, e de se precaver contra ele[404].

d) Variam também nalguns sistemas jurídicos as formas de indemnização admissíveis nas duas modalidades de responsabilidade civil. Nos Direitos francês e italiano[405] a restauração natural só tem lugar na responsabilidade extracontratual, sendo na contratual a indemnização sempre fixada em dinheiro. Não assim, porém, nos Direitos alemão[406] e português[407], segundo os quais se procede em princípio à restauração natural, independentemente da forma de responsabilidade.

e) Difere ainda consoante a espécie de responsabilidade o cômputo da indemnização. Quem estiver obrigado a reparar um dano deve reconstituir a situação que existiria, se não se tivesse verificado o evento que obriga à reparação[408]. Sendo a indemnização fixada em dinheiro, esta tem como medida, segundo a «teoria da diferença»[409], seja qual for a fonte da

---

[404] Suponha-se que *A*, fotógrafo, encomenda a revelação de um rolo de fotografias no estabelecimento de *B*. O rolo, que continha uma reportagem única de certo evento ocorrido no estrangeiro, estraga-se aquando da revelação, por incúria de *B*. Em consequência, *A* sofre elevados prejuízos, consistentes nomeadamente nas despesas que efectuou a fim de realizar a reportagem e nos honorários que deixou de cobrar a quem lha encomendara. *B* desconhecia tanto a qualidade profissional de *A* como o conteúdo do rolo, pois que aquele omitira qualquer referência a esse respeito e não solicitara qualquer cuidado especial quanto ao mesmo. Tão-pouco tomara *A* qualquer providência a fim de minimizar o risco do dano (por exemplo, efectuando um seguro ou duplicando as fotografias). Os prejuízos não teriam sido sofridos se não fosse a lesão; e não era impossível a *B* prever a sua ocorrência, pois que o mesmo não pode ter-se por devido a circunstâncias de todo anómalas. Mas não tendo *A* advertido o seu co-contratante desse risco — sendo que podia perfeitamente fazê-lo — e não tendo ele tomado qualquer outra precaução, repugna considerar o ilícito (contratual) de *B* como causa adequada daqueles prejuízos. Suponha-se agora que o mesmo rolo tinha sido furtado por *C*, colega de *A*, que depois o destruiu. Estoutro ilícito (extracontratual) já constituirá fundamento da imputação dos danos sofridos por *A* a *C*, pois que ao primeiro não era nessas circunstâncias possível nem exigível que tomasse qualquer medida a fim de preveni-lo.

[405] Código Civil, art. 2058.

[406] BGB, § 249.

[407] Código Civil, art. 566.°, n.° 1.

[408] BGB, § 249; Código Civil português, art. 562.°.

[409] Que a doutrina alemã contemporânea vê implícita no § 249 do BGB (cfr. LARENZ, *Lehrbuch des Schuldrechts*, vol. I, *Allgemeiner Teil*, p. 480) e foi acolhida no art. 566.°, n.° 2, do Código português.

132 Da Responsabilidade Pré-Contratual em Direito Internacional Privado

obrigação ressarcitória, a diferença entre a situação patrimonial em que o facto danoso deixou o lesado e aquela em que ele hipoteticamente se encontraria se não tivessem ocorridos danos.

Contudo, só na responsabilidade contratual se atende, na determinação do dano indemnizável, ao interesse positivo, ou de cumprimento, sem prejuízo da relevância do interesse negativo ou de confiança[410]. A indemnização do primeiro destina-se a colocar o lesado na situação em que se encontraria se o contrato fosse cumprido; a do segundo visa repor o lesado na situação que teria se não houvesse celebrado o contrato ou iniciado as negociações a ele conducentes. No caso de «perturbações da prestação» é o primeiro interesse que deve ser ressarcido.

No Direito inglês difere também, segundo a orientação tradicional[411], o modo de cálculo da indemnização em dinheiro nas responsabilidades contratual e extracontratual: na primeira o lesado deve ser colocado na posição em que se encontraria se o contrato houvesse sido cumprido; na segunda pretende-se repor a vítima na situação que ocupava antes da ocorrência do evento danoso[412]. Também em matéria contratual se distingue entre *expectation* e *reliance damages*[413].

Esta diversidade de interesses atendíveis no cômputo da indemnização prende-se com a circunstância[414] de ser diferente a índole dos factos indutores da responsabilidade contratual e da responsabilidade extracontratual — na primeira, o incumprimento de uma obrigação; na segunda, a violação de deveres jurídicos gerais — e dos bens jurídicos através delas tutelados — numa, as expectativas das pessoas no cumprimento de obrigações assumidas por outrem; na outra, a vida, a integridade física e a propriedade.

Relevam ainda no cômputo da indemnização certas excepções à teoria da diferença, que alguns ordenamentos consagram em termos diversos consoante a modalidade de responsabilidade em causa. Assim, ao Direito delitual alemão são fundamentalmente estranhos limites quantitativos à responsabilidade; ao passo que em matéria contratual eles existem em dis-

---

[410] Expressamente neste sentido PESSOA JORGE, *Ensaio*, cit., p. 380; e ANTUNES VARELA, *Das Obrigações em geral*, vol. I, p. 624.

[411] Que remonta ao caso *Robinson v. Harman*, julgado em 1848 pelo *Court of Exchequer*.

[412] Assim CHESHIRE-FIFOOT-FURMSTON, *Law of Contract*, p. 296; MARKESINIS-DEAKIN, *Tort law*, p. 691.

[413] Sobre o ponto ver por todos ATIYAH, *An Introduction to the Law of Contract*, pp. 444 ss.

[414] Que se desenvolverá adiante: cfr. n.º 29.

Da Responsabilidade Civil e das suas Modalidades 133

posições avulsas[415]. No Direito português esses limites existem em matéria de responsabilidade pelo risco[416]. Por seu turno, a possibilidade de graduação equitativa da indemnização, quando haja mera culpa do lesante, só vigora no nosso Direito em matéria de responsabilidade extracontratual[417], não sendo extensível à responsabilidade contratual onde seria pouco compatível com as expectativas do lesado. O Direito português consagra ainda a possibilidade de o credor de indemnização por responsabilidade extracontratual obter, em caso de mora do devedor, uma indemnização suplementar, além dos juros[418], que não vigora no caso da responsabilidade contratual.

f) Nos sistemas de *Common Law* admite-se a imposição dos chamados *punitive, penal* ou *exemplary damages*. Estes não são caracterizáveis como uma forma de responsabilidade civil, pois que não têm por escopo compensar o lesado dos prejuízos que sofreu — os quais são ressarcidos por uma indemnização atribuída nos termos gerais —, mas uma pena que acresce à indemnização do dano[419].

De um modo geral, é pressuposto dos *punitive damages* a ocorrência de um ilícito civil em circunstâncias tão afrontosas que o tornem merecedor de punição[420]. No Direito inglês são de três ordens as situações em que é admitida a sua aplicação, segundo a decisão proferida pela Câmara dos Lordes no caso *Rookes v. Barnard*[421]: quando tal se ache previsto em lei especial; quando o dano tenha ocorrido em consequência de uma actuação opressiva, arbitrária ou inconstitucional de funcionários do Governo;

---

[415] BGB, § 702; *Handelsgesetzbuch*, §§ 430, 485, 2, e 600.

[416] Código Civil, arts. 508.º e 510.º.

[417] Art. 494.º do Código Civil.

[418] Art. 806.º, n.º 3, do Código Civil.

[419] Assim, quanto ao Direito inglês, SALMOND-HEUSTON, *Law of Torts*, p. 595; McGREGOR, *On Damages*, p. 254; e CANE, *The Anatomy of Tort Law*, p. 114, que escreve: «punitive damages may be seen as "civil (as opposed to criminal) fines"». Quanto ao Direito americano consulte-se PROSSER-KEETON, *The Law of Torts*, p. 9. Numa perspectiva de Direito comparado *vide* STOLL, *IECL*, vol. XI, *Torts*, cap. 8, «Consequences of Liability: Remedies», p. 99. Sobre a distinção entre responsabilidade e pena pode ver-se, entre nós, OLIVEIRA ASCENSÃO, «Responsabilidade e pena civil na tutela do direito de autor», *in Estudos jurídicos em homenagem ao Professor Orlando Gomes*, pp. 3 ss.

[420] Cfr. PROSSER-KEETON, ob. cit., pp. 9 s.; McGREGOR, ob. e loc. cits. No *Restatement of the Law Second, Torts 2d*, vol. 4, p. 464, definem-se os *punitive damages* como «damages [...] awarded against a person to punish him for his outrageous conduct and to deter him and others like him from similar conduct in the future».

[421] (1964) *A.C.* 1129.

134 *Da Responsabilidade Pré-Contratual em Direito Internacional Privado*

e quando o réu tenha planeado a sua conduta por forma a realizar através dela um lucro que exceda o montante da compensação a pagar ao autor. Mais longe vai a jurisprudência norte-americana, que desde os anos 70 vem admitindo a aplicação de *punitive damages* em diversas outras situações — nomeadamente aquelas em que o ilícito delitual ocorra em violação de um dever de actuação de boa fé[422].

Em princípio, o domínio de intervenção da figura restringe-se aos ilícitos extracontratuais: assim sucede tanto no Direito inglês[423] como no dos Estados Unidos[424]. Alguns tribunais norte-americanos impõem tais *damages* também em casos de incumprimento contratual; mas trata-se de hipóteses excepcionais[425]. Entende-se, na verdade, que a figura em questão, pela sua natureza penal, não é adequada à protecção contra os riscos económicos tipicamente inerentes às transacções de bens e serviços e à reparação de violações de deveres fiduciários[426].

g) No tocante às cláusulas de limitação ou de exclusão da responsabilidade civil verificam-se também diferenças de regime consoante a fonte do dever de indemnizar e a natureza do dano.

Admite tais cláusulas a jurisprudência francesa, posto que com restrições, em matéria contratual; mas considera-as nulas quando referentes à responsabilidade delitual[427]. Já na Alemanha a doutrina aceita, à face do disposto no § 276 (2) do BGB, a limitação convencional da responsabilidade contratual aos casos de dolo e de culpa grave, mesmo quando o facto danoso constitua simultaneamente um ilícito extracontratual, mas mostra-se dividida quanto à possibilidade de exclusão pura e simples da responsabilidade delitual, que a citada disposição não contempla, sobretudo quando esta derive da lesão da integridade física ou da vida[428]. Também

---

[422] Cfr. PROSSER-KEETON, ob. cit., p. 11, e referências.

[423] Cfr. TREITEL, *The Law of Contracts*, pp. 829 e 876, bem como a jurisprudência citada nesses lugares.

[424] Cfr. os §§ 1-106 (1) do *Uniform Commercial Code* e 355 do *Restatement Second of Contracts*. Na doutrina, *vide* no sentido do texto: FARNSWORTH, *Contracts*, vol. III, p. 189, e MURRAY, *On Contracts*, p. 705.

[425] FARNSWORTH, ob. cit., pp. 191 s.

[426] Neste sentido STOLL, «Consequences of Liability: Remedies», *IECL*, vol. XI, *Torts*, cap. 8, p. 100.

[427] Cfr. MAZEAUD-TUNC, ob. cit., vol. I, p. 241; TERRÉ-SIMLER-LEQUETTE, ob. cit., p. 486; CARBONNIER, ob. cit., p. 484.

[428] *Vide* em sentido afirmativo LARENZ, ob. cit., p. 552; mais restritivo FIKENTSCHER, *Schuldrecht*, p. 736.

Da Responsabilidade Civil e das suas Modalidades

o Código italiano apenas admite a licitude das cláusulas de exoneração da responsabilidade do devedor por culpa leve [429].

Entre nós tende-se a aceitar a validade das cláusulas de limitação da responsabilidade contratual [430]; mas não é pacífico, atento o disposto no art. 809.° do Código Civil, que o mesmo valha quanto às cláusulas de irresponsabilidade [431]. Exclui-se em todo o caso, por contrária à ordem pública, a exoneração da responsabilidade por danos pessoais [432], a cuja reparação provê a responsabilidade extracontratual.

Também no Direito inglês se proscreve a exclusão ou a limitação, por cláusula contratual (*exemption clause*) ou por declaração unilateral (*disclaimer*), da responsabilidade delitual por danos pessoais ou pela morte causados mediante dolo ou negligência (*negligence*), sempre que tais danos sobrevenham no decurso de uma actividade negocial (*business*) ou num local destinado a esse efeito (*business premise*): é o que resulta do disposto na secção 2 do *Unfair Contract Terms Act 1977*, que subordina ainda a eficácia daquelas cláusulas quanto à responsabilidade por outros danos à condição de serem razoáveis[433]. Nos Estados Unidos admite-se, em geral, a exclusão convencional da responsabilidade [434]; mas os tribunais têm-na rejeitado em diversas circunstâncias quando referida à responsabilidade delitual [435].

26. O dano é por si só, como se viu, juridicamente irrelevante. Para que possa ser imposto o dever de repará-lo àquele que o causou é neces-

---

[429] Art. 1229.

[430] Cfr. Carlos MOTA PINTO, *Teoria geral*, pp. 593 s.; GALVÃO TELLES, *Direito das Obrigações*, pp. 426 ss.; ALMEIDA COSTA, *Direito das Obrigações*, p. 697.

[431] No sentido da sua nulidade, com ressalva do caso previsto no art. 800.°, n.° 2, do Código Civil, pronunciam-se ANTUNES VARELA, *Das Obrigações em geral*, vol. II, pp. 136 ss.; PIRES DE LIMA e ANTUNES VARELA, *Código Civil Anotado*, vol. II, n. 1 ao art. 809.°, pp. 72 s.; e GALVÃO TELLES, *Direito das Obrigações*, pp. 423 ss. Admitem no entanto a sua validade, salvo nos casos de dolo e de culpa grave, PINTO MONTEIRO, *Cláusulas limitativas e de exclusão de responsabilidade civil*, pp. 217 ss., Carlos MOTA PINTO, ob. cit., p. 595, e ALMEIDA COSTA, ob. cit., pp. 699 ss.

[432] Cfr. PINTO MONTEIRO, ob. cit., p. 436, e MOTA PINTO, ob. cit., p. 595.

[433] A limitação e a exclusão da responsabilidade decorrente de factos danosos ocorridos noutras circunstâncias é disciplinada por disposições de diplomas diversos, como o *Road Traffic Act 1972*, secção 148 (3), e o *Occupier's Liability Act 1984*, secção 2.

[434] Cfr. FARNSWORTH, *Contracts*, vol. I, p. 522.

[435] *Idem, ibidem*, vol. I, p. 523, e vol. II, p. 15; PROSSER-KEETON, *The Law of Torts*, pp. 482 e 656.

136 Da Responsabilidade Pré-Contratual em Direito Internacional Privado

sário que concorram certos fundamentos de imputação do mesmo à sua pessoa. Entre estes avulta a culpa. Ora, também a sua exigibilidade como pressuposto da obrigação de indemnizar varia em alguns sistemas consoante a espécie de responsabilidade. Senão, repare-se.

a) Nos sistemas de *Common Law* a responsabilidade contratual é fundamentalmente independente de culpa, pois que constitui o corolário da garantia que se tem por ínsita na promessa contratual (a qual é geralmente remunerada [436]). Por força dela, o devedor garante ao credor o cumprimento da prestação prometida ou a indemnização dos danos por ele sofridos em virtude do não cumprimento (*damages in lieu*), independentemente da sua causa [437]. O efeito do contrato é, segundo refere HOLMES [438], «a assunção do risco de um evento futuro». Por isso são as obrigações contratuais (*warranties*) consideradas «absolutas» [439] e a responsabilidade pelo seu incumprimento «estrita» (i. é objectiva) [440].

Diferentemente, a responsabilidade delitual pressupõe em regra a culpa do agente, pelo menos sob a forma de *negligence* [441]. O princípio *no liability without fault* foi afirmado no século XIX como fundamento exclusivo da imputação ao agente de danos causados a outrem [442]. A justifica-

---

[436] Cfr. *infra*, § 7.º.

[437] Na jurisprudência inglesa pode confrontar-se neste sentido o *speech* de Lorde EDMUND-DAVIES na decisão proferida em 1980 no caso *Raineri v. Miles*, (1981) *AC* pp. 1050 ss. (p. 1086). O princípio da garantia acha-se subjacente ao disposto na secção 1(4) do *Unfair Contract Terms Act 1977* inglês, segundo o qual: «In relation to any breach of duty or obligation, it is immaterial for any purpose of this Part of this Act whether the breach was inadvertent or intentional, or whether liability for it arises directly or vicariously». Na literatura jurídica inglesa cfr. sobre o ponto TREITEL, *The Law of Contract*, pp. 737 s., e ATIYAH, *An Introduction to the Law of Contract*, p. 214; e na norte-americana FARNSWORTH, *Contracts*, vol. III, p. 190. Numa perspectiva de Direito comparado, vejam-se RABEL, ob. cit., pp. 263, 280, 338 e 342; CONSTANTINESCO, *Inéxecution et faute contractuelle en droit comparé*, pp. 200 ss. e 246 ss.; LARENZ, *Richtiges Recht*, pp. 104 s. (na tradução castelhana, p. 116 s.); e ZWEIGERT-KÖTZ, *Einführung in die Rechtsvergleichung*, pp. 501 ss.

[438] Ob. cit., p. 237.

[439] Cfr. TREITEL, ob. cit., p. 763; ATIYAH, ob. cit., p. 214.

[440] Assim TREITEL, ob. cit., pp. 737 s., e FARNSWORTH, ob. cit., p. 190.

[441] Justamente o critério da culpa (*blameworthiness*) é apontado por HOLMES como o modo preferível de conciliar a directriz (por ele enunciada) segundo a qual as perdas devem ficar onde se registaram com a protecção do indivíduo contra o dano: cfr. ob. cit., pp. 42 e 115.

[442] Cfr. FLEMING, *An Introduction to the Law of Torts*, p. 5; *The Law of Torts*, p. 7; MARKESINIS-DEAKIN, *Tort Law*, pp. 40 ss.

ção desse princípio forneceu-a HOLMES em 1881[443]: «*As action cannot be avoided, and tends to the public good, there is obviously no policy in throwing the hazard of what is at once desirable and inevitable upon the actor*». O princípio da culpa coadunava-se com o individualismo então em voga e com as necessidades de uma economia em rápida expansão, que reclamava a máxima liberdade de actuação dos indivíduos, não obstante o risco de acidentes. Embora a culpa já não seja hoje um requisito indispensável da responsabilidade delitual, consagra-se ainda no Direito inglês a exigência da violação de um dever de cuidado (*duty of care*) como pressuposto da responsabilidade por *tort of negligence*[444].

Nos Direitos continentais o contrato é, como se verá adiante, uma figura mais vasta, pois que à atribuição patrimonial que dele deriva para uma das partes ou para um terceiro não corresponde necessariamente uma equivalente desvantagem patrimonial a suportar pelo seu beneficiário. A culpa é por isso nesses Direitos um requisito comum à responsabilidade contratual e à responsabilidade extracontratual: em princípio, só uma conduta ético-juridicamente censurável, traduzida na inobservância da diligência exigível, pode servir de fundamento ao dever de indemnizar *ex contractu*[445]. É esta a solução consagrada, nomeadamente, nos arts. 1147.º e 1148.º do Código Civil francês, nos §§ 275, 276, 280 e 285 do BGB e nos arts. 798.º, 801.º e 804.º do Código Civil português[446].

Mas, atendendo à circunstância de que nos contratos celebrados a título gratuito o grau de diligência exigível do devedor é menor, restringe-se a sua responsabilidade às hipóteses de culpa qualificada[447]. Já no

---

[443] *The Common Law*, pp. 77 s.

[444] Cfr. SALMOND-HEUSTON, ob. cit., pp. 217 ss.; ATIYAH-CANE, ob. cit, p. 27; MARKESINIS-DEAKIN, ob. cit., pp. 76 ss.

[445] Cfr. RABEL, *Das Recht des Warenkaufs*, vol. I, pp. 280 e 342; LARENZ, *Richtiges Recht*, pp. 103 s. (na tradução castelhana, pp. 115 s.); *idem*, *Lehrbuch des Schuldrechts*, vol. I, *Allgemeiner Teil*, p. 276; ZWEIGERT-KÖTZ, *Einführung in die Rechtsvergleichung*, p. 512.

[446] Para uma justificação deste regime veja-se na doutrina portuguesa VAZ SERRA, «Culpa do devedor ou do agente», *BMJ* 68, pp. 13 ss. (pp. 31 ss.).

[447] Assim sucede no Direito alemão em virtude dos §§ 521, 599 e 690 do BGB e no Direito português por força dos arts. 957.º, n.º 1, 1134.º e 1151.º do Código Civil. (O mesmo vale, aliás, quanto aos casos de mora do credor: haja vista ao § 300 do BGB e ao art. 814.º, n.º 1, do Código.) Idêntico pensamento encontrava-se subjacente ao disposto no art. 504.º, n.º 2, do Código, que afastava a responsabilidade objectiva e exigia a culpa como requisito da responsabilidade do transportador pelos danos causados àqueles que são transportados gratuitamente em caso de acidente de viação. O D.L. n.º 14/96, de 6 de

138   Da Responsabilidade Pré-Contratual em Direito Internacional Privado

tocante aos contratos onerosos, seguramente os mais frequentes no tráfico jurídico, uma vez que é maior o grau de diligência abstractamente exigível do devedor — pois que este retira do contrato uma vantagem patrimonial —, é justo que a ordem jurídica onere de modo especial o seu incumprimento, impondo-lhe a obrigação de reparar o dano causado ao credor ainda que o juízo de censura de que a sua conduta é merecedora seja menos grave.

Na generalidade dos Direitos continentais pode, em todo o caso, observar-se algum grau de objectivização da responsabilidade contratual, imposta pela necessidade de assegurar a segurança e a fluidez do tráfico jurídico. É o que acontece, por exemplo, no domínio dos contratos de trabalho e de transporte e no tocante à responsabilidade por actos dos auxiliares.

No domínio da responsabilidade extracontratual a exigência de culpa obteve acolhimento expresso no Código francês de 1804. Este estabelece no art. 1382, como requisito fundamental da obrigação de reparar o dano causado a outrem, a *faute*, que implica um comportamento repreensível [448]. Ao regime da responsabilidade delitual consagrado no Código alemão de 1900 subjaz também, como ensinam LARENZ[449], CANARIS[450] e ESSER-WEYERS[451], o princípio da culpa (*Verschuldensprinzip*), pois que os respectivos §§ 823 e 826 consagram como pressupostos do dever de indemnizar o dolo ou a negligência do lesante. Também o Código das Obrigações suíço, no seu art. 41, n.º 1, e o Código Civil italiano, no art. 2043, exigem expressamente, para haver responsabilidade delitual, um acto doloso ou culposo. E o mesmo pode dizer-se do Código português de 1966, que reconhece no art. 483.º, n.º 2, o carácter excepcional da responsabilidade objectiva, ao estatuir que só existe obrigação de indemnizar independentemente de culpa nos casos especificados na lei.

b) O Direito contemporâneo tende, no entanto, a reconhecer ao lesado em determinadas hipóteses a faculdade de repercutir sobre o lesante

---

Março, veio no entanto alterar aquele preceito, alargando no n.º 3 da nova redacção dada ao art. 504.º do Código a responsabilidade objectiva do transportador aos danos pessoais sofridos pelo passageiro transportado gratuitamente. Fê-lo, porém, como se retira do relatório do citado diploma, no pressuposto de que, por força de legislação comunitária, essa responsabilidade se encontra hoje obrigatoriamente coberta por seguro.

[448] Cfr. TERRÉ-SIMLER-LEQUETTE, *Droit civil. Les obligations*, p. 566. Sobre o conceito de *faute* ver adiante, § 13.º.

[449] Cfr. *Methodenlehre der Rechtswissenschaft*, p. 478 (na tradução portuguesa, p. 583).

[450] Cfr. LARENZ-CANARIS, ob. cit., p. 351.

[451] Cfr. *Schuldrecht*, vol. II, *Besonderer Teil*, p. 520.

Da Responsabilidade Civil e das suas Modalidades

os danos provenientes de acidentes ocorridos no desenvolvimento de certas actividades socialmente úteis, como o trabalho com máquinas e o transporte em veículos a motor, independentemente de culpa sua.

Assim, o *Code Civil* francês dispensou a prova da *faute* nos casos de acidentes causados por animais (art. 1385) e pela ruína de edifícios (art. 1386); e no final do séc. XIX a jurisprudência francesa estabeleceu, com base no art. 1384, 1.° parágrafo, daquele Código[452], uma presunção de *faute* nas hipóteses de acidentes causados por coisas[453].

O Código alemão não consagrou qualquer disposição geral relativa à responsabilidade pelo risco, que apenas aflora no § 833. Ela foi sendo prevista, não obstante, em múltiplas leis especiais. Tem-se hoje, por isso, como fundamento autónomo da responsabilidade extracontratual no Direito alemão o princípio da imputação do risco dos danos advenientes de instalação ou indústria ou de certas actividades especialmente perigosas àquele que as mantenha ou desenvolva no seu próprio interesse[454].

Já o legislador do Código português disciplinou de modo expresso a responsabilidade objectiva, a que reservou uma subsecção autónoma dentro da secção daquele diploma relativa à responsabilidade por factos ilícitos (arts. 499.° a 510.°). A estas disposições vêm aditar-se outras, dispersas por diplomas especiais, que estendem a responsabilidade objectiva a diversos domínios específicos.

No *Common Law* a culpa é dispensável nos casos ditos de *strict liability*, nos termos estabelecidos no caso *Rylands v. Fletcher*[455]; e o mesmo vale quanto ao Direito dos Estados Unidos, onde a responsabilidade objec-

---

[452] Nos termos do qual: «On est responsable non seulement du dommage que l'on cause par son propre fait, mais encore de celui qui est causé par le fait des personnes dont on doit répondre, ou des choses que l'on a sous sa garde».

[453] Cfr. sobre o ponto TERRÉ-SIMLER-LEQUETTE, ob. cit., pp. 584 ss.

[454] Cfr. LARENZ, *Richtiges Recht*, pp. 107 s. (na tradução castelhana, pp. 119 s.); *idem, Methodenlehre*, cit., pp. 478 s. (na tradução portuguesa, p. 583); ESSER-WEYERS, *Schuldrecht, Band 2, Besonderer Teil*, pp. 519 ss.; LARENZ-CANARIS, ob. cit., pp. 599 ss.

[455] (1866) 1 *Exch.* 265; (1868) 3 *H.L.* 330. O caso foi julgado em primeira instância pela *Exchequer Division* e depois pela Câmara dos Lordes, que aprovou o *dictum* proferido pelo juiz BLACKBURN segundo o qual: «the person who for his own purposes brings on his lands and collects and keeps there anything likely to do mischief if it escapes, must keep it in at his peril, and, if he does not do so, is *prima facie* answerable for all the damage which is the natural consequence of its escape» (loc. cit., p. 279 s.). Esta regra foi posteriormente alargada pela jurisprudência a uma multiplicidade de situações em que o dano sofrido por um terceiro não é devido a culpa do agente.

tiva se acha hoje expressamente disciplinada no *Restatement (Second) of Torts*[456].

Através da paulatina consagração da responsabilidade objectiva na generalidade das ordens jurídicas procurou-se evitar que os danos acidentais, relativamente aos quais é muitas vezes impossível provar a culpa dos seus autores, ficassem exclusivamente a cargo das vítimas, frequentemente carecidas de protecção e economicamente incapazes de os suportarem; e imputaram-se esses danos àqueles que retiram benefícios das actividades que deles são fonte e que em melhores condições se encontram de controlar os riscos a elas inerentes.

Deste modo se deu satisfação à necessidade social de segurança, que tanto é ameaçada e violada por condutas lesivas intencionais como por actuações negligentes e pela omissão por parte daqueles que possuem ou utilizam em seu proveito coisas potencialmente perigosas do controlo que lhes é exigível sobre essas coisas.

Erroneamente se suporia, no entanto, ter resultado daí uma reaproximação das duas formas de responsabilidade.

É que em muitos casos seria económica e socialmente indesejável que recaíssem apenas sobre o lesante os encargos inerentes à reparação dos danos acidentais. Daí a generalização de esquemas de seguro de responsabilidade civil, voluntários ou obrigatórios, através dos quais os prejuízos causados por acidentes são diluídos no seio das colectividades de riscos constituídas por aqueles que pagam os respectivos prémios. O seguro de responsabilidade civil possibilita assim uma certa repartição social das perdas acidentais[457,458].

Ora a elevada probabilidade, se não mesmo a certeza, de que, mercê da existência de um seguro de responsabilidade civil, o dano imputado ao agente será, sempre que não exista direito de regresso contra o segurado,

---

[456] Cuja secção 519 estabelece: «(1) One who carries on an abnormally dangerous activity is subject to liability for harm to the person, land or chattels of another resulting from the activity, although he has exercised the utmost care to prevent the harm. (2) This strict liability is limited to the kind of harm, the possibility of which makes the activity abnormally dangerous».

[457] O que não significa, contudo, que a responsabilidade civil em si mesma considerada funcione como instrumento de distribuição social das perdas, contra o que pretendem FLEMING, *An Introduction to the Law of Torts*, pp. 6 ss., e *The Law of Torts*, pp. 8 s.; e ATIYAH-CANE, ob. cit., pp. 354 ss.

[458] Sobre as repercussões desta evolução na disciplina jurídico-privada internacional da responsabilidade civil *vide infra*, §§ 25.º e 26.º

suportado por um terceiro (e em última instância pela colectividade), ficando o primeiro na prática isento da obrigação de indemnizar, incita os tribunais, ao julgarem acções fundadas na responsabilidade extracontratual, a interpretarem de modo liberal as condições dessa responsabilidade e a fixarem as indemnizações por forma que a vítima fique completamente ressarcida[459]; o que não sucede no domínio da responsabilidade contratual.

A divulgação do seguro como técnica de reparação de danos acentuou, nesta medida, a distinção entre as responsabilidades contratual e extracontratual[460].

É certo que através do chamado seguro de crédito também o incumprimento de obrigações contratuais passou a ser objecto de contratos através dos quais companhias de seguros garantem a satisfação de direitos de crédito.

Mas sempre que no objecto desses contratos se compreenda o incumprimento voluntário de obrigações contratuais não é de verdadeiros seguros que aí se trata, pois que, não constituindo um risco para alguém, pela própria natureza das coisas, o evento cuja ocorrência depende inteiramente da sua vontade, esse incumprimento não pode ser tido em relação ao devedor como um risco susceptível de ser seguro. Os contratos em apreço são na realidade simples fianças[461]. E ainda que porventura assim não fosse, a circunstância de preverem o direito de regresso do segurador contra o devedor inadimplente sempre permitiria distingui-los dos seguros de responsabilidade civil extracontratual, em que por regra tal direito não existe, pois que desse modo será em derradeira análise o lesante a suportar o dano por si causado.

c) Conexo com este aspecto está o facto de na maioria dos sistemas continentais caber ao devedor o ónus da prova da ausência de culpa sua, presumindo-se esta na falta dessa prova[462], ao passo que o ónus probatório da culpa do agente pertence em princípio ao lesado[463].

---

[459] Assim VINEY, *Introduction à la responsabilité*, p. 27.

[460] À mesma conclusão chega VON MEHREN, «A General View of Contract», *IECL*, vol. VII, *Contracts in General*, p. 4.

[461] Neste sentido CASTRO MENDES, «Acerca do seguro de crédito», *Revista Bancária*, 1972, pp. 5 ss. (p. 12).

[462] BGB, §§ 282 e 285; Código das Obrigações suíço, art. 97, n.º 1; Código Civil italiano, art. 1218; Código Civil português, art. 799.º, n.º 1.

[463] Assim na Suíça de conformidade com o art. 42, n.º 1, do Código das Obrigações, em Itália por força do art. 2697, 1, do Código Civil e entre nós em virtude do art. 487.º, n.º 1, do Código Civil.

142 *Da Responsabilidade Pré-Contratual em Direito Internacional Privado*

Doutrina fundamentalmente idêntica vigora em França no que respeita à prova da *faute*, embora formulada em termos um tanto diversos. Distingue-se, na verdade, consoante a obrigação inexecutada é uma obrigação determinada (também dita «de resultado») ou tão-só uma obrigação geral de prudência e diligência (vulgo obrigação «de meios»). Nos primeiros casos (que integram não só a generalidade das situações de responsabilidade contratual, mas também as hipóteses de responsabilidade delitual previstas no art. 1384 do *Code Civil*) presume-se a *faute* do lesante; quanto aos segundos (nos quais se incluem a generalidade das situações de responsabilidade extracontratual e certas hipóteses de responsabilidade contratual, como a responsabilidade médica) o ónus da prova da *faute* do lesante recai sobre o lesado[464].

Esta diversidade de regimes prende-se com a diferente natureza dos deveres jurídicos infringidos nas duas formas de responsabilidade. Estando em causa a violação de deveres jurídicos gerais, impostos a qualquer um e susceptíveis de possuirem os mais diversos conteúdos, seria manifestamente excessivo presumir a censurabilidade da conduta do agente; mas já quando se esteja perante o incumprimento de deveres especiais ou relativos, dotados de alto grau de concretização, como sucede na responsabilidade contratual, parece legítimo supor que o lesante podia e devia ter actuado de outro modo e que o incumprimento é reprovável — cabendo a este, por conseguinte, demonstrar a excusabilidade da sua conduta. Tal solução é, aliás, conforme com a experiência comum (na qual se fundam, em última análise, todas as presunções), pois que só excepcionalmente o incumprimento se deve a causas inimputáveis ao devedor[465].

d) Afere-se a culpa em vários Direitos continentais, na falta de outro critério legal, pela diligência de um bom pai de família[466]. Porém, no Direito francês, esse critério só vale, quanto à responsabilidade contratual, pelo que respeita ao incumprimento das obrigações de meios; não já quanto

---

[464] Cfr. PLANIOL-RIPERT, *Traité de Droit Civil Français*, vol. VI, *Obligations, 1e partie*, p. 665; MAZEAUD-TUNC, *Traité théorique et pratique de la responsabilité civile délictuelle et contractuelle*, t. I, p. 136; MAZEAUD-CHABAS, *Leçons de Droit Civil*, t. II, I vol., *Obligations. Théorie générale*, pp. 386 s.; CARBONNIER, *Droit Civil*, t. 4, *Les Obligations*, pp. 287 e 485.

[465] Cfr. sobre esta matéria BIANCA, *Diritto civile*, vol. 5, *La responsabilità*, p. 73; ANTUNES VARELA, *Das Obrigações em geral*, vol. II, p. 101.

[466] Códigos Civis francês, art. 1137; italiano, art. 1176, n.º 1; e português, art. 487.º, n.º 2.

às obrigações de resultado[467]. Também no Direito italiano se entende que a diligência exigível no cumprimento da obrigação pode variar consoante a sua fonte e objecto. Em contrapartida, na responsabilidade aquiliana a culpa configura-se em termos unitários.

e) Por outro lado, na generalidade dos sistemas continentais a capacidade delitual adquire-se mais cedo do que a capacidade negocial[468]. Mais longe vai o *Common Law*: a capacidade negocial adquire-se aí aos dezoito anos, sendo os menores inimputáveis por *breach of contract*; porém, a menoridade não tem quaisquer efeitos sobre a imputabilidade delitual, mas tão-só sobre o *standard of care* exigível no âmbito da responsabilidade por *negligence*. Funda-se esta diferença na consideração de que a necessidade de proteger os menores contra as consequências da sua inexperiência ou imaturidade não importa que se tolerem os danos por eles causados a terceiros através da sua conduta reprovável.

27. Varia também o regime das duas espécies de responsabilidade no tocante à definição dos sujeitos da obrigação de indemnização.

Assim sucede relativamente à responsabilidade por actos de terceiros. Regista-se, com efeito, uma tendência generalizada nos Direitos continentais para alargar o âmbito das pessoas por cujos actos o devedor é responsável, face à responsabilidade homóloga do agente[469].

Esta tendência é levada ao extremo no Código alemão, que prevê no § 278 a responsabilidade em princípio irrefragável do devedor pelos actos dos seus auxiliares, ao passo que se limita a consagrar no § 831 uma presunção ilidível de culpa *in eligendo* ou *in vigilando* do agente pelos actos dos seus auxiliares. As insuficiências desta última disposição estão na origem do amplo desenvolvimento jurisprudencial do Direito contratual alemão operado neste século, nomeadamente através dos institutos da *culpa in contrahendo* e do «contrato com eficácia de protecção para terceiros» (*Vertrag mit Schutzwirkung für Dritte*)[470].

---

[467] Cfr. Código Civil, art. 1147.

[468] Código francês, arts. 1124 e 1310; BGB, §§ 106 ss. e 828, 2; Código italiano, arts. 2,1 e 2046; Código português, arts. 122.° e 488.°, n.° 2.

[469] Código francês, art. 1384, não aplicável, segundo a doutrina, à responsabilidade contratual; Código italiano, arts. 1228 e 2049; Código português, arts. 500.° e 800.°.

[470] Neste sentido cfr. Von Caemmerer, «Wandlungen des Deliktsrechts», *in Hundert Jahre Deutsches Rechtsleben*, pp. 49 ss. (p. 56). Ver sobre o tema *infra*, § 7.°.

144 *Da Responsabilidade Pré-Contratual em Direito Internacional Privado*

Entre nós a responsabilidade do agente por actos de terceiro supõe a existência de uma relação de dependência do segundo perante o primeiro[471], a qual é dispensável para efeitos de imputação ao devedor dos danos causados por actos dos seus auxiliares[472].

Outra não parece ser a orientação adoptada pelos Direitos inglês e dos Estados Unidos da América, onde vigora também um regime especial, mais restritivo, para a responsabilidade do agente por actos dos auxiliares (*vicarious liability*), a qual pressupõe uma relação de *master-servant* e que este tenha praticado o delito *in the course of his employment*[473].

Esta diversidade de regimes prende-se com a diferente natureza dos deveres de conduta cuja violação está em causa nas duas formas de responsabilidade. No tocante aos danos causados a outrem mediante a infracção de deveres gerais em princípio cada um responde por si. Se, porém, o facto danoso for praticado por conta e sob a direcção de terceiro também este responderá, ainda que apenas como garante. Estando em causa o cumprimento de uma obrigação, o devedor pode geralmente socorrer-se da colaboração de outras pessoas — e é até natural que o faça se se tiver vinculado no exercício de uma actividade profissional ou empresarial —; mas responderá perante o credor pelos actos por elas praticados, ainda que as mesmas gozem de autonomia (excepto, evidentemente, se por acordo prévio as partes tiverem excluído essa responsabilidade). De outro modo, permitir-se-ia que o devedor colhesse os benefícios inerentes a essa forma de cumprimento da obrigação, suportando o credor os correspondentes riscos — o que se traduziria num injustificável privilégio para o primeiro[474].

No tocante à pluralidade de responsáveis, existe à face do Direito português responsabilidade solidária entre os co-autores do mesmo delito[475], mas não entre os co-devedores em virtude do mesmo contrato,

---

[471] Que a lei exprime através do emprego, no art. 500.° do Código Civil, do termo «comissão»: cfr. PIRES DE LIMA-ANTUNES VARELA, *Código Civil anotado*, vol. I, pp. 507 s.

[472] Cfr. o art. 800.° do Código Civil.

[473] Cfr. quanto ao Direito inglês SALMOND-HEUSTON, *Law of Torts*, pp. 506 ss.; e quanto ao Direito dos Estados Unidos PROSSER-KEETON, *The Law of Torts*, pp. 499 ss.

[474] Cfr. sobre o ponto VAZ SERRA, «Responsabilidade do devedor pelos factos dos auxiliares, dos representantes legais ou dos substitutos», *BMJ* 72 (1958), pp. 259 ss. (especialmente pp. 267 ss.); RIBEIRO DE FARIA, *Direito das Obrigações*, vol. II, pp. 406 ss.; ANTUNES VARELA, *Das Obrigações em geral*, vol. II, pp. 102 ss.; e CARNEIRO DA FRADA, «A responsabilidade objectiva por facto de outrem face à distinção entre responsabilidade obrigacional e aquiliana», *Direito e Justiça* 1998, pp. 297 ss. (especialmente pp. 307 ss.).

[475] Código Civil, arts. 497.° e 507.°.

Da Responsabilidade Civil e das suas Modalidades

excepto se a própria obrigação violada tiver natureza solidária[476]. Idêntica distinção vigora em França[477].

28. Diferem ainda alguns outros aspectos da obrigação de indemnizar, a que nos reportaremos agora sumariamente.

a) No Direito francês o devedor só fica constituído em mora depois de ter sido judicial ou extrajudicialmente interpelado para cumprir, ainda que a obrigação tenha prazo certo[478], diferentemente do que sucede nos Direitos alemão[479] e português[480]. Não assim, porém, quando a obrigação provenha de facto ilícito, relativamente à qual não se exige a *mise en demeure*[481]. No Direito português consagra-se um regime especial para a responsabilidade extracontratual no tocante à constituição do devedor em mora, se o crédito for ilíquido[482].

b) Os prazos de prescrição e de caducidade aplicáveis aos direitos de indemnização fundados na responsabilidade contratual e na responsabilidade delitual diferem em quase todos os ordenamentos jurídicos aqui considerados, sendo em regra mais curtos os que valem quanto a esta última[483]. A responsabilidade emergente de determinados contratos pode, no entanto, prescrever em prazos ainda mais curtos[484]. Em Inglaterra aplicam-se prazos idênticos à acção contratual e à acção delitual, variando os

---

[476] Código Civil, art. 513.º.

[477] Assim CARBONNIER, ob. cit., p. 485.

[478] Por força do art. 1139 do Código Civil (observe-se, porém, que de acordo com este preceito a constituição do devedor em mora também pode dar-se «par l'effet de la convention, lorsqu'elle porte que, sans qu'il soit besoin d'acte et par la seule échéance du terme, le débiteur sera en demeure»).

[479] § 284 (2) do BGB.

[480] Art. 805.º, n.º 2, do Código Civil.

[481] Cfr. CARBONNIER, ob. cit., p. 484; TERRÉ-SIMLER-LEQUETTE, ob. cit., p. 634.

[482] Art. 805, n.º 3.

[483] Código Civil francês, arts. 2262 e 2270-1; BGB, §§ 195 e 852; Código das Obrigações suíço, arts. 60, n.º 1, e 127; Código Civil italiano, arts. 2946 e 2947; Código Civil português, arts. 309.º e 498.º, n.º 1 (cfr., porém, no sentido da aplicação deste preceito indistintamente à responsabilidade contratual e à extracontratual Pedro ALBUQUERQUE, «A aplicação do prazo prescricional do n.º 1 do artigo 498.º do Código Civil à responsabilidade civil contratual», *ROA* 1989, pp. 793 ss.; contra, entre outros, PIRES DE LIMA-ANTUNES VARELA, *Código Civil anotado*, vol. I, p. 505; ANTUNES VARELA, *Das Obrigações em geral*, vol. I, p. 652; e ALMEIDA COSTA, *Direito das Obrigações*, p. 470, n. 3).

[484] BGB, §§ 196 e 197; HGB, §§ 414, 423, 439; Código Civil italiano, arts. 2950 a 2956; Código Civil português, arts. 316.º e 317.º.

146 *Da Responsabilidade Pré-Contratual em Direito Internacional Privado*

mesmos, no entanto, consoante a natureza do dano[485]. Nos Estados Unidos vigoram prazos de prescrição mais curtos para as acções delituais[486].

Relaciona-se esta diferença de regimes com o problema da prova do evento danoso: esta, quando referida ao delito e ao dano por ele causado, tem normalmente de ser realizada num prazo curto sob pena de desaparecer (mormente se feita por testemunhas); já a prova do contrato e da sua violação, geralmente feita por documentos, estará com grande probabilidade disponível mesmo após o decurso de um longo período de tempo[487]. Outro tanto pode dizer-se da prova do dano contratual, cujo *quantum*, pelo menos quando se trate de obrigações pecuniárias, é frequentemente fixado por recurso a regras legais ou convencionais[488].

Regista-se também uma diversidade de regimes quanto ao momento relevante para o início da contagem dos referidos prazos. Em matéria delitual o prazo prescricional só começa a correr a partir do momento em que ocorreu o facto danoso[489], em que a vítima teve conhecimento do direito que lhe compete[490] ou em que conheceu o dano e a pessoa do responsável[491]. Diversamente, em matéria contratual o prazo prescricional ou de caducidade começa a correr a partir do momento da entrega da coisa que a prestação tenha por objecto[492] ou daquele em que a indemnização for exigível[493], em nenhum sistema se diferindo o início do curso da prescrição até ao momento em que o credor soube que era titular de uma pretensão indemnizatória. Em Inglaterra a lei determina que o prazo prescricional aplicável à propositura de acções tendentes a efectivar qualquer das formas de responsabilidade se conta da data em que ocorreu a causa de pedir da acção («*the moment when the cause of action accrues*»)[494]. Assim, se a acção se fundar em *breach of contract* aquele prazo corre a

---

[485] *Limitation Act 1980*, secções 5 e 11.

[486] Cfr. PROSSER-KEETON, *The Law of Torts*, p. 664.

[487] Ver em sentido próximo o ac. do STJ de 11 de Junho de 1975, *BMJ* 248, pp. 402 ss. (p. 404).

[488] Código Civil francês, art. 1153; BGB, § 288; Código das Obrigações suíço, art. 104, n.° 1; Código Civil português, art. 806.°.

[489] Art. 2947 do Código Civil italiano.

[490] Art. 498.°, n.° 1, do Código Civil português.

[491] § 852 (1) do BGB; art. 60, n.° 1, do Código das Obrigações suíço.

[492] BGB, §§ 477, 558, 606 e 638; Código Civil português, arts. 917.° e 921.°, n.° 4.

[493] Cfr. o § 198 do BGB, o art. 130, n.° 1, do Código das Obrigações suíço e o art. 306.°, n.° 1, do Código Civil português.

[494] Secção 5 do *Limitation Act 1980*.

partir do momento da violação do contrato, pois que o dano não é, como dissemos, pressuposto dela[495]; se a acção tiver por fundamento um dos *torts actionable per se*, que não pressupõem a demonstração de um dano, o prazo para intentá-la corre a partir do momento em que o acto lesivo foi praticado[496]; quanto aos demais *torts*, em que a ocorrência de um dano é condição da responsabilidade delitual, o prazo para instaurar a correspondente acção conta-se da data em que a vítima sofreu o dano[497].

Supomos que esta diversidade de regimes obedece à seguinte ideia geral. Na responsabilidade extracontratual não existe qualquer relação creditória entre as partes antes de verificada a lesão; não parece, pois, que haja incúria do lesado que não exercite o seu direito antes de verificados os factos acima referidos. Só depois deles deve, por conseguinte, iniciar-se a prescrição. Na responsabilidade contratual essa relação existe, pelo que o titular do direito à indemnização estará por via de regra em condições de fazê-lo valer logo que ela se torna exigível, havendo negligência se o não fizer; não sendo de admitir que esta prolongue o prazo da prescrição, é desde esse momento que ela deve funcionar. Na responsabilidade por defeitos do objecto da prestação a contagem do prazo para o exercício dos direitos do lesado a partir da sua entrega pode ainda justificar-se pela dificuldade em distinguir, decorrido algum tempo, entre o defeito e a deterioração normal desse objecto.

c) A distinção entre a responsabilidade contratual e extracontratual reflecte-se ainda no plano da definição do tribunal competente e do Direito aplicável às situações plurilocalizadas.

No que toca à competência jurisdicional, o art. 5.°, n.°s 1 e 3, das Convenções de Bruxelas e Lugano determina a sua aferição com base em factores de conexão diversos para as acções fundadas em incumprimento contratual e em ilícito delitual: ao passo que para as primeiras é competente o *forum executionis*, consagra-se quanto às segundas a competência do tribunal do lugar onde ocorreu o facto danoso. Subjaz à primeira destas regras, manifestamente, a intenção de tutelar o interesse do credor contra o devedor de má fé, que na falta dela poderia dificultar a instauração da acção através da simples mudança de domicílio (o qual constitui o critério geral de atribuição de competência, por força do art. 2.°, 1.° parágrafo, de ambas as Convenções); à segunda preside a preocupação em assegurar a

---

[495] Assim CHESHIRE-FIFOOT-FURMSTON, *Law of Contract*, p. 636.
[496] Cfr. SALMOND-HEUSTON, *Law of Torts*, p. 665.
[497] Cfr. MARKESINIS-DEAKIN, *Tort Law*, p. 11.

148 *Da Responsabilidade Pré-Contratual em Direito Internacional Privado*

boa administração da justiça — pois que o tribunal do lugar do facto é aquele que geralmente em melhores condições estará para julgar a lide — e a comodidade das testemunhas [498].

Estas observações valem também no tocante ao art. 74.º do Código de Processo Civil português, aos §§ 29 e 32 da *Zivilprozessordnung* alemã, ao art. 46 do Código de Processo Civil francês, ao art. 20 do Código de Processo Civil italiano e aos arts. 113 e 129, n.º 2, da lei suíça de Direito Internacional Privado, que consagram regras análogas quanto à competência jurisdicional dos tribunais locais.

Pelo que respeita à determinação do Direito aplicável às situações plurilocalizadas vigoram igualmente entre nós, como referimos [499], regras distintas para as duas modalidades da responsabilidade civil, de cujas razões determinantes daremos conta adiante [500]. Também o Anteprojecto de Convenção Sobre a Lei Aplicável às Obrigações Contratuais e Extra-contratuais, de 1972 [501], consagrava nos seus arts. 2.º a 6.º e 10.º a 12.º regras de conflitos diversas para as duas categorias de responsabilidade; e a distinção mantém-se na Proposta de uma Convenção Europeia Sobre a Lei Aplicável às Obrigações Não Contratuais, de 1998. Análoga diferenciação revelam vários sistemas de conflitos estrangeiros, que examinaremos no lugar oportuno.

29. Analisadas que estão, nos seus traços fundamentais, as principais diferenças de regime entre as duas formas de responsabilidade que o Direito comparado nos revela, e apontadas que foram as principais razões que as justificam, cabe agora perguntar pela existência de um critério que permita distingui-las.

Supomos serem vários os caracteres distintivos das duas formas de responsabilidade. Entre outros podem referir-se os seguintes:

---

[498] Cfr. KAYE, *Civil Jurisdiction and Enforcement of Foreign Judgements*, pp. 489 ss. e 561 ss.; Hélène GAUDEMET-TALLON, *Les Conventions de Bruxelles et de Lugano*, pp. 103 ss. e 135 ss.; TEIXEIRA DE SOUSA-MOURA VICENTE, *Comentário à Convenção de Bruxelas*, pp. 30 ss., 87 ss. e 93 s.; SCHLOSSER, *Europäisches Gerichtsstands- und Vollstreckungsübereinkommen mit Luganer Übereinkommen und Haager Übereinkommen über Zustellung und Beweisaufnahme*, pp. 44 ss. e 52 ss.; KROPHOLLER, *Europäisches Zivilprozessrecht*, pp. 99 ss. e 123 ss.

[499] *Supra*, § 5.º.

[500] Cfr. adiante, §§ 23.º a 26.º.

[501] Texto publicado *in* LANDO-HOFFMANN-SIEHR, *European Private International Law of Obligations*, pp. 220 ss. Veja-se a respectiva tradução portuguesa, por FERRER CORREIA e Maria Isabel JALLES, *in RDE* 1975, pp. 137 ss.

a) Em primeiro lugar a fonte da obrigação ressarcitória. Vimos acima que para a doutrina tradicional as duas responsabilidades se distinguiriam consoante a fonte do dever jurídico violado: a responsabilidade extracontratual seria uma responsabilidade pela violação de deveres fixados pela lei, ao passo que a responsabilidade contratual se fundaria na violação de deveres criados pela vontade das partes.

Mas esta construção afigura-se insustentável à luz do Direito contemporâneo. Por um lado, porque também existem deveres contratuais imperativamente fixados na lei — fenómeno de resto acentuado pela intervenção estadual na formação, na extinção e na determinação do conteúdo dos contratos, especialmente os de trabalho, de arrendamento e de consumo de bens e serviços. Por outro, porque mesmo quanto aos contratos relativamente aos quais as partes conservam intacta a sua liberdade de celebração e estipulação é a lei que lhes atribui força vinculativa, constituindo por isso fonte mediata dos deveres deles emergentes. Finalmente, porque o conteúdo de certos deveres jurídicos gerais cuja violação determina a responsabilidade delitual do lesante é susceptível de ser modificado por acordo das partes.

b) A distinção terá assim de fazer-se atendendo preferentemente à natureza do facto indutor da responsabilidade. Na responsabilidade contratual ele corresponde ao incumprimento de uma obrigação preexistente e do correlativo direito de crédito, emergentes de contrato ou de qualquer outra categoria de factos jurídicos, da lei ou de princípios gerais; ao passo que na responsabilidade extracontratual ele consiste na violação de deveres jurídicos gerais, i. é, de deveres de conduta impostos a todas as pessoas, ou da prática de certos actos que, embora lícitos, causam prejuízo aos direitos absolutos de outrem [502].

Daí vem que as duas formas de responsabilidade se distinguem também quanto ao modo pelo qual se estabelece o vínculo que une os sujeitos da obrigação ressarcitória. A responsabilidade contratual surge no âmbito

---

[502] Cfr. Heinrich HÖRSTER, *A parte geral do Código Civil português*, p. 72; GALVÃO TELLES, *Direito das Obrigações*, pp. 211 s.; e ANTUNES VARELA, *Das Obrigações em geral*, vol. I, pp. 537 ss. No assento do Supremo Tribunal de Justiça n.º 7/99, de 17 de Junho de 1999, publicado no *DR*, I Série-A, de 3 de Agosto de 1999, pp. 5016, afirma-se de igual modo que «a responsabilidade por facto ilícito (extracontratual ou aquiliana) e a responsabilidade contratual, são essencialmente diferentes, porquanto [a segunda] resulta da inexecução de uma determinada obrigação preexistente entre o credor e o devedor, enquanto a primeira deriva de um facto ilícito prejudicial a alguém independentemente de qualquer obrigação preexistente entre o lesante e o lesado» (p. 5019).

150   *Da Responsabilidade Pré-Contratual em Direito Internacional Privado*

de uma relação preconstituída, da qual emerge como dever secundário de prestação o dever de indemnizar substitutivo ou complementar da prestação principal[503]; é por isso fundamentalmente idêntica, como melhor se verá de seguida, a correlação de interesses que as duas categorias de deveres se destinam a satisfazer. Diferentemente, na responsabilidade extracontratual o dever de indemnizar constitui-se *ex novo* em virtude da ocorrência do facto danoso, correspondendo por isso a um dever primário[504].

c) As duas formas de responsabilidade são igualmente autonomizáveis em razão dos sujeitos da obrigação ressarcitória.

Na responsabilidade extracontratual, em que se incorre perante aquele de quem não se é devedor, o responsável não pode ser determinado previamente à constituição do dever de indemnização.

Ao invés, na responsabilidade contratual a individualização dos sujeitos da obrigação ressarcitória pode ser feita, com referência à relação obrigacional preexistente, anteriormente a esse momento.

d) São ainda diversos os bens ou interesses tipicamente tutelados por cada uma das duas vertentes da responsabilidade civil.

De um modo geral, a responsabilidade contratual protege a expectativa do credor no cumprimento da obrigação voluntariamente assumida ou imposta pela lei ao devedor, ao passo que a responsabilidade extracontratual protege a vida, a integridade física, a propriedade e direitos análogos[505].

No Direito português a indemnização pelo não cumprimento das obrigações, pelo seu cumprimento defeituoso, pela mora ou pela impossibilidade da prestação imputável ao devedor visa repor as coisas no estado em que hipoteticamente se encontrariam se a prestação houvesse sido realizada no tempo, modo e lugar devidos[506]. É portanto a mesma a finalidade a que se dirigem a prestação originariamente devida e a indemnização complementar ou sucedânea dela: a satisfação do interesse do credor em que lhe seja proporcionado certo bem ou utilidade. Deve por conseguinte reconhecer-se, à face do nosso ordenamento jurídico, a identidade

---

[503] Neste sentido também LARENZ, *Schuldrecht*, I, *Allgemeiner Teil*, pp. 8 e 369, MENGONI, «Responsabilità contrattuale (dir. vig.)», *EDD*, vol. XXXIX, pp. 1072 ss. (p. 1072); e entre nós MOTA PINTO, *Cessão da posição contratual*, pp. 337 e 429, ANTUNES VARELA, ob. cit., vol. I, p. 125, e ALMEIDA COSTA, *Direito das Obrigações*, 63.

[504] Assim, LARENZ, ob. cit., p. 8; ANTUNES VARELA, ob. cit., vol. I, p. 125.

[505] Cfr. em sentido próximo ZWEIGERT-KÖTZ, *Einführung in die Rechtsvergleichung*, p. 598.

[506] Art. 562.º do Código Civil.

Da Responsabilidade Civil e das suas Modalidades

normativa do dever de prestar e do dever de indemnizar consequente ao seu incumprimento[507].

Atenta a natureza dos bens jurídicos que visa tutelar, a responsabilidade contratual assume uma função instrumental da modelação da vida social possibilitada pelo princípio da autonomia da vontade. Protege-se por intermédio dela a modificação de posições jurídicas, *maxime* a transferência de recursos económicos através do instrumento jurídico que é o contrato.

Diversamente, a responsabilidade extracontratual tutela um *statu quo*, uma esfera jurídica mínima, que permite às pessoas exercerem a sua liberdade na convivência social.

Deve, no entanto, reconhecer-se que esta delimitação dos bens jurídicos protegidos pelas duas formas de responsabilidade civil tem um carácter meramente tendencial ou aproximativo: a tutela aquiliana já não se restringe hoje, em muitos ordenamentos jurídicos, às violações de direitos absolutos, antes se estende à violação por terceiros de direitos de crédito. Assim sucede, por exemplo, no *Common Law* com os *torts* de *inducing breach of contract* e de *interference with contract*.

e) Relevam, por fim, como factores de caracterização das duas formas de responsabilidade as funções sócio-económicas por elas desempenhadas.

---

[507] Em idêntico sentido pode ainda aduzir-se, por um lado, a circunstância de ser o contrato ou o negócio unilateral donde promana o dever de prestar igualmente a fonte ou origem do dever de indemnizar; e, por outro, a admissibilidade da modificação do objecto do direito do credor (que no caso vertente deixa de ser a prestação debitória, se esta for definitivamente incumprida ou se tornar impossível, para passar a ser a correspondente indemnização), sem que por esse motivo se extinga a relação obrigacional (que se mantém intacta na hipótese em apreço, nomeadamente no que respeita às garantias pessoais ou reais do credor, ao prazo prescricional e à oponibilidade de certas excepções). Reconhecem que a obrigação ressarcitória corresponde à obrigação violada, modificada quanto ao seu objecto, no caso de esta deixar de ser cumprida ou se tornar impossível por culpa do devedor, mas sem quebra da sua identidade: Manuel de ANDRADE, *Teoria Geral da Relação Jurídica*, vol. II, p. 21; Carlos MOTA PINTO, *Cessão da posição contratual*, p. 427, e *Teoria geral do Direito Civil*, p. 372; ANTUNES VARELA, ob. cit., vol. I, pp. 160 ss.; e GALVÃO TELLES, *Direito das Obrigações*, p. 214. Na literatura alemã *vide* no mesmo sentido LARENZ, *Lehrbuch des Schuldrechts*, vol. I, *Allgemeiner Teil*, p. 27. Salienta que é o mesmo o «fundamento de validade» («*Geltungsgrund*») dos dois deveres, em crítica à tese de PICKER, JAKOBS, *Gesetzgebung im Leistungstörungsrecht*, p. 28, n. 62. Na doutrina francesa caracteriza a indemnização por danos contratuais como «a continuação» («*la suite*») das relações preexistentes entre o credor e o devedor CARBONNIER, *Droit Civil*, t. 4, *Les Obligations*, p. 292. Em Itália, posição análoga é sustentada por MENGONI, «Responsabilità contrattuale (dir. vig.)», *EDD*, vol. XXXIX, pp. 1072 ss. (p. 1073).

Consideremos antes de mais a obrigação de indemnizar *ex contractu*. A sua fundamental razão de ser é a reparação de um dano. Mesmo no *Common Law* a susceptibilidade de atribuição de *nominal damages* não prejudica que a responsabilidade contratual preencha uma função primordialmente compensatória de um dano [508].

A responsabilidade contratual exerce também uma função preventiva: a ameaça da imposição do dever de indemnizar funciona como dissuasor do incumprimento das obrigações e da causação de danos por essa via. Nos Direitos continentais a preocupação em não facilitar o incumprimento das obrigações reflecte-se no regime jurídico da responsabilidade contratual, na medida em que se tende a fazer recair sobre o devedor o ónus de provar que a falta de cumprimento ou o cumprimento defeituoso não lhe é imputável.

A protecção da expectativa do credor no cumprimento dos deveres de prestação a cargo do devedor ou, de um modo geral, no respeito pela palavra dada, é no entanto, dentre as funções sócio-económicas desempenhadas pela responsabilidade contratual, a que melhor permite distingui-la da responsabilidade extracontratual.

Através da responsabilidade contratual opera-se também uma determinada repartição do risco de danos emergentes do não cumprimento da prestação debitória.

Esta função da responsabilidade contratual é mais nítida no *Common Law* do que nos Direitos latinos e germânicos, pois que à face daquele a impossibilidade originária ou superveniente da prestação não determina, como nestes, a nulidade do contrato nem constitui por si só fundamento de liberação do devedor mesmo que se deva a facto a ele não imputável. O devedor só se exonera, no Direito anglo-americano, verificando-se «erro comum» ou «mútuo» dos contraentes (*common* ou *mutual mistake*) quanto a circunstâncias preexistentes à celebração do contrato ou a «frustração» (*frustration*) deste em virtude de factos supervenientes e imprevisíveis. Na disciplina destas situações atende-se, pois, não tanto à causa da impossibilidade da prestação, mas sobretudo à distribuição do risco do dano visada, real ou presumivelmente, pelas partes ou determinada pelo tribunal em função das circunstâncias do caso concreto [509]. Por isso se entende geralmente que a responsabilidade do devedor pelo incumprimento devido a

---

[508] Assim, por exemplo, VON MEHREN, «A General View of Contract», *IECL*, vol. VII, cap.1, p. 90, n. 574.

[509] Cfr. ATIYAH, ob. cit., pp. 215, 221 e 237.

Da Responsabilidade Civil e das suas Modalidades 153

facto a ele não imputável é, antes de mais, uma questão de interpretação e de integração do contrato[510]. Os tribunais ingleses revelam-se, de todo o modo, em atenção aos princípios da inviolabilidade dos contratos (*sanctity of contracts*) e da tutela da confiança, relutantes em declarar a sua ineficácia com fundamento quer em «erro comum» das partes quer na sua «frustração»[511]. O risco da impossibilidade da prestação tende por isso, contrariamente ao que sucede nos sistemas continentais, a ser fundamentalmente suportado pelo devedor, que em princípio responde perante o credor mesmo que a impossibilidade não lhe seja imputável.

Passemos à responsabilidade extracontratual. Na generalidade dos sistemas jurídicos contemporâneos é a reparação do dano a função primordial (posto que não exclusiva) dela. Em regra o dano não é, porém, condição suficiente para a intervenção do instituto, sendo necessária uma razão ulterior para justificar a sua transferência da vítima para um terceiro[512]. Às normas da responsabilidade extracontratual pertence, assim, definir quais os pressupostos cuja verificação é necessária a fim de que um evento danoso possa constituir fundamento de uma pretensão indemnizatória. Ao preencherem estoutra função essas normas garantem, reflexamente, aos que intervêm no tráfico social uma esfera mínima de liberdade[513].

A responsabilidade civil por factos ilícitos tem ainda por função prevenir a prática pela mesma ou por outras pessoas de factos idênticos àquele que originou o dever de indemnizar[514]. A própria responsabilidade pelo risco, assim como a responsabilidade por factos lícitos, tende a estimular a vigilância das pessoas sobre os seus comportamentos e sobre as coisas perigosas que utilizem em seu proveito, evitando erros de conduta potencialmente danosos. Desta forma se provê ao interesse geral na segu-

---

[510] *Ibidem, idem*, pp. 214 e 230.

[511] *Ibidem*, pp. 223 s. e 229 ss.

[512] Por outro lado, a compensação de danos não é uma função privativa da responsabilidade civil: outros sistemas têm vindo a desenvolver-se e desempenham hoje um papel mais relevante do que a responsabilidade civil, no tocante, por exemplo, ao ressarcimento dos danos causados por acidentes: cfr. *infra*, § 8.°.

[513] São manifestações dessa função a regra da irressarcibilidade *ex delicto* dos danos patrimoniais puros, o princípio da culpa e as diferentes formas de delimitação dos *Tatbestände* delituais a que aludiremos adiante, no § 8.°.

[514] Reconhecem-no, perante o Direito alemão, LARENZ-CANARIS, *Lehrbuch des Schuldrechts*, vol. II, *Besonderer Teil, 2. Halbband*, p. 354; e entre nós F.M. PEREIRA COELHO, *O enriquecimento e o dano*, pp. 20, n. 33, 31 e 67.

154 *Da Responsabilidade Pré-Contratual em Direito Internacional Privado*

rança do tráfico jurídico, em que assenta toda a vida em comunidade, e à necessidade de reduzir os custos sociais inerentes aos danos acidentais[515]. Além de tutelar a vítima, a responsabilidade civil constitui, pois, um mecanismo de defesa social.

Entre nós a responsabilidade extracontratual por actos ilícitos prossegue, por outro lado, uma função repressiva ou sancionatória[516], visto que a lei consagra quanto a ela a possibilidade de graduação equitativa da indemnização em razão do grau de culpabilidade do agente[517] e prevê a fixação do direito de regresso entre co-responsáveis na medida das res-

---

[515] Aspecto posto em especial destaque por um dos fundadores da denominada *análise económica do Direito*, Guido CALABRESI: cfr. *The Cost of Accidents. A Legal and Economic Analysis*, pp. 44 ss. da tradução castelhana. Na mesma linha de pensamento, SCHÄFER e OTT, *Lehrbuch der ökonomischen Analyse des Zivilrechts*, pp. 100 e 111 ss., atribuem à prevenção do dano um papel central na disciplina da responsabilidade civil. Também KÖTZ aponta como finalidade precípua do Direito da responsabilidade civil o estabelecimento de regras sobre os pressupostos e o âmbito do dever de indemnizar que se mostrem aptas a orientar a conduta das pessoas por forma que estas evitem todos os acidentes cuja prevenção se justifique à luz do incremento do bem-estar social que lhe esteja associado: cfr., do autor, «Ziele des Haftungsrechts», *in Festschrift für Ernst Steindorff*, pp. 643 ss. (p. 645), e *Deliktsrecht*, p. 19.

[516] Observe-se que o ponto não é pacífico na doutrina nacional. Admitem abertamente que a responsabilidade civil desempenha uma função sancionatória no Direito português: ANTUNES VARELA, «Rasgos inovadores do Código Civil português de 1966 em matéria de responsabilidade civil», *BFDUC* 1972, pp. 77 ss. (pp. 90 ss.); *idem, Das Obrigações em geral*, vol. I, pp. 561 s. e 961; Rui de ALARCÃO, *Direito das Obrigações*, p. 247; RIBEIRO DE FARIA, *Direito das Obrigações*, vol. I, pp. 426 s.; GALVÃO TELLES, *Direito das Obrigações*, p. 418; e F. M. PEREIRA COELHO, *O problema da causa virtual na responsabilidade civil*, pp. 5 s., 8 e 10 da *nota prévia* à reimpressão da obra, e pp. 218 s. Mais reservados mostram-se GOMES DA SILVA, ob. cit., pp. 154 s. (à luz do Código anterior); PESSOA JORGE, *Ensaio sobre os pressupostos da responsabilidade civil*, pp. 11, 52 e 417 (que, todavia, concede que a responsabilidade civil exerce, em plano secundário ou indirecto, uma função punitiva); e BRANDÃO PROENÇA, *A conduta do lesado como pressuposto e critério de imputação do dano extracontratual*, pp. 120 ss. e 161 ss. MENEZES CORDEIRO entendia inicialmente não ser possível, «para além de traços tendenciais», apontar à responsabilidade por culpa uma função punitiva (cfr. *Direito das Obrigações*, vol. I, p. 277); mas reconhece hoje, no quadro de um alargamento do âmbito da responsabilidade civil, que a indemnização tem «o escopo de uma pena» (cfr. *Da responsabilidade civil dos administradores das sociedades comerciais*, p. 481).

[517] Que o art. 494.º do Código Civil expressamente prevê. Cfr. no mesmo sentido o art. 43, n.º 1, do Código das Obrigações suíço: «Le juge détermine le mode ainsi que l'étendue de la réparation, d'après les circonstances et la gravité de la faute».

pectivas culpas[518]. Essa faceta da responsabilidade civil não é, aliás, privativa do Direito português[519].

No caso da responsabilidade pelo risco e por actos lícitos avulta ainda uma função de distribuição social do dano. Ela é obviamente estranha à responsabilidade contratual.

Esta diferença de funções das duas formas de responsabilidade explica em parte, como adiante se verá, a diversidade de conexões para elas consagradas no Direito Internacional Privado. Em especial, a função repressiva ou sancionatória de condutas susceptíveis de afectar a paz social e a função delimitadora de esferas de liberdade individual prosseguidas pela responsabilidade extracontratual justificam a competência de princípio da *lex loci actus* neste domínio.

30. Há, em qualquer caso, que reconhecer a existência de limites à possibilidade de uma distinção: embora se possam apontar os caracteres distintivos fundamentais das duas formas de responsabilidade e formular um conceito central de responsabilidade contratual e de responsabilidade extracontratual, é difícil traçar, mesmo dentro de dado sistema jurídico local, as fronteiras exactas de cada uma destas figuras.

Existem, na verdade, diversas situações em que é discutível se um dano foi causado no âmbito de uma relação obrigacional preexistente ou fora dele e, por conseguinte, se o mesmo origina responsabilidade contratual ou extracontratual. Estão nesse caso as situações que integram a responsabilidade do produtor, a responsabilidade médica, a responsabilidade do transportador perante o passageiro transportado gratuitamente, a responsabilidade por conselhos, recomendações ou informações e a respon-

---

[518] Art. 497.º, n.º 2, do Código.

[519] Cfr. sobre a função sancionatória da responsabilidade civil no Direito francês VINEY, *La responsabilité: effets*, pp. 5 ss. e 128 s.; *idem, Introduction à la responsabilité*, pp. 122 ss., e a bibliografia aí citada. Perante o Direito alemão, onde a ideia de sanção do ilícito parece não ter logrado penetrar no regime legal da responsabilidade civil (assim LARENZ, *Lehrbuch des Schuldrechts*, vol. I, *Allgemeiner Teil*, p. 423), reconhece-se hoje que à imputação de danos operada pela jurisprudência no domínio das ofensas à personalidade subjaz uma tendência para revivificar a função punitiva da indemnização (cfr. Christian VON BAR, *Gemeineuropäisches Deliktsrecht*, vol. I, p. 605). E mesmo frente ao Direito dos Estados Unidos, que reserva para os *punitive damages* a missão de sancionar os ilícitos civis, se admite que «[t]he idea of punishment, or of discouraging other offenses [...] may lead the courts to wheigh the scales somewhat in favor of the plaintiff's interests in determining that a tort has been committed» (cfr. PROSSER-KEETON, *The Law of Torts*, p. 9).

sabilidade por actos ou omissões ocorridos nos preliminares e na formação dos contratos.

Temos, nesta medida, por exacta a afirmação de KÖNDGEN[520] segundo a qual entre os pólos do contrato e do delito existe um *continuum* de relações.

Nem por isso, contudo, perde sentido a distinção entre as responsabilidades contratual e extracontratual. É que da existência de situações da vida que não se deixam apreender rigorosamente nestas categorias conceptuais — através das quais a ciência e a lei procuram tão-só resumir e sistematizar o Direito vigente, que de outro modo apareceria aos olhos dos que têm de interpretá-lo e aplicá-lo como uma massa informe de preceitos[521] — não se segue necessariamente que seja injustificada a diversidade de regimes que elas exprimem. Esta só pode ser avaliada, como procurámos fazer, à luz dos valores e interesses relevantes na disciplina jurídica dos diversos problemas que a imposição do dever de indemnizar coloca.

Tão-pouco se afiguram inapropriadas quer a sujeição de tais situações «híbridas» ou «mistas» à disciplina legal de uma das formas de responsabilidade — mormente em matéria de conflitos de leis —, desde que se demonstre conter a espécie concreta algum ou alguns dos caracteres distintivos delas[522]; quer a construção para essas situações, a partir da combinação dos regimes existentes, das soluções mais adequadas às necessidades de regulamentação jurídica que nelas se fazem sentir.

Na qualificação dessas situações relevam frequentemente, à face das diferentes ordens jurídicas, factores alheios aos que considerámos atrás — como, por exemplo, a inadequação do regime local de uma das formas de

---

[520] *Selbstbindung ohne Vertrag*, p. 420.

[521] Este, a nosso ver, o sentido precípuo de toda a construção jurídica. Cfr. na mesma linha fundamental de orientação ENGISCH, *Die Einheit der Rechtsordnung*, pp. 81 s.

[522] A distinção entre as duas formas de responsabilidade mantém interesse mesmo nas situações para as quais o legislador instituiu uma disciplina uniforme de responsabilidade, como a que se encontra vertida no D.L. n.° 383/89, de 6 de Novembro, pelo que respeita aos danos causados por produtos defeituosos (cfr. sobre a natureza dessa disciplina CALVÃO DA SILVA, *Responsabilidade civil do produtor*, pp. 475 ss.). É o que resulta, no tocante à responsabilidade visada por esse diploma, do disposto no respectivo art. 13.°, que expressamente ressalva a responsabilidade decorrente de outras disposições legais. Em virtude deste preceito, poderá, por exemplo, o adquirente de um produto defeituoso reclamar do fabricante que lho houver vendido o ressarcimento dos danos económicos que tiver sofrido em consequência dos defeitos de que o mesmo padeça — o que não lhe seria consentido nem ao abrigo das disposições do citado diploma, nem em sede extracontratual (conforme reconhece o autor citado, a p. 706 da mencionada obra).

responsabilidade civil às exigências da vida contemporânea. Daí resultam pressões no sentido da extensão ou da restrição do âmbito das respectivas normas, que tendem a desviá-las das suas funções sociais típicas. Também a compreensão destes fenómenos é imprescindível à correcta ordenação das situações da vida que aqui temos em vista nos quadros do Direito Internacional Privado. Deles nos iremos ocupar em seguida.

§ 7.°
Do âmbito da responsabilidade contratual

31. De quanto acima se disse resulta já que, para nós, a responsabilidade contratual consiste no dever de indemnizar emergente do incumprimento de uma obrigação em sentido estrito ou técnico, isto é, de um dever jurídico especial ou relativo correspondente a um direito de crédito fundado em contrato ou outro negócio jurídico, na lei ou em princípios gerais.

A expressão é, assim, uma sinédoque, na medida em que toma o todo pela parte: a parte mais importante do ponto de vista social — dado que é o contrato a principal fonte das situações creditícias violadas — e da própria dogmática jurídica.

O contrato é, com efeito, uma categoria fundamental do Direito, que podemos encontrar em todos os ordenamentos jurídicos desde que principiou a troca de bens e serviços; não obstante, variam significativamente a sua estrutura, o âmbito dos seus efeitos possíveis e o fundamento da sua eficácia. Correspondentemente, varia também o âmbito das situações típicas da vida a que, nos diferentes sistemas jurídicos locais, se estende a protecção própria das normas da responsabilidade contratual. Donde se segue não ser hoje possível formular um conceito de responsabilidade contratual universalmente válido.

Vejamos porquê.

32. Nos sistemas de *Civil Law* o contrato constitui essencialmente um acordo de vontades ou troca de consentimentos, tendente a coordenar interesses contrapostos[523].

---

[523] Cfr. quanto ao Direito francês: GHESTIN, *Traité de droit civil. La formation du contrat*, p. 9; TERRÉ-SIMLER-LEQUETTE, *Droit civil. Les obligations*, p. 40; MAZEAUD-CHABAS, *Leçons de Droit Civil*, t. II, vol. I, *Obligations. Théorie générale*, pp. 49 ss.; e CARBONNIER, *Droit civil*, t. 4, *Les Obligations*, p. 47; quanto ao Direito alemão: LARENZ, *Allgemeiner Teil des deutschen Bürgerlichen Rechts*, pp. 515 ss.; FLUME, *Allgemeiner Teil des Bürgerlichen Rechts*, vol. II, *Das Rechtsgeschäft*, pp. 602 e 618; e LARENZ-WOLF, *Allge-*

Embora esses sistemas divirjam, como veremos, quanto ao âmbito das matérias sobre as quais pode recair tal acordo, o «mútuo consenso», a que aludia expressamente o n.° 2 do art. 643.° do Código Civil português de 1867, surge neles como elemento fundamental do contrato[524].

Diversamente, no *Common Law* inglês e norte-americano o consenso das partes é insuficiente para a perfeição do contrato. Além dele, são elementos do contrato a promessa e a chamada *consideration*. Esta consiste, segundo a definição clássica, em «uma vantagem para o promitente ou uma desvantagem para o promissário» (*a benefit to the promisor or a detriment to the promisee*), dada em troca da promessa contratual[525]. Uma orientação mais moderna define-a simplesmente como «o preço por que a promessa da contraparte é adquirida»[526].

No Direito inglês a simples promessa de uma contraprestação a efectuar pelo promissário constitui *consideration*[527]; fala-se neste caso em *executory consideration*[528]. A *consideration* pode, além disso, consistir na prática futura de um acto pelo promissário: diz-se então *executed conside-*

---

meiner Teil des Bürgerlichen Rechts, pp. 572 ss.; quanto ao Direito italiano: BETTI, *Teoria generale del negozio giuridico*, tradução portuguesa, vol. II, pp. 196 ss.; BIANCA, *Diritto civile*, vol. 3, *Il contratto*, pp. 1 ss.; GALGANO, *Diritto privato*, pp. 217 ss.; e ALPA, *Istituzioni di Diritto Privato*, pp. 785 ss.; e quanto ao Direito português: Manuel de ANDRADE, *Teoria Geral da Relação Jurídica*, vol. II, p. 38; CASTRO MENDES, *Teoria geral do Direito Civil*, vol. II, p. 313; OLIVEIRA ASCENSÃO, *Teoria geral do Direito Civil*, vol. III, p. 33; ANTUNES VARELA, *Das Obrigações em geral*, vol. I, p. 223; e GALVÃO TELLES, *Direito das Obrigações*, p. 59.

[524] Cfr. relativamente ao Direito português GALVÃO TELLES, *Manual dos contratos em geral*, p. 28; ANTUNES VARELA, *Das Obrigações em geral*, vol. I, p. 227.

[525] Assim o decidiu a *Exchequer Chamber* em 1875 no caso *Currie v. Misa*, (1875) *L.R.*, 10 Ex., pp. 153 ss. (p. 162): «A valuable consideration, in the sense of the law, may consist either in some right, interest, profit, or benefit accruing to one party, or some forbearance, detriment loss, or responsibility, given, suffered, or undertaken by other».

[526] Assim POLLOCK-WINFIELD, *Principles of Contract*, p. 133; CHESHIRE-FIFOOT-FURMSTON, *Law of Contract*, p. 73. Esta definição foi adoptada pela *House of Lords* em 1915, no caso *Dunlop Pneumatic Tyre Co. v. Selfridge & Co.*, (1915) *A.C.* 847 ss. (p. 855).

[527] TREITEL, *The Law of Contract*, p. 66, que exemplifica com o caso em que o vendedor de certas mercadorias promete entregá-las no prazo de seis meses, vinculando-se o comprador a pagá-las na data da sua recepção: a promessa de cada uma das partes é *consideration* da promessa da outra.

[528] Assim, POLLOCK-WINFIELD, *Pollock's Principles of Contract*, p. 133; CHESHIRE-FIFOOT-FURMSTON, *Law of Contract*, p. 74; ATIYAH, ob. cit., p. 122; BEATSON, *Anson's Law of Contract*, p. 92.

160   *Da Responsabilidade Pré-Contratual em Direito Internacional Privado*

ration[529]. Mas já não é, em princípio, *consideration* suficiente um acto integralmente praticado antes da promessa (a chamada *past considera-tion*), visto que nesse caso a promessa é, em rigor, gratuita[530].

Nos Estados Unidos da América a *consideration* tem sido caracteri-zada desde o final do séc. XIX como uma contraprestação negociada (*bar-gained-for exchange* ou *bargained-for detriment*)[531]; e este conceito obteve acolhimento no § 71 do *Restatement (Second) of Contracts*[532].

Através da *consideration* identificam-se as transacções susceptíveis de terem relevância jurídica, em virtude da sua presumível utilidade social. Dado que às promessas gratuitas (*v.g.* as doações e as alterações aos contra-tos a que não corresponda uma contraprestação a cargo da parte por elas beneficiada) falta, de acordo com a concepção anglo-saxónica de contrato, essa utilidade, não se pode fazê-las valer em juízo, salvo se forem consig-nadas num instrumento formal (*deed*). Dizem-se por isso *unenforceable*[533].

No *Common Law* fica, assim, em princípio excluída a eficácia jurí-dica dos contratos gratuitos e dos contratos onerosos unilaterais informais.

Em contrapartida, o cumprimento das promessas onerosas (*bargai-ned-for*) é em princípio exigível independentemente do equilíbrio das prestações a que dizem respeito. Por isso se diz que a «adequação da con-

---

[529] Cfr. CHESHIRE-FIFOOT-FURMSTON, ob. e loc. cits., que apontam como exemplo a promessa pública de uma recompensa a quem praticar certo acto. Neste caso a prática do acto constitui a necessária *consideration*. Denomina-se *executed* porque a promessa só se torna vinculativa para o promitente após a execução pelo promissário do acto que consti-tui a *consideration*, ao contrário do que sucede no exemplo anterior.

[530] Cfr. CHESHIRE-FIFOOT-FURMSTON, ob. cit., pp. 74 s.; TREITEL, ob. cit., pp. 73 ss.; ATIYAH, ob. cit., pp. 123 ss.; e BEATSON, ob. cit., p. 93 («past consideration is, in effect, no consideration at all»).

[531] Cfr. HOLMES, *The Common Law*, pp. 199 s.; FARNSWORTH, *Contracts*, vol. II, pp. 62 s.

[532] Que dispõe: «Requirement of Exchange; Types of Exchange (1) To constitute consideration a performance or a return promise must be bargained for. (2) A performance or return promise is bargained for if it is sought by the promisor in exchange for his pro-mise and is given by the promisee in exchange for that promise (...)». Conforme a epígrafe do preceito logo inculca e se afirma expressamente no comentário oficial a este preceito do *Restatement*, o termo *consideration* é nele empregue no sentido de elemento de troca necessário para que o contrato seja eficaz.

[533] Cfr., pelo que respeita ao direito inglês, CHESHIRE-FIFOOT-FURMSTON, ob. cit., pp. 28 e 71; TREITEL, ob. cit., p. 63; ATIYAH, ob. cit., p. 118; e BEATSON, ob. cit., pp. 88 e 90. Quanto ao Direito dos E.U.A., ver VON MEHREN, *Law in the United States: A General and Comparative View*, p. 99, e FARNSWORTH, *Contracts*, vol. II, pp. 69 s.

sideração» (*adequacy of consideration*) não é em geral susceptível de fiscalização pelos tribunais[534]. Parte-se do princípio de que numa economia de mercado compete às partes e não aos tribunais determinar, no momento da contratação, o valor dos bens e serviços transaccionados[535]. Consagra esta ideia o § 79 do *Restatement (Second) of Contracts*[536].

O contrato é, em suma, concebido no *Common Law* como o instrumento de uma troca económica ou negócio em sentido vulgar[537]. Por isso observam CHESHIRE, FIFOOT e FURMSTON: «*An Englishman is liable, not because he has made a promise, but because he has made a bargain*»[538].

Seria contudo errado supor que o alcance do requisito da *consideration* no *Common Law* se restringe à ineficácia dos contratos gratuitos e informais.

Entre os corolários da exigência de *consideration* sem correspondência na disciplina dos contratos nos Direitos continentais, em virtude do princípio do consensualismo neles vigente, de que não nos é possível dar aqui senão uma ténue ideia, destacaremos os seguintes:

a) A proposta de contrato é livremente revogável até à sua aceitação pelo destinatário, sem que o proponente incorra em qualquer responsabilidade, excepto se a ela corresponder alguma *consideration*[539]. No Direito de certos Estados norte-americanos dispensa-se nalguns destes casos o requisito da *consideration*, por força da doutrina do *promissory estoppel*, se o promissário houver confiado legitimamente na eficácia da proposta. É este um ponto que contende directamente com a disciplina da responsa-

---

[534] Cfr., quanto ao Direito inglês, CHESHIRE-FIFOOT-FURMSTON, ob. cit., p. 81, TREITEL, ob. cit., p. 70, ATIYAH, ob. cit., p. 127, e BEATSON, ob. cit., pp. 96 s.; e quanto ao Direito dos E.U.A., FARNSWORTH, *Contracts*, vol. I, pp. 97 ss., e VON MEHREN, *IECL*, vol. VII, cap. 9, p. 45.

[535] Assim o *dictum* de Lorde BLACKBURN no caso *Bolton v. Madden* (1873) 9 *Q.B.* pp. 55 ss. (p. 57): «The adequacy of the consideration is for the parties to consider at the time of making the agreement, not for the Court when it is sought to be enforced».

[536] Ao dispor: «If the requirement of consideration is met, there is no additional requirement of (a) a gain, advantage, or benefit to the promisor or a loss, disadvantage, or detriment to the promisee; or (b) equivalence in the values exchanged [...]».

[537] Cfr. neste sentido, quanto ao Direito inglês, ATIYAH, *An Introduction to the Law of Contract*, p. 3; e quanto ao Direito dos E.U.A. FARNSWORTH, *Contracts*, vol. I, p. 4. Numa perspectiva de Direito comparado, *vide* TALLON-HARRIS, *Le contrat aujourd'hui: comparaisons franco-anglaises*, p. 81.

[538] Cfr. *Law of Contract*, p. 28.

[539] Sobre as implicações deste ponto na disciplina da responsabilidade pré-contratual emergente de relações privadas internacionais *vide* adiante, § 29.º.

162 *Da Responsabilidade Pré-Contratual em Direito Internacional Privado*

bilidade pré-contratual nos sistemas de *Common Law*, pelo que nos ocuparemos dele *ex professo* mais adiante[540].

b) No Direito inglês a *consideration* deve ser fornecida pelo promissário (*consideration must move from the promisee*)[541]; o que tem como consequência a inadmissibilidade de uma promessa contratual cuja contraprestação seja devida por terceiro. (Não assim, porém, no Direito dos E.U.A., onde se admite que a *consideration* seja fornecida por alguém que não o beneficiário da promessa contratual[542].)

c) São em princípio ineficazes, por falta de *consideration*, os acordos pelos quais se estipulem pagamentos adicionais por uma prestação devida ao abrigo de um contrato preexistente, se o promitente não receber em contrapartida qualquer benefício adicional[543]. No *Restatement (Second) of Contracts* considera-se todavia eficaz, não obstante a inexistência de *consideration*, a modificação do preço contratual convencionada pelas partes em vista de uma alteração das circunstâncias em que fundaram a decisão de contratar[544].

d) Não é admissível a renúncia do credor ao direito de exigir o cumprimento da prestação, ou parte dela, ainda que com a aquiescência da contraparte, excepto se lhe corresponder uma prestação diferente a cargo do devedor, a renúncia por este a um contracrédito sobre o seu credor, se o crédito for contestado de boa fé pelo devedor ou o seu montante for ilíquido[545].

Importa agora averiguar se pode ter-se a *consideration* como funcionalmente equivalente ao conceito de causa, que constitui elemento autónomo do negócio jurídico em alguns Direitos latinos[546].

Em sentido afirmativo pronunciavam-se até recentemente ZWEIGERT--KÖTZ[547].

---

[540] Cfr. *infra* § 12.º.

[541] Cfr. TREITEL, ob. cit., p. 77, e referências.

[542] Cfr. FARNSWORTH, *Contracts*, vol. I, p. 65.

[543] Cfr. TREITEL, ob. cit., pp. 88 ss.

[544] Cfr. o § 89 (a) do citado *Restatement*.

[545] Cfr. TREITEL, ob. cit., pp. 115 s.

[546] Cfr., por exemplo, os arts. 1108 e 1131 do Código Civil francês e 1325 e 1343 do Código Civil italiano. Entre nós alude expressamente à causa do negócio jurídico o art. 458.º, n.º 1, do Código Civil.

[547] Cfr. *Einführung in die Rechtsvergleichung*, 2ª ed., II, pp. 90 ss. Os autores parecem ter entretanto abandonado esta posição: veja-se a 3ª ed. dessa obra, pp. 384 ss., bem como KÖTZ, *Europäisches Vertragsrecht*, p. 113, onde o autor reconhece expressamente que «as ordens jurídicas continentais não conhecem um princípio directamente comparável» à doutrina da *consideration*.

Estamos todavia em crer que é muito diverso o alcance das figuras em apreço. À causa dos Direitos latinos e à *consideration* anglo-saxónica subjazem concepções jurídicas e filosóficas muito diversas — diríamos mesmo antinómicas. A sua identidade funcional é meramente aparente: se é certo que ambas são instrumentos de aferição da admissibilidade do reconhecimento de efeitos jurídicos aos contratos, os seus pressupostos, os critérios com base nos quais esse reconhecimento se processa e os fins que através delas se prosseguem são inteiramente distintos.

Senão vejamos.

O *Common Law* supre, como vimos, a ausência do princípio consensualista mediante o requisito de que na génese do contrato esteja um sinalagma: quando à promessa corresponda uma atribuição patrimonial, um benefício avaliável em dinheiro, a alcançar pelo promitente, pode ser reclamado em juízo o seu cumprimento ou o ressarcimento dos danos causados pelo seu incumprimento. A *consideration* constitui, nesta medida, causa eficiente das obrigações contratuais[548].

Outro é o sentido da exigência de causa como elemento constitutivo do contrato nos Direitos continentais[549]. Esta pode ser entendida de dois modos fundamentais: como função social do contrato[550] e como motivos

---

[548] A mesma opinião é expendida por FERREIRA DE ALMEIDA: cfr. *Texto e enunciado na teoria do negócio jurídico*, vol. I, pp. 501, n. 125.

[549] Reconhece-o, por exemplo, DAVID, «Cause et Consideration», *in Mélanges Maury*, vol. II, pp. 111 ss.

[550] É, como se sabe, a concepção de BETTI (cfr. *Teoria generale del negozio giuridico*, tradução portuguesa, vol. I, pp. 329 ss.), estreitamente conexa com o fundamento que o autor imputa ao reconhecimento pela ordem jurídica da autonomia privada. Na sua perspectiva, só se garante e protege a autonomia privada na vida de relação na medida em que através dela se prossigam interesses dignos de tutela; daí que a ordem jurídica apenas confira aos negócios jurídicos os efeitos mais conformes à função económico-social que lhe caracteriza o tipo (e que constituem a sua «causa») (*ibidem*, pp. 107 s.). A razão de ser da força obrigatória dos acordos reside assim não na vontade individual daquele que se obriga, mas na função típica de cooperação inerente a dada espécie de conduta na vida social (*idem*, *Cours de droit civil comparé des obligations*, p. 16). A própria comparação jurídica confirmaria que as legislações modernas tendem a ligar certos efeitos obrigacionais aos actos de autonomia privada não porque exista nos autores destes uma vontade orientada à produção de tais efeitos, mas antes porque eles prosseguem um interesse típico que segundo a avaliação das necessidades sociais feita pelo legislador é de molde a justificar a produção de tais efeitos (*ibidem*, p. 64). Numa palavra, seria o interesse típico, lícito e socialmente valioso na cooperação com outrem a razão de ser ou a «causa» da força obrigatória do contrato (*ibidem*, p. 65). Ver ainda nesta linha geral de orientação, na doutrina italiana, GALGANO, *Diritto privato*, p. 237; e, entre nós, DIAS MARQUES, *Teoria geral do Direito Civil*, vol. II, pp. 191 ss.;

164 Da Responsabilidade Pré-Contratual em Direito Internacional Privado

ou circunstâncias cuja representação intelectual determinaram os sujeitos a querê-lo. Numa concepção ecléctica, a causa do contrato compreende ambas as acepções, que constituem como que as suas vertentes objectiva e subjectiva[551]. Sinteticamente, a causa pode também ser definida como o interesse prosseguido pelo negócio jurídico[552]. Tem-se em vista, em qualquer caso, uma causa final[553].

Subjaz-lhe a ideia de que a lei apenas protege a regulamentação de interesses operada ao abrigo da autonomia privada na medida em que repute merecedores de tutela jurídica os fins através dela visados[554]. A causa limita, pois, o consensualismo.

Ora, conforme apurámos, nos sistemas anglo-saxónicos este problema não se põe. Compreende-se, assim, que ao juiz não pertença aí averiguar, através do requisito da *consideration*, a atendibilidade dos motivos que impelem as partes a contratar ou dos fins por elas prosseguidos através do contrato; a valoração a efectuar restringe-se à verificação de que o contrato corresponde a uma troca em sentido económico (a *exchange* a que alude o *Restatement* norte-americano). De outro modo não seria compreensível que, como vimos, aos tribunais ingleses esteja vedado apreciar a «adequação» da *consideration*. A promessa a que corresponda um *quid pro quo* obriga o promitente independentemente das finalidades que a ela presidem. O exame destas — *punctum saliens* da doutrina latina da causa, que não tem apenas que existir, mas também de ser lícita e digna de tutela jurídica — não tem lugar através do instituto da *consideration*. Porque assim é, pôde HOLMES concluir que «toda a doutrina do contrato é formal e externa»[555].

Não falta mesmo quem, na doutrina anglo-saxónica, negue a possibilidade de uma definição heterónoma dos interesses socialmente atendíveis e por conseguinte de uma fiscalização da causa dos contratos[556].

CARVALHO FERNANDES, *Teoria geral do Direito Civil*, vol. II, p. 289; e OLIVEIRA ASCENSÃO, *Direito Civil. Teoria geral*, vol. II, pp. 113 e 270 ss. Este autor admite, no entanto, uma outra acepção de causa: a de relação fundamental de que deriva a vinculação jurídica (ob. cit., pp. 268 s., e *Teoria geral do Direito Civil*, vol. IV, pp. 169 ss.).

[551] Cfr. GALVÃO TELLES, *Manual dos contratos em geral*, pp. 255 ss.

[552] Assim CASTRO MENDES, *Teoria geral do Direito Civil*, vol. II, p. 187, e CARBONNIER, *Droit Civil*, t. 4, *Les Obligations*, p. 121.

[553] Assim TERRÉ-SIMLER-LEQUETTE, *Droit Civil. Les obligations*, p. 268; STARCK-ROLAND-BOYER, *Droit civil. Les obligations. 2. Contrat*, p. 296.

[554] Cfr. GALVÃO TELLES, ob. cit. p. 255; CASTRO MENDES, ob. cit., pp. 187 s.; CARVALHO FERNANDES, ob. e loc. cit.; e OLIVEIRA ASCENSÃO, ob. cit. por último, p. 180.

[555] Cfr. *The Common Law*, p. 230, nota a.

[556] É o caso de HAYEK, *Law, Legislation and Liberty*, vol. II, pp. 109 ss., para quem

Por outro lado, a causa dos sistemas continentais não exclui a validade de contratos unilaterais, gratuitos ou mesmo destituídos de conteúdo económico[557], ao contrário do que sucede em virtude da *consideration*. Ela constitui, nesta medida, um requisito menos restritivo do que esta última.

A diferença de regimes aludida é, aliás, plenamente conforme com as distintas premissas filosóficas em que assenta a regulamentação do contrato nos sistemas continentais e nos anglo-saxónicos. No Direito francês o regime do contrato foi largamente influenciado, como notam TALLON e HARRIS[558], pelos canonistas[559], ao passo que no Direito inglês foi sobretudo impregnado por costumes comerciais. Daí que a transacção comercial seja considerada pelos juízes ingleses como o paradigma do contrato, sobre o qual se modelou a respectiva disciplina, enquanto que no Direito francês o contrato constitui uma figura com carácter geral, que compreende toda a convenção pela qual duas ou mais pessoas se sujeitam a alguma obrigação.

Por outro lado, como salienta GORDLEY[560], ao passo que os juristas continentais, inspirados na distinção aristotélica entre liberalidade e justiça comutativa admitiram uma causa gratuita e uma causa onerosa, os juízes ingleses do séc. XVI procuraram delimitar as promessas informais que podiam ser invocadas em juízo através da *action of assumpsit*[561], restringindo-as àquelas em que concorresse o requisito da *consideration*.

---

a sociedade livre se caracteriza por uma cooperação pacífica e mutuamente benéfica entre os seus membros, levada a efeito através das trocas, mas sem que estes hajam de chegar a qualquer acordo quanto aos fins particulares que lhes é dado prosseguir. Numa tal sociedade vigora, segundo o autor, uma «ordem abstracta, que não se propõe quaisquer fins específicos, mas que aumentará para todos a expectativa de alcançarem os seus fins individuais». Por isso se diz que ela é *means-connected* e não *ends-connected*.

[557] Como se sabe, entre nós a própria lei sanciona a possibilidade de se constituírem obrigações sem conteúdo económico, desde que a prestação corresponda a um interesse do credor, digno de protecção jurídica: art. 398.º, n.º 2, do Código Civil.

[558] *Le contrat aujourd'hui: comparaisons franco-anglaises*, p. 418.

[559] Que a doutrina da causa dos contratos, tal como o Direito francês a conhece, mergulha as suas raízes no Direito Canónico, reconhece-o expressamente COING, «Die Bedeutung der Europäischen Rechtsgeschichte für die Rechtsvergleichung», *RabelsZ* 1968, pp. 1 ss. (pp. 8 s.).

[560] Cfr. *The Philosophical Origins of Modern Contract Doctrine*, p. 137; *idem*, «Common Law und civil law: eine überholte Unterscheidung», *ZEuP* 1993, pp. 498 ss. (p. 502).

[561] Do latim *assumere*, assumir. Sobre a origem da acção de *assumpsit* ver HOLMES, *The Common Law*, pp. 215 ss.

166   *Da Responsabilidade Pré-Contratual em Direito Internacional Privado*

Finalmente: enquanto que os juristas da Escola Histórica viram no contrato uma expressão da ideia de liberdade[562], proclamada por KANT como único direito originário do Homem[563], e puderam assim fundar a sua eficácia no valor moral da autonomia da vontade[564], conferindo-lhe, em consequência, o mais vasto alcance, o pensamento jurídico anglo-saxónico extraiu essa eficácia do princípio da utilidade[565] e portanto da existência de uma vantagem mútua para ambos os contraentes[566].

Em face do que havemos de concluir, com ESSER, que a *consideration* se furta a toda a comparação institucional com a construção jurídica continental[567]; e que dela deriva uma importante restrição ao domínio do contrato, que não tem correspondência nos Direitos continentais.

---

[562] Entendida como propriedade da vontade pela qual esta pode ser eficiente independentemente de causas estranhas que a determinem: cfr. KANT, *Grundlegung zur Metaphysik der Sitten*, p. 103 (na tradução portuguesa, p. 93).

[563] Cfr. *Die Metaphysik der Sitten*, p. 76: «Freiheit (Unabhängigkeit von eines anderen nötigender Willkür), sofern sie mit jedes anderen Freiheit nach einem allgemeinen Gesetz zusammen bestehen kann, ist dieses einzige, ursprüngliche, jedem Menschen kraft seiner Menschheit zustehende Recht» (na tradução francesa, vol. II, p. 26; na tradução castelhana, p. 55).

[564] Cfr. SAVIGNY, *System des heutigen römischen Rechts*, vol. 3, p. 309, onde se define o contrato como «die Vereinigung Mehrerer zu einer übereinstimmenden Willenserklärung, wodurch ihre Rechtsverhältnisse bestimmt werden». Ver ainda *ibidem*, p. 258: «eigentlich muss der Wille an sich als das einzig Wichtige und Wirksame gedacht werden, und nur weil er ein inneres, unsichtbares Ereignis ist, bedürfen wir eines Zeichens, woran er von anderen erkannt werden könne, und dieses Zeichen, wodurch sich der Wille offenbart, ist eben die Erklärung».

[565] Cfr. BENTHAM, *An Introduction to the Principles of Morals and Legislation*, p. 11: «Nature has placed mankind under the governance of two sovereign masters, *pain* and *pleasure*. It is for them alone to point ou what we ought to do do, as well as to determine what we shall do [...]. The *principle of utility* recognizes this subjection».

Compare-se com KANT, *Grundlegung*, cit., p. 87: «Im Reiche der Zwecke hat alles entweder einen *Preis* oder eine *Würde*. Was einen Preis hat, an dessen Stelle kann auch etwas anderes als *Äquivalent* gesetzt werden; was dagegen über allen Preis erhoben ist, mithin kein Äquivalent verstattet, das hat eine Würde»; «das aber, was die Bedingung ausmacht, unter der allein etwas Zweck an sich selber sein kann, hat nicht bloss einen relativen Wert, d. i. einen Preis, sondern einen innern Wert, d. i., *Würde*»; e p. 88: «Treue im Versprechen, wohlwollen aus Grundsätzen (nicht aus Instinkt) haben einen innern Wert» (pp. 77 s. da trad. port.).

[566] Cfr. ATIYAH, *The Rise and Fall of Freedom of Contract*, p. 325.

[567] Cfr. *Grundsatz und Norm*, p. 326 (na tradução castelhana, p. 411). No sentido de que a *consideration* não pode ser equiparada à causa dos contratos sinalagmáticos *vide* ainda: DE MOOR, «Contract and Agreement in English and French Law», *Ox. J. L. St.* 1986,

33. Pelo que respeita ao âmbito dos efeitos possíveis do contrato podem distinguir-se nos sistemas de *Civil Law* três orientações fundamentais: *a*) uma concepção restrita de contrato, oriunda do período do Direito comum, segundo a qual este se define como a convenção de que nascem obrigações (solução do Direito francês[568]); *b*) uma concepção ampla de contrato, que remonta a SAVIGNY[569] e vê nele o acordo tendente à produção de efeitos jurídicos qualquer que seja a sua natureza, *i.e*, o negócio jurídico bilateral (solução acolhida nos Direitos alemão e português[570]); e *c*) uma concepção intermédia, para a qual o contrato é o acordo relativo à constituição, regulamentação ou extinção de relações jurídicas patrimoniais (solução consagrada no Direito italiano[571]).

Nos sistemas de *Common Law* restringe-se o âmbito do contrato, como na primeira das referidas orientações do Direito continental, aos actos obrigacionais. Mas a constituição de um *trust* acha-se sujeita a regras próprias, não se lhe aplicando, em princípio, as disposições do *Law of Contract*. Até recentemente, encontravam-se ainda excluídos, no *Common Law* inglês, os contratos a favor de terceiro, por a tal se opor o princípio da *privity of contract*[572]. Integram, no entanto, o conceito anglo-saxónico

---

pp. 275 ss. (pp. 281 s.); Denis TALLON, «The Notion of Contract: A French Jurist's Naïve Look at Common Law Contract», *in Comparative and Private International Law. Essays in Honour of John Merryman*, pp. 282 ss. (p. 286); MARSCH, *Comparative Contract Law*, p. 104; e MATTEI-MONATERI, *Introduzione breve al diritto comparato*, p. 32. Outra não é a conclusão de VON MEHREN, ob. cit., p. 89: «Direct comparison of the doctrinc of consideration with doctrines of other legal systems is out of the question; the doctrines differ too greatly in formulation and technique».

[568] Por força do disposto no art. 1101 do *Code Civil*, que diz: «Le contrat est une convention par laquelle une ou plusieurs personnes s'obligent, envers une ou plusieurs autres, à donner, à faire ou à ne pas faire quelque chose».

[569] Cfr. *System*, cit., vol. 3, pp. 309 s.: «Es fragt sich nämlich, ob Rechtsverhältnisse aller Art, oder etwa nur eine einzelne Art derselben, Gegenstand des Vertrages seyn können. Von dieser Seite nun müssen wir für den angegebenen Begriff die ausgedehnteste Anwendbarkeit in Anspruch nehmen. Es sind also Verträge möglich im Völkerrecht, im Staatsrecht, im Privatrecht: in diesem ferner bey allen Arten der ihm angehörenden Rechtsinstitute».

[570] Estes diferem, porém, na medida em que, como se sabe, no primeiro o contrato não opera de per si a transferência da propriedade sobre um bem imóvel: cfr. os §§ 873 e 925 do BGB.

[571] Cfr. o art. 1321 do Código Civil, que dispõe: «Il contratto è l'accordo di due o più parti per costituire, regolare o estinguere tra loro un rapporto giuridico patrimoniale».

[572] Segundo o qual só as partes podiam ser titulares de direitos e obrigações por força de um contrato, ainda que a finalidade precípua deste fosse beneficiar um terceiro: cfr. CHESHIRE-FIFOOT-FURMSTON, *Law of Contract*, pp. 450 ss., TREITEL, *The Law of Contract*,

de *unilateral contract* certos negócios unilaterais do Direito continental, como a promessa pública, desde que tenham como contrapartida um acto ou uma omissão de outrem[573]. Como é bom de ver, o *unilateral contract* (a que se contrapõe o *bilateral contract*, em que à promessa ou promessas de uma das partes correspondem uma ou mais contra-promessas da outra) não pressupõe, a fim de ser eficaz, o mútuo consenso.

Na delimitação do âmbito do contrato importa não só atentar na índole das relações jurídicas que através dele as partes podem constituir, modificar ou extinguir, mas também averiguar em que medida se inserem no seu conteúdo deveres acessórios de conduta não resultantes de acordo entre as partes, cuja violação é susceptível de originar responsabilidade contratual quer perante o credor quer perante terceiros que se encontrem numa relação de especial proximidade com este.

Justamente a dogmática jurídica germânica, e na esteira dela a portuguesa, tendem a caracterizar a relação contratual como uma relação complexa, que compreende não só os deveres principais e secundários de prestação e os correspondentes direitos potestativos, mas também vários deveres acessórios de conduta fundados no princípio da boa fé consagrado nos §§ 157 e 242 do BGB e nos arts. 227.º, 239.º e 762.º do Código Civil português[574].

Esta ideia teve larga repercussão na jurisprudência germânica; de tal modo que à face do Direito alemão se têm hoje por incluídos na relação

---

pp. 523 ss., ATIYAH, *An Introduction to the Law of Contract*, pp. 355 ss., e BEATSON, *Anson's Law of Contract*, pp. 426 ss.

Em 11 de Novembro de 1999 o Parlamento inglês aprovou uma lei com o título *Contracts (Rights Of Third Parties) Act 1999*, que reforma (sem a abolir) a regra da *privity of contract*, permitindo a celebração de contratos a favor de terceiro. Dispõe, para aquele efeito, a secção 1 (1) dessa lei: «Subject to the provisions of this Act, a person who is not a party to a contract (a "third party") may in his own right enforce a term of the contract if- (a) the contract expressly provides that he may, or (b) subject to subsection (2), the term purports to confer a benefit on him». E acrescenta a secção 1 (5): «For the purpose of exercising his right to enforce a term of the contract, there shall be available to the third party any remedy that would have been available to him in an action for breach of contract if he had been a party to the contract (and the rules relating to damages, injunctions, specific performance and other relief shall apply accordingly)».

[573] Cfr. *Chitty on Contracts*, vol. I, p. 19, onde se dá como exemplo de um *unilateral contract* «the offer of a reward for the return of lost property».

[574] Cfr. na doutrina alemã WIEACKER, *Privatrechtsgeschichte de Neuzeit*, tradução portuguesa, p. 597; LARENZ, *Lehrbuch des Schuldrechts*, vol. I, *Allgemeiner Teil*, pp. 26 ss.; e na doutrina portuguesa Carlos MOTA PINTO, *Cessão da posição contratual*, pp. 281 ss., e *Direito das Obrigações*, pp. 58 ss., MENEZES CORDEIRO, *Da boa fé no Direito civil*, vol. I, pp. 586 ss., CARNEIRO DA FRADA, *Contrato e deveres de protecção*, pp. 36 ss., 143 ss.

obrigacional deveres gerais de conduta, ditos de protecção (*Schutzpflichten*), cuja violação nos preliminares, na conclusão e na execução dos contratos determina a responsabilidade contratual do lesante, quer perante a contraparte quer, nos casos de «contratos com eficácia de protecção para terceiros» (*Verträge mit Schutzwirkung für Dritte*)[575], perante estes últimos. Admite-se ainda, com fundamento no princípio da boa fé, a «liquidação do dano de terceiro», i. é, a indemnização, ao abrigo das normas da responsabilidade contratual, do dano sofrido por um sujeito que não o credor em virtude do incumprimento ou do cumprimento defeituoso do contrato (*Drittschadensersatz* ou *Drittschadensliquidation*)[576].

A este alargamento progressivo do conteúdo obrigacional do contrato, bem como do seu âmbito de eficácia pessoal, não são decerto alheios o carácter restritivo do regime da responsabilidade extracontratual consignado no BGB — em particular no tocante à definição dos bens jurídicos protegidos, que não compreendem o património em geral[577], e à responsabilidade do agente pelos actos dos seus auxiliares (que, como vimos, fica excluída desde que aquele demonstre a inexistência de *culpa in eligendo* ou *in vigilando*[578]) —; mas ela é igualmente expressão do pensamento solidarista que tende a prevalecer no moderno Direito Privado alemão[579].

Alude-se, a este propósito, a uma «fuga para o contrato» (*Flucht in die Vertragssphäre*)[580] e mesmo a uma «hipertrofia da responsabilidade contratual» (*Hypertrophie der Vertragshaftung*)[581].

---

e *passim*, ANTUNES VARELA, *Das Obrigações em geral*, vol. I, pp. 65 ss. e 124 ss., e ALMEIDA COSTA, *Direito das Obrigações*, pp. 60 ss.

[575] Cfr. LARENZ, ob. cit., pp. 224 ss.; FIKENTSCHER, *Schuldrecht*, pp. 185 ss.; BROX, *Allgemeines Schuldrecht*, pp. 227 ss.; MARKESINIS, *The German Law of Obligations*, vol. I, *The Law of Contracts and Restitution: a Comparative Introduction*, pp. 276 ss.; MUSIELAK, «A inserção de terceiros no domínio de protecção contratual», *in Contratos: actualidade e evolução*, pp. 283 ss. (pp. 286 ss.); MEDICUS, *Schuldrecht*, vol. I, *Allgemeiner Teil*, pp. 369 ss.

[576] Cfr. LARENZ, ob. cit., pp. 462 ss.; FIKENTSCHER, ob. cit, pp. 304 ss.; BROX, ob. cit., 189 ss.; MARKESINIS, ob. cit., vol. II, *The Law of Torts: a Comparative Introduction*, pp. 54 ss.; MEDICUS, ob. cit., 287 ss.

[577] Desenvolveremos este ponto adiante, no § 8.º.

[578] *Supra*, § 6.º.

[579] Ver adiante, n.º 34.

[580] Assim NIRK, «Rechtsvergleichendes zur Haftung für culpa in contrahendo», *RabelsZ* 1953, pp. 310 ss. (p. 352).

[581] Cfr. sobre o fenómeno VON CAEMMERER, «Wandlungen des Deliktsrechts», *in Hundert Jahre Deutsches Rechtsleben*, pp. 49 ss. (pp. 56 ss.); DEUTSCH, «Zum Verhältnis

Consideremos, a fim de ilustrar o fenómeno, alguns exemplos.

Suponha-se, em primeiro lugar, que um perito ou uma instituição de crédito presta a alguém informações erradas fora do contexto de qualquer relação negocial preexistente. Por força do disposto no § 676 do BGB[582], a prestação de uma informação, conselho ou recomendação só dá lugar ao dever de indemnizar os danos dela resultantes quando ocorra no âmbito de uma relação contratual ou constitua um ilícito delitual[583]. Estando em causa danos meramente patrimoniais causados por negligência, dificilmente se constituirá na esfera jurídica do lesante um dever de ressarci-los ao abrigo das regras da responsabilidade extracontratual constantes dos §§ 823 e 826 do BGB. O Tribunal Federal alemão tem, por isso, fundamentado a responsabilidade pelos danos desse modo causados ao destinatário da informação num contrato tácito de informação ou aconselhamento (*Auskunfts-* ou *Beratungsvertrag*), que entende concluído quando o informante sabia ou devia saber que a informação tinha significado considerável para o seu destinatário e seria utilizado por este como base de disposições essenciais no domínio económico, jurídico ou fáctico[584]. Na doutrina admite-se que a prestação de informações nessas circunstâncias por profissionais de certo ramo da actividade económica faz surgir uma relação obrigacional de fonte legal, que impõe ao dador da informação o dever de

---

von vertraglicher und deliktischer Haftung», *in FS Michaelis*, pp. 26 ss. (p. 30); SCHLECHT-RIEM, «Vertragliche und ausservertragliche Haftung», *in Gutachten und Vorschläge zur Überarbeitung des Schuldrechts*, vol. II, pp. 1591 ss. (p. 1600); PICKER, «Vertragliche und deliktische Schadenshaftung», *JZ* 1987, pp. 1041 ss. (p. 1042); e FIKENTSCHER, *Schuldrecht*, pp. 732 s.

[582] Nos termos do qual: «*Keine Haftung für Rat oder Empfehlung.* Wer einem anderen einen Rat oder eine Empfehlung erteilt, ist, unbeschadet der sich aus einem Vertragsverhältnis oder einer unerlaubten Handlung ergebenden Verantwortlichkeit, zum Ersatze des aus der Befolgung des Rates oder der Empfehlung entestehenden Schadens nicht verpflichtet».

[583] Cfr. *Palandt*-THOMAS, § 676 BGB, n.m. 1 ss., pp. 795 ss.

[584] Assim a sentença de 23 de Janeiro de 1985, *JZ* 1985, p. 951, reproduzida *in* SCHWENZER-MÜLLER-CHEN, *Rechtsvergleichung. Fälle und Materialien*, pp. 203 ss.: «Der Erteilung einer Auskunft kann ein stillschweigender Auskunftsvertrag zugrunde liegen, wenn für den Auskunftsgeber zu erkennen ist, dass die Auskunft für den Empfänger von erheblicher Bedeutung ist und von ihm zur Grundlage wesentlicher Massnahmen auf wirtschaftlichen, rechtlichen oder tatsächlichen Gebieten gemacht werden soll. Das gilt insbesondere dann, wenn der Auskunftsgeber über besondere Sachkunde verfügt». Cfr. ainda os acs. do BGH de 12 de Fevereiro de 1979, *NJW* 1979, pp. 1595 ss. (p. 1597), e de 4 de Março de 1987, *BGHZ* 100, pp. 117 ss. (pp. 118 s.).

Da Responsabilidade Civil e das suas Modalidades 171

prestá-la com o cuidado usual no tráfico ou que é esperado dos que possuem a sua condição profissional[585].

Se for prestada uma informação errada ao abrigo de um contrato e um terceiro, baseando-se nela, concluir um negócio com o destinatário da informação (pelo qual, *v.g.*, lhe concede crédito ou adquire um bem), o Tribunal Federal Alemão admite a responsabilização *ex contractu* do informante pelos danos sofridos pelo terceiro, desde que se demonstre que as partes quiseram incluí-lo no âmbito de protecção do contrato[586].

Atente-se agora no caso em que um notário ou advogado não executa, ou executa defeituosamente, certo acto que se obrigara a praticar, lesando desse modo um terceiro, que o seu mandante tinha em vista beneficiar; e ainda naqueloutro em que um subempreiteiro viola obrigações a seu cargo, prejudicando assim o dono da obra. Em ambos os casos a eventual responsabilidade do devedor inadimplente perante estes sujeitos, que se encontram «na proximidade do contrato» (*Leistungsnähe*), rege-se, segundo a jurisprudência alemã, pelas normas da responsabilidade contratual e decorre da caracterização dessas relações como contratos com eficácia de protecção para terceiros[587].

Seja, por fim, a hipótese de o transportador danificar a coisa por ele transportada. O adquirente, para quem se transferiu nos termos dos §§ 446 e 447 do BGB o risco do perecimento ou deterioração da coisa (mas não a posse ou a propriedade da mesma), tem de pagá-la ao vendedor; porém, não sendo parte no contrato de transporte, não poderia à primeira vista accionar o transportador. A responsabilidade (contratual) deste perante o adquirente, resulta, segundo a doutrina e a jurisprudência alemãs, da aludida figura da liquidação de danos a terceiros[588].

---

[585] Cfr. LARENZ, ob. cit., vol. I, pp. 123 s., e vol. II/1, pp. 430 s.

[586] Cfr. a sentença daquele Tribunal de 26 de Novembro de 1987, *NJW* 1987, pp. 1758 s., reproduzido em SCHWENZER-MÜLLER-CHEN, ob. cit., pp. 205 ss. Ver ainda, com referências actualizadas, EBKE, *Die zivilrechtliche Verantwortlichkeit der wirtschaftsprüfenden, steuer- und rechtsberatenden Berufe im internationalen Vergleich*, pp. 18 ss. e 41 ss.

[587] Cfr., quanto ao primeiro caso, KÖTZ, *Europäisches Vertragsrecht*, vol. I, pp. 381 ss., MARKESINIS, ob. cit., vol. II, p. 279, e MUSIELAK, «A inserção de terceiros no domínio de protecção contratual», *in Contratos: actualidade e evolução*, pp. 283 ss. (p. 291); e quanto ao segundo KÖTZ, «The Doctrine of Privity of Contract in the Context of Contracts Protecting the Interests of Third Parties», *Tel Aviv University Studies in Law* 1990, pp. 195 ss. (p. 206). Ver ainda as decisões judiciais citadas por estes autores.

[588] Cfr. FIKENTSCHER, ob. cit., p. 420; MEDICUS, ob. cit., p. 289.

172 Da Responsabilidade Pré-Contratual em Direito Internacional Privado

A mesma tendência fundamental vem-se afirmando, embora de forma mais atenuada, na jurisprudência portuguesa[589].

Não se verificam, decerto, entre nós algumas das razões que levam os juristas germânicos a sujeitar ao Direito contratual o problema da ressarcibilidade dos danos patrimoniais causados à margem do contrato.

Daí, por exemplo, que em hipóteses de prestação de informações falsas ou erradas como as visadas nas decisões do *Bundesgerichthof* referidas em primeiro lugar sejam aplicáveis, dada a sua natureza híbrida, as regras de qualquer das modalidades básicas do dever de responder[590]; e o mesmo pode dizer-se das violações de deveres acessórios de protecção que decorrem do princípio da boa fé consagrado no art. 762.° do Código Civil, embora a sua proximidade com o Direito delitual — na medida em que visam a protecção da integridade física e patrimonial alheia — justifique, quanto a elas, a aplicação das regras da responsabilidade delitual[591].

---

[589] Para uma consagração pelo Supremo Tribunal de Justiça de deveres contratuais de protecção, que «aspira» para o domínio da responsabilidade contratual uma situação que segundo as instâncias achava a sua sede na esfera do ilícito extracontratual *vide* o ac. daquele tribunal de 14 de Janeiro de 1997, *CJSTJ* 1997, t. I, pp. 42 ss. Na espécie, o autor sofrera ferimentos em consequência da queda sobre si de uma máquina de exercícios físicos pertencente à ré, ocorrida no momento em que a utilizava. O Supremo entendeu que a boa fé na execução do contrato pelo qual a ré facultara ao autor o acesso ao ginásio em que se encontrava a dita máquina lhe impunha um dever de protecção tendente a evitar um tal resultado danoso. Ao não advertir o autor de que só deveria utilizar a máquina de certa forma, a ré teria agido culposamente, sendo por isso responsável *ex contractu*. Já no ac. de 12 de Novembro de 1996, *in BMJ* 461, pp. 411 ss., e *RLJ*, ano 131.°, pp. 41 ss., o mesmo tribunal sujeitou a alegada violação de deveres de protecção pela concessionária de uma auto-estrada às regras gerais da responsabilidade extracontratual, razão pela qual caberia aos lesados provar os factos que permitissem imputar o evento, a título de culpa, ao suposto lesante.

[590] Assim SINDE MONTEIRO, *Responsabilidade por conselhos, recomendações ou informações*, pp. 529 e 643.

[591] Cfr. MENEZES CORDEIRO, *Da boa fé no Direito Civil*, vol. I, p. 639 (que informa, na n. 384, que «C. W. CANARIS, perante a exposição do esquema português da responsabilidade aquiliana, concorda com a desnecessidade, nesse sistema, dos deveres unitários de protecção»); TEIXEIRA DE SOUSA, *O concurso de títulos de aquisição da prestação*, p. 145, n. 21; e ROMANO MARTINEZ, *Cumprimento defeituoso*, pp. 273 s. CARNEIRO DA FRADA, *Contrato e deveres de protecção*, admite a aplicação analógica do art. 799.°, n.° 1, do Código Civil aos deveres de protecção (pp. 197 e 217), mas adverte que «só a ponderação do tipo de risco concretamente envolvido dá a chave definitiva da distribuição do ónus da prova», (p. 195, n. 408); e preconiza a aplicação das normas próprias da responsabilidade delitual em matéria de prescrição, de Direito Internacional Privado, de ressarcimento dos danos não patrimoniais e de limitação da indemnização em caso de simples culpa (pp. 218 s.).

Da Responsabilidade Civil e das suas Modalidades

Contudo, quando daquelas informações resultem danos para pessoa diferente de quem as solicitou sem que se verifique a violação de um direito subjectivo de outrem ou de uma disposição legal destinada a proteger interesses alheios — como sucede nos casos em que alguém conclui um contrato confiando em informações prestadas por um terceiro (*v.g.* um auditor, um consultor ou um perito) ao seu parceiro negocial — o seu ressarcimento não será possível, regra geral, ao abrigo das normas do Direito português sobre responsabilidade extracontratual. Já se tem admitido, por isso, consoante sucede na Alemanha, um dever de responder por tais danos com base na figura do contrato com eficácia protectora de terceiros, o qual representaria «um tipo mais fraco de contrato a favor de terceiro»[592].

Por outro lado, ainda que não se entenda ser admissível, com carácter geral, uma acção directa do primeiro contraente contra o subcontraente[593], por via da acção sub-rogatória é certamente possível àquele exercer contra este vários dos direitos que competem ao intermediário[594].

O fenómeno acima aludido não tem correspondência no Direito francês, pois que nele vigoram os princípios segundo os quais «as convenções apenas produzem efeitos entre as partes contratantes»[595] e «sem contrato prévio não há responsabilidade contratual»[596].

---

[592] Neste sentido pronuncia-se SINDE MONTEIRO, *Responsabilidade por conselhos, recomendações e informações*, pp. 518 ss.; *idem*, «Responsabilidade por informações face a terceiros», *BFDUC* 1997, pp. 35 ss. (p. 48); *idem*, «Portugal», *in The Limits of Expanding Liability*, pp. 173 ss. (p. 175); *idem*, «Hipóteses típicas de responsabilidade civil», *Revista Jurídica da Universidade Moderna* 1998, pp. 1 ss. (p. 5); *idem*, anotação ao ac. do STJ de 12 de Novembro de 1996, *RLJ*, ano 131.°, pp. 41 ss. (ano 132.°, p. 62). A possibilidade de responsabilizar nestes termos os auditores que influenciem a celebração de contratos por terceiros é, no entanto, rejeitada por CARNEIRO DA FRADA, *Uma "terceira via" no direito da responsabilidade civil?*, p. 92, por não existir entre estes e o credor da prestação a comunhão de interesses que é pressuposto daquela figura. Este autor advoga, ao invés, a fundamentação das pretensões indemnizatórias em apreço na responsabilidade delitual por abuso de direito (quando a conduta dos auditores se revele atentatória dos bons costumes) — pp. 48 ss. e 113 — ou na *culpa in contrahendo* — pp. 98 ss. e 113.

[593] Cfr. porém o art. 1063.° do Código Civil.

[594] Assim, quanto às relações entre o dono da obra e o subempreiteiro, VAZ SERRA, «Empreitada», *BMJ* 145, pp. 19 ss. (p. 66). No sentido da admissibilidade, também neste caso, da acção directa *vide* ROMANO MARTINEZ, *O subcontrato*, p. 173; *idem, Contrato de empreitada*, p. 129.

[595] Cfr. o art. 1165 do Código Civil. Ressalvam-se as estipulações em favor de terceiros, previstas no art. 1121 do mesmo Código.

[596] Assim MAZEAUD, «Responsabilité délictuelle et responsabilité contractuelle»,

Por outro lado, a amplitude da cláusula geral da responsabilidade civil extracontratual consagrada nos arts. 1382 e 1383 do *Code Civil*, que não autonomiza a ilicitude como pressuposto do dever de indemnizar, é de molde a nela se incluírem danos patrimoniais puros causados por negligência[597].

De aí que a *Cour de Cassation* haja afirmado, no acórdão *Besse*[598], que «o subempreiteiro não se encontra contratualmente ligado ao dono da obra»; solução que parece extensível às relações entre os *contractants extrêmes* nos demais casos de *groupes de contrats*[599].

Mais recentemente, o mesmo tribunal julgou, no acórdão proferido no caso *Broux* c. *T.*[600], que «enquanto redactor de um acto, o notário é obrigado a tomar todas as medidas úteis para assegurar a sua eficácia»; razão por que, na espécie, a circunstância de os autores terem sido aconselhados por um terceiro não o dispensava de preveni-los dos riscos inerentes a aceitarem o pagamento do preço no prazo de oito meses a contar da venda sem obterem qualquer garantia especial. Ao decidir de modo diverso, a *Cour d'appel* recorrida violou, segundo a Cassação, o disposto no art. 1382 do Código Civil.

Certo, também a jurisprudência francesa admite que o contrato impõe às partes obrigações acessórias, entre as quais avulta a «obrigação de segurança» relativamente à pessoa e aos bens do credor, cuja violação importa a constituição do devedor em responsabilidade contratual[601]; mas o fenómeno tem um alcance mais restrito do que o que lhe corresponde na Alemanha e suscitou sérios reparos na doutrina[602]. Observa-se mesmo na jurisprudência mais recente um «refluxo» da obrigação de segurança e uma extensão correlativa da responsabilidade delitual ou quase-delitual, a

---

RTDC 1929, pp. 551 ss. (p. 573); MAZEAUD-TUNC, *Traité théorique et pratique de la responsabilité civile délictuelle et contractuelle*, t. I, p. 147.

[597] Cfr. sobre essas disposições adiante, § 8.°.

[598] Acórdão de 12 de Julho de 1991, *D*. 1991, p. 549.

[599] *Vide* neste sentido TERRÉ-SIMLER-LEQUETTE, *Droit civil. Les obligations*, p. 402, e VINEY, «Sous-contrat et responsabilite civile», *in Contratos: actualidade e evolução*, pp. 257 ss. (p. 277).

[600] Acórdão de 21 de Fevereiro de 1995, *Bull*. 1995, I, 95.

[601] Para uma descrição das consagrações jurisprudenciais da obrigação de segurança vejam-se MAZEAUD-CHABAS, *Leçons de droit civil*, t. II, vol. I, *Obligations. Théorie générale*, pp. 396 ss.; STARCK-ROLAND-BOYER, *Obligations, 1. Responsabilité délictuelle*, pp. 27 s.; *idem, Droit civil. Les obligations. 2. Contrat*, pp. 425 ss.

[602] Ver, por último: CARBONNIER, *Droit civil*, t. 4, *Les Obligations*, pp. 489 s.; JOURDAIN, *Les principes de la responsabilité civile*, pp. 36 s.; VINEY-JOURDAIN, *Les conditions de la responsabilité*, pp. 410 ss.

Da Responsabilidade Civil e das suas Modalidades

qual se revela, com o desenvolvimento da responsabilidade objectiva, mais favorável à vítima[603]. Tal deve-se designadamente à circunstância de que, sendo o art. 1384, primeiro parágrafo, do Código Civil francês[604] privativo da responsabilidade delitual, esta disposição não aproveita ao credor de uma obrigação de segurança. De todo o modo, segundo alguns autores a dita obrigação só integra o conteúdo do contrato quando as partes o hajam convencionado expressa ou tacitamente ou isso resulte de disposição legal, e não por força de um princípio geral[605].

Na Suíça o Tribunal Federal rejeita expressamente que a prestação gratuita de informações, designadamente por um banco, corresponda à execução de qualquer obrigação contratual[606]. O mesmo tribunal entende que os credores lesados pela falência de um banco podem demandar ao abrigo das regras da responsabilidade delitual os revisores das contas do mesmo que hajam infringido normas legais reguladoras da sua actividade[607].

Também no Direito inglês não poderia ter-se por violada qualquer obrigação contratual nas situações referidas, visto a tal se oporem as doutrinas da *privity of contract* e da *consideration*. Isto, não obstante os danos

---

[603] Cfr. neste sentido TERRÉ-SIMLER-LEQUETTE, *Droit civil. Les obligations*, pp. 442 e 468.

[604] Nos termos do qual: «On est responsable non seulement du dommage que l'on cause par son propre fait, mais encore celui qui est causé par le fait des personnes dont on doit répondre, ou des choses que l'on a sous sa garde».

[605] Cfr. MAZEAUD, est. cit., pp. 614 ss.; MAZEAUD-TUNC, ob. cit., pp. 191 ss.; e CONSTANTINESCO, *Inexécution et faute contractuelle en droit comparé*, pp. 151 ss.

[606] Cfr. a sentença do Tribunal Federal de 26 de Novembro de 1985, *ATF* 111, II, pp. 471 ss. (parcialmente reproduzido *in* SCHWENZER-MÜLLER-CHEN, ob. cit., pp. 209 ss.): «Nach der bundesgerichtlichen Rechtsprechung ist die Erteilung einer Auskunft, die weder in Ausübung eines Gewerbes noch sonst gegen Entgelt gegeben wird, nicht als Erfüllung einer übernommenen vertraglichen Verpflichtung anzusehen, sondern als ein ausservertragliches Handeln [...]. Das gilt auch für Bankauskünfte, die nicht im Rahmen eines Geschäfts mit einem Bankkunden erteilt werden».

[607] Cfr. a sentença do Tribunal Federal de 15 de Agosto de 1991, *ATF* 117, II, pp. 315 ss. (parcialmente reproduzido *in* SCHWENZER-MÜLLER-CHEN, ob. cit., pp. 212 ss.). O tribunal ponderou o recurso, neste caso, à figura do contrato com eficácia de protecção de terceiros, mas rejeitou-a por entender que «[l]e mandat de revision ne saurait non plus constituer un "contrat avec effet de protection envers les tiers" car, à l'évidence, la banque n'a pas vis-à-vis de ses créanciers un devoir de protection, comparable à celui d'un chef de famille par exemple». Na doutrina aquela figura é aceite, dentro de certos limites, por GAUCH-SCHLUEP-SCHMID-REY, *Schweizerisches Obligationenrecht. Allgemeiner Teil*, vol. II, pp. 392 s. GUHL-MERZ-KUMMER-KOLLER-DRUEY, *Das Schweizerische Obligationenrecht*, p. 232, encaram-na, porém, com maior reserva.

176   *Da Responsabilidade Pré-Contratual em Direito Internacional Privado*

em causa serem puramente patrimoniais e terem resultado da defraudação de expectativas legítimas, cuja protecção compete por excelência ao Direito contratual[608]. Esta a razão por que a Câmara dos Lordes admitiu, em hipóteses análogas às mencionadas, a condenação *in tort* dos lesantes a repararem os danos causados[609].

Por via dos deveres acessórios de conduta que comporta e do reconhecimento a terceiros de pretensões ressarcitórias nele fundadas, o conceito de contrato revela-se, em suma, objectiva e subjectivamente mais amplo no Direito alemão do que nos demais ordenamentos jurídicos aqui examinados[610]. Inversamente, ele assume no Direito inglês, em virtude dos requisitos da *consideration* e da *privity*, a sua configuração mais restrita.

34. Temos considerada a estrutura e o âmbito dos efeitos possíveis do contrato nos ordenamentos jurídicos que nos vêm servindo de referência. A delimitação do conceito de contrato carece ainda de ser feita à luz da perspectiva neles prevalecente quanto ao fundamento da sua eficácia obrigatória.

Ora, o contrato é um instrumento de realização de escolhas individuais, voluntariamente assumidas; mas preenche também importantes funções económico-sociais, permitindo designadamente a circulação de bens e serviços.

Os efeitos do contrato podem ser explicados a partir de qualquer destas perspectivas. Em última análise, o seu regime jurídico pode reflectir ambas, mas tem variado no tempo e no espaço a relevância que lhes é atribuída.

Essas perspectivas tendem, na verdade, a atribuir um alcance desigual, na disciplina do conteúdo e dos efeitos do contrato, às intenções das partes, às expectativas geradas pelas declarações de cada uma delas na outra e ao equilíbrio de interesses dele emergente. Uma concepção que procure salva-

---

[608] Assim ATIYAH, *An Introduction to the Law of Contract*, p. 380: «the protection of expectations is generally the province of contract law»; CANE, *Tort Law and Economic Interests*, p. 458: «The core (but by no means the only) function of the law of contract is the making good of disappointed expectations of financial gain».

[609] Cfr. *infra*, § 8.º.

[610] Em sentido próximo, mas reportando-se tão-só aos Direitos francês e alemão, cfr. CONSTANTINESCO, ob. cit., p. 156. Critica abertmente esta orientação do Direito alemão Werner LORENZ, «Die Einbeziehung Dritter in vertragliche Schuldverhältnisse — Grenzen zwischen vertraglicher und deliktischer Haftung», JZ 1960, pp. 108 ss. (pp. 112 ss.), que, aduzindo exemplos extraídos dos Direitos francês, inglês e dos E.U.A, preconiza a sujeição das hipóteses mencionadas no texto às regras do Direito delitual.

Da Responsabilidade Civil e das suas Modalidades 177

guardar ao máximo a liberdade de vinculação dos indivíduos propenderá para atribuir maior relevância ao primeiro destes aspectos; ao passo que uma concepção que valorize a segurança do tráfico jurídico e a justiça nas trocas entre privados admitirá com mais facilidade a intervenção do Estado na relação contratual, através da lei ou dos tribunais, imputando-lhe ou recusando-lhe efeitos a fim de salvaguardar aqueloutros desideratos.

Naturalmente que não nos é possível determo-nos aqui no estudo de nenhuma destas concepções. Limitar-nos-emos, por isso, a averiguar em que medida cada uma delas obteve acolhimento nos mencionados sistemas jurídicos.

a) À face da ordem jurídica portuguesa, o reconhecimento de efeitos aos contratos onerosos e a disciplina para eles estabelecida no Código Civil explicam-se, segundo cremos, por apelo às seguintes ideias fundamentais:

Em primeiro lugar, o princípio da liberdade contratual: as pessoas são livres de contratar, pertencendo-lhes, no caso de o fazerem, o poder de fixarem, em termos vinculativos, a disciplina aplicável ao contrato[611]. Possibilita-se, deste modo, a auto-regulamentação pelos particulares dos seus interesses[612] e por conseguinte uma ordenação espontânea, não autoritária, da vida social. Este princípio está em estreita conexão com a economia de mercado, na medida em que pressupõe e é instrumento necessário do exercício da liberdade de empresa e da propriedade privada. Mas ele constitui também uma projecção do valor da autodeterminação da pessoa humana[613].

O contrato é, pois, instrumento da autonomia privada[614]. Porque assim é, confere o Direito vigente entre nós um certo relevo à vontade das partes na produção dos efeitos do contrato — o qual, na sua expressão mínima, se

---

[611] Cfr. o art. 405.º do Código Civil.

[612] Caracterizam precisamente o contrato como acto de auto-regulamentação de interesses contrapostos pelos próprios interessados: GALVÃO TELLES, *Manual dos contratos em geral*, p. 20, e *Direito das Obrigações*, pp. 58 s.; e DIAS MARQUES, *Noções elementares de Direito Civil*, pp. 56 s.

[613] Cfr., a este propósito, as considerações que fizemos acima, no § 3.º, acerca do fundamento da liberdade de escolha da lei aplicável às situações plurilocalizadas.

[614] Sobre o negócio jurídico como acto de autonomia privada consultem-se CARVALHO FERNANDES, «Negócio jurídico», *Polis*, vol. 4, cols. 603 ss. (col. 605); *idem, A conversão dos negócios jurídicos civis*, pp. 31 ss.; *idem, Teoria Geral do Direito Civil*, vol. II, pp. 24 ss.; OLIVEIRA ASCENSÃO, *O Direito*, p. 73; *idem, Direito civil. Teoria geral*, vol. II, *Acções e factos jurídicos*, pp. 63 ss.; MENEZES CORDEIRO, *Tratado de Direito Civil português*, vol. I, *Parte geral*, t. I, p. 249.

178 Da Responsabilidade Pré-Contratual em Direito Internacional Privado

traduz na exigência de consciência da declaração[615]. Por si só, a vontade humana não produz, todavia, efeitos jurídicos, antes é o Direito que se impõe às pessoas, só dele derivando esses efeitos. Nenhuma vontade, por mais esclarecida que seja, pode, aliás, ponderar e querer todos os efeitos jurídicos dela derivados[616]. E mesmo pelo que respeita aos efeitos jurídicos estipulados pelas partes, a circunstância de eles se produzirem muito para além do momento da celebração do contrato e independentemente da vontade dos contraentes de se manterem vinculados demonstra que não é apenas a vontade que obriga nos contratos. À mesma conclusão se chegará atentando em que por via de interpretação e de integração se imputam amiúde à vontade dos contraentes consequências das suas declarações que não foram rigorosamente queridas por eles[617]. Outro tanto se infere do facto de a usura e a alteração das circunstâncias em que as partes fundaram a decisão de contratar conferirem à parte lesada o direito à modificação do contrato. A liberdade contratual exerce-se, além disso, «dentro dos limites da lei», *maxime* das normas imperativas através das quais o Estado procura desempenhar as suas incumbências no domínio social e económico.

A liberdade contratual tem como corolários os princípios *pacta sunt servanda*[618] e da eficácia relativa dos contratos[619]. Mas também estes consentem excepções, ditadas por considerações de justiça ou pelo respeito devido à autonomia privada. O primeiro, por via da relevância atribuída à alteração das circunstâncias em que as partes fundaram a decisão de contratar[620]. O segundo, através da admissão do contrato a favor de terceiro[621], do contrato para pessoa a nomear[622] e da oponibilidade a terceiros, em determinadas condições, das relações creditícias[623].

Em segundo lugar, fundam-se os efeitos do contrato na tutela da confiança: cada contraente deve responder pelas expectativas dignas de tutela jurídica que gerar na contraparte através da sua declaração [624].

---

[615] Consagrada no art. 246.° do Código Civil.
[616] Assim MENEZES CORDEIRO, ob. cit., p. 247.
[617] Cfr. RADBRUCH, *Rechtsphilosophie*, tradução portuguesa, pp. 285 s.
[618] Cfr. o art. 406.°, n.° 1, do Código Civil.
[619] Art. 406.°, n.° 2.
[620] Art. 437.°.
[621] Arts. 443.° a 451.°.
[622] Arts. 452.° a 456.°.
[623] Consagrada por exemplo no art. 1057.°.
[624] Ver nesta linha de orientação ANTUNES VARELA, *Das Obrigações em geral*, vol. I, pp. 238 e 246, e MENEZES CORDEIRO, ob. cit., p. 250.

Mas a confiança dificilmente pode ser aceite como fundamento único da eficácia dos contratos. *De jure condendo*, dada a dificuldade em prová-la e em avaliá-la e também porque o promissário deve ter o direito de confiar na promessa independentemente da credibilidade que, em concreto, lhe mereça o promitente[625]; não pode a confiança, por isso, constituir a causa da vinculação, que antes radica no acto de auto-vinculação em que se consubstancia a promessa. *De jure condito*, porque no Direito vigente a vinculação assumida por contrato é independente de o promissário ter efectivamente confiado na promessa contratual[626]. A confiança só pode constituir, por isso, uma explicação para soluções pontuais da lei; não o fundamento geral dos efeitos jurídicos do contrato. Ela manifesta-se, no Direito português, nomeadamente na disciplina dos problemas da interpretação do negócio jurídico[627] e da divergência entre a vontade e a declaração[628].

Em terceiro lugar, avulta neste domínio a reciprocidade ou equivalência das prestações: nos contratos onerosos comutativos, à prestação de cada um dos contraentes deve corresponder uma prestação de valor sensivelmente equivalente da parte do outro contraente. Pode, assim, ter de ser corrigida a composição de interesses resultante do contrato, ou até ser-lhe

---

[625] Cfr. BAPTISTA MACHADO, «Tutela da confiança e "venire contra factum proprium"», *in Obra dispersa*, vol. I, pp. 345 ss. (p. 359).

[626] Neste sentido depõem os arts. 245.° e 246.° do Código Civil português: o primeiro porque dele se deduz que a declaração não séria é nula, ainda que feita em circunstâncias que hajam induzido o declaratário a confiar na sua seriedade; o segundo porque exige a consciência da declaração.

[627] *Vide* no sentido de que a doutrina da impressão do destinatário, consignada entre nós no art. 236.°, n.° 1, do Código Civil, visa fundamentalmente proteger a legítima confiança firmada pelo declaratário na aparência criada pelo declarante (a qual poderia ser gravemente lesada se na interpretação da declaração o julgador se norteasse exclusivamente pela busca da compreensão que dele formou o declarante), FERRER CORREIA, *Erro e interpretação na teoria do negócio jurídico*, p. 206. Cfr. ainda Manuel de ANDRADE, *Teoria geral da relação jurídica*, vol. II, p. 312; BAPTISTA MACHADO, «A cláusula do razoável», *in Obra dispersa*, vol. I, pp. 457 ss. (p. 522); Carlos da MOTA PINTO, *Teoria geral do Direito Civil*, p. 447; e MENEZES CORDEIRO, *Tratado de Direito Civil português*, vol. I, *Parte geral*, t. I, p. 486.

[628] Precisamente neste domínio foi a teoria da confiança advogada entre nós por Manuel de ANDRADE, ob. cit., vol. II, pp. 161 ss., e Carlos MOTA PINTO, ob. cit., p. 470. A tutela da confiança explica, por exemplo, a validade da declaração emitida com reserva mental se esta não for conhecida do declaratário (art. 244.°); a validade da declaração emitida com incapacidade acidental, se o facto não for notório nem conhecido do declaratário (art. 257.°).

180   *Da Responsabilidade Pré-Contratual em Direito Internacional Privado*

negada eficácia obrigatória, quando a mesma se mostre desconforme a esta exigência[629].

Em suma, o contrato obriga entre nós não apenas porque é querido pelas partes e socialmente útil, mas também porque tal é conforme à justiça[630].

b) Vejamos em que medida pode dizer-se o mesmo à luz das outras ordens jurídicas.

Nos sistemas germânicos varia significativamente a importância atribuída pelos autores a cada um dos princípios acima referidos.

Alguns acentuam o papel do contrato como meio de conformação autónomo-privada das relações jurídicas e vêem na autodeterminação das partes o seu fundamento. É o caso de FLUME[631]. O conceito de contrato e as respostas dadas pela lei aos problemas por ele suscitados são, de acordo com esta orientação, essencialmente determinados pela sua função de instrumento da autonomia privada. Outros procuram fundar na confiança a eficácia da declaração de vontade[632] ou do contrato em geral[633]. Uma orientação ecléctica é sustentada por ZIPPELIUS[634], que vê nos princípios da

---

[629] Haja vista ao que dispõem os arts. 237.°, 282.° a 284.°, 437.°, 812.°, 888.°, n.° 2, 911.°, 913.°, 1040.°, 1146.° e 1216.° do Código Civil, e os arts. 9.°, n.° 2, e 14.° do regime jurídico das cláusulas contratuais instituído pelo D.L. n.° 446/85, de 25 de Outubro (alterado pelo D.L. n.° 220/95, de 31 de Agosto, e pelo D.L. n.° 249/99, de 7 de Julho). A mesma ideia fundamental encontra-se consagrada no art. 49.°, n.° 1, do Código do Direito de Autor e dos Direitos Conexos e no art. 179.°, n.° 2, do Código do Procedimento Administrativo.

[630] A uma conclusão próxima chega SOUSA RIBEIRO no termo da sua recente investigação sobre as cláusulas contratuais gerais e o princípio da liberdade contratual. Para o autor o contrato é não só «meio de autodeterminação das partes, mas também de regulação de processos sociais de cooperação e troca, de acordo com parâmetros e valores da juridicidade». Idealmente, afirma, «compete-lhe realizar, em simultâneo, o livre, o útil e o justo». Cfr. *O problema do contrato*, p. 637.

[631] Cfr. *Allgemeiner Teil des Bürgerlichen Rechts*, vol. 2, *Das Rechtsgeschäft*, p. 4: «Der Vertrag ist die Hauptform der privatautonomen Gestaltung. Die Idee des Vertrages ist, dass das vertraglich Vereinbarte deshalb gilt, weil die Vertragsschliessenden, ein jeder in Selbstbestimmung, vereinbart haben, das es so Rechtens sein soll». *Vide* em sentido concordante LARENZ, *Richtiges Recht*, p. 60 (na tradução castelhana, p. 70). Salienta a necessidade de complementar esta doutrina com outros pontos de vista acerca do fundamento da eficácia dos contratos BYDLINSKI, *Privatautonomie und objektive Grundlagen des verpflichtenden Rechtsgeschäfts*, pp. 56 ss.

[632] Cfr. EICHLER, *Die Rechtslehre vom Vertrauen*, pp. 106 s.; CRAUSHAAR, *Der Einfluss des Vertrauens auf die Privatrechtsbildung*, pp. 35 ss. e 58.

[633] Cfr. KÖTZ, *Europäisches Vertragsrecht*, vol. I, p. 9; ZWEIGERT-KÖTZ, *Einführung in die Rechtsvergleichung*, p. 318.

[634] *Rechtsphilosophie*, p. 220.

Da Responsabilidade Civil e das suas Modalidades   181

autonomia e da protecção da confiança o fundamento da eficácia obrigatória do contrato. Mais próximos da posição que acima sustentámos encontram-se autores como BYDLINSKI[635], LARENZ[636] e Manfred WOLF[637], para quem o Direito dos contratos assenta na conjugação dos princípios da autonomia privada, da confiança e da equivalência das prestações[638].

A estes princípios aditou LARENZ[639] um outro, estreitamente ligado ao desenvolvimento jurisprudencial do Direito Civil alemão desde a entrada em vigor do BGB: o «princípio social», que reclama que a ordem jurídica confira protecção àqueles que, em virtude da sua situação de inferioridade económica ou de falta de experiência, tipicamente não se acham em condições de acautelar de modo suficiente os seus interesses no tráfico contratual. Essa protecção aflora também nas disposições legais que visam tutelar o arrendatário e o comprador ou possibilitar o controlo judicial do conteúdo das cláusulas contratuais gerais[640].

---

[635] Ver, do autor, os importantes estudos *Privatautonomie und objektive Grundlagen des verpflichtenden Rechtsgeschäfts*, sobretudo pp. 122 a 175, e *System und Prinzipien des Privatrechts*, pp. 156 ss.

[636] Cfr. *Richtiges Recht*, p. 79 (na tradução castelhana, p. 90), e *Allgemeiner Teil des deutschen Bürgerlichen Rechts*, p. 48, onde o autor escreveu: «Das Vertragsrecht des BGB kann weder aus dem Prinzip der Privatautonomie — so zentral dieses ist —, noch aus dem Vertrauensprinzip, noch aus dem Prinzip der ausgleichenden Vertragsgerechtigkeit allein, sondern aus dem Zusammenspiel dieser Prinzipien verstanden werden».

[637] Cfr. LARENZ-WOLF, *Allgemeiner Teil des Bürgerlichen Rechts*, pp. 29 e 481 ss.

[638] Este último foi, como se sabe, rejeitado pelos redactores do BGB (salvo no caso de usura, que constitui, verificados os pressupostos enunciados no § 138, 2, fundamento de nulidade do negócio jurídico); mas a jurisprudência dos tribunais superiores alemães não tardou em reafirmá-lo, sob a influência dos problemas económicos do primeiro pós-guerra (cfr. sobre o ponto WIEACKER, *Privatrechtsgeschichte der Neuzeit*, tradução portuguesa, pp. 552 s. e 599 s.). A partir do princípio da boa fé ínsito no § 242 do BGB desenvolveu-se, assim, a figura da «base do negócio» (*Geschäftsgrundlage*), que se tem por prejudicada quando ocorra, em consequência de uma alteração imprevista de circunstâncias, uma perturbação da equivalência das prestações. Esta confere à parte lesada, em determinadas condições, o direito à modificação do contrato: cfr. LARENZ, *Lehrbuch des Schuldrechts*, vol. I, *Allgemeiner Teil*, pp. 320 ss.; *Palandt*-HEINRICHS, § 242 BGB, n.m. 110 ss., pp. 237 ss.

[639] *Allgemeiner Teil*, cit., p. 52. Ver também ESSER-SCHMIDT, *Schuldrecht*, vol. I, *Allgemeiner Teil, Teilband 1*, pp. 8 ss., e LARENZ-WOLF, ob. cit., pp. 37 s.

[640] Entre as quais sobressai o § 9 da *Gesetz zur Regelung des Rechts der Allgemeinen Geschäftsbedingungen*, de 1976, cujo n.º 1 dispõe: «Bestimmungen in Allgemeinen Geschäftsbedingungen sind unwirksam, wenn sie den Vertragspartner des Verwenders entgegen den Geboten von Treu und Glauben unangemessen benachteiligen».

À face do Direito francês o contrato caracteriza-se essencialmente, segundo GHESTIN[641], por consistir num acordo de vontades tendente à produção de efeitos jurídicos; mas esse acordo apenas produz os efeitos visados pelas partes, segundo se deduz do art. 1134 do Código Civil francês[642], porque o Direito objectivo assim o estabelece e nos limites por este definidos. O art. 1131 do mesmo Código exige, como condição de eficácia da obrigação, uma «causa lícita»; e o art. 1135 estabelece que «*les conventions obligent non seulement à ce qui y est exprimé, mais encore à toutes les suites que l'équité, l'usage ou la loi donnent à l'obligation d'après sa nature*». A vontade das partes não constitui, por conseguinte, a única medida das obrigações para elas decorrentes do contrato[643].

Fundamentos da força obrigatória reconhecida ao contrato pelo Direito francês são ainda, para o citado autor, a sua utilidade social, que a exigência da causa põe em evidência, e a sua conformidade com a justiça contratual, traduzida num certo equilíbrio entre as prestações das partes nos contratos onerosos[644]. A ausência ou o rompimento deste último apenas relevam, todavia, nos casos ditos de *force majeure* e de *lésion*[645]; não nos de *imprévision*, pois que, em princípio, a alteração das circunstâncias em que as partes fundaram a decisão de contratar, decorrente de um evento imprevisto, não confere à parte lesada o direito à revisão ou à resolução dos contratos civis[646].

Também em Itália o contrato se distingue dos demais modos de constituição, regulação ou extinção de relações patrimoniais pelo papel nele desempenhado pela autonomia privada[647].

E também aí se entende que para a produção de tais efeitos jurídicos não basta o acordo das partes, sendo ainda exigível uma justificação económico-social: uma causa[648]. Prevê-se, por isso, um controlo jurisdicional do uso

---

[641] Cfr. «La notion de contrat», *Recueil Dalloz Sirey* 1990, pp. 147 ss. (pp. 149, 154 e 156); *Traité de Droit Civil. La formation du contrat*, pp. 9, 11 e 212.

[642] Segundo o qual: «Les conventions légalement formées tiennent lieu de loi à ceux qui les ont faites».

[643] Cfr. aut. cit., *Traité*, cit., pp. 41 s.

[644] Cfr. «La notion de contrat», cit., pp. 149 s.; *Traité*, cit., pp. 42 e 203 ss. Ver ainda no mesmo sentido GHESTIN e JAMIN, «Le juste et l'utile dans les effets du contrat», *in Contratos: actualidade e evolução*, pp. 123 ss.

[645] Sobre a figura da lesão como expressão de uma ideia moral na teoria do contrato ver RIPERT, *La règle morale dans les obligations civiles*, pp. 116 ss.

[646] Cfr. CARBONNIER, ob. cit., pp. 269 s.

[647] Haja vista ao art. 1322, n.º 1, do Código Civil, que dispõe: «Le parti possono liberamente determinare il contenuto del contratto nei limiti imposti dalla legge».

[648] Cfr. o art. 1325, alíneas 1) e 2), do mesmo Código.

Da Responsabilidade Civil e das suas Modalidades 183

feito pelos privados da sua autonomia, tendente a verificar, *inter alia*, se os interesses prosseguidos através do contrato são *«meritevoli di tutela secondo l'ordinamento giuridico»*[649]; controlo esse que, segundo refere GALGANO[650], visa proteger os próprios contraentes, em particular o mais débil.

No tocante aos contratos celebrados por consumidores, tal protecção é ainda levada a efeito mediante a cominação de ineficácia das cláusulas ditas *«vessatorie»*, i. é, aquelas que *«malgrado la buona fede, determinano a carico del consumatore un significativo squilibrio dei diritti e degli obblighi derivanti dal contratto»*[651].

Consagram-se os princípios da força vinculativa e da relatividade dos contratos[652]. Estabelece-se, no entanto, a possibilidade de resolução ou modificação judicial dos contratos em que a prestação de uma das partes se torne, supervenientemente, excessivamente onerosa[653]; e admite-se na doutrina e na jurisprudência a relevância da *«pressuposição»*[654]. Prevê-se expressamente, por outro lado, a validade da estipulação a favor de terceiro[655].

No Direito italiano a intangibilidade da vontade individual cede, pois, como sublinha BIANCA[656], perante a exigência de justiça social.

Outra é a perspectiva dos Direitos inglês e dos Estados Unidos. A equivalência das prestações não parece constituir aí factor condicionante da eficácia do contrato[657]. É o que se deduz, nomeadamente, do referido prin-

---

[649] Cfr. o art. 1322, n.° 2, do Código Civil.

[650] Ob. cit., p. 239.

[651] Cfr. os arts. 1469*bis* a 1469*sexies do* Código Civil, aditados pelo art. 25 da lei de 6 de Fevereiro de 1996, n.° 52.

[652] Art. 1372, do Código Civil: «[1] Il contratto ha forza di legge tra le parti. Non può essere sciolto che per mutuo consenso o per cause ammesse dalla legge. [2] Il contratto non produce effetto rispetto ai terzi che nei casi previsti dalla legge».

[653] Cfr. o art. 1467 do Código. Sobre o alcance do princípio da equivalência das prestações no Direito italiano dos contratos ver ALPA, «Princípios gerais e direito dos contratos. Um inventário de *dicta* e de questões», *in Contratos: actualidade e evolução*, pp. 101 ss. (p. 104).

[654] Definida pela Cassação como «situazione di fatto, comune ad entrambi i contraenti, ed independente dalla loro volontà, che le parti hanno tenuto presente durante l'iter formativo del contratto, pur non facendone in esso alcun expresso riferimento». Cfr., com mais referências, BIANCA, *Diritto civile*, vol. 3, *Il contratto*, pp. 435 ss., GALGANO, ob. cit., pp. 351 s., e ALPA, *Istituzioni di diritto privato*, pp. 902 s.

[655] Art. 1411 do Código.

[656] Ob. cit., p. 33.

[657] Reconhece-o, por exemplo, COOTE, «The Essence of Contract», *J. Contract L.* 1988, pp. 91 ss. (p. 101).

184   *Da Responsabilidade Pré-Contratual em Direito Internacional Privado*

cípio segundo o qual aos tribunais é vedado apreciar a «adequação» da *consideration* e, por conseguinte, a justiça substancial (*fairness*) da transacção consubstanciada no contrato. A figura da lesão não tem, assim, acolhimento no *Common Law* actual[658].

Existem no, entanto, consagrações pontuais da ideia de igualdade das trocas, sobretudo no domínio dos contratos de consumo[659]. Estas não deixaram, porém, de suscitar reacções adversas na doutrina[660] e na jurisprudência[661].

---

[658] Neste sentido BEATSON, ob. cit., p. 97.

[659] Como as que decorrem do *Unfair Contract Terms Act 1977* inglês (*in* WHEELER-SHAW, *Contract Law. Cases, Materials and Commentary*, pp. 634 ss.) e das *Unfair Terms in Consumer Contracts Regulations 1994* (*in* BEALE-BISHOP-FURMSTON, *Contract. Cases and Materials*, pp. 895 ss.), que visam transpor para o Direito interno inglês a Directiva do Conselho n.° 93/13/CEE relativa às cláusulas abusivas nos contratos celebrados com os consumidores (*in JOCE* 1993, n.° L95, de 21 de Abril de 1993, pp. 29 ss.). Certas decisões dos tribunais ingleses sobre questões de interpretação dos contratos e de vícios da vontade dos contraentes (em especial a *undue influence*) evidenciam também alguma abertura à ideia de reciprocidade substancial nas trocas: cfr. ATIYAH, «Contract and Fair Exchange», *in Essays on Contract*, pp. 329 ss.; *idem, An Introduction to the Law of Contract*, pp. 289 ss.

Outro tanto poderá dizer-se do Direito dos E.U.A., atento o artigo 2-302 (1) do *Uniform Commercial Code*, que dispõe: «If the court as a matter of law finds the contract or any clause of the contract to have been unconscionable at the time it was made the court may refuse to enforce the contract, or it may enforce the remainder of the contract without the unconscionable clause, or it may so limit the application of any unconscionable clause as to avoid any unconscionable result». No comentário (oficial) n.° 1 a esta disposição lê-se que o *basic test* quanto à *unconscionability* «is whether, in the light of the general commercial background and the commercial needs of the particular trade or case, the clauses involved are so one-sided as to be unconscionable under the circumstances existing at the time of the making of the contract».

[660] Veja-se, por exemplo, DE MOOR, «Common and Civil Law Conceptions of Contract and a European Law of Contract: the Case of the Directive on Unfair Terms in Consumer Contracts», *Eur. Rev. Priv. Law* 1995, pp. 257 ss., para quem o «*test of unfairness*» do art. 3.°, n.° 1, da Directiva citada na nota anterior seria, à face do Direito inglês, «if not meaningless, at least very difficult to apply» (p. 269). Por outro lado, segundo a mesma autora, o princípio da *privity* opor-se-ia à atribuição de efeitos gerais a decisões individuais de *unfairness*, nos termos do art. 7.°, n.° 2, da Directiva (p. 270). Também FARNSWORTH, *Contracts*, vol. I, pp. 509 s., adverte, a propósito do citado artigo 2-302 (1) do *Uniform Commercial Code*, que «[i]t is unclear whether substantive unconscionability alone is enough»; e que «[o]n the whole, judges have been cautious in applying the doctrine of unconscionability, recognizing that [...] courts are ill-equipped to deal with problems of unequal distribution of wealth in society».

[661] Cfr. o *speech* de Lorde SCARMAN na decisão proferida pela Câmara dos Lordes no caso *National Westminster Bank plc v. Morgan*, (1985) *A.C.* 686 (p. 708): «I question

Também os referidos desvios aos princípios da estabilidade e da relatividade dos contratos só são admitidos no *Common Law* com um alcance muito limitado. Na verdade, a doutrina da *frustration of contracts* tem âmbito e pressupostos muito mais apertados do que a resolução ou modificação do contrato por alteração das circunstâncias permitidas por certos sistemas continentais[662]; e o efeito precípuo da ocorrência de um *frustrating event* consiste na exoneração (*discharge*) do devedor, não na revisão do contrato[663]. Por seu turno, a *privity of contracts* impede em princípio uma vinculação perante terceiros com base na figura do contrato com eficácia protectora de terceiros; e a assunção de obrigações contratuais independentemente da vontade — amplamente admitida no Direito germânico em virtude da *culpa in contrahendo* e da *culpa post pactum finitum*, bem como dos denominados *faktische Verträge* — tem escasso acolhimento no *Common Law*.

Estas disparidades — cabe notá-lo — não são reconduzíveis a meras diferenças de técnica jurídica. Elas radicam em concepções divergentes quanto ao grau de respeito devido à liberdade contratual e à força vinculativa do contrato, o qual tende a ser maior nos sistemas de *Common Law* — onde se proclama, expressivamente, a *santidade* (*sanctity*) dos contratos[664]

---

whether there is any need in the modern law to erect a general principle of relief against inequality of bargaining power». Tendo o Parlamento inglês regulamentado (*v.g.* no citado *Unfair Contract Terms Act 1977*) algumas das situações em que podem ocorrer abusos em virtude do superior poder negocial de uma das partes, declarou aquele magistrado: «I doubt whether the courts should assume the burden of formulating further restrictions».

[662] «[F]rustration occurs whenever the law recognizes that, without default of either party, a contractual obligation has become incapable of being performed because the circumstances in which performance is called for would render it a thing radically different from that which was undertaken by the contract. Non haec in foedera veni. It was not this that I promised to do»: Lorde RADCLIFFE, *in Davis Contractors Ltd. v. Fareham U.D.C.*, (1956) 2 *All E.R.* 145 (reproduzido em BEALE-BISHOP-FURMSTON, *Contract. Cases and Materials*, pp. 405 ss.). A alteração superveniente do equilíbrio financeiro da transacção não constitui, assim, causa de *frustration*: cfr. BEATSON, ob. cit., p. 8.

[663] Cfr., quanto ao Direito inglês, CHESHIRE-FIFOOT-FURMSTON, *Law of Contract*, pp. 569 ss., TREITEL, *The Law of Contract*, pp. 763 ss., e BEATSON, *Anson's Law of Contract*, pp. 503 ss.; e quanto ao Direito dos Estados Unidos, FARNSWORTH, *Contracts*, vol. II, pp. 558 ss., e MURRAY, *Murray on Contracts*, pp. 655 ss.

[664] Cfr. BEATSON, ob. cit., p. 7, que refere a este respeito: «In general, English law is reluctant to admit excuses for non-performance». Sobre a *sanctity of contracts* como ideia-força de uma concepção individualista do Direito dos Contratos ver ADAMS-BROWNSWORD, «The Ideologies of Contract», *Legal Studies* 1987, pp. 205 ss. (especialmente pp. 208 ss.).

— do que nos países continentais, em consonância com o ideal individualista que inspira os primeiros[665].

A elas não será também estranha a circunstância de os juristas anglo-saxónicos do séc. XIX, que lançaram as bases do actual Direito dos Contratos dos sistemas de *Common Law*, não terem sido receptivos à ética contratual aristotélica[666], tomística[667] e jusracionalista[668], na parte em que esta exigia, como corolário da justiça comutativa, a equivalência das prestações, a qual se afigurava demasiado paternalista ao pensamento dominante na época[669].

As divergências entre os sistemas jurídicos continentais e os anglo-saxónicos quanto à admissibilidade e ao regime da responsabilidade pré-contratual, que adiante se examinarão, inserem-se, em suma, num quadro mais vasto, constituído pelas concepções filosófico-jurídicas que iluminam o Direito contratual desses sistemas.

---

[665] O qual constitui um dos traços mais marcantes do denominado «espírito inglês». Reconhece-o, por exemplo, o professor de Oxford A. L. ROWSE, em *The English Spirit*, p. 36, quando afirma: «at the core of the English spirit is happiness, a deep source of inner contentment with life, which explains the Englishman's profoundest wish, to be left alone, and his willingness to leave others to their own devices so long as they do not trouble his repose». Sobre a ligação do *Common Law* com o espírito inglês pode ver-se, entre nós, CASTRO MENDES, *Direito Comparado*, pp. 172 e 176 ss.

[666] Cfr. ARISTÓTELES, *Éthique à Nicomaque*, Livro V, cap. X, especialmente p. 241 da tradução francesa: «toutes choses faisant objet de transaction doivent être d'une façon quelconque commensurables entre elles». *Ibidem*, p. 242: «Il doit donc y avoir entre un architecte et un cordonnier le même rapport qu'entre un nombre détérminé de chaussures et une maison (ou telle quantité de nourriture), faute de quoi il n'y aura ni échange ni communauté d'intérêts; et ce rapport ne pourra être établi que si entre les biens à échanger il existe une certaine égalité». *Ibidem*, p. 244: «il ne saurait y avoir ni communauté d'intérêts sans échange, ni échange sans égalité, ni enfin égalité sans commensurabilité».

[667] Cfr. S. Tomás de AQUINO, *Summa Theologica*, II-II, Quest. LXXVII, art. I (na tradução brasileira, vol. V, p. 2617): «se o preço exceder a quantidade do valor da cousa ou se, inversamente, a cousa exceder o preço, desaparece a igualdade da justiça. Por onde, vender mais caro ou comprar mais barato do que a cousa vale é em si mesmo injusto e ilícito».

[668] Cfr. GROTIUS, *De jure belli ac pacis libri tres*, livro II, cap. 12, VIII (na tradução alemã, p. 247): «Bei den Verträgen fordert die Natur Gleichheit, so dass aus der Ungleichheit der Benachteiligte ein Recht erlangt. Diese Gleichheit besteht teils in Handlungen, teils in dem Gegenstand, dem das Geschäft betrifft»; S. PUFENDORF, *De jure naturae et gentium libri octo*, livro V, cap. III, § 9 (p. 706): «de jure naturae requiritur, ut illa inaequalitas dimidiam parti justi pretii excedat».

[669] Reconhece-o, por exemplo, GORDLEY, *The Philosophical Origins of Modern Contract Doctrine*, pp. 146 ss. e 201 ss.

§ 8.°
Do âmbito da responsabilidade extracontratual

35. A questão fundamental que as normas da responsabilidade civil procuram resolver consiste em determinar, dentre os múltiplos eventos danosos gerados na vida social, aqueles em que ao lesado é permitido repercutir sobre outrem o dano por si sofrido[670].

A disciplina desta matéria gira em torno de duas ideias essenciais: a segurança jurídica, que reclama que a interacção social não seja tolhida pelo receio de lesões dos bens jurídicos próprios mediante actos ou omissões alheias; e a liberdade individual, que depõe no sentido de que certos comportamentos, embora causem danos a outrem, não dêem lugar à obrigação de indemnizá-los.

Assim, a necessidade de segurança pode justificar a imputação ao agente de certos danos independentemente de qualquer juízo de reprovação sobre a sua conduta. Em contrapartida, o receio de que um alargamento excessivo da responsabilidade civil iniba actividades socialmente úteis, com prejuízo para a colectividade, está na origem das limitações que, em maior ou menor grau, são impostas na generalidade dos sistemas jurídicos aqui considerados ao ressarcimento de danos patrimoniais não precedidos da violação de direitos absolutos ou de normas legais de protecção de interesses alheios.

O modo segundo o qual aqueles dois valores se articulam na delimitação dos factos geradores de responsabilidade civil extracontratual depende largamente das concepções de justiça e do tipo de organização económica e social prevalecentes em cada ordenamento jurídico. Avulta ainda na forma por que essa delimitação é efectuada o papel conferido à lei e à jurisprudência na revelação e na explicitação do conteúdo das normas jurídicas.

---

[670] Ver neste sentido ZWEIGERT-KÖTZ, *Einführung in die Rechtsvergleichung*, p. 598. Entre nós subscreve este ponto de vista SINDE MONTEIRO, «Responsabilidade civil. I Introdução», *RDE* 1978, pp. 313 ss. (pp. 319 s.).

Trata-se, pois, de algo eminentemente variável de pais para país. A hipótese de um Direito delitual comum aos Estados da União Europeia, aventada por Christian VON BAR[671], parece, por conseguinte, de difícil concretização.

Demonstra-o a circunstância de a delimitação do dano indemnizável ser levada a efeito nos sistemas aqui considerados por processos muito diversos. Uma análise comparativa permite ordená-los em três sistemas fundamentais: o da tipicidade dos factos indutores de responsabilidade, o da atipicidade ou da cláusula geral de responsabilidade e os sistemas mistos. Vejamo-los.

a) Consagram actualmente uma tipicidade de factos indutores de responsabilidade extracontratual os Direitos inglês e dos Estados Unidos.

As origens deste sistema remontam ao Direito inglês antigo[672]. Como se sabe, nele a acção não era concebida como meio de obter o reconhecimento em juízo de uma pretensão, antes a existência de uma *form of action* apropriada era condição desse reconhecimento. Toda a acção se baseava, por seu turno, num *writ*, i. é, uma ordem emitida em nome do rei na qual se determinava a adopção pelo réu de certa conduta, sob pena de este ter de se submeter a julgamento e à sentença dele resultante. Quem pretendesse obter o reconhecimento de um direito pelos tribunais reais devia dirigir-se à chancelaria real (*chancery*) e aí escolher o *writ* apropriado ao seu caso. Na falta deste, ficava excluído o reconhecimento do direito pelos tribunais reais («*no writ, no right*»). Os *writs* delimitaram assim historicamente os tipos de ilícitos determinantes da obrigação de indemnizar: os *torts*.

Por *tort* entende-se «*a civil wrong, other than a breach of contract*»[673]. Os *torts* só em parte correspondem, no entanto, aos delitos dos Direitos continentais, pois que neles se compreendem certas factispécies, como o *tort of trespass to land*[674], que podem não dar lugar à obrigação de indemnizar, mas antes a outro tipo de pretensões, como a manutenção ou a restituição da posse através de *injunctions*[675] (correspondentes aos meios

---

[671] Cfr. *Gemeineuropäisches Deliktsrecht*, vol. I, pp. vii e 402 s.

[672] Para uma síntese da evolução histórica da *Law of Torts vide*, na literatura mais recente, ZIMMERMANN, *The Law of Obligations. Roman Foundations of the Civilian Tradition*, pp. 907 ss.

[673] Assim PROSSER-KEETON, *The Law of Torts*, p. 2. Cfr. também SALMOND-HEUSTON, *Law of Torts*, p. 15.

[674] Isto é, «the act of (1) entering upon land in the possession of the plaintiff, or (2) remaining upon such land, or (3) placing or projecting any object upon it — in each case without lawful justification»: cfr. SALMOND-HEUSTON, ob. cit., p. 46.

[675] *Ibidem*, pp. 659 ss.

Da Responsabilidade Civil e das suas Modalidades 189

possessórios dos Direitos alemão e português). Dizem-se tais *torts «actionable per se without any proof of damage»*[676].

Apesar da eliminação das *forms of action* no século XIX, o sistema do precedente vinculativo favoreceu a preservação (posto que com múltiplas alterações e desenvolvimentos) das categorias tradicionais da responsabilidade delitual. Daqui a inexistência no *Common Law* de um princípio geral de responsabilidade extracontratual[677].

A rigidez deste sistema é, no entanto, atenuada pela possibilidade de a jurisprudência criar novos *torts* e alargar o âmbito dos existentes por recurso à analogia. É o que vem sucedendo em Inglaterrra sobretudo com o *tort of negligence*[678]. Neste se compreende *«any conduct of a person, which fails to satisfy the standard of care towards another set by the law and which, as a consequence, causes personal injuries to the victim or damages his property or even, in some circumstances, harms a person financially and economically»*[679]. Pressupostos do dever de indemnizar por *negligence* são, por conseguinte: a existência de um dever de cuidado, a violação deste e a causação por esse meio de um dano a outrem[680].

O conceito de dever de cuidado ocupa um papel central na delimitação levada a efeito pela jurisprudência inglesa dos bens jurídicos protegidos pelo Direito delitual[681]. Por isso pôde FLEMING escrever: *«[e]ach new "duty of care" creates in effect a new tort»*[682].

Embora o Direito inglês se ache em evolução quanto a este ponto, pode afirmar-se que a determinação pelos tribunais da existência de um dever de cuidado supõe actualmente a verificação dc três requisitos fundamentais: que o dano fosse «razoavelmente previsível»; que entre o agente e a vítima existisse uma relação «suficientemente próxima»; e que seja «justo e razoável» impor tal dever[683].

Também nos Estados Unidos a *negligence* obteve consagração, durante a primeira metade do século XIX, como fundamento autónomo de

---

[676] *Ibidem*, pp. 46 s.

[677] Reconhecem-no, pelo que respeita ao Direito inglês, SALMOND-HEUSTON, ob. cit., pp. 18 e 21, e CANE, *The Anatomy of Tort Law*, p. 21.

[678] Ver sobre o ponto adiante, n.° 37.

[679] Assim KAYE, *An Explanatory Guide to the English Law of Torts*, p. 2.

[680] Cfr. MARKESINIS-DEAKIN, *Tort Law*, p. 65; KAYE, ob. cit., p. 236.

[681] Segundo VAN GERVEN e outros, *Tort Law. Scope of Protection*, p. 14, a sua função é por isso equiparável à que desempenha no Direito alemão o conceito de direito subjectivo.

[682] Cfr. *The Law of Torts*, p. 5, n. 21.

[683] Cfr. KAYE, ob. cit., p. 41.

190 Da Responsabilidade Pré-Contratual em Direito Internacional Privado

responsabilidade delitual, constituindo hoje a *cause of action* dominante em matéria de danos acidentais[684].

Tal como em Inglaterra, a primeira exigência para haver responsabilidade por *negligence* nos Estados Unidos é a violação de um dever de conduta[685]; e também aqui se reconhece o elevado grau de expansibilidade desse conceito[686].

b) O sistema da atipicidade dos factos geradores de responsabilidade obteve acolhimento nos Direitos francês, suíço e italiano, que consagram cláusulas gerais de responsabilidade extracontratual.

Em França, acha-se tal cláusula consagrada no art. 1382 do *Code Civil*, segundo o qual: «*Tout fait quelconque de l'homme, qui cause à autrui un dommage, oblige celui par la faute duquel il est arrivé, à le réparer*»; ao que se acrescenta no art. 1383: «*Chacun est responsable du dommage qu'il a causé non seulement par son fait, mais encore par sa négligence ou par son imprudence*». Na Suíça estabelece o art. 41, n.° 1, do Código das Obrigações: «*Celui qui cause, d'une manière illicite, un dommage à autrui, soit intentionellement, soit par négligence ou imprudence, est tenu de le réparer*». Em Itália vale o preceituado no art. 2043 do *Codice Civile*, que dispõe: «*Qualunque fatto doloso o colposo, che cagione ad altrui un danno ingiusto, obbliga colui che ha commesso il fatto a risarcire il danno*».

Também aqui nos encontramos perante um legado do jusnaturalismo[687], a que o Direito inglês permaneceu alheio.

Constituindo um progresso significativo relativamente ao sistema anterior, pela superação que possibilitam do casuísmo a ele inerente, estas fórmulas — em especial a primeira — envolvem, todavia, o risco de um alargamento excessivo da responsabilidade extracontratual, pois que, literalmente entendidas, permitiriam ligar a toda a causação negligente de um dano de qualquer espécie a obrigação de indemnizar[688]. A delimitação das

---

[684] PROSSER-KEETON, ob. cit., p. 161.

[685] *Ibidem*, p. 164.

[686] Lê-se, com efeito, em PROSSER-KEETON, ob. cit., p. 359: «Changing social conditions lead constantly to the recognition of new duties».

[687] Neste sentido COING, «Die Bedeutung der Europäischen Rechtsgeschichte für die Rechtsvergleichung», *RabelsZ* 1968, pp. 1 ss. (pp. 16 s.).

[688] Com a ressalva, porém, de que à face do Direito suíço o dano deve ser causado «de modo ilícito», e de que segundo o Direito italiano há-de poder-se qualificá-lo como «injusto» (entendendo-se como tal «a lesão de um interesse alheio merecedora de protecção segundo o ordenamento jurídico»: cfr. GALGANO, *Diritto privato*, p. 354); o que torna potencialmente mais restrito o alcance da protecção delitual conferida por estes ordena-

Da Responsabilidade Civil e das suas Modalidades 191

interferências na esfera jurídica alheia geradoras de responsabilidade extracontratual — em particular mediante a concretização dos conceitos de *faute* e de *danno ingiusto* — é assim nestes sistemas fundamentalmente cometida aos tribunais. Esta a razão por que o Direito delitual francês é hoje essencialmente de fonte jurisprudencial[689]. Em consequência, podem nele os particulares ser confrontados com uma inesperada imputação de danos a título delitual. Nesta medida o sistema é potencialmente gerador de alguma insegurança.

c) É justamente a preocupação em evitá-la que está subjacente aos sistemas mistos de delimitação da fonte da obrigação ressarcitória, como o alemão e o português. Senão vejamos.

No primeiro projecto do Código Civil alemão, de 1887, continha-se uma cláusula geral de responsabilidade extracontratual, de estilo francês[690]. Fundava-se a mesma na preocupação em assegurar uma protecção suficiente contra actos ilícitos, que um dever de indemnização restrito a delitos enunciados de modo não exaustivo seria insusceptível de levar a efeito[691]. Essa solução, assim como a proposta de uma cláusula geral semelhante à que hoje figura no Código das Obrigações suíço[692], foram afastadas no segundo projecto do Código alemão, de 1895, consoante se refere nas actas da comissão revisora, por não corresponderem à concepção dominante na Alemanha acerca da função judicial e também a fim de evitar os abusos evidenciados em numerosas decisões dos tribunais franceses[693]. O texto aprovado por

---

mentos (cfr. neste sentido, pelo que respeita ao Direito italiano, FERRARI, «Remarks on the different methods in approaching liability for one's own acts», *Eur. Rev. Priv. Law* 1997, pp. 439 ss. (pp. 443 s.).

[689] Cfr. ZWEIGERT-KÖTZ, *Einführung in die Rechtsvergleichung*, p. 620.

[690] § 704 (1): «Hat jemand durch eine aus Vorsatz oder Fahrlässigkeit begangene widerrechtliche Handlung [...] einem anderen einen Schaden zugefügt, (...) so ist er dem anderen zum Ersatz des durch die Handlung verursachten Schadens verpfichtet» (transcrito *in* MEDICUS, *Schuldrecht*, vol. II, *Besonderer Teil*, p. 349).

[691] Cfr. *Motive zu dem Entwurfe eines Bürgerlichen Gesetzbuches für das Deutsche Reich*, vol. II, *Recht der Schuldverhältnisse*, p. 725: «Soll ein in allen Fällen ausreichender Schutz gegen unerlaubte Handlungen gewährt werden, so ist die Schadensersatzpflicht nicht an einzelne bestimmte, möglicherweise nicht erschöpfend gestalte Delikte zu knüpfen, sondern allgemein als die mögliche Folge einer jeden unerlaubten Handlung hinzustellen».

[692] Cfr. *Protokolle der Kommission für die zweite Lesung des Entwurfs des Bürgerlichen Gesetzbuchs*, vol. II, *Recht der Schuldverhältnisse*, p. 567: «Wer einem Anderen widerrechtlich Schaden zufügt, sei es aus Vorsatz, sei es aus Fahrlähssigkeit, ist ihm zum Ersatze verpflichtet».

[693] Cfr. *Protokolle*, cit., vol. II, p. 571: «Es entspreche aber weder der Tendenz des

192   *Da Responsabilidade Pré-Contratual em Direito Internacional Privado*

essa comissão visava assim fornecer ao juiz um critério objectivo de apreciação dos pressupostos do dever de indemnizar[694], precisando as modalidades de ilicitude determinantes de responsabilidade e enunciando os direitos através dela protegidos[695].

Foi esta orientação fundamental que veio a triunfar no BGB[696]. Este estabelece em matéria delitual três «pequenas cláusulas gerais»[697]: o § 823 (1), que responsabiliza aquele que, com dolo ou negligência, lesar ilicitamente a vida, o corpo, a saúde, a liberdade, a propriedade ou outro direito alheio[698]; o § 823 (2), que responsabiliza aquele que viole uma disposição legal destinada à protecção de outrem[699]; e o § 826, que responsabiliza quem, dolosamente, provoque danos a alguém atentando contra os bons costumes[700]. Diversas disposições especiais prevêem outras hipóteses de facto delituais (§§ 824, 825, 831, 832 e 839).

Entw. noch der im deutschen Volke herrschenden Auffassung von der Stellung des Richteramts, die Lösung solcher Aufgaben, die durch das Gesetz erfolgen müsse, auf die Gerichte abzuwälzen. Es lässe sich auch nicht absehen, zu welchen Konsequenzen die Einräumung einer autoritativen Stellung an den Richter führen und ob nicht die deutsche Rechtsprechung zu ähnlichen Auswüchsen gelangen würde, welche zahlreiche Urtheile der franz. Gerichte aufweisen».

[694] *Idem, ibidem*: «Diesen Bedenken gegenüber verdiene es den Vorzug, dem Richter zu seiner Entscheidung schon im Gesetz einen gewissen objektiven Massstab an die Hand zu geben».

[695] Nele se dispunha: «Wer vorsätzlich oder aus Fahrlässigkeit widerrechtlich das Recht eines Anderen verletzt oder gegen ein den Schutz eines anderen bezweckendes Gesetz vertstösst, ist zum Ersatze des daraus entstanden Schadens verpflichtet. Zu den Rechten im Sinne dieser Vorschrift gehört auch der Besitz; als Verletzung eines Rechtes gilt auch die Verletzung des Lebens, des Körpers, der Gesundheit und der Ehre» (transcrito *in Protokolle*, cit., vol. II, p. 566).

[696] Sobre os antecedentes das regras deste diploma relativas à responsabilidade civil consultem-se ainda LARENZ-CANARIS, *Lehrbuch des Schuldrechts*, vol. II, *Besonderer Teil, 2. Halbband*, p. 354; e, entre nós, SINDE MONTEIRO, *Responsabilidade por conselhos, recomendações ou informações*, pp. 183 ss.

[697] A expressão é de LARENZ-CANARIS, ob. cit., p. 355, e MEDICUS, ob. cit., p. 351.

[698] «Wer vorsätlich oder fahrlässig das Leben, den Körper, die Gesundheit, die Freiheit, das Eigentum oder ein sonstiges Recht eines anderen widerrechtlich verletzt, ist dem anderen zum Ersatze des daraus entstehenden Schadens verpflichtet.»

[699] «Die gleiche Verpflichtung trifft denjenigen, welcher gegen ein den Schutz eines anderen bezweckendes Gesetz verstösst. Ist nach dem Inhalte des Gesetzes ein Vorstoss gegen dieses auch ohne Verschulden möglich, so tritt die Ersatzpflicht nur im Falle des Verschuldens ein.»

[700] «Wer in einer gegen die guten Sitten verstossenden Weise einem anderen vorsäztlich Schaden zufugt, ist dem anderen zum Ersatze des Schadens verpflichtet.»

Da Responsabilidade Civil e das suas Modalidades 193

O Direito delitual germânico é assim marcado por uma atitude de prudência em matéria de ressarcimento de danos: estes ou atingem bens jurídicos essenciais da pessoa — a vida, a integridade física, a propriedade — e geram responsabilidade extracontratual ou resultam da violação de obrigações preexistentes, originando então responsabilidade contratual. O dano patrimonial puro que não resulte da violação de obrigações não é em princípio ressarcível[701]. Esta configuração restritiva do Direito delitual funda-se no objectivo de limitar o número de potenciais credores de indemnização e de garantir por essa via a liberdade de acção de cada um[702]. Tal desiderato acha-se assegurado sempre que o titular de uma pretensão indemnizatória esteja individualizado e determinado através da violação de um direito absoluto ou de uma disposição legal que o proteja.

Esta orientação suscita, porém, evidentes dificuldades sempre que o objecto da lesão consista num bem patrimonial não incluído nas factispécies delituais referidas e não haja uma relação obrigacional violada: é justamente esse o caso dos danos surgidos das relações pré- e pós-contratuais e dos danos sofridos por terceiros que não sejam partes no contrato. Surgiram assim no Direito alemão, associadas a uma tendência socializadora do regime das relações entre privados, as responsabilidades pré- e pós--contratual e a *Drittwirkung* das relações contratuais[703].

Os trabalhos preparatórios do Código português de 66 revelam uma certa preferência do legislador pela formulação de um princípio geral de responsabilidade civil, à semelhança dos códigos francês e italiano[704]. Ponderaram-se, no entanto, os riscos de arbítrio judicial e de insegurança no tráfico inerentes a uma cláusula geral e procurou-se superá-los através da enunciação, no art. 483.º, n.º 1, das características definidoras da ilicitude do acto determinante de responsabilidade extracontratual[705]. São elas a violação de direito subjectivo de outrem e a violação de uma disposição legal destinada a proteger interesses alheios (ainda que esta não confira ao lesado qualquer direito subjectivo propriamente dito). A estas duas modalidades de ilicitude acrescem, por força do disposto no art. 334.º do Código,

---

[701] Neste sentido *vide* por todos LARENZ, *Lehrbuch des Schuldrechts*, vol. I, *Allgemeiner Teil*, pp. 122 e 369; LARENZ-CANARIS, ob. cit., pp. 356 s.

[702] Cfr. sobre o ponto o que dissemos acima, § 6.º, e referências.

[703] Cfr. adiante, § 12.º.

[704] Cfr. VAZ SERRA, «Requisitos da responsabilidade civil», *BMJ* 92 (1960), pp. 37 ss. (p. 67).

[705] Sobre as opções de política legislativa subjacentes ao art. 483.º, n.º, 1 do Código ver ANTUNES VARELA, *Das Obrigações em geral*, vol. I, p. 551.

194 *Da Responsabilidade Pré-Contratual em Direito Internacional Privado*

a prática de acto que constitua abuso do direito[706], e as hipóteses previstas nos arts. 484.º, 485.º, 486.º, 491.º, 492.º e 493.º, que concretizam ou complementam as primeiras.

Tanto o Direito português como o Direito alemão fixam, pois, linhas de orientação que permitem ao julgador distinguir com alguma segurança os comportamentos danosos qualificáveis como delituais dos que são tolerados pelo Direito. Evita-se deste modo um alargamento desmedido da responsabilidade e a incerteza inerente ao sistema da cláusula geral. O Código alemão foi todavia mais longe nesta direcção, pois que descreve os bens jurídicos cuja violação determina a imputação do dano ao agente. O legislador português, temendo porventura que desse modo não ficassem abrangidas na lei todas as hipóteses em que é razoável admitir a imputação do dano àquele que o causou, limitou-se a enunciar os caracteres de ilicitude que a conduta danosa deve revestir a fim de que o lesante fique incurso em responsabilidade[707]. Não se especificam, designadamente, os direitos de personalidade cuja ofensa determina a obrigação de indemnizar, embora se mencione expressamente a responsabilidade civil entre os meios de tutela da personalidade física ou moral dos indivíduos[708]; o que torna potencialmente muito vasta a protecção proporcionada pelo Direito delitual português[709].

---

[706] Neste sentido: PESSOA JORGE, *Ensaio sobre os pressupostos da responsabilidade civil*, pp. 202 ss.; SINDE MONTEIRO-MOURA RAMOS-Heinrich HÖRSTER, «Portugal», *in Deliktsrecht in Europa*, pp. 12 s.; CUNHA DE SÁ, *Abuso do direito*, p. 638; ANTUNES VARELA, *Das Obrigações em geral*, vol. I, p. 563; e ALMEIDA COSTA, *Direito das Obrigações*, p. 489. A solução achava-se já prevista no articulado sobre a matéria proposto por VAZ SERRA: cfr. «Abuso de direito (em matéria de responsabilidade civil», *BMJ* 85 (1959), pp. 243 ss. (p. 335). Para uma concretização jurisprudencial recente desta variante da ilicitude veja-se o ac. da Relação de Évora de 21 de Maio de 1998, *CJ* 1998, t. III, pp. 258 ss. Aí se decidiu que a utilização da personalidade jurídica societária para subtrair o património social à garantia geral e comum dos credores configura um abuso de direito. Tendo os réus, gerentes de uma sociedade, devedora de avultada importância, constituído para funcionar no mesmo local e com praticamente o mesmo objecto uma outra sociedade para a qual transferiram parte dos bens daquela, descapitalizando-a por completo, entendeu o Tribunal que os mesmos incorriam em responsabilidade civil extracontratual perante os credores da primeira sociedade.

[707] Cfr. na mesma linha fundamental de orientação SINDE MONTEIRO, *Responsabilidade por conselhos, recomendações ou informações*, p. 184, e CARNEIRO DA FRADA, *Contrato e deveres de protecção*, pp. 134 ss.

[708] Cfr. o art. 70.º, n.º 2, do Código Civil.

[709] Não é pacífica, na doutrina, esta via de solução: PESSOA JORGE, por exemplo, classifica-a de «perigosíssima»: cfr. *Ensaio*, cit., p. 300.

Os dois ordenamentos referem ainda a violação de disposição legal destinada à protecção de outrem como forma complementar de determinação da ilicitude da conduta lesiva. Em ambos os sistemas a causação de danos patrimoniais puros não dá lugar, na falta de uma tal disposição legal, à obrigação de indemnizá-los *ex delicto*.

Não há, por conseguinte, diferenças essenciais a registar entre o BGB e o Código Civil português quanto ao modo pelo qual delimitam as factispécies delituais nem quanto às considerações de política legislativa que nesta matéria os inspiram.

36. Tende-se hoje a afirmar que a responsabilidade civil se encontra em «crise», numa situação «paradoxal» ou numa «encruzilhada»[710].

São vários os factores a que este fenómeno é atribuível. Entre eles sobressai, por um lado, o crescimento (para alguns mesmo a hipertrofia) da responsabilidade civil[711], fruto designadamente da maior protecção devida à vítima segundo o modo de pensar próprio da sociedade contemporânea e do inconformismo perante as vicissitudes normais da vida que nela tende a prevalecer[712], da amplitude que o dano acidental nela reveste e da necessidade, que nela se vem manifestando, de tutela contra novos tipos de agressões à esfera jurídica de indivíduos e grupos[713]; e, por outro, o declínio da responsabilidade civil como instrumento de regulação de

---

[710] Cfr. TUNC, *IECL*, vol. XI, *Torts*, cap. I, p. 3; *idem*, *La responsabilité civile*, pp. 1 ss.; CASTANHEIRA NEVES, «Nótula a propósito do *Estudo sobre a responsabilidade civil*, de Guilherme Moreira», *BFDUC* 1977, pp. 381 ss. (=*in Digesta*, vol. 1.º, pp. 475 ss.); *idem*, «Pessoa, Direito e responsabilidade», *RPCC* 1996, pp. 9 ss.; SINDE MONTEIRO, «Responsabilidade civil. I. Introdução», *RDE*, 1978, pp. 313 ss. (pp. 332 ss.); SALVI, «Il paradosso della responsabilità civile», *RCDP* 1983, pp. 123 ss. (126 ss.); *idem*, «Responsabilità extracontratuale (diritto vigente)», *EDD*, vol. XXXIX, pp. 1186 ss. (pp. 1257 ss.); FLEMING, *The Law of Torts*, p. 12; MARKESINIS-DEAKIN, *Tort Law*, p. 1; VINEY, *Introduction à la responsabilité*, p. 56; TERRÉ-SIMLER-LEQUETTE, *Droit civil. Les obligations*, pp. 545 ss.

[711] Cfr. sobre o ponto os dados estatísticos recolhidos por MARKESINIS, «Litigation-Mania in England, Germany and the USA: Are we so very Different?», *Camb. L.J.* 1990, pp. 233 ss.

[712] «Dans une société d'abondance, escreve TUNC, toute personne qui subit un dommage en raison de l'acte de quelqu'un d'autre se sent plus ou moins justifiée à le poursuivre, pour en obtenir une indemnité»: cfr. «Les problèmes contemporains de la responsabilité civile délictuelle», *RIDC* 1967, pp. 757 ss. (p. 758).

[713] Donde o surgimento de uma disciplina específica da responsabilidade civil em domínios como o consumo, o ambiente e as prestações profissionais, a que corresponde nos sistemas de *Civil Law* uma certa «descodificação» da responsabilidade civil.

196   *Da Responsabilidade Pré-Contratual em Direito Internacional Privado*

condutas, decorrente de duas causas estreitamente associadas: a funcionalização das suas regras à reparação do dano, com abstracção da pessoa e
da culpa do agente[714]; e a sua tendencial substituição em certos domínios
— particularmente o dos acidentes de viação e de trabalho e o das lesões
resultantes da criminalidade violenta — por prestações de segurança
social[715], pelo seguro[716] e por outros sistemas de garantia colectiva[717].

---

[714] Cfr., por exemplo, o art. 1.º do D.L. n.º 383/89, de 6 de Novembro, que, visando
transpor para a ordem jurídica interna a Directiva do Conselho n.º 85/374/CEE, consagrou
a responsabilidade do produtor, independentemente de culpa, pelos danos causados por
defeitos dos produtos que põe em circulação. Sobre essa disposição *vide* CALVÃO DA
SILVA, *Responsabilidade civil do produtor*, pp. 489 ss. Para uma comparação, neste particular, das responsabilidades do produtor e do distribuidor cfr. Carlos MOTA PINTO-CALVÃO
DA SILVA, «Garantia de bom funcionamento e vícios do produto. Responsabilidade do produtor e do distribuidor», *CJ* 1985, t. III, pp. 17 ss. (pp. 23 ss.).

[715] Tal o sentido fundamental das propostas de reforma legislativa formuladas no
relatório publicado Reino Unido em 1978 pela comissão oficial encarregada de estudar o
regime jurídico de indemnização às vítimas de danos corporais (*Royal Commission on
Civil Liability and Compensation for Personal Injury*, ou *Pearson Commission*, de cujos
trabalhos nos dão notícia os principais tratadistas ingleses: cfr. por exemplo SALMOND-
-HEUSTON, *Law of Torts*, pp. 32 ss.): aí se propunha, com efeito, a criação em matéria de
acidentes de viação de um sistema de indemnização independente de culpa («*no-fault compensation*»), administrado pelo Estado e financiado por uma taxa sobre o preço dos com-
bustíveis. Após a mudança de Governo ocorrida em 1979 as referidas propostas não tiveram seguimento: cfr. KAYE, *An Explanatory Guide to the English Law of Torts*, p. 734.

[716] Cfr., entre nós, o art. 1.º, n.º 1, do D.L. n.º 522/85, de 31 de Dezembro, que estabelece a obrigatoriedade do chamado seguro de responsabilidade civil automóvel (instituído pelo D.L. n.º 408/79, de 25 de Setembro), e o art. 37.º, n.º 1, da Lei n.º 100/97, de
13 de Setembro, que impõe às entidades empregadoras a obrigação de transferir a responsabilidade pela reparação dos danos emergentes de acidentes de trabalho e doenças profissionais para entidades legalmente autorizadas a realizar esse seguro. Reflectem esta evolução certas transformações recentes do regime da responsabilidade extracontratual em
Direito Internacional Privado: cfr. *infra* § 26.º.

[717] Como são os «fundos de garantia», através dos quais se procura assegurar a
indemnização ao lesado nos casos em que o responsável não é conhecido ou não dispõe dos
meios necessários para reparar o dano. Cfr. os arts. 21.º e seguintes do D.L. n.º 522/85, que
disciplinam o chamado Fundo de Garantia Automóvel; o art. 39.º da Lei n.º 100/97, que
prevê um fundo destinado a garantir o pagamento e a actualização de pensões e indemnizações devidas por incapacidade ou morte causadas por acidentes de trabalho e doenças
profissionais; e o art. 35.º, n.º 1, do Código dos Valores Mobiliários, que prescreve a constituição pelas entidades gestoras de mercados regulamentados e de sistemas de liquidação
de valores mobiliários de fundos de garantia com o objectivo de ressarcir os investidores
não institucionais pelos danos sofridos em consequência da actuação dos membros do mercado ou dos participantes no sistema. Ver ainda, quanto à concessão pelo Estado de indem-

Da Responsabilidade Civil e das suas Modalidades   197

Dir-se-ia, pois, que a responsabilidade civil tende como que a transferir-se do indivíduo para a colectividade[718]. A este fenómeno não são alheias as críticas de iniquidade[719] e de ineficiência económica[720] ultimamente dirigidas ao sistema aquiliano como mecanismo de reparação de danos. Mas por detrás dele encontra-se sobretudo a ideia segundo a qual sendo hoje a actividade dos indivíduos fonte de um grande número de acidentes estatisticamente inevitáveis, dos quais resultam danos pessoais que a responsabilidade civil é incapaz de compensar de modo satisfatório, deve a sociedade assumir a responsabilidade por esses mesmos danos[721].

O paradoxo da responsabilidade civil contemporânea resulta, em suma, de ao desenvolvimento da sua função ressarcitória corresponder um enfraquecimento das suas funções preventiva e sancionatória.

Deve, em todo o caso, notar-se que as tendências assinaladas vêm sofrendo nos últimos anos alguma atenuação, mercê de diversos factores. Entre estes avultam as limitações inerentes ao seguro como sistema de compensação de danos, a crise mais ou menos generalizada do *Welfare State* e a consequente inviabilidade financeira de uma integral socialização

---

nização às vítimas de crimes violentos, o D.L. n.º 423/91, de 30 de Outubro, a Lei n.º 10/96, de 23 de Março, e a Convenção Europeia Relativa à Indemnização de Vítimas de Infracções Violentas, ratificada pelo Decreto do Presidente da República n.º 4/2000, de 6 de Março.

[718] Assinala essa transferência, por exemplo, o juiz do Supremo Tribunal dos Estados Unidos Robert BORCK: «One thing we are seeing is [...] a move from individual responsibility to collective responsibility. Nowhere is this more true than in tort law». Cfr. as actas do simpósio sobre «Individual Responsibility and the Law», *Cornell L.R.*, vol. 77 (1992), pp. 955 ss. (p. 1021).

[719] Decorrente, segundo FLEMING, «Is there a Future for Tort?», *Austr. L. J.* 1984, pp. 131 ss. (p. 137), da discriminação que as regras da responsabilidade civil supostamente estabelecem entre as vítimas de acidentes segundo o grau de culpabilidade do agente.

[720] Segundo o relatório da referida *Comissão Pearson*, no Reino Unido os custos de funcionamento do sistema delitual ascendem a 86% do valor das indemnizações através dele arbitradas, ao passo que os da segurança social correspondem apenas a 11% do valor das compensações por ela pagas (cfr. SALMOND-HEUSTON, ob. cit., p. 34, n. 74). Informa FLEMING que nos E.U.A aqueles custos ascendem a $1.07 por cada dólar pago a título de indemnização por danos causados através de acidentes de viação e a $1.25 por cada dólar pago com fundamento em responsabilidade por produtos defeituosos (cfr. est. cit. na nota anterior, p. 139).

[721] Tal a ideia inspiradora do sistema, dito *no-fault*, de compensação pelo Estado de danos acidentais instituído em 1972 na Nova Zelândia em substituição da responsabilidade civil: cfr. TUNC, *La responsabilité civile*, pp. 79 e 163 s., e ATIYAH-CANE, *Accidents, Compensation and the Law*, p. 412.

198   *Da Responsabilidade Pré-Contratual em Direito Internacional Privado*

do dano[722]. Reconhece-se, por outro lado, ser a responsabilidade pessoal imprescindível como valor correlativo da autonomia e da liberdade humanas, de que o Direito não pode abdicar sem reflexamente suprimir estas; e preconiza-se, consequentemente, a repristinação da culpa como critério de imputação do dano ou, pelo menos, de decisão da acção recursória[723]. As acções humanas não são, na verdade, necessariamente determinadas por causas estranhas à vontade, antes constituem expressão da liberdade individual e como tais são passíveis de valoração. Por outro lado, a pessoa humana, sendo titular de direitos, é-o também necessariamente de deveres; ela acha-se, por isso, sempre investida em responsabilidade[724].

Suscita-se, assim, a questão de saber qual o lugar que pertence na ordem jurídica às formas de reparação colectiva do dano, em particular a segurança social e o seguro. Mais precisamente, pergunta-se se estas formas de reparação integram ainda o conceito de responsabilidade.

A resposta é a nosso ver negativa.

Às normas da responsabilidade civil subjaz a ideia de que só tem a obrigação de reparar um dano sofrido por outrem aquele a quem esse dano possa ser juridicamente imputado[725]. Para tanto, é necessário que ocorra algum dos fundamentos de imputação previstos na lei. São eles: a causação ilícita e culposa do dano, o exercício, no interesse próprio, de determinada actividade criadora de perigos especiais e a lesão, no exercício de um direito ou interesse juridicamente protegido e mediante a prática de um acto lícito, de um direito ou interesse de outrem.

O domínio da responsabilidade civil coincide, assim, com o da responsabilidade pessoal, isto é, com o da reparação de danos por aquele que os causou.

---

[722] Significativo a este respeito é o facto de o dito sistema neo-zelandês haver entretanto sido desmantelado e a responsabilidade civil reintroduzida como fundamento da compensação desses danos: cfr. MARKESINIS-DEAKIN, *Tort Law*, p. 5.

[723] Alude-se, a este propósito, a uma «contra-ofensiva da culpabilidade»: cfr. OPPETIT, *Philosophie du droit*, p. 131. Entre nós, *vide* sobre o ponto, além dos estudos cits. de CASTANHEIRA NEVES: SINDE MONTEIRO, «Responsabilidade civil. I. Introdução», *RDE*, 1978, pp. 313 ss. (pp. 384 ss.); PINTO MONTEIRO, *Cláusulas limitativas e de exclusão de responsabilidade civil*, pp. 63 s.; e CALVÃO DA SILVA, *Responsabilidade civil do produtor*, pp. 109 ss.

[724] Assim CASTANHEIRA NEVES, «Pessoa, Direito e responsabilidade», cit., pp. 36 s.

[725] Cfr. neste sentido ZWEIGERT-KÖTZ, *Einführung in die Rechtsvergleichung*, p. 684, e KÖTZ, *Deliktsrecht*, p. 3. Entre nós sublinham também a necessidade de um nexo de imputação do prejuízo à pessoa que é obrigada a indemnizá-lo: GOMES DA SILVA, *O dever de prestar e o dever de indemnizar*, pp. 64, 106 e 146; MENEZES CORDEIRO, *Direito das Obrigações*, vol. II, pp. 280 ss.; idem, *Tratado de Direito Civil*, vol. I, *Parte geral*, t. I, pp. 216 s.

Sucede que na compensação pelo Estado, através de instituições de segurança social, o dano não é repercutido sobre o lesante, mas sobre a comunidade. Por outro lado, frequentemente essa compensação não abrange a totalidade do dano: não se procura tornar o lesado indemne do prejuízo que sofreu, reconstituindo a situação que existiria se não se tivesse verificado o evento causador dele, mas tão-só assegurar-lhe um «mínimo vital»[726]. Essa compensação não se baseia, pois, numa ideia de imputabilidade, mas antes de solidariedade social, de justiça distributiva ou social[727]. Outro tanto pode dizer-se da reparação pelo Estado de danos de guerra ou resultantes de certas calamidades[728].

Em alguma medida, o mesmo acontece no que respeita à reparação de danos por entidades seguradoras. Os seguros de responsabilidade, privados ou sociais, operam, na verdade, uma repartição colectiva dos riscos: neste caso, pela colectividade constituída pelos que pagam os prémios desses seguros. Trata-se, no dizer de VINEY[729], de uma colectivização indirecta dos riscos. De facto, quando hajam de intervir os fundos de garantia, que asseguram a reparação nos casos em que falha a responsabilidade individual e o respectivo seguro, a responsabilidade é pura e simplesmente substituída por um processo de garantia colectiva. Uma situação próxima ocorre quando o segurador não dispõe de um direito de regresso contra o «responsável». Nestes casos em lugar da responsabili-

---

[726] Cfr., por exemplo, o D.L. n.º 119/99, de 14 de Abril (Estabelece, no âmbito do regime geral da segurança social dos trabalhadores por conta de outrem, o quadro legal da reparação da eventualidade de desemprego), alterado pelo D.L. n.º 186-B/99, de 31 de Maio. Nele se dispõe que o montante diário do subsídio de desemprego é igual a 65% da remuneração de referência (art. 22.º, n.º 1) e que o correspondente montante mensal não pode ser superior ao triplo da remuneração mínima garantida à generalidade dos trabalhadores nem inferior a essa remuneração mínima (art. 23.º, n.º 1).

[727] Assim SINDE MONTEIRO, «Responsabilidade civil. I. Introdução», cit., p. 319.

[728] Cfr. neste sentido VINEY, *Introduction à la responsabilité*, pp. 42 s., que integra esses casos no fenómeno que denomina «socialização directa de certos riscos». No tocante à reparação pelo Estado de danos nucleares causados por particulares, prevista em certos ordenamentos jurídicos, refere MAGALHÃES COLLAÇO que a mesma se prende à ideia de que «é justo fazer repartir pela colectividade o risco inerente ao exercício duma actividade lícita que, embora levada a cabo por particulares, pode classificar-se como de interesse geral, tendo atenção os benefícios que dela resultam para essa mesma colectividade»; e que «a admissão deste príncípio, e a sua consagração em concreto, no domínio do risco nuclear, levantam problemas que são de filosofia política, senão de pura política»: cfr. «O risco nuclear e os problemas jurídicos que suscita», *Arquivos da Universidade de Lisboa*, Nova Série, 1961, pp. 213 ss. (p. 235).

[729] Ob. cit., p. 39.

dade civil funciona o seguro como técnica de reparação de danos. É o que acontece designadamente nos seguros obrigatórios de responsabilidade civil por danos causados em acidentes de trânsito celebrados ao abrigo da lei portuguesa, em que o segurador apenas tem direito de regresso contra o segurado causador do acidente quando este o houver provocado dolosamente[730]. A reparação do dano é, pois, nas demais hipóteses, efectuada por alguém que não é o seu causador, ficando este, no âmbito compreendido pela apólice, totalmente isento da obrigação de indemnizar. Não há, por conseguinte, responsabilidade civil[731].

Em sentido diverso pronunciou-se entre nós CASTRO MENDES[732], que incluiu no âmbito da responsabilidade civil toda a indemnização de danos, ainda que o nexo de imputação destes àquele a quem cabe suportá-los seja um contrato de seguro. Supomos, no entanto, que, sendo o seguro de responsabilidade civil caracterizável como um contrato a favor de terceiro[733], a obrigação indemnizatória a cargo do segurador é uma obrigação contratual, que tem por fonte aquele contrato, e não extracontratual. O que não impede evidentemente que o conteúdo e os pressupostos daquela obrigação sejam aferidos à luz das regras da responsabilidade extracontratual, quando por estas se reja a responsabilidade do próprio segurado — solução que se afigura plenamente justificada à luz da relação de dependência existente entre a obrigação a cargo do segurador e aquela que recai sobre o segurado[734].

Temos assim que se devem ter por excluídos do conceito de responsabilidade civil os mecanismos de reparação colectiva assentes numa ideia de distribuição pela colectividade ou por grupos mais ou menos amplos dos danos verificados nos contactos sociais, como a segurança social e o seguro, social ou privado (este último, desde que não haja direito de regresso contra o lesante por parte do segurador).

Reservaremos, pois, a noção de responsabilidade civil extracontratual para as situações em que a obrigação de reparar um dano causado a

---

[730] Cfr. o art. 19.° do D.L. n.° 522/85, de 31 de Dezembro.

[731] Distinguem também da responsabilidade civil a reparação de danos através do seguro: TUNC, est cit. na *RIDC* 1967, pp. 760 s.; KÖTZ, *Deliktsrecht*, p. 4; e SINDE MONTEIRO, est. cit., pp. 350 ss. e 385.

[732] *Teoria geral do Direito Civil*, vol. II, p. 341.

[733] Ver neste sentido os acs. do STJ de 16 de Janeiro de 1970, *BMJ* 193, pp. 359 ss., e da Relação do Porto de 22 de Fevereiro de 1996, *BMJ* 454, p. 803; LEITE DE CAMPOS, *Seguro de responsabilidade civil*, pp. 156 e 165 s.; Carlos da MOTA PINTO, *Cessão da posição contratual*, p. 33.

[734] Cfr. ainda sobre o ponto o que dizemos adiante, no § 22.°.

Da Responsabilidade Civil e das suas Modalidades   201

outrem em virtude de facto ilícito, que não o incumprimento de uma obrigação, do risco ou de facto lícito, é posta a cargo daquele que o causou.

Responsável é, em suma, tão-só a pessoa; não a colectividade.

37. Embora, como se viu, não vigore nos sistemas de *Common Law* um princípio geral de responsabilidade extracontratual, tem-se registado neles uma tendência expansiva do Direito delitual, que importa agora examinar nas suas linhas gerais.

As principais manifestações desse fenómeno deram-se em Inglaterra, onde os tribunais têm admitido, como forma de superar as restrições impostas ao domínio do contrato (e, reflexamente, da responsabilidade contratual) pela exigência de *consideration* e pelo princípio da *privity of contract*, a aplicação das normas da responsabilidade delitual em hipóteses análogas às que considerámos a propósito da *fuga para o contrato* no Direito alemão[735].

Exemplo disso fornece-o a sentença proferida no caso *Hedley Byrne & Co. Ltd. v. Heller & Partners Ltd.*[736]. Na espécie, aqueles a quem fora gratuitamente prestada por um banco, com negligência, uma informação acerca da solvabilidade de um prospectivo cliente, a qual veio a revelar-se errada, reclamaram o ressarcimento dos danos sofridos em virtude de terem confiado nela. Num *obiter dictum*, a Câmara dos Lordes admitiu existir um dever de cuidado por parte daquele que presta a outrem uma informação, cuja violação pode dar origem a responsabilidade *in tort* pelos danos económicos dela resultantes se as partes se encontrasscm numa relação tal que, nas circunstâncias ocorrentes, o lesado pudesse razoavelmente confiar na informação prestada[737].

---

[735] Cfr. *supra*, § 7.º.

[736] Julgado pela Câmara dos Lordes em 1963. Cfr. (1963) 2 *All E.R.* 575; (1964) *A.C.* 465. O texto da sentença acha-se parcialmente reproduzido *in* BEALE-BISHOP-FURMSTON, *Contract. Cases and Materials*, pp. 27 s., e *in* SCHWENZER-MÜLLER-CHEN, *Rechtsvergleichung. Fälle und Materialien*, pp. 219 ss.

[737] Cfr. a *opinion* de Lorde MORRIS OF BORTH-Y-GEST, (1963) *All E.R.* 575, p. 594: «if [...] a person is so placed that others could reasonably rely upon his judgment or his skill or upon his ability to make careful inquiry, a person takes it upon himself to give information or advice to, or allows his information or advice to be passed on to, another person who, as he knows or should know, will place reliance upon it, then a duty of care will arise».

A regra não foi aplicada ao caso, dado que o banco informante havia excluído expressamente a sua responsabilidade; mas serviu de fundamento à decisão posteriormente proferida no caso *Box v. Midland Bank Ltd.*, julgado pelo *Queen's Bench Division* em

202 *Da Responsabilidade Pré-Contratual em Direito Internacional Privado*

Esta jurisprudência foi precisada na decisão tomada pelo mesmo tribunal no caso *Caparo Industries plc v. Dickman*[738]. A autora havia adquirido acções de uma sociedade confiando no relatório de uma auditoria às contas da mesma, que a avaliava erradamente. Em consequência, sofreu avultados prejuízos cujo ressarcimento exigiu dos auditores. A Câmara dos Lordes recusou a existência de qualquer dever de cuidado a cargo destes, por entender que faltava a necessária proximidade entre as partes. Este último requisito apenas se encontra preenchido, segundo Lorde BRIDGE, se o réu souber que a sua informação será comunicada ao autor, quer individualmente quer enquanto membro de uma categoria identificável de pessoas, em vista de certa transacção ou de transacções de certo tipo (por exemplo num prospecto apelando ao investimento), e que o autor muito provavelmente confiará nela ao decidir se participa ou não nessa transacção[739].

Outro precedente importante neste domínio é o caso *Ross v. Caunters*[740], no qual a beneficiária de uma disposição testamentária, formalmente inválida devido à incúria dos *solicitors* que a haviam preparado a pedido do testador, exigiu destes uma indemnização por ter desse modo ficado privada do legado com que o *de cuius* a contemplara.

Mencione-se ainda a este respeito o caso *Junior Books Ltd. v. Veitchi Bros.*[741], em que a dona de uma obra de construção civil demandou uma

---

1978, em que um banco foi julgado responsável perante um cliente pelos danos que este sofrera por ter confiado em declarações de um gerente do primeiro, as quais o induziram a crer que um pedido de empréstimo seria aprovado: cfr. (1979) 2 *Lloyd's Rep.* 391 (p. 399). Noutro caso julgado pelo mesmo tribunal, um *solicitor* foi condenado *in tort* a indemnizar um potencial cliente por não o ter informado de que a companhia de seguros deste provavelmente pagaria os seus honorários — razão por que o mesmo sujeito não chegou a contratar os seus serviços —, o que para o tribunal constituiria violação de um *duty of care*: cfr. *Crossan v. Ward Bracewell*, (1986) 136 *New L. J.* 849.

[738] Publicada em (1990) 1 *All E.R.* 508; parcialmente reproduzida *in* BEALE-BISHOP--FURMSTON, ob. cit., pp. 28 s., e *in* SCHWENZER-MÜLLER-CHEN, ob. cit., pp. 223 ss.

[739] Cfr. (1990) *All E.R.*, p. 576: «I should expect to find [...] in this category of the tort of negligence, as an essential ingredient of the "proximity" between the plaintiff and the defendant, that the defendant knew that his statement would be communicated to the plaintiff, either as an individual or as a member of an identifiable class, specifically in connection with a particular transaction or transactions of a particular kind (e.g. in a prospectus inviting investment) and the plaintiff would be very likely to rely on it for the purpose of deciding whether or not to enter on that transaction or on a transaction of that kind».

[740] Julgado pela *Chancery Division* do *High Court of Justice* em 1979. Cfr. (1980) *Ch.* 297.

[741] Julgado pela Câmara dos Lordes em 1982. Cfr. (1982) 3 *All E.R.* 201.

Da Responsabilidade Civil e das suas Modalidades

subempreiteira por si escolhida, mas com a qual não mantinha qualquer relação contratual, pelos danos sofridos em consequência de defeitos dos trabalhos por esta executados.

Por último, no caso *White v. Jones*[742] as autoras demandaram os advogados do seu falecido progenitor, com fundamento em *negligence*, por estes não terem concluído atempadamente a elaboração da minuta de um testamento que o *de cuius* lhes havia encomendado, no qual aquelas eram contempladas com certos legados, de que em consequência se viram privadas.

No Direito alemão hipóteses deste tipo seriam resolvidas, como vimos, por apelo às normas da responsabilidade contratual[743]. Já perante o *Common Law* inglês, não obstante os danos em causa serem puramente patrimoniais e estar em jogo a frustração de expectativas cuja tutela pertence geralmente ao Direito dos Contratos[744], não podiam ter-se por violadas quaisquer obrigações contratuais cujo cumprimento fosse exigível em juízo, por a tal se oporem o requisito da *consideration*[745] e a regra da *privity of contract*[746].

Está aí a razão por que os tribunais ingleses se voltaram naqueles casos para a responsabilidade *in tort* a fim de ajuizarem sobre a sujeição dos lesantes ao dever de repararem os danos causados[747].

---

[742] Julgado pela Câmara dos Lordes em 1995. Cfr. (1995) 1 *All. E.R.* 691; *Eur. Rev. Priv. Law* 1996, pp. 351 ss. (com anots. de DIRIX, pp. 354 ss., VAN ERP, pp. 361 ss., e LURGER, pp. 368 ss.).

[743] *De jure condendo*, entende ser essa a solução preferível nos «*borderline cases*» KÖTZ, «The Doctrine of Privity of Contract in the Context of Contracts Protecting the Interests of Third Parties», *Tel Aviv University Studies in Law*, pp. 195 ss. (p. 212)

[744] Cfr. *supra*, § 7.º.

[745] Ver neste sentido CANE, *Tort Law and Economic Interests*, p. 459, que escreve, a propósito do caso *Hedley Byrne*: «What the transaction between P and D needed to turn into a contract was consideration; that is, value given in exchange for the statement».

[746] Observe-se que a reforma da *privity* operada pelo *Contracts (Rights of Third Parties) Act 1999* (a que aludimos no § 7.º) não parece ter alterado o Direito inglês neste ponto, visto que nos contratos celebrados entre um testador e um *solicitor*, como aqueles a que os casos *Ross v. Caunters* e *White v. Jones* diziam respeito, o segundo não assume, expressa ou implicitamente, a obrigação de efectuar qualquer prestação a favor do beneficiário da projectada disposição testamentária; pelo que não assistiria a este, nos termos daquele diploma, o direito de reclamar em juízo uma indemnização por *breach of contract*. Ver BEATSON, *Anson's Law of Contract*, p. 428, n. 168.

[747] Cfr. a *opinion* de Lorde DEVLIN na sentença proferida pela *House of Lords* no caso *Hedley Byrne*: «A promise given without consideration to perform a service cannot be enforced as a contract by the promisee; but if the service is in fact performed and done

204 Da Responsabilidade Pré-Contratual em Direito Internacional Privado

Entendeu-se, para tanto, que se compreendem nas «relações especiais» em que sobrevém o dever de cuidado cuja violação é pressuposto do *tort of negligence* as situações em que se teria formado um contrato entre as partes em litígio, não fora a ausência de *consideration*[748] ou de *privity*[749]; e que o mesmo dever se constitui em certas situações em que ao devedor era possível prever que um terceiro seria lesado pelos seus actos ou omissões[750].

Possibilitou-se deste modo a compensação, ao abrigo das regras da responsabilidade delitual, de danos patrimoniais a que o Direito contratual não atende em virtude da sua estruturação em torno daqueles requisitos.

Dá-se assim no Direito inglês contemporâneo uma «fuga para o delito» (*escape into tort*)[751], como que simétrica da «fuga para o contrato» do Direito alemão.

---

negligently, the promisee can recover in an action in tort». Cfr. 1963 *All E.R.* 575 (p. 608). Observe-se, porém, que na espécie o tribunal entendeu ter o réu excluído validamente a sua responsabilidade (cfr. *ibidem*, pp. 586, 595, 599, 613 e 618).

[748] Assim Lorde DEVLIN no caso *Hedley Byrne*, loc. cit., pp. 528 s.: «the categories of special relationships which may give rise to a duty to take care in word as well as in deed are not limited to contractual relationships or to relationships of fiduciary duty, but include also relationships which [...] are 'equivalent to contract', that is, where there is an assumption of responsibility in circumstances in which, but for the absence of consideration, there would be a contract».

[749] Cfr. o *speech* de Lorde ROSKILL no caso *Junior Books*, loc. cit., p. 214: «the relationship between the parties was as close as it could be short of actual privity of contract [...] I see nothing whatever to restrict the duty of care arising from the proximity of which I have spoken».

[750] Assim Sir Robert MEGARRY V.-C. em *Ross v. Caunters*, loc. cit., p. 306: «the solicitors owed a duty of care to the plaintiff since she was someone within their direct contemplation as a person so closely and directly affected by their acts and omissions in carrying out their client's instructions to provide her with a share of his residue that they could reasonably foresee that she would be likely to be injured by those acts and omissions». Ver na mesma linha de orientação a *opinion* de Lorde GOFF no caso *White v. Jones*, loc. cit., p. 710: «the assumption of responsibility by the solicitor towards his client should be held in law to extend to the intended beneficiary who (as the solicitor can reasonably foresee) may, as a result of the solicitor's negligence, be deprived of his intended legacy in circumstances in which neither the testator nor his estate have a remedy against the solicitor» (cfr. porém, em sentido oposto, as *dissenting opinions* de Lordes KEITH e MUSTILL, respectivamente a pp. 694 s. e 718 ss.).

[751] Ver neste sentido MARKESINIS, «An Expanding Tort Law — The Price of a Rigid Contract Law», *LQR* 1987, pp. 354 ss.; MARKESINIS-DEAKIN, *Tort Law*, pp. 12 ss. Cfr. ainda ATIYAH, *An Introduction to the Law of Contract*, pp. 380 ss.

Da Responsabilidade Civil e das suas Modalidades

Note-se, porém, que estes dois fenómenos não conduzem necessaria-mente aos mesmos resultados em hipóteses idênticas ou similares, pois que os tribunais ingleses são mais restritivos do que os alemães na impu-tação *in tort* de danos económicos.

Sirva de exemplo o caso *Leigh and Sillavan Ltd. v. The Aliakmon Shipping Co Ltd.*[752]. Nele a autora, que adquirira determinada mercadoria ao abrigo de um contrato em que se continha a cláusula *cost and freight*[753], accionou a respectiva transportadora pelo prejuízo que sofrera em virtude da deterioração da mesma, por causa imputável a esta. O risco do pereci-mento ou deterioração da mercadoria transferira-se para a autora em vir-tude daquela cláusula, mas os compradores haviam reservado para si a propriedade sobre a mesma até ao pagamento do preço. Não sendo a autora titular de qualquer direito contratual contra a ré, suscitou-se a ques-tão de saber se podia obter dela o ressarcimento do dano sofrido *in tort*. À face do Direito alemão a acção seria julgada procedente ao abrigo da doutrina da *Drittschadensliquidation*[754]. Outro foi, porém, o entendimento perfilhado por Lorde BRANDON, que mereceu a concordância dos demais juízes. Para aquele magistrado, não seria de excluir que o reconhecimento na espécie de um dever de cuidado a cargo do transportador e da respon-sabilidade inerente à sua violação conduzisse a um alargamento indevido do âmbito da responsabilidade pessoal[755]; além de que as partes no con-trato de compra e venda poderiam ter convencionado que os vendedores da mercadoria exerceriam o direito de acção contra a transportadora por conta da compradora ou mesmo a cessão desse direito a esta, o que não haviam feito[756].

Resumem-se pois a duas, segundo cremos, as *policy reasons* que nor-teiam esta decisão: a prevenção a todo o custo de um «rebentamento dos diques» da responsabilidade e o respeito intransigente pela autonomia das partes (na espécie, pela distribuição da responsabilidade por elas expressa ou implicitamente operada). Ambas, se bem se atentar, são expressão do

---

[752] Julgado pela Câmara dos Lordes em 1986. Cfr. (1986) *A.C.* 785.

[753] Por força da qual o vendedor deve pagar os custos e o frete necessários para levar a mercadoria até ao seu porto de destino, mas o risco de perda ou deterioração da mesma é transferido para o comprador quando a mercadoria tiver transposto a amurada do navio no porto de embarque: cfr. CÂMARA DE COMÉRCIO INTERNACIONAL (ed.), *Incoterms 1990*, pp. 144 s.

[754] Cfr. *supra*, § 7.°.

[755] Loc. cit., p. 816.

[756] *Ibidem*, p. 819.

206 *Da Responsabilidade Pré-Contratual em Direito Internacional Privado*

ideal de auto-suficiência, que em certa medida ainda distingue o *Common Law* inglês do Direito alemão.

Nos Estados Unidos, apesar de serem há muito reconhecidos efeitos aos contratos a favor de terceiros (*contract beneficiaries*), verificados que estejam os requisitos enunciados no § 302 do *Restatement (Second) of Contracts*[757], alguns tribunais, tal como o próprio *Restatement (Second) of Torts*, admitem o recurso às regras delituais em situações análogas às acima referidas.

Assim sucede no tocante à responsabilidade dos auditores pelos danos económicos sofridos por pessoas com quem não mantêm qualquer relação contratual, em virtude da certificação negligente das contas de uma empresa. Em 1931 o *Court of Appeals* de Nova Iorque rejeitou essa responsabilidade, numa decisão subscrita pelo *Chief Justice* CARDOZO[758], que invocou para tanto: «*[i]f liability exists, a thoughtless slip or blunder, the failure to detect a theft or forgery beneath the cover of deceptive entries, may expose accountants to a liability in an indeterminate amount for an indeterminate time to an indeterminate class*». Mas o § 552 do *Restatement (Second) of Torts*, promulgado em 1976, veio prever que as informações dadas com negligência responsabilizam os seus autores perante terceiros em benefício de quem o informante as tenha intencionalmente elaborado ou a quem soubesse que o destinatário da informação tencionava transmiti-las[759]. Mais longe foi a decisão proferida em 1983 pelo

---

[757] Cfr. sobre a questão FARNSWORTH, *Contracts*, vol. III, pp. 6 ss.

[758] *Ultramares Corp. v. Touche*, 174 N.E. 441, parcialmente reproduzida *in* SCHWENZER e MÜLLER-CHEN, ob. cit., pp. 227 ss.

[759] É o seguinte o teor desse preceito:

«Information Negligently Supplied for the Guidance of Others

(1) One who, in the course of his business, profession or employment, or in any other transaction in which he has a pecuniary interest, supplies false information for the guidance of others in their business transactions, is subject to liability for pecuniary loss caused to them by their justifiable reliance upon the information, if he fails to exercise reasonable care or competence in obtaining or communicating the information.

(2) Except as stated in Subsection (3), the liability stated in Subsection (1) is limited to loss suffered

(a) by the person or one of a limited group of persons for whose benefit and guidance he intends to supply the information or knows that the recipient intends to supply it; and

(b) through reliance upon it in a transaction that he intends the information to influence or knows that the recipient so intends or in a substantially similar transaction.

(3) The liability of one who is under a public duty to give the information extends to loss suffered by any of the class of persons for whose benefit the duty is created, in any of the transactions in which it is intended to protect them».

Supremo Tribunal de Nova Jérsia[760], em que os auditores foram tidos como responsáveis perante todos aqueles que previsivelmente possam confiar nas suas informações para fins empresariais[761].

Também a elaboração defeituosa de um testamento por um advogado confere ao herdeiro lesado, para o Supremo Tribunal da Califórnia, o direito de demandá-lo *in tort*[762]. E, segundo a mesma jurisdição, o dono da obra pode igualmente reclamar do subempreiteiro, ao abrigo das regras da responsabilidade extracontratual, a indemnização do dano patrimonial sofrido em virtude do atraso ocorrido na conclusão da obra, imputável ao segundo[763].

---

[760] *Rosenblum Inc. v. Adler*, 461 A.2d 138, parcialmente reproduzida em SCHWEN-ZER e MÜLLER-CHEN, ob. cit., pp. 231 ss.

[761] Cfr. ob. cit., p. 233: «When the independent auditor furnishes an opinion with no limitation in the certificate as to whom the company may disseminate the financial statements, he has a duty to all those whom that auditor should reasonably foresee as recipients from the company of the statements for its proper business purposes, provided that the recipients rely on the statements pursuant to those business purposes». Uma orientação mais restritiva parece, no entanto, prevalecer em Nova Iorque no tocante à delimitação dos destinatários das informações preparadas por auditores, perante os quais estes últimos respondem. Segundo informam PROSSER-KEETON, ob. cit., suplemento de actualização a 1988, p. 105, exige-se aí a verificação dos seguintes requisitos a fim de que os auditores possam ser responsabilizados por *negligence*: «(1) the accountants must have been aware that the financial reports were to be used for a particular purpose; (2) in furtherance of which a known party was intended to rely; and (3) there must be some conduct on the part of the accountants linking them to that party, which evinces the accountants' understanding of that party's reliance».

[762] Cfr. PROSSER-KEETON, ob. cit., p. 1000; MARKESINIS, «The Need to Set Acceptable Boundaries between Contract and Tort: An English Lawyer's Views on Some Recent American Trends», *in Conflict and Integration: Comparative Law in the World Today*, pp. 313 ss. (pp. 318 ss.).

[763] Cfr. PROSSER-KEETON, ob. cit., pp. 1001 s.; MARKESINIS, est. cit., p. 319.

§ 9.°
O concurso das responsabilidades contratual e extracontratual
e o seu regime

38. Pode em determinados casos uma situação da vida susceptível de ser caracterizada como violação de uma obrigação contratual constituir simultaneamente um ilícito extracontratual, por isso que envolve do mesmo passo a ofensa de um direito absoluto.

É o que sucede sempre que um dos contraentes, deixando de cumprir algum dos deveres principais ou acessórios para si decorrentes da relação obrigacional, ocasiona um dano na pessoa ou nos bens do seu co-contraente. Mencionem-se, a título de exemplo, as hipóteses em que o transportador provoca negligentemente um acidente de que resulta a danificação da mercadoria transportada por contrato; em que o médico prescreve ao paciente um tratamento inadequado segundo as regras da arte, que lhe provoca lesões corporais; e em que o cliente de um estabelecimento hoteleiro sofre uma intoxicação causada por alimentos em mau estado de conservação, que nele lhe foram servidos.

Dado que se preenchem nestes casos as previsões das regras que disciplinam as duas espécies de responsabilidade, integram os mesmos o fenómeno chamado o concurso das responsabilidades contratual e extracontratual.

Levanta-se a seu respeito a questão de saber qual o regime de responsabilidade que lhes é aplicável. A solução que for dada ao problema tem também relevância, como veremos, na regulamentação da responsabilidade pré-contratual em situações privadas internacionais. Não pode, por conseguinte, deixar de ser aqui examinada.

Para tanto, iremos proceder a uma análise comparativa das regras que presidem à resolução dos concursos das responsabilidades contratual e extracontratual nos ordenamentos jurídicos que nos vêm servindo de referência[764].

---

[764] Regras essas que KEGEL qualifica como «regras de conflitos materiais» («*Sachliche Kollisionsnormen*»): cfr. *IPR*, pp. 48 ss.

Da Responsabilidade Civil e das suas Modalidades 209

Essa análise obedece a uma sistematização algo diversa daquela que presidiu aos parágrafos anteriores, que cumpre referir.

Procurar-se-á num primeiro momento determinar as soluções típicas de que o problema é objecto nos sistemas jurídicos estrangeiros, as quais são em número limitado. Cada tipo de solução será apresentado tal como a acolhe uma ordem jurídica, que se tem por mais representativa no que diz respeito a essa solução, sem prejuízo de se mencionarem as suas consagrações noutra ou noutras ordens jurídicas. Seguidamente, cuidar-se-á de saber qual o regime que deve ter-se por vigente no Direito português, confrontando os factores que condicionam a solução do concurso de normas naqueles sistemas com a situação do nosso ordenamento.

A análise autónoma do Direito português impõe-se aqui em virtude da posição especial que este ocupa quando hajam de ser julgadas pelos nossos tribunais as questões postas por concursos de normas emergentes de relações privadas internacionais, de que adiante se dará conta[765].

39. De acordo com o sistema dito do «não cúmulo» (*non cumul*), consagrado no Direito francês, são em princípio inaplicáveis as regras que disciplinam a responsabilidade extracontratual quando for causado um dano por inexecução de uma obrigação contratual[766]. Assim o decidiu a Cassação francesa nomeadamente na sentença de 11 de Janeiro de 1922[767] em que aquela jurisdição afirmou: «*les art. 1382 et suiv. sont sans application lorsqu'il s'agit d'une faute commise dans l'exécution d'une obligation résultant d'un contrat*». Encontrando-se preenchidos os pressupostos da responsabilidade contratual, não pode o interessado prevalecer-se das

---

[765] Cfr. *infra*, § 27.º.

[766] Cfr. PLANIOL-RIPERT-ESMEIN, *Traité pratique de droit civil français*, t. VI, *Obligations, Première partie*, pp. 669 ss.; CORNU, «Le problème du cumul de la responsabilité contractuelle et de la responsabilité délictuelle», *in Études de droit contemporain. Sixième Congrès International de Droit Comparé. Hambourg. 1962*, pp. 239 ss.; MAZEAUD-TUNC, *Traité théorique et pratique de la responsabilité civile délictuelle et contractuelle*, t. I, pp. 226 ss., especialmente pp. 258 s.; FERID-SONNENBERGER, *Das Französische Zivilrecht*, vol. 2, *Schuldrecht*, p. 452; TERRÉ-SIMLER-LEQUETTE, *Droit civil. Les obligations*, pp. 680 ss.; MAZEAUD-CHABAS, *Leçons de droit civil*, t. II, *Obligations*, vol. I, *Théorie générale*, pp. 383 e 402 ss.; e CARBONNIER, *Droit civil*, t. 4, *Les obligations*, p. 487; STARCK-ROLAND-BOYER, *Droit Civil. Les obligations. 2. Contrat*, pp. 740 ss.

[767] *D.* 1922, parte I, p. 16. A mesma solução foi afirmada posteriormente nos acórdãos da Cassação de 24 de Novembro de 1954, *JCP* 1955, II, n.º 8625; de 7 de Dezembro de 1955, *D.* 1956, parte II, p. 136; de 30 de Outubro de 1962, *D.* 1963, p. 57; e de 9 de Março de 1970, *Bull.* 1970, parte I, p. 71.

210   *Da Responsabilidade Pré-Contratual em Direito Internacional Privado*

disposições da responsabilidade extracontratual ainda que seja essa a solução mais conforme com os seus interesses. O Direito contratual constitui, de acordo com esta concepção, um ordenamento especial perante o Direito da responsabilidade extracontratual.

Entre os fundamentos invocados em abono da doutrina do *non-cumul* avulta o respeito devido à vontade do legislador, que para os seus partidários se veria frustrada se acaso fosse admitida uma escolha pelo interessado entre os dois regimes aplicáveis.

No mesmo sentido deporia o princípio da autonomia da vontade, pois que a aplicação das regras da responsabilidade delitual às hipóteses de incumprimento de uma obrigação contratual seria contrária à vontade das partes quando estas hajam regulado ou excluído convencionalmente a responsabilidade por esse incumprimento.

O não cúmulo fundar-se-ia também no princípio da economia processual: o art. 1351 do Código Civil francês faz depender a atribuição de força de caso julgado da identidade das partes, do pedido e da causa de pedir, consistindo esta última na norma legal em que o autor funda a acção; de modo que o caso julgado só se forma relativamente aos fundamentos de Direito invocados pelo autor. Seria, por isso, em teoria possível propor uma acção substancialmente idêntica a outra já decidida com base em regras legais diversas. Justamente a regra do *non-cumul* vem impedir um resultado deste tipo no caso de concurso de responsabilidades.

Indispensáveis à compreensão da regra do *non-cumul* parecem-nos ser duas particularidades do regime da responsabilidade civil no Direito francês, a que fizemos alusão anteriormente[768]: por um lado, o carácter menos favorável à vítima da disciplina da responsabilidade contratual quando confrontada com a da responsabilidade delitual (em virtude, nomeadamente, da restrição do dano indemnizável *ex contractu* às consequências do incumprimento ou da mora previsíveis pelo devedor no momento da celebração do contrato e da exigência da *mise en demeure* do devedor a fim de que este fique constituído em mora); por outro, a formulação muito ampla da cláusula geral de responsabilidade extracontratual constante do artigo 1382 do Código Civil, à qual são reconduzíveis todas as violações culposas de obrigações contratuais (o que não acontece nos sistemas jurídicos germânico e de *Common Law* onde, como vimos, o dano patrimonial puro não origina responsabilidade delitual se for causado por mera negligência). A admitir-se o cúmulo das duas responsabilidades

---

[768] *Supra*, § 6.°.

Da Responsabilidade Civil e das suas Modalidades 211

no Direito francês, mediante a escolha pelo lesado das regras aplicáveis, ficaria todo o devedor que não cumprisse uma obrigação contratual *ipso facto* incurso em responsabilidade extracontratual; e facultar-se-ia a qualquer credor insatisfeito uma acção delitual. Quedariam deste modo inevitavelmente privadas de efeito prático as regras mais restritivas da responsabilidade contratual.

À regra dita do *non-cumul* subjaz, em suma, como salienta CORNU[769], uma ideia de «não imiscuição» da responsabilidade delitual nas relações contratuais.

A regra do *non-cumul* consente excepções no sentido da admissão de uma opção entre acções com diverso fundamento[770]. Isso sucede nos casos de incumprimento ou de cumprimento defeituoso intencional de um contrato válido, de ilícito criminal (caso em que o lesado pode invocar no processo de adesão normas de direito delitual) e de violação de contrato a favor de terceiro (em que se admite que este se prevaleça das regras do Direito delitual por se entender que não pode ser colocado em posição menos favorável do que aquela em que se encontraria se fosse completamente alheio ao contrato). Fala-se nestes casos de *cumul* ou *concours de responsabilités*.

40. A jurisprudência e a doutrina alemãs admitem, quando se achem preenchidos relativamente a uma mesma situação de facto e entre os mesmos sujeitos os pressupostos da responsabilidade contratual e da responsabilidade extracontratual um concurso de pretensões ou um concurso de fundamentos da mesma pretensão, por força do qual se aplicam as regras de uma ou outra das duas formas de responsabilidade, ou de ambas, consoante a escolha do lesado ou a decisão do tribunal.

Uma orientação mais antiga, preconizada por parte da doutrina[771] e acolhida na jurisprudência do Tribunal Federal[772], vê nesse concurso uma

---

[769] Est. cit., p. 241.

[770] Cfr. STARCK-ROLAND-BOYER, ob. cit., pp. 743 s.

[771] Cfr. entre outros LENT, *Die Gesetzeskonkurrenz*, vol. I, pp. 275 ss.; DIETZ, *Anspruchskonkurrenz bei Vertragsverletzung und Delikt*, p. 127; *idem*, «Das Problem der Konkurrenz von Schadensersatzansprüchen bei Vertragsverletzunge und Delikt», *in Deutsche Landesreferate zum VI. Internationalen Kongress für Rechtsvergleichung*, pp. 181 ss. (p. 190); ENNECCERUS-NIPPERDEY, *Lehrbuch des Bürgerlichen Rechts*, vol. I, *Allgemeiner Teil des Bürgerlichen Rechts, Erster Halbband*, p. 350, *Zweiter Halbband*, p. 1391; SCHLECHTRIEM, *Vertragsordnung und ausservertragliche Haftung*, pp. 46 ss.; *idem, Schuldrecht. Besonderer Teil*, pp. 414 s.; e MEDICUS, *Schuldrecht I. Allgemeiner Teil*, pp. 172 s.

[772] Cfr. a sentença de 4 de Março de 1971, *BGHZ* 55, pp. 392 ss. (p. 395): «Es ist in

pluralidade de pretensões distintas (uma *Anspruchskonkurrenz*) tendo por objecto a mesma prestação, as quais existem autonomamente até à respectiva satisfação. Esta doutrina é também aplicada por aquele Tribunal nas hipóteses de conflito de leis[773].

Segundo um ponto de vista mais recente, o lesado não dispõe nesses casos, como em quaisquer outros em que a mesma relação da vida é subsumível a diferentes normas fundamentantes de pretensões, de duas pretensões que lhe seja lícito deduzir em juízo alternativa ou cumulativamente, mas de uma única pretensão, fundamentada em diversas normas, que não é cindível para efeitos de imputação do cumprimento ou de transmissão por cessão, nem é plurimamente accionável.

Verifica-se por isso um «concurso de normas de pretensão» (*Anspruchsnormenkonkurrenz*)[774] ou um «concurso de fundamentos de pretensão» (*Anspruchsgrundlagenkonkurrenz*)[775]. A pretensão plurifundamentada só pode ser objecto de renúncia e de cessão de forma unitária; e processualmente constitui um objecto único. A decisão judicial que a considerar improcedente exclui qualquer nova acção fundada na mesma relação material. O conteúdo da pretensão unitária é, em qualquer caso, determinado pelo conjunto das normas concorrentes, podendo o interessado

---

der Rechtsprechung seit langem anerkannt, dass es sich bei dem Zusammentreffen von Schadensersatzansprüchen aus Vertragsverletzungen und aus unerlaubter Handlung um eine echte Anspruchskonkurrenz handelt, die sich aus dem gleichen Rangverhältnis von Delikts- und Vertragsrecht ergibt. Verstösst ein Verhalten sowohl gegen eine allgemeine Rechtspflicht als auch gegen eine vertraglich begründete Pflicht, so sind die Rechtsfolgen sowohl den Vorschriften des Deliktsrecht als auch den für den Vertrag massgebenden Bestimmungen zu entnehmen». *Vide* no mesmo sentido a sentença de 7 de Novembro de 1985, *BGHZ* 96, pp. 221 ss. (p. 229).

[773] Cfr. a sentença de 28 de Março de 1961, *VersR* 1961, pp. 518 s. Discutia-se na espécie a responsabilidade pelos danos sofridos em consequência de um acidente de viação pelo passageiro transportado num veículo automóvel ao abrigo de um contrato. Tendo este sido celebrado na Alemanha e entre dois alemães, entendeu o Tribunal Federal que competia ao Direito alemão decidir da existência de uma pretensão indemnizatória nele fundada; dado, porém, que o acidente ocorrera em França cabia ao Direito francês ajuizar da pretensão deduzida pelo autor *ex delicto*.

[774] Termo proposto por GEORGIADES: cfr. *Die Anspruchskonkurrenz im Zivilrecht und Zivilprozessrecht*, pp. 128, 164, 167 e 280. Adoptaram-no posteriormente, entre outros, LARENZ, *Allgemeiner Teil des Deutschen Bürgerlichen Rechts*, pp. 265 ss.; LARENZ-CANARIS, *Lehrbuch des Schuldrechts*, vol. II/2, *Besonderer Teil*, p. 597; LARENZ-WOLF, *Allgemeiner Teil des Bürgerlichen Rechts*, p. 355 s.; e FIKENTSCHER, *Schuldrecht*, pp. 731 s.

[775] Assim BROX, *Allgemeines Schuldrecht*, p. 18.

Da Responsabilidade Civil e das suas Modalidades

invocar todas as normas de pretensão aplicáveis ao caso e combinar os benefícios que essas normas lhe garantem. Rege este concurso (com a excepção de que adiante se dará conta) o princípio segundo o qual o credor não pode ser colocado em situação pior do que aquela em que se encontraria se a sua pretensão se fundasse numa só disposição legal.

São vários os argumentos invocados em abono desta solução. Por um lado, não existe uma relação de especialidade entre a responsabilidade contratual e a extracontratual, pois que nem toda a violação de um contrato é uma acção ilícita no sentido do § 823 do BGB, que não é tão amplo quanto a regra homóloga do Direito francês. Por outro, visando o Direito delitual garantir o cumprimento do dever geral de não violar a integridade física, a saúde e o património alheios, deve o mesmo intervir de modo a reforçar o Direito contratual, mas não pode ser afastado por ele[776]. Depõe ainda no sentido da admissibilidade do concurso das responsabilidades a circunstância de o Direito alemão excluir a indemnização dos danos não patrimoniais (*Schmerzensgeld*) nas acções contratuais, diversamente do Direito francês, que admite o ressarcimento desses danos independentemente da natureza contratual ou delitual da acção[777]: sendo intolerável conceder essa indemnização, por exemplo, ao peão que é vítima de um acidente causado por um automóvel e não ao passageiro que viajava no interior do mesmo, há que admitir a possibilidade de este último demandar o lesante com fundamento na responsabilidade extracontratual. A diversidade do regime da responsabilidade por actos dos auxiliares con-

---

[776] Neste sentido pronunciou-se o Tribunal do Império na sentença de 13 de Outubro de 1916, *RGZ* 88, pp. 433 ss. (pp. 434 s.): «Die allgemeine Rechtspflicht, niemanden körperlich zu verletzen, besteht immer und gegenüber jeder Person, gleichviel ob diese mittels Vertrags oder ohne Vertrag in den Handlungsbereich des Verletzers gekommen ist. Diese allgemeine Rechtspflicht kann dadurch nicht beseitigt werden, dass es ein Vertrag war, durch den die Möglichkeit der Einwirkung auf den Körper des andern gegeben wurde. Auch der Vertragsgegner bleibt immer der durch § 823 BGB Geschützte; er wird es in noch stärkerem Grade, wenn der Vertrag den Verletzer sogar noch besonders, nämlich eben auch noch vertragsmässig, zur Fürsorge verpflichtet. Das allgemeine Verbot widerrechtlicher Körperverletzung wird dadurch nur individualisiert und verstärkt, dass der Vertrag dem andern sogar noch ein vereinbartes Recht auf Fürsorge, also auf das Gegenteil jeder Körperverletzung gibt. Andernfalls würde die Widerrechtlichkeit der Körperverletzung i. S. des § 823 nur darum verneint, weil dem andern noch ein weiterer besonderer Anspruch auf Unterlassung jeder Körperverletzung zusteht, — ein Ergebnis, dessen Ungereimtheit und Unerträglichkeit auf der Hand liegt».

[777] Cfr. *supra* § 6.º.

214 *Da Responsabilidade Pré-Contratual em Direito Internacional Privado*

soante a sua fonte contratual ou delitual concorre também no sentido da solução apontada: sendo neste particular a regulamentação da responsabilidade do agente, constante do § 831 (1) do BGB, geralmente tida por insuficiente[778], torna-se necessário permitir o seu afastamento em benefício da disciplina homóloga da responsabilidade do devedor como forma de evitar a sistemática exoneração do lesante pelos actos dos seus auxiliares. O mesmo pode dizer-se, por fim, da cláusula residual constante do § 826 do BGB[779], por força do qual a causação de danos com violação dos bons costumes — *hoc sensu*, das regras de conduta social que integram o mínimo ético-jurídico[780] — só determina a responsabilidade do agente quando este haja actuado dolosamente.

O concurso só é recusado quando se verifique que o legislador ou os contraentes quiseram que dado preceito legal ou contratual regulasse todas as pretensões emergentes de determinado dano. Presume-se essa intenção do legislador ou das partes quando o objectivo precípuo das disposições contratuais se frustraria se as mesmas não fossem aplicadas igualmente às pretensões delituais. É o que sucede nos casos em que a lei exige como pressuposto da responsabilidade contratual a culpa qualificada do devedor[781], em que foi acordada no contrato a exclusão ou a limitação da responsabilidade e em que o prazo de prescrição da pretensão contratual é mais curto do que o que vale para a pretensão delitual[782]. Ocorre aí, segundo LARENZ, uma redução teleológica do âmbito de aplicação das regras delituais a favor das contratuais[783].

Na Suíça a jurisprudência do Tribunal Federal admite o concurso de pretensões desde que do exame das disposições legais reguladoras do tipo contratual em apreço não se infira que as mesmas visam regular de modo exaustivo a responsabilidade emergente dos factos nelas previstos[784].

---

[778] Cfr. *idem*.

[779] Cfr. sobre esta disposição *supra*, § 8.°.

[780] Assim LARENZ-CANARIS, ob. cit., pp. 355 e 451.

[781] Assim, por exemplo, os §§ 521, 599, 690 e 708 do BGB.

[782] Como acontece por força do disposto nos §§ 558 e 606 do BGB quanto às pretensões indemnizatórias do senhorio e do comodante. Cfr. LARENZ-CANARIS, ob. cit., pp. 597 s.; FIKENTSCHER, ob. cit., p. 732.

[783] Cfr. *Methodenlehre der Rechtswissenschaft*, p. 270 (na tradução portuguesa, p. 379).

[784] Cfr. as sentenças de 20 de Janeiro de 1911, *ATF*, vol. 37/II, pp. 1 ss. (p. 9), e de 21 de Maio de 1941, *ATF*, vol. 67/II, pp. 132 ss. (p. 137). Na doutrina *vide* no sentido da admissibilidade do concurso de pretensões, por último, GAUCH-SCHLUEP-SCHMID-REY, *Schweizerisches Obligationenrecht. Allgemeiner Teil*, vol. II, p. 168.

Da Responsabilidade Civil e das suas Modalidades   215

A admissibilidade do concurso será acaso menos premente neste país do que na Alemanha, pois que em virtude da remissão constante do artigo 99, n.° 3, do Código das Obrigações a indemnização do dano moral prevista no art. 49, n.° 1, do mesmo Código é em princípio possível em matéria contratual. Poderá mesmo perguntar-se se a ela se não oporá a amplitude da cláusula geral de responsabilidade aquiliana consagrada no art. 41 daquele Código, que examinámos acima[785]. Na doutrina interpreta-se, porém, o conceito de acto ilícito (*acte illicite, unerlaubte Handlung*), a que este preceito se refere, em sentido restrito, compreendendo-se nele tão-somente as lesões de direitos absolutos e as lesões patrimoniais que importem violação de uma lei de protecção. Dele fica excluído o incumprimento de deveres de prestação que não constitua simultaneamente violação de deveres jurídicos gerais, ao qual se aplicam os arts. 97 e seguintes do mesmo Código[786]. São, por isso, relativamente limitadas as situações subsumíveis a ambos os complexos normativos. O conceito de facto ilícito no Direito suíço assemelha-se, assim, ao que resulta das disposições fundamentais do Direito delitual germânico[787]; o que em nosso modo de ver permite em alguma medida explicar a adesão da jurisprudência suíça à doutrina da *Anspruchskonkurrenz*.

Em Itália, certa corrente doutrinal inspirada no modelo francês sustentou a primazia, em caso de concurso, da responsabilidade contratual sobre a delitual[788]. A esta orientação objectou-se, porém, que não seria justo nem conforme à vontade dos contraentes presumir que estes renunciam à protecção de que gozariam independentemente do contrato pelo mero facto de o terem concluído[789].

---

[785] Cfr. § 8.°.

[786] Cfr. Jäggi, «Zum Begriff der Vertraglichen Schadenersatzforderung», *in Mélanges Schönenberger*, pp. 181 ss. (p. 183); Keller, «Schweiz», *in Deliktsrecht in Europa*, p. 9; e Engel, *Traité des obligations en droit suisse*, p. 756.

[787] Cfr. *supra*, § 8.°.

[788] Cfr. neste sentido Peretti-Griva, «Concorso di responsabilità contrattuale e di responsabilità extra-contrattuale?», *Giur. it.* 1951, Parte Prima, sezione II, cols. 289 ss.; *idem,* «Ancora sul concorso della responsabilità contrattuale ed extracontrattuale», *Giur it.* 1952, Parte Prima, Sezione I, cols. 289 ss.; *idem,* «Concorso di responsabilità contrattuale ed extracontrattuale», *Foro Pad.* 1960, Parte Prima, cols. 639 ss.; Russo, «Concorso di responsabilità contrattuale ed extracontrattuale e fatto ilecito dei commessi», *FI* 1951, Parte Prima, cols. 1190 ss.

[789] Assim De Cupis, *Il danno*, vol. I, pp. 114 s.

A jurisprudência constante da *Corte di Cassazione*[790] e a doutrina mais recente[791] consideram, por isso, que assiste ao lesado nas hipóteses em apreço a faculdade de escolher o regime de responsabilidade que lhe for mais favorável.

Achando-se a cláusula geral de responsabilidade aquiliana constante do Código italiano formulada em termos tão amplos quanto aqueles em que o legislador francês a consagrou[792], poderia supor-se que a admissão do concurso de normas ou de acções no Direito italiano importa a consequência — apontada no Direito francês como fundamento de rejeição do cúmulo de responsabilidades — de que todo o devedor inadimplente responderia afinal também ao abrigo das normas que disciplinam a responsabilidade extracontratual, ficando assim privadas de efeito prático as da responsabilidade contratual.

Cremos, no entanto, que seria incorrecta tal conclusão. A justificação do diferente regime do concurso de responsabilidades nos dois ordenamentos em questão, cujos textos legais definem em termos muito próximos a fonte da obrigação ressarcitória *ex delicto*, encontra-se, se bem cuidamos, na diferente delimitação do facto determinante de responsabilidade extracontratual neles operada pela doutrina e pela jurisprudência. Importa por isso averiguar o que se entende à face dos Direitos francês e italiano por esse facto.

---

[790] Cfr. as sentenças de 16 de Abril de 1951, *FI* 1951, *Parte I*, col. 1190; de 18 de Abril de 1951, *Giur. Ital.* 1952, *Parte I, Sezione I*, col. 290; e de 20 de Outubro de 1956, *Giur. It.* 1957, cols. 16 s. Nesta última afirma-se: «Questa Corte ha costantemente ritenuto il concorso dell'azione per responsabilità contrattuale con quella per responsabilità extracontrattuale allorquando il fatto illecito violi non soltanto diritti derivanti dal contrato ma anche diritti che spettino al danneggiato, indipendentemente dal contratto stesso. E ciò per la ragione che l'assorbimento di un'azione nell'altra non trova giustificazione allorquando il fatto illecito, unico nella sua genesi, costituisca violazione di un duplice diritto: quello particolare tutelato dal contratto e quello corrispondente al generico dovere del *neminem laedere*». Para uma resenha da jurisprudência ulterior sobre o tema cfr. ROSSELLO, «Concorso di responsabilità contrattuale ed extracontrattuale», *NGCC* 1985, Parte Seconda, pp. 317 ss., e MONATERI, *Cumulo di responsabilità contrattuale e extracontrattuale*, pp. 171 ss.

[791] Cfr. SCONAMIGLIO, «Responsabilità contrattuale ed extracontrattuale», *NssDI*, vol. XV, pp. 677 ss. (p. 678); DE CUPIS, «Il problema del cumulo della responsabilità contrattuale ed extracontrattuale», *Ann. Dir. Compar. e Studi Legisl.* 1963, pp. 249 ss.; *idem, Il danno*, vol. I, p. 116; BUSNELLI, «Italien», *in Deliktsrecht in Europa*, p. 48; GIARDINA, *Responsabilità contrattuale e responsabilità extracontrattuale*, pp. 161 ss.; BIANCA, *Diritto civile*, vol. 5, *La responsabilità*, p. 553; e VISINTINI, *Trattato breve della responsabilità civile*, p. 223.

[792] Cfr. *supra*, § 8.°.

Enquanto que em França se define a *faute* a que alude o art. 1382 do *Code Civil* como toda a «violação de uma regra de conduta imposta aos homens»[793] ou, em termos mais amplos, como qualquer «comportamento repreensível»[794] — nela se compreendendo, ao menos em potência, a violação de obrigações contratuais —, em Itália a jurisprudência que consagrou a admissibilidade do cúmulo das duas formas de responsabilidade partiu da exigência, como elemento constitutivo da responsabilidade aquiliana, da lesão de um direito absoluto da vítima[795]. Este entendimento já não corresponde hoje ao Direito positivo italiano, em virtude da generalizada admissão da tutela aquiliana do crédito[796]. Nem por isso, no entanto, se reconhece como ilícito extracontratual qualquer facto lesivo de um interesse creditório, não tendo por conseguinte acolhimento a tese que equipara para esse efeito direitos absolutos e direitos de crédito[797]. Sustenta-se, ao invés, que o «dano injusto» a que se reporta o art. 2043 do Código Civil é a «lesão de um interesse juridicamente protegido na vida de relação»[798]; e que esta compreende «as lesões dolosas ou culposas de direitos de personalidade e de direitos reais bem como as lesões socialmente intoleráveis pela gravidade do facto ou pela particular relevância do interesse lesado» e ainda «as lesões de interesses tutelados mediante normas penais ou específicas proibições legais»[799].

Eis, pois, como a doutrina italiana opera uma delimitação do conceito de dano injusto que permite aproximá-lo do facto ilícito dos Direitos alemão e suíço. Compreende-se, assim, a similitude das soluções consagradas nestes ordenamentos quanto à questão do concurso de responsabilidades.

41. No *Common Law* o problema apresenta contornos mais difusos. Tendem a prevalecer aí doutrinas intermédias, que admitem, com excepções, o concurso de responsabilidades.

---

[793] Assim CARBONNIER, *Droit civil*, t. 4. *Les obligations*, p. 398.

[794] Cfr. TERRÉ-SIMLER-LEQUETTE, *Droit Civil. Les obligations*, p. 566. Sobre a *faute* ver ainda *infra*, § 13.°.

[795] Cfr. SACCO, «Concorso delle azioni contrattuale ed extracontrattuale», *in Risarcimento del danno contrattuale ed extracontrattuale*, pp. 155 ss. (p. 158).

[796] Cfr. SACCO, est. e loc. cits.; PONZANELLI, «Il concorso di responsabilità: le esperienze italiana e francese a confronto», *Resp. civ. prev.* 1984, pp. 36 ss. (p. 41); GIARDINA, est. cit., p. 169; e BIANCA, ob. cit., pp. 601 ss.

[797] Assim BIANCA, ob. cit., p. 586.

[798] *Ibidem, idem*, p. 582.

[799] *Ibidem, idem*, p. 587.

218   *Da Responsabilidade Pré-Contratual em Direito Internacional Privado*

Assim, na decisão proferida em 1956 pela Câmara dos Lordes no caso *Lister v. Romford*[800], relativa a uma acção de indemnização intentada pela entidade patronal contra um seu empregado com fundamento nos danos causados pela violação por este do dever de cuidado a seu cargo no manuseamento de bens de propriedade da primeira, Lorde RADCLIFFE, depois de reconhecer que *«the law does impute to an employee a duty to exercise reasonable care in his handling of his employer's property»*, afirmou que *«the duty in question is [...] as much contractual as tortious»* e que *«[i]t is a familiar position in our law that the same wrongful act may be made the subject of an action either in contract or in tort at the election of the claimant, and, although the course chosen may produce certain incidental consequences which would not have followed had the other course been adopted, it is a mistake to regard the two kinds of liability as themselves necessarily exclusive of each other»*[801].

É certo que em 1986 Lorde SCARMAN sustentou numa decisão do *Privy Council* que *«[t]heir Lordships [did] not believe that there was anything to the advantage of the law's development in searching for a liability in tort where the parties are in a contractual relationship»*[802]; o que parecia excluir a possibilidade de uma responsabilidade *in tort* quando as partes se encontrem numa relação contratual. Mais recentemente, porém, a Câmara dos Lordes reiterou de modo expresso a admissibilidade, à face do Direito inglês, de o lesado por uma violação de um dever contratual que constitua simultaneamente um delito demandar o lesante com fundamento em qualquer dessas duas *causes of action* desde que as partes não hajam restringido convencionalmente a responsabilidade[803].

---

[800] (1957) *A.C.* 555.

[801] Num caso em que um trabalhador sofreu danos devido à violação de um dever de cuidado pela entidade patronal a *Queen's Bench Division* entendeu, analogamente, que o primeiro tanto podia demandar a segunda com fundamento em *tort* como por *breach of contract*: cfr. *Matthews v. Kuwait Bechtel Corporation*, (1959) 2 *Q.B.* 57.

[802] Cfr. *Tai Hing Cotton Mill Ltd. v. Liu Chong Hing Bank Ltd.*, (1985) 2 *All E.R.* 947 (p. 957), transcrito *in* BEALE-BISHOP-FURMSTON, *Contract. Cases and Materials*, p. 36.

[803] Ver neste sentido os *speeches* proferidos no caso *Henderson v. Merrett Syndicates Ltd.* (1994) 3 *All E.R.* 506, por Lorde GOFF («unless his contract precludes him from doing so, the plaintiff, who has available to him concurrent remedies in contract and tort, may choose that remedy which appears to him most advantageous»: loc. cit., p. 533) e por Lorde BROWNE-WILKINSON («The existence of an underlying contract (eg as between solicitor and client) does not automatically exclude the general duty of care which the law imposes on those who voluntarily assume to act for others»: loc. cit., p. 544). Podem ver--se consagrações anteriores da possibilidade de escolha pelo lesado entre a responsabilidade

Este *concurrent approach* adquiriu particular relevo com a admissão no *leading case Hedley Byrne v. Heller*, julgado pela Câmara dos Lordes em 1963, de uma responsabilidade delitual pelos danos patrimoniais puros causados através da prestação negligente de informações erradas[804]. Com efeito, essa decisão alargou substancialmente o âmbito das situações em que um vínculo contratual ou pré-contratual é fonte de um dever de cuidado cuja violação é sancionada contratual e delitualmente e por conseguinte a área de potencial sobreposição das duas vertentes da responsabilidade civil. É que se o lesado dispõe, conforme decidiu a Câmara dos Lordes, de uma *cause of action* delitual por lhe ter sido prestada gratuitamente uma informação errada causadora de danos, a circunstância de a mesma ser fornecida ao abrigo de um contrato não importa a renúncia do credor aos seus direitos delituais (salvo se as partes houverem excluído ou limitado convencionalmente a responsabilidade civil). Como escreve FLE-MING[805], «*it would be odd if a paying client were to be worse off than a non-paying one or some third party*».

No Direito dos Estados Unidos da América admite-se a ocorrência de um concurso de responsabilidades nomeadamente nos casos em que o cumprimento defeituoso de um contrato cause uma lesão física ao credor[806] e em que o devedor viole um dever de cuidado emergente do contrato[807]. Mas dada a flutuação da jurisprudência revela-se muito difícil estabelecer qualquer regra geral acerca do regime desse concurso[808]. Algumas decisões reconhecem ao autor o direito de eleger dentre as pretensões (*claims*) concorrentes a que prefere deduzir em juízo desde que a questão *sub judice* tenha carácter processual ou, possuindo natureza subs-

---

contratual e delitual nos casos *Esso Petroleum Co. Ltd. v. Mardon*, (1976) 2 *All E.R.* 5 (pp. 22 e 26), e *Batty and another v. Metropolitan Property Realizations Ltd. and others*, (1978) 2 *All E.R.* 445 (p. 453), ambos julgados pelo *Court of Appeal*. Na doutrina cfr. no mesmo sentido CHESHIRE-FIFOOT-FURMSTON, *Law of Contract*, p. 25; FLEMING, *The Law of Torts*, p. 187; MARKESINIS-DEAKIN, *Tort Law*, p. 11; ATIYAH, *An Introduction to the Law of Contract*, p. 379; e KAYE, *An Explanatory Guide to the English Law of Torts*, p. 8. Informam também ser admissível o cúmulo das responsabilidades no Direito inglês, diversamente do que sucede no Direito francês, TALLON-HARRIS, *Le contrat aujourd'hui: comparaisons franco-anglaises*, p. 415.

[804] Cfr. §§ 8.º e 12.º.

[805] Ob. e loc. cit.

[806] Cfr. PROSSER-KEETON, *The Law of Torts*, p. 660.

[807] *Ibidem, idem*, p. 663.

[808] Neste sentido PROSSER, «The Borderland of Tort and Contract», *in Selected Topics on the Law of Torts*, pp. 380 ss. (p. 434); PROSSER-KEETON, ob. cit., p. 666.

tantiva, o pedido indemnizatório se funde em danos patrimoniais[809]. No tocante às pretensões indemnizatórias por danos pessoais a jurisprudência tende a aplicar exclusivamente as regras delituais, em conformidade com a doutrina que manda atender ao «ponto mais grave» (*gravamen*) ou à «essência» (*gist*) da acção[810]. Uma acção por danos pessoais é assim geralmente tida por delitual, ainda que os mesmos resultem da violação de obrigações contratuais; ao passo que uma acção por danos patrimoniais tanto pode ser contratual como delitual, consoante a escolha do autor. Neste sentido pronunciou-se o Supremo Tribunal da Califórnia no caso *Comunale v. Traders & General Insurance Company*[811], julgado em 1958. Aí se afirmou: «*it is the rule that where a case sounds both in contract and tort the plaintiff will ordinarily have freedom of election between an action of tort and one of contract (...). An exception to this rule is made in suits for personal injury caused by negligence, where the tort character of the action is considered to prevail*».

Os tribunais são ainda influenciados na decisão das hipóteses de concurso pelo conteúdo das regras em presença, aplicando por vezes a que lhes parece substancialmente mais adequada à situação controvertida. Seja a decisão proferida em 1964 pelo Supremo Tribunal da Pensilvânia no caso *Griffith v. United Airlines*[812]. Na espécie o autor reclamava, na qualidade de testamenteiro (*executor*) da vítima de um acidente de aviação causado por terceiros no exercício das funções que desempenhavam como empregados da ré, uma indemnização pelos danos sofridos por aquela. Na sua decisão o tribunal afastou a aplicabilidade das regras da responsabilidade contratual com fundamento em que «*under the facts before us, an action for simple breach of contract would not and could not justify a substantial recovery by plaintiff. The essentials of this case remain the same regardless of its label. Mere technicalities of pleading should not blind us to the true nature of the action*».

Nesta medida, a *praxis* dos tribunais americanos não parece estar muito distante dos resultados a que chegam as jurisdições alemãs ao abrigo da doutrina do concurso de normas de pretensão[813].

---

[809] PROSSER, est. cit., p. 434; PROSSER-KEETON, ob. cit., p. 666.

[810] PROSSER, est. cit., p. 437; PROSSER-KEETON, ob. cit., p. 667.

[811] 328 *P. 2d* 198.

[812] 203 *A. 2d* 796.

[813] Cfr. neste sentido GEORGIADES, ob. cit., p. 62.

42. A análise comparativa do problema do concurso das responsabilidades contratual e extracontratual permite concluir que é relativamente limitado o número de soluções de que ele é passível nos diferentes ordenamentos jurídicos; e que tende a prevalecer a orientação que admite o cúmulo ou a concorrência de responsabilidades.

Em qualquer caso, a admissibilidade da cumulação das regras da responsabilidade contratual e da responsabilidade extracontratual funda-se largamente nas características próprias destes institutos à face das ordens jurídicas locais e não pode, por conseguinte ser apreciada em abstracto.

Assim, uma definição em termos muito genéricos dos factos indutores da responsabilidade extracontratual, coexistindo com uma regulamentação muito pormenorizada da responsabilidade contratual, pode conduzir, como sucede em França, à exclusão do cúmulo de responsabilidades a fim de preservar o domínio próprio das regras da responsabilidade contratual.

Inversamente, a necessidade de suprir certos aspectos menos favoráveis para o credor da indemnização do regime legal de uma ou outra das formas de responsabilidade, como a que existe no Direito alemão, determina a admissão da escolha pelo interessado da pretensão que fará valer em juízo.

A comparação dos Direitos continentais com os anglo-saxónicos evidencia o menor relevo nestes últimos do problema dos concursos de normas; o que se prende com a circunstância de o *Common Law* ser uma ordenação largamente casuística, construída pela jurisprudência, em que predomina um pensamento jurídico de cariz problemático, bem como com a atitude pragmática adoptada pelos respectivos tribunais. A inserção sistemática do caso singular e os concursos derivados da circunstância de o mesmo facto preencher a previsão de mais do que uma norma jurídica têm por isso importância secundária nestes ordenamentos jurídicos.

43. *a*) As soluções adoptadas nos Direitos francês e alemão quanto ao concurso das responsabilidades contratual e extracontratual, na medida em que se fundem nas particularidades do regime dessas responsabilidades neles vigente, não parecem susceptíveis de ser transpostas para o Direito português.

Assim, por exemplo, a amplitude da cláusula geral da responsabilidade extracontratual do Direito francês é maior do que a da disposição homóloga do Direito português, sendo por isso menos numerosas neste as situações de potencial concurso, que em França justificam a recusa do cúmulo. E o eventual interesse do credor em recorrer às regras delituais a fim de obter o res-

222   *Da Responsabilidade Pré-Contratual em Direito Internacional Privado*

sarcimento dos danos causados pela mora no cumprimento da obrigação independentemente da interpelação admonitória, que resulta da inexistência no Direito francês de norma paralela ao art. 805.°, n.° 2, alíneas *a*) e *b*), do Código Civil português e justifica igualmente a exclusão do cúmulo nesse Direito, é um problema que não se coloca no nosso ordenamento.

Por outro lado, o Direito português não prevê a exoneração do agente da responsabilidade pelos actos dos seus auxiliares mediante a simples alegação e prova da inexistência de *culpa in eligendo* ou *in vigilando*; nem exige o dolo como requisito da imputação de danos causados contra os bons costumes. Não se verificam por isso entre nós duas das principais razões que comandam a admissão do cúmulo no Direito alemão.

Não é, pois, de estranhar que a doutrina portuguesa se mostre dividida acerca do regime do concurso de responsabilidades. Vejamos sucintamente quais as principais teses doutrinais sobre o tema sustentadas perante o Direito português.

À luz do Código Civil de 1867, defendeu Jaime de GOUVEIA[814] a incompatibilidade de princípio das duas espécies de responsabilidade. Ela apenas consentiria desvios, no sentido da admissibilidade de uma opção pelo credor entre as duas responsabilidades, nos casos em que a inexecução do contrato constitui crime e, bem assim, nos de dolo ou de danos causados no exercício de profissões. Admitir o concurso das duas responsabilidades no campo dos contratos seria tornar inútil o regime da responsabilidade contratual. Ao convencionarem o conteúdo de uma obrigação os contraentes derrogariam validamente, quanto à conduta devida, os preceitos gerais da lei, contanto que estes não sejam de interesse e ordem pública. Em matéria contratual não haveria, assim, senão uma responsabilidade: a contratual. O *accipiens* não poderia escolher a responsabilidade que mais lhe conviesse, nem tão-pouco intentar simultaneamente acção de responsabilidade contratual e de responsabilidade extracontratual ou adoptar numa mesma acção parte do regime de uma e parte do de outra. O cúmulo de responsabilidades repugnaria aos princípios em que assenta a doutrina da incompatibilidade e ofenderia a equidade.

No âmbito do Direito vigente, sustenta ALMEIDA COSTA[815] a consunção da responsabilidade extracontratual pela contratual. Para o autor as hipó-

---

[814] Cfr. *Da responsabilidade contratual*, pp. 215 ss.

[815] Cfr. *Direito das Obrigações*, pp. 478 ss., e «O concurso da responsabilidade contratual e da extracontratual», *in Ab uno ad omnes — 75 anos da Coimbra Editora*, pp. 555 ss. (p. 564).

teses de concurso das responsabilidades contratual e extracontratual reconduzem-se à figura do concurso aparente de normas, consumindo o regime da responsabilidade contratual o da responsabilidade extracontratual.

Por seu turno, TEIXEIRA DE SOUSA considera que o concurso da responsabilidade aquiliana com a contratual integra a categoria que denomina de concurso de títulos de aquisição da prestação[816].

No seu entender, a pretensão é constituída por dois elementos: o título de aquisição da prestação e a faculdade de exigi-la[817]. O primeiro é o fundamento de validade ou causa de uma transferência patrimonial[818]. O segundo consiste num poder de definir condutas alheias[819]. Processualmente, o título de aquisição reconduz-se à causa de pedir e à faculdade de exigibilidade ao pedido[820].

Os concursos de pretensões ocorrem, segundo o autor, quando diversos preceitos legais definem uma multiplicidade de faculdades de exigibilidade e outras tantas causas de aquisição de uma mesma prestação[821]. Distinguem-se dos concursos de normas porque embora nestes uma mesma faculdade seja também subsumível a várias previsões normativas a realização de uma delas envolve a inaplicabilidade de outra[822].

O concurso de títulos de aquisição da prestação seria uma das expressões do concurso de pretensões[823]. Caracteriza-se pela existência de uma relação de consunção entre os títulos das pretensões concorrentes, em vez da relação de alternatividade entre pretensões que, para a dogmática tradicional, ocorre no concurso de pretensões[824].

Essa consunção manifestar-se-ia tanto na utilização do regime de um dos títulos para a constituição de outro título de aquisição da mesma prestação (concurso constitutivo) como na extensão dos impedimentos atinentes a um dos títulos de aquisição a um outro título referido à mesma pres-

---

[816] *O concurso de títulos de aquisição da prestação*, p. 136. Acolhe esta orientação MENEZES CORDEIRO, *Da responsabilidade civil dos administradores das sociedades comerciais*, pp. 491 s.

[817] Ob. cit., p. 347; cfr. também p. 69.

[818] *Ibidem*, pp. 63 e 65.

[819] *Ibidem*, p. 65.

[820] *Ibidem*, pp. 95 ss.

[821] *Ibidem*, p. 16.

[822] *Ibidem*, p. 13.

[823] *Ibidem*, p. 18.

[824] *Ibidem*, pp. 18, 271 e 347.

tação (concurso extintivo)[825]. Por exemplo, a presunção de culpa da responsabilidade contratual seria extensível à responsabilidade extracontratual proveniente do incumprimento de uma obrigação[826].

Não seria aceitável, para TEIXEIRA DE SOUSA, qualquer *favor creditoris* no concurso de títulos de aquisição, traduzido na faculdade de escolha pelo autor de um dos títulos de aquisição, porque isso se traduziria num desrespeito dos princípios da igualdade das partes processuais e *iura novit curia*[827]. Sempre que a mesma factualidade seja subsumível a várias pretensões concorrentes o autor não pode vincular o tribunal a apreciar unicamente a pretensão qualificada[828].

No pólo oposto das anteriores situam-se as posições de PESSOA JORGE[829] e Carlos da MOTA PINTO[830]. Para o primeiro nada impede que se cumulem as duas responsabilidades, emergentes do mesmo facto; de acordo com o segundo, representando a violação de um dever contratual simultaneamente um ilícito extracontratual, o lesado pode em princípio escolher a tutela contratual ou a extracontratual.

Outros autores sustentam a admissibilidade nas hipóteses em apreço da chamada acção híbrida. Assim, para VAZ SERRA[831] quando a violação do contrato for ao mesmo tempo um facto ilícito gerador de responsabilidade delitual o lesado tem o direito de invocar à sua escolha as regras de uma ou de outra responsabilidade, conforme melhor lhe convier, podendo inclusivamente escolher parte de umas e parte de outras, para deste modo aproveitar de todos os benefícios que elas podem dar-lhe. BAIÃO DO NASCIMENTO[832] advoga que nessas hipóteses — que denomina de concurso de fundamentos de uma mesma pretensão — se construa um regime misto, pela combinação do que estatuem as várias normas em presença, o qual representaria a síntese real das várias perspectivas analíticas corporizadas por essas normas. Rui de ALARCÃO[833] entende que a admissibilidade do

---

[825] *Ibidem*, pp. 271, 313 ss. e 347.

[826] *Ibidem*, p. 318.

[827] *Ibidem*, pp. 288 ss.

[828] *Ibidem*, p. 292.

[829] *Ensaio sobre os pressupostos da responsabilidade civil*, p. 41.

[830] *Cessão da posição contratual*, p. 411.

[831] Cfr. «Responsabilidade contratual e responsabilidade extracontratual», *BMJ* 85, pp. 115 ss. (pp. 231 s.); anotação ao ac. do STJ de 26 de Julho de 1968, *RLJ*, ano 102.º, pp. 298 ss. (p. 313).

[832] *Do concurso de normas*, pp. 83 ss.

[833] *Direito das Obrigações*, pp. 211 s.

cúmulo nas hipóteses de facto em abstracto qualificáveis como geradoras de duas formas de responsabilidade é a «solução natural», que como tal se deve aceitar na falta de disposição legal em contrário, desde que, no caso concreto, não conduza a soluções injustas. Esse cúmulo efectiva-se através de uma única acção, a que corresponde no plano material um único direito, que tem como objectivo unitário o ressarcimento do dano, mas que se fundamenta em diversas normas. Há, pois, um concurso de normas que fundamentam uma única pretensão. A mesma concepção fundamental é ainda perfilhada por PINTO MONTEIRO[834], ROMANO MARTINEZ[835] e CALVÃO DA SILVA[836].

De acordo com esta orientação, se por exemplo em consequência de uma intervenção cirúrgica o doente morre por culpa do médico com quem estabelecera um vínculo contratual, os familiares do primeiro podem demandar o segundo pelos danos sofridos com a perda da vítima, ao abrigo do disposto nos arts. 495.° e 496.° do Código Civil; mas não estão sujeitos aos prazos de prescrição do art. 498.° do mesmo Código, podendo antes invocar o prazo ordinário estabelecido no art. 309.°[837].

b) Consideraremos agora a jurisprudência nacional. Na vigência do actual Código Civil, o Supremo Tribunal de Justiça pronunciou-se em diversos arestos, posto que em termos não inteiramente coincidentes, sobre a admissibilidade da aplicação concorrente de regras disciplinadoras das duas formas de responsabilidade. Examinemo-los.

No acórdão de 6 de Novembro de 1986[838] discutia-se a responsabilidade dos réus, proprietários de uma fracção de um imóvel, perante o autor, arrendatário da mesma fracção, pelos danos que lhe haviam ocasionado em virtude da sua ocupação ilícita. O Supremo julgou que «a conduta dos réus, privando [o autor] do gozo do locado e seu recheio, necessariamente que constitui um acto gerador do dever de indemnizar os eventuais prejuízos de tal conduta consequentes». Isto, «quer esse dever seja encarado sob

---

[834] *Cláusulas limitativas e de exclusão de responsabilidade civil*, pp. 429 ss.; *Cláusula penal e indemnização*, pp. 713 s.

[835] *Cumprimento defeituoso em especial na compra e venda e na empreitada*, pp. 287 s.

[836] «Empreitada e responsabilidade civil», *in Estudos de Direito Civil e Processo Civil*, pp. 5 ss. (p. 25), e «Incumprimento e responsabilidade civil», *in ibidem*, pp. 97 ss. (p. 120).

[837] Exemplo fornecido por MOITINHO DE ALMEIDA: cfr. «A responsabilidade civil do médico e o seu seguro», *SI* 1972, pp. 327 ss. (p. 331).

[838] *BMJ* 361, pp. 506 ss.

a óptica da responsabilidade civil contratual (na medida em que os réus puseram injustificadamente termo à sua 'prestação' de proporcionarem ao autor inquilino o gozo do locado), quer na óptica da responsabilidade civil delitual (por terem ofendido a posse legítima que ele vinha exercendo sobre o mesmo locado) — artigos 798.º, e 483.º, n.º 1, do Código Civil — podendo mesmo aceitar-se a ideia da coexistência de responsabilidades de natureza contratual e extracontratual». Timidamente embora, regista-se aqui uma certa abertura ao concurso de fundamentos de uma mesma pretensão, ou concurso de normas de pretensão, pois que se reconhece a existência de uma só pretensão plurimamente fundamentada.

No acórdão de 22 de Outubro de 1987[839] julgou-se um caso em que os autores, proprietários de prédios construídos pelo réu com violação de disposições regulamentares atinentes às edificações urbanas, haviam, em consequência da ruína parcial de um muro de contenção de terras destinado a proteger o terrapleno que servia de acesso às garagens desses prédios causada pela inobservância pelo réu de regras de segurança contidas naquelas disposições regulamentares, deixado de poder utilizar o dito terrapleno para os fins a que ele se destinava, daí lhes advindo prejuízos alegadamente imputáveis ao réu. Este excepcionou a caducidade do direito de acção por força do disposto nos arts. 1220.º e 1225.º, n.ºs 1 e 2, do Código Civil. As instâncias consideraram procedente a excepção, por entenderem que a acção tinha como causa de pedir o cumprimento deficiente do contrato de empreitada celebrado entre o réu e o dono da obra, tendo por isso julgado improcedente a acção e absolvido o réu do pedido. O Supremo, porém, considerou que «a simples circunstância da invocação de um contrato de empreitada, ao abrigo do qual se tenha desenvolvido a construção da obra, não significa que eventuais prejuízos consequentes da sua má execução se confinem ao regime da responsabilidade contratual», pois que, «para além do não cumprimento rigoroso das cláusulas contratuais, o empreiteiro pode responder por responsabilidade delitual se, na execução da obra, não cumpriu os deveres de obediência às regras impostas pelo Estado — ou pelas autarquias — em matéria de construção civil, designadamente no que respeita às cautelas a ter para segurança da obra». Assim, careceriam de razão as instâncias «quando, ao pretenderem qualificar a causa de pedir na presente acção, logo excluíram a possibilidade de esta se traduzir em responsabilidade delitual com o simples argumento de ter sido

---

[839] *BMJ* 370, pp. 529 ss.

invocada a existência de um contrato de empreitada». De resto, acrescenta-se ainda no acórdão, dos articulados resultaria terem os autores atribuído a derrocada do referido muro e os prejuízos inerentes não à inobservância de quaisquer cláusulas do contrato de empreitada, mas sim à inobservância das regras regulamentares de construção, «[o] que, necessariamente, significa que a causa de pedir invocada corresponde à opção pela responsabilidade civil delitual e não à da responsabilidade contratual». O Supremo parece, assim, admitir o concurso alternativo ou electivo de responsabilidades traduzido no reconhecimento ao autor da faculdade de optar entre os regimes potencialmente aplicáveis.

O acórdão de 23 de Maio de 1995[840] versou sobre a seguinte espécie: o falecido marido da autora tomara de arrendamento um local onde montou um estabelecimento cuja exploração depois cedeu a um terceiro. A ré comprou posteriormente um conjunto de prédios em que se integrava aquele local e destruiu-o, assim como certos bens móveis nele guardados e várias benfeitorias que eram pertença do dito. A autora pediu a condenação da ré no pagamento de uma indemnização pelos danos patrimoniais e não patrimoniais desse modo causados, ao abrigo dos arts. 483.º e seguintes do Código Civil. O Supremo entendeu que «[a] simples referência ao art. 483.º e segs., na petição inicial, não significa exclusão da responsabilidade contratual, melhor obrigacional, em benefício da extracontratual ou extraobrigacional, quando afinal tanto o pedido como a causa de pedir são compatíveis com qualquer das duas e a autora pretende o ressarcimento dos danos que se compreendem em ambas», pois que «[à]s partes incumbe o ónus de oferecer os factos e ao tribunal o de dizer o direito». Embora reconhecendo ser «compreensível que não possa haver cumulação de responsabilidades resultantes do mesmo facto jurídico, quando isso acarrete duplicação de indemnizações», entendeu o Supremo que tal não ocorrerá «se os factos ilícitos e suas consequências forem diferentes, de modo a verificar-se um concurso de pretensões e não um concurso de normas relativamente à mesma pretensão». Assim, «no campo da responsabilidade contratual, o devedor que falta culposamente ao cumprimento da obrigação torna-se responsável pelo prejuízo que causa ao credor (art. 798.º)», mas «[i]ndependentemente desta situação, existe o dever geral de não ofender direitos ou interesses de outrem pelo que, aquele que com dolo ou mera culpa violar ilicitamente o direito de outrem ou qualquer dis-

---

[840] *CJSTJ* 1995, t. II, pp. 103 ss.

posição legal destinada a proteger interesses alheios é obrigado a indemnizar o lesado pelos danos resultantes da violação (art. 483.°)». Justamente «[o] acto de destruição do locado pertença do senhorio que impeça ao locatário o gozo da coisa é eventual fonte de responsabilidade contratual, pode ser juridicamente diferenciado da danificação pelo senhorio de objectos móveis pertencentes ao locatário e origem de ilícito extracontratual». Pelo que «[a] violação [do contrato de arrendamento] pelo senhorio com a destruição do prédio, se causadora de danos, acarreta-lhe responsabilidade contratual, que se não confunde com a responsabilidade extracontratual decorrente da danificação de objectos móveis pertencentes ao arrendatário, embora levadas a efeito na mesma ocasião». Nestas circunstâncias seria «de admitir uma pretensão de responsabilidade obrigacional a par de outra extraobrigacional por parte da autora». Quedou manifestamente por analisar neste aresto a aplicabilidade das disposições da responsabilidade extracontratual ao ressarcimento do dano causado pela destruição pela ré do local arrendado; o que era relevante sobretudo para a aferição da susceptibilidade de indemnização do dano moral desse modo causado à autora. O acórdão é, não obstante, perfeitamente claro na afirmação de que o contrato não priva as partes da protecção dispensada pela responsabilidade aquiliana; o que exclui necessariamente qualquer consunção desta pela responsabilidade contratual.

Idêntica máxima de decisão foi observada no acórdão do Supremo de 25 de Novembro de 1998[841]. Na espécie os autores haviam confiado à ré, titular de um infantário, a guarda, durante o dia, de um filho menor, mediante o pagamento em prestações mensais de uma contrapartida pecuniária. Em 30 de Novembro de 1990, o menor, então com sete meses de idade, encontrava-se numa sala do dito infantário quando ocorreu um curto-circuito num convector eléctrico nela existente. Em consequência, houve queda de matéria incandescente sobre o colchão onde o menor estava deitado, o qual se incendiou. Nesse momento, nenhum elemento do pessoal da ré se encontrava na sala, pois a vigilante de serviço ausentara-se para almoçar, sem aguardar pela chegada de quem a viria substituir. O menor foi atingido pelo fogo durante vários minutos. Só quando, por mero acaso, a vigilante que saíra para almoçar teve de voltar à sala é que a situação foi conhecida. O menor sofreu, consoante se relata no acórdão, queimaduras de terceiro grau na cabeça, na cara, no pescoço e nas mãos,

---

[841] *BMJ* 481, pp. 470 ss.

Da Responsabilidade Civil e das suas Modalidades

esteve vários minutos a arder, sem socorro algum, foi submetido a mais de uma dezena de intervenções cirúrgicas, com dolorosos pós-operatórios, e sofreu muitos internamentos hospitalares; terá de sofrer ainda, durante anos, sucessivas intervenções cirúrgicas. Em consequência das queimaduras, ficou gravemente desfigurado. O Supremo entendeu que os deveres de vigilância, de assistência e de protecção que para a ré resultaram do contrato celebrado com os pais do menor foram gravemente negligenciados. Suscitou-se a questão de saber qual a natureza da sua responsabilidade perante os pais do menor. O interesse da questão prendia-se, segundo se afirma no acórdão, «com a dúvida, ainda não resolvida, sobre se a responsabilidade contratual abrange os danos não patrimoniais, visto que a norma que contempla aquele tipo de danos se encontra sediada no local do Código Civil reservado à responsabilidade civil por factos ilícitos extracontratuais e pelo risco». Ora, a omissão do cumprimento dos referidos deveres implicou, para o Supremo, responsabilidade contratual da ré para com os pais do menor. Mas determinou também, no entender daquele tribunal, responsabilidade extracontratual, por violação do direito dos pais ao «são e harmonioso desenvolvimento físico do seu filho menor», que a lei e a Constituição lhes conferem (a primeira, através da atribuição do poder paternal; a segunda, mediante o reconhecimento da maternidade e da paternidade como valores sociais eminentes). Os danos não patrimoniais sofridos pelos autores foram, por isso, julgados indemnizáveis ao abrigo do art. 496.°, n.° 1, do Código Civil. Tendo previamente reconhecido que a omissão da ré implicou «quer responsabilidade contratual [...] para com os pais do menor, quer responsabilidade extracontratual», o Supremo aplicou as normas que, no caso singular, se mostravam mais favoráveis aos lesados e em que eles próprios haviam fundado o pedido de revista: as da responsabilidade extracontratual.

Em face do exposto, afigura-se-nos legítimo concluir que a jurisprudência mais recente do Supremo Tribunal de Justiça português é no sentido da admissibilidade do concurso ideal (ou concurso real não cumulativo) das normas que disciplinam as duas responsabilidades, consubstanciado quer num concurso de fundamentos da mesma pretensão, quer num concurso alternativo ou electivo de pretensões indemnizatórias.

c) Em nosso modo de ver, preenchendo a mesma situação de facto as previsões de duas ou mais normas de responsabilidade civil, estas tornam--se, *ipso facto*, aplicáveis ao caso, salvo disposição legal em contrário ou se entre elas existirem relações de especialidade, de consunção ou de colisão. Constitui-se, assim, na esfera jurídica do lesado um direito ao ressar-

230 *Da Responsabilidade Pré-Contratual em Direito Internacional Privado*

cimento do dano sofrido e na do lesante um dever de indemnizar, que encontram o seu fundamento em qualquer das normas concorrentes.

Há um concurso de normas, na medida em que se verifica uma definição plúrima do mesmo efeito jurídico — o dever de cumprir uma prestação — por várias normas. Como, porém, seria injusta a cumulação dos efeitos dessas normas, visto que daí resultaria uma dupla indemnização do mesmo dano e, por conseguinte, um enriquecimento sem causa do lesado, o concurso há-de resolver-se na atribuição a este (ou ao tribunal, a título subsidiário) de uma faculdade de opção entre os regimes de responsabilidade concorrentes, sendo inaplicável aquele que não for escolhido; ou na combinação desses regimes, através da aplicação a cada questão concreta das regras que lhe sejam mais favoráveis.

A solução a perfilhar deve resultar da consideração do problema no plano das relações sistemáticas entre as normas concorrentes e da ponderação dos interesses e valores em jogo. Há, por isso, que indagar se a combinação das regras de responsabilidade visando a construção de um regime misto é inadmissível por as mesmas serem mutuamente excludentes; e determinar qual a solução mais conforme com a justiça material, os interesses do lesado, do lesante e do tráfico jurídico.

Não nos parece que a relação entre as normas da responsabilidade contratual e da responsabilidade extracontratual, quando concorram sobre os mesmos factos, possa ser configurada quer como uma relação de especialidade, quer de consunção.

A relação de especialidade entre normas jurídicas ocorre quando o âmbito de aplicação de uma é o género e o de outra a sua espécie: são normas especiais aquelas cujo âmbito de aplicação se insere totalmente no da norma geral, traduzindo-se por um conceito que é espécie em relação ao conceito mais extenso que define o campo de aplicação da norma geral e que funciona como género[842]. Sucede que as normas da responsabilidade contratual e extracontratual têm campos de aplicação próprios, não sendo qualquer deles espécie do outro: a primeira reporta-se, como vimos, à violação de direitos de crédito; a segunda, aos danos causados por infracções de direitos absolutos ou de disposições legais destinadas à protecção de interesses alheios. Além disso, as duas responsabilidades distinguem-se através dos sujeitos da obrigação ressarcitória, dos bens jurídicos tutelados e das funções sócio-económicas que desempenham. Os domínios das duas responsabilidades não se encontram, pois, numa relação de género e espécie.

---

[842] Cfr. DIAS MARQUES, *Introdução ao estudo do Direito*, p. 181.

Da Responsabilidade Civil e das suas Modalidades

Estamos igualmente em crer que as normas da responsabilidade contratual não consomem as da responsabilidade extracontratual, pois que os interesses tutelados pelas primeiras não absorvem aqueles que são prosseguidos pelas segundas[843].

No plano sistemático nada parece opor-se, pois, à combinação dos regimes das duas formas de responsabilidade em caso de concurso.

A rejeição do cúmulo pode, aliás, conduzir a resultados iníquos, traduzidos quer na disparidade de tratamento de sujeitos que sofram os mesmos danos consoante sejam credores ou terceiros, quer na negação ao credor das garantias gerais da responsabilidade extracontratual pelo simples facto de ter contratado[844]. Visto que o contrato não exclui o dever geral de não ofender direitos e interesses alheios, antes o reforça, semelhante solução seria, com efeito, injusta: o credor não pode, pelo facto de a sua pretensão se fundar em duas ou mais normas, ficar em situação menos favorável do que aquela que ocuparia se essa pretensão se baseasse numa só dessas normas.

No sentido da admissibilidade daquela combinação depõe ainda a circunstância de certas normas da responsabilidade extracontratual serem entre nós aplicáveis, por força de disposição legal expressa, à responsabilidade contratual[845].

Acresce que se se admite a construção de regimes mistos para as situações atípicas (i. é, não reconduzíveis a qualquer das categorias de situações da vida tipificadas pelo legislador[846]), também hão-de admitir-se tais regimes relativamente às situações que preencham mais do que uma previsão legal, como as que ocorrem em caso de concurso de normas[847].

---

[843] Consoante é pressuposto da relação de consunção entre normas jurídicas: cfr. CAVALEIRO DE FERREIRA, *Lições de Direito Penal. Parte geral*, vol. I, p. 533.

[844] Recorde-se que o regime da responsabilidade extracontratual pode revelar-se mais favorável ao lesado em matéria de pluralidade passiva de responsáveis, de prescrição, de capacidade delitual, de constituição em mora, de indemnização por mora e de atendibilidade de danos não patrimoniais, caso se entenda que esta não é extensível à responsabilidade contratual. Cfr. sobre o ponto *supra*, § 6.°.

[845] É o caso, por exemplo, do art. 487.°, n.° 2, do Código Civil, para o qual remete o art. 799.°, n.° 2, do mesmo diploma.

[846] De que é exemplo entre nós, como se verá, a responsabilidade pré-contratual: cfr. *infra*, § 12.°.

[847] Neste sentido sustenta CASTANHEIRA NEVES que «a "norma aplicável" não terá de ser necessariamente uma só norma, podendo decerto abranger, conjugadas, todas aquelas normas a que o problema concreto, pela pluralidade dos seus aspectos problemáticos, se refira e que a controvérsia da realização do direito [...] não deixará de convocar»: cfr. *Metodologia jurídica*, p. 175.

Na construção desses regimes há que harmonizar os interesses atendíveis do lesado, do lesante e do tráfico jurídico. Os do primeiro apontam no sentido da aplicação das regras que em cada caso lhe sejam mais favoráveis, por forma a não ser colocado em pior situação do que a que ocuparia se não houvesse concurso; os do segundo, no da exclusão do cúmulo, sem adaptações, das regras em concurso, a fim de se evitar a dupla indemnização do mesmo dano (mas não já no da aplicação das regras mais favoráveis ao lesante, pois que tendo-se este tornado responsável com o preenchimento da previsão das normas concorrentes não lhe é legítimo esperar que sejam aplicadas, dentre essas normas, apenas as que em concreto se revelem mais favoráveis aos seus interesses); e os do tráfico, no de que as soluções jurídicas resultantes da combinação de regimes se aproximem, tanto quanto possível, de soluções reais, decorrentes das normas em concurso, evitando-se desse modo a imprevisibilidade e a insegurança inerentes às soluções construídas pelo julgador.

Aceitando-se a combinação dos regimes da responsabilidade contratual e da responsabilidade extracontratual, deve admitir-se, *a fortiori*, a escolha pelo interessado de um desses regimes tomado no conjunto das disposições que o integram.

§ 10.º
Síntese e conclusões

44. *a*) Em todos os ordenamentos jurídicos examinados as responsabilidades contratual e extracontratual obedecem a regimes distintos.

De um modo geral, as diferenças de regime detectadas prendem-se com a diversidade das situações da vida que tipicamente dão origem às duas formas de responsabilidade, dos bens jurídicos por elas tutelados e das funções sócio-económicas que as mesmas são chamadas a desempenhar.

Assim, ao passo que as normas reguladoras da responsabilidade contratual se reportam essencialmente à violação de direitos de crédito, cabendo-lhes tutelar a expectativa do credor na sua satisfação, às da responsabilidade extracontratual pertence, além do mais, a missão de prevenir e sancionar factos lesivos de certos bens jurídicos essenciais, como a vida, a integridade física e a propriedade das pessoas.

Às duas responsabilidades é comum a função de reparar os danos sofridos pelo lesado, a qual aflora de modo particularmente nítido na imposição de responsabilidade objectiva pelos danos causados através do incumprimento da prestação debitória (mais acentuada no *Common Law* do que nos sistemas continentais) e por certos acidentes.

Mas as normas da responsabilidade extracontratual desempenham ainda o papel, não menos relevante, de delimitar esferas de liberdade: definindo os pressupostos sob os quais as intromissões na esfera jurídica alheia constituem os seus autores no dever de reparar os danos desse modo causados a outrem, elas estabelecem reflexamente a medida em que se pode agir livremente sem receio de ser responsabilizado.

Essa delimitação atende não só a concepções ético-jurídicas, mas também a critérios de utilidade social: um alargamento excessivo da responsabilidade extracontratual seria susceptível de tolher a liberdade de iniciativa económica e, de um modo geral, a autonomia privada. Por isso, o princípio geral que domina a matéria é o *casum sentit dominus*: na falta de um motivo específico de imputação ao agente, o dano fica com quem o sofre. São manifestações desta ideia, designadamente: a tipicidade dos ilícitos delituais consagrada em certos ordenamentos, o princípio da culpa e a irressarcibilidade *ex delicto*, em geral, dos danos patrimoniais puros.

A distinção entre as duas formas de responsabilidade tem, pois, um fundamento material e deve, quanto a nós, manter-se.

b) A análise comparativa empreendida revelou ainda que os factos constitutivos das duas responsabilidades assumem contornos muito diversos nos ordenamentos considerados.

Assim, não existe um conceito de contrato comum aos diferentes sistemas jurídicos, pois que se registam profundas divergências entre eles quanto aos caracteres que o distinguem.

De um ponto de vista estrutural, o contrato é nos Direitos continentais essencialmente um acordo de vontades, nele se incluindo, por conseguinte, os contratos gratuitos; ao passo que no *Common Law* se exige como seu elemento constitutivo, além do acordo, a chamada *consideration*, em conformidade com a concepção segundo a qual o contrato é fundamentalmente uma troca económica ou negócio em sentido vulgar.

Quanto ao âmbito dos seus efeitos possíveis (*hoc sensu*, as classes de relações jurídicas que por ele podem ser constituídas, modificadas, transferidas ou extintas), distinguem-se três concepções de contrato: a que o restringe às relações obrigacionais (solução do Direito francês e do *Common Law*); a que inclui nele todas as relações de natureza patrimonial (como sucede no Direito italiano); e a que o tem por apto à produção de efeitos jurídicos de natureza patrimonial e não patrimonial (vigente nos Direitos alemão e português).

Pelo que respeita ao fundamento da eficácia jurídica do contrato, divergem também em pontos capitais os sistemas considerados: se em todos eles o contrato obriga porque isso é tido por conforme à vontade das partes e socialmente útil, este último elemento é entendido de modo diverso nos Direitos continentais e no *Common Law*, onde só se presume a sua ocorrência quanto às transacções onerosas; além de que, em princípio, apenas nos Direitos continentais a ideia de justiça contratual, traduzida numa certa equivalência das prestações a cargo das partes, releva como fundamento da imputação de efeitos ao contrato. Em contrapartida, os desvios admitidos nos sistemas de *Common Law* ao princípio da força vinculativa dos contratos — nomeadamente no caso de *frustration of contract* — têm carácter mais restritivo do que os que lhes correspondem nos Direitos continentais, *maxime* no alemão e no português.

O contrato possui, assim, um âmbito mais vasto nos sistemas continentais do que nos de *Common Law*.

São também diversos os sistemas de delimitação dos factos geradores de responsabilidade delitual que o Direito comparado nos revela: enquanto que o *Common Law* consagra uma tipicidade dos factos indutores de responsabilidade (embora admita o alargamento do seu elenco pela jurisprudência), os Direitos francês, suíço e italiano acolhem uma ampla cláusula geral de Direito delitual, que não especifica os caracteres que deve revestir a conduta danosa a fim de que o seu autor incorra em responsabilidade, e os Direitos alemão e português consagram uma descrição mais ou menos precisa das situações que dão lugar à responsabilidade extracontratual, mediante a enunciação, no primeiro, dos bens jurídicos cuja violação determina a obrigação de reparar os danos causados, e a indicação, no segundo, das características definidoras da ilicitude do acto determinante de responsabilidade aquiliana.

As diferenças assinaladas, que são fruto de factores jurídicos, históricos, filosóficos e ideológicos, têm como consequência ser também diverso o âmbito material das responsabilidades contratual e extracontratual nos ordenamentos referidos.

c) As duas formas de responsabilidade encontram-se sujeitas em alguns ordenamentos a pressões que as deformam e afastam dos correspondentes tipos clássicos.

Assim, tem-se registado uma tendência expansiva da responsabilidade contratual, ou *fuga para o contrato*, no Direito alemão e uma oposta tendência expansiva da responsabilidade extracontratual, ou *fuga para o delito* — que para alguns traria consigo a «morte do contrato» —, nos Direitos inglês e dos Estados Unidos da América.

A primeira tem origem em certas limitações do Direito delitual alemão, que conduziram à necessidade de alargamento do âmbito objectivo e subjectivo das regras da responsabilidade contratual através de figuras como o «contrato com eficácia protectora de terceiros» e a «liquidação de danos a terceiros»; e bem assim à inclusão no complexo obrigacional do contrato de novos deveres (*maxime* de protecção) para além dos que são expressa ou tacitamente convencionados pelas partes. Veículo fundamental destes desenvolvimentos é a cláusula geral da boa fé consignada no § 242 do BGB.

A esta evolução não ficou alheio o Direito português, onde a doutrina, a jurisprudência e a lei vêm reconhecendo a inclusão na relação creditícia, além dos deveres principais e secundários de prestação, de deveres acessórios de conduta fundados na boa fé, cuja violação determina a responsabilidade contratual, quer perante a contraparte quer perante terceiros. O alargamento do conteúdo da relação obrigacional assim operado é, porém, menos amplo do que o que se regista no Direito alemão, mormente porque de um modo geral não se compreendem no âmbito de aplicação das regras da responsabilidade contratual as violações de deveres acessórios de protecção. Ao facto não é alheia a circunstância de algumas das insuficiências apontadas ao regime germânico da responsabilidade delitual não terem paralelo entre nós.

A segunda das tendências assinaladas é fruto da sujeição do contrato, no *Common Law*, aos requisitos da *privity* e da *consideration*.

Por faltarem tais requisitos, não é possível a indemnização ao abrigo das regras da responsabilidade contratual, por exemplo, dos danos patrimoniais sofridos por aquele a quem foi prestada gratuitamente, mas com negligência, uma informação errada. Se, porém, existir entre as partes suficiente *proximity*, a jurisprudência inglesa e norte-americana tem admitido o ressarcimento *in tort* desses danos.

Estes fenómenos não têm correspondência nos ordenamentos, como o francês, que consagram uma cláusula geral de responsabilidade delitual na qual não se especificam nem os bens jurídicos cuja ofensa dá lugar à obrigação de reparar os danos causados a outrem nem os caracteres de ilicitude que o acto deve revestir para esse efeito.

Neles a preocupação fundamental da jurisprudência é conter o Direito delitual dentro de limites razoáveis, para tanto se revelando especialmente eficaz a regra dita do «não cúmulo» de responsabilidades. A cláusula geral de responsabilidade civil permite, efectivamente, incluir na esfera de aplicação das regras que a disciplinam múltiplas condutas causadoras de danos situadas na fronteira entre contrato e delito, sem necessidade de as referir a deveres de conduta emergentes da boa fé.

Daí que em França se possa afirmar: *sans contrat préalable, pas de responsabilité contractuelle*. O domínio da responsabilidade contratual corresponde, pois, no Direito francês ao do contrato propriamente dito.

d) O regime do concurso das responsabilidades contratual e extra-contratual acha-se estreitamente conexo com a disciplina das duas formas de responsabilidade à face dos vários ordenamentos jurídicos locais, não podendo, portanto, ser definido em abstracto.

Assim, por exemplo, a coexistência de uma determinação em termos muito genéricos dos factos indutores da responsabilidade extracontratual com uma regulamentação muito pormenorizada da responsabilidade contratual pode conduzir, como sucede em França, à exclusão do cúmulo de responsabilidades, a fim de se preservar um domínio próprio de aplicação às regras da responsabilidade contratual.

Inversamente, a necessidade de suprir certos aspectos desfavoráveis para o credor da indemnização do regime legal de uma ou de outra das formas de responsabilidade, como a que ocorre no Direito alemão, determina a admissibilidade da escolha pelo próprio interessado da pretensão que fará valer em juízo.

À face do Direito português a ponderação dos interesses em jogo e das relações sistemáticas entre as normas concorrentes leva a admitir a combinação dos regimes das duas formas de responsabilidade em caso de concurso e, *a fortiori*, a opção em bloco por um desses regimes.

CAPÍTULO II

DA RESPONSABILIDADE PRÉ-CONTRATUAL NOS SISTEMAS JURÍDICOS NACIONAIS. ENSAIO DE UMA COMPARAÇÃO

§ 11.º
Finalidade, objecto e âmbito da comparação

45. Indicámos já, na introdução a este estudo, quais os motivos por que a nosso ver a determinação da disciplina jurídica da responsabilidade pré-contratual emergente de relações privadas internacionais supõe a comparação dos regimes substantivos a que as ordens jurídicas locais tipicamente submetem as situações da vida susceptíveis de originar essa responsabilidade. Sintetizando, diremos que só à luz dos dados obtidos através dessa comparação podem ser descobertos e resolvidos os problemas específicos que o tema suscita no plano da teoria geral do Direito Internacional Privado.

Como se sabe, a base de toda a comparabilidade entre normas ou institutos de sistemas jurídicos diferentes (por alguns dita o *tertium comparationis*[848]) é constituída pela similitude dos problemas jurídicos que essas normas ou institutos visam solucionar e das funções sócio-económicas por elas desempenhadas[849], bem como do seu enquadramento jurídico[850].

---

[848] Para uma crítica deste conceito ver FERREIRA DE ALMEIDA, *O ensino do Direito Comparado*, pp. 121 ss.

[849] Cfr. ZWEIGERT, «Méthodologie du droit comparé», *in Mélanges Maury*, vol. I, pp. 579 ss. (p. 594); SCHLESINGER, «The Common Core of Legal Systems. An Emerging Subject of Comparative Study», *in Essays in Honour of Yntema*, pp. 65 ss. (pp. 73 ss.); SANDROCK, *Über Sinn und Methode zivilistischer Rechtsvergleichung*, p. 46; NEUMAYER, «Betrachtungen zum rechtsvergleichenden Unterricht auf internationaler Grundlage», *RabelsZ* 1968, pp. 405 ss (pp. 432 s.); CONSTANTINESCO, *Traité de Droit Comparé*, II, 81 ss.; RHEINSTEIN-BORRIES-NIETHAMMER, *Einführung in die Rechtsvergleichung*, pp. 25 ss.; ESSER, *Grundsatz und*

240   *Da Responsabilidade Pré-Contratual em Direito Internacional Privado*

No caso vertente, o problema que as normas e institutos a comparar têm por objecto pode definir-se como o da susceptibilidade de indemnização dos danos sofridos em consequência de actos ou omissões verificados nas negociações preparatórias ou na formação dos contratos.

As questões concretas para que iremos buscar resposta neste capítulo são as seguintes: Existe, nos ordenamentos jurídicos mais representativos dos sistemas de Direito contemporâneos, um dever de reparar os referidos danos? E, se existe, quais os seus pressupostos? Finalmente, quais os fundamentos e as funções sociais que desempenham as normas ou institutos reguladores desse dever nos sistemas jurídicos a que pertencem?

Vamos, por conseguinte, examinar o regime jurídico da responsabilidade pré-contratual sob dois ângulos distintos: o do seu conteúdo, por um lado, e o dos fins a cuja realização ela se dirige, por outro. A partir da análise comparativa assim empreendida será possível enunciar os tipos fundamentais de soluções que se nos oferecem no Direito contemporâneo pelo que respeita à disciplina normativa das situações da vida que temos em vista.

Sobre o âmbito da comparação a realizar valem aqui as considerações feitas na introdução[851]. Tal como no capítulo anterior, também aqui consideraremos apenas os Direitos romano-germânicos e de *Common Law*; e dentre esses tão-só os que, a benefício da indagação que se vai realizar, devam ter-se por mais representativos das soluções típicas de que a problemática da responsabilidade pré-contratual é objecto.

Norm, pp. 349 ss. (na tradução castelhana, pp. 442 ss.); BOGDAN, *Comparative Law*, p. 60; ZWEIGERT-KÖTZ, *Einführung in die Rechtsvergleichung*, pp. 33 e 43.

[850] Ver neste sentido FERREIRA DE ALMEIDA, *O ensino do Direito Comparado*, p. 168; *idem, Introdução ao Direito Comparado*, p. 24. Para o autor «[c]omparáveis serão apenas os institutos que, na perspectiva de cada ordem jurídica, intervenham na resolução de questões jurídicas semelhantes através de instrumentos de natureza semelhante».

[851] Cfr. *supra*, § 4.º.

§ 12.°
Das consagrações, do âmbito
e da integração sistemática da responsabilidade pré-contratual

I – Sistemas jurídicos romano-germânicos

46. A descoberta da responsabilidade pré-contratual é geralmente atribuída a JHERING[852]. São bem conhecidas as posições fundamentais expressas pelo autor no seu ensaio de 1861[853]; não nos deteremos por isso muito tempo nelas. À presente exposição só interessam, em rigor, os aspectos da tese de JHERING que permitem iluminar as funções sócio-jurídicas que o instituto em apreço foi sendo chamado a desempenhar no Direito alemão e nos ordenamentos jurídicos por ele mais fortemente influenciados, bem como a construção dogmática de que o mesmo neles é objecto. A tanto se cingem, portanto, as observações que seguem.

No referido estudo o autor colocava a questão, para a qual não achara até então solução satisfatória nas fontes, de saber se aquele que dá origem à nulidade do contrato por ter incorrido em erro deve ressarcir o dano que desse modo, e por culpa sua, causa à contraparte[854]. Para JHERING a iniquidade da resposta negativa a essa questão era evidente, pois que exone-

---

[852] Cfr. neste sentido, por muitos, DÖLLE, «Juristische Entdeckungen», *in Verhandlungen des 42. Deutschen Juristentages*, 1958, pp. 2 ss. (pp. 7 ss.), e MEDICUS, «Zur Entdeckungsgeschichte der *culpa in contrahendo*», *in Festgabe für Max Kaser*, pp. 169 ss.

[853] «Culpa in contrahendo oder Schadensersatz bei nichtigen oder nicht zur Perfektion gelangten Verträgen», *JhJh* 1861, pp. 1 ss. (reproduzido *in Gesammelte Aufsätze aus den Jahrbücher für die Dogmatik des heutigen römischen und deutschen Privatrechts von Rudolph von Jhering*, vol. I, pp. 327 ss.).

[854] *Ibidem*, p. 2: «Bei dem Vortrage der Lehre vom wesentlichen Irrthum in meinen Vorlesungen machte mir schon seit Jahren ein Punkt grosse Schwierigkeit, auf den ich eine befriedigende Auskunft zu ertheilen nicht imstande war, nämlich die Frage: ob nicht der irrende Theil dem Gegner auf Ersatz des durch seine Schuld ihm verursachten Schadens hafte?».

242 Da Responsabilidade Pré-Contratual em Direito Internacional Privado

rando-se desse modo o culpado seria a parte inocente vítima da culpa alheia[855]. Segundo ele «todo o erro é indesculpável; aquele que promete não deve errar, erra à sua própria custa, não da contraparte»[856]. A responsabilidade do errante perante o outro contraente fundar-se-ia assim na sua *culpa in contrahendo*[857]. Esta consistiria na inobservância da necessária diligência por quem negoceia com outrem para a conclusão de um contrato — a qual constituiria a primeira das obrigações que sobre si recaem. É que «aquele que contrata passa desse modo do círculo dos deveres puramente negativos do tráfico extracontratual para o círculo dos deveres positivos da esfera contratual, do domínio da mera *culpa in faciendo* para o da *culpa in non faciendo*, da *diligentia* positiva»[858]. Por outro lado, «não só as relações contratuais já constituídas, mas também as constituendas se encontram abrangidas pelas regras relativas à culpa, sob pena de o tráfico contratual ficar exposto neste seu aspecto mais sensível e todo o contraente ficar sujeito ao perigo de ser vítima da negligência alheia»[859].

É certo que já algumas codificações vigentes à época, nomeadamente o *Allgemeines Landrecht* prussiano, de 1794, e o *Allgemeine Bürgerliche Gesetzbuch* austríaco, de 1811, consagravam uma responsabilidade pré-contratual: o primeiro na medida em que estipulava, em duas cláusulas gerais, que «o que se dispõe quanto ao cumprimento do contrato vale também no caso de um dos contraentes descurar os deveres que sobre si recaem aquando da conclusão do contrato» e que «aquele que violar os seus deveres na conclusão ou no cumprimento do contrato, de modo intencional ou por descuido grosseiro, deve indemnizar a totalidade do inte-

---

[855] *Ibidem*, p. 2 s.: «Die Unbilligkeit und praktische Trostlosigkeit eines solchen Resultats liegt auf der Hand; der culpose Theil geht frei aus, der unschuldige wird das Opfer der fremden Culpa!».

[856] *Ibidem*, p. 39: «jeder derartiger Irrthum ist ein unentschuldbarer; wer etwas verspricht, soll sich nicht irren, er irrt sich auf eigene, nicht auf Kosten der Gegenpartei».

[857] *Ibidem*, p. 40 s.

[858] *Ibidem*, p. 41 s.: «Wer contrahirt, tritt damit aus dem rein negativen Pflichtenkreis des aussercontractlichen Verkehrs in den positiven der Contractssphäre, von dem Gebiete der blossen *culpa in faciendo* auf das der *culpa in non faciendo*, der positiven *diligentia*, und die erste und allgemeinste Verpflichtung, die er damit übernimmt, ist die: beim Contrahieren selbst bereits die nöthige *diligentia* aufzuwenden».

[859] *Ibidem*, p. 42: «Nicht bloss die bestehenden, sondern bereits die entstehenden Contractsverhältnisse müssen unter dem Schutz der Regeln über die culpa stehen, wenn nicht der contractliche Verkehr nach dieser Seite hin empfindlicher Weise bloss gestellt, jeder Contrahent der Gefahr preisgegeben werden soll, das Opfer fremder Nachlässigkeit zu werden.»

Da Responsabilidade Pré-Contratual nos Sistemas Jurídicos Nacionais   243

resse do lesado»[860]; e o segundo porque determinava em disposições avulsas que ficava obrigado a reparar os danos a que desse origem todo aquele que enganasse outrem fazendo-se passar por capaz para a celebração de contratos, utilizando expressões obscuras ou realizando acto simulado e bem assim quem obtivesse contrato mediante dolo ou temor injusto[861].

Mas coube a JHERING o mérito de formular pela primeira vez o princípio segundo o qual já na fase das negociações preparatórias do contrato as partes se acham vinculadas através de uma relação jurídica integrada por deveres de conduta cujo incumprimento sujeita o inadimplente ao dever de indemnizar o interesse contratual negativo da contraparte[862].

A fundamentação desse princípio é-nos dada pelo autor, ao resumir a sua construção: «O mandamento da *diligentia* contratual tanto vale para as relações contratuais constituídas como para as constituendas, fundando a sua violação, aqui como além, uma acção indemnizatória contratual»[863].

Observe-se que para JHERING a responsabilidade pelo incumprimento da obrigação pré-contratual de diligência pressupunha a conclusão

---

[860] Cfr. Parte I, Título 5, § 284: «Was wegen des bey Erfüllung des Vertrages zu vertretenden Grades der Schuld Rechtens ist, gilt auch auf dem Fall, wenn einer der Contrahenten bey Abschliessung des Vertrags die ihm obliegenden Pflichten vernachlässigt hat»; § 285: «Wer bey Abschliessung oder Erfüllung des Vertrags seine Pflichten vorsetzlich, oder aus grobem Versehen, verletzt hat, muss dem Andern sein ganzes Interesse vergüten».

[861] Cfr. § 866: «Wer nach Vollendung des achtzehnten Lebensjahrs listigerweise vorgibt, dass er Verträge zu schliessen fähig sei, und dadurch einen anderen, der darüber nicht leicht Erkundigen einholen konnte, hintergeht, ist zur Genugtuung verpflichtet»; § 869: «(...) Wer sich, um einen andern zu bevorteilen, undeutlicher Ausdrücke bedient, oder eine Scheinhandlung unternimmt, leistet Genugtuung»; § 874: «In jedem Falle muss derjenige, welcher einen Vertrag durch List oder ungerechte Furcht bewirkt hat, für die nachteiligen Folgen Genugtuung leisten».

[862] Cfr., além dos lugares acima citados, p. 43: «Indem der Andere den Contract mit ihm abschliesst, garantirt er ihm damit das günstige Resultat dieser seiner Prüfung, und wie er aus diesem Grunde mittels Leistung des positiven Vertragsinteresses für *dicta promissa*, Eviction u.s.w., kurz für seine Zusicherungen aufkommen muss, wenn der Vertrag zur Perfection gelangt ist, so muss er es auch mittels Leistung des negativen Vertragsinteresses, wenn der in seiner Person vorhandene, von ihm selbst nicht wahrgenommenen Mangel die Nichtigkeit des Contracts verschuldet und mittelbar den andern Theil in Schaden gebracht hat. Ob er ihn mit Worten oder durch die That versichert, dass er in der Lage sei, diesen bestimmten Contract abzuschliessen, kann keinen Unterschied machen, diese Versicherung liegt im Contrahiren selber».

[863] *Ibidem*, p. 52: «Das Gebot der contraclichen *diligentia* gilt wie für gewordene, so auch für werdende Contractsverhältnisse, eine Verletzung desselben begründet hier, wie dort die Contractsklage auf Schadensersatz».

do contrato[864]. Justamente neste ponto se centraram algumas das críticas que lhe foram dirigidas posteriormente, pois que na lógica da concepção, que era a sua, segundo a qual a diligência exigível na execução dos contratos se estendia aos respectivos preliminares nenhuma relevância deveria assumir aquele aspecto.

A pretensão ressarcitória fundada na novel *culpa in contrahendo* tinha, segundo JHERING, natureza contratual[865]. A esta caracterização não era certamente alheia a circunstância de o autor excluir enfaticamente do âmbito da responsabilidade delitual a causação negligente de danos patrimoniais puros, com fundamento nas consequências profundas negativas que em seu entender adviriam para a liberdade dos indivíduos e para a fluidez do tráfico jurídico de uma admissão dessa responsabilidade em termos mais amplos[866].

Ora, esta configuração restritiva do Direito delitual veio a prevalecer, como vimos, no Código Civil alemão de 1900; e desde então não mais deixou de se impor na jurisprudência e na dogmática jurídica germânicas, tendo chegado incólume aos nossos dias. Eis o ponto que se nos afigura imprescindível ter presente a fim de entender devidamente não só a autonomização da figura da *culpa in contrahendo* e o extraordinário desenvolvimento que ela veio a conhecer no Direito alemão, mas também o lugar que ela aí ocupa e a influência que em todo esse processo exerceu a obra de JHERING.

De tal modo aquela concepção se encontra enraizada no pensamento jurídico germânico que no projecto de reforma do BGB publicado em 1992 pelo Ministério Federal da Justiça, onde se prevê uma regulação em

---

[864] *Ibidem*, p. 88 s.: «Wie in allen übrigen Anwendungsfällen setzt unsere Klage auch in diesem den äusserlich erfolgten Abschluss des Contracts, also Acceptation von Seiten des Oblaten voraus».

[865] *Ibidem*, p. 29: «der Anspruch auf Schadensersatz stützt sich auf eine contractliche Verbindlichkeit».

[866] *Ibidem*, p. 12 s.: «Wohin würde es führen, wenn Jemand in aussercontractlichen Verhältnissen schlechthin, wie wegen *dolus*, auch wegen *culpa lata* in Anspruch genommen werden könnte! Eine unvorsichtige Aeusserung, die Mitteilung eines Gerüchts, einer falschen Nachricht, ein schlechter Rath, ein unbesonnenes Urtheil, die Empfehlung eines derselben nicht würdigen Dienstmädschens von Seiten der frühern Dienstherrschaft, die von einem Vorübergehenden gebetene Auskunft über den Weg, die Zeit u.s.w., kurz, alles und jedes würde bei vorhandener culpa lata trotz aller bona fides zum Ersatz des dadurch veranlassten Schadens verpflichten, und die *act. de dolo* würde in einer solchen Ausdehnung zu einer wahren Geissel des Umgangs und Verkehrs werden, alle Unbefangenheit der Conversation wäre dahin, das harmloseste Wort würde zum Strick!»

termos gerais da *culpa in contrahendo*, é ainda com a ideia jheringiana de uma relação obrigacional nascida nos preliminares do contrato e integrada por deveres de conduta, cuja violação faz incorrer aquele que os viola em responsabilidade contratual, que deparamos[867].

A *culpa in contrahendo* germânica nasce e desenvolve-se, pois, na confluência de dois factores essenciais, que podemos sintetizar do seguinte modo: por um lado, a preocupação em conter a responsabilidade civil dentro de limites razoáveis, por forma a não prejudicar o livre desenvolvimento da personalidade humana e a prossecução de certas actividades socialmente úteis — o que determina a irressarcibilidade de princípio dos danos patrimoniais causados negligentemente fora do contexto de uma relação contratual que não sejam precedidos de uma perda *in natura*, entre os quais se inclui precisamente a generalidade dos que são ocasionados mediante a violação de deveres pré-contratuais de conduta —; por outro, o reconhecimento de que após a entabulação das negociações preparatórias de um contrato a ressarcibilidade dos referidos danos é uma exigência da justiça, não valendo contra ela nenhum dos argumentos que justificam a referida limitação.

A autonomização da figura e a sua sujeição às regras da responsabilidade contratual decorrem, por conseguinte, da necessidade de ocorrer a situações que de outro modo ficariam desprovidas de tutela, dada a configuração própria do Direito delitual germânico.

47. Julgamos ter assim posto em evidência o essencial do contributo de JHERING para a doutrina da responsabilidade pré-contratual. Atentemos

---

[867] O projecto encontra-se reproduzido em anexo ao relatório final da comissão de aperfeiçoamento do Direito das Obrigações: cfr. BUNDESMINISTER DER JUSTIZ, *Abschlussbericht der Kommission zur Überarbeitung des Schuldrechts*, pp. 283 ss. Preconiza-se nele a extensão aos preliminares e à conclusão do contrato dos deveres de cuidado que vinculam as partes na sua execução e a sujeição da sua violação às regras gerais relativas ao incumprimento dos deveres emergentes da relação obrigacional. Para tanto propõe-se o aditamento ao BGB de um § 305 (2), com o seguinte teor: «Ein Schuldverhältnis mit Pflichten nach § 241 Abs. 2 BGB-KE kann bereits durch Anbahnung eines Vertrags entstehen». Segundo o § 241 (2) do projecto «[d]as Schuldverhältnis kann unter Berücksichtigung seines Inhalts und seiner Natur jeden Teil zu besonderer Rücksicht auf die Rechte und Rechtsgüter des anderen Teils verpflichten. Hierauf kann sich das Schuldverhältnis beschränken». A responsabilidade pela violação daqueles deveres decorre do § 280 (1) do projecto, nos termos do qual: «Verletzt der Schuldner eine Pflicht aus dem Schuldverhältnis, so kann der Gläubiger Ersatz des hierdurch entstandenen Schadens verlangen. Dies gilt nicht, wenn der Schuldner die Pflichtverletzung nicht zu vertreten hat».

agora na recepção de que esta foi objecto no Direito legislado e no seu desenvolvimento jurisprudencial.

No Código Civil alemão de 1900 não se encontra qualquer cláusula geral relativa à *culpa in contrahendo*; mas o instituto aflora nos §§ 122, 179, 307 e 309 desse diploma, que impõem ao contraente e ao representante que derem causa à ineficácia do contrato, em virtude de falta ou de vício da vontade, de falta de poderes de representação, de impossibilidade da prestação ou de violação de uma proibição legal que lhe sejam imputáveis, a obrigação de indemnizar os danos desse modo causados à contraparte. Idêntica cominação se estabelece nos §§ 463, 2.ª parte, 523 (1), 524 (1) e 600 para as hipóteses em que uma das partes oculta um vício da coisa ou do direito que constituem objecto do contrato e nos §§ 663 e 675 quanto a certos casos de omissão da recusa expressa de uma proposta contratual. Ressuma nitidamente naqueles primeiros preceitos o pensamento de JHERING.

No Direito alemão a responsabilidade pré-contratual funda-se, contudo, não tanto no BGB, mas sobretudo no costume jurisprudencial[868]. A partir da conjugação dos preceitos referidos induz-se, por *analogia iuris*, um princípio imanente à ordem jurídica segundo o qual a entrada em negociações tendentes à conclusão de um contrato põe a cargo das partes certos deveres cuja violação faz incorrer a parte faltosa em responsabilidade por *culpa in contrahendo*. Senão vejamos.

Após alguma relutância inicial em aceitar a ideia de uma responsabilidade pré-contratual, o Tribunal do Império admitiu no *caso do linóleo*, julgado em 1911[869], a responsabilidade do proprietário de um estabelecimento perante a prospectiva cliente que sofrera ferimentos em consequência da queda de um rolo de linóleo causada pela actuação negligente de um empregado. A vítima havia entrado no estabelecimento com o intuito de nele adquirir um tapete de linóleo, mas no momento do acidente não havia ainda celebrado qualquer contrato, pelo que não havia responsabilidade contratual do réu. Este tão-pouco incorria em responsabilidade delitual, visto que o § 831 do BGB lhe permitia eximir-se dela, demonstrando que pusera o cuidado devido na escolha do empregado que causara o acidente.

---

[868] Cfr. no sentido de que a responsabilidade por *culpa in contrahendo* vigora hoje enquanto Direito consuetudinário: LARENZ, *Lehrbuch des Schuldrechts*, vol. I, *Allgemeiner Teil*, p. 109; *idem*, *Methodenlehre der Rechtswissenschaft*, p. 433 (na tradução portuguesa, p. 616); *Staudinger*-LÖWISCH, pré-anotações aos §§ 275 ss. do BGB, n.m. 52, p. 190; e *Palandt*-HEINRICHS, § 276 BGB, n.m. 65, p. 336.

[869] Sentença de 7 de Dezembro de 1911, *RGZ* 78, pp. 239 ss.

O Tribunal entendeu, todavia, que a lesão consubstanciava a violação de um dever pré-contratual de observar o necessário cuidado quanto à saúde e à propriedade da contraparte, emergente de uma relação jurídica preparatória do contrato de compra e venda com carácter análogo à relação contratual[870]; e aplicou em consequência a regra do § 278 do BGB relativa à responsabilidade do devedor pelos actos dos seus auxiliares.

A primeira consagração jurisprudencial do conceito de *culpa in contrahendo* viria a surgir numa sentença do Tribunal Imperial de 1912. Nele se subordinou, todavia, a correspondente responsabilidade à efectiva conclusão de um contrato[871]. Este requisito apenas veio a ser abandonado numa decisão proferida pelo mesmo Tribunal em 1918, no qual se sublinhava que, constituindo a conclusão e a execução do contrato um todo unitário, não existe qualquer motivo convincente para que o cuidado reciprocamente devido pelas partes seja menor aquando da conclusão do contrato do que depois dela[872]. Nos anos 20 conquistou aceitação generalizada na jurisprudência germânica o ponto de vista segundo o qual «as negociações contratuais, mesmo quando não conduzam à conclusão do contrato, geram entre as partes uma relação de confiança análoga à relação contratual, que as obriga à observância do cuidado necessário no tráfico»[873].

Nos anos 30 e 40 as circunstâncias políticas e económicas impediram o desenvolvimento da doutrina; mas ela veio a ser recuperada no segundo pós-guerra pela jurisprudência do Tribunal Federal, que numa sentença de

---

[870] *Ibidem*, p. 240: «Dies war kein bloss tatsächlicher Vorgang, wie ihn etwa eine reine Gefälligkeitshandlung darstellen würde, sondern es entstand ein den Kauf vorbereitendes Rechtsverhältnis zwischen den Parteien, das einen vertragsähnlicher Charakter trägt und insofern rechstgeschäftliche Verbindlichkeiten erzeugt hat, als dem Verkäufer wie dem Kauflustigen die Pflicht erwuchs, bei der Vorlegung und der Besichtigung der Ware die gebotene Sorgfalt für die Gesundheit und das Eigentum des andern Teiles zu beobachten».

[871] Sentença de 26 de Abril de 1912, *JW* 1912, pp. 743 ss.

[872] Sentença de 24 de Setembro de 1918, *RGZ* 95, pp. 58 ss. (p. 60): «Es ist kein stichhaltiger Grund erkennbar, weshalb die Vertragsparteien beim Vertragsschluss einander zu einer geringeren Sorgfalt verpflichtet sein sollten als nach Vertragsabschluss. Der Vertragsabschluss und die Vertragserfüllung bilden ein einheitliches Ganzes».

[873] Assim a sentença do Tribunal Imperial de 1 de Março de 1928, *RGZ* 120, pp. 249 ss. (p. 251): «Es ist, obwohl im Bürgerlichen Gesetzbuch eine ausdrückliche allgemeine Bestimmung hierüber fehlt (vgl. z.B. §§ 122, 179, 307, 309), in der Rechtsprechung, insbesondere auch der des Reichsgerichts, anerkannt, dass schon blosse Vertragsverhandlungen selbst dann, wenn sie nicht zum Vertragsschluss führen, ein vertragsähnliches Vertrauensverhältnis unter den Beteiligten erzeugen, das sie zur Beachtung der im Verkehr erforderlichen Sorgfalt verpflichtet».

1952 a fundamentou numa «relação obrigacional de fonte legal, constituída com a entrada em negociações, que obriga a adoptar na conduta perante o parceiro negocial o cuidado usual no tráfico»[874]. Desenvolvendo esta ideia, decidiu a mesma instância em 1962 que pertence ao réu o ónus de provar que o dano acidental sofrido pelo autor quando se aprestava a fazer compras num estabelecimento comercial de propriedade do primeiro não é imputável ao incumprimento culposo, por este ou pelos seus auxiliares, dos deveres de cuidado que integram a dita relação e que empregou o cuidado exigível a fim de evitá-lo[875]. E numa sentença de 1976 estendeu esta regra a um caso em que o lesado era o acompanhante do prospectivo cliente do estabelecimento[876].

A esta concepção aderiu a doutrina dominante, que caracteriza o vínculo estabelecido entre as partes durante o período das negociações preparatórias do contrato como uma relação jurídica obrigacional, de fonte legal, sem deveres primários de prestação, de que resultam para as partes deveres de informação e esclarecimento, de lealdade, de cuidado e de consideração pelos interesses da contraparte cuja violação é fonte do dever de indemnizar[877].

---

[874] Sentença de 20 de Junho de 1952, *BGHZ* 6, pp. 330 ss. (p. 333): «Die Haftung aus Verschulden bei Vertragsschluss ist eine solche aus einem in Ergänzung des geschriebenen Rechtes geschaffenen gesetzlichen Schuldverhältnis, das aus der Aufnahme von Vertragsverhandlungen entspringt und zur verkehrsüblichen Sorgfalt im Verhalten gegenüber dem Geschäftsgegner verpflichtet». Ver no mesmo sentido a sentença de 4 de Março de 1955, *BB* 1955, p. 429.

[875] Sentença de 26 de Setembro de 1961, *NJW* 1962, pp. 31 s. A autora escorregara numa casca de banana que se encontrava no chão de um estabelecimento comercial, ferindo-se. Para o Tribunal Federal «wird die Beklagte zu beweisen haben, dass von ihr die zur Vermeidung solcher Unfälle erforderlichen Organisations- und Überwachungsmassnahmen getroffen worden sind und dass auch ihre Erfüllungsgehilfen alle nach Lage der Sache erforderliche Sorgfalt beobachtet haben. Hierzu gehört im besonderen, dass auch während der Geschäftszeit in Abständen darauf geachtet wird, dass nicht Obstreste oder andere Gegenstände auf dem Boden herumliegen. Bleiben Zweifel übrig, ob das Personal die ihm übertragene Pflicht zur Beobachtung und Wegräumung erfüllt hat, so gehen diese Zweifel zu Lasten der Beklagten».

[876] Sentença de 28 de Janeiro de 1976, *BGHZ* 66, pp. 51 ss. A autora escorregara numa folha de couve quando ajudava a mãe a fazer compras numa loja, ferindo-se em consequência disso. Combinando a *culpa in contrahendo* com a figura do «contrato com eficácia de protecção para terceiros», o Tribunal Federal reconheceu a pretensão indemnizatória deduzida em juízo, fundando-a na violação de deveres legais de protecção e cuidado, e considerou-a sujeita ao prazo prescricional de trinta anos fixado no § 195 do BGB.

[877] Assim LARENZ, *Lehrbuch des Schuldrechts*, vol. I, *Allgemeiner Teil*, p. 106. Vejam-se na mesma linha fundamental de orientação: CANARIS, «Ansprüche wegen "posi-

Da Responsabilidade Pré-Contratual nos Sistemas Jurídicos Nacionais   249

Fundamento juspositivo e critério de aferição desses deveres é o princípio da boa fé consignado no § 242 do BGB[878].

No Direito vigente é possível distinguir diversos tipos de situações de responsabilidade (*Haftungstatbestände*) por *culpa in contrahendo*, a que aqui apenas é possível fazer uma breve referência[879]. Entre eles incluem-se: *a*) a violação de deveres de protecção, assistência e cuidado quanto à pessoa e aos bens da contraparte nas negociações e na conclusão dos contratos (*Schutz-, Fürsorge- und Obhutspflichten*)[880]; *b*) a violação de deveres de informação e de esclarecimento acerca de factos que apenas são do conhecimento de uma das partes, e que só ela podia conhecer, mas que sabe serem decisivos para a resolução de contratar da contraparte ou que são impeditivos da eficácia do contrato (*Aufklärungs- und Mitteilungspflichten*)[881]; *c*) o rompimento injustificado das negociações por aquele que criou na contraparte a convicção de que o mesmo viria a ser celebrado (*grundloser Abbruch der Vertragsverhandlungen*)[882]; *d*) a causação da

---

tiver Vertragsverletzung" und "Schützwirkung für Dritte" bei nichtigen Verträgen», *JZ* 1965, pp. 475 ss. (p. 478); EMMERICH, «Zum gegenwärtigen Stand der Lehre von der culpa in contrahendo», *Jura* 1987, pp. 561 ss. (p. 562); MEDICUS, «Die culpa in contrahendo zwischen Vertrag und Delikt», *in FS Max Keller*, pp. 205 ss. (pp. 207 e 218); SONNEN-BERGER, *La conclusione del contrato secondo il diritto tedesco*, p. 115; HORN, «Culpa in contrahendo», *JuS* 1995, pp. 377 ss. (p. 378); FIKENTSCHER, *Schuldrecht*, pp. 58 e 68; e LARENZ-WOLF, *Allgemeiner Teil des Bürgerlichen Rechts*, p. 609. Em sentido contrário à autonomização dos referidos deveres pronuncia-se, no entanto, Ernst WOLFF em *Lehrbuch des Schuldrechts*, vol. I, *Allgemeiner Teil*, pp. 56 ss. e 512, e *Allgemeiner Teil des Bürgerlichen Rechts*, p. 508.

[878] Assim LARENZ, ob. cit., p. 106, e CANARIS, ob. e loc. cit.

[879] Ver sobre o ponto: STOLL, «Tatbestände und Funktionen der Haftung für culpa in contrahendo», *in FS von Caemmerer*, pp. 435 ss.; GOTTWALD, «Die Haftung für culpa in contrahendo», *JuS* 1982, pp. 877 ss. (pp. 878 ss.); EMMERICH, «Zum gegenwärtigen Stand der Lehre von der culpa in contrahendo», *Jura* 1987, pp. 561 ss. (pp. 562 ss.); *Soergel*-WIE-DEMANN, Vor § 275 BGB, n.m. 129 ss., pp. 612 ss.; HORN, est. cit., pp. 379 ss.; *Staudinger*--LÖWISCH, pré-anotações aos §§ 275 ss. do BGB, n.m. 53 e 56 ss., pp. 190 ss.; LARENZ--WOLF, ob. cit., pp. 610 ss.; e *Palandt*-HEINRICHS, § 276 BGB, n.m. 71 ss., (pp. 336 ss.).

[880] Cfr. as sentenças do BGH de 26 de Setembro de 1961, *NJW* 1962, pp. 31 ss., e de 28 de Janeiro de 1976, *BGHZ* 66, pp. 51 ss.

[881] Cfr. a sentença do BGH de 31 de Janeiro de 1962, *NJW* 1962, pp. 1196 ss. (p. 1198). Admite-se também a existência de deveres de informação quanto ao conteúdo do próprio Direito aplicável ao contrato quando este for estrangeiro e houver sido proposto pela parte que dele tem um conhecimento privilegiado, *v.g.* em virtude de residir no país onde o mesmo vigora: cfr. WENGLER, *IPR*, vol. II, p. 844, n. 26.

[882] Cfr. as sentenças do BAG de 7 de Junho de 1963, *JZ* 1964, pp. 324 ss. (=*NJW* 1963, pp. 1843 ss.), e do BGH de 14 de Julho de 1967, *NJW* 1967, pp. 2199 ss., de 10 de

250 Da Responsabilidade Pré-Contratual em Direito Internacional Privado

ineficácia do contrato (*Verursachung eines unwirksamen Vertragsschlusses*)[883]; e *e*) a responsabilidade de terceiros que intervenham nas negociações na qualidade de representantes, intermediários e conselheiros das partes e que por força da especial posição que ocupem exerçam uma influência determinante na conclusão do contrato (*Sachwalterhaftung*)[884].

À responsabilidade por *culpa in contrahendo* pertence assim uma inegável índole expansiva, de alguma sorte potenciada pela ideia, subjacente às decisões judiciais que consagram aquelas categorias de situações, de um genérico dever de responder pela defraudação da confiança alheia na válida constituição de uma relação contratual (*enttäuschtes Vertrauen*)[885].

À *culpa in contrahendo* reconduzem-se ainda, segundo alguns, a responsabilidade por mensagens publicitárias[886] e a responsabilidade de Direito Civil pelos prospectos (*Bürgerlichrechtliche Prospekthaftung*)[887].

Julho de 1970, *NJW* 1970, pp. 1840 s., de 12 de Junho de 1975, *NJW* 1975, pp. 1774 ss., de 8 de Junho de 1978, *BGHZ* 71, pp. 386 ss. (p. 395), e de 20 de Setembro de 1984, *BGHZ* 92, pp. 164 ss. (p. 175).

[883] Cfr. as sentenças do RG de 5 de Abril de 1922, *RGZ* 104, pp. 265 ss. (p. 268), e do BGH de 20 de Setembro de 1984, *BGHZ* 92, pp. 164 ss. (pp. 175 s.), e de 11 de Maio de 1979, *NJW* 1979, pp. 1983 s.

[884] Cfr. as sentenças do BGH de 22 de Maio de 1980, *BGHZ* 77, pp. 172 ss., e de 3 de Abril de 1990, *NJW* 1990, 1907 (com mais referências).

[885] Cfr, além da cit. sentença do *Reichsgericht* de 1 de Março de 1928, as sentenças do *Bundesgerichtshof* de 14 de Julho de 1967, *LM* § 276 (Fa) BGB n.º 23; de 22 de Fevereiro de 1973, *BGHZ* 60, pp. 221 ss. (p. 226); de 12 de Dezembro de 1980, *NJW* 1981, pp. 1035 s. (p. 1036); e de 12 de Novembro de 1986, *BGHZ* 99, pp. 101 ss. (p. 107). Ver ainda sobre o ponto o que dizemos adiante, no § 14.º.

[886] Assim, LEHMANN, *Vertragsanbahnung durch Werbung*, pp. 295 ss. Para um caso de responsabilidade por culpa na formação do contrato de um intermediário de negócios em bolsas, que, pela forma segundo a qual os descrevera numa brochura entregue ao autor, ocasionara neste uma percepção inexacta dos riscos envolvidos nesses negócios, ver o ac. do BGH de 6 de Junho de 1991, *ZIP* 1991, pp. 1207 ss.

[887] I. é, o dever de responder pelo conteúdo de prospectos alusivos a ofertas públicas de subscrição do capital de certas sociedades não cotadas na bolsa, que o Tribunal Federal alemão criou e desenvolveu (nomeadamente nas sentenças de 24 de Abril de 1978, *BGHZ* 71, pp. 284 ss, de 16 de Novembro de 1978, *BGHZ* 72, pp. 382 ss., de 6 de Outubro de 1980, *BGHZ* 79, pp. 337 ss., e de 22 de Março de 1982, *BGHZ* 83, pp. 222 e ss.; ver ainda, com mais referências, a sentença de 31 de Maio de 1990, *NJW* 1990, pp. 2461 ss.) segundo o modelo da responsabilidade por prospectos regulada na lei (mormente no § 45 de Lei da Bolsa).

Por força dela, admite-se a imputação, sob determinados pressupostos, dos danos sofridos por investidores em consequência de indicações insuficientes ou inexactas conti-

Em contrapartida, prevalecem sobre as suas regras, pelo menos nos casos de negligência, as disposições especiais que disciplinam a venda de coisas defeituosas (§§ 459 e seguintes do BGB), a locação de coisa com vícios (§ 538) e a sanação de defeitos na obra (§ 633), sempre que as situações de facto que integram os respectivos *Tatbestände* preencham concomitantemente os pressupostos da *culpa in contrahendo* (*v.g.* porque o vendedor, locador ou empreiteiro prestou informações falsas ou erradas ou omitiu esclarecimentos devidos relativamente às qualidades da coisa vendida, locada ou executada)[888]. Haverá, porém, responsabilidade por culpa na formação do contrato, sendo de excluir a aplicação dos §§ 459 e seguintes do BGB, quando as garantias prestadas pelo vendedor nos preliminares do contrato se refiram não propriamente a qualidades do objecto vendido, mas a circunstâncias exteriores a ele, posto que decisivas para a formação da vontade de contratar, como, por exemplo, a possibilidade de o comprador obter certa dedução no imposto que incide sobre a transacção[889].

Eis, em breve síntese, como a elaboração jurisprudencial da doutrina da *culpa in contrahendo* converteu as proposições de JHERING em Direito

---

das nesses prospectos a sujeitos que não mantiveram com estes qualquer contacto negocial directo (como os promotores e os fundadores da sociedade ou aqueles que integrem ou dominem os seus órgãos de gestão, mas que, em virtude da posição que ocupam e através do prospecto, hajam conquistado a confiança do investidor). Essa responsabilidade prescreve, em contrapartida, dentro de prazos mais curtos do que os que valem para as pretensões fundadas na *culpa in contrahendo*.

É controvertida a construção desta figura. Para uns trata-se de um caso particular da culpa na formação do contrato (HORN, est. cit., p. 386). Outros, embora admitam ser a *culpa in contrahendo* o ponto de partida desta criação jurisprudencial, reconhecem-lhe autonomia, nomeadamente em razão da inexistência de qualquer ligação especial entre o lesado e o responsável (*Soergel*-WIEDEMANN, Vor § 275 BGB, n.m. 338, p. 697; HOPT, «Funktion, Dogmatik und Reichweite der Aufklärungs-, Warn- und Beratungspflichten der Kreditinstitute», *in FS Gernhuber*, pp. 169 ss., pp. 177 s.). Outros ainda pretendem estar-se diante de uma forma de responsabilidade delitual, por violação das regras da concorrência (WIEDEMANN-SCHMITZ, «Kapitalanlegerschutz bei unrichtiger oder unvollständiger Information», *ZGR* 1980, pp. 129 ss., p. 143), de deveres de protecção do património alheio (VON BAR, «Vertrauenshaftung ohne Vertrauen — Zur Prospekthaftung bei Publikums- -KG in der Rechtsprechung des BGH», *ZGR* 1983, pp. 476 ss., p. 511) ou de deveres de informação no tráfico (ASSMANN, *Prospekthaftung*, pp. 252 ss.).

[888] Cfr. *Soergel*-WIEDEMANN, Vor § 275 BGB, n.m. 249 ss., pp. 662 ss.; *Münchener Kommentar*-EMMERICH, Vor § 275 BGB, n.m. 105, pp. 691 s.; *Staudinger*-HONSELL, pré- -anotações aos §§ 459 ss. do BGB, n.m. 56, p. 355; BROX, *Besonderes Schuldrecht*, p. 53.

[889] Assim a sentença do BGH de 28 de Março de 1990, *BGHZ* 111, pp. 75 ss. (pp. 78 ss.).

252 Da Responsabilidade Pré-Contratual em Direito Internacional Privado

vigente e, alargando-a paulatinamente ao longo de um século a novas categorias de problemas, surgidos em novos contextos históricos e sociais, lhe rasgou os mais amplos horizontes.

Nesta evolução reflecte-se todo o *ethos* social que impregna o Direito alemão desde a monarquia prussiana[890].

Resta acrescentar que a doutrina da *culpa in contrahendo* obteve acolhimento expresso na lei alemã sobre as condições contratuais gerais, de 9 de Dezembro de 1976, cujo § 11, n.° 7, estabelece a ineficácia, entre outras, das cláusulas de exclusão e limitação da responsabilidade por danos causados mediante a violação com culpa grave dos deveres que vinculam as partes durante as negociações contratuais[891].

48. No Direito suíço, tal como no alemão, a responsabilidade pré--contratual acha-se regulada em preceitos legais dispersos, não sendo objecto de qualquer disposição com carácter geral. Em ambos os sistemas a elaboração de regras gerais sobre a responsabilidade pré-contratual deve--se fundamentalmente à doutrina e à jurisprudência.

No plano legislativo a figura obteve consagração designadamente nos artigos 26, 31, n.° 3, 36 e 39 do Código das Obrigações[892] e 411, n.°

---

[890] Que a Alemanha nunca adoptou as doutrinas liberais que foram moeda corrente em Inglaterra no séc. XIX é facto sobejamente conhecido. Atestam-no, por exemplo, as palavras proferidas por BISMARCK em 1881 acerca das tarefas do Estado: «Der Staat muss die Sache in die Hand nehmen. Nicht als Almosen, sondern als Recht auf Versorgungen, wo der gute Wille zur Arbeit nicht mehr kann» (*apud* RAFF, *Deutsche Geschichte vom Alten Reich zur Bundesrepublik*, p. 195). Mesmo o liberalismo mitigado do BGB, aliás notoriamente contrastante com a legislação sobre segurança social do II *Reich*, foi rapidamente superado pela jurisprudência do Tribunal do Império (*vide* sobre o ponto WIEACKER, *Privatrechtsgeschichte der Neuzeit*, tradução portuguesa, pp. 536 ss. e 591 ss.).

[891] Cfr. WOLF-HORN-LINDACHER, *AGB-Gesetz Kommentar*, pp. 1196 s., e ULMER--BRANDNER-HENSEN-SCHMIDT, *ABG-Gesetz. Kommentar zum Gesetz zur Regelung der Allgemeinen Geschäftsbedingungen*, p. 825. Dispõe o mencionado preceito: «In Allgemeinen Geschäftsbedingungen ist unwirksam: [...] 7. (Haftung bei grobem Verschulden) ein Ausschluss oder eine Begrenzung der Haftung für einen Schaden der auf einer grob fahrlässigen Vertragsverletzung des Verwenders oder auf einer vorsätzlichen oder grob fahrlässigen Vertragsverletzung eines gesetzlichen Vertreters oder Erfüllungsgehilfen des Verwenders beruht; dies gilt auch für Schäden aus der Verletzung von Pflichten bei den Vertragsverhandlungen».

[892] É o seguinte o teor dessas disposições:

Art. 26: «1. La partie qui invoque son erreur pour se soustraire à l'effet du contrat est tenue de réparer le dommage résultant de l'invalidité de la convention si l'erreur provient de sa propre faute, à moins que l'autre partie n'ait connu ou dû connaître l'erreur. 2.

Da Responsabilidade Pré-Contratual nos Sistemas Jurídicos Nacionais   253

2, do Código Civil[893]. Destas disposições infere-se um princípio geral de responsabilidade por culpa na formação do contrato[894].

Este funda-se, além disso, no princípio da boa fé, que o art. 2 do Código Civil suíço expressamente consagra[895]. Dele decorre, segundo o entendimento do Tribunal Federal, que durante as negociações contratuais as partes devem conduzir-se segundo os ditames da boa fé[896].

Por força desse princípio geram-se na esfera jurídica das partes, com a entrada em negociações, deveres recíprocos de conduta cuja violação obriga a reparar os danos dela resultantes[897]. Entre eles inclui-se o dever

---

Le juge peut, si l'équité l'exige, allouer des dommages-intérêts plus considérables à la partie lésée.».

Art. 31, n.º 3: «La ratification d'un contrat entaché de dol ou conclu sous l'empire d'une crainte fondée n'implique pas nécessairement la renonciation au droit de demander des dommages-intérêts.».

Art. 36: «1. Le représentant nanti d'un titre constatant ses pouvoirs est tenu, lorsqu'ils ont pris fin, de le restituer ou d'en effectuer le dépôt en justice. 2. Si le représenté ou ses ayants droit négligent d'y contraindre le représentant, ils répondent du dommage qui pourrait en résulter à l'égard des tiers de bonne foi.».

Art. 39: «1. Si la ratification est refusée expressément ou tacitement, celui qui a pris la qualité de représentant peut être actionné en réparation du préjudice résultant de l'invalidité du contrat, à moins qu'il ne prouve que l'autre partie a connu ou dû connaître l'absence de pouvoirs. 2. En cas de faute du représentant, le juge peut, si l'équité l'exige, le condamner à des dommages-intérêts plus considérables. 3. L'action fondée sur l'enrichissement illégitime subsiste dans tous les cas.».

[893] Conforme o qual: «Le pupille qui s'est faussement donné pour capable répond envers les tiers du dommage qu'il leur cause».

[894] Parece admiti-lo o Tribunal Federal suíço, em sentença de 6 de Junho de 1951, *ATF*, vol. 77/II, pp. 135 ss. (p. 136): «l'idée qui est à la base de ces dispositions doit être généralisée si l'on veut assurer le règne de la bonne foi dans les relations d'affaires». Cfr. ainda, no sentido do texto, *Berner Kommentar*-KRAMER-SCHMIDLIN, vol. VI/1, p. 70.

[895] Nele se dispõe: «1. Chacun est tenu d'exercer ses droits et d'exécuter ses obligations selon les règles de la bonne foi. 2. L'abus manifeste d'un droit n'est pas protégé par la loi.».

[896] Assim a sentença de 6 de Fevereiro de 1979, *ATF*, vol. 105/II, pp. 75 ss. (p. 79): «Die Haftung aus culpa in contrahendo beruht auf der Überlegung, dass die Parteien sich während der Vertragsverhandlungen nach Treu und Glauben zu verhalten haben». No mesmo sentido pode ver-se a sentença de 20 de Setembro de 1990, *ATF*, vol. 116/II, pp. 695 ss. (p. 698).

[897] Cfr. neste sentido as cits. sentenças do Tribunal Federal de 6 de Junho de 1951, p. 137, e de 6 de Fevereiro de 1979, p. 80; e ainda as sentenças de 22 de Outubro de 1964, *ATF*, vol. 90/II, pp. 449 ss. (p. 455), e de 20 de Dezembro de 1966, *ATF*, vol. 92/II, pp. 328 ss. (p. 333). Na doutrina professam a mesma opinião: GUHL-MERZ-KUMMER-KOLLER--DRUEY, *Das Schweizerische Obligationenrecht*, p. 98; SCHÖNLE, «Rapport suisse», *in Tra-*

254 *Da Responsabilidade Pré-Contratual em Direito Internacional Privado*

de negociar com seriedade, que se tem por violado se uma das partes iniciar ou prosseguir negociações sem a intenção de concluir um contrato[898]. Outro dever decorrente da boa fé é o de as partes se informarem e esclarecerem mutuamente sobre os factos relevantes para a respectiva decisão de contratar ou que possam influenciar as condições do contrato[899]. A medida desse dever não pode, todavia, ser fixada em abstracto, dependendo das circunstâncias do caso concreto (nomeadamente a natureza do contrato, o modo como as negociações se desenvolveram, as intenções e os conhecimentos das partes)[900].

À margem das violações de deveres de conduta potencialmente geradoras de responsabilidade pré-contratual ficam as lesões da integridade física e da propriedade alheia ocorridas nos preliminares dos contratos, as quais constituem fundamento de pretensões indemnizatórias *ex delicto*[901]; o mesmo sucede quanto à prestação por terceiros de informações falsas ou insuficientes[902]. Ao facto não será alheia, por certo, a maior amplitude da tutela delitual consagrada no Direito suíço[903].

A caracterização da responsabilidade pré-contratual, a que tem sido frequentemente associada a determinação das regras que lhe são aplicáveis, é objecto de controvérsia na Suíça. A jurisprudência mais antiga do

---

vaux de l'Association Henri Capitant, t. XLIII (1992), *La bonne foi*, pp. 193 ss. (pp. 198 ss. e 210); GAUCH-SCHLUEP-SCHMID-REY, *Schweizerisches Obligationenrecht. Allgemeiner Teil*, vol. I, p. 195.

[898] Assim a cit. sentença do Tribunal Federal de 6 de Junho de 1951, p. 138, e as sentenças da *Cour de Justice Civile de Genève* de 8 de Março de 1974, *Sem. Jud.* 1975, pp. 7 ss. (p. 14), e do *Obergericht* de Lucerna, de 22 de Maio de 1989, *SJZ* 1990, pp. 159 s.

[899] Cfr. WAHRENBERGER, *Vorvertragliche Aufklärungspflichten im Schuldrecht*, p. 26.

[900] Cfr. as sentenças do Tribunal Federal de 6 de Fevereiro de 1979, cit., p. 80, e de 8 de Junho de 1982, *ATF*, vol. 108/II, pp. 305 ss. (p. 313), e da *Cour de Justice Civile de Genève*, de 23 de Novembro de 1979, *Sem. Jud.* 1981, pp. 562 ss. (p. 564).

[901] Cfr. BÜHLER-REIMANN, «Zum Problem der 'culpa in contrahendo'», *SJZ* 1979, pp. 357 ss. (p. 360); *Berner Kommentar*-KRAMER-SCHMIDLIN, cit., p. 77; MERZ, *Vertrag und Vertragsschluss*, p. 72; SCHENKER, «Switzerland», *in Precontractual Liability. Reports to the XIIIth Congress. International Academy of Comparative Law*, pp. 309 ss. (p. 316).

[902] Cfr. as sentenças do Tribunal Federal de 17 de Fevereiro de 1931, *ATF*, vol. 57/II, pp. 81 ss. (p. 85), e de 7 de Outubro de 1942, *ATF*, vol. 68/II, pp. 295 ss. (p. 302). No sentido da qualificação delitual da responsabilidade do *Sachwalter* ver FRICK, *Culpa in contrahendo*, pp. 245 ss.

[903] Assim, por exemplo, os *Warenhausfälle* germânicos seriam abrangidos na Suíça pelo disposto no art. 58, n.º 1, do Código das Obrigações, segundo o qual «[l]e propriétaire d'un bâtiment ou de toute autre ouvrage répond du dommage causé par des vices de construction ou par le défaut d'entretien»: cfr. *Berner Kommentar*-KRAMER-SCHMIDLIN, cit., p. 77.

Tribunal Federal[904], bem como uma parte da doutrina[905], entendia-a como uma forma de responsabilidade extracontratual. Posteriormente, aquele tribunal passou a aplicar à culpa na formação do contrato as regras da responsabilidade contratual[906]. Mas esta orientação veio entretanto a ser preterida a favor de uma posição ecléctica, também preconizada por alguma doutrina[907], que admite a aplicação às pretensões fundadas na *culpa in*

---

[904] Cfr. as sentenças de 26 de Maio de 1910, *ATF*, vol. 36/II, pp. 193 ss. (p. 203: responsabilidade extracontratual pelo dano sofrido por uma das partes em consequência da nulidade parcial de um contrato), e de 30 de Outubro de 1919, *ATF*, vol. 45/II, pp. 548 ss. (p. 554: art. 41 do Código das Obrigações como fundamento da responsabilidade do vendedor que, por negligência grave, ocasionou a nulidade do contrato de compra e venda).

[905] Cfr. PIOTET, *Culpa in contrahendo*, pp. 28 e 50; *idem*, «Nature et modalités de la responsabilité précontractuelle», *ZSR* 1975, pp. 253 ss. (pp. 257, 263 e 270); *idem*, «La culpa in contrahendo aujourd'hui», *SJZ* 1981, pp. 225 ss. e 241 ss. (pp. 229 e 242 s.); *idem*, «Développements récents de la théorie de la culpa in contrahendo», *in Mélanges Flattet*, pp. 363 ss. (p. 364); e MERZ, *Vertrag und Vertragsschluss*, 83.

[906] Cfr. a sentença de 7 de Outubro de 1942, *ATF*, vol. 68/II, pp. 295 ss. (p. 303), e o cit. ac. de 22 de Outubro de 1964, p. 458. Neste sentido pronuncia-se também ENGEL, *Traité des obligations en droit suisse*, pp. 749 ss.

[907] Cfr. JÄGGI, «Zum Begriff der Vertraglichen Schadenersatzforderung», *in Mélanges Schönenberger*, pp. 181 ss. (especialmente pp. 193 ss.); *Berner Kommentar*-KRAMER--SCHMIDLIN, cit., 72; e BUCHER, *Schweizerisches Obligationenrecht*, pp. 286 ss., que preconizam a aplicação à responsabilidade pré-contratual das regras de uma ou outra das duas espécies fundamentais de responsabilidade, em função dos problemas específicos («*Modalitäten*») por ela suscitados. Já BÜHLER-REIMANN, est. cit., pp. 364 s. prefere distinguir, a fim de se determinarem as regras aplicáveis, entre diferentes categorias de casos de *culpa in contrahendo*: conforme os mesmos estejam em conexão funcional com as negociações ou correspondam à violação de um dever jurídico geral aplicar-se-iam as regras da responsabilidade contratual ou da responsabilidade delitual. Na primeira categoria caberiam, por exemplo, as hipóteses em que uma das partes fornece à outra falsas informações, sendo esse facto determinante da celebração do contrato; na segunda incluir-se-iam, entre outros, o caso previsto no art. 411, n.º 2, do Código Civil e o recesso intencional. Em sentido próximo pronuncia-se Rainer GONZENBACH, *Culpa in contrahendo im schweizerischen Vertragsrecht*, pp. 80 ss. Uma reformulação parcial desta doutrina é proposta por FRICK, *Culpa in contrahendo*, pp. 120 ss., especialmente pp. 123, 133 e 150. O autor autonomiza duas categorias fundamentais de deveres pré-contratuais de conduta — deveres de esclarecimento e de conservação —, a regular autonomamente. As violações dos primeiros teriam natureza análoga às violações de deveres contratuais; as dos segundos, natureza delitual. Na responsabilidade pré-contratual incluir-se-iam assim danos de natureza diversa, desde que ocorridos no decurso das negociações preparatórias de um contrato e em conexão funcional com elas. Esta caracterização da responsabilidade pré-contratual constitui o ponto de partida da solução proposta pelo autor quanto à integração da figura no sistema de conflitos, a que aludiremos adiante (cfr. § 26.º).

contrahendo das regras próprias da responsabilidade contratual ou da responsabilidade extracontratual consoante a índole das questões em apreço[908]. De acordo com um último ponto de vista, a *culpa in contrahendo* é uma figura autónoma, cujas lacunas de regulamentação devem ser preenchidas *modo legislatoris* pelo julgador, nos termos do art. 1, n.° 2, do Código Civil suíço[909].

49. É muito diferente, neste particular, o panorama que se nos oferece no Direito francês: não só não existe nele uma regulamentação legal da responsabilidade pré-contratual como a jurisprudência local tem até hoje rejeitado a doutrina germânica da *culpa in contrahendo*.

Quais as razões por que a responsabilidade pré-contratual, como figura autónoma, não logrou obter no Direito francês um desenvolvimento equiparável ao que teve no Direito alemão?

Como vimos, a *culpa in contrahendo* preenche neste último Direito duas funções básicas: permite sancionar a causação negligente, nos preliminares e na formação dos contratos, de danos patrimoniais que os preceitos relativos à responsabilidade delitual não compreendem na sua esfera de intervenção; e possibilita a aplicação a tais hipóteses do regime da responsabilidade do devedor pelos actos dos seus auxiliares em lugar da regulamentação mais permissiva da responsabilidade homóloga do agente. Nenhum destes problemas se suscita no Direito francês. Para tanto concorrem dois factores, a que já fizemos alusão noutros lugares deste estudo: a amplitude da cláusula geral da responsabilidade delitual consignada nos arts. 1382 e 1383 do *Code Civil*, que permite abranger nas regras que a disciplinam os ditos danos patrimoniais (atribuindo-se-lhe, em virtude do seu

---

[908] Cfr. as sentenças de 21 de Maio de 1975, *ATF*, vol. 101/II, pp. 266 ss. (p. 269), e de 14 de Junho de 1978, *ATF*, vol. 104/II, pp. 94 s. (p. 94), onde a questão da natureza jurídica da responsabilidade pré-contratual é deixada em aberto, optando-se, não obstante, pela aplicação à mesma do prazo prescricional da responsabilidade delitual previsto no art. 60 do Código das Obrigações; e a sentença de 14 de Dezembro de 1982, *ATF*, vol. 108/II, pp. 419 ss. (p. 422), em que se aplica à responsabilidade pré-contratual o regime da responsabilidade do devedor por actos dos seus auxiliares previsto no art. 101 daquele Código.

[909] Segundo o qual «A défaut d'une disposition légale applicable, le juge prononce selon le droit coutumier et, à défaut d'une coutume, selon les règles qu'il établirait s'il avait à faire acte de législateur». No sentido referido no texto pronunciam-se GUHL-MERZ-KUMMER-KOLLER-DRUEY, *Das Schweizerische Obligationenrecht*, p. 99, e GAUCH-SCHLUEP-SCHMID-REY, *Schweizerisches Obligationenrecht. Allgemeiner Teil*, vol. I, p. 199.

«carácter absorvente», a natureza de *responsabilité de principe*)[910]; e a regra do art. 1384 do *Code Civil*, relativa à responsabilidade do lesante pelos actos dos seus auxiliares, que não consagra causas de exoneração do mesmo análogas às que vigoram no Direito delitual alemão[911].

Admite-se, contudo, que determina o dever de indemnizar, nos termos gerais, os danos causados a outrem a ocorrência de uma *faute pré-contractuelle*[912]. Esta pode consistir na violação de deveres de conduta (de informação[913], de lealdade[914] ou outros[915]) que vinculam as partes nos

---

[910] Outro tanto sucede em Espanha. Perante uma norma nitidamente inspirada nos arts. 1382 e 1383 do Código francês (que aliás congrega numa só disposição) — o art. 1902 do Código Civil de 1889, segundo o qual «El que por acción u omisión causa daño a otro, interviniendo culpa o negligencia, está obligado a reparar el daño causado» —, a doutrina dominante entende que «qualquier responsabilidad durante la perfección del contrato entra de lleno en el ámbito de la responsabilidad extracontractual»: assim DÍEZ-PICAZO e Antonio GULLÓN, *Sistema de Derecho Civil*, vol. II, p. 81; ver também MANZANARES SECADES, «La naturaleza de la responsabilidad precontratual o culpa in contrahendo», *ADC* 1985, pp. 979 ss. (pp. 1005 ss.); ASÚA GONZÁLEZ, *La culpa in contrahendo*, p. 256; GARCÍA RUBIO, *La responsabilidad precontractual en el derecho español*, pp. 78 ss; e DÍEZ-PICAZO, *Fundamentos del derecho civil patrimonial*, vol. I, *Introduccion. Teoria del contrato*, pp. 274 ss.

[911] Aí se dispõe, na verdade: «On est responsable non seulement du dommage que l'on cause par son propre fait, mais encore de celui qui est causé par le fait des personnes dont on doit répondre, ou des choses que l'on a sous sa garde»; «Les maîtres et les commettants, du dommage causé par leurs domestiques et préposés dans les fonctions auxquelles ils les ont employés».

[912] A expressão é de Joanna SCHMIDT. Cfr., da autora, «La sanction de la faute précontractuelle», *RTDC* 1974, pp. 46 ss.; *idem, Négociation et conclusion de contrats*, pp. 107 ss.; «L'évolution de la responsabilité precontractuelle en droit français», *in Entwicklung des Deliktrechts in rechtsvergleichender Sicht*, pp. 141 ss.; e «La période précontractuelle en droit français», *RIDC* 1990, pp. 545 ss.

[913] Sobre o conteúdo e os pressupostos deste dever cfr. *infra*, § 13.°.

[914] Admite um tal dever o ac. da *Cour d'Appel* de Pau de 14 de Janeiro de 1969, *D.* 1969, p. 716: «on doit admettre, effectivement, que dans la phase préliminaire des pourparlers, où les conditions du contrat envisagé sont étudiées et discutées, certaines obligations de rectitude et de loyauté s'imposent aux parties, non sans doute relativement à la conclusion du contrat éventuel et futur, qui n'est pas encore né et ne naîtra peut-être jamais, mais à la conduite des pourparlers eux-mêmes». Constitui *faute de concurrence déloyale* a utilização abusiva de uma invenção alheia comunicada no decurso de negociações contratuais: cfr. o ac. da Cassação de 3 de Outubro de 1978, *D.* 1980, Jurisprudence, pp. 55 s.

[915] Segundo FERID, *Das Französische Zivilrecht*, vol. I, *Allgemeine Lehren. Recht der Schuldverhältnisse*, p. 274, as partes acham-se adstritas a um dever geral de assegurar a eficácia do contrato, decorrente do art. 1599 do Código Civil, nos termos do qual: «La vente de chose d'autrui est nulle: elle peut donner lieu à des dommages-intérêts, lorsque l'acheteur a ignoré que la chose fût à autrui».

258 *Da Responsabilidade Pré-Contratual em Direito Internacional Privado*

preliminares do contrato (*pourparlers*), na causação (*v.g.* mediante dolo) da ineficácia do contrato[916] ou no rompimento por uma das partes de «*pourparlers avancés [...] qui avaient déjà, à sa connaissance, engagé de gros frais*», «*sans raison légitime, brutalement et unilatéralement*» [917] ou agindo com «*légèreté blâmable*»[918].

Não tendo havido a celebração de um contrato válido, aplicam-se a essas hipóteses, segundo a jurisprudência e a doutrina dominantes, as regras da responsabilidade delitual[919]: *sans contrat préalable, pas de responsabilité contractuelle*[920]. Também as pretensões indemnizatórias emergentes de danos físicos causados pelos parceiros negociais ou seus auxi-

---

[916] Cfr. o ac. da Cassação de 4 de Fevereiro de 1975, *JCP*, II, n.° 18100: «le droit de demander la nullité d'un contrat par application des articles 1116 et 1117 du Code Civil n'exclut pas l'exercice, par la victime des manoeuvres dolosives, d'une action en responsabilité délictuelle pour obtenir de leur auteur réparation du préjudice qu'elle a subi». No mesmo sentido pronuncia-se o ac. da Cassação de 14 de Novembro de 1979, *Bull.*, I, n.° 279, pp. 226 s. Ver ainda o ac. do mesmo tribunal de 29 de Novembro de 1968, *Gaz. Pal.* 1969, I, pp. 63 s. (incorre em *faute* o proprietário que induz o arrendatário em erro quanto ao estado real do imóvel arrendado, devendo reparar os prejuízos que desse modo lhe causou). Na doutrina consulte-se Joanna SCHMIDT, *Négociation et conclusion de contrats*, p. 190.

[917] Neste sentido o ac. da *Chambre Commerciale da Cour de Cassation*, de 20 de Março de 1972, *Bull.* 1972, IV, n.° 93, pp. 90 s.; *JCP* 1973, II, n.° 17543. Cfr. também o ac. da Cassação de 31 de Março de 1992, *Bull.* 1992, IV, n.° 145, p. 102. Na doutrina *vide*, além dos estudos citados de J. SCHMIDT, SALEILLES, «De la responsabilité précontractuelle. A propos d'une étude nouvelle sur la matière», *RTDC* 1907, pp. 697 ss.; PLANIOL-RIPERT--ESMEIN, *Traité pratique de droit civil français*, t. VI, *Obligations*, pp. 154 s.; CARBONNIER, *Droit Civil*, t. 4, *Les obligations*, p. 91; GHESTIN, ob. cit., pp. 295 ss.; e TERRÉ-SIMLER--LEQUETTE, *Droit civil. Les obligations*, pp. 143 s.

[918] Assim o ac. da *Chambre Commerciale et Financière* da *Cour de Cassation*, de 22 de Fevereiro de 1994, *Bull.* 1994, IV, n.° 79, p. 61.

[919] Cfr. os acs. da Cassação de 20 de Março de 1972, cit.; de 4 de Fevereiro de 1975, cit.; de 14 de Novembro de 1979, cit.; e de 11 de Janeiro de 1984, *Bull.* 1984, IV, n.° 16 pp. 13 s. Neste último refere-se: «la victime d'une faute commise au cours de la période qui a précédé la conclusion d'un contrat est en droit de poursuivre la réparation du préjudice qu'elle estime avoir subi devant le Tribunal du lieu du dommage sur le fondement de la responsabilité délictuelle».

Na doutrina pronunciam-se no mesmo sentido: MAZEAUD-TUNC, *Traité théorique et pratique de la responsabilité civile délictuelle et contractuelle*, t. I, p. 152; J. SCHMIDT, «La sanction de la faute précontractuelle», cit., p. 51; *idem, Négociation et conclusion de contrats*, pp. 188 ss.; *idem*, «L'évolution de la responsabilité précontractuelle en droit français», cit., pp. 144 ss.; *idem*, «La période précontractuelle en droit français», cit., p. 555; GHESTIN, ob. cit., p. 295; TERRÉ-SIMLER-LEQUETTE, ob. cit., pp. 144 e 341 s.

[920] Assim MAZEAUD-TUNC, ob. cit., p. 147.

Da Responsabilidade Pré-Contratual nos Sistemas Jurídicos Nacionais 259

liares nos preliminares dos contratos se encontram sujeitas, diversamente do que sucede no Direito alemão, às regras gerais da responsabilidade delitual, visto que uma eventual *obligation contractuelle de sécurité* não se constituiu ainda nesse momento[921].

50. No Direito italiano a responsabilidade pré-contratual acha-se consagrada, como figura geral, no art. 1337 do Código Civil, que dispõe: «*Trattative e responsabilitá precontrattuale. — Le parti, nello svolgimento delle trattative e nella formazione del contratto, devono comportarsi secondo buona fede*»[922]. O art. 1338 do mesmo diploma, que é tido como uma especificação do dever consignado no preceito anterior[923], estabelece: «*Conoscenza delle cause d'invalidità. — La parte che, conoscendo o dovendo conoscere l'esistenza di una causa di invalidità del contratto, non ne ha dato notizia all'altra parte è tenuta a risarcire il danno da questa risentito per avere confidato, senza sua colpa, nella validità del contratto*».

São várias as categorias de possíveis factos indutores de responsabilidade pré-contratual. Em primeiro lugar, a violação, nos preliminares e na formação do contrato, dos deveres emergentes do princípio da boa fé. Entre as hipóteses típicas que configuram uma tal violação inclui-se a omissão da comunicação à contraparte de causas de invalidade do contrato (*reticenza*), a que se reporta o art. 1338 do Código Civil, e ainda as violações de deveres de informação à contraparte (*maxime* sobre circunstâncias de relevo atinentes ao contrato), de clareza, de segredo (*v.g.* quanto a informações reservadas recebidas no decurso das negociações), de custódia (por exemplo, de bens entregues para inspecção) e de realização dos actos necessários a fim de assegurar a validade e a eficácia do contrato, emergentes do mesmo princípio[924]. Em segundo lugar, o rompimento das nego-

---

[921] Cfr. os acs. da Cassação de 7 de Novembro de 1961, *D.* 1962, pp. 146 s., e de 12 de Fevereiro de 1964, *D.* 1964, pp. 358 s.

[922] Entende-se por *trattative*, para este efeito, «un complesso di comportamenti e di dichiarazioni posti in essere da due o più soggeti, volti a verificare la possibilità di stipulare un contratto ed a definirne le condizione»: cfr. VIGOTTI, «La responsabilità precontrattualle», *in La responsabilità civile. Una rassegna di dottrina e giurisprudenza*, vol. I, pp. 257 ss. (p. 266).

[923] Assim, CIAN-TRABUCCHI, *Commentario breve al Codice Civile*, p. 1058.

[924] Cfr. BENATTI, *La responsabilità precontrattuale*, tradução portuguesa, pp. 47 ss.; BIANCA, *Diritto civile*, vol. 3, *Il contratto*, pp. 166 ss.; CIAN-TRABUCCHI, ob. cit., p. 1057.

260 Da Responsabilidade Pré-Contratual em Direito Internacional Privado

ciações preparatórias de um contrato[925]. Este, de acordo com a jurisprudência constante do Tribunal de Cassação, dá lugar à obrigação de indemnizar os danos que dele resultarem quando uma das partes haja confiado na conclusão do contrato e o rompimento se mostre injustificado[926]. Em terceiro lugar, a estipulação de um contrato inválido ou ineficaz, devida a facto doloso ou culposo de uma das partes no contrato[927] ou de terceiros que intervêm na sua negociação ou conclusão (*v.g.* o *falsus procurator*, a que se refere o art. 1398 do Código Civil[928], e os intermediários de investimentos[929]).

Controvertida é a questão da admissibilidade de responsabilidade pré-contratual na hipótese de celebração de contratos válidos. Exclui-a a jurisprudência[930]; mas uma parte da doutrina admite-a com fundamento na ampla formulação do art. 1337 do Código Civil[931]. Discute-se também a recondução da responsabilidade pelos prospectos (*responsabilità da prospetto*) à responsabilidade pré-contratual. A *Corte di Appello di Milano* pronunciou-se favoravelmente a essa solução na decisão proferida sobre um caso atinente à responsabilidade de um banco pelas informações cons-

---

[925] Deve-se a FAGGELLA o alargamento da responsabilidade pré-contratual ao rompimento intempestivo das negociações. Para este autor a entrada em negociações para a celebração de um contrato implicaria um acordo, expresso ou tácito, que legitimaria a realização das despesas necessárias à sua condução. A interrupção intempestiva das negociações obrigaria a parte que assim procedesse a indemnizar a outra dessas despesas. Cfr. «Dei periodi precontrattuali e della loro vera ed esatta costruzione scientifica», *in Studi Giuridici in Onore di Carlo Fadda*, vol. III, pp. 271 ss. (pp. 298 ss.). A esta construção aderiu pouco depois em França SALLEILLES: cfr. «De la responsabilité précontractuelle. A propos d'une étude nouvelle sur la matière», *RTDC* 1907, pp. 697 ss. (pp. 711 e 717 ss.).

[926] Segundo informa MUSY, «Responsabilità precontrattuale (culpa in contrahendo)», *in Digesto delle Discipline Privatistiche. Sezione Civile*, vol. XVII, pp. 391 ss. (p. 401), é sobre este tema que versa o maior número de decisões proferidas pelos tribunais italianos em matéria de responsabilidade pré-contratual. Cfr. ainda, sobre o ponto, *infra*, § 13.°.

[927] Sobre o ponto, *vide* BIANCA, ob. cit., pp. 174 ss.

[928] Que estabelece: «*Rappresentanza senza potere.* — Colui che ha contrattato come rappresentante senza averne i poteri o eccedendo i limiti delle facoltà conferitegli, è responsabile del danno che il terzo contraente ha sofferto per avere confidato senza sua colpa nella validità del contratto».

[929] Assim a sentença da *Corte di Appelo di Milano*, de 2 de Fevereiro de 1990, *BBTC* 1990, pp. 734 ss.

[930] Neste sentido por último a sentença da Cassação de 11 de Setembro de 1989, n.° 3922, *in Rep. foro it.* 1989, voz «Contrato in genere», n.° 111.

[931] Cfr. SACCO, *Il contratto*, p. 358; BENATTI, ob. cit., p. 23; e os demais autores citados por ARIETTI, «Responsabilità precontrattuale», *Riv. Dir. Civ.* 1991, II, pp. 731 ss. (p. 738).

Da Responsabilidade Pré-Contratual nos Sistemas Jurídicos Nacionais   261

tantes de um prospecto informativo[932]. Mas na doutrina objecta-se que desse modo se ignoram requisitos essenciais da aplicação do art. 1337, entre os quais a existência de negociações e a assunção da qualidade de parte em sentido substancial[933]; prevalece por isso a opinião segundo a qual essas hipóteses se integram na responsabilidade delitual. Uma responsabilidade pré-contratual por violação de deveres de protecção, análoga à que vigora no Direito alemão, é geralmente afastada[934]; o que sem dúvida se prende com a vigência em Itália de uma cláusula geral de responsabilidade delitual.

Não existe unanimidade de vistas quanto à caracterização da responsabilidade pré-contratual. Segundo a jurisprudência[935] e a doutrina[936] dominantes essa responsabilidade seria de qualificar como extracontratual, pois que o art. 1337 do Código Civil constituiria uma aplicação do princípio *neminem laedere* consignado no art. 2043 do Código Civil[937]. Uma outra corrente, minoritária, preconiza ao invés a qualificação contratual dessa responsabilidade[938], aduzindo para tanto nomeadamente que entre

---

[932] Cfr. a citada sentença de 2 de Fevereiro de 1990.

[933] Cfr. ARIETTI, est. cit., p. 737. No sentido, porém, de que a responsabilidade pelo prospecto se enquadra na *culpa in contrahendo* cfr. FERRARINI, «Investment banking, prospetti falsi e culpa in contrahendo», *Giurisprudenza Commerciale* 1988, II, pp. 585 ss. (p. 591).

[934] Cfr. BENATTI, ob. cit., pp. 96 ss.; CIAN-TRABUCCHI, ob. cit., p. 1057.

[935] Ver por último a sentença da Cassação de 11 de Maio de 1990, n.º 4051, *FI* 1991, parte I, cols. 184 ss.: «la responsabilità c.d. precontrattuale ex art. 1337 c.c. va ricondotta al *genus* delle responsabilità di fatto illecito, potendosi far valere in giudizio solo entro il termine prescrizionale quiquennale ex art. 2947 c.c.».

[936] Cfr. SACCO, «Culpa in contrahendo e culpa aquiliana; culpa in eligendo e apparenza», *RDCDGO* 1951, II, pp. 82 ss. (pp. 86 ss.); *idem, Il contratto*, pp. 676 e 919; RESCIGNO (org.), *Trattato di Diritto Privato*, vol. 10, t. II, p. 360; *idem, Codice Civile*, pp. 1472 ss.; FUSARO, «Fondamento e limiti della responsabilità precontrattuale», *Giur. Ital.* 1984, Parte Prima, Sezione I, cols. 1199 ss. (col. 1202); BIANCA, ob. cit., pp. 161 ss.; ALPA, «Le contrat 'individuel' et sa définition», *RIDC* 1988, pp. 327 ss. (pp. 342 s.); *idem, Istituzioni di Diritto Privato*, p. 823; NANNI, *La buona fede contrattuale*, p. 95; *idem*, «Le trattative», *NGCC* 1989, II, pp. 137 ss. (p. 147); e PESCATORE-RUPERTO, *Codice Civile annotato*, t. I, pp. 1965 s.

[937] Nesta linha geral de orientação v. a cit. sentença de 11 de Maio de 1990: «l'estrema genericità della responsabilità aquiliana ricostruita, nel codice vigente, secondo gli schemi dell'atipicità, non impedisce al legislatore di circoscrivere puntualmente in maniera differenziata il regime di un determinato fatto illecito considerato nella sua peculiarità e ciononostante pur sempre riconducibile al *genus*. L'art. 1337 c.c. in esame rappresenta appunto un'ipotesi di enucleazione di quel particolare tipo di illecito che si concreta nei comportamenti descritti dalla norma».

[938] Neste sentido pronunciam-se MENGONI, «Sulla natura della responsabilità precontratttuale», *RDCDGO* 1956, II, pp. 360 ss.; SCONAMIGLIO, «Responsabilità contrattuale

262 Da Responsabilidade Pré-Contratual em Direito Internacional Privado

as partes nas negociações se constitui por força do art. 1337 do Código Civil uma verdadeira relação obrigacional, integrada por diversas obrigações específicas, estruturalmente idênticas às que vinculam as partes após a conclusão do contrato. Uma terceira orientação sustenta a classificação do dano *in contrahendo*, consoante os casos, na responsabilidade contratual e na responsabilidade extracontratual[939]. Outros ainda defendem a autonomia da *fattispecie* do art. 1337 relativamente às demais formas de responsabilidade, cabendo ao intérprete procurar para cada questão concreta a disciplina mais adequada[940].

51. Passemos ao Direito português. No Código Civil acolhe-se expressamente o princípio conforme o qual «quem negoceia com outrem para a conclusão de um contrato deve, tanto nos preliminares como na formação dele, proceder segundo as regras da boa fé, sob pena de responder pelos danos que culposamente causar à outra parte» (art. 227.°, n.° 1). Consagram-se ainda, em preceitos dispersos do Código (os arts. 229.°, 245.°, n.° 2, 246.° e 898.°) e em disposições constantes de legislação avulsa (como é o caso dos arts. 8.°, n.° 5, e 9.°, n.° 1, da Lei n.° 24/96, de 31 de Julho, que estabelece o regime legal aplicável à defesa dos consumidores) certos corolários desse princípio.

Não é difícil, atento o que dissemos atrás, identificar a linhagem do primeiro daqueles preceitos do Código português: está patente nele a corrente de pensamento inaugurada por JHERING no século pregresso, que aflorou em regras dispersas do Código alemão e obteve consagração no art. 1337 do Código italiano. A sua fonte inspiradora mais próxima é, com efeito, esta última disposição[941]: ambos os preceitos acolhem a boa fé como fonte autónoma de direitos e deveres na formação e na conclusão do contrato, reflectindo a permeabilidade dos Direitos europeus continentais a exigências ético-sociais que os marca desde o primeiro pós-guerra.

---

ed extracontrattuale», *NssDI*, vol. XV, pp. 670 ss. (p. 675); BENATTI, ob. cit., pp. 145 ss.; *idem*, «Culpa in contrahendo», *Contrato e impresa* 1987, pp. 287 ss. (pp. 303 s.); TURCO, *Interesse negativo e responsabilità precontrattuale*, pp. 723 ss.; e GALGANO, *Diritto privato*, p. 343.

[939] É a opinião sustentada por DE CUPIS, *Il danno*, vol. I, pp. 119 ss., e, mais recentemente, por PALMIERI, *La responsabilità precontrattuale nella giurisprudenza*, pp. 111 s.

[940] Assim CUFFARO, «Responsabilità precontrattuale», *EDD*, vol. XXXIX, pp. 1265 ss. (p. 1270).

[941] Reconhece-o, por exemplo, ANTUNES VARELA, *Das Obrigações em geral*, vol. I, p. 277.

Podem resumir-se nas seguintes as principais categorias de factos constitutivos de responsabilidade pré-contratual no Direito português[942]: *a*) o rompimento ilegítimo de negociações[943]; *b*) a celebração de um contrato ineficaz (*lato sensu*) por vício imputável a facto culposo de uma das partes[944] (*v.g.* a incapacidade que uma das partes tenha ocultado à outra, a falta ou vícios da vontade, a falta ou abuso de poderes de representação, a impossibilidade ou ilicitude do objecto, a usura, os vícios da coisa, a indisponibilidade do falido, insolvente ou executado e a inobservância da forma legalmente exigida para o contrato[945]); e *c*) a celebração de um contrato válido com violação de deveres de conduta decorrentes do princípio da boa fé[946].

A responsabilidade por danos causados nos preliminares e na conclusão dos contratos pode também derivar do incumprimento de obrigações voluntariamente assumidas pelas partes quanto a essa fase do *iter* contratual — por exemplo através de um «acordo de negociação» ou de um «acordo de princípio», pelo qual as partes se vinculam a iniciar ou a prosseguir negociações com vista à conclusão futura de um contrato; ou ainda de um «acordo de confidencialidade», mediante o qual se obrigam a não divulgar informações obtidas no decurso das negociações[947].

---

[942] Sobre o ponto, cfr. ALMEIDA COSTA, *Responsabilidade civil pela ruptura das negociações preparatórias de um contrato*, p. 36, e Ana PRATA, *Notas sobre responsabilidade pré-contratual*, pp. 85 ss.

[943] Quanto aos pressupostos da ilegitimidade desse rompimento ver *infra*, § 13.º, e a bibliografia e jurisprudência aí citadas.

[944] Assim o entendeu o Supremo Tribunal de Justiça em acórdão de 3 de Outubro de 1991, *BMJ* 410, pp. 754 ss., onde se lê: «com fundamento no [...] art. 227.º do Código Civil, pode responsabilizar-se, pelos danos ligados à frustração da confiança depositada na celebração de um negócio, a parte que culposamente provoca ou não evita a invalidade». Se, porém, a contraparte conhecia o vício que tornava nulo o contrato, não há responsabilidade por *culpa in contrahendo*: cfr. VAZ SERRA, anotação ao acórdão do Supremo Tribunal de Justiça de 19 de Dezembro de 1969, *RLJ*, ano 104.º, pp. 8 ss. (p. 10). No sentido do texto podem ainda ver-se, na doutrina, Carlos da MOTA PINTO, «Nulidade do contrato-promessa de compra e venda e responsabilidade pela culpa na formação dos contratos», *RDES* 1970, pp. 77 ss. (p. 88); e GALVÃO TELLES, «Culpa na formação do contrato», *Dir.* 1993, pp. 333 ss. (pp. 344 ss.); *idem, Direito das Obrigações*, pp. 71 ss.

[945] Aos vícios referidos no texto acresce, segundo uma sentença do Tribunal Judicial de Aveiro de 1995, *CJ* 1998, t. IV, pp. 295 ss., a inobservância por uma autarquia local das disposições legais que sujeitam o contrato ao visto do Tribunal de Contas.

[946] Sobre o conteúdo desses deveres, *vide* adiante, § 13.º.

[947] Sobre os diferentes tipos que esses negócios jurídicos podem revestir consultem-se, na doutrina portuguesa, MENEZES CORDEIRO, «Da abertura de concurso para a cele-

264 Da Responsabilidade Pré-Contratual em Direito Internacional Privado

Estar-se-á, porém, nesses casos perante uma forma de responsabilidade cujos pressupostos e conteúdo são (independentemente da caracterização jurídica que lhe for mais apropriada) em ampla medida determinados pela vontade das partes, a apurar por interpretação dos negócios jurídicos que constituem a fonte das referidas obrigações; razão por que a mesma não se confunde com a responsabilidade que aqui estamos a considerar.

A falta e os vícios da vontade podem constituir, como dissemos, factos indutores de responsabilidade pré-contratual. Em especial, é esse o caso do erro: quando causado por dolo ele determina em princípio a responsabilidade pré-contratual de quem o empregou[948]; mas pode também fundamentar a obrigação de indemnizar a cargo daquele que provocou o erro devido à omissão negligente de informações ou à prestação negligente de informações inexactas, sem a intenção ou consciência de enganar[949]. O *errans* pode, naqueles casos, cumular ou optar entre pretensões derivadas dos dois institutos. Parece, além disso, de admitir o distrate como efeito possível da culpa na formação do contrato, a título de forma de restauração natural, quando o dano resultante da indução em erro consista na própria celebração daquele[950]. O dolo tolerado, a que se reporta o art. 253.º, n.º 2, do Código Civil, constitui, em qualquer caso, um limite à responsabilidade pré-contratual[951].

---

bração de um contrato no direito privado», *BMJ* 369 (1987), pp. 27 ss. (pp. 31 s.); *idem, Das cartas de conforto no Direito Bancário*, pp. 61 s.; ALMEIDA COSTA, *Responsabilidade civil pela ruptura das negociações preparatórias de um contrato*, pp. 46 ss.; e SANTOS JÚNIOR, «Acordos intermédios», *ROA* 1997, pp. 565 ss. (especialmente pp. 597 ss.).

[948] Neste sentido decidiu o Supremo Tribunal de Justiça no ac. de 13 de Janeiro de 1993, *Dir.* 1993, pp. 145 ss., ao declarar que «mesmo que o autor acreditasse que os imóveis [que arrendara ao réu] teriam objectivamente valor superior àquele pelo qual o réu os adquirira, este agiu contra a boa fé ao ocultar o preço da compra que era determinante para a fixação da renda, para assim conseguir embolsar mais do dobro do rendimento anual que fora tido por justo [...]. A reparação deste dano deverá, na medida do possível, repor a situação que existiria se não se tivesse verificado o evento que obriga à reparação (artigo 562.º do Código Civil), o que implica a anulação parcial que vem a redundar em redução das cláusulas de renda, na medida em que transcendem as importâncias superiores às previamente acordadas como devidas, e a restituição das quantias já pagas, como o autor pretende».

[949] Neste sentido Carlos da MOTA PINTO, *Teoria geral do Direito Civil*, p. 519, n. 1; MENEZES CORDEIRO, «Dolo na conclusão do negócio. *Culpa in contrahendo*», *Dir.* 1993, pp. 145 ss. (p. 165).

[950] Cfr. neste sentido SINDE MONTEIRO, *Responsabilidade por conselhos, recomendações ou informações*, p. 381.

[951] Assim ALMEIDA COSTA, *Direito das Obrigações*, p. 262; ANTUNES VARELA, anotação ao acórdão do tribunal arbitral de 31 de Março de 1993, *RLJ*, ano 126.º, p. 320; e OLI-

Mais complexa é a articulação com a responsabilidade pré-contratual da responsabilidade por vícios da coisa ou do direito transmitido ao abrigo de contrato que opere a transferência da propriedade ou do gozo de coisa ou coisas, pois que não existe unanimidade de vistas na doutrina relativamente à caracterização do regime legal desta matéria (em especial no que toca à venda de bens onerados e defeituosos)[952].

Nos casos de venda de coisa específica (bem como nos de venda de coisa genérica, quando o vício afecte todo o género) cremos ser de admitir a consunção das regras gerais da responsabilidade pré-contratual pelas que regulam a responsabilidade por aqueles vícios (os arts. 908.° e seguintes e 913.° e seguintes do Código Civil), por isso que estas consubstanciam uma responsabilidade pela quebra de deveres pré-contratuais de informação, que determina o erro do adquirente[953]. O interesse tutelado pelas duas categorias de normas é o mesmo: a correcta formação da vontade de contratar.

Diversamente, nos casos de venda de coisa genérica e de ocorrência de defeitos da obra, a que se reportam os arts. 918.° e 1218.° e seguintes do Código, supomos dever admitir-se o cúmulo das normas relativas à responsabilidade pré-contratual e à responsabilidade pelos vícios da prestação, pois que elas sancionam a violação de deveres diferentes — aquelas um dever acessório de informação decorrente da boa fé, estas um dever primário de prestação — e, além disso, tutelam interesses diversos — as

---

VEIRA ASCENSÃO, *Direito Civil. Teoria geral*, vol. II, *Acções e factos jurídicos*, p. 371. Em sentido diverso pronuncia-se Ana PRATA, ob. cit., pp. 118 s., que admite a existência de responsabilidade pré-contratual mesmo em caso de dolo tolerado.

[952] Discute-se a este respeito, como se sabe, se os direitos que são conferidos ao credor nas hipóteses de os direitos ou coisas que constituem objecto da prestação padecerem de vícios ou serem desprovidas das qualidades pressupostas se baseiam no erro ou antes fundam pretensões por incumprimento ou cumprimento defeituoso. Cfr. sobre o tema: GALVÃO TELLES, «Contratos civis», *BMJ* 83, pp. 114 ss. (pp. 129 ss.); BAPTISTA MACHADO, «Acordo negocial e erro na venda de coisas defeituosas», *BMJ* 215, pp. 5 ss.; VAZ SERRA, anotação ao ac. do STJ de 11 de Dezembro de 1970, *RLJ*, ano 104.°, pp. 253 ss. e 260 ss.; FERREIRA DE ALMEIDA, *Texto e enunciado na teoria do negócio jurídico*, vol. I, pp. 655 ss.; ROMANO MARTINEZ, *Cumprimento defeituoso em especial na compra e venda e na empreitada*, pp. 35 ss.; PIRES DE LIMA-ANTUNES VARELA, *Código Civil anotado*, vol. II, pp. 196 ss. e 205 ss.; e TEIXEIRA DE SOUSA, «O cumprimento defeituoso e a venda de coisas defeituosas», *in Ab uno ad omnes — 75 anos da Coimbra Editora*, pp. 567 ss.

[953] No sentido de que os arts. 913.° e seguintes do Código, conjugados com as disposições da secção precedente àquela em que se integram, regulam expressamente a responsabilidade pré-contratual pronuncia-se o ac. da Relação de Évora de 23 de Janeiro de 1986, *CJ* 1986, t. I, pp. 229 s. (p. 230).

primeiras, como se disse, a correcta formação da vontade de contratar, as segundas, o interesse do credor no cumprimento exacto da prestação devida. É que na venda de coisa genérica se o vendedor entregar coisa que não possua as qualidades e préstimos próprios do género estipulado ou sem qualidade média incumpre ou cumpre defeituosamente o contrato; ao passo que na venda de coisa específica, dado que o dever de prestação do vendedor consiste apenas na entrega da coisa determinada objecto do contrato, tal como ela efectivamente se encontrar, se a coisa entregue não possuir as qualidades asseguradas pelo vendedor ou pressupostas pelo comprador não se verifica qualquer inadimplemento da prestação debitória. Na verdade, sobre o vendedor não recai, na venda de coisa específica, qualquer dever de prestar coisa sem defeito[954]. Pelo contrário: a representação das qualidades da coisa é nessa modalidade da venda um mero motivo da vontade negocial, e não parte integrante do conteúdo negocial. O fundamento dos direitos do comprador na venda de coisa específica só pode assim encontrar-se no erro (erro-vício sobre as qualidades do objecto do negócio), em que ele incorreu ao decidir-se a adquirir uma coisa por a supor isenta de vícios ou dotada de determinadas qualidades, ou no dolo[955]; e bem assim na *culpa in contrahendo* do vendedor que desconhecia culposamente o defeito da coisa ou do direito ou, conhecendo-o, não elucidou o comprador acerca dele.

O erro e o dolo explicam, pois, a consagração legislativa do direito de o comprador requerer a anulação do contrato nas hipóteses em apreço (arts. 905.° e 913.°); a *culpa in contrahendo*, os direitos à reparação ou substituição da coisa, à redução do preço e à indemnização (arts. 908.° a 911.° e 913.° a 915.°).

O produtor é entre nós, à face do D.L. n.° 383/89, de 6 de Novembro, objectivamente responsável pelos danos causados por defeitos dos produtos que põe em circulação. O regime especial de responsabilidade instituído por aquele diploma não afasta contudo, por força do disposto no seu art. 13.°, a responsabilidade decorrente de outras disposições legais. Assim, quando o produtor for simultaneamente co-contratante do lesado parece admissível a cumulação por este de pedidos indemnizatórios com fundamento nos danos causados mediante a colocação em circulação do produto defeituoso e o incumprimento de deveres pré-contratuais de con-

---

[954] Cfr. o art. 879.° do Código Civil.

[955] Para uma consagração jurisprudencial recente desta orientação ver o ac. do STJ de 3 de Março de 1998, *CJSTJ* 1998, t. I, pp. 107 ss. (p. 108).

Da Responsabilidade Pré-Contratual nos Sistemas Jurídicos Nacionais 267

duta, *v.g.* de informação a respeito das características do produto (concurso cumulativo de pretensões); e, por maioria de razão, a opção entre a dedução de uma pretensão indemnizatória com base nas regras que disciplinam a responsabilidade do produtor e nas que regulam a responsabilidade pré-contratual (concurso alternativo de pretensões) ou a fundamentação da mesma pretensão nas regras de ambas as responsabilidades (concurso de normas de pretensão)[956].

Passemos à relação entre a responsabilidade pré-contratual e a responsabilidade civil por mensagens publicitárias ilícitas[957]. A este respeito pergunta-se: sendo celebrado um contrato na sequência de uma tal mensagem, que espécie de responsabilidade se constitui pelos danos desse modo causados a outrem, e a cargo de quem? E ainda: como se articula essa responsabilidade com a responsabilidade pré-contratual?

Supomos que se trata aqui de uma responsabilidade delitual fundada na violação de disposições legais destinadas a proteger interesses alheios, cuja tutela o legislador não quis deixar na disponibilidade dos seus titulares[958].

Tal não exclui, porém, quando o agente desse ilícito for quem negociou ou celebrou o contrato, a aplicabilidade concorrente das normas reguladoras da responsabilidade pré-contratual[959]; nem que as informações

---

[956] Admitem também o concurso de responsabilidades neste domínio Carlos MOTA PINTO-CALVÃO DA SILVA, «Responsabilidade civil do produtor», *Dir.* 1989-II, pp. 273 ss. (p. 309); e CALVÃO DA SILVA, *Responsabilidade civil do produtor*, pp. 462 ss.

[957] Cominada pelo Código da Publicidade (aprovado pelo D.L. n.º 330/90, de 23 de Outubro, e republicado em anexo ao D.L. n.º 275/98, de 9 de Setembro) cujo art. 30.º, n.º 1, dispõe: «Os anunciantes, os profissionais, as agências de publicidade e quaisquer outras entidades que exerçam a actividade publicitária, bem como os titulares de suportes publicitários utilizados ou os respectivos concessionários, respondem civil e solidariamente, nos termos gerais, pelos prejuízos causados a terceiros em resultado da difusão de mensagens publicitárias ilícitas».

[958] Como o inculca a circunstância de a infracção ao disposto no citado Código (incluindo o art. 11.º, que proíbe a publicidade enganosa) ser punível com as coimas e sanções acessórias previstas nos respectivos arts. 34.º e seguinte e de a fiscalização do cumprimento do que nele se dispõe ser cometida, no art. 37.º, ao Instituto do Consumidor.

[959] Pronuncia-se neste sentido, perante o Direito alemão, LEHMANN, *Vertragsanbahnung durch Werbung*, pp. 295 ss. A mesma solução é admitida entre nós por J. C. MOITINHO DE ALMEIDA, *Publicidade enganosa*, p. 20, CALVÃO DA SILVA, «Rapport portugais», *in Travaux de l'Association Henri Capitant*, t. XXXII (1981), *La publicité-propagande*, pp. 191 ss. (p. 199), e Ana PRATA, *Responsabilidade pré-contratual*, p. 117. Por seu turno, FERREIRA DE ALMEIDA considera a responsabilidade pré-contratual como uma «via concorrente» com um enquadramento negocial das mensagens publicitárias (*Texto e enunciado na teoria do negócio jurídico*, p. 900); mas entende tratar-se de «um remédio indem-

268 *Da Responsabilidade Pré-Contratual em Direito Internacional Privado*

contidas nas mensagens publicitárias se convolem, nos casos previstos na lei, em estipulações contratuais cujo incumprimento ou cumprimento defeituoso dará lugar a responsabilidade contratual[960].

O concurso entre as normas reguladoras destas formas de responsabilidade deverá ser resolvido de acordo com as regras gerais acima examinadas.

Vejamos agora como se liga a responsabilidade pré-contratual com a chamada responsabilidade por prospectos, que tomamos aqui na acepção restrita de informações alusivas a ofertas públicas de valores mobiliários e à sua admissão à negociação em mercado[961].

---

nizatório mais restrito e mais exigente nos requisitos do que a consideração de certas mensagens publicitárias como enunciados susceptíveis de integração no texto contratual». O autor entende, na verdade, que os enunciados publicitários ou promocionais emitidos por um anunciante que esteja em situação de ser parte nos contratos que promove são cláusulas contratuais gerais lícitas, «susceptíveis de inserção em contratos singulares se satisfizerem os requisitos respeitantes ao seu sentido útil, oportunidade temporal e conexão adequada, por remissão expressa ou tácita» (*ibidem*, pp. 922 e 1102). As mensagens publicitárias emitidas por entidade diferente dos contraentes, desde que se verifiquem os requisitos de cognoscibilidade e de imputabilidade por parte de quem, e relativamente a quem, não teve papel activo na sua emissão, seriam também, segundo o autor, cláusulas contratuais gerais (*ibidem*, p. 1103). A desconformidade entre o objecto do cumprimento e o objecto contratual descrito nos enunciados promocionais consubstanciaria, quando não haja diferença de identidade, uma hipótese de cumprimento defeituoso (*ibidem*, p. 953). Os enunciados promocionais emitidos pelo produtor teriam a natureza de promessa pública de garantia de qualidade, se como tal forem compreendidos e se esse significado for imputável ao declarante-anunciante (*ibidem*, pp. 1040 e 1103). Àquela promessa pública seriam aplicáveis os arts. 459.º e seguintes do Código Civil, completados pelas normas gerais sobre os negócios obrigacionais e sobre a protecção dos consumidores (*ibidem*, pp. 1071 ss.). Entre as pretensões fundadas na garantia negocial do produtor, nas obrigações fundadas no contrato e na responsabilidade extracontratual por produtos defeituosos haveria um concurso alternativo (*ibidem*, p. 1089). Ao ponto de vista assim expresso subjaz a concepção desenvolvida pelo autor acerca do fundamento e do critério do negócio jurídico como «acto performativo», i. é, como «acto de linguagem que tem efeitos (jurídicos) conformes ao seu significado» (*ibidem*, pp. 235 e 1099), que não podemos apreciar aqui, pois se trata de matéria que extravaza dos limites deste estudo. Sobre ela podem consultar-se Paulo Mota Pinto, *Declaração tácita e comportamento concludente no negócio jurídico*, pp. 41 ss., Carvalho Fernandes, *Teoria geral do Direito Civil*, vol. II, pp. 108 s., e Oliveira Ascensão, ob. cit., pp. 98 ss.

[960] Cfr. o art. 7.º, n.º 5, da Lei n.º 24/96, de 31 de Julho (Estabelece o regime legal aplicável à defesa dos consumidores) e o art. 43.º, n.º 5, do D.L. n.º 275/93, de 5 de Agosto, na redacção dada pelo D.L. n.º 180/99, de 22 de Maio (Aprova o regime jurídico da habitação periódica).

[961] Sobre o tema, *vide* na doutrina portuguesa: Sinde Monteiro, *Responsabilidade por conselhos, recomendações ou informações*, pp. 97 ss.; Manuel Gomes da Silva-Rita

O regime legal da matéria figura actualmente nos arts. 149.° e seguintes do Código dos Valores Mobiliários, que disciplinam em termos gerais a responsabilidade pelos prospectos referentes a ofertas públicas de valores mobiliários. Por força do n.° 1 do art. 149.°, o ilícito que está na origem daquela responsabilidade consiste na desconformidade do conteúdo do prospecto com o disposto no artigo 135.°, segundo o qual o prospecto deve conter informação completa, verdadeira, actual, clara, objectiva e lícita. Responsáveis pelos danos desse modo causados são, de acordo com o mesmo preceito, além do oferente e do emitente, os titulares dos respectivos órgãos de administração e fiscalização, os promotores, no caso de oferta de subscrição para a constituição de sociedade, as pessoas que tenham certificado ou apreciado os documentos de prestação de contas em que o prospecto se baseia, os intermediários financeiros encarregados da assistência à oferta e as demais pessoas que aceitem ser nomeadas no prospecto como responsáveis por qualquer informação, previsão ou estudo que nele se inclua. A culpa dessas pessoas é presumida (art. 149.°, n.° 1) e deve ser apreciada de acordo com elevados padrões de diligência profissional (art. 149.°, n.° 2). Respondem independentemente de culpa, nos casos previstos no art. 150.°, o oferente, o emitente e o chefe do consórcio de colocação. A indemnização visa colocar o lesado na situação em que se encontraria se, no momento da aquisição ou da alienação dos valores mobiliários, o conteúdo do prospecto obedecesse ao disposto no artigo 135.° (art. 152.°, n.° 1). O direito à indemnização deve ser exercido no prazo de seis meses após o conhecimento da deficiência do conteúdo do prospecto e cessa, em qualquer caso, decorridos dois anos contados desde a data da divulgação do resultado da oferta (art. 153.°).

No campo de aplicação destes preceitos incluem-se, além de situações que apenas cabem neles, outras que são também abrangidas pelo art. 227.° do Código Civil, pois que é apodíctico que procede contra as regras da boa fé o contraente que omite ou falseia, nas negociações preparatórias do contrato, informações a incluir num prospecto segundo a legislação

---

CABRAL, Parecer de Direito in A privatização da Sociedade Financeira Portuguesa, pp. 30 ss.; Rita CABRAL, «A responsabilidade por prospecto e a responsabilidade pré-contratual», ROA 1995, pp. 191 ss.; Amadeu FERREIRA, Direito dos valores mobiliários, pp. 368 ss.; Ana PERES, «Responsabilidade civil da entidade emitente pelo conteúdo do prospecto», Cadernos do Mercado dos Valores Mobiliários, n.° 5, Agosto de 1999, pp. 53 ss.; e Carlos COSTA PINA, Dever de informação e responsabilidade pelo prospecto no mercado primário de valores mobiliários, pp. 163 ss.

270 *Da Responsabilidade Pré-Contratual em Direito Internacional Privado*

bolsista[962]: a relação que existe entre os preceitos dessa legislação e o art. 227.º do Código Civil é, assim, de interferência.

Nesses casos a responsabilidade cominada pelo Código dos Valores Mobiliários não prejudica o direito que o lesado eventualmente tenha, por força do art. 227.º do Código Civil, de exigir, nos termos e no prazo fixado neste preceito, a indemnização devida pelos sujeitos nele referidos, desde que o dano não seja indemnizado mais do que uma vez[963]. Ao lesado assiste, por conseguinte, subordinadamente à condição referida, o direito de invocar as normas da responsabilidade pelo prospecto cumulativamente com as disposições gerais que regem a culpa na formação dos contratos, bem como de optar entre elas e, por maioria de razão, de fundamentar em ambas a mesma pretensão indemnizatória (o que pode fazer com vantagem, dada a diversidade dos regimes aplicáveis às duas responsabilidades no tocante aos sujeitos responsáveis, à culpa e à prescrição do direito de indemnização[964]). As normas em apreço podem assim dar origem a um concurso real de pretensões, a um concurso alternativo ou electivo de pretensões ou a um concurso de normas de pretensão.

É esta, aliás, segundo nos parece, a solução mais ajustada às finalidades prosseguidas pelas normas em presença: as normas da responsabilidade pelos prospectos visam reforçar, ampliando-a, a protecção conferida pela regra geral da boa fé na formação dos contratos; mas não a esgotam, pois que o fazem em homenagem a uma diferente ordem de valores, em que pontificam a protecção dos investidores e a eficiência e a regularidade de funcionamento do mercado. Pelo que não implicam necessariamente a derrogação desta quando o mesmo facto realize a previsão de ambas.

O que se disse vale também, atento o disposto nos arts. 166.º e 243.º do Código dos Valores Mobiliários, quanto à responsabilidade pelo conteúdo do prospecto preliminar de uma eventual oferta pública e do prospecto para a admissão de valores mobiliários à negociação em mercado de bolsa a contado.

Consideremos, por fim, o problema da delimitação do âmbito de aplicação do art. 227.º do Código Civil relativamente ao do art. 485.º do

---

[962] Foi o que sucedeu, por exemplo, no caso julgado pelo ac. do tribunal de 31 de Março de 1993, *in RLJ*, ano 126.º, pp. 128 ss., *ROA* 1995, pp. 87 ss., e *A privatização da Sociedade Financeira Portuguesa*, pp. 35 ss.: cfr. a respectiva secção *D*), n.º III.

[963] Conforme dispunha o art. 165.º do Código do Mercado dos Valores Mobiliários.

[964] Sobre esses e outros aspectos do regime da responsabilidade pré-contratual, ver adiante, § 13.º.

Da Responsabilidade Pré-Contratual nos Sistemas Jurídicos Nacionais   271

mesmo diploma, atinente à responsabilidade por conselhos, recomendações ou informações. Esse problema deixa-se enunciar, segundo cremos, do seguinte modo: Será de admitir a limitação da responsabilidade *ex* art. 227.º por conselhos, recomendações ou informações errados, prestados no período das negociações preparatórias do contrato ou aquando da conclusão dele, pelo disposto no art. 485.º? Ou, ao invés, deverá excluir-se do âmbito do art. 485.º a responsabilidade por aqueles conselhos, recomendações ou informações?

A letra do art. 485.º, parecendo querer regular exaustivamente esta responsabilidade, sugere a primeira solução. Mas ela afigura-se inadmissível pelos resultados indesejáveis a que conduziria: o art. 485.º só prevê a dita responsabilidade em situações muito contadas — quando se tenha assumido a responsabilidade pelos danos, quando haja o dever (legal ou contratual) de prestar um conselho, recomendação ou informação e se tenha procedido com negligência ou intenção de prejudicar ou quando o procedimento do agente constitua facto punível —, ao passo que na responsabilidade regulada em termos gerais no art. 227.º se inclui a responsabilidade por informações indutoras em erro prestadas no período da formação do contrato, mesmo que não se esteja em presença de qualquer dessas situações, pois que da boa fé resulta a obrigação para quem negoceia com outrem para a conclusão de um contrato de omitir informações susceptíveis de induzir a contraparte em erro.

Eis por que parece de excluir do campo de aplicação do art. 485.º a responsabilidade pré-contratual por informações, cuja disciplina tem a sua sede no art. 227.º do Código Civil[965]. Assim, se entre a responsabilidade pré-contratual, de um lado, e a responsabilidade por vícios da coisa ou direito transmitido, pela falta de segurança de produtos postos em circulação, por mensagens publicitárias e por prospectos, de outro, existem potencialmente relações de concurso — na medida em que o mesmo facto é susceptível de desencadear a aplicação das normas que integram qualquer um desses institutos —, o mesmo não pode dizer-se da responsabilidade por conselhos, recomendações e informações, visto que a previsão da norma que a regula é (tal como a entendemos) diferente da da norma geral sobre a responsabilidade pré-contratual.

---

[965] Em sentido fundamentalmente idêntico, *vide* SINDE MONTEIRO, *Responsabilidade por conselhos, recomendações ou informações*, pp. 384 e 626, e «Responsabilidade por informações face a terceiros», *BFDUC* 1997, pp. 35 ss. (p. 37).

272 *Da Responsabilidade Pré-Contratual em Direito Internacional Privado*

Resta, a concluir este intróito sobre a responsabilidade pré-contratual no Direito português, considerar o problema do seu enquadramento sistemático. A maioria da doutrina nacional[966] e o Supremo Tribunal de Justiça[967] entendem que a responsabilidade pré-contratual tem natureza obrigacional e se encontra sujeita às regras próprias da responsabilidade contratual (*rectius*: obrigacional).

Para tanto invocam-se: o nexo teleológico entre a relação pré-contratual e a relação contratual para que ela tende[968], a circunstância de os deveres pré-contratuais constituirem deveres específicos de comportamento[969], a caracterização da relação pré-contratual como relação obrigacional de fonte legal sem deveres primários de prestação[970] e o facto de a *culpa in contrahendo* supor a infracção de uma verdadeira obrigação — a obrigação de contratar bem, de agir nos preliminares e na formação do contrato por modo que este nasça isento de mácula ou deficiência[971].

Uma corrente, que era dominante antes da entrada em vigor do Código de 1966[972], mas é hoje minoritária, sustenta que no caso da rup-

---

[966] Cfr. VAZ SERRA, «Culpa do devedor ou do agente», *BMJ* 68 (1957), pp. 13 ss. (pp. 130 e 136 ss.); *idem*, «Responsabilidade do devedor pelos factos dos auxiliares, dos representantes legais ou dos substitutos», *BMJ* 72 (1958), pp. 259 ss. (p. 278, n. 25); *idem*, anotação ao acórdão do Supremo Tribunal de Justiça de 7 de Outubro de 1976, *RLJ*, ano 110.°, pp. 270 ss. (pp. 277 s.); Ruy de ALBUQUERQUE, *Da culpa in contrahendo no direito luso brasileiro*, pp. 66 ss.; Carlos da MOTA PINTO, *Cessão da posição contratual*, pp. 351 ss.; MENEZES CORDEIRO, *Da boa fé no Direito Civil*, vol. I, p. 585; *idem*, *Da responsabilidade civil dos administradores das sociedades comerciais*, p. 444, n. 205; *idem*, *Tratado de Direito Civil português*, vol. I, *Parte geral*, t. I, *Introdução. Doutrina geral. Negócio jurídico*, p. 346; RIBEIRO DE FARIA, *Direito das Obrigações*, vol. I, p. 130, n. 2; Ana PRATA, *Notas sobre responsabilidade pré-contratual*, pp. 212 s.; ANTUNES VARELA, *Das Obrigações em geral*, vol. I, p. 279; e GALVÃO TELLES, *Direito das Obrigações*, p. 75.

[967] Ver o acórdão de 4 de Julho de 1991, *BMJ* 409, pp. 743 ss., em que o Supremo deduziu da natureza contratual que imputou à culpa na formação dos contratos a conclusão de que se deve presumir a culpa do lesante, nos termos do art. 799.°, n.° 1. Cfr. ainda no sentido de que «ao iniciarem-se as negociações para a conclusão de um contrato, surge desde logo entre os intervenientes nelas uma relação obrigacional que lhes impõe certos deveres de comunicação, de explicação e de conservação», o ac. do STJ de 22 de Maio de 1996, *BMJ* 457, pp. 308 ss. (p. 312).

[968] ANTUNES VARELA, ob. cit., p. 279.

[969] MENEZES CORDEIRO, ob. cit. em primeiro lugar, p. 585.

[970] Carlos da MOTA PINTO, ob. cit., p. 349 s.

[971] GALVÃO TELLES, «Culpa na formação dos contratos», *Dir.* 1993, pp. 333 ss. (p. 346), e *Direito das Obrigações*, p. 72.

[972] Cfr. Guilherme MOREIRA, *Instituições do Direito Civil português*, vol. II, *Das Obrigações*, pp. 631 s; Jaime de GOUVEIA, *Da responsabilidade contratual*, pp. 278 ss.;

tura das negociações o ilícito pré-contratual tem natureza aquiliana e preconiza a sujeição do correspondente dever de indemnizar às soluções próprias da responsabilidade delitual[973]. Em abono desta posição aduz-se designadamente que em face da nossa lei é a disciplina do ilícito extra-contratual que melhor se coaduna com a responsabilidade em questão[974].

Uma outra orientação integra a responsabilidade pré-contratual numa «terceira via» de responsabilidade[975].

A nosso ver, é muito limitado o alcance da qualificação jurídico-material da responsabilidade pré-contratual. Tendo as construções jurídicas valor meramente representativo ou descritivo, e não substancial ou constitutivo, delas não se extrai por dedução o regime jurídico aplicável a questões concretas, mas tão-só uma visão superior e simplificada de certa matéria. Acima de tudo, o que importa é a adequação das soluções às necessidades da vida e aos valores imperantes em cada sector do ordenamento jurídico; não a sua ordenação lógico-formal num sistema de conceitos, onde supostamente encontrariam resposta todos os problemas novos.

Assim, embora se possa falar de uma relação obrigacional de fonte legal e sem deveres primários de prestação a propósito da relação que se estabelece entre as partes nos preliminares e na conclusão dos contratos, e de uma responsabilidade obrigacional ou contratual a respeito do dever de indemnizar emergente da violação dos deveres de conduta que integram aquela relação, daí não se segue necessariamente que o regime aplicável a esse dever de indemnizar seja o da responsabilidade contratual. Excepto pelo que respeita ao regime da prescrição (relativamente ao qual o art. 227.°, n.° 2, determina a aplicabilidade do disposto no Código quanto à responsabilidade aquiliana), o julgador não se encontra vinculado a aplicar exclusivamente as regras de qualquer das vertentes da responsabilidade civil. Há, pelo contrário, que ponderar em cada caso qual o regime aplicável, atentos os valores e interesses em jogo. A necessidade de com-

---

ASCENSÃO BARBOSA, *Do contrato-promessa*, p. 63; FERRER CORREIA, *Erro e interpretação na teoria do negócio jurídico*, p. 297, n. 1; Carlos da MOTA PINTO, «A responsabilidade pré-negocial pela não conclusão dos contratos», *BFDUC* 1966, pp. 143 ss. (p. 249).

[973] Assim ALMEIDA COSTA, est. cit., pp. 89 ss., e GALVÃO TELLES, ob. cit., p. 76. Na jurisprudência, *vide* o ac. do STJ de 9 de Fevereiro de 1999, *CJSTJ* 1999, t. I, pp. 84 ss. (p. 84).

[974] Cfr. ALMEIDA COSTA, ob. cit., p. 95.

[975] Assim, SINDE MONTEIRO, *Responsabilidade por conselhos, recomendações ou informações*, p. 509; e CARNEIRO DA FRADA, *Uma «terceira via» no direito da responsabilidade civil?*, p. 95.

274   *Da Responsabilidade Pré-Contratual em Direito Internacional Privado*

patibilizar a salvaguarda da autonomia privada com a tutela da integridade patrimonial do lesado poderá mesmo ditar uma certa hibridez do regime jurídico aplicável à responsabilidade pré-contratual.

A esta pertence, pois, no Direito português uma natureza mista ou dualista: em rigor, ela é irredutível a qualquer das formas tradicionais de responsabilidade civil.

Da hibridez do regime da responsabilidade pré-contratual — que de resto não é privativa do Direito português — resultam problemas especiais no tocante à sua regulamentação jurídico-privada internacional. É este um ponto a que nos reportaremos adiante, no lugar apropriado[976].

II – Sistemas de *Common Law*

52. A doutrina da *culpa in contrahendo* não logrou penetrar nos sistemas de *Common Law*. Tradicionalmente, não impendiam aí sobre as partes, durante o período das negociações preparatórias e da formação dos contratos, os deveres recíprocos de esclarecimento e informação que a doutrina e a jurisprudência dos países continentais há muito extraem do princípio da boa fé.

Ponto de partida da disciplina da formação do contrato era antes a máxima *caveat emptor*[977]. Segundo esta, na ausência de fraude, e desde que os bens objecto de venda fossem susceptíveis de inspecção, não podia o comprador reclamar por defeitos no bem adquirido, pois que lhe seria sempre possível proteger-se contra os mesmos exigindo ao vendedor uma garantia expressa de qualidade[978]. Por isso pôde o juiz BLACKBURN afirmar no caso *Smith v. Hughes*[979], decidido em 1871 pela *Queen's Bench Division*: «*there is no legal obligation on the vendor to inform the purchaser that he is under a mistake, not induced by an act of the vendor*».

Aquela máxima representa, no dizer de ATIYAH, a apoteose do individualismo oitocentista[980]: cada um participava nas negociações por sua conta e risco. Nenhuma sanção era em princípio aplicável a quem ocultasse

---

[976] Cfr. *infra*, § 30.º.

[977] «*Caveat emptor*: let the purchaser beware, that is buy at his own risk», *in Webster's new Twentieth Century Dictionary of the English Language. Unabridged*, p. 289.

[978] Cfr. CHESHIRE-FIFOOT-FURMSTON, *Law of Contract*, p. 136.

[979] (1871) *LR* 6 *Q.B.* 597 (reproduzido *in* WHEELER-SHAW, *Contract Law*, pp. 246 ss.).

[980] Cfr. *The Rise and Fall of Freedom of Contract*, p. 464.

elementos que pudessem influir sobre a decisão de outrem de contratar ou não comunicasse à contraparte uma causa de invalidade do contrato. Por outro lado, o rompimento das negociações, ainda que arbitrário, era tido (e continua a sê-lo, como veremos, pelo menos no Direito inglês) por perfeitamente lícito: a qualquer das partes assistia o direito de romper as negociações, «*without liability, at any time and for any reason — a change of heart, a change of circumstances, a better deal — or for no reason at all*»[981]. Vigorava, pois, uma «visão aleatória» das negociações[982], que constituía um corolário dos princípios da liberdade contratual e da liberdade de negociar, e era vista como uma exigência da eficiência do sistema económico: qualquer outra solução subverteria aqueles princípios e poderia desencorajar as partes de entabular negociações em vista da celebração de um contrato, traduzindo-se num prejuízo para a economia em geral.

Não é, assim, debalde que já se tem observado ser «inconcebível» a introdução no Direito inglês, pela via legislativa ou jurisdicional, de um princípio geral de *culpa in contrahendo* ou de responsabilidade pré-contratual[983].

Contudo, a perspectiva tradicional é hoje reconhecida como insatisfatória face à complexidade crescente do processo negocial e aos novos problemas que ele suscita, bem como à maior sensibilidade revelada pelos Direitos anglo-saxónicos perante as exigências da justiça material (expressa, nomeadamente, na consagração de regimes especiais para os contratos celebrados por consumidores). Caminha-se por isso para a sua superação, nomeadamente através dos institutos da *misrepresentation* e do *promissory estoppel*. Por outro lado, verifica-se uma tendência recente no sentido da imposição às partes de certos deveres de conduta na fase das negociações, cuja violação é sancionada delitualmente. Tinham por isso razão KESSLER--FINE quando, em 1964, notavam que «*caveat emptor is in retreat*»[984].

---

[981] Assim FARNSWORTH, «Precontractual Liability and Preliminary Agreements: Fair Dealing and Failed Negotiations», *Col. L.R.* 1987, pp. 217 ss. (p. 221); *idem*, «Negotiation of Contracts and Precontractual Liability: General Report», *in Mélanges von Overbeck*, pp. 657 ss. (p. 659).

[982] *Idem, ibidem.*

[983] Assim ALLEN, «England», *in Precontractual Liability. Reports to the XIIIth International Academy of Comparative Law, Montreal, Canada, 18-24 August 1990*, pp. 125 ss. (p. 143): «General principles such as *culpa in contrahendo* or *responsabilité precontractuelle* are regarded with great suspicion by English law, and it is inconceivable that either the legislature or the judiciary would consider the introduction of such a principle to English law».

[984] Cfr. «Culpa *in contrahendo*, Bargaining in Good Faith, and Freedom of Contract: a Comparative Study», *Harvard L.R.* 1964, pp. 401 ss. (p. 441).

276 *Da Responsabilidade Pré-Contratual em Direito Internacional Privado*

53. No Direito inglês entende-se por *misrepresentation* uma declaração inexacta, por desconforme à verdade dos factos, proferida antes ou aquando da celebração de um contrato, que induza o declaratário à celebração do mesmo[985] [986]. Distingue-se do erro comum (*mistake*), na medida em que este não é causado por outrem.

A *misrepresentation* acha-se regulada por regras do *Common Law*, da *Equity* e do *Statute Law*. As principais fontes da sua disciplina jurídica são hoje as decisões proferidas pela Câmara dos Lordes nos casos *Derry v. Peek*, em 1889[987], e *Hedley Byrne v. Heller*, em 1963[988], e o *Misrepresentation Act* de 1967. Delas se retira existirem três espécies de *misrepresentation*, sujeitas a regimes diferentes: a *fraudulent,* a *negligent* e a *innocent misrepresentation*. Consiste a primeira na declaração conscientemente falsa («*a false statement which, when made, the representor did not honestly believe to be true*»); a segunda, numa declaração feita descuidadamente ou sem que houvesse fundamento razoável para o declarante crer na sua veracidade («*made carelessly or without reasonable grounds for believing it to be true*»); e a terceira, numa qualquer declaração inexacta feita sem dolo nem negligência *(«in which no element of fraud or negligence is present»)*.

Como efeitos (*remedies*) da *misrepresentation* podem apontar-se: a faculdade que ao declaratário (*representee*) assiste de resolver o contrato (*right to rescission*)[989], com a consequente obrigação de cada uma das partes restituir à outra tudo o que houver sido prestado em virtude do contrato

---

[985] Cfr. ALLEN, *Misrepresentation*, p. 11; CHESHIRE-FIFOOT-FURMSTON, *Law of Contract*, p. 269; TREITEL, *The Law of Contract*, p. 295; e BEATSON, *Anson's Law of Contract*, p. 233.

[986] Por ser de especial relevo no domínio que constitui o objecto deste estudo, refirase que incorre em responsabilidade ao abrigo do *Misrepresentation Act* a parte que fornece à outra falsas indicações sobre o conteúdo do Direito estrangeiro aplicável ao contrato: cfr. *André v. Ets. Michel Blanc*, (1977) 2 *Lloyd's Rep.* 166. Também neste particular o Direito estrangeiro assume à face do Direito inglês o estatuto de mero facto: cfr. sobre o ponto adiante, § 33.º.

[987] (1889) 14 *A.C.* 337.

[988] (1963) 2 *All E.R.* 575; (1964) *A.C.* 465. Cfr. sobre o mesmo *supra*, § 8.º.

[989] Consagrado na secção 1 do *Misrepresentation Act*, segundo o qual: «Where a person has entered into a contract after a misrepresentation has been made to him, and — (a) the misrepresentation has become a term of the contract; or (b) the contract has been performed; or both, then, if otherwise he would be so entitled to rescind the contract without alleging fraud, he shall be so entitled, subject to the provisions of this Act, notwithstanding the matters mentioned in paragraphs (a) and (b) of this section».

(*restitutio in integrum*)[990]; o direito do mesmo sujeito a ser indemnizado, nos casos de *fraudulent* e *negligent misrepresentation*, dos danos sofridos em consequência dela (*right to damages*)[991]; e o impedimento a que fica sujeito o autor da declaração inexacta de impugnar a veracidade dos factos que se deduzem dessa declaração (*estoppel by representation*)[992].

Fundamentalmente, a *misrepresentation* pressupõe uma actuação; a não revelação de determinados factos (*non-disclosure*) é em princípio insuficiente para constituir *misrepresentation*, pois que não existe no Direito inglês qualquer dever geral de informar a contraparte, nos preliminares e na formação do contrato, de factos susceptíveis de afectar a sua decisão de contratar[993]. Este *approach* acha-se profundamente enraizado na organização económica da sociedade inglesa e no sistema da livre empresa que a caracteriza, de que o princípio segundo o qual as partes negoceiam «à distância de um braço» (*at arm's length*) constitui um corolário. Entende-se, por outro lado, que um dever geral de informação faria

---

[990] Cfr. ALLEN, ob. cit., p. 31.

[991] Consagrado na secção 2 (1) do *Misrepresentation Act*, que dispõe: «Where a person has entered into a contract after a misrepresentation has been made to him by another party thereto and as a result thereof he has suffered loss, then, if the person making the misrepresentation would be liable for damages in respect thereof had the misrepresentation been made fraudulently, that person shall be so liable notwithstanding that the misrepresentation was not made fraudulently, unless he proves that he had reasonable ground to believe up to the time the contract was made that the facts represented were true».

Nos casos de *negligent* e *innocent misrepresentation* confere-se ainda ao tribunal, na secção 2(2) do *Misrepresentation Act*, um poder discricionário de atribuir ao titular do direito de resolver o contrato uma indemnização pelo dano que lhe cause a manutenção do mesmo (*damages in lieu of rescission*). Dispõe esse preceito: «Where a person has entered into a contract after a misrepresentation has been made to him otherwise than fraudulently, and he would be entitled, by reason of the misrepresentation, to rescind the contract, then, if it is claimed, in any proceedings arising out of the contract, that the contract ought to be or has been rescinded the court or arbitrator may declare the contract subsisting and award damages in lieu of rescission, if of opinion that it would be equitable to do so, having regard to the nature of the misrepresentation and the loss that may be caused by it if the contract were upheld, as well as to the loss that rescission would cause to the other party». Esta indemnização funda-se, pois, numa ideia de equidade, não se encontrando sujeita ao regime legal da responsabilidade por *misrepresentation* cominada na secção 2(1) do *Act*. Cfr. ALLEN, ob. cit., pp. 52 ss., e McGREGOR, *On Damages*, pp. 1112 ss.

[992] Cfr. TREITEL, ob. cit., p. 361.

[993] Cfr. LEGRAND Jr., «Pre-Contractual Disclosure and Information: English and French Law Compared», *Ox.J.L.St.* 1986, pp. 322 ss. (p. 326); ALLEN, ob. cit., p. 21; CHESHIRE-FIFOOT-FURMSTON, ob. cit., p. 303; TREITEL, ob. cit., p. 349; ATIYAH, *An Introduction to the Law of Contract*, p. 246; e BEATSON, *Anson's Law of Contract*, pp. 232, 257 e 267.

278 Da Responsabilidade Pré-Contratual em Direito Internacional Privado

desaparecer o incentivo ao investimento na aquisição da informação necessária à actividade empresarial, pois que aquele que o realizou teria, por via de um tal dever, de partilhar gratuitamente os frutos desse investimento com quem o não fez. Reconhece-se a este propósito que o Direito inglês «tolera uma certa insensibilidade moral no interesse da eficiência económica»[994].

A omissão de informações constitui, porém, *misrepresentation* nas hipóteses em que o silêncio distorce o sentido de uma declaração («*a half truth may be in fact false because of what it leaves unsaid*»[995]), nos contratos ditos *uberrimae fidei* (como são o de seguro e a compra e venda de acções mediante prospectos)[996], nos casos em que essa omissão ocorra no quadro de uma *fiduciary relationship* (como a que se entende existir entre o agente e o principal ou entre os sócios da mesma sociedade)[997] e ainda quando se verifique a infracção de deveres legais de informação (como os que decorrem, no tocante às ofertas de crédito a consumidores e aos prospectos relativos à subscrição de títulos mobiliários, respectivamente do *Consumer Credit Act 1974* e do *Companies Act 1985*).

Importante, a fim de delimitar o alcance da responsabilidade por *misrepresentation*, é a distinção que o Direito inglês estabelece entre as declarações que integram o conteúdo do contrato e as que, embora feitas no decurso da negociação ou da conclusão dele, assumem carácter extracontratual. As primeiras dizem-se *contract terms*; as segundas, *mere representations*. O alcance prático da distinção reside na circunstância de que o incumprimento das primeiras dá ao lesado o direito de intentar uma acção por violação do contrato (*breach of contract*), ao passo que as segundas, quando não correspondam à realidade dos factos, apenas conferem ao lesado os *remedies* próprios da *misrepresentation*, a que aludimos acima; sendo que a delimitação do prejuízo indemnizável (*measure of damages*) se faz, como veremos, de acordo com regras diferentes em cada uma destas categorias de situações. É frequentemente duvidoso se determinada informação prestada por uma das partes à outra constitui um *contract term*

---

[994] Barry NICHOLAS, «L'obligation précontractuelle de renseignements en droit anglais», *in* TALLON-HARRIS, *Le contrat aujourd' hui: comparaisons Franco-Anglaises*, pp. 185 ss. (p. 201).

[995] Assim CHESHIRE-FIFOOT-FURMSTON, ob. cit., p. 273, e BEATSON, *Anson's Law of Contract*, pp. 258 ss.

[996] Cfr. ALLEN, ob. cit., pp. 24 s.; CHESHIRE-FIFOOT-FURMSTON, ob. cit., pp. 302 ss.; TREITEL, ob. cit., pp. 354 ss.; e ATIYAH, ob. cit., p. 254.

[997] ALLEN, ob. cit., pp. 23 s.

ou uma *mere representation*. Para a sua qualificação tem relevância o momento em que a correspondente declaração foi feita (se antes ou aquando da conclusão do contrato); bem assim se a mesma foi incorporada no texto do contrato; e se uma das partes possui conhecimentos especiais sobre a matéria que constitui objecto da declaração, de tal forma que se possa afirmar que por esse motivo a outra confiou legitimamente nela[998].

Os *contract terms* podem ser de duas espécies: *warranties* e *conditions*. A distinção releva sobretudo quanto às consequências do incumprimento: não sendo cumprida uma *warranty* tem a parte lesada o direito de reclamar uma indemnização por *breach of contract*, mas não o de resolver o contrato. Este último só lhe assiste quando esteja em causa uma *condition*, ou seja, a promessa contratual que assume uma importância tal na economia do contrato que o seu incumprimento determina a faculdade de a parte lesada se desvincular dele[999]. A qualificação de dada estipulação contratual como *warranty* ou *condition* é essencialmente uma questão de interpretação do contrato[1000].

A interpretação dos contratos atém-se no Direito inglês, como se sabe, muito mais à letra dos respectivos textos do que nos Direitos continentais. O rigor desta orientação é, porém, atenuado através da doutrina segundo a qual é possível integrar os contratos através de cláusulas tácitas, ditas *implied terms*, que preenchem no Direito inglês em larga medida as funções desempenhadas pelo Direito dispositivo nos ordenamentos continentais. O reconhecimento dessa doutrina operou-se lentamente na jurisprudência inglesa do séc. XIX. Hoje o *Sale of Goods Act 1979* e o *Supply of Goods and Services Act 1982* prevêem diversos *terms implied by statute*. Assim, são *implied conditions* ou *warranties* segundo o primeiro des-

---

[998] Cfr. HENRICH, *Einführung in das Englische Privatrecht*, p. 45.

[999] Cfr. a secção 11 (3) do *Sale of Goods Act 1979*, que define *conditions* como as cláusulas contratuais «the breach of which may give rise to a right to treat the contract as repudiated». Por seu turno, a secção 61 (1) do mesmo diploma define *warranty* como «an agreement with reference to goods which are the subject of a contract of sale, but collateral to the main purpose of such a contract, the breach of which gives rise to a claim for damages, but not to a right to reject the goods and treat the contract as repudiated».

[1000] Assim, expressamente, a secção 11 (3) do *Sale of Goods Act*: «Whether a stipulation in a contract of sale is a condition, the breach of which may give rise to treat the contract as repudiated, or a warranty, the breach of which may give rise to a claim for damages but not to a right to reject the goods and treat the contract as repudiated, depends in each case on the construction of the contract; and a stipulation may be a condition though called a warranty in the contract».

280   *Da Responsabilidade Pré-Contratual em Direito Internacional Privado*

tes diplomas: que o vendedor pode dispor dos bens vendidos (secção 12,1); que as mercadorias correspondem à descrição delas feita (secção 13,1); que as mercadorias são de *merchantable quality* (secção 14,2); e que as mercadorias são *reasonably fit* para os fins especiais para os quais o comprador as adquiriu e que este tenha levado ao conhecimento do vendedor (secção 14,3).

A responsabilidade pelo incumprimento de *implied warranties* ou *implied conditions* é uma responsabilidade contratual. Para evitar incorrer nela, cada uma das partes tem ou de excluir do contrato tais *implied terms* mediante *express terms* em contrário ou, em alternativa, de fornecer à contraparte, durante a negociação do contrato, a informação necessária a fim de torná-la ciente do autêntico estado ou das qualidades das coisas ou serviços que constituem objecto do contrato. Está aí a razão por que a doutrina dos *implied terms* constitui afinal, não obstante a inexistência no Direito inglês de um dever geral de informar nos preliminares e na conclusão dos contratos, um poderoso incentivo ao fornecimento à contraparte de certas informações nessa fase do *iter* negocial; e bem assim por que através dessa doutrina são atraídas para o domínio do contrato certas situações que nos sistemas de *Civil Law* pertencem à esfera da responsabilidade pré-contratual — mormente a omissão das informações devidas segundo a boa fé.

Os *collateral contracts* constituem outro expediente que permite alcançar a mesma finalidade essencial. Através dessa figura os tribunais ingleses consideram uma declaração verbal feita nos preliminares de um contrato sujeito a forma escrita, e por este motivo insusceptível de integrar o respectivo conteúdo, não como um termo desse contrato, mas antes de um outro contrato, paralelo ou colateral do primeiro[1001].

Este, sumariamente, o conspecto geral da responsabilidade por *misrepresentation* no Direito inglês. Perante ele, pode afirmar-se que o princípio da responsabilidade pré-contratual achou também acolhimento neste ordenamento jurídico.

Agora pergunta-se: qual o enquadramento sistemático da figura em exame no Direito inglês?

A este respeito há que distinguir. A responsabilidade por *fraudulent* ou *negligent misrepresentation* é de caracterizar como delitual, visto que as declarações falsas que lhe dão origem constituem, preenchidos que

---

[1001] Cfr. TREITEL, *The Law of Contract*, pp. 183 ss.

Da Responsabilidade Pré-Contratual nos Sistemas Jurídicos Nacionais   281

sejam os necessários pressupostos, respectivamente, o *tort of deceit*[1002] e o *tort of negligence*[1003]. Já a *incorporated misrepresentation*, resultante da integração de uma declaração inexacta nos *contract terms* ou num *collateral contract*, constitui *breach of contract*; mas quando haja fraude ou negligência são-lhe extensíveis as regras que disciplinam o *tort of deceit* por força do disposto no *Misrepresentation Act 1967*, cuja secção 2 (1) consagra um *Tatbestand* delitual de fonte legislativa[1004]. Ao lesado incumbe então optar entre a acção delitual e a contratual[1005].

54. Também no Direito dos Estados Unidos da América a *misrepresentation* constitui fundamento de responsabilidade pré-contratual[1006].

Ela encontra-se definida no § 159 do *Restatement 2d of Contracts* como «uma declaração que não corresponde à realidade dos factos» (*an assertion that is not in accord with the facts*)[1007]. Porém, em determinadas circunstâncias a mera ocultação (*concealment*) e a não revelação (*non-disclosure*) de certos factos são consideradas equivalentes a uma declaração falsa[1008]. Assim sucede, no segundo caso, quando a revelação de determinado facto

---

[1002] Neste sentido a decisão proferida pela Câmara dos Lordes no caso *Derry v. Peek*, mencionado atrás: «In an action of deceit the plaintiff must prove actual fraud. Fraud is proved when it is shown that a false representation has been made knowingly, or without belief in its truth, or recklessly, without caring whether it be true or false». Cfr. (1889) *A.C.* 337.

[1003] Assim o reconheceu a Câmara dos Lordes no caso *Hedley Byrne v. Heller*, acima referido. Aí se julgou que «if in the ordinary course of business or professional affairs, a person seeks information or advice from another, who is not under contractual or fiduciary obligation to give the information or advice, in circumstances in which a reasonable man so asked would know that he was being trusted, or that his skill or judgment was being relied on, and the person asked chooses to give the information or advice without clearly so qualifying his answer as to show that he does not accept responsibility, then the person replying accepts a legal duty to exercise such care as the circumstances require in making his reply; and for a failure to exercise that care an action for negligence will lie if damage results»: cfr. (1963) *All E.R.* 575.

[1004] Assim SHAW, «England and Wales», *in Deliktsrecht in Europa*, p. 13.

[1005] Cfr. neste sentido GOODE, «England» *in Formation of Contracts and Precontractual Liability*, pp. 51 ss. (p. 57).

[1006] Assim FARNSWORTH, «Precontractual Liability», cit., p. 233; *idem*, «Negotiation of Contracts», cit., p. 661.

[1007] Note-se que, tal como nos Direitos alemão e inglês, as declarações relativas a um Direito estrangeiro (*hoc sensu*, o Direito de um Estado diverso daquele onde o declaratário reside ou exerce habitualmente uma actividade económica ou profissional) são para este efeito equiparadas pelos tribunais americanos a declarações sobre factos: cfr. *Restatement 2d of Torts*, comentário *e* ao § 545.

[1008] Cfr. §§ 160 e 161 do *Restatement 2d of Contracts*.

282 *Da Responsabilidade Pré-Contratual em Direito Internacional Privado*

for necessária a fim de corrigir uma declaração inexacta feita anteriormente ou um erro da contraparte e tal for exigível segundo a boa fé; bem como quando a contraparte tenha o direito de conhecer esse facto em virtude de uma relação de confiança existente entre as partes[1009].

A *misrepresentation* pode ser *fraudulent*, quando a declaração for conscientemente falsa e tiver em vista induzir a contraparte a prestar o seu consentimento[1010], ou *material*, se, apesar de não fraudulenta, for susceptível de induzir uma pessoa razoável a dar o seu consentimento ou se o seu autor souber que ela é susceptível de induzir o declaratário a proceder desse modo[1011].

Em princípio, só a primeira é fundamento de responsabilidade *in tort*[1012], embora ambas determinem a anulabilidade do contrato[1013]. Em

---

[1009] § 161 do *Restatement*: «A person's non-disclosure of a fact known to him is equivalent to an assertion that the fact does not exist in the following cases only: (a) where he knows that disclosure of the fact is necessary to prevent some previous assertion from being a misrepresentation or from being fraudulent or material. (b) where he knows that disclosure of the fact would correct the mistake of the other party as to a basic assumption on which that party is making the contract and if non-disclosure of the fact amounts to a failure to act in good faith and in accordance with reasonable standards of fair dealing. (c) where he knows that disclosure of the fact would correct the mistake of the other party as to the contents or effect of a writing, evidencing or embodying an agreement in whole or in part. (d) where the other person is entitled to know the fact because of a relation of trust and confidence between them».

[1010] § 162 (1) do *Restatement 2d of Contracts*: «A misrepresentation is fraudulent if the maker intends his assertion to induce a party to manifest his assent and the maker (a) knows or believes that the assertion is not in accord with the facts, or (b) does not have the confidence that he states or implies in the truth of the assertion, or (c) knows that he does not have the basis that he states or implies for the assertion».

§ 526 do *Restatement 2d of Torts*: «A misrepresentation is fraudulent if the maker (a) knows that the matter is not as he represents it to be, (b) does not have the confidence in the accuracy of his representation that he states or implies, or (c) knows that he does not have the basis for his representation that he states or implies».

[1011] § 162 (2) do *Restatement 2d of Contracts*: «A misrepresentation is material if it would be likely to induce a reasonable person to manifest his assent, or if the maker knows that it would be likely to induce the recipient to do so».

[1012] Cfr. § 525 do *Restatement 2d of Torts*: «One who fraudulently makes a misrepresentation of fact, opinion, intention or law for the purpose of inducing another to act or to refrain from action in reliance upon it, is subject to liability to the other in deceit for pecuniary loss caused to him by his justifiable reliance upon the misrepresentation».

[1013] Cfr. o § 164 (1) do *Restatement 2d of Contracts*: «If a party's manifestation of assent is induced by either a fraudulent or a material misrepresentation by the other party upon which the recipient is justified in relying, the contract is voidable by the recipient».

certos casos admite-se, no entanto, a responsabilidade *in tort* por *negligent misrepresentation*[1014] e mesmo por *innocent misrepresentation*[1015].

Além da anulação do contrato e da responsabilidade civil delitual do seu autor, a *misrepresentation* é susceptível de determinar duas outras ordens de efeitos: a ineficácia total do contrato (que não chega a formar--se), quando atinja termos essenciais do mesmo[1016], e a sua modificação pelo tribunal[1017].

A *misrepresentation* pode também ser fundamento do dever de indemnizar pela não conclusão de contratos. Assim sucede quando uma parte inicia ou prossegue negociações sem a intenção séria de concluir um contrato, embora declare o contrário. Assim, em 1969 o Supremo Tribunal do Estado de Washington condenou, com fundamento em *misrepresentation*, um senhorio a indemnizar o seu arrendatário pelos danos que este sofrera em virtude de o primeiro lhe ter feito crer que pretendia renovar o contrato de arrendamento vigente entre as partes, ao mesmo tempo que negociava em segredo com um terceiro a venda do arrendado, o que veio posteriormente a concretizar-se, ficando prejudicada, em consequência, a prometida renovação do arrendamento[1018].

Tal como no Direito inglês, também no Direito americano se prevê a existência de *express* e de *implied warranties*, que de alguma sorte restringem o âmbito da responsabilidade por *misrepresentation*. Com efeito, o *Uniform Commercial Code* estabelece no seu § 2-313 que qualquer afirmação ou promessa relativa a bens vendidos, feita pelo vendedor ao comprador, e bem assim qualquer descrição de bens vendidos, que constituam a base do negócio, criam uma *express warranty* de que tais bens serão conformes a essa afirmação, promessa ou descrição. Por seu turno, os §§ 2-314

[1014] Cfr. o § 552 (1) do *Restatement 2d of Torts*: «One who, in the course of his business, profession or employment, or in any other transaction in which he has a pecuniary interest, supplies false information for the guidance of others in their business transactions, is subject to liability for pecuniary loss caused to them by their justifiable reliance upon the information, if he fails to exercise reasonable care or competence in obtaining or communicating the information».

[1015] Cfr. o § 552C (1) do *Restatement 2d of Torts*: «One who, in a sale, rental or exchange transaction with another, makes a misrepresentation of a material fact for the purpose of inducing the other to act or to refrain from acting in reliance upon it, is subject to liability to the other for pecuniary loss caused to him by his justifiable reliance upon the misrepresentation, even though it is not made fraudulently or negligently».

[1016] Cfr. § 163 do *Restatement 2d of Contracts*.

[1017] *Idem*, § 166.

[1018] Caso *Markov v. ABC Transfer & Storage Company*, 457 *P. 2d* 535.

284 *Da Responsabilidade Pré-Contratual em Direito Internacional Privado*

e 2-315 do mesmo Código estabelecem *implied warranties* de que os bens vendidos são de qualidade média e aptos para os usos normais a que se destinam (*warranty of merchantability*) e adequados a qualquer fim especial que o comprador tenha em vista e de que o vendedor tenha conhecimento (*warranty of fitness for a particular purpose*). O fornecimento de bens desconformes às *warranties* faz incorrer o vendedor, independentemente de culpa sua, no dever de indemnizar o comprador pelo dano correspondente à diferença entre o valor dos bens efectivamente fornecidos e aquele que os mesmos possuiriam se não fosse a *breach of warranty* (§ 2-714, 2, do citado Código). Como é bom de ver, esta responsabilidade (de natureza contratual[1019]) limita a esfera de intervenção da responsabilidade (delitual) por *misrepresentation*, pois que nela se incluem certos danos causados mediante a prestação ou a omissão de informações nos preliminares do contrato, que de outro modo integrariam a primeira e que nos Direitos europeus continentais são fonte de responsabilidade pré-contratual.

55. Passemos agora ao exame, à luz dos Direitos inglês e dos Estados Unidos da América, do chamado *promissory estoppel* e da responsabilidade pela confiança depositada na promessa.

Na origem destes institutos acha-se a doutrina anglo-saxónica da *consideration*, bem como o *bargain principle* de que aquela doutrina constitui um corolário, a que anteriormente fizemos alusão. O *promissory estoppel* é, na verdade, antes de tudo o mais, um expediente gizado pela jurisprudência norte-americana e inglesa a fim de colmatar as insuficiências do conceito de contrato próprio dos Direitos anglo-saxónicos, com a sua rígida exigência de uma contrapartida negociada como condição de eficácia de toda a promessa contratual. É que a recusa de eficácia à promessa informal desprovida de «consideração», que decorre daquele conceito, revela-se susceptível de conduzir a resultados iníquos sempre que o promissário haja alterado a sua posição jurídica confiando nela e o promitente devesse prever essa reacção do promissário.

Daí que os tribunais americanos hajam passado a admitir, desde os finais do século pretérito, a invocação pelo promissário de certas promessas informais e gratuitas — originalmente apenas as promessas de doações e de contribuições para fins caritativos (denominadas *charitable subscriptions*) —, a título de excepção contra uma pretensão da contraparte (mas

---

[1019] Cfr. WHITE-SUMMERS, *Uniform Commercial Code*, p. 330.

não como causa de pedir, conforme o exprime o aforismo *estoppel is a shield, not a sword*).

Para tanto socorreram-se os tribunais da figura do *estoppel*, segundo a qual quem formula certa declaração inverídica com o objectivo de que o declaratário actue confiando nela não pode ulteriormente, caso aquele venha efectivamente a agir na base dela, prevalecer-se da sua falsidade, estendendo-a às hipóteses em que alguém promete algo a outrem independentemente de qualquer contrapartida, sabendo que o promissário actuará confiando no cumprimento da promessa. Em tais casos não pode o promitente, segundo o entendimento que veio a prevalecer na jurisprudência, invocar a ausência de *consideration* como fundamento de invalidade da promessa[1020].

O *promissory estoppel* constitui nesta medida, ocorre notá-lo, um exemplo da preexistência, no *Common Law*, dos remédios jurídicos aos direitos.

O instituto veio a obter consagração expressa no *Restatement of Contracts* norte-americano de 1934, cujo § 90 dispunha: «*A promise which the promisor should reasonably expect to induce action or forbearance of a definite and substantial character on the part of the promisee and which does induce such action or forbearance is binding if injustice can be avoided only by enforcement of the promise*». A *detrimental reliance* passou assim a constituir fundamento autónomo de eficácia das promessas a que não corresponde qualquer troca (*unbargained-for promises*).

Mais tarde, nos anos 40, o *promissory estoppel* foi acolhido na jurisprudência inglesa, por influência de Lorde DENNING, sob a invocação dos princípios da *Equity*[1021].

[1020] Assim, no caso *Rickets v. Scothorn*, julgado em 1898, a autora recebera de seu avô uma livrança (*promissory note*) contendo a promessa do pagamento da quantia de $ 2000 se deixasse de trabalhar. Tendo em consequência rescindido o seu contrato de trabalho, a autora viu, porém, recusado o pagamento da dita quantia pelo executor testamentário do promitente, entretanto falecido. O tribunal decidiu que «having intentionally influenced the plaintiff to alter her position for the worse on the faith of the note being paid when due, it would be grossly inequitable to permit the maker, or his executor, to resist payment on the ground that the promise was given without consideration» (cfr. 77 *N.W.* 365).

[1021] Assim sucedeu no caso *Central London Property Trust Limited v. High Trees House Limited*, julgado em 18 de Julho de 1946 pelo *Court of Appeal*. Discutia-se na espécie se o acordo pelo qual o senhorio de um conjunto de apartamentos havia aceitado, durante a guerra, a redução para metade da respectiva renda o vinculava perante o respectivo arrendatário ou se ao invés, como reclamava o primeiro, o segundo lhe era devedor da diferença entre as rendas inicialmente estipuladas e as efectivamente pagas ao abrigo desse

286 *Da Responsabilidade Pré-Contratual em Direito Internacional Privado*

A «explosão» da responsabilidade civil nos Estados Unidos trouxe consigo o alargamento desta doutrina às relações comerciais e a admissibilidade da sua invocação como causa de pedir em acções de indemnização de danos sofridos em virtude da confiança depositada em promessas informais[1022].

No *leading case Hoffman v. Red Owl Stores*[1023], julgado em 1965, o Supremo Tribunal do Wisconsin fundou no princípio do *promissory estoppel* a condenação dos réus no dever de repararem os danos causados pelo rompimento das negociações preparatórias de um contrato. Na espécie, os autores haviam realizado, a instâncias dos réus e mediante garantias por estes prestadas quanto à conclusão futura de um contrato de franquia, certos actos de disposição de bens de sua propriedade e gasto quantias avultadas com vista a preparar a abertura de um estabelecimento comercial.

---

acordo, por este ser carecido de «consideração». Sustentou a propósito Lorde DENNING o princípio segundo o qual: «a promise intended to be binding, intended to be acted on, is binding so far as its terms properly apply», do qual extraiu, na espécie, a conclusão de que «a promise to accept a smaller sum in discharge of a larger sum, if acted upon, is binding notwithstanding the absence of consideration» [(1947) *K.B.* 131]. O princípio foi reiterado designadamente nos casos *Beesly v. Hallwood Estates Ltd.*, (1960) 2 *All E.R.* 314 (p. 324), e *Emmanuel Ajayi v. RT Briscoe (Nigeria) Ltd.*, (1964) 3 *All E.R.* 556 (p. 559). Como fundamento do *promissory estoppel* exige-se, em todo o caso, uma declaração «clara e inequívoca»: cfr. a decisão proferida pela Câmara dos Lordes no caso *Woodhouse AC Israel Cocoa Ltd. SA v. Nigerian Produce Marketing Co. Ltd.*, (1972) *A.C.* 741 (pp. 755, 761 e 771).

[1022] Cfr. a decisão proferida em 26 de Julho de 1948 pelo *United States Court of Appeals, District of Columbia*, no caso *Goodman v. Dicker*, 169 *F. 2d* 684, no qual se reconhece aos autores o direito ao reembolso das despesas efectuadas na perspectiva da celebração de um contrato de franquia com os réus, com base no princípio segundo o qual «he who by his language or conduct leads another to do what he would not otherwise have done, shall not subject such person to loss or injury by disappointing the expectations upon which he acted» (loc. cit., p. 685). Este princípio foi reiterado, designadamente, nas decisões proferidas nos casos *Wheeler v. White*, julgado pelo *Supreme Court of Texas* em 10 de Novembro de 1965, 398 *S.W. 2d* 93 (p. 96); *Cooper Petroleum Co. v. LaGloria Oil and Gas Co.*, julgado pelo *Supreme Court of Texas* em 22 de Janeiro de 1969, 436 *S.W. 2d* 889 (p. 896); e *Associated Tabulating Services Inc. v. Olympic Life Ins. Co.*, julgado pelo *United States Court of Appeals 5th Circuit* em 9 de Setembro de 1969, 414 *F. 2d* 1306 (p. 1311).

[1023] 133 *N.W. 2d* 267. Os *holdings* do caso *Hoffmann v. Red Owl* foram invocados, designadamente, nas decisões proferidas nos casos *Mooney v. Craddock*, julgado pelo *Colorado Court of Appeals* em 19 de Novembro de 1974, 530 *P. 2d* 1302, *Hunter v. Hayes*, julgado pelo mesmo tribunal em 25 de Março de 1975, 533 *P. 2d* 952, *Vigoda v. Denver Renewal Authority*, julgado pelo *Supreme Court of Colorado* em 28 de Junho de 1982, 646 *P. 2d* 900, e *Werner v. Xerox Corp.*, julgado pelo *United States Court of Appeals for the Seventh Circuit* em 18 de Abril de 1984, 732 *F. 2d* 580.

Não obstante a inexistência de acordo entre as partes quanto a todos os termos essenciais do contrato, o tribunal condenou os réus a indemnizar os autores pelo valor da diferença entre o preço de mercado e o preço recebido pelos bens que estes haviam alienado em vista da celebração futura do mesmo e ainda pelas despesas efectuadas no decurso das respectivas negociações. Invocou para tanto que «*injustice would result here if plaintiffs were not granted some relief because of the failure of defendants to keep their promises which induced plaintiffs to act to their detriment*»[1024].

Neste ponto separam-se o Direito inglês e o dos Estados Unidos: no primeiro a teoria segue sendo invocável apenas como meio de defesa contra o exercício inadmissível de certos direitos contra o promissário[1025]. O rompimento de negociações não dá aí lugar, em princípio, à obrigação de indemnizar os danos desse modo causados à contraparte, ainda que ocorra num estádio avançado das mesmas e implique a frustração de expectativas do lesado[1026]. Por isso já se observou: «*English courts have preserved estoppel as a shield and not converted it into a sword*»[1027]. Cabe, todavia, notar

---

[1024] Loc. cit., p. 275.

[1025] Cfr. neste sentido o *speech* de Lorde DENNING no caso *Combe v. Combe*, julgado pelo *Court of Appeal* em 6 de Março de 1951, (1951) *All E.R.* 767: «The principle, as I understand it, is that where one party has, by his words or conduct, made to the other a promise or assurance which was intended to affect the legal relations between them and to be acted on accordingly, then, once the other party has taken him at his word and acted on it, the one who gave the promise or assurance cannot afterwards be allowed to revert to the previous legal relations subject to the qualification which he himself has so introduced, even though it is not supported in point of law by any consideration, but only by his word. Seeing that the principle never stands alone as giving a cause of action in itself, it can never do away with the necessity of consideration when that is an essential part of the cause of action. The doctrine of consideration is too firmly fixed to be thrown by a side-wind» (loc. cit., p. 770). Mais sinteticamente, BIRKETT, L.J., caracteriza o *estoppel*, no mesmo caso, como «a doctrine which would enable a person to use it as shield and not as a sword» (loc. cit., p. 772). Ver no mesmo sentido as decisões proferidas nos casos *Beesly v. Hallwood Estates Ltd.*, (1960) 2 *All E.R.* 314 (p. 324), *Argy Trading Development Co. Ltd. v. Lapid Developments Ltd.*, (1977) 3 *All E.R.* 785 (p. 796), e *Syros Shipping Co. SA v. Elaghill Trading Co. (The Proodos C)*, (1981) 3 *All E.R.* 189 (p. 191).

[1026] Cfr. COHEN, «Pre-contractual duties: Two Freedoms and the Contract to Negotiate», *in Good Faith and Fault in Contract Law*, pp. 25 ss. (p. 34). Segundo ALLEN, «England», *in Precontractual Liability. Reports to the XIIIth Congress International Academy of Comparative Law*, pp. 125 ss. (p. 133), se o caso *Hoffmann v. Red Owl* tivesse sido julgado ao abrigo do Direito inglês os autores teriam decaído na sua pretensão.

[1027] Cfr. KÜHNE, «Reliance, Promissory Estoppel and Culpa in Contrahendo: A Comparative Analysis», *Tel Aviv U. St. Law*, 1990, pp. 279 ss. (p. 291).

que a necessidade de aplicar a teoria como fundamento da acção é menos sentida no Direito inglês do que no dos Estados Unidos em parte devido aos poderes de que dispõem os tribunais ingleses para «forjar» a *consideration*, *v.g.* qualificando como tal certos actos ou omissões que o promitente não teve originalmente em vista como contrapartida da sua promessa[1028].

No *Restatement 2d of Contracts*, de 1981, encontramos nova consagração da doutrina, quer no § 90 quer nas suas «disposições-satélite» [os §§ 87(2), 89, 139 (1) e 150]. Aquele primeiro preceito reproduz com ligeiras alterações a disposição correspondente do primeiro *Restatement*. Aí se estabelece: «*(1) A promise which the promisor should reasonably expect to induce action or forbearance on the part of the promisee or a third person and which does induce such action or forbearance is binding if injustice can be avoided only by enforcement of the promise. The remedy granted may be limited as justice requires. (2) A charitable subscription or a marriage settlement is binding under Subsection (1) without proof that the promise induced action or forbearance*».

A este respeito, a diferença principal entre os dois *Restatements* reside no comentário oficial que agora se segue à disposição transcrita e que não existia no texto de 1934. Nele se afirma, sem ambages, que «*reliance is one of the main bases for enforcement of the half-completed exchange, and the probability of reliance lends support to the enforcement of the executory exchange [...]. This Section thus states a basic principle which often renders inquiry unnecessary as to the precise scope of the policy of enforcing bargains*»[1029]. O que parecia constituir no primeiro *Restatement* a tímida afirmação de uma solução excepcional surge agora caracterizado pelos próprios autores da disposição transcrita como um princípio fundamental, que coloca de certo modo em xeque o clássico *bargain principle*. Isto mesmo é confirmado pelo comentário ao § 71 do *Restatement* (relativo ao requisito da *consideration*), onde se lê: «*In some cases there may be no bargain [...] but [...] the agreement may become fully or partly enforceable by virtue of the reliance of one party*»[1030]. Não é pois sem razão que já se tem observado ser «pelo menos incerta» a relação entre o *promissory estoppel* e a ideologia do mercado, de que brotara o dito princípio[1031].

[1028] Cfr. neste sentido TREITEL, ob. cit., pp. 67 e 108, n. 1.

[1029] Cfr. *Comment a.*, pp. 242 s.

[1030] Cfr. *Comment c.*, pp. 174 s.

[1031] Assim CALABRESI, «La responsabilità civile come diritto della società mista», *in Interpretazione giuridica e analisi economica*, pp. 496 ss. (p. 502, n. 9).

Já o § 87 (2) do *Restatement 2d* consagra uma aplicação da doutrina do *promissory estoppel* inteiramente nova, pois que não figurava na codificação anterior. Segundo ele: «*An offer which the offeror should reasonably expect to induce action or forbearance of a substantial character on the part of the offeree before acceptance and which does induce such action or forbearance is binding as an option contract to the extent necessary to avoid injustice*». Supera-se deste modo a regra tradicional do *Common Law* segundo a qual uma proposta negocial é sempre revogável até ser aceite. A vinculação do proponente pela proposta contratual pode assim resultar, independentemente da sua aceitação formal pelo destinatário, da confiança por este nela depositada[1032].

Resta notar, enfim, que a responsabilidade pela promessa a que não corresponda qualquer elemento de troca tem, segundo a doutrina dominante nos Estados Unidos, natureza contratual, encontrando-se sujeita às correspondentes regras, *v.g.* em matéria de prescrição[1033]. Ressalva-se, evidentemente, a hipótese de alguém representar fraudulentamente a outrem a sua intenção de concluir o contrato, a qual, como vimos acima, determina a responsabilidade delitual do lesante.

Naturalmente que os sistemas jurídicos que configuram o contrato como um acordo de vontades, cuja eficácia não depende de corresponder à promessa de uma das partes uma contrapartida negociada a prestar pela

---

[1032] Neste mesmo sentido havia já sido decidido pelo Supremo Tribunal da Califórnia, em 1958, o caso *Drennan v. Star Paving Co.*, 333 *P. 2d,* 757: na espécie tratava-se de uma proposta apresentada por um subempreiteiro a um concorrente a empreiteiro geral de determinada obra, que este por seu turno utilizara na elaboração da sua própria proposta dirigida ao dono da obra. A empreitada foi-lhe adjudicada, mas o subempreiteiro recusou--se a executar os trabalhos pelo preço proposto, o qual se devera a um erro de cálculo. Sob invocação do § 90 do *Restatement*, o tribunal considerou a proposta do subempreiteiro irrevogável e julgou-o responsável pelos danos sofridos pelo empreiteiro geral na procura e obtenção dos serviços de outro subempreiteiro.

[1033] Neste sentido cfr.: FULLER-PERDUE, «The Reliance Interest in Contract Damages», *Yale L.J.* 1936, pp. 52 ss., 1937, pp. 373 ss. (p. 419); PROSSER, «The Borderland of Tort and Contract», *in Selected Topics on the Law of Torts*, pp. 380 ss. (p. 413); FARNSWORTH, *Contracts*, vol. I, p. 147. Contra, no sentido de que em hipóteses como a que foi julgada pelo Supremo Tribunal do Wisconsin se constitui uma «cause of action in tort», dado que não se chegou a formar qualquer contrato, SUMMERS, «"Good Faith" in General Contract Law and the Sales Provisions of the Uniform Commercial Code», *Va. L. Rev.* 1968, pp. 224 ss. (p. 258). Sustenta a concepção segundo a qual a responsabilidade emergente do § 90 do *Restatement 2d of Contracts* constitui um *tertium genus* de responsabilidade KESSLER, «Der Schutz des Vertrauens bei Vertragsverhandlungen in der neueren Amerikanischen Rechtsprechung», *in FS Von Caemmerer*, pp. 873 ss. (p. 886).

290 *Da Responsabilidade Pré-Contratual em Direito Internacional Privado*

outra, pouca ou nenhuma necessidade têm de uma construção como o *promissory estoppel*. Contudo, este instituto apresenta, segundo nos parece, certas analogias com os da *culpa in contrahendo* e da responsabilidade pré-contratual. Todos eles visam o ressarcimento do dano patrimonial que não é fruto nem do incumprimento de uma obrigação negocialmente assumida nem da violação de um direito absoluto alheio; e todos são, como adiante melhor se verá, expressão de uma ideia de tutela da confiança nos preliminares e na formação dos contratos. Porém, diversamente da *culpa in contrahendo* e da responsabilidade pré-contratual continentais, a responsabilidade que nos Estados Unidos vem sendo associada ao *promissory estoppel* não é fundada pela doutrina e pela jurisprudência na violação de qualquer dos deveres pré-contratuais de conduta que nos sistemas de *Civil Law* são extraídos do princípio da boa fé.

56. Isto coloca-nos perante as seguintes questões, para que iremos agora buscar solução: Vigora nos sistemas de *Common Law* um princípio de boa fé em matéria de contratos? Se esse princípio existe, qual o seu alcance? Em especial: abrange ele os preliminares e a conclusão dos contratos, pondo a cargo das partes, nessa fase, deveres específicos de conduta?

Comecemos pelo Direito inglês. Não se tendo operado em Inglaterra uma recepção do Direito Romano, como a que ocorreu nos sistemas jurídicos continentais, natural era que não se fizesse sentir aí o influxo da *bona fides* romana[1034].

No séc. XVIII esboçou-se ainda, sob o impulso de Lorde MANSFIELD, a emergência de um princípio de boa fé: na decisão que proferiu em 1766 no caso *Carter v. Boehm* aquele magistrado proclamou-o como «*[t]he governing principle applicable to all contracts and dealings*», dele deduzindo que «*[g]ood faith forbids either party by concealing what he privately knows, to draw the other into a bargain, from his ignorance of that fact, and his believing the contrary*»[1035]. Mas esta orientação não vingou, dado que o liberalismo económico, que o próprio MANSFIELD favorecia e

---

[1034] Sobre esta, ver MENEZES CORDEIRO, *Da boa fé no Direito Civil*, vol. I, pp. 54 ss., e (referindo-se apenas aos *iudicia bonae fidae*) ZIMMERMANN, *The Law of Obligations. Roman Foundations of the Civilian Tradition*, pp. 308 s., 360, 385, 406, 428, 437, 455, 458, 509 ss., 533, 536, 548, n. 10, 589, 627, 658, 663, 669, 674, 690, 710, 718, 730, 732, 749, 761 s., 789, 796 s. e 807.

[1035] Cfr. 97 *Eng. Rep.* 1162 (p. 1164). Na espécie discutia-se a validade de um contrato de seguro subscrito por Charles Boehm em benefício de George Carter, governador do forte de Marlborough, sito na ilha de Sumatra, contra o risco da destruição ou da perda

Da Responsabilidade Pré-Contratual nos Sistemas Jurídicos Nacionais 291

ajudou a desenvolver, se revelou adverso ao proteccionismo inerente a um princípio geral de boa fé[1036].

No mesmo sentido terá concorrido o carácter utilitarista da ética puritana, que logrou afirmar-se nos países anglo-saxónicos e é um dos elementos constitutivos do espírito capitalista moderno[1037]. Esta é consabidamente alheia a qualquer fundamentação do agir humano numa ideia do dever pelo dever (como a que KANT exprimiu no imperativo categórico[1038], bem como na lei jurídica universal[1039], e veio a inspirar a pandectística alemã[1040]), antes procura justificar os postulados da moral por apelo a finalidades exteriores a ela mesma[1041].

Compreende-se assim que numa decisão de grande relevo, proferida em 1992 no caso *Walford v. Miles*, a Câmara dos Lordes haja rejeitado de modo expresso a existência no Direito inglês de um dever de negociar de boa fé e afirmado a liberdade de as partes romperem as negociações a todo o tempo e por qualquer motivo, sem ficarem por isso sujeitas a qualquer dever de indemnizar. Para tanto, sustentou Lorde ACKNER: «*the concept of*

---

desse forte por forças inimigas entre 1 de Outubro de 1759 e 1 de Outubro de 1760. O segurador contestava a validade do contrato com fundamento na ocultação pelo tomador do seguro da fragilidade do forte e da probabilidade de o mesmo ser atacado por forças francesas. Considerando, no entanto, que «either party may be innocently silent, as to grounds open to both, to exercise their judgment upon» Lorde MANSFIELD desatendeu a objecção do segurador.

[1036] Assim ATIYAH, *The Rise and Fall of Freedom of Contract*, p. 168.

[1037] Cfr. sobre o ponto Max WEBER, *Die protestantische Ethik und der Geist des Kapitalismus*, tradução portuguesa, especialmente pp. 34 ss., 88 ss. e 174.

[1038] «Handle nur nach derjenigen Maxime, durch die du zugleich wollen kannst, dass sie ein allgemeines Gesetz werde» (cfr. *Grundlegung zur Metaphysik der Sitten*, p. 68; na tradução portuguesa, p. 59).

[1039] «Handle äusserlich so, dass der freie Gebrauch deiner Willkür mit der Freiheit von jedermann nach einem allgemeinen Gesetze zusammen bestehen kann» (cfr. *Die Metaphysik der Sitten*, p. 67; na tradução francesa, vol. II, p. 18; na tradução castelhana, p. 47).

[1040] Acerca da influência exercida pela ética kantiana sobre a *Pandektenwissenschaft* vide WIEACKER, *Privatrechtsgeschichte der Neuzeit*, tradução portuguesa, pp. 279 s., 401 ss., 427 s., 453 e 717.

[1041] Cfr. as máximas formuladas por Benjamin FRANKLIN, em «Advice to a Young Tradesman, Written by an Old One», *in Writings*, pp. 320 ss.: «Remember that Time is Money. [...] Money, more or less, is always welcome; and your Creditor had rather be at the Trouble of receiving Ten Pounds voluntarily brought him, tho' at ten different Times or Payments, than he be oblig'd to go ten Times to demand it before he can receive it in a Lump. It shews, besides, that you are mindful of what you owe; it makes you appear a careful as well as an honest Man; and that still encreases your Credit». Ao mesmo autor se deve o provérbio «Bargaining has neither friends nor relations» (*in* ob. cit., p. 1200).

292   *Da Responsabilidade Pré-Contratual em Direito Internacional Privado*

a duty to carry on negotiations in good faith is inherently repugnant to the adversarial position of the parties when involved in negotiations. Each party to the negotiations is entitled to pursue his (or her) own interest, so long as he avoids making misrepresentations»[1042].

Já anteriormente, no caso *Courtney & Fairbairn Ltd. v. Tolaini Bros. (Hotels) Ltd.*[1043], julgado em 1975, o *Court of Appeal* excluíra a admissi-

---

[1042] (1992) 2 *WLR* 174. No caso versado nesta decisão os réus haviam acordado, em 12 de Março de 1987, vender aos autores, pelo preço de dois milhões de libras, o seu negócio de fotografias. Em 17 de Março de 1987, as partes convencionaram que se os autores obtivessem de um banco, até 20 do mesmo mês, uma «carta de conforto» confirmando a concessão de um empréstimo em vista da referida aquisição, os réus poriam termo a quaisquer negociações entabuladas para o mesmo fim com terceiros e não tomariam em consideração qualquer proposta concorrente. A «carta de conforto» foi apresentada pelos autores no prazo estipulado e as partes celebraram em 25 de Março de 1987 um acordo *subject to contract*, nos termos do qual os réus manifestavam a sua vontade de vender a empresa nas condições já acordadas (entre as quais o preço referido) e nas demais que viessem a sê-lo. Em 30 de Março, porém, os réus venderam a empresa a um terceiro.

Os autores demandaram os réus por violação do acordo *lock-out* de 17 de Março, por força do qual, no seu entender, os réus se haviam comprometido a não negociar ou considerar ofertas de terceiros em contrapartida da apresentação pelos autores da dita «carta de conforto». Alegaram também que as promessas dos réus constituíam *misrepresentations*.

Em primeira instância os réus foram condenados a pagar aos autores a quantia de 700 libras por *misrepresentation*, sendo esta quantia o valor correspondente às despesas realizadas pelos autores em vista da celebração do contrato de compra e venda.

Em sede de recurso a discussão centrou-se na eficácia do *collateral agreement* invocado pelos autores e no seu conteúdo, mormente na questão de saber se o mesmo integrava um *implied term* segundo o qual os réus se obrigavam a negociar de boa fé com os autores enquanto mantivessem a intenção de vender a empresa. O *Court of Appeal* qualificou esse acordo como um *contract to negotiate*, que julgou ineficaz (*unenforceable*), dando assim provimento ao recurso interposto pelos réus.

Desta decisão recorreram os autores para a Câmara dos Lordes, alegando que o acordo em questão incluía a dita estipulação implícita por força da qual enquanto os réus mantivessem a intenção de vender a empresa se obrigavam a continuar a negociar de boa fé com os autores. O tribunal rejeitou o recurso por unanimidade. Além do argumento reproduzido no texto, Lorde ACKNER aduziu, com a concordância dos demais juízes, que um acordo pelo qual as partes se obrigam a negociar de boa fé (*agreement to negotiate in good faith*) seria impraticável (*«unworkable in practice»*), por incompatível com a posição de cada um dos negociadores. «In my judgment (prossegue o mesmo magistrado), while negotiations are in existence either party is entitled to withdraw from those negotiations, at any time and for any reason. There can be thus no obligation to continue to negotiate until there is a "proper reason" to withdraw. Accordingly a bare agreement to negotiate has no legal content» (loc. cit., pp. 181 s.).

[1043] (1975) 1 *All E.R.* 716.

bilidade de uma regulação negocial dos preliminares e da formação do contrato através de um *contract to negotiate*, com fundamento, segundo Lorde DENNING, em que «*it is too uncertain to have any binding force. No court could estimate the damages because no one can tell whether the negotiations would be successful or would fall through; or if successful, what the result would be*».

Inexiste, assim, no Direito inglês vigente um dever geral de actuação segundo a boa fé, a cargo das partes nos preliminares e na formação dos contratos[1044].

Encontramos, decerto, no Direito inglês consagrações da boa fé subjectiva e objectiva na regulamentação de situações específicas: a interpretação e integração dos contratos segundo os *standards* do homem médio; o dever de não enganar a contraparte, sancionado pelo instituto da *misrepresentation*; o *promissory estoppel*; os deveres de prestação de informações à contraparte que vigoram nos contratos *uberrimae fidae*[1045]; e a doutrina da *breach of confidence*[1046].

Mas não pode sustentar-se perante ele, como na Alemanha e nos países mais directamente influenciados pela sua cultura jurídica, que com a entrada em negociações se constitui uma relação jurídica[1047] e que as partes nessa relação se acham adstritas a um dever de «consideração pelos interesses legítimos da contraparte»[1048].

[1044] Cfr. neste sentido: POWELL, «Good Faith in Contracts», *Current Leg. Prob.* 1956, pp. 16 ss. (25); GOODE, «England», *in Formation of Contracts and Precontractual Liability*, 51 ss. (p. 59); O'CONNOR, *Good Faith in English Law*, p. 35; HONDIUS, «General Report», *in Precontractual Liability. Reports to the XIIIth Congress International Academy of Comparative Law*, pp. 1 ss. (p. 5); Hugh COLLINS, *The Law of Contract*, p. 172; BEATSON-FRIEDMANN, «From "Classical" to Modern Contract Law», *in Good Faith and Fault in Contract Law*, pp. 3 ss. (p. 14); ATIYAH, *An Introduction to to Contract Law*, pp. 90, 101, 212 s. e 247; FURMSTON-NORISADA-POOLE, *Contract Formation and Letters of Intent*, p. 313; e VAN ERP, «The Pre-contractual stage», *in Towards a European Civil Code*, pp. 201 ss. (p. 211).

[1045] Assim, POWELL, est. cit., pp. 23 ss.; GOODE, *The Concept of Good Faith in English Law*, p. 7; e HARRISON, *Good Faith in Sales*, que reconhece, a p. 11: «good faith has not flourished in England except in isolated pockets».

[1046] Segundo a qual «he who has received information in confidence shall not take unfair advantage of it. He must not make use of it to the prejudice of him without obtaining his consent»: assim, Lorde DENNING *in Seager v. Copydex Ltd.*, (1967) 2 *All E.R.* 415 (p. 417).

[1047] Exclui-o, de modo expresso, GOODE, est. cit., p. 8: «We do not therefore recognize that the opening of negotiations for a contract by itself creates any sort of duty relationship».

[1048] Cfr. *Soergel*-TEICHMANN, § 242 BGB, n.m. 4, p. 12: «§ 242 wird verstanden als der Niederschlag eines allgemeinen, im Grunde von der gesetzlichen Formulierung unab-

294   *Da Responsabilidade Pré-Contratual em Direito Internacional Privado*

O diferente *approach* do Direito inglês nesta matéria é muito claramente enunciado por BINGHAM, L.J., num *obiter dictum* contido na decisão proferida pelo *Court of Appeal* no caso *Interfoto Picture Library Ltd. v. Stilletto Visual Programmes Ltd.*[1049]: «*In many civil law systems , and perhaps in most legal systems outside the common law world, the law of obligations recognises and enforces an overriding principle that in making and carrying out contracts parties should act in good faith. [...] English law has, characteristically, commited itself to no such overriding principle, but has developed piecemeal solutions in response to demonstrated problems of unfairness*».

Recentemente, a transplantação da cláusula geral da boa fé para o Direito inglês foi ensaiada através das *Unfair Terms in Consumer Contracts Regulations*, de 1994, que transpuseram a Directiva do Conselho n.º 93/13/CEE, de 5 de Abril de 1993, relativa às cláusulas abusivas nos contratos celebrados com os consumidores. Dada, porém, a estreita ligação entre o princípio da boa fé e o ambiente sócio-cultural em que o mesmo se desenvolve não é de prever, como adverte TEUBNER[1050], que a boa fé consagrada naquele diploma legal venha a ter o mesmo significado que a *Treu und Glauben* adquiriu no Direito germânico.

Entre os factores determinantes daquele *approach* restritivo da jurisprudência inglesa nesta matéria, há a salientar, além dos já referidos, a primazia concedida no Direito inglês à previsibilidade das soluções jurídicas,

---

hängigen Prinzips, wonach der an einem Rechtsverhältnis Beteiligte, sei er Verpflichteter oder Berechtigter, das Gebot der Rücksichtnahme auf die berechtigten Interessen des anderen Teils zu beachten hat». Para uma aplicação deste pensamento aos preliminares dos contratos ver a sentença do BGH de 10 de Julho de 1970, *NJW* 1970, p. 1840: «Schön während der Verhandlungen über den Abschluss eines Vertrags schuldet jeder Verhandlungspartner dem andern im Hinblick auf das durch die Verhandlungen begründete vertragsähnliche Vertrauensverhältnis zumutbare Rücksichtnahme auf dessen berechtigte Belange». Na doutrina italiana esta noção de boa fé é adoptada por BIANCA, *Diritto civile*, vol. 3, *Il contratto*, p. 477. Entre nós ela obteve acolhimento nos escritos de VAZ SERRA, «Objecto da obrigação. A prestação. Suas espécies, conteúdo e requisitos», *BMJ* 74, pp. 15 ss. (p. 68), e de CASTRO MENDES, *Teoria geral do Direito Civil*, vol. II, p. 283, bem como no ac. do STJ de 5 de Fevereiro de 1981, *RLJ*, ano 116.º, pp. 81 ss., com anotação de ALMEIDA COSTA, a pp. 84 ss.

[1049] (1989) 1 *Q.B.* 433 (p. 439).

[1050] Cfr. «Legal Irritants: Good Faith in British Law or How Unifying Law Ends Up in New Divergencies», *MLR* 1998, pp. 11 ss., onde o autor escreve a p. 27: «The British economic culture does not appear to be a fertile ground on which continental *bona fide* would blossom».

Da Responsabilidade Pré-Contratual nos Sistemas Jurídicos Nacionais   295

que não se compadece com a concessão aos julgadores de um poder mais ou menos discricionário de concretizar uma cláusula geral de boa fé[1051]. Avulta, por outra parte, o respeito intransigente pelo princípio da liberdade contratual, que de outro modo, crê-se, ficaria comprometido[1052]. Por último, a repugnância pelo princípio da boa fé pode ainda ser encarada como uma manifestação do formalismo que impregna o Direito inglês e que aflora noutras matérias, como, por exemplo, a interpretação da lei, onde a regra fundamental é ainda a primazia do elemento literal.

As questões postas resolvem-se de modo um tanto diverso no Direito dos Estados Unidos da América.

Certo, também aí se fez sentir, através de HOLMES[1053] e POUND[1054], um pensamento marcadamente hostil a toda a fundamentação da ordem jurídica em princípios éticos, segundo o qual o Direito seria sobretudo a expressão normativa de necessidades sociais, tal como os juízes as interpretam.

A boa fé veio, não obstante, a ser consagrada, por influência de Karl LLEWELLYN, como dever genérico no cumprimento dos contratos na secção 1-203 do *Uniform Commercial Code*. Este preceito dispõe, sob a epígrafe «*Obligation of Good Faith*»: «*Every contract or duty within this Act imposes an obligation of good faith in its performance or enforcement*». Na secção 1-201 (19) define-se boa fé como «*honesty in fact in the conduct or transaction concerned*»; e na secção 2-103 (1) (b), aplicável apenas à compra e venda, diz-se que «*"[g]ood faith" in the case of a merchant means honesty in fact and the observance of reasonable commercial standards of fair dealing in the trade*». Mais de cinquenta disposições do Código referem-se à boa fé.

O influxo germânico explicará porventura a cisão que se regista neste particular entre os Direitos inglês e norte-americano: na redacção dos pre-

---

[1051] São elucidativas as palavras de GOODE, ob. cit., p. 9, a este respeito: «The last thing we want is to drive business away by vague concepts of fairness which make judicial decisions unpredictable».

[1052] Cfr. COLLINS, ob. cit., p. 169; e COHEN, est. cit., p. 36, que, referindo-se à decisão proferida pela Câmara dos Lordes no caso *Walford v. Miles*, escreve: «The case presents a legal culture protecting vigorously the negative freedom of contract».

[1053] Cfr. *The Common Law*, p. 5: «The life of the law has not been logic: it has been experience»; e p. 32: «Every important principle which is developed by litigation is in fact and at bottom the result of more or less definitely understood views of public policy».

[1054] Cfr. *An Introduction to the Philosophy of Law*, p. 47: «I am content to think of law as a social institution to satisfy social wants — the claims and demands and expectations involved in the existence of civilized society».

ceitos transcritos, LLEWELLYN, que foi *Chief Reporter* do dito diploma legislativo, inspirou-se no § 242 do BGB; ao que não será estranho o facto de ter estudado e ensinado em Leipziga.

Do Código Comercial o dever de actuação segundo a boa fé passou para o *Restatement 2d of Contracts*, onde obteve consagração no § 205, que estabelece: «*Duty of Good Faith and Fair Dealing. Every contract imposes upon each party a duty of good faith and fair dealing in its performance and enforcement*».

A jurisprudência norte-americana tem utilizado o conceito com grande frequência[1055]. Os E.U.A assumem assim um papel condutor no que respeita à consagração do conceito de boa fé nos sistemas de *Common Law*, encontrando-se nesta matéria numa posição intermédia entre o Direito inglês (que o desconhece como regra geral) e os Direitos continentais[1056].

Não existe, porém, um dever geral de actuação segundo a boa fé nos preliminares e na conclusão dos contratos[1057]. No comentário oficial à citada disposição do *Restatement* afirma-se expressamente a este propósito: «*This Section, like Uniform Commercial Code § 1-203, does not deal with good faith in the formation of a contract*»[1058].

Admite-se, contudo (diversamente do que sucede no Direito inglês), a estipulação convencional de um dever de negociar de boa fé (*agreement to*

[1055] Cfr. JUENGER, «Listening to Law Professors Talk About Good Faith: Some Afterthoughts», *Tulane L.R.* 1995, pp. 1253 ss., onde o autor dá conta de uma pesquisa empreendida sobre a matéria, de que resultou ter a expressão sido empregada em mais de um milhar de casos decididos só no primeiro semestre de 1994.

[1056] Note-se, porém, que nos Estados Unidos a violação do dever de agir de boa fé na execução dos contratos é qualificada, pelo menos em certos casos, como um delito, atenta a sua fonte legal: cfr. *Gruenberg v. Aetna Insurance Co.*, julgado pelo Supremo Tribunal da Califórnia em 11 de Junho de 1973, 510 *P. 2d* 1032 (p. 1037), e as demais decisões aí referidas.

[1057] Assim, expressamente, FARNSWORTH, «Precontractual Liability», cit., p. 239; *idem*, «Negotiation of Contracts», pp. 664 s.; *idem, Contracts,* vol. I, p. 305; *idem, The Concept of Good Faith in American Law*, p. 2. À mesma conclusão chega, pelo que respeita aos contratos de compra e venda, SUMMERS, «"Good Faith" in General Contract Law and the Sales Provisions of the Uniform Commercial Code», *Virginia Law Review* 1968, pp. 195 ss. (p. 220). Ver, porém, no sentido de que a decisão proferida no caso *Hoffmann v. Red Owl*, cit., consagra um *duty to bargain in good faith*, KNAPP, «Enforcing the Contract to Bargain», *N.Y.U.L.R.* 1969, pp. 673 ss. (p. 688); e KESSLER, est. cit. no *FS Von Caemmerer*, p. 890.

[1058] Cfr. comentário *c*.

negotiate segundo FARNSWORTH[1059]; *contract to bargain* para KNAPP[1060]). A atitude da jurisprudência perante esse tipo de acordos é ambivalente. Numa decisão proferida em 1968, o Supremo Tribunal do Delaware julgou eficaz a estipulação, constante de uma «carta de intenções», segundo a qual as partes se obrigavam «*[to] make every reasonable effort to agree upon and have prepared as quickly as possible a contract providing for the foregoing purchase [...] embodying the above terms and such other terms and conditions as the parties shall agree upon*»[1061]. Outras jurisdições têm, no entanto, considerado esse tipo de acordos demasiado vagos para que possam obrigar as partes[1062].

[1059] «Precontractual Liability», cit., pp. 263 ss.; *idem*, «Negotiation of Contracts», pp. 673 ss.; *idem, Contracts,* vol. I, p. 308.

[1060] Est. cit., pp. 685 s.

[1061] Caso *Itek Corp. v. Chicago Aerial Industries*, 248 A. 2d. 625. Na mesma linha, reconheceram efeitos a certos *agreements to negotiate in good faith* o *United States District Court, S.D. New York,* nos casos *Pepsico Inc. v. W. R. Grace & Co. and Philip Morris Inc.*, julgado em 29 de Dezembro de 1969, 307 *F. Supp.* 713 (p. 720), *Thompson v. Liquichimica of America Inc.*, julgado em 1 de Novembro de 1979, 481 *F. Supp.* 365 (p. 366) e *Reprosystem BV v. SCM Corp.*, julgado em 30 de Junho de 1981, 522 *F. Supp.* 1257 (pp. 1279 ss.; esta decisão foi, no entanto, posteriormente modificada pelo *United States Court of Appeals for the Second Circuit*: cfr. 727 *F. 2d* 257); e o *United States Court of Appeals for the Third Circuit*, no caso *Channel Home Centers Division of Grace Retail Corp. v. Grossman*, julgado em 30 de Junho de 1986, 795 *F.2d* 291 (p. 300).

[1062] Parece ser esta a orientação prevalecente na jurisprudência mais recente do *United States District Court, S.D. New York*: cfr. os casos *Pinnacle Books Inc. v. Harlequin Enterprises Ltd.*, julgado por aquele tribunal em 13 de Maio de 1981, 519 *F. Supp.* 118 (no qual se entendeu que uma cláusula de um contrato pela qual as partes se obrigavam a empregar os seus «melhores esforços» a fim de concluirem um novo contrato após a cessação do primeiro é ineficaz, visto não fornecer ao tribunal qualquer critério objectivo pelo qual este possa ajuizar se a mesma foi cumprida: loc. cit., pp. 121 s.); *Candid Productions Inc. v. International Skating Union*, julgado em 29 de Janeiro de 1982, 530 *F. Supp.* 1330 (em que aquele tribunal decidiu que certas cláusulas pelas quais as partes se obrigavam a negociar de boa fé contratos futuros «are so vague and indefinite that they are unenforceable»: loc. cit., p. 1338); e *Jillcy Film Enterprises Inc. v. Home Box Office Inc.*, julgado em 29 de Fevereiro de 1984, 593 *F. Supp.* 515 (em que foi recusada eficácia pelos mesmos motivos a um acordo pelo qual as partes se obrigavam a «negociar em exclusividade e de boa fé»: loc. cit., p. 521). A mesma orientação foi adoptada pelo *United States District Court, C.D. California*, no caso *Metromedia Broadcasting Corp. v. MGM/UA Entertainment Co.*, julgado em 1 de Abril de 1985, 611 *F. Supp.* 415 (em que aquele tribunal aplicou o Direito do Estado de Nova Iorque), e pelo *U.S. District Court, S.D. West Virginia*, no caso *Ridgeway Coal Co. v. FMC Corp.*, julgado em 6 de Agosto de 1985, 616 *F. Supp.* 404.

A má fé na formação dos contratos, consubstanciada por exemplo na entabulação de negociações sem a intenção séria de contratar, é sancionada, além disso, através de institutos específicos como a *fraud* e a *misrepresentation*[1063].

As razões que subjazem à exclusão, no Direito dos Estados Unidos, de um dever geral de boa fé na negociação de contratos são em parte coincidentes com as que se apontaram a fim de explicar a solução homóloga do Direito inglês: crê-se que uma obrigação de *fair dealing* criaria incerteza[1064] e teme-se desencorajar desse modo a entrada em negociações sempre que as partes não tenham por segura a celebração do contrato[1065] ou, ao invés, fomentar a sua conclusão precipitada[1066]; ao que acresce a convicção de que o resultado das negociações preparatórias dos contratos é indiferente do ponto de vista social[1067].

Mencione-se, a concluir, que o *Common Law* consagra um dever de protecção relativamente aos clientes de estabelecimentos comerciais (*business visitors*) análogo àquele que na Alemanha a jurisprudência extrai da boa fé *in contrahendo*. As violações desse dever são, porém, aqui caracterizadas como delituais.

Assim, o decidiu o *King's Bench Division* no caso *Turner v. Arding & Hobbs*, julgado em 1949[1068]. A autora havia escorregado num vegetal, no interior de um estabelecimento comercial, tendo-se ferido em consequência disso. O tribunal atribuiu-lhe uma indemnização com fundamento em *negligence* dos proprietários do estabelecimento. Lorde GODDARD justificou do seguinte modo a decisão: «*in a store of this sort, into which people are invited to come, there is a duty on the shopkeeper to see that his floors are kept reasonably safe*»[1069].

[1063] Cfr. SUMMERS, est. cit., p. 223; e o cit. comentário ao § 205 do 2.° *Restatement*.

[1064] Assim FARNSWORTH, «Precontractual Liability», cit., p. 243; *idem*, «Negotiation of contracts», p. 668.

[1065] «*Chilling effect*», na expressão de FARNSWORTH, «Precontractual Liability», cit., p. 243; «Negotiation of Contracts», cit., p. 668.

[1066] «*Accelerating effect*»: *idem, ibidem*.

[1067] Assim FARNSWORTH, «Precontractual Liability», cit., p. 242; *idem*, «Negotiation of contracts», p. 668.

[1068] (1949) 2 *All E.R.* 911.

[1069] Pertence ao autor, nestes casos, demonstrar que o dano se deve, *prima facie*, a *negligence* do réu, cabendo a este provar que não houve da sua parte incumprimento culposo de um dever de cuidado: cfr. a decisão proferida pelo *Court of Appeal* no caso *Ward v. Tesco Stores Ltd.*, (1976) 1 *WLR* 810 (pp. 814 e 815 s.).

De modo análogo, entende-se nos Estados Unidos que sobre os *owners and occupiers of land* impende um dever de cuidado, sancionado delitualmente, em relação ao *business visitor*, que o § 332 (3) do *Restatement 2d of Torts* define como «*a person who is invited to enter or remain on land for a purpose directly or indirectly connected with business dealings with the possessor of the land*»[1070].

[1070] Ver PROSSER-KEETON, *The Law of Torts*, pp. 425 s., com amplas referências jurisprudenciais.

§ 13.º
Dos pressupostos da responsabilidade pré-contratual

57. A sujeição de alguém ao dever de indemnizar um dano causado a outrem nos preliminares ou na conclusão de um contrato depende geralmente da verificação de certos pressupostos: além do dano, um facto ilícito, a culpa do lesante e um nexo de causalidade entre o facto e o dano. Vamos de seguida, num rápido bosquejo comparativo, averiguar se os ordenamentos jurídicos que servem de referência a este estudo exigem efectivamente a concorrência desses elementos como condição da responsabilidade pré-contratual e, na hipótese afirmativa, qual o seu conteúdo.

Não é nosso propósito debater neste lugar as múltiplas questões suscitadas por esta temática à face dos referidos ordenamentos. O escopo fundamental da exposição subsequente consiste tão-só em dar conta das principais ideias que podem ter-se por assentes quanto aos pontos versados à face dos sistemas jurídicos considerados e confrontá-los entre si. Recorde--se, por outro lado, que os principais tipos de factos relativamente aos quais opera a tutela pré-contratual das partes nos diferentes ordenamentos jurídicos já foram enunciados no parágrafo anterior, pelo que não temos de nos ocupar aqui de novo dessa matéria.

A propósito do dano consideraremos também o modo da sua determinação, as formas de indemnização e o cálculo desta — portanto, o próprio conteúdo ou efeitos da responsabilidade pré-contratual.

Trata-se, também aqui, de aspectos relevantes em ordem a determinar quais as regras de conflitos a que são susceptíveis de ser reconduzidas as normas materiais que nos referidos ordenamentos integram o regime jurídico da responsabilidade pré-contratual. Visto que o âmbito material dessas regras é fundamentalmente definível, como dissemos, por referência a um dado conteúdo jurídico típico imputável aos respectivos conceitos-quadro, há-de este achar correspondência na regulamentação instituída pelas normas materiais em apreço a fim de que a elas possa ser deferida competência para regular as situações da vida *sub judice*.

Da Responsabilidade Pré-Contratual nos Sistemas Jurídicos Nacionais   301

Acresce que só através do exame dos pressupostos de que depende a constituição em responsabilidade pré-contratual à face dos diferentes ordenamentos jurídicos locais podem, segundo cremos, determinar-se com segurança as funções sociais que o instituto neles é chamado a desempenhar (matéria de que nos ocuparemos no parágrafo seguinte, também numa perspectiva de comparação de Direitos); sendo que esse é, por força do art. 15.º do Código Civil, um dos elementos a que deve atender-se na determinação dos preceitos materiais concretamente aplicáveis às situações da vida privada internacional.

O conteúdo e os pressupostos da responsabilidade pré-contratual cominada pelas diferentes leis conexas com dada situação da vida privada internacional relevam além disso, em hipóteses que referiremos adiante, como factores de determinação dos limites a que se encontra sujeita a aplicação da lei escolhida pelas partes para reger aquela situação.

O conhecimento do regime material aplicável à responsabilidade pré-contratual nos diferentes ordenamentos jurídicos locais em presença, bem como das valorações de interesses que lhe subjazem e do seu sentido axiológico, é ainda imprescindível, como veremos, à resolução pelo julgador dos problemas suscitados pela necessidade de integrar, de combinar ou de corrigir o resultado da aplicação das regras de conflitos e das normas materiais daqueles ordenamentos, como sucede, por exemplo, nas hipóteses de concurso e de falta de normas aplicáveis.

58. Suscita-se em primeiro lugar a questão de saber se o dano sofrido *in contrahendo* tem de resultar, a fim de ser indemnizável, da infracção de algum dever jurídico.

Consideremos a este propósito, antes de mais, o Direito alemão, onde a doutrina e a jurisprudência primeiro isolaram o ilícito pré-contratual como categoria autónoma.

Nele se tem por constituída através da entrada em negociações, ou tãosó do estabelecimento de um «contacto negocial», uma relação obrigacional de fonte legal, por alguns dita de preparação do contrato (*Rechtsverhältnis der Vertragsanbahnung*), integrada por deveres de conduta cuja violação obriga, em determinadas circunstâncias, a indemnizar a contraparte[1071].

[1071] Cfr. a sentença do Tribunal Federal de 20 de Junho de 1952, *BGHZ* 6, pp. 330 ss. (p. 333): «Die Haftung aus Verschulden beim Vertragsschluss ist eine solche aus einem in Ergänzung des geschriebenen Rechtes geschaffenen gesetzlichen Schuldverhältnis, das

302 Da Responsabilidade Pré-Contratual em Direito Internacional Privado

Além de deveres de lealdade (de informação, esclarecimento e sigilo), incluem-se nessa relação deveres de protecção e cuidado quanto à pessoa e aos bens do parceiro de negociações[1072]. A comparação jurídica revela ser esta uma particularidade do Direito germânico, pois que na maioria dos demais ordenamentos jurídicos aqui considerados as violações da integridade física e patrimonial das partes nos preliminares dos contratos são reconduzidas às regras gerais da responsabilidade extracontratual, não integrando um específico ilícito pré-contratual[1073].

No caso de rompimento de negociações, o Tribunal Federal alemão considera haver obrigação de indemnizar os danos causados à contraparte, pelo menos, quando se houver suscitado nesta a convicção de que seria concluído um contrato e a celebração deste tiver sido posteriomente recusada «sem motivo justificativo» (*ohne triftiger Grund*)[1074]. Não existe, porém, unanimidade de vistas sobre o que deve entender-se por «motivo justificativo» para este efeito: para uns seriam de excluir quaisquer cir-

---

aus der Aufnahme von Vertragsverhandlungen entspringt und zur verkehrsüblichen Sorgfalt im Verhalten gegenüber dem Geschäftspartner verpflichtet». Na doutrina *vide* no sentido do texto: MEDICUS, «Verschulden bei Vertragsverhandlungen», *in Gutachten und Vorschläge zur Überarbeitung des Schuldrechts*, vol. I, pp. 479 ss. (p. 487); *idem, Allgemeiner Teil des BGB*, pp. 167 ss.; *idem, Schuldrecht I. Allgemeiner Teil*, p. 57; ESSER-SCHMIDT, *Schuldrecht*, vol. I, *Allgemeiner Teil, Teilband 2*, p. 135; LARENZ, *Lehrbuch des Schuldrechts*, vol. I, *Allgemeiner Teil*, p. 106; FLUME, *Allgemeiner Teil des Bürgerlichen Rechts*, vol. II, *Das Rechtsgeschäft*, pp. 128 s.; *Staudinger*-LÖWISCH, pré-anotações aos §§ 275 ss. do BGB, n.m. 52, p. 190; FIKENTSCHER, *Schuldrecht*, p. 67; BROX, *Allgemeines Schuldrecht*, p. 42; e LARENZ-WOLF, *Allgemeiner Teil des bürgerlichen Rechts*, pp. 609.

[1072] Cfr. MEDICUS, obs. e locs. cits.; LARENZ, ob. cit., pp. 109 ss.; *Staudinger*--LÖWISCH, pré-anotações aos §§ 275 ss. do BGB, n.m. 56, p. 191; LARENZ-WOLF, ob. cit., pp. 610 ss.; *Palandt*-HEINRICHS, § 276 BGB, n.m. 71, pp. 336 s.

[1073] Cfr. porém o que dizemos adiante sobre a posição do Direito português a este respeito.

[1074] Cfr. a sentença de 6 de Fevereiro de 1969, *MDR* 1969, pp. 641 s.: «Ein Verhandlungspartner kann sich, wenn er sich mit der Gegenseite über das abzuschliessende Vertragswerk ganz oder im wesentlichen einig geworden ist, unter Umständen auch dann schadensersatzpflichtig machen, wenn er sich hierbei rechtlich nicht gebunden, bei den Verhandlungen aber tatsächlich so verhalten hat, dass der andere Teil berechtigterweise auf das Zustandekommen des Vertrages mit dem ausgehandelten Inhalt vertrauen durfte und vertraut hat. Lehnt er den Vertragsabschluss am Ende dennoch ohne triftigen Grund ab und enttäuscht er damit das erweckte Vertrauen des anderen, so ist die Sach- und Rechtslage dem Falle ähnlich, in dem ein Vertrag zwar wirksam zustande gekommen ist, der eine Teil aber nachträglich seine Erklärungen wegen Irrtums anficht». Sobre este aresto, *vide* a anotação concordante de CRAUSHAAR, «Haftung aus culpa in contrahendo wegen Ablehnung des Vertragsschlusses — BGH, LM § 276 (Fa) BGB Nr. 28», *JuS* 1971, pp. 127 ss.

cunstâncias de cariz subjectivo, tendo de achar-se preenchidos os pressupostos do desaparecimento da base negocial[1075]; para outros bastaria a ocorrência de um dos fundamentos de exoneração da obrigação de contratar (*Kontrahierungszwang*)[1076] ou de qualquer circunstância que constitua motivo de liberação do devedor após a celebração do contrato[1077].

Não é muito diferente, nesta matéria, a posição do Direito suíço: também nele se entende, como vimos, que na formação dos contratos as partes se acham sujeitas a específicos deveres de conduta, de fonte legal, cuja violação constitui um ilícito determinante da obrigação de indemnizar os danos desse modo causados a outrem. Com a diferença, porém, de que a doutrina e a jurisprudência suíças excluem deste âmbito as infracções aos deveres jurídicos gerais e a causação de danos por terceiros que intervenham nas negociações, as quais se acham sujeitas às regras da responsabilidade delitual[1078].

No Direito francês a *faute* é, por força do art. 1382 do Código Civil, um dos pressupostos fundamentais da responsabilidade civil. A lei não define este conceito; e na doutrina encontram-se as mais variadas definições dele. Consideremos a que é dada por MAZEAUD e CHABAS: «*une erreur de conduite telle qu'elle n'aurait pas été commise par une personne avisée, placée dans les mêmes circonstances "externes" que le défendeur*»[1079]. Assim entendida, conjugam-se nesta figura, como seus elementos objectivo e subjectivo[1080], a ilicitude e a culpa, que nos Direitos romano-germânicos são autonomizadas como pressupostos da responsabilidade civil.

À mesma ideia fundamental se reconduz a chamada *faute précontractuelle*, em cuja aferição se toma como comportamento de referência a negociação leal e de boa fé[1081]. Atende-se para o efeito, além do mais, ao

---

[1075] Assim NIRK, «Culpa in contrahendo — eine geglückte richterliche Rechtsfortbildung — *Quo Vadis?*», *in FS Möhring* (1975), pp. 71 ss. (p. 84).

[1076] Neste sentido STOLL, «Tatbestände und Funktionen der Haftung für Culpa in Contrahendo», *in FS von Caemmerer*, pp. 435 ss. (p. 450).

[1077] Cfr. GOTTWALD, «Die Haftung für Culpa in Contrahendo», *JuS* 1982, pp. 877 ss. (p. 879); KÜPPER, *Das Scheitern von Vertragsverhandlungen als Fallgruppe der culpa in contrahendo*, p. 243; *Münchener Kommentar*-EMMERICH, Vor § 275 BGB, n.m. 163, p. 707; *Staudinger*-LÖWISCH, pré-anotações aos §§ 275 ss. do BGB, n.m. 69, p. 194; e LUTTER, *Der Letter of Intent*, p. 76.

[1078] *Supra*, § 12.°/I.

[1079] Cfr. *Leçons de Droit Civil*, t. II/1, *Obligations. Théorie générale*, p. 466.

[1080] Cfr. VINEY-JOURDAIN, *Les conditions de la responsabilité*, p. 320.

[1081] Assim SCHMIDT-SZALEWSKI, «La période précontractuelle en Droit français», *RIDC* 1990, pp. 545 ss. (p. 550).

304 *Da Responsabilidade Pré-Contratual em Direito Internacional Privado*

estado de adiantamento das negociações, ao grau de publicidade da proposta contratual (sendo tanto menos provável a ocorrência da *faute* quanto maior for essa publicidade, dado o menor grau de confiança do destinatário na celebração do contrato) e à condição dos contraentes. Entende-se que nas relações entre profissionais de dado ramo da actividade económica «*la faute in contrahendo* [...] *doit être une faute patente, indiscutable*», sob pena de se atentar gravemente contra a liberdade individual e a segurança nas relações comerciais[1082].

Entre os comportamentos subsumíveis à noção de *faute précontratuelle* incluem-se, como referimos[1083], o rompimento injustificado de negociações quando um dos parceiros pudesse razoavelmente crer que o contrato seria concluído, a causação da invalidade do contrato e a violação de uma obrigação pré-contratual de informação[1084].

São pressupostos da constituição desta última, segundo GHESTIN[1085], que uma das partes conhecesse ou devesse conhecer um facto, especialmente em razão das suas aptidões profissionais, e soubesse da sua importância determinante para o outro contraente; e que este se achasse impossibilitado de se informar pelos seus próprios meios ou pudesse legitimamente confiar no seu co-contratante, em razão da natureza do contrato, da qualidade das partes ou de informações inexactas que aquele lhe forneceu[1086].

Vejamos agora o Direito italiano, onde vigora por força de preceito legal expresso o princípio da boa fé nos preliminares do contrato. Deste princípio brotam diversos deveres específicos de conduta — de informação, de custódia, de segredo e de realização dos actos necessários a fim de

---

[1082] Neste sentido o ac. da *Cour d'Appel de Pau*, de 14 de Janeiro de 1969, *D.* 1969, pp. 716 s.

[1083] *Supra*, § 12.°/I.

[1084] Sobre as consagrações legislativas e jurisprudenciais, o fundamento e o regime deste dever, *vide* GHESTIN, «L'obligation précontractuelle de renseignements en droit français», *in Le contrat aujourd'hui*, pp. 171 ss.; *idem, Traité de droit civil. La formation du contrat*, pp. 576 ss.; FABRE-MAGNAN, «Duties of Disclosure and French Contract Law: Contribution to an Economic Analysis», *in Good Faith and Fault in Contract Law*, pp. 99 ss.; e VINEY-JOURDAIN, *Les conditions de la responsabilité*, pp. 412 ss.

[1085] *Traité*, cit. pp. 646 s.

[1086] Tratando-se de negociações entre profissionais do mesmo ramo de actividade económica, a Cassação parece exigir, como pressuposto da imputação de danos causados pela prestação de informações inexactas, a demonstração de que o lesado carecia dos elementos necessários a fim de controlar a seriedade dessas informações: cfr. o ac. de 25 de Fevereiro de 1986, *Bull.* 1986, IV, n.° 33, pp. 28 s.

Da Responsabilidade Pré-Contratual nos Sistemas Jurídicos Nacionais 305

assegurar a validade ou a eficácia do contrato[1087] —; mas não deveres de protecção[1088]. É ilícito o facto, comissivo ou omissivo, que se traduza por uma violação desses deveres. Nele se funda a obrigação de indemnizar[1089].

Particulares dificuldades suscita a aferição perante o Direito italiano do carácter ilícito do rompimento das negociações. Defrontam-se na doutrina, a este respeito, dois pontos de vista opostos, nos quais não é difícil identificar a expressão de diferentes concepções ideológicas: aquele conforme o qual as partes são fundamentalmente livres de interromper as negociações sem terem sequer de declarar os motivos que a tal as determinam, consistindo a ilicitude do rompimento tão-somente no início e na prossecução de negociações com pleno conhecimento de que o contrato não será concluído[1090]; e aqueloutro que — considerando ser a tese anterior incompatível com o art. 1337 do *Codice Civile* — sustenta que qualquer rompimento das negociações sem justa causa deve ter-se por determinante da obrigação de indemnizar os danos causados à contraparte, cabendo ao lesante a prova das circunstâncias que justificaram a interrupção das *trattative*[1091].

O primeiro destes pontos de vista procura assegurar na sua plenitude a autonomia das partes, o que para os seus consectários implicaria a possibilidade de cada uma delas alterar os seus planos quanto à celebração do contrato sem incorrer em responsabilidade perante a contraparte e seria incompatível com a fiscalização jurisdicional dos motivos da ruptura das negociações; ao passo que o segundo se apoia numa ideia de solidariedade e de justiça material nas relações de Direito Privado, que favorece a primazia da confiança defraudada sobre a liberdade empresarial.

Na jurisprudência da Cassação italiana parece fazer vencimento o ponto de vista referido em segundo lugar, pois que esta instância tem entendido que dá lugar a responsabilidade pré-contratual o comportamento *«della parte che senza giusto motivo ha interrotto le trattative, eludendo*

[1087] Cfr. BENATTI, *La responsabilità precontrattuale*, tradução portuguesa, pp. 47 ss.; CIAN-TRABUCCHI, *Commentario breve al Codice Civile*, p. 1057.

[1088] Assim BENATTI, ob. cit., pp. 99 ss.; CIAN-TRABUCCHI, ob. e loc. cits.

[1089] Cfr. PESCATORE-RUPERTO, *Codice Civile annotato*, t. I, pp. 1966.

[1090] Neste sentido BENATTI, ob. cit., pp. 69 ss.; DE CUPIS, *Il danno*, vol. I, pp. 124 ss.; TURCO, *Interesse negativo e responsabilità precontrattuale*, pp. 245 s.

[1091] Assim BIANCA, *Diritto civile*, vol. 3, *Il contratto*, p. 173. Ver também BENATTI, «Culpa in contrahendo», *Contrato e impresa*, pp. 287 ss., que manifesta agora clara preferência pela segunda das citadas orientações (p. 290), e ROPPO, *Il contratto*, tradução portuguesa, p. 107. Para uma crítica desta concepção, ver TURCO, ob. cit., pp. 118 ss.

così le aspettative della controparte, che, cofidando sulla conclusione del contratto, è stata indotta a sostenere spese o ha rinunziato ad occasioni più favorevoli»[1092]. Considera-se, não obstante, que *«è necessario che le parti abbiano preso in considerazione gli elementi essenziali del contratto che si propongono, o sperano, di stipulare, nel qual caso soltanto si configura il fondatto affidamento delle parti stesse, o di taluna di esse sulla futura conclusione del negozio»*[1093].

O Código italiano consagra ainda, no seu art. 1328, a responsabilidade do proponente pela revogação da proposta, que de acordo com a mesma disposição é lícita até à conclusão do contrato. Trata-se, pois, de uma responsabilidade por actos lícitos danosos praticados *in contrahendo*[1094].

Também no Direito português as partes se acham vinculadas, nos preliminares e na conclusão dos contratos, pelo princípio de boa fé. Dele resulta, na expressão de GALVÃO TELLES, a «obrigação de contratar bem», i. é, o dever de cada uma das partes agir «por forma que o negócio saia perfeito e se encontre assim em condições de surtir a plenitude dos seus efeitos», ou, dito de outro modo, de «fazer quanto se encontre ao seu alcance, por meio de acções ou de abstenções, para que o contrato não padeça de vício e não careça dos requisitos indispensáveis à sua plena eficácia»[1095].

A responsabilidade cominada no art. 227.º do Código Civil radica fundamentalmente no ilícito consistente na violação dos deveres de conduta em que se desdobra aquela obrigação.

[1092] Cfr. a sentença de 18 de Janeiro de 1988, *Rep. Foro It.* 1988, *Contratto in genere*, n.º 267. Na jurisprudência anterior consultem-se no mesmo sentido as sentenças de 7 de Maio de 1952, *FI* 1952, Parte I, col. 1638, de 28 de Março de 1955, *FI* 1955, Parte I, cols. 812 ss., de 28 de Janeiro de 1972, *FI* 1972, Parte I, cols. 2088 ss., de 17 de Janeiro de 1981, *Rep.Foro It.* 1981, Contrato in genere, n.º 112, e de 19 de Novembro de 1983, *FI* 1984, Parte I, col. 459 s.

[1093] Sentença da Cassação de 25 de Fevereiro de 1992, *FI* 1992, Parte I, cols. 1766 ss. (col. 1769). Neste sentido se pronunciara já anteriormente o mesmo tribunal em sentença de 22 de Outubro de 1982, *Giur. Ital.* 1984, Parte I, Sezione I, cols. 1199 ss. (col. 1204).

[1094] Assim DE CUPIS, *Il danno*, vol. I, p. 153; BENATTI, *Responsabilità precontrattuale*, tradução portuguesa, p. 91; BIANCA, *Diritto civile*, vol. 3, *Il contratto*, p. 235. Observe-se, no entanto, que o regime desta responsabilidade não é idêntico ao que corresponde às demais hipóteses de responsabilidade pré-contratual examinadas no texto.

[1095] Cfr. «Culpa na formação do contrato», *Dir.* 1993, pp. 333 ss. (p. 345), e *Direito das Obrigações*, p. 72. No sentido da existência de um dever legal de bem contratar, cuja violação constitui o infractor em responsabilidade pré-contratual, pronuncia-se igualmente Ruy de ALBUQUERQUE em *Da culpa in contrahendo no direito luso brasileiro*, pp. 75 e 77.

Entre eles avultam deveres de informação. Estes, como afirma MENE-ZES CORDEIRO[1096], «tanto podem ser violados por acção, portanto com indicações inexactas, como por omissão, ou seja pelo silêncio face a elementos que a contraparte tinha interesse objectivo em conhecer».

Daquela primeira categoria de situações já nos ocupámos acima[1097]. De quanto dissemos resulta que impende sobre as partes durante o processo formativo do contrato um dever de omitir informações falsas, susceptíveis de induzir a contraparte em erro; e que a violação desse dever faz incorrer o lesante em responsabilidade pré-contratual.

Curaremos agora tão-só da segunda das hipóteses consideradas, ou seja, da responsabilidade pela omissão de informações devidas. Discutem--se o âmbito, os pressupostos e os limites do dever de informar que lhe subjaz. Três ordens fundamentais de soluções se oferecem como possíveis a este respeito: a admissão de um dever geral de informar ou esclarecer espontaneamente a contraparte nos preliminares do contrato quanto a todos os aspectos relevantes para a sua decisão de contratar[1098]; a imposição desse dever tão-só quando ele resulte da lei, de estipulação negocial ou das concepções dominantes no tráfico jurídico[1099]; ou a sua consagração quanto aos factos que sejam importantes para a decisão da contraparte de contratar e de que esta por si só não pode obter conhecimento[1100] ou, independentemente deste último requisito, sempre que se verifique entre as partes uma desigualdade ou desnível na informação que possuem ou na possibilidade de acederem à mesma, que faça supor a existência de uma especial necessidade de protecção de uma delas mediante a imposição à outra de um dever de informar[1101].

[1096] Cfr. *Da boa fé no Direito Civil*, vol. I, p. 583.

[1097] *Supra*, § 12.°/I.

[1098] Neste sentido Ana PRATA, *Notas sobre responsabilidade pré-contratual*, p. 49.

[1099] Poderá ver-se um ponto de apoio para semelhante solução no art. 253.°, n.° 2, do Código Civil. Cfr. Manuel de ANDRADE, *Teoria Geral da Relação Jurídica*, vol. II, p. 258.

[1100] Solução defendida por VAZ SERRA, anotação ao ac. do STJ de 7 de Outubro de 1976, *RLJ*, ano 110.°, pp. 270 ss. (p. 276).

[1101] Cfr. SINDE MONTEIRO, *Responsabilidade por conselhos, recomendações ou informações*, pp. 360 e 624; Manuel GOMES DA SILVA-Rita AMARAL CABRAL, parecer de Direito in *A privatização da Sociedade Financeira Portuguesa*, pp. 303 ss. (p. 318); e Almeno de SÁ, *Responsabilidade bancária*, pp. 54 s. e 120. Entre as situações a que aludimos no texto podem incluir-se aquelas em que o contrato é celebrado na sequência de uma mensagem publicitária, dada a especial confiança que a mesma é susceptível de gerar no consumidor relativamente ao bem ou serviço anunciado: cfr. neste sentido CALVÃO DA

Neste último sentido parece orientar-se o Supremo Tribunal de Justiça, que afirmou em acórdão de 14 de Novembro de 1991[1102]: «Para que recaia sobre uma das partes o dever de informar, necessário se torna, em geral, que ela saiba (ou deva saber) que a outra parte desconhece (ou desconhecerá normalmente) determinada qualidade ou circunstância que tenham relevo para uma formação de vontade esclarecida». Esse dever é porém limitado por um correspondente dever, a cargo de cada uma das partes, «de bem se esclarecer, com vista à formação daquela vontade». Com este fundamento recusou o Supremo no referido aresto que um banco tivesse o dever de prestar por sua iniciativa informações sobre o risco de alterações cambiais a uma empresa de considerável dimensão, a que havia proporcionado financiamentos em moeda estrangeira.

Mais recentemente, o mesmo Tribunal entendeu que não integra violação das regras da boa fé a omissão, nos primeiros contactos estabelecidos entre as partes para a celebração de um contrato, da indicação de um preço, apesar de este ser muito superior ao de idêntico serviço prestado cerca de um ano antes[1103].

Não parece, pois, existir na ordem jurídica portuguesa um dever geral de informar ou esclarecer a contraparte acerca da totalidade das circunstâncias de facto e de Direito determinantes da decisão de contratar: a todo o contrato é inerente o risco da inexacta representação ou da ignorância dessas circunstâncias por parte de qualquer dos contraentes. Exceptuados os casos em que por força da lei ou de estipulação negocial recaia sobre uma delas o dever de informar ou esclarecer a contraparte, a repartição desse risco entre as partes e a cominação do dever de indemnizar que lhe está associada são matérias que apenas podem ser decididas em face das circunstâncias do caso concreto, segundo as concepções dominantes no comércio jurídico e as máximas da experiência.

O dever de informar ou esclarecer e a responsabilidade pelo seu incumprimento apenas existem onde o padrão de diligência exigível ao

---

SILVA, «Rapport portugais», in Travaux de l'Association Henri Capitant, t. XXXII (1981), La publicité-propagande, pp. 191 ss. (p. 200, n. 18), que exclui a aplicabilidade a tais casos do disposto no art. 253.°, n.° 2, do Código Civil.

[1102] BMJ 411, pp. 527 ss. (também publicado in RDE 1990-93, pp 607 ss., com anotação concordante de Almeno de Sá, a pp. 627 ss., e na obra deste autor Responsabilidade bancária, pp. 9 ss., onde a mesma anotação se encontra reproduzida a pp. 39 ss.). Ver sobre o mesmo caso a sentença do Primeiro Juízo Cível do Porto, de 17 de Abril de 1985, SI 1990, pp. 220 ss., que julgara a acção totalmente improcedente.

[1103] Acórdão de 9 de Fevereiro de 1999, CJSTJ 1999, t. I, pp. 84 ss.

Da Responsabilidade Pré-Contratual nos Sistemas Jurídicos Nacionais 309

comum das pessoas não requeira que o contraente se acautele contra o referido risco, obtendo, designadamente da contraparte, as informações e as explicações necessárias a fim de bem se esclarecer. O contraente que omitir semelhantes cautelas age por sua conta e risco. Na aferição do grau de diligência exigível em cada caso concreto pelo que respeita à prestação e à obtenção de informações deve o julgador atender, além do mais, à qualidade em que as partes intervêm na negociação e na conclusão dos contratos (ao seu *status* económico e social).

Avulta, em segundo lugar, o dever de lealdade ou de negociação honesta[1104]. Dele resultam, como corolários, o dever de segredo quanto a informações confidenciais obtidas no decurso das negociações e a ilegitimidade, em determinadas circunstâncias, do rompimento das negociações. Este é em princípio lícito, visto que corresponde ao exercício de um direito subjectivo: a liberdade de contratar[1105]. Entre as hipóteses que integram o rompimento ilegítimo das negociações contam-se aquelas em que uma das partes haja iniciado negociações sem a intenção séria de contratar ou faça malograr intencionalmente negociações que normalmente conduziriam a um resultado positivo[1106]; em que não se haja informado tempestivamente a contraparte sobre a própria percepção do risco de não conclusão do negócio; e em que o tempo ou o modo pelo qual uma parte se tenha retirado das negociações — em particular dado o estado de adiantamento destas, a confiança gerada na contraparte quanto à conclusão do contrato e as despesas por esta realizadas nessa perspectiva — permitam configurar a sua conduta como um abuso de direito[1107].

[1104] Cfr. MENEZES CORDEIRO, ob. e loc. cit.

[1105] Exceptuam-se as hipóteses em que haja o dever legal ou negocial de contratar. Estamos aí, porém, fora do domínio da responsabilidade pré-contratual.

[1106] *V.g.* pondo condições ou exigências destituídas de qualquer justificação económica ou de oportunidade, que obriguem a outra parte a desistir do negócio: cfr. o ac. do STJ de 9 de Fevereiro de 1999, *CJSTJ* 1999, t. I, pp. 84 ss. (p. 85).

[1107] Sobre este problema, cfr. ALMEIDA COSTA, *Responsabilidade civil pela ruptura das negociações preparatórias de um contrato*, pp. 60 ss.; Ana PRATA, ob. cit., pp. 66 ss.; CALVÃO DA SILVA, «Negociações preparatórias de contrato-promessa e responsabilidade pré-contratual», *in Estudos de Direito Civil e de Processo Civil*, pp. 77 ss. (especialmente pp. 87 ss.); e GALVÃO TELLES, *Direito das Obrigações*, pp. 76 s. Na jurisprudência, *vide* os acs. do STJ de 5 de Fevereiro de 1981, *RLJ*, ano 116.°, pp. 81 ss., com anotação de ALMEIDA COSTA, a pp. 84 ss.; e da Relação de Lisboa de 23 de Janeiro 1977, *CJ* 1977, t. I, pp. 213 ss., e de 18 de Janeiro de 1990, *CJ* 1990, t. I, pp. 144 ss.; bem como a sentença do 3.° Juízo Cível de Lisboa de 16 de Outubro de 1992, *CJ* 1992, t. IV, pp. 336 ss.

310   *Da Responsabilidade Pré-Contratual em Direito Internacional Privado*

Discute-se na doutrina nacional a inclusão dos danos causados à pessoa e aos bens da contraparte nos preliminares e na conclusão dos contratos entre as infracções aos deveres de conduta que dão lugar a responsabilidade pré-contratual.

Para a maioria dos autores que se tem pronunciado sobre o tema, a causação desses danos é sancionada pelas regras gerais da responsabilidade extracontratual[1108]; mas MENEZES CORDEIRO caracteriza-a como violação de deveres de segurança emergentes do art. 227.º, n.º 1, do Código Civil e atribui-lhe natureza obrigacional[1109].

Passemos aos sistemas jurídicos de *Common Law*, relativamente aos quais nos limitaremos a apontar alguns traços gerais do regime vigente nesta matéria.

No Direito inglês as formas de ilicitude que determinam responsabilidade por *misrepresentation* são fundamentalmente três: a prestação intencional de falsas declarações ou a violação de um *duty of disclosure*, que integram o *tort of deceit* ou *fraud*; a violação de um *duty of care* consistente na prestação negligente de informações inexactas (*negligent misrepresentation*), que faz incorrer o lesante em responsabilidade por *tort of negligence*; e, no caso de *incorporated misrepresentation*, a que aludimos acima[1110], *breach of contract*.

Inexiste, como vimos, qualquer dever genérico de informação nos preliminares e na conclusão dos contratos, sendo as violações dos deveres especiais de informação consagrados na lei e na jurisprudência reconduzidas à figura da *misrepresentation*.

No Direito dos Estados Unidos a *fraudulent misrepresentation* constitui também um ilícito delitual: o *tort of deceit*[1111]. Constituem ainda fac-

---

[1108] Cfr. Carlos da MOTA PINTO, «A responsabilidade pré-negocial pela não-conclusão dos contratos», *BFDUC* 1966, pp. 143 ss. (pp. 154 ss.); Ana PRATA, ob. cit., p. 83 (com restrições); GALVÃO TELLES, *Direito das Obrigações*, p. 77, n. 1; e OLIVEIRA ASCENSÃO, *Direito Civil. Teoria geral*, vol. II, *Acções e factos jurídicos*, p. 370. Também PAIS DE VASCONCELOS, *Teoria geral do Direito Civil*, vol. I, pp. 238 s., entende que os «danos ou custos que, ocorrendo embora concomitantemente com a negociação ou com a contratação, se não insiram funcionalmente no processo negocial [...] não devem ser qualificados como de *culpa in contrahendo*».

[1109] Cfr. *Tratado de Direito Civil português*, vol. I, *Parte geral*, t. I, *Introdução. Doutrina geral. Negócio jurídico*, pp. 345 s.

[1110] Cfr. *supra*, § 12.º/II.

[1111] «[A] man is liable to an action for deceit if he makes a false representation to another, knowing it to be false, but intending that the other should believe and act upon it, if the person addressed believes it, and is thereby persuaded to act to his own harm»: HOLMES,

tos ilícitos, podendo integrar o *tort of negligence*, as afirmações falsas ou erradas feitas com violação de um dever de cuidado[1112]; bem como as hipóteses de *misrepresentation*, de *concealment* e de *non-disclosure* que determinam, nos termos do *Restatement 2d of Contracts*, a ineficácia ou a modificação do contrato[1113].

Diferentemente, a responsabilidade pela promessa informal, que é associada no Direito dos Estados Unidos à figura do *promissory estoppel*, não assenta na violação de qualquer dever jurídico (quer de um dever de prestação, que não existe nas situações em apreço dado que não chegou a formar-se um contrato em virtude da inexistência do requisito da *consideration*, quer de um dever de conduta, pois que, como se viu, o Direito dos Estados Unidos é avesso à vinculação das partes a específicos deveres pré-contratuais de conduta). Funda-se antes aquela responsabilidade no desvalor social da promessa que induz certos actos ou omissões do promissário que nela confiou, em seu prejuízo (a chamada *detrimental reliance*)[1114]. Exceptuam-se ao exposto as hipóteses em que a confiança na promessa é gerada mediante fraude, as quais se reconduzem à categoria da *misrepresentation*.

59. Consideremos agora a culpa. No Direito alemão ela é, de um modo geral, requisito da imputação ao lesante dos danos produzidos na formação do contrato, resultantes da violação de deveres de conduta integrados na relação jurídica de negociações[1115].

Nalguns casos, porém, a responsabilidade pré-contratual é tida, segundo parte da jurisprudência e da doutrina, como uma responsabilidade objectiva, pela confiança ou pela aparência geradas através da conduta de

---

The Common Law, p. 106. Na doutrina mais recente pode ver-se no sentido do texto PROSSER-KEETON, *The Law of Torts*, pp. 725 ss.

[1112] PROSSER-KEETON, ob. cit., p. 745.

[1113] Cfr. *supra*, § 12.º/II.

[1114] Cfr. neste sentido, CORBIN, *Contracts*, vol. 1A, p. 193; FARNSWORTH, *Contracts*, vol. I, pp. 310 s. Ver ainda o comentário *a.* ao § 90 do *Restatement 2d of Contracts*.

[1115] Assim NIRK, «Culpa in contrahendo — eine richterliche Rechtsfortbildung — in der Rechtsprechung des Bundesgerichtshofes», *FS Möhring* (1965), pp. 384 ss. (p. 391); *idem*, est. cit. no *FS Möhring* (1975), pp. 80 s.; GOTTWALD, «Die Haftung für culpa in contrahendo», *JuS* 1982, pp. 877 ss. (878); *Münchener Kommentar*-EMMERICH, Vor § 275 BGB, n.m. 164, p. 707; KÜPPER, *Das Scheitern von Vertragsverhandlungen als Fallgruppe der culpa in contrahendo*, p. 197; MEDICUS, *Allgemeiner Teil des BGB*, p. 167; *idem*, *Schuldrecht I. Allgemeiner Teil*, p. 59; FIKENTSCHER, *Schuldrecht*, p. 67; e LARENZ-WOLF, ob. cit. p. 616.

312   *Da Responsabilidade Pré-Contratual em Direito Internacional Privado*

uma das partes nas negociações. Assim sucederia nas hipóteses de anulação do contrato por erro (§ 122 do BGB), de ausência de poderes de representação desconhecida do representante (§ 179, 2, do BGB) e de rompimento das negociações[1116]. Esta orientação não é, todavia, pacífica. Pelo que respeita às hipóteses mencionadas em último lugar, o Tribunal Federal parece inclinar-se no sentido apontado, ao menos nos casos em que o lesante tenha dado como certa no decurso das negociações, expressa ou concludentemente, a celebração do contrato[1117]; mas a doutrina dominante opõe-se a semelhante entendimento. Para tanto salienta-se, por um lado, que a defraudação sem fundamento justificativo da confiança gerada na contraparte constitui uma conduta culposa[1118] — um *venire contra factum proprium*[1119] —; e, por outro, que se o lesante tiver informado atempadamente o lesado de quaisquer circunstâncias por si conhecidas susceptíveis de obstarem à conclusão do contrato, e este não for celebrado, recai sobre o segundo o correspondente risco, pois que poderia ter tomado as precauções necessárias a fim de evitar danos[1120]. O mesmo já se tem dito da mudança de desígnio quanto à celebração do contrato, de que se haja dado prontamente conhecimento à contraparte: faltando um comportamento ilícito e culposo, não haveria neste caso responsabilidade pré-contratual[1121].

[1116] Cfr. LARENZ, «Bemerkungen zur Haftung für culpa in contrahendo», *in FS Ballerstedt*, pp. 397 ss. (p. 418); *idem, Schuldrecht*, vol. I, *Allgemeiner Teil*, p. 108; *idem, Allgemeiner Teil des deutschen Bürgerlichen Rechts*, p. 387; GRUNEWALD, «Das Scheitern von Vertragsverhandlungen ohne triftigen Grund», *JZ* 1984, pp. 708 ss. (p. 710); CANARIS, «Schutzgesetze — Verkehrspflichten — Schutzpflichten», *in FS Larenz*, pp. 27 ss. (p. 91); LARENZ-WOLF, *Allgemeiner Teil des Bürgerlichen Rechts*, pp. 693, 938 e 940; e *Palandt-Heinrichs*, § 179 BGB, n.m. 1, p. 173.

[1117] Cfr. entre outras as sentenças de 6 de Fevereiro de 1969, cit. *supra*; de 18 de Outubro de 1974, *NJW* 1975, pp. 43 s.; e de 22 de Fevereiro de 1989, *JZ* 1991, pp. 199 ss., onde se lê: «Wer gegenüber dem Partner im Laufe der Verhandlungen den späteren Vertragsabschluss ausdrücklich oder durch schlüssiges Verhalten als sicher hinstellt, haftet aus Verschulden bei Vertragsverhandlungen grundsätzlich auch dann, wenn er das berechtigte Vertrauen des anderen Teils nicht schuldhaft herbeigeführt hat».

[1118] Cfr. STOLL, est. cit. no *FS von Caemmerer*, p. 449; NIRK, est. cit. no *FS Möhring* (1975), p. 81; GOTTWALD, est. cit., p. 879; e MEDICUS, *Allgemeiner Teil des BGB*, p. 171.

[1119] KÜPPER, ob. cit., pp. 216 ss.

[1120] Assim FRIEDL, «Haftung bei Abbruch von Vertragsverhandlungen im deutschen und anglo-amerikanischem Recht», *ZvglRWiss* 1998, pp. 161 ss. (p. 182).

[1121] Cfr. REINICKE-TIEDTKE, «Schadensersatzverpflichtungen aus Verschulden beim Vertragsabschluss nach Abbruch von Vertragsverhandlungen ohne triftigen Grund», *ZIP* 1989, pp. 1093 ss. (pp. 1097 ss.), e GUNST, anotação à sentença do BGH de 22 de Feve-

Da Responsabilidade Pré-Contratual nos Sistemas Jurídicos Nacionais 313

O critério de aferição da culpa é, nos casos em que esta for exigível, o do § 276 do BGB, segundo o qual o devedor tanto responde por dolo como por negligência, entendendo-se por esta última a inobservância do cuidado exigível no tráfico[1122].

No Direito suíço a culpa do lesante é igualmente exigível como pressuposto da responsabilidade pré-contratual, excepto no caso de recusa de ratificação do contrato celebrado pelo representante sem poderes, o qual responde nos termos do artigo 39 do Código das Obrigações mesmo que tenha agido sem culpa[1123]. A culpa do lesante presume-se, segundo a doutrina dominante[1124].

No Direito francês a *faute* é imprescindível, como pressuposto da responsabilidade pré-contratual, mesmo nos casos de nulidade do contrato[1125]. Inclui-se nela, além de uma vertente objectiva, que referimos acima, um elemento subjectivo, susceptível de ser definido como «*état psychologique ou d'esprit, blâmable parce que dolosif, négligent ou non diligent, qui a rendu l'inexécution possible*»[1126]. Nele se funda o juízo de censura sobre a conduta do lesante em que se traduz noutros sistemas, como o alemão e o nosso, o conceito de culpa. Na apreciação desta vertente da *faute* atende-se no Direito francês, como entre nós, à diligência de

---

reiro de 1989, *JZ* 1991, pp. 202 ss., que criticam, por restritiva da autonomia da vontade, a mencionada jurisprudência do Tribunal Federal.

[1122] Cfr. GOTTWALD, est. cit., p. 878; LARENZ, *Schuldrecht*, vol. I, *Allgemeiner Teil*, p. 108; *Münchener Kommentar*-EMMERICH, Vor § 275 BGB, n.m. 216, p. 722; BROX, *Allgemeines Schuldrecht*, p. 44; LARENZ-WOLF, ob. cit., p. 616; e *Palandt*-HEINRICHS, § 276 BGB, n.m. 70, p. 336.

[1123] É o que se infere do disposto no n.º 2 do art. 39 do Código das Obrigações, segundo o qual «[e]n cas de faute du représentant, le juge peut, si l'équité l'exige, le condamner à des dommages-intérêts plus considérables».

[1124] Cfr. PIOTET, *Culpa in contrahendo*, p. 56; JÄGGI, «Zum Begriff der vertraglichen Schadenersatzforderung», in *Mélanges Schönenberger*, pp. 181 ss. (p. 194); *Berner Kommentar*-KRAMER-SCHMIDLIN, p. 73; Rainer GONZENBACH, *Culpa in contrahendo im schweizerischen Vertragsrecht*, pp. 154 ss. (onde a analogia das situações de *culpa in contrahendo* com as de responsabilidade contratual o justifique); ENGEL, *Traité des obligations en droit suisse*, p. 753; e GAUCH-SCHLUEP-SCHMID-REY, *Schweizerisches Obligationenrecht. Allgemeiner Teil*, vol. I, p. 196. Contra pronunciam-se GUHL-MERZ-KUMMER-KOLLER-DRUEY, *Das Schweizerische Obligationenrecht*, p. 99, que entendem caber ao lesado o ónus de provar a culpa do lesante.

[1125] Neste sentido LARROUMET, *Droit Civil. Les Obligations. Le Contrat*, t. III, p. 561.

[1126] Assim CONSTANTINESCO, *Inexécution et faute contractuelle en droit comparé*, p. 207.

314   *Da Responsabilidade Pré-Contratual em Direito Internacional Privado*

um bom pai de família[1127]. No caso de rompimento das negociações preparatórias de um contrato tem-se por verificada a *faute*, havendo lugar à responsabilidade prevista nos artigos 1382 e 1383 do Código Civil, mesmo «*en absence d'intention de nuire*»[1128].

Também em Itália se requer um comportamento culposo a fim de que possa ser imposta a obrigação de indemnizar com fundamento nos arts. 1337 e 1338 do Código Civil. A culpa pode consistir, designadamente, no comportamento daquele que cria na contraparte uma confiança razoável na conclusão do contrato e depois interrompe as *trattative* sem motivo justificado[1129] ou que, conhecendo ou devendo conhecer a existência de uma causa de invalidade do contrato, não informou dela a outra parte apesar de poder fazê-lo[1130].

No Direito português é em princípio exigível a culpa como pressuposto da responsabilidade pré-contratual, nos termos do art. 227.º, n.º 1, do Código Civil[1131]. Existem, no entanto, casos excepcionais de responsa-

---

[1127] Cfr. CARBONNIER, *Droit Civil. Introduction*, p. 301, que define a *faute* como «le fait de ne pas se conduire comme se conduit l'homme diligent et soigneux, le bon père de famille».

[1128] Sentença da Cassação de 3 de Outubro de 1972, *Bull.* 1972, III, n.º 491, p. 359.

[1129] PESCATORE-RUPERTO, *Codice Civile annotato*, t. I, p. 1967.

[1130] Relativamente aos casos de violação de deveres de informação, tem-se entendido na doutrina que ao autor apenas cabe provar a existência do dever de informação violado, pertencendo ao réu demonstrar, nos termos do art. 1218 do Código Civil, a inexistência de culpa sua no incumprimento desse dever: cfr. MENGONI, «Sulla natura della responsabilità precontrattuale», *RCDGO* 1956-II, pp. 360 ss. (p. 363); BENATTI, *Responsabilità precontrattuale*, tradução portuguesa, pp. 178 s.

[1131] Cfr. ALMEIDA COSTA, *Responsabilidade civil pela ruptura das negociações preparatórias de um contrato*, p. 93; MENEZES CORDEIRO, *Da boa fé no Direito Civil*, vol. I, p. 584; Ana PRATA, *Notas sobre responsabilidade pré-contratual*, p. 155.

Na jurisprudência, *vide* os acs. do STJ de 23 de Maio de 1975, *BMJ* 247, pp. 158 ss. (no qual se rejeita a ocorrência de *culpa in contrahendo* da ré por não se ter provado que aquela induzira a autora a contratar nos termos em que o fez: p. 162); de 11 de Março de 1982, *BMJ* 315, pp. 249 ss. (em que se recusa a imposição a uma das partes da obrigação de indemnizar, por os factos provados não permitirem concluir que foi ela quem culposamente provocou ou não evitou a nulidade de um contrato-promessa: p. 254); de 7 de Fevereiro de 1985, *BMJ* 344, pp. 411 ss., e *RLJ*, ano 119.º, pp. 16 ss. (no qual se reconhece que «o art. 227.º, n.º 1 do Código Civil [é] aplicável quando a nulidade de um negócio por inobservância de forma é invocada pela parte que a provocou», mas que o preceito «apenas se pode observar desde que se tenham alegado factos que permitam concluir que foi foi esse contraente quem provocou culposamente o incumprimento da forma prescrita na lei»: *BMJ* cit., p. 415); e de 28 de Março de 1995, *CJSTJ* 1995, t. I, pp. 141 ss. (segundo o qual inexiste *culpa in contrahendo* dos réus que se recusaram a celebrar um contrato prometido

bilidade pré-contratual objectiva, como os que se acham previstos nos arts. 899.° e 909.° do mesmo Código e no art. 12.° do D.L. n.° 24/96, de 31 de Julho. Quando exigível, a culpa na formação do contrato tanto pode consistir numa conduta dolosa como em simples negligência. No tocante a certos contratos gratuitos deve, porém, a culpa *in contrahendo* revestir a forma de dolo: assim sucede, por força dos arts. 956.°, n.° 2, 957.°, n.° 1, e 1134.° do Código Civil, quanto à doação e ao comodato.

A apreciação da culpa na responsabilidade pré-contratual deve fazer--se nos termos aplicáveis à responsabilidade civil em geral, i. é, na falta de outro critério legal, pela diligência de um bom pai de família em face das circunstâncias do caso (art. 487.°, n.° 2, do Código Civil). A diligência exigível aos negociadores não é, todavia, a mesma nas negociações entre profissionais de determinado ramo da actividade económica e nas negociações entre estes e particulares, pois que se afigura merecedora de maior censura no segundo caso a violação de certos deveres pré-contratuais de conduta — *maxime* o de informação — do que no primeiro[1132].

Admite-se a concorrência de culpa do lesado na responsabilidade pré-contratual, traduzida, por exemplo, na omissão por este de diligências ao seu alcance e necessárias a fim de bem se esclarecer quanto ao conteúdo do negócio projectado ou na realização imponderada de certas despesas com vista à conclusão do mesmo. Neste caso cabe ao tribunal determinar se a indemnização deve ser totalmente concedida, reduzida ou mesmo excluída (art. 570.°, n.° 1, do Código Civil)[1133]. Nos casos em que o dano derive da deficiência de conteúdo de prospectos relativos à oferta pública de valores mobiliários exclui-se a responsabilidade do oferente e das

---

verbalmente, escudando-se na nulidade da promessa, se na génese desta nulidade a culpa se reparte igualmente por ambos os contraentes); bem como os acs.da Relação de Lisboa de 17 de Novembro de 1981, *CJ* 1981, t. V., pp. 147 s. (onde se rejeita a ocorrência de uma conduta culposa na ruptura de negociações porque «nas promessas da Ré nunca houve a enunciação de um carácter de certeza»: p. 148), e da Relação de Évora, de 30 de Outubro de 1997, *CJ* 1997, t. IV, pp. 282 ss. (em que se afirma: «[a] *culpa in contrahendo* só se verifica quando uma das partes, maleficamente, oculta um facto que vai provocar uma situação anti-jurídica»; não tendo qualquer das rés procedido desse modo, não seriam as mesmas passíveis da cominação imposta pelo art. 227.° do Código Civil: p. 284).

[1132] Cfr. Ana PRATA, ob. cit., p. 161; ALMEIDA COSTA, voto de vencido no ac. do Tribunal Arbitral de 31 de Março de 1993, *RLJ*, ano 126.°, p. 153.

[1133] Cfr. ANTUNES VARELA, anotação ao acórdão do Supremo Tribunal de Justiça de 29 de Janeiro de 1974, *RLJ*, ano 108.°, pp. 56 ss. (pp. 57 s.); Ana PRATA, ob. cit., pp. 162 ss.; ALMEIDA COSTA, loc. cit.

316 *Da Responsabilidade Pré-Contratual em Direito Internacional Privado*

demais pessoas referidas no art. 149.°, n.° 1, do Código dos Valores Mobiliários se o destinatário tinha ou devia ter conhecimento dela à data da emissão da sua declaração contratual ou em momento em que a respectiva revogação ainda era possível (art. 149.°, n.° 3, do mesmo Código).

Segundo a doutrina dominante, a culpa *in contrahendo* presume-se, nos termos do art. 799.°, n.° 1, do Código Civil, naquele que deu causa à deficiência ou à não conclusão do contrato[1134]. Neste sentido pronunciou-se também o Supremo Tribunal de Justiça em acórdãos de 4 de Julho de 1991[1135] e de 9 de Fevereiro de 1993[1136]. Essa solução encontra-se expressamente consagrada no art. 314.°, n.° 2, do Código dos Valores Mobiliários.

Também nos sistemas de *Common Law* a culpa (*fault* ou *blameworthiness*) é um elemento constitutivo, posto que não indispensável, da responsabilidade delitual, podendo revestir as modalidades de *wrongful intention* e de *culpable negligence*[1137].

A prestação de informações falsas nos preliminares dos contratos é no Direito inglês fonte de responsabilidade civil por *fraudulent* ou *negligent misrepresentation*, consoante tenha lugar com dolo ou negligência. Exclui-se a responsabilidade *in tort* pela prestação não culposa de informações falsas (*innocent misrepresentation*)[1138].

Quando dolosa, a prestação de informações falsas constitui *tort of deceit*. São requisitos deste último: a consciência por parte do declarante da falsidade da sua declaração; a ausência de uma convicção séria na sua veracidade ou a indiferença à sua veracidade ou falsidade («*a false statement made knowingly or without belief in its truth, or recklessly, careless*

[1134] Cfr. VAZ SERRA, «Culpa do devedor ou do agente», *BMJ* 68, pp. 13 ss. (pp. 130 ss.); Carlos da MOTA PINTO, *Cessão da posição contratual*, p. 351; MENEZES CORDEIRO, *Da boa fé no Direito Civil*, vol. I, p. 585; *idem*, *Tratado*, cit., vol. I, t. I, pp. 345 s.; Ana PRATA, ob. cit., p. 213; GALVÃO TELLES, «Culpa na formação dos contratos», cit., pp. 346 s.; REBELO DE SOUSA, «Responsabilidade pré-contratual — vertentes privatística e publicística», *Dir.* 1993, pp. 383 ss. (p. 400). Contra, pelo que respeita ao rompimento de negociações: ALMEIDA COSTA, *Responsabilidade civil*, cit., p. 93.

[1135] *BMJ* 409, pp. 743 ss. (p. 749).

[1136] *BMJ* 424, pp. 607 ss . (p. 611).

[1137] Cfr. quanto ao Direito inglês: SALMOND-HEUSTON, *Law of Torts*, pp. 24 ss. e 214; MARKESINIS-DEAKIN, *Tort Law*, pp. 40 ss.; e quanto ao Direito dos Estados Unidos da América: PROSSER-KEETON, *The Law of Torts*, pp. 22 s. e 698 s.

[1138] Sem prejuízo, no entanto, de o tribunal conceder à parte a quem essas informações forem prestadas uma indemnização pelo dano que lhe causar a manutenção do contrato: cfr. *supra*, § 12.°/II.

whether it be true or false»[1139]); e a intenção de que a outra parte actue confiando na veracidade da declaração[1140].

A *misrepresentation* é tida por negligente «*if it is made carelessly and in breach of a duty owed by the representor to the representee to take reasonable care that the representation is accurate*»[1141].

O ónus da prova da culpa da *misrepresentation* pertence no *Common Law* ao lesado; mas a secção 2 (1) do *Misrepresentation Act 1967* inverte-o, fazendo recair sobre o lesante o ónus de provar «*that he had a reasonable ground to believe up to the time the contract was made that the facts represented were true*».

Diferentemente, a responsabilidade por *incorporated misrepresentation* é, como toda a responsabilidade contratual no Direito inglês, independente de culpa.

No Direito dos Estados Unidos da América a responsabilidade por *fraudulent misrepresentation*, pressupõe, de acordo com os §§ 162 do *Restatement 2d of Contracts* e 525 e 526 do *Restatement 2d of Torts*, que se achem preenchidos dois requisitos de carácter subjectivo: a plena consciência (*scienter*) por parte do declarante da falta de veracidade da sua declaração — a qual se tem por verificada se o declarante souber que a declaração não corresponde aos factos, se não tiver na veracidade ou na exactidão da sua declaração a confiança que afirma ou insinua ter e ainda se souber que não existe a base em que fundamenta a declaração —; e a intenção de induzir a contraparte a praticar determinado acto ou omissão (*intent to mislead* ou *to deceive*)[1142].

Já a responsabilidade *ex promissory estoppel* tem carácter objectivo, pois que é, a exemplo das demais formas de responsabilidade contratual vigentes no Direito dos Estados Unidos, independente de qualquer culpa do promitente. Não obstante, exige-se no § 90 (1) do *Restatement 2d of Contracts* que a confiança gerada no promissário seja razoavelmente previsível pelo promitente a fim de que possa originar a responsabilidade deste.

[1139] Assim a sentença proferida pela *House of Lords* no caso *Derry v. Peek*, (1889) *A.C.* 337.

[1140] Cfr. SALMOND-HEUSTON, ob. cit., pp. 438.

[1141] Assim TREITEL, *The Law of Contract*, p. 308.

[1142] Cfr. PROSSER-KEETON, ob. cit., pp. 741 ss.; FARNSWORTH, *Contracts*, vol. I, pp. 412 s.; e MURRAY, *Murray on Contracts*, p. 474.

318 Da Responsabilidade Pré-Contratual em Direito Internacional Privado

Nos casos em que seja exigível, a culpa é apreciada por referência à conduta exigível ao «homem médio»[1143].

60. Em todos os ordenamentos jurídicos se exige, como pressuposto da responsabilidade pré-contratual, uma diminuição patrimonial; varia porém a medida em que esta é ressarcível.

A restrição da indemnização por *culpa in contrahendo* ao interesse contratual negativo, também designado, aliás impropriamente, por interesse ou dano de confiança (*Vertrauensinteresse*)[1144], i. é, o dano que o lesado não teria sofrido se o contrato não houvesse sido celebrado, foi a solução preconizada por JHERING. Sustentou este autor que nas hipóteses por ele visadas — que eram, recorde-se, exclusivamente as de invalidade do negócio jurídico — não resultava deste qualquer dever de cumprimento, pelo que a pretensão ressarcitória do credor não podia dirigir-se à satisfação do seu interesse positivo ou de cumprimento, antes devia cingir--se ao interesse negativo[1145].

Esta doutrina obteve consagração nos §§ 122, 179 (2), 307 e 309 do BGB pelo que respeita às hipóteses de invalidade da declaração negocial ou do contrato. Aí se prescreve a obrigação de o declarante a quem pertencer o direito de anulação da declaração negocial, o *falsus procurator* e o contraente que, aquando da conclusão do contrato, tinha ou devia ter conhecimento da impossibilidade da prestação ou de que o contrato violava proibição legal, indemnizarem o dano sofrido pela contraparte em virtude de esta ter confiado na validade da declaração, do poder de representação ou do contrato. A indemnização tem como limite o valor do interesse que o lesado teria na validade do contrato.

Nos demais casos de *culpa in contrahendo* a determinação do dano indemnizável e o cálculo da indemnização obedecem actualmente às seguintes regras:

[1143] «The law considers [...] what would be blameworthy in the average man, the man of ordinary intelligence and prudence, and determines liability by that», escreve HOLMES, *The Common Law*, p. 87.

[1144] Observe-se que também o interesse contratual positivo, ou de cumprimento, se funda na lesão da confiança, sendo por isso configurável um dano de confiança positivo e um dano de confiança negativo. Por isso fala CANARIS do «carácter bifrontal» (*Zweispurigkeit*) da responsabilidade pela confiança: cfr., do autor, *Die Vertrauenshaftung im Deutschen Privatrecht*, p. 5.

[1145] Est. cit., *JhJh* 1861, pp. 16 s. e 43.

Como princípio geral, visa-se reconstituir, nos termos do disposto no § 249 BGB, a situação que existiria se não se tivesse verificado o evento que obriga à reparação[1146]. Este objectivo assume, porém, conformação diversa consoante a natureza do dever de conduta violado.

Assim, ocorrendo violação de deveres de protecção e cuidado nos preliminares dos contratos há lugar à indemnização do «interesse de conservação» (*Erhaltungsinteresse*) ou «de integridade» (*Integritätsinteresse*), ou seja ao ressarcimento de todos os danos sofridos[1147].

Nos casos de violação de deveres de lealdade, informação e esclarecimento visa-se, posto que com significativas excepções, a indemnização do interesse negativo (*negatives Interesse*), consistente, *v.g.*, nas despesas inutilmente feitas pelo lesado com vista à conclusão do contrato[1148] ou nas despesas a mais em que aquele incorreu para a aquisição do respectivo objecto[1149]. Segundo alguns, essa indemnização teria aqui como limite superior, tal como nas hipóteses visadas pelas disposições do BGB atrás citadas, o interesse positivo ou de cumprimento (*Erfüllungsinteresse*), visto que não seria admissível colocar o lesado em melhor posição do que a que ocuparia se o contrato houvesse sido celebrado sem vício[1150]. Outros

---

[1146] Cfr. neste sentido a sentença do Tribunal Federal de 26 de Março de 1981, *NJW* 1981, p. 1673; NIRK, est. cit. no *FS Möhring* (1975), p. 90; GOTTWALD, est. cit., p. 90 s.; KÜPPER, ob. cit., p. 263; ESSER-SCHMIDT, ob. cit., p. 142.

[1147] Cfr. LARENZ, *Schuldrecht*, vol. I, *Allgemeiner Teil*, p. 112; Soergel-WIEDEMANN, Vor § 275 BGB, n.m. 195, p. 640; e Staudinger-LÖWISCH, pré-anotações aos §§ 275 ss. do BGB, n.m. 64, p. 193.

[1148] Cfr. STOLL, est. cit. no *FS von Caemmerer*, p. 446; LARENZ, *Schuldrecht*, vol. I, *Allgemeiner Teil*, p. 112; Staudinger-LÖWISCH, pré-anotações aos §§ 275 ss. do BGB, n.m. 74 e 94, pp. 196 e 203; FIKENTSCHER, *Schuldrecht*, p. 74; LARENZ-WOLF, ob. cit., p. 616; e, pelo que respeita ao destinatário de «cartas de intenção», LUTTER, *Der Letter of Intent*, p. 69.

[1149] Assim a sentença do Tribunal Federal de 28 de Março de 1990, *BGHZ* 111, pp. 75 ss. (p. 85): «Der in seinem Vertrauen auf die Richtigkeit der Angaben seines Vertragspartners Enttäuschte ist so zu stellen, wie er bei richtiger Offenbarung der für seinen Kaufabschluss erheblichen Umstände stünde. Er kann entweder Rückgängigmachung des Vertrages verlangen oder aber am Vertrag festhalten und lediglich zusätzlich Schadensersatz beanspruchen [...]. Bleibt der Käufer beim Vertrag stehen, so kann sich nach inzwischen ständiger Rechtsprechung des Bundesgerichthofs sein Schaden auf denjenigen Betrag belaufen, den er für den Erwerb der Kaufsache zuviel aufgewandt hat [...]».

[1150] Assim LARENZ, est. cit. no *FS Ballerstedt*, p. 419 (o autor modificou entretanto a sua posição neste particular: cfr. a nota seguinte); GOTTWALD, est. cit., p. 884; STOLL, est. cit. no *FS Von Caemmerer*, p. 451; *idem*, «Vertrauensschutz bei einseitigen Leistungsversprechen», *FS Flume*, pp. 741 ss. (p. 757); e Staudinger-LÖWISCH, pré-anotações aos §§ 275 ss. do BGB, n.m. 76, pp. 196 s.

320 Da Responsabilidade Pré-Contratual em Direito Internacional Privado

rejeitam a sujeição do ressarcimento a esse limite[1151]. Verificando-se, porém, que sem a actuação do lesante se teria chegado à conclusão de um contrato ou de um contrato mais favorável, admite-se a indemnização do interesse positivo; pode então o lesado reclamar que o lesante o coloque na situação em que se encontraria se as negociações tivessem sido concluídas com êxito ou sem violação dos deveres de conduta a cargo da contraparte[1152].

Este, a traços largos, o panorama geral do regime do ressarcimento do dano *in contrahendo* no Direito alemão. Ele evidencia uma tendência, paralela ao alargamento da figura em apreço a novas categorias de situações, no sentido do afastamento progressivo das restrições impostas quer pelo interesse negativo quer pelo de sinal inverso, próprio, este último, da responsabilidade contratual. Está aí, supomos, uma manifestação do carácter misto ou híbrido que a responsabilidade pré-contratual assume neste sistema, a que já aludimos a propósito do Direito português.

Na Suíça o Tribunal Federal entende que a responsabilidade por culpa na formação do contrato se restringe ao interesse contratual negativo: o lesado deve ser indemnizado do dano em que incorreu por ter confiado na celebração de um contrato eficaz[1153]. Nele se compreendem tanto o dano emergente (*v.g.* as despesas inutilmente feitas com vista à conclusão do contrato) como o lucro cessante (por exemplo, os benefícios que o lesado deixou de obter através de outro contrato, que teria celebrado não fora a violação pelo lesante dos seus deveres pré-contratuais de con-

---

[1151] Neste sentido LARENZ, *Schuldrecht*, vol. I, *Allgemeiner Teil*, p. 112; *Soergel*-WIEDEMANN, Vor § 275 BGB, n.m. 185, p. 637; HORN, «Culpa in contrahendo», *JuS* 1995, pp. 377 ss. (p. 383); FIKENTSCHER, *Schuldrecht*, p. 74; e LARENZ-WOLF, ob. cit., p. 616.

[1152] Assim, por exemplo, a sentença do Tribunal Federal de 29 de Janeiro de 1965, *NJW* 1965, pp. 812 ss.: «Ist ein Grundstückskaufvertrag wegen eines vom Verkäufer verschuldeten Formfehlers nichtig, wäre er aber ohne das schuldhafte Verhalten formgültig abgeschlossen worden, dann ist der Käufer in Geld so zu entschädigen, dass er sich ein gleichwertiges anderes Grundstück zu beschaffen vermag; Übereignung des den Gegenstand des formnichtigen Vertrages bildenden Grundstücks kann nicht verlangt werden». Cfr. no sentido do texto: NIRK, est. cit., p. 90; GOTTWALD, est. cit., p. 884; LARENZ, ob. cit., p. 113; KÜPPER, ob. cit., pp. 88 e 262; *Soergel*-WIEDEMANN, Vor § 275 BGB, n.m. 182, p. 636; FIKENTSCHER, *Schuldrecht*, p. 74; e *Palandt*-HEINRICHS, § 276 BGB, n.m. 101, p. 341.

[1153] Cfr. neste sentido as sentenças daquele Tribunal de 26 de Maio de 1910, *ATF*, vol. 36/II, pp. 193 ss. (p. 203); de 29 de Maio de 1914, *ATF*, vol. 40/II, pp. 370 ss. (p. 372); e de 6 de Fevereiro de 1979, *ATF*, vol. 105/II, pp. 75 ss. (p. 81). Na doutrina podem consultar-se no mesmo sentido GAUCH-SCHLUEP-SCHMID-REY, *Schweizerisches Obligationenrecht. Allgemeiner Teil*, vol. I, p. 196.

duta)[1154]. A lei prevê, todavia, a possibilidade de condenação do errante e do *falsus procurator* a uma indemnização «mais considerável» se a equidade o exigir[1155].

Muito diferente é a configuração do problema no Direito francês, pois que ele é aí reconduzido pela jurisprudência, como vimos, às regras gerais da responsabilidade extracontratual. Assim, quanto à delimitação do dano indemnizável vale o princípio da sua reparação integral, que vigora em matéria de responsabilidade civil extracontratual[1156]. Inexiste, pois, no âmbito deste sistema a distinção entre interesse positivo e interesse negativo, que observámos no Direito alemão[1157]. Têm-se por ressarcíveis, ao abrigo do referido princípio, aplicado à responsabilidade pré-contratual, os danos materiais e morais, bem como os danos emergentes e os lucros cessantes[1158]. Exige-se, no entanto, a «certeza» (*certitude*) do dano, donde parece resultar que o lesado dificilmente poderá pretender o ressarcimento de todos os benefícios que teria extraído de um contrato que não chegou a ser concluído: quedando-se as partes pela fase das negociações, a conclusão do contrato pertence, como já se tem notado, ao domínio das probabilidades e não das certezas[1159].

No Direito italiano é ressarcível, segundo a doutrina e a jurisprudência dominantes, tão-só o dano negativo sofrido *in contrahendo*, compreendendo-se nele tanto as despesas realizadas inutilmente como as oportunida-

---

[1154] Cfr. Rainer GONZENBACH, *Culpa in contrahendo im schweizerischen Vertragsrecht*, pp. 217 ss.; DREYER, «Switzerland», *in Formation of contracts and precontractual liability*, pp. 65 ss. (p. 70 s.); e SCHENKER, «Switzerland», *in Precontractual Liability. Reports to the XIIIth Congress International Academy of Comparative Law*, pp. 309 ss. (p. 317).

[1155] Arts. 26, n.º 2, e 39, n.º 2, do Código das Obrigações.

[1156] Cfr. LARROUMET, *Droit Civil. Les Obligations. Le Contrat*, t. III, p. 562; CARBONNIER, *Droit Civil*, t. 4, *Obligations*, p. 475.

[1157] Reconhecem-no TALLON-HARRIS, *Le contrat aujourd'hui*, pp. 84 s. Uma rara afloração da ideia encontra-se, porém, na anotação de J. SCHMIDT ao ac. da Cassação de 9 de Fevereiro de 1981, *D*. 1982, pp. 4 ss. (p. 9): «Le dommage qu'il s'agit d'indemniser consiste dans la perte d'une chance de conclure le contrat; le montant de la compensation sera donc nécessairement inférieur à celui des bénéfices escomptés de l'exécution».

[1158] Neste sentido J. SCHMIDT, «L'évolution de la responsabilité précontractuelle en droit français», *in Entwicklung des Deliktsrechts in rechtsvergleichender Sicht*, pp. 141 ss. (pp. 144 s.).

[1159] J. SCHMIDT, anotação ao ac. da Cassação de 9 de Fevereiro de 1981, *D*. 1982, pp. 4 ss. (9); *idem*, «La période précontractuelle en droit français», *RIDC* 1990, pp. 545 ss. (p. 549).

322 *Da Responsabilidade Pré-Contratual em Direito Internacional Privado*

des negociais perdidas[1160]. Esta solução encontra-se, aliás, expressamente consagrada nos arts. 1338 e 1398 do Código Civil quanto às hipóteses de conhecimento por um dos contraentes das causas de invalidade do contrato e de representação sem poderes. Uma corrente doutrinal minoritária sustenta, porém, a determinação do dano indemnizável com base nas regras gerais (arts. 1223 e seguintes e 2056 do Código Civil), incluindo-se nele, portanto, também o interesse positivo[1161]. O montante da indemnização devida naqueles termos é superiormente limitado, segundo a doutrina e a jurisprudência dominantes, pelo interesse contratual positivo; mas também esta tese é contestada por alguns autores[1162].

Também a doutrina portuguesa se mostra dividida quanto à extensão do dano indemnizável na responsabilidade pré-contratual. São as seguintes, sumariamente, as principais soluções preconizadas entre nós:

Para uma primeira corrente doutrinal, a obrigação de indemnizar consagrada no art. 227.° do Código Civil visa essencialmente ao ressarcimento do interesse negativo ou de confiança[1163] — solução que, aliás, os

---

[1160] Cfr. DE CUPIS, *Il danno*, vol. I, pp. 341 ss.; ALPA, «Le contrat "individuel" et sa définition», *RIDC* 1988, pp. 327 ss. (p. 343); *idem*, «Italy», *in Precontractual Liability. Reports to the XIIIth Congress International Academy of Comparative Law*, pp. 195 ss. (p. 202); BIANCA, *Diritto civile*, vol. 3, *Il contratto*, p. 178; NANNI, «Le trattative», *NGCC* 1989, II, pp. 137 ss. (p. 148); ARIETTI, «Responsabilità precontrattuale», *Riv. Dir. Civ.* 1991, II, pp. 729 ss. (p. 739), e referências; CIAN-TRABUCCHI, *Commentario breve al Codice Civile*, p. 1058; e PESCATORE-RUPERTO, *Codice Civile anottato*, t. I, p. 1971.

[1161] Cfr. BENATTI, «Culpa in contrahendo», *Contrato e impresa* 1987, pp. 287 ss. (p. 306).

[1162] Cfr. BENATTI, *Responsabilità precontrattuale*, tradução portuguesa, pp. 170 ss.; *idem*, est. cit., pp. 307 ss.; TURCO, *Interesse negativo e responsabilitá precontrattuale*, pp. 366 ss., especialmente pp. 374 s.

[1163] Neste sentido pronunciam-se PESSOA JORGE, *Lições de Direito das Obrigações*, vol. I, pp. 81 e 167; *idem*, *Ensaio sobre os pressupostos da responsabilidade civil*, p. 380; ALMEIDA COSTA, *Responsabilidade civil*, cit., p. 74; CASTRO MENDES, *Teoria geral do Direito Civil*, vol. II, p. 173, n. 418; Carlos da MOTA PINTO, *Teoria geral do Direito Civil*, p. 443; BAPTISTA MACHADO, «Tutela da confiança e "venire contra factum proprium"», *in Obra dispersa*, vol. I, pp. 345 ss. (p. 409); GALVÃO TELLES, «Culpa na formação do contrato», cit., p. 346; *idem*, *Direito das obrigações*, p. 77; PAIS DE VASCONCELOS, *Teoria geral do Direito Civil*, vol. I, pp. 241 s.; ANTUNES VARELA, *Das Obrigações em geral*, vol. I, p. 279; CALVÃO DA SILVA, «Negociação e formação de contratos», *in Estudos de Direito Civil e Processo* Civil, pp. 29 ss. (p. 73); e OLIVEIRA ASCENSÃO, *Direito Civil. Teoria geral*, vol. II, *Acções e factos jurídicos*, p. 374. Esta doutrina teve eco nos acs. da Relação de Coimbra de 13 de Fevereiro de 1991, *CJ* 1991, t. I, pp. 71 ss. (pp. 72 s.), e de 15 de Novembro de 1994, *CJ* 1994, t. V, pp. 41 ss. (p. 43), bem como no ac. do Supremo Tribunal de Justiça de 9 de Fevereiro de 1999, *CJSTJ* 1999, t. I, pp. 84 ss. (pp. 85 s.).

Da Responsabilidade Pré-Contratual nos Sistemas Jurídicos Nacionais 323

arts. 898.º e 908.º do Código Civil consagram de modo expresso quanto a duas hipóteses particulares. No interesse negativo incluir-se-ia tanto o dano emergente (as despesas efectuadas por causa das negociações) como o lucro cessante (os benefícios que o lesado teria auferido em virtude de oportunidades negociais falhadas se não se tivessem iniciado as negociações) resultantes da imperfeição ou da ineficácia do contrato. A indemnização do dano negativo seria em todo o caso limitada pelo interesse positivo, pois que a equidade imporia que se não coloque o lesado em posição mais favorável do que a que ocuparia se o contrato projectado fosse cumprido e bem assim que a uma vinculação menor não corresponda uma responsabilidade mais extensa[1164].

Uma orientação ligeiramente diferente da anterior preconiza a concessão de uma indemnização em princípio correspondente ao interesse negativo, podendo todavia excedê-lo, e mesmo ultrapassar o interesse positivo, quando a culpa causar danos diferentes da perda da prestação contratual (*v.g.* nos casos em que o lesado teria concluído outro contrato mais favorável), pois que de outro modo não seria reparado um dano que, por culpa da outra parte, foi causado ao lesado[1165].

Admite-se ainda a indemnização do interesse positivo, ou de cumprimento, nos casos em que, não fora a *culpa in contrahendo*, o contrato se teria aperfeiçoado[1166], assim como naqueles em que a conduta culposa consista na violação de um dever de conclusão do negócio, por analogia com o art. 275.º, n.º 2[1167].

Dando mais um passo, uma última corrente de pensamento sustenta a indemnização, nos termos gerais, de todos os danos causados pelo ilícito pré-contratual, admitindo, por conseguinte, a ressarcibilidade do interesse

---

[1164] Há mesmo quem negue o ressarcimento do interesse negativo quando este equivalha ao interesse positivo, sem todavia o superar, por isso que «não se pode dar por via indemnizatória o que se nega através da cominação da ineficácia do acto»: cfr. OLIVEIRA ASCENSÃO-CARNEIRO DA FRADA, «Contrato celebrado por agente de pessoa colectiva», *RDE* 1990-93, pp. 43 ss. (p. 73).

[1165] É a opinião de VAZ SERRA: cfr. «Culpa do devedor ou do agente», *BMJ* 68 (1957), pp. 13 ss. (p. 135, n. 213).

[1166] *Idem, ibidem*, p. 135. No mesmo sentido pronunciam-se RIBEIRO DE FARIA, *Direito das Obrigações*, vol. I, p. 130, n. 2, e TEIXEIRA DE SOUSA, «O cumprimento defeituoso e a venda de coisas defeituosas», *in Ab uno ad omnes — 75 anos da Coimbra Editora*, pp. 567 ss. (p. 581).

[1167] Assim VAZ SERRA, est. cit., p. 135; *idem,* anotação ao ac. do STJ de 7 de Outubro de 1976, *RLJ*, ano 110.º, pp. 270 ss. (p. 276); e PIRES DE LIMA-ANTUNES VARELA, *Código Civil anotado*, vol. I, n. 3 ao art. 227.º, p. 216.

324   *Da Responsabilidade Pré-Contratual em Direito Internacional Privado*

positivo[1168]. No Direito vigente ela encontra apoio no princípio da restauração natural, que rege a obrigação de indemnizar segundo o art. 562.° do Código Civil, e na circunstância de o art. 227.° do mesmo Código não estabelecer qualquer restrição quanto ao dano indemnizável.

Existe unanimidade de vistas no sentido da exclusão da execução específica do contrato malogrado, o que constitui um corolário da liberdade de contratar[1169]. Em regra, apenas haverá lugar à concessão de uma indemnização por equivalente[1170]. Admite-se, porém, como forma de restauração natural, a desvinculação do contrato quando o dano consista na sua própria celebração[1171]. Parece ainda admissível a redução da contra-

---

[1168] Neste sentido pronunciou-se Ruy de ALBUQUERQUE, ainda na vigência do Código de Seabra. No estudo *Da culpa in contrahendo no direito luso brasileiro*, pp. 84 ss. e 91, e em recensão a FULLER-PERDUE, *Indemnización de los daños contractuales y protección de la confianza, in CTF* 1962, pp. 544 ss. (pp. 553 s.) o autor sustentou, na verdade, que «a limitação da responsabilidade por *culpa in contrahendo* ao interesse negativo carece totalmente de fundamento» e que «[a] ideia de que o contraente ficaria numa situação mais favorável do que a resultante da celebração do contrato traduz-se na ignorância de que se pretende colocá-lo na situação em que estaria se não fosse a *culpa*». No seu entender, «[s]ó a natureza do interesse ofendido permite determinar a medida da indemnização»; e este, no caso da *culpa in contrahendo*, pode ser um interesse de restituição, um interesse de protecção da confiança e um interesse de cumprimento. A orientação referida no texto é actualmente também perfilhada por MENEZES CORDEIRO, *Da boa fé no Direito Civil*, vol. I, p. 585; *idem, Teoria geral do Direito Civil*, vol. I, p. 723; *idem*, «Dolo na conclusão do negócio. Culpa in contrahendo*. Acórdão do STJ de 13 de Janeiro de 1993», *Dir.* 1993, pp. 145 ss. (pp. 165 s.); *idem, Tratado*, cit., vol. I, t. I, p. 346; por Ana PRATA, ob. cit., pp. 175 ss.; e por Rita AMARAL CABRAL, «A responsabilidade por prospecto e a responsabilidade pré-contratual», *ROA* 1995, pp. 191 ss. (pp. 216 ss.). No mesmo sentido *vide* o parecer da Procuradoria-Geral da República n.° 138/79, de 20 de Dezembro de 1979, *BMJ* 298, pp. 5 ss. (p. 22), os acs. da Relação do Porto de 26 de Fevereiro de 1980, *CJ* 1980, t. I, pp. 58 ss. (p. 60), e da Relação de Lisboa de 29 de Outubro de 1998, *CJ* 1998, t. IV, pp. 132 ss. (p. 135), e o ac. do tribunal arbitral de 31 de Março de 1993, *RLJ*, ano 126.°, pp. 128 ss. (pp. 143 s.).

[1169] Cfr. ALMEIDA COSTA, *Responsabilidade civil*, cit., p. 74; ANTUNES VARELA, *Das Obrigações em geral*, vol. I, p. 278.

[1170] De realçar que, segundo o ac. da Relação de Lisboa de 18 de Janeiro de 1990, *CJ* 1990, t. I, pp. 144 ss., no caso de ruptura de negociações só são ressarcíveis as despesas feitas após o momento em que foi «razoavelmente criada na outra parte a convicção de que o contrato se concluiria»; «[a]s despesas feitas antes desse momento correm por conta e risco de quem as fez» (loc. cit., p. 146).

[1171] Assim, por exemplo, quando se verifique falta de informação ou informação insuficiente, ilegível ou ambígua que comprometa a utilização adequada do bem ou do serviço, o consumidor goza, nos termos do n.° 4 do art. 8.° da Lei n.° 24/96, de 31 de Julho, do direito de retractação do contrato relativo à sua aquisição ou prestação, a exercer no prazo

prestação quando o distrate seja inexequível ou desvantajoso para o lesado, por aplicação directa ou analógica do art. 911.°, n.° 1, do Código Civil. Esta última forma de indemnização é cumulável, como o demonstra o n.° 2 do preceito referido, com a indemnização dos danos que o lesado não teria sofrido se o contrato não tivesse sido celebrado ou houvesse sido concluído sem vício[1172].

Em face do exposto, supomos poder concluir que também no Direito português o regime da indemnização do dano sofrido *in contrahendo* não se reconduz pura e simplesmente nem ao da responsabilidade delitual nem ao da responsabilidade contratual. Com efeito, através dele não se visa exclusivamente reconstituir o *statu quo* anterior à lesão nem satisfazer a expectativa do lesado num bem que este obteria através do cumprimento do contrato. Ambas as finalidades são susceptíveis de ser prosseguidas através da responsabilidade pré-contratual, consoante as situações em presença. Também aqui se revela a natureza híbrida ou mista do instituto.

No Direito inglês vigora quanto à questão da medida do dano indemnizável (*measure of damages*) o princípio geral da *restitutio in integrum*. Nas hipóteses de responsabilidade contratual o lesado deve, por conseguinte, ser colocado na situação patrimonial em que se encontraria se o contrato houvesse sido cumprido[1173]. Na indemnização compreendem-se o dano de cumprimento (*expectation loss* ou *loss of bargain*), isto é, o valor da prestação prometida pelo contraente faltoso e o lucro que o lesado teria obtido através do contrato, e o dano de confiança (*reliance loss*), ou seja, o valor das despesas realizadas pelo lesado confiando no cumprimento do contrato e das oportunidades negociais por ele perdidas. São susceptíveis de cumulação pretensões fundadas no *reliance* e no *expectation loss*, desde que o mesmo dano não seja indemnizado mais do que uma vez[1174]. Nas hipóteses de responsabilidade extracontratual o lesado deve ser colocado na posição em que se encontraria se o delito não houvesse sido cometido[1175].

---

de sete dias úteis a contar da data da recepção do bem ou da celebração do contrato de prestação de serviços. Cfr. ainda sobre o ponto *supra*, § 12.°, n.° 51, e a doutrina aí citada.

[1172] Por isso entende TEIXEIRA DE SOUSA, est. cit., p. 582 s., que a disposição citada no texto consagra um *tertium genus* de indemnização, aferida por aquilo a que chama o «interesse contratual correctivo ou sinalagmático».

[1173] Cfr. CHESHIRE-FIFOOT-FURMSTON, *Law of Contract*, pp. 296 e 596; TREITEL, *The Law of Contract*, p. 830, e a jurisprudência aí citada.

[1174] TREITEL, ob. cit., p. 834.

[1175] Cfr. MARKESINIS-DEAKIN, *Tort Law*, p. 691.

326 *Da Responsabilidade Pré-Contratual em Direito Internacional Privado*

Qual a medida do dano indemnizável por *misrepresentation*? Na *fraudulent misrepresentation* visa-se colocar o lesado na situação em que se encontraria se o contrato não houvesse sido celebrado[1176]. «*If the plaintiff has been induced by the deceit to conclude a contract* — escreve McGREGOR[1177] — *he is not entitled, as he is in contract, to recover in deceit for the loss of his bargain*». Tem-se em mente, por conseguinte, a indemnização do interesse negativo e não do interesse de cumprimento. Na *negligent misrepresentation*, quer se trate de acções baseadas no *Common Law* quer de acções baseadas no *Misrepresentation Act 1967*, aplica-se a mesma regra[1178]. Já na *incorporated misrepresentation* visa-se colocar o lesado na posição que este ocuparia se a declaração inexacta prestada nos preliminares do contrato fosse verdadeira (indemnização do interesse positivo)[1179 1180].

A distinção, quanto à medida da indemnização dos danos contratuais, entre o interesse de confiança (*reliance interest*) e o interesse de cumprimento (*expectation interest*), a que aludimos, acha-se também consagrada no Direito dos Estados Unidos[1181] e deve-se a FULLER e PERDUE. Num estudo de vasto alcance, publicado em 1936 e 1937[1182], estes autores, interrogando-se sobre as finalidades prosseguidas pela indemnização dos danos contratuais, sustentaram a autonomia de três ordens de interesses por ela potencialmente visados: o interesse de restituição, dirigido à prevenção do enriquecimento sem causa; o interesse de confiança, tendente ao ressarcimento do dano sofrido em consequência de acções ou omissões

---

[1176] Cfr. ALLEN, *Misrepresentation*, p. 42; McGREGOR, *On Damages*, p. 1089; TREITEL, ob. cit., pp. 323 e 831; e BEATSON, *Anson's Law of Contract*, p. 241.

[1177] Ob. e loc. cit.

[1178] Cfr. TREITEL, ob. cit., p. 324, e BEATSON, ob. cit., pp. 244 s.

[1179] TREITEL, *ibidem*, p. 323.

[1180] À luz de quanto se disse até aqui, não pode ter-se como exacta a afirmação de VON BAR, *Gemeineuropäisches Deliktsrecht*, vol. I, p. 474, n. 408, conforme o qual seria *iure communi europeo* que as pretensões fundadas na *culpa in contrahendo* conduzem apenas ao ressarcimento do interesse negativo.

[1181] Cfr. FARNSWORTH, *Contracts*, vol. III, pp. 147 ss.; BERNSTEIN, «Contracts», *in Introduction to the Law of the United States*, pp. 153 ss. (pp. 175 ss.).

[1182] «The Reliance Interest in Contract Damages», *Yale L.J.* 1936, pp. 52 ss. e 1937, pp. 373 ss. (considerado por ATIYAH o artigo mais influente na história contemporânea do Direito dos Contratos nos sistemas de *Common Law*: cfr. «Fuller and the Theory of Contract», *in Essays on Contract*, p. 73; ver também RAKOFF, «Fuller and Perdue's *The Reliance Interest* as a Work of Legal Scholarship», *Wis.L. R.* 1991, pp. 203 ss.). Existe recensão portuguesa da tradução castelhana, por Ruy de ALBUQUERQUE, *in CTF* 1962, pp. 544 ss.

praticadas pelo lesado na base da confiança depositada numa promessa; e o interesse de cumprimento, que visa a concessão ao lesado do valor que esperava obter através do cumprimento da promessa[1183]. Esta classificação foi acolhida no § 344 do *Restatement 2d of Contracts*[1184].

Pelo que respeita à medida do dano indemnizável pelo incumprimento das promessas a que não corresponda *consideration* (que os autores denominam *non-bargain promises*[1185] e que, como vimos, são aquelas que estão na base do *promissory estoppel*), o primeiro *Restatement of Contracts*, vigente à época da publicação do estudo de FULLER e PERDUE, consagrava no seu § 90 a regra da indemnização do dano de cumprimento, desde que a confiança nelas depositada fosse *«of a substantial and definite character»*. Justamente esta *«all-or-nothing attitude»* do *Restatement*, por força da qual os prejuízos sofridos pelo promissário ou são de magnitude tal que justificam a plena eficácia da promessa (com a inerente concessão de uma indemnização pelo valor do interesse de cumprimento) ou, não o sendo, não tem o promissário direito a qualquer ressarcimento, foi objecto de crítica severa por parte dos referidos autores[1186]. Segundo eles, frequentemente essa orientação teria um de dois resultados: ou o autor recebe o valor integral da prestação prometida, quando apenas uma parte dele bastaria para ressarci-lo; ou, quando os tribunais hesitam conceder-lhe tudo, o autor acaba por nada receber, embora merecesse uma parte daquele valor[1187]. Isto evidenciaria a insusceptibilidade de o problema da eficácia da promessa não negociada ser resolvido através da conversão dela num contrato como qualquer outro[1188]. O fundamento da atribuição de certos efeitos a tais promessas residiria, segundo os autores, na confiança por elas induzida no promissário[1189]. Daí que na jurisprudência dos tribunais americanos tendesse a prevalecer uma

---

[1183] Est. cit., pp. 53 s.

[1184] Que dispõe, sob a epígrafe «Purposes of Remedies»: «Judicial remedies under the rules in this Restatement serve to protect one or more of the following interests of a promisee: (a) his 'expectation interest', which is his interest in having the benefit of his bargain by being put in as good a position as he would have been in had the contract been performed, (b) his 'reliance interest', which is his interest in being reimbursed for loss caused by reliance on the contract by being put in as good a position as he would have been in had the contract not been made, or (c) his 'restitution interest', which is his interest in having restored to him any benefit that he has conferred on the other party».

[1185] Est. cit., p. 69.

[1186] Est. cit., p. 420.

[1187] *Ibidem.*

[1188] *Ibidem.*

[1189] *Ibidem*, p. 69.

328 *Da Responsabilidade Pré-Contratual em Direito Internacional Privado*

posição intermédia entre o ressarcimento do interesse de cumprimento e a recusa de qualquer compensação, consistente justamente na definição do *quantum* da indemnização devida por apelo ao interesse de confiança[1190]. Em alternativa à solução do *Restatement*, preconizavam assim FULLER e PERDUE um *approach* flexível na delimitação do dano indemnizável nas hipóteses em apreço, nomeadamente pelo cálculo da indemnização com base no dano da confiança nos casos em que o ressarcimento do dano de cumprimento parecesse excessivo e a recusa de qualquer indemnização fosse injusta[1191]. Foi esta a solução que veio a prevalecer no caso *Hoffmann v. Red Owl*, que analisámos acima.

A tese de FULLER e PERDUE obteve consagração no § 90 (1) do *Restatement 2d of Contracts*, no qual se eliminou a anterior exigência de que a confiança do promissário seja *of definite and substantial character* — a qual apenas fazia sentido no quadro de um sistema orientado em exclusivo para a indemnização do interesse de cumprimento — e se aditou a previsão de que «*[t]he remedy may be limited as justice requires*»[1192].

O dano indemnizável em matéria de responsabilidade pré-contratual pela não conclusão de contratos no Direito dos Estados Unidos é hoje, em face do exposto, essencialmente o dano de confiança[1193]. Tem-se por excluído o ressarcimento do dano ou interesse de cumprimento[1194].

Resta saber como se articula o interesse de confiança com o interesse de cumprimento e em particular se o primeiro se encontra limitado pelo

---

[1190] *Ibidem*, pp. 402 ss.

[1191] *Ibidem*, p. 405.

[1192] Na anotação do relator ao § 90 do *Restatement*, a p. 247, sublinha-se ser esta a principal inovação relativamente à versão anterior desse texto, e remete-se para o estudo de FULLER e PERDUE.

[1193] Assim, por exemplo, no caso *Hunter v. Hayes*, julgado pelo *Colorado Court of Appeals* em 25 de Março de 1975, 533 *P. 2d* 952, o tribunal condenou os réus, com fundamento na doutrina do *promissory estoppel*, a pagar à autora as remunerações que esta deixou de auferir enquanto esteve desempregada, por ter rescindido o contrato de trabalho que a vinculava a um terceiro confiando numa promessa de emprego que os mesmos lhe fizeram. Anteriormente, no caso *Chrysler v. Quimby*, julgado em 30 de Abril de 1958, 144 *A. 2d* 123, o Supremo Tribunal do Delaware reconhecera ao autor, em aplicação da mesma doutrina, o direito a ser indemnizado dos ganhos esperados mediante a execução durante certo período de tempo de um contrato de franquia celebrado com a ré; tratava-se aí, porém, do incumprimento de uma promessa de renovação de um contrato, feita ao autor sob a condição de este preencher certos requisitos, que efectivamente se verificaram.

[1194] Neste sentido pronuncia-se FARNSWORTH, *Contracts*, vol. I, p. 314, e vol. III, p. 270.

Da Responsabilidade Pré-Contratual nos Sistemas Jurídicos Nacionais 329

segundo. Para FULLER e PERDUE a indemnização do interesse de confiança deveria ser superiormente limitado pelo valor do interesse de cumprimento[1195]. Partiam os autores do princípio segundo a qual «*[w]e will not in a suit for reimbursement for losses incurred in reliance on a contract knowingly put the plaintiff in a better position than he would have occupied had the contract been fully performed*»[1196]. Este princípio seria válido, por maioria de razão, nas situações em que a promessa contratual não deu origem à formação de um contrato por não lhe corresponder a necessária *consideration*. Aquela solução foi acolhida no § 90 (1), *in fine*, do *Restatement 2d of Contracts*: tal precisamente o alcance da estipulação segundo a qual a indemnização do dano de confiança pode ser limitada consoante a justiça o requeira. Neste sentido aduz-se no comentário oficial ao texto em questão: «*Unless there is unjust enrichment of the promisor, damages should not put the promisee in a better position than performance of the promise would put him*»[1197].

Na determinação do dano indemnizável por *misrepresentation* os tribunais norte-americanos seguem duas regras fundamentais: a «*out of pocket rule*», segundo a qual o lesado tem direito à diferença de valor entre o que dispendeu e o que recebeu[1198]; e a «*loss of bargain rule*», que lhe confere o direito à diferença de valor entre o que recebeu e o que teria recebido se a prestação efectuada fosse conforme à falsa *representation*[1199].

A primeira destas regras é a mais condizente com o objectivo precípuo da responsabilidade delitual, que consiste em compensar o lesado de um dano que sofreu e não conferir-lhe os benefícios que extrairia de um contrato; mas, conforme se reconhece no *Restatement 2d of Torts*[1200], em

---

[1195] Est. cit., p. 80.

[1196] *Ibidem*, p. 79.

[1197] Comentário *d.*, p. 244.

[1198] Cfr. o § 549 (1) do *Restatement 2d of Torts*: «The recipient of a fraudulent misrepresenttion is entitled to recover damages in an action of deceit against the maker the pecuniary loss to him of which the misrepresentation is a legal cause, including (a) the difference between the value of what he has received in the transaction and its purchase price or other value given for it; and (b) pecuniary loss suffered otherwise as a consequence of the recipient's reliance upon the misrepresentation».

[1199] Cfr. o § 549 (2) do *Restatement 2d of Torts*: «The recipient of a fraudulent misrepresentation in a business transaction is also entitled to recover additional damages sufficient to give him the benefit of his contract with the maker, if the damages are proved with reasonable certainty».

[1200] No comentário *g* ao § 549.

330   *Da Responsabilidade Pré-Contratual em Direito Internacional Privado*

muitos casos ela permitiria ao réu subtrair-se a toda a responsabilidade e mesmo beneficiar com a transacção.

Compreende-se assim que a primeira regra seja válida sobretudo para a *negligent* e a *innocent misrepresentation*[1201], embora também seja observada numa minoria de Estados nas acções delituais fundadas em *fraudulent misrepresentation*; ao passo que a segunda é aplicada nos casos de violação de uma *warranty* e é adoptada pela maioria dos tribunais nas acções por *fraudulent misrepresentation*[1202].

61. Às questões da medida ou extensão do dano indemnizável e da forma por que se processa a sua reparação, que analisámos anteriormente, acresce, com interesse para a delimitação do dano ressarcível na responsabilidade pré-contratual, a da determinação, dentre os danos sobrevindos ao facto constitutivo desta responsabilidade, de quais os que devem ter-se por comprendidos na obrigação de indemnização, por isso que podem considerar-se causados por esse facto.

Sejam, a título de exemplo, as seguintes hipóteses:

A rompe, sem motivo justificativo, as negociações que entabulara com *B*, tendentes à cessão por este da sua participação no capital social de dada sociedade, quando as mesmas se achavam praticamente concluídas. *B* havia rejeitado uma oferta de valor superior à de *A*, formulada por *C*. Pergunta-se: o lucro cessante de *B*, resultante da recusa do negócio alternativo, deve ser indemnizado por *A*?

D celebra com o banco *E* um contrato de mútuo. No decurso das negociações preparatórias do contrato, *E* faz crer a *D* que da celebração do contrato decorre automaticamente a adesão deste a um seguro de acidentes pessoais. A informação é errada. *D* sofre um acidente, em virtude do qual fica totalmente incapacitado. Como não estava abrangido pelo seguro, não recebe qualquer indemnização pelo sinistro e mantém-se vinculado à obrigação de pagar o capital mutuado e os respectivos juros. Reclama por isso uma indemnização de *E*, correspondente ao valor dos reembolsos do mútuo já pagos e aos devidos no futuro. *E* contesta, alegando que *D* teria celebrado o contrato, mesmo conhecendo a inexistência do seguro. Deverá *E* responder pelo dano de *D*?

F estabelece negociações com *G* para a venda de uma loja de sua propriedade. Na perspectiva da celebração do negócio, *F* encerra a loja, des-

---

[1201] Cfr. os §§ 552B e 552C do *Restatement 2d of Torts*.
[1202] Cfr. PROSSER-KEETON, ob. cit., pp. 767 s.

Da Responsabilidade Pré-Contratual nos Sistemas Jurídicos Nacionais   331

pede o pessoal, vende as mercadorias nela existentes a baixo preço, etc. Sem que nada o fizesse prever, *G* não comparece na data acordada para a realização da escritura da venda. *F* entra em falência. Os danos que sofreu são um efeito do acto de *G*?

É, pois, sobre a questão do nexo que deve interceder entre o dano cujo ressarcimento é reclamado na responsabilidade pré-contratual e o facto ilícito que constitui o seu antecedente, a fim de que possa ser imposta ao autor dele a obrigação de indemnizar — que estas hipóteses suscitam —, que nos iremos agora debruçar.

Já anteriormente nos reportámos às regras gerais que presidem, nos ordenamentos jurídicos que aqui nos servem de referência, à definição desse nexo; e aludimos também às diferenças que neste domínio se registam nalguns desses ordenamentos entre os regimes da responsabilidade contratual e da responsabilidade extracontratual[1203]. Cuidaremos seguidamente de saber quais as especialidades (se algumas houver) que o problema comporta no domínio da responsabilidade pré-contratual.

De um modo geral, nos sistemas jurídicos considerados não vigoram regras específicas sobre ela; apenas a determinação das regras a que as espécies em apreço são subsumíveis e a concretização das directrizes nelas contidas apresentam algumas especialidades. Senão vejamos.

À face do Direito alemão entende-se que o dano, a fim de ser indemnizável, deve estar compreendido no escopo de protecção do dever violado. Assim, por exemplo, restringindo-se o dever de informação violado a certos aspectos de um investimento, só na mesma medida pode ser reclamada a indemnização dos danos a ele sobrevindos[1204]. Improcederia, além disso, a pretensão indemnizatória de quem celebrou um contrato apesar de conhecer certos factos ocultados pela contraparte[1205].

Na Suíça exige-se, a fim de que o dano *in contrahendo* seja ressarcível, que entre o mesmo e certa violação de um dever pré-contratual de conduta exista um nexo de causalidade adequada[1206]. Este tem-se por verifi-

---

[1203] Cfr. *supra*, § 6.°.

[1204] Cfr. *Münchener Kommentar*-EMMERICH, Vor § 275 BGB, n.m. 194 e s., pp. 716 s., e a jurisprudência aí citada.

[1205] *Idem*, n.m. 195, p. 717.

[1206] Assim Rainer GONZENBACH, *Culpa in contrahendo im schweizerischen Vertragsrecht*, pp. 138 ss., e SCHENKER, «Switzerland», *in Precontractual Liability. Reports to the XIIIth Congress International Academy of Comparative Law*, pp. 309 ss. (p. 318). Na jurisprudência, ver sobre o ponto a sentença do Tribunal Federal de 28 de Março de 1972, *ATF*, vol. 98/II, pp. 23 ss. (p. 29).

332 Da Responsabilidade Pré-Contratual em Direito Internacional Privado

cado quando o evento causal for apto, segundo o curso normal das coisas e a experiência comum, a provocar o dano[1207].

No Direito francês o problema da fixação do nexo exigível entre a *faute* e o dano é reconduzido às disposições gerais do Direito delitual[1208]. Não se exige, por conseguinte, que o dano *in contrahendo* constitua uma consequência previsível do evento lesivo a fim de que possa ser tido como ressarcível, pois que esse requisito apenas vale, como vimos, para a responsabilidade contratual. Mesmo um resultado imprevisível da *faute précontractuelle*, ou de verificação anormal segundo as regras da experiência comum, pode assim ser imputado ao lesante. Em contrapartida, a jurisprudência reclama que o prejuízo constitua uma consequência «imediata e directa» do facto danoso[1209]. Queda assim excluída a reparação do dano indirecto[1210]. De acordo com estas regras não será responsável perante o seu co-contratante, por falta de um nexo causal suficiente entre o evento *fautif* e o dano, o contraente que omitiu nos preliminares de um contrato que veio posteriormente a revelar-se lesivo dos interesses patrimoniais do primeiro uma informação cujo desconhecimento não foi determinante do seu consentimento porque apenas o privou de um elemento de apreciação da oportunidade da celebração do negócio[1211].

Perante o Direito português exige-se, atento o disposto no art. 563.º do Código Civil, a fim de que se constitua a obrigação de indemnizar por culpa na formação dos contratos, além da condicionalidade do ilícito pré--contratual relativamente ao dano consequente a ele, um nexo de causalidade adequada entre o primeiro e o segundo[1212]. Será, assim, causa do

---

[1207] Cfr. KELLER, «Schweiz», *in Deliktsrecht in Europa*, p. 9.

[1208] Cfr. J. SCHMIDT, «L'évolution de la responsabilité précontractuelle en droit français», *in Entwicklung des Deliktsrechts in rechtsvergleichender Sicht*, pp. 141 ss. (pp. 151 s.); *idem*, «La période précontractuelle en droit français», *RIDC* 1990, pp. 545 ss. (pp. 553 s.): «L'étude des conditions de la responsabilité précontractuelle dans la jurisprudence montre qu'elles ne présentent guère d'originalité par rapport à la théorie générale de la responsabilité délictuelle».

[1209] Cfr. CARBONNIER, *Droit civil*, t. 4, *Les obligations*, p. 373.

[1210] Neste sentido, TERRÉ-SIMLER-LEQUETTE, *Droit civil. Les obligations*, p. 666.

[1211] Nesta linha de orientação pronunciou-se a sentença da *Cour d'Appel de Rennes* de 9 de Julho de 1975, *D.* 1976, pp. 417 s.

[1212] Cfr. Carlos da MOTA PINTO, «A responsabilidade pré-negocial pela não conclusão dos contratos», *BFDUC* 1966, pp. 143 ss. (p. 171); ALMEIDA COSTA, *Responsabilidade civil*, cit., pp. 53 e 84; MENEZES CORDEIRO, *Da boa fé no Direito Civil*, vol. I, p. 585; Ana PRATA, *Notas sobre responsabilidade pré-contratual*, pp. 180 s.; e CALVÃO DA SILVA, «Negociação e formação de contratos», *in Estudos de Direito Civil e Processo* Civil,

dano *in contrahendo* o facto que, sendo condição *sine qua non* dele, se mostre, segundo o curso normal das coisas, idóneo a produzi-lo. Na aferição deste último requisito haverá que apurar, à luz das regras da experiência comum e a partir das circunstâncias do caso, se era provável (i. é, previsível) que o dano decorresse do facto. Não se requer, porém, um nexo causal directo e imediato.

Assim, ocorrendo a omissão de informações ou a prestação de informações inexactas nos preliminares e na formação dos contratos, há que saber em que medida tais factos foram determinantes da decisão de contratar. Pode acontecer, com efeito, que apesar da falsa informação ou da informação omitida o lesado tivesse celebrado o negócio. Nesse caso o facto ilícito não é condição *sine qua non* do evento danoso. Pois que a causa adequada tem também, como dissemos, de ser condição do evento danoso, ao lesado não assistem aqui os direitos de desvincular-se do negócio e de ser indemnizado do dano sofrido em virtude da sua celebração.

Nas hipóteses de rompimento das negociações preparatórias de um contrato o facto que intervenha como condição do dano *in contrahendo* só será considerado causa deste se o dano couber nas suas consequências normais típicas, excluindo-se a sua ressarcibilidade quando na sua produção hajam intervindo quaisquer circunstâncias invulgares. Será esse o caso da realização pelo lesado, por sua conta e risco, de despesas muito avultadas em vista da celebração do contrato, da perda por ele de outras oportunidades negociais extraordinárias e da frustração de lucros ou outras utilidades excepcionais, excepto se o lesante tinha conhecimento delas. O dano dá-se nestas hipóteses, é certo, porque ocorreu certo facto que é condição dele; mas não é uma sua consequência normal ou provável. Como tal, não é ressarcível à luz do Direito vigente.

No Direito inglês entende-se geralmente que as pretensões indemnizatórias por *fraudulent misrepresentation* são deduzidas *in tort*. Ora, vimo-lo acima, um determinado prejuízo só é ressarcível à face do Direito inglês se não for *too remote*; e o *test of remoteness* aplicável na responsabilidade delitual é o de que será ressarcível o dano «razoavelmente previsível» (*reasonably foreseeable*) no momento da prática do acto ilícito. Porém, de certo modo analogamente ao que sucede no Direito francês, tende-se aqui a prescindir do requisito da previsibilidade do dano, pelo menos nos casos

---

pp. 29 ss. (pp. 73 s.). Na jurisprudência, *vide* sobre o ponto o ac. do STJ de 3 de Outubro de 1989, *AJ* 1 (1989), p. 10.

de *fraudulent misrepresentation*[1213]. Assim o decidiu o *Court of Appeal* no caso *Doyle v. Olby (Ironmongers)*, julgado em 1969[1214]. Na espécie, o autor havia sido induzido, mediante falsas declarações do réu, a adquirir--lhe uma empresa. Além da diferença entre o preço pago e o valor real desta, o tribunal condenou o réu a indemnizar o autor pelo valor dos prejuízos em que este havia incorrido na condução dos negócios da empresa, incluindo os juros pagos por certos empréstimos contraídos para o efeito, que não podiam ter-se por «razoavelmente previsíveis». A previsibilidade do dano já vale, porém, como *test of remoteness* quanto à *negligent misrepresentation*[1215].

Nos Estados Unidos têm-se como causados pela *fraudulent misrepresentation*, dando lugar à obrigação de indemnizar, os danos pecuniários que fosse razoável esperar como resultado da confiança nela depositada pelo lesado[1216].

Assim, por exemplo, aquele que prestou falsas informações quanto à situação financeira de uma sociedade a fim de vender acções da mesma responde perante o comprador que confiou nessas informações pelo dano por este sofrido em virtude de uma desvalorização das acções ocorrida quando o verdadeiro estado das finanças da sociedade se tornou do domínio público, pois que é esse o resultado previsível da *misrepresentation*. Se, porém, o valor das acções diminuir após a venda em consequência da morte súbita de um dos administradores da sociedade, a informação falsa não pode ser tida como causa, em sentido jurídico, do dano sofrido pelo comprador, ainda que este não tivesse celebrado o negócio sem a *misrepresentation*[1217].

[1213] Cfr. SALMOND-HEUSTON, *The Law of Torts*, pp. 610 s.; McGREGOR, *On Damages*, p. 1098; CHESHIRE-FIFOOT-FURMSTON, *Law of Contract*, p. 297; TREITEL, *The Law of Contract*, p. 325.

[1214] (1969) 2 *Q.B.* 158: «In contract the damages are limited to what may reasonably be supposed to have been in the contemplation of the parties. In fraud they are not so limited. The defendant is bound to make reparation for all the actual damage directly flowing from the fraudulent inducement [...]. It does not lie in the mouth of the fraudulent person to say that they could not reasonably have been foreseen».

[1215] Assim TREITEL, ob. e loc. cit.

[1216] Cfr. o § 548A do *Restatement 2d of Torts*: «A fraudulent misrepresentation is a legal cause of a pecuniary loss resulting from action or inaction in reliance upon it if, but only if, the loss might reasonably be expected to result from the reliance».

[1217] Cfr. o comentário *b* à disposição do *Restatement* citada na nota anterior.

§ 14.°
Dos fundamentos e funções sócio-económicas
da responsabilidade pré-contratual

62. De quanto dissemos acerca dos pressupostos da responsabilidade pré-contratual retira-se que esta tem na sua base, em todos os ordenamentos considerados, uma acção ou omissão que envolve a negação de determinados valores.

Cabe agora perguntar por esses valores e pela medida em que eles se acham objectivados nas normas materiais que disciplinam o instituto nas diferentes ordens jurídicas locais; ou, o que é o mesmo, determinar os princípios ordenadores da responsabilidade pré-contratual, os seus fundamentos e funções sócio-económicas.

A fixação dos princípios subjacentes a um regime legal tem evidente relevância na interpretação e na integração das lacunas desse regime. Mas o que aqui sobretudo nos importa é que num sistema de Direito Internacional Privado, como o nosso, em que a competência atribuída à lei designada pela regra de conflitos se restringe às normas desta que, pelo seu conteúdo e função, integrem o instituto visado por aquela regra, a averiguação daqueles valores e das preferências entre eles estabelecidas pelo legislador ou pelos tribunais é essencial à própria descoberta da lei aplicável às situações plurilocalizadas; e o mesmo pode dizer-se da modelação pelo julgador da disciplina aplicável a tais situações, quando a ela haja lugar.

O problema assim formulado só se resolve, como é bom de ver, em face das regulamentações positivas da responsabilidade pré-contratual; pelo que é à luz delas, tal como se nos deparam nos principais ordenamentos jurídicos, que iremos tratá-lo.

63. No Direito alemão a insusceptibilidade de explicação da responsabilidade por *culpa in contrahendo* a partir dos fundamentos teoréticos da responsabilidade delitual foi logo notada por JHERING, para quem aquele

336   *Da Responsabilidade Pré-Contratual em Direito Internacional Privado*

que contrata assume como primeiro dever o de empregar na própria contratação a necessária *diligentia*[1218].

Não surpreende, por isso, que uma das primeiras tentativas de fundamentação dogmática do instituto o haja feito assentar na violação de um dever de cuidado cuja fonte seria o próprio contrato posteriormente celebrado[1219]. A esta orientação opunha-se, no entanto, como dificuldade insuperável, a circunstância de a responsabilidade pré-contratual ser independente da efectiva celebração do contrato visado pelas partes.

A concepção que veio a prevalecer, e é hoje perfilhada pela jurisprudência do Tribunal Federal[1220], vê na tutela da confiança a ideia que comanda o regime da responsabilidade pré-contratual. Para tanto sustentou BALLERSTEDT ser a suscitação de confiança na contraparte, do mesmo modo que a declaração de vontade, fonte de deveres jurídicos[1221]. Da exi-

---

[1218] Est. cit., *JhJh* 1861, pp. 41 s.

[1219] Cfr. LEONHARD, *Verschulden beim Vertragschlusse*, p. 58: «Die Sorgfaltpflicht, die wir hier vertedigen, ist eine vertragliche, sie gründet sich ebenso wie die Pflicht zur sorgfältigen Erfüllung auf den Vertrag und erfordert ebenso einen gültigen Abschluss». Ver também a sentença do Tribunal do Império de 26 de Abril de 1912, *JW* 1912, pp. 743 s. (p. 744): «Die zum Vertrag führenden Verhandlungen und der Abschluss des Vertrags bildeten ein einheitliches Ganze. Dies rechtfertigt die Annahme, die für die Verhandlungen massgebenden Pflichten zu den Vertragspflichten zu rechnen».

[1220] Ver, nomeadamente, a sentença de 22 de Fevereiro de 1973, *BGHZ* 60, pp. 221 ss. (pp. 223 s.): «Ein Anspruch wegen Verschuldens bei Vertragsschluss ist gerechtfertigt durch das besondere Vertrauen desjenigen, der sich zum Zwecke von Vertragsverhandlungen in den Einflussbereich eines anderen begibt, und in den Verhaltenspflichten, die dem anderen Teil daraus und aus dem Gebot von Treu und Glauben erwachsen. Der Anspruch beruht also auf dem Erfordernis des Vertrauensschutzes». No mesmo sentido consultem-se as sentenças do BGH de 21 de Janeiro de 1975, *BGHZ* 63, pp. 382 ss. («die Pflichten aus dem vorvertraglichen Schuldverhältnis [beruhen] auf einer Vertrauensbeziehung»); de 12 de Dezembro de 1980, *NJW* 1981, pp. 1035 s. («Grundlage des Schadensersatzanspruches wegen Verschuldens bei Vertragsschluss ist enttäuschtes Vertrauen»); e de 12 de Novembro de 1986, *BGHZ* 99, pp. 101 ss. («Der Haftungsgrund besteht in der Verletzung der vorvertraglichen Pflicht zur Rücksichtnahme gegenüber dem anderen Vertragsteil, in dem Vertrauen auf das Bestehen eines Vertragsverhältnisses erweckt wird»).

[1221] «Zur Haftung für culpa in contrahendo bei Geschäftsabschluss durch Stellvertreter», *AcP* 1950/51, pp. 501 ss. (p. 507): «Es erscheint mir systematisch richtig, den Begriff des Rechtsgeschäfts um diese zweite Grundform: Verpflichtung durch Gewährung in Anspruch genommenen Vertrauens zu erweitern». O pensamento da confiança desempenha ainda um papel fundamental na construção da *culpa in contrahendo* segundo HILDEBRANDT, *Erklärungshaftung*, p. 125; NIRK, «Culpa in contrahendo — eine richterliche Rechtsfortbildung — in der Rechtsprechung des Bundesgerichtes», *in FS Möhring*, pp. 385 ss. (p. 393); CRAUSHAAR, «Haftung aus culpa in contrahendo wegen Ablehnung des Ver-

Da Responsabilidade Pré-Contratual nos Sistemas Jurídicos Nacionais 337

gência de uma confiança subjectiva do lesado evoluiu-se para uma avaliação objectiva da confiança: esta é entendida não como confiança real ou pessoal, mas, na expressão de LARENZ, como uma «expectativa geral de honestidade» (*allgemeine Redlichkeitserwartung*) por parte de quem estabelece negociações com outrem, cuja tutela seria indispensável à fluidez do tráfico jurídico[1222]. Mais longe vai CANARIS, que concebe a *culpa in contrahendo* como um dos fundamentos possíveis da por ele denominada «responsabilidade pela confiança» (*Vertrauenshaftung*), «terceira via» (*dritte Spur*) entre o contrato e o delito[1223].

Objecta-se, porém, a esta doutrina que a ideia de confiança não permite distinguir a responsabilidade pré-contratual da responsabilidade contratual e da extracontratual, pois que também estas se fundam, afinal, numa confiança defraudada[1224]; e que não tem a confiança de ser mais fortemente tutelada *in contrahendo* do que no domínio das relações extracontratuais[1225]. Sublinha-se, por outro lado, que a questão suscitada pela *culpa in contrahendo* não está tanto em saber se o lesado confiou, mas sobretudo se podia confiar[1226]. Existem, finalmente, certas categorias de

---

tragsschlusses — BGH, LM § 276 (Fa) BGB Nr. 28», *JuS* 1971, pp. 127 ss. (p. 128); DEUTSCH, *Fahrlässigkeit und erforderliche Sorgfalt*, p. 321; GRIGOLEIT, *Vorvertragliche Informationshaftung*, p. 66 (que no entanto prefere designar a mesma ideia por «Vorvertragliche Schutzprinzip»); e *Palandt*-HEINRICHS, § 276, n.m. 66 s., p. 336.

[1222] *Lehrbuch des Schuldrechts*, vol. I, *Allgemeiner Teil*, p. 106. Cfr. também, do mesmo autor, «Bemerkungen zur Haftung für "culpa in contrahendo"», *in FS Ballerstedt*, pp. 497 ss. p. (499).

[1223] Cfr., do autor, «Ansprüche wegen "positiver Vertragsverletzung" und "Schutzwirkung für Dritte" bei nichtigen Verträgen», *JZ* 1965, pp. 475 ss. (p. 476); *Die Vertrauenshaftung im Deutschen Privatrecht*, p. 532; «Schutzgesetze — Verkehrspflichten — Schutzpflichten», *in FS Larenz*, pp. 27 ss. (pp. 102 ss.). Ver no mesmo sentido Werner LORENZ, «"Le processus précontractuel": "Precontractual Liability" in the Law of the Federal Republic of Germany», *in German National Reports in Civil Law Matters for the XIIIth Congress of Comparative Law in Montreal*, pp. 41 ss. (p. 58).

[1224] Cfr. neste sentido PICKER, «Positive Forderungsverletzung und culpa in contrahendo — Zur Problematik der Haftungen "zwischen" Vertrag und Delikt», *AcP* 1983, pp. 369 ss. (pp. 421 s.); *idem*, «Vertragliche und deliktische Schadenshaftung», *JZ* 1987, pp. 1041 ss. (pp. 1045 s.); GERNHUBER, *Das Schuldverhältnis*, p. 179.

[1225] Cfr. FROTZ, «Die Rechtsdogmatische Einordnung der Haftung für culpa in contrahendo», *in FS Gschnitzer*, pp. 163 ss. (pp. 172 ss.); WELSER, «Das Verschulden beim Vertragsschluss im österreichischen bürgerlichen Recht», *ÖJZ* 1973, pp. 281 ss. (p. 285).

[1226] Assim MEDICUS, «Grenzen der Haftung für culpa in contrahendo», *JuS* 1965, pp. 209 ss. (p. 213); *idem, Schuldrecht I. Allgemeiner Teil*, p. 63; e KÖNDGEN, *Selbstbindung ohne Vertrag*, p. 116.

338 *Da Responsabilidade Pré-Contratual em Direito Internacional Privado*

situações integradas na *culpa in contrahendo* — mormente as violações de deveres de conservação e cuidado — em que prevalecem manifestamente considerações de outra ordem[1227].

Surgem assim, em alternativa às construções anteriores, tentativas de recondução de certas formas de responsabilidade por *culpa in contrahendo* às funções próprias do Direito delitual[1228]. Mas estas dificilmente se coadunam com o carácter muito restritivo das regras alemãs sobre a responsabilidade delitual, ao abrigo das quais seria em muitos casos inviável a imputação ao agente de danos infligidos a outrem com negligência nos preliminares do contrato[1229].

Por isso se vem reconhecendo a impossibilidade de reconduzir o instituto a uma única ideia justificativa[1230]. A *culpa in contrahendo* germânica é uma categoria autónoma de responsabilidade, de fonte legal[1231], que compreende no seu âmbito situações muito heterogéneas às quais correspondem funções sociais igualmente diversas[1232].

A ideia de tutela da confiança teve certa repercussão na doutrina e na jurisprudência suíça, que, ao menos em parte, a reconhece como fundamento da responsabilidade pré-contratual[1233].

Também em França há quem sustente constituir a confiança o critério de determinação da *faute précontractuelle* nas hipóteses de rompimento das negociações[1234]; mas outro tanto não pode dizer-se da jurispru-

---

[1227] Afirma-o EMMERICH, «Zum gegenwärtigen Stand der Lehre von der culpa in contrahendo», *Jura* 1987, pp. 561 ss. (p. 566).

[1228] Cfr. KÖNDGEN, ob. cit., pp. 84 e 419 («kryptodeliktische Funktion»); Christian VON BAR, «Vertragliche Schadensersatzpflichten ohne Vertrag?», *JuS* 1982, pp. 637 ss.; *idem*, «Vertrauenshaftung ohne Vertrauen», *ZGR* 1983, pp. 476 ss.; THIEMANN, *Culpa in contrahendo — ein Beitrag zum Deliktsrecht*, pp. 148 ss.

[1229] Cfr. EMMERICH, est. cit., p. 567; MEDICUS, ob. cit., pp. 58 s. e 63.

[1230] Cfr. *Münchener Kommentar*-EMMERICH, vor § 275, n.m. 59, vol. 2, p. 680.

[1231] Assim MEDICUS, ob. cit., p. 63.

[1232] Por isso lhe chama EMMERICH «*Allzweckinstrument*»: cfr. est. cit., p. 567. Ver ainda no sentido do texto *Soergel*-WIEDEMANN, pp. 609 s.

[1233] Cfr. *Berner Kommentar*-KRAMER-SCHMIDLIN, vol. VI/1, n.m. 134, p. 70; Rainer GONZENBACH, *Culpa in contrahendo im schweizerischen Vertragsrecht*, p. 71; e FRICK, *Culpa in contrahendo — Eine rechtsvergleichende und kollisionsrechtliche Studie*, p. 143. Na jurisprudência *vide* a sentença do Tribunal Federal de 10 de Outubro de 1995, *Die Praxis* 1996, pp. 613 ss. (p. 617).

[1234] Cfr. J. SCHMIDT, «La sanction de la faute précontractuelle», *RTDC* 1974, pp. 46 ss. (pp. 53 s.); *idem*, «L'évolution de la responsabilité précontractuelle en droit français», *in Entwicklung des Deliktsrechts in rechtsvergleichender Sicht*, pp. 141 ss. (pp. 148 s.); *idem*, «La période précontractuelle en droit français», *RIDC* 1990, pp. 545 ss. (p. 551).

Da Responsabilidade Pré-Contratual nos Sistemas Jurídicos Nacionais 339

dência, que parece reconduzir o problema aos princípios fundamentantes da responsabilidade extracontratual[1235].

No Direito italiano a responsabilidade pré-contratual tende a ser vista, em consonância com a qualificação delitual do instituto maioritariamente sustentada pela doutrina e pela jurisprudência, como aplicação do *neminem laedere*[1236]. Não falta, porém, quem sustente, na esteira da literatura alemã, que o dever pré-contratual de boa fé se funda na protecção da confiança[1237].

No Direito português avulta entre os objectivos prosseguidos através da disciplina legal da responsabilidade pré-contratual o propósito de assegurar a correcta formação da vontade de contratar. Nesta medida pode dizer-se que a responsabilidade pré-contratual é instrumental relativamente à auto-regulamentação pelas partes dos seus interesses levada a efeito através do contrato.

Sancionam-se através dela, por outro lado, os comportamentos lesivos da legítima expectativa de cada uma das partes na lealdade e na probidade da conduta da outra nas negociações preparatórias e na conclusão dos contratos — o mesmo é dizer, da sua confiança[1238], ou, mais ampla-

---

[1235] Cfr. os acs. cits. *supra*, no § 12.°.

[1236] Assim DE CUPIS, *Il danno*, vol. I, p. 118: «Il danno ad altri arrecato attraverso l'iniziata formazione o la conclusione di un contratto che poi, rispettivamente, non giunge a conclusione ovvero si appalesa invalido, è prodotto in violazione dell'obbligo generico del *neminem laedere*, ed è quindi un danno extracontrattualle». Cfr. também BIANCA, *Diritto civile*, vol. 3, *Il contratto*, p. 163: «l'interesse che rileva nella responsabilità precontrattuale è un interesse della vita di relazione, e precisamente l'interesse alla libertà negoziale. In generale i consociati devono agire con adeguata diligenza per non ledere tale interesse e, oltre, devono osservare il precetto della buona fede. La lesione dell'altrui libertà negoziale s'inquadra pertanto appropriatamente nell'ambito della responsabilità extracontrattuale».

[1237] Cfr. MENGONI, «Sulla natura della responsabilità precontratttuale», *RDCDGO* 1956, II, pp. 360 ss. (p. 370), BENATTI, *La responsabilità precontrattuale*, tradução portuguesa, pp. 29 ss., e CUFFARO, «Responsabilità precontrattuale», *EDD*, vol. XXXIX, pp. 1265 ss. (p. 1269). Na jurisprudência pode ver-se um afloramento desta ideia na sentença da Cassação de 17 de Janeiro de 1981, *Rep.Foro It.* 1981, Contrato in genere, n.° 112, onde se lê: «La mala fede […] è atta a sostenere la responsabilità precontrattuale ai sensi dell'art. 1337 c.c., quando si concretizzi in un comportamento idoneo a far sorgere nell'altro contraente il ragionevole affidamento nella futura conclusione del contratto, seguito dall'interruzione delle trattative senza giustificato motivo».

[1238] Cfr. PESSOA JORGE, *Lições de Direito das Obrigações*, vol. I, p. 180; Carlos da MOTA PINTO, *Cessão da posição contratual*, p. 23; ALMEIDA COSTA, *Responsabilidade civil*, cit., p. 77; idem, *Direito das Obrigações*, p. 255; MENEZES CORDEIRO, *Da boa fé no*

340 Da Responsabilidade Pré-Contratual em Direito Internacional Privado

mente, da boa fé[1239] — e compensa-se o investimento feito pelo lesado com base nessa expectativa.

Procura-se, além disso, garantir à parte mais fraca — o consumidor, o trabalhador, o investidor, etc. —, nos preliminares do contrato, a necessária protecção contra eventuais abusos do poder social e económico de que disfruta a contraparte, mormente através da imposição a esta de especiais deveres de informação, de verdade e de lealdade e da sua responsabilização pelo respectivo incumprimento, bem como da concessão àquela, independentemente de qualquer responsabilidade, da faculdade de revogar a sua aceitação ou de resolver o contrato durante certo período de tempo após a sua conclusão ou o cumprimento pela contraparte da prestação devida. Aflora, nestes casos, a tendência contemporânea para a institucionalização das obrigações[1240].

Visa-se, finalmente, satisfazer o interesse geral na segurança e na fluidez do comércio jurídico[1241], o qual postula que aqueles que nele intervêm possam confiar nas informações que lhes são transmitidas nos preliminares dos contratos em ordem à celebração destes, e que não sejam desperdiçados investimentos feitos de boa fé na expectativa legítima da efectiva conclusão do negócio.

Todos estes valores e interesses carecem de ser compatibilizados com a liberdade de vinculação dos negociadores ao negócio projectado e de actuação nos respectivos preliminares, que a lei procura igualmente preservar na regulamentação da responsabilidade pré-contratual[1242].

Direito Civil, vol. I, pp. 583 s.; *idem, Teoria geral do Direito Civil*, pp. 707 s.; *idem, Tratado de Direito Civil português*, vol. I, *Parte geral*, t. I, p. 339; BAPTISTA MACHADO, «Tutela da confiança e "venire contra factum proprium"», *in Obra dispersa*, vol. I, pp. 345 ss. (pp. 356 e 396); *idem*, «A cláusula do razoável», *in ibidem*, vol. I, pp. 457 ss. (pp. 573 s.). Na jurisprudência a ideia obteve acolhimento nos acs. do STJ de 19 de Janeiro de 1978, *BMJ* 273, pp. 206 ss. (p. 209), e de 22 de Maio de 1996, *BMJ* 457, pp. 308 ss. Neste último lê-se: «A boa fé [...] impõe o respeito pela confiança na situação [em] que uma das partes criou e determinou a outra a assumir determinados comportamentos ou a criar determinadas expectativas» (p. 312).

[1239] Assim VAZ SERRA, «Culpa do devedor ou do agente», *BMJ* 68 (1957), pp. 13 ss. (p. 124); Ruy de ALBUQUERQUE, *Da culpa in contrahendo no direito luso brasileiro*, p. 75; e OLIVEIRA ASCENSÃO, *Direito Civil. Teoria geral*, vol. II, *Acções e factos jurídicos*, p. 373.

[1240] Sobre esta *vide* Manuel GOMES DA SILVA, *Conceito e estrutura da obrigação*, pp. 75 ss. e 262 ss.

[1241] Cfr. ALMEIDA COSTA, *Direito das Obrigações*, p. 255.

[1242] Cfr. PESSOA JORGE, ob. e loc. cit.; ANTUNES VARELA, *Das Obrigações em geral*, vol. I, p. 278.

Nenhuma destas ideias parece, pois, fornecer por si só uma explicação integral do instituto. Eis por que julgamos forçoso concluir pelo carácter plúrimo das funções sócio-económicas que o mesmo exerce na ordem jurídica portuguesa. Daqui vem serem também várias, como adiante se verá, as regras de conflitos a que são susceptíveis de ser reconduzidos os preceitos que na lei portuguesa disciplinam a responsabilidade pré-contratual.

Perante o Direito inglês sustenta-se que é a confiança o valor fundamental protegido pela responsabilidade por *misrepresentation*[1243]. Esse o motivo por que a indemnização devida (salvo nas hipóteses de *incorporated misrepresentation*) visa tão-só colocar o lesado na posição em que se encontraria se não houvesse sido feita a falsa declaração que causou o dano[1244]; e pela mesma razão não é titular de qualquer direito a ser indemnizado o declaratário que tinha conhecimento da falsidade da declaração ou que verificou pelos seus próprios meios a veracidade da mesma[1245].

Contudo, a confiança não é fundamento bastante do direito ao ressarcimento dos danos causados mediante *misrepresentation*. Requer-se em princípio uma actuação fraudulenta por parte do declarante, traduzida no conhecimento da falsidade da declaração, na ausência de convicção de que a mesma é verdadeira ou na indiferença quanto à sua veracidade ou falsidade; ou a violação de um dever de cuidado perante o declaratário, emergente de uma relação especial existente entre as partes[1246]. Este último dever não tem necessariamente fonte contratual, antes se constitui desde que entre as partes exista «suficiente proximidade», seja razoavelmente previsível para o declarante que o declaratário confiará na sua declaração e a imposição do dever se revele «justa e razoável»[1247]. É o que sucede nas situações em que um profissional (um advogado, um contabilista, um avaliador de propriedades, etc.) presta a determinada pessoa com quem não possui qualquer vínculo contratual uma informação em vista da celebração futura por esta de certo contrato; e bem assim nas hipóteses em que um dos negociadores possui especiais conhecimentos ou experiência em que a outra parte confiou[1248]. Daqui já se tem pretendido deduzir a existência no

---

[1243] Cfr. neste sentido ATIYAH, «Contracts, Promises, and the Law of Obligations», *Essays on Contract*, pp. 10 ss. (p. 21); ALLEN, *Misrepresentation*, p. 155.

[1244] Cfr. *supra*, § 13.º.

[1245] Cfr. TREITEL, *Law of Contract*, pp. 302 s.; ATIYAH, *An Introduction to the Law of Contract*, pp. 259 s.

[1246] Cfr. *supra*, §§ 8.º, 12.º e 13.º.

[1247] Cfr. TREITEL, ob. cit., p. 309.

[1248] *Idem, ibidem*, pp. 309 ss., com amplas referências jurisprudenciais.

342 *Da Responsabilidade Pré-Contratual em Direito Internacional Privado*

Direito inglês de um dever geral de negociar com cuidado (*duty to negotiate with care*), distinto do dever de actuação de boa fé vigente em alguns Direitos continentais[1249].

Seja como for, a responsabilidade pré-contratual configura-se no Direito inglês, nas hipóteses mencionadas, como uma responsabilidade subjectiva pela violação de deveres de conduta delituais.

Um tanto diversa é a posição do Direito dos Estados Unidos, onde, nos termos do § 90 do *Restatement 2d of Contracts*, a *detrimental reliance* induzida pela promessa a que não corresponda *consideration* constitui, independentemente da violação de qualquer dever de conduta, fundamento da obrigação de indemnizar o dano sofrido *in contrahendo*[1250].

A confiança tutelada por essa disposição não se confunde, todavia, com a que é pressuposta pela doutrina da *culpa in contrahendo*: ao passo que esta se traduz, como vimos, na expectativa de uma das partes de ter perante si um parceiro negocial honesto, que age segundo certos padrões de conduta, no *promissory estoppel* a confiança tem por objecto a efectividade de uma promessa que não reúne os requisitos de uma proposta negocial. Esta diferença reflecte a diferente fundamentação dos dois institutos: enquanto que a responsabilidade por *culpa in contrahendo* assenta numa violação culposa de deveres de conduta emergentes da relação jurídica de negociações, o dever de indemnizar associado ao *promissory estoppel* é alheio às noções de culpa e de ilicitude, constituindo (tal como a responsabilidade contratual) uma forma de responsabilidade objectiva. A sua finalidade essencial é, pois, a de conferir uma eficácia limitada à promessa de uma das partes que, por falta de *consideration*, não vale como tal[1251].

Observe-se, no entanto, que os Direitos inglês e dos Estados Unidos, em geral mais restritivos quanto à admissibilidade de deveres pré-contratuais de informação do que os Direitos continentais, atendem também nesta matéria à condição sócio-económica das partes — em especial à de consumidor. À responsabilidade pela violação desses deveres subjaz, pois, igualmente naqueles Direitos a finalidade de proteger o contraente economicamente mais débil.

[1249] Assim COLLINS, *The Law of Contract*, p. 205.

[1250] Assim o reconhece o comentário *a.* ao dito preceito do *Restatement*. Cfr. *supra*, §§ 12.° e 14.°.

[1251] Cfr. *Chitty on Contracts*, vol. I, p. 217: «The equitable doctrine makes it possible for a party to rely on a promise for which there was no consideration».

A responsabilidade pré-contratual tem ainda sido objecto, sobretudo nos Estados Unidos, de uma elaboração dogmática autónoma na perspectiva da denominada *análise económica do Direito*.

Ponto de partida desta corrente do pensamento jurídico — que hoje estende a sua esfera de influência a praticamente todos os domínios do Direito Público e Privado — é a ideia de eficiência económica, i. é, a afectação dos recursos sociais em que o seu valor é maximizado. O *Common Law* pode ser explicado, segundo um dos mais destacados defensores da *análise económica do Direito*, essencialmente como um sistema de maximização da riqueza social[1252].

Aquele desiderato impõe que se obvie a que as partes, para contratarem, hajam de tomar dispendiosas medidas de auto-protecção: tal é, para POSNER, a função precípua do Direito dos Contratos[1253].

A fraude constitui, nesta óptica, um investimento na difusão de informações erradas sem qualquer valor do ponto de vista de uma distribuição eficiente de recursos, por insusceptível de aumentar o bem-estar social. A responsabilidade pré-contratual inerente a esse tipo de condutas teria, assim, a sua justificação não na confiança das partes, mas no objectivo de minimizar os custos das transacções económicas.

O problema coloca-se em termos algo diversos pelo que respeita às assimetrias de informação nos preliminares e na conclusão dos contratos, pois que a perspectiva económica conduz em princípio à conclusão de que o detentor de uma informação pode guardá-la em seu proveito: a obtenção de informações tem um custo, que não seria compensado se os seus titulares houvessem de transmiti-las a terceiros gratuitamente. Semelhante solução dissuadi-los-ia de intervir no mercado, com as inerentes perdas para a sociedade.

Assim, segundo certos autores, apenas seria admissível impor aos negociadores o dever de facultar à contraparte informações obtidas a título gratuito ou casualmente. Deste modo se evitaria, sem qualquer custo para o titular da informação, que o seu co-contratante dispenda inutilmente

---

[1252] Cfr. POSNER, *Economic Analysis of Law*, p. 27.

[1253] Ob. cit., p. 103: «the fundamental function of contract law [...] is to deter people from behaving opportunistically toward their contracting parties, in order to encourage the optimal timing of economic activity and [...] obviate costly self-protective measures». Na Alemanha esta doutrina teve eco no ensino de SCHÄFER e OTT, que caracterizam o Direito dos contratos como um sistema de minimização dos custos das transacções: cfr. *Lehrbuch der ökonomischen Analyse des Zivilrechts*, p. 324.

recursos em medidas de auto-protecção; mas assistiria a cada um deles a faculdade de não revelar informações obtidas onerosa ou deliberadamente, cuja aquisição seria de outro modo desincentivada[1254].

Para outros, haveria o dever de revelar informações que a contraparte não possui sempre que isso não reduza o incentivo à aquisição e utilização de informações. Consequentemente, o vendedor estaria em regra sujeito ao dever de revelar as informações que possui e que sejam relevantes para o comprador, hajam as mesmas sido adquiridas casual ou deliberadamente, a menos que essa revelação seja susceptível de desencorajar a sua aquisição. Informações relevantes para este efeito são aquelas cuja ignorância é susceptível de afectar substancialmente o valor esperado da transacção para o comprador. Exceptuar-se-iam da obrigação de revelação os defeitos patentes. Em contrapartida, o comprador não estaria geralmente sujeito a qualquer dever de informar, seja qual for o modo pelo qual haja adquirido as informações em seu poder. Isto, porque se pretende que o comprador adquira a informação e a utilize em transacções, por forma que os recursos sejam transferidos de usos menos produtivos para usos mais produtivos. Este favorecimento de princípio do comprador poderia também ser justificado com base na ideia de que a perda de utilidades decorrente para o vendedor da não revelação de informações pelo comprador é menor do que a sofrida pelo comprador em virtude da não revelação pelo vendedor de factos relevantes[1255].

Os contratos celebrados por consumidores e as chamadas relações fiduciárias sujeitar-se-iam, contudo, a regras especiais[1256]. Pelo que respeita aos primeiros, a justificação de tais regras residiria na disparidade de recursos das partes. Dela não decorre, porém, um dever geral de revelar quaisquer informações relevantes para o consumidor, o qual seria ineficiente. Se as características do produto puderem ser determinadas pelo consumidor sem custos ou a baixo custo seria redundante impor ao fornecedor o dever de revelá-las. Nas relações fiduciárias o dever de informar seria muito mais intenso: os agentes (advogados, contabilistas, corretores, *trustees*, etc.) estão sujeitos a um dever de absoluta boa fé (*utmost good faith*), que visa minimizar os custos de protecção do *principal*.

[1254] É a posição de KRONMAN, «Mistake, Disclosure, Information, and the Law of Contracts», *Journal L. St.* 1978, pp. 1 ss. (pp. 9 ss.), e de POSNER, ob. cit, pp. 122 s.

[1255] Cfr. nesta linha geral de orientação TREBILCOCK, *The Limits of Freedom of Contract*, pp. 102 ss.

[1256] Cfr. POSNER, ob. cit., pp. 124 ss.

A responsabilidade conexa com o *promissory estoppel* justifica-se segundo esta corrente de pensamento pela circunstância de o não cumprimento da promessa gratuita acarretar custos para o promissário que nela confiou, os quais podem ser evitados através da responsabilização do promitente pelo dano de confiança sofrido pelo promissário[1257].

A *análise económica do Direito* concentra toda a sua atenção num aspecto a nosso ver secundário: a utilidade social das normas jurídicas. De acordo com a perspectiva que a informa, o valor das acções humanas deve ser exclusivamente aferido pelos seus efeitos económicos. Esta orientação desconhece, assim, qualquer princípio ou valor moral superior aos factos; e reduz o Direito a um complexo de leis causais — a uma ordem de necessidade. Abstrai inteiramente, por conseguinte, da base ética e axiológica do Direito[1258]. Ora, só a consideração desta última pode fornecer a compreensão da função e do fundamento dos institutos jurídicos. O útil, i. é, aquilo que satisfaz aos instintos individuais, sendo da essência da Economia, não exprime nem delimita o âmbito dos bens merecedores de tutela pelo Direito. Nas sociedades civilizadas há exigências de outra natureza — *maxime* as que contendem com a realização do justo — que se impõem aos seus membros, com primazia sobre a produção e repartição eficientes das riquezas destinadas à satisfação das necessidades primárias do Homem. Uma regra ineficiente pode ser plenamente conforme à justiça. As considerações de índole económica não bastam, por conseguinte, como critério geral de fundamentação das normas e institutos jurídicos[1259].

[1257] Assim POSNER, ob. cit., p. 107.

[1258] A *análise económica do Direito* aproxima-se, assim, de uma perspectiva puramente técnica de resolução dos problemas sociais: uma espécie de *engenharia social*. Esta é, como se sabe, a concepção que informa a *sociological jurisprudence* norte-americana (em que se filia a *análise económica do Direito*), na qual sobressai o nome de Roscoe POUND. Cfr., deste autor, *An Introduction to the Philosophy of Law*, onde se lê, a p. 47: «I am content to see in legal history the record of a continually wider recognizing and satisfying of human wants or claims through social control; a more embracing and more effective securing of social interests; a continually more complete and effective elimination of waste and precluding of friction in human enjoyment of the goods of existence — in short, a continually more efficacious social engineering». Sobre a *sociological jurisprudence* ver RECASENS SICHES, *Panorama del pensamiento juridico en el siglo XX*, vol. II, pp. 605 ss.

[1259] Sublinha também o carácter redutor da *análise económica do Direito* FEZER, «Aspekte einer Rechtskritik an der *economic analysis of law* und am *property rights approach*», *JZ* 1986, pp. 817 ss. (p. 823); *idem,* «Nochmals: Kritik an der ökonomischen Analyse des Rechts», *JZ* 1988, pp. 223 ss. (p. 224). Entre nós sustenta ser inaceitável «que a sim-

346   *Da Responsabilidade Pré-Contratual em Direito Internacional Privado*

Por outro lado, se é certo que no Direito se faz sentir o influxo de factores económicos, não é menos verdade que nele influem elementos culturais de diversa ordem (éticos, sociais, religiosos, ideológicos, históricos, etc.) e que ele próprio influencia a modelação e a transformação das actividades económicas. Em vez da sujeição do Direito aos padrões da Economia é a subordinação desta a valores que a transcendem — incluindo os do Direito — que deve preconizar-se[1260]. Não é a realidade, *maxime* económica, que conduz o Direito, mas antes este último que, através dos ideais de que é portador, impele diante de si a primeira.

O que acabamos de dizer não prejudica, evidentemente, que da *análise económica do Direito* possam extrair-se pontos de vista com interesse, designadamente, para a reforma do Direito vigente[1261].

Ainda assim, há-de ter-se presente, como adverte RAWLS[1262], que o utilitarismo alarga à sociedade um princípio de escolha racional que se aplica aos sujeitos isolados; e que nada permite supor que os princípios que devem regular aquela são apenas uma extensão dos que valem quanto a estes. «Pelo contrário (diz o autor citado): se partirmos da ideia de que o princípio regulador de determinado objecto depende da respectiva natureza e de que a pluralidade de sujeitos distintos, com distintos sistemas de

---

ples eficiência substitua a justiça como padrão único da ordem jurídica» ALMEIDA COSTA, *Direito das Obrigações*, p. 119.

[1260] Cfr. nesta linha de orientação SOARES MARTINEZ, «O Homem e a Economia», *RFDUL* 1997, pp. 101 ss. (p. 109).

[1261] No sentido de que a *análise económica do Direito* poderá constituir «uma ciência auxiliar do direito, mas não *tout court* ciência do direito» pronuncia-se entre nós SINDE MONTEIRO, «Análise económica do Direito», *BFDUC* 1981, 245. Por seu turno, SOUSA FRANCO, em «Análise económica do Direito: exercício intelectual ou fonte de ensinamento?», *Sub judice* 1992, pp. 63 ss., advertindo embora que «o sistema jurídico tem fins e valores próprios e autónomos, não recondutíveis à mera análise económica» (p. 64), admite que «o sistema jurídico português [...] e a execução espontânea do Direito [...] muito ganharia em ser analisado segundo critérios de custo-benefício ou eficiência social» (p. 67); e destaca «a contribuição que uma análise económica rigorosa no plano dos métodos e das concepções teóricas abastecida de informação suficiente sobre a realidade prática poderia dar para a resolução de muitos dos problemas do nosso Direito, em particular os que se referem à sua articulação com a realidade prática» (p. 69). Na doutrina alemã também KÖTZ, «Die ökonomische Analyse des Rechts», *ZverWiss* 1993, pp. 57 ss. (p. 70), se pronuncia no sentido de que a *análise económica do Direito* pode tornar acessíveis ao jurista novos pontos de vista, alargando a base de discussão sobre as vantagens e os inconvenientes de soluções concretas.

[1262] *A Theory of Justice*, tradução portuguesa, pp. 44 s.

Da Responsabilidade Pré-Contratual nos Sistemas Jurídicos Nacionais 347

objectivos, é uma característica essencial das sociedades humanas, não devemos esperar que os princípios de escolha social sejam utilitaristas».

Ao hipostasiar o factor económico na explicação da responsabilidade pré-contratual, a doutrina em apreço desconhece completamente o pensamento ético que inspira este instituto. A prevenção e a repressão da *culpa in contrahendo* pode decorrer de um imperativo moral e não apenas da sua utilidade para o tráfico. Por isso é que, apesar de eficientes, certos comportamentos adoptados nos preliminares do contrato são causa de anulação do mesmo e dão lugar ao dever de indemnizar os danos causados à contraparte[1263].

A *análise económica do Direito* parece-nos, pois, imprestável para a fundamentação da responsabilidade pré-contratual.

64. Em face do exposto, cumpre reconhecer que não é possível dar uma resposta unívoca, válida *urbi et orbi*, à pergunta sobre o fundamento da responsabilidade pré-contratual.

Esta tanto visa, nos sistemas considerados, compensar o lesado pelo malogro da expectativa legítima no cumprimento de uma prestação prometida como pela lesão da sua integridade patrimonial (e até, em certos sistemas, pela violação da sua integridade física). E tanto se funda na violação ilícita e culposa de específicos deveres de conduta integrantes de uma relação jurídica pré-contratual como na mera confiança induzida em outrem mediante certos comportamentos. Releva além disso na sua disciplina, em maior ou menor medida, a preservação da liberdade de actuação das partes nos preliminares ou na conclusão do contrato.

Pesam na valoração destes interesses, nomeadamente, as concepções dominantes em cada sistema jurídico acerca do modo de organização da convivência social. Toda a imposição de responsabilidade pela actuação das partes naquela fase do *iter* negocial é, com efeito, potencialmente dissuasora da livre iniciativa individual; em contrapartida, o abandono da fase que antecede a celebração do contrato ao livre arbítrio das partes é susceptível de fomentar abusos da parte mais experiente ou economicamente mais poderosa e de pôr em risco a segurança das transacções jurí-

---

[1263] Assim, por exemplo, a circunstância de uma das partes ter incorrido em despesas a fim de tomar conhecimento de certo facto essencial referente ao objecto do contrato não constitui entre nós causa de exclusão da ilicitude da sua conduta tendente a induzir ou a manter em erro a contraparte quanto a esse facto: cfr. o art. 253.º do Código Civil.

dicas. A relutância de alguns ordenamentos jurídicos em aceitar uma específica responsabilidade pré-contratual assenta justamente no receio de que ela possa subverter a liberdade contratual e com isso uma das bases em que assentam os sistemas económicos locais. A adesão de outros àquela responsabilidade é fruto da concepção social que os informa.

§ 15.°
Síntese comparativa

65. Examinou-se nos parágrafos antecedentes a questão de saber se, e sob que pressupostos, é admissível à face dos ordenamentos jurídicos considerados a imputação de danos sofridos *in contrahendo* àquele que os causou.

No cerne da regulamentação da responsabilidade pré-contratual instituída por esses ordenamentos encontra-se a ponderação de diferentes ordens de valores e interesses: a autonomia privada, consubstanciada na liberdade de actuação e de vinculação dos negociadores; a boa fé, que postula um certo grau de tutela da confiança depositada pelas partes na celebração de um contrato válido e eficaz; e a segurança e fluidez do tráfico jurídico.

No fundo, são valores e interesses a que há que atender em toda a imputação de danos entre privados. A especificidade da questão em apreço, e toda a dificuldade que ela reveste, derivam da natureza dos danos em causa e das circunstâncias em que estes se produziram: trata-se, regra geral, de danos puramente patrimoniais causados por negligência (sendo por isso o seu ressarcimento socialmente menos premente do que o daqueles que as normas sobre a responsabilidade delitual têm em vista), não atribuíveis ao incumprimento de qualquer dever primário de prestação (motivo por que também não se compreendem no objecto precípuo das regras que disciplinam as obrigações contratuais).

A análise comparativa empreendida revela que não é coincidente o modo segundo o qual os ordenamentos considerados resolvem o conflito entre esses valores e interesses.

Todos os sistemas jurídicos em apreço tutelam os negociadores através da consagração do dever de indemnizar os danos surgidos das negociações preparatórias e da formação dos contratos. A comparação efectuada permite, todavia, distinguir nesta matéria três ordens de soluções: *a)* a dos ordenamentos que admitem a existência de específicos deveres de conduta no processo formativo dos contratos, os quais integram uma relação obrigacional constituída com a entrada em negociações cuja violação determina o dever de indemnizar os danos causados segundo as normas da responsabilidade contratual (solução consagrada no Direito alemão); *b)* a dos que rejeitam em princípio a existência de um vínculo obrigacional entre quem negoceia com vista à conclusão de um contrato e apenas admitem a imputação de danos causados *in contrahendo* nos termos das normas da responsabilidade extracontratual (como é o caso dos Direitos francês e de *Common Law*) ou, excepcionalmente, de acordo com as regras de uma específica responsabilidade objectiva pela confiança gerada pela promessa contratual (assim o Direito dos Estados Unidos); e *c)* a dos que admitem a existência de deveres pré-contratuais de conduta fundados na boa fé, mas sujeitam o dever de indemnizar inerente ao seu incumprimento às normas de uma ou outra das referidas espécies de responsabilidade consoante a natureza do facto lesivo e da questão *sub judice* (orientação prevalecente nos Direitos suíço, italiano e português).

Dentre os sistemas que conhecem a responsabilidade pré-contratual como figura autónoma, confere-lhe extensão máxima o germânico, integrando nela quer a violação de deveres de lealdade (de informação, esclarecimento e sigilo), de protecção e de cuidado quanto à pessoa e aos bens da contraparte nos preliminares dos contratos, quer certas condutas de terceiros, que exercem uma influência determinante na conclusão do contrato, por forma a suprir as mencionadas limitações do Direito delitual. Nos demais ordenamentos pertence à responsabilidade pré-contratual um âmbito mais restrito.

É pacífica a exigência, como pressupostos do dever de indemnizar emergente das negociações preparatórias ou da formação dos contratos, de um facto praticado no decurso do processo negocial, um dano e um nexo causal entre estes. Distinguem-se, porém, neste domínio os ordenamentos que requerem em princípio uma conduta ilícita e culposa, traduzida na violação de deveres pré-contratuais de conduta, daqueles que admitem uma responsabilidade pré-contratual como responsabilidade objectiva, pela aparência ou pela confiança geradas na contraparte em virtude da entrada em negociações, como é o caso do Direito dos Estados Unidos. São igualmente autonomizáveis diferentes graus de exigência na protecção dessa confiança, que reflectem a atitude mais ou menos interventora da ordem jurídica na regulamentação dos contratos e dos seus preliminares.

Os ordenamentos examinados são concordes em excluir a execução específica do contrato projectado, em homenagem ao princípio da liberdade contratual. Como corolário desta ideia surge a restrição do dano indemnizável ao interesse contratual negativo ou de confiança; nalguns Direitos, como o alemão e o português, admite-se todavia a indemnização em certas situações do interesse positivo ou de cumprimento.

Não assiste à responsabilidade pré-contratual, nos ordenamentos considerados, uma teleologia uniforme. As normas que lhe são aplicáveis tanto visam garantir a auto-regulamentação pelas partes dos seus interesses como sancionar interferências ilícitas na esfera jurídica alheia e reparar os danos delas resultantes. Essas regras podem reflectir, por conseguinte, objectivos próprios da responsabilidade contratual ou da responsabilidade extracontratual.

No entanto, as razões que levam os ordenamentos jurídicos considerados a submeter estas situações ao regime jurídico próprio da imputação dos danos delituais ou contratuais só em parte se prendem com os objectivos gerais do instituto. Assim, por exemplo, o aludido carácter restritivo do regime da responsabilidade extracontratual no Direito alemão gerou uma tendência no sentido da aplicação à responsabilidade pré-contratual das regras da responsabilidade contratual, no quadro da «*fuga para o contrato*» a que nos referimos no capítulo anterior; inversamente, o receio de cercear a eficácia do contrato como instrumento de auto-regulamentação de interesses e a exigência de uma contrapartida negociada como elemento constitutivo do contrato, característicos do *Common Law*, levaram a afastar deste domínio as regras do Direito dos contratos e a sujeitar a responsabilidade pré-contratual ao regime dos ilícitos extracontratuais, no âmbito do que designámos por «*fuga para o delito*». A recondução, no Direito francês, da responsabilidade por danos surgidos da negociação e conclusão dos contratos às regras da responsabilidade aquiliana reflecte, por seu turno, a amplitude que reveste a cláusula geral que aí a regula. A sujeição da responsabilidade pré-contratual a um regime híbrido nos Direitos suíço, italiano e português — que a torna irredutível a qualquer das duas formas tradicionais de responsabilidade civil — explica-se, por um lado, pela configuração obrigacional que a relação jurídica pré-contratual assume nestes sistemas e, por outro, pela inexistência neles (ao menos de forma tão aguda) dos constrangimentos que afectam e deformam a responsabilidade delitual no Direito alemão e a responsabilidade contratual no *Common Law*.

Pesam também na fisionomia do instituto e na amplitude da sua consagração as ideias dominantes em cada ordenamento quanto à organização da vida económica e social local. Nos países onde são vectores determinantes dessa organização o liberalismo económico e o individualismo a ideia de uma responsabilidade pré-contratual encontra menor acolhimento, por de alguma forma envolver uma limitação da liberdade de iniciativa e de actuação dos particulares nos preliminares dos contratos. A concepção do contrato como expressão da autonomia da vontade é nalguns desses sistemas factor determinante da integração da responsabilidade pré-contratual na responsabilidade extracontratual. Ao invés, nos ordenamentos em que se verifica uma tendência mais forte para atender a exigências de ordem social no domínio do Direito Privado admite-se com maior largueza a responsabilidade pré-contratual e a sua recondução ao regime da responsabilidade contratual — com o inerente alargamento da esfera desta —, por mais fortemente protectora do lesado, bem como a dispensa da culpa como seu pressuposto.

Face a face encontramos aqui duas tradições jurídicas inteiramente distintas: uma, que encara o Direito como uma estrutura conceitual dominada por imperativos lógicos ou morais; outra, que vê nele nada mais do que a expressão normativa das necessidades do tráfico jurídico, tal como os tribunais as interpretam. Esta última não poderia deixar de olhar com desconfiança a consagração de um princípio de boa fé nos preliminares e na formação dos contratos.

Da análise empreendida resulta ainda que, não obstante as dúvidas recentemente suscitadas a respeito da distinção tradicional entre sistemas jurídicos de *Civil* e de *Common Law* [1264], esta mantém actualidade.

[1264] De que demos conta *supra*, no § 4.°.

CAPÍTULO III

DA RESPONSABILIDADE PRÉ-CONTRATUAL
NO DIREITO UNIFORME

§ 16.°
Generalidades sobre a unificação do Direito Privado

66. Averiguaremos agora se a responsabilidade pré-contratual emergente de relações privadas internacionais é disciplinada por normas de Direito material uniforme. Sendo negativa a resposta a este quesito, havemos ainda de determinar se, e em que medida, é viável a formulação de tais regras.

Antes, porém, cumpre indagar quais as relações que se estabelecem entre o Direito material uniforme e o Direito Internacional Privado, o que parece indispensável a fim de se entender correctamente o alcance daquelas normas, caso existam.

Defrontam-se aqui duas concepções fundamentais. De acordo com uma delas o Direito uniforme excluiria no seu âmbito próprio de aplicação o Direito Internacional Privado[1265]. Através dele se evitariam as dificuldades inerentes à interpretação e à aplicação deste último, bem como as que suscita a aplicação do Direito material estrangeiro. Conseguir-se-ia deste modo maior previsibilidade das soluções jurídicas e acrescida segurança no comércio internacional, que o Direito uniforme justamente visa facilitar[1266].

[1265] Pronunciam-se neste sentido ZWEIGERT-DROBNIG, «Einheitliches Kaufgesetz und internationales Privatrecht», *RabelsZ* 1965, pp. 146 ss. (p. 148), e ZWEIGERT-KÖTZ, *Einführung in die Rechtsvergleichung*, pp. 26 s.

[1266] Cfr. ZWEIGERT-KÖTZ, ob. cit., p. 24. Na mesma linha fundamental de orientação veja-se GUTTERIDGE, *Comparative Law*, tradução castelhana, pp. 232 ss. e 242.

354 *Da Responsabilidade Pré-Contratual em Direito Internacional Privado*

Esta opinião está, porém, longe de ser pacífica. A ela se tem contraposto que, ainda que possível e desejável, a unificação do Direito Privado não assegura a resolução uniforme dos mesmos problemas jurídicos se não for acompanhada de uma unificação dos sistemas judiciários e do regime de acesso à justiça, pois que as leis uniformes serão inevitavelmente objecto de interpretações divergentes nas ordens jurídicas locais[1267]. Uma vez que essas leis devem ser aplicadas no Estado do foro de acordo com a interpretação de que são objecto na *lex causae*[1268], a resolução de questões privadas internacionais dependerá sempre, afinal, da lei que lhes for aplicável, cuja determinação é tarefa do Direito Internacional Privado. Nenhuma regra poderia, pois, ter-se por subtraída ao Direito de Conflitos nem ser aplicada sem que este assim o estabeleça[1269]. Seria por isso ilusório supor que as disposições materiais uniformes tornam desnecessário o Direito Internacional Privado.

A ausência de identidade de conteúdo do Direito uniforme em todos os países onde vigora seria, além disso, uma consequência inelutável da existência de lacunas nesse Direito, a integrar por recurso à lei aplicável segundo o Direito de Conflitos do foro[1270]: suscitando-se uma divergência na integração dessas lacunas, têm os tribunais daqueles países de determinar a solução aplicável através de regras de conflitos[1271].

[1267] *Vide* neste sentido MAYER, *DIP*, p. 64, que escreve: «*Autant d'ordres juridictionnels, autant d'ordres juridiques*». Entre nós o problema é também levantado por MARQUES DOS SANTOS, «Sur une proposition italienne d'élaboration d'un Code européen des contrats (et des obligations)», *in Estudos de Direito Internacional Privado e de Direito Processual Civil Internacional*, pp. 159 ss. (p. 161). Sobre a proposta de uma codificação europeia do Direito dos Contratos tomando como base o livro IV do Código Civil italiano, a que esse estudo se reporta, *vide* GANDOLFI, «Pour un code européen des contrats», *RTDCiv*. 1992, pp. 707 ss., especialmente pp. 723 ss.

[1268] Neste sentido decidiu, por exemplo, a Cassação francesa no acórdão de 4 de Março de 1963, *RCDIP* 1964, pp. 264 ss. Cfr. sobre o ponto BATIFFOL-LAGARDE, *DIP*, vol. I, p. 561, n. 3. Também MANN, «Einheitsrecht und IPR», *in FS Vischer*, pp. 207 ss. (p. 209) entende que sempre que uma decisão dimanada de um tribunal superior do país onde vigora esse ordenamento exprima um ponto de vista razoável e defensável quanto a determinada norma de Direito Uniforme deve o mesmo ser observado no Estado do foro, ainda que os tribunais locais perfilhem outra opinião.

[1269] Cfr. neste sentido SCHURIG, *Kollisionsnorm und Sachrecht*, p. 232.

[1270] MANN, est. cit., p. 208.

[1271] *Ibidem*, p. 213. À mesma conclusão chega, posto que com reservas, KROPHOLLER, *Internationales Einheitsrecht*, pp. 197 e 204.

O Direito uniforme distinguir-se-ia, em suma, do restante Direito material pela sua fonte, mas não pelo que respeita aos pressupostos da sua aplicabilidade espacial.

Verdade seja, no entanto, que se fosse conferido a uma instância jurisdicional internacional o poder de controlar a aplicação do Direito uniforme[1272] desvanecer-se-ia a essencialidade do Direito Internacional Privado a fim de determinar a ordem jurídica à luz da qual devem ser resolvidos aqueles problemas[1273].

67. A resposta à questão de saber se a unificação do Direito Privado material torna desnessário o recurso a regras de conflitos na disciplina das relações privadas internacionais há-de, pois, ser procurada partindo de plano diferente. Ela prende-se, segundo cremos, com o seguinte problema: é a base da regulamentação instituída pelo Direito Internacional Privado para as situações privadas internacionais uma «comunidade de Direito das nações que entre si mantêm relações», como pretendia SAVIGNY[1274], uma «comunidade de problemas jurídicos», como sustentou entre nós BAPTISTA MACHADO[1275], ou o reconhecimento da pluralidade de expressões culturais do Direito e dos problemas sociais a que ele visa dar solução?

Sendo exacta a primeira resposta, parece que nada se oporia, no plano dos princípios, à substituição do Direito Internacional Privado (melhor: do Direito de Conflitos) por um Direito uniforme — o «Direito cosmopolita» (*Weltbürgerrecht*) idealizado por KANT[1276] —, que constituiria a encarnação daquela comunidade de Direito; e a idêntica conclusão se chegará por

---

[1272] Como preconiza KÖTZ, que escreve: «If a European Civil Code were enacted it would be most desirable to entrust to a European Court the power to control its uniform application». Cfr. «Towards a European Civil Code: The Duty of Good Faith», *in The Law of Obligations. Essays in Celebration of John Fleming*, pp. 243 ss. (p. 258).

[1273] Mas não — cumpre frisá-lo — a fim de se concluir pela aplicabilidade do próprio Direito uniforme, visto que essa não dispensa a existência de uma conexão entre a situação da vida a regular e o Estado ou Estados onde vigora: cfr., a este propósito, o art. 1.° da Convenção de Viena referida adiante, § 17.°. No mesmo sentido pronunciam-se entre nós FERRER CORREIA, «Considerações sobre o método do DIP», *in Estudos vários de Direito*, pp. 309 ss. (pp. 374 ss.), BAPTISTA MACHADO, «Conflito de leis», *in Obra Dispersa*, p. 829 ss. (p. 833), e Maria Helena BRITO, *O factoring internacional e a Convenção do Unidroit*, p. 36.

[1274] *System des heutigen Römischen Rechts*, vol. 8, p. 27.

[1275] *Âmbito de eficácia e âmbito de competência das leis*, p. 400.

[1276] Cfr. *Zum Ewigen Frieden. Ein Philosophischer Entwurf*, pp. 18 s., n. 3, e 46 (na tradução portuguesa, pp. 127, n. 3, e 140).

356 *Da Responsabilidade Pré-Contratual em Direito Internacional Privado*

via da segunda das concepções referidas, pois o Direito uniforme não é mais, na lógica dela, do que a resposta unívoca a problemas jurídicos idênticos surgidos em sistemas diferentes.

A nós parece-nos, contudo, ser outra a resposta a dar àquele quesito. Visando conformar certa realidade histórico-social segundo determinado sistema de valores, o Direito é simultaneamente expressão dessa realidade[1277]. Ora, a formação de uma comunidade de Direito, na acepção referida, pressuporia a uniformidade de valoração dos mesmos problemas jurídicos; e esta não se afigura viável em contextos culturais diversos[1278]. Por outro lado, só pode haver identidade de problemas jurídicos onde se verificar uma identidade de problemas sociais; e também esta não existe, nem cremos que venha a existir à escala universal, apesar da «globalização» para que se diz tender a economia mundial (ou até por causa dela[1279]).

Não pode, por isso, ver-se a base do Direito Internacional Privado na referida comunidade de Direito ou de problemas jurídicos[1280], mas antes no reconhecimento da existência de uma pluralidade de ordenamentos jurídicos locais diferenciados, que visam dar resposta a problemas suscitados por diferentes realidades históricas e sociais, de acordo com as valorações localmente imperantes. O Direito Internacional Privado reflecte, aliás, essas valorações, tanto nos conceitos próprios das regras de conflitos como nos factores de conexão por estas acolhidos.

A unificação das soluções jurídicas depara, pois, inevitavelmente com o limite, inerente à pluralidade de culturas, que decorre da diversidade das valorações de que os mesmos problemas são objecto nos dife-

---

[1277] Cfr. Ruy de ALBUQUERQUE-Martim de ALBUQUERQUE, *História do Direito português*, vol. I, pp. 53 ss.

[1278] Que toda a cultura é realização de valores reconhece-o, por exemplo, HESSEN, *Wertphilosophie*, tradução portuguesa, pp. 55, 100 e 245. Sobre o Direito como fenómeno cultural consulte-se, com amplos desenvolvimentos, COING, *Grundzüge der Rechtsphilosophie*, pp. 131 ss.

[1279] De facto, a própria «globalização» parece susceptível de gerar novas formas de fragmentação entre espaços geográficos — *v.g.* porque estes se especializam nas produções em que levam vantagem sobre os demais — donde resultarão inevitavelmente problemas sociais específicos, a que um Direito uniforme não dá resposta.

[1280] O que não prejudica, como se verá (*infra*, § 20.°), a necessidade de um denominador comum entre as normas da lei estrangeira designada por certa regra de conflitos do Estado do foro e os institutos do Direito local que lhe são reconduzíveis, a fim de que as primeiras possam aí ser tidas por aplicáveis.

Da Responsabilidade Pré-Contratual no Direito Uniforme 357

rentes países e da variedade dos problemas sociais que neles se colocam. O Direito é, nesta medida, essencialmente particularista.

Exemplo disto mesmo é a responsabilidade civil: as diferenças que se registam entre os regimes a que este instituto se acha subordinado nos sistemas de *Civil* e de *Common Law* não são, como vimos, de simples construção técnico-jurídica, antes se reconduzem em larga medida à diversa importância conferida por esses sistemas à liberdade individual na repartição dos riscos próprios da vida em sociedade.

A unificação do Direito Privado em países com diferentes problemas sociais (e, por conseguinte, com diferentes problemas jurídicos) ou em que predominam diferentes concepções acerca do modo de organização da vida em sociedade afigura-se assim inviável[1281]; e é também indesejável, por isso que suprime, no nivelamento a que submete os ordenamentos jurídicos locais, o que estes representam de cultura e de espírito próprio, impondo à vida jurídica local escalas de valores alheias[1282].

Por via dela desapareceria igualmente, como adverte CANARIS[1283], a concorrência entre diferentes modelos de solução dos mesmos problemas jurídicos, a qual constitui um factor essencial de toda a evolução social

---

[1281] São reflexo disso as soluções ditas de compromisso consagradas em certas convenções de unificação do Direito Privado: haja vista, por exemplo, ao art. 28 da Convenção das Nações Unidas Sobre os Contratos de Compra e Venda Internacional de Mercadorias, a que fazemos mais ampla referência no § 17.°. Aí se dispõe que «[s]e, em conformidade com as disposições da presente Convenção, uma parte tiver o direito de exigir da outra a execução de uma obrigação, um tribunal não está vinculado a ordenar a execução específica, a não ser que a decretasse por aplicação do seu próprio direito relativamente a contratos de compra e venda semelhantes, não regulados pela presente Convenção». A solução consagrada nesta disposição resulta manifestamente da circunstância de nos países de *Common Law* a execução específica ter carácter excepcional relativamente aos contratos de compra e venda que não tenham por objecto bens imóveis. Mas, como reconhecem Maria Ângela BENTO SOARES e Rui MOURA RAMOS, ela não é totalmente satisfatória, pois que «à mesma obrigação poderão assim corresponder diversos regimes de execução nos vários países vinculados à Convenção»: cfr., dos autores citados, *Contratos internacionais*, p. 72.

[1282] Sobre o Direito e a ciência jurídica como expressão da realidade nacional que lhe está na base ver GALVÃO TELLES, *Manual de Direito das Obrigações*, t. I, pp. 109 e 111; *idem*, *Introdução ao Estudo do Direito*, vol. II, pp. 553 s.; e José Hermano SARAIVA, *Apostilha crítica ao projecto de Código Civil (Capítulos I e II)*, p. 58. Para uma afirmação desse pensamento na jurisprudência portuguesa mais recente cfr. o ac. do STJ de 2 de Outubro de 1997, *BMJ* 470, pp. 619 ss. (pp. 626 s.).

[1283] Cfr. «Theorienrezeption und Theorienstruktur», *in FS Kitagawa*, pp. 59 ss. (pp. 93 s.).

358   *Da Responsabilidade Pré-Contratual em Direito Internacional Privado*

segundo o processo de experimentação e erro em que se baseia também o progresso do Direito.

Certo, a História revela a vigência na Europa continental, até ao séc. XVIII, de um sistema normativo de Direito Privado com carácter supraestadual: o *ius commune*. Este, porém, assumiu predominantemente o papel de fonte subsidiária relativamente aos ordenamentos jurídicos locais; e a sua relevância a esse título explica-se, por um lado, pela escassez e imperfeição das fontes nacionais coetâneas e, por outro, por um entendimento sobre o modo de integrar as lacunas do Direito interno que hoje se encontra superado.

Mesmo nos Estados Unidos, apesar da unidade fundamental do Direito, a competência legislativa dos Estados permanece a regra e a das autoridades federais a excepção[1284].

A variabilidade do Direito é, em suma, uma consequência necessária da sua conexão com outros factos sociais[1285]; pelo que o recurso a regras de conflitos a fim de prover à disciplina das questões da vida privada internacional constitui ainda hoje, na maior parte das matérias, expediente indispensável e insusceptível de ser suplantado pela unificação do Direito material.

O Direito Internacional Privado é neste sentido (como afirma QUADRI[1286]) insubstituível.

Verificaremos de seguida se também assim sucede pelo que respeita à disciplina da responsabilidade pré-contratual. Examinaremos para tanto as principais convenções de unificação do regime jurídico dos contratos internacionais, bem como certas codificações supranacionais de que se tem lançado mão recentemente como instrumentos de unificação e de harmonização das regras aplicáveis neste domínio.

[1284] Cfr. a X emenda à Constituição americana: «The powers not delegated to the United States by the Constitution, nor prohibited by it to the States, are reserved to the States respectively, or to the people».

[1285] Reconhece-o de modo expresso um autor insuspeito de qualquer relativismo, como o jusnaturalista DEL VECCHIO, *Lezioni di Filosofia del Diritto*, tradução portuguesa, p. 338.

[1286] Cfr. *Lezioni di DIP*, pp. 43 ss.

§ 17.°
Da responsabilidade pré-contratual
nas convenções de unificação do Direito Privado

68. A generalidade das convenções de unificação do Direito dos contratos internacionais não inclui a responsabilidade pré-contratual no seu domínio de aplicação.

Está nesse caso a Convenção das Nações Unidas Sobre os Contratos de Compra e Venda Internacional de Mercadorias, concluída em Viena em 1980[1287]. Logo os trabalhos preparatórios deste instrumento internacional sugerem que houve a intenção de excluir a matéria do seu escopo, pois que no decurso deles foi rejeitada uma proposta da República Democrática Alemã na qual se estabelecia: «*In case a party violates the duties of care customary in the preparation and formation of a contract of sale, the other party may claim compensation for the costs borne by it*»[1288]. Igualmente recusado foi o art. 5 do anteprojecto preparado em 1977 pela Comissão das Nações Unidas para o Direito do Comércio Internacional, no qual se dis-

---

[1287] Damos aqui por reproduzida a nota 94 do § 3.°. Observe-se que, apesar de não se encontrarem em vigor em Portugal, as normas da Convenção serão aqui aplicáveis sempre que, por força das regras de conflitos vigentes no nosso país, for competente para regular uma compra e venda internacional de mercadorias o Direito de um Estado contratante (*v.g.* por ser esse o país da residência habitual, da administração central ou do estabelecimento principal vendedor: cfr. *infra*, § 24.°) e este não houver formulado a reserva prevista no art. 95 da Convenção ao disposto no seu art. 1, n.° 1, alínea *b*). Nos termos deste último preceito «[a] presente Convenção aplica-se aos contratos de compra e venda de mercadorias celebrados entre partes que tenham o seu estabelecimento em Estados diferentes: [...] *b*) quando as regras de direito internacional privado conduzam à aplicação da lei de um Estado contratante». Formularam a dita reserva, segundo informa Honnold, *Uniform Law for International Sales Under the 1980 United Nations Convention*, p. 38, a China, a Eslováquia, os Estados Unidos da América, a República Checa e Singapura. Eram partes da Convenção, em 2 de Novembro de 2000, 57 Estados (ver a lista na página da Comissão das Nações Unidas para o Direito do Comércio Internacional na *Internet*, com o endereço http://www.un.or.at/uncitral).

[1288] Cfr. *Uncitral Yearbook*, vol. IX (1978), p. 66.

360   *Da Responsabilidade Pré-Contratual em Direito Internacional Privado*

punha: «*In the course of the formation of the contract the parties must observe the principles of fair dealing and act in good faith*»[1289]. A esta fórmula foi oposta a objecção de que era demasiado vaga, pelo que a sua interpretação daria azo a divergências entre os tribunais dos diferentes Estados contratantes, e de que na ausência de uma especificação no texto da Convenção das consequências da inobservância do que nela se prescrevia ficava prejudicada a uniformidade jurídica neste domínio, visto que a matéria teria de ser regida pelos Direitos nacionais[1290]. Pesou ainda a circunstância de nos países de *Common Law* o princípio da boa fé não ter consagração em matéria de formação do contrato e de ser muito diverso o alcance desse princípio nos sistemas de *Civil Law*[1291].

No art. 7, n.º 1, da Convenção estabeleceu-se, porém, que «na interpretação da presente Convenção ter-se-á em conta o seu carácter internacional bem como a necessidade de promover a uniformidade da sua aplicação e de assegurar o respeito da boa fé no comércio internacional». Esta disposição adopta uma solução de compromisso entre a posição dos Estados que preconizavam a consagração de um dever geral de as partes actuarem de boa fé e a dos que se opunham a qualquer referência explícita ao princípio da boa fé no texto da Convenção[1292]. A boa fé obteve assim um certo reconhecimento; mas, ao menos aparentemente, ela apenas vale como critério de interpretação das disposições convencionais.

O ponto não é, todavia, isento de dúvida. Para a doutrina dominante não decorre dessa disposição um dever geral de as partes actuarem segundo a boa fé, achando-se a responsabilidade civil pela violação dos deveres pré-contratuais de conduta dela emergentes subtraída do âmbito de aplicação da Convenção de Viena e submetida ao Direito nacional designado pelas regras de conflitos locais[1293]. Mas segundo alguns autores a relevância do princípio da boa fé não se restringe à interpretação da

---

[1289] *Idem*, p. 35.

[1290] Cfr. BIANCA-BONELL, *Commentary on the International Sales Law*, pp. 68 s.

[1291] *Idem, ibidem*, pp. 85 s.

[1292] *Idem, ibidem*, pp. 83 s.

[1293] Cfr. EÖRSI, «A propos the 1980 Vienna Convention on Contracts for the International Sale of Goods», *AJCL* 1983, pp. 333 ss. (348 s.); STOLL, «Internationalprivatrechtlichen Fragen bei der landesrechtlichen Ergänzung des Einheitlichen Kaufrechts», *in FS Ferid* (1988), pp. 495 ss. (pp. 504 s.); FARNSWORTH, «Duties of Good Faith and Fair Dealing Under the Unidroit Principles, Relevant International Conventions and National Laws», *Tulane J. Int. Comp. L.* 1994, pp. 47 ss. (p. 55); VON CAEMMERER-SCHLECHTRIEM, *Kommentar zum Einheitlichen UN-Kaufrecht*, pp. 77 e 629; SCHLECHTRIEM, *Internationa-*

Convenção, antes derivam dele, por força do disposto no n.° 2 do art. 7[1294], específicos deveres de conduta das partes na negociação e na execução do contrato de compra e venda[1295].

São vários os problemas que suscita este último entendimento, no tocante à matéria de que aqui nos ocupamos.

Avulta, em primeiro lugar, a questão do modo de determinação do conteúdo dos deveres pré-contratuais de conduta emergentes daquele princípio. Para o efeito haveria, segundo BONELL, que recorrer à comparação dos Direitos nacionais em presença, às circunstâncias do caso concreto e aos usos comerciais relevantes[1296]. Assim, pelo que respeita, por exemplo, ao rompimento das negociações a solução convencional teria de se situar entre os dois extremos representados pelos Direitos continentais e anglo-saxónicos. Deveria, por conseguinte, considerar-se responsável a parte que houver iniciado ou prosseguido negociações ciente de que não tinha possibilidade de as concluir ou sem a intenção de celebrar qualquer contrato. O mesmo *approach* seria válido na determinação das demais aplicações do princípio da boa fé no processo formativo dos contratos, como por exemplo os deveres de informação e de confidencialidade, que em alguns sistemas vinculam as partes nessa fase do *iter* negocial[1297].

---

les UN-Kaufrecht, pp. 27 s. (ressalvando, porém, certas situações abrangidas pelos preceitos convencionais, a que nos reportaremos adiante no texto); e SCHÜTZ, *UN-Kaufrecht und culpa in contrahendo*, pp. 289 ss. Entre nós, reconhece que «não pode nem deve considerar-se — em atenção precisamente ao princípio da aplicação uniforme da Convenção —, que o princípio da boa fé, com o sentido e alcance que tem, por exemplo, nos ordenamentos jurídicos português e alemão, é acolhido pela Convenção», António FRADA DE SOUSA, *Conflito de clausulados e consenso nos contratos internacionais*, p. 317.

[1294] Segundo o qual: «As questões respeitantes às matérias reguladas pela presente Convenção e que não são expressamente resolvidas por ela serão decididas segundo os princípios gerais que a inspiram ou, na falta destes princípios, de acordo com a lei aplicável em virtude das regras de direito internacional privado».

[1295] Assim BIANCA-BONELL, ob. cit., 85; BONELL, «Formation of Contracts and Precontractual Liability Under the Vienna Convention on International Sale of Goods», *in Formation of Contracts and Precontractual Liability*, pp. 157 ss. (p. 169); BIANCA (coordenador), *Convenzione di Vienna sui contratti di vendita internazionale di beni mobile*, p. 26; *Staudinger*-MAGNUS, 86; e MAGNUS, «Die allgemeinen Grundsätze im UN-Kaufrecht», *RabelsZ* 1995, pp. 469 ss. (p. 480). Veja-se ainda HEUZÉ, *La vente internationale de marchandises*, p. 80.

[1296] Cfr. BONELL, «Formation of Contracts», cit., pp. 169 s., e «Vertragsverhandlungen und culpa in contrahendo nach dem Wiener Kaufrechtsübereinkommen», *RIW* 1990, pp. 693 ss. (pp. 700 s.).

[1297] *Idem*, «Formation of Contracts», cit., p. 170; «Vertragsverhandlungen», cit., p. 701.

No tocante à fixação das sanções aplicáveis à violação desses deveres haveria que admitir, na falta de disposição expressa da Convenção, a aplicação analógica dos seus arts. 74 e 77. No que respeita ao primeiro destes preceitos os prejuízos e os lucros cessantes aí referidos compreenderiam as despesas feitas pelo lesado em vista da celebração do contrato projectado e as oportunidades negociais falhadas em consequência das negociações rompidas. A indemnização devida visaria assim colocar a parte lesada na posição em que se encontraria se a outra não houvesse violado os deveres de conduta que sobre si impendiam[1298].

A construção em apreço reconduz-se, na realidade, à aplicação cumulativa das leis conexas com a situação controvertida — ou seja, à aplicação da lei mais restritiva. Ora, semelhante solução é susceptível de conduzir a resultados indesejáveis, pois que importa uma sistemática diminuição do grau de exigência por que há-de ser aferida a conduta das partes no comércio internacional em confronto com aquele que decorre de uma das leis em presença. No tocante ao rompimento das negociações apenas subsistiria, em muitos casos, a proibição do recesso intencional[1299]. Por isso se nos afigura ser a mesma inaceitável.

À responsabilidade emergente do incumprimento dos deveres de conduta que vinculam as partes nos preliminares e na conclusão de contratos de compra e venda internacional de mercadorias deve, em nosso modo de ver, ter-se por aplicável, nos termos do n.º 2 do art. 7 da Convenção, o Direito nacional competente segundo as regras de conflitos vigentes no Estado do foro. Isso é incontroverso quanto à violação de deveres de protecção e cuidado, que, pela sua natureza delitual, constituem matéria não compreendida no âmbito da Convenção; mas a mesma solução vale quanto aos deveres de informação e lealdade. Depõe a favor dela, além das razões atrás aduzidas, a circunstância de o art. 4, alínea *a*), da Convenção excluir expressamente do seu âmbito a validade do contrato ou de qualquer das suas cláusulas.

Em dois pontos a Convenção parece, no entanto, limitar a aplicabilidade dos Direitos nacionais nesta matéria:

O primeiro prende-se com a revogação da proposta contratual, que nem sempre se afigura susceptível de constituir, no âmbito de aplicação da

---

[1298] *Idem, ibidem.*

[1299] Recorde-se que este também é fundamento do dever de indemnizar nos sistemas de *Common Law* quando se achem verificados os pressupostos da *misrepresentation*: cfr. *supra*, § 12.º/II.

Convenção, fundamento de responsabilidade pré-contratual. Neste sentido concorre o facto de os pressupostos da eficácia da revogação da proposta contratual se acharem expressamente regulados no art. 16 da Convenção. Nos casos em que à face da Convenção essa revogação não é permitida o contrato forma-se mediante a aceitação da proposta pelo seu destinatário. Pelo seu incumprimento haverá, assim, responsabilidade contratual, nos termos das disposições convencionais, com necessária exclusão de quaisquer pretensões indemnizatórias deduzidas a outro título. O recurso às disposições nacionais sobre a *culpa in contrahendo*, o *promissory estoppel* ou outras deve, em tais circunstâncias, ter-se por precludido no âmbito de aplicação da Convenção[1300].

O segundo dos pontos a que aludíamos contende com a venda de coisa defeituosa. À face do disposto no art. 35 da Convenção esta é de qualificar como incumprimento contratual, encontrando-se sujeita às sanções previstas no art. 45 para esse incumprimento. Não há, por isso, no domínio de aplicação da Convenção de Viena, responsabilidade pré-contratual emergente desse facto, mas antes responsabilidade contratual.

69. Várias outras convenções de unificação do regime jurídico dos contratos internacionais celebradas nas últimas décadas, que não podemos examinar aqui *ex professo*, omitem também qualquer regulamentação genérica da responsabilidade pré-contratual.

Assim sucede, por exemplo, no tocante às principais convenções reguladoras do contrato de transporte internacional de que Portugal é parte: a Convenção de Varsóvia de 1929 Para a Unificação de Certas Regras Relativas ao Transporte Aéreo Internacional[1301], a Convenção de Genebra

---

[1300] Cfr. em sentido próximo VON CAEMMERER-SCHLECHTRIEM, *Kommentar zum Einheitlichen UN-Kaufrecht*, p. 156, e SCHLECHTRIEM, *Internationales UN-Kaufrecht*, p. 27. Diferentemente, porém, HONNOLD, ob. cit., p. 168, perfilha o ponto de vista segundo o qual ocorre neste particular uma lacuna na convenção, a preencher nos termos do art. 7, n.º 2, por força da qual haveria lugar à indemnização dos danos sofridos pelo destinatário da proposta revogada. MALIK, «Offer: Revocable or Irrevocable. Will art. 16 of the Convention on Contracts For the International Sale Ensure Uniformity?», *Indian J. Int. L.* 1985, pp. 26 ss. (p. 47), pretende que o destinatário da proposta lesado pela respectiva revogação pode deduzir uma pretensão indemnizatória ao abrigo da doutrina anglo-saxónica do *promissory estoppel*, reclamando o pagamento de *expectation damages*, chegando-se deste modo a um resultado análogo ao que decorreria da aplicação do art. 74 da Convenção.

[1301] Cfr. o aviso do Ministério dos Negócios Estrangeiros relativo à adesão de Portugal no *DG*, I série, n.º 185, de 10 de Agosto de 1948, p. 779.

364   Da Responsabilidade Pré-Contratual em Direito Internacional Privado

de 1956 Relativa ao Contrato de Transporte Internacional de Mercadorias por Estrada (CMR)[1302] e a Convenção Relativa aos Transportes Internacionais Ferroviários feita em Berna em 1980 (COTIF)[1303]. A primeira limita--se a disciplinar, no essencial, os documentos de transporte (arts. 3 a 11), os direitos e obrigações das partes no caso de transporte de mercadorias (arts. 12 a 16) e a responsabilidade do transportador por danos ocorridos na execução do contrato de transporte (arts. 17 a 30). Também a segunda regula a responsabilidade do transportador pela perda da mercadoria, por avarias que a mesma sofra e por atraso na sua entrega (art. 17), mas não contém qualquer regra sobre a causação de danos por culpa na formação do contrato. Só a terceira disciplina, no art. 18.° das Regras uniformes relativas ao contrato de transporte internacional ferroviário de mercadorias (CIM), constantes do respectivo Apêndice B, a responsabilidade do expedidor pela inexactidão das indicações contidas na declaração de expedição[1304].

Outro tanto pode dizer-se das Convenções da Haia de 1964 que estabelecem a Lei Uniforme sobre a Venda Internacional de Coisas Móveis Corpóreas e a Lei Uniforme Sobre a Formação dos Contratos de Venda Internacional de Coisas Móveis Corpóreas[1305]: a primeira exclui expressamente do seu escopo a formação e a validade do contrato (art. 8) e a segunda não estabelece qualquer regulamentação dos deveres das partes no período das negociações e da conclusão dos contratos nem da responsabilidade emergente da sua violação. Tal como a Convenção de Viena, esta última lei uniforme regula, no entanto, a revogação da proposta de contrato, excluindo a sua admissibilidade «*si la révocation n'est pas faite de bonne foi ou conformément à la loyauté commerciale, ou si l'offre contenait un délai d'acceptation ou indiquait qu'elle était ferme ou irrévocable*» (art. 5, n.° 2).

[1302] Aprovada para adesão pelo D.L. n.° 46.235, de 18 de Março de 1965.

[1303] Aprovada para ratificação pelo Decreto do Governo n.° 50/85, de 27 de Novembro. Foi alterada pelo Protocolo de Berna de 1990, aprovado, para adesão, pelo Decreto do Governo n.° 10/97, de 19 de Fevereiro.

[1304] Aí se dispõe: «O expedidor será responsável pela exactidão das indicações incluídas por sua iniciativa na declaração de expedição. Suportará todas as consequências que resultarem do facto de essas indicações serem irregulares, inexactas, incompletas ou mencionadas fora do espaço reservado para cada uma delas».

[1305] A que Portugal não aderiu. Cfr. o respectivo texto *in* LOUSSOUARN-BREDIN, *Droit du commerce international*, pp. 918 ss. e 937 ss.

Mencionem-se ainda a este propósito as Convenções de Otava de 1988 sobre o *leasing* financeiro internacional[1306] e sobre o *factoring* internacional[1307]. Ambas consagram, no tocante à sua interpretação e integração, regras muito semelhantes às da Convenção de Viena, nas quais se manda atender à «necessidade de assegurar o respeito pela boa fé no comércio internacional»[1308]. Com a diferença, porém, de que estas convenções não regulam a formação dos contratos que têm por objecto, mas tão-só os seus efeitos, razão por que não nos parece admissível deduzir daquelas regras quaisquer deveres de conduta das partes nesta fase do *iter* contratual.

[1306] De que Portugal não é parte (atento o disposto no seu art. 3, n.º 1, alínea *b*), as normas da Convenção serão, todavia, aplicáveis em Portugal, quando as regras de conflitos vigentes na ordem interna submetam o contrato de *leasing* e o contrato de fornecimento com ele conexo ao Direito de um Estado membro da Convenção). O texto da Convenção encontra-se reproduzido, nas versões originais em inglês e francês, na *RabelsZ* 1987, pp. 736 ss., e, em francês, em anexo a SÁNCHEZ JIMÉNEZ, «El contrato de leasing», *in Contratos internacionales*, pp. 933 ss. (pp. 972 ss.). Existe tradução portuguesa, com notas, por Rui PINTO DUARTE, *in BDDC* n.º 35/36 (1988), pp. 273 ss.

[1307] Portugal também não é parte deste instrumento (do preceituado no seu art. 2, n.º 1, alínea *b*), decorre porém a aplicabilidade em Portugal das regras convencionais, sempre que as regras de conflitos em vigor entre nós remetam para a lei de um Estado contratante no tocante à disciplina do contrato de *factoring* e do contrato de compra e venda de mercadorias ou de prestação de serviços a ele subjacente). O texto da Convenção acha-se publicado, nas versões originais em inglês e francês, na *RabelsZ* 1989, pp. 733 ss., e em anexo ao estudo de Maria Helena BRITO, *O* factoring *internacional e a Convenção do Unidroit*, pp. 83 ss.; e, em francês, em anexo a SÁNCHEZ JIMÉNEZ, «El contrato de factoring», *in Contratos internacionales*, pp. 978 ss. (pp. 1024 ss.).

[1308] Cfr. o art. 6 da Convenção sobre o *leasing* e o art. 4 da Convenção sobre o *factoring*. Para um confronto destas disposições com a que lhes corresponde na Convenção de Viena *vide* Franco FERRARI, «General Principles and International Uniform Commercial Law Conventions: a Study of the 1980 Vienna Sales Convention and the 1988 Unidroit Conventions», *RDU* 1997, pp. 451 ss.

§ 18.°
Da responsabilidade pré-contratual
em outros instrumentos de unificação e de harmonização
do Direito Privado

70. Importa agora considerar, sob a perspectiva da disciplina que instituem quanto à formação dos contratos e à responsabilidade pela violação dos deveres de conduta que impendem sobre as partes nos seus preliminares, dois textos recentes que procuram levar a cabo a unificação ou harmonização dessa disciplina por uma técnica muito diferente da que preside aos instrumentos até aqui examinados.

Referimo-nos aos *Princípios Relativos aos Contratos Comerciais Internacionais*, publicados em 1994 pelo Instituto Internacional para a Unificação do Direito Privado (doravante *Princípios Unidroit*)[1309], e aos *Princípios de Direito Europeu dos Contratos*, elaborados pela Comissão de Direito Europeu dos Contratos (adiante designados por *Princípios Europeus*)[1310].

Trata-se, em ambos os casos, de textos que visam unificar ou harmonizar por meios não legislativos as matérias que têm por objecto.

[1309] Cfr. UNIDROIT, *Principles of International Commercial Contracts*. A versão inglesa deste texto (em que o mesmo foi originariamente redigido) acha-se reproduzida em apêndice à obra de Jan RAMBERG, *International Commercial Transactions*, pp. 225 ss.

[1310] Cfr. THE COMMISSION ON EUROPEAN CONTRACT LAW, *Principles of European Contract Law*. Deste texto foi publicado em 1995 um primeiro volume, com o subtítulo *Part I: Performance, Non-performance and Remedies*. Em 1996 a Comissão aprovou uma nova versão (sujeita a revisão pelo *Editing Group*), que, além das matérias tratadas na versão anterior, tem por escopo a formação dos contratos, a vinculação do principal pelo agente, os vícios da vontade, a interpretação, o conteúdo e os efeitos dos contratos. O seu texto encontra-se reproduzido na obra citada na nota anterior, a pp. 248 ss. Em 2000 saiu a lume o texto revisto dessa nova versão, com o subtítulo *Parts I and II Combined and Revised*. Todas as citações de artigos dos *Princípios Europeus* feitas adiante referem-se, salvo indicação em contrário, a esta versão.

Com uma diferença, porém.

Estando fora de cogitação uma unificação do Direito dos Contratos à escala mundial, propõem-se os *Princípios Unidroit* estabelecer regras aplicáveis aos contratos comerciais internacionais quando as partes os tenham escolhido para o efeito (expressamente ou por referência aos princípios gerais do Direito ou à chamada *lex mercatoria*) e quando for impossível determinar o conteúdo do Direito aplicável, podendo os mesmos ser ainda utilizados na interpretação e integração de instrumentos de Direito uniforme e como modelo de futuros textos legislativos nacionais e internacionais[1311]. Essas regras traduzem um compromisso entre a simples enunciação de directrizes geralmente aceites nas ordens jurídicas nacionais, como a autonomia privada[1312], e a consagração de soluções inovadoras, tidas por mais ajustadas às necessidades do comércio internacional[1313].

Já os *Princípios Europeus* se configuram primordialmente como um trabalho preparatório de uma futura codificação do Direito Privado Europeu[1314], aliás preconizada pelo Parlamento Europeu em Resoluções de 26 de Maio de 1989[1315] e de 6 de Maio de 1994[1316]. A base comparativa em que assentam é, por isso, mais restrita; mas no seu objecto compreendem-se tanto relações plurilocalizadas como as que se encontrem conexas com um único ordenamento jurídico, bem como contratos comerciais e de consumo.

71. Vejamos o que dispõem estes textos sobre a culpa na formação dos contratos.

Nos *Princípios Unidroit* consagra-se expressamente o princípio da boa fé no comércio internacional: segundo estabelece o art. 1.7, n.° 1, «*[e]ach party must act in accordance with good faith and fair dealing in international trade*».

Deste princípio — que o comentário oficial classifica como «*one of the fundamental ideas underlying the Principles*» — decorrem vários corolários relativos aos preliminares e à formação do contrato. Avultam entre eles: a irrevogabilidade da oferta «*if it was reasonable for the offeree to rely on the*

[1311] Cfr. o Preâmbulo dos *Princípios* e os correspondentes comentários n.°s 4 e 7.

[1312] Cfr. o art. 1.1.

[1313] *V.g.* a de que se considera feita por escrito qualquer comunicação que fique registada e possa ser reproduzida de forma tangível: art. 1.10.

[1314] Cfr. p. xxiii: «One objective of the Principles of European Contract Law is to serve as a basis for any future European Code of Contracts».

[1315] *In JOCE* n.° C 158, de 26 de Junho de 1989, pp. 400 s.

[1316] *In JOCE* n.° C 205, de 25 de Julho de 1994, pp. 518 s.

offer as being irrevocable and the offeree has acted in reliance on the offer» (art. 2.4, n.º 2, alínea b)); a cominação de responsabilidade à parte que houver negociado ou rompido negociações de má fé, designadamente no caso de recesso intencional (art. 2.15, n.ºs 2 e 3); a consagração de um dever pré-contratual de sigilo e de responsabilidade pelo seu incumprimento (art. 2.16); a previsão da ineficácia de «estipulações-surpresa» (art. 2.20); a disciplina do erro (art. 3.5), do dolo (art. 3.8) e dos negócios usurários (art. 3.10); a responsabilidade da parte que conhecia ou devia conhecer uma causa de anulabilidade do contrato (art. 3.18).

A primeira coisa que se nos oferece ao atentarmos nos *Princípios Unidroit* é o alcance muito mais vasto que a consagração do princípio da boa fé neles reveste do que aquele que lhe pertence em alguns dos sistemas jurídicos nacionais considerados no estudo comparativo acima empreendido, bem como na Convenção de Viena de 1980. Verifica-se por outro lado uma definição do conteúdo dos deveres pré-contratuais de conduta emergentes da boa fé com um grau de precisão superior àquele que se encontra na generalidade dos Direitos nacionais.

Os *Princípios Unidroit* não contêm, todavia, uma disciplina autónoma, formulada em termos gerais, dos deveres pré-contratuais de informação nem da sanção aplicável à omissão de informações devidas e à prestação de informações erradas nos preliminares dos contratos. Não é de excluir, porém, dada a amplitude da formulação do art. 2.15, que deste preceito se possa extrair a solução de tais questões, na medida em que a mesma não resulte do disposto nos arts. 3.5, alínea a), 3.8 e 3.18. Os usos e as práticas estabelecidas entre as partes, para que remete o art. 1.8, poderão também constituir elementos de concretização daquele preceito.

No que respeita ao cômputo do dano indemnizável pela violação do princípio da boa fé no comércio internacional admite-se no art. 2.16 que sejam tomados em consideração, em caso de violação do dever de sigilo, os benefícios recebidos pela parte inadimplente; e prevê-se no art. 3.18 o ressarcimento do interesse negativo no caso de celebração de contratos anuláveis. A solução adoptada nos *Princípios* é neste particular mais restritiva do que a que vimos ser consagrada em alguns ordenamentos jurídicos locais, incluindo o nosso. Seja como for, afigura-se-nos de admitir a aplicabilidade desta última regra, por analogia, às demais hipóteses de violação do princípio da boa fé, nos termos do n.º 2 do art. 1.6.

Também os *Princípios Europeus* estabelecem que «*[e]ach party must act in accordance with good faith and fair dealing*» (art. 1:201), valendo este princípio tanto pelo que respeita à formação do contrato como à sua

Da Responsabilidade Pré-Contratual no Direito Uniforme 369

interpretação e ao cumprimento das obrigações dele emergentes. Por «*good faith*» quer-se aqui significar a boa fé subjectiva; por «*fair dealing*», a boa fé objectiva[1317]. O art. 2:202 (3) estabelece, em aplicação daquele princípio, que a revogação da proposta é ineficaz se o seu destinatário tinha fundamento razoável para crer que a mesma era irrevogável e houver actuado confiando nela[1318]. À responsabilidade pré-contratual reportam-se os arts. 2:301, 2:302, 4:106 e 4:117 do *Princípios*[1319].

72. Posto isto, passemos a indagar o alcance destes textos na disciplina da responsabilidade pré-contratual emergente de relações privadas internacionais.

Supomos que de nenhum deles se pode dizer que constitui fonte de Direito positivo: embora as disposições que os integram revistam a forma externa de imperativos jurídicos, não parece que seja exigível a sua observância independentemente da vontade dos seus potenciais destinatários, nem que as mesmas sejam cumpridas *qua tale* em lugar algum no actual momento histórico, ou que a sua eficácia seja garantida mediante a imposição de sanções pelos Estados ou por quaisquer outras instituições. Correspondem pois, quando muito, a dada ideia de Direito que não logrou ainda tornar-se realidade histórica concreta.

Isto mesmo se depreende do teor desses textos, que fazem depender a sua aplicação pelos tribunais judiciais da respectiva designação pelos seus potenciais destinatários e da validade dessa designação segundo as regras de conflitos do Estado do foro ou da sua recepção no Direito interno ou internacional[1320]. A vocação dos instrumentos em questão é, por conseguinte, mais a de servirem de modelos contratuais e legislativos do que

---

[1317] Cfr. LANDO, «Each Contracting Party Must Act in Accordance with Good Faith and Fair Dealing», *in FS Ramberg*, pp. 345 ss. (pp. 357 s.): «"Good faith" means honesty and fairness in mind [...]. "Fair dealing" means observance of fairness in fact which is an objective test».

[1318] «[...] a revocation of an offer is ineffective if: [...] (c) it was reasonable for the offeree to rely on the offer as being irrevocable and the offeree has acted in reliance on the offer».

[1319] Nos quais se comina o dever de indemnizar os danos causados, respectivamente, pela condução ou rompimento de negociações contrariamente às exigências da boa fé, pela violação do dever de confidencialidade quanto a informações fornecidas no decurso das negociações, pela conclusão de um contrato com fundamento numa informação inexacta fornecida pela outra parte e pela conclusão de um contrato inválido.

[1320] *Princípios Unidroit*, comentário n.° 4 ao Preâmbulo; *Princípios Europeus*, comentário C ao art. 1:101.

370   *Da Responsabilidade Pré-Contratual em Direito Internacional Privado*

a de funcionarem como verdadeiros *restatements* do Direito em vigor[1321]. Poderão os tribunais, além disso, socorrer-se dos *Princípios* no desenvolvimento do Direito competente; mas a sua aplicação *ex officio* como «Direito alternativo» ou a sua eleição como estatuto do contrato mediante uma «referência conflitual» às disposições que os integram parecem-nos de excluir.

Nos sistemas jurídicos contemporâneos, caracterizados por uma intensa intervenção do Estado na actividade económica, o contrato apenas obriga em virtude da lei e nos quadros por esta imperativamente fixados; a sua subtracção a qualquer lei estadual, a fim de sujeitá-lo exclusivamente às regras constantes das codificações em apreço, deve assim ser tida por inadmissível[1322].

Não deixam, contudo, de ser muito significativos tanto o influxo que tais textos podem exercer sobre a unificação e a harmonização, legislativa ou jurisprudencial, do Direito Privado como o valor persuasivo de algumas das soluções neles consagradas na fundamentação de soluções de equidade e na interpretação, integração e desenvolvimento *ope judicis* de instrumentos jurídicos internacionais[1323]. E não parece descabido admitir que pelo menos os *Princípios Europeus* (que contêm notas de Direito Comparado) sirvam de meio de prova da existência e do conteúdo do Direito estrangeiro aplicável a questões privadas internacionais.

[1321] Como pretendem BONELL e GOODE, relatores, respectivamente, dos *Princípios Unidroit* e dos *Princípios Europeus*. Cfr., do primeiro, «The Unidroit Principles of International Commercial Contracts: Why? What? How?», *Tulane L.R.* 1995, pp. 1121 ss. (p. 1130), e *An International Restatement of Contract Law. The Unidroit Principles of International Commercial Contracts*, pp. 7 ss., 19 e 65; e do segundo «International Restatements of Contract and English Contract Law», *RDU* 1997, pp. 231 ss. (p. 234). No sentido do texto ver HARTKAMP, «The Unidroit Principles for International Commercial Contracts and the Principles of European Contract Law», *Eur. Rev. Priv. Law* 1994, pp. 341 ss. (p. 342, n. 2); *idem*, «Principles of Contract Law», *in Towards a European Civil Code*, pp. 105 ss. (p. 108).

[1322] Ver sobre o ponto o nosso *Da arbitragem comercial internacional*, pp. 190 ss., e bibliografia aí citada.

[1323] Refira-se, a título de exemplo, que numa decisão arbitral proferida em 1995 (*in Clunet* 1996, pp. 1024 ss.) um árbitro designado nos termos do regulamento de conciliação e arbitragem da Câmara de Comércio Internacional aplicou ao litígio as regras constantes dos arts. 7.4.9 (2) dos *Princípios Unidroit* e 4.507 (1) dos *Princípios Europeus* (versão original) sobre a taxa de juro moratório enquanto princípios gerais na acepção do art. 7, n.º 2, da Convenção das Nações Unidas Sobre os Contratos de Compra e Venda Internacional de Mercadorias, a fim de preencher a lacuna da mesma convenção sobre a matéria (a qual consagra no seu art. 78 o direito do credor a haver juros, mas não fixa o respectivo montante).

Já se tem procurado reconduzir os textos em apreço ao conceito, oriundo do Direito Internacional Público, de «Direito flexível» (*soft law*)[1324]. Através dele visa-se exprimir o fenómeno que consiste na existência, em número crescente, de instrumentos relativos às relações internacionais, sem carácter normativo, mas não inteiramente desprovidos de eficácia. Esta deriva, além do mais, de os sujeitos dessas relações obedecerem espontaneamente ao que se prescreve em tais instrumentos, *v.g.* por receio de perderem certas vantagens — como a protecção diplomática ou a concessão de créditos à exportação —, ou de a sua observância ser conforme à boa fé. Exemplos desse «Direito flexível» seriam as resoluções e as leis-modelo da Organização das Nações Unidas e os códigos de conduta de certos agentes do comércio internacional dimanados de organizações inter- ou supranacionais[1325].

Deve no entanto observar-se que ainda que por aquela ou por outras vias as codificações em causa adquiram algum grau de efectividade nas relações privadas internacionais nem por isso lhes assistirá a qualidade de modos alternativos de regulação destas. Para tanto seria necessário, além do mais, que o cumprimento das proposições que as integram fosse incondicionalmente exigível dos sujeitos dessas relações (ao menos quando estes nada houvessem disposto em contrário) e lhes pudesse ser imposto, mesmo contra a sua vontade, sob a ameaça da aplicação de sanções institucionalizadas; o que não sucede.

Aliás, não se afigura bastante que certa regra de conduta seja de facto observada em determinado meio social a fim de que adquira juridicidade: é ainda necessário que deva sê-lo segundo um particular juízo de validade. De outro modo, tudo o que é efectivamente observado como regra de conduta social, ainda que ilícito ou imoral, seria Direito. Mas tal não pode deixar de afigurar-se inadmissível aos que, como nós, vêem no Direito uma ordem de valor, projecção de ideais humanos, e não a simples consagração formal de factos sociais[1326].

[1324] Assim GOODE, est. cit., p. 233; BONELL, «The needs and possibilities of a codified European contract law», *Eur. Rev. Priv. Law* 1997, pp. 505 ss. (p. 516).

[1325] Ver sobre o ponto SEIDL-HOHENVELDERN, «International Economic "Soft Law"», *Rec. cours*, vol. 163 (1979-II), pp. 165 ss. (especialmente pp. 182 ss.); EHRICKE, «"Soft Law" — Aspekte einer neuen Rechtsquelle», *NJW* 1989, pp. 1906 ss.; e MARQUES DOS SANTOS, *DIP. Sumários* (1996/97), pp. 39 s.

[1326] Numa outra ordem de considerações, refira-se que a redução do Direito aos factos envolveria, como adverte POPPER, a admissão de que o *jus positum* é o único critério possível de aferição do justo — «*what is, is good*» — ou, o que é o mesmo, a identificação

A existência de uma pluralidade de fontes de regulamentação das relações privadas internacionais, que admitimos, não envolve, pois, a aceitação da eficácia como critério exclusivo do jurídico. Também não deriva dela a plena autonomia das ordens normativas extraestaduais em relação ao Direito do Estado, pois que a juridicidade daquelas depende em alguma medida do reconhecimento por este da validade substancial das soluções que consagram[1327]. Uma vez que apenas o Direito estadual é dotado de legitimidade democrática, é nos valores fundamentais que o inspiram que esse juízo de validade há-de em primeira linha basear-se. Assumem particular relevância neste contexto os princípios jurídicos vertidos na Constituição, a qual opera, assim, como garante da coerência normativa entre as diferentes fontes chamadas a disciplinar as relações da vida submetidas aos tribunais internos[1328].

Do exposto conclui-se que os *Princípios* não constituem, ao menos por ora, fontes de normas jurídicas; pelo que a sua aplicabilidade pelos tribunais estaduais depende do que estabelecerem as regras de conflitos vigentes no Estado do foro. Entre nós há que atender, no seu âmbito de aplicação, ao disposto no art. 3.º da Convenção de Roma. Este restringe o objecto possível da *electio iuris* à lei de um ou mais Estados[1329]. Qualquer referência aos *Princípios* apenas valerá, a esta luz, como expressão da vontade de incorporá-los no contrato, ficando a sua aplicabilidade sujeita à condição de serem compatíveis com a lei reguladora do contrato, a determinar através de uma conexão objectiva.

---

do Direito com o poder: cfr. *The Open Society and its Enemies*, vol. I, pp. 57 ss., e vol. II, pp. 392 ss. No Direito há-de, pois, reconhecer-se, com Miguel REALE, um ser pluridimensional: facto, norma e valor. Ver sobre o ponto, deste autor, *Lições preliminares de Direito*, 64 ss. e 115 ss.; e na doutrina portuguesa: CABRAL DE MONCADA, *Filosofia do Direito e do Estado*, vol. 2.º, pp. 115 ss.; Mário BIGOTTE CHORÃO, *O Direito*, vol. I, pp. 64 s.; *idem*, «Direito», *in Temas Fundamentais de Direito*, pp. 29 ss. (pp. 49 s.); *idem*, «Tridimensionalismo jurídico», *in ibidem*, pp. 167 ss.; OLIVEIRA ASCENSÃO, *O Direito*, pp. 207 ss.; José Adelino MALTEZ, *Princípios de Ciência Política*, II vol., *O problema do Direito*, pp. 228 s.; e Paulo OTERO, *Lições de introdução ao estudo do direito*, I vol., 2.º t., pp. 262 ss.

[1327] Reconhecimento esse que não se confunde com a incorporação, que alguns advogam, dos ordenamentos extraestaduais no Direito estadual. Cfr. sobre o ponto adiante, § 20.º.

[1328] Cfr. GOMES CANOTILHO-VITAL MOREIRA, *Fundamentos da Constituição*, p. 62.

[1329] Ver neste sentido LAGARDE, «Le nouveau droit international privé des contrats après l'entrée en vigueur de la Convention de Rome du 19 juin 1980», *RCDIP* 1991, pp. 287 ss. (p. 300).

Da Responsabilidade Pré-Contratual no Direito Uniforme

73. A codificação que os *Princípios Europeus* visam preparar impõe-se, segundo vários dos seus redactores, como condição do funcionamento eficiente do mercado único europeu[1330]. O motivo precípuo da uniformização jurídica deste modo visada é, pois, de cariz económico. Cabe por isso perguntar: será essa justificação bastante para a obra legislativa que deste modo se prefigura?

Duas ordens de objecções podem opor-se a uma resposta afirmativa:

Por um lado, conforme sustentámos a propósito da chamada *análise económica do Direito*, a ordem jurídica, embora constitua a expressão normativa das estruturas económicas da sociedade, não o é menos de outros estratos mais profundos da vida humana, entre os quais sobressaem os valores morais enraizados na comunidade. Ora, não parece que estes sejam servidos por uma codificação do Direito Privado Europeu. Pelo contrário: afigura-se ser a preservação das legislações nacionais que melhor garante a adequação do Direito ao sentimento ético-jurídico dos seus destinatários e a salvaguarda da identidade cultural dos indivíduos[1331], bem como o respeito pela identidade nacional dos Estados-Membros da União, que o Tratado da União Europeia expressamente assegura[1332]. A integração económica que marca o nosso tempo não envolve necessariamente a uniformização dos modos de vida e de pensar, assim como da valoração moral e jurídica das condutas humanas. Ela não parece constituir, por isso,

---

[1330] Cfr. LANDO: «European Contract Law», *in International Contracts and Conflicts of Law*, pp. 1 ss. (p. 6); «Principles of European Contract Law. An Alternative or a Precursor of European Legislation», *AJCL* 1992, pp. 573 ss. (p. 577) (= *RabelsZ*, pp. 1992, pp. 261 ss., p. 264); «Die Regeln des Europäischen Vertragsrechts», *in Gemeinsames Privatrecht in der Europäischen Gemeinschaft*, pp. 473 ss. (p. 474). O mesmo ponto de vista fundamental é perfilhado por DROBNIG, «Ein Vertragsrecht für Europa», *in FS Steindorff*, pp. 1140 ss. (pp. 1145 ss.); *idem*, «Private Law in the European Union», *in Forum Internationale*, n.º 22 (1996), p. 20; MESTMÄCKER, «Der Wiederkehr der bürgerlichen Gesellschaft und ihres Rechtes», *in Recht in der offenen Gesellschaft*, pp. 60 ss. (p. 73); D. TALLON, «Vers un droit européen du contrat?», *in Mélanges Colomer*, 485 ss. (485); TILMANN, «Eine Privatrechtskodifikation für die Europäische Gemeinschaft?», *in Gemeinsames Privatrecht in der Europäischen Gemeinschaft*, pp. 485 ss. (p. 490); KÖTZ, *Europäisches Vertragsrecht*, vol. I, p. v; e BASEDOW, «Un droit commun des contrats pour le marché commun», *RIDC* 1998, pp. 7 ss.

[1331] A este respeito cfr. JAYME, «Identité culturelle et intégration: le droit international privé postmoderne. Cours général de droit international privé», *Rec. cours*, vol. 251 (1995), pp. 9 ss. (pp. 167 ss.).

[1332] Art. 6.º, n.º 3, na numeração dada pelo Tratado de Amesterdão (ex-art. F).

374 *Da Responsabilidade Pré-Contratual em Direito Internacional Privado*

justificação bastante para a unificação jurídica que se tem em vista através dos instrumentos em apreço[1333].

É, por outro lado, muito duvidosa a compatibilidade da unificação do Direito Privado Europeu com o princípio da subsidiariedade consagrado no Tratado que Institui a Comunidade Europeia[1334]. Esse princípio — que o Tribunal Constitucional alemão erigiu em fundamento da constitucionalidade do Tratado da União Europeia [1335] — importa, segundo os tratados, a restrição do âmbito de intervenção da Comunidade, nos domínios que não sejam das suas atribuições exclusivas, às acções cujos objectivos «não possam ser suficientemente realizados pelos Estados-Membros» e que possam ser «melhor alcançados ao nível comunitário»[1336].

Ora a legiferação em matéria de Direito Privado não se inclui entre as atribuições exclusivas da Comunidade Europeia; e também não parece que os objectivos que essa legiferação tipicamente se propõe não possam ser suficientemente realizados se a mesma for levada a cabo pelos Estados-Membros, ou que possam sê-lo melhor ao nível comunitário[1337].

[1333] Para uma crítica da proposta de um Código Civil europeu na óptica da preservação do pluralismo jurídico ver LEGRAND, «Sens et non-sens d'un Code Civil européen», *RIDC* 1996, pp. 779 ss. (especialmente pp. 803 ss.); *idem*, «Against a European Civil Code», *MLR* 1997, pp. 44 ss. (especialmente pp. 53 ss.); *idem, Droit Comparé*, pp. 73 ss.

[1334] Art. 5.° na numeração dada pelo Tratado de Amesterdão (ex-art. 3.°-B). A ele alude também o art. 1.°, segundo parágrafo, do Tratado da União Europeia, na numeração dada pelo Tratado de Amesterdão (ex-art. A, segundo parágrafo), nos termos do qual o mesmo Tratado «assinala uma nova etapa no processo de criação de uma união cada vez mais estreita entre os povos da Europa, em que as decisões serão tomadas de uma forma tão aberta quanto possível e ao nível mais próximo possível dos cidadãos».

[1335] Cfr. o ac. daquele Tribunal de 12 de Outubro de 1993, *BVerfGE* 89, pp. 155 ss. (especialmente pp. 189 e 213).

[1336] Cfr. sobre o ponto PIPKORN, «Das Subsidiaritätsprinzip im Vertrag über die Europäische Union — rechtliche Bedeutung und gerichtliche Überprüfbarkeit», *EuZW* 1992, pp. 697 ss.; MÖSCHEL, «Zum Subsidiaritätsprinzip im Vertrag von Maastricht», *NJW* 1993, pp. 3025 ss.; LENZ, *Kommentar zum Vertrag zur Gründung der Europäischen Gemeinschaften*, pp. 19 ss.; FAUSTO DE QUADROS, *O princípio da subsidiariedade no Direito Comunitário após o Tratado da União Europeia*, pp. 42 ss.; Maria Luísa DUARTE, *A teoria dos poderes implícitos e a delimitação de competência entre a União Europeia e os Estados-Membros*, pp. 517 ss. e 635 s.

[1337] Para BONELL, dadas as divergências que subsistem entre os Direitos desses Estados, uma unificação jurídica obtida mediante cedências recíprocas poderia mesmo representar um retrocesso («a step backward») relativamente ao actual estádio de evolução de vários desses Direitos: cfr. «The need and possibilities of a codified European contract law», *Eur. Rev. Priv. Law* 1997, pp. 505 ss. (pp. 514 s.).

De resto, enquanto não se acharem unificadas as organizações judiciárias dos Estados-Membros da Comunidade sempre ressurgiriam, por via da interpretação, da integração e do desenvolvimento judicial do hipotético Direito Privado Europeu, as divergências entre os Direitos nacionais a que o mesmo visasse pôr termo.

Deve, pois, ter-se por excluída, em virtude do referido princípio, a competência da Comunidade Europeia para uma unificação do Direito Privado dos Estados-Membros, em particular no domínio da responsabilidade civil[1338].

Questão diversa da anterior é a da própria possibilidade da uniformização visada através das codificações em apreço. Depara ela com duas ordens de dificuldades, que cumpre referir:

Por um lado, a circunstância de a diversidade dos Direitos ser o reflexo da relatividade dos juízos de valor que subjazem às regras jurídicas, dos sistemas de ideias que os enquadram e dos dados da experiência em que os mesmos se apoiam. A validade desses juízos não é racionalmente demonstrável fora de determinado quadro de valores e de certas coordenadas espácio-temporais: ninguém pode sustentar que as máximas ético-jurídicas que perfilha correspondem a verdades científicas dotadas de validade universal e imunes a toda a crítica fundamentada[1339].

Pois que todos eles procedem de uma certa racionalidade, tem o legislador de Direito uniforme de reconhecer igual legitimidade às diferentes e porventura contraditórias expressões de que os mesmos valores são passíveis e dos juízos sobre eles formulados.

[1338] Cfr. no mesmo sentido HOHLOCH, «Rechtsangleichung und Subsidiaritätsprinzip. Anmerkungen zur Vereinheitlichung und zum Kollisionsrecht der Produkthaftung in Europa», *in Rozprawy z polskiego i europejskiego prawa prywatnego. Ksiega pamiatkowa ofiarowana Profesorowi Józefowi Skapskiemu*, pp. 105 ss. (p. 124). Também DROBNIG, «Scope and general rules of a European Civil Code», *Eur. Rev. Priv. Law* 1997, pp. 489 ss. (p. 492), reconhece que a uma codificação do Direito civil europeu que inclua no seu objecto as situações jurídicas puramente internas se opõe o princípio da subsidiariedade. Ver ainda Álvaro d'ORS, *Nueva introducción al estudio del derecho*, p. 185, que aduz contra a unificação de certas parcelas do Direito Privado que «una posible mayor perfección técnica no debe perturbar la correcta aplicación del principio de subsidiariedad».

[1339] Pode-se afirmar, por exemplo, que a economia de mercado é preferível ao planeamento central, por mais produtiva ou por só ela assegurar a liberdade dos indivíduos; mas não é susceptível de prova que este último seja um valor mais alto, *v.g.*, do que a distribuição equitativa do produto social, que aqueloutro sistema económico porventura melhor garantirá. Sobre a insusceptibilidade de demonstração lógica dos juízos de valor *vide*, por todos, HESSEN, *Wertphilosophie*, tradução portuguesa, pp. 102 e 165.

O objectivo, enunciado por LANDO[1340], de que os *Princípios Europeus* acolham «*the best rules of law*» parece, assim, em rigor impossível de alcançar: as soluções consagradas nos *Princípios* serão sempre impugnáveis segundo o prisma valorativo próprio dos sistemas cujas soluções tenham sido preteridas.

Atendo-nos aqui, a fim de ilustrar esta proposição, à matéria de que nos ocupamos neste estudo, diremos que à consagração, no âmbito de uma iniciativa uniformizadora do Direito dos Contratos, de deveres gerais de conduta segundo a boa fé e de uma genérica responsabilidade pré-contratual se opõem as divergências muito acentuadas que nesta matéria separam os sistemas jurídicos continentais dos anglo-saxónicos. Essas divergências são, se bem cuidamos, insuperáveis, pois que não há compromisso possível entre as mundividências que lhes subjazem. Perante elas apenas uma de duas atitudes se afigura possível aos autores da codificação em causa: ou a adesão a uma das concepções em presença ou a omissão de qualquer regulamentação da matéria. Antevendo justamente a possibilidade de existirem questões não expressamente reguladas nos *Princípios Europeus*, posto que compreendidas no seu âmbito de aplicação, remete o seu art. 1:106 (2) para o sistema jurídico designado pelas regras de Direito Internacional Privado[1341]. Está aí, segundo nos parece, o reconhecimento da inviabilidade de uma uniformização integral — ainda que restrita ao espaço europeu — do Direito dos Contratos; e bem assim da imprescindibilidade das regras de conflitos como meio de determinar, num mundo de Direitos variáveis, a disciplina jurídica das situações plurilocalizadas.

Também a circunstância de não ser configurável um conceito de contrato comum aos vários ordenamentos jurídicos europeus[1342] inviabiliza, em nosso modo de ver, a unificação jurídica que os *Princípios* se propõem levar a cabo: ainda que porventura estes consignassem regras comuns a todos os sistemas jurídicos nacionais elas valeriam, em cada um desses sistemas, para realidades diversas. A não ser que se pretenda referir os *Princípios* a um conceito «naturalístico» de contrato, supostamente comum a

---

[1340] Cfr. «European Contract Law», cit., p. 10; «Principles of European Contract Law», cit., p. 269.

[1341] Nele se dispõe: «Issues within the scope of these Principles but not expressly settled by them are so far as possible to be settled in accordance with the ideas underlying the Principles. Failing this, the legal system applicable by virtue of the rules of private international law is to be applied».

[1342] Cfr. *supra*, §§ 7.º e 10.º.

todos os sistemas nacionais. Mas semelhante pretensão temo-la por irrealizável à luz de uma concepção do Direito como fenómeno cultural referido a valores, uma vez que são diversos, conforme se viu, os fins prosseguidos pelas regulamentações nacionais em matéria de contratos e as valorações nelas implicadas.

CAPÍTULO IV

DA LEI APLICÁVEL
À RESPONSABILIDADE PRÉ-CONTRATUAL

SECÇÃO I
PRELIMINARES

§ 19.º
Enunciado do problema. Razão de ordem

74. Existindo entre os ordenamentos jurídicos anteriormente examinados diferenças muito significativas pelo que respeita ao regime da responsabilidade por danos devidos a actos ou omissões ocorridos nos preliminares e na formação dos contratos, e não havendo Direito uniforme sobre a matéria, tem a sua regulação de fazer-se, nas situações da vida conexas com mais do que um desses ordenamentos, tomando por base as normas materiais neles vigentes.

Coloca-se, assim, o problema da lei ou leis aplicáveis à responsabilidade pré-contratual emergente de situações privadas internacionais.

As regras de conflitos através das quais essas leis devem ser determinadas são, de acordo com a hipótese de partida deste estudo, fundamentalmente as que se reportam às obrigações contratuais e à responsabilidade extracontratual.

Entre nós tais regras figuram, como se disse, na Convenção de Roma Sobre a Lei Aplicável às Obrigações Contratuais e no art. 45.º do Código Civil.

Não consideraremos aqui as demais regras de conflitos vigentes na ordem interna em matéria obrigacional, nomeadamente os arts. 41.º e 42.º do Código Civil, pois que o seu âmbito de aplicação se restringe, desde a

380 *Da Responsabilidade Pré-Contratual em Direito Internacional Privado*

entrada em vigor para Portugal da referida Convenção, às obrigações provenientes de negócios jurídicos unilaterais e de certos contratos excluídos do âmbito da Convenção e não abrangidos por quaisquer outros textos legais ou convencionais, bem como à responsabilidade pelo seu incumprimento; e estas matérias não cabem, pelas razões que expusemos anteriormente, no objecto da nossa indagação.

A verificação daquela hipótese importa que se averigue se as situações da vida em apreço, com o conteúdo que lhes imputam os ordenamentos jurídicos examinados no capítulo II, são efectivamente reconduzíveis às mencionadas regras de conflitos, i. é, a sua qualificação; o que pressupõe a delimitação dos conceitos que designam o respectivo objecto. É o que nos propomos fazer na secção II do presente capítulo.

A fim de se determinar a disciplina jurídica aplicável à responsabilidade pré-contratual emergente de relações privadas internacionais não basta, porém, fixar as regras de conflitos relevantes; é ainda necessário examinar os problemas particulares que suscitam neste domínio a interpretação e a aplicação dessas regras pelo que respeita aos elementos de conexão nelas acolhidos, assim como a adequação desses elementos ao achamento da lei aplicável às questões em apreço. A tanto se dirigem as reflexões constantes da secção III deste capítulo.

SECÇÃO II
PROBLEMAS DE QUALIFICAÇÃO

§ 20.°
Generalidades

75. Uma das características das regras de conflitos a que aludimos na secção anterior é a circunstância de definirem através de conceitos técnico-jurídicos as matérias ou questões jurídicas para as quais valem os elementos de conexão nelas consagrados; de modo que a regulamentação das situações da vida privada internacional compreendidas no seu escopo é frequentemente repartida por várias ordens jurídicas, a cada uma das quais compete disciplinar tão-só certa ou certas questões parcelares[1343].

A interpretação e a aplicação dessas regras suscitam, assim, entre outros problemas, o da delimitação das respectivas categorias de conexão e o da qualificação do seu objecto.

É esta última uma operação necessária e prévia à aplicação de toda a norma jurídica ao caso singular. De um modo geral, podemos defini-la como a integração de um determinado objecto numa categoria de objectos designada por um conceito. Essa operação pressupõe nomeadamente a delimitação da categoria abstracta de objectos a que se pretende reconduzir certo objecto concreto, mediante a interpretação do conceito que designa essa categoria, a determinação do objecto a qualificar (a sua identificação e caracterização) e a definição de um critério em que se fundamente a integração do objecto em causa na categoria definida pelo conceito.

A natureza e a estrutura próprias da regra de conflitos de leis no espaço conferem a essa operação, quando reportada a esta regra, contornos específicos e uma complexidade acrescida.

[1343] Razão por que WENGLER denomina este modo de regulamentação das questões privadas internacionais «método dos mosaicos» («*Mosaikmethode*»): cfr. *IPR*, vol. I, p. 133.

Não existe unanimidade de vistas quanto à definição das questões suscitadas pela qualificação em Direito Internacional Privado. Para tal contribui o facto de serem muito díspares as orientações perfilhadas na doutrina, na jurisprudência e nas legislações sobre problemas mais vastos, como o do objecto e da função da regra de conflitos.

Diremos, no entanto, a benefício da fundamentação que adiante se exporá, que a problemática da qualificação em Direito Internacional Privado, globalmente considerada, compreende três ordens de questões:

Consiste a primeira na determinação do sentido e alcance da referência feita pela regra de conflitos à lei designada pelo elemento de conexão dela constante. Em síntese, trata-se de saber se essa lei é declarada aplicável no conjunto das suas disposições ou tão-só pelo que respeita às proposições jurídicas que correspondam à categoria normativa definida pelo conceito-quadro da regra de conflitos.

A segunda (que logicamente pressupõe se dê à questão anterior a solução por último referida) traduz-se na delimitação do âmbito dos conceitos designativos do objecto da conexão das regras de conflitos potencialmente aplicáveis. Esta constitui uma operação autónoma, que precede a qualificação em sentido estrito[1344] e importa não só a interpretação daqueles conceitos individualmente considerados (segundo critérios que, como veremos, hão-de atender à natureza e à fonte específica das regras em que se contêm), mas também a sua demarcação perante conceitos próximos[1345].

A terceira compreende duas operações distintas: por um lado, a determinação e a caracterização do objecto da qualificação; por outro, o apuramento da concreta apreensibilidade deste último pelos conceitos de conexão da regra de conflitos — a sua qualificação *stricto sensu*.

A dilucidação da segunda e da terceira das questões referidas pressupõe, naturalmente, a fixação dos critérios que presidem a cada uma das operações nelas compreendidas.

Também os conceitos designativos dos elementos de conexão das regras de conflitos suscitam problemas de qualificação, na medida em que se trate de conceitos jurídicos ou de facto carecidos de interpretação e de

---

[1344] Ver neste sentido RAAPE, *IPR*, pp. 103 s., e RAAPE-STURM, *IPR*, pp. 258 s.

[1345] Distingue a doutrina germânica, a este respeito, entre a «*Begrenzung*» de conceitos de conexão individualmente considerados e a sua «*Abgrenzung*» relativamente aos demais conceitos: cfr., por exemplo, BASEDOW, «Qualifikation, Vorfrage und Anpassung im Internationalen Zivilverfahrensrecht», *in Materielles Recht und Prozessrecht und die Auswirkungen der Unterscheidung im Recht der internationalen Zwangsvollstreckung*, pp. 131 ss. (p. 133).

serem preenchidos com realidades concretas, em que devam concorrer as características essenciais que os definem. Assim, por exemplo, se se cuida de saber qual a lei reguladora de certo contrato e a norma de conflitos relevante estabelece que essa lei é a do país da situação do estabelecimento que forneceu a prestação característica do contrato, haverá que determinar qual o conceito de estabelecimento correspondente à regra de conflitos aplicanda antes de se apurar se certo ente que forneceu aquela prestação (por exemplo uma sucursal, um agente comercial ou uma sociedade independente da que celebrou o contrato, mas que aja em nome desta) pode ser caracterizado como estabelecimento para os efeitos daquela regra de conflitos. É este, logicamente, um problema anterior ao da chamada concretização do elemento de conexão, através da qual se individualiza a lei potencialmente aplicável à situação da vida *sub judice*. Dele não nos ocuparemos, porém, nesta parte do presente estudo, em conformidade com a orientação, aliás dominante, que tende a distinguir os problemas de interpretação e aplicação da regra de conflitos pelo que respeita aos conceitos designativos dos elementos de conexão das regras de conflitos daqueloutros que se suscitam a propósito dos conceitos que delimitam o objecto da conexão.

A evolução contemporânea do Direito Internacional Privado não é desprovida de consequências nesta temática, que se acha estreitamente associada à interpretação e aplicação da regra de conflitos de modelo clássico. Nessa evolução há a destacar, com interesse para a resolução do problema que aqui nos ocupa, os seguintes aspectos fundamentais:

Por um lado, a pluralidade dos modos de regulamentação das questões privadas internacionais, que caracteriza o Direito Internacional Privado actual, retirou à regra de conflitos, e por conseguinte à qualificação, parte do protagonismo que desde SAVIGNY lhe pertencia na regulamentação das questões privadas internacionais. Foi justamente a concepção savigniana do Direito Internacional Privado, segundo a qual ao Direito de Conflitos compete fundamentalmente achar para cada relação jurídica, consoante a sua natureza, a respectiva sede, sendo a lei aí vigente a que lhe deve ser aplicada, que esteve na origem da descoberta do problema da qualificação por KAHN e BARTIN e da caracterização dessa operação, por estes autores, como um pressuposto da competência da *lex causae*. Ora, na medida em que se admita que a regulamentação das referidas questões pode ser fornecida, ao menos em parte, por regras de Direito uniforme ou por regras materiais cujo âmbito de aplicação se encontra pré-determinado pela respectiva função ou pelo seu fim (posto que a aplicabilidade dessas regras não possa prescindir de uma conexão espacial entre a situação

da vida a regular e o ordenamento em que vigoram[1346]), perde a impostação do problema da qualificação segundo aqueles autores alguma da sua
relevância.

Por outro lado, a diversificação da estrutura da regra de conflitos a
que modernamente se assiste — a qual constitui um reflexo do movimento
de flexibilização do processo de regulamentação das situações privadas
internacionais — conferiu à operação de qualificação um alcance diferente
daquele que classicamente lhe pertencia.

Tal é notório, desde logo, pelo que respeita às regras de conflitos que
dão ao julgador ampla liberdade na determinação da lei em concreto aplicável às situações privadas internacionais. Este modo de fixação da lei
aplicável aflora, por exemplo, nos arts. 52.º, n.º 2, e 60.º, n.º 2, do Código
Civil, no art. 4.º da Convenção de Roma, nas regras do Direito inglês que
confiam ao juiz a fixação da *proper law* do contrato e em certas regras do
segundo *Restatement* norte-americano sobre os conflitos de leis (em particular os seus §§ 6[1347], 145[1348] e 188[1349]).

Por força dessas regras, pode suceder que, seja qual for a caracterização da situação da vida *sub judice*, será a mesma a lei aplicável: a do
país com o qual ela apresente, no entender do julgador, a conexão mais
estreita ou significativa.

[1346] Cfr., por exemplo, o art. 1, n.º 1, da Convenção da Nações Unidas Sobre os Contratos de Compra e Venda Internacional de Mercadorias e o art. 7.º da Convenção de Roma
Sobre a Lei Aplicável às Obrigações Contratuais.

[1347] É o seguinte o teor desse preceito:
«Choice-of-Law Principles
    (1) A court, subject to constitutional restrictions, will follow a statutory directive
    of its own state on choice of law.
    (2) When there is no such directive, the factors relevant to the choice of the appli-
    cable rule of law include
    (a) the needs of the interstate and international systems,
    (b) the relevant policies of the forum,
    (c) the relevant policies of other interested states and the relative interests of
        those states in the determination of the particular issue,
    (d) the protection of justified expectations,
    (e) the basic policies underlying the particular field of law,
    (f) certainty, predictability and uniformity of result,
    (g) ease in the determination and application of the law to be applied».

À mesma conclusão se chega em face das normas que consagram cláusulas de excepção, como o art. 6.°, n.° 2, *in fine*, da Convenção de Roma, o art. 15 da lei suíça de Direito Internacional Privado[1350] e o art.

[1348] Que dispõe:

«The general principle

(1) The rights and liabilities of the parties with respect to an issue in tort are determined by the local law of the state which, with respect to that issue, has the most significant relationship to the occurrence and the parties under the principles stated in § 6.

(2) Contacts to be taken into account in applying the principles of § 6 to determine the law applicable to an issue include:

(a) the place where the injury occurred,

(b) the place where the conduct causing the injury occurred,

(c) the domicil, residence, nationality, place of incorporation and place of business of the parties, and

(d) the place where the relationship, if any, between the parties is centered. These contacts are to be avaluated according to their relative importance with respect to the particular issue».

[1349] Nos termos do qual:

«Law Governing in Absence of Effective Choice by the Parties

(1) The rights and duties of the parties with respect to an issue in contract are determined by the local law of the state which, with respect to that issue, has the most significant relationship to the transaction and the parties under the principles stated in § 6.

(2) In the absence of an effective choice of law by the parties (see § 187), the contacts to be taken into account in applying the principles of § 6 to determine the law applicable to an issue include:

(a) the place of contracting,

(b) the place of negotiation of the contract,

(c) the place of performance,

(d) the location of the subject matter of the contract, and

(e) the domicil, residence, nationality, place of incorporation and place of business of the parties.

These contacts are to be evaluated according to their relative importance with respect to the particular issue.

(3) If the place of negotiating the contract and the place of performance are in the same state, the local law of this state will usually be applied, except as otherwise provided in §§ 189-199 and 203».

[1350] Cujo teor é o seguinte:

«1. Le droit désigné par la présente loi n'est exceptionnellement pas applicable si, au regard de l'ensemble des circonstances, il est manifeste que la cause n'a qu'un lien très lâche avec ce droit et qu'elle se trouve dans une relation beacoup plus étroite avec un autre droit.

2. Cette disposition n'est pas applicable en cas d'élection de droit».

3082 do Código Civil do Quebeque[1351], que permitem ao julgador preterir a lei em princípio aplicável em favor de outra que, na sua opinião, apresente com a relação em causa uma conexão mais estreita; e bem assim das que admitem desvios à aplicabilidade da lei em princípio competente para regular certa categoria de relações jurídicas em benefício da lei reguladora doutra relação jurídica conexa com a primeira (como sucede por exemplo em matéria de responsabilidade delitual[1352]).

Analogamente se passam as coisas pelo que respeita às regras de conflitos que submetem todas as matérias que constituem o objecto do litígio a uma única lei, sem distinguir consoante a natureza das relações ou questões *sub judice*[1353]. Perante tais regras fica o problema da qualificação reduzido à distinção entre questões processuais (sujeitas à competência da *lex fori*) e questões de mérito (para as quais vale a conexão única prevista na regra de conflitos). No mais, perde interesse a determinação do objecto da conexão enquanto pressuposto da competência da *lex causae*, pois que nesta se compreendem todas as matérias que integram o objecto do litígio.

O problema da qualificação pode mesmo ser inteiramente evitado num sistema de resolução de conflitos de leis, como é o que é preconizado pela doutrina norte-americana da *interest analysis*, que não se socorra de categorias de conexão; mas esta concepção não tem acolhimento positivo entre nós e é de repudiar, *de jure constituendo*, pelas razões atrás expostas.

Em contrapartida, a qualificação do objecto da conexão adquire nova relevância na aplicação das regras de conflitos que delimitam esse objecto não através de conceitos técnico-jurídicos (como o de «obrigações provenientes de negócios jurídicos» ou o de «responsabilidade extracontratual fundada em acto ilícito»), mas antes por recurso a tipos[1354] (assim, por

---

[1351] No qual se estabelece: «À titre exceptionnel, la loi désignée par le présent livre n'est pas applicable si, compte tenu de l'ensemble des circonstances, il est manifeste que la situation n'a qu'un lien très éloigné avec cette loi et qu'elle se trouve en relation beaucoup plus étroite avec la loi d'un autre État. La présente disposition n'est pas applicable lorsque la loi est désignée dans un acte juridique» (pode ver-se o texto integral do Livro X do Código, na versão francesa, in MARQUES DOS SANTOS, *DIP. Colectânea de textos legislativos de fonte interna e internacional*, pp. 1471 ss.).

[1352] Cfr. *infra*, § 26.º.

[1353] Será esse o caso do art. 33.º da Lei da Arbitragem Voluntária, literalmente entendido.

[1354] *Vide* sobre o tema OLIVEIRA ASCENSÃO, *A tipicidade dos direitos reais*, pp. 19 ss., e *O Direito*, pp. 453 ss.; LARENZ, *Methodenlehre der Rechtswissenschaft*, pp. 215 ss. e 273 ss. (na tradução portuguesa, pp. 254 ss. e 326 ss.); PAIS DE VASCONCELOS, *Contratos*

Da Lei Aplicável à Responsabilidade Pré-Contratual   387

exemplo, os de «contrato celebrado por consumidor»[1355], «contrato individual de trabalho»[1356], «contrato de mediação»[1357], «contrato de seguro»[1358] e «responsabilidade civil extracontratual decorrente de acidente de circulação rodoviária»[1359]), como forma de aproximar das necessidades sociais os factores de conexão eleitos para cada sector do jurídico. Dada a menor abstracção do tipo, que supõe a especificação de um conceito, a sua delimitação e o juízo de correspondência entre o mesmo e as situações da vida que tem por objecto podem suscitar maiores dificuldades do que as que se levantam na qualificação em face dos conceitos-quadro tradicionais.

Por seu turno, a intensificação do movimento de codificação internacional do Direito Internacional Privado, que presentemente se regista, veio acentuar a importância que assumem os problemas específicos suscitados pela interpretação e aplicação das regras de conflitos de fonte convencional, que serão equacionados adiante.

76. Não cabe numa monografia fundamentalmente consagrada a um tema da parte especial do Direito Internacional Privado, como a presente, um estudo aprofundado das questões acima enunciadas. Mas afigura-se-nos imprescindível uma tomada de posição sobre as mesmas, a fim de podermos determinar se as normas materiais relevantes das leis potencialmente aplicáveis à matéria que aqui nos ocupa — aquelas em cuja *fattispecie* se incluam pretensões indemnizatórias fundadas na responsabilidade pré-contratual — são efectivamente reconduzíveis aos conceitos-quadro das regras de conflitos referidas na secção anterior. Para tanto, há eviden-

---

atípicos, pp. 42 ss.; *idem, Teoria geral do Direito Civil*, vol. I, pp. 274 ss. Sobre a relevância do tipo na construção de regras de conflitos no domínio da responsabilidade extracontratual consulte-se SCHÜTT, *Deliktstyp und IPR*, especialmente pp. 20 ss., 58 ss. e 196 ss.

[1355] Cfr. o art. 5.º da Convenção de Roma.

[1356] Cfr. o art. 6.º da Convenção de Roma.

[1357] Cfr. a Convenção da Haia de 1978 sobre a Lei Aplicável aos Contratos de Mediação e à Representação.

[1358] Cfr. os arts. 188.º a 193.º do D.L. n.º 94-B/98, de 17 de Abril (Regula as condições de acesso e de exercício da actividade seguradora e resseguradora no território da Comunidade Europeia, incluindo a exercida no âmbito institucional das zonas francas).

[1359] *Vide* o art. 1.º da Convenção da Haia de 4 de Maio de 1971 Sobre a Lei Aplicável em Matéria de Acidentes de Circulação Rodoviária (assinada, mas não ratificada por Portugal; cfr. o respectivo texto *in* CONFÉRENCE DE LA HAYE DE DROIT INTERNATIONAL PRIVÉ, *Recueil des Conventions*, pp. 142 ss.).

388 *Da Responsabilidade Pré-Contratual em Direito Internacional Privado*

temente que ter presentes as principais orientações preconizadas na doutrina, na jurisprudência e nas legislações nacionais a este respeito. A elas faremos agora uma breve referência, que incluirá a sua apreciação crítica, após o que proporemos um critério geral de solução para o problema.

Pressupõe-se que este não tem índole exclusivamente doutrinal, assistindo às disposições legais que dele se ocupam, como o art. 15.° do Código Civil português, carácter preceptivo, isto é, que são verdadeiras normas jurídicas — o que, aliás, não é indiscutível[1360].

São dois os sistemas fundamentais que o Direito Comparado nos revela pelo que respeita ao sentido e alcance da referência operada pelas normas de conflitos do foro à *lex causae*: o da chamada «referência aberta» (*offene Verweisung*) e o que denominaremos, para os efeitos da presente exposição, de «referência selectiva».

De acordo com o primeiro, a *lex causae* é declarada competente no conjunto das suas disposições materiais: destas serão aplicáveis todas aquelas a cuja previsão seja reconduzível a situação *sub judice*. Em face do segundo, a designação dessa lei compreende tão-só aquelas das suas proposições jurídicas que, pelo conteúdo e função social que nela desempenhem, se integrem na categoria normativa recortada pelo conceito-quadro da regra de conflitos.

A primeira destas orientações obteve amplo acolhimento na doutrina estrangeira[1361] e tem expressão legal, por exemplo, no § 3.° da lei austríaca de Direito Internacional Privado, de 1978[1362], e no art. 13 da lei

---

[1360] Cfr. sobre a questão da valia jurídica das disposições legais referentes à interpretação da regra de conflitos adiante, nota 1391 e texto correspondente.

[1361] Preconizam-na, por exemplo, SCHEUCHER, «Einige Bemerkungen zum Qualifikationsproblem», *ZfRV* 1961, pp. 228 ss. (pp. 231 s.); FRANCESKAKIS, «Qualification», *in Répertoire de Droit International*, t. II, pp. 703 ss. (p. 708); VON OVERBECK, «Les questions générales du droit international privé à la lumière des codifications et projets récents. Cours général de droit international privé», *Rec. cours*, vol. 176 (1982-III), pp. 9 ss. (p. 112); SCHWIND, *IPR*, pp. 29 s. Especificamente pelo que respeita ao rompimento dos esponsais, ver, no sentido de uma referência aberta à lei designada, BEITZKE, «Les obligations délictuelles en droit international privé», *Rec. Cours*, vol. 115 (1965-II), pp. 63 ss. (pp. 122 s.).

[1362] Que dispõe: «Ist fremdes Recht massgebend, so ist es von Amts wegen und wie in seinem ursprünglichen Geltungsbereich anzuwenden» (*vide* a tradução portuguesa do preceito em FERRER CORREIA e FERREIRA PINTO, *DIP. Leis e projectos de leis. Convenções internacionais*, p. 169; e em MARQUES DOS SANTOS, *in DIP. Colectânea de textos legislativos de fonte interna e internacional*, p. 1381). No sentido de que esta remissão para o Direito estrangeiro tal como ele é aplicado no seu âmbito de vigência originário importa a

suíça de Direito Internacional Privado[1363], de 1988. Em Itália já se tem visto no art. 15 da lei de reforma do Sistema de Direito Internacional Privado um afloramento dessa orientação[1364]. O segundo dos referidos sistemas foi consagrado no art. 15.º do Código Civil português[1365].

Também a interpretação dos conceitos designativos do objecto da conexão pode processar-se segundo diferentes critérios, amplamente glosados na doutrina nacional e estrangeira, a que não é possível fazer aqui mais do que uma sucinta alusão.

Conforme um deles, há que interpretar tais conceitos *lege fori* (mais precisamente: a partir da ordem jurídica em que se insere a norma interpretanda). É esta a orientação hoje dominante na doutrina e na jurisprudência, embora com cambiantes diversos. Ao passo que para determinada corrente de pensamento haveria que recorrer, sem mais, aos conceitos homólogos do Direito material do Estado do foro[1366], para outra seria de admitir a autonomia dos conceitos de conexão perante o Direito

---

designação desse Direito no seu conjunto e é incompatível com qualquer restrição das normas aplicáveis àquelas que preencham as funções visadas pelo conceito de conexão da norma de conflitos do foro pronuncia-se SCHWIND, *IPR*, p. 30.

[1363] Aí se estabelece: «La désignation d'un droit étranger par la présente loi comprend toutes les dispositions qui d'après ce droit sont applicables à la cause. L'application du droit étranger n'est pas exclue du seul fait qu'on attribue à la disposition un caractère de droit public». Deve porém notar-se que um autor como BUCHER, reconhecendo que «[l]'applicabilité des dispositions pertinentes de la *lex causae* est ainsi indépendante de la *qualification* donnée à la catégorie de rattachement par la règle de conflit du for» e que «cette règle s'en remet à la qualification (dite secondaire) retenue par la lex causae», entende que «un *lien fonctionnel* doit exister entre les dispositions de la lex causae et la catégorie de rattachement de la règle de conflit. Contrairement à la lettre de l'article 13, 1ère phrase, cette règle n'autorise pas l'application de toute disposition susceptible de s'appliquer à la "cause"» (cfr. *DIP suisse*, t. I/2, p. 135).

[1364] Cfr. neste sentido BALLARINO, *DIP*, p. 227. Dispõe aquele preceito que «La legge straniera è applicata secondo i propri criteri di interpretazione e di applicazione nel tempo» (pode consultar-se o texto integral da lei *in* MARQUES DOS SANTOS, *DIP. Colectânea de textos legislativos de fonte interna e internacional*, pp. 1419 ss.). O autor citado reconhece, porém, serem todos os «casos tradicionais» da teoria da qualificação manifestações da impossibilidade de permanecer fiel ao que denomina, para exprimir a ideia de referência aberta, de princípio da globalidade.

[1365] Cfr. neste sentido FERRER CORREIA, *DIP. Alguns problemas*, pp. 158 s. e n. 32 da p. 159.

[1366] Cfr. KAHN, «Gesetzeskollisionen. Ein Beitrag zur Lehre des internationalen Privatrechts», *in Abhandlungen zum IPR*, vol. I, pp. 1 ss. (pp. 111 ss.); BARTIN, «La théorie des qualifications en DIP», *in* PICONE-WENGLER, *IPR*, pp. 345 ss. (pp. 357 ss); MACHADO VILLELA, *Tratado elementar (teórico e prático) de DIP*, livro I, pp. 509 s.

390   *Da Responsabilidade Pré-Contratual em Direito Internacional Privado*

interno[1367]. Nesta se inclui a maioria dos autores portugueses[1368]. Segundo ela, deveria partir-se do Direito do foro no processo interpretativo da regra de conflitos[1369], sem prejuízo de lhe serem reconduzidas as normas estrangeiras que exerçam na lei a que pertencem a mesma função social que os institutos da *lex fori* por ela visados[1370] ou que com elas possuam dado

---

[1367] Cfr. WENGLER, «Die Vorfrage im Kollisionsrecht», *RabelsZ* 1934, pp. 148 ss. (pp. 155 ss.); MAURY, «Règles générales des conflits de lois», *Rec. cours*, vol. 57 (1936-III), pp. 325 ss. (pp. 504 e 512); NEUHAUS, *Die Grundbegriffe des IPR*, pp. 126 ss; RAAPE--STURM, *IPR*, p. 278; VITTA, «Cours général de droit international privé», *Rec. cours*, vol. 162 (1979-I), pp. 9 ss. (p. 63); SCHURIG, *Kollisionsnorm und Sachrecht*, pp. 220 s.; GRUND-MANN, *Qualifikation gegen die Sachnorm*, p. 27 e *passim*; Christian VON BAR, *IPR*, vol. I, p. 515; DÖRNER, «Qualifikation im IPR - Ein Buch mit sieben Siegeln?», *StAZ* 1988, pp. 345 ss. (p. 350); VITTA-MOSCONI, *Corso di Diritto Internazionale Privato e Processuale*, pp. 140 s.; *Erman-HOHLOCH*, Einleitung Art. 3 EGBGB, n.m. 39, p. 2310; KEGEL, *IPR*, pp. 254 ss.; KROPHOLLER, *IPR*, pp. 108 ss.; *Münchener Kommentar-SONNENBERGER*, Einl. IPR, n.m. 460, p. 207.

[1368] Cfr. DIAS ROSAS, *As qualificações em DIP*, pp. 78 s.; MAGALHÃES COLLAÇO, *Lições de DIP*, vol. II, pp. 153 ss. e 176 ss.; *idem, Da qualificação em DIP*, pp. 150 a 156 e 176 ss.; AZEVEDO MOREIRA, *Da questão prévia em DIP*, p. 45; FERRER CORREIA, «O problema das qualificações segundo o novo DIP português», *in Estudos jurídicos* III, pp. 43 ss. (p. 49); *idem, Lições de DIP*, p. 279; *idem, DIP. Alguns problemas*, pp. 155 s.; *idem,* «Direito Internacional Privado», *in Polis*, vol. 2, cols. 461 ss. (cols. 467 s.); *idem*, «O princípio da autonomia do DIP no sistema jurídico português», *RDE* 1986, pp. 3 ss.; BAPTISTA MACHADO, *Lições de DIP*, pp. 112 ss.

[1369] Cfr. entre nós MAGALHÃES COLLAÇO, *Da qualificação em DIP*, pp. 175 ss.; e FERRER CORREIA, est. cit. *in Estudos jurídicos III*, p. 51; *Lições de DIP*, pp. 275 s.; *DIP. Alguns problemas*, p. 156. Mais reticente, BAPTISTA MACHADO, *Âmbito de eficácia e âmbito de competência das leis*, pp. 395 ss., e *Lições*, pp. 113 s. (mas cfr. *supra*, § 5.º).

[1370] No sentido de que o juízo classificatório em Direito Internacional Privado importa a aferição da correspondência funcional entre o instituto da *lex causae* e aquele que é visado pela regra de conflitos pronunciara-se já LEWALD, «Règles générales des conflits de lois», *Rec. cours*, vol. 57 (1939-III), pp. 1 ss. (p. 81). Na doutrina germânica mais recente essa orientação, dita da «qualificação funcional», é também perfilhada, entre outros, por NEUHAUS, *Die Grundbegriffe*, pp. 129 ss.; RAAPE-STURM, *IPR*, p. 279; WEBER, *Die Theorie der Qualifikation*, pp. 232 s. e 241 s.; DÖRNER, «Qualifikation im IPR», cit., p. 352; BASEDOW, «Qualifikation, Vorfrage und Anpassung im Internationales Zivilverfahrensrecht», *in Materielles Recht und Prozessrecht*, pp. 131 ss. (p. 134); FIRSCHING-VON HOFFMANN, *IPR*, pp. 211 s.; KROPHOLLER, *IPR*, pp. 111 ss.; *Münchener Kommentar-SONNENBERGER*, Einl. IPR, n.m. 464 s., pp. 208 s.; e JUNKER, *IPR*, pp. 142 ss. Para uma afirmação da ideia na jurisprudência alemã ver, por exemplo, o acórdão do *Bundesgerichtshof* de 22 de Março de 1967, *BGHZ* 47, pp. 324 ss. (p. 332): «Da das Rechtsinstitut der Trennung von Tisch und Bett dem deutschen Recht unbekannt ist, kommt es dafür, wie es den deutschen Kollisionsvorschriften einzuordnen ist, darauf an, diese Rechtseinrichtung nach

nexo teleológico[1371]. Consagra o critério em apreço o § 7 (2) do segundo *Restatement* norte-americano sobre os conflitos de leis[1372].

No pólo oposto desta concepção situa-se a que defere à lei que rege a questão litigiosa segundo a regra de conflitos em causa a fixação do conteúdo concreto desses conceitos[1373]. Obteve acolhimento no projecto argentino de uma lei de Direito Internacional Privado, de 1974[1374].

O terceiro dos referidos critérios de interpretação dos conceitos de conexão é o dos autores que preconizam, para o efeito, o recurso à comparação de Direitos[1375].

A delimitação recíproca dos conceitos de conexão — de especial importância para a resolução do problema que aqui nos ocupa — surge raras vezes tratada na doutrina de modo autónomo. Aqueles que a examinam *ex professo* pronunciam-se no sentido de que compete à *lex fori* estabelecer as fronteiras entre as regras de conflitos[1376].

---

ihrem Sinn und Zweck zu erfassen, ihre Bedeutung vom Standpunkt des ausländischen Rechts zu würdigen und sie mit Einrichtungen der deutschen Rechtsordnung zu vergleichen; auf der so gewonnenen Grundlage ist sie den aus den Begriffen und Abgrenzungen der deutschen Rechtsordnung aufgebauten Merkmalen der deutschen Kollisionsnorm zuzuweisen». Na doutrina inglesa *vide* em sentido próximo JAFFEY-CLARKSON-HILL, *Jaffey on the Conflict of Laws*, pp. 491 s.

[1371] Cfr. no sentido da necessidade de respeitar, em sede de qualificação em Direito Internacional Privado, os laços teleológicos existentes entre as várias normas que integram a ordem jurídica WENGLER, «Réflexions sur la technique des qualifications», *RCDIP* 1954, pp. 661 ss. (pp. 667 ss.); e QUADRI, *Lezioni di DIP*, pp. 326 ss.

[1372] Que estabelece: «The classification and interpretation of Conflict of Laws concepts and terms are determined in accordance with the law of the forum, except as stated in § 8».

[1373] A tanto conduz a solução preconizada por WOLFF, *IPR*, p. 54, e *Private International Law*, pp. 154 ss., conforme a qual toda a regra jurídica deve ser qualificada segundo o sistema a que pertence. O que deve entender-se por «contrato», «delito», «direito real» ou «sucessão por morte» para os efeitos da aplicação das regras de conflitos do foro não é, assim, determinado pelo Direito do foro, mas antes pela ordem jurídica para que essas regras remetem em cada caso concreto.

[1374] Dispõe, na verdade, o art. 2, 1.° §, desse projecto: «Los términos utilizados en esta ley han de interpretarse de acuerdo al derecho competente» (texto reproduzido *in* MAKAROV, *Quellen des IPR*, p. 40).

[1375] Cfr. RABEL, *Das Problem der Qualifikation*, pp. 43 ss. e 72 s., e *The Conflict of Laws*, vol. I, pp. 54 ss., secundado por ZWEIGERT, «Die Dritte Schule im IPR», *in FS Raape*, pp. 40 ss. e 51. Entre nós *vide* numa perspectiva próxima (posto que não inteiramente coincidente), Maria Helena BRITO, *A representação nos contratos internacionais*, p. 44.

[1376] Assim RAAPE, *IPR*, p. 103, e RAAPE-STURM, *IPR*, p. 258.

392   Da Responsabilidade Pré-Contratual em Direito Internacional Privado

Sobre o que seja o objecto da qualificação tão-pouco existe unanimidade de vistas na doutrina. Enquanto para uns esse objecto consiste em relações jurídicas[1377], para outros tratar-se-ia de situações de facto[1378], de questões jurídicas[1379], de normas de Direito material do ordenamento jurídico designado como competente[1380], de questões ou normas jurídicas

---

[1377] Assim KAHN, est. cit., pp. 92 e 95 (na esteira de SAVIGNY, *System des heutigen römischen Rechts*, vol 8, pp. 27 s. e 108, que, como vimos atrás, propugnou como princípio heurístico do Direito de Conflitos se procurasse para cada categoria de relações jurídicas a sua «sede»), e BARTIN, est. cit., pp. 357 ss.

[1378] Neste sentido RABEL, *Das Problem der Qualifikation*, p. 12, e *The Conflict of Laws*, vol. I, pp. 51 s.; AGO, «Règles générales des conflits de lois», *Rec. cours*, vol. 58 (1936-IV), pp. 243 ss. (pp. 281 ss., 294 e 332); WOLFF, *IPR*, p. 2; MAGALHÃES COLLAÇO, *Da qualificação em DIP*, pp. 46 e 88 (pelo que diz respeito às normas de tipo I, i. é, «aquelas que determinam a aplicação a uma situação típica da vida, não delimitada através dos efeitos jurídicos que comporta, de certa ordem local, designada em globo, ou pelo menos de uma certa categoria de preceitos de dada ordem local, categoria de preceitos não caracterizados pelo seu dispositivo típico»); VITTA, *DIP*, vol. I, p. 305; VON BAR, *IPR*, vol. I, p. 519, SCHWIND, *IPR*, p. 23. RIGAUX declara aderir à concepção de RABEL e AGO, afirmando que «comme n'importe quelle règle de droit, la règle de rattachement a pour objet une situation de fait»; mas logo a seguir diz que «c'est une *situation juridique concrète* qui constitue l'objet de rattachement. Par *situation juridique concrète*, il faut entendre une situation qui ne saurait être réduite à des éléments de pur fait» (cfr. *La théorie des qualifications en DIP*, p. 243).

[1379] Assim ZITELMANN, *IPR*, vol. I, p. 205; NEUHAUS, *Die Grundbegriffe des IPR*, pp. 70 e 119 s.; ANCEL, «L'objet de la qualification», *Clunet* 1980, pp. 227 ss. (p. 236); WEBER, *Die Theorie der Qualifikation*, pp. 228 ss.; e JAYME, «Identité culturelle et intégration: le droit international privé postmoderne. Cours général de droit international privé», *Rec. cours*, vol. 251 (1995), pp. 9 ss. (p. 109).

[1380] Tal era a concepção da escola estatutária dos conflitos de leis. Modernamente, esta orientação foi sustentada no estrangeiro, entre outros, por NEUNER, «Die Anknüpfung im IPR», *RabelsZ* 1934, pp. 81 ss. (pp. 86, 118) [reproduzido *in* PICONE-WENGLER, *IPR*, pp. 397 ss. (p. 404)]; WENGLER, «Die Qualifikation der Materiellen Rechtssätze im IPR», *in FS Wolff*, pp. 337 ss. (pp. 343 s. e 357 s.), «Réflexions sur la technique des qualifications en DIP», *RCDIP* 1954, pp. 661 ss. (673), e *IPR*, vol. I, pp. 132 e 192; RAAPE, *IPR*, p. 107; RAAPE-STURM, *IPR*, pp. 276 e 279; SPERDUTI, «Théorie du DIP», *Rec. cours*, vol. 122 (1967-III), pp. 173 ss. (pp. 265 ss.); QUADRI, *Lezioni di DIP*, pp. 324, 339, 342 e 350 s.; e KEGEL, *IPR*, p. 240. Entre nós perfilham-na: TABORDA FERREIRA, «Vers la solution du problème des qualifications», *in Mélanges Kollewijn/Offerhaus*, pp. 493 ss.; MAGALHÃES COLLAÇO, *Da qualificação em DIP*, pp. 50 e 96 (pelo que respeita às normas de conflitos de tipo II, i. é, as que «determinam a aplicação a uma situação fáctica da vida, não definida pelos efeitos jurídicos que comporta, de uma dada categoria de regras de direito, dentro do ordenamento designado competente, regras essas caracterizadas essencialmente pelo seu dispositivo típico»); FERRER CORREIA, «O problema da qualificação segundo o novo DIP

Da Lei Aplicável à Responsabilidade Pré-Contratual 393

consoante o estádio do processo de qualificação[1381] ou de situações típicas da vida definidas através de um dado conteúdo jurídico que lhes é imputado através de normas de certo ordenamento material[1382].

No tocante à caracterização desse objecto defrontam-se hoje duas orientações fundamentais:

Para uma — a doutrina dita da dupla qualificação — há que qualificar primeiramente a situação de facto *sub judice*, a questão jurídica ou a pretensão deduzida em juízo, à luz da *lex fori*, a fim de se achar a regra de conflitos aplicável (qualificação primária, de primeiro grau ou de competência). Só a seguir se determinam, mediante nova qualificação, quais as normas da *lex causae* que se aplicam àquela situação, questão ou pretensão (qualificação secundária, de segundo grau ou de fundo)[1383]. Essas normas materiais

---

português», *in Estudos jurídicos* III, pp. 43 ss. (p. 55), *Lições de DIP*, pp. 215 e 282 s., *DIP. Alguns problemas*, 157 ss., e «O DIP português e o princípio da igualdade», *RLJ*, ano 120.°, 33 ss. (pp. 129 ss.); BAPTISTA MACHADO, *Âmbito*, cit., pp. 403 ss., e *Lições de DIP*, p. 119; e MARQUES DOS SANTOS, *DIP. Sumários* (1987), p. 199.

[1381] Assim GAMILLSCHEG, «Überlegungen zur Methode der Qualifikation», *in FS Michaelis*, pp. 79 ss. (p. 84); HEYN, *Die «Doppel-» und «Mehrfachqualifikation» im IPR*, pp. 29 ss., 31; DÖRNER, «Qualifikation im IPR», cit., pp. 349 s.; LOOSCHELDERS, *Die Anpassung im IPR*, p. 141; KROPHOLLER, *IPR*, pp. 103 s.; e BERNASCONI, *Der Qualifikationsprozess im IPR*, pp. 24, 229 e 348.

[1382] Cfr. nesta linha geral de orientação, entre nós, MAGALHÃES COLLAÇO, *Da qualificação em DIP*, pp. 51, 53, 104 s., 108, 128 e 216 (quanto às normas de conflitos de tipo III, i. é, aquelas em que «o objecto da conexão se exprime por um conceito que em si mesmo considerado designa uma categoria de relações jurídicas, definidas pelo seu conteúdo típico, ou uma questão jurídica parcial»). Note-se porém que a autora admite que «as normas de tipo III se identificam, no seu sentido geral ou típico, com as normas que chamamos de tipo II e podem por isso vazar-se nos moldes destas», vindo por conseguinte a reencontrar-se «com todos aqueles que por uma ou outra via configuram o problema da qualificação face às normas de tipo III como um problema de qualificação de regras materiais» (pp. 137 s.); e que «essas normas de conflitos [*scl.*, as de tipo III] podem ao fim e ao cabo transpor-se em normas relativas a uma categoria homóloga de regras de direito» (p. 216). Na literatura estrangeira vejam-se SCHURIG, *Kollisionsnorm und Sachrecht*, p. 83; LÜDERITZ, *IPR*, p. 60; e BATIFFOL-LAGARDE, *DIP*, t. I, p. 477.

[1383] Na doutrina estrangeira sustentam esta orientação, entre outros: em França, BATIFFOL-LAGARDE, *DIP*, t. I, pp. 477 ss., e LOUSSOUARN-BOUREL, *DIP*, pp. 203 ss.; na Alemanha, NEUHAUS, *Die Grundbegriffe des IPR*, pp. 113 ss., e recensão a FERRER CORREIA, «Das Problem der Qualifikation nach dem portugiesischen IPR», *ZfRvgl* 1970, pp. 114 ss., *in RabelsZ* 1970, p. 391; GRUNDMANN, *Qualifikation gegen die Sachnorm*, pp. 32 ss., 48, 80 e 205; HEYN, *Die "Doppel-" und "Mehrfachqualifikation" im IPR*, p. 31; LOOSCHELDERS, *Die Anpassung im IPR*, p. 141; KROPHOLLER, *IPR*, p. 100; *Münchener Kommentar*-SONNENBERGER, Einl. IPR, n.m. 447, p. 203; na Suíça, SCHNITZER, *Handbuch des*

394   *Da Responsabilidade Pré-Contratual em Direito Internacional Privado*

serão aplicáveis ainda que não se reconduzam ao conceito-quadro da regra de conflitos de que se partiu, pois que para a doutrina que defende esta orientação a referência à lei designada é uma referência aberta. Esta orientação obteve acolhimento, por exemplo, no Título Preliminar do Código Civil espanhol, de 1974[1384], na lei romena de Direito Internacional Privado, de 1992[1385], e no Código de Direito Internacional Privado tunisino, de 1998[1386].

Para outra, há que proceder a uma qualificação única, tendo por objecto os preceitos jurídico-materiais relevantes das potenciais *leges causae* ou a situação da vida em apreço caracterizada à face desses preceitos, a operar *lege fori* na base de uma caracterização *lege causae* dos preceitos, relações ou questões sobre que incide a qualificação. Apenas serão aplicáveis ao caso singular as normas materiais da *lex causae* que, pelo seu conteúdo de regulamentação jurídica e pela sua função social, possam considerar-se pertinentes ao domínio jurídico descrito pelo conceito-quadro da regra de conflitos, e não quaisquer outras. Qualificada nestes termos a regra material (segundo uns) ou a situação da vida *sub judice* (segundo outros), haverá então que determinar se o elemento de conexão previsto na regra de conflitos a que aquelas foram previamente reconduzi-

---

Internationalen Privatrechts, pp. 102 ss., e KELLER-SIEHR, *Allgemeine Lehren des IPR*, pp. 438 ss., e BERNASCONI, *Der Qualifikationsprozess im IPR*, pp. 20 ss. e 348; na Áustria, onde é conhecida por teoria da «qualificação por graus» (*Stufenqualifikationstheorie*), SCHEUCHER, «Einige Bemerkungen zum Qualifikationsproblem», *ZfRvgl* 1961, pp. 228 ss., e SCHWIND, *IPR*, pp. 28 ss.; em Itália, AGO, «Règles générales des conflits de lois», *Rec. cours,* vol. 58 (1936-IV), pp. 243 ss. (pp. 324 ss.), e VITTA, *DIP*, vol. I, pp. 308 s.; e em Inglaterra, ROBERTSON, *Characterization in the Conflict of Laws*, pp. 19 ss., 59 ss. e 118 ss., e CHESHIRE-NORTH-FAWCETT, *Private International Law*, pp. 35 ss.). Entre nós aderiu a ela, sustentando-a *de jure constituto*, Carlos FERNANDES, *Lições de DIP*, vol. I, pp. 226 s.

[1384] Art. 12.º, n.º 1: «La calificación para determinar la norma de conflicto aplicable se hará siempre con arreglo a la ley española» (pode ver-se o texto integral do capítulo IV do Título Preliminar do Código Civil espanhol *in* MARQUES DOS SANTOS, *DIP. Colectânea de textos legislativos de fonte interna e internacional*, pp. 1411 ss.).

[1385] Art. 3: «Au cas où la détermination de la loi applicable dépend de la qualification qui va être donnée à une institution de droit ou à un rapport juridique, c'est la qualification juridique établie par la loi roumaine qui sera prise en considération»; e art. 159, 2.º parágrafo: «La loi roumaine établit également si un certain problème est de droit procédural ou de droit matériel» (tradução publicada *in RCDIP* 1994, pp. 172 ss., e *in* MARQUES DOS SANTOS. *DIP. Colectânea de textos legislativos de fonte interna e internacional*, pp. 1493 ss.).

[1386] Cujo art. 27, 1.º §, dispõe: «La qualification s'effectue selon les catégories du droit tunisien si elle a pour objectif d'identifier la règle de conflit pemettant de déterminer le droit applicable» (texto publicado *in IPRax* 1999, pp. 292 ss.).

das remete para a lei à sombra de cujas disposições a situação foi juridicamente caracterizada. Na hipótese afirmativa serão aplicáveis essas disposições[1387]. É nesta concepção que se filia o art. 15.° do Código Civil português[1388]; e outra não parece ser a orientação subjacente ao art. 3078 do Código Civil do Quebeque, de 1994[1389].

Procuraremos agora definir a posição que adoptamos quanto às questões enunciadas.

a) Pelo que respeita ao sentido e alcance da referência à *lex causae* supomos que apenas o sistema da referência selectiva é compatível com o dever de observância da *mens legis*, a que o julgador se acha subordinado. É que, como vimos, os conceitos que delimitam o objecto da conexão da regra de conflitos não são valorativamente neutros: ao eleger para disciplinar certa matéria jurídica a lei que se encontra em determinada conexão espacial com o *Sachverhalt*, o legislador de conflitos privilegiou certa correlação de interesses, realizou uma específica opção valorativa, que apenas é válida para certo sector normativo — aquele que é definido através de um desses conceitos. Essa opção só será respeitada se o âmbito das

---

[1387] Remonta esta orientação, na Alemanha, a MELCHIOR, *Die Grundlagen des deutschen IPR*, pp. 121 ss. Perfilharam-na, em estudos posteriores, NEUNER, «Die Anknüpfung im IPR», *RabelsZ* 1934, pp. 81 ss. (= *in* PICONE-WENGLER, *IPR*, pp. 397 ss., p. 402), WENGLER, «Die Qualifikation der der Materiellen Rechtssätze im IPR», *in FS Wolff*, pp. 337 ss. (pp. 343 ss.), «Réflexions sur la technique des qualifications en DIP», *RCDIP* 1954, pp. 661 ss. (pp. 671 ss.), e *IPR*, vol. I, pp. 132 e 192, e RAAPE, *IPR*, pp. 107 ss.; e é ainda preconizada por KEGEL, *IPR*, pp. 254 ss. Tem como seguidores noutros países FALCON-BRIDGE, «The Problem of Characterization», *in Essays on the Conflict of Laws*, pp. 50 ss. (= *in* PICONE-WENGLER, *IPR*, pp. 375 ss.), SPERDUTI, «La théorie du DIP», *Rec. cours*, vol. 122 (1967-III), pp. 173 ss. (pp. 265 ss.), e BARILE, «Qualificazione», *EDD*, vol. XXXVIII, pp. 1 ss. É sustentada pela doutrina dominante entre nós, na primeira vertente indicada no texto, por FERRER CORREIA, *Lições de DIP*, pp. 267 ss., e *DIP. Alguns problemas*, pp. 150 ss., BAPTISTA MACHADO, *Lições de DIP*, pp. 115 ss., MARQUES DOS SANTOS, *DIP. Sumários* (1987), pp. 195 ss., e GONÇALVES DE PROENÇA, *DIP (Parte Geral)*, pp. 137 s.; e na segunda por MAGALHÃES COLLAÇO, *Da qualificação em DIP*, pp. 215 ss.

[1388] Cfr. neste sentido FERRER CORREIA, *Lições de DIP*, p. 283; BAPTISTA MACHADO, *Lições de DIP*, p. 119. Também MAGALHÃES COLLAÇO entendia que o projecto que deu origem à referida disposição «situa o problema da qualificação no quadro geral da única solução que temos por correcta»: *Da qualificação em DIP*, p. 236.

[1389] Nos termos do qual: «La qualification est demandée au système juridique du tribunal saisi; toutefois, la qualification des biens, comme meubles et immeubles, est demandée à la loi du lieu de leur situation. Lorsque le tribunal ignore une institution juridique ou qu'il ne la connaît que sous une désignation ou avec un contenu distincts, la loi étrangère peut être prise en considération».

396 Da Responsabilidade Pré-Contratual em Direito Internacional Privado

questões cuja regulação é deferida à *lex causae* no caso concreto se conti-
ver nos limites traçados pelo conceito-quadro da regra de conflitos.

Por outro lado, só o sistema da referência selectiva e a caracterização
das normas da *lex causae* à luz do conteúdo e do escopo que nela prosseguem, que lhe é inerente, permitem tomar em consideração, na definição
da respectiva aplicabilidade ao caso concreto, as conexões teleológicas
entre essas normas, bem como os limites ao âmbito de aplicação espacial
dessas normas eventualmente decorrentes da função económico-social por
elas desempenhada.

Estender a remissão operada pela regra de conflitos para além do
âmbito das matérias por ela visadas e aplicar os preceitos materiais da *lex
causae* sem atender à sua função envolve, assim, o risco de desvirtua-
mento daquela regra. É esse, como se comprovará adiante, o resultado a
que conduz a *offene Verweisung*.

Acresce que a referência aberta não assegura por si só, como poderia
supor-se, a harmonia de julgados entre a *lex fori* e a *lex causae*: ela conduz decerto à aplicação das normas desta última correspondentes à qualificação local dos factos *sub judice*; mas basta que essa qualificação determine a aplicabilidade ao caso, de acordo com as regras de conflitos da *lex
causae*, de uma terceira lei para se malograr a tentativa de assegurar deste
modo a uniformidade de valoração da situação em apreço.

A referência selectiva à lei competente consente, no entanto, desvios
no sentido de uma referência aberta sempre que os valores fundamentais a
que o Direito Internacional Privado vai dirigido assim o exijam[1390].

O sistema da referência selectiva pressupõe, por outro lado, a possibilidade de se imputar ao conceito-quadro um valor claramente definível;
o que, sendo viável no tocante às regras de conflitos de fonte interna, que
têm como referente o ordenamento jurídico local, já não é tão evidente
quanto a regras de fonte internacional. Daí que relativamente a estas possa
encarar-se com maior largueza a admissibilidade da referência aberta.

b) Na interpretação dos conceitos de conexão impõe-se distinguir as
regras de fonte interna das de fonte internacional.

Desde logo porque as disposições (de segundo grau) que prescrevem
o modo de determinação do conteúdo significativo de cada um destes tipos
de regras são diversas[1391] (posto que não sejam fundamentalmente dife-

---

[1390] Cfr. adiante, capítulos V, VI e VIII.

[1391] Isto, evidentemente, admitindo que tais disposições têm carácter preceptivo.
Contra, vejam-se DEL VECCHIO, *Lezioni di Filosofia del Diritto*, tradução portuguesa, pp.

Da Lei Aplicável à Responsabilidade Pré-Contratual 397

rentes os critérios por elas acolhidos). Com efeito, vigorando as regras constantes de convenções internacionais na ordem interna portuguesa, por força do disposto no art. 8.°, n.° 2, da Constituição, como regras de Direito Internacional[1392], a sua interpretação não obedece às directrizes do art. 9.° do Código Civil, mas antes aos cânones hermenêuticos próprios do Direito Internacional — mormente os que se encontram vertidos na Convenção Sobre o Direito dos Tratados assinada em Viena a 23 de Maio de 1969 (de que Portugal não é parte, mas que vigora entre nós como codificação de normas consuetudinárias[1393]).

Por outro lado, porque o ponto de partida da interpretação das regras de fonte interna e internacional é diverso. A interpretação de toda a previsão legal (como, aliás, de qualquer enunciado) pressupõe, como já tivemos ocasião de dizer[1394], uma pré-compreensão daquilo a que se refere. Ora, na

---

410 s., e ENGISCH, *Einführung in das juristische Denken*, p. 118 (na tradução portuguesa, p. 148). Este último autor não atribui qualquer relevo às normas legais sobre interpretação, mas reconhece que o problema é de índole jurídica: ob. cit., p. 253 (na tradução portuguesa, p. 320). Entre nós nega valor prescritivo a tais disposições CASTANHEIRA NEVES, que sustenta corresponderem as mesmas a meros «critérios metodológicos, com a validade que a crítica e a racionalidade metodológica lhes reconhecer» (cfr. *Questão-de-facto — Questão--de-direito*, vol. I, pp. 529 s.; «Interpretação jurídica», *in Digesta*, vol. 2.°, pp. 348 ss.; e *Metodologia jurídica*, pp. 260 e 274). Acompanha-o BAPTISTA MACHADO (*Introdução ao direito e ao discurso legitimador*, pp. 173 ss.). Supomos, no entanto, que o problema dos critérios que presidem à interpretação e integração das normas jurídicas não se situa para além dos limites do Direito; é antes um problema jurídico, pois que contende ainda, posto que mediatamente, com a disciplina das relações sociais segundo os critérios próprios do Direito. Como tal, não pode achar-se subtraído à esfera de intervenção do legislador. Pelo que os preceitos em referência são verdadeiras normas jurídicas, a que os julgadores devem obediência. A mesma solução fundamental é preconizada entre nós por OLIVEIRA ASCEN-SÃO, *O Direito*, p. 389, e por TEIXEIRA DE SOUSA, que qualifica as regras metodológicas como «metanormas do ordenamento jurídico» (cfr. «Aspectos metodológicos e didácticos do direito processual civil», *RFDUL* 1994, pp. 337 ss., p. 342). Na doutrina estrangeira *vide* no sentido da orientação que perfilhamos BETTI, *Interpretazione della legge e degli atti giuridici*, pp. 237 s.; BOBBIO, «Analogia», *NssDI*, vol. I, pp. 601 ss., p. 603; e LARENZ, *Methodenlehre der Rechtswissenschaft*, p. 248 (na tradução portuguesa, p. 346).

[1392] Neste sentido pronuncia-se a doutrina dominante entre nós. Ver, por último, Jorge MIRANDA, «As relações entre ordem internacional e ordem interna na actual Constituição portuguesa», *in Ab uno ad omnes — 75 anos da Coimbra Editora*, pp. 275 ss. (p. 277), e os autores e obras aí citados na n. 7; bem como, do mesmo autor, *Direito Internacional Público — I*, pp. 220 ss.

[1393] Cfr. neste sentido GONÇALVES PEREIRA-FAUSTO DE QUADROS, *Manual de Direito Internacional Público*, p. 172.

[1394] *Supra*, § 5.°.

398 *Da Responsabilidade Pré-Contratual em Direito Internacional Privado*

apreensão do alcance do conceito-quadro através do qual a regra de conflitos de fonte interna designa a sua *fattispecie* desempenha um papel fundamental a precognição que o intérprete dele tenha formado à luz da ordem jurídica do Estado do foro. Esta e a concepção de justiça que a inspira (assim como as próprias circunstâncias históricas, sociais, culturais, etc., que possibilitam, condicionam ou determinam a produção das normas que a integram) constituem, pois, referentes fundamentais na interpretação das regras de conflitos de fonte interna; o que, de resto, é inteiramente conforme com o princípio da unidade da ordem jurídica.

É certo que toda a qualificação em Direito Internacional Privado importa que se verifique se a regra de conflitos, olhada à luz do juízo de valor em que se funda a eleição do elemento de conexão nela acolhido, convém à disciplina da situação da vida privada internacional *sub judice*, com a caracterização que a esta pertence segundo dado ordenamento jurídico local.

O elemento de conexão revela, na verdade, o interesse, valor ou fim que constitui a essência da disciplina instituída pela regra de conflitos de leis para cada categoria de relações ou situações jurídicas[1395]. Averiguado esse aspecto, estar-se-á em condições de delimitar o âmbito dos referidos conceitos e consequentemente de resolver os problemas de qualificação que perante eles se coloquem.

Não é esta, aliás, senão uma manifestação da unidade de sentido dos elementos constitutivos dessa regra, cuja hipótese só pode ser correctamente entendida à luz dos efeitos jurídicos que o seu preenchimento implica.

Como, porém, ao eleger certo elemento de conexão para determinar a lei aplicável à questão ou relação jurídica que definiu através do conceito-quadro o legislador de conflitos terá tido sobretudo em vista, no tocante às regras de conflitos de fonte interna, a regulamentação instituída pelo Direito material do foro, pode o julgador, na delimitação desse conceito, partir daquilo que segundo o Direito local lhe é reconduzível.

Daí que se possa afirmar, relativamente a estas regras de conflitos, que é nas normas do Direito material do foro que se hão-de colher os caracteres distintivos dos respectivos conceitos de conexão — o conteúdo típico das normas materiais que lhes são reconduzíveis e as finalidades jurídico-políticas por elas prosseguidas —, sem prejuízo de se aditar ao núcleo àssim formado, integrando-os naqueles conceitos, quaisquer pre-

---

[1395] Por isso afirma MAGALHÃES COLLAÇO que «a justiça própria do direito de conflitos se exprime na conexão»: cfr. *Da qualificação em DIP*, p. 27.

ceitos e institutos jurídicos estrangeiros que exerçam funções análogas às que competem a essas normas. A comparação desempenha assim um papel nuclear na interpretação do conceito-quadro da regra de conflitos — como, de resto, na interpretação de toda a obra do espírito.

Esta última observação é extensível às regras de conflitos de fonte convencional; mas o procedimento comparativo em questão não pode ser levado a efeito nos mesmos termos pelo que respeita a essas regras, porquanto o referente dos conceitos que incorporam não é uma particular ordem jurídica nacional, seja ela a *lex fori* ou a *lex causae*. Isso seria fundamentalmente incompatível com a uniformização jurídica prosseguida através dessas regras, pois que desse modo se propiciaria a indefinição quanto ao âmbito de aplicação dos preceitos convencionais e por conseguinte a disparidade de julgados; e também porque mediante uma interpretação desses preceitos levada a efeito exclusivamente nos moldes da *lex fori* seriam os Estados livres de restringir a seu talante o âmbito dos seus compromissos internacionais. As valorações que subjazem a essas regras não podem, pois, ser captadas a partir da *lex fori*. Tão-pouco releva quanto a elas o argumento extraído a favor da interpretação *lege fori* do postulado da unidade da ordem jurídica, pois que este só permite supor que existe identidade significativa entre normas geradas adentro do mesmo sistema jurídico, o que não é o caso[1396].

Impõe-se assim, pelo que respeita aos conceitos designativos do objecto da conexão das regras de conflitos de fonte internacional, salvo estipulação em contrário, uma interpretação autónoma relativamente aos Direitos nacionais, que assegure a sua aplicação uniforme e atenda ao seu enquadramento particular[1397].

Para tanto haverá que recorrer, desde logo, a normas eventualmente constantes das próprias convenções internacionais, que definam as cate-

---

[1396] Cfr., porém, consagrando expressamente a qualificação *lege fori* das relações jurídicas a que se reportam as suas normas, o art. 1.º, n.º 1, 2.º §, do Protocolo de Genebra de 1923 Relativo às Cláusulas de Arbitragem, publicado no *Diário do Governo*, I série, n.º 10, de 13 de Janeiro de 1931, pp. 76 ss., e o art. I, n.º 3, da Convenção de Nova Iorque de 1958 Sobre o Reconhecimento e a Execução de Sentenças Arbitrais Estrangeiras, aprovada para ratificação pela Resolução da Assembleia da República n.º 37/94, de 8 de Julho, publicada no *Diário da República*, I série-A, n.º 156, de 8 de Julho de 1994, pp. 3642 ss.

[1397] Nesta linha fundamental de orientação pronunciava-se já NIBOYET, «Le problème des "qualifications" sur le terrain des traités diplomatiques», *RCDIP* 1935, pp. 1 ss. Na doutrina estrangeira mais recente *vide* no sentido do texto, por muitos, KROPHOLLER, *Internationales Einheitsrecht*, pp. 240 ss. e 330 s.

gorias de conexão por elas utilizadas[1398]; mas esta é uma directriz com reduzido alcance prático, dada a óbvia inviabilidade de as convenções de unificação do Direito Internacional Privado consagrarem uma definição própria de todos os conceitos por elas empregados.

Na falta de tais normas, valem os princípios gerais que regem a interpretação dos tratados[1399]. Mandam estes, consoante dispõe o art. 31.º, n.º 1, da Convenção de Viena, atender ao seu contexto, objecto e fins. Tal como no Direito interno, releva assim o elemento teleológico.

Nesta conformidade, há que delimitar o âmbito dos conceitos-quadro consagrados nas regras de conflitos convencionais tentando descobrir, com base na comparação de Direitos, um núcleo comum de regulamentações (um *common core*), que integrem os conceitos convencionais à face das ordens jurídicas da generalidade dos Estados contratantes. O enquadramento de novas disposições ou institutos jurídicos nas categorias de situações designadas pelos conceitos convencionais terá de fundar-se, tal como na qualificação em face de regras de fonte interna, na equiparação dessas disposições e institutos, atentas as suas funções sócio-económicas e o seu enquadramento jurídico, àquelas cuja pertinência aos referidos conceitos se encontre assente por aquele processo.

Quando, porém, as divergências entre os Direitos nacionais forem de tal ordem que se revele inviável determinar um conteúdo comum para os referidos conceitos, restará fixar o alcance destes a partir do juízo de valoração de interesses subjacente à eleição do elemento de conexão nela consagrado[1400]: aos conceitos convencionais será admissível reconduzir todas as normas e institutos nacionais que prossigam, nos ordenamentos em que se integram, interesses e valores compatíveis com os que inspiram as regras de conflitos convencionais.

c) O problema da determinação do objecto da qualificação contende com o do objecto e função da regra de conflitos, pois que o objecto da qualificação não é senão o da própria regra de conflitos.

[1398] É o caso, pelo que respeita ao conceito de «contratos celebrados por consumidores», do art. 5.º, n.º 1, da Convenção de Roma.

[1399] Assim MOSCONI, «Sulla qualificazione delle norme di diritto internazionale privato di origine convenzionale», *in Studi Gorla*, vol. II, pp. 1459 ss. (p. 1464); *idem, Diritto Internazionale Privato e Processuale*, p. 103.

[1400] *Vide* no sentido de que os conceitos-quadro das regras de conflitos devem ser compreendidos à luz dos elementos de conexão Christian VON BAR, *IPR*, vol. I, p. 517, e LOOSCHELDERS, *Die Anpassung im IPR*, p. 151.

Ora, a regra de conflitos bilateral visa prover à regulamentação das situações da vida privada internacional mediante o reconhecimento de competência para esse efeito a uma ou mais ordens jurídicas locais[1401]. Ela não esgota, pois, a sua função na prevenção ou na resolução de concursos de normas através da definição do âmbito de competência das leis aplicáveis em razão do contacto espacial que estas têm com os factos.

Tão-pouco é o Direito de Conflitos um puro Direito formal, de remissão, de reconhecimento ou de segundo grau[1402]: um *Recht über Rechten*[1403].

Para que no objecto da regra de conflitos apenas pudessem integrar-se outras regras jurídicas seria mister que o conteúdo normativo destas fosse determinável com inteira independência dos factos *sub judice*. Que assim não sucede demonstram-no, além do mais, as hipóteses, de que nos ocuparemos adiante[1404], em que as regras potencialmente aplicáveis são em alguma medida indeterminadas — quer pelo que respeita aos seus pressupostos, quer no tocante aos seus efeitos jurídicos — e requerem, a fim de serem aplicadas ao caso singular, uma concretização que torna a descoberta do Direito competente indissociável dos factos da lide e das circunstâncias em que os mesmos ocorreram.

No mesmo sentido depõe a circunstância de certas regras de conflitos seleccionarem o Direito aplicável em função de um resultado material tido por desejável: a conservação de um negócio jurídico, a legitimidade de um estado, a garantia de um *standard* mínimo de tratamento a determinada categoria de sujeitos, etc. Isso demonstra que a regra de conflitos é informada por uma intenção valoradora dos factos a regular[1405]. O mesmo é dizer que a estatuição da regra de conflitos não é exclusivamente determinada, como pretende a orientação que vê nela uma pura regra sobre concursos, pela maior ou menor legitimidade de certo sistema de normas mate-

---

[1401] Poderá, por isso, admitir-se uma dupla função da norma de conflitos: a regulamentação das relações interindividuais que ela tem em vista, por um lado, e a atribuição de competência para o efeito a uma ou mais legislações estaduais, por outro. *Vide* neste sentido MAURY, «Règles générales des conflits de lois», *Rec. cours*, vol. 57 (1936-III), pp. 325 ss. (pp. 369 ss.), e MAGALHÃES COLLAÇO, *DIP*, vol. I, pp. 283 s.

[1402] Como sustenta BAPTISTA MACHADO: ver *Âmbito*, cit., pp. 18, 37 ss., 49 ss., 90, 109 s., 161 ss., 209, 255, 298, 393 ss. e 412, n. 44, e *Lições de DIP*, pp. 71 ss.

[1403] Caracterizam, no entanto, deste modo o Direito de Conflitos, entre outros, BETTI, *Problematica del diritto internazionale*, p. 165, e KROPHOLLER, *IPR*, p. 1.

[1404] Cfr. *infra*, capítulo VII.

[1405] Contra, porém, pronuncia-se BAPTISTA MACHADO, *Âmbito*, cit., pp. 162, 168 e 421, n. 63.

402   Da Responsabilidade Pré-Contratual em Direito Internacional Privado

riais a fim de reger os factos em apreço, em razão da sua localização espacial[1406], mas também pelo intuito de assegurar certa composição de interesses na situação da vida *sub judice*, atenta a particular estrutura desta.

A regra de conflitos não difere, pois, das normas do Direito material
senão na medida em que desempenha a sua função por via indirecta, através do processo que consiste em atribuir competência às normas de certa
lei para regular o caso de espécie.

A idêntica conclusão se chegará tendo presente que ao julgador é permitido, em determinados casos, corrigir o resultado da aplicação da regra
de conflitos em função das circunstâncias do caso concreto e da compatibilidade desse resultado com os princípios fundamentais que subjazem ao
sistema jurídico do foro. Essa correcção acha-se mesmo prevista em certas regras auxiliares das regras de conflitos; e não se vê como possa sustentar-se que o objecto destas consiste em algo diverso do das primeiras.

Do exposto não se segue, todavia, que o objecto da regra de conflitos
seja constituído por puros factos. Como a previsão normativa da regra de
conflitos bilateral se reporta a situações materialmente valoradas por
outras normas, é necessário, para que tais normas possam ser tidas por
aplicáveis num sistema de referência selectiva à *lex causae*, averiguar se
essa valoração se traduz na imputação à situação *sub judice* de efeitos jurídicos conformes com os que são visados pela regra de conflitos através do
seu conceito-quadro. No objecto da qualificação em Direito Internacional
Privado há-de, por isso, ao menos tendencialmente, ver-se uma realidade
normativa, e não puramente fáctica[1407].

[1406] Cfr. BAPTISTA MACHADO, *Lições de DIP*, p. 45; *idem*, «Les faits, le droit de conflit et les quéstions préalables», *in FS Wengler*, vol. II, pp. 443 ss. (p. 448); FERRER COR-
REIA, *DIP. Alguns problemas*, p. 24.

[1407] Aponta decididamente neste sentido o art. 15.° do Código Civil português, ao
aludir ao «instituto visado na regra de conflitos», o que só pode significar que o objecto da
conexão não é um puro *quid facti*. Este preceito não quadra, todavia, às regras de conflitos
que determinam a aplicação de certo Direito ao litígio independentemente da natureza ou
do conteúdo jurídico das situações da vida que lhe estão na origem: é o caso do art. 33.° da
Lei da Arbitragem Voluntária, que, como já referimos, literalmente entendido não tipifica
as situações jurídicas a que se refere. A mesma ressalva vale pelo que respeita às regras de
conflitos que delimitam unilateralmente o âmbito de aplicabilidade de certas normas materiais da lei portuguesa: cfr. os arts. 23.°, n.° 1, do D.L. n.° 446/85, de 25 de Outubro, na
redacção dada pelo D.L. n.° 249/99, de 7 de Julho (institui o regime jurídico das cláusulas
contratuais gerais), 36.° do D.L. n.° 248/86, de 25 de Agosto (cria o estabelecimento mercantil individual de responsabilidade limitada) e 1.°, n.° 2, do D.L. n.° 371/93, de 29 de
Outubro (estabelece o regime geral de defesa e promoção da concorrência).

Fica deste modo excluída a admissibilidade de qualquer qualificação primária, *lege fori*, dos factos *sub judice*, tendente a determinar as regras de conflitos aplicáveis. As situações da vida a que estas regras se reportam não podem ser consideradas independentemente da disciplina normativa que para elas estabelece determinado sistema jurídico[1408].

A presciência dos diferentes significados jurídicos possíveis da situação plurilocalizada à face dos sistemas de Direito com ela conexionados é, pois, indispensável à descoberta da disciplina que em última análise lhe pertence.

É esta, se não erramos, uma manifestação do chamado círculo ou espiral hermenêutico[1409]: só à luz das normas e dos princípios potencialmente aplicáveis à situação controvertida é possível identificar os concretos problemas jurídicos por ela suscitados e distinguir os elementos fácticos relevantes para a resolução de cada um desses problemas. Tem por isso

---

[1408] Que o sentido jurídico específico do facto lhe é conferido pela norma, a qual funciona assim como um «esquema de interpretação» do mesmo, já KELSEN o sublinhava na *Reine Rechtslehre* (cfr., na tradução portuguesa, vol. I, p. 6; para uma aplicação dessa ideia aos factos delituais ver *ibidem*, vol. I, p. 220, e vol. II, p. 94). Outra não é a posição que tem prevalecido na doutrina penalista portuguesa. Assim, Eduardo CORREIA salienta que a compreensão do facto, em particular do facto omissivo, só se alcança graças a um elemento normativo, a um dever ser; e repudia por isso um conceito naturalístico de acção (cfr. *A teoria do concurso em Direito Criminal*, pp. 15 ss., e *Direito Criminal*, vol. I, pp. 198 ss.). A mesma orientação é adoptada por CAVALEIRO DE FERREIRA. para quem «[a] acção ou facto não é fenómeno puramente naturalístico, mas cheio de sentido ou significado, enquanto valorado pela ordem jurídica» (cfr. *Direito penal português*, vol. I, p. 209). No Processo Civil reconhecem igualmente que é à luz do Direito aplicável que a matéria de facto é delimitada: José OSÓRIO, «Julgamento de facto», *RDES* 1954, pp. 196 ss. (pp. 204 s.); ANTUNES VARELA-J.M. BEZERRA-SAMPAIO E NORA, *Manual de Processo Civil*, p. 672; e TEIXEIRA DE SOUSA, *Estudos sobre o novo processo civil*, p. 422. No sentido de que é segundo um critério normativo que se devem «verificar os aspectos das situações que são juridicamente significativos e desprezar os outros» veja-se ainda OLIVEIRA ASCENSÃO, *O Direito*, p. 220. Mesmo CASTANHEIRA NEVES, embora caracterize o «caso jurídico» como o «*prius* metodológico» da realização do Direito (cfr. *Questão-de-facto — Questão-de--direito*, vol. I, pp. 269, 509, e 582 ss., e *Metodologia jurídica*, pp. 142, 159, 166 e 294), rejeita a possibilidade de uma objectivação factual com total independência de pontos de vista jurídicos e admite que o facto apenas se determina em função do problema jurídico a resolver (cfr., na primeira das obras citadas, pp. 241 ss., 447, 484 e 500). O facto seria assim, para o autor, «um constituído jurídico processual»: cfr. do autor, por último, «Matéria de Facto-Matéria de Direito», *RLJ*, ano 129.°, pp. 130 ss. (p. 163).

[1409] Cfr. sobre o ponto ESSER, *Grundsatz und Norm*, p. 262 (na tradução castelhana, p. 333); LARENZ, *Methodenlehre*, pp. 278 ss. (na tradução portuguesa, pp. 333 ss.); KAUF-MANN, *Rechtsphilosophie*, pp. 46, 82 e 89.

404 Da Responsabilidade Pré-Contratual em Direito Internacional Privado

razão BALLADORE PALLIERI quando observa: «partire dai meri e bruti fatti della realtà non conduce a nulla»[1410].

Porque assim é, determina entre nós o art. 511.°, n.° 1, do Código de Processo Civil que o juiz, ao fixar a base instrutória, seleccione a matéria de facto relevante para a decisão da causa segundo as várias soluções plausíveis da questão de Direito que deva considerar-se controvertida.

O sistema ou sistemas com que a situação da vida se encontra conexa e que ela hipoteticamente convoca a fim de a regularem (*rectius*: as normas e os princípios que os integram) constituem, por conseguinte, a base de toda a descoberta do sentido ou sentidos jurídicos possíveis dos factos *sub judice*. O que não exclui, evidentemente, a possibilidade de concorrerem na situação controvertida determinadas circunstâncias que justifiquem a correcção pelo julgador do resultado da aplicação da norma legal a que aquela é reconduzível. Sempre, porém, terá o julgador de partir das normas ou princípios potencialmente aplicáveis a fim de traçar os diferentes perfis jurídicos que o caso pode revestir.

O exposto vale também, cumpre notá-lo, para a decisão segundo a equidade, que a nosso ver não dispensa a prévia determinação das normas potencialmente aplicáveis ao caso nos ordenamentos em presença. A equidade não é, com efeito, um critério de decisão livre, isto é, independente de qualquer referência a normas preexistentes. Mesmo que se atribua à equidade, entendida como justiça do caso concreto[1411], a função de temperar ou corrigir a solução legal porventura inadequada na espécie[1412], não está o julgador *ex aequo et bono* dispensado de qualificar juridicamente os factos em apreço, subsumindo-os numa norma legal, se bem que possa aplicar-lhes uma sanção diversa da que esta prevê, atendendo às circunstâncias do caso singular, desde que indique as razões de conveniência, de oportunidade e de justiça concreta em virtude das quais se afasta da solução consignada na norma legal[1413].

[1410] Cfr. *DIP*, p. 81.

[1411] Cfr. BIGOTTE CHORÃO, *Introdução ao Direito*, vol. I, p. 105, e «Equidade», *in Temas fundamentais de Direito*, p. 85; ANTUNES VARELA-J.M. BEZERRA-SAMPAIO E NORA, *Manual de Processo Civil*, p. 378; e OLIVEIRA ASCENSÃO, *O Direito*, p. 233.

[1412] Concepção que, como se sabe, remonta a ARISTÓTELES: cfr. *Éthique à Nicomaque*, livro V, capítulo XIV, p. 267 da tradução francesa: «l'équitable, tout en étant juste, n'est pas le juste selon la loi, mais un correctif de la justice légale».

[1413] Cfr. o nosso *Da arbitragem comercial internacional*, pp. 201 e ss., e a bibliografia aí citada. Vejam-se ainda, na literatura posterior, MENEZES CORDEIRO, «A decisão segundo a equidade», *Dir.* 1990, pp. 261 ss. (pp. 271 s.); *idem*, anotação ao acórdão do Tri-

Eis, em suma, por que o julgador não pode, ao prover à regulamentação das situações da vida conexas com dois ou mais ordenamentos estaduais, ignorar a disciplina jurídica que as impregna à luz desses ordenamentos, consoante pretende a doutrina da qualificação primária. Ao buscar para essas situações a regulamentação de que hão-de ser objecto no Estado do foro depara o julgador com uma realidade normativa, que não puramente fáctica; é essa realidade, pois, que lhe cumpre qualificar. Para tanto deve ter presentes as normas materiais que potencialmente estabeleçam para essas situações certas consequências jurídicas.

Afigura-se a esta luz metodologicamente incorrecta a orientação conforme a qual se poderia disciplinar dada situação da vida privada internacional mediante a prévia qualificação dos factos que a integram — tomados no seu estado «natural» — nos quadros do Direito material do foro, em vista da sua inserção numa regra de conflitos vigente na ordem interna[1414].

Toda a regulamentação das situações plurilocalizadas mediante regras de conflitos que delimitem o seu âmbito através de conceitos téc-

---

bunal Arbitral de 31 de Março de 1993, *ROA* 1995, pp. 123 s. (pp. 161 e 170); ANTUNES VARELA, anotação ao mesmo acórdão, *RLJ*, ano 126.°, pp. 128 ss. (p. 182, n. 1); Manuel Henrique de MESQUITA, anotação ao mesmo acórdão, *RLJ*, ano 127.°, pp. 155 ss. (p. 190); e GALVÃO TELLES, *Introdução ao Estudo do Direito*, vol. I, pp. 150 s. Para um exemplo de uma decisão arbitral que entende os poderes de equidade conferidos ao tribunal pela lei ou por convenção de arbitragem no sentido de aquele poder apenas «adaptar as normas jurídicas (legais, regulamentares ou contratuais), aplicáveis na regulamentação do caso ocorrente, às particulares circunstâncias do caso, de modo a corrigir os erros e deficiências derivados da natureza genérica ou abstracta do programa normativo nelas previsto», ver o acórdão do tribunal arbitral de 22 de Agosto de 1988, *Dir.* 1989, pp. 591 ss. (pp. 599 ss.). Atente-se ainda no acórdão do Supremo Tribunal de Justiça de 10 de Julho de 1997, *BMJ* 469, pp. 524 ss., que qualificou o juízo de equidade, para efeitos de revista, como matéria de Direito (p. 529).

[1414] *Vide* em sentido próximo MAGALHÃES COLLAÇO, *Da qualificação em DIP*, pp. 130 ss.; SPERDUTI, «Théorie du DIP», *Rec. cours*, vol. 122 (1967-III), pp. 173 ss. (p. 274); BALLADORE-PALLIERI, *DIP*, pp. 79 ss.; e VITTA-MOSCONI, *Corso di Diritto Internazionale Privato e Processuale*, pp. 136 s. À mesma conclusão fundamental há-de chegar quem, como RIGAUX, reconheça que «[t]he "fact" to which legal practitioners refer is not a raw fact existing outside any legal description. In order to be covered by a norm, a life situation must contain specific factors that can be designated only by a legal concept. Such a concept necessarily belongs to a legal system, and should several domestic legal systems claim to handle the life situation, the latter loses its apparent identity and splits up into as many conceptual entities as there are legal systems prepared to accommodate it. However, the relevant facts in each of these are not identical, and it is therefore no longer permissible to speak of a single life situation». Cfr., do autor, «The Concept of Fact in Legal Science», *in Law, Interpretation and Reality*, pp. 38 ss. (p. 48).

406 *Da Responsabilidade Pré-Contratual em Direito Internacional Privado*

nico-jurídicos pressupõe, assim, duas operações distintas: a caracterização jurídica da situação da vida a regular à luz dos ordenamentos com ela conexos e a qualificação dessa situação sob os referidos conceitos, atento o significado jurídico que lhe imputam estes ordenamentos.

Havemos pois de concluir que o objecto da qualificação em Direito Internacional Privado não é algo de puramente jurídico — as normas materiais aplicandas tomadas de per si —, nem puramente factual — os factos *sub judice* considerados no seu estado natural —, mas antes a simbiose dessas duas realidades: a situação da vida juridicamente determinada em razão do conteúdo jurídico que lhe imputam as normas de certo ordenamento local.

A orientação que assim se deixa sumariamente exposta supõe, como um seu postulado fundamental, a admissão da pluralidade das ordens jurídicas e a consequente aplicabilidade do Direito estrangeiro enquanto tal no Estado do foro[1415]: só assim se concebe que as situações privadas internacionais possam ser juridicamente caracterizadas à luz dos ordenamentos estrangeiros com que se encontram conexas sem que previamente hajam de ser subsumidas às regras de conflitos do foro.

Diverso é o ponto de vista dos partidários do dogma da exclusividade e da universalidade da ordem jurídica nacional. Segundo estes as normas da ordem jurídica nacional são o único critério possível de valoração dos factos por elas visados, salvo se o legislador interno as limitar formalmente, *maxime* através da recepção de normas de outros ordenamentos às quais é por essa via conferido valor jurídico[1416]. Daqui vem que a operação consistente em inserir a relação *sub judice* numa das categorias visadas pelas regras de conflitos do foro é não só preliminar à determinação dos ordenamentos estrangeiros de que se extrairão as regras aplicáveis à relação, mas mesmo uma premissa indispensável dessa determinação[1417].

Esta doutrina constitui a projecção no domínio próprio do Direito Internacional Privado das proposições da teoria pura do Direito sobre o fundamento da unidade da ordem jurídica e da validade das normas que a integram. Para KELSEN esse fundamento radica, como se sabe, na possibilidade de reconduzir tais normas a uma norma fundamental comum. Seria por isso destituído de valor jurídico numa ordem determinada, e não poderia produzir nela quaisquer efeitos, tudo quanto não fosse em última ins-

---

[1415] Cfr. neste sentido SANTI ROMANO, *L'ordinamento giuridico*, pp. 141 ss.
[1416] Assim AGO, «Règles générales des conflits de lois», cit., pp. 261 e 297.
[1417] *Ibidem*, p. 324.

tância referível a essa norma e não pudesse ser dogmaticamente configurado como um seu produto. Concebido deste modo, todo o Direito se compreenderia num sistema único, fechado sobre si, cujas proposições não admitiriam conflitos — o que mais não seria, aliás, do que um corolário da necessária unidade cognoscitiva do jurídico[1418].

Daqui inferiu a escola nacionalista italiana a impossibilidade da coexistência de diversas ordens jurídicas nacionais. As regras de Direito Internacional Privado teriam por isso como efeito necessário a incorporação de normas estrangeiras na ordem nacional, única via pela qual adquiririam valor jurídico à face desta[1419].

Entre nós, o próprio Direito vigente repele o monismo nacionalista. O art. 23.º, n.º 1, do Código Civil manda, na verdade, interpretar a lei estrangeira dentro do sistema a que pertence e de acordo com as regras interpretativas nele fixadas; e o art. 348.º, n.º 1, do mesmo diploma submete a prova da existência e conteúdo desse Direito a um regime especial, diverso do que vigora para o Direito interno. Ora estas soluções não são compatíveis com qualquer «nacionalização» ou «incorporação» do Direito estrangeiro na ordem interna. Por outro lado, ao art. 23.º, n.º 1, subjaz, como se verá[1420], o pensamento conforme o qual as normas materiais estrangeiras aplicáveis no Estado do foro são aquelas que à face do ordenamento em que se integram efectivamente vigoram no território de determinado Estado ou em dada parcela desse território; o que equivale ao reconhecimento pelo legislador de conflitos da coexistência de uma pluralidade de ordenamentos jurídicos[1421,1422].

Mas o monismo jurídico nacionalista, com o seu *trompe l'oeil* da qualificação primária, ou de competência, é a nosso ver inaceitável sobretudo por estoutra razão: ele subordina o reconhecimento de situações constituídas

---

[1418] Cfr., do autor citado, «Les rapports de système entre le droit interne et le droit international public», *Rec. cours*, vol. 14 (1926-IV), pp. 227 ss. (pp. 254 ss., 263 ss. e 289); e *Reine Rechtslehre*, tradução portuguesa, vol. II, pp. 1 ss. e 248 ss.

[1419] Cfr. ANZILOTTI, *Corso di Diritto Internazionale Privato*, pp. 57 s. (reproduzido *in Corsi di Diritto Internazionale Privato*, compilados por SALERNO, p. 434); e AGO, est. cit., pp. 302 s.

[1420] Cfr. *infra*, § 33.º.

[1421] À mesma conclusão chegava, no domínio do Código anterior, MAGALHÃES COLLAÇO: cfr. *Da qualificação em DIP*, pp. 114 ss.

[1422] Reconhecimento esse que, aliás, não se restringe aos ordenamentos jurídicos estaduais, antes se estende a ordens jurídicas paralelas à do Estado, como o Direito Canónico: haja vista ao disposto no art. 51.º, n.º 3, do Código Civil.

408 Da Responsabilidade Pré-Contratual em Direito Internacional Privado

ao abrigo de ordenamentos estrangeiros com elas conexos, ou a procedência de pretensões neles fundadas, à condição de as mesmas serem juridicamente relevantes à luz da *lex materialis fori*, o que é susceptível de defraudar a confiança dos interessados[1423] e importa, ao menos em potência, a violação de um princípio que temos por ordenador de todo o Direito de Conflitos.

Na verdade, a solução consistente em extrair das normas materiais do Estado do foro uma definição prévia dos efeitos jurídicos imputáveis às situações plurilocalizadas e em fixar a disciplina material que lhes será aplicável através da regra de conflitos local relativa às situações da vida a que tipicamente pertençam efeitos daquela natureza é susceptível de ferir a legítima expectativa dos sujeitos dessas situações em vê-las reconhecidas localmente e de determinar a constituição de situações claudicantes[1424].

Claro está que a esta segunda ordem de considerações não podia ser sensível uma doutrina, como a do monismo jurídico, que apenas considera o Direito na sua dimensão formal, constituída pela norma, e se alheia deliberadamente de qualquer referência axiológica. Ao fazê-lo acaba a mesma, no entanto, por se deixar conduzir, na base de argumentos estritamente lógicos, a resultados insustentáveis sob o ponto de vista valorativo — portanto, desprovidos de validade.

Ao resultado referido só pode obstar-se, no quadro de uma dupla qualificação, mediante a admissão de uma «referência aberta» à lei designada, nos termos da qual as normas determinadas através da qualificação secundária sejam aplicáveis no Estado do foro ainda que não sejam subsumíveis ao conceito-quadro da regra de conflitos achada pela qualificação primária; mas esta, pelas razões acima expostas, não pode ser aceita.

Suposto, pois, que à face de dado ordenamento jurídico conexo com a situação *sub judice* esta é reconduzível à previsão de determinado preceito material de que decorre a aquisição por alguém de um direito subjectivo ou a constituição na sua esfera jurídica de um estado e que a situação em causa, com a configuração jurídica que lhe empresta aquele preceito, é subsumível ao conceito-quadro de certa regra de conflitos do foro, que remete através do correspondente elemento de conexão para o ordenamento de que o mesmo preceito dimana, não tem o julgador, de harmonia com o pensamento da confiança, senão que reconhecer aquele direito ou estado, posto

---

[1423] Assim também BAPTISTA MACHADO, *Contributo da Escola de Coimbra para a teoria do DIP*, p. 13, e FERRER CORREIA, «Homenagem ao Doutor Baptista Machado», *RLJ*, ano 125.º, pp. 193 ss. (p. 197).

[1424] Cfr. os exemplos mencionados adiante, § 22.º.

Da Lei Aplicável à Responsabilidade Pré-Contratual

que fora outra a caracterização jurídica da situação à luz da *lex fori* e ainda que porventura esta última não confira o direito em causa ao aludido sujeito ou não o considere titular do estado em questão[1425].

Contra o exposto invoca certa doutrina a imprescindibilidade de uma qualificação primária a fim de se determinar a lei aplicável às situações da vida privada internacional nas hipóteses em que as diferentes regulamentações materiais nacionais com elas conexas não dão resposta a questões diversas, mas a uma mesma questão jurídica, de tal forma que apenas uma delas pode ser aplicada ao caso[1426]. Por exemplo, a necessidade de autorização parental para a celebração do casamento pode ser tratada como questão de forma ou como um pressuposto material do casamento, mas em caso algum simultaneamente segundo ambos os pontos de vista. Por isso, ao julgador não seria lícito pesquisar as regras aplicáveis perante o estatuto da forma e o dos pressupostos do casamento, antes lhe caberia optar liminarmente por um deles, mediante uma qualificação primária. Este o ponto que o art. 15.º do Código Civil português, disciplinando tão-só a «qualificação secundária», supostamente teria deixado por regular[1427].

Se é certo que o Código português não dá uma resposta inequívoca ao problema posto (que não é senão o do concurso de normas em Direito Internacional Privado), daí não resulta que devamos seguir a opinião dos autores que advogam a resolução do mesmo mediante a qualificação primária da questão ou situação controvertida.

Ela supõe, com efeito, que quando a situação *sub judice* for diferentemente caracterizada nas leis com que se encontra conexa o julgador tem de optar, previamente à decisão do caso, por uma dessas caracterizações — precisamente por aquela que lhe corresponda na *lex fori*.

Ora, tal não é exacto. Ao julgador cabe tão-somente indagar se a situação a disciplinar, com a caracterização que esta tem à face das leis em

---

[1425] Exceptuam-se ao que dizemos no texto, evidentemente, as hipóteses em que ocorra alguma das circunstâncias que justificam, à face do Direito de Conflitos do foro, a não aplicação dos preceitos materiais da lei designada pelas regras de conflitos locais ou em que esses preceitos sejam aplicáveis em concorrência com o de outra ou outras leis, que disponham também de um título de eficácia no Estado do foro.

[1426] Neste sentido NEUHAUS, *RabelsZ* 1971, pp. 391 s. (recensão ao estudo de FERRER CORREIA, «Das Problem der Qualifikation nach dem portugiesischen IPR», *ZfRvgl* 1970, p. 114).

[1427] Assim NEUHAUS-RAU, «Das IPR im neuen Portugiesischen Zivilgesetzbuch», *RabelsZ* 1968, pp. 500 ss. (p. 506); NEUHAUS, *Die Grundbegriffe im IPR*, p. 113; KROPHOLLER, *IPR*, p. 100.

410   *Da Responsabilidade Pré-Contratual em Direito Internacional Privado*

presença, se reconduz à previsão de uma ou mais regras de conflitos do foro que para elas remetem no caso concreto através dos respectivos elementos de conexão. Se apenas uma dessas leis for deste modo designada pelo Direito de Conflitos, serão as correspondentes normas em princípio aplicáveis ao caso. Se mais do que uma lei for competente para reger a mesma situação de facto, achamo-nos perante uma hipótese de concurso de normas, a solucionar nos termos que se exporão adiante[1428]. A este respeito apenas diremos por ora que de modo algum se impõe uma opção *a priori* por uma das normas concorrentes, da qual se deduziria a solução do caso. Esta última há-de amiúde ser encontrada, ao invés, mediante a aplicação cumulativa das normas em presença ou a sua combinação pelo próprio julgador, atentas as circunstâncias do caso concreto.

Demais a mais, feita a referida qualificação primária poderia o julgador deparar com uma situação em que na lei por essa via escolhida a título definitivo as normas aplicáveis ao caso não fossem subsumíveis à regra de conflitos previamente eleita, surgindo assim um insolúvel vácuo de normas aplicáveis.

Sublinham outros que só a qualificação primária permite evitar os concursos de normas e a incerteza quanto ao Direito aplicável daí decorrente[1429]. Haveria por isso que subsumir o *Sachverhalt* ao sistema de preceitos materiais do foro, que por seu turno seriam repartidos pelas diferentes regras de conflitos. Assim se chegaria à identificação da regra de conflitos aplicável e à determinação da lei aplicável à relação controvertida. Dessa lei seriam aplicáveis as normas de Direito material que regulassem a questão *sub judice*, independentemente de pertencerem à categoria visada pela regra de conflitos do foro[1430].

Mas também esta solução se afigura inaceitável. À uma, porque é destituído de qualquer fundamento que a caracterização da situação da vida *sub judice* segundo o Direito material do foro determine a selecção da regra de conflitos aplicável quando este Direito nenhuma conexão possua com aquela situação. Depois, porque a qualificação primária implica que os factos em apreço apenas serão juridicamente relevantes na estrita medida em que o sejam também segundo o Direito material do foro. Sempre que assim não suceda, a subsunção da situação controvertida sob as regras de conflitos do foro é impossível e destarte não pode o julga-

---

[1428] Cfr. *infra* § 27.º
[1429] Assim GRUNDMANN, *Qualifikation gegen die Sachnorm*, pp. 46 s.
[1430] *Ibidem*, pp. 32 ss., 80 e 205.

dor reconhecer-lhe qualquer dos efeitos que porventura lhe pertençam à luz de um ordenamento jurídico estrangeiro. A qualificação primária reconduz-se nestas hipóteses a uma espécie de pré-julgamento da causa segundo o Direito material do foro, com potencial prejuízo da confiança dos interessados.

d) A caracterização jurídica das situações da vida privada internacional deve, pois, ser feita exclusivamente à luz dos ordenamentos jurídicos com elas conexos[1431]. Ao Direito de Conflitos do foro compete reconhecer competência para regular tais situações àqueles dentre esses ordenamentos cujos preceitos jurídico-materiais as incluam nas respectivas *fattispecie* e lhes imputem efeitos conformes com os visados pelas regras de conflitos do Estado do foro que no caso concreto para eles remetam através dos seus elementos de conexão.

No juízo sobre a admissibilidade da recondução da situação da vida à regra de conflitos — em que se traduz a única qualificação a operar em face do conceito-quadro da regra de conflitos — há que atender à função sócio-económica das normas materiais aplicáveis da *lex causae* e às suas conexões teleológicas nessa lei. Em conformidade com o sistema da referência selectiva, a ordenação das situações disciplinadas por essas normas nos quadros das regras de conflitos vigentes no Estado do foro depende ainda de nelas se verificarem as características fundamentais que se entenda informarem os conceitos que delimitam estas regras[1432]. Não deve, pois, o julgador bastar-se com a caracterização jurídica de que são objecto as situações *sub judice* nos ordenamentos jurídicos em que se inserem as normas materiais susceptíveis de lhes serem aplicadas[1433]: toda a qualificação em Direito Internacional Privado importa uma reconstrução, à luz das categorias que delimitam as regras de conflitos do foro, dos institutos jurídicos nacionais e estrangeiros que compreendam no seu âmbito as situações decidendas.

[1431] «Quem conhece o filho melhor que a mãe?», pergunta a este propósito RAAPE, *IPR*, p. 108.

[1432] Cfr. MAGALHÃES COLLAÇO, *Da qualificação em DIP*, pp. 176 ss.; FERRER CORREIA, *Lições de DIP*, pp. 289 s.; *DIP. Alguns problemas*, p. 159; «DIP», *in Polis*, vol. 2, cols. 468 s.; BAPTISTA MACHADO, *Lições de DIP*, p. 116.

[1433] Neste sentido MAURY, «Règles générales des conflits de lois», *Rec. cours*, vol. 57 (1936-III), pp. 325 ss. (pp. 488 s.); e MAGALHÃES COLLAÇO, *Da qualificação em DIP*, p. 217 (a autora admite, no entanto, uma presunção de coincidência entre as qualificações de certos preceitos operadas em ordenamentos pertencentes a uma mesma família jurídica: cfr. *ibidem*, pp. 227 ss.).

412   Da Responsabilidade Pré-Contratual em Direito Internacional Privado

No sentido de que uma qualificação *lege causae* é inservível para o Direito Internacional Privado depõe, aliás, a própria relatividade dos conceitos jurídicos[1434]. O sistema de conceitos técnico-jurídicos da *lex causae* não tem de modo algum que coincidir quer com o do Direito material do foro (ainda que porventura os dois sistemas em presença consagrem soluções análogas para as mesmas questões jurídicas), quer com o do Direito de Conflitos do foro (cujos conceitos são dotados, como vimos, de valor e finalidades próprias[1435]).

A construção jurídica dos preceitos materiais em presença à face dos ordenamentos a que pertencem não exprime necessariamente, por isso, o seu significado na perspectiva do Direito de Conflitos do foro — e é esta que, de acordo com o sistema da referência selectiva, decide da sua aplicabilidade às situações plurilocalizadas. Nem parece que uma qualificação *lege causae* seja sempre praticável, dado que frequentemente as mesmas regulamentações jurídicas são objecto de formulações conceituais divergentes no seio dos próprios ordenamentos materiais em que se inserem.

e) A qualificação em face das regras de Direito Internacional Privado pode, em suma, ser levada a efeito quer pelo confronto entre as finalidades precípuas da regra de conflitos aplicanda e as que presidem às normas materiais do ordenamento ou ordenamentos por ela designados, quer, no tocante às regras de conflitos de fonte interna, mediante um juízo de analogia, tendente a aferir a existência entre as normas da *lex fori* cuja pertinência ao âmbito de relevância material da regra de conflitos se encontre assente e o preceito ou preceitos materiais que no ordenamento jurídico por ela designado sejam aplicáveis à situação da vida *sub judice* de um grau de correspondência ou similitude tal que justifique a apreensão dessa situação pela regra de conflitos[1436].

[1434] *Vide* sobre o assunto os trabalhos de Engisch *Die Einheit der Rechtsordnung*, pp. 43 ss.; «Die Relativität der Rechtsbegriffe», *in Deutsche Landesreferate zum V. Internationalen Kongress für Rechtsvergleichung*, 1958, pp. 59 ss.; e *Einführung in das juristische Denken*, pp. 13, 94 e 209 (na tradução portuguesa, pp. 20, 113 e 254).

[1435] Cfr. *supra*, § 5.°.

[1436] Deve-se nomeadamente a Arthur Kaufmann, *Analogie und «Natur der Sache»*, especialmente pp. 18 ss. e 37 ss., e *Rechtsphilosophie*, pp. 80 ss., a chamada de atenção para o carácter analógico e não silogístico de toda a interpretação e realização concreta do Direito. Para o autor, o conhecimento jurídico será sempre conhecimento analógico, na medida em que é pelo cotejo de uma situação de facto e de uma norma que se conclui pela existência ou não de concordância do conteúdo de sentido que é significado pela norma e pela situação de facto. Entre nós, aproxima-se desta posição Castanheira Neves, para

Não se trata, pois, de proceder nesta sede a um juízo meramente lógico-subsuntivo[1437], porquanto não se cuida de estabelecer que as notas características de um conceito previamente definido se repetem no *quid* a qualificar, para daí se concluir pela verificação da consequência jurídica prevista pela norma cujo âmbito material é delimitado por aquele conceito[1438]; mas antes de comparar duas realidades a fim de determinar se entre elas existe uma afinidade tal que justifique a sua subordinação a um regime jurídico idêntico[1439].

Só este entendimento se afigura compatível com as finalidades específicas que as regras de conflitos se propõem desempenhar, *maxime* a coordenação dos diferentes sistemas jurídicos em vista da regulamentação

---

quem o que decide da aplicabilidade da norma ao caso concreto é o confronto entre problemas — entre o tipo de problema jurídico típico-abstracto pressuposto na norma jurídica e o problema jurídico do caso concreto —, e a existência de analogia entre esses problemas, sendo que, por isso, o Direito «manifesta-se funcionalmente sempre como analogia», seja entre a ideia de Direito e os casos legislandos, seja entre a norma e a realidade decidenda (cfr. *Metodologia jurídica*, pp. 174 s.). Segundo o mesmo autor, o pensamento jurídico é de «essência analógica», pois que é essa a essência de todos os momentos em que este pensamento «prático-normativamente assimila e cumpre o direito», nomeadamente o da interpretação (*ibidem*, p. 270). Ver ainda as reflexões de Fernando José BRONZE sobre o tema, em *A Metodonomologia entre a semelhança e a diferença*, pp. 566 ss. No plano do Direito Internacional Privado, uma orientação próxima foi sustentada na doutrina portuguesa por BAPTISTA MACHADO (*Âmbito*, cit., pp. 397 s.; *Lições*, cit., pp. 101 e 152), que escreveu: «toda a aplicação da Regra de Conflitos do foro a um direito material estrangeiro é já, pode dizer-se, uma aplicação analógica», na medida em que «verificada a *analogia* entre determinado instituto jurídico estrangeiro e um certo instituto da *lex fori*, aquele instituto caberá por isso mesmo no conceito-quadro que cobre o correspondente instituto da *lex fori*». O «discorrer por analogia» seria assim «conatural à própria aplicação do conceito-quadro» (*Lições*, p. 152).

[1437] *Vide*, porém, neste sentido CORTES ROSA, *Da questão incidental em DIP*, p. 99. O autor invocava em abono desta orientação um trecho de WENGLER; mas não parece que fosse essa, em definitivo, a posição sufragada por este último: cfr. *infra*, nota 1447 e texto correspondente.

[1438] Na verdade, «subsumir é — escreve ORLANDO DE CARVALHO (*Negócio jurídico indirecto*, p. 131) — averiguar se uma dada relação concreta pode enquadrar-se na relação abstracta preordenada pelo legislador»; o que implica, segundo o autor «um silogismo em que a premissa maior é a hipótese da lei, a premissa menor a hipótese concreta, e a conclusão o *nome jurídico* que vem a dar-se ao suposto de facto».

[1439] Define o conceito de analogia como «um processo em que são comparadas duas realidades», perguntando «se revelam tanto de comum que — no caso da analogia jurídica — apesar da diferença existente se possa ter por adequado para elas o mesmo efeito jurídico», LARENZ, *Methodenlehre*, p. 136 (na tradução portuguesa, p. 159).

das situações privadas internacionais, e com a circunstância de os conceitos-quadro serem insusceptíveis de uma definição rigorosa, mediante a indicação de todas as notas distintivas que os caracterizam, cuja presença possa ser tida por necessária e suficiente para que a ela se subsuma um qualquer conteúdo normativo de Direito material.

Os termos a comparar no âmbito daquele juízo são, por um lado, as normas ou institutos estrangeiros de cuja aplicação se cuida; e, por outro, as correspondentes normas ou institutos de Direito interno que se entenda integrarem o núcleo do conceito-quadro da regra de conflitos[1440] ou que fornecem os pontos de apoio que permitem construir, por via de abstracção, o conteúdo daqueles conceitos[1441].

O critério dessa comparação é essencialmente teleológico: pretende-se determinar se existe entre as normas comparadas um denominador comum, consistente na similitude das finalidades jurídico-políticas que essas normas se propõem desempenhar nos ordenamentos em que se inserem[1442] ou dos bens jurídicos que visam proteger; sem que se deixe, no entanto, de atender ao enquadramento jurídico dessas normas ou institutos, que também devem corresponder a instrumentos jurídicos de natureza semelhante[1443]. Concretamente, a norma material da *lex causae* pode não satisfazer todos os elementos que caracterizam as normas internas da *lex fori* integrantes do conceito-quadro da regra de conflitos em referência e pode conter outras notas características, que não se acham presentes nestas normas; mas nem por isso deixará de ser reconduzida àquele conceito, desde que prossiga fins ou proteja bens jurídicos assimiláveis aos visados pelas normas internas que lhe servem de termo de comparação[1444].

[1440] Cfr. FERRER CORREIA, est. cit. *in Estudos jurídicos III*, p. 51; *Lições de DIP*, pp. 275 s.; *DIP. Alguns problemas*, p. 156; BAPTISTA MACHADO, *Lições*, p. 152.

[1441] Assim, MAGALHÃES COLLAÇO, *Da qualificação em DIP*, pp. 176 ss.

[1442] Cfr. nesta linha fundamental de orientação: FERRER CORREIA, *Lições de DIP*, p. 282; *idem*, «DIP», *in Polis*, vol. 2, col. 467; e DICEY-MORRIS-COLLINS, *The Conflict of Laws*, vol. I, pp. 44 ss.

[1443] Cfr. sobre o ponto *supra*, § 11.°.

[1444] Pode ver-se uma consagração desta doutrina na sentença do Tribunal Federal alemão de 19 de Dezembro de 1958, *BGHZ* 29, pp. 137 ss. Tendo sido chamado a pronunciar-se sobre a qualificação do art. 111 do Código Civil italiano (que permite em determinadas circunstâncias o casamento por procuração) como norma respeitante às condições de forma ou de fundo do casamento (reguladas no Direito Internacional Privado alemão, respectivamente, pelos arts. 11 e 13 da EGBGB), afirmou aquele Tribunal: «Die dem deutschen Richter dabei obliegende Aufgabe ist es, die Vorschriften des ausländischen Rechts, insbesondere wenn sie eine dem deutschen Recht unbekannte Rechtsfigur enthält,

Não é, em qualquer caso, possível estabelecer critérios predefinidos quanto ao grau de dissemelhança que pode existir entre as regulamentações próprias do Direito interno e as regulamentações estrangeiras de cuja recondução aos conceitos utilizados pela regra de conflitos se cuida. Em princípio, se o confronto levado a efeito entre as regulamentações em causa revelar, na perspectiva do julgador, uma diferença essencial, ficará excluída a analogia entre elas e, por conseguinte, prejudicada a possibilidade da sua inclusão na mesma regra de conflitos. Mas desse facto não resulta necessariamente a impossibilidade da aplicação da regulamentação estrangeira em causa, ou sequer a existência de uma lacuna no Direito de Conflitos, pois que não fica excluída a sua recondução a outra regra de conflitos. A circunstância de a valoração dos bens jurídicos em presença nas regulamentações materiais de cuja qualificação se trata ser diversa da que preside às regulamentações homólogas do foro que integram o conceito-quadro de certa regra de conflitos não bastará, por si só, para recusar a inclusão das primeiras nessa regra de conflitos, sempre que o Direito de Conflitos se revele indiferente a tal diversidade de valorações[1445].

Como é bom de ver, qualquer dos procedimentos descritos reclama do julgador um juízo de valor autónomo[1446]; o que confere à qualificação em Direito Internacional Privado índole criadora e não meramente recog-

---

nach ihrem Sinn und Zweck zu erfassen, ihre Bedeutung vom Standpunkt des ausländischen Rechts zu würdigen und sie mit Einrichtungen der deutschen Rechtsordnung zu vergleichen. Auf der so gewonnenen Grundlage ist sie den aus den Begriffen und Abgrenzungen der deutschen Rechtsordnung aufgebauten Merkmalen der deutschen Kollisionsnormen, im vorliegenden Fall dem Begriff der Formvorschrift oder dem der materiell-rechtlichen Norm zuzuordnen» (loc. cit., p. 139).

[1445] Seja o exemplo das normas estrangeiras que estabelecem um regime especial para a filiação estabelecida fora do casamento. Entre os bens jurídicos em confronto — a protecção da família «legítima» e a igualdade de tratamento entre filhos nascidos dentro e fora do casamento — optam essas normas por atribuir maior relevo ao primeiro, conferindo aos filhos concebidos fora do matrimónio um estatuto diverso. Nem por isso deixam tais normas de ser reconduzíveis ao art. 56.º do Código Civil, achando por essa via um título de aplicação na ordem jurídica portuguesa (assim FERRER CORREIA, «O princípio da autonomia do direito internacional privado no sistema jurídico português», *RDE* 1986, pp. 3 ss., p. 23). Diversa é a questão de saber se tais preceitos podem ver a sua aplicação em território nacional recusada por força da reserva de ordem pública internacional do Estado português, a qual não vem ao caso discutir neste lugar.

[1446] No sentido de que toda a analogia requer um juízo de valor cfr. LARENZ, «Richterliche Rechtsfortbildung als methodisches Problem», *NJW* 1965, pp. 1 ss. (p. 4); *idem, Methodenlehre*, pp. 136 s. (na tradução portuguesa, p. 159). *Vide* ainda pp. 216 ss., 273 ss., especialmente 275 (na tradução portuguesa, pp. 254 ss. e 326 ss., especialmente 329).

416 *Da Responsabilidade Pré-Contratual em Direito Internacional Privado*

nitiva do significado de uma disposição legal e da subsumibilidade à mesma de determinado *quid*[1447]. A aplicação da regra de conflitos não se resume, pois, a um silogismo.

Duvidoso é, contudo, que aquela criação tenha carácter normativo, visto que a conformação dada pelo julgador à regra de conflitos ao decidir o caso concreto não vincula outras jurisdições em hipóteses futuras, antes vale tão-só para a situação controvertida — analogamente, de resto, ao que ocorre na interpretação do Direito material e na integração de lacunas[1448].

Na medida, porém, em que arestos sucessivos decidam as hipóteses de qualificação por eles visados segundo uma orientação uniforme poderá assistir-se, por via da formação de costume jurisprudencial, à modelação pelos próprios tribunais do conteúdo dos conceitos que delimitam o âmbito das regras de conflitos. E ainda que essa orientação não se converta em costume jurisprudencial, não indo além de uma jurisprudência constante, nem por isso as decisões que a integram deixarão de exercer indirectamente efeitos que se estendem para além dos casos concretos que visam resolver, na medida em que os tribunais as sigam e o tráfego jurídico por elas se oriente — i. é, na medida em que adquiram vigência fáctica. Isto nos leva à conclusão de que a qualificação em Direito Internacional Privado contribui para o desenvolvimento das regras de conflitos[1449].

Tratando-se de regras de conflitos de fonte convencional o âmbito dos *comparanda* terá de alargar-se às regulamentações materiais de todos

---

[1447] Assim também WENGLER, «Die Qualifikation der materiellen Rechtssätze im Internationalen Privatrecht», *in FS Wolff*, pp. 337 ss. (p. 338). Trata-se, aliás, de uma característica que não é exclusiva da regra de conflitos. Cfr. no sentido de que toda a aplicação de normas jurídicas envolve, tanto nos sistemas de *case law* como nos de Direito codificado, a sua interpretação e desenvolvimento criadores e não um mero procedimento subsuntivo ESSER, *Grundsatz und Norm*, pp. 242 ss. (na tradução castelhana, pp. 309 e ss.). Em sentido concordante pronuncia-se WIEACKER, «Gesetzesrecht und richterliche Kunstregel», *in Kleine juristische Schriften*, pp. 13 ss. (p. 19). Entre nós reconhecem que a aplicação do Direito é também uma forma de criação de Direito CASTANHEIRA NEVES, *Questão-de-facto — Questão-de-direito*, vol. I, p. 218, e Marcelo REBELO DE SOUSA e Sofia GALVÃO, *Introdução ao estudo do direito*, p. 97.

[1448] Cfr. sobre o ponto BOBBIO, «Analogia», *NssDI*, vol. I, pp. 601 ss. (p. 604); José Hermano SARAIVA, *Apostilha crítica ao projecto de Código Civil*, p. 144; OLIVEIRA ASCENSÃO, *A tipicidade dos direitos reais*, pp. 244 s.; BETTI, *Teoria generale della interpretazione*, vol. II, p. 861.

[1449] À mesma conclusão chegam SCHURIG, *Kollisionsnorm und Sachrecht*, p. 175, e *Münchener Kommentar*-SONNENBERGER, Einl. IPR, n.m. 476, p. 215.

os Estados vinculados por tais regras ou, pelo menos, daqueles cujos ordenamentos jurídicos sejam mais representativos.

O julgador não está, em suma, estritamente vinculado à caracterização dos preceitos materiais aplicáveis obtida face a qualquer ordenamento jurídico local, pois que lhe pertence uma irredutível autonomia, a exercer dentro dos parâmetros atrás referidos[1450].

Os conceitos-quadro das regras de conflitos são, à luz de quanto se disse, conceitos normativos, pois que o seu conteúdo e extensão só se tornam compreensíveis por referência a outras normas jurídicas. A nosso ver é ociosa a discussão tradicional sobre se essas normas provêm da *lex fori* ou da *lex causae*. O sentido do conceito-quadro, e a determinação da susceptibilidade da recondução a ele de dada norma de Direito material, apenas se obtêm mediante uma valoração a empreender pelo julgador, que visa aferir a conformidade da norma material aplicanda com o juízo de valor subjacente à regra de conflitos, e não através da referência automática a qualquer sistema jurídico local — seja ele o do foro ou qualquer outro. Em Direito Internacional Privado não há, pois, que falar de qualificação *lege fori* ou *lege causae*.

77. De todo o exposto conclui-se, em síntese, que se dada pretensão deduzida perante os tribunais portugueses for fundada segundo os preceitos de determinada lei, designada por uma regra de conflitos vigente na ordem interna, haverá em princípio que julgá-la procedente, desde que nesses preceitos concorram as características definidoras do conceito que

---

[1450] Assim, por exemplo, os filhos de mulher muçulmana nascidos até quatro anos após a morte do marido são tidos por legítimos à face do Direito islâmico. As normas desse Direito que consagram tal regime não seriam, todavia, reconduzíveis ao artigo 56.º do Código Civil português, na sua redacção originária, pois que o conceito de legitimidade correspondente àquela regulamentação diverge em muito do que domina nas ordens jurídicas europeias, o qual assenta na ideia de uma probabilidade séria de o filho de mulher casada ser o filho biológico do marido desta (cfr. MAGALHÃES COLLAÇO, *DIP. Casos práticos de devolução e qualificação*, p. 49). Inversamente, a *limitation of actions* inglesa, que tem natureza processual, é reconduzível à nossa regra de conflitos relativa à prescrição, não obstante a diversidade de caracterizações de que os dois institutos são objecto à luz dos ordenamentos em que se integram, dada a identidade de funções sociais que desempenham. Questão análoga levanta-se a propósito do casamento poligâmico, das regulamentações estrangeiras que atribuem às uniões de facto efeitos idênticos àqueles que pertencem ao casamento e do casamento de pessoas do mesmo sexo. *Vide* sobre o assunto o que dissemos *supra*, no § 5.º.

delimita o objecto daquela regra de conflitos e entre os factos a regular e a referida lei exista a conexão espacial postulada por essa regra[1451].

Em conformidade com esta perspectiva, procuraremos agora delimitar o objecto das regras de conflitos constantes da Convenção de Roma e do art. 45.° do Código Civil, para averiguarmos de seguida a susceptibilidade de recondução às mesmas das normas materiais que disciplinam a responsabilidade pré-contratual nos ordenamentos considerados na análise comparativa acima empreendida.

[1451] Damos aqui por reproduzida a ressalva que fizemos atrás, na nota 1425.

§ 21.º
Do objecto das regras de conflitos aplicáveis

78. O objecto das regras de conflitos da Convenção de Roma é delimitado pelos seus arts. 1.º, 8.º a 10.º e 12.º a 14.º. Nos termos da primeira destas disposições a Convenção «é aplicável às obrigações contratuais nas situações que impliquem um conflito de leis». Os n.ºs 2 a 4 do mesmo preceito excluem do âmbito da Convenção algumas dessas obrigações; mas não existe uma definição convencional do conceito de obrigações contratuais.

A Convenção estabelece no art. 18.º[1452] que deve ser tido em conta o carácter internacional das suas regras e a «conveniência» de as mesmas serem interpretadas e aplicadas de modo uniforme; o que supõe o reconhecimento aos conceitos convencionais da autonomia perante os que lhe correspondem na *lex fori*, que preconizámos acima [1453].

[1452] Norma que MOSCONI caracteriza como «pedagógica», por não consagrar, em seu entender, qualquer obrigação vera e própria: cfr. «Sulla qualificazione delle norme di diritto internazionale privato di origine convenzionale», *in Studi Gorla*, t. II, pp. 1459 ss. (p. 1466), e *Diritto internazionale privato e processuale*, p. 188.

[1453] Cfr. o § 20.º. A necessidade de os tribunais interpretarem os preceitos da Convenção de Roma com autonomia em relação ao Direito interno era já salientada por GIULIANO-LAGARDE no «Rapport concernant la convention sur la loi applicable aux obligations contractuelles», *JOCE* n.º C 282, de 31 de Outubro de 1980, pp. 1 ss. (p. 38). Na doutrina posterior perfilham o mesmo entendimento: JUNKER, «Die einheitliche europäische Auslegung nach dem EG-Schuldvertragsübereinkommen», *RabelsZ* 1991, pp. 674 ss. (pp. 677 ss.); MARTINY, «Das Römische Vertragsrechtübereinkommen vom 19. Juni 1980», *ZEuP* 1993, pp. 298 ss. (p. 304); Maria Helena BRITO, «Os contratos bancários e a Convenção de Roma de 19 de Junho de 1980 Sobre a Lei Aplicável às Obrigações Contratuais», *Revista da Banca* 1993, pp. 75 ss.; SACERDOTI, «Finalità e caratteri generali della Convenzione di Roma. La volontà delle parti come criterio di collegamento», *in La Convenzione di Roma sul Diritto applicabile ai contratti internazionali*, pp. 1 ss. (p. 6); e CALVO CARAVACA-CARRASCOSA GONZÁLEZ, «El Convenio de Roma Sobre la Ley Aplicable a las Obligaciones Contractuales de 19 de Junio de 1980», *in Contratos internacionales*, pp. 41 ss. (p. 50). Veja-se, todavia, no sentido de uma qualificação *lege fori* em face dos preceitos convencionais KASSIS, *Le nouveau droit européen des contrats internationaux*, pp. 480 ss.

420   *Da Responsabilidade Pré-Contratual em Direito Internacional Privado*

Esse desiderato é sobretudo possibilitado pela atribuição ao Tribunal de Justiça das Comunidades Europeias, através dos Protocolos de Bruxelas de 19 de Dezembro de 1988[1454], de competência para interpretar a Convenção de Roma e as convenções relativas à adesão à mesma de Estados que se tornaram membros da Comunidade Europeia após a data em que a primeira foi aberta à assinatura.

Deve em todo o caso observar-se que as decisões proferidas pelo Tribunal de Justiça sobre questões de interpretação da Convenção de Roma ao abrigo de qualquer desses Protocolos não têm força obrigatória geral, apenas valendo para as hipóteses concretas em que se houverem suscitado tais questões. Os órgãos jurisdicionais nacionais podem, na verdade, afastar-se em casos futuros das orientações anteriormente estabelecidas pelo Tribunal, sem que sobre si recaia a obrigação de submeter de novo à decisão prejudicial deste as questões de interpretação da Convenção neles suscitadas[1455]; e pode também o Tribunal, a todo o tempo, modificar a interpretação anteriormente dada a qualquer disposição convencional.

No domínio da Convenção de Bruxelas de 1968 Relativa à Competência Judiciária e a Execução de Decisões em Matéria Civil e Comercial, o Tribunal de Justiça das Comunidades Europeias pronunciou-se, em diversos acórdãos proferidos ao abrigo da sua competência interpretativa dessa Convenção, sobre o contéudo dos conceitos de «matéria contratual» e de «matéria extracontratual», a que se referem, respectivamente, os n.°s 1 e 3 do seu art. 5.°[1456].

[1454] Aprovados para ratificação pela Resolução da Assembleia da República n.° 3/94, de 3 de Fevereiro, e ratificados pelo Decreto do Presidente da República n.° 1/94, da mesma data. Não se encontram ainda em vigor, por não terem recolhido o número de ratificações suficiente para o efeito.

[1455] Diversamente do que sucede no âmbito da Convenção de Bruxelas de 1968 relativa à Competência Judiciária e à Execução de Decisões em Matéria Civil e Comercial, pois que, em virtude do disposto no n.° 1 do art. 3.° do Protocolo Relativo à Interpretação pelo Tribunal de Justiça dessa Convenção, os supremos tribunais nacionais acham-se obrigados a submeter ao Tribunal de Justiça as questões de interpretação da mesma se considerarem que a decisão sobre essas questões é necessária ao julgamento da causa: cfr. o que a este propósito escrevemos no *Comentário à Convenção de Bruxelas*, p. 222.

[1456] A questão de saber se o conceito de «matéria de contrato» utilizado no art. 13.° da Convenção de Bruxelas deve ser interpretado no sentido de que abrange, além dos pedidos de indemnização por violação de obrigações contratuais, as pretensões baseadas na *culpa in contrahendo* foi expressamente colocada pelo Tribunal Federal alemão ao Tribunal de Justiça das Comunidades Europeias no caso versado no acórdão deste de 19 de Janeiro de 1993, *Shearson Lehman Hutton Inc. c. TVB Treuhandgesellschaft für Vermö-*

Importa, por isso, conhecer a jurisprudência fixada nesses arestos. Neles o Tribunal seguiu a orientação segundo a qual os conceitos convencionais devem ser considerados como noções autónomas, a interpretar «com referência aos objectivos e ao sistema da Convenção bem como aos princípios gerais que decorrem do conjunto dos sistemas jurídicos nacionais»[1457]; mas não formulou um conceito uniforme de «matéria contratual» nem de «matéria extracontratual», antes se limitou a decidir da subsumibilidade das situações controvertidas às disposições que consagram esses conceitos.

Assim, o Tribunal entendeu que no art. 5.º, n.º 1, da Convenção se incluem os litígios entre uma associação e os respectivos membros relativos ao pagamento de quotizações devidas àquela, ainda que as mesmas sejam impostas por deliberação de um órgão social, visto que entre os associados existem laços do mesmo tipo dos que se estabelecem entre as partes num contrato[1458]. Ao mesmo preceito é subsumível, no entender da referida jurisdição, «um litígio relativo à ruptura abusiva de um contrato de agência comercial autónomo e ao pagamento de comissões devidas em execução desse contrato»[1459]. Mas já o litígio que opõe o subadquirente de uma coisa ao seu fabricante, relativo a defeitos de que a mesma padece ou à sua inadequação ao fim a que se destina, não é reconduzível ao referido preceito[1460]. Para tanto, considerou o Tribunal que a noção de «matéria contratual» não pode compreender as situações em que não existe qualquer «compromisso livremente assumido por uma das partes perante a outra» e que o fabricante não assume qualquer obrigação de natureza contratual perante o subadquirente; além de que a protecção jurídica das pessoas estabelecidas na Comunidade, que a Convenção visa assegurar, exige que as regras que derrogam o princípio geral da competência do foro do

---

gensverwaltung und Beteiligungen mbH, *CJTJ* 1993, I, pp. 139 ss. Em sentido afirmativo pronunciaram-se, em conclusões escritas presentes ao Tribunal, tanto o Governo alemão como a Comissão Europeia; e o mesmo entendimento foi perfilhado pelo Advogado-Geral. O Tribunal não chegou, porém, a pronunciar-se sobre a questão, por entender que o art. 13.º não era aplicável ao caso em apreço dado que a acção não havia sido intentada por um consumidor, mas por uma empresa a quem este tinha cedido os créditos para si decorrentes de um contrato.

[1457] Acórdão de 14 de Outubro de 1976, *Eurocontrol c. LTU*, *CJTJ* 1976, pp. 1541 ss.

[1458] Acórdão de 22 de Março de 1983, *Peters c. ZNAV*, *CJTJ* 1983, pp. 987 ss.

[1459] Acórdão de 8 de Março de 1988, *Arcado c. Haviland*, *CJTJ* 1988, pp. 1539 ss.

[1460] Acórdão de 17 de Junho de 1992, *Handte et Cie. c. TMCS*, *CJTJ* 1992, vol. I, pp. 3967 ss.

domicílio do réu sejam interpretadas por forma a permitir que um réu normalmente diligente possa razoavelmente prever qual a jurisdição perante a qual poderá ser demandado, o que não sucederia se se aplicasse o disposto no art. 5.º, n.º 1, da Convenção ao litígio entre o subadquirente e o fabricante; e, por último, que na maioria dos Estados contratantes a responsabilidade do fabricante perante o subadquirente por vícios da coisa vendida não tem natureza contratual (contra o entendimento prevalecente em França, onde a natureza contratual da acção do credor contra o seu subdevedor tem sido reiteradamente afirmada pela Cassação).

Por outro lado, o conceito de «matéria extracontratual» abrangeria, para o Tribunal, qualquer acção que pretenda desencadear a responsabilidade do réu e que não esteja relacionada com a «matéria contratual», na acepção do art. 5.º, n.º 1, da Convenção de Bruxelas[1461]. Aquele conceito teria, assim, um âmbito residual relativamente ao de «matéria contratual», cabendo nele todas as pretensões fundadas em obrigações não contratuais, como por exemplo a repetição do indevido e a gestão de negócios.

Na qualificação do objecto do litígio em face das disposições convencionais o Tribunal parece, assim, adoptar como critérios fundamentais os objectivos de política legislativa subjacentes à escolha dos factores de competência consagrados na Convenção, a qualificação predominante nos Estados contratantes e a fonte, legal ou negocial, da obrigação *sub judice* (tendo natureza contratual apenas as obrigações livremente assumidas pelas partes e não as que derivam da lei).

Supomos que as divergências entre os Direitos dos Estados contratantes tornam a formulação de conceitos autónomos de «matéria contratual» e de «matéria extracontratual» a partir dos «princípios gerais que decorrem do conjunto dos sistemas jurídicos nacionais» tarefa de difícil realização[1462]. Com efeito, como se viu acima, nem todo o «compromisso livremente assumido por uma das partes perante a outra» constitui um contrato à face do Direito daqueles Estados; e são caracterizadas como contratuais, em alguns desses Direitos, certas obrigações que não são «livremente assumidas», antes decorrem da lei.

[1461] Acórdão de 27 de Setembro de 1988, *Kalfelis c. Schröder*, *CJTJ* 1988, pp. 5565 ss.

[1462] Exprimem também reservas acerca da metodologia seguida pelo Tribunal neste particular: LOHSE, *Das Verhältnis von Vertrag und Delikt. Eine rechtsvergleichende Studie zur vertragsautonomen Auslegung von Art. 5 Nr. 1 und Art. 5 Nr. 3 GVÜ*, pp. 12 ss.; SCHLOSSER, *EuGVÜ*, pp. 13 ss. e 45 ss.; e GEIMER-SHÜTZE, *Europäisches Zivilverfahrensrecht*, p. 126.

Só a reconstituição dos juízos de valor que presidem às normas convencionais e a tomada em consideração do sistema e dos objectivos gerais prosseguidos pela Convenção permitem, por isso, iluminar o alcance dos conceitos que delimitam o âmbito dessas normas — nomeadamente os de «matéria contratual» e de «matéria extracontratual».

Estas observações valem também quanto à interpretação da Convenção de Roma. Não é possível, pelas razões acima expostas, formular um conceito de obrigação contratual comum aos Direitos dos Estados partes da Convenção. O estudo comparativo desses Direitos revelou, na verdade, grandes divergências nesta matéria, *maxime* em virtude da tendência que se verifica em alguns países no sentido de incluir na relação obrigacional nascida do contrato deveres não convencionados pelas partes, cuja violação é sancionada noutros países pelas regras da responsabilidade delitual.

Parece, assim, que só mediante a indagação dos interesses e valores implicados nas conexões acolhidas pelas regras de conflitos da Convenção se poderá tentar uma delimitação autónoma do seu âmbito material de aplicação.

Ora, a nosso ver, é em primeira linha a interesses e valores individuais que aquelas regras atendem.

Atesta-o, desde logo, a consagração, no art. 3.°, do princípio da autonomia privada na determinação da lei aplicável. De facto, além da segurança do comércio jurídico, é a presumível melhor adequação da lei escolhida aos fins prosseguidos pelas partes — portanto, o valor da autodeterminação da pessoa humana — que justifica o reconhecimento às mesmas da faculdade de designar a lei aplicável às relações privadas internacionais[1463].

E são interesses e valores da mesma ordem que estão na base da atribuição de competência, a título subsidiário, à lei do país onde a parte que está obrigada a fornecer a prestação característica do contrato tem, no momento da sua celebração, a sua residência habitual, a sua administração central ou o seu estabelecimento (art. 4.°, n.° 2)[1464].

O exposto parece-nos fundamentar a conclusão de que o núcleo essencial do conceito de «obrigação contratual», para os efeitos da Convenção de Roma, apenas compreende o dever de prestar e o correlativo poder de exigir a prestação, emergentes de contrato, que vinculem pessoas determinadas ou determináveis, bem como o dever de indemnizar consequente ao seu incumprimento — pois que só na relação creditícia assim

---

[1463] Sobre o ponto cfr. *supra*, § 3.°.

[1464] Cfr. *infra*, § 24.°.

constituída se podem considerar predominantes os interesses e valores que justificam as conexões adoptadas pela Convenção.

Ficam deste modo excluídos do âmbito daquele conceito os deveres jurídicos gerais, i. é, os deveres de conduta impostos a todas as pessoas para tutela dos direitos absolutos alheios, bem como as obrigações procedentes da violação destes direitos (*v.g.* a obrigação de indemnizar por danos resultantes da violação de propriedade alheia). Vale nesta matéria, em cuja disciplina jurídica pesam considerações de outra ordem, que determinam a eleição pelo Direito de Conflitos de elementos de conexão diversos a fim de se determinar a lei que lhes é aplicável, o disposto no art. 45.° do Código Civil português, de que nos ocuparemos de seguida.

O que se acabou de expor permite delimitar o núcleo mínimo do conceito de obrigações contratuais para os efeitos da Convenção de Roma. Mas não basta, por si só, para definir o domínio de aplicação da lei ou leis chamadas a regular essas obrigações nos termos dos arts. 3.° a 6.° da Convenção.

Erradamente se suporia, na verdade, ser essa lei aplicável apenas ao conteúdo ou efeitos dessas obrigações (os direitos de crédito e os deveres de prestação nelas compreendidas). É que, por força do disposto nos arts. 8.° a 10.° e 12.° a 14.°, a lei reguladora das obrigações contratuais compreende no seu âmbito, ao menos potencialmente, diversas outras matérias, entre as quais se incluem certos pressupostos do contrato (arts. 8.°, n.° 1, e 9.°, n.° 1), a sua interpretação (art. 10.°, n.° 1, alínea *a*)), o cumprimento e as consequências do incumprimento das obrigações dele decorrentes (art. 10.°, n.° 1, alíneas *b*) e *c*)), as causas de extinção dessas obrigações (art. 10.°, n.° 1, alínea *d*)), as consequências da invalidade do contrato, incluindo as obrigações legais de restituição e de indemnização dela decorrentes à face da *lex contractus* (art. 10.°, n.° 1, alínea *e*)), certos aspectos da transmissão das obrigações contratuais mediante cessão de créditos (art. 12.°, n.° 2) ou sub-rogação (art. 13.°, n.° 1) e certas questões de Direito probatório material, como as presunções legais, o ónus da prova e a admissibilidade de meios de prova (art. 14.°).

Não parece, por isso, que a fonte legal de uma obrigação obste, por si só, à sua inclusão no objecto das regras de conflitos da Convenção de Roma.

79. O art. 45.° do Código Civil português consagra, como se sabe, a regra geral da competência da *lex loci delicti commissii* em matéria de responsabilidade extracontratual.

Esta solução permite-nos confirmar a delimitação do âmbito de aplicação dessa regra de conflitos perante as da Convenção de Roma que decorre do que dissemos atrás e demarcá-la relativamente a outras regras de conflitos que vigoram na ordem jurídica portuguesa.

Funda-se ela, em síntese, na relevância que os interesses e valores sociais assumem na disciplina jurídica da imputação de danos entre pessoas que não se achem ligadas por qualquer vínculo obrigacional.

Esta, por seu turno, é atribuível a diferentes factores. Por um lado, a circunstância de os actos ou omissões que dão origem a esses danos serem susceptíveis de afectar a paz social, donde resulta o interesse do Estado onde os mesmos ocorreram em preveni-los e reprimi-los através da aplicação das suas normas sobre responsabilidade extracontratual. Por outro, o facto de a imputação de danos ocorridos nos contactos sociais independentemente de uma relação obrigacional preexistente entre o lesante e o lesado contender com a liberdade de iniciativa e de actuação dos membros da comunidade: quanto mais ampla for a primeira, mais restrita será a segunda. Cada ordem jurídica fixa, por isso, os pressupostos e a medida do ressarcimento desses danos à luz das concepções localmente imperantes acerca da medida em que hão-de admitir-se limitações à liberdade individual, bem como da utilidade social que esse ressarcimento reveste; o que depõe também no sentido da aplicação da *lex loci* à responsabilidade extracontratual.

Justifica ainda o disposto no art. 45.°, n.° 1, do Código Civil a tutela das expectativas das pessoas, visto ser natural que estas empreguem, a fim de evitar danos a outrem, as cautelas exigidas pelas normas em vigor no lugar onde actuam[1465].

O preceito em apreço compreende, pois, segundo a sua *ratio legis*, todo o dever de reparar danos, físicos ou patrimoniais, que não decorram do incumprimento de obrigações em sentido estrito ou técnico.

Sempre, porém, que a imputação de tais danos se mostre instrumental relativamente à auto-regulamentação pelos particulares dos seus interesses através de um contrato (na medida em que através dela se sancione, *v.g.*, o incumprimento de deveres de conduta tendentes a assegurar a correcta formação da vontade de contratar), é a lei reguladora deste, e não a *lex loci*, que deve aplicar-se.

Apesar de o art. 45.° se referir genericamente à responsabilidade extracontratual, deve entender-se que nele não se inclui a responsabilidade pro-

---

[1465] Para mais desenvolvimentos sobre o fundamento da competência da *lex loci* em matéria de responsabilidade extracontratual, ver *infra*, § 25.°.

veniente da violação de certas obrigações não contratuais, como, por exemplo, a que recai sobre o *dominus negotii* que não reembolsar o gestor das despesas que este realizou com a gestão, quando, nos termos da lei, o deva fazer (a qual deve considerar-se abrangida pelo art. 43.º do Código Civil), e a que resulta do incumprimento da obrigação de restituir o enriquecimento sem causa (que a nosso ver se reconduz ao art. 44.º do Código).

Por conseguinte, no âmbito de competência da *lex loci* apenas se compreende, em princípio, a regulação da responsabilidade extra-obrigacional (delitual ou objectiva); o que não impede, como se verá no parágrafo seguinte, a inclusão nele de outros institutos, consagrados em Direitos estrangeiros, que não se confundem com o dever de reparar o dano extra-obrigacional, mas que com ele possuem uma conexão funcional.

§ 22.º
Problemas específicos de qualificação
em matéria de responsabilidade pré-contratual

80. Averiguaremos agora a apreensibilidade de certas normas materiais que consagram soluções típicas em matéria de responsabilidade pré-contratual pelas regras de conflitos delimitadas no parágrafo anterior. Começaremos por examinar o modo como o problema se resolve nos sistemas jurídicos estrangeiros considerados no estudo comparativo realizado no capítulo II, para de seguida confrontarmos as orientações neles observadas com a que deve ter-se por exacta à face do Direito de Conflitos vigente entre nós.

a) Na Alemanha e na Suíça é possível distinguir três orientações fundamentais quanto ao problema da lei aplicável à *culpa in contrahendo*:

Para uma delas haveria que submeter as pretensões fundadas na *culpa in contrahendo* ao Direito aplicável ao contrato visado pelas partes, ainda que este não tenha sido efectivamente celebrado. É a orientação seguida, na Alemanha, pelos tribunais superiores[1466] e por uma parte significativa da doutrina[1467].

[1466] Refiram-se, a título de exemplo, os seguintes arestos:

— Sentença do OLG de Munique de 15 de Julho de 1954, *IPRspr.* 1954/55, n.º 18, pp. 57 ss. (descrito adiante, no § 34.º, n. 1915).

— Sentença do OLG de Hamburgo de 2 de Junho de 1965, *IPRspr.* 1964/65, n.º 46, pp. 153 ss. (descrito adiante, na n. 1507).

— Sentença do OLG de Colónia de 29 de Maio de 1967, *IPRspr.* 1966/67, n.º 25, pp. 78 ss. A autora, uma pessoa colectiva com sede na Alemanha, reclamava da sociedade Lufthansa, A.G., a restituição do valor de bilhetes de avião, que adquirira em Zurique a um intermediário, agindo aparentemente no exercício de poderes de representação da ré. Esta recusara a realização das reservas das correspondentes viagens, que lhe foram solicitadas pela autora, com fundamento em o preço dos bilhetes de avião não lhe ter sido entregue pelo intermediário. As relações contratuais entre as partes reger-se-iam, segundo o tribunal, pelo Direito alemão, por ser essa a solução correspondente à sua vontade tácita. O mesmo Direito aplicar-se-ia às questões emergentes da representação aparente exercida pelo intermediário, incluindo a *culpa in contrahendo* da ré, não apenas por ser esse o Direito regulador do contrato, mas também por ser a Alemanha o país onde se gerou a aparência de poderes de representação da ré pelo intermediário.

— Sentença do BGH de 27 de Janeiro de 1975, *IPRspr.* 1975, n.º 6, pp. 9 ss. O autor, um industrial suíço, reclamava dos réus, dois comerciantes alemães, o ressarcimento dos danos alegadamente sofridos em virtude de a constituição de uma sociedade anónima, que havia sido acordada entre as partes, não ter tido lugar. As partes haviam celebrado na Suíça, perante um notário local, um contrato, redigido em língua francesa, nos termos do qual se obrigavam a constituir, até certa data, uma sociedade anónima com sede na Suíça. Os réus não cumpriram o acordado. À data da celebração do dito contrato um dos réus encontrava--se já insolvente, facto que era do conhecimento do outro réu. Este, porém, não deu dele conhecimento ao autor. A pretensão indemnizatória do autor contra este réu fundar-se-ia assim na culpa na formação do contrato; à mesma seria aplicável o Direito suíço, que seria também o Direito tacitamente acolhido pelas partes para reger o contrato.

— Sentença do BGH de 4 de Maio de 1976, *IPRspr.*, n.º 16, pp. 61 ss. A ré, uma sociedade alemã que se dedicava à comercialização de imóveis em Espanha, vendera ao autor, cidadão alemão, um imóvel sito naquele país, em representação de uma sociedade local. Um representante da vendedora, que outorgara a escritura, apenas permitira que nesta figurasse um preço inferior ao convencionado pelas partes, o que constituía infracção às regras do Direito Fiscal e Cambial espanhol, punível com penas de prisão e multa e determinava a nulidade do contrato. O autor reclamou da ré, enquanto representante da vendedora, o ressarcimento dos danos sofridos em razão desse facto, com fundamento, *inter alia*, na violação de deveres pré-contratuais de esclarecimento alegadamente a seu cargo. As instâncias, tal como o *Bundesgerichtshof*, consideraram aplicável ao caso o Direito espanhol, que os contraentes haviam escolhido para reger a própria venda. Visto aquele Direito não conhecer os deveres pré-contratuais de conduta invocados pelo autor, a acção foi julgada improcedente.

— Sentença do BGH de 9 de Outubro de 1986, *NJW* 1986, pp. 1141 ss. (descrito adiante, na n. 1478).

[1467] Cfr. nomeadamente: DROBNIG, *American-German Private International Law*, 1972, p. 243; DEGNER, «Kollisionsrechtliche Anknüpfung der Geschäftsführung ohne Auftrag, des Bereicherungsrechts und der culpa in contrahendo», *RIW/AWD* 1983, pp. 825 ss. (p. 831); *idem, Kollisionsrechtliche Probleme zum Quasikontrakt*, p. 260; AHRENS, «Wer haftet statt der zusammengebrochenden Abschreibungsgesellschaft? Zur Sachwalterhaftung im Kollisionsrecht», *IPRax* 1986, pp. 355 ss. (pp. 359 s.); DÖRNER, anotação à sentença do BGH de 9 de Outubro de 1986, *JR* 1987, pp. 198 ss. (pp. 201 s., ressalvando embora a aplicação por analogia do disposto no art. 31, 2, da EGBGB); KÜPPER, *Das Scheitern von Vertragsverhandlungen als Fallgruppe der culpa in contrahendo*, p. 94, n. 145; KEGEL, *IPR*, pp. 393 e 436; FIKENTSCHER, *Schuldrecht*, p. 829; *Palandt*-HELDRICH, EGBGB art. 32, n.m. 8, p. 2298.

Neste sentido invoca-se, nomeadamente, a analogia com o disposto nos arts. 31 (1) e 32 (1), n.ºs 3 e 5, da EGBGB (que correspondem, respectivamente, aos arts. 8.º, n.º 1, e 10.º, n.º 1, *c*) e *e*), da Convenção de Roma)[1468], bem como a vantagem que apresenta, sob o ponto de vista da harmonia jurídica material, a sujeição de todos os aspectos da regulamentação do negócio jurídico, incluindo a sua formação, à mesma lei. Esta deveria reger o negócio, segundo se diz, «do berço à sepultura»[1469]. Acresce que se uma das partes confiou na outra em vista da celebração de um negócio jurídico, deve a lei reguladora deste reger também a responsabilidade por *culpa in contrahendo*[1470]. A mesma orientação é perfilhada pela doutrina suíça tradicional[1471].

Uma outra corrente jurisprudencial e doutrinal pretende sujeitar a *culpa in contrahendo* ao estatuto delitual[1472] [1473]. Invoca-se para tanto que

---

[1468] Cfr. *Palandt*-HELDRICH, loc. cit.

[1469] Assim KEGEL, *IPR*, p. 446.

[1470] *Ibidem*, p. 447.

[1471] Cfr. FRANK, «Ein Fall von culpa in contrahendo internationalen Rechts», *RSJ* 1956, pp. 106 ss. (p. 108); GOZENBACH, *Die akzessorische Anknüpfung*, p. 178; SPIRO, «Die Haftung für Abschluss und Verhandlungsgehilfen. Zugleich ein Beitrag zur Lehre von der culpa in contrahendo», *ZSR* 1986, pp. 619 ss. (p. 643).

[1472] Cfr. neste sentido, na jurisprudência alemã, as seguintes sentenças:

—*Landesarbeitsgericht* de Frankfurt, de 14 de Março de 1951, *AP* 1951, n.º 288, pp. 541 ss. Os factos da lide foram descritos *supra*, no § 1.º. O tribunal considerou aplicável ao contrato projectado o Direito vigente em Nova Iorque, por ser essa a solução correspondente à vontade tácita das partes. Não obstante, sujeitou a culpa na formação do contrato ao Direito alemão, por ter decorrido na Alemanha a actividade causadora do prejuízo (esta solução é, porém, criticada por BEITZKE, que, em anotação à mesma, preconiza a sujeição da *culpa in contrahendo* à lei reguladora do contrato projectado: cfr. loc. cit., p. 546).

—*Landesgericht* de Aschafenburgo, de 7 de Julho de 1953, *IPRspr.* 1952/53, n.º 38, pp. 132 ss. A autora — uma empresa com sede na Alemanha — e a ré — um transportador com sede no Luxemburgo — negociaram por intermédio de um terceiro o transporte de certas mercadorias da Alemanha para os Países-Baixos, através do Luxemburgo e da Bélgica. Na sequência dessas negociações o autor participou por escrito à ré o envio de dois vagões com as ditas mercadorias. A ré não respondeu, mas comunicou ao dito terceiro a chegada das mercadorias. A reexpedição das mercadorias do Luxemburgo para a Holanda não chegou a concretizar-se, por a ré não ter obtido as licenças de exportação e importação, que em seu entender eram necessárias (mas na realidade dispensáveis entre os países do Benelux). A autora perdeu desse modo a oportunidade de vender as mercadorias na Holanda em condições favoráveis. Segundo o tribunal não chegou a formar-se entre as partes um contrato de transporte, pois que à luz do Direito luxemburguês (estatuto do contrato visado) o silêncio do transportador não constituía aceitação tácita. A ré teria não obstante

430 *Da Responsabilidade Pré-Contratual em Direito Internacional Privado*

agido com negligência durante a formação do contrato. Daí teriam resultado danos para a autora. A obrigação de indemnizar esses danos reger-se-ia pela lei do lugar da conduta lesiva — na espécie a lei vigente no Luxemburgo. Com fundamento no disposto nos arts. 1382 e 1383 do Código Civil foi a ré condenada a indemnizar os danos causados à autora.

— *Landesgericht* de Hamburgo, de 9 de Novembro de 1977 (descrito adiante, na n. 1474).

— OLG de Munique, de 24 de Fevereiro de 1983 (descrito adiante, na n. 1481).

— OLG de Hamburgo, de 14.12.1988, *IPRspr.* 1988, n.° 34, p. 69. O réu persuadira o autor a colocar à disposição de uma sociedade de que era gerente avultadas quantias, que se destinavam a ser investidas em negócios de bolsa. Segundo as informações transmitidas pelo réu ao autor, a dita sociedade actuava no mercado internacional, tinha estabelecimentos em Londres, na Ilha de Man e em Hamburgo e trabalhava com grandes casas de corretagem, que assegurariam a conclusão, de forma irrepreensível, dos ditos negócios. Verificou-se, afinal, que a dita sociedade era uma empresa fictícia, constituída na Ilha de Man e sedeada num escritório de advogados de Londres, que agia exclusivamente a partir da filial de Hamburgo; e que a corretora com que trabalhava à data dos factos entrara entretanto em liquidação. Das verbas que lhe foram entregues pelo autor, só uma pequena parte lhe foi restituída. O réu foi condenado a indemnizar o autor pelo valor da diferença, acrescida de juros, com fundamento em culpa na formação do contrato. O tribunal considerou para tanto que as informações inexactas que o réu transmitira ao autor haviam sido determinantes da celebração do contrato ao abrigo do qual o segundo facultara à dita sociedade as mencionadas verbas. Apesar de esse contrato se achar sujeito ao Direito inglês, o tribunal aplicou à pretensão indemnizatória do autor, fundada na actuação ilícita do réu, o Direito alemão.

Na jurisprudência suíça pode ver-se a sentença do Tribunal Federal de 17 de Dezembro de 1987, *ATF* 113/II, pp. 476 ss., *ASDI* 1990, pp. 361 ss. Os factos da lide foram descritos *supra*, no § 1.°. As instâncias haviam dado como assente a responsabilidade da ré, ao abrigo do art. 411, n.° 2, do Código Civil suíço, que seria aplicável tanto a título de lei do lugar da actividade delituosa causadora do dano como de lei do lugar onde se produzira o correspondente efeito lesivo. O Tribunal Federal, concordando embora com a qualificação delitual dos factos que constituíam fundamento da responsabilidade do réu, entendeu que, sendo o centro de gravidade das negociações a África do Sul — onde haviam tido lugar os actos preparatórios fundamentais e a assinatura dos contratos —, era o Direito deste último o aplicável ao caso.

[1473] Na doutrina perfilham esta orientação MERTENS, «Deliktsrecht und Sonderprivatrecht. Zur Rechtsfortbildung des deliktischen Schützes von Vermögensinteressen», *AcP* 1978, pp. 227 ss. (p. 231), e CANARIS, «Schutzgesetze — Verkehrspflichten — Schutzpflichten», *in FS Larenz*, pp. 27 ss. (p. 109). Sustentam-na ainda pelo que respeita à responsabilidade de Direito Civil pelos prospectos (sobre esta cfr. *supra*, § 12.°.): KÖSTLIN, *Anlegerschutz und Auslandsbeziehungen*, pp. 127 ss.; GRUNDMANN, «Deutsches Anlegerschutzrecht in internationalen Sachverhalten», *RabelsZ* 1990, pp. 283 ss. (pp. 310 s.); NICKL, *Die Qualifikation der culpa in contrahendo im IPR*, pp. 235 s. e 251 (excepto quando a pretensão indemnizatória seja dirigida contra um sócio, caso em que o autor admite a aplicação da lei pessoal da sociedade); e SCHNEIDER, *Kapitalmarktrechtlicher Anlegerschutz und IPR*, pp. 269 e 339.

Da Lei Aplicável à Responsabilidade Pré-Contratual 431

os pressupostos da responsabilidade *in contrahendo* e os interesses relevantes a considerar se assemelham aos da responsabilidade delitual[1474].

Uma terceira orientação, mais recente, sustenta a necessidade de distinguir diferentes tipos de situações de *culpa in contrahendo*, consoante a natureza do facto indutor da correspondente responsabilidade, os quais devem ser qualificados autonomamente, em razão dos interesses em presença e dos bens jurídicos tutelados[1475]. Assim, as violações de deveres

---

[1474] Cfr. a cit. sentença do *Landesgericht* de Hamburgo de 9 de Novembro de 1977, *IPRspr.* 1977, n.º 28, pp. 73 ss. Os autores, de nacionalidade alemã, reclamavam do réu, também alemão, o ressarcimento dos danos sofridos em consequência da actuação deste como intermediário na compra de um imóvel sito em Itália, para o qual não dispunha de poderes bastantes. Esses danos consistiam nas somas entregues pelos autores ao réu, a título de preço do imóvel, que este por seu turno não entregara à vendedora do mesmo. O tribunal qualificou, para efeitos de determinação da lei aplicável, a *culpa in contrahendo* do réu como uma conduta ilícita, e aplicou-lhe, ao abrigo do Decreto de 7 de Dezembro de 1942 (a que nos referimos *infra*, § 26.º, n. 1614), a lei alemã a título de lei da nacionalidade comum das partes.

[1475] Neste sentido, *vide* o estudo pioneiro de BERNSTEIN, «Kollisionsrechtliche Fragen der culpa in contrahendo», *RabelsZ* 1977, pp. 289 ss. Às propostas de solução deste autor aderiram (embora com cambiantes diversos) na Alemanha: LORENZ, «Die allgemeine Grundregel betreffend das auf die ausservertragliche Schadenshaftung anzuwendende Recht», *in Vorschläge und Gutachten zur Reform des deutschen internationalen Privatrechts der ausservetraglichen Schuldverhältnisse*, pp. 97 ss. (p. 121); Soergel-LÜDERITZ, Vor art. 7 EGBGB, n.m. 287, pp. 174 s.; KÖSTLIN, *Anlegeschutzrecht und Auslandsbeziehungen*, 126; FERID, *IPR*, p. 230 (que todavia preconiza a sujeição das violações de deveres de informação e aconselhamento ao estatuto delitual); KREUZER, «Zur Anknüpfung der Sachwalterhaftung», *IPRax* 1988, pp. 16 ss. (p. 17); STOLL, «Internationalprivatrechtliche Fragen bei der landesrechtlichen Ergänzung des Einheitlichen Kaufrechts», *in FS Ferid*, pp. 495 ss. (p. 505); Gerfried FISCHER, «Culpa in contrahendo im IPR», *JZ* 1991, pp. 168 ss. (pp. 170 e 173); Christian VON BAR, *IPR*, vol. II, pp. 406 s.; NICKL, *Die Qualifikation der culpa in contrahendo im IPR*, pp. 249 ss.; PATRZEK, *Die Vertragsakzessorische Anknüpfung im IPR*, p. 152; *Erman*-HOHLOCH, Art. 32 EGBGB, n.m. 21, p. 2575, e Art. 38 EGBGB, n.m. 46, p. 2608; *Staudinger*-VON HOFFMANN, Art. 38 EGBGB, n.m. 105, pp. 96 s.; Suzanne SCHMIDT, *Der Abbruch der Vertragsvehandlungen im deutsch-schweizerischen Handels- und Wirtschaftsrecht*, pp. 202 ss.; REITHMANN-MARTINY, *Internationales Vertragsrecht*, pp. 260 ss.; FIRSCHING-VON HOFFMANN, *IPR*, p. 429; KROPHOLLER, *IPR*, p. 100, n. 7; *Münchener Kommentar*-SPELLENBERG, Art. 32 EGBGB, n.m. 44, pp. 1771 s.; e SCHWARTZ, *Internationales Privatrecht der Haftung für Vermögenschäden infolge fahrlässig falsch erteilter Auskünfte im Einmalkontakt*, p. 132. Na doutrina suíça podem ver-se na mesma linha fundamental de orientação: FRICK, *Culpa in contrahendo*, pp. 170 ss. e 190 ss.; *IPRG-Kommentar*-HEINI, pp.1126 ss.; e SCHEFFLER, «Culpa in contrahendo und Mängelgewährleistung bei deutsch-schweizerischen Werkverträgen», *IPRax* 1995, pp. 20 ss. (p. 21).

432 *Da Responsabilidade Pré-Contratual em Direito Internacional Privado*

pré-contratuais de protecção e cuidado relativamente à pessoa e aos bens da contraparte deveriam ser submetidas à lei reguladora da responsabilidade extracontratual, ao passo que a violação de deveres de informação e esclarecimento seria disciplinada pela lei reguladora do contrato.

Alguns sustentam ainda, para o caso de não conclusão do contrato, a aplicabilidade da lei vigente no «centro de gravidade» (*Schwerpunkt*) das negociações[1476]. Mas a esta opinião tem-se contraposto o carácter fortuito que pode revestir o local assim determinado, bem como a possível ausência de qualquer relação entre o mesmo e o contrato, a dificuldade em determiná-lo nas negociações entre ausentes e a circunstância de as despesas com os preliminares do contrato, a indemnizar em sede de responsabilidade pré-contratual, terem sido efectuadas em vista da ulterior celebração do contrato, pelo que é o lugar desta, e não o das negociações, o «centro de gravidade» delas; além de que o dever de indemnizar por *culpa in contrahendo* é, no Direito alemão, independente da efectiva conclusão do contrato, sendo também por este motivo de rejeitar a atribuição de qualquer relevância a esse facto no plano dos conflitos de leis[1477].

A mesma metodologia fundamental é seguida pela doutrina e pela jurisprudência na qualificação da responsabilidade dos sujeitos que intervenham nas negociações preparatórias dos contratos na qualidade de representantes, intermediários ou conselheiros das partes (ditos *Sachwälter*).

Reconhece-se, de um modo geral, que esta responsabilidade suscita problemas especiais: por um lado, a relação jurídica que liga os sujeitos em questão aos contraentes encontra-se estreitamente conexa com o contrato por estes celebrado; mas, por outro, trata-se de terceiros relativamente a esse contrato.

Assim, para uma primeira orientação a responsabilidade pré-contratual desses sujeitos deve ser regida pela lei aplicável ao contrato princi-

---

[1476] Cfr. *Soergel*-LÜDERITZ, loc. cit., e LÜDERITZ, *IPR*, p. 131, que invoca em abono desta solução a analogia com o disposto no art. 28 (1) da EGBGB (correspondente ao art. 4.º, n.º 1, da Convenção de Roma). No mesmo sentido v. FISCHER, est. cit., p. 172.

[1477] Cfr. nesta linha de orientação NICKL, ob. cit., p. 164; FRICK, ob. cit., p. 180; SCHMIDT, ob. cit., p. 194; e SCHEFFLER, est. cit., p. 21.

Da Lei Aplicável à Responsabilidade Pré-Contratual 433

pal[1478] [1479]; mas a ela se tem contraposto que o «interesse de ordem» em que a mesma se funda importa um sacrifício injusto dos interesses do terceiro, cuja responsabilidade seria deste modo definida por uma lei com a qual podia não contar[1480].

Uma segunda tese propõe a qualificação delitual da responsabilidade do *Sachwalter*, atendendo designadamente à primazia, nesta matéria, dos interesses do tráfico[1481] [1482].

[1478] Trata-se da solução acolhida na sentença do BGH de 9 de Outubro de 1986, *NJW* 1987, p. 1141. O autor, de nacionalidade alemã, adquirira a um cidadão belga acções de uma sociedade belga. As negociações tendentes à celebração do contrato foram conduzidas na Alemanha e na Bélgica por um intermediário de nacionalidade alemã, réu na acção. Este escusara-se a fornecer ao autor, conforme lhe fora solicitado, o balanço da sociedade relativo ao ano de 1979, do qual resultava a má situação financeira da mesma. A eventual responsabilidade pré-contratual do réu reger-se-ia, segundo o BGH, pelo Direito belga, visto ser também este o Direito aplicável ao contrato de compra e venda das acções (e não, conforme entendera o tribunal de apelação, pelo Direito alemão).

[1479] Cfr. na doutrina AHRENS, est. cit., pp. 359 s., EBKE, *Die zivilrechtliche Verantwortlichkeit der wirtschaftsprüfenden, steuer- und rechtsberatenden Berufe im internationalen Vergleich*, pp. 61 s., e *Münchener Kommentar*-SPELLENBERG, Art. 32 EGBGB, n.m. 45, p. 1772.

[1480] Cfr. neste sentido FRICK, ob. cit., pp. 249 ss., e *Staudinger*-VON HOFFMANN, Art. 38 EGBGB, n.m. 108, p. 97.

[1481] Neste sentido vejam-se as seguintes decisões:

— Sentença do OLG de Munique de 24 de Fevereiro de 1983, *WM* 1983, pp. 1093 ss. O caso versava entre outras questões sobre a pretensão indemnizatória deduzida por uma sociedade financeira com sede em Vaduz, no Liechtenstein, contra um advogado alemão que interviera como intermediário na concessão de financiamentos por aquela sociedade a entidades sediadas na Alemanha. O gerente de uma destas havia contratado os ditos financiamentos com abuso dos seus poderes de representação, facto que o intermediário devia conhecer. O réu responderia, assim, pelos danos sofridos pelo autor, com fundamento em culpa na formação do contrato, por ter violado os deveres para si decorrentes da relação de confiança constituída com a entrada em negociações com o autor. Dado que a responsabilidade por culpa na formação do contrato visa alargar, em determinadas circunstâncias, a protecção da esfera patrimonial operada pelos §§ 823 e seguintes do BGB, seria adequado, segundo o tribunal, aplicar às pretensões nele fundadas as conexões vigentes para as pretensões delituais. Seria assim competente o Direito do lugar onde o ilícito pré-contratual ocorreu — na espécie, o Liechtenstein, onde o réu havia negociado com o autor a concessão dos financiamentos em questão e onde fora gerada a confiança desta.

— Sentença do OLG Frankfurt a. M. de 11 de Julho de 1985, *IPRax* 1986, pp. 373 ss. Um banco suíço reclamara do administrador de uma sociedade *holding* sedeada na Alemanha, com fundamento em culpa na formação do contrato, a indemnização dos danos que padecera em resultado da concessão de crédito a uma sociedade com sede nas Bahamas participada pela referida *holding*, na convicção de que a restituição do capital mutuado

434 *Da Responsabilidade Pré-Contratual em Direito Internacional Privado*

De acordo com um terceiro ponto de vista, a relação entre o *Sachwalter* e o lesado é uma relação obrigacional, de fonte legal, devendo por isso a responsabilidade daquele reger-se pela lei da sua residência habitual, por aplicação do disposto no art. 28 (2) da EGBGB[1483]. Esta solução seria, aliás, imposta pela ponderação dos interesses em jogo, dado que o terceiro apenas pode e deve orientar a sua conduta pelos critérios da referida lei[1484].

Uma opinião algo diversa parte também da qualificação obrigacional da relação entre o terceiro e o lesado; mas salienta que a mesma pode ter fonte contratual (como sucede no âmbito da actividade desenvolvida por corretores, bancos e advogados). Assim, a relação pré-contratual entre o terceiro e o lesado deveria ser regida pela lei aplicável às obrigações contratuais, nos termos dos artigos 27 e seguintes da EGBGB[1485]. Essa lei seria em primeiro lugar a escolhida pelas partes. Faltando tal escolha, seria à primeira vista aplicável a lei do lugar da sede ou residência habitual daquele a quem cabem, na relação de confiança em apreço, os deveres típicos de protecção que a caracterizam. Porém, sublinha-se, nem sempre é

---

seria possível mediante um aumento do capital social e a venda de mercadorias da mutuária, que o dito administrador asseverara em nome desta durante negociações mantidas na Suíça, mas que se não verificaram. Pretendia-se saber se a acção devia ser julgada procedente com aquele fundamento; para tanto, cumpria averiguar qual o Direito que o tribunal devia aplicar. O tribunal entendeu ser indicado submeter as situações de culpa na formação do contrato por parte de um terceiro (representante ou *Sachwalter*) não ao estatuto contratual, mas ao estatuto delitual, em atenção aos interesses do tráfico. Sendo aplicável em matéria delitual a lei do lugar do facto, e tendo na espécie as negociações tendentes à celebração do contrato decorrido na Suíça, seria competente para regular a eventual responsabilidade pré-contratual do réu o Direito suíço.

[1482] Na Alemanha sustentam este ponto de vista: KREUZER, est. cit., p. 16, Christian VON BAR, *IPR*, vol. II, p. 407, *Erman*-HOHLOCH, Art. 32 EGBGB, n.m. 21, p. 2575, e MANKOWSKI, anotação à sentença do OLG Düsseldorf de 14 de Janeiro de 1994, *IPRax* 1994, pp. 420 ss. (p. 424). Na Suíça adere a ele FRICK, ob. cit., pp. 248 ss. Perante o Direito alemão pronuncia-se no sentido da qualificação sob as regras de conflitos atinentes à responsabilidade extracontratual do dever de responder por danos patrimoniais causados através da prestação negligente de informações erradas em situações de «contacto único», SCHWARTZ, *Internationales Privatrecht der Haftung für Vermögenschäden infolge fahrlässig falsch erteilter Auskünfte im Einmalkontakt*, pp. 150 e 252 s. O autor admite, contudo, a sujeição desse dever, por via de uma conexão acessória (cfr. sobre esta *infra*, § 26.°), à lei reguladora do contrato celebrado entre o destinatário da informação e um terceiro quando o agente tenha um interesse económico próprio nesse contrato (*ibidem*, pp. 233 s. e 256).

[1483] Assim DÖRNER, est. cit., pp. 202 s.; REITHMANN-MARTINY, ob. cit., p. 262; *Palandt*-HELDRICH, Art. 32 EGBGB, n.m. 8, p. 2298.

[1484] Cfr. DÖRNER, est. cit., p. 203.

[1485] Neste sentido G. FISCHER, est. cit., p. 174.

esse o lugar que corresponde ao meio (*Verkehrskreis*) onde a relação de confiança foi constituída. Dever-se-ia por isso determinar qual o mercado em que o terceiro desenvolveu a sua actividade como *Sachwalter* e sujeitá--lo às regras locais[1486]. Assim, por exemplo, quem negoceia em determinado país participações sociais de uma sociedade estrangeira, na qualidade de representante desta, deve cumprir os deveres de informação e esclarecimento ali vigentes, independentemente do lugar da sua residência ou estabelecimento. Dirigindo-se o terceiro a consumidores, seriam aplicáveis as regras de conflitos especiais para os contratos por estes celebrados, consignadas no art. 29 da EGBGB[1487].

Para uma última orientação, há que distinguir entre os diferentes deveres de conduta susceptíveis de serem violados pelo *Sachwalter* e qualificar autonomamente a responsabilidade emergente dessa violação. Assim, tratando-se de deveres de protecção e cuidado, a qualificação ajustada seria a delitual. Estando em causa, ao invés, deveres pré-contratuais de informação e esclarecimento, haveria que proceder a novo *distinguo*, atendendo à circunstância de se tratar aqui de deveres de protecção do património: se esses deveres visarem tão-só a preservação da integridade do património de outrem são deveres gerais do tráfico, cuja violação tem natureza delitual; se tiverem por objecto um incremento do património alheio são antes deveres de cuidado com carácter contratual[1488].

Em França entendia a doutrina tradicional, na base de uma qualificação *lege fori* da responsabilidade civil pelos danos causados pelo rompimento das negociações contratuais e pela anulação do contrato por vícios do consentimento (a qual, como vimos, é caracterizada como delitual à face do Direito material francês), que é competente para reger essa responsabilidade a *lex loci delicti*[1489].

[1486] *Idem, ibidem.*

[1487] *Idem, ibidem.* O autor conclui, manifestando concordância com as citadas decisões do OLG de Munique e do OLG de Frankfurt que (com fundamentos diversos) aplicam à responsabilidade por *culpa in contrahendo* de representantes alemães a lei da sede dos lesados, por ser aí que as negociações foram conduzidas e a confiança destes foi criada.

[1488] É a solução proposta por *Staudinger*-VON HOFFMANN, Art. 38 EGBGB, n.m. 108, p. 97. O autor salienta que nos casos até à data decididos pela jurisprudência germânica era tão-só o dever geral de protecção contra o perigo que estava em causa; os mesmos deviam assim ser qualificados delitualmente.

[1489] Assim, BATIFFOL, *Les conflits de lois en matière de contrats*, p. 381; NIBOYET, *Traité de DIP français*, t. V, pp. 99 s.; BOUREL, *Les conflits de lois en matière d'obligations extracontractuelles*, p. 148.

436 *Da Responsabilidade Pré-Contratual em Direito Internacional Privado*

Reconhecia-se, contudo, que a determinação do lugar do delito suscita particulares dificuldades nos casos em que a responsabilidade pré--contratual decorre de uma omissão do lesante. Sustentava-se, por isso, que o delito cometido no período pré-contratual ou da conclusão do contrato deve ser submetido à lei do lugar da formação do contrato. Este poderia ser, consoante os casos, o lugar da oferta, o das negociações contratuais, aquele onde o consentimento foi prestado ou o do domicílio comum das partes ou de apenas uma delas[1490].

Na sequência da entrada em vigor da Convenção de Roma, passou, no entanto, a admitir-se, atento o disposto no seu art. 10.°, n.° 1, alínea *e*), que a própria lei do contrato rege a responsabilidade em que incorre um dos contraentes em consequência da nulidade do contrato, não obstante os efeitos da nulidade do contrato não serem considerados de natureza contratual[1491].

Este preceito da Convenção de Roma não se encontra em vigor em Itália, que se reservou, ao abrigo do art. 22.°, n.° 1, alínea *b*), da Convenção, o direito de não o aplicar. Mas tal reserva é entendida pela doutrina como tendo por efeito fundamental a exclusão da competência da *lex contractus* para reger as obrigações de restituição que incumbam às partes por força da invalidade do contrato — matéria que o art. 61 da lei de reforma do sistema italiano de Direito Internacional Privado, de 1995, submete à *lex loci* (i. é, à lei do Estado em que se verificou o facto gerador da obrigação)[1492]. Ela não afecta, por conseguinte, a solução dada ao problema da lei aplicável à responsabilidade pré-contratual.

Esta dependeria, segundo BIANCA, da qualificação jurídica da *fattispecie*, a empreender à luz da *lex fori*[1493]. Assim, nas hipóteses de responsabilidade por invalidade do contrato (como a prevista no art. 1338 do Código Civil italiano) seria aplicável a lei reguladora do contrato; mas nas de rompimento injustificado das *trattative* valeria a lei aplicável em matéria de responsabilidade extracontratual[1494]. A primeira é hoje, por força do art. 57 da referida lei de 1995, a designada nos termos da Convenção de Roma[1495];

[1490] Cfr. neste sentido BOUREL, ob. cit., p. 149.

[1491] *Vide* sobre o ponto LOUSSOUARN-BOUREL, *DIP*, p. 429, n. 5, e AUDIT, *DIP*, pp. 683 s.

[1492] Cfr. POCAR e outros, *Commentario del nuovo DIP*, p. 304; MOSCONI, *Diritto Internazionale Privato e Processuale*, p. 186; BALLARINO, *DIP*, pp. 638 e 758.

[1493] Cfr. *Diritto civile*, vol. 5, *La responsabilità*, p. 566.

[1494] *Idem, ibidem*, p. 565.

[1495] Dispõe, efectivamente, esse preceito: «Le obbligazioni contrattuali sono in ogni caso regolate dalla Convenzione di Roma del 19 giugno 1980 sulla legge applicabile alle

a segunda, a *lex loci delicti*[1496]. Uma orientação diversa é sustentada por DAVÌ[1497], que preconiza a sujeição de ambas as categorias de factos geradores de responsabilidade pré-contratual às regras de conflitos da Convenção de Roma. Invoca para tanto que os deveres de conduta cuja violação está na origem dessa responsabilidade são «*pur sempre di obblighi specifici, incombenti ex lege sulle parti di una trattativa e preordinati al soddisfacimento di una particolare esigenza di protezione*». De acordo com um terceiro ponto de vista, a determinação da lei aplicável à responsabilidade pré-contratual far-se-ia sempre com recurso à regra de conflitos sobre a responsabilidade extracontratual[1498].

Também no Reino Unido as consequências da invalidade do contrato não se encontram abrangidas pelas regras de conflitos em matéria de obrigações contratuais, pois que este país formulou, ao abrigo do art. 22.°, n.° 1, alínea *b*), da Convenção de Roma, idêntica reserva ao seu art. 10.°, n.° 1, alínea *e*)[1499]. Essa reserva ter-se-á ficado a dever a duas ordens de razões: por um lado, a circunstância de nos países de *Common Law* o direito à restituição de montantes pagos ao abrigo de um contrato nulo não ser qualificado como contratual, mas antes como pertinente ao Direito dos quase-contratos ou do enriquecimento sem causa (*restitution*); por outro, o entendimento de que a aplicação da *lex contractus* não seria apropriada nos casos em que esta haja sido escolhida pelas partes[1500].

A responsabilidade pré-contratual está, segundo KAYE[1501], subtraída ao âmbito de aplicação da Convenção, não apenas porque tem natureza

---

obbligazioni contrattuali, resa esecutiva con la legge 18 dicembre 1984, n. 975, senza pregiudizio delle altre convenzioni internazionali, in quanto applicabili».

[1496] Art. 62 da citada lei de 1995: «1. La responsabilità per fatto illecito è regolata dalla legge dello Stato in cui si è verificato l'evento. Tuttavia il danneggiato può chiedere l'applicazione della legge dello Stato in cui si è verificato il fatto che ha causato il danno. 2. Qualora il fatto illecito coinvolga soltanto cittadini di un medesimo Stato in esso residenti, si applica la legge di tale Stato».

[1497] Cfr. «Responsabilità non contrattuale nel diritto internazionale privato», *in Digesto delle Discipline Privatistiche. Sezione Civile*, vol. XVII, pp. 302 ss. (pp. 345 ss.).

[1498] Assim MONATERI, *La responsabilità contrattuale e precontrattuale*, p. 490.

[1499] Em conformidade, dispõe a secção 2 (2) do *Contracts (Applicable Law) Act 1990*: «Articles 7(1) and 10 (1) (e) of the Rome Convention shall not have the force of law in the United Kingdom» (texto reproduzido *in* KAYE, *The New Private International Law of the European Community*, pp. 460 ss.).

[1500] Cfr. sobre o ponto DICEY-MORRIS-COLLINS, *The Conflict of Laws*, vol. 2, p. 1268; KAYE, ob. cit., pp. 309 s.; CHESHIRE-NORTH-FAWCETT, *Private International Law*, p. 685.

[1501] Ob. cit., pp. 100 s.

438 *Da Responsabilidade Pré-Contratual em Direito Internacional Privado*

delitual no Direito inglês, mas também porque lhe falta o carácter «consensual» exigível a fim de que possa ser caracterizada como contratual.

Pelo que respeita à *fraudulent* e à *negligent misrepresentation*, o *Court of Appeal* entendeu que os tribunais ingleses podem exercer a sua jurisdição nos termos da *Order XI, rule 1 (1) (h)*, das *Rules of the Supreme Court*[1502] se tiver sido recebida em Inglaterra a declaração que a consubstancia e o respectivo destinatário aí houver actuado, confiando nela[1503]. Na mesma linha de orientação, o *Queen's Bench Division (Commercial Court)* decidiu que uma acção fundada em *misrepresentation* não cabe no conceito de «matéria contratual» para os efeitos do disposto no art. 5.°, n.° 1, da Convenção de Bruxelas[1504].

Nos Estados Unidos a questão da lei aplicável à responsabilidade por *fraud* e *misrepresentation* é versada no § 148 do segundo *Restatement* sobre os conflitos de leis[1505].

[1502] Que na redacção anteriormente em vigor permitia a citação de um réu domiciliado no estrangeiro para uma acção instaurada em Inglaterra «*if the action begun by the writ is founded on a tort commited within the jurisdiction*». Corresponde, com alterações, à actual alínea (f) da mesma disposição.

[1503] Cfr. *Diamond v. Bank of London and Montreal*, (1979) 1 *All E.R.* 561, descrito *supra*, no § 1.°. Já no caso *Monro (George), Limited v. American Cyanamid and Chemical Corporation*, (1944) *K.B.* 432, em que a autora reclamava uma indemnização pelos danos sofridos em consequência da omissão pela ré de qualquer informação acerca da perigosidade de certo produto que lhe vendera, GODDARD L.J. e DU PARCQ L.J. sustentaram que o *tort of negligence* em que a acção se fundava havia sido praticado nos Estados Unidos, onde o produto fora vendido, não se achando, como tal, preenchida a previsão da dita *Order XI, rule 1 (1) (h)* das *Rules of the Supreme Court*.

[1504] Cfr. *Trade Indemnity plc. v. Forsäkringsaktiebolaget Njord (in liq.)*, (1995) 1 *All E. R.* 796 (p. 819). Em sentido contrário pronunciou-se o *Court of Appeal* no caso *Agnew and others v. Lansförsäkringsbolagens AB*, (1997) 4 *All E.R.* 937. Desta última decisão foi interposto recurso, que se encontra pendente na Câmara dos Lordes.

[1505] Que dispõe:

«Fraud and Misrepresentation

(1) When the plaintiff has suffered pecuniary harm on account of his reliance on the defendant's false representations and when the plaintiff's action in reliance took place in the state where the false representations were made and received, the local law of this state determines the rights and liabilities of the parties unless, with respect to the particular issue, some other state has a more significant relationship under the principles stated in § 6 to the occurrence and the parties, in which event the local law of the other state will be applied.

(2) When the plaintiff's action in reliance took place in whole or in part in a state other than where the false representations were made, the forum will consider such of the following contacts, among others, as may be present in the particular case in determining

Esta disposição obedece ao seguinte pensamento fundamental: se ocorrerem no mesmo Estado as declarações ou omissões do lesante que consubstanciam a *fraud* ou *misrepresentation* e a actuação do lesado nelas baseada, será aplicável a lei desse Estado; nos demais casos, sendo a preocupação dominante proteger o lesado, haverá normalmente que aplicar a lei do lugar onde este actuou confiando naquelas declarações ou omissões[1506].

---

the state which, with respect to the particular issue, has the most significant relationship to the occurrence and the parties:

 (a) the place, or places, where the plaintiff acted in reliance upon the defendant's representations,

 (b) the place where the plaintiff received the representations,

 (c) the place where the defendant made the representations,

 (d) the domicil, residence, nationality, place of incorporation and place of business of the parties,

 (e) the place where a tangible thing which is the subject of the transaction between the parties was situated at the time, and,

 (f) the place where the plaintiff is to render performance under a contract which he has been induced to enter by the false representations of the defendant».

[1506] Cfr. neste sentido SCOLES-HAY, *Conflict of Laws*, p. 626. Consagram a doutrina exposta no texto as decisões proferidas nos casos *Boulevard Airport v. Consolidated Vultec Aircraft Corp.*, julgado pelo *United States District Court E.D. Pennsylvania* em 11 de Agosto de 1949, 85 *F. Supp.* 876 (acção intentada pelo distribuidor de um produto contra o fabricante deste com fundamento em *fraudulent misrepresentation*; o tribunal considerou aplicável a lei vigente no Estado onde o distribuidor se encontrava estabelecido); *Texas Tunnelling Co. v. City of Chattanooga, Tenessee*, julgado pelo *United States District Court, E.D. Tenessee, S.D.*, em 23 de Março de 1962, 204 *F. Supp.* 821 (acção com fundamento em *negligent misrepresentation*, instaurada por um subempreiteiro contra uma empresa de engenharia estabelecida no Ohio e em Nova Iorque, que havia fornecido informações incompletas ao dono da obra, facto que determinou o prolongamento desta; o tribunal aplicou o Direito do Tennessee, por ser este o Estado onde ocorreu a *misrepresentation* e onde foi executada a obra; a decisão foi posteriormente modificada pelo *United States Court of Appeals for the 6th Circuit*, mas apenas quanto às questões de fundo: cfr. 329 *F. 2d* 402); *Doody v. John Sexton & Co.*, julgado pelo *United States Court of Appeals for the 1st Circuit* em 27 de Maio de 1969, 411 *F. 2d* 1119 (acção de um trabalhador contra o empregador que o induzira a mudar-se do Massachusetts para a Califórnia com base numa falsa promessa de emprego vitalício; o tribunal entendeu ser aplicável à responsabilidade do réu por *fraudulent misrepresentation* a lei do Massachusetts, onde o trabalhador tinha o seu emprego anterior, ao qual renunciara); *General Dynamics Corp. v. Selb Manufacturing Co.*, julgado pelo *United States Court of Appeals for the 8th Circuit* em 30 de Julho de 1973, 481 *F. 2d* 1204 (acção de um fabricante de aeronaves contra o produtor de certos componentes destas, com fundamento em *fraud*; o tribunal aplicou a lei do Texas, por se achar aí localizada a indústria do primeiro); *St. Louis Union Trust Co. v. Merryl Lynch, etc.*, julgado pelo *United States District Court* em 24 de Março 1976, 412 *F. Supp.*

440   *Da Responsabilidade Pré-Contratual em Direito Internacional Privado*

b) Das construções acima descritas, reportam-se umas tão-só às situações em que as pretensões fundadas na responsabilidade pré-contratual se baseiam em normas materiais do ordenamento jurídico do foro. É, por conseguinte, muito restrito o seu alcance.

Outras valem potencialmente para quaisquer pretensões indemnizatórias emergentes de factos geradores de responsabilidade pré-contratual, ainda que fundadas em disposições de Direito material estrangeiro. De um modo geral, subjaz a estas últimas, do ponto de vista metodológico, a orientação segundo a qual a disciplina jurídico-privada internacional da responsabilidade pré-contratual deve ser determinada na base de uma qualificação primária, *lege fori*, dos factos eventualmente geradores dessa responsabilidade, que fixa definitivamente a regra ou as regras de conflitos para o efeito relevantes e, por essa via, a lei aplicável. Parte-se, pois, na busca desta lei, de uma dada caracterização jurídica dos factos: a que lhes pertence à luz da *lex materialis fori*. Admitem, não obstante, alguns dos autores que se reclamam desta orientação uma qualificação secundária ou de segundo grau, que visa determinar, segundo um critério funcional, quais as normas do ordenamento jurídico designado convocadas pela norma de conflitos do foro determinada através da primeira qualificação.

Ora, esse procedimento, além de criticável pelas razões de ordem geral já apontadas, conduz, no domínio em que nos situamos, a resultados indesejáveis, que são uma consequência do pré-julgamento da relação controvertida segundo a óptica do Direito do foro nele implicado.

Senão vejamos.

---

45 (acção instaurada pelos testamenteiros de um accionista de uma sociedade incorporada no Delaware, com estabelecimento principal em Nova Iorque, contra esta e seus administradores, por danos pecuniários sofridos em virtude da não revelação fraudulenta de certas informações previamente à aquisição por aquela das acções do testador; o tribunal aplicou a lei do Missouri, onde os testamenteiros tinham o seu domicílio, onde teve lugar a actuação baseada na fraude e onde se verificou o dano; a decisão foi posteriormente revogada, por questões atinentes ao mérito da causa, pelo *United States Court of Appeals for the 8th Circuit*, em decisão proferida em 26 de Agosto de 1977, 562 *F. 2d* 1040); e *Palmer v. Beverly Enterprises*, julgado pelo *United States Court of Appeals for the 7th Circuit* em 7 de Julho de 1987, 823 *F. 2d* 1105 (acção de um trabalhador contra a entidade patronal que o induzira a contratar com base na promessa de que lhe adquiriria no prazo de noventa dias um imóvel sito no Illinois, o que não sucedeu; o tribunal aplicou à responsabilidade da ré a lei da Califórnia, onde decorreram as negociações com vista à celebração do contrato, onde o trabalhador prestou a maior parte da sua actividade laboral e onde se estabelecera com a sua família confiando nas declarações da ré).

Suponha-se que a pretensão indemnizatória *sub judice* é caracterizada à luz da *lex fori* como contratual, por hipótese porque se funda na violação de deveres pré-contratuais de informação ou esclarecimento. Se o estatuto do contrato for um ordenamento jurídico onde as pretensões desse tipo têm natureza delitual (como sucede no Direito inglês, nos casos de *negligent misrepresentation*, e no Direito francês nos casos de dolo), as normas que lhe são aplicáveis nesse ordenamento não são subsumíveis à regra de conflitos do foro determinada através da qualificação primária. Pelo que esse ordenamento terá afinal de ser considerado inaplicável e a pretensão julgada improcedente, embora esta fosse de acolher tanto à face da *lex materialis fori* como perante a *lex causae*[1507].

À mesma conclusão se chegará forçosamente sempre que na *lex causae*, declarada competente a certo título através de uma qualificação primária da relação controvertida, as normas gerais aplicáveis àquele título forem consumidas por normas especiais a que pertença uma qualificação diversa. Seja o caso de as normas sobre os vícios da prestação, que impõem uma responsabilidade de natureza contratual, consumirem as normas gerais sobre a responsabilidade aquiliana, como sucede no Direito francês: se este houver sido designado, mediante a dita qualificação primária, a título de *lex loci delicti*, as normas locais que instituem a referida responsabilidade contratual serão inaplicáveis ao caso, por não se reconduzirem ao conceito-quadro da regra de conflitos de que se partiu, e a pretensão nelas fundada não pode proceder.

[1507] Foi o que sucedeu no caso julgado pelo OLG de Hamburgo em 2 de Junho de 1965, *IPRspr.*, n.° 46, pp. 153 ss. Os factos eram os seguintes: o autor, uma sociedade com sede em Hamburgo, reclamava do réu, um comerciante estabelecido na mesma cidade, a indemnização de danos que sofrera em consequência de informações falsas que este lhe transmitira acerca de um seu cliente, em representação do qual celebrara com o autor um contrato de compra e venda de certas mercadorias. Este contrato achava-se sujeito, por efeito de uma escolha das partes, ao Direito inglês (sendo essa escolha válida porque acompanhada da eleição, a fim de reger os litígios emergentes do contrato, do Regulamento de Arbitragem da *London Cattle Food Trade Association*). As pretensões por culpa na formação do contrato achavam-se sujeitas, segundo o tribunal, ao estatuto contratual. Como, porém, o Direito inglês não conhece qualquer pretensão específica fundada na *culpa in contrahendo*, a acção não podia proceder com esse fundamento. Ao lesado apenas assistia, à face do Direito inglês, o direito de reclamar, através da *action of deceit*, uma indemnização com fundamento em acto ilícito extracontratual (*tort*). Às pretensões por acto ilícito extracontratual seria contudo aplicável, no caso vertente, o Direito alemão, enquanto Direito do lugar da prática do mesmo, razão por que as normas do Direito inglês seriam inaplicáveis.

Verifica-se deste modo que a doutrina da dupla qualificação pressupõe, como condição de procedência das pretensões emergentes de relações privadas internacionais, a coincidência entre a *lex fori* e a *lex causae* quanto à definição da respectiva natureza jurídica ou quanto à função das normas que lhe são aplicáveis. A dupla qualificação reconduz-se assim a uma forma de cumulação de ordens jurídicas competentes para regular as mesmas questões de Direito: só se a *lex fori* e a *lex causae* forem concordes quanto ao tipo de efeitos jurídicos pertencentes a certa situação da vida é que os mesmos se produzirão.

A esta dificuldade têm procurado obviar os consectários da dita doutrina, quer sustentando uma referência «aberta» à lei estrangeira quer invocando um «reenvio de qualificações». Vejamos se alguma destas soluções pode ser considerada procedente.

No quadro de uma referência «aberta» à *lex causae* admite-se, como se viu, a competência das normas desta ordem jurídica que sejam aplicáveis à relação litigiosa, independentemente da sua subsumibilidade ao conceito-quadro da regra de conflitos de que se partiu. Assim, no caso figurado em primeiro lugar seriam aplicáveis as normas delituais da *lex contractus*. Mas, em rigor, esta solução constitui uma violação da regra de conflitos, visto que importa a produção do efeito jurídico nela previsto — a aplicação das normas materiais de certa ordem jurídica — em situações não cobertas pela hipótese legal — que restringe a competência normativa dessa ordem jurídica à regulamentação das questões delimitadas pelo conceito-quadro nela contido, as quais são de tipo diverso das que aquelas normas materiais visam regular.

Por seu turno, o chamado «reenvio de qualificações», admitido por certa doutrina francesa[1508] e suíça[1509], consiste na observância da remissão feita pela *lex causae* para outra lei, que a primeira entende ser competente a fim de regular a relação material litigada, em virtude da diversa qualificação que a esta pertence à luz das normas locais. Deste modo, na primeira hipótese referida, sendo a relação *sub judice* caracterizada à face da *lex causae* como delitual, e designando as regras de conflitos desse ordenamento, a fim de reger as relações desse tipo, a lei do lugar do facto — na espécie porventura a *lex fori*, porque aqui ocorreu a violação dos

---

[1508] Vejam-se nomeadamente LEQUETTE, «Le renvoi de qualifications», *in Mélanges Holleaux*, p. 249; DROZ, «Regards sur le DIP comparé», *Rec. cours*, vol. 229 (1991-IV), pp. 9 ss. (pp. 343 ss.); BATIFFOL-LAGARDE, *DIP*, t. I, pp. 505 s.; e AUDIT, *DIP*, pp. 195 e 643.
[1509] Cfr. KELLER-SIEHR, *Allgemeine Lehren des IPR*, p. 441.

Da Lei Aplicável à Responsabilidade Pré-Contratual   443

deveres pré-contratuais de informação ou de esclarecimento —, haveria que aceitar o retorno deste modo operado à ordem jurídica do foro.

Mas também esta solução parece dificilmente admissível.

Em primeiro lugar, porque não existe entre o reenvio motivado pela diversidade dos elementos de conexão adoptados pelos vários sistemas de Direito e o «reenvio de qualificações» a analogia que justificaria a transposição para este das soluções adoptadas quanto àquele. O primeiro decorre, na verdade, de o critério de conexão adoptado pelo Direito de Conflitos do foro para dada categoria de relações ou questões jurídicas não coincidir com o da *lex causae* (hipótese que costuma denominar-se por «conflito de conexões» ou «conflito negativo de sistemas»), sendo a relevância desta justificável, em certas situações, atentos os objectivos gerais que o Direito Internacional Privado se propõe realizar. Diferentemente, ao segundo está subjacente uma divergência entre a qualificação primária da situação fáctica operada *lege fori* e a qualificação secundária da mesma situação à luz da *lex causae* — procedimentos cuja legitimidade se afigura muito questionável pelas razões acima aduzidas. Ao admitir o «reenvio de qualificações» o julgador troca, pois, o ponto de vista da *lex fori* acerca da caracterização da situação *sub judice* pelo da *lex causae*; o que tem como consequência a atribuição de competência normativa a certa ordem jurídica numa matéria em que ela não a possui segundo o Direito de Conflitos do foro. Ora, semelhante resultado não pode deixar de afigurar-se intolerável a quem tenha como imprescindível ao respeito pelas valorações implicadas na regra de conflitos que às situações da vida privada internacional apenas se apliquem as normas que, na lei a que pertencem, exerçam funções compatíveis com as visadas por aquela regra.

Em segundo lugar, porque ainda que existisse aquela analogia, nada garante que a aceitação sistemática do reenvio de qualificações conduziria aos resultados visados pela adopção do reenvio como processo de resolução do conflito de sistemas, *maxime* a harmonia de julgados. Isso pressuporia, com efeito, que a *lex causae* adoptasse igualmente o método da qualificação primária *lege fori* e não admitisse, também ela, o reenvio de qualificações, sob pena de se cair, no caso de a mesma devolver para a lei do foro, num círculo vicioso.

Imaginemos agora que o autor reclama indemnização por um facto — *v.g.* o rompimento das negociações preparatórias de um contrato sujeito a certa forma ou a omissão, pela contraparte, de certa informação relativa ao objecto contratual — que, sendo fonte da obrigação de indemnizar por *culpa in contrahendo* à face da *lex contractus*, não o é segundo a *lex fori*

444 *Da Responsabilidade Pré-Contratual em Direito Internacional Privado*

— por hipótese, porque à luz do Direito local o rompimento das negociações preparatórias dos contratos subordinados a determinados requisitos de forma não gera responsabilidade pré-contratual ou porque a prestação da informação em causa não é juridicamente exigível.

Em conformidade com a doutrina da qualificação primária, o facto em questão é irrelevante para o Direito de Conflitos do foro: se o que decide da subsunção da situação de facto ou da questão jurídica à regra de conflitos do foro é a natureza ou a função da norma que a regula no Direito do foro, tem de concluir-se que essa subsunção é impossível. Não pode por isso convocar-se a *lex contractus* e sujeitar o lesante à responsabilidade pré-contratual por esta cominada; e todavia é outra a solução reclamada pelos princípios gerais que subjazem ao Direito de Conflitos, mormente o da confiança.

O pré-julgamento da situação de facto através de uma qualificação primária *lege fori* dificulta, em suma, o reconhecimento no Estado do foro de pretensões fundadas na responsabilidade pré-contratual, ainda que procedentes à luz de dada ordem jurídica estrangeira.

c) Cumpre, aqui chegados, que façamos o confronto entre as soluções examinadas e aquelas que derivam da perspectiva própria do Direito Internacional Privado português sobre a matéria.

De acordo com a metodologia acima preconizada, não há, perante as regras de Direito Internacional Privado vigentes no ordenamento jurídico português, que proceder a qualquer qualificação da responsabilidade pré-contratual genericamente considerada (como sustentam, designadamente, os juristas alemães e suíços referidos), a fim de determinar a lei aplicável às pretensões nela fundadas; mas tão-só que aferir a susceptibilidade de reconduzir as normas materiais que em cada ordenamento jurídico integram a sua regulamentação positiva às categorias que delimitam o âmbito daquelas regras.

Nestes termos, se dada pretensão baseada na responsabilidade pré-contratual emergente de relações privadas internacionais, deduzida perante tribunal português, é justificada à face das normas materiais de qualquer ordenamento jurídico com que essa pretensão se acha em conexão através dos elementos da factualidade concreta que lhe subjaz e essa conexão é tida por relevante por uma regra de conflitos vigente entre nós, a cujo conceito-quadro tais normas são reconduzíveis atento o seu conteúdo e função social, deve a mesma ser reconhecida por aquele tribunal. É esta indubitavelmente a solução mais conforme com o pensamento da confiança; mas uma solução a que as orientações preconizadas à face dos Direitos alemão e suíço nem sempre conduzirão.

Da Lei Aplicável à Responsabilidade Pré-Contratual 445

O *approach* assim delineado não é, todavia, isento de problemas.

Por um lado, as normas potencialmente aplicáveis à definição da responsabilidade pré-contratual em dado caso concreto são susceptíveis de caracterizações diversas à luz dos ordenamentos em que se inserem e, por conseguinte, passíveis de serem reconduzidas a mais do que uma ou a nenhuma das categorias de conexão do Direito de Conflitos do foro, gerando-se situações de concurso ou de falta de normas aplicáveis.

Por outro, o instituto de que aqui nos ocupamos assume, à luz de vários ordenamentos jurídicos locais, uma natureza híbrida, por a sua disciplina ser integrada simultaneamente por normas das responsabilidades contratual e extracontratual. Suscita-se então, num sistema de referência selectiva à lei estrangeira como o que preconizamos, o problema da aplicabilidade de normas da *lex causae* que, integrando uma disciplina mista ou atípica da responsabilidade pré-contratual, não sejam reconduzíveis ao conceito-quadro da regra de conflitos do foro que a designou.

Destes problemas nos ocuparemos *ex professo* mais adiante[1510].

81. Atenta a delimitação do âmbito das regras de conflitos da Convenção de Roma atrás operada, supomos poder afirmar que lhes são em princípio reconduzíveis todas as normas materiais que imponham um dever de indemnizar fundado na violação de uma obrigação em sentido estrito, preexistente entre pessoas determinadas ou determináveis, bem como quaisquer outras normas que se achem funcionalmente conexas com estas.

Entre essas normas contam-se aquelas cuja estatuição consista na imposição do dever de indemnizar danos resultantes do incumprimento de deveres de comportamento — de informação, de esclarecimento ou de lealdade — relativos aos preliminares ou à conclusão dos contratos[1511].

A analogia entre as normas atinentes ao incumprimento de obrigações contratuais e as que disciplinam a causação destes danos, que justifica a recondução das situações da vida por elas disciplinadas às mesmas regras de conflitos, reside no facto de em ambas as hipóteses estar em causa a violação de uma relação obrigacional (posto que, no tocante à relação pré-contratual, esta tenha fonte legal e não seja integrada por deveres primários de prestação), de tais normas imputarem às situações em apreço

---

[1510] Cfr. *infra*, capítulos V e VI.

[1511] Será esse o caso, entre nós, do art. 429.° do Código Comercial e dos n.°s 1 e 5 do art. 8.° da Lei n.° 24/96, de 31 de Julho (Estabelece o regime legal aplicável à defesa dos consumidores).

um conteúdo idêntico (o qual se analisa caracteristicamente num ou mais direitos de crédito a que correspondem outros tantos deveres específicos de prestação), de os danos em causa serem danos patrimoniais puros e de os sujeitos da obrigação ressarcitória serem pessoas determináveis previamente à constituição do dever de indemnização.

A circunstância de o vínculo obrigacional constituído entre os participantes nas negociações, em cujo inadimplemento se funda a responsabilidade em questão, não depender de qualquer manifestação de vontade contratual, mas antes da própria lei ou de princípios gerais de Direito, e de esse vínculo ser integrado unicamente por deveres acessórios, que não por deveres primários de prestação, não é impeditiva dessa qualificação, dado o nexo teleológico entre aqueles deveres e a relação contratual para que tendem: tais deveres visam, com efeito, assegurar a correcta formação da vontade de contratar e são, por conseguinte, instrumentais relativamente à auto-regulamentação pelos particulares dos seus interesses. Preside-lhes, nesta medida, um fim comum. Colhe, por isso, relativamente a eles a *ratio legis* das regras de conflitos convencionais, na medida em que, como se viu, estas consagram conexões fundamentalmente orientadas para a tutela dos interesses das partes.

Neste sentido depõe ainda a circunstância de os arts. 8.º e 10.º da Convenção submeterem à lei reguladora das obrigações contratuais nos termos dos respectivos artigos 3.º e 4.º certas questões, não exaustivamente enumeradas, que extravasam do conteúdo ou efeitos dessas obrigações, mas que a estas se acham estreitamente associadas.

A sujeição da responsabilidade pré-contratual às regras de conflitos da Convenção justifica-se, em suma, tanto à luz de um critério estrutural como de um critério funcional.

A solução em apreço está ainda de acordo com o «carácter complexivo» e a «tendência expansiva» que se tende a reconhecer hodiernamente ao estatuto contratual perante estatutos específicos[1512]; e constitui, de alguma sorte, o reflexo no Direito Internacional Privado do alargamento do conteúdo obrigacional do contrato, que, como vimos, caracteriza vários Direitos contemporâneos.

[1512] Cfr. entre nós MAGALHÃES COLLAÇO, *Da compra e venda em DIP*, vol. I, pp. 23 s. e 255 ss.; LIMA PINHEIRO, *A venda com reserva de propriedade em DIP*, pp. 123 ss. (especialmente pp. 141 ss.), 166 e 221; e o prefácio da citada autora a esta obra, n.º 4. Ver ainda: CALVO CARAVACA-CARRASCOSA GONZÁLEZ, «El Convenio de Roma Sobre la Ley Aplicable a las Obligaciones Contractuales de 19 de Junio de 1980», *in Contratos internacionales*, pp. 41 ss. (p. 114); e CALVO CARAVACA e outros, *DIP*, vol. II, p. 412.

Da Lei Aplicável à Responsabilidade Pré-Contratual

O exposto não significa, porém, que toda a responsabilidade por violação de deveres pré-contratuais de informação e esclarecimento deva ter-se por compreendida no âmbito das regras de conflitos relativas às obrigações contratuais. A teleologia das normas que consagram estes deveres não se esgota, com efeito, na protecção das partes, antes compreende, por vezes, a segurança e a regularidade do comércio jurídico, projectando-se desse modo na esfera colectiva. Em tais casos há-de o âmbito de aplicação espacial das normas em questão ser determinado na base de conexões especiais, postuladas pelos fins específicos que lhes estão cometidos[1513].

Do que se disse resulta que o art. 227.º, n.º 1, do Código Civil português se insere no âmbito material de aplicação da Convenção de Roma, na medida em que impõe àqueles que negoceiam com vista à conclusão de um contrato deveres de conduta específicos e institui entre eles uma relação obrigacional, de fonte legal, sem deveres primários de prestação. Outro tanto pode afirmar-se a respeito dos arts. 229.º, 245.º, n.º 2, 246.ºe 898.º do Código Civil, que disciplinam a violação do mesmo tipo de deveres.

Incluem-se também nas regras de conflitos da Convenção, de acordo com a interpretação preconizada, as normas do Direito italiano sobre responsabilidade pré-contratual, não obstante as mesmas serem caracterizadas nesse ordenamento como regras de responsabilidade delitual.

E são ainda subsumíveis nas categorias de conexão utilizadas pelas regras de conflitos convencionais certas instituições jurídicas estrangeiras desconhecidas tanto da ordem interna portuguesa como dos demais Estados contratantes da Convenção de Roma — como, por exemplo, certas modalidades do *promissory estoppel* consagradas no Direito dos Estados Unidos da América —, dados os nexos teleológicos entre as regras que o disciplinam e o regime local dos contratos (mormente a exigência de *consideration* como requisito de eficácia da promessa).

Mais problemática é a recondução às regras de conflitos convencionais das situações de responsabilidade pré-contratual emergentes das negociações preparatórias de um contrato de sociedade.

A constituição, o funcionamento e a extinção das sociedades encontram-se entre nós submetidos (como noutros sistemas) a um estatuto especial, definido pelos arts. 33.º do Código Civil e 3.º do Código das Sociedades Comerciais. Levanta-se, pois, a questão de saber se nesse estatuto se compreende também a regulação da dita responsabilidade.

[1513] Cfr. adiante, cap. VIII.

448 *Da Responsabilidade Pré-Contratual em Direito Internacional Privado*

Em sentido afirmativo pronuncia-se, à luz do Direito suíço, VIS-CHER[1514]: para este autor, a responsabilidade por culpa nas negociações preparatórias do contrato de sociedade é regida pelo estatuto da sociedade constituenda.

À face do Direito de Conflitos português esta solução parece, no entanto, insustentável. O acto constitutivo da sociedade tem a sua lei própria, que não se confunde com a lei pessoal da sociedade. À primeira cabe reger, designadamente, o momento da perfeição e a falta e vícios da vontade nesse acto, matérias que a segunda não abrange[1515].

Neste sentido depõe a circunstância de a disciplina jurídica destas matérias não se encontrar subordinada aos interesses colectivos que justificam a sujeição da sociedade, enquanto instituição, a uma lei própria; e de os elementos de conexão consagrados nas referidas regras de conflitos serem manifestamente inadequados para se fixar a lei reguladora daqueles aspectos do acto constitutivo das sociedades.

Outro tanto pode dizer-se da determinação da lei aplicável à responsabilidade por danos causados através de actos ou omissões ocorridos antes da constituição da sociedade: sempre que esta última não chegasse a verificar-se (por exemplo, por falharem as negociações para o efeito encetadas entre os seus promotores), o critério da sede real consagrado naquelas regras seria, além de desajustado, dificilmente operante. Ao que acresce que o recurso a este elemento de conexão suscitaria uma disparidade de tratamento pouco justificável entre os casos de responsabilidade pré-contratual emergente da negociação de um contrato de sociedade (a submeter à sua putativa lei pessoal) e aqueles em que essa responsabilidade derivasse do incumprimento de específicos deveres de conduta durante as negociações de contratos relativos à transmissão de participações sociais (regidos pela *lex contractus*).

Os arts. 33.° do Código Civil e 3.° do Código das Sociedades Comerciais devem, pois, ser interpretados no sentido de que no seu âmbito de aplicação não se compreende a responsabilidade pela violação de deveres de conduta nos preliminares e na conclusão de contratos de sociedade.

Esta é antes regida pela lei designada pelas regras de conflitos relativas às obrigações contratuais — suposto, evidentemente, que as normas dessa lei aplicáveis à causação de danos *in contrahendo* sejam caracterizáveis, atento o conteúdo e a função que nela desempenham, como ati-

---

[1514] *IPRG Kommentar*, p. 1353.
[1515] Neste sentido BAPTISTA MACHADO, *Lições de DIP*, p. 347, n. 1.

Da Lei Aplicável à Responsabilidade Pré-Contratual 449

nentes à violação de obrigações desta natureza (*maxime* porque delas resulta a constituição de uma relação obrigacional entre as partes nos preliminares e na conclusão dos contratos).

Sucede que as «questões respeitantes ao direito das sociedades» se acham excluídas do âmbito material de aplicação da Convenção de Roma, por força do disposto no seu art. 1.º, n.º 2, alínea *e*); o que se prende, segundo referem os trabalhos preparatórios da Convenção, com a preocupação de evitar que esta interferisse com a harmonização do Direito das Sociedades em curso na Comunidade Europeia[1516].

Tem-se, no entanto, por não abrangida na dita exclusão a disciplina dos actos ou contratos preliminares celebrados entre os promotores da sociedade[1517]; o que bem se compreende, pois que predominam nesta matéria interesses individuais, distintos daqueles que vimos acima justificarem a autonomização, sob o ponto de vista do Direito de Conflitos, do estatuto pessoal da sociedade.

Ora, são interesses da mesma natureza que prevalecem na regulação das obrigações das partes na formação do contrato de sociedade e da responsabilidade pelos danos provenientes do seu incumprimento. A nosso ver, a disciplina desta encontra-se, por isso, incluída no âmbito da Convenção de Roma.

82. Compreendem-se no objecto do art. 45.º do Código Civil português, como se viu, as normas ou institutos que estabeleçam uma obrigação

---

[1516] Cfr. GIULIANO-LAGARDE, «Rapport concernant la convention sur la loi applicable aux obligations contractuelles», *JOCE* n.º C 282, de 31 de Outubro de 1980, pp. 1 ss. (p. 12).

[1517] Cfr. GIULIANO-LAGARDE, est. e loc. cit.; KAYE, ob. cit., p. 123; ZONCA, «Convenzione di Roma e diritto delle società», *in La Convenzione di Roma sul diritto applicabile ai contratti internazionali*, pp. 201 ss. (p. 213, n. 21); BALLARINO-BONOMI, «Materie escluse dal campo di applicazione della Convenzione di Roma», *in La Convenzione di Roma sulla legge applicabile alle obbligazioni contrattuali*, vol. II, pp. 87 ss. (pp. 114 s.); e CALVO CARAVACA-CARRASCOSA GONZÁLEZ, «El Convenio de Roma Sobre la Ley Aplicable a las Obligaciones Contractuales de 19 de Junio de 1980», *in Contratos internacionales*, pp. 41 ss. (p. 61). No sentido de que o próprio contrato de sociedade nem sempre se encontra excluído do âmbito da Convenção de Roma ver, entre nós, LIMA PINHEIRO, «O Direito aplicável às sociedades. Contributo para o Direito Internacional Privado das sociedades», *ROA* 1998, pp. 673 ss. (pp. 728 ss.): o autor considera incluídos no âmbito da Convenção «os contratos de sociedade meramente obrigacionais, os que constituam uma organização meramente interna e os que constituam uma organização externa que não seja considerada, pela lei que seria competente para definir o seu estatuto institucional, como uma realidade assimilável a uma pessoa colectiva».

de indemnizar fundada na violação de deveres gerais, i. é, impostos a todas as pessoas, correspondentes a direitos absolutos.

Entre essas normas e institutos contam-se os que visam sancionar a causação de danos físicos à pessoa ou aos bens da contraparte nos preliminares e na conclusão dos contratos.

Tal é o caso, no Direito alemão, da responsabilidade por *culpa in contrahendo* consistente na violação de deveres de protecção e cuidado.

É certo que os tribunais germânicos têm sujeitado esta modalidade de *culpa in contrahendo*, fundamentalmente, ao regime da responsabilidade contratual (o que, como vimos, se prende sobretudo com o carácter restritivo da regulamentação da responsabilidade aquiliana constante do Código Civil alemão). Estamos todavia em crer que nestes casos a responsabilidade pré-contratual se aproxima muito mais da responsabilidade extracontratual do que da contratual: por intermédio dela tutelam-se não só o interesse do lesado na reparação do dano que lhe foi infligido por uma intromissão ilícita na sua esfera jurídica, mas também interesses colectivos, que a regra de conflitos em apreço, mandando aplicar a *lex loci delicti*, tipicamente visa proteger.

A analogia entre a causação de danos geradora da responsabilidade extracontratual e as situações integradoras de *culpa in contrahendo* por violação de deveres pré-contratuais de protecção e cuidado, que fundamenta a recondução das correspondentes regulamentações materiais ao art. 45.º, consiste, ademais, em os bens jurídicos ofendidos serem nessas situações a vida, a integridade física, a propriedade e outros direitos absolutos; em os danos sofridos pelo lesado serem danos reais, traduzidos numa perda *in natura*; e em o responsável não ser, as mais das vezes, determinável previamente à sua constituição no dever de indemnizar.

Consideremos, a fim de ilustrar o que acabamos de afirmar, o seguinte exemplo: *A*, comerciante de determinado género de mercadorias, estabelecido na Alemanha, convida *B*, visitante de uma feira internacional daquelas mercadorias, que tem lugar em Itália, a entrar no pavilhão onde as mesmas se acham expostas. Aí encetam as partes negociações para a realização de determinada transacção. No decurso delas o pavilhão desmorona-se, por se acharem mal acondicionadas as mercadorias nele expostas. Do facto resultam ferimentos para *B*. À face da lei alemã, *A* é responsável *ex culpa in contrahendo*, com fundamento na inobservância de deveres de protecção e cuidado a seu cargo, sendo por isso aplicáveis as normas germânicas da responsabilidade contratual. Segundo o Direito italiano (*lex loci delicti*), a responsabilidade de *A* é extracontratual.

Da Lei Aplicável à Responsabilidade Pré-Contratual 451

De acordo com a orientação por nós aqui preconizada, a situação em apreço, atentos os objectivos servidos pelas regulamentações nacionais que lhe são potencialmente aplicáveis, deve ser subsumida sob o art. 45.° do Código Civil. As referidas regras do Direito alemão hão-de, consequentemente, ter-se por inaplicáveis ao caso, visto não ser a lei alemã na espécie designada por esse preceito. Por força da mesma regra de conflitos, a hipótese reger-se-ia pelas normas delituais italianas.

É igualmente reconduzível ao art. 45.° a responsabilidade civil pela violação de disposições legais que impõem deveres pré-contratuais de informação ou esclarecimento visando tutelar, além do interesse particular do seu credor, interesses colectivos, como a regularidade e a transparência do funcionamento dos mercados, a lealdade da concorrência ou a estabilidade dos preços. No Direito português podem apontar-se como exemplos de disposições deste tipo as que prescrevem às instituições de crédito e às empresas de seguros a prestação de certas informações aos seus clientes, previamente à celebração de contratos[1518].

A competência da *lex loci* pelo que respeita à determinação, nestes casos, dos pressupostos e do conteúdo da obrigação de o infractor ressarcir o dano causado àquele a quem tais informações eram devidas afigura-

---

[1518] Cfr. os arts. 3.° a 7.° do D.L. n.° 220/94, de 23 de Agosto (Estabelece o regime aplicável à informação que as instituições de crédito devem prestar aos seus clientes em matéria de taxas de juro e outros custos das operações de crédito), e os arts. 176.°, 177.° 179.° e 181.° do D.L. n.° 94-B/98, de 17 de Abril (Regula as condições de acesso e de exercício da actividade seguradora e resseguradora no território da Comunidade Europeia, incluindo a exercida no âmbito institucional das zonas francas). O fim de protecção individual destas disposições, que justifica a cominação de responsabilidade civil pela violação do que nelas se estabelece, resulta de as informações em causa terem de ser prestadas aos próprios clientes das instituições e empresas visadas e não apenas às entidades públicas que as supervisionam. Que essas disposições visam concomitantemente tutelar interesses colectivos é o que decorre de a exigência das informações em causa não ficar na disponibilidade dos seus destinatários, antes constituindo as infracções às mesmas contra-ordenações puníveis nos termos dos arts. 12.° e 212.°, *a*), dos diplomas mencionados. Neste sentido concorrem ainda o texto do preâmbulo do D.L. n.° 220/94, onde se lê que «[o] presente diploma vem estabelecer a informação mínima que as instituições de crédito devem prestar para permitir juízos comparativos e reforçar a concorrencialidade e a transparência do mercado de crédito», e o do preâmbulo do D.L. n.° 94-B/98, que declara: «[p]rocura-se desta forma responder ao novo contexto em que se desenvolve a actividade seguradora e às necessidades especiais de protecção dos interesses públicos relevantes que lhe são inerentes: a segurança das poupanças, a garantia de cobertura dos riscos seguros e a confiança dos agentes económicos e do público em geral na capacidade da indústria de seguros para fazer face às responsabilidades que socialmente lhe estão confiadas».

452 *Da Responsabilidade Pré-Contratual em Direito Internacional Privado*

-se particularmente apropriada, por isso que a lesão põe em jogo interesses da comunidade local, desempenhando a indemnização, quando devida, uma função não apenas reparadora, mas também preventiva e repressiva da perturbação social originada pelo facto ilícito.

Pertencem ainda ao âmbito do art. 45.°, em nosso entender, as regras inglesas e norte-americanas sobre a *fraudulent* e a *negligent misrepresentation*, visto que consagram um dever de indemnizar fundado na lesão de um dever geral de cuidado, e não no incumprimento de qualquer obrigação pré-contratual — que verificámos não existir nos Direitos inglês e dos Estados Unidos —, sujeito ao regime da responsabilidade *in tort*. A diferença entre essas regras e as disposições homólogas dos Direitos continentais que prevêem a responsabilização daquele que empregou dolo na formação do contrato radica, pois, na própria disciplina substancial que estabelecem para os mesmos factos; donde a sua diferente qualificação.

Especiais problemas levanta a questão de saber se hão-de também ter-se por incluídas no art. 45.° as situações em que, não resultando do princípio da boa fé ou de qualquer preceito legal específico o dever de advertir a contraparte quanto aos riscos de não conclusão do contrato, certo ordenamento jurídico local impuser a obrigação de indemnizar os danos causados pelo fracasso das negociações, como sucede, *v.g.*, em consequência do disposto no art. 1328, primeiro parágrafo, do Código Civil italiano[1519]. Análogo problema suscitam os casos em que da invalidade do contrato deriva para uma das partes o dever de ressarcir os danos sofridos pela outra, posto que não haja violado culposamente qualquer dever pré--contratual de conduta[1520].

Poderia supor-se que nestas hipóteses, que configuram uma responsabilidade pré-contratual por factos lícitos não culposos, o interesse social na facilidade e na segurança do comércio jurídico, bem como na utilização eficiente dos recursos económicos, justifica a aplicação territorial da regras materiais sancionatórias desses eventos. Dir-se-ia, assim, ajustada a recondução das normas que a impõem à regra de conflitos do art. 45.°.

[1519] Que dispõe: «La proposta può essere revocata finché il contratto non sia concluso. Tuttavia, se l'accettante ne ha intrapreso in buona fede l'esecuzione prima di avere notizia della revoca, il proponente è tenuto a indennizarlo delle spese e delle perdite subite per l'iniziata esecuzione del contratto».

[1520] Como sucede em virtude do disposto nos §§ 122 e 179 (2) do BGB e dos arts. 899.° e 909.° do Código português. Cfr. *supra*, § 13.°.

Cremos, todavia, que não se verifica nestes casos a analogia entre a responsabilidade pré-contratual e a responsabilidade extracontratual que é pressuposto da recondução às regras de conflitos que disciplinam a segunda das situações da vida integrantes da primeira. Na verdade, os bens jurídicos lesados não são aqui quaisquer direitos absolutos, mas tão-só a confiança depositada por um dos contraentes na conclusão ou na validade do contrato malogrado; os danos sofridos são puramente patrimoniais e não danos reais; e os sujeitos da obrigação ressarcitória são pessoas previamente determináveis. Ao que acresce, na primeira categoria de hipóteses enunciadas, que o dever de indemnizar se funda no exercício do direito de uma das partes de pôr termo à relação pré-contratual, sendo notória a conexão entre esta e a relação contratual que ela tem em vista.

Parece, por isso, mais ajustado sujeitar a responsabilidade pré-contratual, nas hipóteses em causa, às regras de conflitos relativas à responsabilidade contratual.

De resto, a repartição por diversos ordenamentos jurídicos da disciplina da responsabilidade pré-contratual pelo rompimento das negociações, consoante esta resulte ou não da violação de específicos deveres de conduta, seria susceptível de gerar antinomias normativas incompatíveis com o princípio da unidade da ordem jurídica.

Basta supor, na verdade, que à face da lei x, por hipótese o estatuto do contrato projectado pelas partes, a situação *sub judice* é geradora de responsabilidade pré-contratual do sujeito que rompeu as negociações porque segundo essa lei lhe cumpria advertir previamente a contraparte do risco de não conclusão do contrato, cabendo-lhe indemnizá-lo pelo interesse positivo; mas não assim à face da lei do país y, onde se deu o rompimento, a qual reconhece a qualquer dos contraentes o direito de interromper livremente em qualquer momento o *iter negotii*, conferindo embora ao lesado o direito à indemnização do interesse negativo. Nesta situação, se a pretensão do lesado, que reclama a indemnização do interesse positivo, se afigura plenamente fundada em face da lei x, é igualmente exacto que o demandado se lhe pode opor com êxito, invocando a lei y. Sendo ambos os ordenamentos competentes à face do Direito de Conflitos do foro, teríamos assim um concurso de normas antinómicas.

A prevenção de situações deste tipo, que é exigida pelo princípio da unidade da ordem jurídica[1521], recomenda que se evite a excessiva desar-

---

[1521] Assim ENGISCH, *Die Einheit der Rechtsordnung*, p. 68.

454 *Da Responsabilidade Pré-Contratual em Direito Internacional Privado*

ticulação das situações da vida privada internacional através da repartição por diferentes leis da competência para discipliná-las. Também por isso se nos afigura deverem integrar-se no âmbito de competência da lei reguladora das obrigações contratuais as situações de responsabilidade pré-contratual objectiva pela não conclusão das negociações preparatórias de um contrato.

Julgamos ainda susceptíveis de serem convocadas pelo art. 45.° do Código Civil certas figuras previstas em Direitos estrangeiros, que não se confundem com a obrigação de reparar um prejuízo, mas que com ela possuem uma conexão funcional.

Tal é o caso dos *punitive* ou *exemplary damages* impostos pelos tribunais ingleses e americanos[1522]. Estes não visam satisfazer interesses pessoais do lesado, que já se encontram contemplados pela indemnização atribuída nos termos gerais, mas antes interesses da comunidade, ofendida pela prática de um ilícito civil[1523]. Aproximam-se da nossa multa, pois que, à semelhança desta, constituem uma sanção material do ilícito graduada em razão da culpabilidade do agente. Tal como na multa, a sua função consiste essencialmente em punir o agente; mas o seu objecto é, como refere McGREGOR[1524], constituído por infracções menores, que na prática são ignoradas pelas autoridades criminais. A circunstância, porém, de o seu montante reverter para a própria vítima, e não para o Estado, coloca-os numa posição intermédia entre a responsabilidade civil e a responsabilidade penal. Como já referimos, têm a natureza de uma pena privada.

Ora, ainda que exorbite, pelas razões apontadas, do núcleo da regra de conflitos em apreço, esta figura é para ela atraída por duas ordens de razões. Primeiro, a circunstância de parte dos seus elementos serem comuns aos da responsabilidade civil, visto que a sua aplicação supõe a demonstração da ocorrência de um *tort*[1525]. Segundo, a sua subordinação a finalidades jurídico-políticas que a responsabilidade extracontratual também desempenha entre nós, ainda que acessoriamente, como a prevenção e a punição dos factos ilícitos.

[1522] Cfr. sobre esta figura *supra*, § 6.°.

[1523] Sobre o problema cfr. Júlio GOMES, *O conceito de enriquecimento*, p. 746, que caracteriza os *punitive damages* como «reacção colectiva necessária face à natureza social da ofensa».

[1524] *On Damages*, p. 254.

[1525] Cfr. STOLL, «Consequences of liability: remedies», *IECL*, vol. XI, *Torts*, cap. 8, p. 100: «Exemplary damages may be awarded only if the tort is fully proven».

O âmbito de aplicação espacial das normas que disciplinam os *punitive damages* cinge-se por isso, em princípio, aos factos ocorridos no território do Estado onde vigoram.

Questão inteiramente diversa desta é a da conformidade da aplicação dessas disposições com os princípios da ordem pública internacional do Estado português, que examinaremos adiante[1526].

Por último, cabe na regra de conflitos em apreço, a nosso ver, a obrigação de reparação do dano posta a cargo do segurador. Esta tem, é certo, como fonte e limite o contrato celebrado entre o segurador e o lesante. Mas os seus pressupostos e conteúdo são os mesmos da responsabilidade extracontratual do lesante, o qual não fica exonerado em virtude da celebração do contrato de seguro. A indemnização devida ao lesado pelo dano sofrido não pode, além disso, variar consoante seja satisfeita pelo próprio lesante ou pela seguradora. Pelo que é a lei reguladora da responsabilidade extracontratual, e não a do contrato, que deve aplicar-se às relações entre o segurador e o lesado. Aliás, sendo o lesado um terceiro relativamente a esse contrato, poderia ele, de outro modo, ver o seu direito à reparação dos danos sofridos sujeito a uma lei escolhida pelo segurador e pelo tomador do seguro em seu prejuízo[1527].

Se, porém, a lei designada nos termos do art. 45.º do Código Civil não reconhecer ao lesado o direito de instaurar directamente contra o segurador a acção destinada a efectivar a responsabilidade extracontratual, mas a lei reguladora do contrato de seguro previr essa possibilidade, deverá aplicar-se esta última: é o que estabelecem, nomeadamente, o art. 9 da Convenção da Haia de 1971 Sobre a Lei Aplicável em Matéria de Acidentes de Circulação Rodoviária[1528], o art. 141 da lei suíça de Direito

---

[1526] Cfr. *infra*, § 39.º.

[1527] A aplicação da *lex delicti* à acção directa da vítima contra o segurador do responsável corresponde à orientação prevalecente na jurisprudência da Cassação francesa e do Tribunal Federal alemão: cfr. as decisões mencionadas por MAYER, *DIP*, p. 443, e KROPHOLLER, *IPR*, p. 461, e ainda a sentença do BGH de 4 de Julho de 1989, *NJW* 1989, p. 3095. Entre nós, *vide* no sentido da aplicabilidade à acção de indemnização por acidente de viação proposta contra uma seguradora da lei do país onde o acidente se verificou e não da lei que rege o contrato de seguro o acórdão da Relação do Porto de 28 de Novembro de 1991, *BMJ* 411, p. 648.

[1528] Que dispõe:

«Les personnes lésées ont le droit d'agir directement contre l'assureur du responsable si un tel droit leur est reconnu par la loi applicable en vertu des articles 3, 4 ou 5.

Si la loi de l'Etat d'immatriculation, applicable en vertu des articles 4 ou 5, ne con-

Internacional Privado[1529], o art. 40, n.º 4, da Lei de Introdução ao Código Civil alemão[1530] e o art. 6 da Proposta de Convenção Europeia Sobre a Lei Aplicável às Obrigações Não Contratuais, de 1998[1531].

À luz do exposto há-de, pois, reconhecer-se que o dano e a sua imputabilidade àquele que se encontra obrigado a repará-lo por força da lei ou de contrato, embora sendo da essência do conceito de responsabilidade civil à face do Direito material português, não são imprescindíveis à aplicação do art. 45.º do Código Civil, o qual compreende no seu âmbito situações em que não concorrem esses elementos.

---

nait pas ce droit, il peut néanmoins être exercé s'il est admis par la loi interne de l'Etat sur le territoire duquel l'accident est survenu.

Si aucune de ces lois ne connait ce droit, il peut être exercé s'il est admis par la loi du contrat d'assurance».

[1529] Que estabelece: «Le lesé peut diriger l'action contre l'assureur du responsable si le droit applicable à l'acte illicite ou le droit applicable au contrat d'assurance le prévoit».

[1530] Na redacção dada pela lei de 21 de Maio de 1999. É o seguinte o teor do preceito mencionado no texto: «Der Verletzte kann seinen Anspruch unmittelbar gegen einen Versicherer des Ersatzpflichtigen geltend machen, wenn das auf die unerlaubte Handlung anzuwendende Recht oder das Recht, den der Versicherungsvertrag unterliegt, dies vorsieht».

[1531] No qual se prevê:

«1. La personne lésée a le droit d'agir directement contre l'assureur du responsable, si un tel droit lui est reconnu par la loi applicable à l'obligation non contractuelle.

2. Si la loi applicable à l'obligation non contractuelle ne connaît pas ce droit, il peut néanmoins être exercé s'il est reconnu à la personne lésée par la loi applicable au contrat d'assurance».

SECÇÃO III
DA DETERMINAÇÃO DA LEI APLICÁVEL

§ 23.°
Da designação pelas partes da lei aplicável

83. A faculdade de as partes designarem a lei por que se regem as obrigações contratuais encontra-se hoje consagrada na generalidade dos sistemas nacionais de regras de conflitos, bem como em diversos instrumentos internacionais[1532]. Entre estes conta-se a Convenção de Roma, cujo art. 3.°, n.° 1, dispõe: «O contrato rege-se pela lei escolhida pelas Partes». Já vimos quais as razões que justificam o reconhecimento dessa faculdade[1533]. Pergunta-se agora se essa faculdade deve considerar-se extensível à determinação da lei aplicável à responsabilidade pré-contratual emergente de relações plurilocalizadas.

Contra esta solução podem aduzir-se diversos argumentos, que enunciaremos esquematicamente como segue: *a*) os interesses gerais do tráfico jurídico reclamariam, dada a relevância que assumem neste domínio, o primado de conexões territoriais; *b*) a necessidade de não privar a parte mais fraca na relação jurídica e o próprio lesado da protecção que lhes é conferida pelos ordenamentos jurídicos em presença desaconselharia a admissão da *electio iuris*, pois que através desta poderiam ser afastadas as normas desses ordenamentos mais favoráveis àqueles sujeitos; *c*) não seria legítimo às partes derrogar mediante a escolha da lei aplicável as normas imperativas que disciplinam a responsabilidade pré-contratual, dada a importância dos interesses públicos por elas tutelados; *d*) nos casos em que as partes não

---

[1532] Cfr. as referências no nosso estudo *Da arbitragem comercial internacional*, pp. 101 ss.

[1533] Cfr. *supra*, § 3.°.

tenham chegado a concluir um contrato seria muito difícil, se não mesmo impossível, concretizar o elemento de conexão em referência[1534].

Nenhum destes argumentos nos parece, contudo, decisivo. Também no domínio da responsabilidade contratual relevam interesses gerais — na medida em que o cumprimento pontual das obrigações é um factor que influencia a fluidez e a segurança do tráfico jurídico —, sem que isso prejudique a faculdade de as partes escolherem a lei aplicável. Por outro lado, os interesses públicos e da parte mais fraca que relevam neste domínio são acautelados através das normas internas e convencionais que estabelecem limites à autonomia da vontade como forma de designação da lei competente e da reserva de ordem pública internacional do Estado do foro. Por último, a escolha da lei aplicável a negócios preliminares, a contratos anteriormente celebrados entre as partes ou ao próprio contrato projectado, mas não concluído, podem constituir indícios da escolha tácita da lei aplicável à responsabilidade pré-contratual[1535]; e deve ter-se por admissível a designação da lei aplicável *ex post facto* (nomeadamente nos casos de rompimento de negociações), valendo nesta matéria, com as necessárias adaptações, o disposto no art. 3.°, n.° 2, da Convenção de Roma.

No sentido da admissibilidade da escolha pelas partes da lei aplicável à responsabilidade pré-contratual depõem várias razões. Primeiramente, a circunstância de no tocante aos deveres pré-contratuais de conduta vinculativos de sujeitos determinados ou determináveis e à responsabilidade pelo seu incumprimento estarem fundamentalmente em jogo interesses das próprias partes e não de terceiros ou do tráfico jurídico. Em segundo lugar, a possibilidade, que a escolha pelas partes da lei aplicável favorece, de se apreciarem segundo o mesmo Direito relações funcionalmente conexas (a relação pré-contratual e a obrigação de indemnizar os danos decorrentes do incumprimento dos deveres de conduta que a integram, por um lado, e

---

[1534] Neste sentido afirma NASCIMENTO TEIXEIRA que «nunca existiria escolha pelas partes do estatuto contratual» no caso de rompimento das negociações: cfr. «A questão da protecção dos consumidores nos contratos plurilocalizados», *ROA* 1994, pp. 181 ss. (p. 259).

[1535] Pressupõe-se na hipótese figurada em último lugar que as partes tenham chegado a consenso, nas negociações preparatórias do contrato, quanto à lei que seria aplicável no caso de o mesmo vir a ser celebrado. Não basta, por conseguinte, que uma delas tenha proposto à outra, no decurso dessas negociações, uma cláusula de escolha da lei aplicável, que esta todavia não aceitou, quer porque se manteve em silêncio a seu respeito, quer porque a rejeitou, quer ainda porque propôs aditamentos à mesma. De outro modo, poderia o proponente excluir unilateralmente a sua eventual responsabilidade pré-contratual mediante a designação na proposta contratual de uma lei que não contemplasse tal responsabilidade.

Da Lei Aplicável à Responsabilidade Pré-Contratual

o contrato, por outro), assegurando-se desse modo a unidade da sua regulamentação. Em terceiro lugar, a dificuldade de concretizar neste domínio as demais conexões relevantes, particularmente quando não se encontre determinado, ou sejam vários, os lugares onde ocorreu a conduta lesiva — caso em que a escolha da lei aplicável favorece manifestamente a certeza e a segurança jurídicas.

Esta solução mostra-se, além disso, conforme com o tendencial alargamento do âmbito da autonomia das partes, que o Direito Internacional Privado contemporâneo revela[1536].

Deve, pois, ter-se como admissível a escolha pelas partes da lei reguladora da responsabilidade pré-contratual[1537].

[1536] Dele demos notícia no nosso est. cit. *supra*, pp. 127 ss. Referem-no também, entre nós, MAGALHÃES COLLAÇO, «L'arbitrage international dans la récente loi portugaise sur l'arbitrage volontaire (Loi n.° 31/86, du 29 août 1986). Quelques réflexions», in *Droit International et Droit Communautaire*, pp. 55 ss. (p. 62), e MOURA RAMOS, *Da lei aplicável ao contrato de trabalho internacional*, pp. 841 ss. *Vide* ainda, na literatura estrangeira, FLESSNER, *Interessenjurisprudenz im IPR*, p. 97; JAYME, «Identité culturelle et intégration: le DIP postmoderne. Cours général de DIP», *Rec. cours*, vol. 251 (1995), pp. 9 ss. (pp. 147 ss.); KROPHOLLER, *IPR*, p. 270; e NYGH, *Autonomy in International Contracts*, pp. 13 s. Para mais referências bibliográficas consulte-se o nosso mencionado estudo, p. 128, notas 3 a 6.

[1537] No mesmo sentido pronunciou-se, já em 29 de Outubro de 1938, o *Reichsgerichthof*, *RGZ* 159, pp. 33 ss. (p. 54). Na doutrina declaram-se favoráveis à eleição pelas partes da lei aplicável à responsabilidade emergente da violação de deveres de informação e esclarecimento: BERNSTEIN, «Kollisionsrechtliche Fragen der culpa in contrahendo», *RabelsZ* 1977, pp. 281 ss.; DEGNER, «Kollisionsrechtliche Anknüpfung der Geschäftsführung ohne Auftrag, des Bereicherungsrechts und der culpa in contrahendo», *RIW/AWD* 1983, pp. 825 ss. (p. 830); KREUZER, «Zur Anknüpfung der Sachwalterhaftung», *IPRax* 1988, pp. 16 ss. (p. 17); ALVAREZ GONZALEZ, «La ley aplicable a la responsabilidad precontractual en D.I.Pr. español», *REDI* 1990, pp. 125 ss. (p. 150); FISCHER, «Culpa in contrahendo im IPR», *JZ* 1991, 168 ss. (p. 175); FRICK, *Culpa in contrahendo*, p. 157; DEGNER, *Kollisionsrechtliche Probleme zum Quasikontrakt*, p. 260; GUNST, anotação à sentença do BGH de 22 de Fevereiro de 1989, *JZ* 1991, pp. 202 ss. (p. 205); e AMSTUTZ, VOGT e WANG in HONSELL e outros, *Kommentar zum schweizerischen Privatrecht. IPR*, p. 792. Admitem também a escolha da lei aplicável à responsabilidade por danos causados através do rompimento de negociações: RIGAUX, «Examen de la détermination du droit applicable aux relations précontractuelles», in *Formation of Contracts and Precontractual Liability*, pp. 121 ss. (p. 128); GONZÁLEZ CAMPOS, *DIP. Parte especial*, vol. II, *Derecho civil internacional*, p. 424; Suzanne SCHMIDT, *Der Abbruch der Vertragsverhandlungen im deutsch-schweizerischen Handels- und Wirtschaftsverkehr*, p. 218; e DAVÌ, «Responsabilità non contrattuale nel diritto internazionale privato», in *Digesto delle Discipline Privatistiche. Sezione Civile*, vol. XVII, Torino, UTET, 1998, pp. 302 ss. (p. 348).

460 Da Responsabilidade Pré-Contratual em Direito Internacional Privado

A *electio iuris* tanto pode ser inferida da designação da lei aplicável a um negócio preliminar ou ao contrato projectado (constando, por exemplo, de um «contrato-quadro» ou de uma «carta de intenções»[1538]) como visar expressamente o conteúdo e os pressupostos da responsabilidade por incumprimento de deveres de conduta que vinculem as partes nos preliminares do contrato (figurando, *v.g.*, num pacto de jurisdição ou num compromisso arbitral). Não deve, todavia, relevar uma escolha meramente hipotética ou presumida da lei aplicável[1539].

Convém notar que a escolha pelas partes da lei aplicável será eficaz ainda que o contrato, ou certa cláusula dele, seja inválido à face da lei escolhida[1540]. É o que se deduz não apenas do escopo fundamental da consagração da autonomia privada no Direito de Conflitos, mas também dos textos legais em vigor, *maxime* o art. 8.º, n.º 1, da Convenção de Roma, que submete a validade do contrato e das disposições deste «à lei que seria aplicável, por força da presente Convenção, se o contrato ou a disposição fossem válidos» (a qual, como se viu, é em princípio a lei escolhida pelas partes)[1541].

[1538] Cfr. LUTTER, *Der Lettter of Intent*, p. 148.

[1539] Cfr. sobre o ponto o nosso estudo acima mencionado, pp. 115 ss., e a bibliografia e jurisprudência aí citadas. Em idêntico sentido *vide* ainda na literatura posterior, a propósito do art. 3.º, n.º 1, da Convenção de Roma, FERRER CORREIA, «Algumas considerações acerca da Convenção de Roma de 19 de Junho de 1980 Sobre a Lei Aplicável às Obrigações Contratuais», *RLJ*, ano 122.º, pp. 289 ss. (p. 291); LAGARDE, «Le nouveau droit international privé des contrats après l'entrée en viguer de la Convention de Rome du 19 juin 1980», *RCDIP* 1991, pp. 287 ss. (p. 303); Maria Helena BRITO, «Os contratos bancários e a Convenção de Roma de 19.6.1980 Sobre a Lei Aplicável às Obrigações Contratuais», *Revista da Banca* 1993, pp. 75 ss. (p. 93); LIMA PINHEIRO, *Contrato de empreendimento comum (joint venture) em DIP*, p. 829; *idem*, *DIP. Parte especial*, p. 178; e NYGH, ob. cit., pp. 114 s. e 263.

[1540] Ver nesta linha geral de orientação: BATIFFOL-LAGARDE, *DIP*, t. II, p. 280; MOURA RAMOS, *Da lei aplicável ao contrato de trabalho internacional*, pp. 582 s.; KEGEL, *IPR*, p. 486; REITHMANN-MARTINY, *Internationales Vertragsrecht*, p. 87; LIMA PINHEIRO, *Contrato de empreendimento comum (joint venture) em DIP*, p. 827; MAYER, *DIP*, p. 463; e NYGH, ob. cit., pp. 59 e 265.

[1541] Consagram, todavia, a ineficácia da escolha quando o contrato for inválido à face da lei escolhida (*validation principle*) o art. 3, n.º 3, da Resolução do Instituto de Direito Internacional de 1991 (cit. *supra*, no § 3.º), que dispõe que «[l]orsque le contrat n'est pas valable selon la loi choisie par les parties, le choix de cette loi est privé de tout effet», e o art. 3112 do Código Civil do Quebeque, conforme o qual «[e]n l'absence de désignation de la loi dans l'acte ou si la loi désignée rend l'acte juridique invalide, les tribunaux appliquent la loi de l'État qui, compte tenu de la nature de l'acte et des circonstances qui l'entourent, présente les liens les plus étroits avec cet acte».

Já se tem contraposto a esta solução ser ela desconforme com a vontade presumível das partes[1542]. O certo, porém, é que as normas que cominam a invalidade do contrato ou de alguma das suas cláusulas têm também em vista proteger interesses das próprias partes — *v.g* a correcta formação da sua vontade de contratar —, pelo que a tutela destes interesses pode reclamar, nas hipóteses em apreço, a eficácia da *electio iuris*. De todo o modo, se a invalidade do contrato fosse conhecida, ou devesse sê-lo, por um dos contraentes e este não tiver prevenido atempadamente o outro desse facto, devendo fazê-lo, poderá responder *ex culpa in contrahendo* nos termos da lei escolhida pelos danos sofridos pelo segundo.

84. Não parece exigível qualquer conexão objectiva entre a lei escolhida pelas partes e o contrato projectado. Esta solução flui directamente do ponto de vista acima sustentado acerca do fundamento jurídico-político da autonomia da vontade em Direito Internacional Privado: dele se deduz, com efeito, que é de reconhecer às partes a faculdade de submeterem o contrato internacional à lei que se lhes antolhe mais conveniente ao teor e à natureza das relações entre si estabelecidas[1543], *v.g.* porque apenas ela, dentre as que se ofereçam no caso singular, consagra uma disciplina específica para certo tipo negocial que pretendem adoptar.

Sempre, porém, que todos os outros elementos da situação se localizem num único país no momento da escolha não pode esta, segundo se estabelece no n.° 3 do art. 3.° da Convenção, prejudicar a aplicação das disposições imperativas da lei desse país[1544]. (Estamos, como é bom de

---

[1542] Cfr. JAYME, «L'autonomie de la volonté des parties dans les contrats internationaux entre personnes privées. Rapport définitif», *Ann.IDI*, vol. 64-I (1991), pp. 62 ss. (p. 71), citando ZEILER: «on ne peut pas présumer qu'un homme raisonnable voulait accomplir un acte inutile et invalide».

[1543] Cfr. *supra*, § 3.°. Outra não é a posição que defendemos (posto que com certas restrições, que aqui damos por reproduzidas) no nosso estudo citado, pp. 122 e ss. Na literatura nacional posterior vejam-se em sentido coincidente FERRER CORREIA, est. cit., p. 362, e LIMA PINHEIRO, ob. cit., p. 807. A doutrina sufragada no texto, além de implicitamente acolhida no art. 3.° da Convenção de Roma, foi posteriormente enunciada, de modo expresso, no art. 2, n.° 1, da mencionada Resolução do Instituto de Direito Internacional, que dispõe, na versão francesa: «Les parties ont le libre choix de la loi applicable à leur contrat. Elles peuvent convenir de l'application de tout droit étatique». JAYME, *Ann. IDI*, vol. 64-II, p. 131, esclarece a propósito deste preceito: «Le premier objectif de la résolution est donc d'affirmer l'autonomie de la volonté des parties dans le choix de la loi applicable à leur contrat».

[1544] Cfr. sobre esse preceito WENGLER, *IPR-Rechtsnormen und Wahl des Vertragsstatuts. Parteiautonomie im Internationalen Privatrecht, insbesondere unter der Rom-Kon-*

462 *Da Responsabilidade Pré-Contratual em Direito Internacional Privado*

ver, a pressupor que a locução «lei estrangeira» constante deste preceito deve interpretar-se no sentido de lei estrangeira relativamente ao país com que a situação *sub judice* possui todas as suas conexões e não no de lei estrangeira perante o Estado do foro: tal nos parece, efectivamente, a única interpretação condizente com a *ratio* do preceito.)

Por disposições imperativas hão-de entender-se, neste contexto, as disposições insusceptíveis de serem derrogadas por mero efeito da vontade das partes. Nos casos em apreço a Convenção apenas permite, pois, que a liberdade de escolha da lei aplicável se exerça relativamente às matérias que são disciplinadas por normas supletivas na única ordem jurídica a que a situação se encontra ligada. Quanto às demais matérias a competência dessa ordem jurídica acha-se subtraída à disponibilidade dos interessados. É este o caso da maior parte das normas que disciplinam os pressupostos do direito à reparação dos danos causados *in contrahendo, maxime* aquelas que fixam o conteúdo da relação pré-contratual, impondo às partes determinadas acções ou proscrevendo-lhes certas condutas nos preliminares e na conclusão dos contratos. Tais normas não podem, pois, ser afastadas pelas partes sempre que a relação pré-contratual se ache localizada num único país, mediante a escolha da lei de um país diverso. Outro tanto deve dizer-se das normas que estabelecem o direito à indemnização dos referidos danos, constantes de ordenamentos que proíbem a renúncia antecipada ao mesmo: tal proibição não pode evidentemente ser torneada nas situações exclusivamente conectadas com um desses ordenamentos, mediante a estipulação da aplicabilidade de uma lei que admita as cláusulas de irresponsabilidade. Como imperativas devem ainda considerar-se, para os efeitos do art. 3.°, n.° 3, da Convenção de Roma, as normas que disciplinam a limitação contratual da responsabilidade civil[1545].

Estreitamente ligada à questão anterior acha-se a do objecto possível da escolha das partes. Cuida-se a este propósito, em especial, de saber se tal escolha pode recair sobre um Direito não estadual ou sobre um «não-Direito». É esta uma das questões mais controvertidas na doutrina dos últimos decénios a respeito do princípio da autonomia da vontade em Direito Internacional Privado. Sobre ela nos debruçámos já noutros luga-

---

vention vom 19.6.1980, pp. 13 s., e LAGARDE, «Les limites objectives de la Convention de Rome (conflits de lois, primauté du droit communautaire, rapports avec les autres conventions)», *RDIPP* 1993, pp. 33 ss. (p. 35).

[1545] Ver sobre o ponto *supra*, § 6.°.

res[1546]. Só por si merecedora de um estudo monográfico, não podemos retomá-la aqui[1547]. Refira-se, no entanto, que o disposto no art. 3.° da Convenção de Roma em nada parece opor-se a que a relevância que reconhecemos aos usos do comércio internacional como elementos de interpretação e integração dos contratos se estenda à disciplina dos preliminares e da formação destes.

85. A aplicabilidade das normas da lei escolhida encontra-se ainda sujeita aos limites gerais relativos à aplicação da lei competente[1548], bem como aos que resultam de regras de conflitos especiais atinentes a contratos celebrados por certas categorias de sujeitos, aos contratos de adesão e a certos tipos contratuais.

Estão neste caso as regras constantes dos arts. 5.°, n.° 2, e 6.°, n.° 1, da Convenção de Roma, por força das quais a *electio iuris* não pode ter como consequência privar o consumidor e o trabalhador da protecção que lhes garantem as disposições imperativas da lei supletivamente aplicável ao contrato (desde, evidentemente, que essa protecção seja superior à que a lei escolhida confere aos mesmos sujeitos).

Observe-se que na delimitação do conceito de consumidor para os efeitos do primeiro daqueles preceitos há que atender à função do contrato: consumidor é, nos termos do n.° 1 do art. 5.°, apenas aquele que celebra um contrato cujo objecto é o fornecimento de bens móveis corpóreos ou de serviços «para uma finalidade que pode considerar-se estranha à sua actividade profissional» ou um contrato destinado ao financiamento desse fornecimento[1549]. É ainda necessário, a fim de que seja aplicável a lei

---

[1546] Cfr. o est. cit. *supra*, pp. 134 ss.; «L'évolution récente du droit de l'arbitrage au Portugal», *Rev. arb.* 1991, pp. 419 ss. (pp. 436 ss.); e «Applicable Law in Voluntary Arbitrations in Portugal», *ICLQ* 1995, pp. 179 ss. (pp. 188 ss.).

[1547] *Vide* sobre ela, na doutrina nacional publicada posteriormente ao nosso mencionado estudo: MOURA RAMOS, ob. cit., pp. 495 ss.; MAGALHÃES COLLAÇO, est. cit., pp. 62 s.; MARQUES DOS SANTOS, *As normas de aplicação imediata no DIP*, vol. I, pp. 656 ss.; LIMA PINHEIRO, *Contrato de empreendimento comum (joint venture) em DIP*, pp. 561 ss. e 703 ss.; *idem*, «Venda marítima internacional», *BFDB* 1998, pp. 173 ss. (pp. 176 ss.); *idem, DIP. Parte especial*, pp. 172 ss. Reveste também interesse para o esclarecimento do problema o estudo inédito de Isabel de OLIVEIRA VAZ, *Direito Internacional Público e lex mercatoria na disciplina dos contratos internacionais*. Na doutrina estrangeira atente-se em especial nas reflexões de WENGLER, ob. cit., pp. 15 ss.

[1548] Cfr. adiante, capítulos VIII e IX.

[1549] O preceito retoma, assim, uma definição formulada em termos semelhantes no art. 13.° da Convenção de Bruxelas. Na sua interpretação há-de por isso tomar-se em con-

464 Da Responsabilidade Pré-Contratual em Direito Internacional Privado

designada pelo n.° 2 do art. 5.°, que se verifique alguma das circunstâncias nele previstas[1550] e que o contrato não corresponda a qualquer das categorias mencionadas no n.° 4 do mesmo artigo[1551].

Uma técnica semelhante à daqueles preceitos da Convenção de Roma foi adoptada entre nós no art. 38.° do D.L. n.° 178/86, de 3 de Julho, que regulamenta o contrato de agência ou representação comercial, nos termos do qual só será aplicável legislação diversa da portuguesa aos contratos deste tipo que se desenvolvam exclusiva ou preponderantemente em terri-

---

sideração a jurisprudência do Tribunal de Justiça da Comunidade Europeia a respeito desta última disposição. O Tribunal pronunciou-se no acórdão de 3 de Julho de 1997, *Francesco Benincasa c. Dentalkit Srl*, *CJTJ* 1997, I, pp. 3767 ss., no sentido de que o conceito de consumidor constante do art. 13.° da Convenção de Bruxelas deve ser interpretado de forma restritiva e de que, por conseguinte, «só os contratos celebrados com o objectivo de satisfazer as próprias necessidades de consumo privado de um indivíduo ficam sob a alçada das disposições que protegem o consumidor enquanto parte considerada economicamente mais débil» (loc. cit., p. 3795). Consequentemente, o Tribunal decidiu que um demandante que celebrou um contrato de franquia «com vista ao exercício de uma actividade profissional não actual mas futura não pode ser considerado como consumidor» para os efeitos daquela disposição (*ibidem*, p. 3799). Para uma caracterização dos conceitos de consumidor e de negócio jurídico de consumo consultem-se ainda, na doutrina portuguesa, FERREIRA DE ALMEIDA, *Os direitos dos consumidores*, pp. 203 ss.; *idem*, «Negócio jurídico de consumo. Caracterização, fundamentação e regime jurídico», *BMJ* 347, pp. 11 ss. (pp. 15 ss.); e SOUSA RIBEIRO, *O problema do contrato*, pp. 477 ss.

[1550] São elas: ter a celebração do contrato sido precedida nesse país de uma proposta especialmente dirigida ao consumidor ou de anúncio publicitário e ter o consumidor executado nesse país todos os actos necessários à celebração do contrato; ter o co-contratante do consumidor recebido o «pedido» deste — *rectius*, a sua declaração negocial — nesse país; ou, consistindo o contrato numa venda de mercadorias, ter-se o consumidor deslocado do país da sua residência habitual a um outro país e ter feito aí a sua declaração, desde que a viagem haja sido organizada pelo vendedor com o objectivo de incitar o consumidor a comprar. Tem-se, assim, fundamentalmente em vista, como refere MARTINY, o consumidor «passivo»: cfr. «Europäisches Internationales Vertragsrecht — Erosion der Römischen Konvention?», *ZEuP* 1997, pp. 107 ss. (p. 121).

[1551] A saber: o contrato de transporte (excepto quando este compreenda prestações de alojamento: art. 5.°, n.° 5) e o contrato de prestação de serviços, quando estes últimos sejam devidos ao consumidor em país diferente daquele em que o mesmo tem a sua residência habitual. Acham-se também excluídos do âmbito do art. 5.°, por força do disposto no art. 1.°, n.° 3, da Convenção, os contratos de seguro que cubram riscos situados nos territórios dos Estados membros da Comunidade Europeia. O art. 5.° é, porém, aplicável aos contratos de seguro concluídos por consumidores se os riscos por eles cobertos se situarem fora daqueles territórios: cfr. neste sentido Florbela PIRES, «Da lei aplicável ao contrato de seguro», *Revista Jurídica* 1995-96, pp. 259 ss. (pp. 285 ss.), KROPHOLLER, *IPR*, p. 436, e JUNKER, *IPR*, p. 362.

tório nacional, no que respeita ao regime da sua cessação, se a mesma se revelar mais vantajosa para o agente; bem como no art. 321.°, n.° 3, do Código dos Valores Mobiliários, por força do qual a aplicação do Direito competente para regular os contratos de intermediação financeira celebrados com investidores não institucionais residentes em Portugal, para execução de operações em Portugal, não pode ter como consequência privar o investidor da protecção assegurada pelas disposições do mesmo Código relativas ao exercício da actividade de intermediação financeira e aos contratos de intermediação.

Visa-se deste modo assegurar às referidas categorias de contraentes um mínimo de protecção, que não pode ser preterido por efeito da escolha do Direito aplicável ao contrato. A aplicação das disposições imperativas das leis mencionadas naqueles preceitos — *maxime* a da residência habitual do consumidor e a do lugar onde o trabalhador presta habitualmente o seu trabalho — tem lugar, quando for outra a lei escolhida, sempre que as mesmas consagrem em benefício dos sujeitos referidos um grau de protecção mais elevado do que aquele que decorre do estatuto contratual e se verifique com o país de que dimanam a conexão por elas exigida; o que pressupõe um labor comparativo prévio à aplicação da regra de conflitos, a empreender pelo julgador em face das circunstâncias do caso concreto[1552].

No domínio que aqui nos ocupa, há-de esse labor incidir em especial sobre os pressupostos e o conteúdo da responsabilidade por danos causados nos preliminares e na conclusão dos contratos à face das leis em presença. Dentre as disposições dessas leis que disciplinem a matéria deve o julgador atribuir primazia àquelas que no caso *sub judice* melhor tutelem a formação da vontade negocial dos mencionados sujeitos contratuais — *v.g.* através da imposição de deveres pré-contratuais de informação e esclarecimento — e lhes reconheçam em termos mais amplos o direito ao ressarcimento daqueles danos.

[1552] Reconhece-o, pelo que respeita ao art. 5.° da Convenção, JAYME, «Les contrats conclus par les consommateurs et la Convention de Rome sur la loi applicable aux obligations contractuelles», *in Droit international et droit communautaire*, pp. 77 ss. (p. 82). Em sentido crítico relativamente à solução consignada naquele primeiro preceito pronuncia-se FIRSCHING, «Übereinkommen über das auf vertragliche Schuldverhältnisse anzuwendende Recht (IPR-VertragsÜ) vom 11.6.1980», *IPRax* 1981, pp. 37 ss. (p. 41), que invoca, além das dificuldades de aplicação dos preceitos em causa, que «no domínio dos conflitos de leis não devem em princípio ter qualquer influência momentos materiais»; mas a objecção funda-se, salvo o devido respeito, numa petição de princípio.

466 *Da Responsabilidade Pré-Contratual em Direito Internacional Privado*

Suponha-se, por exemplo, que *A*, residente habitualmente em Dusseldórfia, é aí contactado por telefone por *B*, corretor sedeado em Londres, que o persuade a realizar, por seu intermédio, um vultuoso investimento na bolsa desta última cidade. O contrato celebrado para o efeito entre as partes é submetido, por estipulação expressa, ao Direito inglês. *A* perde nesse negócio quase todo o valor investido. Não obstante a escolha da lei inglesa, *B* responde pelo prejuízo sofrido por *A*, por culpa na formação do contrato, se tiver faltado ao cumprimento das normas do Direito alemão que impõem aos intermediários de operações a termo na bolsa (*Börsentermingeschäfte*) a obrigação de informar os seus clientes por escrito, completa e eficazmente, dos riscos inerentes a este tipo de negócios[1553].

Outra ordem de limitações à aplicação da lei escolhida pelas partes é a que resulta do disposto no art. 23.º do D.L. n.º 446/85, de 25 de Outubro, que institui o regime jurídico das cláusulas contratuais gerais[1554] e no n.º 7 do art. 60.º do D.L. n.º 275/93, de 5 de Agosto, que aprova o regime jurídico da habitação periódica[1555].

Trata-se de regras de conflitos consagradas em diplomas legais que visam dar cumprimento ao disposto em directivas da Comunidade Europeia[1556] e que, por conseguinte, têm primazia sobre as regras da Convenção de Roma nos termos do art. 20.º desta.

Em virtude da primeira dessas regras, sempre que o contrato celebrado por adesão apresente uma «conexão estreita» com o território português aplicam-se, independentemente da lei escolhida pelas partes a fim de regulá-lo, as proibições de certas cláusulas contratuais gerais nas relações com consumidores finais (ou outras que não hajam sido estabelecidas entre empresários ou entidades equiparadas), constantes da secção III do

---

[1553] Assim decidiu, aplicando o art. 29 da EGBGB, o *Oberlandesgericht Düsseldorf* em sentença de 14 de Janeiro de 1994, *RIW* 1994, pp. 420 s.

[1554] Sucessivamente alterado pelo D.L. n.º 220/95, de 31 de Agosto, e pelo D.L. n.º 249/99, de 7 de Julho. Note-se que por força deste último diploma o preceito citado no texto passou a aplicar-se também às cláusulas «inseridas em contratos individualizados, mas cujo conteúdo previamente elaborado o destinatário não pode influenciar»: cfr. o novo n.º 2 do art. 1.º do regime jurídico em apreço.

[1555] Aditado pelo art. 1.º do D.L. n.º 180/99, de 22 de Maio.

[1556] Respectivamente, a Directiva n.º 93/13/CEE do Conselho, de 5 de Abril de 1993, relativa às cláusulas abusivas nos contratos celebrados com os consumidores (*in* JOCE n.º L 95, de 21 de Abril de 1993, pp. 29 ss.), e a Directiva n.º 94/47/CE do Parlamento Europeu e do Conselho, de 26 de Outubro de 1994, relativa à protecção dos adquirentes quanto a certos aspectos dos contratos de aquisição de um direito de utilização a tempo parcial de bens imóveis (*in JOCE* n.º L 280, de 29 de Outubro de 1994, pp. 83 ss.).

capítulo V desse diploma; se o contrato apresentar uma tal conexão com o território de outro Estado membro da Comunidade Europeia, aplicam-se as normas correspondentes desse Estado, desde que o Direito local assim o determine.

Na concretização, para este efeito, do conceito de «conexão estreita» há que atender às regras de conflitos da Convenção de Roma[1557]. Deve, assim, ter-se por verificada essa conexão com o território do Estado membro da Comunidade cuja lei for designada na espécie decidenda pelos arts. 4.º ou 5.º da Convenção.

A aplicação das disposições da lei deste Estado acha-se, em todo o caso, subordinada à condição implícita de o nível de protecção por ela conferida ao aderente a cláusulas contratuais gerais ser superior à que lhe é proporcionada pela lei escolhida[1558].

Por força da segunda das regras de conflitos mencionadas, os contratos relativos a direitos de habitação periódica em empreendimentos turísticos sitos em Portugal acham-se sujeitos às disposições do diploma legal que a

---

[1557] Cfr. JAYME-KOHLER, «L'interaction des règles de conflit contenues dans le droit dérivé de la Communauté européenne et des conventions de Bruxelles et de Rome», *RCDIP* 1995, pp. 1 ss. (p. 20). Os autores invocam neste sentido um «princípio de conciliação» entre as regras de conflitos constantes do Direito Comunitário derivado e as das convenções de Bruxelas e de Roma, o qual, no seu entender, deve nortear a interpretação das primeiras atenta a unidade funcional existente entre esses complexos normativos (*ibidem*, p. 16).

[1558] Depõe neste sentido o art. 6.º, n.º 2, da mencionada Directiva n.º 93/13/CEE, que o preceito em apreço visa transpor para a ordem jurídica interna, o qual se limita a prever que «[o]s Estados-membros tomarão as medidas necessárias para que o consumidor não seja privado da protecção concedida pela presente directiva pelo facto de ter sido escolhido o direito de um país terceiro como direito aplicável ao contrato, desde que o contrato apresente uma relação estreita com o território dos Estados-membros» (pode ver-se uma disposição de teor praticamente idêntico no art. 7.º, n.º 2, da Directiva n.º 1999/44/CE do Parlamento Europeu e do Conselho, de 25 de Maio de 1999, relativa a certos aspectos da venda de bens de consumo e das garantias a ela relativas, *in JOCE* n.º L 171, de 7 de Julho de 1999, pp. 12 ss.); e também o preâmbulo do D.L. n.º 249/99, de 7 de Julho, que fundamenta naquela Directiva a nova redacção dada ao art. 23.º e reconhece que o escopo precípuo da limitação por ela imposta à autonomia privada consiste em «assegurar uma protecção mínima aos consumidores». No sentido do texto pronunciava-se já, perante a redacção anterior do preceito, Almeno de SÁ, *Cláusulas contratuais gerais e directiva sobre cláusulas abusivas*, p. 94. Ver ainda sobre a transposição da referida Directiva para o Direito português MOURA RAMOS, «Remarques sur les développements récents du droit international privé portugais en matière de protection des consommateurs», *in E Pluribus Unum*, pp. 235 ss. (pp. 246 ss.).

468   *Da Responsabilidade Pré-Contratual em Direito Internacional Privado*

contém «qualquer que seja o lugar e a forma da sua celebração». Este limite à aplicação da lei competente opera quer a mesma tenha sido escolhida pelas partes quer seja determinada através de uma conexão subsidiária[1559].

A evolução recente do princípio da autonomia da vontade em Direito Internacional Privado é, assim, marcada por duas tendências de sinal inverso: por um lado, o referido alargamento da faculdade de as partes escolherem a lei aplicável a novas matérias, das quais ela se achava tradicionalmente excluída; por outro, a imposição de significativas restrições ao exercício dessa faculdade no domínio onde a mesma foi originariamente reconhecida — o das obrigações voluntárias —, que se aproximam em alguns casos da sua completa supressão (ao menos enquanto referência conflitual à lei designada pelas partes[1560]).

Esta evolução acompanha de perto, como é bom de ver, a sorte da autonomia privada no Direito material dos Estados sociais contemporâneos[1561].

[1559] É o que resulta da interpretação do preceito em questão à luz do art. 9.º da Directiva n.º 94/47/CE, que o D.L. n.º 180/99 de 22 de Maio, visou transpor para a ordem jurídica interna. Nele se dispõe: «Os Estados-membros tomarão as medidas necessárias para que, independentemente da lei aplicável, o adquirente não seja privado da protecção instituída pela presente directiva, se o bem imóvel estiver situado no território de um Estado-membro». Ver ainda sobre a regra examinada no texto *infra*, § 36.º.

[1560] Sobre este conceito e a sua distinção relativamente ao de referência material à lei escolhida veja-se o nosso *Da arbitragem comercial internacional*, p. 108, e a bibliografia aí mencionada.

[1561] Por isso se nos afigura imerecido o apodo de «artificiais» com que JUNKER crismou os limites impostos à autonomia da vontade pelas disposições da Lei de Introdução ao Código Civil alemão correspondentes às mencionadas regras da Convenção de Roma: cfr. «Die freie Rechtswahl und ihre Grenzen — Zur veränderten Rolle der Parteiautonomie im Schuldvertragsrecht», *IPRax* 1993, pp. 1 ss. (p. 9).

§ 24.º
Da lei supletivamente aplicável

86. Na falta de escolha pelas partes da lei aplicável valem, no âmbito da Convenção de Roma, os critérios de determinação dessa lei consignados nos respectivos arts. 4.º, 5.º, n.º 3, e 6.º, n.º 2.

Entre eles sobressaem a cláusula geral de aplicação da lei do país com que o contrato apresente a conexão mais estreita, consagrada no n.º 1 do art. 4.º[1562], e a «presunção», constante do n.º 2 do mesmo preceito, de que o contrato possui essa conexão com o país onde o devedor da prestação característica tem, no momento da celebração do contrato, a sua residência habitual, administração central ou estabelecimento[1563].

Importa, antes de mais, precisar o alcance desta última disposição.

Em nosso modo de ver, ela assume na economia da Convenção um carácter duplamente supletivo. Isto porque em virtude do disposto no n.º 5 do mesmo artigo o julgador não está dispensado de determinar a lei aplicável de acordo com a directriz individualizadora ali traçada, indagando se resulta do conjunto das circunstâncias que «o contrato apresenta uma conexão mais estreita com outro país». Sempre que assim aconteça, diz o mesmo preceito, a dita presunção «não será admitida». Só se concluir pela negativa (*v.g.* por os factores de conexão usualmente relevantes no Direito Internacional Privado apontarem para leis diferentes) há-de o julgador fazer actuar uma das conexões do n.º 2.

[1562] A qual constitui a expressão normativa do método, gizado pela jurisprudência inglesa, que consiste em submeter o contrato à sua *proper law*: reconhece-o mesmo um dos mais acerbos críticos da Convenção e da sua incorporação no Direito inglês: F. A. MANN, «The Proper Law of the Contract — An Obituary», *LQR* 1991, p. 353.

[1563] Solução originária da Suíça, onde a sua elaboração doutrinal se deve em particular a SCHNITZER: cfr. *Handbuch des internationalen Privatrechts*, vol. I, pp. 52 ss., e vol. II, pp. 639 ss., e «Les contrats internationaux en DIP suisse», *Rec. cours*, vol. 123 (1968-I), pp. 541 ss., especialmente p. 595. Acha-se hoje consagrada no art. 117, n.º 2, da lei federal suíça de Direito Internacional Privado.

470 *Da Responsabilidade Pré-Contratual em Direito Internacional Privado*

Dos factos a que alude esta disposição[1564] — mormente a circunstância de o devedor da prestação característica ter a sua residência habitual, a sua administração central ou o seu estabelecimento em certo país — não deduz, pois, a Convenção, sem mais, aquilo a que o n.° 1 liga a aplicabilidade de certa lei: a existência entre o contrato e o dito país da «conexão mais estreita»; antes requer do julgador, a fim de que possam operar essas conexões, a apreciação suplementar referida no segundo período do n.° 5[1565].

Aquele preceito não consagra, pois, uma verdadeira presunção legal: a Convenção não dá como assente, verificados que estejam os factos a que alude o n.° 2 do art. 4.°, que o contrato possui a sua conexão mais estreita com os países nele referidos, antes mantém intacta, por força do disposto no n.° 5, a liberdade de apreciação do julgador quanto à determinação dessa conexão.

Nem, de resto, poderia ser de outro modo, visto que a conexão mais estreita não é um facto susceptível de prova, mas antes um conceito indeterminado cujo preenchimento envolve um juízo de valor.

Por outro lado, nenhuma máxima da experiência permite supor com razoável grau de probabilidade serem os países referidos no n.° 2 aqueles com que o contrato possui a conexão mais estreita. Relativamente a certos tipos contratuais é mesmo a ilação oposta que deve tirar-se dos factos em presença. Pense-se, por exemplo, na situação, bastante comum, da empreitada de construção civil executada no país onde reside habitualmente ou onde tem a sua administração central o dono da obra, mas não o empreiteiro: *prima facie* é com aquele país, e não com o da residência habitual ou

---

[1564] Que, note-se, não são puros factos materiais, mas a resultante de uma valoração jurídica.

[1565] Que essa apreciação deve ser levada a efeito oficiosamente, e não apenas se uma das partes tentar ilidir as «presunções» a que aludem os n.°s 2 a 4 do art. 4.°, é o que se infere tanto da redacção do n.° 5 como do relatório elaborado pelos autores do projecto da Convenção (cfr. GIULIANO-LAGARDE, «Rapport concernant la convention sur la loi applicable aux obligations contractuelles», *JOCE* n.° C 282, de 31 de Outubro de 1980, pp. 1 ss., n. 7 ao art. 4.°). Aí se lê, com efeito, que: «La disposition de l'article 4 paragraphe 5 laisse évidemment au juge une certaine marge d'appréciation quant à la présence, dans chaque cas d'espèce, de l'ensemble des circonstances qui justifient la non-application des présomptions des paragraphes 2, 3 et 4. Mais il s'agit là de l'inévitable contrepartie d'une règle de conflit à caractère général, destinée à s'appliquer à presque toutes les catégories de contrats». Cfr. ainda o acórdão da *Cour d'appel* de Versalhes, de 6 de Fevereiro de 1991, *Clunet* 1991, pp. 705 ss., e *RCDIP* 1991, pp. 745 ss.

administração central do empreiteiro, que o contrato tem a sua conexão mais estreita.

O n.º 2 do art. 4.º limita-se pois, em nosso modo de ver, a consagrar uma concretização possível, não vinculativa, do conceito de conexão mais estreita, que o n.º 1 do mesmo preceito acolhe como critério geral de determinação da lei aplicável na falta de escolha das partes[1566]. Essa concretização apenas opera verificados que estejam dois requisitos: a ocorrência de uma das situações de facto nele referidas e a inexistência no caso concreto, segundo o prudente arbítrio do julgador, de uma conexão mais estreita entre o contrato e outro país. Destas, só a primeira deverá ser provada por aquele a quem a solução legal aproveita, uma vez que a segunda importa uma valoração a efectuar pelo julgador em face do conjunto das circunstâncias do caso decidendo, que não é redutível a um simples facto susceptível de prova.

À dita concretização da conexão mais estreita pode, de todo o modo, opor-se a parte contra quem a mesma for invocada, demonstrando que, não obstante a verificação dos factos mencionados no n.º 2, é com outro país, que não aqueles a que se refere esse preceito, que o contrato possui a sua conexão mais estreita. É o que sucede, por exemplo, nas hipóteses em que a prestação característica do contrato é oferecida, aceite e devida em país diverso daquele em que o respectivo devedor tem a sua residência habitual ou administração central. Em semelhante caso é sem dúvida naquele primeiro país que a transacção se efectuou e é com ele que o contrato tem a sua conexão mais estreita. No sentido da aplicação das disposições aí vigentes que fixam os direitos do credor em caso de incumprimento da prestação e que impõem a sua realização coactiva depõem, além do mais, o interesse social na segurança das transacções jurídicas efectuadas no mercado em que tais disposições vigoram e a natural expectativa do credor na aplicação dessas disposições.

Contra uma suposição mais ou menos generalizada, o n.º 5 do art. 4.º não tem, assim, a natureza de mera «cláusula de excepção»[1567]: a inter-

---

[1566] Em sentido próximo, refere NORTH a respeito do n.º 2 do art. 4.º que «the significance of the presumption will be essentially that the place of the characteristic performance will simply act as the starting point in determining the law applicable to a contract in the absence of choice by the parties»: cfr. «Reform, but not Revolution», *Rec. cours*, vol. 220 (1990-I), pp. 9 ss. (p. 187).

[1567] É, no entanto, essa a opinião expendida por LAGARDE, «Le nouveau DIP des contrats après l'entrée en vigueur de la Convention de Rome du 19 juin 1980», *RCDIP* 1991, pp. 287 ss. (p. 310); MOURA RAMOS, *Da lei aplicável ao contrato de trabalho inter-*

472   *Da Responsabilidade Pré-Contratual em Direito Internacional Privado*

venção desta pressupõe, na verdade, «a existência e o funcionamento efectivo de uma norma de conflitos de leis, *maxime* de tipo clássico e de carácter rígido»[1568], e não é seguramente esse, à luz do que se expôs, o caso do n.º 2 do art. 4.º.

Poderá duvidar-se do sentido útil do n.º 2 do art. 4.º, interpretado nos termos acima propostos[1569]. Supomos, no entanto, que esse preceito conserva, mesmo no quadro dessa interpretação, inegável interesse: ele for-

---

nacional, pp. 405 s.; *idem*, «Les clauses d'exception en matière de conflits de lois et de conflits de juridictions — Portugal», *in Das relações privadas internacionais*, pp. 295 ss. (pp. 300 s.); AUDIT, *DIP*, p. 80, n. 1; *Erman-*HOHLOCH, Art. 28 EGBGB, n.m. 17, pp. 2546 s.; CAMPIGLIO, «Prime applicazioni della clausola d'eccezione "europea" in materia contrattuale», *RDIPP* 1992, pp. 241 ss.; KEGEL, *IPR*, p. 233, KROPHOLLER, *IPR*, pp. 415 e 419; FIRSCHING-VON HOFFMANN, *IPR*, p. 396; CALVO CARAVACA-CARRASCOSA GONZÁLEZ, «El Convenio de Roma Sobre la Ley Aplicable a las Obligaciones Contractuales de 19 de Junio de 1980», *in Contratos internacionales*, pp. 41 ss. (p. 99); MARTINY, «Europäisches Internationales Vertragsrecht — Erosion der Römischen Konvention?», *ZeuP* 1997, pp. 107 ss. (p. 118); *Münchener Kommentar-*MARTINY, Art. 28 EGBGB, n.m. 91 s., p. 1587; e Geraldo da CRUZ ALMEIDA, *Convenção de Roma*, pp. 47 e 55. No sentido do texto vejam-se, entre nós, Maria Helena BRITO, «Os contratos bancários e a Convenção de Roma de 19 de Junho de 1980 Sobre a Lei Aplicável às Obrigações Contratuais», *Revista da Banca* 1993, pp. 75 ss. (p. 101); Eugénia GALVÃO TELES, «A prestação característica: um novo conceito para determinar a lei subsidiariamente aplicável aos contratos internacionais. O artigo 4.º da Convenção de Roma sobre a Lei Aplicável às Obrigações Contratuais», *Dir.* 1995, pp. 71 ss. (p. 150); e LIMA PINHEIRO, *Contrato de empreendimento comum (joint venture) em DIP*, p. 852; *idem*, *DIP. Parte especial*, p. 182. Na doutrina estrangeira podem consultar-se no mesmo sentido: FRIGO, «La determinazione della legge applicabile in mancanza di scelta dei contraenti e le norme imperative della Convenzione di Roma», *in La Convenzione di Roma sul Diritto applicabile ai contratti internazionali*, pp. 17 ss. (pp. 25 s.); e MOSCONI, *Diritto internazionale privato e processuale. Parte generale e contratti*, p. 175.

[1568] *Sic*, MARQUES DOS SANTOS, *As normas de aplicação imediata no DIP*, vol. I, p. 401, n. 1312.

[1569] Exprimem semelhante dúvida, por exemplo, Werner LORENZ, «Vom alten zum neuen internationalen Schuldvertragsrecht», *IPRax* 1987, pp. 269 ss. (p. 274); PATOCCHI, «Characteristic Performance: a New Myth in the Conflict of Laws», *in Études Lalive*, pp. 113 ss. (pp. 131 ss.); KAYE, *The New Private International Law of Contract of the European Community*, pp. 187 ss.; HORLACHER, «The Rome Convention and the German Paradigm: Forecasting the Demise of the European Convention on the Law Applicable to Contractual Obligations», *Cornell I.L.J.* 1994, pp. 173 ss. (p. 187). As críticas dirigidas por estes autores ao preceito em apreço assentam, no entanto, numa interpretação inteiramente diversa da que sustentamos no texto. Assim, por exemplo, KAYE, ob. cit., 186 ss., pensa que a segunda parte do n.º 5 do art. 4.º trata exclusivamente da refutação das «presunções» dos n.ºs 2 e 4; ao passo que a nosso ver não é deste modo que o preceito deve ser entendido, pelos motivos referidos no texto.

Da Lei Aplicável à Responsabilidade Pré-Contratual

nece aos tribunais dos Estados contratantes da Convenção indicações importantes sobre a aplicação do disposto no n.° 1, sem todavia coarctar a sua liberdade de apreciação das hipóteses concretas que lhes sejam submetidas para julgamento[1570]. Concilia-se assim a exigência de previsibilidade das soluções jurídicas com a flexibilidade que uma regra de conflitos válida para a generalidade dos contratos inevitavelmente reclama.

O que se afirmou a propósito da interpretação do n.° 2 do art. 4.° vale, *mutatis mutandis*, a propósito dos n.°s 3 e 4 do mesmo artigo.

87. Vejamos agora qual o fundamento jurídico-político do critério da prestação característica como modo de selecção da lei aplicável às obrigações contratuais (e eventualmente pré-contratuais).

Liminarmente, cumpre frisar que se nos afigura passível de reparo o argumento, que alguns autores aduzem a favor desse critério, conforme o qual este permitiria «conectar o contrato com o meio sócio-económico no qual o mesmo irá inserir-se»[1571]. Achando-se os contratos internacionais *ex rerum natura* conexos com diferentes meios sócio-económicos — pois que é da sua essência implicarem «uma transferência de valores de país para país»[1572] — não é legítimo, sem incorrer em petição de princípio, ter por mais significativos os vínculos que os unem à economia do país de que provêm os bens, serviços ou capitais transaccionados do que com aqueles que os ligam ao país de destino desses bens, serviços ou capitais. Pelo contrário: ambas as prestações debitórias que o contrato coloca a cargo das partes são indispensáveis à realização da sua função económica, pelo que têm, sob este ponto de vista, idêntico relevo.

Certo, é a prestação característica (nos casos em que possa ser determinada) que confere ao contrato o seu perfil próprio, permitindo diferenciá-lo dos demais e reconduzi-lo a certo tipo legal ou social. Pretender deduzir daí a solução do problema da lei aplicável às obrigações emergentes do contrato, mediante a sua sujeição à lei que vigora no país da residência habitual, da administração central ou do estabelecimento da parte a

---

[1570] De uma regra de conflitos «semi-aberta» se poderá, assim, falar a propósito do art. 4.° da Convenção de Roma, como sugere DE BOER, «The EEC Contracts Convention and the Dutch Courts. A Methodological Perspective», *RabelsZ* 1990, pp. 24 ss. (pp. 46, 50 e 62).

[1571] Cfr. GIULIANO-LAGARDE, «Rapport», cit., n. 3 ao art. 4.° da Convenção. Na mesma ordem de ideias pronunciava-se já anteriormente SCHNITZER, «Les contrats internationaux en DIP suisse», cit., pp. 578 e 632.

[1572] Assim MAGALHÃES COLLAÇO, *Da compra e venda em DIP*, vol. I, p. 85.

474   *Da Responsabilidade Pré-Contratual em Direito Internacional Privado*

que incumbe realizar aquela prestação, representa contudo uma manifesta inversão metodológica. Eis aqui também por que dissemos acima, quando nos ocupámos *ex professo* desse ponto, não poder ver-se no n.° 2 do art. 4.° da Convenção de Roma qualquer presunção legal.

Quanto a nós, é noutro plano — o dos interesses e valores em presença — que há-de buscar-se a justificação da primazia dada à lei do devedor da prestação característica.

Entre estes avultam a certeza do Direito e a segurança das transacções jurídicas, que são indubitavelmente favorecidas pela fixação em regras de conflitos legislativas de elementos de conexão que permitam às partes e a terceiros prever (ainda que em medida limitada) a lei que será aplicada ao contrato, em vez de se atribuir ao julgador a incumbência de determiná-la segundo o seu prudente arbítrio, à luz das circunstâncias do caso concreto.

O critério da prestação característica visa, além disso, satisfazer o interesse das partes em que a definição dos seus deveres primários e secundários de prestação, bem como da responsabilidade inerente ao seu incumprimento, se faça à luz da lei que lhes for mais familiar ou cujo conhecimento implique menor dispêndio de recursos; e, quando a prestação em causa for oferecida no exercício de uma actividade empresarial ou profissional, na uniformidade da regulamentação jurídica das transacções em que intervenham (inclusive pelo que respeita à definição das limitações a que se encontra sujeita a sua liberdade de actuação nos preliminares dos contratos).

Não pode, com efeito, desconhecer-se que a diversidade dos Direitos representa para aqueles que exercem uma actividade empresarial ou profissional transcendendo as fronteiras de um Estado, ao menos em potência, um custo adicional e um factor de risco, pelo acréscimo de responsabilidade que a mesma pode implicar.

O aludido interesse não pode, todavia, ser atendido em termos de igualdade absoluta sem se proceder a um *dépeçage* subjectivo na disciplina das obrigações contratuais, que seria contrário à desejável unidade dessa disciplina. Sucede que é geralmente o devedor da prestação característica a parte que, tanto no contrato como nos preliminares dele, maior número de disposições legais tem de cumprir e que por conseguinte mais prejudicada sairia com a aplicação da lei da outra parte. Parece, pois, justo à luz de um critério de igualdade relativa, que atenda à posição que as partes ocupam nas relações privadas internacionais e à necessidade de distribuir equitativamente entre elas os riscos e os encargos inerentes à averi-

Da Lei Aplicável à Responsabilidade Pré-Contratual   475

guação do conteúdo do Direito competente e à sua efectiva aplicação a essas relações, dar prioridade ao interesse do devedor da prestação característica na aplicação às questões em apreço da lei do país da sua residência habitual, da sua administração central ou do seu estabelecimento[1573].

Por outro lado, uma vez que o devedor da prestação característica se acha em condições de incorporar no preço dos seus bens ou serviços o acréscimo de encargos que eventualmente suporte com o conhecimento do Direito estrangeiro, bem como com os prémios dos seguros que efectue para fazer face à sua responsabilidade profissional segundo o Direito vigente nos mercados estrangeiros em que ofereça esses bens ou serviços, repercutindo-os sobre o conjunto dos seus co-contratantes, é a aplicação da sua lei, em princípio, a solução mais condizente com a redução do custo das transacções[1574], que a integração económica em alguma medida visa possibilitar[1575].

A aplicabilidade da lei designada nos termos do n.° 2 do art. 4.° da Convenção de Roma é ainda conforme ao princípio da confiança[1576]: no tocante ao devedor da prestação característica, porque sendo ele, por via de regra, um profissional de certo ramo da actividade económica, a aplicação da lei do país onde tem sedeada essa actividade (a cujo Direito se encontrará normalmente sujeito o respectivo exercício) corresponde à sua natural expectativa; quanto ao credor daquela prestação, porque devia contar, ao dirigir-se a um profissional estabelecido no estrangeiro, com a aplicação de uma lei que lhe é estranha.

[1573] Neste sentido aduz ainda KEGEL o que designa por «princípio do mínimo incómodo» («*Prinzip der geringsten Störung*»): cfr. *IPR*, p. 490.

[1574] A conclusões próximas chega GUNST, examinando o problema sob outro ângulo. Para o autor, a eficiência económica reclama que os custos inerentes à determinação do conteúdo do Direito aplicável sejam suportados pela parte que estiver em condições de fazê-lo com menor dispêndio de recursos; e esta é geralmente, em seu entender, o credor da prestação característica, que, ao dirigir-se a um fornecedor de bens ou serviços estabelecido num mercado estrangeiro, calcula e assume os riscos inerentes à aplicação do Direito local: cfr. *Die charakteristische Leistung*, especialmente pp. 138 s., 159, 164, 169 e 227 ss. Ver ainda no sentido do texto SIEHR, «Ökonomische Analyse des Internationalen Privatrechts», *in FS Firsching*, pp. 269 ss. (p. 283).

[1575] Não podemos, por isso, subscrever a opinião expressa por Jessurun D'OLIVEIRA, «"Characteristic Obligation" In The Draft EEC Obligation Convention», *AJCL* 1977, pp. 303 ss. (p. 328), conforme a qual a ideia de mercado comum se acha em conflito com a doutrina da prestação característica.

[1576] Admite-o LAGARDE, «Le nouveau DIP des contrats après l'entrée en vigueur de la Convention de Rome du 19 juin 1980», *RCDIP* 1991, pp. 287 ss. (p. 308), que escreve: «Cette localisation répond aussi à l'attente légitime des parties».

Exceptuam-se ao exposto as hipóteses em que o credor da prestação característica é um consumidor, às quais nos referiremos adiante.

88. Suscita-se agora a questão de saber se a referida presunção também deve valer na fixação da lei aplicável à responsabilidade pré-contratual. O problema comporta duas vertentes.

Antes de mais, importa apurar se o critério da prestação característica é susceptível de concretização nas hipóteses em apreço[1577]. A este quesito não temos a menor dúvida em responder afirmativamente, desde que por tal se entenda a prestação característica do contrato visado pelas partes e não da relação pré-contratual autonomamente considerada: sendo esta última integrada tão-só por deveres secundários de prestação, que vinculam por igual ambas as partes, não se afigura possível determinar a respeito dela uma prestação característica. Naturalmente que nas hipóteses de rompimento das negociações a aplicação do art. 4.º, n.º 2, da Convenção de Roma à determinação da lei aplicável à responsabilidade pré-contratual dele emergente pressupõe que se tome como momento relevante para a determinação da residência habitual da parte incumbida de realizar a prestação característica não o da celebração do contrato, conforme se dispõe naquele preceito, mas, por exemplo, o termo das negociações.

A segunda vertente do problema posto contende com a adequação do critério da prestação característica à determinação da lei aplicável à responsabilidade pré-contratual. Contra esta solução pode objectar-se que ela importa a localização da relação *sub judice* por recurso a um elemento de facto que lhe é extrínseco. Mas este argumento parece-nos improcedente. Tendo o contrato visado nas negociações sido efectivamente celebrado, a aplicação da mesma lei à determinação dos deveres primários de prestação que definem o tipo da relação contratual assim constituída, dos deveres de conduta que integram a relação jurídica de negociações que a precede e da responsabilidade pelo seu incumprimento garante a unidade da disciplina jurídica instituída para estas matérias, evitando-se as antinomias normativas que potencialmente adviriam da aplicação de leis diferentes a cada uma delas[1578].

[1577] Nega-o entre nós, no caso de rompimento de negociações, NASCIMENTO TEIXEIRA, «A questão da protecção dos consumidores nos contratos plurilocalizados», *ROA* 1994, pp. 181 ss. (p. 259).

[1578] Cfr. *infra*, §§ 27.º e 28.º.

A sujeição dos deveres pré-contratuais de conduta à lei reguladora do contrato constitui aliás um reflexo, no plano do Direito de Conflitos, da sua integração numa relação obrigacional complexa, em que pontificam os deveres primários de prestação que lhe imprimem carácter, e da sua natureza acessória relativamente a estes últimos[1579].

De resto, a solução em apreço possui analogia com a que decorre do art. 10.°, n.° 1, alínea *c*), da Convenção, que submete à lei do contrato as consequências do seu incumprimento: também neste caso a definição do conteúdo de uma obrigação — o dever de indemnizar por incumprimento, sucedâneo do dever de prestação incumprido — é cometida à lei reguladora de outra obrigação, com ela conexa; o que parece inteiramente conforme com o facto de o «centro de gravidade» da relação obrigacional ser o dever de prestação que a caracteriza.

Por onde se vê que a tese da distinção entre o dever de prestar e o dever de indemnizar pela violação de um dever de prestação e da correlativa unidade das responsabilidades contratual e extracontratual, a que aludimos atrás[1580], não triunfou no Direito vigente entre nós. Ao adoptarem os mesmos factores de conexão e de competência jurisdicional para a obrigação de indemnizar consequente ao incumprimento de uma obrigação contratual e para definir o conteúdo e os efeitos desta última, do mesmo passo que consagram soluções que não são extensivas à responsabilidade extracontratual, o art. 10.°, n.° 1, alínea *c*), da Convenção de Roma e os arts. 41.° e 42.° do Código Civil[1581] — assim como o art. 74.°, n.° 1, do Código de Processo Civil e o art. 5.°, n.° 1, das Convenções de Bruxelas e de Lugano — revelam, na verdade, que a aludida concepção não logrou

---

[1579] A submissão de certas questões ou relações jurídicas à lei reguladora e ao tribunal competente para apreciar outras questões ou relações com as quais as primeiras formam um todo unitário e que em certo sentido as absorvem é um expediente amplamente utilizado no Direito Internacional Privado contemporâneo, *maxime* pelo que respeita aos demais aspectos da formação dos negócios jurídicos: cfr. os arts. 35.°, n.° 1, do Código Civil e 8.°, n.° 1, da Convenção de Roma. Retomaremos esta questão adiante, no § 26.°.

[1580] *Supra*, § 6.°.

[1581] Estas disposições apenas se referem, literalmente, às «obrigações provenientes de negócio jurídico», deixando aparentemente de fora a obrigação de indemnizar por incumprimento dessas obrigações, cuja fonte não é o negócio jurídico, mas a lei. Como, porém, nenhuma outra regra de conflitos se refere a esta matéria (o art. 45.° apenas se reporta à responsabilidade extracontratual e seria totalmente inapropriado aplicá-lo à responsabilidade contratual), devem esses preceitos ser interpretados no sentido de que compreendem também aquela obrigação legal (de resto, como todas as demais que configurem deveres acessórios de conduta integrados na relação obrigacional).

478 *Da Responsabilidade Pré-Contratual em Direito Internacional Privado*

afirmar-se no plano do Direito Internacional Privado; o que apenas se explica porque, de um lado, o dever de prestar e o dever de indemnizar pela sua violação se dirigem a fins e visam a realização de interesses idênticos e, de outro, os interesses e valores que subjazem às duas formas de responsabilidade civil são diversos. O exposto corrobora ainda o que dissemos atrás acerca das relações entre o Direito Internacional Privado e o Direito material[1582].

Não chegando a ser celebrado o contrato visado pelas partes, a relação obrigacional reduz-se aos deveres pré-contratuais de informação, esclarecimento e lealdade. A sua sujeição à lei do país da residência habitual, da sede ou do estabelecimento da parte a que caberia a prestação característica do contrato projectado pode suscitar aqui maiores reservas, sobretudo quando as negociações hajam sido conduzidas noutro país, por aparentemente essa lei não possuir a conexão mais estreita com aquela relação. Mas parece que faria pouco sentido serem as obrigações pré-contratuais das partes regidas por leis diferentes — e por conseguinte terem alcance diverso — consoante o contrato fosse ou não concluído[1583]. Por outro lado, a existência e o conteúdo do dever pré-contratual de advertir a contraparte quanto aos riscos de não conclusão do contrato, tal como o âmbito do dano indemnizável em virtude do seu incumprimento, não são alheios ao conteúdo e à natureza do contrato visado nas negociações. Pelo contrário: a diligência exigível aos negociadores tenderá a ser tanto maior quanto mais vultuosos forem os interesses envolvidos e mais complexos se revelarem os mecanismos através dos quais a contratação se efectiva. Pode também invocar-se no sentido da aplicação da lei que presumivelmente regularia o contrato nos termos do art. 4.°, n.° 2, da Convenção o lugar paralelo do art. 8.°, n.° 1, do mesmo texto, que sujeita à hipotética *lex contractus* a questão da sua existência e validade substancial.

89. Os critérios de fixação da lei supletivamente aplicável até aqui examinados foram gizados para os contratos em que se pressupõe existir uma certa paridade no poder negocial de que dispõe cada uma das partes.

[1582] Cfr. *supra*, §§ 3.° e 5.°.

[1583] Por isso se nos afigura insatisfatória a solução proposta por FISCHER (cfr. «Culpa in contrahendo im IPR», *JZ* 1991, pp. 168 ss., p. 172), segundo a qual toda a responsabilidade pré-contratual emergente do rompimento de negociações haveria de ser submetida não à virtual *lex contractus*, mas antes à lei vigente no mercado onde as negociações tiveram lugar.

Nas hipóteses em que falte esse pressuposto valem, segundo o Direito de Conflitos vigente, certas regras especiais, em que cumpre agora atentar.

Tratando-se de contrato celebrado ou a celebrar por consumidor, a lei aplicável à responsabilidade pré-contratual dele emergente na falta de escolha pelas partes é, nos termos do n.° 3 do art. 5.° da Convenção de Roma, a do país em que o consumidor tiver a sua residência habitual, verificada que esteja qualquer das circunstâncias referidas no n.° 2 do mesmo artigo[1584].

Deste modo se dá satisfação, no plano dos conflitos de leis, ao desiderato, que atrás incluímos entre os objectivos norteadores da disciplina material dos preliminares e da conclusão dos contratos, de proteger a parte mais fraca na relação pré-contratual. Na verdade, a sujeição desta relação, sem quaisquer reservas, à lei do país da residência habitual, da administração central ou do estabelecimento do devedor da prestação característica, nos termos anteriormente examinados, sacrificaria de modo injusto a posição daquela parte, pois que faria recair sistematicamente sobre ela as despesas e os incómodos inerentes à averiguação do conteúdo do Direito aplicável.

A regra de conflitos em apreço reflecte, pois, a relevância que contemporaneamente vêm assumindo as finalidades de índole institucional na disciplina das relações entre privados.

Outro tanto pode dizer-se do disposto no art. 6.° da Convenção[1585], que limita a autonomia privada em termos análogos ao art. 5.° e fixa a lei supletivamente aplicável ao contrato individual de trabalho, submetendo-o à lei do lugar da respectiva execução, salvo quando o contrato não for habitualmente executado no mesmo país — caso em que será em princípio aplicável a lei do país em que estiver situado o estabelecimento que contratou o trabalhador[1586].

[1584] Cfr. *supra*, § 23.°.

[1585] Cfr. sobre essa disposição, na doutrina portuguesa, MOURA RAMOS, *Da lei aplicável ao contrato de trabalho internacional*, pp. 904 ss.; *idem*, «Contratos Internacionais e Protecção da Parte Mais Fraca no Sistema Jurídico Português», *in Contratos: actualidade e evolução*, pp. 331 ss. (pp. 348 s.); *idem*, «El contrato individual de trabajo», *in Contratos internacionales*, pp. 1883 ss. (pp. 1894 ss.); *idem*, «O contrato individual de trabalho em Direito Internacional Privado», *in Juris et de jure. Nos vinte anos da Faculdade de Direito da Universidade Católica Portuguesa — Porto*, pp. 41 ss. (pp. 64 ss.); e Geraldo da CRUZ ALMEIDA, *Convenção de Roma*, pp. 58 ss.

[1586] Se, porém, o trabalhador exercer as suas actividades profissionais, de acordo com o contrato de trabalho, em mais do que um país, mas tiver centralizado num deles

480   *Da Responsabilidade Pré-Contratual em Direito Internacional Privado*

Em matéria de responsabilidade pré-contratual emergente do rompimento das negociações preparatórias de um contrato individual de trabalho parece-nos, todavia, de duvidosa viabilidade e justificação a competência daquela primeira lei. À uma, porque as partes podem não ter chegado a definir o *locus laboris*, caso em que esse elemento de conexão não é susceptível de concretização. Depois, porque tenderá a ser fraca a conexão da relação pré-contratual com esse lugar sempre que o mesmo não coincida com o da sede ou da residência habitual de qualquer das partes.

Quando assim suceda, haverá lugar ao funcionamento da cláusula de excepção consagrada na parte final do mesmo preceito, nos termos da qual sempre que «resulte do conjunto das circunstâncias que o contrato de trabalho apresenta uma conexão mais estreita com um outro país» é aplicável a lei deste último.

---

essas actividades (*v.g.*, por aí dispor de um escritório a partir do qual organiza as suas actividades por conta da entidade patronal e aonde regressa após cada viagem ao estrangeiro por razões profissionais), será esse o país onde o trabalhador presta habitualmente o seu trabalho para os efeitos do art. 6.°, n.° 2, alínea *a*), da Convenção de Roma.

Esta hipótese foi versada no acórdão do Tribunal de Justiça da Comunidade Europeia de 9 de Janeiro de 1997, *Petrus Wilhelmus Rutten c. Cross Medical Ltd.*, CJTJ 1997, I, pp. 57 ss., em que aquela instância interpretou o art. 5.°, n.° 1, da Convenção de Bruxelas (que atribui competência, em matéria de contrato individual de trabalho, ao tribunal do lugar onde o trabalhador efectua habitualmente o seu trabalho) no sentido de que «o lugar em que o trabalhador efectua habitualmente o seu trabalho, na acepção desta disposição, é aquele em que o trabalhador estabeleceu o centro efectivo das suas actividades» (loc. cit., p. 79).

Já anteriormente, no acórdão proferido em 13 de Julho de 1993, *Mulox IBC Ltd. c. Hendrick Geels*, CJTJ 1993, I, pp. 4075 ss. (numa acção a que, note-se, não era aplicável a nova redacção dada ao art. 5.°, n.° 1, da Convenção de Bruxelas pela Convenção relativa à adesão da Espanha e de Portugal, de 1989), o Tribunal de Justiça havia interpretado aquele preceito da Convenção de Bruxelas no sentido de que «na hipótese de um contrato de trabalho, em cumprimento do qual o assalariado exerce as suas actividades em mais de um Estado contratante, o lugar onde a obrigação que caracteriza o contrato foi ou deve ser cumprida, no sentido desta disposição, é aquele onde ou a partir do qual o trabalhador cumpre principalmente as suas obrigações para com a entidade patronal» (loc. cit., pp. 4106 s.).

§ 25.°
Da lei do lugar do facto

90. O princípio fundamental da responsabilidade civil é, como vimos, o *casum sentit dominus*: só existe o dever de reparar um dano causado a outrem se o mesmo exceder, à luz das concepções dominantes, o que é pertinente aos riscos próprios da vida em comunidade. A aplicação à responsabilidade civil da lei do lugar onde ocorreu o facto que lhe dá origem revela-se, nesta medida, consentânea com o fundamento geral do instituto.

É, além disso, um dado da experiência que as pessoas tendem a contar com a aplicação aos seus actos da lei do lugar onde os praticam, sendo por isso a competência da *lex loci* conforme às suas expectativas. Como as regras da responsabilidade civil desempenham, segundo apurámos, a função de delimitar os tipos de situações em que a causação de danos a terceiros é susceptível de constituir o seu autor no dever de repará-los, assegurando-lhe reflexamente uma determinada esfera de livre actuação, segue-se que a competência daquela lei é igualmente reclamada pela protecção devida às legítimas expectativas do agente[1587].

Também a segurança do tráfico jurídico e a confiança dos que nele intervêm na possibilidade de agirem sem serem vítimas de agressões contra a sua pessoa e património, assim como na lealdade das transacções, que as normas da responsabilidade civil visam de igual modo tutelar, supõe a aplicação dessas normas no território onde vigoram ou em cujo mercado aquelas transacções se destinam a produzir os seus efeitos.

A competência da lei territorial em matéria de responsabilidade extracontratual é ainda conforme ao interesse dos Estados em impedir a ocorrência no seu território de factos susceptíveis de a originarem, por

---

[1587] Cfr. neste sentido KAHN-FREUND, «Delictual Liability and the Conflict of Laws», *Rec. cours*, vol. 124 (1968-II), pp. 1 ss. (pp. 43 s.). Pode ver-se um reconhecimento explícito desta ideia nos trabalhos preparatórios da reforma do Direito inglês em matéria de responsabilidade extracontratual: cfr. THE LAW COMMISSION AND THE SCOTTISH LAW COMMISSION, *Private International Law. Choice of Law in Tort and Delict*, p. 10.

482   *Da Responsabilidade Pré-Contratual em Direito Internacional Privado*

forma a evitarem os custos sociais deles decorrentes, a salvaguardarem a sua própria autoridade e a assegurarem a paz social e o regular funcionamento e transparência dos mercados, de que depende a eficiência da economia. A idêntica conclusão se chegará tendo presente que a medida em que se admite a imputação de danos patrimoniais contende com a livre iniciativa privada e portanto com o próprio sistema económico.

O interesse em assegurar a distribuição do dano por certa colectividade ou grupo de pessoas, que as regras relativas à responsabilidade objectiva, ao seguro obrigatório de responsabilidade civil e à segurança social geralmente pretendem satisfazer, depõe no mesmo sentido.

Todas estas razões persuadem à aplicação da *lex loci delicti commissi*[1588]; e é realmente o lugar do facto danoso que vigora entre nós, nos termos do art. 45.º, n.ºs 1 e 2, do Código Civil, como critério geral de determinação da lei reguladora da responsabilidade extracontratual. Consagram a mesma solução vários sistemas jurídicos estrangeiros e textos de Direito convencional[1589].

[1588] Não podemos, por isso, acompanhar um autor como DE BOER, que pretende deduzir da função predominantemente compensatória da responsabilidade civil nos Direitos contemporâneos a aplicação neste domínio da lei do domicílio da vítima: cfr. *Beyond Lex Loci Delicti*, p. 497.

[1589] Em França a aplicabilidade da *lex loci delicti commissi* foi expressamente afirmada pela Cassação no acórdão *Lautour*, proferido em 1948 (*in* ANCEL-LEQUETTE, *Grands arrêts de la jurisprudence française de DIP*, pp. 145 ss.), e corresponde à jurisprudência constante daquele tribunal (cfr. BATIFFOL-LAGARDE, *DIP*, vol. II, pp. 237 ss., LOUSSOUARN-BOUREL, *DIP*, pp. 455 ss., AUDIT, *DIP*, pp. 160 e 639, e MAYER, *DIP*, p. 440; no sentido, porém, de que o art. 3, n.º 1, do Código Civil francês reclama a aplicação sistemática da *lex fori* em matéria de responsabilidade extracontratual pronunciam-se MAZEAUD-CHABAS, *Traité théorique et pratique de la responsabilité civile délictuelle et contractuelle*, t. III, pp. 513 ss.).

Dentre os textos legislativos mais recentes que consagram a mesma solução mencionem-se a lei suíça de Direito Internacional Privado, de 1987, que prevê no art. 133, n.º 2: «Lorsque l'auteur et le lésé n'ont pas de résidence habituelle dans le même Etat, ces prétentions [*scl.*, as pretensões fundadas em acto ilícito] sont régies par le droit de l'Etat dans lequel l'acte illicite a été commis. Toutefois, si le résultat s'est produit dans un autre Etat, le droit de cet Etat est applicable si l'auteur devait prévoir que le résult s'y produirait»; a lei de reforma do sistema italiano de Direito Internacional Privado, de 1995, cujo art. 62, n.º 1, dispõe: «La responsabilità per fatto illecito è regolata dalla legge dello Stato in cui si è verificato l'evento. Tuttavia il danneggiato può chiedere l'applicazione della legge dello Stato in cui si è verificato il fatto che ha causato il danno»; e a Lei de Introdução ao Código Civil alemão, alterada pela Lei de 21 de Maio de 1999, que estabelece, no art. 40, n.º 1: «Ansprüche aus unerlaubter Handlung unterliegen dem Recht des Staates, in dem der Ersatzpflichtige gehandelt hat. Der Verletzte kann verlangen, dass anstelle dieses Rechts -

91. À luz do exposto, a aplicação da lei do lugar do facto às violações de deveres pré-contratuais de conduta revela-se apropriada sempre

das Recht des Staates angewandt wird, in dem der Erfolg eingetreten ist. Das Bestimmungsrecht kann nur im ersten Rechtszug bis zum Ende des früheren ersten Termins oder dem Ende des schriftlichen Vorverfahrens ausgeübt werden». Em Inglaterra a dita regra foi acolhida na secção 11 (1) do *Private International Law (Miscellaneous Provisions) Act 1995*, segundo a qual: «The general rule is that the applicable law is the law of the country in which the events constituting the tort or delict in question occur» (cfr. KAYE, «Recent Developments in the English Private International Law of Tort», *IPRax* 1995, pp. 406 ss., pp. 408 s.; MORSE, «Torts in Private International Law: A New Statutory Framework», *ICLQ* 1996, pp. 888 ss; CARTER, «The Private International Law (Miscellaneous Provisions) Act 1995», *LQR* 1996, pp. 190 ss.; JAFFEY-CLARKSON-HILL, *Jaffey on the Conflict of Laws*, pp. 256 ss.; e CHESHIRE-NORTH-FAWCETT, *Private International Law*, p. 629 s.). Nos Estados Unidos o § 146 do segundo *Restatement* sobre os conflitos de leis dispõe: «In an action for a personal injury, the local law of the state where the injury occurred determines the rights and liabilities of the parties, unless, with respect to the particular issue, some other state has a more significant relationship under the principles stated in § 6 to the occurrence and the parties, in which event the local law of the other state will be applied».

Prevêem igualmente a aplicação da lei do lugar do facto: o art. 3 da Convenção Sobre a Lei Aplicável em Matéria de Acidentes de Circulação Rodoviária, concluída na Haia em 1971 («La loi applicable est la loi interne de l'Etat sur le territoire duquel l'accident est survenu»); e, sob certas condições, o art. 4 da Convenção Sobre a Lei Aplicável à Responsabilidade por Produtos, concluída na Haia em 1973 («La loi applicable est la loi interne de l'Etat sur le territoire duquel le fait dommageable s'est produit, si cet Etat est aussi: *a)* l'Etat de la résidence de la personne directemment lésée, ou *b)* l'Etat de l'établissement principal de la personne dont la responsabilité est invoquée, ou *c)* l'Etat sur le territoire duquel le produit a été acquis par la personne directement lésée»). Ambas as convenções foram assinadas, mas não ratificadas, por Portugal (cfr. o respectivo texto *in* CONFÉRENCE DE LA HAYE DE DROIT INTERNATIONAL PRIVÉ, *Recueil des Conventions*, pp. 142 ss. e 192 ss.).

Também o art. 10.°, primeiro parágrafo, do Anteprojecto de Convenção das Comunidades Europeias Sobre a Lei Aplicável às Obrigações Contratuais e Extracontratuais dispunha: «Les obligations non contractuelles dérivant d'un fait dommageable sont régies par la loi du pays où ce fait s'est produit» (*in* LANDO-VON HOFFMANN-SIEHR, *European Private International Law of Obligations*, pp. 220 ss.; tradução portuguesa, por FERRER CORREIA e Maria Isabel JALLES, *in RDE* 1975, pp. 137 ss.). A proposta de uma Convenção Europeia Sobre a Lei Aplicável às Obrigações Não Contratuais, de 1998, prevê, no n.° 1 do seu art. 3: «L'obligation non contractuelle dérivant d'un fait dommageable est régie par la loi du pays avec lequel elle présente les liens les plus étroits»; e acrescenta, no n.° 3, do mesmo artigo: «Lorsque l'auteur du fait dommageable et la personne lésée ont leur résidence dans des pays différents au moment du fait dommageable, il est présumé que l'obligation présente les liens les plus étroits avec le pays dans lequel le fait générateur et le dommage se sont produits ou menacent se produire».

Para uma descrição pormenorizada das consagrações da *lex loci delicti commissi* na História e no Direito Comparado, *vide* HOHLOCH, *Das Deliktsstatut*, pp. 7 ss.

484 Da Responsabilidade Pré-Contratual em Direito Internacional Privado

que estas sejam susceptíveis de causar a perturbação e os custos sociais que as normas locais visam prevenir e reprimir através da imposição de tais deveres e da cominação de responsabilidade pelos danos desse modo causados a outrem.

É esse o caso das normas que prevêem deveres pré-contratuais de protecção e de cuidado quanto à pessoa e aos bens da contraparte[1590] e também das que estabelecem deveres de informação e de lealdade que visem primordialmente assegurar a segurança e a facilidade do tráfico jurídico local, cuja violação se repercute necessariamente na esfera colectiva.

A conexão territorial é também conforme às disposições do Direito interno que imponham uma responsabilidade objectiva por violações de direitos absolutos ocorridas *in contrahendo*, pois que as mesmas visam uma imputação do dano segundo critérios de justiça distributiva, i. é, de igualdade relativa entre os membros da comunidade local.

92. A determinação em concreto do lugar «onde decorreu a principal actividade causadora do prejuízo» ou «onde o responsável deveria ter agido», que o art. 45.º, n.º 1, consagra como conexões relevantes, suscita, no entanto, algumas dificuldades sempre que a conduta lesiva se traduza em actos ou omissões cuja localização espacial não possa ser determinada por recurso aos dados de facto da hipótese *sub judice*, antes pressuponha a intervenção de normas legais. É o caso da prestação de informações falsas ou erradas nos preliminares dos contratos, da omissão de informações devidas à contraparte e do rompimento de negociações entre ausentes.

Importa averiguar a este respeito, antes de mais, qual a ordem jurídica a que deve recorrer-se para concretizar os elementos de conexão consagrados pela referida regra de conflitos. Duas hipóteses se nos oferecem: o recurso às potenciais *leges causae* e a aplicação das normas materiais da *lex fori*. Ora a concretização *lege causae* destes elementos de conexão, se bem que em teoria possível, lançaria sobre o julgador o ónus de averiguar à face das regras materiais dos vários ordenamentos jurídicos em presença se a actividade ou a omissão em causa devem ter-se por ocorridas nos respectivos territórios; e obrigá-lo-ia ainda, sempre que mais de um ou nenhum desses ordenamentos considerem o elemento de conexão em causa con-

---

[1590] No sentido da aplicação do estatuto delitual a essas situações *vide* BERNSTEIN, «Kollisionsrechtliche Fragen der culpa in contrahendo», *RabelsZ* 1977, pp. 281 ss. (p. 287); FISCHER, «Culpa in contrahendo im IPR», *JZ* 1991, pp. 168 ss. (p. 173); FRICK, *Culpa in contrahendo*, pp. 190 ss.

cretizado no seu território, a resolver os conflitos positivos ou negativos desse modo surgidos — o que tornaria a aplicação da regra de conflitos em causa excessivamente complexa. Parece-nos, por isso, preferível pedir à *lex fori* a determinação do conteúdo concreto dos elementos de conexão em referência (tal como sucede em relação à fixação do lugar da celebração para os efeitos do disposto no art. 42.°, n.° 2, do Código Civil[1591]).

Suscita-se assim o problema de saber quais as normas da ordem jurídica portuguesa aplicáveis para o efeito. A fim de determiná-las, há que ter presente que os conceitos designativos dos referidos elementos de conexão (salvo, evidentemente, no que toca à responsabilidade por omissão) aludem a actos jurídicos (que não a negócios jurídicos, porque, ainda que voluntários, os seus efeitos não têm de ser queridos ou previstos pelos seus autores, antes se produzem *ex lege*); e que, quanto a estes, valem, na medida em que a analogia das situações o justifique, as disposições relativas ao negócio jurídico, *maxime* as que regem a declaração negocial[1592]. Ora, as declarações negociais recipiendas — de que se aproximam os actos de prestação de informações e esclarecimentos nos preliminares dos contratos bem como o rompimento de negociações —, como se dirigem a alguém, não são eficazes pela sua simples emissão; antes pressupõem a sua recepção ou conhecimento pelo destinatário[1593]. Pelo que os actos de prestação de informações falsas ou erradas, bem como aqueles em que se consubstancie a ruptura de um processo negocial, devem ter-se por praticados, para os efeitos do art. 45.°, n.° 1, do Código Civil, no momento em que e no lugar onde são recebidos ou conhecidos pela contraparte[1594].

[1591] Neste sentido se pronunciava já MAGALHÃES COLLAÇO na vigência do Direito anterior ao Código de 66: cfr., da autora, *Da compra e venda em DIP*, vol. I, p. 238, e *DIP*, vol. II, p. 266. Sobre o problema perante o art. 42.° do novo Código ver *DIP. Sistema de normas de conflitos portuguesas*, título III, *Das obrigações voluntárias* (apontamentos das lições proferidas pela Prof.ª MAGALHÃES COLLAÇO elaborados pela aluna Maria Célia RAMOS), p. 58.

[1592] Cfr. o art. 295.° do Código Civil.

[1593] Cfr. o art. 224.°, n.° 1, do Código Civil.

[1594] Cfr. em sentido fundamentalmente coincidente a *opinion* de Lorde DENNING no caso *Diamond v. Bank of London & Montreal*, (1979) 1 *All E.R.* 561, julgado em 1978 pelo *Court of Appeal* inglês, que descrevemos *supra*, § 1.°. Aí se lê: «In the case of fraudulent misrepresentation it seems to me that the tort is committed at the place where the representation is received and acted on, and not the place from which it was sent. Logically, it seems to me, the same applies to a negligent misrepresentation by telephone or by telex». Analogamente, no caso *Murphy v. Erwin Wasey Inc.*, julgado pelo *United States Court of Appeals for the 1st Circuit* em 26 de Maio de 1972, 460 *F. 2d* 661, o tribunal declarou:

486 Da Responsabilidade Pré-Contratual em Direito Internacional Privado

Pode ocorrer uma dissociação entre o lugar da conduta ou da omissão causadora de um dano e aquele onde se produziu o correspondente resultado. É o que sucede, por exemplo, quando certa informação falsa ou errónea determinante da celebração de um negócio ruinoso para uma das partes é prestada em certo país, mas o negócio e os actos de disposição patrimonial a ele inerentes são praticados noutro país. Nestas hipóteses o facto complexo que constitui pressuposto da obrigação de indemnizar produziu-se, em rigor, nos dois lugares. Cabe então perguntar se devem ser tomados em consideração ambos ou um só desses lugares — e neste último caso qual — a fim de se determinar a lei aplicável à responsabilidade extracontratual do agente.

A esta questão responde entre nós o n.° 2 do art. 45.° do Código Civil, que manda aplicar a lei vigente no Estado onde se produziu o efeito lesivo, i. é, em nosso modo de ver, aquele onde ocorreu a lesão do bem jurídico protegido através da norma delitual[1595]. Para tanto é todavia necessário que se verifiquem cumulativamente duas condições: ser o agente responsável à face dessa lei e não perante a do lugar da sua actividade, e ter o mesmo sujeito o dever de prever a produção do dano naquele país como consequência do seu acto ou omissão[1596].

Visa-se deste modo tutelar o ofendido[1597], cuja confiança seria injustamente defraudada se a sua pretensão indemnizatória fosse julgada

---

«Where a defendant knowingly sends into a state a false statement, intending that it should there be relied upon to the injury of a resident of that state, he has, for jurisdictional purposes, acted within that state».

[1595] Daqui pode resultar, pelo que respeita aos danos físicos duradouros, a aplicabilidade da lei do país da residência habitual do lesado.

[1596] Soluções próximas acham-se consagradas no art. 133, n.° 2, da lei suíça de Direito Internacional Privado (cit. *supra*, na nota 1589) e no art. 139, n.° 1, da mesma lei (que estabelece: «Les prétentions fondées sur une atteinte à la personalité par les médias, notament par voie de la presse, de la radio, de la télévision ou de tout autre moyen public d'information, sont régies, au choix du lésé: a. Par le droit de l'Etat où le lésé a sa résidence habituelle, pour autant que l'auteur du dommage ait dû s'attendre à ce que le résultat se produise dans cet Etat; b. Par le droit de l'Etat où l'auteur de l'atteinte a son établissement ou a sa résidence habituelle, ou c. Par le droit de l'Etat dans lequel le résultat de l'atteinte se produit, pour autant que l'auteur du dommage ait dû s'attendre à ce que le résultat se produise dans cet Etat »). Na mesma linha de orientação dispõe o art. 3126 do Código Civil do Quebeque: «L'obligation de réparer le préjudice causé à autrui est régie par la loi de l'État où le fait générateur du préjudice est survenu. Toutefois, si le préjudice est apparu dans un autre État, la loi de cet État s'applique si l'auteur devait prévoir que le préjudice s'y manifesterait».

[1597] Assim também BAPTISTA MACHADO, *Lições de DIP*, p. 371, e MOURA RAMOS, *Da lei aplicável ao contrato de trabalho internacional*, p. 377, n. 19.

Da Lei Aplicável à Responsabilidade Pré-Contratual   487

improcedente por a lei do país da conduta não a acolher, embora ela seja reconhecida pela lei do país onde ocorreu o efeito lesivo.

A aplicação da *lex loci injuriae* nas hipóteses em apreço está ainda, segundo alguns, de harmonia com o primado da função reparadora da responsabilidade civil sobre as demais que por ela são prosseguidas nos sistemas jurídicos contemporâneos[1598].

Ela é também conforme com a ideia, que vimos prevalecer no nosso Direito material, segundo a qual aquele que controla, no exercício de uma actividade que exerce em proveito próprio, o risco da produção de danos inerente a essa actividade deve sujeitar-se a um regime mais rigoroso de responsabilidade civil.

Agora pergunta-se: valerá também o disposto no art. 45.º, n.º 2, nos casos de violação dos deveres de conduta *in contrahendo* em que se verifique a referida dissociação entre o lugar da conduta e o do padecimento pelo lesado do efeito lesivo?

Há que distinguir.

Se o prejuízo patrimonial sofrido pelo lesado em certo Estado é consequente a um dano físico ou perda *in natura* por ele padecido noutro Estado em virtude do incumprimento daqueles deveres, é a lei vigente neste último e não naquele que relevará com fundamento no disposto no preceito em apreço[1599]. De outro modo levar-se-ia longe de mais o pensa-

---

[1598] Cfr. EHRENZWEIG-STRÖMHOLM, «Torts — Introduction», *in IECL*, vol. III, *Private International Law*, cap. 31, p. 5; HOHLOCH, *Das Deliktstatut*, p. 242; LÉGIER, anotação ao ac. da Cassação francesa de 8 de Fevereiro de 1983, *Clunet* 1984, pp. 126 ss. (p. 132); e MAYER, *DIP*, p. 445.

[1599] Neste mesmo sentido pronunciou-se o Tribunal de Justiça das Comunidades Europeias, a respeito do art. 5.º, n.º 3, da Convenção de Bruxelas de 1968, em acórdão de 19 de Setembro de 1995, no caso *Antonio Marinari c. Lloyd's Bank plc. e Zubaidi Trading Company*, *in CJTJ* 1995, vol. I, pp. 2719 ss. A mesma jurisdição havia decidido, em acórdão de 30 de Novembro de 1976, no caso *Bier c. Mines de Potasse d'Alsace*, *in CJTJ* 1976, pp. 1735 ss. (respeitante a uma situação de poluição transfronteiriça da qual era alegadamente responsável uma empresa estabelecida em França em prejuízo de um horticultor domiciliado nos Países-Baixos), que a expressão «lugar onde ocorreu o facto danoso», que aquele preceito consagra como factor de competência internacional, deve ser entendida no sentido de que «se refere tanto ao lugar onde o prejuízo se verificou como ao do evento causal», pelo que o autor pode optar entre o tribunal do lugar do facto e o do dano para demandar o agente. Esta orientação foi reiterada no acórdão proferido pelo Tribunal em 7 de Março de 1995 no caso *Fiona Shevill e outros c. Presse Alliance SA*, *in CJTJ* 1995, vol. I, pp. 415 ss., em que aquela jurisdição sustentou que «em caso de difamação através de um artigo de imprensa divulgado em vários Estados contratantes [...] a vítima pode inten-

488 Da Responsabilidade Pré-Contratual em Direito Internacional Privado

mento a ele subjacente, pelo excessivo fraccionamento da competência legislativa a que assim se daria azo e pelo carácter meramente acidental que pode revestir o lugar onde sobreveio aquele prejuízo em confronto com os demais elementos da situação.

A questão coloca-se noutros termos nas hipóteses, aliás excepcionais[1600], em que seja de configurar uma responsabilidade delitual por danos patrimoniais puros, i. é, não antecedidos de qualquer dano físico. Entre elas se inclui a responsabilidade pré-contratual emergente da omissão ou da prestação negligente ou dolosa de certas informações. Parece então mais difícil recusar a possibilidade de aplicação da lei do lugar do prejuízo patrimonial. Na realidade, sendo esse prejuízo um dano primário, identificam-se os lugares da lesão e do dano. Por outro lado, a inaplicabilidade do preceito em apreço privaria completamente o lesado da protecção que se visa assegurar-lhe. Ora, uma vez aceito o ressarcimento *ex delicto* daquele prejuízo, não pareceria conforme à unidade da ordem jurídica uma tal discriminação no plano dos conflitos de leis entre o dano primário puramente físico e o dano primário patrimonial. Por isso se nos afigura deverem ter-se por compreendidas no âmbito de competência da lei do «Estado onde se produziu o efeito lesivo» as hipóteses em que aí se situem os interesses patrimoniais protegidos pelas normas delituais[1601].

---

tar uma acção de indemnização contra o editor ou nos órgãos jurisdicionais do Estado contratante do lugar do estabelecimento do editor da publicação difamatória, competentes para reparar a integralidade dos danos resultantes da difamação, ou nos órgãos jurisdicionais de cada Estado contratante em que a publicação foi divulgada e onde a vítima alega ter sofrido um atentado à sua reputação, competentes para conhecer apenas dos danos causados no Estado do tribunal onde a acção foi proposta». No citado acórdão de 19 de Setembro de 1995 o Tribunal veio esclarecer que a mesma expressão deve ser interpretada «no sentido de que não abrange o lugar em que a vítima pretende ter sofrido um prejuízo patrimonial consecutivo a um dano inicial ocorrido e sofrido por ela num outro Estado contratante». Na espécie decidenda o autor reclamava perante tribunal italiano uma indemnização por facto danoso ocorrido em Inglaterra, sustentando que nessa locução se haveria de ter por compreendido não apenas certo resultado físico, mas também a diminuição do património de uma pessoa, a qual no caso se dera em Itália. O TJCE, admitindo embora que o conceito de «lugar onde ocorreu o facto danoso» na acepção do art. 5.º, n.º 3, da Convenção, «pode visar simultaneamente o lugar onde se produziu o dano e o do evento causal», considerou que este conceito não pode todavia ser interpretado de modo extensivo ao ponto de englobar todo e qualquer lugar onde se podem fazer sentir as consequências danosas de um facto que causou já um dano efectivamente ocorrido noutro lugar» (n.º 14).

[1600] Cfr. *supra*, § 6.º.

[1601] Posição análoga é defendida, perante o Direito alemão, por Christian VON BAR, *IPR*, vol. II, p. 482. Nos Estados Unidos a solução preconizada no texto foi acolhida no

Sempre haverá, no entanto, de ter-se por concretamente preenchido o requisito da previsibilidade pelo agente da produção do dano patrimonial no lugar onde o lesado o padeceu; o que não se afigura de fácil demonstração, salvo quando o lugar do dano corresponda ao do mercado onde tem lugar a transacção que o dever pré-contratual de conduta (*v.g.* de informação) se destina a preparar.

Às questões até aqui equacionadas acresce estoutra: será a lei do país do efeito lesivo também aplicável nos casos em que a mesma se revele em concreto mais favorável ao lesado (*v.g.* sob o ponto de vista do montante da indemnização que lhe é devida, dos danos atendíveis na sua fixação, da prescrição do direito à mesma, etc.), não obstante a lei do lugar da conduta considerar o agente responsável?

Parece-nos ser esta, salvo melhor, a solução mais condizente com a teleologia imanente ao preceito, cujo teor literal se afigura demasiado restrito. Pois que diferença substancial existe entre ficar o lesado privado de qualquer indemnização, por isso que a lei do lugar da conduta tem o agente por inimputável ou porque exclui a ressarcibilidade do dano moral por ele causado ou ainda porque o direito de indemnização se encontra prescrito à luz das disposições locais? Ou entre a situação em que a lei do lugar da conduta não considera o agente responsável e aqueloutra em que a mesma lei apenas reconhece ao lesado o direito a uma indemnização de valor irrisório, por exemplo em virtude da imposição de limites máximos que a lei do lugar do efeito lesivo desconhece?

Supomos, por isto, ser mister admitir a extensão do disposto no art. 45.º, n.º 2, aos casos em apreço, por forma a que a finalidade a ele subjacente possa ser efectivamente realizada.

Cabe, por último, perguntar se é de admitir a aplicação da lei do lugar do efeito lesivo, nas condições atrás enunciadas, ainda que o agente não devesse prever a produção de um dano nesse lugar como consequência do

---

caso *Autrey e outros v. Chemtrust Industries Corp.*, julgado pelo *United States District Court D. Delaware* em 1 de Agosto de 1973, 362 *F. Supp.* 1085. Tratava-se aí de uma acção intentada pelos distribuidores de certo produto contra o fabricante deste, com fundamento em *fraudulent misrepresentation*. Os autores reclamavam a indemnização de lucros cessantes e do dano causado à sua imagem e *good will*. O tribunal entendeu que «[w]here the tort involved is misrepresentation, the wrong is deemed to occur where the misrepresentation operated to cause the injury or loss, not where the fraudulent representations were made [...]. Since the business losses suffered by all the plaintifs substantially occurred in Florida, Florida is the place of the alleged tortious wrongs and Florida's substantive law will govern the tort claims [...]» (loc. cit., p. 1090).

seu acto ou omissão. Dito de outro modo: deve preconizar-se a aplicação alternativa, em benefício do lesado, da lei do lugar da conduta e da lei do lugar do efeito lesivo?

A questão assume especial acuidade, como é bom de ver, nos casos — que são a maioria daqueles de que aqui nos ocupamos — em que o efeito lesivo consiste na ofensa de um interesse patrimonial[1602], relativamente aos quais se pode revelar muito difícil ao lesado provar, em face das circunstâncias conhecidas ou reconhecíveis pelo agente, a previsibilidade por parte deste da ocorrência da lesão no país onde o património atingido se situava.

A solução acima referida obteve acolhimento na jurisprudência germânica[1603], bem como numa das disposições relativas a delitos especiais da lei suíça de Direito Internacional Privado[1604], na lei italiana de reforma do sistema de Direito Internacional Privado[1605] e na Lei de Introdução ao

---

[1602] Mas não só: pense-se, por exemplo, nas ofensas de direitos de personalidade praticadas através de meios de comunicação social com difusão internacional ou por via da *Internet*.

[1603] Desde a sentença do *Reichsgericht* de 20 de Novembro de 1888, *RGZ* 23, pp. 305 ss. Discutia-se na espécie a responsabilidade de um comerciante estabelecido em Lyon perante um outro estabelecido em Zurique por uma informação errónea acerca da solvabilidade de um cliente do segundo. A informação fora expedida de Lyon e recebida em Zurique, onde o lesado fornecera, com base nela, mercadorias a crédito que não foram pagas pelo comprador. O Tribunal do Império afirmou a respeito da determinação do *locus delicti*: «Im gegenwärtigen Fall liegt ein einheitliches Delikt vor, dessen Tatbestand sich örtlich an zwei verschiedene Punkte knüpft. Die Ausführung desselben hat in Lyon mit der Abfassung und Absendung des in Rede stehenden Auskunftschreibens begonnen, in Zürich ist dieselbe mit dessen Empfangsnahme vollendet und der Erfolg eingetreten. Es sind daher beide Orte als Orte der Begehung des Delikts anzusehen». O Direito mais favorável ao lesado devia, até à entrada em vigor da reforma da EGBGB de 1999, ser determinado oficiosamente pelo tribunal: cfr. a sentença do BGH de 17 de Março de 1981, *IPRax* 1982, pp. 13 s. *Vide*, para mais referências, HOHLOCH, *Das Deliktstatut*, pp. 104 ss.; Christian VON BAR, «Grundfragen des internationalen Deliktrechts», *JZ* 1985, pp. 961 ss. (p. 964); *idem*, *IPR*, vol. II, pp. 483 s.; ROTHOEFT-ROHE, «Grund und Grenzen der Tatortregel im internationalen Deliktskollisionsrecht», *NJW* 1993, pp. 974 ss. (p. 975); ROHE, *Zu den Geltungsgründe des Deliktsstatuts*, pp. 196 s.; KEGEL, *IPR*, p. 536; Peter HUBER, «Internationales Deliktsrecht und Einheitskaufrecht», *IPRax* 1996, pp. 91 ss. (pp. 92 s.); KROPHOLLER, *IPR*, pp. 459 s.; FIRSCHING-VON HOFFMANN, *IPR*, p. 431; *Palandt*-HELDRICH, art. 38 da EGBGB, n.m. 3, p. 2304.

[1604] Art. 138: «Les prétentions résultant des immissions dommageables provenant d'un immeuble sont régies, au choix du lésé, par le droit de l'Etat dans lequel l'immeuble est situé ou par le droit de l'Etat dans lequel le résultat s'est produit».

[1605] Cfr. o art. 62, n.º 1, cit. *supra*, na nota 1589. Sobre essa disposição consultem-se POCAR, «Le droit des obligations dans le nouveau DIP italien», *RCDIP* 1996, pp. 41 ss. (pp. 60 s.), e BALLARINO, *DIP*, pp. 719 ss.

Código Civil alemão[1606]. Dela parece aproximar-se também a jurisprudência francesa[1607].

Supomos que tal solução não pode ser sustentada, *de jure constituto*, à face do art. 45.°, n.° 2, do Código Civil; mas depõem a favor da sua consagração na lei diversas razões, que se podem enunciar como segue:

A previsibilidade pelo agente do resultado da sua actuação é um elemento que intervém na aferição da existência de culpa do agente, visto que o juízo de censura que esta exprime pressupõe que o mesmo, podendo e devendo prever o facto, devia ter agido de outro modo. Como tal, a previsibilidade do efeito lesivo constitui elemento determinante da responsabilidade nos casos em que a lei aplicável subordina a imputação ético-jurídica desse efeito ao agente à ocorrência de tal requisito. Sempre que assim não suceda — como acontece tratando-se de responsabilidade civil fundada no risco — parece carecer de sentido que a prognose da lesão seja condição da aplicabilidade de uma lei que a dispensa enquanto pressuposto da responsabilidade[1608].

Mas mesmo em certos casos de responsabilidade baseada na culpa parece-nos que o requisito em questão não tem razão de ser. A subordinação da aplicabilidade da lei do lugar do efeito lesivo à previsibilidade pelo agente da ocorrência do resultado da sua actuação nesse lugar visa evitar a aplicação à sua responsabilidade de uma lei com que esse sujeito não

---

[1606] Cfr. o art. 40, n.° 1, reproduzido *supra*, na nota 1589. Observe-se que este preceito substituiu a regra jurisprudencial da aplicação oficiosa da lei mais favorável ao lesado (*Günstigkeitsprinzip*) pela concessão a este sujeito de um direito de opção entre a lei do lugar da conduta e a do lugar do efeito lesivo, a exercer dentro de certos limites temporais. Não sendo exercido esse direito, o tribunal aplica unicamente a primeira destas leis. A nova regra, fundada em razões de índole económica, tem sido objecto de reparo: cfr. SONNENBERGER, «La loi allemande du 21 mai 1999 sur le droit international privé des obligations non contractuelles et des biens», *RCDIP* 1999, pp. 647 ss. (pp. 657 s.).

[1607] A posição da *Cour de Cassation* quanto a este problema reveste-se, no entanto, de alguma ambiguidade. Com efeito, na sentença de 8 de Fevereiro de 1983, *Clunet* 1984, pp. 123 ss., aquele tribunal pronunciou-se no sentido de que «la loi territoriale compétente pour gouverner la responsabilité civile extra-contractuelle est la loi du lieu où le dommage a été réalisé»; mas na sentença de 14 de Janeiro de 1997, *RCDIP* 1997, pp. 504 s., o mesmo tribunal afirmou que «la loi applicable à la responsabilité extra-contractuelle est celle de l'État du lieu où le fait dommageable s'est produit», e acrescentou: «ce lieu s'entend aussi bien de celui du fait générateur du dommage que du lieu de réalisation de ce dernier».

[1608] Exprimem também dúvidas sobre a justificação do requisito de que o art. 45.°, n.° 2, faz depender a aplicação da lei do lugar do efeito lesivo BAPTISTA MACHADO, *Lições de DIP*, p. 371, e LIMA PINHEIRO, *DIP. Parte especial*, p. 228.

podia razoavelmente contar. Ora, havendo dolo do agente, estamos em crer que a eventual expectativa deste quanto à lei aplicável não deve sobrelevar à expectativa oposta da vítima no sentido de que seja aplicada ao ressarcimento do dano a lei do lugar onde se deu a lesão do bem jurídico de que é titular.

Observe-se ainda, a este propósito, que no plano do conflito de jurisdições é a solução da pura alternatividade entre a competência dos tribunais do lugar do prejuízo e os do evento causal que, como já se notou, vigora entre nós no âmbito de aplicação das Convenções de Bruxelas e Lugano, visto que relativamente a elas não vale o aludido requisito da previsibilidade do efeito lesivo no primeiro desses lugares. Por via do reconhecimento automático, ao abrigo das mesmas convenções, de uma decisão proferida pelo tribunal do lugar da lesão que aplique o Direito local pode, assim, o lesado obter o efeito que o art. 45.º, n.º 2, lhe nega ao formular o dito requisito. O alcance deste acha-se hoje, por conseguinte, significativamente diminuído.

93. Resta salientar que os juízos de valor determinantes da eleição da lei do Estado onde se produziu o efeito lesivo são de molde a excluir a sua compatibilidade com o reenvio operado por essa lei para a do país onde decorreu a actividade do agente.

Já acima nos pronunciámos no sentido de que a aceitação do reenvio deve ter-se por sujeita à condição de através dele não se frustrarem os objectivos essenciais que comandam a atribuição de competência à lei designada. Ora afigura-se-nos contrário à teleologia da regra de conflitos que manda atender às normas do *locus injuriae* renunciar à protecção por elas conferida ao lesado apenas porque o Direito aí vigente, porventura menos sensível às necessidades sociais subjacentes àquela regra, devolve para a lei do lugar onde o lesante agiu ou deveria ter agido. Eis por que a nosso ver a dita conexão poderá considerar-se incluída entre aquelas a que a doutrina chama «hostis ao reenvio» (*renvoifeindlich*)[1609].

Mais duvidosa é a exclusão da admissibilidade do reenvio operado pela lei do lugar do facto para uma terceira lei ou para o ordenamento jurídico do foro. A competência daquela lei funda-se, como vimos, não ape-

---

[1609] Sobre elas *vide* na doutrina portuguesa FERRER CORREIA, *Lições de DIP*, pp. 425 ss., e *DIP. Alguns problemas*, pp. 218 ss. No sentido da solução preconizada no texto veja-se, com referência ao Direito alemão, KROPHOLLER, «Ein Anknüpfungssystem für das Delikstatut», *RabelsZ* 1969, pp. 601 s. (pp. 643 ss.).

nas em razões de defesa social, mas também na tutela de expectativas individuais. Se a lei local devolver para a lei comum das partes[1610] não parece
que essas expectativas sejam particularmente prejudicadas em virtude da
aceitação do reenvio. O mesmo não poderá dizer-se, todavia, se for outra
a lei designada pelo Direito de Conflitos do lugar do facto — por hipótese,
a lei do domicílio do autor do dano. A vontade de aplicação da lei do lugar
do facto não deve, pois, ser tida como condição necessária da sua competência, salvo pelo que respeita a certas disposições imperativas locais, de
Direito Público ou Privado, chamadas a fim de se valorar o facto como
lícito ou ilícito, a que nos referiremos adiante[1611]; mas no tocante a estes
situamo-nos já, como veremos, fora do domínio do reenvio. No sentido do
exposto pode ainda aduzir-se que uma das razões mais frequentemente
invocadas em prol do reenvio — evitar a constituição de situações jurídicas duradouras com carácter claudicante — não tem aqui especial vali-
mento, dado não ser esse, manifestamente, o efeito da aplicação das normas da *lex causae* sobre responsabilidade civil, ainda que esta não se tenha
por competente[1612].

[1610] Cfr. *infra* § 26.°.

[1611] Cfr. *idem.*

[1612] Ver no sentido de que em matéria delitual os tribunais do Estado do foro não
devem aplicar regras de conflitos de outros Estados o comentário *h* ao § 145 do segundo
Restatement norte-americano sobre os conflitos de leis. Exclui também o reenvio o art. 13
da proposta de uma Convenção Europeia Sobre a Lei Aplicável às Obrigações Não Contratuais, de 1998.

§ 26.º
Dos desvios à aplicação da lei do lugar do facto

94. A aplicação da *lex loci* à responsabilidade extracontratual conhece entre nós o desvio previsto no art. 45.º, n.º 3, do Código Civil a favor da *lex communis* — a lei da nacionalidade ou da residência habitual comum — do agente e do lesado quando estes se encontrarem ocasionalmente em país estrangeiro[1613]. A solução é também acolhida noutros ordenamentos jurídicos[1614] e no Direito convencional[1615].

[1613] Por tal se devendo entender um país diverso do da nacionalidade ou da residência comum das partes, incluindo, portanto, o próprio Estado do foro: cfr. uma aplicação do preceito conforme a esta interpretação no acórdão do STJ de 8 de Novembro de 1979, *BMJ* 291, pp. 456 ss.

[1614] Assim, já o § 1.º do Decreto (*Verordnung*) alemão de 7 de Dezembro de 1942 submetia ao Direito interno alemão a responsabilidade delitual quando o agente e o lesado fossem cidadãos alemães, ainda que o facto tivesse ocorrido no estrangeiro. A solução foi posteriormente estendida pela jurisprudência do Tribunal Federal alemão às hipóteses em que as partes tenham a sua residência habitual na Alemanha, ainda que sejam nacionais do país onde ocorreu o facto lesivo: cfr. o ac. de 7 de Julho de 1992, *in BGHZ* 119, pp. 137 ss., e *NJW* 1992, pp. 3091 ss. O referido Decreto foi, porém, revogado pelo art. 4 da Lei de 21 de Maio de 1999, que deu nova redacção aos arts. 38 a 46 da EGBGB. Segundo o art. 40, n.º 2, deste diploma, se o obrigado à indemnização e o lesado tivessem ao tempo do facto constitutivo de responsabilidade a sua residência habitual no mesmo Estado será aplicável o Direito deste último.

A orientação fundamental obteve acolhimento nos casos *Babcock v. Jackson*, julgado pelo *Court of Appeals* de Nova Iorque em 1963 (*Col. L. R.* 1963, pp. 1212 ss.; *RCDIP* 1964, pp. 284 ss.), e *Boys v. Chaplin*, julgado pelo *Court of Appeal* inglês em 1967 [(1968) 2 *Q.B.* 1] e pela Câmara dos Lordes em 1969 [(1969) 2 *All E.R.* 1085].

A aplicação da lei da residência ou da nacionalidade comum do agente e do lesado encontra-se ainda prevista no art. 133, n.º 1, da lei federal suíça de Direito Internacional Privado, no art. 3126, terceiro parágrafo, do Código Civil do Quebeque, e no art. 62, n.º 2, da lei de reforma do Sistema Italiano de Direito Internacional Privado.

[1615] Cfr. o art. 5, alínea *a*), da Convenção Sobre a Lei Aplicável à Responsabilidade por Produtos, concluída na Haia em 1973, e o art. 3, n.º 2, da Proposta de uma Convenção

Visa-se deste modo aplicar à responsabilidade extracontratual, nos casos em que o lugar do facto tem uma ligação puramente acidental com a relação controvertida, a lei que dela se encontra mais próxima[1616] e com cuja aplicação as partes normalmente contarão[1617] (porventura mesmo aquela cuja aplicação ao caso corresponde à sua vontade conjectural): a que vigora no meio social que lhes é comum.

A solução em apreço é, além disso, conforme à evolução contemporânea da responsabilidade civil no sentido de privilegiar a sua função ressarcitória — a qual aponta para a aplicação da lei do país onde o lesado tem o seu «centro de vida» — relativamente às demais funções sociais que lhe compete desempenhar.

Ponderou-se, por outro lado, que, ocorrendo os factos em questão entre sujeitos originários de um país estrangeiro, da aplicação da respectiva lei comum não resulta qualquer prejuízo para os interesses sociais subjacentes à consagração da competência da *lex loci*.

Ressalvam-se, em todo o caso, na parte final do citado preceito, as disposições do Estado local «que devam ser aplicadas indistintamente a todas as pessoas», as quais relevam sobretudo na valoração do facto como ilícito[1618].

Para tanto, haverá que atender ao preceituado nas regras de conflitos do *locus delicti*, expressas ou implícitas nas disposições materiais em

---

Europeia Sobre a Lei Aplicável às Obrigações Não Contratuais, de 1998, segundo o qual: «Lorsque l'auteur du fait dommageable et la personne lésée ont leur résidence habituelle dans le même pays au moment du fait dommageable, il est présumé que l'obligation présente les liens les plus étroits avec ce pays».

[1616] É a explicação proposta por MOURA RAMOS, que qualifica a disposição como «cláusula de excepção especial com carácter fechado», fundada no princípio da proximidade: cfr. «Les clauses d'exception en matière de conflits de lois e de conflits de juridictions — Portugal», *in Das relações privadas internacionais*, pp. 295 ss. (pp. 304 e 310), e «Droit International Privé vers la fin du 20e siècle: avancement ou recul? Rapport national», *BDDC* 1998, pp. 85 ss. (pp. 121 s.).

[1617] Cfr. PRYLES, «Torts and Related Obligations in Private International Law», *Rec. Cours*, vol. 227 (1991-II), pp. 11 ss. (p. 62), e JAFFEY-CLARKSON-HILL, *Jaffey on the Conflict of Laws*, p. 509.

[1618] Cfr. em sentido próximo: MAGALHÃES COLLAÇO, *DIP. Sistema de conflitos português (Obrigações não voluntárias)* (apontamentos elaborados pelo aluno Marcelo REBELO DE SOUSA), p. 21; WENGLER, observações ao projecto de resolução do Instituto de Direito Internacional sobre as obrigações delituais em Direito Internacional Privado, *Ann. IDI* 1969-I, pp. 505 ss. (pp. 507 e 524) (numa perspectiva de Direito constituendo); e BRANDT, *Die Sonderanknüpfung im internationalen Deliktsrecht*, p. 117 (com referência ao Direito alemão).

496 *Da Responsabilidade Pré-Contratual em Direito Internacional Privado*

causa. Essas regras não são propriamente aplicadas no Estado do foro — pois que as referidas disposições da *lex loci* são directamente convocadas pelo art. 45.°, n.° 3, do Código —, mas apenas tomadas em consideração como um pressuposto dos efeitos jurídicos estatuídos pela regra de conflitos nacional — *hoc sensu* como um elemento da hipótese de facto nela contida[1619].

O desvio em questão tem igualmente relevância quando as regras dos n.°s 1 e 2 do art. 45.° hajam de aplicar-se à determinação da lei reguladora da responsabilidade pré-contratual; mas cremos que será relativamente limitado o seu alcance prático neste domínio, atenta a circunstância de serem raras as hipóteses em que os sujeitos que intervêm na negociação e na celebração de contratos internacionais têm nacionalidade ou residência habitual comuns.

De todo o modo, quando o referido desvio haja de funcionar na definição da lei reguladora das pretensões indemnizatórias emergentes da violação de deveres pré-contratuais de conduta sempre terão de tomar-se em consideração as disposições do Estado local a que alude a parte final do n.° 3 do art. 45.°, *maxime* as que estabeleçam imperativamente a prestação de determinadas informações previamente à celebração de certos contratos (como sucede no tocante à transacção de valores mobiliários, ao fornecimento de bens e serviços a consumidores, etc.)[1620].

Se o agente e o lesado forem nacionais de um Estado em que vigorem diferentes ordenamentos jurídicos locais ou pessoais, ou aí tiverem a sua residência habitual, a fixação do ordenamento competente suscita particulares dificuldades, pois que em tais hipóteses as conexões adoptadas pelo art. 45.°, n.° 3, não permitem identificar directamente a ordem local aplicável à questão privada internacional.

Cabe então perguntar como se deve fixar esse ordenamento e, em especial, se para o efeito será legítimo lançar mão do art. 20.° do Código Civil.

[1619] Regras com idêntico alcance figuram em convenções e projectos de convenções de unificação do Direito de Conflitos: haja vista ao art. 7 da Convenção da Haia de 1971 Sobre a Lei Aplicável em Matéria de Acidentes de Circulação Rodoviária, ao art. 9 da Convenção da Haia de 1973 Sobre a Lei Aplicável à Responsabilidade por Produtos, ao art. 12.° do Anteprojecto de Convenção das Comunidades Europeias Sobre a Lei Aplicável às Obrigações Contratuais e Extracontratuais e ao art. 10 da Proposta de uma Convenção Europeia Sobre a Lei Aplicável às Obrigações Não Contratuais, de 1998.

[1620] Cfr. *infra*, capítulo VIII.

Esta disposição contempla os casos em que a designação de um ordenamento jurídico complexo é feita em razão da nacionalidade do interessado e a título de lei pessoal do mesmo (como logo inculca a redacção dos seus n.°s 1 e 2). Mas não é esse, manifestamente, o caso do art. 45.°, n.° 3; além de que a remissão por este último operada para um ordenamento complexo pode ter lugar em virtude de aí residirem habitualmente ambas as partes e não apenas por serem nacionais dele.

Uma vez que não existe analogia entre a correlação de interesses visada no art. 20.° e aquela que o art. 45.°, n.° 3, pretende regular[1621], o caso há-de ser resolvido segundo a norma que o próprio julgador criaria dentro do espírito do sistema. Este favorece a sujeição da responsabilidade civil ao meio jurídico a que ambas as partes pertencem, se se encontravam ocasionalmente no país da conduta lesiva ao tempo desta. Na hipótese mencionada haverá assim que apurar se algum dos ordenamentos locais em causa é comum às partes, *v.g.*, porque estas possuem um vínculo de subnacionalidade com determinado Estado federado (como a *State citizenship* norte-americana) ou porque fixaram o seu domicílio ou a sua residência habitual na mesma unidade territorial.

De contrário, o funcionamento do desvio à aplicação da *lex loci* previsto no art. 45.°, n.° 3, não tem razão de ser e haverá que regressar às regras gerais atrás enunciadas.

95. Além do desvio a favor da *lex communis*, um outro tem vindo a ganhar crescente relevo na definição da lei aplicável à responsabilidade extracontratual. Consiste ele na sujeição das violações de deveres jurídicos gerais à lei reguladora de uma relação especial, de fonte legal ou contratual, existente entre o agente e o lesado, quando o dano tenha sobre-

---

[1621] De facto, no domínio do estatuto pessoal é indicado que o julgador se atenha em primeira linha ao Direito interlocal da *lex patriae* na resolução do conflito de leis interlocal, como determina o n.° 1 do art. 20.°, e que só a título subsidiário resolva esse conflito com base na solução autónoma do Direito Internacional Privado português consagrada no n.° 2 do mesmo preceito. Este é, na verdade, um corolário do respeito pela competência primordial da lei nacional nas matérias do estatuto pessoal, em que assenta o nosso Direito de Conflitos. Não assim, porém, no tocante à responsabilidade civil entre sujeitos originários de um mesmo ordenamento jurídico complexo, que se encontrem ocasionalmente em país estrangeiro. Neste caso nada obsta a que a determinação do ordenamento local competente seja feita imediatamente por apelo a critérios extraídos do Direito Internacional Privado do foro, tendo em vista a resolução do conflito de interesses segundo a lei que melhor corresponda às legítimas expectativas das partes.

498 *Da Responsabilidade Pré-Contratual em Direito Internacional Privado*

vindo no desenvolvimento dessa relação e o respectivo evento causal possua com esta uma conexão estreita, *v.g.* por isso que constitui simultaneamente violação de deveres de prestação ou de conduta dela emergentes.

É o que sucede, por exemplo, se um motorista residente em Portugal, que convencionou com um turista inglês transportá-lo a Espanha, aí provocar, por culpa sua, um acidente de que resultem ferimentos para o passageiro; ou se o trabalhador ao serviço de uma firma estrangeira sofrer, em país onde se achava temporariamente destacado, um acidente laboral imputável à entidade patronal, sofrendo em consequência dele lesões corporais; ou ainda se um dos cônjuges causar danos ao outro em consequência de acto que constitua violação da sua integridade física ou moral praticado em país diverso do da sua nacionalidade comum, no qual residem habitualmente.

Esta solução, que podemos designar por *conexão acessória*, tem colhido adesões sobretudo na doutrina alemã[1622] e suíça[1623]; mas também conquistou adeptos na literatura jurídica anglo-saxónica[1624], holandesa[1625] e, mais recentemente, entre nós[1626, 1627].

A conexão acessória obteve consagração — quer nos referidos termos quer no quadro de uma cláusula geral que permita ao julgador afastar a aplicação da *lex loci* em benefício da lei do país com o qual a situação

---

[1622] Cfr. BINDER, «Zur Auflockerung des Deliktsstatuts», *RabelsZ* 1955, pp. 401 ss. (pp. 478 ss., com reservas); BEITZKE, «Les obligations délictuelles en DIP», *Rec. cours* 1965-II, pp. 63 ss. (pp. 107 ss.); WENGLER, *Ann. IDI*, vol. 53-I (1969), pp. 505 ss. (p. 523); *idem, Die unerlaubten Handlungen im IPR*, tradução portuguesa, pp. 38 ss. e 154 ss.; *idem, IPR*, vol. I, p. 436; KROPHOLLER, «Ein Anknüpfungssystem für das Deliktsstatut», *RabelsZ* 1969, pp. 601 ss. (pp. 625 ss.); *idem, IPR*, pp. 465 ss; W. LORENZ, «Einige Überlegungen zur Reform des deutschen internationalen Deliktsrechts», *in FS Coing*, vol. II, pp. 257 ss. (p. 285); *idem*, «Die allgemeine Grundregel betreffend das auf die ausservertragliche Schadenshaftung anzuwendende Recht», *in Vorschläge und Gutachten zur Reform des deutschen IPR der ausservertragliche Schuldverhältnisse*, pp. 97 ss. (pp. 152 ss.); FIRSCHING, «Das Prinzip der Akzessorietät im deutschen internationalen Recht der unerlaubten Handlungen», *in FS Zajtay*, pp. 143 ss. (p. 146); FERID, *IPR*, pp. 248 s.; STOLL, «Internationalprivatrechtliche Fragen bei der landesrechtliche Ergänzungen des Einheitlichen Kaufrechts», *in FS Ferid* (1988), pp. 495 ss. (pp. 510 s.); *idem*, «Sturz vom Balkon auf Gran Canaria — Akzessorische Anknüpfung, deutsches Deliktsrecht und örtlicher Sicherheitsstandard», *IPRax* 1989, pp. 89 ss.; DEUTSCH, «Internationales Privatrecht und Haftungsrecht — dargestellt am Beispiel des Unfalls», *in Grundfragen des Privatrechts*, pp. 19 ss. (p. 25); Peter FISCHER, *Die Akzessorische Anknüpfung des Deliktsstatuts*, pp. 148 ss. e 268 ss.; VON DER SEIPEN, *Akzessorische Anknüpfung und engste Verbindung im Kollisionsrecht der Komplexen Vertragsverhältnisse, passim*; PATRZEK, *Die Vertragsakzessorische Anknüpfung im IPR, passim*; LÜDERITZ, *IPR*, p. 46; JAYME, «Identité culturelle et intégration: le DIP postmoderne. Cours général de DIP», *Rec. cours*, vol. 251 (1995), pp. 9 ss. (pp.

132 ss.); FIRSCHING-VON HOFFMANN, *IPR*, pp. 439 s.; *Palandt*-HELDRICH, art. 38 da EGBGB, n.m. 14, p. 2305; *Münchener Kommentar*-KREUZER, art. 38 EGBGB, n.m. 67, p. 2037; JUNKER, *IPR*, p. 385; e HAY, *IPR*, p. 223. No sentido da aplicação a uma hipótese de responsabilidade extracontratual da lei reguladora da relação contratual preexistente entre as partes pronunciou-se também o MAX-PLANCK-INSTITUT FÜR AUSLÄNDISCHES UND INTER-NATIONALES PRIVATRECHT, em parecer publicado *in Gutachten zum internationalen und ausländischen Privatrecht 1967 und 1968*, pp. 103 ss. (pp. 104 s.). Mais reservados quanto a esta orientação mostram-se HOHLOCH, «Grenzen der Auflockerung des Tatortprinzips im internationalen Deliktsrecht», *IPRax* 1984, pp. 14 ss., Christian VON BAR, *IPR*, vol. II, pp. 408 s., *Erman*-HOHLOCH, art. 38 EGBGB, n.m. 34, pp. 2604 s., ROHE, *Zu den Geltungsgründe des Deliktsstatuts*, pp. 257 ss., e SCHÜTT, *Deliktstyp und IPR*, pp. 10 s. e 21 s.

[1623] Cfr. SCHNITZER, *Handbuch des IPR*, vol. II, p. 598; HEINI, «Die Anknüpfungsgrundsätze in den Deliktsnormen eines zukünftigen schweizerischen IPR-Gesetzes», *in FS Mann*, pp. 193 ss. (pp. 197 ss.); KELLER-SIEHR, *Allgemeine Lehren*, p. 283; GOZENBACH, *Die Akzessorische Anknüpfung, passim*; *IPRGKommentar*-HEINI, art. 133, n.m. 16 ss. Sobre a conexão acessória ver ainda a sentença do Tribunal Federal suíço de 2 de Maio de 1973, *ATF* vol. 99/II, pp. 315 ss. Na espécie o autor e o réu, ambos mecânicos e residentes na Suíça, haviam adquirido conjuntamente um automóvel, a fim de o utilizarem em comum e de posteriormente o revenderem, repartindo entre si as despesas e o produto da venda. No decurso de uma viagem de férias a França, realizada com o dito automóvel, sofreram um acidente, do qual resultaram danos para ambos. Considerando existir entre as partes um contrato de sociedade tendo por objecto a utilização e a revenda do automóvel, o qual se encontrava sujeito ao Direito suíço, e que o lugar do facto danoso tinha carácter fortuito, o Tribunal aplicou também esse Direito à responsabilidade extracontratual do condutor.

[1624] Cfr. no sentido da determinação da lei aplicável à responsabilidade extracontratual segundo o *proper law approach* utilizado em matéria de contratos o estudo precursor de MORRIS, «The Proper Law of a Tort», *Harvard L.R.* 1951, pp. 881 ss. Admite também uma excepção à aplicação da *lex loci delicti commissi* nas situações em que exista entre as partes uma relação especial centrada em país diverso do *locus delicti* KAHN-FREUND, «Delictual Liability and Conflict of Laws», *in Rec. cours*, vol. 124 (1968-II), pp. 1 ss. (pp. 64 ss.). Na doutrina mais recente advogam expressamente a sujeição do delito à lei reguladora da relação contratual preexistente entre as partes: MORRIS-McCLEAN, *The Conflict of Laws*, pp. 289 s., STONE, *The Conflict of Laws*, p. 303; e NYGH, «The Reasonable Expectation of the Parties as a Guide to the Choice of Law in Contract and in Tort», *Rec. cours*, vol. 251 (1995), pp. 269 ss. (pp. 358 e 374), e *Autonomy in International Contracts*, pp. 240 ss.

[1625] Cfr. DE BOER, *Beyond Lex Loci Delicti*, p. 210, n. 58.

[1626] Cfr. FERRER CORREIA, *DIP. Alguns problemas*, pp. 105 ss., LIMA PINHEIRO, *DIP. Parte especial*, pp. 230 s., e Maria Helena BRITO, *A representação nos contratos internacionais*, pp. 554, 661 ss. e 748. Esta autora define a conexão acessória como «uma modalidade de conexão que torna aplicável a uma situação a lei competente para reger uma outra, considerada principal, com a qual a situação a regular se encontre de algum modo ligada» (p. 554).

[1627] Uma orientação de alcance mais vasto, mas susceptível de conduzir, nos exemplos referidos no texto, aos mesmos resultados, é defendida em Itália por FERRARI BRAVO,

500   *Da Responsabilidade Pré-Contratual em Direito Internacional Privado*

se encontre mais estreitamente conexa — no art. 3 da Resolução do Instituto de Direito Internacional sobre as obrigações delituais em Direito Internacional Privado, de 1969[1628], no § 48, n.° 1, da lei austríaca de Direito Internacional Privado, de 1978[1629], no art. 93 do projecto de uma lei relativa ao Direito Internacional Privado publicado em 1992 pelo Ministério da Justiça dos Países-Baixos[1630], no art. 133, n.° 3, da lei suíça de Direito Internacional Privado[1631], no art. 3127 do Código Civil do Quebeque[1632] e no art. 41 da Lei de Introdução ao Código Civil alemão[1633].

---

que constrói a regra de conflitos relativa às obrigações delituais como uma «regra residual», destinada a intervir apenas se a *fattispecie* concreta não entrar na órbita das demais regras de conflitos: cfr. *Responsabilità civile e DIP*, p. 89, e «Les rapports entre les contrats e les obligations délictuelles en DIP», *Rec. cours*, vol. 146 (1975-II), pp. 341 ss. (pp. 367 ss.).

[1628] Segundo o qual: «En l'absence de tout lien substantiel entre la question soulevée et le lieu ou les lieux où le délit a été commis, on applique, par exception aux règles établies aux articles 1 et 2, la loi dont la détermination résulte d'une relation spéciale entre les parties ou entre celles-ci et l'événement [...]» (texto publicado *in Ann. IDI* 1969, t. II, pp. 370 ss.; cfr. sobre a referida resolução KAHN-FREUND, «Delictual Obligations in Private International Law. Final Report and Draft Resolution», *Ann. IDI*, vol. 53-I (1969), pp. 435 ss., e as observações de WENGLER, *in ibidem*, pp. 505 ss.).

[1629] Que estabelece: «Ausservertragliche Schadenersatzansprüche sind nach dem Recht des Staates zu beurteilen, in dem das den Schaden verursachende Verhalten gesetzt worden ist. Besteht jedoch für die Beteiligten eine stärkere Beziehung zum Recht ein und desselben anderen Staates, so ist dieses Recht massgebend» (cfr. a tradução portuguesa deste preceito, por FERRER CORREIA e FERREIRA PINTO, *in Direito Internacional Privado. Leis e projectos de leis. Convenções internacionais*, p. 182; e por MARQUES DOS SANTOS, *in DIP. Colectânea de textos legislativos de fonte interna e internacional*, pp. 1391).

[1630] *Schets van een algemene wet betreffende het Internationaal Privatrecht*, art. 93: «Een verbintenis als bedoeld in artikel 92 wordt, indien zij mede haar bron heeft in een andere, reeds tussen partijen bestaande rechtsverhouding, beheerst door het recht dat op die rechtsverhouding van toepassing is».

[1631] Cujo texto é o seguinte: «Nonobstant les alinéas precedentes, lorsqu' un acte illicite viole un rapport juridique existant entre auteur et lésé, les prétentions fondées sur cet acte sont régies par le droit applicable à ce rapport juridique».

[1632] Estabelece esse texto: «Lorsque l'obligation de réparer un préjudice résulte de l'inexécution d'une obligation contractuelle, les prétentions fondées sur l'inexécution sont régies par la loi applicable au contrat».

[1633] Na redacção dada pela Lei de 21 de Maio de 1999. Aí se estabelece:
«Wesentlich engere Verbindung
(1) Besteht mit dem Recht eines Staates eine wesentlich engere Verbindung als mit dem Recht, das nach den Artikeln 38 bis 40 Abs. 2 massgebend wäre, so ist jenes Recht anzuwenden.
(2) Eine wesentlich engere Verbindung kann sich insbesondere ergeben: 1. aus einer besonderen rechtlichen oder tatsächlichen Beziehung zwischen den Beteiligten im Zusam-

Em Inglaterra, Lorde DENNING admitiu, na decisão proferida em 1971 pelo *Court of Appeal* no caso *Sayers v. International Drilling Co.*[1634], embora sem se referir expressamente à ideia de conexão acessória, que a lei mais apropriada à definição da responsabilidade civil emergente de um acidente ocorrido na execução de um contrato de trabalho é a que regula este último[1635]. No mesmo sentido decidiu o *High Court* em 1992 no caso *Johnson v. Coventry Churchill International Ltd.*[1636]. Mais

---

menhang mit dem Schuldverhältnis oder 2. in den Fällen des Artikels 38 Abs. 2 und 3 und des Artikels 39 aus dem gewöhnlichem Aufenthalt der Beteiligten in demselben Staat im Zeitpunkt des rechtserheblichen Geschehens; Artikel 40 Abs. 2 Satz 2 gilt entsprechend».

A mesma solução fundamental encontrava-se já nos projectos de reforma de 1983 (*in* VON CAEMMERER, *Vorschläge und Gutachten zur Reform des deutschen internationalen Privatrechts der ausservertraglichen Schuldverhältnisse*, pp. 1 ss.), de 1993 (*Referentenentwurf eines Gesetzes zur Ergänzung des Internationalen Privatrechts (ausservertragliche Schuldverhältnisse und Sachen), in IPRax* 1995, pp. 132 s.; cfr. VON HOFFMANN, «Internationales Haftungsrecht im Referentenentwurf des Bundesjustizministeriums vom 1.12.1993», *IPRax* 1996, pp. 1 ss.) e de 1998 (*Regierungsentwurf eines Gesetzes zum Internationalen Privatrecht für ausservertragliche Schuldverhältnisse und für Sachen, in IPRax* 1998, pp. 513 s.; cfr. WAGNER, «Der Regierungsentwurf eines Gesetzes zum Internationalen Privatrecht für ausservertragliche Schuldverhältnisse und für Sachen», *IPRax* 1998, pp. 428 ss.).

[1634] (1971) 1 *WLR* 1176. O autor, cidadão do Reino Unido, havia celebrado em Inglaterra um contrato de trabalho com uma sociedade sedeada nos Países Baixos, por força do qual se obrigara a prestar a sua actividade laboral nas plataformas petrolíferas pertencentes a esta. Tendo sofrido danos num acidente ocorrido numa dessas plataformas, ao largo da costa da Nigéria, o trabalhador demandou a entidade patronal perante os tribunais ingleses, reclamando o ressarcimento desses danos com fundamento em *negligence*. Nos termos da cláusula 8ª do contrato a responsabilidade da empregadora por danos derivados de acidente de trabalho reduzia-se, porém, ao que fosse devido ao trabalhador nos termos do «*Compensation Program*» da primeira, tendo sido expressamente excluída a aplicabilidade da legislação do Reino Unido sobre a matéria. A cláusula era válida segundo a lei holandesa, mas não segundo a lei inglesa. Na sua *opinion*, que foi seguida pelos demais juízes, Lorde DENNING sustentou, à vista do estipulado na *exemption clause*, que a *proper law of the tort* seria a lei holandesa.

[1635] Este precedente foi explicitado na decisão proferida pelo *Court of Appeal* no caso *Coupland v. Arabian Gulf Oil Co.*, (1983) 1 *W.L.R.* 1136. Na sua *opinion*, afirma GOFF L.J. (p. 1153): «the contract is only relevant to the claim in tort in so far as it does, on its true construction in accordance with the proper law of the contract, have the effect of excluding or restricting the tortious claim». Como na espécie o contrato de trabalho celebrado entre as partes não continha qualquer cláusula de exclusão ou limitação de responsabilidade, o tribunal recusou a aplicação da lei reguladora desse contrato à determinação da responsabilidade da entidade patronal pelos danos sofridos pelo trabalhador em consequência de um acidente de trabalho, sujeitando-a, nos termos gerais, cumulativamente à *lex fori* e à *lex delicti*.

[1636] (1992) 3 *All E.R.* 14. A ré, uma sociedade com sede no Reino Unido, havia ajustado com o autor, cidadão do mesmo país, a prestação por este da sua actividade laboral

recentemente, a secção 12 do *Private International Law (Miscellaneous Provisions) Act 1995*, veio permitir o afastamento (*displacement*) da regra geral em matéria de delitos quando for «substancialmente mais apropriado» aplicar outra lei à questão ou questões controvertidas[1637].

Acolhem ainda a dita solução os projectos de unificação das regras de conflitos em matéria de obrigações não contratuais elaborados no âmbito da Comunidade Europeia[1638].

A existência da referida relação entre o agente e o lesado é igualmente um dos factores a serem ponderados na determinação da lei aplicável à responsabilidade civil, nos termos do § 145 (2) do segundo *Restatement* norte-americano sobre os conflitos de leis[1639].

---

numa obra de construção civil em execução na Alemanha. Aqui ocorreu um acidente, em virtude do qual o autor sofreu diversas lesões corporais. À face da lei alemã a entidade patronal não seria responsável por esses danos; mas segundo a lei inglesa (a que o contrato se encontrava sujeito) era-o. O tribunal julgou aplicável ao caso a lei inglesa, por ser com a Inglaterra que a «ocorrência» e as partes tinham «*the most significant relationship*». Considerando ter sido violado um dever de cuidado para com o autor, o tribunal condenou a ré, ao abrigo dessa lei, a indemnizá-lo dos danos sofridos.

[1637] É o seguinte o teor dessa disposição:

«(1) If it appears, in all the circumstances, from a comparison of– (a) the significance of the factors which connect a tort or delict with the country whose law would be the applicable law under the general rule; and (b) the significance of any factors connecting the tort or delict with another country, that it is substantially more appropriate for the applicable law for determining the issues arising in the case, or any of those issues, to be the law of the other country, the general rule is displaced and the applicable law for determining those issues or that issue (as the case may be) is the law of that other country.

(2) The factors that may be taken into account as connecting a tort or delict with a country for the purposes of this section include, in particular, factors relating to the parties, to any of the events which constitute the tort or delict in question or to any of the circumstances or consequences of those events.»

[1638] Assim, o art. 10, segundo parágrafo, do Projecto de Convenção Sobre a Lei Aplicável às Obrigações Contratuais e Não Contratuais elaborado sob a égide da Comissão das Comunidades Europeias, de 1972, dispunha: «Toutefois, lorsque d'une part, il n'existe pas de lien significatif entre la situation résultant du fait dommageable et le pays où s'est produit ce fait et que, d'autre part, cette situation présente une connexion prépondérante avec un autre pays, il est fait application de la loi de ce pays». Mais explícita é a Proposta de uma Convenção Europeia Sobre a Lei Aplicável às Obrigações Não Contratuais, de 1998, cujo art. 3, n.º 5, prevê: «Lors de l'appréciation des liens les plus étroits, il pourra être tenu compte d'une relation préexistante ou envisagée entre les parties».

[1639] Nele se dispõe: «Contacts to be taken into account in applying the principles of § 6 to determine the law applicable to an issue include: [...] (d) the place where the relationship, if any, between the parties is centered».

Várias razões podem ser invocadas em abono do primado da lei acima referida. Entre elas mencionem-se as seguintes:

a) Quando a conduta ilícita se traduza na violação concomitante de deveres jurídicos gerais e de deveres especiais emergentes de uma relação preexistente entre o lesante e o lesado, o lugar da prática do facto tem carácter fortuito, sendo insusceptível de indicar o meio social em que o mesmo se acha inserto[1640].

b) Nestes casos, só aquela relação permite descobrir o «centro de gravidade» da responsabilidade. A aplicação da lei que a regula conduz, nessa medida, à aplicação de uma lei com que as partes podiam ou deviam contar, dada a íntima conexão entre a pretensão indemnizatória e a relação jurídica considerada, desse modo se tutelando a confiança e garantindo a segurança jurídica[1641]. Assim, por exemplo, é de supor que o transportador internacional e o respectivo passageiro não esperem que o teor dos deveres (delituais) de protecção e cuidado que vinculam o primeiro, bem como a responsabilidade emergente do seu incumprimento, variem consoante o país onde forem violados, antes sejam regidos pela lei aplicável à relação contratual entre si estabelecida, da qual derivam para o transportador deveres de protecção da integridade física do passageiro. O mesmo se dirá do agente de viagens que se obriga a organizar a deslocação e a estadia de um seu cliente em país estrangeiro, onde ocorre um facto danoso que haja de ser levado à conta de violação de deveres de protecção ou de cuidado a cargo do primeiro. A aplicação dessa lei assume particular importância quando à face das respectivas disposições seja lícita, ou mesmo imperativa, certa conduta que a lei do lugar do facto proscreve; e bem assim na situação em que a lei deste último lugar permite certa conduta, que a lei reguladora da relação preexistente entre as partes proíbe.

c) A aplicação desta lei à responsabilidade extracontratual emergente da inexecução das obrigações dela decorrentes corresponde à vontade conjectural ou mesmo à vontade tácita das partes[1642].

[1640] Cfr. no mesmo sentido BINDER, est. cit., p. 480.

[1641] Cfr. neste sentido: HEINI, est. cit., p. 197; FIRSCHING, est. cit., p. 146; GONZENBACH, est. cit., pp. 4 e 194 s.; e KROPHOLLER, *IPR*, p. 466.

[1642] Assim também WENGLER, est. cit. no *Ann. IDI* 1969-I, pp. 505 ss. (p. 522); *idem, Die unerlaubten Handlungen im IPR*, tradução portuguesa, p. 38; FERRER CORREIA, ob. cit., p. 106; e STONE, *The Conflict of Laws*, p. 303.

504 *Da Responsabilidade Pré-Contratual em Direito Internacional Privado*

d) A conexão acessória permite evitar eventuais antinomias normativas decorrentes da repartição por diferentes sistemas da competência legislativa para disciplinar essas relações[1643].

Deve, no entanto, observar-se que nenhuma destas razões justifica, nas hipóteses em apreço, a sistemática atribuição de preferência à lei reguladora da relação especial entre o lesante e o lesado sobre a lei reguladora da responsabilidade extracontratual. A protecção devida à vítima pode mesmo depor no sentido da aplicação da segunda: se, por exemplo, uma das partes (*v.g.* o transportador ou o empregador) houver excluído ou limitado a sua responsabilidade por danos causados à outra através de uma cláusula inserta no contrato, terá de ser a *lex delicti* a decidir se essa estipulação compreende validamente a responsabilidade extracontratual[1644].

A conexão acessória não parece, pois, susceptível de ser erigida em critério geral de resolução dos concursos de normas em Direito Internacional Privado.

Pressuposto da admissibilidade da subordinação da responsabilidade *ex delicto* à lei reguladora da dita relação jurídica existente entre as partes é, em todo o caso, que o respectivo facto indutor constitua violação de um dever de prestação ou de conduta emergente dessa relação[1645]. Não se sustenta, pois, como pretende certa doutrina estrangeira, que a mesma solução valha nas hipóteses em que a única conexão entre a conduta lesiva e a relação existente entre as partes consiste em a mesma ocorrer por ocasião do desenvolvimento dessa relação, sem que todavia se consubstancie em qualquer violação dos deveres dela emergentes: assim, por exemplo, se o motorista agride o seu passageiro no decurso da viagem ou o marido atropela acidentalmente a mulher na via pública não parece que a responsabilidade do lesante pelos danos causados à vítima possua qualquer conexão relevante com a relação contratual ou familiar entre as partes, que justifi-

---

[1643] Cfr. Christoph von WALTER, *Die Konkurrenz vertraglicher und deliktischer Schadensersatznormen im deutschen, ausländischen und internationalen Privatrecht*, pp. 169 s. Também para Maria Helena BRITO, ob. cit., p. 667, seria este o objectivo fundamental da conexão acessória, que a autora considera «um instrumento ao serviço do princípio da coerência em direito internacional privado». Sobre o problema, cfr. *infra*, capítulo V.

[1644] Ver neste sentido KAHN-FREUND, «Delictual Liability and the Conflict of Laws», *Rec. cours*, vol. 124 (1968-II), pp. 1 ss. (pp. 142 s.), e NORTH, «Contract as a Tort Defence in the Conflict of Laws», *in Essays in Honour of John Humphrey Carlile Morris*, pp. 214 ss. (p. 215).

[1645] Neste sentido se pronunciam também HEINI, est. cit., p. 198; LORENZ, est. cit., pp. 155 e 158; e KROPHOLLER, *IPR*, pp. 465 s.

que a subordinação das pretensões indemnizatórias fundadas na primeira à lei reguladora da segunda.

Supomos que à face do Direito Internacional Privado português será igualmente de admitir, *de iure constituto*, o desvio em questão a favor da *lex contractus*.

Esta solução constitui, na verdade, um afloramento do princípio *accessorium sequitur principale*, com projecções em diversos ramos da ordem jurídica. Entre estes inclui-se o Direito de Conflitos, onde esse princípio obteve consagração nos arts. 35.°, n.° 1, 36.°, n.° 1, 37.°, 40.° e 44.° do Código Civil, que subordinam as matérias que têm por objecto à lei aplicável a outras questões ou relações jurídicas. O mesmo se verifica no domínio da competência jurisdicional internacional, relativamente à qual o Tribunal de Justiça das Comunidades Europeias afirmou que no caso «em que um litígio assenta sobre várias obrigações que resultam do mesmo contrato e que servem de base à acção intentada pelo autor [...] o juiz orientar-se-á, para determinar a sua competência, pelo princípio segundo o qual o acessório segue o principal; por outras palavras será a obrigação principal, entre as diversas obrigações em causa, que estabelecerá a sua competência»[1646]. Reflecte este pensamento o disposto no art. 5.°, n.° 2, das Convenções de Bruxelas e de Lugano[1647].

Por outro lado, o carácter exclusivo da conexão ao *locus actus* já se acha prejudicado entre nós pela admissão, no art. 45.°, n.° 3, do Código Civil, do desvio a favor da lei comum ao agente e ao lesado. Este funda-se, como se viu, num valor essencial do Direito de Conflitos: a tutela das expectativas das partes. Parece que, por identidade de razões, deverá aceitar-se o desvio em benefício da lei reguladora de uma relação jurídica existente entre as partes, desde que esta tenha com a pretensão indemnizatória *sub judice* uma ligação significativa, consistente, *v.g.*, na aludida circunstância de o ilícito delitual representar uma forma de inexecução de deveres emergentes dessa relação. Em tais casos a relevância do lugar da prática do facto como critério de atribuição de competência legislativa é, à luz da teleologia imanente ao sistema de conflitos, claramente diminuta. Em contrapartida, a conexão com a relação entabulada entre as partes assume,

---

[1646] Acórdão de 15 de Janeiro de 1987, *Shenavai c. Kreischer*, *CJTJ* 1987, I, pp. 239 ss. (p. 256).

[1647] Ver neste sentido VANDER ELST, «Le rattachement accessoire en droit international privé», *in Studi in memoria di Mario Giuliano*, pp. 963 ss. (p. 969).

506 Da Responsabilidade Pré-Contratual em Direito Internacional Privado

pelas razões enunciadas, um significado preponderante na valoração das consequências do evento lesivo.

A restrição do âmbito do art. 45.°, n.° 1, do Código Civil (ou, na expressão de alguns, a sua redução teleológica[1648]) e a concomitante subordinação da responsabilidade civil nos casos visados ao estatuto da relação jurídica com ela conexa afiguram-se, assim, conformes à ponderação de interesses visada pelo legislador e ao princípio normativo fundamentante daquela disposição.

Dir-se-á, a esta luz, que nos encontramos no caso vertente perante uma lacuna oculta[1649], resultante da ausência de um preceito que enuncie para ele um regime de excepção ou uma regulação jurídica especial e da inadequação ao mesmo da regra geral da competência da *lex loci actus*, atenta a teleologia que lhe subjaz. Essa lacuna há-de ser preenchida, faltando caso análogo, pelo recurso à norma que o próprio intérprete criaria, se houvesse de legislar dentro do espírito do sistema, nos termos do art. 10.°, n.° 3, do Código Civil; o que aponta no sentido da aplicabilidade da lei que melhor corresponda à confiança das partes, por ser a que apresenta a conexão espacial mais estreita com os factos. Esta é, nos casos visados, precisamente a lei reguladora da relação preexistente entre o lesante e o lesado.

[1648] Cfr. LARENZ, *Methodenlehre der Rechtswissenschaft*, p. 391 (na tradução portuguesa, p. 556). ENGISCH, *Einführung in das juristische Denken*, pp. 231 s. (na tradução portuguesa, pp. 277 ss.), prefere, para designar a mesma operação de redução do âmbito de aplicação da regra legal, concebida demasiado amplamente segundo o seu sentido literal, àquele que lhe corresponde de acordo com o fim da regulação ou a conexão de sentido da lei, o conceito de «interpretação teleológica restritiva» (*restringierende teleologische Auslegung*). Perfilham expressamente a opinião de que a exclusão da lei em princípio aplicável às obrigações de fonte legal, no sentido aqui preconizado, se funda num procedimento de redução teleológica FIRSCHING-VON HOFFMANN, *IPR*, p. 60. Entre nós, MOURA RAMOS admite a «possibilidade de o juiz corrigir, quando for caso disso, a escolha de lei efectuada pelo legislador, precisamente por se ter por certo que, atento o circunstancialismo de uma particular hipótese que à previsão do legislador escapara, a solução por este preferida não faz uma correcta aplicação, *in casu*, do princípio da localização» (cfr. *Da lei aplicável ao contrato de trabalho internacional*, p. 381).

[1649] Cfr. CANARIS, *Die Feststellung von Lücken im Gesetz*, pp. 108 ss.; LARENZ, *Methodenlehre*, cit., p. 377 (na tradução portuguesa, p. 535); e ENGISCH, *Einführung*, cit., p. 182 (na tradução portuguesa, p. 229). Na literatura nacional vejam-se OLIVEIRA ASCENSÃO, *A tipicidade dos direitos reais*, pp. 236 ss.; *idem*, *O Direito*, pp. 435 s.; BAPTISTA MACHADO, *Introdução ao Direito e ao discurso legitimador*, pp. 196 s.; e CASTANHEIRA NEVES, *Metodologia jurídica*, p. 219, que considera as situações deste tipo uma das hipóteses mais marcadamente típicas do surgimento de lacunas.

No quadro de uma interpretação e integração da lei que atribua o devido relevo aos juízos de valor subjacentes às normas jurídicas afigura--se, pois, metodologicamente correcta a relativa emancipação do sentido literal da disposição em causa que o entendimento preconizado implica.

No sentido da solução proposta aponte-se também a circunstância de que a necessidade de superar situações de concurso e de falta de normas aplicáveis tem levado alguma doutrina portuguesa a adaptar o art. 45.º do Código Civil, admitindo dessa forma um desvio à aplicação da lei do lugar do facto em situações por ele não expressamente previstas[1650].

De notar, por fim, que os interesses do Estado do lugar do facto, mormente na prevenção e na repressão da ocorrência de condutas lesivas no seu território, ficarão sempre acautelados através da ressalva das normas locais que sejam aplicáveis indistintamente a todas as pessoas, às quais haverá de recorrer-se, nos termos do art. 45.º, n.º 3, *in fine*, a fim de valorar a conduta ou a omissão de que deriva a responsabilidade cominada pela *lex contractus*.

Não é isenta de dificuldades a aplicação da doutrina acabada de expor às lesões de direitos subjectivos ocorridas durante a negociação ou a formação de contratos.

Há quem admita a sujeição à lei reguladora do contrato projectado, por conexão acessória, de todos os ilícitos de natureza delitual verificados nessa fase do *iter* contratual[1651]. Mas esta solução leva longe de mais o pensamento subjacente à doutrina em apreço, pois que permite incluir no âmbito do estatuto contratual situações em que não existe qualquer expectativa das partes na aplicação da hipotética *lex contractus* à responsabilidade do lesante.

Outros preconizam a aplicação, também por conexão acessória, da lei reguladora da relação jurídica constituída entre o agente e o lesado no momento da entrada em negociações às pretensões indemnizatórias por lesões do direito de propriedade ou do direito à integridade física de um dos contraentes ocorridas in *contrahendo*[1652]. Sucede, porém, que aquela

---

[1650] Ver neste sentido MAGALHÃES COLLAÇO, *DIP. Casos práticos de devolução e qualificação*, p. 67.

[1651] É o caso de VISCHER, em anotação à sentença do Tribunal Federal suíço de 17 de Dezembro de 1987, *ASDI* 1990, pp. 346 ss. (p. 368).

[1652] Cfr., na doutrina germânica, KROPHOLLER, est. cit., pp. 628 s., G. FISCHER, «Culpa in contrahendo im IPR», *JZ* 1991, pp. 168 ss. (p. 173), e PATRZEK, *Die Vertragsakzessorische Anknüpfung im IPR*, pp. 158 ss.; e na doutrina suíça GOZENBACH, est. cit., p. 178.

508 *Da Responsabilidade Pré-Contratual em Direito Internacional Privado*

relação jurídica é integrada, nalguns ordenamentos, por deveres de diferente natureza (deveres gerais correspondentes a direitos de personalidade ou a direitos reais, por um lado; obrigações de informação, de esclarecimento e de lealdade, por outro), pelo que não se encontra subordinada a uma única lei. Não parece, assim, viável submeter-lhe por conexão acessória as ditas pretensões.

O que, quando muito, pode admitir-se é a sujeição das pretensões indemnizatórias emergentes de actos ou omissões delituais praticados nos preliminares dos contratos à lei reguladora da relação contratual visada pelas partes quando se encontrem preenchidas, designadamente, as seguintes condições: *a)* a circunstância de as partes terem encetado contactos com vista à celebração do contrato foi determinante do surgimento do risco da lesão; *b)* a competência da *lex loci delicti* é acidental; e *c)* a aplicação da hipotética *lex contractus* corresponde às expectativas das partes.

Suponha-se, por exemplo, que *A*, português residente em Lisboa, se encontra interessado em adquirir um veículo automóvel a *B*, comerciante alemão com estabelecimento em Munique. Antes de concluído o contrato, *A* realiza, por sugestão de *B*, uma viagem de Munique a Lisboa destinada a experimentar esse veículo. Ocorre um acidente em França, devido a imperícia de *A*, do qual resultam danos no veículo. O Direito alemão é aplicável, nos termos do art. 4.°, n.° 2, da Convenção de Roma, ao contrato projectado, bem como à determinação dos deveres pré-contratuais de conduta a cargo das partes. Segundo a lei francesa, que seria competente por força do art. 45.°, n.° 1, do Código Civil, *B* teria, por hipótese, direito a ser indemnizado *ex delicto*. Não assim de acordo com o Direito alemão, à face do qual o interessado na aquisição de um veículo automóvel não responde pelos danos que causar neste por culpa leve durante uma viagem experimental (*Probefahrt*) se, sendo o vendedor um profissional, este não o tiver informado de que não efectuou um seguro que cubra o risco de tais danos e de que não se propõe assumi-los voluntariamente[1653].

[1653] Cfr. o ac. do *Bundesgerichtshof* de 7 de Junho de 1972, *NJW* 1972, pp. 1363 s., onde se afirma: «War die Klägerin jedoch nicht bereit, ihre Vorführwagen in der geschilderten Weise zu versichern oder das Risiko einer leicht fahrlässigen Beschädigung selbst zu tragen, dann musste sie [...] jedenfalls ihre Kunden vor Antritt der Probefahrt darauf hinweisen. Wenn der Händler einen derartigen Hinweis nicht macht, darf der Kunde darauf vertrauen, dass er für leicht fahrlässige Beschädigungen des Vorführwagens nicht haftet». Esta jurisprudência foi estendida às vendas de automóveis usados no ac. do mesmo tribunal de 10 de Janeiro de 1979, *NJW* 1979, pp. 643 ss. Sobre os deveres de protecção a cargo das partes nas viagens de experimentação de veículos automóveis e a natureza da respon-

Neste caso o evento danoso não se teria produzido se as partes não houvessem estabelecido contactos com vista à celebração do contrato e a *lex contractus* toma em consideração essa circunstância ao repartir o risco do dano entre as partes, graduando de modo especial o dever de cuidado cuja violação é exigível a fim de que o mesmo seja imputável ao lesante.

Por outro lado, o *locus delicti* é inteiramente fortuito, pois que *A* se encontrava ocasionalmente em França no momento em que aí ocorreu o acidente. Em contrapartida, a aplicação das normas alemãs sobre a exclusão da responsabilidade do lesante afigura-se conforme com as expectativas das partes, por ser a Alemanha o país onde estas encetaram os contactos para a celebração do contrato e onde o devedor da prestação característica deste tem a sua residência habitual. É mesmo plausível que *A* não tenha efectuado qualquer seguro destinado a cobrir a sua eventual responsabilidade por ter confiado no cumprimento por *B* do dever pré-contratual que sobre si impende perante a lei alemã de advertir a contraparte da inexistência desse seguro.

Parece, assim, justificar-se no caso figurado a aplicação da lei alemã à responsabilidade extracontratual de *A*, ainda que essa lei não seja competente para regulá-la segundo o art. 45.º do Código Civil português.

---

sabilidade pelo seu incumprimento ver, na doutrina alemã, LARENZ, *Lehrbuch des Schuldrechts*, vol. I, *Allgemeiner Teil*, p. 110; *Münchener Kommentar*-EMMERICH, Vor § 275, n.m. 78, pp. 684 s.; LARENZ-WOLF, *Allgemeiner Teil des Bürgerlichen Rechts*, p. 610; e *Palandt*-HEINRICHS, § 276 BGB, n.m. 71, p. 337; e entre nós CARNEIRO DA FRADA, *Contrato e deveres de protecção*, p. 157, n. 324.

CAPÍTULO V

DO CONCURSO E DA FALTA DE NORMAS APLICÁVEIS

§ 27.°
Do concurso de normas

96. *a*) Em virtude do método de qualificação acima preconizado podem ocorrer situações em que são potencialmente aplicáveis à definição dos pressupostos e do conteúdo da responsabilidade pré-contratual emergente de uma situação privada internacional normas materiais pertencentes a sistemas jurídicos diferentes, chamadas por regras de conflitos diversas, que consagram outros tantos elementos de conexão.

Tomemos para exemplo o caso de ocorrer em França o rompimento de negociações tendentes à celebração de um contrato de compra e venda em que o potencial vendedor reside na Alemanha. À determinação da responsabilidade pré-contratual eventualmente resultante desse facto será aplicável, além da lei francesa, competente a título de *lex loci delicti*, a lei alemã, como virtual *lex contractus*. Isto, porque à face da lei francesa a situação deve ser caracterizada como pertinente ao domínio da responsabilidade extracontratual, achando-se por isso preenchida previsão do art. 1382 do *Code Civil*, que é subsumível ao conceito-quadro do art. 45.° do Código Civil português, do mesmo passo que perante a lei alemã a situação é abrangida pelas normas locais relativas à responsabilidade contratual, as quais, por seu turno, são reconduzíveis à previsão dos arts. 3.° e 4.° da Convenção de Roma.

Pode, por outro lado, suceder que a venda de determinada coisa precedida da prestação pelo vendedor de informações falsas acerca do objecto do contrato no intuito de induzir o comprador em erro determine a responsabilidade pré-contratual do primeiro à luz do Direito alemão, compe-

512 *Da Responsabilidade Pré-Contratual em Direito Internacional Privado*

tente a título de *lex contractus* segundo o sistema de conflitos do foro, por ser a Alemanha o país da sua residência habitual e porque as normas locais que cominam tal responsabilidade têm natureza obrigacional, e simultaneamente a responsabilidade delitual do mesmo sujeito por *fraudulent misrepresentation* à face do Direito inglês, competente por força das regras de conflitos portuguesas em matéria de delitos visto os factos em questão terem ocorrido em Inglaterra.

Se no exemplo anterior a actuação ilícita do réu houver tido lugar nos Estados Unidos e à face do Direito local o autor tiver direito a perceber do réu *punitive damages* poderá ainda perguntar-se se o tribunal português deve conferir-lhos juntamente com a compensação dos danos sofridos devida segundo o Direito alemão.

Verificam-se nestas hipóteses concursos de normas em Direito Internacional Privado: a mesma situação da vida preenche simultaneamente a previsão de duas ou mais normas diferentes, dimanadas de sistemas jurídicos diversos, que dispõem de iguais títulos de aplicação à face do sistema de conflitos do foro.

Deve notar-se, antes de prosseguirmos, que as situações aqui consideradas não se confundem com aquelas a que nos reportámos acima, quando nos referimos à conexão acessória de pretensões indemnizatórias emergentes de ilícitos delituais cometidos *in contrahendo*.

Decerto, a elas é comum a circunstância de os mesmos factos serem diferentemente caracterizados nos ordenamentos jurídicos locais com que se acham em contacto. Todavia, ao passo que nas hipóteses atrás consideradas apenas um desses ordenamentos possui um título de aplicação no Estado do foro, pois que a competência do outro foi *ab ovo* afastada através do mecanismo da conexão acessória, nas situações que agora temos em vista o sistema de conflitos atribui competência a ambos, daí resultando a aplicabilidade potencial de normas a ele pertinentes a fim de regerem as mesmas questões ou relações jurídicas.

O problema de que vamos ocupar-nos neste parágrafo (assim como o da falta de normas aplicáveis, de que cuidaremos no parágrafo seguinte) é há muito conhecido da doutrina do Direito Internacional Privado, tendo sido primeiramente tratado por ZITELMANN[1654] em 1897.

Na raiz dele acha-se a circunstância de os diferentes sistemas jurídicos visarem fins sociais idênticos mediante institutos diversos, os quais,

---

[1654] *IPR*, vol. I, pp. 144 ss.

por sua vez, são objecto de outras tantas regras de conflitos do foro. Assim, nos exemplos apontados, a protecção do interesse das partes na correcta formação da vontade de contratar e da confiança daquele que agiu na convicção legítima de que seria validamente concluído um contrato tanto é levada a efeito mediante normas do Direito dos Contratos como de disposições relativas ao regime dos actos ilícitos extracontratuais.

b) Os concursos em apreço podem ser classificados em diversas categorias, que cumpre referir pelo interesse que revestem para a exposição subsequente.

Quanto à natureza das normas em concurso, há a considerar os concursos de regras de conflitos e os de normas materiais.

Nos primeiros podem autonomizar-se o concurso aparente, em que uma só das regras de conflitos em concurso é afinal aplicada, resolvendo-se o concurso exclusivamente em atenção às relações entre as regras concorrentes, as quais podem ser de consunção, especialidade ou subsidiariedade; e o concurso real, em que há que levar em conta todas as regras concorrentes para achar a regulamentação do caso. Este último pode ser cumulativo — os efeitos estatuídos pelas regras concorrentes adicionam-se sem adaptações na regulamentação da mesma situação de facto, delas decorrendo pretensões que podem fazer-se valer cumulativamente (como sucede, *v.g.*, no tocante às questões parciais) — ou ideal — neste se integrando todas as demais hipóteses em que há que atender às várias regras em concurso para regular juridicamente o caso, quer mediante a aplicação em alternativa das regras concorrentes (concurso electivo ou alternativo) quer pela combinação dessas regras.

Dos concursos de regras de conflitos distinguem-se os concursos de normas materiais pertencentes a ordenamentos jurídicos diferentes, declaradas competentes a títulos diversos pelas regras de conflitos do foro para reger a mesma situação de facto. Estes estão geralmente associados a um concurso de regras de conflitos, mas tal pode não suceder (assim, por exemplo, nos casos de conexão plural). Diferentemente dos concursos de regras de conflitos, e por razões que adiante se explicitarão, este tipo de concurso não pode ser aparente, antes é sempre um concurso real, havendo que autonomizar nele o concurso cumulativo e o concurso ideal.

Quanto à natureza das relações entre as normas concorrentes há a distinguir os concursos de normas antinómicas, i. é, de normas cuja aplicação simultânea à mesma situação de facto é impossível porque as mesmas se excluem reciprocamente, dos concursos de normas não antinómicas, i. é, susceptíveis de cumulação ou de combinação.

514 *Da Responsabilidade Pré-Contratual em Direito Internacional Privado*

c) O concurso de normas em Direito Internacional Privado distingue-se de outras figuras que lhe são próximas: o conflito de leis no espaço, o conflito positivo de qualificações e o conflito de regras de conflitos.

Também no chamado conflito de leis no espaço ocorre um concurso de normas *lato sensu*. Todavia, as duas situações não se confundem.

No conflito de leis no espaço duas ou mais normas de ordenamentos jurídicos distintos são potencialmente aplicáveis a uma situação da vida privada internacional, por se acharem conexas com esta, mas a sua efectiva aplicação ao caso depende da verificação de dois requisitos fundamentais: serem essas normas reconduzíveis ao conceito-quadro de uma das regras de conflitos do Estado do foro e possuírem com a situação *sub judice* a conexão espacial postulada por essa regra. A solução do problema do conflito de leis pressupõe assim, fundamentalmente, a verificação entre o caso decidendo e uma das leis em presença da conexão preferível para o tipo de questão de Direito que o mesmo suscita.

Diferentemente, no concurso de normas materiais estas possuem já um título de aplicação à face do Direito Internacional Privado do foro — consistente no chamamento que delas é feito pelas regras de conflitos deste ordenamento a cuja previsão são reconduzíveis —, achando-se por isso em princípio igualmente legitimadas para reger a situação de facto. Trata-se, por assim dizer, de um conflito de leis de segundo grau, cuja solução impõe o recurso a critérios de outro tipo.

Por conflitos positivos de qualificações tem a doutrina[1655] designado o concurso de preceitos materiais convocados a títulos diferentes para regular o mesmo caso, originado numa divergência das leis em presença quanto à natureza jurídica desses preceitos, quando entre eles se verifique um «conflito de juízos de valor» (*Wertungswiderspruch*), em termos tais que esses preceitos se excluam mutuamente, sendo inadmissível a sua aplicação simultânea.

Trata-se, portanto, de um conceito que abrange apenas uma parte da problemática compreendida no concurso de normas em Direito Internacional Privado, tal como o definimos atrás. À referida designação pode objectar-se que não é numa divergência de qualificações que se situa a raiz do problema em apreço — até porque a única qualificação relevante da situação *sub judice* é a operada segundo a *lex fori* —, mas antes na cir-

---

[1655] Entre nós FERRER CORREIA, *Lições de DIP*, p. 324; *idem, DIP. Alguns problemas*, p. 168; BAPTISTA MACHADO, *Lições de DIP*, pp. 130 ss.; e MARQUES DOS SANTOS, *Breves considerações sobre a adaptação em DIP*, pp. 32 ss.

cunstância de os diferentes ordenamentos em presença disciplinarem dada situação mediante normas que desempenham funções sociais diversas, imputando-lhe efeitos jurídicos diferentes, as quais são por isso reconduzíveis a outras tantas regras de conflitos do foro.

Para significar o mesmo fenómeno de contradição valorativa entre preceitos materiais pertencentes a ordens jurídicas diferentes, designadas a títulos diversos para reger a mesma situação de facto, tem-se também utilizado a expressão «conflito de normas de conflitos»[1656].

Em rigor, no entanto, podem também ocorrer conflitos de regras de conflitos — entendidos genericamente como as situações em que duas regras de conflitos são simultaneamente aplicáveis à mesma situação de facto, para a qual estatuem consequências diferentes — em casos em que entre as normas materiais concorrentes se não verifica qualquer contradição valorativa. E pode uma tal contradição valorativa entre as normas materiais aplicáveis a uma mesma situação ocorrer em virtude de uma remissão operada para dois ordenamentos distintos por uma só regra de conflitos (como sucede nos casos de conexão cumulativa). Àquela designação é inerente a concepção segundo a qual perante toda a contradição normativa do tipo referido há que optar por uma das normas antinómicas, sacrificando a outra, sendo que tal solução se traduz no «triunfo da norma de conflitos em que se fundava aquele primeiro preceito»[1657]. Supomos, porém, que não é necessariamente assim, pois que também a correcção do resultado dos preceitos materiais em causa e a formulação de uma disciplina material *ad hoc* se perfilam como soluções possíveis do referido conflito. À dita designação subjaz de igual modo a ideia de que o conflito em apreço se há-se resolver fundamentalmente através da «prévia definição de uma relação hierárquica estratificada entre as várias regras de conflitos que compõem um dado sistema»[1658], sendo a determinação da regra de conflitos em cada caso aplicável resultado de uma escolha que traduz essa relação hierárquica; mas, pelas razões que adiante exporemos, a nós parece-nos que o problema do concurso de normas em Direito Internacional Privado acha a sua solução com independência das regras de conflitos em presença (salvo nos casos de concurso aparente), devendo o julgador atender, em primeira linha, à solução do concurso nas próprias leis com-

---

[1656] Assim MAGALHÃES COLLAÇO, *Da qualificação em DIP*, pp. 261 s. No seu ensino oral a autora abandonou, porém, este conceito.

[1657] *Idem, ibidem*, p. 262.

[1658] *Idem, ibidem*, p. 281.

516   Da Responsabilidade Pré-Contratual em Direito Internacional Privado

petentes a fim de determinar a norma ou normas materiais aplicáveis ao caso. É, por conseguinte, também numa perspectiva jurídico-material, que atenda à especificidade do caso concreto decidendo, e não apenas segundo critérios formais que, na nossa perspectiva, o concurso de normas deve ser resolvido.

97. Perante situações do tipo das referidas cabe perguntar se das várias normas em concurso (normas materiais e de conflitos) só uma deve afinal aplicar-se ou se, ao invés, todas devem ser atendidas na regulamentação jurídica do caso, nomeadamente em termos de os efeitos por elas estatuídos se adicionarem ou alternarem, fazendo surgir na titularidade do interessado duas ou mais pretensões cumulativas ou alternativas, ou de se combinarem, por forma que a solução do caso corresponda ao reconhecimento de uma única pretensão com uma pluralidade de fundamentos.

O problema não é entre nós contemplado por qualquer disposição legal genérica[1659]. Tendo tido consciência dele, o legislador absteve-se deliberadamente de regulá-lo no Código Civil, deixando à doutrina e à jurisprudência a descoberta dos critérios de solução preferíveis[1660]. É destes critérios que nos vamos ocupar agora.

a) Em princípio deve excluir-se que o concurso de normas se resolva na competência, a título primário, de todas as normas materiais concorrentes, por forma que os efeitos jurídicos previstos em cada uma delas (a constituição ou extinção de um estado, a responsabilidade civil de um sujeito, etc.) apenas se produzam se forem simultaneamente reconhecidos pelas demais. Esta solução, que corresponde à chamada conexão cumulativa, não é admissível na generalidade dos casos de concursos de normas — mormente aqueles em que o concurso resulta da divergente qualifica-

---

[1659] Pode ver-se, todavia, no art. 26.°, n.° 2, do Código Civil uma norma que disciplina uma hipótese concreta de concurso de normas antinómicas. Sobre o preceito cfr. MARQUES DOS SANTOS, *Breves considerações sobre a adaptação em DIP*, p. 84.

[1660] Lê-se, com efeito, a este respeito nos trabalhos preparatórios do Código Civil: «Tema assaz complexo, a doutrina mostra-se ainda muito dividida e hesitante quanto à posição a tomar. Por este motivo, julgou-se preferível não propor a consagração no futuro Código de qualquer directiva em tal matéria»: cfr. FERRER CORREIA-BAPTISTA MACHADO, «Aplicação das leis no espaço. Direitos dos estrangeiros e conflitos de leis», *BMJ* 136, pp. 17 ss. (p. 57) (=*in* FERRER CORREIA-FERREIRA PINTO, *Direito Internacional Privado. Leis e projectos de leis. Convenções internacionais*, p. 111). Ver ainda FERRER CORREIA, *Lições de DIP*, p. 325; *idem*, «O novo DIP português (alguns princípios gerais)», *in Estudos vários de direito*, pp. 3 ss. (p. 32).

ção da mesma pretensão nas várias *leges causae* —, pois que, traduzindo-se na primazia da lei mais restritiva, dificultaria injustificadamente a constituição e o reconhecimento de situações plurilocalizadas, sendo por isso a sua adopção como critério geral susceptível de defraudar a confiança daqueles que são titulares de uma pretensão válida à face de uma daquelas leis[1661]. Por isso mesmo só em casos muito contados o Direito Internacional Privado português adoptou aquele tipo de conexão[1662]. Mas cumpre reconhecer que o problema do concurso de normas em Direito Internacional Privado não se reconduz necessariamente à determinação de uma única norma ou lei aplicável, podendo a solução do caso concreto ser a que decorre da aplicação concomitante de todas as normas por ele convocadas, como adiante se verá.

Parece-nos também de afastar a hipótese de a solução do concurso entre normas antinómicas resultar da opção, dentre essas normas, por aquela que ao julgador se afigure mais justa, atenta a disciplina material que estabelece. É que a determinação da justiça da norma de Direito traduz-se, ao fim e ao cabo, na sua recondução aos postulados ético-jurídicos que lhe subjazem (*hoc sensu*, a sua justificação) e esta operação, quando referida a normas de diferentes sistemas jurídicos, pode conduzir — como tivemos oportunidade de verificar a respeito da disciplina da responsabilidade por actos praticados nos preliminares e na formação dos contratos — à descoberta de antinomias entre os próprios valores em que assentam as normas concorrentes, e, por conseguinte, à possibilidade de justificação de ambas. Na falta de uma escala de valores com carácter universal, a que o tribunal do Estado do foro possa reportar-se a fim de aferir a justeza relativa das normas em concurso, a solução em apreço conduziria inevitavelmente ao primado da norma cujo fundamento se achasse mais próximo das concepções ético-jurídicas dominantes no Estado do foro — se não mesmo das que perfilha o julgador. Mas esta solução afigura-se-nos fundamentalmente desconforme com o princípio da tutela da confiança nas relações privadas internacionais.

[1661] Cfr. na mesma linha geral de orientação WENGLER, *IPR*, vol. I, p. 220, que considera ser a aplicação cumulativa de vários Direitos incompatível com o postulado da igualdade de tratamento das partes em situações conectadas de forma homogénea e heterogénea; e LÜDERITZ, *IPR*, p. 89.

[1662] Cfr. os arts. 27.°, n.° 2, 33.°, n.° 3, 55.°, n.° 2, e 60.°, n.° 4, do Código Civil, 674.°, n.° 3, do Código Comercial, 3.°, n.°s 2 e 5, do Código das Sociedades Comerciais e 40.°, n.° 2, do Código dos Valores Mobiliários.

518 *Da Responsabilidade Pré-Contratual em Direito Internacional Privado*

A consideração devida ao mesmo princípio implica que a solução do concurso de normas em Direito Internacional Privado não pode ser directamente extraída do Direito material do Estado do foro quando este não possua qualquer ligação substancial com os factos da lide, pois que isso poderia conduzir a decisões não coincidentes com as que são dadas por qualquer das ordens jurídicas interessadas e por isso susceptíveis de defraudar as legítimas expectativas dos interessados.

Igualmente insatisfatória nos parece a busca de uma solução para o concurso de normas a partir de uma relação de hierarquia previamente estabelecida entre qualificações conflituantes ou entre as regras de conflitos concorrentes[1663].

Um tal critério de solução, a ser aceite, só vale para as hipóteses em que as normas ou os regimes concorrentes se revelem antinómicos, i.é, insusceptíveis de serem simultaneamente aplicados ao mesmo caso concreto. Fora do seu âmbito ficam todas as hipóteses em que a regulação jurídica do caso não tem lugar pela eliminação de um dos termos da contradição, mas antes através da cumulação ou combinação das normas concorrentes. Ora, como a admissibilidade destas soluções não pode ser excluída *a priori*, antes carece de ser determinada através da perscrutação dos próprios sistemas materiais em concurso, há que reconhecer que não é através de uma tal hierarquização que deve buscar-se, em primeira linha, a solução das dificuldades apontadas.

Mesmo nos casos de antinomias entre normas concorrentes a referida directriz parece pressupor que o critério que preside à opção entre as regras ou os regimes concorrentes deve ser fixado normativamente, o que está longe de ser imperioso, pois que em muitos casos nada impede que essa opção caiba aos próprios interessados.

Acresce que a elaboração de um sistema completo de regras de conflitos de segundo grau, que definam a posição relativa das regras de conflitos primárias vigentes no Direito português se afigura tarefa de difícil, se não mesmo impossível, execução; e que uma tal orientação comporta

---

[1663] *Vide*, porém, no sentido de uma solução desse tipo, entre nós, MAGALHÃES COLLAÇO, *Da qualificação em DIP*, pp. 287 ss.; FERRER CORREIA, *Lições de DIP*, pp. 325 ss.; *idem*, «Considerações sobre o método em DIP», *in Estudos vários de Direito*, pp. 309 ss. (pp. 340 ss.); «Direito Internacional Privado Matrimonial (Direito português)», *RLJ*, ano 116.°, pp. 322 ss. (p. 324); BAPTISTA MACHADO, *Lições de DIP*, pp. 135 ss.; e Maria Helena BRITO, *A representação nos contratos internacionais*, p. 690. Na literatura estrangeira cfr. GAMILLSCHEG, «Überlegungen zur Methode der Qualifikation», *in FS Michaelis*, pp. 79 ss. (pp. 92 ss.).

Do Concurso e da Falta de Normas Aplicáveis

inegáveis riscos de arbítrio — patentes, como se verá, na tentativa levada a cabo por alguma doutrina de hierarquizar qualificações conflituantes na base de relações de especialidade entre normas oriundas de sistemas jurídicos diferentes.

Finalmente, cremos ser também inaceitável a aplicação de normas de um dos ordenamentos em presença que não as tenha por aplicáveis na espécie, pelo risco que essa solução envolve de se criar uma disciplina artificial para a situação controvertida. Estando, por exemplo, em causa a pretensão indemnizatória formulada pela vítima de um acidente de viação contra o seu transportador, não parece admissível aplicar as normas do estatuto delitual (*v.g.* o Direito francês, por ter ocorrido em França o referido acidente) em vez das do estatuto contratual (por hipótese o Direito alemão, visto o transportador residir habitualmente na Alemanha) se à face do primeiro as regras da responsabilidade extracontratual são consumidas pelas da responsabilidade contratual e, por conseguinte, delas não deriva para o lesado qualquer direito perante o ordenamento jurídico em que se integram. É antes a adopção de soluções jurídicas «reais» (i. é, com correspondência em algum dos ordenamentos interessados) que deve privilegiar-se na decisão do concurso de normas em Direito Internacional Privado[1664]. Apenas essas soluções são, na verdade, previsíveis pelos interessados, os quais poderão ter feito os seus planos de vida na base delas; por isso, só elas se afiguram plenamente conformes com a tutela da confiança nas relações privadas internacionais. Acresce que tais soluções serão em princípio mais facilmente susceptíveis de serem executadas pelos tribunais daqueles ordenamentos.

b) Isto posto, vejamos agora quais os critérios gerais a que deve subordinar-se entre nós a resolução do concurso de normas.

Nalguns casos (que denominámos de concurso aparente de regras de conflitos), a solução do concurso poderá ser encontrada no plano das relações sistemáticas entre as regras de conflitos em presença, por aplicação dos critérios formais que determinam a primazia da regra especial sobre a regra geral, da regra consuntiva sobre a regra consumpta e da regra primária sobre a regra subsidiária.

Há, porém, que ter presente que estes critérios mais não são do que presunções de justiça, susceptíveis de serem ilididas. Assim, por exemplo,

---

[1664] Cfr. na mesma linha fundamental de orientação, na doutrina estrangeira, KEGEL, *IPR*, pp. 115 e 263, e KROPHOLLER, *IPR*, p. 219; e entre nós MAGALHÃES COLLAÇO, *Da qualificação em DIP*, p. 258, e MARQUES DOS SANTOS, ob. cit., p. 72.

520 *Da Responsabilidade Pré-Contratual em Direito Internacional Privado*

se se pode sustentar que a aplicação da regra especial em vez da regra geral é um factor de justiça, na medida em que esta determina a diversificação do desigual, também a aplicação da regra geral em vez da regra especial pode em certos casos constituir uma solução conforme à justiça, visto que esta impõe também a unificação do igual, por exemplo pela abolição de privilégios[1665]. Também o concurso aparente exige, por conseguinte, uma ponderação das circunstâncias do caso concreto pelo julgador, que é incompatível com a referência mecânica a soluções pré-determinadas ou a critérios formais[1666].

Nos casos em que aqueles critérios forem inaplicáveis, terá o julgador de buscar a solução do problema à luz dos postulados fundamentais da ordem jurídica no domínio dos conflitos de leis. Entre estes avultam, como se viu, a tutela da confiança e a igualdade. A máxima de decisão do concurso de normas em Direito Internacional Privado há-de, pois, ser a que em mais alto grau favoreça a realização das expectativas legitimamente formadas pelas partes à luz das leis em presença; e não pode corresponder a uma solução que repugne a ambas essas leis, pois que de outro modo se correria o risco de conceder aos interessados, no Estado do foro, mais ou menos do que aquilo que estes devem receber segundo o conteúdo comum dos Direitos em concurso, o que seria intolerável à luz do princípio da igualdade.

Nesta conformidade, haverá que atender, em primeiro lugar, às soluções oferecidas pelas próprias *leges causae*, averiguando se as proposições

---

[1665] Cfr. BOBBIO, «Des critères pour résoudre les antinomies», *in Les antinomies en droit*, pp. 237 ss. (pp. 245 ss.).

[1666] *Vide* nesta linha fundamental de orientação LARENZ, *Methodenlehre der Rechtswissenschaft*, p. 405 (na tradução portuguesa, pp. 575 s.), que salienta não existir «uma ordem hierárquica de todos os bens e valores jurídicos em que possa ler-se o resultado como numa tabela», pelo que a resolução das colisões de princípios e normas deve ser feita mediante uma «ponderação de bens no caso concreto». Nesta pertence ao julgador «uma margem livre muito ampla para uma valoração judicial pessoal» (*ibidem*, p. 412; na tradução portuguesa, p. 586). Entre nós, sustenta CASTANHEIRA NEVES, *Questão-de-facto — Questão-de-direito*, vol. I, p. 267, e *Metodologia jurídica*, pp. 173 s., que «só o sentido jurídico concreto do caso, compreendido com autonomia», pode decidir, nas hipóteses em que «a situação concreta a ter em conta oferece elementos para que, segundo os critérios lógico-subsuntivos, se possam dizer simultaneamente aplicáveis duas ou mais normas positivas», e bem assim naqueloutras em que «a situação concreta se conexiona com várias normas que se não excluem e antes vêm a concorrer todas, cada uma com o seu contributo particular, para o regime jurídico unitário que decidirá do caso concreto», quer de uma eventual opção entre aquelas normas, quer da sua aplicação simultânea ou convergente.

Do Concurso e da Falta de Normas Aplicáveis 521

jurídicas concorrentes são susceptíveis de ser aplicadas de forma cumulativa, alternativa ou combinada (em termos de fundarem uma só pretensão plurimamente fundamentada ou várias pretensões concorrentes, cumulativas ou alternativas) ou se, ao invés, elas se excluem reciprocamente; e se existem princípios ou regras comuns quanto ao problema do concurso à face das leis em que se integram aquelas proposições.

Assim, se determinada pretensão é fundada à face de todas as *leges causae*, que estabelecem consequências jurídicas idênticas para a situação *sub judice* (concurso de normas de pretensão), ao tribunal do Estado do foro não cabe senão reconhecer essa pretensão plurifundamentada. Na verdade, é apodíctico que nada obsta à dupla fundamentação do mesmo efeito jurídico, decorrente de determinada situação de facto ser abrangida por duas ou mais normas jurídicas, que para ela estabelecem consequências jurídicas idênticas[1667]; e que não parece legítimo extrair da aplicação parcelar de várias ordens jurídicas, por força das regras de conflitos do Estado do foro, soluções divergentes do conteúdo comum dessas mesmas ordens jurídicas[1668].

Se as normas concorrentes estatuem para a mesma situação de facto efeitos jurídicos diversos, mas os ordenamentos em que se inserem são concordes em conferir ao interessado a faculdade de cumulá-los ou de

---

[1667] Cfr. neste sentido LARENZ, *Methodenlehre*, cit., p. 266 (na tradução portuguesa, p. 372 s.), e ENGISCH, *Einführung in das juristische Denken*, pp. 40 ss. (na tradução portuguesa, pp. 51 ss.). Ver ainda BAPTISTA MACHADO, *Âmbito de eficácia e âmbito de competência das leis*, p. 215.

[1668] Assim, expressamente, KEGEL, *IPR*, pp. 113 e 264. Certa doutrina anglo-saxónica designa as situações deste tipo, na esteira de CURRIE, «Notes on Methods and Objectives in the Conflict of Laws», *in Selected Essays*, pp. 177 ss. (pp. 183 s.), por *false conflicts* e sustenta que nelas não compete ao tribunal resolver qualquer conflito de leis (*conflict avoidance*): cfr. SCOLES-HAY, *Conflict of Laws*, p. 17, e MORRIS-McCLEAN, *The Conflict of Laws*, p. 461. Esta orientação é porém asperamente criticada por KAHN-FREUND, «General Problems of Private International Law», *Rec. Cours*, vol. 143 (1974-III), pp. 139 ss. (pp. 259 ss.): pertencendo as normas em presença à *lex fori* e a uma lei estrangeira, o juiz de um sistema de *Common Law* não poderia deixar de decidir qual delas é aplicável, dado que só a sentença baseada na *lex fori* tem o valor de precedente. A objecção não tem, evidentemente, qualquer relevo à face da ordem jurídica portuguesa; e tão-pouco o tem aqueloutra que pode deduzir-se contra a solução apontada nos sistemas em que o controlo da interpretação e da aplicação do Direito estrangeiro pelos tribunais superiores se acha submetido a um regime diverso do que vigora para o Direito interno, pois que entre nós também a violação da lei estrangeira é fundamento de recurso de revista: cfr. adiante, § 33.°.

522 Da Responsabilidade Pré-Contratual em Direito Internacional Privado

escolher dentre eles os que pretende invocar em juízo, optando por uma das formas de tutela a que as referidas normas são reconduzíveis (concurso de pretensões), deve o tribunal decidir o concurso em conformidade (salvo, evidentemente, se tal envolver ofensa da ordem pública internacional daquele Estado)[1669]. Seja o caso em que *A*, residente na Alemanha, demanda *B*, seu transportador, com sede no mesmo país, pelos danos sofridos em consequência de um acidente ocorrido em Inglaterra, imputável ao segundo: como em ambos os países se admite a escolha pelo lesado das normas em que se fundará a sua pretensão indemnizatória, nada se opõe a que *A* invoque perante tribunal português as regras alemãs sobre o ressarcimento dos danos não patrimoniais (*Schmerzensgeld*), que porventura lhe serão mais favoráveis na espécie.

Se, ao invés, ambas as *leges causae* rejeitam o concurso de pretensões e, de acordo com a doutrina do «não cúmulo», consagram a subsidiariedade de uma delas (por hipótese, a pretensão delitual), deve a mesma solução ser adoptada no Estado do foro, posto que seja outra a orientação consignada no Direito local. Eis por que na hipótese mencionada se as partes se achassem domiciliadas em França e o acidente ocorresse na Bélgica haveria que aplicar em Portugal exclusivamente as regras do Direito francês, estatuto contratual, de acordo com a dita doutrina, vigente em ambos os países[1670].

Se os sistemas em presença previrem soluções divergentes quer quanto à questão de fundo quer quanto à solução do concurso (*v.g.* porque um deles admite o concurso de pretensões e o outro consagra a doutrina do *non-cumul*), mas do funcionamento em concreto das regras desses sistemas

---

[1669] Em sentido diverso pronunciam-se Dietz, *Anspruchkonkurrenz bei Vertragsverletzung und Delikt*, pp. 131 ss., e Wengler, «Die Qualifikation der materiellen Rechtssätze im IPR», *in FS Wolff*, pp. 337 ss. (p. 364), que preconizam a resolução dos concursos de pretensões em Direito Internacional Privado exclusivamente na base dos critérios do Direito material do foro; mas sem razão, pelos motivos expostos no texto. Próxima dessa é a posição sustentada por Lewald, para quem a competência simultânea de duas leis confere ao autor a possibilidade de fazer valer aquela que lhe for mais favorável, independentemente do que dispuserem essas leis sobre o concurso de normas: cfr. «Règles générales des conflits de lois», *Rec. cours*, vol. 69 (1939-III), pp. 1 ss. (p. 84). Perfilha a solução por nós sustentada no texto, posto que com diversa fundamentação, Birk, *Schadensersatz und sonstige Restitutionsformen im IPR*, pp. 14 s.

[1670] Podem ver-se no sentido da aplicação das normas da lei francesa, reguladora do contrato de transporte, à responsabilidade civil por danos resultantes de um acidente ocorrido em país estrangeiro durante a execução desse contrato os acórdãos do *Tribunal de Grande Instance de Chambéry*, de 14 de Dezembro de 1965, *RCDIP* 1967, pp. 110 ss., e do *Tribunal de Grande Instance de Dinan*, de 24 de Setembro de 1968, *D.* 1969, pp. 404 s.

relativas ao concurso de normas e aos conflitos de leis no espaço resulta que eles são concordes quanto à aplicabilidade das normas materiais de um deles, devem estas últimas ser aplicadas. Assim, no exemplo figurado, estando em causa a responsabilidade do transportador por danos causados ao passageiro num acidente ocorrido na Alemanha e achando-se o contrato de transporte sujeito ao Direito francês, são de aplicar as disposições do Direito contratual francês, que é tido por competente ao abrigo da doutrina local do *non-cumul* e da doutrina germânica do concurso de normas de pretensão, bem como das regras de conflitos vigentes em ambos os países.

Sendo as normas em concurso mutuamente excludentes (concurso de normas antinómicas), só uma delas pode ser aplicada. Também neste caso cabe ao julgador averiguar se existe consenso entre as ordens jurídicas em que as mesmas se integram quanto à solução do concurso, observando-se essa solução na hipótese afirmativa.

Em certos casos as soluções preconizadas importarão que na competência atribuída à lei designada pela regra de conflitos se incluam outras normas além das que integram o instituto por ela visado. Assim sucederá, por exemplo, se forem aplicadas, dentre as normas em presença, as que concretamente forem mais favoráveis ao lesado, ainda que não sejam reconduzíveis ao conceito-quadro da regra de conflitos que para elas remete: *v.g.* as normas sobre a prescrição das pretensões indemnizatórias contratuais da *lex delicti* ou as normas relativas à responsabilidade solidária dos co-autores do mesmo delito da *lex contractus*. Isso implica, no entanto, o alargamento do âmbito da conexão operada pela regra de conflitos para além dos limites que lhe são impostos pelo artigo 15.° do Código Civil. Da admissibilidade e da justificação metodológica deste procedimento se cuidará a seguir.

Na falta de uma solução do concurso de normas comum às *leges causae* haverá que optar por uma das normas concorrentes, ou, se tal for possível, cumulá-las ou combiná-las, consoante o que ao julgador se afigure mais adequado no caso decidendo.

Nesta hipótese tende a *lex materialis fori* a ganhar maior relevo na decisão do concurso, podendo esta corresponder, nomeadamente, à solução que o Direito interno consagra para o efeito ou à que se encontrar mais próxima dos juízos de valor da *lex fori* no domínio considerado[1671] — o

---

[1671] Isto mesmo é admitido por WENGLER, «Die Qualifikation der materiellen Rechtssätze im IPR», *in FS Wolff*, pp. 337 ss. (p. 366), e por LÜDERITZ, *IPR*, p. 90. Tam-

que levará a admitir entre nós, nas hipóteses acima consideradas, a combinação dos regimes das duas formas de responsabilidade e a opção do interessado por um desses regimes[1672].

Não deve contudo o julgador deixar de atender à natureza internacional da questão *sub judice*. Para tanto cabe-lhe ponderar se a solução que se propõe adoptar se revela, atenta a localização espacial dos factos e a natureza dos vínculos que estes apresentam com as ordens jurídicas em presença, compatível com as finalidades gerais prosseguidas pelo Direito Internacional Privado.

c) Estas linhas gerais de orientação não podem, todavia, ser aceitas sem que nos interroguemos sobre a admissibilidade, *de jure constituto*, da relativa emancipação do julgador perante o sentido literal da regra de conflitos que as mesmas envolvem.

Supomos que para a dilucidação do problema assim posto importará averiguar a conformidade das soluções que propusemos com o princípio

---

bém sob este prisma se nos revela a inviabilidade de uma estrita observância da ideia de paridade de tratamento entre a *lex fori* e os sistemas jurídicos estrangeiros na resolução dos conflitos de leis, a que já fizemos alusão (cfr. o § 3.º).

[1672] Orientação próxima é sustentada por RABEL e DROBNIG (cfr. *The Conflict of Laws. A Comparative Study*, vol. II, p. 290), que escrevem: «on principle, conflicts law ought to follow the described conceptions prevailing in the modern municipal laws that tort and breach of contract generate two independent and concurrent rights, also when the supporting facts (excepting the existence of the contract) are identical». E acrescentam: «In further conformity with the general approach, the injured may combine both actions, unless the court, following procedural rather than substantive considerations, restricts the plaintiff to a choice between the causes of action». Mais recentemente, também NORTH se pronuncia no sentido da admissibilidade, à face do *Common Law* inglês, da escolha pelo lesado do regime de responsabilidade ao abrigo do qual fará valer dada pretensão indemnizatória emergente de uma situação plurilocalizada. Afirma o autor: «The plaintiff can choose whether to frame his action in contract or in tort and thereby determine which jurisdictional rules he must satisfy. The same goes for choice of law». Cfr. «Reform, but not Revolution. General Course on Private International Law», *Rec. Cours*, vol. 220 (1990-I), pp. 9 ss. (pp. 224 s.). Ver no mesmo sentido CHESHIRE-NORTH-FAWCETT, *Private International Law*, p. 544. A solução foi consagrada pelo *Court of Appeal* inglês no caso *Coupland v. Arabian Gulf Oil Co.* (1983) 1 *WLR* 1136 (p. 1153). Nos Estados Unidos a possibilidade de escolha pelo lesado do regime de responsabilidade aplicável em situações plurilocalizadas é expressamente admitida no comentário *g* ao § 145 do *Restatement (Second) on the Conflict of Laws*, onde se lê: «A plaintiff who cannot obtain recovery in tort under the law selected by application of the rule of this Section may sometimes obtain application of a more favorable law by relying upon some other basis of liability. Thus, the plaintiff may have the basis for a claim that the defendant is liable to him for his injuries on the ground of breach of contract. If so, the applicable law would be that selected by the rules of §§ 187-188».

Do Concurso e da Falta de Normas Aplicáveis 525

da vinculação do juiz à lei e com o carácter muito restritivo com que o legislador português admitiu o recurso à equidade. Estes os pontos sobre os quais nos iremos agora debruçar.

Ao Direito de Conflitos é imanente uma ideia de controlo pelo julgador do resultado material a que conduz a aplicação da lei competente[1673]. Entre nós esse controlo obteve consagração legislativa nos preceitos que disciplinam a reserva de ordem pública internacional; mas deveria ser tido como admissível ainda que não se achasse expressamente previsto em qualquer texto legal[1674].

As soluções atrás preconizadas mais não são do que formas de correcção do resultado da aplicação da lei competente não expressamente previstas na lei, mas impostas por necessidades próprias das situações da vida privada internacional — com particular relevo para o imperativo de evitar que da repartição da competência *legis* por várias ordens jurídicas, ou tão-só da sua atribuição a um ordenamento jurídico estrangeiro, resultem soluções contraditórias, aberrantes ou estrutural ou funcionalmente insusceptíveis de integração na ordem jurídica do foro — e pelos valores fundamentais a que o Direito Internacional Privado se dirige.

A estreita ligação entre a correcção do resultado da aplicação da regra de conflitos em caso de concurso de normas e a reserva de ordem pública internacional é, aliás, evidenciada pela circunstância de em determinadas situações se poderem alcançar através da primeira finalidades visadas pela segunda: assim, por exemplo, quando o concurso de normas antinómicas conduza, na falta de correcção, a um resultado chocante sob o ponto de vista dos princípios ético-jurídicos fundamentais do Estado do foro.

Nos casos em que da referida justaposição de elementos extraídos de diferentes sistemas jurídicos derivem antinomias normativas pode ainda o fundamento da sua correcção pelo julgador ser retirado do princípio da

---

[1673] Cfr. nesta linha de orientação: MAGALHÃES COLLAÇO, *DIP*, vol. I, p. 30; OLIVEIRA ASCENSÃO, *A tipicidade dos direitos reais*, p. 156; SCHURIG, *Kollisionsnorm und Sachrecht*, p. 285; e KROPHOLLER, *IPR*, p. 29.

[1674] Conforme, de resto, já o entendiam a doutrina e a jurisprudência portuguesas antes da entrada em vigor do novo Código Civil, na ausência de uma norma de fonte legal que consagrasse em termos genéricos a reserva de ordem pública internacional: cfr. MACHADO VILLELA, *Tratado elementar (teórico e prático) de DIP*, livro I, pp 556 ss.; Mário de FIGUEIREDO, *Os princípios gerais do DIP*, pp. 197 ss.; Fernando OLAVO, *DIP*, p. 254; TABORDA FERREIRA, *Sistema do DIP segundo a lei e a jurisprudência*, pp. 33 s.; *idem*, «Acerca da Ordem Pública no DIP», *RDES* 1959, pp. 1 ss. (pp. 8 ss.); e MAGALHÃES COLLAÇO, *DIP*, vol. II, pp. 419 e 422.

526 *Da Responsabilidade Pré-Contratual em Direito Internacional Privado*

unidade da ordem jurídica[1675], que os arts. 8.°, n.° 3, e 9.°, n.° 1, do Código Civil expressamente acolhem. Em virtude deste princípio, deve excluir-se, por intolerável em face das mais elementares exigências ético-jurídicas, a aplicação de normas contraditórias aos mesmos casos concretos[1676]. As contradições normativas no seio da ordem jurídica lesam, além disso, o postulado da justiça que reclama a valoração de condutas idênticas segundo padrões uniformes[1677]. A fim de superá-las deve, pois, ter-se por consentida pela disposição citada em último lugar a formulação pelo próprio julgador, a partir das normas existentes, das soluções mais conformes com o espírito geral do sistema.

Estas ideias impõem-se também quando o legislador de conflitos distribui por várias leis a competência para disciplinar as situações jurídicas internacionais[1678]. Uma conduta não pode, na verdade, «*in abstracto* ou *in concreto* aparecer ao mesmo tempo como prescrita e não prescrita, proibida e não proibida, ou até como prescrita e proibida»[1679], ainda que isso derive tão-só do chamamento de duas ou mais leis para a resolução da mesma contestação. Pelo que à luz deste princípio se afigura legítimo — diríamos mesmo: forçoso — que o julgador remova tais contradições a fim de obter uma regulamentação harmónica das relações privadas internacionais.

[1675] Neste sentido, com referência à figura da adaptação em Direito Internacional Privado, cfr. SCHRÖDER, ob. cit., p. 33, FIRSCHING, *Einführung in das IPR*, p. 57, e JAYME, «Identité culturelle et intégration: le droit international privé postmoderne. Cours général de droit international privé», *Rec. cours*, vol. 251 (1995), pp. 9 ss. (pp. 145 ss.). A necessidade de corrigir as contradições no seio da ordem jurídica como condição da sua unidade é sublinhada com particular ênfase por ENGISCH, *Die Einheit der Rechtsordnung*, pp. 69 ss., e *Einführung in das juristische Denken*, pp. 206 s. (na tradução portuguesa, p. 253).

[1676] Ver sobre o tema: ENGISCH, *Die Einheit der Rechtsordnung*, pp. 41 ss.; *idem*, *Einführung in das juristische Denken*, pp. 206 ss. (na tradução portuguesa, pp. 253 ss.); KELSEN, *Reine Rechtslehre*, tradução portuguesa, vol. II, pp. 27 ss.; CANARIS, *Systemdenken und Systembegriff in der Jurisprudenz*, tradução portuguesa, pp. 18 ss.; LARENZ, *Methodenlehre*, cit., pp. 487 s. (na tradução portuguesa, pp. 694 s.); e na doutrina portuguesa BAPTISTA MACHADO, prefácio à tradução da cit. *Einführung* de ENGISCH, pp. XXVI ss. e XLIX; *idem*, *Âmbito*, cit., pp. 211 ss.; CASTANHEIRA NEVES, «A unidade do sistema jurídico. o seu problema e o seu sentido (Diálogo com Kelsen)», *in Digesta*, vol. 2.°, pp. 95 ss.

[1677] Cfr. neste sentido COING, *Grundzüge der Rechtsphilosophie*, p. 265.

[1678] Cfr. FERRER CORREIA, *Lições de DIP*, pp. 46 s.; *idem*, *DIP.Alguns problemas*, pp. 113 ss.

[1679] Assim ENGISCH, *Einführung in das juristische Denken*, p. 209 (na tradução portuguesa, p. 255).

Do Concurso e da Falta de Normas Aplicáveis 527

Qualquer das explicações avançadas parte da caracterização da correcção do resultado da aplicação da lei ou leis competentes como um problema próprio do Direito Internacional Privado, que nasce do funcionamento das regras de conflitos e deve por isso achar os seus critérios de solução no sistema de conflitos do foro.

Estamos contudo em crer que o problema transcende os quadros desta disciplina[1680]. Prende-se ele com a determinação da medida em que ao julgador é legítimo chegar à solução justa dos casos concretos com apoio em critérios alheios à lei e com a questão da natureza meramente recognitiva ou constitutiva das decisões jurisdicionais.

Destas matérias se tem ocupado amplamente o pensamento jurídico contemporâneo. A plena liberdade do julgador perante a norma legal, à qual sobrelevariam o sentimento jurídico e a razão prática, foi afirmada, como se sabe, pela Escola do Direito Livre e seus precursores desde o final de Oitocentos[1681]; e o mesmo rumo tomou mais tarde o chamado Realismo Jurídico norte-americano, ao sustentar que as normas jurídicas mais não são do que «profecias» das decisões jurisdicionais[1682]. Certa atenuação da vinculação do juiz à lei foi posteriormente preconizada, em termos mais restritos, pela Jurisprudência dos Interesses, na medida em que os seus consectários admitiram, no quadro de uma «obediência pensante» à lei[1683], a «interpretação correctiva», com eventual preterição do texto legal, ou do seu sentido mais imediato, a favor do seu sentido profundo, dado pelos juízos de valor legais[1684]. E uma posição do julgador ainda mais livre em face

---

[1680] Neste mesmo sentido se pronunciam entre nós MAGALHÃES COLLAÇO, *DIP*, vol. II, p. 443, e MARQUES DOS SANTOS, *Breves considerações sobre a adaptação em DIP*, p. 21.

[1681] «Das Recht wird nicht durch die Gesammtheit der Normen, sondern durch die Gesammtheit der Entscheidungen dargestellt», escreve ISAY, *Rechtsnorm und Entscheidung*, p. 29.

[1682] Cfr. *supra*, § 3.º.

[1683] Assim HECK, «Gesetzesauslegung und Interessenjurisprudenz», *AcP* 112 (1914), pp. 1 ss. (p. 20; na tradução portuguesa, p. 57).

[1684] Cfr. HECK, ob. cit., pp. 196 ss. (na tradução portuguesa, 204 ss.). Na doutrina portuguesa aceitam este modo interpretativo: Manuel de ANDRADE, «Sobre o conceito de "especificação da coisa" na promessa de compra e venda», *RLJ*, ano 80.º, pp. 283 ss. (p. 293); *idem*, «Sentido e valor da jurisprudência», *BFDUC* 1972, pp. 255 ss. (pp. 281 s.); *idem, Noções elementares de processo civil* (com a colaboração de ANTUNES VARELA, edição revista e actualizada por Herculano ESTEVES), pp. 30 s.; ANTUNES VARELA, *Ineficácia do testamento e vontade conjectural do testador*, pp. 333 ss.; BAPTISTA MACHADO, *Introdução ao direito e ao discurso legitimador*, p. 186; Mário BIGOTTE CHORÃO, *Introdução ao Direito*, vol. I, pp. 150 s.; CABRAL DE MONCADA, *Lições de Direito Civil*, p. 159. Con-

528 Da Responsabilidade Pré-Contratual em Direito Internacional Privado

da lei foi sustentada pela Jurisprudência dos Valores, ao propugnar que aquele se oriente na realização concreta do Direito pelo sistema de valores e princípios normativos fundamentantes da ordem jurídica em geral e da norma aplicanda em particular[1685].

Tende-se a reconhecer, na senda aberta aberta por estas correntes da metodologia jurídica, que a aplicação da lei — *rectius*, a obtenção do Direito do caso — não é, como sublinha ESSER[1686], uma pura e simples operação lógica, mas antes a adequação ou adaptação de um comando geral ao caso singular[1687]; e caracteriza-se mesmo o sistema jurídico como «cibernético», atribuindo-se às proposições que o integram validade limitada pelo seu escopo e resultados que concitem[1688].

Há muito que se salientou, por outro lado, ter a norma jurídica como pressupostos uma situação e um tipo normais, sem o que a regulamentação por ela instituída seria incompreensível e nem sequer seria possível falar de norma; e que desaparecida a normalidade da situação concreta pressuposta logo desaparece também a possibilidade de se aplicar a norma com o rigor, a precisão e a segurança a que aspirava o pensamento jurídico positivista[1689].

---

tra, porém, OLIVEIRA ASCENSÃO, *O Direito*, p. 423. Para um exemplo de interpretação correctiva do Direito de Conflitos *vide* MARQUES DOS SANTOS, «Constituição e DIP. O estranho caso do art. 51.º, n.º 3, do Código Civil», *in Perspectivas constitucionais. Nos 20 anos da Constituição de 1976*, vol. III, pp. 367 ss. (p. 385).

[1685] Cfr. neste sentido COING, *Grundzüge der Rechtsphilosophie*, pp. 192 ss., 214, 222, 277 e 279 ss. Na doutrina portuguesa admite que «a decisão do caso concreto, não é sempre ou não pode ser nunca [...] mera subsunção lógico-silogística, sendo também por vezes ou até sempre referência teorética das situações da vida a valores jurídicos», Eduardo CORREIA, *A teoria do concurso em Direito Criminal*, p. 56.

[1686] Cfr. *Vorverständnis und Methodenwahl in der Rechtsfindung*, pp. 51, 69 e 103.

[1687] Cfr. nesta linha de pensamento CABRAL DE MONCADA, *Filosofia do Direito*, vol. 2.º, p. 78; José Alberto dos REIS, *CPC anotado*, vol. V, p. 139; Mário BIGOTTE CHORÃO, *Introdução ao Direito*, vol. I, p. 104; LARENZ, *Methodenlehre*, cit., pp. 211 ss. (na tradução portuguesa, pp. 249 ss.).

[1688] Assim MENEZES CORDEIRO, *Da boa fé no Direito Civil*, vol. I, p. 39, e vol. II, pp. 1260 ss.; *idem*, «Lei (Aplicação da)», *Polis*, vol. 3, cols. 1046 ss. (col. 1058); *idem*, introdução à tradução portuguesa de *Systemdenken und Systembegriff in der Jurisprudenz*, de CANARIS, especialmente pp. CIX ss. e CXIII. Na esteira de FIKENTSCHER, *Methoden des Rechts in vergleichender Darstellung*, vol. IV, pp. 30 e 32, propõe o autor o termo «sinépica» para designar o conjunto de regras que disciplinam a ponderação pelo intérprete-aplicador dos efeitos das decisões.

[1689] Assim Carl SCHMITT, *Die drei Arten des rechtswissenschaftlichen Denkens*, tradução portuguesa, *BMJ* 26, pp. 5 ss. (pp. 21 e 39).

Tem-se por certo, além disso, que a decisão do caso concreto não há-de ser estritamente deduzida da lei, mediante a prévia subsunção da situação de facto na previsão da norma legal, antes pode fundar-se num juízo de valor sobre a aptidão da consequência jurídica nela estatuída à realização, no caso de espécie, dos fins práticos e morais através dela prosseguidos[1690]. Alguns concebem até a norma jurídica como mero «critério hipotético»[1691] ou «ponto de partida»[1692] do juízo judicativo e o sistema e o problema concreto como as dimensões fundamentais da realização do Direito[1693], sendo por isso a aplicabilidade da norma necessariamente decidida em função da sua adequação material ao caso[1694].

Questão crucial nesta discussão é, pois, a que consiste em saber se o achamento do Direito e a fundamentação das decisões jurisdicionais devem fazer-se dedutivamente, a partir da norma jurídica, ou podem ter lugar através de outras ponderações do julgador, mormente a justiça do caso concreto.

Apesar da complexidade da matéria, supomos que as grandes linhas de orientação a este respeito podem enunciar-se sinteticamente do seguinte modo: Uma primeira corrente atém-se ao carácter necessariamente dedutivo da transição da fundamentação para a decisão judicial e à exclusiva subordinação do julgador à norma geral e abstracta aplicável ao caso concreto, seja ela formulada na lei ou criada pelo próprio julgador com os ins-

---

[1690] Neste sentido, por todos, COING, *Grundzüge der Rechtsphilosophie*, p. 277. Na doutrina portuguesa sustenta CASTANHEIRA NEVES que a norma jurídica só pode ser aplicada a um caso concreto se lhe for materialmente adequada: cfr. *Questão-de-facto — Questão-de-direito*, pp. 261 s. A problemática da justiça individualizante ou da decisão justa dos casos concretos é questão verdadeiramente nuclear da metodologia jurídica moderna. Para uma panorâmica da actual discussão em torno do tema *vide* LARENZ, *Methodenlehre*, cit., pp. 137 ss., 145 ss., 210, 211 ss., 290 e 348 ss. (na tradução portuguesa, pp. 190 ss., 214 ss., 292, 294 ss., 408 e 491 ss.). Entre nós vejam-se: BAPTISTA MACHADO, prefácio à tradução portuguesa de *Einführung in das juristische Denken*, de ENGISCH, *passim*; CASTANHEIRA NEVES, *Questão-de-facto — Questão-de-direito*, vol. I, especialmente pp. 105 ss., 422 ss. e 598 ss.; *idem*, *Metodologia jurídica*, especialmente pp. 155 ss.; Carlos da MOTA PINTO, *Cessão da posição contratual*, p. 45, n. 1; MENEZES CORDEIRO, introdução à tradução portuguesa do cit. *Systemdenken* de CANARIS, especialmente pp. CI ss.; e OLIVEIRA ASCENSÃO, *O Direito*, pp. 601 ss.

[1691] Assim CASTANHEIRA NEVES, *Metodologia jurídica*, p. 148.

[1692] *Idem, ibidem*, p. 154.

[1693] *Idem, ibidem*, pp. 155 ss.

[1694] *Idem, ibidem*, p. 172.

530   *Da Responsabilidade Pré-Contratual em Direito Internacional Privado*

trumentos que o sistema lhe faculta para esse efeito[1695]. Para outra, que se lhe opõe radicalmente, deve rejeitar-se, por geralmente inadequada, a dedução das decisões concretas a partir da norma, mediante a subsunção na respectiva previsão das espécies decidendas, ou apenas lhe deve ser reconhecido um significado mínimo[1696]. Uma orientação intermédia entende que, verificando-se um conflito entre o dever de obediência à lei e a justiça do caso concreto, só em último termo pode o juiz decidir segundo a sua consciência[1697].

No fundo, é a tensão entre os valores da justiça e da segurança jurídica, presente em todos os domínios do Direito, que aqui reencontramos: como refere ENGISCH[1698], «a justiça exige uma grande "concretização", quer dizer, uma consideração das circunstâncias da pessoa e da situação», ao passo que «[a] segurança jurídica, pelo contrário, exige uma grande abstracção destas circunstâncias».

Qual destes valores, se algum, sobreleva ao outro é questão que não se afigura susceptível de uma resposta definitiva no âmbito de um sistema «móvel», o qual se caracteriza precisamente pela ausência de uma hierarquia rígida entre os valores jurídicos fundamentais[1699].

Aliás, o sacrifício da solução mais ajustada ao caso singular, na perspectiva de certo ideal ético, em ordem, por exemplo, a conferir estabilidade às situações jurídicas e a tutelar as expectativas dos respectivos sujeitos, não é senão, como vimos acima[1700], uma forma particular de justiça.

[1695] Neste sentido, entre nós e por último, ANTUNES VARELA, «Os juízos de valor da lei substantiva, o apuramento dos factos na acção e o recurso de revista», *CJSTJ*, 1995, t. IV, pp. 5 ss. (p. 14).

[1696] Cfr. entre nós CASTANHEIRA NEVES obs. e locs cits. *supra*, n. 37.

[1697] Assim, por exemplo, LARENZ, *Methodenlehre*, cit., p. 349 (na tradução portuguesa, p. 421).

[1698] *Einführung in das juristische Denken*, p. 216 (na tradução portuguesa, p. 262).

[1699] *Vide*, porém, na doutrina portuguesa, com posições muito distanciadas sobre o tema: por um lado, Marcello CAETANO, «O respeito da legalidade e a justiça das leis», *Dir.* 1949, pp. 5 ss., Manuel de ANDRADE, *Ensaio sobre a teoria da interpretação das leis*, pp. 54 s., *idem, Noções elementares de Processo Civil*, pp. 28 s., e PIRES DE LIMA-ANTUNES VARELA, *Noções fundamentais de Direito Civil*, vol. I, pp. 192 s.; e, por outro, CASTANHEIRA NEVES, *Questão-de-facto — Questão-de-direito*, vol. I, pp. 531 ss., e Mário BIGOTTE CHORÃO, *Introdução ao Direito*, vol. I, p. 113. Na doutrina estrangeira, atente-se em especial na ponderação dos dois valores levada a cabo por SAUER, «Sécurité et justice», *in Introduction à l'étude du droit comparé. Recueil d'études en l'honneur d'Édouard Lambert*, vol. III, pp. 34 ss., e por RADBRUCH, em *Cinco minutos de Filosofia do direito*.

[1700] Cfr. *supra*, § 3.°.

De qualquer modo, se a resolução justa dos casos constitui o objectivo último que deve propor-se toda a actividade jurisdicional[1701], não pode ignorar-se que é frequentemente algo de muito problemático determinar o que seja a justiça do caso concreto, não existindo sequer em muitas hipóteses uma única solução justa para a mesma controvérsia[1702]. Demais, a permissão generalizada do julgamento segundo a justiça do caso concreto envolveria o risco de a decisão jurisdicional se subordinar a critérios extra-jurídicos[1703].

Os valores da segurança jurídica e da certeza do Direito perpassam, como é sabido, todo o nosso sistema jurídico, estando subjacentes a muitas soluções do Código de 66[1704] e à própria ideia da codificação do Direito Civil[1705].

Por outro lado, o Direito português apenas consente que o julgador se norteie pelo justo concreto nos casos previstos na lei: é o que resulta nomeadamente do art. 4.º do Código Civil, que só permite o recurso à equidade nas hipóteses nele definidas — quando a lei expressamente o permita ou as partes o convencionem —, ou seja, nos limites de uma tendencial preferência pela via não individualizante de regulação dos conflitos sociais de interesses[1706].

Vigora, pois, entre nós o primado da lei — *rectius*: das normas e princípios que compõem o ordenamento jurídico — sobre as concepções pessoais de justiça e razoabilidade do julgador.

[1701] «O Homem, escreve COING, sempre esperou algo mais do Direito do que ordem e segurança». A evolução contemporânea do Direito caracteriza-se precisamente, segundo o autor, pela crescente afirmação do valor da justiça. Cfr. *Grundzüge der Rechtsphilosophie*, pp. 150 s.

[1702] *Vide* neste sentido LARENZ, *Methodenlehre*, cit., p. 349 (na tradução portuguesa, p. 420).

[1703] Mormente a considerações de índole política, como observa ENGISCH, *Die Idee der Konkretisierung in Recht und Rechtsfindung unserer Zeit*, pp. 213 ss., referindo-se à evolução do Direito alemão posteriormente a 1933. Contra o risco a que aludimos no texto advertia também, nos anos quarenta, HAYEK, *The Road to Serfdom*, tradução portuguesa, p. 135.

[1704] Cfr., por todos, os estudos de ANTUNES VARELA, «Do projecto ao Código Civil», *BMJ* 161, pp. 5 ss. (p. 14); «Valor da equidade como fonte de Direito», *CTF* 1966, pp. 7 ss.; e «Rasgos inovadores do Código Civil português de 1966 em matéria de responsabilidade civil», *BFDUC*, 1972, pp. 77 ss. (p. 89).

[1705] Ver a oração de sapiência proferida por Fernando PIRES DE LIMA na Universidade de Coimbra, *in BFDUC* 1961, pp. 61 ss. (pp. 70 s.).

[1706] Neste sentido Marcelo REBELO DE SOUSA, *Introdução ao estudo do direito* (1987/88), p. 262.

532 Da Responsabilidade Pré-Contratual em Direito Internacional Privado

Nem por isso se afigura, no entanto, que o julgador português haja de limitar-se a uma actividade recognoscitiva de um Direito pré-constituído; antes lhe cabe contribuir — posto que apenas em situações excepcionais e frequentemente só por via indirecta — para a criação do Direito[1707]. Já se tem visto a propensão do nosso ordenamento jurídico para reconhecer ao julgador uma função criadora na decisão dos casos concretos no disposto no art. 9.º do Código Civil acerca da interpretação da lei — não só porque o princípio da unidade do sistema jurídico consagrado no n.º 1 importa o reconhecimento ao mesmo do poder de extrair a norma aplicável do complexo das que forem relativas a cada questão, mas também porque a presunção do acerto das soluções legais consignada no n.º 3 desse preceito envolve a possibilidade de recusar a aplicação da norma a situações por ela literalmente cobertas quando isso repugne visivelmente aos critérios de justiça do sistema ou for de presumir que o legislador não pensou nelas ao elaborar a norma[1708]. Ela está patente, além disso, na consagração da doutrina dita do juiz-legislador no art. 10.º, n.º 3, do Código Civil e na auto--limitação do sistema legal mediante o recurso a cláusulas gerais e a conceitos indeterminados em numerosos preceitos do mesmo e de outros diplomas legais: haja vista, por exemplo, às disposições daquele Código que consagram os conceitos de boa fé, abuso do direito, alteração anormal das circunstâncias em que as partes fundaram a decisão de contratar e enriquecimento sem causa[1709].

O risco de incerteza associado a estas soluções tenderá a atenuar-se à medida que as decisões judiciais proferidas no uso do poder conformador

---

[1707] Cfr. Francisco PEREIRA COELHO e Rui de ALARCÃO, «Rapport portugais», in La réaction de la doctrine à la création du droit par les juges. Travaux de l'Association Henri Capitant, t. XXXI (1980), pp. 163 ss. (p. 164).

[1708] Cfr. ANTUNES VARELA, Editorial, RLJ, ano 131.º, pp. 2 ss. (p. 3, n. 2).

[1709] Também na discricionariedade conferida aos órgãos da Administração Pública não poderá deixar de ver-se, com Marcello CAETANO, «o reconhecimento pelo legislador da impossibilidade de prever na norma toda a riqueza e variedade das circunstâncias em que o órgão pode ser chamado a intervir e das soluções mais convenientes consoante os casos» e a correlativa concessão àqueles órgãos de «liberdade para encontrar a melhor solução para cada caso concreto, considerando-a legal desde que preencha o fim de interesse público que se pretende realizar»: cfr. Manual de Direito Administrativo, t. I, pp. 214 s. Vide no mesmo sentido FREITAS DO AMARAL, Direito Administrativo, vol. II, pp. 117 e 142. Outra manifestação da mesma ideia fundamental é a individualização judicial da pena, que os códigos penais modernos consagram. Sobre ela vide Eduardo CORREIA, Direito Criminal, vol. II, 315 ss., e CAVALEIRO DE FERREIRA, Direito Penal português, t. II, pp. 411 ss.

Do Concurso e da Falta de Normas Aplicáveis   533

que as mesmas facultam ao julgador assumirem, por via da sua reiteração, a natureza de usos ou de costume jurisprudencial e os interessados puderem, por conseguinte, pautar por elas a sua conduta em casos futuros; mas é indiscutível que ao consagrá-las o legislador se preocupou mais com a justiça proporcionada pela sentença do que com a certeza oferecida pela lei[1710] e que por força delas o Direito se tornou em certa medida insusceptível de determinação independentemente do caso concreto[1711].

A orientação conforme a qual a aplicação do Direito não se resume à subsunção das situações da vida nas previsões das normas legais e à dedução destas das consequências jurídicas correspondentes, antes constitui um processo teleológico em que assume um papel decisivo a descoberta e a tomada em consideração das valorações acolhidas nessas normas, vemo-la ainda acolhida, pelo que respeita à função judicial, no art. 240.° do Estatuto Judiciário, donde passou para o art. 4.°, n.° 2, do Estatuto dos Magistrados Judiciais. Aí se dispõe, na verdade, que o dever de obediência à lei compreende o de respeitar os juízos de valor legais, mesmo quando se trate de resolver hipóteses não especialmente previstas. Aquele dever exprime, pois, entre nós muito mais uma vinculação do julgador à ordem jurídica — aos comandos legais que a integram e aos juízos de valor neles implicados — do que à lei propriamente dita[1712].

[1710] OLIVEIRA ASCENSÃO considera justificado, dentro de certos limites, o sacrifício da certeza à justiça do caso singular determinado pelo recurso crescente a cláusulas gerais e a conceitos indeterminados no Direito Civil: cfr. *Direito civil. Teoria geral*, vol. I, *Introdução. As pessoas. Os bens*, pp. 23 s.

[1711] Salienta por isso com razão Carl SCHMITT que as cláusulas gerais envolvem a renúncia implícita aos fundamentos do positivismo, mormente à crença numa decisão conforme a uma norma prévia: cfr. o est. cit., *BMJ* 27, p. 23.

[1712] Já se tem visto também no art. 202.°, n.° 2, da Constituição o reconhecimento de uma normatividade jurídica que não se infere imediatamente da lei: cfr. CASTANHEIRA NEVES, «Da jurisdição no actual Estado-de-Direito», *in Ab uno ad omnes — 75 anos da Coimbra Editora*, pp. 177 ss. (pp. 178 s.). Mais longe na relativização do dever de obediência do julgador à lei vai, porém, a Constituição alemã, ao admitir abertamente no seu artigo 20, n.° 3, a determinação concreta do Direito *contra legem*. Dispõe esse preceito: «Die Gesetzgebung ist an die verfassungsmässige Ordnung, die vollziehende Gewalt und die Rechtsprechung sind an Gesetz und Recht gebunden». Sobre os pressupostos e os limites da derrogação de normas legais ao abrigo deste preceito *vide*, por todos, NEUNER, *Die Rechtsfindung contra legem*. Para o autor tal derrogação será também admissível quando a situação *sub judice* se desvie de tal modo do tipo legal que a aplicação da lei conduza a um resultado manifestamente contrário à justiça e portanto socialmente inaceitável: cfr. ob. cit., pp. 162 ss. e 185.

534 Da Responsabilidade Pré-Contratual em Direito Internacional Privado

O reconhecimento que assim se faz da esfera de criatividade que pertence ao julgador no exercício da sua função não corresponde senão, afinal, à admissão de que uma aplicação puramente mecânica do Direito é susceptível de conduzir a resultados intoleráveis sob o ponto de vista dos fundamentos últimos que justificam a sua vigência.

Importa em todo o caso assegurar, sob pena de se subverterem princípios essenciais do Estado de Direito democrático, que a vinculação dos juízes à lei não seja transformada em pura ficção. Estes devem, por isso, ater-se às normas aplicáveis aos casos decidendos, salvo quando o sistema lhes faculte outros meios de solução dos casos ou quando essas normas devam ser rejeitadas por preterirem de forma intolerável princípios jurídicos basilares[1713]. Nestes casos a desvinculação do julgador relativamente à norma aplicável é o reflexo da sua incondicional subordinação a critérios axiológico-jurídicos que a transcendem.

d) À luz do que se acaba de expor, cabe agora perguntar pela admissibilidade de uma correcção do resultado da aplicação da regra de conflitos nos termos acima preconizados.

Liminarmente, saliente-se que o Direito Internacional Privado não se tem mantido alheio à assinalada evolução metodológica no sentido da revalorização do papel do julgador na realização do Direito, ao acolher, sob múltiplas formas, a tendência individualizadora a que fizemos alusão[1714]. Traduz-se ela, nomeadamente, na consagração de regras que, incorporando cláusulas gerais ou conceitos indeterminados, dão ao tribunal maior margem de liberdade na apreciação das questões privadas internacionais e visam flexibilizar o processo de determinação da lei aplicável ou realizar um controle ou sindicância dos resultados da aplicação de outras regras.

Revestem essas regras diversas modalidades, a que aqui cabe fazer apenas uma breve referência. A primeira corresponde às que estabelecem o princípio geral da aplicação da lei que apresentar a conexão mais estreita com a relação *sub judice*[1715]. Incluem-se na segunda as regras de conflitos

---

[1713] Cfr., numa linha de orientação próxima, Carlos da MOTA PINTO, *Cessão da posição contratual*, p. 45, n. 1; COING, *Grundzüge der Rechtsphilosophie*, pp. 231 ss.; e Pedro SOARES MARTÍNEZ, *Filosofia do Direito*, p. 703.

[1714] Cfr. *supra*, § 20.º.

[1715] É o caso (embora com cambiantes diversos) dos arts. 52.º, n.º 2, e 60.º, n.º 2, do Código Civil, do art. 33.º, n.º 2, da Lei da Arbitragem Voluntária (na interpretação que fazemos dessa disposição: cfr. o nosso *Da arbitragem comercial internacional*, pp. 240

Do Concurso e da Falta de Normas Aplicáveis   535

que determinam a escolha da lei aplicável em função de determinado resultado material tido por desejável, como, por exemplo, a conservação dos negócios jurídicos[1716], o favorecimento do lesado[1717] ou a protecção da parte mais fraca na relação jurídica[1718]. A terceira traduz-se em regras que consagram cláusulas de excepção, mediante as quais se permite ao julgador preterir a lei em princípio designada pela regra de conflitos em favor de outra que, em seu entender, apresente com a relação em causa uma conexão mais estreita[1719]. A quarta consiste nas disposições que facultam ao julgador a atribuição de eficácia a normas imperativas de ordenamentos que não o designado através da regra de conflitos do foro, suposto que as mesmas «reclamem» a sua aplicação à situação *sub judice*[1720].

Tem, por isso, razão VASSILAKAKIS quando conclui que a orientação mais importante do novo Direito Internacional Privado europeu continental consiste nas disposições de fonte legislativa que alargam o poder de apreciação do juiz[1721].

Esta abertura à tendência individualizadora, que perpassa o Direito Internacional Privado contemporâneo, permite decerto caracterizar a regra de conflitos como um ponto de partida da regulamentação das relações privadas internacionais, frequentemente carecido de complementação e de concretização atentas as circunstâncias do caso concreto; mas não basta

---

ss.), do art. 4.º da Convenção de Roma e do art. 191.º, n.º 2, do D.L. n.º 94-B/98, de 17 de Abril (Regula as condições de acesso e exercício da actividade seguradora e resseguradora no território da Comunidade Europeia, incluindo a exercida no âmbito institucional das zonas francas).

[1716] Arts. 28.º, 31.º, n.º 2, 36.º e 65.º, n.º 1, do Código Civil e 11.º da Convenção de Roma.

[1717] Art. 45.º, n.º 2, do Código Civil.

[1718] Arts. 38.º do D.L. n.º 178/86, de 3 de Julho, que regulamenta o contrato de agência ou representação comercial, e 5.º e 6.º da Convenção de Roma.

[1719] Assim os arts. 6.º, n.º 2, *in fine*, da Convenção de Roma, 15.º da lei federal suíça de Direito Internacional Privado e 3082 do Código Civil do Quebeque.

[1720] Cfr. os arts. 16.º da Convenção de Haia de 1978 Sobre a Lei Aplicável aos Contratos de Mediação e à Representação, 7.º da Convenção de Roma e 18 e 19 da lei suíça de Direito Internacional Privado.

[1721] Cfr. *Orientations méthodologiques dans les codifications récentes du droit international privé en Europe*, p. 344. Na doutrina portuguesa também MOURA RAMOS vê entre os *Leitmotive* das convenções comunitárias relativas ao Direito Internacional Privado o reconhecimento de um espaço de modelação judicial: cfr. «Previsão normativa e modelação judicial nas convenções comunitárias relativas ao Direito Internacional Privado», *in O Direito Comunitário e a construção europeia*, pp. 93 ss. (pp. 109 ss. e 124).

por si só para fundamentar em termos gerais a possibilidade de correcção do resultado da sua aplicação, na base de um juízo sobre a sua adequação aos critérios de valoração dados pelo ordenamento jurídico e em particular pelos princípios fundamentais nele aceites.

A questão que se coloca é, pois, a de saber se o sistema de conflitos consente a regulação das questões privadas internacionais por via de soluções individualizadoras noutras hipóteses além das que se encontram previstas nas disposições aludidas.

O nosso modo de ver é que além dos casos em que específicas normas legais ou convencionais de Direito Internacional Privado expressamente reclamem do julgador a valoração das consequências da aplicação da regra de conflitos ao caso *sub judice* lhe será legítimo empreendê-la sempre que isso seja exigido quer pela desejável congruência entre as normas materiais aplicáveis, quer pelo imperativo de respeitar os juízos de valor objectivados nas regras de conflitos individualmente consideradas e no Direito de Conflitos considerado como um todo: a «obediência pensante» à lei é na realidade, como sublinha ESSER[1722], uma obediência à ordem jurídica tomada no seu conjunto.

O art. 8.º, n.º 2, do Código Civil em nada prejudica a admissibilidade de um tal procedimento, pois que o que aí se proscreve é o afastamento do preceito legal em si, sob pretexto de ser injusto ou imoral o seu conteúdo, e não a correcção do resultado da sua aplicação ao caso concreto por esse resultado ser contrário aos próprios juízos de valor legais — o mesmo é dizer, ao conteúdo essencial da norma.

Não é, pois, no critério pessoal de justiça do julgador que se funda a correcção do resultado da aplicação da norma que aqui se preconiza, mas antes no respeito pelas opções axiológicas dela determinantes. O risco de impressionismo jurídico que se tem em vista arredar através da citada disposição está, por conseguinte, fora de causa.

O reconhecimento da relevância das circunstâncias dos casos concretos na aplicação da lei acha-se, aliás, subjacente ao princípio actualista consagrado no art. 9.º, n.º 1, do Código Civil e ao princípio da adequação formal consignado no art. 265.º-A do Código de Processo Civil.

Vimos acima que entre os pensamentos fundamentais que inspiram o sistema de conflitos se conta a tutela da confiança no comércio internacional; e que a atribuição de competência ao ordenamento jurídico desig-

---

[1722] *Grundsatz und Norm*, p. 263 (na tradução castelhana, p. 334).

nado por certo elemento da situação da vida para reger determinada questão ou categoria de questões jurídicas suscitadas por essa situação, previamente delimitadas pelo conceito-quadro da regra de conflitos, é tão-só o processo técnico pelo qual o sistema se propõe, preferencialmente, assegurar o referido desiderato. Daí que a atribuição pela regra de conflitos de certo âmbito de competência material à lei designada através do respectivo elemento de conexão não deva ser tomada como um fim em si mesmo, antes seja passível de correcções ou ajustamentos sempre que a realização da referida ideia de Direito assim o imponha. É isto que, segundo cremos, sucede nas hipóteses atrás enunciadas[1723].

De todo o exposto resulta que deve ter-se por admissível que na decisão das questões privadas internacionais o julgador pondere, à luz dos valores fundamentais que inspiram o Direito de Conflitos, a adequação das consequências da aplicação da regra de conflitos ao caso concreto; e que com fundamento no juízo assim empreendido proceda, se necessário, à correcção do resultado dessa aplicação quando este contravenha àqueles valores — designadamente mediante a ampliação do âmbito da competência atribuído à *lex causae*, de molde a compreenderem-se nela normas que, não se integrando no instituto por ela visado, todavia formem com as que lhe são directamente reconduzíveis um regime material unitário.

[1723] E ainda, se bem cuidamos, no caso julgado pelo Supremo Tribunal de Justiça no acórdão de 27 de Junho de 1978, *BMJ* 278, pp. 232 ss. Discutia-se na espécie o Direito aplicável à sucessão *mortis causa* de um cidadão espanhol, que falecera com residência habitual em Lisboa. Sobreviveram-lhe a mulher, de nacionalidade portuguesa e aqui residente, da qual o *de cujus* se encontrava separado judicialmente de pessoas e bens; o filho do casal, residente em Portugal, que teve durante algum tempo nacionalidade portuguesa; e quatro filhos, todos de nacionalidade portuguesa e residentes em Portugal, nascidos de uma portuguesa com quem o *de cujus* vivera em Portugal, como marido e mulher, durante cerca de vinte anos. O Direito espanhol, aplicável por força do art. 62.º do Código Civil, negava a legítima aos filhos adulterinos ou equiparados, que nada herdavam por esse motivo. O Supremo recusou a aplicação do Direito espanhol, por o entender ofensivo da ordem pública internacional do Estado português; e também porque «toda a vida familiar e patrimonial do *de cujus* e seus filhos se desenvolveu e consumou em Portugal, daí resultando uma expectativa de regulamentação desses actos e relações jurídicas pela lei portuguesa, sendo que no entender do tribunal «[o] negar-se-lhe essa expectativa seria impressionante e revoltante injustiça» (p. 237). Aprovam a decisão, neste ponto, MARQUES DOS SANTOS, *As normas de aplicação imediata no DIP*, vol. I, p. 455, e MOURA RAMOS, «Les clauses d'exception en matière de conflits de lois et de conflits de juridictions — Portugal», *in Das Relações Privadas Internacionais. Estudos de Direito Internacional Privado*, pp. 295 ss. (p. 311).

538 Da Responsabilidade Pré-Contratual em Direito Internacional Privado

Pois que o julgador não se limita a deduzir de normas preexistentes a solução das questões privadas internacionais, antes participa na sua elaboração, pode, em suma, afirmar-se que o juízo decisório em Direito Internacional Privado assume carácter constitutivo[1724].

Esta linha de orientação vem de certo modo ao encontro de pontos de vista sustentados entre nós por autores como FERRER CORREIA[1725], BAPTISTA MACHADO[1726] e MOURA RAMOS[1727], que conferem à regra de conflitos um papel instrumental relativamente aos fins do Direito Internacional Privado e aos valores axiais que o informam, admitindo o seu afastamento ou restrição sempre que a realização concreta de tais valores assim o exija[1728]; e na doutrina estrangeira por PICONE[1729], que entende achar-se o funcionamento das regras de conflitos subordinado aos princípios objectivos que caracterizam o método de coordenação entre ordenamentos jurídicos de que essas regras são expressão, bem como por VISCHER e VON PLANTA[1730], que sublinham que o carácter vinculativo das regras de conflitos cessa onde o resultado da sua aplicação ao caso concreto se encontrar em contradição aberta com a sua *ratio*.

Deve, no entanto, observar-se a este respeito que nós não pensamos, como BAPTISTA MACHADO[1731], que «as Regras de Conflitos, por si mes-

---

[1724] Reconhecem-no, de modo expresso, WENGLER, «Die Funktion der richterlichen Entscheidung im IPR», *RabelsZ* 1951, pp. 1 ss. (pp. 8, 17 e 29 a 31), e VISCHER, «Der Richter als Gesetzgeber im IPR», *ASDI* 1955, pp. 75 ss. (pp. 81 e 99 ss.). Outra não é a orientação perfilhada por GOLDSCHMIDT, que infere daí ser o Direito Internacional Privado «fundamentalmente adverso à codificação»: cfr. «Die Philosophischen Grundlagen des IPR», *in FS Wolff*, pp. 203 ss. (p. 213). Para uma afirmação mais recente do carácter preponderante da doutrina e da jurisprudência na criação do Direito Internacional Privado, ver OPPETIT, «Le droit international privé, droit savant», *Rec. cours*, vol. 234 (1992-III), pp. 331 ss.

[1725] Cfr. *DIP. Alguns problemas*, p. 105. Ver também *Lições de DIP*, pp. 432 s.

[1726] Cfr. *Lições de DIP*, p. 169.

[1727] Cfr. *Da lei aplicável ao contrato de trabalho internacional*, pp. 380, 402 e 571; «Dos direitos adquiridos em DIP», *in Das relações privadas internacionais*, pp. 11 ss. (p. 44); e «Les clauses d'exception en matière de conflits de lois et de conflits de juridictions — Portugal», *in ibidem*, pp. 295 ss. (pp. 302 e 322).

[1728] Subscreve ainda esta ideia José CUNHAL SENDIM, «Notas sobre o princípio da conexão mais estreita no DIP Matrimonial Português», *Direito e Justiça*, 1993, pp. 311 ss. (p. 365).

[1729] Cfr. *Ordinamento competente e DIP*, pp. 167 ss. e 236 ss., e «Caratteri e evoluzione del metodo tradizionale dei conflitti di leggi», *Riv. Dir. Int.* 1998, pp. 5 ss. (p. 32).

[1730] *IPR*, p. 184.

[1731] Ob. e loc. cit.

mas, não são expressão dos princípios e da teleologia essencial do DIP» e que esta última «não é imanente às fórmulas daquelas regras nem se exprime nelas, mas antes as transcende e lhes é como que *exterior*»; nem, muito menos, que as regras de conflitos «operam como que mecanicamente». Em nosso modo de ver, as regras de conflitos devem entender-se, conforme julgamos ter demonstrado[1732], como a incarnação dos princípios e valores fundamentantes deste ramo do Direito; de modo que não é mediante o seu afastamento que esses princípios e valores hão-de realizar-se no mundo dos factos quando estejam em contradição com o resultado da aplicação da regra, mas antes através da correcção pelo julgador desse mesmo resultado. Por outro lado, a uma tal concepção «mecanicista» do funcionamento da regra de conflitos opõe-se a circunstância, a que já aludimos[1733], de a sua aplicação às espécies concretas ser precedida de um juízo de analogia a empreender pelo julgador na base do confronto entre os fins que lhes subjazem e aqueles que são prosseguidos pelas normas materiais a que são reconduzíveis essas espécies e a que a regra de conflitos potencialmente confere um título de competência. Esse juízo implica a existência de uma margem de livre arbítrio e de criatividade do julgador na aplicação do Direito de Conflitos, que não é compatível com a caracterização da actuação deste como um processo mecânico.

e) Tende a doutrina, de um modo geral, a reconduzir o procedimento de que nos vimos ocupando à figura chamada a adaptação: quando a especialização das conexões adoptadas pelo legislador de conflitos para as diferentes questões suscitadas por determinada situação da vida privada internacional e a consequente aplicabilidade de normas extraídas de sistemas jurídicos diversos forem susceptíveis de comprometer a lógica e a coerência internas das soluções para ela consagradas nesses sistemas, haveria que proceder, consoante os casos, ao ajustamento das regras de conflitos que para eles remetem ou das normas materiais potencialmente aplicáveis[1734]. Deste modo se obteria a síntese judicial necessária a corri-

---

[1732] *Supra,* § 3.°.

[1733] *Supra,* § 20.°.

[1734] *Vide,* na doutrina alemã mais recente, Christian VON BAR, *IPR,* vol. I, p. 437, LÜDERITZ, *IPR,* pp. 88 s., KEGEL, *IPR,* pp. 216 s., LOOSCHELDERS, *Die Anpassung im IPR,* pp. 1, 8 e 414, FIRSCHING-VON HOFFMANN, *IPR,* pp. 213 ss., e KROPHOLLER, *IPR,* p. 215; na doutrina suíça, KELLER-SIEHR, *Allgemeine Lehren des IPR,* p. 450; na doutrina francesa, BATIFFOL, «De l'usage des principes en DIP», *in Estudos em homenagem ao Prof. Doutor A. Ferrer Correia,* vol. I, pp. 103 ss. (p. 111), BATIFFOL-LAGARDE, *DIP,* t. I, p. 454, AUDIT,

540 *Da Responsabilidade Pré-Contratual em Direito Internacional Privado*

gir a incongruente justaposição de fragmentos de diferentes ordens jurídicas, que o método analítico de que o Direito de Conflitos se socorre para disciplinar as situações que tem por objecto é passível de originar[1735].

Pode ver-se na teoria que postula a construção pelo julgador da «norma do caso» (*Fallnorm*), de FIKENTSCHER[1736], a qual constituiria a síntese metodológica entre a norma aplicável e o caso concreto, a correspondente, no plano do Direito material, desta orientação.

Supomos, no entanto, que a ideia de adaptação nem sempre exprimirá exactamente o sentido da operação em apreço e o lugar que esta ocupa na dilucidação da questão privada internacional.

Pode, na verdade, suceder que, uma vez aplicada a norma competente à situação controvertida, se conclua que o resultado daí adveniente contraria determinado princípio supralegal a que se subordina o sistema de conflitos do foro ou a valoração de interesses subjacente à regra de conflitos aplicanda; e que a correcção desse resultado possa ser levada a efeito directamente por apelo àquele princípio ou valoração.

Não há, em tais hipóteses, que proceder à adaptação de qualquer norma, da qual se extrairia por dedução a solução do caso concreto. Semelhante expediente mais não seria, com efeito, do que um artifício tendente a justificar *ex post*, por apelo a uma norma abstracta, uma solução na realidade construída pelo julgador a partir da consideração da especificidade do caso concreto e das valorações imanentes à ordem jurídica[1737].

O entendimento oposto apenas seria acertado se houvéssemos de reconhecer menor imperatividade aos princípios jurídicos e às valorações

---

DIP, pp. 279 ss., e MAYER, *DIP*, pp. 113 e 165 ss.; e na doutrina italiana, CANSACCHI, «Le choix et l'adaptation de la règle étrangère dans le conflit de lois», *Rec. cours*, vol. 83 (1953-II), pp. 79 ss. (pp. 111 ss.), e VITTA-MOSCONI, *Corso di Diritto Internazionale Privato e Processuale*, p. 167. Na literatura nacional vejam-se MAGALHÃES COLLAÇO, *DIP*, vol. II, pp. 438 e 442 (a autora retomou posteriormente o tema em *Da qualificação em DIP*, pp. 253 ss. e 279 s.), BAPTISTA MACHADO, «Problemas na aplicação do direito estrangeiro — adaptação e substituição (Nótula)», *BFDUC* 1960, pp. 327 ss. (p. 328), FERRER CORREIA, «Considerações sobre o método do DIP», *in Estudos vários de Direito*, pp. 309 ss. (p. 334), MARQUES DOS SANTOS, *Breves considerações sobre a adaptação em DIP*, pp. 21 ss., e Maria Helena BRITO, *A representação nos contratos internacionais*, pp. 677 ss. e 741.

[1735] Assim GOLDSCHMIDT, «Die Philosophischen Grundlagen des Internationalen Privatrechts», *in FS Wolff*, pp. 203 ss. (p. 212).

[1736] *Methoden des Rechts*, vol. IV, pp. 202 ss.

[1737] Cfr. *infra*, n.º 98. Outro tanto se passa em matéria de falta de normas aplicáveis e no domínio de intervenção da reserva de ordem pública internacional: cfr. adiante n.ºs 100 e 121.

Do Concurso e da Falta de Normas Aplicáveis 541

operadas pelo legislador do que às normas legais. É o que sustenta, por exemplo, um autor como KEGEL[1738], que caracteriza os princípios como meros «sinais jurídicos» («*Rechtsanzeichen*») — aos quais se contraporiam as fontes do Direito («*Rechtsquellen*»), integradas somente pelas regras jurídicas («*Rechtssätze*») — e os reduz a meras circunstâncias atendíveis na interpretação e no desenvolvimento do Direito.

Em nosso modo de ver, porém, o superior carácter vinculativo daqueles elementos da ordem jurídica e a sua aptidão a fim de servirem de base à fundamentação racional das decisões jurisdicionais correspondem a uma exigência da própria unidade do sistema — o mesmo é dizer, da igualdade[1739]. Os princípios jurídicos e os juízos de valor legais devem, pois, funcionar como instâncias de controlo do resultado da aplicação das normas jurídicas singulares[1740].

Nem se diga ser esta orientação prejudicada pela directriz generalizante consignada no artigo 10.°, n.° 3, do Código Civil quanto ao preenchimento das lacunas rebeldes à analogia, pois que nada impede o apelo aos princípios jurídicos no quadro da *analogia iuris* consentida por esse preceito[1741].

Verdadeiramente essencial, a fim de evitar o risco de subjectivismo no julgamento do caso singular, é tão-somente, a nosso ver, que este seja referido a um comando jurídico, quer o mesmo se ache plasmado numa norma, num princípio ou num juízo de valor.

Quando a solução decorrente da lei aplicável à situação privada internacional se revele incompatível com os princípios fundamentantes do sis-

---

[1738] Cfr. «Begriffs- und Interessenjurisprudenz im IPR», *in FS Lewald*, pp. 259 ss. (p. 267).

[1739] Reconhecem valor próprio aos princípios jurídicos na resolução de casos concretos, na doutrina estrangeira, LARENZ, *Richtiges Recht*, pp. 23 s. (na tradução castelhana, pp. 32 s.); *idem*, *Methodenlehre*, p. 421 (na tradução portuguesa, p. 599); ESSER, *Grundsatz und Norm*, especialmente pp. 50 ss., 69 ss. e 132 (na tradução castelhana, pp. 65 ss., 88 e 169); e BYDLINSKI, *Juristische Methodenlehre*, p. 136; *idem*, *Über prinzipell-systematische Rechtsfindung im Privatrecht*, *passim*; e entre nós, MENEZES CORDEIRO, «Princípios gerais de direito», *in Polis*, vol. 4, cols. 1490 ss. (cols. 1492 s.); CASTANHEIRA NEVES, *Metodologia jurídica*, pp. 188 ss.; Fernando BRONZE, *A metodomonologia*, pp. 500 s. (n. 1156); e MENEZES LEITÃO, *O enriquecimento sem causa no Direito Civil*, pp. 27 ss., n. 1.

[1740] Admitem expressamente um tal procedimento LARENZ-WOLF, *Allgemeiner Teil des Bürgerlichen Rechts*, p. 95.

[1741] Cfr. OLIVEIRA ASCENSÃO, *O Direito*, pp. 417 e 455 ss.; *idem*, «Interpretação das leis. Integração das lacunas. Aplicação do princípio da analogia», *ROA* 1997, pp. 913 ss. (p. 925); GALVÃO TELLES, *Introdução ao Estudo do Direito*, vol. I, pp. 263 s.

542   *Da Responsabilidade Pré-Contratual em Direito Internacional Privado*

tema de conflitos e os juízos de valor subjacentes às regras que o integram cabe, pois, ao julgador corrigi-la na medida do necessário a fim de se obter a desejável congruência entre uma e outros, sem que para o efeito haja necessariamente de criar ou adaptar qualquer norma.

De resto, a própria doutrina que procura a solução do problema em exame nos quadros de uma adaptação das normas jurídicas em presença reconhece que ela visa tão-somente corrigir o resultado da sua aplicação ao caso concreto e não essas normas enquanto tais[1742].

Verificada a inadequação de certa consequência jurídica é, em suma, sobre esta e não sobre as suas premissas (a regra de conflitos ou a norma material) que deve incidir a correcção a empreender pelo julgador.

Apenas na base de um entendimento da realização do Direito como estrita aplicação da lei e desta última como mera operação lógica em que a consequência jurídica corresponde à conclusão de um silogismo cuja premissa maior é necessariamente constituída por uma norma poderia ter--se a adaptação desta como a única forma possível de dar expressão no juízo decisório a critérios normativos extratextuais.

f) Assim nos distanciamos da tese acerca deste problema recentemente sustentada perante o Direito alemão por LOOSCHELDERS[1743].

Pretende este autor extrair da necessidade de uma disciplina especial para as situações da vida privada internacional, diversa da que vigora para as situações homólogas da vida jurídica interna, o fundamento do recurso ao expediente da adaptação[1744]: as diferenças que separam as situações de facto puramente internas das que se acham conexas com mais do que um ordenamento jurídico e a inadequação às particularidades destas situações das normas materiais que em princípio são aplicáveis àquelas legitimariam o julgador a adaptá-las, por forma a tomar em consideração tais particularidades.

Na *ratio* das normas materiais do ordenamento ou ordenamentos competentes, assim como na valoração de interesses a elas subjacente,

---

[1742] Vejam-se neste sentido: WENGLER, «Die Funktion der richterlichen Entscheidung im IPR», *RabelsZ* 1951, pp. 1 ss. (p. 30); SCHRÖDER, *Die Anpassung von Kollisions- und Sachnormen*, pp. 77 e 94 (no tocante ao que o autor denomina «*Konklusionsanpassung*»); KROPHOLLER, «Die Anpassung im Kollisionsrecht», *in FS Ferid*, p. 279; *idem*, *IPR*, p. 215; VITTA, «Cours général de droit international privé», *Rec. cours*, vol. 162 (1979-I), pp. 9 ss. (p. 71); Christian VON BAR, *IPR*, vol. I, p. 537; MARQUES DOS SANTOS, *Breves considerações sobre a adaptação em DIP*, pp. 37, 60 (texto e n. 170) e 74; e AUDIT, *DIP*, p. 280.

[1743] No estudo intitulado *Die Anpassung im IPR*.

[1744] *Ibidem*, pp. 82, 112 e 417 ss.

encontraria o julgador o critério de orientação por que haveria de pautar--se no recurso ao expediente da adaptação. Caber-lhe-ia evitar desse modo que a aplicação de tais normas sem consideração das especificidades das situações plurilocalizadas comprometa a realização das finalidades jurídico-políticas por elas visadas[1745].

Tal adaptação de normas materiais primaria sobre a de regras de conflitos[1746]. Sempre, porém, que das normas materiais «teleologicamente ajustadas» não fosse possível extrair uma regulamentação adequada para a situação controvertida haveria que lançar mão da adaptação das regras de conflitos do foro[1747]. Esta teria lugar mediante a restrição ou o alargamento do objecto da conexão das regras de conflitos aplicáveis, que o autor pretende reconduzir aos procedimentos da redução e da extensão teleológicas[1748].

Pela nossa parte, cremos ser inaceitável a construção defendida por LOOSCHELDERS acerca dos critérios em que deve assentar a correcção do resultado da aplicação da regra de conflitos e da sua caracterização jus-metodológica.

Desde logo, porque não é apenas a especificidade das situações plurilocalizadas que determina a necessidade de soluções para elas adrede formuladas; é também — e a nosso ver sobretudo — a necessidade de coordenar, na sua aplicação a essas situações, normas extraídas de diferentes ordenamentos.

Tão-pouco parece suficiente o apelo para o efeito à *ratio* das normas das potenciais *leges causae*, que LOOSCHELDERS preconiza. A correcção do resultado da aplicação das normas materiais em presença nos casos em que se verifique uma justaposição defeituosa ou a mútua exclusão dessas normas funda-se na circunstância de as mesmas contrariarem valorações imanentes ao Direito de Conflitos do foro; é, por conseguinte, partindo destas que, quanto a nós, o julgador há-de procurar em tais casos a solução adequada à situação controvertida.

Cremos, além disso, não poder falar-se com propriedade nas situações em apreço de redução ou extensão teleológica das regras de conflitos aplicáveis. Ambas as figuras traduzem a correcção do teor literal da norma legal em conformidade com a teleologia que lhe preside ou os juízos de

---

[1745] *Idem, ibidem*, pp. 97 ss., 112, 114 ss. e 417.
[1746] *Idem, ibidem*, pp. 164, 211 e 419.
[1747] *Idem, ibidem*, pp. 195 e 418.
[1748] *Ibidem*, pp. 195 ss. e 418 s.

544   *Da Responsabilidade Pré-Contratual em Direito Internacional Privado*

valor nela encarnados, mediante a exclusão ou a extensão da sua aplicabilidade a dada categoria de casos. O que nelas se tem em vista é, portanto, a determinação do sentido da norma abstractamente considerada. Ora o problema que aqui se coloca não é — mesmo segundo os que procuram solução para ele através da adaptação do Direito de Conflitos — a fixação do sentido das normas jurídicas em si mesmas, mas a modificação do resultado da sua aplicação a determinado caso concreto. Situa-se o mesmo, por conseguinte, para além da interpretação ou do desenvolvimento da norma, a que os ditos procedimentos dizem respeito.

g) Importa agora caracterizar, na perspectiva dos diferentes modelos do discurso jurídico contemporâneo, a abertura, que preconizámos, do juízo decisório em Direito Internacional Privado a premissas diferentes da regra de conflitos.

Poderia supor-se que a correcção do resultado da aplicação da regra de conflitos, tal como a propusemos, constitui uma projecção no Direito Internacional Privado da chamada tópica, como técnica de pensamento orientada pelo problema[1749], a somar a outras que alguns autores vêm identificando na nossa disciplina[1750]: a inadequação da solução deduzida da regra de conflitos representaria uma manifestação da essencialidade do problema na realização do Direito e da necessidade de apelar para este efeito à *ars inveniendi* do julgador — o mesmo é dizer à descoberta por este de novas premissas de que há-de extrair a solução da questão privada internacional.

Estamos todavia em crer que esta conclusão não seria exacta. É que embora propugnemos que o julgador complemente a regra de conflitos com outros pontos de vista, buscando nos princípios e nas valorações subjacentes àquela regra a solução mais adequada à questão privada internacional, visa-se desse modo examinar esta última à luz do sistema jurídico, tal como o exprimem esses princípios e valorações. Só estes pontos de vista, e não quaisquer outros tópicos mais ou menos fragmentários, podem ter-se como relevantes na correcção do resultado da aplicação da regra de conflitos, pois que só eles satisfazem a exigência de fundamentação da sentença no sistema jurídico vigente[1751].

[1749] Cfr. VIEHWEG, *Topik und Jurisprudenz*, pp. 31 e 97.

[1750] Cfr. ESSER, *Grundsatz und Norm*, pp. 108 s. e 222 (na tradução castelhana, pp. 139 e 283), e SCHURIG, *Kollisionsnorm und Sachrecht*, pp. 176 ss., 183, 236 e 283.

[1751] Cfr. em sentido próximo as críticas dirigidas à tópica por CANARIS, *Systemdenken*, cit., tradução portuguesa, p. 260; LARENZ, *Methodenlehre*, cit., p. 147 (na tradução portuguesa, p. 204); e CASTANHEIRA NEVES, *Metodologia jurídica*, p. 74.

Do Concurso e da Falta de Normas Aplicáveis 545

O pensamento orientador da correcção do resultado em Direito Internacional Privado é, assim, sistemático (tal como este é modernamente entendido[1752]) e não problemático: nele não é tanto a justiça do caso concreto que está em jogo, mas antes a adequação do resultado às linhas orientadoras do sistema.

É certo que tanto os críticos como os sequazes da tópica vêm reconhecendo que entre ela e o pensamento sistemático não existe uma contraposição radical, mas antes mútua complementação[1753] — assim como a dedução e a indução, longe de antitéticas, são procedimentos complementares na realização do Direito.

Supomos, no entanto, que as relações entre o problema e o sistema não são redutíveis à mera complementaridade. A tópica, enquanto técnica de resolução de problemas jurídicos, pressuporia a possibilidade de se partir do facto para descobrir a disciplina que lhe é aplicável. Ora, vimos acima que os problemas jurídicos suscitados pelas situações plurilocalizadas não podem ser identificados senão a partir das normas que lhes são potencialmente aplicáveis e lhes conferem relevância jurídica[1754].

Eis por que no domínio em que nos situamos a determinação da existência de um problema jurídico e a sua delimitação só podem fazer-se, quanto a nós, na perspectiva de um sistema jurídico. Este, e não o problema, constitui o *prius* metodológico da descoberta do Direito do caso concreto.

98. Vejamos agora como devem resolver-se os concursos de normas em matéria de responsabilidade pré-contratual emergentes de relações plurilocalizadas.

a) A aplicação exclusiva, dentre as normas concorrentes, da regra de conflitos relativa às obrigações contratuais ou das normas substantivas que disciplinam a mesma matéria, a título de normas especiais ou consuntivas, é a solução a que se chegaria se se admitisse, quer no plano do Direito de Conflitos quer no do Direito material, que a responsabilidade delitual cede

---

[1752] Nomeadamente por CANARIS, *Systemdenken*, *passim*, e entre nós por MENEZES CORDEIRO, *Da boa fé no direito civil*, vol. II, pp. 1258 ss.; *idem*, introdução à edição portuguesa da citada obra de CANARIS, pp. CXII s.

[1753] Cfr. neste sentido BAPTISTA MACHADO, prefácio à tradução portuguesa de ENGISCH, *Einführung in das juristische Denken*, p. LXI; CANARIS, *Systemdenken*, tradução portuguesa, p. 277; e COING, *Grundzüge der Rechtsphilosophie*, pp. 290 ss.

[1754] Cfr. atrás, § 20.º.

546   *Da Responsabilidade Pré-Contratual em Direito Internacional Privado*

perante a contratual, por as normas que disciplinam a primeira revestirem carácter de generalidade e as atinentes à segunda terem a natureza de preceitos especiais[1755].

Esta solução afigura-se-nos, contudo, inaceitável, por duas ordens de razões:

Em primeiro lugar, não existe no Direito material português, como se viu, qualquer relação de especialidade ou de consunção entre as regras da responsabilidade contratual e as da responsabilidade extracontratual; pelo que uma tal relação também não pode divisar-se no plano do Direito de Conflitos. Nenhuma razão existe, assim, que justifique a primazia da regra de conflitos relativa às obrigações contratuais em caso de concurso com a que disciplina a responsabilidade extracontratual. Este concurso é, portanto, um concurso real e não aparente.

Em segundo lugar, não cremos que seja possível estabelecer relações de especialidade ou de consunção entre preceitos materiais oriundos de ordenamentos jurídicos diferentes. As relações sistemáticas entre normas concorrentes apenas fornecem um critério de resolução de antinomias normativas quando tais normas pertençam ao mesmo sistema jurídico, pois que só em tal caso se pode afirmar que elas se encontram em determinada conexão jurídico-política e se acham submetidas a uma exigência de unidade e de coerência. Não assim, porém, quando as normas em concurso dimanem de ordenamentos diferentes, declarados competentes a títulos diversos pelo Direito Internacional Privado do foro a fim de fornecerem a disciplina de relações plurilocalizadas. Nesta hipótese não só aquela conexão não existe em princípio, como uma tal exigência de unidade sistemática e de coerência não tem sentido. Não se afigura legítimo, por isso, resolver eventuais antinomias entre essas normas por recurso a critérios formais como o da especialidade, cujo funcionamento assenta largamente naqueles pressupostos.

b) Sendo a pretensão indemnizatória do lesado reconhecida por ambas as leis em concurso em termos idênticos, impõe-se a concessão ao interessado de uma única indemnização com pluralidade de fundamentos.

Se, ao invés, essa pretensão for reconhecida pelas várias *leges causae*, mas em moldes diversos, a nossa preferência vai, pelos motivos atrás apon-

---

[1755] Admitem uma solução deste tipo: MAGALHÃES COLLAÇO, *Da qualificação em DIP*, p. 255; FERRER CORREIA, *Lições de DIP*, p. 328; *idem, DIP. Alguns problemas*, p. 171; *idem,* «Considerações sobre o método do DIP», *in Estudos vários de Direito*, pp. 309 ss. (p. 354).

Do Concurso e da Falta de Normas Aplicáveis

tados, para a decisão do problema do concurso em conformidade com a solução comum que este porventura receba nas ordens jurídicas interessadas.

Assim, se em ambas as *leges causae* o Direito contratual tem primazia sobre o Direito extracontratual, ao julgador não restará senão aplicar as disposições que integram o primeiro. Já se aquelas leis forem concordes em conceder ao lesado um direito de opção entre as normas concorrentes, ou em reconhecer-lhe a faculdade de combinar ou cumular os benefícios que estas lhe garantem, será essa a solução a observar no Estado do foro, sob reserva de a mesma não ser incompatível com a ordem pública internacional deste Estado (o que pode ocorrer, nomeadamente, no caso de o cúmulo das normas aplicáveis determinar uma dupla indemnização do mesmo dano).

Na falta de uma solução comum do concurso de responsabilidades nas leis em presença, abre-se ao julgador a possibilidade de definir autonomamente a solução mais adequada, atentas as circunstâncias do caso concreto e os valores e interesses que o Direito Internacional Privado visa tutelar. Devendo o concurso ser decidido em Portugal, pesará nessa avaliação a solução que a ordem jurídica portuguesa consagra neste domínio, sem prejuízo de serem tomadas em consideração as que são acolhidas pelas leis concorrentes.

Assim, se as consequências jurídicas das normas concorrentes forem diferentes, sem no entanto se excluírem reciprocamente (concurso de normas não antinómicas), afigura-se-nos constituir solução preferível, contanto que a mesma não seja rejeitada por ambas as leis em concurso, o cúmulo dos dois regimes de responsabilidade, através do reconhecimento ao lesado da faculdade de optar em globo por um deles ou de escolher, para cada questão concreta, as normas que lhe forem mais favoráveis, combinando-as[1756]. Esta linha de orientação é, na verdade, a mais ajustada sob o prisma da tutela da confiança no tráfico jurídico-privado internacional, pois que permite satisfazer as legítimas expectativas do lesado (que espera não ficar em posição pior do que a que ocuparia se não houvesse concurso) sem sacrificar injustamente a posição do lesante (que não é, pela adopção de qualquer das soluções referidas, duplamente sancionado pelo mesmo facto); e é, como vimos, permitida pelo Direito material português.

Mais complexa é a solução do concurso nas hipóteses em que uma das leis em presença reconhece ao lesado o direito a uma indemnização e

---

[1756] Cfr. *supra*, § 9.°.

548 *Da Responsabilidade Pré-Contratual em Direito Internacional Privado*

a outra lhe nega esse direito (concurso de normas antinómicas). É o que sucede, por exemplo, no caso de uma ruptura injustificada de negociações ocorrida em Londres entre um sujeito residente nos Estados Unidos e outro estabelecido na Alemanha, a quem cabia realizar a prestação característica no contrato projectado: a lei inglesa, *lex loci delicti*, rejeita nessa hipótese o ressarcimento de quaisquer danos, ao passo que o Direito alemão o admite em determinadas circunstâncias, ao abrigo da doutrina da *culpa in contrahendo*.

Em casos deste tipo não parece aceitável, como já foi sugerido, a busca de uma solução de compromisso entre as leis concorrentes, consistente, por exemplo, na concessão de uma indemnização parcial[1757]. A conciliação de regras antinómicas, como as que aqui temos em vista, é, em rigor, impossível — no caso figurado, porque a atribuição ao lesado de qualquer indemnização seria repudiada por uma das leis em presença e o ressarcimento de apenas parte do dano repugnaria à outra —; pelo que falha nas hipóteses em apreço o próprio pressuposto em que assenta, segundo a doutrina que o preconiza, a legitimidade do recurso a semelhante expediente.

Tão-pouco cremos que se possa à partida caracterizar esta hipótese como uma «lacuna de colisão» resultante da anulação recíproca das normas antinómicas[1758]. Se é certo que a aplicação simultânea das normas concorrentes, bem como a sua combinação, se mostram inviáveis no caso em apreço, a ocorrência de uma lacuna desse tipo pressuporia a impossibilidade de se atribuir primazia a uma das normas em presença, o que está por demonstrar.

Impõe-se, assim, determinar a viabilidade de uma opção entre as normas em concurso. Avulta a este respeito a orientação que preconiza o estabelecimento de uma hierarquia entre as regras de conflitos concorrentes a

---

[1757] Assim, por exemplo, VON MEHREN, «Special Substantive Rules for Multistate Problems. Their Role and Significance in Contemporary Choice of Law Methodology», *Harvard LR* 1974, pp. 347 ss. (pp. 366 ss.).

[1758] A figura é admitida, em tese geral, por ENNECCERUS-NIPPERDEY, *Lehrbuch des Bürgerlichen Rechts*, vol. I, *Allgemeiner Teil des Bürgerlichen Rechts, Erster Halbband*, p. 352; ENGISCH, *Die Einheit der Rechtsordnung*, pp. 42, 50 e 84; *idem*, «Der Begriff der Rechtslücke», *in FS Sauer*, pp. 85 ss. (p. 89, n. 15); *idem, Einführung*, cit., p. 212 (na tradução portuguesa, p. 257); e CANARIS, *Die Feststellung von Lücken im Gesetz*, pp. 65 ss. (que caracteriza como lacunas de colisão as hipóteses designadas na doutrina do Direito Internacional Privado como de adaptação ou de contradições lógicas e valorativas: p. 66, n. 31). Entre nós *vide*, com especial referência ao Direito Internacional Privado, BAPTISTA MACHADO, *Âmbito*, cit., p. 218.

Do Concurso e da Falta de Normas Aplicáveis 549

fim de se determinar qual das normas materiais em presença deverá ser aplicada. Mas também esta se nos afigura, no caso vertente, insusceptível de fornecer uma solução satisfatória, pois que entre a regra de conflitos relativa às obrigações contratuais e a que se reporta à responsabilidade extracontratual não é possível estabelecer qualquer relação hierárquica[1759].

Demonstrada a inviabilidade da resolução do concurso por apelo a critérios formais, como a especialidade e a hierarquia, resta cometer ao julgador a determinação das normas em concreto aplicáveis na base de uma valoração autónoma dos interesses em jogo à luz dos princípios gerais que informam o Direito Internacional Privado do foro.

Na hipótese acima figurada, supondo que o rompimento das negociações era imputável àquele dos negociadores que residia nos Estados Unidos e se verificavam os pressupostos da protecção da confiança da contraparte estabelecidos pela *lex contractus* (a lei alemã)[1760], haveria que concluir pela aplicabilidade da norma desta última que, *in casu*, cominasse a responsabilidade do lesante, visto ser essa a única solução susceptível de salvaguardar a legítima expectativa do lesado no reconhecimento além--fronteiras do direito ao ressarcimento dos danos sofridos que esta lei lhe confere.

A esta solução poderá contrapor-se que também o lesante, que agiu na convicção de que a sua conduta era lícita à face da *lex loci*, é titular de uma expectativa, que deporia no sentido da aplicação desta última lei.

Supomos, porém, que esta objecção não colhe. O princípio da confiança em Direito Internacional Privado postula que à responsabilidade extracontratual seja aplicada uma lei com a qual o agente pudesse contar e que se inclua no âmbito das expectativas do lesado[1761]. É o que sucede de

---

[1759] Nem se pretenda extrair da limitação da competência da *lex loci delicti* a favor da aplicação da *lex contractus*, que atrás preconizámos para os casos em que entre o agente e o lesado exista uma relação contratual, qualquer argumento no sentido do estabelecimento de uma tal hierarquia: dada a relevância dos interesses que justificam a competência da lei em vigor no *locus delicti*, a indução a partir daquele caso excepcional de um vínculo hierárquico de carácter geral entre as regras de conflitos em causa, no qual o juiz acharia a fonte da decisão do concurso no caso de espécie, representaria uma cedência à jurisprudência dos conceitos.

[1760] Para LARENZ, *Richtiges Recht*, p. 85 (na tradução castelhana, p. 96), «a suscitação de confiança é "imputável" quando aquele que a suscita sabia ou tinha a obrigação de saber que outrem iria confiar». É o caso.

[1761] Cfr. neste sentido HEINI, «Die Anknüpfungsgrundsätze in den Deliktsnormen eines zukunftigen Schweizerischen IPR-Gesetzes», *in FS Mann*, pp. 193 ss. (p. 197, n. 20).

550 Da Responsabilidade Pré-Contratual em Direito Internacional Privado

acordo com a solução proposta, pois que a *lex contractus* é a lei da residência habitual do lesado e a sua aplicação não pode, assim, dizer-se imprevisível para o agente.

Como observa WENGLER[1762], é inevitável, ou pelo menos mais provável, que nas situações plurilocalizadas ocorra uma maior restrição da liberdade de actuação humana, em virtude da aplicabilidade potencial das disposições delituais de vários dos ordenamentos a que essas situações se encontram ligadas. Quem desenvolve voluntariamente uma actividade susceptível de produzir danos em diversos países deve contar com a aplicação dessas disposições e agir em conformidade: é esse um risco inerente a toda a actuação cujos efeitos transcendam as fronteiras de um Estado (ou, mais precisamente, de um ordenamento jurídico local)[1763]. De contrário, facultar-se-ia ao agente a possibilidade de, colocando-se sob a égide da lei mais permissiva, se eximir a toda a responsabilidade pelos danos resultantes da sua actividade.

A solução preconizada não envolve, por isso, qualquer tratamento discriminatório (por mais rigoroso) dos factos danosos conexos com duas ou mais ordens jurídicas, que lesaria o princípio da igualdade[1764].

Nem parece legítimo objectar que a ela subjaz um qualquer (e injustificado) *favor creditoris*. O critério de escolha da norma aplicável que propusemos não se funda no objectivo de assegurar ao credor da indemnização uma protecção mais ampla, mas antes na realização de uma directriz genérica do Direito de Conflitos: a tutela da confiança legítima nas situações privadas internacionais.

Note-se, de todo o modo, que nenhuma razão de princípio se opõe a que a ordem jurídica cuide, na justa medida, de assegurar que os credores realizem efectivamente os seus direitos, garantindo dessa forma a confiança recíproca e a segurança nas transacções jurídicas. Por isso mesmo não é o favorecimento do credor estranho ao Direito Internacional Privado

---

Ver também COLLINS, «Interaction Between Contract and Tort in the Conflict of Laws», *ICLQ* 1967, pp. 103 ss. (p. 136).

[1762] *IPR*, vol. I, pp. 67 s.

[1763] Nesta linha de pensamento escreve FERRER CORREIA, *Lições de Direito Internacional Privado* (1963), p. 757, que «o interesse do agente não merece ser atendido sempre que ele se propôs produzir certos efeitos fora do país em que se encontrava no momento da acção».

[1764] Reconhece-o WENGLER em «Das Gleichheitsprinzip im Kollisionsrecht», *in Eranion in honorem Maridakis*, vol. II, pp. 323 ss. (p. 349), e em «Les conflits de lois et le principe de l'égalité», *RCDIP* 1963, pp. 203 ss. e 503 ss. (p. 227).

Do Concurso e da Falta de Normas Aplicáveis 551

vigente entre nós: acolhe-o de modo explícito, por exemplo, a Convenção de Bruxelas, nos seus arts. 5.°, n.°s 1 e 3, e 34.°, primeiro parágrafo[1765].

Em matéria de responsabilidade extracontratual o Direito Internacional Privado comparado revela mesmo uma tendência para a atribuição de primazia ao interesse do lesado: é ver a jurisprudência alemã que aplicava aos «delitos à distância» a lei mais favorável à vítima[1766]; os arts. 135, n.° 1, 138 e 139, n.° 1, da lei suíça de Direito Internacional Privado, 62, n.° 1, da lei de reforma do Sistema Italiano de Direito Internacional Privado e 40, n.° 1, da Lei de Introdução ao Código Civil alemão, que conferem ao lesado a faculdade de escolher a lei aplicável à responsabilidade delitual dentre as que são designadas pelos elementos de conexão acolhidos nessas leis[1767]; e

---

[1765] O primeiro destes preceitos, na medida em que atribui competência jurisdicional, em matéria contratual, ao *forum executionis*; o segundo, porque consente, segundo a jurisprudência do Tribunal de Justiça das Comunidades Europeias, a competência electiva dos tribunais do lugar onde o prejuízo se verificou e do lugar do evento causal; o terceiro, visto que não atribui carácter contraditório ao processo de *exequatur* em primeira instância. Cfr. sobre estes textos TEIXEIRA DE SOUSA-MOURA VICENTE, *Comentário à Convenção de Bruxelas*, pp. 87 ss. e 156 s.

[1766] *Günstigkeitsprinzip*: cfr. *supra*, § 25.°. Como fundamento desta solução refere KEGEL que «a simpatia com a vítima é em geral maior que com o autor do facto lesivo; por isso pode este ser responsabilizado ainda que a sua conduta fosse lícita no local onde actuou (ou ilícita, mas não determinante de responsabilidade)»: cfr. *IPR*, p. 537. No mesmo sentido pronuncia-se FERID, *IPR*, p. 242. Já HOHLOCH procura explicá-la por apelo à contemporânea funcionalização do Direito delitual à reparação do dano sofrido pela vítima: ver *Das Deliktsstatut*, p. 243.

[1767] Cfr. sobre o ponto, quanto à lei suíça: *Botschaft zum Bundesgesetz über das internationale Privatrecht (IPR-Gesetz)/ Message relatif à la Loi Fédérale sur le droit international privé*, *BBl.* 1983, vol. I, p. 168; PATOCCHI, *Règles de rattachement localisatrices et règles de rattachement à caractère substantiel*, pp. 193 ss.; SCHWANDER, «Der Wandel des Privatrechts und seine Rückwirkungen auf das IPR», *ASDI* 1989, pp. 247 ss. (p. 260); BOUREL, «Du rattachement de quelques délits spéciaux en droit international privé», *Rec. cours*, vol. 214 (1989-II), pp. 255 ss. (pp. 298 e 330 ss.); DUTOIT, *DIP suisse*, pp. 369, 379 s. e 382 s; *IPRG Kommentar*-VOLKEN, pp. 1176 s.; *IPRG Kommentar*-HEINI, p. 1203; *IPRG Kommentar*-VISCHER, pp. 1208 s.; e a respeito da lei italiana: *Relazione della Commissione istituita con decreto del Ministro di Grazia e Giustizia 8 marzo 1985, sul progetto di riforma del sistema italiano di diritto internazionale privato*, in Camera dei Deputati. Servizio Studi, *Riforma del sistema italiano di diritto internazionale privato*, pp. 345 ss. (p. 369); POCAR, «Le droit des obligations dans le nouveau DIP italien», *RCDIP* 1996, pp. 41 ss. (pp. 60 s.); POCAR e outros, *Commentario del nuovo DIP*, pp. 307 ss.; e BALLARINO, *DIP*, pp. 722 s. Acerca da lei alemã consulte-se SONNENBERGER, «La loi allemande du 21 mai 1999 sur le droit international privé des obligations non contractuelles et des biens», *RCDIP* 1999, pp. 647 ss. (pp. 657 s.).

552 Da Responsabilidade Pré-Contratual em Direito Internacional Privado

as decisões dos tribunais superiores ingleses que introduziram importantes derrogações à regra da *double actionability*[1768] em benefício da lei concretamente mais favorável ao lesado[1769].

Também o art. 4 da Proposta de uma Convenção Europeia Sobre a Lei Aplicável às Obrigações Não Contratuais se inspira abertamente numa «política de favor à vítima» no tocante à determinação da lei aplicável a certos delitos especiais[1770].

A essa tendência não ficou imune o Direito de Conflitos português, que tutela o ofendido mesmo nos casos em que a lei do país da conduta lesiva não lhe dispensa qualquer protecção, determinando, no art. 45.°, n.° 2, do Código Civil, a aplicação da lei do país onde ocorreu o efeito lesivo, desde que segundo esta lei o agente seja responsável e o mesmo devesse prever a produção do dano nesse país. A boa fé subjectiva do lesante não leva, pois, vantagem no nosso Direito Internacional Privado à confiança do lesado.

Ainda que assim não fosse, deve ter-se presente que na dita hipótese o lesado adquiriu um direito perante uma ordem jurídica cujo título de competência não merece qualquer dúvida, pois que é designada pelo Direito de Conflitos vigente. Uma situação jurídica constituída ao abrigo de uma lei estrangeira não tem, decerto, que ser reconhecida em Portugal pelo simples facto de essa lei se ter *in casu* por competente. Mas se o sistema de conflitos do foro lhe defere competência para reger essa situação (ainda que concorrentemente com outra lei, que nega a sua constituição ou lhe confere um conteúdo diverso) e as pretensões nela fundadas podem tornar-se efectivas no Estado onde vigora essa lei, não há senão que reconhecê-la com os efeitos que aí lhe pertencem: a tanto obriga o respeito devido aos direitos validamente adquiridos no estrangeiro, que o Direito Internacional Privado

---

[1768] Sobre esta, cfr. *infra*, § 39.°.

[1769] Cfr. as decisões proferidas pela Câmara dos Lordes no caso *Chaplin v. Boys*, (1969) 2 *All E.R.* 1085 (aplicação da *lex fori* num caso em que a *lex loci delicti* não reconhecia ao lesado o direito ao ressarcimento de danos não patrimoniais), e pelo *Privy Council* no caso *Red Sea Insurance Co. Ltd. v. Bouygues SA and others*, (1995) 1 *A.C.* 190 (aplicação da *lex loci delicti* num caso em que a acção seria improcedente segundo a *lex fori*). Note-se que o *favor laesi* não constitui explicitamente a *ratio decidendi* de qualquer destes casos; mas tal não tem impedido a doutrina de apontá-lo como explicação das soluções que neles vingaram: ver neste sentido, por exemplo, NYGH, «The Reasonable Expectation of the Parties as a Guide to the Choice of Law in Contract and Tort», *Rec. cours*, vol. 251 (1995), pp. 269 ss. (p. 293).

[1770] Cfr. FALLON, «Proposition pour une convention européenne sur la loi applicable aux obligations non contractuelles», *Eur. Rev. Priv. Law* 1999, pp. 45 ss. (p. 60).

Do Concurso e da Falta de Normas Aplicáveis 553

postula como condição da estabilidade e da continuidade das situações jurídicas plurilocalizadas através das fronteiras.

Outra não seria, de resto, a solução a que se chegaria se, tendo-se o tribunal da *lex contractus* julgado competente para decidir a causa, fosse aqui solicitado o reconhecimento da sentença por ele proferida.

Vimos, ademais, que a solução do concurso de normas antinómicas passa, em última instância, por uma valoração do julgador e que nesta ele deve atender não só aos juízos de valor próprios do Direito Internacional Privado do foro, mas também aos do seu Direito material. Natural é, pois, que estando em jogo, de uma parte, normas que reconhecem ao lesado o direito a uma indemnização e, de outra, normas que recusam esse direito, o julgador propenda a atribuir primazia àquelas que mais se aproximam das valorações do seu próprio Direito. Ora, nos sistemas continentais, e nomeadamente no nosso — caracterizados desde o primeiro pós-guerra pela forte acentuação da dimensão social da ordem jurídica —, toda a evolução do regime jurídico da responsabilidade civil é, como se verificou, no sentido de uma maior protecção do lesado e da sujeição daqueles que controlam o risco da produção de um dano a um regime mais rigoroso de responsabilidade. O julgador imbuído do espírito destes sistemas tenderá, por conseguinte, a decidir o concurso de normas em Direito Internacional Privado no sentido mais favorável ao lesado, concedendo-lhe uma indemnização sempre que a sua própria lei lhe reconheça o direito a ser ressarcido.

Esta, aliás, a solução mais conforme com a necessidade de segurança no tráfico jurídico internacional; a orientação oposta é que seria de todo inaceitável, pois que ao lesante não é legítimo esperar que, verificando-se um concurso de normas, lhe sejam aplicadas as mais favoráveis aos seus interesses[1771].

c) Em síntese, preconiza-se a resolução dos concursos de normas em matéria de responsabilidade pré-contratual emergente de relações privadas internacionais segundo um método valorativo e não lógico-formal.

Os factores a ponderar para esse efeito são fundamentalmente os seguintes: a relação entre as normas concorrentes (suscitando-se a este propósito a questão de saber se as leis em concurso estabelecem para a situação *sub judice* as mesmas consequências jurídicas ou consequências jurídicas diversas e, neste caso, se as normas concorrentes são antinómicas); a solução do concurso à face das *leges causae* e da *lex fori* (havendo

---

[1771] Ver no mesmo sentido GEORGIADES, *Die Anspruchskonkurrenz*, p. 184.

a esse respeito que averiguar se as *leges causae* convêm numa determinada solução, se a ordem pública internacional do Estado do foro se lhe opõe e qual a solução ou soluções consagradas pela *lex fori*); e os valores a que o Direito Internacional Privado do foro se dirige (mormente a tutela da confiança nas relações plurilocalizadas).

A aplicação desse método pode conduzir a um dos seguintes resultados: a atendibilidade de todas as normas ou regimes de responsabilidade concorrentes, mediante o deferimento de uma pretensão única plurifundamentada ou a combinação desses regimes através da aplicação a cada questão concreta da norma mais favorável ao lesado; ou a aplicabilidade exclusiva de um dos regimes ou normas de responsabilidade concorrentes, em virtude de ser essa a solução comum do concurso à face das leis em presença, de ser de admitir a escolha pelo lesado do regime mais favorável ou de ela corresponder à que ao próprio tribunal se afigure em concreto mais ajustada, à luz dos valores e princípios que enformam o Direito Internacional Privado do foro.

Esse concurso assume sempre, quer se considerem as regras de conflitos quer as normas materiais concorrentes, a feição de um concurso real e nunca de um concurso aparente; e reconduz-se, dentro das espécies possíveis de concursos reais, ao que chamámos de concurso ideal[1772].

[1772] Cfr. *supra*, n.º 96 *b*).

§ 28.°
Da falta de normas aplicáveis

99. Suponhamos o seguinte caso: a empresa *A*, com sede em França, propõe a *B*, residente em Portugal, a celebração de um contrato de trabalho. As negociações tendentes a esse fim decorrem em Lisboa. No decurso delas, as partes chegam a acordo quanto aos termos do contrato, segundo o qual *B* se obriga a prestar a sua actividade profissional nas instalações de *A*, sitas em Paris. Para tanto, *B* arrenda uma casa naquela cidade e rescinde o contrato de trabalho que o vinculava a *C*. Mediante declaração recebida por *B* em Lisboa, *A* recusa-se, sem qualquer justificação, a celebrar o contrato projectado.

À face da lei francesa, competente a título de *lex contractus* por força do art. 6.°, n.° 2, da Convenção de Roma, a responsabilidade de *A* perante *B* é caracterizada como delitual, sendo, portanto, reconduzível à previsão do art. 1382 do *Code Civil*. Este, porém, é inaplicável segundo o sistema de conflitos vigente entre nós: primeiro, porque esse preceito não pode ser qualificado, para os efeitos da Convenção de Roma, como uma norma atinente a obrigações contratuais; segundo, porque o facto gerador de responsabilidade delitual segundo a lei francesa (o rompimento *fautif* das negociações), que esse preceito requer como condição do dever de indemnização, ocorreu em Portugal e não em França, pelo que o mesmo seria, à luz do Direito de Conflitos francês, inaplicável ao caso. De acordo com a lei portuguesa, *lex loci delicti*, o eventual dever de indemnização a cargo de *A* encontra-se sujeito às regras da responsabilidade contratual, sendo estas, por conseguinte, igualmente inaplicáveis ao caso segundo o Direito Internacional Privado vigente entre nós.

A pretensão indemnizatória de *B* parece assim, à primeira vista, dever ser julgada improcedente, embora fosse de acolher segundo qualquer dos Direitos em presença, considerados no conjunto das suas disposições.

Imaginemos agora que *C* induz *D* em erro quanto às características de certo objecto que lhe vendeu. Os efeitos do erro de *D* são regulados pela lei aplicável ao contrato nos termos do art. 8.º da Convenção de Roma: por hipótese a lei inglesa, visto situar-se em Londres a residência habitual de *C*. Porém, o facto que é imputado a *C* foi praticado na Alemanha. Esse facto determina a responsabilidade delitual de *C* à face do Direito inglês, onde integra o *tort of deceit*; mas a lei inglesa é inaplicável ao caso a esse título. Na Alemanha o dolo de *C* corresponde a uma forma de *culpa in contrahendo*, à qual são aplicáveis as normas da responsabilidade contratual; todavia, também essas normas são inaplicáveis na espécie, por não ser a lei alemã a *lex contractus*.

A indemnização reclamada por *D* contra *C* com fundamento em qualquer das normas referidas teria assim, *prima facie*, de ser negada pelos tribunais portugueses.

Ocorre uma situação análoga no seguinte caso: *E*, com residência habitual em Itália, vende determinado objecto a *F*, residente na Alemanha, ocultando um defeito de que o mesmo padece. O objecto é recebido por *F* na sua residência, onde, no decurso da sua utilização, sobrevém um acidente causado pelo referido defeito, de que resultam ferimentos para *F*. Decorridos quatro anos sobre a entrega da coisa, *F* demanda *E* em Portugal, para onde este entretanto mudara a sua residência, reclamando a sua condenação no pagamento de uma indemnização pelos danos que sofreu. À face do Direito italiano, aplicável nos termos do artigo 4.º, n.º 2, da Convenção de Roma, a acção por vícios da coisa vendida prescreveu por ter decorrido mais de um ano sobre a sua entrega (artigo 1495 do Código Civil); mas não a acção delitual, que só prescreve em cinco anos sobre a ocorrência de facto danoso (artigo 2947 do mesmo Código). As disposições aplicáveis a esta última não são, porém, aplicáveis ao caso por força de qualquer regra de conflitos portuguesa. Segundo o Direito alemão, aplicável por força do artigo 45.º, n.º 1, do Código Civil, a acção delitual prescreveu, por terem decorrido mais de três anos sobre o momento em que o lesado teve conhecimento do dano e da pessoa do responsável (§ 852 do BGB); mas não a acção contratual, que só prescreve em trinta anos (§ 195 do BGB). Contudo, também as regras contratuais alemãs não são aplicáveis ao caso segundo o Direito Internacional Privado em vigor em Portugal.

Nesta hipótese o estatuto contratual consagra para as pretensões contratuais um prazo curto de prescrição, já decorrido, que não é extensível às pretensões delituais, e o estatuto delitual estabelece para as pretensões delituais um prazo prescricional mais curto do que para as contratuais, o qual se encontra também já completado; sendo que em ambos os sistemas em presença o caso de espécie preenche simultaneamente a *fattispecie* das

Do Concurso e da Falta de Normas Aplicáveis

normas contratuais e delituais e ambos admitem o concurso de pretensões, conferindo ao lesado a faculdade de combinar ou de optar entre as regras concorrentes. Vem daqui que embora o lesado fosse titular de uma pretensão indemnizatória válida à face de ambos os ordenamentos em causa, tomados no conjunto das suas disposições, a situação ficaria desprovida de tutela por as normas desses ordenamentos que concretamente a conferem (a norma delitual do estatuto contratual e a norma contratual do estatuto delitual) não serem aplicáveis ao caso segundo o Direito Internacional Privado do foro, assim se chegando a um resultado que repugnaria a qualquer desses ordenamentos.

Encontramo-nos, nos casos descritos, perante hipóteses geralmente designadas por vácuo ou falta de normas materiais aplicáveis a uma situação privada internacional[1773].

Tal como o concurso de normas, este é um problema com que o Direito de Conflitos há muito se debate. Entre os primeiros casos relatados nas colectâneas de jurisprudência inclui-se o que foi decidido em 1882 pelo Tribunal Imperial alemão, relativo a uma acção por falta de pagamento de livranças («*promissory notes*») subscritas por um residente no Tennessee[1774]. O réu deduzira nessa acção a excepção de prescrição da obrigação cambiária. A lei aplicável a esta obrigação era a lei do Tennessee. Dado o carácter processual das regras do *statute of limitations* aí vigente, nos termos das quais o decurso do tempo apenas afectava o direito de acção (*the remedy*) e não o direito de crédito do autor (*the right*), seriam as mesmas, segundo o Tribunal Imperial, inaplicáveis na Alemanha. À face da lei alemã, a prescrição era, ao invés, de caracterizar como instituto do Direito substantivo, pelo que as regras que a disciplinavam localmente eram também inaplicáveis ao caso. A excepção de prescrição foi por isso rejeitada pelo Tribunal Imperial.

[1773] Ver na doutrina estrangeira: KAHN, «Gesetzeskollisionen. Ein Beitrag zur Lehre des IPR», *in Abhandlungen*, vol. I, pp. 1 ss. (pp. 103 ss.); WOLFF, *Private International Law*, p. 165; *idem, IPR*, p. 59; KEGEL, *IPR*, pp. 49 e 260; KROPHOLLER, *IPR*, p. 216; FIRSCHING-VON HOFFMANN, *IPR*, p. 214. Na doutrina portuguesa consultem-se: MAGALHÃES COLLAÇO, *Da qualificação em DIP*, pp. 297 s.; FERRER CORREIA, *Lições de DIP*, pp. 323 s.; *idem, DIP. Alguns problemas*, p. 168; *idem*, «Considerações sobre o método do DIP», *in Estudos vários de Direito*, pp. 309 ss. (pp. 353 s.); BAPTISTA MACHADO, *Lições de DIP*, pp. 138 ss.; e MARQUES DOS SANTOS, *DIP. Sumários* (1987), pp. 206 ss.; *idem, Breves considerações sobre a adaptação em DIP*, pp. 32 ss.

[1774] *RGZ* 7, pp. 21 ss.

558 *Da Responsabilidade Pré-Contratual em Direito Internacional Privado*

No domínio que aqui nos ocupa ocorrem estas hipóteses sempre que, aparentemente, o lesado não possa deduzir contra o lesante, no Estado do foro, qualquer pretensão indemnizatória por danos surgidos dos preliminares e da formação dos contratos, não obstante o direito a essa indemnização lhe ser reconhecido por qualquer das ordens jurídicas potencialmente aplicáveis segundo o Direito Internacional Privado local — ainda que a título diverso daquele a que lhes é deferida competência.

Resulta esta ausência de normas aplicáveis, tal como o concurso de normas atrás examinado, por um lado, da diversidade de conteúdo, de funções jurídico-políticas e de inserção sistemática das normas que nas ordens jurídicas em presença impõem certa consequência jurídica (nos exemplos apontados, a obrigação de indemnizar os danos sofridos *in contrahendo*); e, por outro, do específico modo de funcionamento do sistema de conflitos, que provê à regulamentação das relações privadas internacionais mediante uma repartição de competências legislativas segundo um princípio de especialização, restringindo o âmbito da competência normativa deferida a cada lei ao domínio que lhe é assinalado pelo conceito-quadro da regra de conflitos que a designa.

Em qualquer ordenamento jurídico o sentido de cada norma encontra-se em íntima conexão com o das demais, podendo ser pervertido se for tomada isoladamente. Ao proceder do modo descrito, o Direito Internacional Privado introduz um corte artificial na regulamentação instituída para o caso *sub judice* pelo ordenamento jurídico designado, o qual em vez de ser considerado na unidade das suas disposições, incluindo as relações de pressuposição entre as diferentes normas ou institutos que a integram, é encarado apenas na perspectiva das disposições que se reconduzem ao instituto visado na regra de conflitos que para ele remete.

Assim, nos primeiros exemplos acima figurados as normas relativas à responsabilidade obrigacional do ordenamento designado a título de *lex contractus* não abrangem a causação de danos nos preliminares e na formação dos contratos porque a disciplina dessas situações é fornecida pelas regras delituais; e a situação oposta ocorre com as normas deste último tipo da *lex delicti*. Como o Direito Internacional Privado do foro não toma em consideração essas relações de pressuposição entre as normas das *leges causae*, encontra-se a pretensão *sub judice* aparentemente carecida de tutela à face da *lex fori*.

100. A falta de normas aplicáveis em Direito Internacional Privado reconduz-se a uma lacuna: uma situação da vida privada internacional acha-se desprovida de disciplina jurídica no Estado do foro por não ser objecto de qualquer disposição que a preveja e lhe seja aplicável segundo o sistema de conflitos local; sendo que tal resultado contraria a teleologia deste sistema, na medida em que a situação *sub judice* é regulada por ambas as ordens jurídicas com ela conexas em termos de se conferir uma pretensão a um dos respectivos sujeitos, e o não reconhecimento dessa pretensão no Estado do foro pelo motivo descrito frustraria injustificadamente a confiança do seu titular.

Nas hipóteses figuradas não pode, com efeito, inferir-se da ausência nos ordenamentos jurídicos designados de uma norma que estabeleça a obrigação de indemnizar os prejuízos sofridos pelo lesado e que seja aplicável ao caso segundo as regras de conflitos relevantes do foro a necessária rejeição da pretensão indemnizatória deduzida por aquele, pois que a exclusão dessa consequência jurídica contraria frontalmente o plano de qualquer das leis em presença (e com isso a expectativa legítima do lesado). Não nos situamos por isso no domínio do extrajurídico, mas no das lacunas.

A determinação da existência de uma lacuna resulta, nas hipóteses descritas (como, aliás, em todas as demais), de uma valoração a empreender pelo julgador. Nessa valoração desempenha um papel central o pensamento da confiança: há que encarar a situação *sub judice* à luz das consequências jurídicas que lhe pertencem segundo os ordenamentos com ela conexos e indagar se a omissão dessas consequências no Estado do foro contraria a orientação comum a esses ordenamentos, pondo deste modo em causa as legítimas expectativas dos interessados.

Na hipótese afirmativa, deve a lacuna assim apurada ser suprida através dos processos gerais de preenchimento de lacunas previstos no Direito português. Dentre estes está à partida excluída a *analogia legis*, pois que já se verificou não caber a matéria em causa no conceito-quadro de qualquer outra regra de conflitos além das que se reportam às obrigações contratuais e à responsabilidade extracontratual. Resta, por isso, ao julgador decidir o caso segundo a norma que criaria se houvesse de legislar dentro do espírito do sistema. Está deste modo legitimada a correcção do resultado da aplicação das regras de conflitos.

Vejamos qual o sentido dessa correcção.

Ao concluir-se pela existência da referida lacuna na regulamentação da situação jurídico-privada internacional já se apuraram as soluções possíveis do caso à luz das leis que com ele se encontram conexas. Dado que é apenas com essas leis que os interessados podiam legitimamente contar, a correcção em apreço só pode, quanto a nós, visar a aplicação das normas que numa dessas leis (ou em ambas, no caso de a solução que consagram ser idêntica) contemplam a situação *sub judice* — nas espécies figuradas, as normas delituais do estatuto contratual e as normas contratuais do estatuto delitual.

A consecução deste desiderato envolve o alargamento do âmbito de competência deferido às leis em presença, por forma a que o mesmo abranja, em derrogação do disposto no art. 15.º do Código Civil, normas que, embora não se reconduzam ao instituto visado pelas regras de conflitos do foro que para elas remetem, incluam na respectiva previsão a situação da vida em apreço e tutelem a posição do lesado. Um tal procedimento deve ser tido como legítimo à face de quanto se deixou dito no parágrafo anterior acerca da realização do Direito nas situações plurilocalizadas.

A limitação da competência atribuída à lei designada pela regra de conflitos às normas que integram o instituto por ela visado tem fundamentalmente em vista assegurar o respeito pela opção de política legislativa subjacente à eleição de certo factor de conexão para determinada matéria jurídica. Sempre, porém, que desse modo se desconheçam as relações de pressuposição entre diferentes normas ou institutos da *lex causae* e daí resultem situações de vácuo jurídico, com lesão da confiança dos interessados, as razões que ditam aquela limitação deixam de subsistir e a correcção do resultado da aplicação da regra de conflitos impõe-se.

A solução que propomos consiste, em suma, no chamamento de uma ou de ambas as normas materiais relevantes dos ordenamentos interessados, cuja aplicabilidade ao caso fora *prima facie* recusada pelo Direito de Conflitos do foro em virtude da restrição do âmbito de competência que é reconhecido por este às leis em que aquelas normas se inserem, sem que para tanto haja, a nosso ver, que adaptar as normas materiais ou de conflitos em presença[1775].

[1775] Preconizam, todavia, o recurso à adaptação nas hipóteses consideradas no texto, na doutrina alemã, KEGEL, *IPR*, p. 260, LOOSCHELDERS, *Die Anpassung im IPR*, pp. 8, 296 ss., 327 e 340 ss., e FIRSCHING-VON HOFFMANN, *IPR*, p. 215. KROPHOLLER integra o problema na adaptação, mas reconhece que se trata apenas de corrigir o resultado da aplicação das normas competentes ao caso singular (cfr. *IPR*, p. 215) mediante o alargamento do âmbito da remissão operada por uma das regras de conflitos relevantes, por forma a compreender-se nela a questão em aberto (*ibidem*, p. 218). Na doutrina portuguesa *vide* MAGALHÃES COLLAÇO, *Da qualificação em DIP*, pp. 305 s.; FERRER CORREIA, «Considerações sobre o método do DIP», *in Estudos vários de Direito*, pp. 309 ss. (pp. 356 s.); BAPTISTA

Suscita-se ainda a questão de saber qual daquelas normas deve ser objecto do procedimento descrito. Uma vez mais cremos que deverá ser o princípio da confiança a nortear a decisão do julgador; o que permite afastar à partida qualquer preferência pela solução que conduza à aplicação da lei do foro ou da lei estrangeira mais próxima desta.

A situação em apreço caracteriza-se por o mesmo facto preencher a previsão de várias normas pertencentes a ordenamentos jurídicos diversos. Em consequência, constituiu-se na esfera jurídica do lesado, à luz de ambos estes ordenamentos, um direito ao ressarcimento do dano sofrido. Há que tutelar a expectativa do lesado no reconhecimento desse direito no Estado do foro, visto ser desconforme à concepção geral do Direito de Conflitos português que a situação privada internacional receba aqui solução inteiramente diversa da que lhe é dada pelas leis interessadas. Para tanto, exige-se que entre o ordenamento jurídico à sombra do qual se constituiu o direito em questão e os factos que o originaram se verifique uma conexão espacial bastante. Essa conexão existe no caso vertente com ambas as leis em presença, pois que estas são designadas pelo Direito Internacional Privado do Estado do foro para reger certas matérias relativamente às quais instituem uma disciplina jurídica que pressupõe a existência das normas à sombra das quais se constituiu o direito do lesado; e é justamente o respeito pela conexão jurídico-política em que se exprime essa relação de pressuposição que justifica o alargamento do âmbito da conexão às normas da *lex causae* pressupostas por aqueloutras que se integram no conceito-quadro da regra de conflitos (normas pressuponentes). Donde se conclui que ambas as leis em presença possuem em princípio iguais títulos de aplicação ao caso concreto.

Sendo o caso *sub judice* objecto de uma solução comum nas ordens jurídicas em presença, apenas essa solução deve prevalecer, em conformidade com a directriz análoga atrás traçada para os concursos de normas[1776]. Qualquer outra orientação seria inaceitável. Justamente por se ter desviado dessa directriz foi muito criticada pela doutrina a citada decisão proferida pelo Tribunal Imperial alemão em 1882, que tinha implícita a

---

MACHADO, «Problemas na aplicação do direito estrangeiro — adaptação e substituição (nótula)», *BFDUC* 1960, pp. 327 ss. (pp. 328 ss.); *idem, Lições de DIP*, pp. 144; e MARQUES DOS SANTOS, *Breves considerações sobre a adaptação em DIP*, pp. 32 ss.

[1776] No sentido de que nas situações em apreço, que caracterizam como «*false conflicts*», são de aplicar, sempre que uma das leis em presença seja a do foro, as correspondentes normas *vide* MORRIS-McCLEAN, *The Conflict of Laws*, p. 422.

562   *Da Responsabilidade Pré-Contratual em Direito Internacional Privado*

admissão da imprescritibilidade da dívida cambiária, ainda que ambas as ordens jurídicas interessadas a tivessem por prescrita[1777].

Se as soluções das ordens jurídicas em causa forem divergentes, há que conceder ao lesado, e subsidiariamente ao julgador, o poder de optar pela lei cuja aplicação se revele mais conforme com a tutela da confiança daquele.

Tal como no concurso de normas, a eventual expectativa do lesante na aplicação ao caso da lei que menos o onere não é aqui relevante: tendo-se ele constituído em responsabilidade perante o lesado à face de ambas as leis em presença e possuindo estas iguais títulos de aplicação ao caso, nada parece justificar que o lesante possa retirar da situação de vácuo jurídico qualquer benefício ou que o lesado haja, por esse motivo, de ver-se prejudicado no seu direito ao ressarcimento dos danos que sofreu.

Afigura-se-nos, assim, de excluir a aplicação cumulativa das leis em presença, que KEGEL advoga para a hipótese paralela de falta de normas aplicáveis à responsabilidade do produtor, por força da qual se subordinaria a produção do efeito previsto por qualquer das normas em causa (na espécie, a responsabilidade civil de uma das partes) à verificação dos requisitos para o efeito exigidos por ambos os sistemas em que elas se integram[1778].

[1777] Cfr. WOLFF, *Private International Law*, pp. 161 s.; DICEY-MORRIS-COLLINS, *The Conflict of Laws*, vol. 1, p. 40; KEGEL, *IPR*, p. 113.

[1778] Cfr. *IPR*, p. 267. Sustenta o autor a aplicabilidade nesta hipótese daquele dos Direitos em presença que menos onere o lesante, pois que este «por si» não responderia; o que é inexacto, visto que na realidade o lesante responderia à face de qualquer dos ordenamentos considerados e apenas assim não sucederia se a questão houvesse de ser julgada no Estado do foro, em razão do sistema de repartição da competência *legis* localmente adoptado (mas não já assim se uma sentença proferida em qualquer dos Estados de que dimanam as normas em causa fosse reconhecida e executada no Estado do foro).

CAPÍTULO VI

PROBLEMAS ESPECIAIS RELATIVOS AO ÂMBITO DE APLICAÇÃO DO DIREITO COMPETENTE

§ 29.°
Da questão prévia

101. A designação de certa ordem jurídica local a fim de regular a responsabilidade pré-contratual numa situação plurilocalizada suscita diversos problemas relativos ao âmbito da competência deferida a essa lei, que cumpre agora examinar.

Trata-se, de um modo geral, de saber se o âmbito de competência da lei ou leis designadas nos termos estudados no capítulo IV pode ser ampliado ou restringido *ope judicis*, por forma a incluir-se nele a regulação (conflitual ou material) de certas questões que, não cabendo no seu escopo normal, todavia se achem ligadas às matérias nele incluídas por um nexo de prejudicialidade ou pela circunstância de serem disciplinadas por normas que formam com as que regulam essas matérias um regime material unitário; ou, ao invés, de molde a excluir-se desse âmbito a imputação de certos danos originados em factos submetidos pelo Direito de Conflitos a uma outra lei, cometendo-a, por conexão acessória, a esta última.

a) Vimos acima que entre nós a competência da *lex causae* se restringe em princípio às normas que, pelo conteúdo e pela função que nela desempenham, sejam reconduzíveis ao conceito-quadro da regra de conflitos que para ela remeteu.

Pode, no entanto, suceder que uma norma dessa lei, aplicável à situação controvertida, se refira, como um seu pressuposto, a determinada situação da vida que deva ser juridicamente valorada à luz de outras normas, atribuindo-lhe determinados efeitos jurídicos ulteriores, consistentes,

564   *Da Responsabilidade Pré-Contratual em Direito Internacional Privado*

v.g., na constituição, na modificação, na extinção ou na modelação em determinados termos do conteúdo da situação referida em primeiro lugar, verificado que seja certo evento.

Visto que da existência ou da configuração em certos moldes da situação pressuposta pela norma aplicável depende a produção da consequência jurídica nela prevista, é o preenchimento desse requisito ponto a dilucidar necessariamente antes da regulação da situação controvertida a título principal — *hoc sensu* uma questão prévia.

Ora, se a situação principal se encontrar sujeita a uma lei estrangeira e a situação prejudicial for regida segundo o Direito de Conflitos da *lex causae* da situação principal por uma lei diversa da que lhe é aplicável de acordo com as regras de conflitos do foro ocorre, pelo que respeita à sua regulamentação jurídica, o conflito de regras de conflitos a que em primeira linha é redutível o problema dito da questão prévia, ou incidental, em Direito Internacional Privado[1779].

Pergunta-se então se a competência deferida à *lex causae* compreende também a disciplina (inclusive do ponto de vista conflitual) da mencionada situação prejudicial ou se, ao invés, lhe deve ser aplicada a lei designada pelo Direito de Conflitos do foro.

b) Sobre o ponto divide-se a doutrina. Para uns, a *lex causae* dispõe em princípio de competência para disciplinar as situações jurídicas que funcionem como pressupostos da constituição, modificação ou extinção daqueloutras situações que lhe pertence regular segundo as regras de conflitos do foro, pois que, entre outras razões, isso é uma consequência necessária da qualificação que conduziu a inserir no âmbito de aplicação dessa lei a regulamentação destas últimas situações e da liberdade que lhe assiste de configurar como bem entender os respectivos pressupostos[1780].

[1779] Além deste, um outro problema, dito de substituição, se pode suscitar nas hipóteses em apreço. A ele nos reportaremos adiante, no n.º 103.

[1780] Assim BAPTISTA MACHADO, *Lições de DIP*, p. 299. Idêntico pensamento ressumava já em trabalhos anteriores do mesmo autor: cfr. *Âmbito de eficácia e âmbito de competência das leis*, p. 322, e «Les faits, le droit de conflit et les questions préalables», *in FS Wengler*, vol. II, pp. 443 ss. (pp. 454 s.). A aplicabilidade à questão prévia do Direito de Conflitos da lei reguladora da questão principal, a que aquele pensamento conduz (cfr., do mesmo autor, *Âmbito*, pp. 367 ss., est. cit. no *FS Wengler*, p. 458, e *Lições*, p. 299), foi primeiramente sufragada na doutrina germânica por MELCHIOR, *Die Grundlagen des deutschen IPR*, p. 245, e WENGLER, «Die Vorfrage im Kollisionsrecht», *RabelsZ* 1934, pp. 148 ss. (especialmente pp. 188 ss.). Cfr. ainda deste último autor, reiterando no essencial a sua posição original sobre o ponto, «General Principles of Private International Law», *Rec.*

Para outros, esta asserção apenas é exacta na medida em que a decisão sobre a realização dos pressupostos da consequência jurídica prevista pela *lex causae* dependa de juízos jurídico-materiais; não quando se queiram abranger nela os juízos de Direito conflitual dessa lei, caso em que seria mister descobrir nalgum dos princípios gerais do Direito Internacional Privado — como, por exemplo, a harmonia internacional de julgados — um fundamento autónomo para ampliar, na hipótese decidenda, a competência da *lex causae* à regulamentação (sob o ângulo dos conflitos de leis) de situações prejudiciais que extravasem dos limites traçados pelo conceito-quadro da regra de conflitos do foro que a designou[1781].

Outros ainda entendem que é à lei designada pelas regras de conflitos do foro que compete regular essas situações, não obstante o nexo de

---

cours, vol. 104 (1961-III), pp. 273 ss. (pp. 347 s.), «Nouvelles réflexions sur les "questions préalables"», *RCDIP* 1966, pp. 165 ss. (p. 166); *IPR*, vol. I, pp. 115 s., 182 ss.; e «The Law Applicable to Preliminary (Incidental) Questions», *IECL*, vol. III, cap. 7, p. 17. A essa orientação aderiram posteriormente, entre outros, NEUHAUS, *Die Grundbegriffe des IPR*, pp. 345 ss., e *Münchener Kommentar*-SONNENBERGER, Einl. IPR, n.m. 504, p. 227. Na doutrina francesa veja-se em sentido concordante AGOSTINI, «Les questions préalables en droit international privé», *in Droit International et Droit Communautaire*, pp. 25 ss. A aplicação à questão prévia do Direito de Conflitos da *lex causae* da questão principal é ainda preconizada pelo autor dinamarquês SVENNÉ SCHMIDT, no estudo «The Incidental Question in Private International Law», *Rec. cours*, vol. 233 (1992-II), pp. 305 ss. (pp. 368 ss.). Não conduz a resultados substancialmente diversos a orientação perfilhada em Itália quanto ao problema em apreço por PICONE no quadro do «método da referência ao ordenamento competente», que o autor advoga: cfr. *Saggio sulla struttura formale del problema delle questioni preliminari nel diritto internazionale privato*, pp. 49 ss. e 78 ss., e *Ordinamento competente e Diritto internazionale privato*, pp. 111 ss. Na literatura portuguesa sustentam também a aplicabilidade à questão prévia do Direito de Conflitos da *lex causae* CORTES ROSA, *Da questão incidental em DIP*, pp. 171 e 185, AZEVEDO MOREIRA, *Da questão prévia em DIP*, pp. 134 s., 215 ss. e 345, e Carlos FERNANDES, *Lições de DIP*, vol. I, pp. 281 ss.

[1781] É a posição expressa entre nós por FERRER CORREIA: cfr. *Lições de DIP*, pp. 452 s. Uma orientação próxima, que admite a resolução em termos variáveis da questão prévia, consoante as circunstâncias do caso decidendo e os interesses e valores em presença, tem sido preconizada na doutrina alemã por FIRSCHING-VON HOFFMANN, *IPR*, p. 227; na doutrina suíça por LALIVE, «Tendances et méthodes en DIP (Cours général)», *Rec. cours*, vol. 155 (1977-II), pp. 1 ss. (pp. 299 s.), e por KELLER-SIEHR, *Allgemeine Lehren des IPR*, p. 514; na doutrina francesa por BATIFFOL-LAGARDE, *DIP*, t. I, pp. 510 s; e na doutrina anglo-saxónica por GOTTLIEB, «The Incidental Question Revisited — Theory and Practice in the Conflict of Laws», *ICLQ* 1977, pp. 734 ss. (pp. 779 ss.), MORRIS-McCLEAN, *The Conflict of Laws*, p. 427, DICEY-MORRIS-COLLINS, *The Conflict of Laws*, vol. 1, p. 55, STONE, *The Conflict of Laws*, p. 399, e CHESHIRE-NORTH-FAWCETT, *Private International Law*, p. 48.

566   *Da Responsabilidade Pré-Contratual em Direito Internacional Privado*

prejudicialidade que as une à situação regida pela *lex causae*, sendo em princípio de rejeitar o tratamento diferenciado das mesmas no plano do Direito de Conflitos[1782].

Podemos, assim, resumir nas seguintes as principais linhas de orientação quanto ao problema em exame: a doutrina que propugna a inclusão no âmbito de competência da *lex causae* da situação principal a disciplina das situações prejudiciais que essa questão suscite (também dita «conexão subordinada» da questão prévia); a doutrina que defere a regulação dessas situações à lei designada pelo Direito de Conflitos da *lex fori* (ou da «conexão autónoma»); e a doutrina ecléctica, que preconiza a adopção, dentre as soluções anteriores, daquela que, atentos os resultados a que conduzir no caso *sub judice*, melhor se ajustar aos valores do Direito de Conflitos.

Observe-se, no entanto, que mesmo os autores que integram as correntes referidas em primeiro e segundo lugar admitem maioritariamente a existência de situações prejudiciais que devem, consoante os casos, ser disciplinadas pelo Direito de Conflitos do foro ou a ele subtraídas. Por outro lado, a tendência que hoje vem prevalecendo em certos domínios do Direito Internacional Privado no sentido da consagração de conexões alternativas, que permitam assegurar um certo resultado material tido *a*

[1782] Orientação sustentada pela maioria da doutrina alemã: cfr. RAAPE, *IPR*, p. 119; Christian VON BAR, *IPR*, vol. I, pp. 528 s.; SCHURIG, «Die Struktur des kollisionsrechtlichen Vorfragenproblems», *in FS Kegel* (1987), pp. 549 ss. (pp. 587 ss., 597 s.); LÜDERITZ, *IPR*, p. 65; KEGEL, *IPR*, p. 276; KROPHOLLER, *IPR*, pp. 206 ss.; e JUNKER, *IPR*, p. 217. O mesmo pode dizer-se da doutrina francesa: cfr. MAURY, «Règles générales des conflits de lois», *Rec. cours*, vol. 57 (1936-III), pp. 325 ss. e 560; LOUSSOUARN-BOUREL, *DIP*, pp. 210 ss.; AUDIT, *DIP*, pp. 221 ss.; e MAYER, *DIP*, p. 169, n. 138. Acolhem-na de modo expresso o *Bundesgerichtshof* (*vide* as referências em KEGEL, ob. e loc. cits.) e a Cassação francesa (ac. *Djenangi*, de 11 de Março de 1986, *RCDIP* 1988, pp. 302 ss.). Subscrevem-na ainda, na doutrina italiana, VITTA, «Cours général de droit international privé», *Rec. cours*, vol. 162 (1979-I), pp. 9 ss. (pp. 69 s.), e MOSCONI, *Diritto Internazionale Privato e Processuale*, pp. 107 s.; e em Inglaterra JAFFEY-CLARKSON-HILL, *On the Conflict of Laws*, p. 524. Entre nós pronunciam-se neste sentido MAGALHÃES COLLAÇO, no prefácio que ao citado estudo de CORTES ROSA, especialmente a pp. XIV ss., LIMA PINHEIRO, *Da venda com reserva de propriedade em DIP*, pp. 170 ss., e Maria Helena BRITO, *A representação nos contratos internacionais*, p. 732. Note-se, porém, que aquela primeira autora admite que certos casos de questão prévia sejam regulados pelo Direito de Conflitos da lei aplicável à questão principal. Assim sucederia pelo que respeita às questões prévias suscitadas em matéria de nacionalidade: cfr. *DIP*, vol. II (1959), pp. 120 e 217; prefácio cit., p. XX; *DIP*, vol. II (1967), p. 85; e *DIP. Problemas especiais de interpretação e aplicação da norma de conflitos. A conexão*, pp. 18 s.

priori por desejável, depõe a favor da admissibilidade da conexão autónoma ou subordinada das mesmas questões prévias consoante a solução material a que tais orientações conduzirem na espécie decidenda.

Por isso se nos afigura hoje improfícua uma análise do problema exclusivamente conduzida na óptica da sua resolução mediante uma opção entre a *lex fori* e a *lex causae*, válida para a generalidade das hipóteses em que o mesmo é susceptível de se colocar.

c) Das concepções expostas distancia-se consideravelmente a tese recente de Rhona SCHUZ[1783], que propõe para o problema uma solução assente sobre premissas muito diversas. Dela cumpre, antes de prosseguirmos, dar aqui breve exposição e crítica.

Embora a autora principie por enunciar o problema de acordo com a impostação clássica de que ele tem sido objecto (i. é, como o da aplicabilidade à questão incidental das regras de conflitos da lei aplicável à questão principal ou das do Estado do foro)[1784], logo se afasta dela para, sob a invocação da necessidade de um «*novel approach*», o definir como um «conflito entre duas regras de conflitos do foro»[1785]: a regra de conflitos de leis no espaço concretamente relevante, por um lado, e a regra que *in casu* determine o reconhecimento no Estado do foro da situação prejudicial constituída à sombra de uma lei estrangeira, por outro.

Este conflito pretende a autora resolvê-lo, de acordo com uma metodologia confessadamente inspirada em CAVERS, por apelo a «regras de preferência» (*preference rules*)[1786], que seleccionarão a regra de conflitos aplicável, dentre as que se ofereçam em cada categoria de situações da vida, em função do resultado material a que conduzir a opção por uma delas[1787]. O critério de selecção que haveria de presidir a tais «regras de preferência» seria a *policy* do foro na matéria considerada[1788] — orientação que SCHUZ procura fundamentar na aludida caracterização do problema como um conflito de regras de conflitos do Estado do foro[1789].

Parte substancial do estudo a que nos estamos referindo é, assim, dedicada à explanação das «regras de preferência» que a autora entende mais

---

[1783] Cfr. *A Modern Approach to the Incidental Question.*

[1784] *Ibidem*, p. 3.

[1785] *Ibidem*, p. 7: «a conflict between two conflict rules of the forum».

[1786] *Ibidem*, pp. 7, 11, 75 s. e 242.

[1787] *Ibidem*, pp. 8, 68 ss. e 242.

[1788] *Ibidem*, pp. 74, 76 e 242 ss.

[1789] *Ibidem*, p. 74.

568   *Da Responsabilidade Pré-Contratual em Direito Internacional Privado*

apropriadas a um certo número de questões prévias[1790]. Não é, evidentemente, possível dar aqui conta de todas elas. Refira-se apenas, a título de exemplo, que a autora preconiza a aplicação à questão prévia da validade do casamento, quando esta se suscite a propósito da definição dos direitos sucessórios do cônjuge sobrevivo, daquela das regras supostamente conflituantes de que derive o efectivo reconhecimento desses direitos[1791].

Esta colocação do problema e a via de solução para ele preconizada por SCHUZ não podem deixar de prestar-se a sérios reparos.

O primeiro é este: diversamente do que a autora parece supor, nem sempre estará em causa na decisão de uma questão prévia em Direito Internacional Privado uma situação prejudicial constituída, modificada ou extinta no estrangeiro por sentença judicial ou outro acto público. Pelo que quando assim não seja a construção de SCHUZ não nos oferece realmente qualquer solução para o problema em apreço. Mas ainda que a questão prévia se coloque naqueles termos não se afigura exacto, salvo melhor opinião, configurá-la como um problema de conflito entre uma regra de conflitos do foro e as normas sobre o reconhecimento de actos públicos estrangeiros nele vigentes, a resolver por apelo a «regras de preferência». É que, tendo a situação prejudicial sido objecto de sentença definitiva proferida em país estrangeiro, a decisão que aplicar no Estado do foro uma norma de outro país que confira certos efeitos ulteriores a essa situação — no exemplo mencionado os direitos sucessórios do cônjuge supérstite — não pressupõe necessariamente o reconhecimento daquela decisão, antes poderá tomá-la como um simples facto, ao qual se imputa a relevância que lhe atribui a lei convocada para reger a questão principal[1792]. Pois que não está em causa a produção de efeitos no Estado do foro por essa decisão considerada como tal, não têm as normas locais sobre o reconhecimento de sentenças estrangeiras qualquer título para intervir — pelo que nenhum conflito poderá ocorrer entre elas e as regras de conflitos vigentes nesse Estado.

E ainda que assim não seja, duas outras objecções se podem opor à construção de SCHUZ.

Em primeiro lugar, a fim de que se suscitasse o conflito entre regras de conflitos e de reconhecimento a que a autora reduz o problema da ques-

---

[1790] *Ibidem*, pp. 77 a 241.

[1791] *Ibidem*, p. 244.

[1792] É esta a posição expressa entre nós por FERRER CORREIA, *Lições de DIP. Do reconhecimento e execução das sentenças estrangeiras. Aditamentos*, pp. 34 s.

tão prévia em Direito Internacional Privado seria necessário que do funcionamento daquelas derivasse a sistemática aplicabilidade à situação prejudicial de uma lei diversa da que presidiu à constituição desta — o que não pode dar-se por adquirido, a menos que se pretenda, como sugere SCHUZ, que a preferência pela regra de conflitos corresponde à opção pela lei designada pelo Direito de Conflitos da *lex causae* a fim de reger a questão prévia e a preferência pela regra de reconhecimento corresponde à opção pela lei designada para o mesmo efeito pelo Direito de Conflitos da *lex fori*[1793]. Mas semelhante entendimento não pode ser aceit sem se incorrer numa evidente petição de princípio.

Em segundo lugar, não se nos afigura possível resolver o problema equacionado pela autora mediante «princípios de preferência» como os que por ela são sugeridos: à uma, porque é manifestamente inviável prever todas as hipóteses possíveis de questões prévias em Direito Internacional Privado e formular para elas um quadro completo de «princípios de preferência»[1794]; depois, porque, sendo certo que há que atender aos resultados a que as diferentes soluções possíveis da questão prévia podem conduzir antes de se optar em definitivo por uma delas, é à luz dos fins gerais a que o Direito de Conflitos se acha subordinado e não das *policies* do Direito material do foro que esses resultados hão-de em primeira linha ser valorados. É certo que não existe, em nosso modo de ver, qualquer antinomia entre os princípios fundamentantes do Direito de Conflitos e aqueles que subjazem ao Direito material do foro; mas daí não se retira que ao julgador seja lícito decidir a aplicabilidade de uma lei estrangeira a dada questão privada internacional apelando directamente para os objectivos de política legislativa prosseguidos pelo Direito interno no domínio jurídico considerado.

Fundamental é, pois, averiguar se a decisão em certo sentido da questão prévia é reclamada pela necessidade de tutelar a confiança legítima do ou dos interessados — no exemplo acima referido, o cônjuge supérstite — ou por outro valor basilar do Direito Internacional Privado; e não, como pretende SCHUZ, apurar qual a solução mais conforme com os juízos de valor subjacentes às normas materiais do foro atinentes à questão princi-

---

[1793] Ob. cit., p. 31: «a preference for the choice rule corresponds to the *lex causae* approach and the preference for the recognition rule corresponds to the *lex fori* approach».

[1794] Crítica análoga é endereçada por FERRER CORREIA à tentativa de CAVERS de solucionar os conflitos de leis por apelo ao mesmo tipo de princípios: cfr. *DIP. Alguns problemas*, p. 35.

570 Da Responsabilidade Pré-Contratual em Direito Internacional Privado

pal — *v.g.*, no mesmo exemplo, o primado da liberdade do autor da sucessão de dispor dos seus bens como lhe aprouver sobre a protecção sucessória do cônjuge sobrevivo.

A fim de se dar satisfação àquele desiderato, haverá que atender sobretudo, como veremos[1795], às ligações que a situação prejudicial apresente com a ordem jurídica do foro e à formação no espírito dos interessados, a partir delas, de expectativas juridicamente atendíveis.

Na medida em que ignora esta vertente do problema em apreço, pretendendo resolvê-lo exclusivamente na óptica do Direito material do Estado do foro, como se de um puro problema de Direito interno se tratasse, incorre a tese de SCHUZ no risco de recusar à situação prejudicial certos efeitos com que os respectivos sujeitos legitimamente contavam, lesando desse modo expectativas atendíveis ou, ao invés, de lhe conferir efeitos ulteriores cuja produção os interessados não esperavam e que apenas se produzirão em virtude da circunstância, que pode ser meramente fortuita, de a questão ter de ser decidida no Estado do foro. Em qualquer desses casos chegar-se-á a uma solução estranha aos valores fundamentais a que a resolução das questões privadas internacionais deve subordinar-se e que, por isso mesmo, temos por inaceitável.

102. Retomando o exame do problema nos termos em que acima o enunciámos, frisaremos antes de mais que não cabe nos limites deste trabalho uma tomada de posição sobre todos os aspectos em que o mesmo se desdobra. Iremos ocupar-nos aqui tão-só da sua incidência na disciplina da responsabilidade civil por danos surgidos dos preliminares e da formação de contratos internacionais.

a) Relativamente à imputação de responsabilidade a este título podem suscitar-se como questões prévias, no sentido acima assinalado, a existência de um contrato perfeito ou de simples preliminares dele e a sua validade formal e substancial.

Estas questões são entre nós objecto de regras de conflitos específicas[1796]. Assim, sempre que a lei chamada a disciplinar a responsabilidade por danos causados nos preliminares ou na conclusão do contrato for uma lei estrangeira e não coincidir com a que é designada pelas regras de conflitos internas a fim de reger as ditas questões suscitadas a título prejudi-

---

[1795] *Infra*, n.° 103.

[1796] Cfr. os arts. 25.°, 28.° a 32.°, 35.° e 36.° do Código Civil e 8.°, 9.°, 10.°, n.° 1, *a*), e 11.° da Convenção de Roma Sobre a Lei Aplicável às Obrigações Contratuais.

Problemas Especiais Relativos ao Âmbito de Aplicação 571

cial são as questões prévia e principal autonomamente conectadas pelo sistema de conflitos do foro. Se a questão prévia for regida segundo o sistema de conflitos da *lex causae* da questão principal por uma lei diversa da que lhe é aplicável de acordo com o Direito de Conflitos do foro ocorre, pelo que respeita à sua disciplina, o conflito de regras de conflitos a que aludimos acima. Encontra-se deste modo preenchido o pressuposto fundamental do problema em apreço[1797].

Perante uma situação deste tipo suscita-se a já referida interrogação: acha-se a disciplina da questão prévia compreendida no âmbito de competência deferido à *lex causae* da questão principal ou deve a mesma ser decidida segundo a lei designada pelo Direito de Conflitos do foro?

Cumpre, antes de mais, notar a este propósito que as referidas questões podem também configurar-se como simples aspectos parcelares de uma situação jurídica complexa, como sucederá, por exemplo, se se alegar em acção tendente à anulação de um contrato que, além de este carecer da forma exigível, uma das partes é incapaz ou o seu consentimento foi determinado por um vício da vontade. Não se constitui então entre as questões em debate, que correspondem a distintas causas de pedir invocadas em abono do efeito jurídico pretendido pelo autor, qualquer relação de prejudicialidade, mas antes de concurso[1798]. Impõe-se por isso a sua sujeição à lei designada pelas regras de conflitos especiais do foro que se lhes refiram, sob pena de se terem estas por violadas.

Outro tanto não sucede quando tais questões se nos deparem no contexto de acções tendentes a efectivar a responsabilidade emergente do incumprimento de deveres pré-contratuais de conduta, como os de agir nos preliminares do contrato por forma a que este saia isento de vícios que afectem a sua validade ou eficácia, de informar atempadamente a contraparte de quaisquer causas de invalidade ou de ineficácia de que um dos contraentes tenha ou deva ter conhecimento e de formalizar um contrato de facto, nulo por inobservância da forma exigível.

Nestes casos surgem as ditas questões com autonomia relativamente ao objecto principal da lide («*in their own right*», na expressão de certos autores anglo-saxónicos), e é a resolução delas ponto manifestamente prévio à dilucidação deste. São, nessa medida, questões prévias e não parciais.

[1797] Ver sobre o ponto FERRER CORREIA, *Lições de DIP*, p. 444.

[1798] Cfr. TEIXEIRA DE SOUSA, *As partes, o objecto e a prova na acção declarativa*, p. 139.

Sobre as decisões acerca delas proferidas pelo tribunal não se formará em princípio caso julgado. Uma vez que não é neste contexto que as mencionadas regras de conflitos especiais têm em vista tais questões, não pode à partida excluir-se, por envolver desrespeito dos juízos de valor legais, a sua sujeição às regras de conflitos da lei reguladora da questão principal.

À mesma conclusão se chegará atendendo a que a responsabilidade pré-contratual de um dos contraentes, cujo consentimento padeça de algum vício ou cuja incapacidade não haja sido suprida por qualquer dos meios previstos na lei, pelos danos sofridos pela contraparte em razão da invalidade ou da ineficácia do contrato não é um efeito próprio ou directo desses factos — os quais em si mesmos considerados apenas importam um determinado valor negativo do negócio —, mas antes o fruto de um juízo acerca da situação jurídica desse modo criada e da conduta daquele que lhe deu origem — portanto, uma sua consequência ulterior ou indirecta. Em idêntico sentido depõe a circunstância de o dever de indemnizar os danos surgidos da violação dos deveres de conduta a que as partes se acham sujeitas durante os preliminares do contrato integrar uma relação jurídica fundamentalmente distinta da relação contratual que nasce do encontro e coincidência das declarações de vontade das partes. Pode, por conseguinte, a inexistência ou a invalidade do vínculo contratual constituir um pressuposto do dever de responder *ex culpa in contrahendo*.

b) O problema em apreço reveste particular acuidade dada a crescente tendência que o comércio internacional revela para o recurso a instrumentos de formação progressiva dos contratos — também ditos de «pontuação» ou de «contratação mitigada» — como as chamadas «cartas de intenção», os «acordos de princípio», os «acordos preliminares», etc.[1799]. Dado que a responsabilidade pré-contratual pressupõe a causação de um dano mediante um acto ou uma omissão verificados durante a formação do contrato, e não após a conclusão deste, coloca-se perante aqueles instrumentos negociais, como questão prévia, a de saber se os mesmos

---

[1799] Ver sobre a eficácia das «cartas de intenção»: FONTAINE, «Les lettres d'intention dans la négotiation des contrats internationaux», *DPCI* 1977, pp. 73 ss. (pp. 99 ss.); LUTTER, *Der letter of intent*, pp. 18 ss.; LAKE, «Letters of Intent: a Comparative Examination under English, U.S., French and West German Law», *Geo. Wash. J.I.L.E.* 1984, pp. 331 ss.; DRAETTA, «Legal effects of letters of intent: a case study», *in Formation of contracts and precontractual liability*, pp. 259 ss.; e LAKE-DRAETTA, *Letters of Intent and Other Precontractual Documents*, pp. 153 ss.

Problemas Especiais Relativos ao Âmbito de Aplicação 573

corporizam vínculos contratuais já constituídos ou meramente em preparação. Só neste último caso é o dano fonte potencial de responsabilidade pré-contratual e será, por conseguinte, chamada a intervir a regra de conflitos que designa a respectiva lei reguladora.

Para dilucidar aquela questão há que averiguar qual o sentido com que os instrumentos referidos devem valer juridicamente. Isso pressupõe que se determine se na situação controvertida as partes quiseram vincular-se imediatamente ao que neles ficou consignado (ainda que porventura sem observância da forma requerida), ou verificada que fosse certa condição a que subordinaram os seus efeitos (*v.g.* a sua aprovação por certo órgão social de uma delas, por um ente administrativo que a tutele ou por uma instituição financeira que se proponha facultar os capitais necessários à execução do negócio); se, ao invés, os tomaram como simples acordos parcelares ou projectos negociais e sujeitaram a conclusão do contrato à obtenção de consenso sobre certos pontos neles não incluídos, que uma ou ambas consideraram essenciais, ou a ulteriores estudos e negociações; ou, por último, se apenas tiveram em vista a criação de específicos deveres pré-contratuais de conduta (*v.g.* o de sigilo quanto a certas informações transmitidas durante os preliminares do negócio ou o de não conduzir negociações paralelas com terceiros) ou a concretização e o reforço daqueles que já derivavam da lei aplicável (como, por exemplo, o de não interromper as negociações sem justificação).

O problema da eficácia jurídica dos ditos instrumentos negociais resolve-se assim, fundamentalmente, numa questão de interpretação da vontade das partes[1800]. Uma vez que a solução desta questão condiciona a imputação de responsabilidade pelos danos sofridos por uma delas nos preliminares do contrato — nomeadamente em virtude de a outra se ter recusado a concluir o negócio projectado —, assume a mesma carácter prejudicial relativamente a estoutra questão. Trata-se, a bem dizer, de uma questão prévia de segundo grau.

[1800] Neste sentido veja-se a decisão do *Supreme Court of Delaware*, proferida em 1968 no caso *Itek Co. v. Chicago Aerial Industries, Inc.*, 248 A. 2d. 625 (p. 629): «the question of whether an enforceable contract comes into being during the preliminary stages of negotiations, or whether its binding effect must await a formal agreement, depends on the intention of the parties». Cfr. também a opinião de Lorde GOFF no caso *British Steel Corp. v. Cleveland Bridge and Engineering Co. Ltd.*, julgado pelo *Queen's Bench Division (Commercial Court), in* (1984) 1 *All E.R.* 504 (p. 509): «There can be no hard and fast answer to the question whether a letter of intent will give rise to a binding agreement: everything must depend on the circumstances of the case».

574 *Da Responsabilidade Pré-Contratual em Direito Internacional Privado*

Importa, para resolvê-la, apurar quais as regras hermenêuticas à luz das quais se deve proceder à interpretação dos instrumentos em causa. Conhecidas que são as divergências entre os diversos ordenamentos jurídicos quanto aos critérios que presidem à interpretação das declarações negociais — *maxime* as que opõem as concepções subjectivistas, segundo as quais é a vontade real das partes que o intérprete deve acima de tudo procurar determinar[1801], àqueloutras de acordo com as quais é antes o sentido objectivamente cognoscível da declaração que deve prevalecer na sua interpretação[1802] (e, dentre estas, à concepção que exclui em princípio a relevância, a título de elementos atendíveis na interpretação de contratos escritos, de quaisquer circunstâncias além dos próprios termos do negócio, como por exemplo os tratos prévios à sua celebração[1803]) —, é inequívoca a relevância prática que assume o problema da determinação da lei aplicável à questão prévia em apreço.

É certo que a regra segundo a qual a interpretação dos contratos está sujeita à lei aplicável à sua substância se acha hoje amplamente divulgada, tanto no Direito Internacional Privado interno como no convencional[1804], e colhe a maioria dos sufrágios na doutrina[1805]. Mas não é menos verdade que são ainda muito acentuadas as divergências que se registam entre os sistemas de conflitos dos diferentes países quanto à definição daquela lei[1806];

[1801] Cfr. o art. 1156 do Código Civil francês: «On doit dans les conventions rechercher quelle a été la commune intention des parties contractantes, plutôt que de s'arrêter au sens littéral des termes»; e o art. 1362, 1.º parágrafo, do Código Civil italiano: «Nell'interpretare il contratto si deve indagare quale sia stata la comune intenzione delle parti e non limitarsi al senso letterale delle parole».

[1802] Veja-se o art. 236.º, n.º 1, do Código Civil português.

[1803] Trata-se da «*parol evidence rule*», vigente nos sistemas de *Common Law*. Cfr., quanto ao Direito inglês, CHESHIRE-FIFOOT-FURMSTON, *Law of Contract*, pp. 123 ss., e TREITEL, *The Law of Contract*, pp. 176 ss.; e quanto ao Direito dos Estados Unidos FARNSWORTH, *Contracts*, vol. II, pp. 191 ss.

[1804] Haja vista aos arts. 35.º, n.º 1, do Código Civil e 10.º, n.º 1, *a*), da Convenção de Roma.

[1805] Cfr., por todos, LANDO, «Contracts», *in IECL*, vol. III, cap. 24, p. 114, e a bibliografia aí citada.

[1806] Tenha-se presente que a regra segundo a qual a lei reguladora da substância e dos efeitos do contrato é, na falta de escolha pelas partes da lei aplicável e de residência habitual comum das partes, a do lugar da respectiva celebração vigora ainda em muitos países, como por exemplo o Brasil (art. 9.º da Lei de Introdução ao Código Civil) e os Estados africanos de língua oficial portuguesa (por força da recepção nas ordens jurídicas locais do art. 42.º do Código Civil português).

Problemas Especiais Relativos ao Âmbito de Aplicação 575

pelo que não pode ter-se por excluída a ocorrência de conflitos entre as regras de Direito Internacional Privado aplicáveis às referidas questões prévias no Estado do foro e no da lei reguladora da questão principal.

Igualmente significativas pelo que respeita à matéria em apreço são as diferenças de regime que separam, quanto à questão da eficácia da proposta de contrato, os sistemas que admitem a sua livre revogação até à conclusão do contrato[1807] dos que consideram o proponente vinculado à proposta durante certo lapso de tempo a partir da sua recepção ou conhecimento pelo destinatário[1808]. No tocante ao momento da formação dos

---

[1807] Tal é a solução consagrada, com várias excepções, nos Direitos inglês, americano, francês e italiano. Cfr., quanto ao primeiro, CHESHIRE-FIFOOT-FURMSTON, ob. cit., p. 57; sobre o segundo FARNSWORTH, ob. cit., vol. I, pp. 248 e 281; acerca do terceiro GHESTIN, *Traité de droit civil. La formation du contrat*, pp. 270 s., e CARBONNIER, *Droit civil*, t. 4, *Les obligations*, p. 70; e pelo que respeita ao último BIANCA, *Diritto civile*, vol. 3, *Il contrato*, pp. 234 ss. A solução em apreço acha-se expressamente consagrada no art. 1328 do Código Civil italiano: «La proposta può essere revocata finché il contratto non sia concluso [...]». Ela corresponde, até certo ponto, à exigência social de evitar a especulação, pois que a vinculação do proponente à oferta até à respectiva aceitação pelo destinatário faculta a este último a possibilidade de negociar com terceiros condições de preço, ou outras, mais favoráveis, rejeitando a oferta se os preços subirem e aceitando-a apenas se eles se mantiverem ou baixarem. Ao mesmo resultado procuram obviar os sistemas que consagram a vinculação do proponente à oferta mediante a estipulação de curtos prazos de caducidade para a mesma.

[1808] Assim o Direito alemão: cfr. o § 145 do BGB, segundo o qual «[w]er einem anderen die Schliessung eines Vertrags anträgt, ist an den Antrag gebunden, es sei denn, dass er die Gebundenheit ausgeschlossen hat». A mesma solução figura entre nós no art. 230.°, n.° 1, do Código Civil. Visa-se deste modo assegurar ao destinatário da proposta o tempo de reflexão necessário à decisão sobre a aceitação ou rejeição da mesma, defendendo-o contra a precipitação em que poderia incorrer por receio de o proponente entretanto se retractar: cfr. nesta linha geral de orientação LARENZ, *Allgemeiner Teil des deutschen Bürgerlichen Rechts*, p. 521; LARENZ-WOLF, *Allgemeiner Teil des Bürgerlichen Rechts*, pp. 579 s. Este interesse do destinatário da proposta é indubitavelmente digno de tutela, tanto mais que o proponente detém perante ele a vantagem de ter tido a oportunidade de recolher previamente à emissão da proposta toda a informação necessária a fim de ponderar devidamente o seu teor. Mas o efeito visado por aqueles preceitos logo se desvanece mediante a exclusão pelo proponente do carácter vinculativo da proposta, que ambos consentem abertamente. Afigura-se por isso mais eficaz, sob este ponto de vista, a solução adoptada no Direito dos Estados Unidos, que, partindo da revogabilidade de princípio da proposta, a proscreve sempre que assim o imponha a tutela da confiança legítima do destinatário. Neste sentido dispõe o § 87 (2) do *Restatement 2nd of Contracts*: «An offer which the offeror should reasonably expect to induce action or forbearance of a substantial character on the part of the offeree before acceptance and which does induce such action or

576   *Da Responsabilidade Pré-Contratual em Direito Internacional Privado*

contratos entre ausentes distinguem-se também nitidamente os sistemas que o fazem coincidir com a expedição da declaração de aceitação[1809], com a sua recepção[1810] e com o seu conhecimento[1811] pelo proponente.

---

forbearance is binding as an option contract to the extent necessary to avoid injustice». Não é muito diversa desta a orientação que obteve acolhimento na Convenção das Nações Unidas Sobre os Contratos de Compra e Venda Internacional de Mercadorias. Aí se estabelece, efectivamente, que «até ao momento da conclusão de um contrato, pode uma proposta contratual ser revogada, se a revogação chegar ao destinatário antes de este ter expedido uma aceitação» (art. 16, n.° 1); mas logo se acrescenta que a proposta contratual será irrevogável se o indicar por qualquer modo ou se na situação controvertida era razoável que o destinatário atribuísse carácter irrevogável à proposta e se o mesmo tiver agido em consonância (art. 16, n.° 2). Em determinados domínios específicos prevê-se ainda no Direito norte-americano a vinculação do proponente à proposta, *v.g.*, através de ofertas ditas «firmes» ou «abertas», i. é, irrevogáveis por estipulação do proponente, dispensando-se, a fim de que as mesmas sejam eficazes, o requisito da *consideration*. Para tanto estabelece o § 2- -205 do *Uniform Commercial Code* no tocante à compra e venda mercantil: «An offer by a merchant to buy or sell goods in a signed writing which by its terms gives assurance that it will be held open is not revocable, for lack of consideration, during the time stated or if no time is stated for a reasonable time, but in no event may such period of irrevocability exceed three months; but any such term of assurance on a form supplied by the offeree must be separately signed by the offeror». Análoga disposição acha-se consignada no § 2A- -205 do mesmo Código pelo que respeita ao contrato de locação mercantil (*lease contract*).

[1809] «*Mailbox rule*», adoptada no Direito inglês (onde remonta à decisão proferida em 1818 pelo *Court of King's Bench* no *leading case Adams v. Lindsell*, 106 *Eng. Rep.* 250) e no dos Estados Unidos. Cfr. sobre o ponto CHESHIRE-FIFOOT-FURMSTON, ob. cit., pp. 52 ss.; FARNSWORTH, ob. cit., vol. I, pp. 275 ss.; e o § 63 do *Restatement 2nd of Contracts*, que dispõe: «An acceptance made in a manner and by a medium invited by an offeror is operative [...] as soon as put out of the offeree's possession, without regard to whether it ever reaches the offeror». À mesma solução aderiu a Cassação francesa, em ac. de 7 de Janeiro de 1981, *Bull. civ.* 1981, IV, n.° 14, p. 11. Cfr. F. CHABAS, *RTDCiv.* 1981, pp. 849 ss.; GHESTIN, ob. cit., p. 328; e TERRÉ-SIMLER-LEQUETTE, *Droit civil. Les obligations*, p. 136. A regra permite proteger a confiança do destinatário, extinguindo tão cedo quanto possível o direito do proponente de revogar livremente a proposta, que qualquer destes ordenamentos jurídicos consagra.

[1810] «*Empfangstheorie*», consagrada no § 130 (1) do BGB, segundo o qual «[e]ine Willenserklärung, die einem anderen gegenüber abzugeben ist, wird, wenn sie in dessen Abwesenheit abgegeben wird, in dem Zeitpunkt wirksam, in welchem sie ihm zugeht [...]», no art. 224.°, n.° 1, do Código Civil, e no art. 18, n.° 2, da Convenção das Nações Unidas Sobre os Contratos de Compra e Venda Internacional de Mercadorias.

[1811] «*Vernehmungstheorie*», adoptada, com restrições, no Direito italiano. Dispõe, na verdade, o art. 1326 do Código Civil: «Il contratto è concluso nel momento in cui chi ha fatto la proposta ha conoscenza dell'accetazione dell'altra parte [...]». Porém, o art. 1335 do mesmo diploma, prevê que «[l]a proposta, l'accetazione, la loro revoca e ogni altra dichiarazione diretta a una determinata persona si riputano conosciute nel momento in cui

Como é bom de ver, estas diferenças de regime repercutem-se na disciplina da responsabilidade pré-contratual, em particular daquela que resulta da negociação e conclusão de contratos internacionais, que com grande frequência tem lugar *inter absentes*: por um lado, porque à livre retractação do proponente se encontra não raro associada a imposição a este da obrigação de responder pelos danos desse modo licitamente causados ao destinatário da proposta[1812]; por outro, porque, sendo o momento da conclusão do contrato que marca a transição da responsabilidade pré--contratual para a responsabilidade contratual, quanto mais recuado for esse momento maiores serão as hipóteses de se originarem danos pelos quais o lesante haverá de indemnizar a contraparte segundo as regras próprias da responsabilidade *ex culpa in contrahendo*.

Outro tanto se dirá da circunstância de alguns ordenamentos jurídicos equipararem abertamente o silêncio do destinatário de certas declarações negociais — nomeadamente as chamadas «cartas de confirmação» — à aceitação das mesmas[1813], ao passo que outros recusam em princípio qual-

---

giungono all'indirizzo del destinatario, se questi non prova di essere stato, senza sua colpa, nell'impossibilità di averne notizia».

[1812] Assim, estabelece-se no art. 1328 do Código italiano que «se l'accettante ne ha intrapreso in buona fede l'esecuzione prima di avere notizia della revoca, il proponente è tenuto a indenizzarlo delle spese e delle perdite subite per l'iniziata esecuzione del contratto». Cfr. sobre o alcance desta disposição DE CUPIS, *Il danno*, vol. I, p. 153. Também em França admite a Cassação a responsabilidade pelos danos causados à contraparte daquele que revogar a proposta antes de decorrido um «prazo razoável» para a sua aceitação, a determinar em função das circunstâncias do caso e dos usos: cfr. Joanna SCHMIDT, «La sanction de la faute précontractuelle», *RTDC* 1974, pp. 46 ss. (pp. 56 ss.); *idem*, *Négociation et conclusion de contrats*, pp. 115 s.; GHESTIN, ob. cit., pp. 275 ss., e as referências jurisprudenciais constantes destes estudos. Solução análoga vigorava anteriormente entre nós, por força do disposto no art. 653.º do Código de Seabra. Sob o ponto de vista do interesse do destinatário da proposta a solução em apreço apresenta, relativamente à da irrevogabilidade de princípio da mesma, a desvantagem de pressupor a prova do dano sofrido e do respectivo valor pecuniário. É interessante notar que a Convenção das Nações Unidas Sobre os Contratos de Compra e Venda Internacional de Mercadorias, embora consagre como regra geral a faculdade de o proponente revogar a proposta (art. 16.º, n.º 1) e acolha a doutrina da recepção pelo que respeita à formação do contrato (art. 18, n.º 2), minorou substancialmente as hipóteses de ocorrência dos danos a que nos referimos no texto, antecipando a extinção do poder de revogação da proposta contratual (quando este exista) para o momento da expedição da aceitação pelo destinatário: art. 16, n.º 1. Concilia-se assim, de forma assaz original, a máxima liberdade do proponente com a tutela da confiança do destinatário.

[1813] Assim, no Direito alemão, por força de uma regra consuetudinária, atribui-se ao silêncio do comerciante destinatário de uma «carta de confirmação» de um contrato ajus-

quer valor ao silêncio como meio declaratório, ainda que haja um dever de responder[1814]. Nos sistemas referidos em segundo lugar o incumprimento desse dever é susceptível de fazer incorrer o silenciante em responsabilidade pré-contratual pelo dano negativo, ou de confiança, causado a outrem[1815]; mas não em responsabilidade contratual pelo dano positivo, ou de cumprimento, em que o destinatário só ficará incurso perante os primeiros[1816].

Relevam por fim as significativas divergências que se registam entre os Direitos nacionais quanto às condições em que a falta e os vícios da vontade dos contraentes e a sua incapacidade assumem relevância como factos determinantes da invalidade dos contratos. Neste domínio avulta em particular, no confronto com os Direitos alemão e português, a atitude muito restritiva do *Common Law* inglês pelo que respeita à anulabilidade do contrato com fundamento em erro nos motivos determinantes da vontade não causado por *misrepresentation*: ao passo que naqueles primeiros sistemas o errante é admitido, preenchidas certas condições, a invocar a anulabilidade do contrato, devendo todavia ressarcir o interesse contratual negativo da contraparte, excepto se esta conhecia ou devia conhecer o seu erro[1817], na segunda, dada a maior relevância que assume a fluidez do tráfico perante a justiça contratual, o erro-vício não tem em princípio qualquer efeito, salvo quando, sendo bilateral (*common mistake*), esvazie de conteúdo o acordo (*v.g.* porque se convencionou transaccionar coisa inexistente) ou quando as

---

tado verbalmente (*kaufmännisches Bestätigungschreiben*) o sentido de anuência (*Zustimmung*) ao teor da mesma: cfr. LARENZ, ob. cit., p. 646; FIKENTSCHER, *Schuldrecht*, pp. 117 s.; LARENZ-WOLF, ob. cit., pp. 599 ss. O negócio vale em conformidade com os termos da carta, salvo prova de que foi previamente acordada coisa substancialmente diversa do que nela se estipula ou de que o confirmante incluiu nela alterações ou aditamentos ao pactuado, relativamente aos quais não podia contar com a aceitação do destinatário. Pertence assim à «carta de confirmação» valor constitutivo e não meramente reprodutivo dos termos de um negócio previamente celebrado: cfr. FLUME, *Allgemeiner Teil des Bürgerlichen Rechts*, vol. II, Das *Rechtsgeschäft*, p. 663. Também no Direito francês o silêncio perante uma *lettre de confirmation* vale em matéria comercial, segundo GHESTIN, ob. cit., p. 386, como aceitação da mesma.

[1814] Cfr. o art. 218.° do Código Civil português. Em sentido substancialmente coincidente *vide* o art 18, n.° 1, 2.ª parte, da Convenção das Nações Unidas Sobre os Contratos de Compra e Venda Internacional de Mercadorias, que dispõe: «O silêncio e a inacção, por si sós, não podem valer como aceitação».

[1815] Assim Carlos da MOTA PINTO, *Teoria geral do Direito Civil*, p. 428.

[1816] Cfr. LARENZ, ob. cit., pp. 649 s.; LARENZ-WOLF, ob. cit., pp. 602 s.

[1817] Cfr. os §§ 119 e 122 do BGB e os arts 251.° e 252.° do Código Civil.

Problemas Especiais Relativos ao Âmbito de Aplicação 579

partes hajam repartido entre si em certos termos o risco de não se verificar certa pressuposição em que basearam o negócio[1818].

103. Da diversidade dos regimes vigentes nos diferentes sistemas jurídicos quanto às questões examinadas decorre, sempre que elas se suscitem a título prejudicial e a questão principal se ache sujeita a uma lei estrangeira, o aludido problema de saber se deve ter-se por compreendida no domínio de competência da *lex causae* a disciplina da questão preliminar. Vistas as coisas por outro ângulo, pergunta-se se o fraccionamento da competência legislativa para regular as situações privadas internacionais, que o Direito Internacional Privado actual pratica em larga escala, tem como consequência não apenas a possibilidade de se sujeitarem aspectos parcelares das mesmas situações fundamentais da vida a leis diferentes, mas também a de se darem por verificados os requisitos de que depende a produção dos efeitos jurídicos estatuídos pela lei reguladora de certa situação jurídica, que o Direito do Estado do foro (ou outra lei por ele designada) considera preenchidos, mas aquela lei não. Este o ponto sobre o qual cumpre agora tomar posição.

Para o efeito havemos de atentar sobretudo nos resultados a que são susceptíveis de conduzir as diferentes soluções de que o problema é passível e de valorá-los à luz dos princípios reguladores do sistema. Ora se a atribuição de competência a certa lei estrangeira para disciplinar a responsabilidade pré-contratual envolvesse a sujeição ao correspondente Direito de Conflitos das questões da interpretação das declarações emitidas pelas partes nos preliminares do contrato e da própria existência deste último, correr-se-ia o risco de a mesma situação fáctica ser caracterizada como um contrato perfeito segundo a lei chamada pelo sistema de conflitos do estatuto da questão principal, motivo por que haveria de improceder a acção de indemnização *ex culpa in contrahendo* intentada perante tribunal português, e como um mero contrato em formação à luz da hipotética *lex contractus*, devendo por conseguinte ser também julgada improcedente a acção tendente à realização coactiva da prestação intentada no Estado do foro contra o devedor alegadamente inadimplente: bastaria, para tanto, que a *lex causae* da questão principal fosse chamada a título de *lex delicti* e o estatuto da questão prévia fosse, segundo o Direito de Conflitos desta lei,

---

[1818] Cfr. CHESHIRE-FIFOOT-FURMSTON, ob. cit., pp. 228 ss.; TREITEL, *The Law of Contract*, pp. 249 ss.; COLLINS, *The Law of Contract*, pp. 128 ss.; ATIYAH, *An Introduction to the Law of Contract*, pp. 219 ss.

580 *Da Responsabilidade Pré-Contratual em Direito Internacional Privado*

uma ordem jurídica diversa da que é convocada pelas regras de conflitos do foro.

Analogamente, o tribunal português que resolvesse em sentido afirmativo a questão prévia da validade de um contrato, por aplicação da lei designada pelo Direito de Conflitos da *lex causae*, e que com esse fundamento indeferisse o pedido de indemnização do dano negativo formulado por um dos contraentes ao abrigo desta lei numa acção em que fosse arguida a invalidade do contrato por vício do consentimento ou incapacidade da contraparte, poderia ter de reconhecer em nova acção instaurada entre as mesmas partes a invalidade do contrato segundo a *lex contractus* designada pelo Direito de Conflitos do foro e, por conseguinte, de recusar ao abrigo desta lei a condenação do devedor na realização da prestação e na reparação dos danos causados ao credor pelo seu não cumprimento pontual.

Não está apenas em causa em qualquer destas hipóteses — cabe notá-lo — a falta de coerência entre decisões proferidas pelo mesmo tribunal e a lesão do princípio da igualdade daí resultante, mas sobretudo o risco de, por via da conexão subordinada da questão prévia, as situações jurídicas «prejudiciais» serem despojadas de todo o conteúdo real (por isso que, apesar de existentes e validamente constituídas à luz do ordenamento jurídico do Estado do foro, não lhes é aí reconhecido qualquer dos efeitos jurídicos essenciais que lhes competem segundo a lei que os regula de acordo com o Direito de Conflitos local[1819]) e de ficarem desprovidas de tutela pretensões que a merecem à luz de qualquer dos ordenamentos em presença — um resultado a todos os títulos injusto, por lesivo da confiança legítima.

A necessidade de evitar semelhante resultado sobreleva manifestamente à aspiração a uma valoração uniforme da questão principal na *lex fori* e na *lex causae*, classicamente apontada pelos consectários da doutrina da conexão subordinada como fundamento precípuo desta[1820]. Por isso se nos afigura haver que sujeitar a questão prévia, nos casos em apreço, à lei designada pelo sistema de conflitos do foro[1821].

[1819] Situações essas que, por isso, constituiriam um «estatuto nu» ou «estatuto fantasma» na expressão de SCHURIG, est. cit., pp. 578 s.

[1820] Cfr., por todos, WENGLER, «Die Vorfrage im Kollisionsrecht», *RabelsZ* 1934, pp. 148 ss. (pp. 200 s.).

[1821] AZEVEDO MOREIRA considera os problemas postos por casos deste tipo «absolutamente exteriores» à questão prévia e que portanto os mesmos «lhe não comandam no mínimo pormenor o regime» (ob. cit., pp. 299 s.); e pretende resolvê-los nomeadamente por apelo à cláusula da ordem pública internacional e à adaptação (*ibidem*, pp. 305 ss.). Supomos, porém, que semelhante entendimento não apresenta qualquer vantagem relati-

Acresce que as expectativas dos interessados quanto ao sentido com que hão-de valer as declarações por si emitidas no decurso das negociações contratuais poderiam ver-se defraudadas se estas fossem interpretadas não à luz das normas da lei competente segundo as regras de conflitos do foro, com cuja aplicação contavam, mas de acordo com as da lei designada pelo Direito de Conflitos de um ordenamento estrangeiro, chamado a reger a responsabilidade civil eventualmente emergente da relação pré--contratual.

Seria esse o caso, por exemplo, se um comerciante estabelecido em Portugal, que houvesse distribuído em país estrangeiro uma lista de preços, na convicção de que esta consubstanciava um simples convite a contratar[1822] — mas que a lei desse país (ou a que for aplicável segundo o respectivo Direito de Conflitos) considera como verdadeira oferta ao público[1823] —, e que subsequentemente se houvesse retractado, fosse responsabilizado pelas despesas realizadas pelo destinatário na esperança da conclusão do negócio. Toda a função orientadora de condutas humanas, que inequivocamente pertence às regras de conflitos do foro quando a situação controvertida possua conexões com o ordenamento local, se desvaneceria se o tribunal português, chamado a decidir da responsabilidade

---

vamente àquele que preconizamos no texto; pelo contrário. À uma, porque nem sempre nas hipóteses que aqui temos em vista se poderá com rigor dizer ofendido qualquer princípio fundamental da ordem pública internacional do Estado português, ficando por isso excluída a intervenção desta. Depois, porque a intervenção dos ditos mecanismos vem afinal a traduzir--se, na construção do autor mencionado, na sujeição da questão prévia à lei designada pelo sistema de conflitos do foro (cfr. ob. cit., p. 330: «a aplicação do direito de conflitos do foro é exigida pela necessidade de um procedimento de adaptação»). Reconhece-se deste modo que os problemas do tipo dos que acima examinámos se resolvem mediante a opção, na alternativa Direito de Conflitos do foro — Direito de Conflitos da *lex causae*, pelo primeiro destes termos, atentos os resultados inaceitáveis a que o segundo concretamente conduz. Vale isto por dizer que esses problemas, e a resolução deles, não se situam à margem da questão prévia, mas no âmago dela, como sustentamos no texto; e que o recurso à reserva de ordem pública internacional ou à adaptação é, na realidade, dispensável.

[1822] Como sucede à face da lei portuguesa (cfr. Carlos da MOTA PINTO, ob. cit., p. 443), na espécie aplicável à formação do contrato em virtude do disposto nos arts, 4.°, n.° 2, e 8.°, n.° 1, da Convenção de Roma (supondo, evidentemente, que o destinatário da declaração negocial em causa não é um consumidor).

[1823] Assim aconteceria, por exemplo, à face do Direito francês: cfr. GHESTIN, ob. cit., p. 266; TERRÉ-SIMLER-LEQUETTE, ob. cit., pp. 91 s.; e CARBONNIER, ob. cit., p. 70. Diversa é a solução dos Direitos inglês e alemão e da Convenção das Nações Unidas acima referida (veja-se o correspondente art. 14, n.° 2).

pré-contratual do declarante, julgasse a questão prévia da existência de uma proposta de contrato segundo a perspectiva da lei estrangeira a que na espécie se encontra sujeita aquela responsabilidade.

Também por este motivo devem os tribunais, sempre que se verifique uma ligação relevante entre o caso singular e o Estado do foro, ater-se ao que estabelecem as regras de conflitos vigentes na ordem interna quanto à disciplina das questões que lhes caiba apreciar a título prejudicial.

Verificámos anteriormente que a responsabilidade pré-contratual se funda tipicamente na violação de certos deveres de conduta, que vinculam as partes nos preliminares e na formação dos contratos. Ora, a tese da conexão subordinada poderia conduzir, no limite, à sujeição da própria questão da existência do direito subjectivo alegadamente violado *in contrahendo* à ordem jurídica para esse efeito designada pelo sistema de conflitos da lei reguladora da pretensão ressarcitória deduzida em juízo. À relação pré-contratual poderia assim ser imputado um objecto ou conteúdo diverso consoante o mesmo fosse determinado a título principal ou prejudicial. Semelhante orientação fomentaria ao mais alto grau juízos contraditórios sobre as mesmas situações da vida, que apenas podem ser evitados aferindo a existência e o conteúdo dos direitos e deveres cuja violação é invocada como facto constitutivo da pretensão indemnizatória controvertida à luz do que dispõe a lei competente segundo as regras de conflitos vigentes no foro.

Não podemos assim acompanhar, na matéria em apreço, os autores que preconizam a sistemática sujeição das situações prejudiciais à *lex causae* da situação controvertida a título principal. Os valores fundamentais a que se acha subordinado o Direito Internacional Privado, em particular a tutela da confiança legítima dos interessados, podem reclamar — e reclamam efectivamente nas hipóteses acima figuradas — que as questões prévias sejam decididas no Estado do foro com independência da perspectiva segundo a qual as resolve a *lex causae*.

Daí também que o preenchimento dos conceitos prejudiciais que delimitam a previsão das normas materiais da lei chamada a reger certa questão privada internacional com situações valoradas à face de normas de outros ordenamentos, que operam como pressuposto dos efeitos estatuídos pelas primeiras — correntemente designada por substituição[1824] — não

---

[1824] Assim, por exemplo, na esteira de LEWALD, «Règles générales des conflits de lois», *Rec. cours*, vol. 69 (1939-III), pp. 1 ss. (pp. 130 ss.), BETTI, *Problematica del diritto internazionale*, pp. 309 ss.; RIGAUX, *La théorie des qualifications en DIP*, pp. 446 e 450

Problemas Especiais Relativos ao Âmbito de Aplicação   583

deva, quanto a nós, ser levado a efeito exclusivamente à luz dos juízos de valor subjacentes às normas da *lex causae*, antes dependa de uma valoração autónoma do julgador, em que relevam igualmente os princípios que informam o Direito de Conflitos do foro.

Nessa valoração há-de atentar-se nomeadamente neste ponto: sempre que dada situação jurídica deva ter-se por validamente existente à face do ordenamento jurídico do Estado do foro, com o qual possui uma conexão relevante, e certa lei estrangeira designada pelo Direito de Conflitos vigente nesse Estado fizer decorrer da existência de uma tal situação determinados efeitos ulteriores, com cuja produção as partes contavam em razão da aludida circunstância e da própria essencialidade desses efeitos, não parece possível que estes sejam negados pelos tribunais locais, por isso que perante a dita lei estrangeira (melhor: segundo a lei designada pelo respectivo Direito Internacional Privado) a situação prejudicial em causa não existe, não se constituiu validamente ou não obedece aos requisitos necessários para tal, sem violentar expectativas legítimas dos interessados.

Por outro lado, se a subsunção de uma situação jurídica regida por certo ordenamento ao *Tatbestand* de uma norma material de outro ordenamento, que a configura como pressuposto da produção de certo efeito jurídico nela previsto, se fizer tomando como único critério o grau de fungibilidade entre situações jurídicas para o efeito exigido por aquele segundo ordenamento, suscitar-se-ão com grande probabilidade dificuldades da mesma ordem daquelas que vimos decorrerem da conexão subordinada da questão prévia. Semelhante orientação poderá, na verdade, legitimar a recusa de quaisquer efeitos na ordem interna a situações regularmente constituídas ao abrigo da lei competente segundo o sistema de conflitos

---

ss.; KELLER-SIEHR, *Allgemeine Lehren des IPR*, pp. 519 ss.; SVENNÉ SCHMIDT, «The Incidental Question in Private International Law», *Rec. Cours*, vol. 232 (1992-II), pp. 305 ss. (pp. 335 ss.); JAYME, «Identité culturelle et intégration: le DIP postmoderne. Cours général de DIP», *Rec. Cours*, vol. 251 (1995), pp. 9 ss. (pp. 119 ss.); FIRSCHING-VON HOFFMANN, *IPR*, p. 217; KROPHOLLER, *IPR*, pp. 211 ss.; AUDIT, *DIP*, pp. 277 ss.; e entre nós BAPTISTA MACHADO, «Problemas na aplicação do direito estrangeiro — adaptação e substituição», *BFDUC* 1960, pp. 327 ss. (pp. 339 ss.), e *Lições de DIP*, pp. 290 ss. (este autor reduz, aliás, o problema da questão prévia ao da substituição: cfr. últ. ob. cit., p. 304); CORTES ROSA, *Da questão incidental em DIP*, pp. 49 ss.; AZEVEDO MOREIRA, est. cit., pp. 95 ss.); FERRER CORREIA, *Lições de DIP*, pp. 438 ss.; MARQUES DOS SANTOS, *Breves considerações sobre a adaptação em DIP*, pp. 12 ss.; e LIMA PINHEIRO, *A venda com reserva de propriedade em DIP*, pp. 168 ss. Diferentemente, porém, WENGLER «Die Vorfrage im Kollisionsrecht», cit., pp. 155 e 180 ss., emprega, a fim de designar esta operação, o termo qualificação.

local, com fundamento na pretensa incomensurabilidade das mesmas com as que lhes correspondem no Direito interno, assim se originando os «estatutos vazios» a que aludimos acima. Referimos já as consequências nocivas que daí adviriam para a fluidez e a segurança do tráfego jurídico sobrefronteiras. É certamente em vista delas que um autor como KROPHOLLER[1825] preconiza que na substituição se parta de uma «presunção de equivalência» entre instituições jurídicas.

Na origem do problema a que nos estamos referindo está essencialmente o método analítico por que o Direito Internacional Privado contemporâneo em crescente medida provê à disciplina das situações plurilocalizadas. A operação em apreço, como todas as demais que visam coordenar diferentes leis aplicáveis às mesmas situações fundamentais da vida, tem, pois, de tomar na devida conta os valores essenciais do Direito Internacional Privado. Ela confirma, por outra parte, o ponto de vista que vimos sustentando, conforme o qual o objecto desta disciplina não se cinge à repartição da competência legislativa nas situações plurilocalizadas, antes se estende à sua regulamentação material.

À mesma conclusão fundamental se chegará sempre que a situação prejudicial, embora não possua com o Estado do foro a conexão aludida, houver sido constituída no estrangeiro por sentença judicial ou decisão arbitral transitada em julgado e esta tiver sido ou deva ser reconhecida localmente, de conformidade com o preceituado por disposição convencional ou do Direito interno: é que as expectativas dos interessados na produção por essa situação dos efeitos ulteriores que lhe imputa o Direito estrangeiro ao abrigo do qual a sentença foi proferida serão nesse caso, em virtude da autoridade de que goza o ente que lhe deu origem, particularmente bem fundadas e por isso mesmo merecedoras de tutela jurídica no Estado do foro[1826].

[1825] Cfr. ob. cit., p. 212.

[1826] É este, manifestamente, o pensamento que inspira o art. 11.º da Convenção Sobre o Reconhecimento dos Divórcios e Separações de Pessoas, concluída na Haia em 1 de Junho de 1970 e aprovada para ratificação pela Resolução da Assembleia da República n.º 23/84, de 4 de Outubro de 1984 (*in DR*, I série n.º 275, de 27 de Novembro de 1984). Aí se dispõe, efectivamente: «Qualquer Estado obrigado a reconhecer um divórcio ao abrigo da presente Convenção não pode impedir um novo casamento de qualquer dos cônjuges alegando que a lei de um outro Estado não reconhece esse divórcio». Estabeleceu-se assim como efeito necessário do reconhecimento de um divórcio ocorrido no estrangeiro a capacidade dos ex-cônjuges para voltarem a casar no Estado do *exequatur*. À luz do que dizemos no texto, está certo que assim seja.

Problemas Especiais Relativos ao Âmbito de Aplicação 585

De maneira, pois, que são duas as vias pelas quais poderão formar-se as expectativas a que haverá de atender-se na valoração acima referida: a vigência no Estado do foro de uma regra de conflitos com cuja aplicação os interessados contavam em virtude de esse Estado possuir com a situação *sub judice* uma conexão relevante e a prolação no estrangeiro de uma sentença que deva ser reconhecida naquele Estado.

Nem se diga que a atendibilidade em exclusivo da *lex causae* da questão principal para efeitos de decisão da questão prévia é uma decorrência de, no quadro da «referência pressuponente» da lei reguladora de dada situação jurídica plurilocalizada às respectivas situações condicionantes, o Direito estrangeiro que lhes é aplicável ser tomado como puro facto[1827] — como o seriam também, aliás, estas situações em si mesmas consideradas[1828] — e da liberdade que a essa lei pertence de configurar como entender os pressupostos da constituição, modificação ou extinção das situações jurídicas que lhe compete reger[1829].

Em primeiro lugar, porque toda a referência feita por uma norma da *lex causae* a uma situação por ela pressuposta a toma necessariamente como situação jurídica, i. é, já valorada segundo outras normas, que intervêm, por conseguinte, como critérios de dever-ser e não como puros factos. É justamente porque essas normas valoram a dita situação de certo modo (*v.g.* configurando-a como uma relação matrimonial ou obrigacional) que a *lex causae* lhe confere, verificado que seja certo evento, certos efeitos ulteriores (por exemplo a constituição na esfera jurídica do cônjuge sobrevivo, por morte do outro, de um direito sucessório ou a aquisição pelo credor do direito ao ressarcimento dos danos sofridos em consequência do incumprimento da obrigação).

Em segundo lugar, porque a liberdade da *lex causae* de definir como bem entender as características a que deve obedecer a situação condicionante não pode ser dada por adquirida sem se incorrer numa petição de princípio. É precisamente a existência dessa liberdade que está por demonstrar sempre que a situação condicionada for plurilocalizada e a situação condicionante estiver submetida, segundo as regras de conflitos do foro, a uma lei diferente daquela a que a sujeita o Direito de Conflitos

---

[1827] Como sustenta BAPTISTA MACHADO: cfr. *Âmbito*, cit., pp. 315 e 326. *Vide* no mesmo sentido SVENNÉ SCHMIDT, est. cit., p. 378; WENGLER, est. cit. na *IECL*, p. 17.

[1828] Assim BAPTISTA MACHADO, est. cit. no *FS Wengler*, pp. 453 ss., e *Lições de DIP*, pp. 287, 303 e 305.

[1829] *Idem, Lições de DIP*, pp. 298 s.; *Âmbito*, p. 322; PICONE, *Saggio*, cit., pp. 50 s.

586   *Da Responsabilidade Pré-Contratual em Direito Internacional Privado*

da *lex causae*. Ora o estatuído no art. 15.° do Código Civil depõe, como acima se notou, no sentido do não reconhecimento de semelhante liberdade à lei reguladora da situação condicionada, uma vez que ela exorbitaria desse modo o âmbito de competência que lhe é reconhecido pelo Direito de Conflitos do foro. Pelo que só em face de razões ponderosas se poderá admitir solução inversa; e essas razões não as encontramos nas hipóteses acima examinadas.

De todo o exposto resulta que a questão prévia não é, em nosso modo de ver, redutível a um mero problema de Direito material[1830]: há nela uma incontornável vertente conflitual, que exige o recurso a critérios de solução extraídos do Direito Internacional Privado do foro. Certo, a qualificação da situação-pressuposto debaixo das normas da lei reguladora da situação controvertida é, em si mesma considerada, uma operação que releva do Direito material da *lex causae*; mas basta que a ela deva proceder um tribunal estrangeiro e que o Direito de Conflitos a que este deve obediência mande valorar a primeira situação segundo lei diversa daquela que a *lex causae* reputa competente para o mesmo efeito a fim de que logo o problema suscite uma questão de conflitos de leis (mais precisamente: um conflito de regras de conflitos).

No sentido da solução que vimos defendendo depõe também a analogia que o problema em apreço possui com o do reenvio — visto que a ambos subjaz, como notámos, um conflito de sistemas em Direito Internacional Privado — e a circunstância de no domínio das obrigações contratuais vigorar hoje entre nós a exclusão desse mecanismo[1831]. Por este motivo prevalece em caso de conflito quanto à lei aplicável à questão principal a solução fixada pelas regras de conflitos da *lex fori* sobre a que a *lex causae* acolhe; o mesmo deve valer quanto às questões prejudiciais que se suscitem nesse âmbito.

Dito de outro modo: se aos tribunais portugueses é lícito aplicar à situação controvertida as normas materiais de uma lei que não se reputa competente para o efeito[1832], por identidade de razões lhes será permitido aplicar essas normas, ainda que certa situação jurídica por elas pressuposta, autonomamente conectada pelo Direito de Conflitos do foro, não apresente, à luz da *lex causae* ou da lei por ela designada, a configuração exigível a fim de

---

[1830] Como entende BAPTISTA MACHADO, *Âmbito*, pp. 322, 366 e 368 s.; *Lições*, p. 294.

[1831] Cfr. o art. 15.° da Convenção de Roma.

[1832] E é-o efectivamente, por força não só da disposição citada na nota anterior, mas também em virtude dos arts. 16.° e 19.° do Código Civil.

lhe serem ligados os efeitos jurídicos nelas estatuídos, desde que a mesma situação se mostre apta para tal de acordo com a *lex fori* ou com a lei estrangeira que esta tem como competente. O que de todo não pode ser imposto aos nossos tribunais é que decidam sistematicamente as questões prévias como as decidiriam os tribunais do Estado estrangeiro de que dimanam as normas materiais aplicandas, pois que semelhante «dupla devolução»[1833] para a ordem jurídica estrangeira competente não tem, mesmo em matéria de reenvio, acolhimento positivo na nossa ordem jurídica.

Também não procedem contra a orientação preconizada os argumentos de que ela é susceptível de envolver a «desnaturação»[1834] ou a «falsificação do sentido»[1835] da lei reguladora da questão principal e de que só a orientação oposta respeitaria realmente, no acto da sua aplicação no foro, o «modo de ser» da norma material estrangeira aplicável à questão principal[1836]. A regulação das situações privadas internacionais não se obtém por simples dedução a partir das normas materiais de dado ordenamento jurídico, antes reclama amiúde, como vimos notando, uma intervenção constitutiva do julgador, subordinada aos princípios fundamentantes do Direito de Conflitos do foro. Assim sucede, nomeadamente, quando o fraccionamento da competência para regular as questões privadas internacionais importe o chamamento de várias leis para reger a mesma situação da vida, cujas estatuições seja imprescindível coordenar. Fica deste modo inevitavelmente comprometida a pretensão de que toda a decisão fundada numa lei estrangeira corresponda à reprodução fiel, no Estado do foro, do resultado a que chegaria o tribunal do país de que dimana essa lei se fosse chamado a decidir a situação controvertida.

O reconhecimento no Estado do foro de certo efeito jurídico previsto por uma norma da *lex causae*, ainda que à face dela (ou da lei competente segundo o respectivo Direito de conflitos) não se achem reunidos todos os pressupostos de que depende a sua produção (mas que perante o Direito do foro se devam ter por verificados), pode até corresponder à solução mais ajustada aos juízos de valor subjacentes àquela norma. É precisamente isso

---

[1833] É manifesta, com efeito, a analogia entre as construções de BAPTISTA MACHADO e PICONE sobre a questão prévia em Direito Internacional Privado e a chamada *Foreign Court Theory* em matéria de reenvio.

[1834] Assim LAGARDE, «La règle de conflit applicable aux questions préalables», *RCDIP* 1960, pp. 459 ss. (p. 470).

[1835] Neste sentido BAPTISTA MACHADO, *Âmbito*, p. 321, n. 53.

[1836] Cfr. PICONE, ob. cit., p. 123.

que ocorre nas hipóteses, acima figuradas, em que a *lex causae* apenas nega a pretensão deduzida em juízo pelo autor porque pressupõe a existência, na correspondente ordem jurídica, de outro meio através do qual tutela o mesmo interesse; meio esse de que no caso concreto o autor não pode socorrer-se, dado as normas da *lex causae* que o prevêem se não incluírem no âmbito de competência deferido a essa lei. Não há em semelhantes situações, como é bom de ver, qualquer «desnaturação» do Direito estrangeiro aplicável.

Eis, em suma, por que, em nosso entender, não devem ter-se por compreendidas no âmbito de aplicabilidade do Direito competente para disciplinar a responsabilidade pré-contratual, fixado nos termos analisados nos capítulos anteriores, as questões da perfeição e da validade do contrato, às quais é, em princípio, de aplicar a lei designada pelas regras de conflitos do foro.

§ 30.°
Problemas decorrentes da aplicabilidade
de regimes materiais híbridos

104. Vimos acima que em certos ordenamentos jurídicos, entre os quais o nosso, são aplicáveis à responsabilidade pré-contratual, consoante as questões em jogo e os valores e interesses preponderantes, regras da responsabilidade contratual e da responsabilidade extracontratual.

A responsabilidade pré-contratual não é, pois, nesses ordenamentos jurídicos, uma responsabilidade desta ou daquela natureza, mas antes uma figura híbrida, submetida a um regime compósito — para alguns mesmo uma «terceira via» no Direito da responsabilidade civil.

Apurou-se também que em princípio a referência da regra de conflitos à lei por ela designada se dirige não ao conjunto das suas disposições materiais, mas tão-só àquelas dentre essas disposições que correspondam à categoria normativa visada pela primeira.

Quando o Direito de certo país, chamado a reger a título de *lex contractus*, mas não de *lex delicti*, a obrigação de indemnizar por danos causados nos preliminares ou na formação de um contrato, inclui no regime da responsabilidade pré-contratual disposições atinentes à responsabilidade extracontratual, ou vice-versa, levanta-se, assim, o problema de saber se as normas materiais aplicáveis à pretensão indemnizatória se cingem às que possam ter-se por compreendidas no conceito-quadro da regra de conflitos aplicanda, com prejuízo de quaisquer outras que com as primeiras integrem um regime misto, ou se, ao invés, também estas últimas podem considerar-se incluídas na vocação operada pela regra de conflitos.

A questão que se coloca nesta hipótese consiste — tal como nalguns dos casos de concurso e de falta de normas aplicáveis examinados no capítulo anterior — em apurar se, atentas as circunstâncias concretas da situação da vida em apreço, podem incluir-se na competência atribuída à *lex causae* todas as normas que integram o regime local da responsabilidade pré-contratual, independentemente da sua natureza.

590   *Da Responsabilidade Pré-Contratual em Direito Internacional Privado*

Pergunta-se, pois, pela admissibilidade de uma redefinição do âmbito de aplicação assinalado ao Direito competente, por tal forma que nele se compreendam conteúdos jurídicos que se apurou previamente não serem subsumíveis ao conceito-quadro que delimita aquele âmbito.

Trata-se de uma questão que não é tratada pela doutrina estrangeira, sobretudo alemã e suíça, que se tem debruçado sobre a temática da *culpa in contrahendo* em Direito Internacional Privado; o que não surpreende, visto que essa doutrina parte, como se verificou, de postulados metodológicos muito diferentes dos que subjazem a este ensaio: uma qualificação primária, *lege fori*, daquele instituto e a admissão sem reservas da referência aberta à lei competente.

Posto nos referidos termos, o problema que agora nos ocupa não se afigura susceptível de ser reconduzido ao da qualificação, pois que através do eventual alargamento da hipótese da regra de conflitos, que nele está em causa, se transcendem manifestamente os quadros do seu sentido literal, no qual se há-se conter (à face da ordem jurídica portuguesa por força do disposto no art. 9.º, n.º 2, do Código Civil) toda a interpretação da norma jurídica[1837] — inclusive das categorias de conexão que delimitam

---

[1837] Assim LARENZ, *Methodenlehre der Rechtswissenschaft*, pp. 392 ss., 343 s. e 366 (na tradução portuguesa, pp. 450 ss., 485 e 520), que define o sentido literal de um texto como «o significado de um termo ou de uma cadeia de palavras no uso linguístico geral ou [...] no uso linguístico especial do falante concreto, aqui no da lei respectiva». Cfr. ainda no sentido do texto: HECK, «Gesetzesauslegung und Interessenjurisprudenz», *AcP* 112, pp. 1 ss. (p. 33) (na tradução portuguesa, p. 37); CANARIS, *Die Feststellung von Lücken im Gesetz*, p. 21; ENGISCH, *Einführung in das juristische Denken*, pp. 132 e 191 s. (na tradução portuguesa, pp. 163 e 239); e NEUNER, *Die Rechtsfindung contra legem*, pp. 90 e 102. Na doutrina portuguesa veja-se OLIVEIRA ASCENSÃO, *O Direito*, p. 390. Em sentido crítico relativamente a esta solução pronuncia-se CASTANHEIRA NEVES, *Metodologia jurídica*, pp. 115 ss., que sustenta a «impossibilidade essencial» do critério dos sentidos possíveis do texto como quadro e limite da interpretação, na medida em que o sentido literal da lei não se oferece imediatamente, i. é, sem interpretação, não podendo por isso pré-determinar e limitar essa mesma interpretação. Contudo, a p. 171 da mesma obra o autor admite a possibilidade de se decidir concretamente da aplicabilidade da norma em termos diversos daqueles que imediatamente imporia o «sentido significativo e conceitual (ou interpretável em abstracto) das normas», aplicando-as a situações e casos que aquele sentido não cobre ou afastando a sua aplicação a casos e situações formalmente abrangidos por ele; e que, por conseguinte, «o sentido de uma norma e o seu domínio de aplicação nem sempre coincidem»: assim sucederia, por exemplo, em resultado de uma extensão teleológica, que se não confundiria com os casos de interpretação extensiva, i. é, «de mera divergência entre a expressão verbal e o pensamento normativo». Reconhece assim o autor, em suma, que a aplicação da norma para além dos limites postos pelo seu sentido «significativo e concei-

o âmbito da regra de conflitos. Além disso, a eventual aplicabilidade de normas materiais do ordenamento designado por certa regra de conflitos que não sejam abrangidas pelo respectivo conceito-quadro, mas que se afigurem indissociáveis das que o integram por formarem com elas um regime jurídico unitário, não se funda na equivalência entre a finalidade prosseguida por essas normas materiais e a *ratio* da regra de conflitos, como postula o método de qualificação acima preconizado, mas em considerações de outra ordem.

Tão-pouco se confunde o procedimento referido com a interpretação correctiva da lei ou com a extensão teleológica das normas legais, pois o que através dele se tem em vista é a correcção do resultado da aplicação de normas jurídicas a determinado caso concreto e não a interpretação dessas normas, a que aquelas figuras fundamentalmente dizem respeito.

Essa correcção distingue-se, todavia, da que preconizámos anteriormente para as situações de concurso e de falta de normas aplicáveis, dado que não se busca agora a congruência da regulamentação fornecida por ordenamentos jurídicos diversos para uma mesma situação da vida privada internacional, mas antes submeter os diferentes aspectos em que esta se desdobra à disciplina instituída por um só dos sistemas jurídicos com ela conexos. Socorrendo-nos da conhecida imagem de WENGLER[1838], diríamos que não se trata de montar um automóvel com peças de diferentes marcas e sim de reparar numa oficina especializada em automóveis de certa marca um veículo que incorpora peças de marcas diversas.

105. O que aqui se tem em vista é, por conseguinte, a situação em que o regime consagrado pela *lex causae* para determinada relação jurídica complexa, forjado a partir da combinação de elementos normativos dispersos, na base da ponderação dos diferentes interesses em jogo e do estabelecimento de equilíbrios entre eles, se não deixa apreender integralmente na categoria de conexão da regra de conflitos que remete para essa lei, por isso que, não sendo unívoca a função ordenadora desempenhada por tal disciplina[1839], não existe inteira correspondência entre ela e a fina-

---

tual» ou «interpretável em abstracto» se funda não na respectiva interpretação — que se contém, ao fim e ao cabo, nos limites postos por aquele sentido —, mas em considerações de ordem diversa.

[1838] «Réflexions sur la technique des qualifications en DIP», *RCDIP* 1954, pp. 661 ss. (pp. 682 s.).

[1839] Cfr. *supra*, § 14.°.

lidade sócio-política visada pelo legislador do Estado do foro ao estabelecer aquela regra de conflitos.

O respeito pela unidade de sentido dessa disciplina, e bem assim pela expectativa legítima do interessado no reconhecimento da posição jurídica que para si deriva dessa disciplina, parecem depor no sentido da atribuição de competência, a título excepcional, à totalidade das normas que a integram. De outro modo, gerar-se-ia uma incompletude na regulamentação da situação privada internacional, que seria contrária ao espírito do sistema de conflitos: a aplicação verdadeira de uma lei implica por vezes a aplicação de todas as suas normas que se refiram ao caso *sub judice*, posto que algumas delas se não reconduzam ao conceito-quadro da regra de conflitos que para ela remete.

Trata-se de uma solução que alguns procuram fundamentar numa adaptação da previsão da regra de conflitos — denominada por SCHRÖDER[1840] «adaptação subsuntiva» (*Subsumtionsanpassung*) e por KEGEL[1841] e outros na sua esteira[1842] «remoção de fronteiras entre normas de conflitos» (*Grenzverschiebung zwischen Kollisionsnormen*) —; mas que nós integramos no poder que reconhecemos ao julgador de corrigir o resultado da aplicação da regra de conflitos quando este contravenha aos valores fundamentais do sistema[1843].

[1840] *Die Anpassung von Kollisions- und Sachnormen*, pp. 77 ss.

[1841] *IPR*, p. 263.

[1842] Cfr. SCHURIG, *Kollisionsnorm und Sachrecht*, p. 237; LÜDERITZ, *IPR*, p. 89; e LOOSCHELDERS, *Die Anpassung im IPR*, pp. 196 ss. e 419. Ver ainda, na doutrina portuguesa, MARQUES DOS SANTOS, *Breves considerações sobre a adaptação em DIP*, notas 33 e 92 e texto correspondente.

[1843] Cfr. *supra*, § 27.°.

§ 31.°
Problemas decorrentes do desmembramento
das situações jurídicas plurilocalizadas

106. Pode suceder que a lei competente para reger certa pretensão indemnizatória fundada na violação de deveres pré-contratuais de conduta, determinada nos termos atrás referidos, consagre quanto ao problema da cominação de responsabilidade àquele que houver causado danos *in contrahendo* uma solução incompatível com a que acolhe a lei reguladora do facto indutor dessa responsabilidade — sendo que o Direito Internacional Privado do Estado do foro autonomiza essas matérias em conformidade com o método do desmembramento (*dépeçage*) de que correntemente se socorre na regulamentação das situações privadas internacionais[1844]. É o que acontece sempre que a lei referida em segundo lugar considere esse facto determinante de responsabilidade, mas a primeira não.

Suponha-se o seguinte caso: *A*, suíço, de 17 anos de idade, com residência habitual em Lisboa, adquire a *B*, inglês, com residência em Londres, por contrato celebrado nesta cidade, um imóvel sito em Inglaterra, fazendo-se passar por maior. *B* entrega-lhe as chaves do imóvel e os documentos a ele relativos. O negócio não é consentido nem ratificado pelo representante legal de *A*, sendo por isso ineficaz segundo a lei suíça. *A* recusa-se a pagar o preço do imóvel na data convencionada. *B* demanda-o em tribunal português, reclamando, ao abrigo do art. 411, n.° 2, do Código Civil suíço a indemnização dos danos sofridos em consequência da inefi-

---

[1844] Sobre esse método e os problemas que levanta podem consultar-se, na doutrina estrangeira: LAGARDE, «Le "dépeçage" dans le droit international privé des contrats», *RDIPP* 1975, pp. 649 ss.; e JAYME, «Betrachtungen zur "dépeçage" im internationalen Privatrecht», *in FS Kegel* (1987), pp. 253. Na literatura jurídica portuguesa, vejam-se: MAGALHÃES COLLAÇO, *Da qualificação em DIP*, pp. 69 ss.; *idem, Lições de DIP*, vol. II (1967), pp. 18 ss.; FERRER CORREIA, *Lições de DIP*, p. 47; *idem, DIP. Alguns problemas*, pp. 117 s.; MARQUES DOS SANTOS, *Breves considerações sobre a adaptação em DIP*, pp. 23 s.; e Maria Helena BRITO, *A representação nos contratos internacionais*, pp. 582 ss.

594   *Da Responsabilidade Pré-Contratual em Direito Internacional Privado*

cácia do negócio. *A* contrapõe não ser esse preceito aplicável ao caso, visto que a lei suíça não é convocada pelo Direito Internacional Privado português senão para regular a sua capacidade e os efeitos da falta dela; e, além disso, que à luz da lei inglesa, competente na espécie por força quer do art. 4.°, n.° 3, da Convenção de Roma quer do art. 45.°, n.° 1, do Código Civil português para reger a questão da eventual responsabilidade pré-contratual de *A*, o menor que haja induzido outrem a contratar mediante falsas declarações quanto à sua idade não é responsável por *tort of deceit* nem a qualquer outro título. Deve, por isso, improceder a pretensão de *B*?

Neste caso a pretensão indemnizatória do lesado, procedente à face da lei reguladora do facto indutor da responsabilidade, é rejeitada pela lei a que compete, segundo as regras de conflitos do Estado do foro, disciplinar a eventual responsabilidade civil do lesante. Coloca-se assim o problema de saber por que lei deverá decidir-se neste Estado da procedência dessa pretensão.

Antes de expormos a solução que se nos afigura preferível para o problema cumpre distingui-lo das hipóteses de concurso e de falta de normas aplicáveis e da questão prévia em Direito Internacional Privado.

Diferentemente do que ocorre em alguns dos casos de concurso de normas atrás examinados, da aplicação simultânea das leis referidas à situação *sub judice* não resulta qualquer antinomia normativa, na medida em que elas não são convocadas para a resolução do mesmo ponto de Direito; antes uma delas se limita a disciplinar um pressuposto de facto da produção de certa consequência jurídico-material, cuja regulamentação é cometida pelo sistema de conflitos à outra.

Tão-pouco ocorre aqui a falta de normas aplicáveis a que aludimos acima, pois que as leis em presença não são concordes quanto à produção de determinado efeito jurídico, que só é reconhecido no Estado do foro porque o título a que essas leis o prevêem não corresponde àquele em que se funda a atribuição de competência a essas leis pelo sistema de conflitos local.

Também não se coloca na hipótese figurada o problema característico da questão prévia em Direito Internacional Privado, pois que a lei reguladora da eventual responsabilidade do lesante não faz depender a constituição a cargo deste da obrigação de indemnizar os danos causados *in contrahendo* da eficácia ou ineficácia do negócio visado à luz de outra lei.

É certo que entre as duas questões de Direito em apreço — a responsabilidade pré-contratual e a eficácia ou existência de um negócio jurídico — existe, em potência, um nexo de prejudicialidade. Está em causa a

Problemas Especiais Relativos ao Âmbito de Aplicação 595

eventual repercussão de uma relação jurídica sobre outra. Sucede, porém, que a lei reguladora da questão principal não reage à solução dada à questão prejudicial pela respectiva lei reguladora, na medida em que não atribui quaisquer efeitos, no plano da responsabilidade civil, à ineficácia do negócio jurídico visado pelas partes. O modo como aquela lei regula a responsabilidade pré-contratual dos negociadores é, pois, independente da disciplina do negócio jurídico segundo a respectiva lei reguladora.

Pelo que o problema de saber como conectar a questão prejudicial não chega a pôr-se. (Nem, de resto, teria qualquer sentido submeter a validade do negócio jurídico, nos casos em apreço, à lei reguladora da responsabilidade pré-contratual, como postula o sistema da conexão subordinada[1845], dado o evidente prejuízo que adviria para a unidade da ordem jurídica da circunstância de a solução daquela questão que se extrairia do Direito competente segundo o sistema de conflitos da lei reguladora da suposta questão principal ser potencialmente contraditória com aquela a que se chegaria sempre que a mesma fosse apreciada autonomamente no Estado do foro.)

Não se regista também qualquer «referência pressuponente»[1846] da lei reguladora de uma situação condicionada a uma situação jurídica condicionante, em que esta seja tomada como um pressuposto de facto a que a primeira atribui certos efeitos ulteriores, pois que, como se viu, às normas materiais do sistema jurídico regulador da responsabilidade pré-contratual é indiferente o modo como é disciplinada por outro sistema a situação jurídica determinante dessa responsabilidade.

A problemática suscitada pelas hipóteses em apreço reconduz-se, assim, à articulação das leis reguladoras de questões parciais, que o legislador do Estado do foro autonomizou numa situação jurídica complexa.

107. O desmembramento de situações plurilocalizadas em termos de se submeterem a leis diferentes, por um lado, a regulamentação dos pressupostos de eficácia do negócio jurídico e, por outro, as consequências da falta de algum deles para a parte que lhe deu causa (*maxime* o dever de indemnizar os danos daí resultantes para a contraparte) é susceptível de ferir a confiança legítima dos interessados.

[1845] Cfr. *supra*, § 29.°.

[1846] Na acepção em que BAPTISTA MACHADO emprega esta locução: cfr. *Âmbito de eficácia e âmbito de competência das leis*, pp. 315 ss., e *Lições de DIP*, pp. 290 ss.

596 Da Responsabilidade Pré-Contratual em Direito Internacional Privado

Julgamos ser isso o que sucede no caso acima figurado. Nele o autor foi induzido a acreditar que o réu era maior. Na base dessa convicção celebrou com este um contrato e cumpriu as obrigações dele para si decorrentes. A lei pessoal do réu impõe a ineficácia do contrato se o mesmo não for consentido nem ratificado pelo seu representante legal (como sucedeu na espécie)[1847]; mas acautela a posição da contraparte, imputando ao menor os danos por ela sofridos em consequência da ineficácia do contrato[1848]. As disposições legais que cominam essa responsabilidade não são, todavia, aplicáveis no caso vertente, dado que a matéria é submetida pelo sistema de conflitos do foro à lei inglesa. De acordo com esta lei, o contrato é anulável («*voidable*»); mas vincula as partes enquanto o menor não o «repudiar»[1849]. Não se prevê na lei inglesa qualquer responsabilidade do menor que se faça passar por maior aquando da conclusão do contrato[1850]. É certo que, sendo o contrato «incoercível» («*unenforceable*») ou «repudiado», a lei inglesa confere ao tribunal um poder discricionário de ordenar ao menor que restitua à contraparte os bens que adquiriu em virtude do mesmo «*if it is just and equitable to do so*»[1851]. Mas a disposição legal que o prevê não é aplicável ao caso, pois que a obrigação de restituir as prestações recebidas em cumprimento de um contrato ineficaz é regida, no Direito Internacional Privado português, pela lei que estabelece essa ineficácia[1852] — e esta é, na hipótese em apreço, a lei suíça e não a lei inglesa. Da distribuição da competência para regular a situação em apreço pelas duas leis referidas resultaria, pois, que o contrato não produziria quaisquer

---

[1847] Código Civil suíço, arts. 19, n.° 1 («Les mineurs et les interdits capables de discernement ne peuvent s'obliger par leurs propres actes qu'avec le consentement de leur représentant légal»); 305, n.° 1 («La capacité de l'enfant soumis à l'autorité parentale est la même que celle du mineur sous tutelle»); e 410, n.° 1 («Le pupille capable de discernement peut contracter une obligation ou renoncer à un droit, moyennant que le tuteur consente expressément ou tacitement à l'acte ou le ratifie»).

[1848] Código Civil suíço, arts. 19, n.° 3 («Ils sont responsables du dommage causé par leurs actes illicites») e 411, n.° 3 («Le pupille qui s'est faussement donné pour capable répond envers les tiers du dommage qu'il leur cause»).

[1849] «A minor who agrees to purchase freehold land is similarly bound unless he repudiates»: TREITEL, *The Law of Contract*, p. 488.

[1850] Cfr. CHESHIRE-FIFOOT-FURMSTON, *Law of Contract*, p. 440: «an action of deceit does not lie against a minor who, by falsely representing himself to be of full age, has fraudulently induced another to contract with him». Em idêntico sentido ver TREITEL, ob. cit., pp. 494 e 497.

[1851] Secção 3 do *Minors' Contracts Act 1987*.

[1852] Cfr. BAPTISTA MACHADO, *Lições de DIP*, pp. 366 s.

Problemas Especiais Relativos ao Âmbito de Aplicação 597

efeitos por um facto exclusivamente imputável a uma das partes, mas o dano sofrido pela outra parte em razão de ter confiado na eficácia do mesmo não seria ressarcível.

A questão afigura-se-nos dever ser resolvida, também aqui, mediante o reconhecimento ao julgador do poder de corrigir o resultado da aplicação das regras de conflitos. Essa correcção traduzir-se-á no alargamento do âmbito da competência da lei reguladora dos pressupostos de facto da responsabilidade pré-contratual à disciplina do próprio conteúdo desta. Deste modo, o apuramento da eventual responsabilidade pré-contratual do lesante far-se-á à luz da lei aplicável ao facto que determinou a causação de danos a um dos contraentes, evitando-se que em virtude da autonomização pelo Direito de Conflitos de duas questões intimamente conexas o dano sofrido pelo lesado fique por ressarcir.

Esta conexão acessória *ope judicis* é análoga à que o art. 44.º do Código Civil consagra para o enriquecimento sem causa — pois que aí se submete a obrigação de restituir o enriquecimento à lei aplicável ao acto com base no qual se operou a deslocação patrimonial a favor do enriquecido —; e pode ainda ser aproximada do disposto no art. 15.º da Convenção da Haia de 1978 Sobre a Lei Aplicável aos Contratos de Mediação e à Representação, na medida em que neste preceito se manda aplicar às relações entre o intermediário e o terceiro emergentes do facto de o primeiro «ter actuado no exercício dos seus poderes, para além deles ou sem eles» (incluindo, portanto, a sua responsabilidade pré-contratual) a lei reguladora das relações entre o representado e o terceiro (o estatuto da representação), por forma a evitar as antinomias normativas que poderiam decorrer do *dépeçage* em matéria de representação[1853].

Ela revela-se, assim, metodologicamente coerente com o sistema de conflitos vigente: sendo este muito marcado pela técnica do desmembramento das situações plurilocalizadas, não o é menos por fenómenos de agrupamento de relações de natureza diversa, as quais são submetidas a uma única lei na base da sua ordenação à realização de fins ou valores comuns.

Deve, em todo o caso, reconhecer-se que o problema tem alcance limitado, dado que os arts. 35.º do Código Civil e 8.º da Convenção de Roma sujeitam o processo formativo dos contratos à lei reguladora da sua substância, reduzindo deste modo significativamente o número de situações em que as questões deste tipo podem suscitar-se.

[1853] Cfr. neste sentido Maria Helena BRITO, *A representação nos contratos internacionais*, pp. 553 s., 568 e 747 s.

598   *Da Responsabilidade Pré-Contratual em Direito Internacional Privado*

Ao exposto acrescentaremos ainda que na hipótese inversa da que atrás considerámos — aquela em que a lei reguladora da responsabilidade pré-contratual de um dos intervenientes nas negociações a consagra, mas a lei a que segundo o Direito de Conflitos do foro incumbe disciplinar o respectivo facto indutor a rejeita na espécie — o problema posto não se coloca.

Seja o caso em que à face da *lex contractus* um dos contraentes, pois que é menor, seria civilmente responsável pelos danos causados à contraparte em razão da ineficácia do negócio. Contudo, de acordo com a lei pessoal desse contraente, este, porque usou de dolo com o fim de se fazer passar por maior, não tem o direito de invocar a anulabilidade do negócio. Não se verifica assim o pressuposto de facto da sua responsabilidade pré--contratual à face da *lex contractus*. As normas desta última que disciplinem a responsabilidade pré-contratual não têm assim qualquer título para intervir na espécie. Pelo que o fraccionamento da competência para reger a responsabilidade pré-contratual e o respectivo facto indutor não suscita qualquer necessidade de corrigir o resultado da aplicação das regras de conflitos em presença.

CAPÍTULO VII

PROBLEMAS DE APLICAÇÃO
DO DIREITO ESTRANGEIRO COMPETENTE:
DA CONCRETIZAÇÃO DA BOA FÉ
E DE OUTROS CONCEITOS INDETERMINADOS

§ 32.°
Generalidades

108. Toda a aplicação de conceitos indeterminados importa um juízo de valor mediante o qual o julgador afere se a significação jurídica que esses conceitos visam exprimir é imputável aos factos que integram a espécie decidenda, atentas as circunstâncias em que os mesmos ocorreram. Assim sucede pelo que respeita a vários conceitos a que acima fizemos referência, cujo conteúdo e extensão são em alguma medida incertos ou se revelam insusceptíveis de uma definição prévia em termos gerais e abstractos: a boa fé, consagrada nos Direitos alemão, italiano e português como padrão de conduta das partes na formação dos contratos; o motivo justificativo e a justa causa, de que os mesmos Direitos fazem depender a licitude do rompimento das negociações; a *faute*, acolhida no Direito francês como pressuposto da responsabilidade civil; e o *due* ou *reasonable care*, empregado pelo Direito inglês como critério de apreciação da conduta do lesante no *tort of negligence*.

A boa fé consubstancia, na verdade, a exigência de que as pessoas adoptem determinada linha de conduta nas relações jurídicas de que são partes. Exactamente quais as categorias de relações abrangidas por esse princípio, as fases da vida dessas relações que podem considerar-se compreendidas na sua esfera de actuação e os direitos e deveres que dele decorrem para os sujeitos de cada relação concretamente considerada —

eis algo que não pode ser determinado em abstracto, antes reclama uma mediação concretizadora a empreender pelo julgador à luz das concepções dominantes no tráfico jurídico ou em certo círculo social especificamente considerado, atendendo aos objectivos visados pela norma aplicanda e às circunstâncias da situação *sub judice*[1854]. O mesmo pode dizer-se dos aludidos conceitos de motivo justificativo e de justa causa, visto que não é possível estabelecer em termos genéricos quais as categorias de situações em que se torna inexigível a uma das partes prosseguir as negociações tendentes à celebração de um contrato[1855]. Idêntica ordem de observações vale, por fim, quanto aos conceitos de *faute* e de *due* ou *reasonable care*.

A concretização de conceitos indeterminados, em que se consubstancia o dito juízo de valor, constitui um dos momentos mais criativos do processo de realização do Direito. Dada a sua imprecisão, cada acto de aplicação desses conceitos contribui para a definição do respectivo conteúdo e extensão, bem como para a adequação da ordem jurídica à evolução da vida social, aos novos problemas por ela colocados ao Direito e ao sentimento ético-jurídico prevalecente em dado momento histórico. Aplicação e desenvolvimento do Direito caminham aqui lado a lado[1856]. Nestes casos a norma jurídica não é, pois, susceptível de ser determinada por via interpretativa, antes é a resultante da sua aplicação jurisprudencial. Por isso diz advertidamente ESSER[1857] que neste domínio só a casuística nos revela o Direito vigente.

Essa concretização apresenta particulares dificuldades quando referida a conceitos indeterminados vertidos em normas do Direito estrangeiro

---

[1854] Sobre a concretização do conceito de boa fé *vide*, na literatura alemã, LARENZ, *Lehrbuch des Schuldrechts*, vol. I, *Allgemeiner Teil*, pp. 125 ss.; WIEACKER, «Zur rechtstheoretische Präzisierung des § 242 BGB», *in Kleine juristische Schriften*, pp. 43 ss.; e *Staudinger*-SCHMIDT, § 242 BGB, pp. 225 ss.; entre nós MENEZES CORDEIRO, *Da boa fé no Direito Civil*, vol. II, pp. 1189 ss.; *idem*, «Tendências actuais da interpretação da lei: do juiz autómato aos modelos de decisão jurídica», *RJ* 1987, pp. 7 ss. (p. 14); *idem*, «A boa fé nos finais do século XX», *ROA* 1996, pp. 887 ss.; *idem*, *Tratado de Direito Civil português*, vol. I, *Parte geral*, t. I, *Introdução. Doutrina geral. Negócio jurídico*, pp. 175 ss.; e ALMEIDA COSTA, *Direito das Obrigações*, pp. 93 ss.; e numa perspectiva de comparação de Direitos HESSELINK, «Good Faith», *in Towards a European Civil Code*, pp. 285 ss.

[1855] Ver sobre a natureza do conceito de justa causa de ruptura das negociações ALMEIDA COSTA, *Responsabilidade civil pela ruptura das negociações preparatórias de um contrato*, pp. 61 ss.

[1856] Assim LARENZ, *Methodenlehre der Rechtswissenschaft*, p. 293 (na tradução portuguesa, p. 412).

[1857] *Grundsatz und Norm*, p. 151 (na tradução castelhana, p. 195).

Problemas de Aplicação do Direito Estrangeiro Competente   601

competente para disciplinar dada questão privada internacional. Suscita-se então, liminarmente, o problema de saber se os tribunais do Estado do foro deverão declinar a favor dos da *lex causae* o exercício da competência jurisdicional que lhes é deferida pelas regras de conflitos de jurisdições vigentes na ordem interna, por isso que os segundos se encontram em princípio mais aptos para aplicar o Direito competente.

É sabido, por outro lado, que entre nós a lei estrangeira deve ser interpretada dentro do sistema a que pertence e de acordo com as regras interpretativas nele fixadas[1858]; que àquele que invocar Direito consuetudinário, local ou estrangeiro compete fazer a prova da sua existência e conteúdo, devendo não obstante o tribunal procurar, oficiosamente, obter o respectivo conhecimento e recorrer, na impossibilidade de determinar o conteúdo do Direito aplicável a título principal ou subsidiário, às regras do Direito comum português[1859]; e que o erro de interpretação ou de aplicação, bem como o erro de determinação da norma aplicável, quando referidos a disposições genéricas, de carácter substantivo, emanadas de órgãos de soberania estrangeiros, constituem fundamento de recurso de revista interposto para o Supremo Tribunal de Justiça[1860].

Cabe, por isso, perguntar: *a*) Valem também estas regras para a interpretação e a aplicação de conceitos indeterminados de Direito estrangeiro ou decorre da indeterminação do conteúdo do Direito estrangeiro a necessária aplicação da *lex fori*? *b*) Não sendo assim, deve a concretização daqueles conceitos orientar-se pelas concepções ético-jurídicas da *lex fori*, da *lex causae* ou de ambas? *c*) Em que termos compete às partes fazer a alegação e a prova da existência e do conteúdo desses conceitos e quais os deveres que recaem sobre o tribunal neste particular? *d*) Finalmente: acham-se entre nós as valorações realizadas neste contexto pelo julgador sujeitas ao controlo do Supremo Tribunal de Justiça?

Estes, em síntese, os principais problemas que nos propomos versar de seguida. Indagaremos primeiro, em breve sinopse comparativa, a solução que eles recebem nos sistemas jurídicos estrangeiros mais significativos. Pronunciar-nos-emos de seguida sobre a sua disciplina à luz do Direito português. Avaliaremos por fim a relevância dos resultados da análise empreendida para a questão do método do Direito Internacional Privado.

[1858] Cfr. o art. 23.°, n.° 1, do Código Civil.

[1859] Cfr. os arts. 23.°, n.° 2, e 348.°, n.°s 1 e 3, do Código Civil.

[1860] Cfr. o art. 721.°, n.° 3, do Código de Processo Civil.

602 *Da Responsabilidade Pré-Contratual em Direito Internacional Privado*

Uma última observação cumpre fazer a fim de delimitar o âmbito da investigação que nos propomos levar a efeito neste capítulo. Por Direito estrangeiro queremos aqui significar o Direito que tem como âmbito de vigência o território de um Estado estrangeiro, determinada parcela desse território ou dada categoria de pessoas a ele vinculadas, ainda que dimane do Estado do foro ou de um terceiro Estado e, por via da sua recepção material, tenha adquirido vigência naquele primeiro Estado. Deste conceito ficam por conseguinte excluídos os princípios e normas de Direito Internacional Público, geral ou convencional, que se achem igualmente em vigor na ordem jurídica portuguesa e bem assim o Direito Comunitário, originário e derivado. Nele incluímos, porém, as regras de Direito uniforme constantes de convenções internacionais de que sejam partes Estados estrangeiros, na medida em que a sua interpretação, integração e aplicação pelos tribunais desses Estados se achem subtraídas ao controlo de quaisquer instâncias jurisdicionais internacionais, e bem assim o Direito adoptado pelos Estados membros da União Europeia em execução do disposto em directivas ou outros actos normativos emanados de órgãos comunitários.

§ 33.°
O problema no Direito comparado e no Direito português

109. Em alguns sistemas jurídicos a circunstância de a disciplina de certas matérias ser tipicamente levada a efeito mediante normas que se socorrem de conceitos indeterminados, cujo significado os tribunais locais terão dificuldade em fixar quando tais normas dimanem de um Estado estrangeiro, constitui fundamento quer da subordinação da competência desses tribunais à condição de ser o Direito interno o apropriado ao caso decidendo quer da aplicação exclusivamente da *lex fori*. É o que sucede no *Common Law*, por exemplo, em matéria de divórcio[1861]. Ao mesmo resultado conduz a doutrina dita do *forum non conveniens*[1862].

Na generalidade dos ordenamentos continentais não se estabelecem, porém, quaisquer reservas à aplicabilidade pelos tribunais locais de Direito estrangeiro de conteúdo indeterminado, nem se admite a renúncia pelos mesmos ao exercício da sua competência internacional com fundamento em ser outro o foro que se supõe estar em melhores condições de aplicar tal Direito[1863].

[1861] Cfr., a respeito do Direito dos Estados Unidos da América, VON MEHREN, «Adjudicatory Jurisdiction: General Theories Compared and Evaluated», *Boston Univ. L. R.* 1983, pp. 279 ss. (pp. 324 ss.); e com referência ao Direito inglês, MORRIS-McCLEAN, *The Conflict of Laws*, pp. 184 s.

[1862] Acolhida, com diferentes cambiantes, na generalidade dos sistemas de *Common Law* e também em certos sistemas híbridos, como o do Quebeque, cujo Código Civil dispõe no seu art. 3135: «Bien qu'elle soit compétente pour connaître d'un litige, une autorité du Québec peut, exceptionnellement et sur la demande d'une partie, décliner cette compétence si elle estime que les autorités d'un autre État sont mieux à même de trancher le litige».

[1863] Assim, por exemplo, as Convenções de Bruxelas e de Lugano relativas à Competência Judiciária e à Execução de Decisões em Matéria Civil e Comercial não consentem, verificando-se a competência concorrente de tribunais de diferentes Estados contratantes para decidir a mesma causa, que os tribunais de um deles declinem a sua competência a favor dos de outro em vista das dificuldades que eventualmente experimentariam na aplicação do Direito estrangeiro: cfr. neste sentido, pelo que respeita ao primeiro

604   *Da Responsabilidade Pré-Contratual em Direito Internacional Privado*

Quanto à interpretação e aplicação do Direito estrangeiro predomina o entendimento segundo o qual o tribunal do Estado do foro deve procurar a solução mais próxima possível daquela a que chegariam as jurisdições homólogas da *lex causae* se estas houvessem de decidir a situação controvertida[1864]. Prevê-se para tanto a aplicação da lei estrangeira segundo os critérios de interpretação nela consagrados[1865]; e preconiza-se quanto às questões de Direito relativamente às quais não haja unanimidade de vistas na *lex causae* a observância da jurisprudência nela dominante[1866].

Dividem-se, porém, os sistemas quanto ao grau de liberdade que reconhecem aos tribunais na interpretação e na aplicação do Direito estrangeiro.

Em França um importante sector da doutrina tende a colocar o julgador na posição de mero «*observateur sociologique*» do Direito estrangeiro, restringindo-o, na interpretação deste, à pesquisa não do que deve ser, mas do que é[1867]. As normas desse Direito surgiriam por isso aos olhos do juiz

---

daqueles instrumentos internacionais, SCHLOSSER, «Relatório sobre a Convenção relativa à adesão do Reino da Dinamarca, da Irlanda e do Reino Unido da Grã-Bretanha e da Irlanda do Norte à Convenção relativa à competência judiciária e à execução de decisões em matéria civil e comercial, bem como ao Protocolo relativo à sua interpretação pelo Tribunal de Justiça», *JOCE* n.° C 189, de 28 de Julho de 1990, n.° 78; *idem, EuGVÜ. Europäisches Gerichtsstands- und Vollstreckungsübereinkommen mit Luganer Übereinkommen und den Haager Übereinkommen über Zustellung und Beweisaufnahme*, p. 34. No Reino Unido, a secção 49 do *Civil Jurisdiction and Enforcement of Foreign Judgements Act 1982* dispõe, no entanto: «Nothing in this Act shall prevent any court in the United Kingdom from staying, sisting, striking out or dismissing any proceedings before it, on the ground of *forum non conveniens* or otherwise, where to do so is not inconsistent with the 1968 Convention». Preconiza, contudo, o recurso à regra do *forum non conveniens*, nomeadamente nas hipóteses de que aqui nos ocupamos, WENGLER, *IPR*, vol. I, p. 331; *idem*, «Der deutsche Richter vor unaufklärbarem und unbestimmten ausländischen Recht», *JR* 1983, pp. 221 ss. (p. 224).

[1864] Este pensamento foi levado ao extremo por GOLDSCHMIDT, para quem o julgador colaboraria, «como arquitecto», na construção do seu próprio Direito, mas se limitaria a «fotografar» o Direito estrangeiro («Am eigenen Rechte bauen wir als Architekten mit, das fremde photographieren wir lediglich»): cfr., do autor, o estudo «Die philosophischen Grundlagen des Internationalen Privatrechts», *in FS Wolff*, pp. 203 ss. (p. 217). Semelhante entendimento deve, porém, ter-se por superado na doutrina e na jurisprudência alemã contemporâneas, como se verá adiante.

[1865] Assim, por exemplo, dispõe o art. 15 da Lei de Reforma do Sistema Italiano de Direito Internacional Privado: «La legge straniera è applicata secondo i propri criteri di interpretazione e di applicazione nel tempo».

[1866] Neste sentido, *Münchener Kommentar*-SONENNBERGER, Einl. IPR, n.m. 575, p. 261.

[1867] Assim BATIFFOL, *Aspects philosophiques du droit international privé*, p. 109. Cfr. também BATIFFOL-LAGARDE, *DIP*, t. I, pp. 529 e 553: «l'interprétation de sa propre loi par le juge est la recherche de ce qui est juste, raisonnable, utile, bref de ce qui *doit* être;

nacional como meras realidades de facto[1868]. O mesmo entendimento é ainda hoje dominante em Inglaterra[1869] e nos Estados Unidos da América[1870].

Diferentemente, na Alemanha reconhece-se que a directriz fundamental acima mencionada não importa a adopção incondicional pelos juízes locais das soluções observadas pelos tribunais estrangeiros, sobretudo quando estes não sejam jurisdições supremas, quando os arestos que as consagram constituam decisões isoladas e sem repercussão na jurisprudência local[1871] e quando as normas do Direito aplicável remetam para a

---

son interprétation de la loi étrangère est la recherche de ce qui se juge ou se jugerait éventuellement à l'étranger, autrement dit de ce qui *est* ou serait et non de ce qui doit être». Em sentido próximo escreve AUDIT, *DIP*, p. 245: «Tandis que le juge d'un pays donné appliquant sa propre loi exprime le droit positif à l'occasion de chaque décision qu'il rend, et même le cas échéant le fait évoluer, à l'égard d'un droit étranger, il est tenu à une attitude d'imitation et droit prendre ce droit tel qu'il est». Cfr. ainda MAYER, *DIP*, p. 128, que afirma a respeito da interpretação do Direito estrangeiro pelo juiz francês: «Il ne saurait donc être question de lui confier un véritable pouvoir d'interprétation, lui permettant de dégager lui--même la règle à partir du texte de la loi. Il doit se contenter de constater la teneur de la règle, telle qu'elle résulte de l'ensemble des sources étrangères du droit et notamment de la jurisprudence». Para uma apreciação destas ideias *vide infra*, n.º 110.

[1868] Cfr. BATIFFOL, ob. cit., pp. 105 e 120 s.; BATIFFOL-LAGARDE, ob. cit., pp. 529 e 554; e AUDIT, ob. cit., p. 235. No sentido, porém, de que a regra jurídica estrangeira se aplica em França como regra de Direito, posto que lhe pertença um estatuto diverso do das regras do Direito nacional, vejam-se MAURY, «Règles générales des conflits de lois», *Rec. cours*, vol. 57 (1936-III), pp. 325 ss. (pp. 402 ss.), e MOTULSKI, «L'office du juge et la loi étrangère», *in Écrits. Études et notes de DIP*, vol. III, pp. 87 ss. (pp. 112 e 123).

[1869] As origens desta orientação remontam à doutrina dos *vested rights*, sustentada por DICEY, conforme a qual os tribunais ingleses, em lugar de aplicarem Direito estrangeiro às situações da vida privada internacional, se limitariam a reconhecer direitos adquiridos no estrangeiro, para o que apenas teriam de apurar se tais direitos se constituíram efectivamente à sombra de algum ordenamento estrangeiro — e esta seria uma pura questão de facto. Cfr. sobre o estatuto do Direito estrangeiro perante o Direito inglês vigente, na doutrina contemporânea, DICEY-MORRIS-COLLINS, *The Conflict of Laws*, vol. 1, p. 217; FENTIMAN, «Foreign Law in English Courts», *LQR* 1992, pp. 142 ss. (pp. 142 e 145); *idem*, *Foreign Law in English Courts*, pp. 3 ss., 64, 66 ss. e 286 ss.; MORRIS-McCLEAN, *The Conflict of Laws*, p. 36; STONE, *The Conflict of Laws*, p. 7; JAFFEY-CLARKSON-HILL, *On the Conflict of Laws*, p. 10; e CHESHIRE-NORTH-FAWCETT, *Private International Law*, p. 100. Afirma a este respeito STONE, em nítida consonância com a doutrina francesa atrás mencionada: «English courts have to decide what foreign law is, or will probably be held in the foreign country to be, and not what they themselves would prefer it to be, whereas their power to determine English law enables them, within the limits of precedent and of respect for legislative authority, to decide that it is what they consider it ought to be».

[1870] Cfr. SCOLES-HAY, *Conflict of Laws*, pp. 418 ss.

[1871] Cfr. ZAJTAY, «The Application of Foreign Law», *IECL*, vol. III, cap. 14, pp. 27 ss.

606   *Da Responsabilidade Pré-Contratual em Direito Internacional Privado*

equidade[1872]; e admite-se mesmo o desenvolvimento jurisprudencial do Direito estrangeiro, posto que com observância das regras metodológicas nele vigentes e dentro do espírito que o informa[1873].

Como é bom de ver, esta relativa autonomia dos tribunais do Estado do foro na interpretação e aplicação do Direito estrangeiro ganha particular relevo no preenchimento de conceitos indeterminados, dada a importância que assume nesta operação a ponderação das circunstâncias do caso decidendo e a irredutível margem de livre apreciação que ao julgador sempre há-de pertencer na valoração do mesmo à luz desses conceitos.

Pelo que respeita à averiguação do conteúdo e da vigência do Direito estrangeiro aplicável distinguem-se também dois sistemas fundamentais: o dos países que colocam a cargo da parte interessada o ónus de alegar e provar o conteúdo e a vigência desse Direito[1874] e o dos que, prevendo

---

[1872] Assim *Münchener Kommentar*-SONENNBERGER, Einl. IPR, n.m. 599, p. 267.

[1873] Ver neste sentido JAYME, «Richterliche Rechtsfortbildung im Internationalen Privatrecht», *in Richterliche Rechtsfortbildung. Erscheinungsformen, Auftrag und Grenzen. Festschrift der Juristischer Fakultät zur 600-Jahr-Feier der Ruprecht-Karls-Universität Heidelberg*, pp. 567 ss. (pp. 569 ss.); KEGEL, *IPR*, p. 367 (que afirma: «der deutsche Richter [hat] gegenüber dem ausländischen Recht denselben Grad von Freiheit, den der ausländische Richter geniesst»); SCHACK, *Internationales Zivilverfahrensrecht*, p. 246; FIRSCHING-VON HOFFMANN, *IPR*, p. 104; KROPHOLLER, *IPR*, p. 194; e *Münchener Kommentar*-SONENNBERGER, Einl. IPR, n.m. 575, p. 261. Mais reservado mostra-se WENGLER, «Der deutsche Richter vor unaufklärbarem und unbestimmten ausländischen Recht», *JR* 1983, pp. 221 ss. (p. 225).

[1874] É o sistema vigente em Inglaterra e nos Estados Unidos da América. Cfr., quanto ao Direito inglês, FENTIMAN, est. cit. na *LQR* 1992, p. 149, e *Foreign Law in English Courts*, pp. 3 s., 142 ss. e 286 s., MORRIS-McCLEAN, ob. cit., pp. 36 ss., STONE, ob. cit., pp. 6 ss., e CHESHIRE-NORTH-FAWCETT, *Private International Law*, pp. 99 ss.; e quanto ao Direito dos E.U.A., SCOLES-HAY, *Conflict of Laws*, pp. 419 s., 424 e 426 ss.

Em França o dito ónus foi afirmado no *arrêt Bisbal*, proferido pela Cassação em 12 de Maio de 1959 (*in* ANCEL-LEQUETTE, *Grands arrêts de jurisprudence française de DIP*, pp. 248 ss., *1er arrêt*), segundo o qual «les règles françaises de conflit de lois, en tant du moins qu'elles prescrivent l'application d'une loi étrangère, n'ont pas un caractère d'ordre public, en ce sens qu'il appartient aux parties d'en réclamer l'application, et qu'on ne peut reprocher aux juges du fond de ne pas appliquer d'office la loi étrangère et de faire, en ce cas, appel à la loi interne française laquelle a vocation à régir tous les rapports de droit privé». Logo temperada pelo reconhecimento, no ac. da Cassação de 2 de Março de 1960 (*in* ob. e loc. cits., *2e arrêt*), da faculdade de o tribunal aplicar oficiosamente o Direito estrangeiro competente, ainda que não invocado pelas partes, a jurispudência *Bisbal* foi abandonada nos acórdãos proferidos pela Cassação em 11 e 18 de Outubro de 1988 (*in op. cit.*, pp. 566 ss., *1er* e *2e arrêt*). Contudo, um autêntico dever de averiguação e aplicação oficiosa do Direito estrangeiro apenas existe hoje em França quando a regra de conflitos

Problemas de Aplicação do Direito Estrangeiro Competente 607

embora a aplicação *ex officio* da lei estrangeira, fazem recair sobre as partes, pelo menos em certas circunstâncias, um dever de colaborar com o tribunal na averiguação do seu conteúdo[1875]. Qualquer destes sistemas é

---

que para ele remeta diga respeito a direitos subtraídos à livre disposição das partes. É o que se deduz dos acs. da Cassação de 4 de Dezembro de 1990 (*in* ob. e loc. cits., *3e arrêt*), de 10 de Dezembro de 1991, *RCDIP* 1992, pp. 314 ss. (*2e espèce*), de 18 de Novembro de 1992, *RCDIP* 1993, pp. 276 ss., e de 1 de Julho de 1997, *RCDIP* 1998, pp. 60 ss. (*1re espèce*). Neste último declara-se expressamente: «l'application de la loi étrangère désignée pour régir les droits dont les parties n'ont pas la libre disposition impose au juge français de rechercher la teneur de cette loi». Reitera esta orientação o acórdão da Cassação de 26 de Maio de 1999, *RCDIP* 1999, pp. 707 ss. (*2e arrêt*). Diferentemente, em matéria de direitos disponíveis cabe à parte interessada o ónus de provar que o Direito estrangeiro designado pela regra de conflitos conduz a um resultado diverso daquele que resultaria da aplicação da lei francesa, sob pena de ser aplicada esta última em razão da sua «vocação subsidiária»: cfr. o ac. da Cassação de 16 de Novembro de 1993 (*in* Ancel-Lequette, ob. cit., pp. 607 ss.). Se, porém, o tribunal exercer a faculdade de aplicar oficiosamente as regras de conflitos de fonte interna, compete-lhe indagar o conteúdo da lei estrangeira por elas designada: assim o ac. da Cassação de 24 de Novembro de 1998, *RCDIP* 1999, pp. 88 s. (*1er arrêt*), em que se lê: «il incombe au juge français qui applique une loi étrangère de rechercher la solution donnée à la question litigieuse par le droit positif en vigueur dans l'État concerné» (loc. cit. p. 89).

Em Itália a jurisprudência da *Corte di Cassazione* anterior à lei de reforma do sistema de Direito Internacional Privado, de 1995, oscilava entre a subordinação da aplicação do Direito estrangeiro à prova do seu conteúdo pela parte que dele se quisesse prevalecer e a consagração do dever de o tribunal dele conhecer oficiosamente: cfr. Rubino-Sammartano, «Il giudice nazionale di fronte alla legge straniera», *RDIPP* 1991, pp. 315 ss.; Vitta-Mosconi, *Corso di Diritto Internazionale Privato e Processuale*, p. 128; e Ballarino, *Diritto Internazionale Privato*, pp. 288 ss. Mas aquela lei consagrou de modo inequívoco, no seu art. 14, n.º 1, o princípio *iura novit curia* pelo que respeita ao conhecimento do Direito estrangeiro (*vide* a nota seguinte).

[1875] Na Alemanha o texto, um tanto ambíguo, do § 293 da *Zivilprozessordnung* é hoje interpretado neste sentido pela jurisprudência dominante. Estabelece esse preceito: «Das in einem anderen Staate geltende Recht, die Gewohnheitsrechte und Statuten bedürfen des Beweises nur insofern, als sie dem Gericht unbekannt sind. Bei Ermittlung dieser Rechtsnormen ist das Gericht auf die von den Parteien beigebrachten Nachweise nicht beschränkt; es ist befugt, auch andere Erkenntnisquellen zu benutzen und zum Zwecke einer solchen Benutzung das Erforderliche anzuordnen». De acordo com a jurisprudência tem o tribunal, por força desta disposição, não só o poder (*die Befugnis*), como nela se diz, mas também o dever (*die Pflicht*) de realizar as diligências que houver por necessárias a fim de obter o conhecimento do Direito estrangeiro aplicável, independentemente da prova feita pelas partes. O tribunal pode, no entanto, exigir da parte que invocar Direito estrangeiro a colaboração necessária a fim de determinar o seu conteúdo quando as disposições em causa dele sejam desconhecidas: cfr., designadamente, os acórdãos do *Bundesgerichtshof* de 24 de Novembro de 1960, *NJW* 1961, pp. 410 ss. (p. 410); de 20 de Março de 1980, *NJW*

608 Da Responsabilidade Pré-Contratual em Direito Internacional Privado

essencialmente orientado por considerações de índole pragmática. Visa-se, com efeito, através da actividade processual exigida às partes facilitar a superação das dificuldades com que o tribunal inevitavelmente se defronta no conhecimento e na interpretação do Direito estrangeiro aplicável[1876]. Ora a imposição de especiais deveres às partes neste campo parece tanto mais justificada quanto maior for o grau de indeterminação das regras aplicáveis e mais largo se revelar o leque dos dados a recolher pelo tribunal — precedentes judiciais, sínteses doutrinais, etc. — a fim de proceder às valorações reclamadas pela concretização dessas regras.

1980, pp. 2022 ss. (p. 2024); e de 30 de Abril de 1992, *NJW* 1992, 2026 ss. (p. 2029). *Vide* ainda sobre o ponto, na doutrina, WENGLER, *IPR*, vol. I, p. 383, e vol. II, p. 906, n. 226; Christian VON BAR, *IPR*, vol. I, pp. 324 ss.; KEGEL, ob. cit., 363; OTTO, «Der verunglückte § 293 ZPO und die Ermittlung ausländischen Rechts durch "Beweiserhebung"», *IPRax* 1995, pp. 299 ss.; SCHACK, ob. cit., p. 245; FIRSCHING-VON HOFFMANN, ob. cit., p. 102; KROPHOLLER, ob. cit., p. 539; *Münchener Kommentar*-SONENNBERGER, Einl. IPR, n.m. 570, pp. 257 s.; e HAY, *IPR*, pp. 61 s.

Mais explicitamente, preceitua o art. 16 (1) da Lei Federal Suíça de Direito Internacional Privado: «Le contenu du droit étranger est établi d'office. A cet effet, la collaboration des parties peut être requise. En matière patrimoniale, la preuve peut être mise à la charge des parties».

Em Itália dispõe o art. 14 da lei de reforma do Sistema Italiano de Direito Internacional Privado: «1. L'accertamento della legge straniera è compiuto d'ufficio dal giudice. A tal fine questi può avvalersi, oltre che degli strumenti indicati dalle convenzioni internazionali, di informazione acquisite per il tramite del Ministero di grazia e giustizia; può altresì interpellare esperti o istituzioni specializzate. 2. Qualora il giudice non riesca ad accertare la legge straniera indicata, neanche con l'aiuto delle parti, applica la legge richiamata mediante altri criteri di collegamento eventualmente previsti per la medesima ipotesi normativa. In mancanza si applica la legge italiana.»

Cfr. ainda o art. 12, n.º 6, do Título Preliminar do Código Civil espanhol, que dispõe: «[...] La persona que invoque el derecho extranjero deberá acreditar su contenido y vigencia por los medios de prueba admitidos por la ley española. Sin embargo, para su aplicación, el juzgador podrá valerse además de cuantos instrumentos de averiguación considere necesarios, dictando al efecto las providencias oportunas».

[1876] A esta explicação uma outra acresce, que tem sido aduzida sobretudo para justificar o sistema inglês: ao colocar na disponibilidade das partes, ainda que indirectamente, a aplicação do Direito estrangeiro (pois que na falta da sua alegação e prova os tribunais ingleses aplicam necessariamente o Direito local) esse sistema contribuiria para a administração eficiente da justiça, na medida em que permite evitar o dispêndio de tempo e recursos inerente à determinação do conteúdo do Direito estrangeiro: cfr. neste sentido FENTIMAN, est. cit. na *LQR* 1992, pp. 152 ss., e *Foreign Law in English Courts*, pp. 170 s. Para uma crítica de semelhante voluntarismo, que reduz todo o Direito de Conflitos à condição de mero Direito supletivo, veja-se o que escrevemos *supra*, § 3.º, e a bibliografia aí citada.

Em certos países, como a França[1877] e a Alemanha[1878], as jurisdições supremas declinam em princípio o controlo da interpretação e aplicação do Direito estrangeiro feitas pelos tribunais locais[1879]. Entre os motivos que justificam este regime contam-se a estreita ligação daquelas operações às questões de facto suscitadas pela lide, cuja apreciação se acha subtraída à competência dos tribunais de revista e de cassação; o elevado risco de erro que envolvem a interpretação e a aplicação do Direito estrangeiro e o desprestígio e a perda de autoridade em que incorreriam os supremos tribunais se cometessem tais erros; e a escassa relevância que as decisões fundadas no Direito estrangeiro assumem na uniformização da jurisprudência local[1880] — tudo, como é bom de ver, considerações que revestem especial significado no que respeita à concretização de conceitos indeterminados de Direito estrangeiro. Noutros ordenamentos, como o italiano[1881] e o suíço (posto que neste último apenas pelo que respeita às questões de natureza não patrimonial)[1882],

---

[1877] Cfr. MAURY, «Régles générales des conflits de lois», *Rec. cours*, vol. 57 (1936-III), pp. 325 ss. (pp. 404 s.); BATIFFOL-LAGARDE, ob. cit., 551; LOUSSOUARN-BOUREL, *DIP*, pp. 274 ss.; AUDIT, ob. cit., pp. 245 s.; MAYER, ob. cit., p. 129; e as referências jurisprudenciais constantes destas obras.

[1878] Cfr. o § 549 (1) da *Zivilprozessordnung*: «Die Revision kann nur darauf gestützt werden, dass die Entscheidung auf der Verletzung des Bundesrechts oder einer Vorschrift beruht, deren Geltungsbereich sich über den Bezirk eines Oberlandesgerichts hinaus erstreckt».

[1879] Uma importante excepção a esta regra é constituída, em França, pelo caso de «*dénaturation de la loi étrangère*», que se entende ocorrer quando o juiz «méconnaît le sens clair et précis d'un document législatif étranger» (cfr. o ac. da Cassação de 21 de Novembro de 1961, *in* ANCEL-LEQUETTE, *Grands arrêts de la jurisprudence française de droit international privé*, pp. 268 ss.). Trata-se, porém, de um fundamento de cassação empregado com extrema parcimónia pelo supremo tribunal francês: ver, por último, os acs. deste tribunal de 1 de Julho de 1997, *D*. 1998, Jurisprudence, p. 104, e de 26 de Maio de 1999, *RCDIP* 1999, pp. 713 s. Também na Alemanha vale uma solução oposta à referida no texto para os processos de jurisdição voluntária e para o processo laboral; o que tem levado alguma doutrina a duvidar do bem-fundado do regime estabelecido na disposição citada na nota anterior e a sustentar *de lege ferenda* a admissibilidade do recurso de revista contra quaisquer decisões baseadas em Direito estrangeiro: *vide* nomeadamente Christian VON BAR, ob. cit., p. 331; GEIMER, ob. cit., p. 618; KEGEL, ob. cit., pp. 369 s.; e SCHACK, ob. cit., p. 254; KROPHOLLER, ob. cit., pp. 540 s.

[1880] Cfr. ZAJTAY, est. cit., pp. 30 ss.

[1881] Cfr. RUBINO-SAMMARTANO, est. cit., pp. 343 s.; MOSCONI, *Diritto Internazionale Privatto e Processuale. Parte generale e contratti*, p. 126; e BALLARINO, ob. cit., pp. 288 s.

[1882] Cfr. o art. 43a, n.º 2, da Lei Federal de Organização Judiciária, na redacção dada pela Lei Federal de Direito Internacional Privado, que dispõe: «Dans les contestations civiles portant sur un droit de nature non pécuniaire, on peut également faire valoir que la décision attaquée applique de manière erronée le droit étranger».

610   *Da Responsabilidade Pré-Contratual em Direito Internacional Privado*

admite-se, ao invés, o recurso para o tribunal supremo com fundamento na violação ou na interpretação errada do Direito estrangeiro.

Estas, em resumo, as soluções típicas de que os problemas atrás enunciados são objecto no Direito estrangeiro. Vejamos agora como hão--de eles resolver-se entre nós.

110. *a*) À face do Direito português deve ter-se por inadmissível que o tribunal a que a causa se encontra afecta renuncie ao exercício da sua competência com fundamento em a aplicação do Direito estrangeiro designado pelas regras de conflitos envolver a concretização de conceitos indeterminados. Isso seria — como de resto toda a declaração pelo tribunal de que se considera *forum non conveniens* por ser aplicável ao caso singular uma lei estrangeira — desconforme com o preceito constitucional que assegura a todos (portanto, quer sejam cidadãos nacionais ou estrangeiros) o acesso aos tribunais portugueses para defesa dos seus direitos e interesses legalmente protegidos[1883], o qual, supomos, se aplica sempre que a lide apresente alguma conexão espacial relevante com a ordem jurídica portuguesa; e poderia mesmo dar azo, quando as jurisdições da *lex causae* não se tivessem por competentes para julgar a questão *sub judice*, à denegação de justiça. Além disso, a concessão de semelhante faculdade ao tribunal seria fonte de intolerável incerteza quanto à solução das questões plurilocalizadas e, por conseguinte, de insegurança no tráfico jurídico internacional.

Tão-pouco nos parece ajustado que a dita circunstância importe por si só a aplicação da lei subsidiariamente competente ou da *lex fori*. Tal solução revela-se claramente inadequada nos casos em que também estas leis consagrem conceitos indeterminados na matéria a que a situação controvertida diz respeito. Mas ela é sobretudo inaceitável porque nenhum dos argumentos em que poderia estribar-se — a maior praticabilidade das soluções, o risco de erro judiciário, etc. — sobreleva aos fundamentos de ordem geral em que se baseia a designação do Direito estrangeiro competente[1884].

b) Suscita-se, assim, a questão de saber quais os critérios de valoração que presidem à concretização pelos tribunais portugueses de conceitos indeterminados contidos em legislações estrangeiras.

De um modo geral, supomos que, assim como nas situações jurídicas puramente internas não é lícito ao julgador levar a cabo as valorações

---

[1883] Cfr. o art. 20.º, n.º 1, da Constituição.

[1884] Sobre estes cfr. *supra*, § 3.º.

Problemas de Aplicação do Direito Estrangeiro Competente   611

necessárias à aplicação de conceitos indeterminados por referência a pontos de vista puramente pessoais ou compartilhados apenas pelos membros do meio social, cultural, étnico, religioso ou outro em que ele próprio se integra[1885], também nas situações privadas internacionais não será admissível a concretização daqueles conceitos, quando originários de uma lei estrangeira, mediante a pura e simples referência a concepções ético-jurídicas próprias do Estado do foro — cujo Direito pode até desconhecer tais conceitos. As valorações a efectuar para o efeito têm antes de ser condizentes com o espírito do ordenamento de que dimana o conceito em aplicação e com as concepções nele vigentes.

Só deste modo podem realizar-se os objectivos fundamentais subjacentes à remissão operada pelo Direito de Conflitos do foro para determinado ordenamento estrangeiro, *maxime* a tutela da confiança legítima nas situações privadas internacionais. E é esta também a solução mais conforme com a ideia informadora do art. 23.°, n.° 1, do Código Civil: a de que o Direito material estrangeiro aplicável no Estado do foro é aquele que válida e efectivamente vigora no território de determinado Estado ou em dada parcela desse território[1886]. O mesmo é dizer, como ensina MAGALHÃES COLLAÇO[1887], que o Direito estrangeiro se auto-define.

Mas se o que se afirmou é exacto no tocante ao *ius strictum*, já se nos afigura mais duvidoso que valha sem quaisquer reservas para o *jus aequum* corporizado pelos conceitos indeterminados. Decerto, a remissão para a *lex causae* deve entender-se como levando implícita uma referência às concepções vigentes no ordenamento designado pelo que respeita à concretização de conceitos indeterminados. A ordem de valores que serve de base a esse procedimento é assim a da *lex causae*. Todavia, a definição do conteúdo concreto daqueles conceitos — por isso que apenas se consuma na decisão individual, atentas as circunstâncias da situação controvertida que se tem em vista tomar em conta na aplicação da norma — cabe indubitavelmente ao julgador do Estado do foro. Só após a aplicação do conceito indeterminado à situação *sub judice* vem a saber-se qual o conteúdo valorativo que lhe foi imputado na hipótese considerada. Sendo nes-

---

[1885] Cfr., nesta linha fundamental de orientação, ENGISCH, *Einführung in das juristische Denken*, pp. 162 s. (na tradução portuguesa, pp. 195 s.), e, com referência especial à boa fé, LARENZ, *Lehrbuch des Schuldrechts*, vol. I, *Allgemeiner Teil*, pp. 126 s.

[1886] Cfr. FERRER CORREIA, *Lições de DIP*, pp. 589 e 600; BAPTISTA MACHADO, *Lições de DIP*, pp. 242 ss.

[1887] Cfr. *Da qualificação em DIP*, p. 116.

612 — Da Responsabilidade Pré-Contratual em Direito Internacional Privado

tes casos a aplicação da norma verdadeira *law in making*, não pode a mesma ser tida como uma realidade que se oferece ao julgador autonomamente definida e apta à subsunção debaixo dela das hipóteses decidendas, antes exige o reconhecimento ao julgador de um papel modelador do seu conteúdo.

Nisto vai implícita a crítica fundamental que dirigimos à tese sustentada em França, além de outros, por BATIFFOL e LAGARDE, segundo a qual haveria de tomar-se o Direito estrangeiro aplicável *in foro* como mera realidade fáctica, despida de toda a imperatividade, e de negar-se ao julgador nacional qualquer poder criador na sua interpretação e aplicação[1888].

Acresce, por outro lado, que as normas jurídicas, nacionais ou estrangeiras, são realidades referidas a fins ou valores, que lhes conferem determinado sentido. Para captar este último, em vista da sua aplicação, não pode, pois, o julgador tomá-las como puros factos sociais, antes tem de elevar-se àqueles fins ou valores e de fundar também neles a determinação das regras e a solução dos casos concretos.

Uma apreensão do Direito estrangeiro que abdique totalmente da sua elaboração pelo intérprete (mormente por referência às finalidades que através dele se tem em vista realizar e aos valores por ele servidos), como a que é sugerida pelos mencionados autores, será porventura legítima como atitude de espírito daquele que se ocupa do estudo do Direito sob o prisma sociológico (e mesmo, segundo alguns, do comparatista[1889]); mas é inservível para quem haja de fazê-lo actuar como critério de valoração de condutas humanas. Nenhum facto se impõe ao Homem como fundamento de um dever de conduta nem actuação humana alguma se deixa orientar por aquilo que *é*, mas tão-só por aquilo que *deve ser*. Só à luz de normas e dos juízos de valor nelas objectivados, que não de meros factos, pode o juiz, por conseguinte, valorar as situações da vida que lhe seja dado apreciar[1890]. Aos olhos dele, assim como das próprias partes na situação controvertida, o Direito aplicável, nacional ou estrangeiro, surge, em suma, sempre como complexo de normas de conduta e não como mero facto social.

Apenas deste modo se explica que o juiz possa rejeitar a aplicação de Direito estrangeiro a dada situação da vida privada internacional com fun-

---

[1888] Cfr. *supra*, notas 7 e 8 deste parágrafo e texto correspondente.

[1889] Cfr. OLIVEIRA ASCENSÃO, *O Direito*, p. 139, e «Parecer sobre "O ensino do Direito Comparado" do Doutor Carlos Ferreira de Almeida», *RFDUL* 1997, pp. 573 ss. (p. 579).

[1890] Não é outra, aliás, a lição da Filosofia dos Valores: cfr. RADBRUCH, *Rechtsphilosophie*, tradução portuguesa, p. 50.

damento em a mesma envolver um resultado ofensivo da ordem pública internacional do Estado do foro: a actuação desta — por isso que importa a aferição da justeza ou da legitimidade substancial de determinada solução decorrente de uma lei estrangeira, à qual se recusam efeitos na ordem interna em virtude de uma divergência intolerável com a valoração da situação *sub judice* segundo os princípios fundamentais do Direito do foro — evidencia que aquela lei é tomada como critério de valor, ou juízo de dever-ser, e não apenas como uma realidade existente. Pressupõe-se, decerto, a *eficácia* do Direito estrangeiro aplicado no foro; mas exige-se além disso a *validade* das soluções através dele obtidas.

Resta acrescentar a este respeito, para concluir, que à concepção de BATIFFOL e LAGARDE, na medida em que reduz a aplicação do Direito estrangeiro à determinação de uma realidade exógena, que ao julgador caberia reproduzir fielmente na decisão do caso *sub judice*, escapa por completo a estreita interdependência entre a fixação do sentido da norma aplicanda e a delimitação das circunstâncias do caso concreto, que o apelo a conceitos indeterminados torna patente. É este um ponto a que já acima nos reportámos e que por isso mesmo dispensa aqui mais desenvolvimentos.

A concretização de conceitos indeterminados de Direito estrangeiro importa, pois, a apreensão pelo julgador da ordem de valores que serve de referência à sua própria valoração. Eis um dos aspectos que maiores dificuldades levantam na matéria em apreço: se o conhecimento de uma norma de Direito estrangeiro de conteúdo perfeitamente determinado é hoje relativamente acessível ao tribunal, em virtude do dever que recai sobre as partes de com ele colaborarem na determinação da existência e do teor desse Direito e dada também a institucionalização de mecanismos de cooperação internacional no campo da informação sobre o Direito estrangeiro[1891], já a averiguação das concepções ético-jurídicas prevalecentes numa ordem jurídica estrangeira e a valoração à luz delas de determinada situação da vida privada internacional podem revelar-se sumamente difíceis.

As decisões anteriormente proferidas pelos tribunais da *lex causae* que visem concretizar os conceitos em apreço constituirão decerto importantes elementos de orientação do julgador do Estado do foro no desempenho dessa tarefa, servindo como termos de comparação e instâncias externas de controlo da sua própria valoração da hipótese *sub judice*; mas

---

[1891] Entre os quais avulta o previsto na Convenção Europeia no Campo da Informação sobre o Direito Estrangeiro, assinada em Londres em 7 de Junho de 1968 e aprovada para ratificação pelo Dec. n.° 43/78, de 28 de Abril.

não são por si só suficientes a fim de prover ao preenchimento dos conceitos indeterminados. Na medida em que o escopo fundamental da consagração destes conceitos consiste em possibilitar a adaptação da norma legal à complexidade das situações da vida por ela reguladas, terá sempre de reconhecer-se neste campo alguma autonomia ao julgador. Este, se entender que as directrizes traçadas pelas jurisdições estrangeiras em vista da concretização de certo conceito indeterminado não se adequam às especificidades do caso em apreço, pode afastar-se delas desde que fundamente devidamente a sua decisão. A força das decisões dimanadas dos tribunais da *lex causae* é assim essencialmente persuasiva e não vinculativa.

Pode, aliás, suceder que não existam na *lex causae*, nem nos ordenamentos mais próximos dela, precedentes que se ajustem às circunstâncias da situação *sub judice*; ou que não seja possível ao julgador obter conhecimento deles ou das concepções ético-jurídicas que servem de referente ao acto de valoração; ou ainda que não haja consenso na lei competente quanto à solução dos casos do tipo daquele que se encontra em julgamento. A decisão não pode então consistir num *non liquet*, pelo que há-de inevitavelmente assentar numa tomada de posição individual do julgador, o qual apreciará a situação de acordo com o que ele próprio considera justo. Ganha neste contexto particular importância a pré-compreensão do problema que as máximas vigentes na *lex fori* lhe houverem proporcionado.

O processo de aplicação do Direito estrangeiro envolve, pois, nas hipóteses em exame, não só um elemento noético, mas também uma valoração a cargo do órgão competente para aquele efeito. Esse processo não se resume, por conseguinte, à subsunção dos factos sob uma norma e à dedução de uma conclusão a partir dela, antes envolve o reconhecimento ao julgador de uma certa margem de livre apreciação[1892]. A concretização da boa fé e de outros conceitos indeterminados consagrados no Direito estrangeiro competente importa, neste sentido, uma definição heterónoma do conteúdo desse Direito.

Cumpre reconhecer, em todo o caso, que as dificuldades com que o tribunal pode defrontar-se neste domínio não são, bem vistas as coisas, muito diferentes das que experimenta na interpretação e aplicação do Direito estrangeiro em geral, visto que estas operações importam sempre a consideração dos juízos de valor em que se baseiam as normas aplicandas e da ideia de Direito que as inspira. Ao decidir o caso concreto, o juiz

---

[1892] *Vide* sobre o problema, em geral, LARENZ, *Methodenlehre der Rechtswissenschaft*, pp. 293 ss. (na tradução portuguesa, pp. 413 ss.).

Problemas de Aplicação do Direito Estrangeiro Competente 615

aplica, como disse HECK[1893], toda a ordem jurídica; é pois com referência a ela que mesmo a norma de conteúdo mais rígido carece de ser integrada e reconstruída[1894].

Além disso, a quase todos os conceitos jurídicos é inerente um certo grau de indeterminação — um núcleo de certeza e uma penumbra de dúvida[1895] —, consequência não só da imprecisão da linguagem comum utilizada pelas normas jurídicas na explicitação do seu conteúdo preceptivo, mas sobretudo da circunstância de através da norma se projectar na vida social uma dada ordem de valores, que a transcende e sem referência à qual não é possível captar o seu sentido[1896]. Por isso só através da averiguação das conexões de significados materiais e da função da norma pode a extensão dos conceitos por ela empregados ser plenamente determinada[1897].

Na intelecção e na actuação concreta desses elementos — que conferem ao Direito a «textura aberta» (*open texture*) a que alude HART[1898] — radicam, afinal, a maior dificuldade e um dos maiores desafios que a resolução das questões privadas internacionais coloca ao julgador. Nelas se consubstancia também uma das formas mais fecundas e praticamente significativas do diálogo entre culturas. Não é, pois, para a supressão deste — como resultaria de uma integral uniformização do Direito Privado —, mas para a sua intensificação e facilitação que deve, em nosso modo de ver, orientar-se o Direito Internacional Privado.

c) Vejamos agora quais as regras aplicáveis à alegação e prova da existência e conteúdo de conceitos indeterminados de Direito estrangeiro e quais os deveres que impendem sobre o tribunal português no tocante à obtenção do respectivo conhecimento.

Por força do disposto no art. 348.º, n.º 1, do Código Civil, cabe àquele que invocar Direito estrangeiro fazer a prova da sua existência e conteúdo. A lei não põe, todavia, a cargo das partes um autêntico ónus de alegação e prova do Direito estrangeiro competente, ainda que atenuado pelo dever de o tribunal procurar, oficiosamente, obter o respectivo conhecimento (previsto na segunda parte do mencionado preceito do Código Civil). É que se tal ónus existisse não poderia o tribunal suprir oficiosa-

---

[1893] *Begriffsbildung und Interessenjurisprudenz*, p. 107.

[1894] Cfr. ENGISCH, *Die Einheit der Rechtsordnung*, p. 269.

[1895] *Sic*, HART, *The Concept of Law*, p. 123 (na tradução portuguesa, p. 134).

[1896] Cfr. CASTANHEIRA NEVES, *Questão-de-facto — Questão-de-direito*, vol. I, pp. 216 s.

[1897] Neste sentido, Carlos da MOTA PINTO, *Cessão da posição contratual*, p. 304.

[1898] Cfr. ob. cit., pp. 124 ss. (na tradução portuguesa, pp. 137 ss.)

mente a falta dessa alegação e prova, como determina o n.º 2 da disposição citada, nem lhe seria lícito, na impossibilidade de determinar o conteúdo do Direito aplicável, recorrer ao que for subsidiariamente competente, nos termos do art. 23.º, n.º 2, do Código Civil, ou aplicar as regras do Direito comum português, de acordo com o preceituado no n.º 3 do art. 348.º; antes deveria nesse caso ser indeferida a pretensão formulada com base no Direito cujo conteúdo não chegou a apurar-se[1899]. De resto, a sujeição da aplicação do Direito estrangeiro a um verdadeiro ónus de alegação e prova da sua existência e conteúdo pela parte a quem aproveitassem as correspondentes regras traduzir-se-ia afinal na consagração do carácter «facultativo» das regras de conflitos, que temos por inaceitável pelas razões acima expostas[1900].

Tudo quanto pode afirmar-se a este respeito, perante o disposto no art. 348.º do Código Civil, é que as partes se encontram sujeitas a um dever de colaboração com o tribunal na determinação da existência e conteúdo do Direito estrangeiro, que não vigora quanto ao Direito comum de fonte interna. Esse dever pode ser conceitualizado, na sua aplicação ao processo civil, como um afloramento do princípio da cooperação consignado no art. 266.º do Código de Processo Civil[1901].

O estatuto do Direito estrangeiro não é por isso, neste particular, de mero facto, como sucede em França e em Inglaterra; mas também não coincide com o do Direito interno. O que não é para estranhar, pois que o conhecimento de que os tribunais do Estado do foro dispõem do Direito interno não é de modo algum equiparável ao que lhes é exigível quanto ao Direito estrangeiro aplicável às questões privadas internacionais que lhes sejam submetidas para julgamento.

Em face do exposto poderá perguntar-se: é o referido dever de colaboração das partes com o tribunal em vista da determinação da existência e do conteúdo do Direito estrangeiro de teor idêntico quer se trate de *ius*

[1899] Era este o entendimento perfilhado, em face do disposto no art. 521.º do Código de Processo Civil de 1939 (a que corresponde, com alterações, o n.º 1 do actual art. 348.º do Código Civil), por José Alberto dos REIS, *Código de Processo Civil anotado*, vol. III, pp. 307 e 312. Mas tal solução foi afastada, atentos os resultados injustos a que podia conduzir, pelo Código Civil de 66: cfr. PIRES DE LIMA-ANTUNES VARELA, *Código Civil anotado*, vol. I, p. 311, n. 1 ao art. 348.º.

[1900] Cfr. *supra*, § 3.º.

[1901] *Vide* LEBRE DE FREITAS, *Introdução ao processo civil*, pp. 149 ss.; e LEBRE DE FREITAS, João REDINHA e Rui PINTO, *Código de Processo Civil anotado*, vol. 1.º, pp. 472 ss.

strictum quer de *ius aequum*? E ainda: como, i. é, por que meios, hão-de as partes desincumbir-se de tal dever nos casos em apreço? Por último: qual a sanção do seu incumprimento?

De um modo geral, cremos que não pode ter-se por idêntica a natureza da relação entre a actividade das partes e a do tribunal quando esteja em causa a aplicação de regras de Direito estrito e quando haja de aplicar-se Direito equitativo. O conteúdo deste último não é propriamente susceptível de prova, pois que a sua determinação requer, como se disse, a realização de valorações pelo tribunal no momento da resolução do caso concreto. O mais que pode exigir-se às partes neste particular é que elas prestem ao tribunal a necessária assistência, carreando para o processo os elementos de facto e de Direito imprescindíveis à realização de tais valorações.

A inadequação do disposto no art. 348.º do Código Civil à matéria em apreço decorre de este preceito ter em vista um Direito integralmente pré-constituído, cujo conteúdo é susceptível de constituir objecto de averiguação e prova para dele se deduzir a solução do caso concreto; ao passo que o Direito que os conceitos indeterminados consubstanciam é essencialmente constituendo, não se obtendo senão no momento da resolução dos problemas concretos.

Vem daqui que neste domínio apenas cabe às partes, além de demonstrar a realidade dos factos que aleguem e das circunstâncias relevantes em que os mesmos houverem ocorrido, provar a vigência em certo ordenamento jurídico das normas em que apoiem as suas pretensões e as concretizações de que os conceitos indeterminados nelas vertidos eventualmente tenham sido objecto, quando as mesmas sejam de relevo para o julgamento da espécie. Para tanto, poderão fazer uso dos meios probatórios gerais[1902]. Os juízos pessoais dos agentes de prova acerca da susceptibilidade da recondução dos factos da lide aos conceitos indeterminados contidos em normas de Direito estrangeiro apenas valem, todavia, atento o que acima se disse, como elementos sujeitos à livre apreciação do julgador[1903].

A falta de prova dos elementos necessários à determinação do conteúdo daqueles conceitos indeterminados de Direito estrangeiro não

---

[1902] Entre os quais avulta naturalmente a prova por documentos, *v.g.*, textos oficiais que consagrem as normas aplicáveis, decisões judiciais que as apliquem, certidões passadas por entidades oficiais (consulares, diplomáticas ou outras), nacionais ou estrangeiras, e pareceres de juristas.

[1903] Depõe neste sentido, quanto à prova documental, o preceituado no art. 371.º, n.º 1, do Código Civil.

importa, de per si, a improcedência das pretensões neles fundadas, mas tão-só a eventual aplicação, nos termos descritos, do Direito subsidiariamente competente e, em última instância, do Direito comum português. No entanto, a omissão grave do dever de cooperação imposto no art. 348.º do Código Civil dá lugar, por força do disposto no art. 456.º, n.º 2, c), do Código de Processo Civil, à condenação da parte faltosa em multa e numa indemnização à parte contrária, se esta a pedir.

Atento o disposto no n.º 1 do art. 348.º, o tribunal não tem de cingir--se aos elementos probatórios carreados pelas partes para o processo. Pelo contrário: cabe-lhe procurar, oficiosamente, obter o conhecimento do Direito estrangeiro aplicável. No preenchimento dos conceitos indeterminados de Direito estrangeiro que haja de aplicar à situação controvertida será inevitavelmente acrescido o âmbito da actuação oficiosa do tribunal, pois que não lhe basta para tanto conhecer os textos legais aplicáveis: é além disso necessário, designadamente, averiguar quais as valorações de interesses que os informam e em que termos são os mesmos interpretados e aplicados pelas jurisdições da *lex causae*.

d) Resta por analisar a questão de saber se pode haver controlo pelo Supremo Tribunal de Justiça das decisões proferidas pelas instâncias que concretizem conceitos indeterminados de Direito estrangeiro.

É à luz do disposto no art. 721.º do Código de Processo Civil que havemos de buscar a solução deste problema. Aí se preceitua, na verdade, que o fundamento específico do recurso de revista é a violação de lei substantiva, considerando-se como tal as disposições genéricas, de carácter substantivo, emanadas de órgãos de soberania estrangeiros. A revista é, pois, entre nós um recurso limitado a questões de Direito substancial. Quedam em princípio excluídas do âmbito dela, por força da disposição citada, bem como dos arts. 722.º, n.º 2, e 729.º, n.º 2, do mesmo Código, o erro na apreciação das provas e na fixação dos factos materiais da causa e o erro na interpretação e aplicação de normas de Direito estrangeiro que não dimanem de órgãos de soberania.

Ora, nós vimos que a concretização de conceitos indeterminados contidos em normas do Direito estrangeiro competente é inseparável da averiguação dos próprios factos da lide e das circunstâncias de tempo, modo e lugar em que os mesmos ocorreram, às quais o tribunal não pode deixar de atender na formulação dos juízos valorativos que os ditos conceitos reclamam; mas aquela averiguação é da competência exclusiva das instâncias. Verificámos, por outro lado, que na dita concretização assume particular relevância o Direito costumeiro formado a partir do desenvolvi-

Problemas de Aplicação do Direito Estrangeiro Competente   619

mento jurisprudencial de tais conceitos; porém, o Código de Processo Civil só admite como fundamento da revista a violação de lei. Suscita-se, assim, legitimamente a dúvida sobre se será admissível o controlo pelo Supremo da concretização levada a efeito pelas instâncias dos conceitos indeterminados de Direito estrangeiro.

Consideremos a primeira vertente do problema posto: a que contende com a interpenetração dos factos e do Direito na concretização dos conceitos indeterminados. De um modo geral, a doutrina e a jurisprudência portuguesas tendem, embora com fundamentos diversos e dentro de limites variáveis, a admitir o controlo pelo Supremo Tribunal de Justiça da aplicação desses conceitos; mas consideram subtraída à sua apreciação a reconstituição da espécie decidenda operada pelas instâncias, a qual pertence à competência exclusiva destas[1904].

[1904] Cfr., com diversos exemplos extraídos da jurisprudência do STJ: José Alberto dos REIS (que vê nas questões suscitadas pela aplicação dos conceitos indeterminados «questões mistas», de facto e de Direito, o que legitimaria a intervenção do Supremo no tocante à qualificação jurídica da situação controvertida), *Breve estudo sôbre a reforma do processo civil e comercial*, pp. 600 ss., e *Código de Processo Civil anotado*, vol. VI, pp. 39 ss.; e Armindo RIBEIRO MENDES, *Recursos em Processo Civil*, p. 256. Já para CASTANHEIRA NEVES todas as questões de aplicação concreta se oferecem como questões mistas, com a consequente impossibilidade de uma distinção entre o facto e o Direito; o autor propõe, assim, como critério de delimitação do objecto do recurso de revista, que «admitido o recurso por um fundamento legalmente previsto, o S.T., como tribunal de "revista", conhecerá da causa até onde o exija a conexão problemática das questões, desde que lhe o permitam os poderes processuais de que pode dispor»: cfr. *Questão-de-facto — Questão-de-direito*, vol. I, p. 36, n. 15, e pp. 212 ss., e «A distinção entre a questão-de-facto e a questão-de-direito e a competência do Supremo Tribunal de Justiça como tribunal de "revista"», *in Digesta*, vol. 1.º, pp. 483 ss. (p. 528). Mais restritivo mostra-se ANTUNES VARELA: em anotação ao ac. do STJ de 8 de Novembro de 1984, na *RLJ*, ano 122.º, pp. 213 ss., o autor distingue nos juízos de valor sobre matéria de facto reclamados pela aplicação das normas que se socorrem dos aludidos conceitos, «situados a meia encosta entre os *puros factos* [...] e as *questões de direito* [...]», aqueles cuja emissão «se há-de apoiar em simples critérios próprios do *bom pai de família*, do *homo prudens*, do *homem comum*» e os que «apelam essencialmente para a *sensibilidade* ou *intuição* do jurista»; os primeiros estariam fundamentalmente ligados à matéria de facto, cabendo a última palavra acerca deles à Relação; os segundos (entre os quais inclui o exercício do direito em termos que excedam manifestamente os limites impostos pela boa fé) «abrem verdadeiras *questões de direito*, porque implicam essencialmente a ponderação de *valores típicos* da ordem jurídica e não de *ilações* tiradas doutros sectores da vida», e por isso «o Supremo pode e deve, como tribunal de revista, controlar a sua aplicação» (pp. 220 s.). Esta orientação foi acolhida no ac. do STJ de 21 de Fevereiro de 1991, *AJ* n.º 15/16 (1991), p. 32. Lê-se, com efeito, no respectivo sumário: «1 — Os juízos de facto (juízos de valor sobre matéria de

Não podemos, evidentemente, apreciar aqui o tema em todas as suas implicações, pois que o mesmo transcende em muito o objecto da nossa indagação. Cremos, em todo o caso, que não se contém nas decisões em apreço a mera verificação da ocorrência de certos eventos da vida real, mas antes, como se disse, uma valoração deles; e que a fiscalização desta última — melhor: da sua conformidade com as regras, os princípios ou os juízos de valor normativos em que deve basear-se — integra-se, por isso que extravaza do mundo das realidades sensíveis, antes relevando do domínio dos fins e do valioso jurídico, na competência própria do Supremo Tribunal de Justiça.

Na medida em que as decisões que concretizam conceitos indeterminados de Direito estrangeiro se baseiem em valorações objectivas e não puramente pessoais — logo, numa fundamentação de cariz racional — afigura-se-nos, assim, possível a revista das mesmas pelo Supremo Tribunal de Justiça. Não há, para este efeito, que tomar à letra o disposto no art. 721.º, n.º 3, do Código de Processo Civil. Não só as regras da lei, mas também os princípios e os juízos de valor legais que devem orientar o julgador na valoração das circunstâncias em que ocorreram os factos da lide,

---

facto) cuja emissão ou formulação se apoiam em simples critérios próprios do bom pai de família, do *homo prude[ns]*, do homem comum, só podem ser apreciados pela Relação e não pelo Supremo Tribunal de Justiça. 2 — Os juízos de valor sobre matéria de facto, que, na sua formulação apelam essencialmente para a sensibilidade ou a intuição do jurista, para a formação especializada do julgador, são do conhecimento do Supremo Tribunal de Justiça». Em escrito posterior, o citado autor acrescentou, no entanto, que, a fim de ser admissível a revista nos casos referidos em segundo lugar, é ainda necessário que, na impugnação da decisão, «o recorrente alegue a divergência (o erro) entre a fundamentação dela e alguma das coordenadas lógicas ou princípios racionais que a lei ou a jurisprudência tenham integrado no juízo de valor»: cfr. «Os juízos de valor da lei substantiva, o apuramento dos factos na acção e o recurso de revista», *CJ* 1995, t. 4, pp. 5 ss. (p. 13). Na doutrina nacional pronuncia-se, por último, no sentido de que o Supremo dispõe de competência para controlar a concretização dos conceitos indeterminados, quer esta se paute por critérios fixados na lei, quer seja deixada às regras da experiência (por isso que em ambos os casos o juízo valorativo requerido para o efeito se orienta por um critério normativo), TEIXEIRA DE SOUSA, *As partes, o objecto e a prova na acção declarativa*, p. 212, e *Estudos sobre o novo processo civil*, pp. 433 s. Sobre os poderes do Supremo quanto à concretização do conceito de má fé ver o ac. do STJ de 26 de Setembro de 1989, *AJ* n.º 1 (1989), p. 17, no qual se decidiu que «é de revista o recurso para o STJ sobre a má fé no pleito» e que «o conceito de má fé envolve matéria de facto, e de direito, correspondendo àquela o apuramento e a fixação das ocorrências materiais sobre que pretende assentar-se a existência da má fé, e a esta a qualificação jurídica dessas ocorrências dentro da figura legal da má fé».

com vista à concretização dos conceitos indeterminados contidos nas normas aplicáveis, constituem «disposições genéricas de carácter substantivo», i. é, critérios ou comandos jurídicos cuja errada interpretação ou aplicação hão-de servir, nos termos daquela disposição, de fundamento ao recurso de revista. Assim, por exemplo, se o tribunal condenar o réu, ao abrigo do § 242 do BGB, a ressarcir certas despesas muito avultadas que o autor realizou em vista da celebração de um contrato, que afinal não veio a concluir-se, apesar de o primeiro o ter expressamente advertido de que a sua proposta era formulada *freibleibend*, terá cabimento contra o acórdão recurso de revista com fundamento em errada aplicação daquele preceito do Direito alemão, que pressupõe, a fim de que possa ter-se por verificada uma ofensa da boa fé nos preliminares do contrato, a confiança legítima do lesado na celebração do mesmo[1905].

A revista é, além disso — e aqui é que bate o ponto —, inteiramente desejável na perspectiva dos fins prosseguidos por este recurso. Sem dúvida, o controlo desse modo operado pelo tribunal supremo sobre as decisões das instâncias não é imprescindível à salvaguarda da unidade do ordenamento jurídico do foro. Mas o recurso de revista visa também, nalguma medida, assegurar a correcta decisão dos casos concretos, e é inequivocamente o tribunal de revista aquele que na ordem judiciária interna em melhores condições se encontra para aplicar correctamente o Direito estrangeiro. Do aludido entrelaçamento da aplicação dos conceitos indeterminados com a averiguação da matéria de facto relevante para a decisão da lide não deve, em nosso modo de ver, resultar para as partes qualquer diminuição das garantias de uma solução acertada das questões controvertidas que aquele recurso lhes oferece. Não pode, além disso, deixar de reconhecer-se a vantagem que representa, sob o ponto de vista da certeza e da segurança jurídicas, a possibilidade de a mesma norma de Direito estrangeiro, porventura várias vezes submetida à apreciação dos tribunais do Estado do foro no julgamento de questões privadas internacionais, constituir neste último objecto de uma interpretação uniforme, dada pelo tribunal de revista.

Estas se nos antolham, em suma, as razões decisivas por que a aplicação de conceitos indeterminados, ainda que de Direito estrangeiro, deve achar-se sujeita à censura do Supremo.

[1905] Cfr. a sentença do *Bundesgerichtshof* de 6 de Fevereiro de 1969, *MDR* 1969, pp. 641 ss.

622   *Da Responsabilidade Pré-Contratual em Direito Internacional Privado*

Quanto ao segundo aspecto focado — a circunstância de a dita concretização poder basear-se em preceitos do costume jurisprudencial estrangeiro —, não vemos que o mesmo constitua, à face do art. 721.° do Código de Processo Civil, entrave à fiscalização pelo Supremo das decisões dos tribunais inferiores sobre a matéria, pois que ainda aqui estaremos na presença de disposições genéricas dimanadas de órgãos de soberania estrangeiros, que não de meros factos.

Naturalmente que a violação pelas instâncias do preceituado no art. 348.° do Código Civil, *maxime* pela aplicação à situação controvertida das regras do Direito português com omissão das diligências que lhes cabia efectuar a fim de averiguarem oficiosamente o conteúdo das normas do Direito estrangeiro competente, constitui de igual modo fundamento de recurso de revista.

111. No tocante à interpretação e à aplicação de conceitos indeterminados de Direito estrangeiro, as grandes linhas de orientação que se retiram do Direito Internacional Privado português podem, segundo cremos, ser resumidas nos seguintes tópicos: a concessão aos tribunais do Estado do foro de uma razoável margem de liberdade na realização das valorações exigidas pelo preenchimento dos ditos conceitos, sem sujeição automática às orientações adoptadas pelos tribunais da *lex causae*; o reconhecimento àqueles tribunais do poder-dever de realizar as averiguações necessárias às ditas valorações, sem prejuízo dos deveres de colaboração que recaem sobre as partes em vista do mesmo fim; e a sujeição das decisões das instâncias sobre esta matéria ao controlo do Supremo Tribunal de Justiça.

Do exposto resulta que o afrouxamento da vinculação do julgador à lei, operada em determinado ordenamento jurídico mediante a consagração de um conceito indeterminado, se repercute inevitavelmente nos demais sistemas onde esse conceito haja de ser concretizado com vista à resolução de dada questão privada internacional, reclamando do tribunal uma posição mais livre e interventora tanto *in procedendo* (mormente na averiguação do conteúdo do Direito estrangeiro) como *in judicando* (*v.g.* na interpretação e aplicação dos preceitos do Direito competente).

Extraem-se também das soluções atrás preconizadas, como seus corolários metodológicos, a confirmação do papel criador do juiz em Direito Internacional Privado e a improcedência de qualquer concepção que pretenda reduzir o juízo judicativo nesta disciplina à mera subsunção, a que já antes aludíramos.

Comprova-se, outrossim, ser impossível uma absoluta uniformidade de decisões na resolução da questão privada internacional, a qual é fundamentalmente incompatível com o tratamento individualizante do caso concreto e a adequação da decisão às circunstâncias deste, que se visa assegurar através do conceito indeterminado, bem como com o espaço de afirmação da personalidade própria do julgador que este modo de expressão dos conteúdos normativos postula.

CAPÍTULO VIII

DA EFICÁCIA DAS NORMAS
INTERNACIONALMENTE IMPERATIVAS

§ 34.º
Posição do problema. Sua caracterização

112. *a*) Analisámos acima a questão da lei aplicável à definição do conteúdo da relação pré-contratual e da responsabilidade pelo incumprimento dos deveres de conduta dela eventualmente emergentes.

No âmbito de competência dessa lei integram-se, em princípio, todas as normas, supletivas ou imperativas, susceptíveis de serem reconduzidas ao conceito-quadro da regra de conflitos que para ela remeteu.

Não é, pois, dessas normas que iremos tratar agora. Propomo-nos antes examinar neste capítulo o problema de saber se, e em que condições, é possível atribuir efeitos no Estado do foro a normas imperativas que não pertençam àquela lei ou que não se integrem no âmbito de competência que lhe é deferido pelo Direito Internacional Privado local.

Trata-se, por outras palavras, de averiguar se o Direito imperativo que rege a responsabilidade pré-contratual, bem como os pressupostos desta, é só o que pertence à lei designada nos termos acima examinados ou se, ao invés, nele se inclui também o que é parte integrante de outros ordenamentos nacionais conexos com a situação da vida a regular, bem como o que é criado pelos processos de produção jurídica próprios do Direito Internacional Público e o que dimana dos órgãos competentes de organizações supranacionais no exercício das atribuições que lhes são conferidas pelos respectivos tratados institutivos (também dito «legislação internacional»).

Se for esta última a solução correcta do problema, depararemos aqui com um primeiro limite ao funcionamento das regras de conflitos atrás examinadas, ao qual acresce aqueloutro, que constitui como que o seu

626 Da Responsabilidade Pré-Contratual em Direito Internacional Privado

reverso, consistente na reserva de ordem pública internacional, de cuja intervenção na disciplina da responsabilidade pré-contratual emergente de relações privadas internacionais trataremos no capítulo seguinte.

São várias as causas do problema em apreço. Por um lado, ele constitui uma consequência do intervencionismo dos Estados nas relações entre privados — ditado pelas vastas responsabilidades que, de acordo com certa concepção acerca dos seus fins, lhe são hoje cometidas em matéria económica, financeira, social e cultural —, o qual se faz sentir, por exemplo, na disciplina da concorrência, dos pagamentos em divisas, da protecção do meio ambiente e da exportação de bens culturais. Por outro, ele resulta da protecção dispensada pelos Estados contemporâneos à parte tida por mais fraca na relação contratual contra o poder de facto exercido por certos agentes sociais na fixação do conteúdo desta, em particular nos domínios laboral, dos seguros, do arrendamento, do consumo de bens e serviços e das transacções de valores mobiliários. Finalmente, ele encontra-se ligado à prossecução pelos Estados e pelas organizações internacionais de certos fins próprios da comunidade internacional, que amiúde reclamam medidas de índole económica ou de outra natureza cujos efeitos se projectam, directa ou indirectamente, nas relações entre privados.

Instrumento por excelência do intervencionismo e do proteccionismo referidos são as disposições legais de carácter imperativo ou injuntivo[1906], cuja aplicação se encontra subtraída à disponibilidade dos interessados ou que apenas podem ser derrogadas por estipulações mais favoráveis sob o ponto de vista dos interesses que visam tutelar[1907]; mas aos mesmos fins provêem disposições de idêntica índole constantes de tratados internacionais e de actos unilaterais emanados de organizações internacionais.

Aquilo de que aqui cuidamos é precisamente de saber se a eficácia imperativa de tais disposições transcende a ordem jurídica interna, i. é, se ela se exerce ainda que não seja competente para disciplinar a situação

---

[1906] A expressão primeiramente empregada no texto é utilizada entre nós, no sentido em que aqui a tomamos, nos arts. 1.°, n.° 3, e 294.° do Código Civil, bem como nos arts. 16.° da Convenção da Haia de 1978 sobre a Lei Aplicável aos Contratos de Mediação e à Representação e 7.° da Convenção de Roma de 1980 sobre a Lei Aplicável às Obrigações Contratuais; e acha-se ainda consagrada pelos usos. Pelo que, apesar da sua imprecisão, também nós a adoptaremos na exposição subsequente.

[1907] Como se verá adiante, refere-se à aplicabilidade espacial da primeira categoria de disposições mencionada no texto, por exemplo, o art. 7.° da Convenção de Roma; reportam-se à segunda os arts. 5.°, n.° 2, e 6.°, n.° 1, da mesma Convenção e o art. 38.° do D.L. n.° 178/86, de 3 de Julho, que regulamenta o contrato de agência ou representação comercial.

Da Eficácia das Normas Internacionalmente Imperativas 627

controvertida, segundo as regras de conflitos comuns vigentes no Estado do foro, o ordenamento a que tais disposições pertencem. Na hipótese afirmativa dir-se-ão tais disposições *internacionalmente imperativas*[1908]. A elas se contrapõem as disposições imperativas cuja aplicabilidade pode ser afastada mediante a escolha pelas partes, no exercício da sua autonomia, de uma lei diversa daquela em que se integram.

Observe-se que com este problema não se confunde o da eficácia das disposições imperativas (qualquer que seja a teleologia que as inspira) da única lei conexa com a situação controvertida, quando as partes houverem escolhido outra lei a fim de regê-la[1909].

b) É possível distinguir duas categorias fundamentais de disposições imperativas susceptíveis de assumirem relevância na disciplina da responsabilidade pré-contratual emergente de relações privadas internacionais.

[1908] A expressão parece dever-se a NEUMAYER, que a empregou no estudo «Autonomie de la volonté et dispositions impératives en droit international privé des obligations», *RCDIP* 1957, pp. 579 ss., e 1958, pp. 53 ss., para designar «les règles qui s'imposent même dans le cas des contrats régis par un statut étranger» (p. 53, epígrafe do § 3). Na doutrina alemã contemporânea aludem a *«international zwingende Bestimmungen»*: REITHMANN--MARTINY, *Internationales Vertragsrecht*, p. 357, FIRSCHING-VON HOFFMANN, *IPR*, p. 415, KROPHOLLER, *IPR*, p. 19, *Münchener Kommentar*-MARTINY, Art. 34 EGBGB, n.m. 7, p. 1823, e HAY, *IPR*, p. 162. Na doutrina anglo-saxónica empregam o conceito de «*internationally mandatory rules*» NORTH, «Reform, but not Revolution. General Course on Private International Law», *Rec. cours*, vol. 220 (1990-I), pp. 9 ss. (pp. 192 s.), e HARTLEY, «Mandatory Rules in International Contracts. The Common Law Approach», *Rec. cours*, vol. 266 (1997), pp. 337 ss. (pp. 346 s. e 368 ss.), enquanto que NYGH, *Autonomy in International Contracts*, p. 200, prefere, para significar o mesmo fenómeno, a expressão próxima «mandatory rules in international sense». Na literatura italiana refere-se a *«norme internazionalmente imperative»* para designar as disposições em apreço BONOMI, *Le norme imperative nel DIP*, nomeadamente a pp. 43, 140 e 335 s. Em Espanha utilizam, com o mesmo significado, o conceito de «normas internacionalmente imperativas»: CALVO CARAVACA-CARRASCOSA GONZÁLEZ, «El Convenio de Roma Sobre la Ley Aplicable a las Obligaciones Contractuales de 19 de Junio de 1980», *in Contratos internacionales*, pp. 41 ss. (pp. 65, 70, 74, 81 e 114 ss.); CALVO CARAVACA e outros, *DIP*, vol. II, pp. 412 ss. A locução é igualmente utilizada entre nós por MARQUES DOS SANTOS, *As normas de aplicação imediata no DIP*, vol. II, pp. 897 e 1033. Cfr. ainda MOURA RAMOS, «Les clauses d'exception en matière de conflits de lois et de conflits de juridictions — Portugal», *in Das relações privadas internacionais*, pp. 295 ss. (p. 314), que define o conceito de normas de aplicação imediata como «normes matérielles de droit interne dotées d'une sorte d'impérativité internationale qui fait de sorte que leur application soit prescrite, pour ce qui est de certaines situations internationales, indépendamment de la compétence du système juridique où elles s'intègrent».

[1909] Reporta-se a esta questão o art. 3.°, n.° 3, da Convênção de Roma. Cfr. sobre ele o que dizemos nos §§ 23.° e 36.°.

628   *Da Responsabilidade Pré-Contratual em Direito Internacional Privado*

São elas:

Em primeiro lugar, as disposições de cuja aplicação resulta a constituição de uma situação jurídica susceptível de preencher a previsão de uma norma cominatória de responsabilidade pré-contratual. Estas, por seu turno, podem revestir duas modalidades distintas.

Uma é integrada pelas disposições cuja violação representa um facto ilícito directamente constitutivo de responsabilidade pré-contratual. Entre elas há a destacar as que impõem às partes certos deveres de conduta nos preliminares e na formação dos contratos (como, por exemplo, a prestação de determinadas informações e esclarecimentos à contraparte[1910]) ou proscrevem certo tipo de condutas na mesma fase do *iter* contratual (*v.g.* a publicidade enganosa[1911]).

Na outra incluem-se as disposições de que decorra a ilicitude e, consequentemente, a ineficácia do contrato ou de alguma das suas estipulações — como as que proíbem certas cláusulas contratuais gerais[1912], acor-

---

[1910] Cfr. o art. 6.º do D.L. n.º 446/85, de 25 de Outubro, que institui o regime jurídico das cláusulas contratuais gerais (republicado, com nova redacção, em anexo ao D.L. n.º 220/95, de 31 de Agosto; o D.L. n.º 249/99, de 7 de Julho, alargou, por via da nova redacção dada ao art. 1.º daquele diploma, o seu âmbito de aplicação material); o art. 4.º, n.º 2, do D.L. n.º 272/87, de 3 de Julho, que regulamenta as vendas ao domicílio e por correspondência (alterado pelo D.L. n.º 243/95, de 13 de Setembro); o art. 75.º do Regime Geral das Instituições de Crédito e Sociedades Financeiras aprovado pelo D.L. n.º 298/92, de 31 de Dezembro; o art. 9.º do D.L. n.º 275/93, de 5 de Agosto, que aprova o regime jurídico da habitação periódica (republicado, com nova redacção, em anexo ao D.L. n.º 180/99, de 22 de Maio); os arts. 3.º a 7.º do D.L. n.º 220/94, de 23 de Agosto, que estabelece o regime aplicável à informação que as instituições de crédito devem prestar aos seus clientes em matéria de taxas de juro e outros custos das operações de crédito; o art. 33.º do D.L. n.º 276/94, de 2 de Novembro, que regula os fundos de investimento mobiliário; o art. 36.º do D.L. n.º 294/95, de 17 de Novembro, que regula os fundos de investimento imobiliário; o art. 4.º, n.º 1, da Lei n.º 23/96, de 26 de Julho, que cria no ordenamento jurídico alguns mecanismos destinados a proteger o utente de serviços públicos essenciais; o art. 8.º da Lei n.º 24/96, de 31 de Julho, que estabelece o regime legal aplicável à defesa do consumidor; o art. 18.º, n.º 1, do D.L. n.º 209/97, de 13 de Agosto, que regula o acesso e o exercício da actividade das agências de viagens e turismo, alterado pelo D.L. n.º 12/99, de 11 de Janeiro e republicado em anexo a este último; os arts. 176.º e 177.º do D.L. n.º 94--B/98, de 17 de Abril, que regula as condições de acesso e de exercício da actividade seguradora; e os arts. 134.º e seguintes e 312.º do Código dos Valores Mobiliários.

[1911] Cfr. o art. 11.º do Código da Publicidade.

[1912] Cfr. os arts. 15.º a 22.º do cit. D.L. n.º 446/85 (alterados pelo D.L. n.º 220/95, de 31 de Agosto).

dos e práticas restritivas da concorrência[1913] ou a exportação de determinados bens[1914]. Sempre que à face da lei aplicável recaia sobre a parte que tinha ou devia ter tido conhecimento desse vício durante os preliminares do contrato, em virtude do princípio da boa fé, a obrigação de informar dele a contraparte ou de se abster de formular a correspondente proposta negocial — obrigação cujo incumprimento é, segundo essa lei, um facto constitutivo de responsabilidade pré-contratual — a violação daquelas disposições desempenha, indirectamente, a função de pressuposto desta responsabilidade[1915].

Em segundo lugar, avultam as disposições que restringem a admissibilidade da imposição de responsabilidade pré-contratual ou que prevêem causas de exoneração da mesma. É o caso, por exemplo, das normas de Direito Comunitário que proscrevem a aplicação de medidas de efeito equivalente a restrições quantitativas à importação, das quais deriva a inadmissibilidade da imposição de deveres pré-contratuais de conduta mais gravosos nas transacções de bens importados do que as que vigoram para o tráfico de bens nacionais[1916].

[1913] Cfr. o D.L. n.° 370/93, de 29 de Outubro (proíbe práticas individuais restritivas do comércio; alterado pelo D.L. n.° 140/98, de 16 de Maio, e republicado em anexo a este diploma).

[1914] Cfr. por exemplo o art. 34.°, n.° 1, da Lei n.° 13/85, de 6 de Julho (Património cultural português).

[1915] Refira-se, a título de exemplo, o caso decidido pelo *Oberlandesgericht* de Munique em 15 de Julho de 1954, *IPRspr.* 1954/55, n.° 18, pp. 57 ss. As partes haviam convencionado a compra e venda de certa mercadoria proveniente de Hong-Kong, cuja entrega era devida em Hamburgo pela autora, uma firma inglesa, contra o pagamento pela ré, em Munique, do correspondente preço. Por força de uma estipulação tácita, o contrato regia-se, segundo o tribunal, pelo Direito alemão. À face deste o contrato era nulo, por falta da necessária autorização cambial e também devido à proibição de importação de bens oriundos de Hong-Kong, que ao tempo vigorava. O tribunal entendeu que da relação de confiança criada com a entrada em negociações decorria para a ré, enquanto importadora, o dever de comunicar à contraparte as circunstâncias conhecidas da primeira que fossem importantes para a decisão da segunda de contratar. Tendo a importadora gerado na contraparte a confiança na validade do contrato, responderia por culpa na formação deste, excepto se o fornecedor estrangeiro pudesse e devesse saber que à execução das obrigações contratuais se opunha a necessidade de obter uma autorização cambial, o que não era o caso. A importadora responderia assim pelo dano de confiança. A responsabilidade por culpa na formação do contrato, sendo análoga à responsabilidade contratual, reger-se-ia pela lei aplicável ao próprio contrato — na espécie a lei alemã.

[1916] Cfr. sobre o ponto o acórdão do Tribunal de Justiça das Comunidades Europeias de 13 de Outubro de 1993, *CMC Motorradcenter GmbH c. Pelin Baskiciogullari*, *CJTC* 1993, t. I, pp. 5009 ss. Neste aresto aquela instância decidiu que «o artigo 30.° do Tratado

630 *Da Responsabilidade Pré-Contratual em Direito Internacional Privado*

113. Antes de enunciarmos os critérios fundamentais que, em nosso modo de ver, presidem à resolução do problema em apreço — seguramente um dos mais discutidos no Direito Internacional Privado contemporâneo — vamos, a fim de melhor apreendermos o seu alcance, traçar rapidamente o seu perfil.

Para tanto procuraremos responder às seguintes interrogações: *a*) É o reconhecimento de efeitos a disposições imperativas não pertencentes ao domínio de competência da lei aplicável à situação da vida *sub judice* mera questão de facto ou verdadeiro problema normativo? *b*) Esse reconhecimento diz respeito ao conflito de leis ou é autónomo em relação a ele?

Sobre ambos os pontos dividem-se a doutrina e a jurisprudência. Tentaremos por isso, primeiramente, fixar o estado actual da discussão sobre o tema, para de seguida ensaiarmos uma resposta àqueles quesitos.

De acordo com certa corrente doutrinal e jurisprudencial, em princípio só são de aplicar disposições imperativas estrangeiras quando estas pertençam ao estatuto da situação *sub judice*. Sendo as mesmas editadas por outros Estados, admite-se, no entanto, que as situações jurídicas criadas ao abrigo delas sejam tomadas em consideração como pressupostos de facto da aplicação de certas normas da *lex causae*[1917] — *v.g.* as que disciplinam a impossibilidade do cumprimento de uma obrigação, a alteração das circunstâncias em que as partes fundaram a decisão de contratar, a ofensa dos bons costumes ou a responsabilidade delitual[1918].

CEE deve ser interpretado no sentido de que não se opõe à existência, num Estado-membro [na espécie a Alemanha], de uma regra de natureza jurisprudencial que imponha uma obrigação de informação no âmbito das relações pré-contratuais», entre outros motivos, porque a mesma se aplica indistintamente a todas as relações contratuais abrangidas pelo Direito desse Estado.

[1917] Neste sentido pronunciava-se entre nós MAGALHÃES COLLAÇO, *Da compra e venda em DIP*, vol. I, p. 318; mas no seu ensino a autora veio entretanto a admitir o reconhecimento de efeitos em termos mais amplos às disposições imperativas em questão. Mais recentemente, a ideia foi retomada por Maria Helena BRITO, que preconiza a atendibilidade ou consideração, no âmbito do Direito aplicável ao contrato, de disposições imperativas do foro ou estrangeiras, as quais não seriam por isso, no seu entender, propriamente de aplicação imediata e necessária: cfr. *A representação nos contratos internacionais*,. Na doutrina estrangeira contemporânea cfr. MANN, «Conflict of Laws and Public Law», *Rec. Cours*, vol. 132 (1971-I), pp. 107 ss. (p. 192); *idem*, «Sonderanknüpfung und zwingendes Recht im IPR», *in FS Beitzke*, pp. 607 ss. (pp. 608 ss.); RADTKE, «Schuldstatut und Eingriffsrecht», *ZvglRW* 1985, pp. 325 ss. (pp. 355 ss.); e *Palandt*-HELDRICH, anotação 3b ao art. 34 da EGBGB, p. 2302.

[1918] Sobre este último aspecto ver Hans STOLL, «Deliktsstatut und Tatbestandswirkung ausländischen Rechts», *in FS Lipstein*, pp. 259 ss.

Da Eficácia das Normas Internacionalmente Imperativas   631

Na Alemanha esta orientação, que corresponde no essencial às propostas metodológicas da *Schuldstatuttheorie* e da *Datumtheorie*, foi originalmente acolhida pelo Tribunal do Império[1919]; e prevalece ainda hoje na jurisprudência do Tribunal Federal[1920]. Todavia, este admite também a atribuição de efeitos a disposições imperativas estrangeiras quando o Estado de que as mesmas dimanam estiver em condições de impor coercivamente a sua aplicação.

Mais restritiva é a posição adoptada em Inglaterra pelo *Court of Appeal*. Esta instância recusou, na decisão proferida no caso *Ralli Brothers v. Compania Naviera Sota y Aznar*[1921], o reconhecimento de efeitos a um contrato sujeito ao Direito inglês, que violava disposições imperativas da lei do país onde era devido o seu cumprimento (a Espanha). A proibição estrangeira não foi assim aplicada *per se*, mas antes tomada em consideração como facto determinante do preenchimento da previsão de uma norma do Direito material interno (na espécie: a norma relativa à *frustration of contracts*)[1922].

A semelhante orientação poderá objectar-se, além do mais, que ela deixa por atender as hipóteses em que a *lex causae* não atribui qualquer relevância à valoração da situação controvertida segundo as normas imperativas do foro ou de outros Estados com ela conexos e, não obstante, a tutela da confiança dos interessados ou outros princípios gerais do Direito Internacional Privado reclamem que tal valoração seja atendida[1923].

[1919] Cfr. a sentença de 28 de Junho de 1918, *RGZ* 93, pp. 182 ss., relativo à eficácia internacional de uma proibição de exportação.

[1920] Cfr. nomeadamente a sentença de 22 de Junho de 1972, *BGHZ* 59, pp. 82 ss., em que aquele tribunal considerou envolver ofensa aos bons costumes, nos termos do § 138 do BGB, um contrato que violava uma proibição de exportação constante do Direito nigeriano.

[1921] (1920) 2 *K.B.* 287.

[1922] Deve notar-se que o princípio em que se fundou a referida decisão apenas vale, segundo a doutrina dominante, nos casos em que o Direito inglês é aplicável ao contrato e não quando este se ache sujeito a uma lei estrangeira. A sua vigência enquanto princípio do Direito material interno não foi, assim, afectada pela incorporação no sistema jurídico inglês da Convenção de Roma de 1980: cfr. DICEY-MORRIS-COLLINS, *The Conflict of Laws*, vol. 2, pp. 1243 ss.

[1923] Seja, a título de exemplo, o caso julgado em primeira instância pelo Tribunal do Trabalho de Santa Maria da Feira (*in Corpus Iuris* 1994, n.º 22, pp. 44 ss.). Foi celebrado na Alemanha um contrato de trabalho entre uma instituição bancária com sede em Portugal e uma cidadã portuguesa. Aquela instituição, ré na acção instaurada em Portugal, despediu a autora sem justa causa e sem precedência de processo disciplinar. O Direito português reconhecia ao trabalhador, na hipótese decidenda, a indemnização de antiguidade prevista no D.L. n.º 372-A/75, de 14 de Julho, que a lei alemã, aplicável nos termos do art. 42.º, n.º 2, do Código Civil, não previa. O contrato não se destinava, porém, a ser execu-

632   *Da Responsabilidade Pré-Contratual em Direito Internacional Privado*

É justamente esta ordem de preocupações que está na base da teoria germânica da «conexão especial» (*Sonderanküpfung*)[1924], a qual preconiza a aplicabilidade vera e própria ao contrato das normas imperativas do Direito das Obrigações de qualquer ordenamento jurídico, verificadas que estejam três condições: reclamarem tais normas a sua aplicação ao caso *sub judice*; existir uma conexão suficientemente estreita entre o ordenamento a que pertencem e o contrato; e não ofenderem a reserva de ordem pública internacional do Estado do foro. Para uma variante desta orientação as normas de intervenção estrangeiras serão atendíveis na regulamentação das situações privadas internacionais na medida em que se contenham dentro dos limites poder fáctico do Estado que as editou[1925].

A mesma orientação fundamental (quanto ao aspecto que aqui nos interessa) foi posteriormente adoptada pela doutrina francesa das leis de aplicação imediata, ou *lois de police*, posto que esta apenas sustentasse, na

---

tado exclusivamente na Alemanha. Para o tribunal era lícito inferir da circunstância de ser portuguesa a nacionalidade de ambas as partes que estas haviam tido em mente a lei portuguesa ao contratarem. Essa ligação estreita dos factos ao Estado português justificaria a aplicabilidade das disposições do referido diploma legal, as quais seriam «de aplicação obrigatória e imediata, ultrapassando o jogo das regras normais de conflitos portuguesas». O tribunal concedeu à trabalhadora, nesta conformidade, a dita indemnização. A decisão foi confirmada pela Relação do Porto, mas o Supremo, em acórdão de 11 de Junho de 1996, *CJSTJ*, 1996, t. II, pp. 266 ss., revogou-a e absolveu a ré recorrente do pedido, por isso que a autora, em acção que previamente intentara perante tribunal alemão, desistira do pedido por ter chegado a acordo extra-judicial com a ré, não podendo, consequentemente, accioná-la de novo perante tribunal português para fazer valer o mesmo direito.

[1924] A teoria foi primeiramente formulada na literatura coetânea da II Guerra Mundial: cfr. WENGLER, «Die Anknüpfung des zwingenden Schuldrechts im internationalen Privatrecht. Eine rechtvergleichende Studie», *ZvglRW* 1941, pp. 168 ss. (pp. 185 ss., 197); *idem*, *IPR*, vol. I, pp. 530 s.; e ZWEIGERT, «Nichterfüllung auf Grund ausländischer Leistungsverbote», *RabelsZ* 1942, pp. 283 ss. (cfr. especialmente p. 295). A ela aderiu posteriormente NEUMAYER, est. cit., pp. 70 ss. Apesar da ampla divulgação que obteve, a teoria não logrou impôr-se na jurisprudência dos tribunais superiores alemães, que se mantém fiéis à *Schuldstatuttheorie*: cfr. MANN, est. cit. no *FS Beitzke*, pp. 607 ss. (pp. 611 e 613); REITHMANN-MARTINY, *Internationales Vertragsrecht*, p. 440; e *Palandt*-HELDRICH, EGBGB, Art. 34, n.m. 4, p. 2301, e referências. Na doutrina alemã mais recente preconiza-se a combinação da *Sonderanknüpfung* com a atendibilidade de disposições imperativas estrangeiras no âmbito da *lex contractus*: cfr. REITHMANN-MARTINY, ob. cit., p. 442; KROPHOLLER, *IPR*, p. 450; *Münchener Kommentar*-SONNENBERGER, Einleitung IPR, n.m. 65 s., pp. 34 s, e n.m. 557, p. 252; e *Münchener Kommentar*-MARTINY, Art. 34 EGBGB, n.m. 33, 38 ss. e 49 ss., pp. 1832, 1834 ss. e 1837 ss.

[1925] *Machttheorie*, preconizada por KEGEL, *IPR*, pp. 119 e 849, e, na esteira deste, por FIRSCHING, *Einführung in das IPR*, p. 300, e FIRSCHING-VON HOFFMANN, *IPR*, p. 416.

Da Eficácia das Normas Internacionalmente Imperativas   633

sua formulação original, a aplicação de normas imperativas não pertencentes à *lex causae* quando as mesmas dimanem do Estado do foro[1926].

Retomaremos adiante a análise destas construções. Por ora basta-nos sublinhar o ponto de vista que lhes é comum: o de que a atribuição de efeitos, no Estado do foro, a disposições imperativas não pertencentes ao âmbito de competência da lei designada para reger dada situação da vida privada internacional constitui um verdadeiro problema normativo e não mera questão de facto.

É esta, manifestamente, a concepção que informa os arts. 5.°, n.° 2, 6.°, n.° 1, 7.° e 9.°, n.° 6, da Convenção de Roma, que mandam aplicar ou dar prevalência às disposições imperativas em questão e não apenas tomá--las em consideração como pressupostos de facto de normas da lei competente[1927]; o que não prejudica, como veremos, a possibilidade de em certas condições a relevância a atribuir a essas disposições ao abrigo da Convenção ser puramente fáctica e não normativa.

Vejamos agora a segunda das questões acima enunciadas: a que consiste em saber se o problema da eficácia espacial das normas em apreço é autónomo em relação ao do conflito de leis.

Parece ser essa a sua caracterização mais apropriada na óptica da referida doutrina das leis de aplicação imediata. Segundo o seu principal inspirador, FRANCESCAKIS, seria possível isolar um conceito de leis de aplicação imediata a partir dos fins por elas prosseguidos. Define-as por isso o autor como «as leis cuja observância é necessária para a salvaguarda da organização política, social ou económica do país»[1928].

Supomos não ser substancialmente diverso deste o ponto de vista de SPERDUTI, que preconiza a autonomia das normas de aplicação necessária, ou de ordem pública, definindo-as como «norme delle quali è imposta in via diretta, immediata e cogente l'applicazione in una certa determinata sfera, stabilita in dipendenza della "publica utilitas" da soddisfare»[1929].

[1926] Cfr. FRANCESKAKIS, *La théorie du renvoi et les conflits de systèmes en droit international privé*, pp. 11 ss.; *idem*, «Quelques précisions sur les "lois d'application immédiate" et leurs rapports avec les règles de conflits de lois», *RCDIP* 1966, pp. 1 ss.; *idem*, «Lois d'application immédiate et règles de conflit», *RDIPP* 1967, pp. 691 ss.

[1927] Neste sentido também RADTKE, est. cit., p. 350, e bibliografia aí citada.

[1928] Cfr. «Conflit de lois (principes généraux)», *in Répertoire de droit international*, n.° 137; «Y a-t-il du nouveau en matière d'ordre public?», *TCFDIP* 1966-1969, pp. 149 ss. (p. 165); «Lois d'application immédiate et droit du travail», *RCDIP* 1974, pp. 273 ss. (p. 275). Adopta a mesma definição GUTMANN, *DIP*, p. 41.

[1929] Cfr. «Norme di applicazione necessaria e ordine pubblico», *RDIPP* 1976, pp.

634   *Da Responsabilidade Pré-Contratual em Direito Internacional Privado*

Na mesma linha fundamental de orientação, sustenta entre nós MAR-QUES DOS SANTOS, que «a categoria das normas de aplicação imediata ou necessária espelha, traduz ou reflecte um *interesse público* [...], ou, *rectius,* um *interesse do Estado*, na conformação, na modelação, na orientação segundo um determinado fim — ou uma certa perspectiva — da actividade jurídico-privada dos sujeitos de direito»[1930].

Por seu turno, MOURA RAMOS sublinha que a justificação da «forma peculiar de actuação das normas de aplicação necessária e imediata» está, em seu entender, «na essencialidade da aplicação de certos comandos jurídicos do sistema [d]o foro, ou da sua pertinência ao conjunto daquelas normas cuja observância é necessária para a salvaguarda da organização política, social ou económica de um determinado Estado»[1931].

Tais normas assumiriam para o Estado do foro uma importância tal que não suportariam a concorrência de leis estrangeiras[1932]. O seu âmbito de aplicação deduzir-se-ia essencialmente do fim por elas prosseguido[1933]. Justamente no «nexo racional» entre o conteúdo e fins das normas em questão e o seu domínio espacial de aplicação residiria, para MAYER, a sua característica distintiva[1934]. A respectiva aplicação seria imediata no sentido de que se faz «sem a intermediação das regras de conflitos de leis»[1935] ou «ultrapassando o jogo da regra normal de conflitos»[1936].

---

469 ss. (p. 473); ver também, do autor, «Les lois d'application nécessaire en tant que lois d'ordre public», *RCDIP* 1977, pp. 257 ss. (pp. 262 s.).

[1930] Cfr. *As normas de aplicação imediata no DIP*, vol. II, p. 934.

[1931] Cfr. *Da lei aplicável ao contrato de trabalho internacional*, p. 667. O autor aponta como exemplo de uma norma de aplicação necessária e imediata a proibição dos despedimentos sem justa causa ou por motivos políticos ou ideológicos estatuída no art. 53.º da Constituição justamente porque «o seu âmbito espacial de aplicação deve ser determinado autonomamente a partir dos próprios fins visados pelo legislador constitucional»: cfr. ob. cit., p. 790, e «Contratos internacionais e protecção da parte mais fraca no sistema jurídico português», *in Contratos: actualidade e evolução*, pp. 331 ss. (pp. 351 s.). Para uma aplicação jurisprudencial do conceito no domínio do Direito laboral veja-se o ac. da Relação do Porto de 25 de Junho de 1991, *CJ* 1991, t. V, pp. 233 ss., onde são qualificadas como normas de aplicação necessária e imediata as disposições do D.L. n.º 781/76, de 28 de Outubro, que regulamenta os contratos de trabalho a prazo.

[1932] FRANCESCAKIS, «Conflits de lois», cit., n.ºs 89 e 124.

[1933] *Ibidem*, n.º 124.

[1934] Cfr. «Les lois de police étrangères», *Clunet* 1981, pp. 277 ss. (p. 344).

[1935] FRANCESCAKIS, est. cit., n.º 124. Em sentido concordante *vide* entre nós MOURA RAMOS, ob. cit., p. 666.

[1936] Assim MOURA RAMOS, *Aspectos recentes do DIP português*, p. 20 da separata.

Numa palavra: ao passo que no conflito de leis se parte da hipótese concreta para determinar qual a lei ou as leis a que ela se encontra submetida, no caso das normas de aplicação imediata seria delas próprias que se deduz o seu âmbito de aplicação espacial. Na primeira categoria de situações pouco importariam o teor das normas em presença e, *a fortiori*, o seu fim[1937]; na segunda, eles seriam decisivos.

As normas de aplicação imediata actuariam, pois, independentemente do método dos conflitos de leis: num primeiro momento do processo de resolução da questão privada internacional haveria que indagar da aplicabilidade de normas desta índole vigentes no Estado do foro; só depois, não as havendo, se procuraria determinar a lei aplicável por apelo a regras de conflitos[1938].

Na medida em que introduzem o unilateralismo no Direito positivo, as normas de aplicação imediata representariam, no entender de MARQUES DOS SANTOS, um «método de regulamentação alternativo ao método conflitual»[1939]. Tais normas caracterizar-se-iam, segundo o autor, por serem normas materiais[1940], «espacialmente autolimitadas»[1941], cujo âmbito de aplicação seria delimitado por regras de conflitos unilaterais *ad hoc*, ditas «regras de extensão» (*Ausdehnungsnormen*)[1942], as quais derrogariam o âmbito de competência da respectiva ordem jurídica tal como este é traçado pelo sistema geral de regras de conflitos[1943].

[1937] Assim MAYER, *DIP*, p. 80.

[1938] Cfr. FRANCESCAKIS, ests. cits. na *RCDIP* 1966, p. 17; e na *RDIPP* 1967, p. 697. Mais longe vai GUTMANN, que afirma que a *loi de police* «repudia, em certa medida, o próprio direito internacional privado»: cfr. ob. cit., p. 41.

[1939] Cfr. *As normas de aplicação imediata no DIP*, vol. II, pp. 1033, 1057, 1061 e 1067 s.

[1940] Cfr. «Les règles d'application immédiate dans le DIP portugais», *in Droit International et Droit Communautaire*, pp. 187 ss. (191); e As *normas de aplicação imediata no DIP*, vol. II, pp. 815 ss., 943 e 1062.

[1941] Cfr. «Les règles d'application immédiate dans le DIP portugais», cit., pp. 193 ss., e As *normas de aplicação imediata no DIP*, vol. II, pp. 842 ss., 886 ss., 943 e 1062.

[1942] Cfr. «Les règles d'application immédiate dans le DIP portugais», cit., p. 191, e *As normas de aplicação imediata no DIP*, vol. II, pp. 828 s., 890 ss., 896 s., 939 s. e 1062.

[1943] Cfr. «Les règles d'application immédiate dans le DIP portugais», cit., p. 191, e *As normas de aplicação imediata no DIP*, vol. II, pp. 848, 897 ss., 943 e 1063. *Vide* na mesma linha de pensamento MOURA RAMOS, «O contrato individual de trabalho em DIP», *in Juris et de jure. Nos 20 anos da Faculdade de Direito da UCP — Porto*, pp. 41 ss. (p. 69), onde o autor refere que as normas de aplicação necessária e imediata «traçam para si próprias um campo espacial de aplicação impondo-o para além do que resultaria da competência do sistema em que se integram».

636 *Da Responsabilidade Pré-Contratual em Direito Internacional Privado*

Muito diferente deste é o ponto de partida metódico da doutrina da chamada *besondere* ou *gesonderte Anknüpfung*: subjaz-lhe a concepção segundo a qual há que desenvolver regras de conflitos especiais, com carácter bilateral, que definam os pressupostos da atribuição de efeitos no Estado do foro a disposições imperativas de ordenamentos jurídicos que não o designado pelas regras de conflitos gerais. Tais regras permitiriam atender aos interesses especiais — em particular os dos Estados — que se fazem sentir no domínio das relações privadas internacionais e a que as regras de conflitos comuns não dão resposta, sem que todavia o Estado do foro abra mão da decisão jurídico-política sobre a aplicabilidade das disposições que visam tutelá-los. A problemática em apreço é assim integrada no Direito de Conflitos[1944].

Outra não é, vendo bem, a orientação perfilhada por PICONE, que caracteriza o reconhecimento de efeitos às normas em questão como uma «variante» do (por ele assim denominado) «método de coordenação entre ordenamentos jurídicos baseado na localização espacial da *fattispecie*»[1945].

Há ainda quem, como MARÍN LÓPEZ, embora reconheça autonomia às normas de aplicação necessária, negue que as mesmas correspondem a um método novo de resolução dos problemas do tráfico jurídico internacional, sustentando tratar-se antes de um simples «aspecto» do método que consiste em aplicar sistematicamente a *lex fori* às relações plurilocalizadas[1946].

Antes de referirmos a nossa posição quanto às questões em exame, cumpre deixar aqui registadas algumas premissas fundamentais em que a mesma assenta. Estas podem enunciar-se sumariamente como segue:

Em primeiro lugar, cremos que toda a aplicação de normas estrangeiras ou, mais genericamente, todo o reconhecimento de efeitos a tais normas na ordem jurídica interna requer a existência nesta de um título bastante para esse fim. Este pode consistir numa regra de conflitos, numa

---

[1944] Veja-se nesta linha geral de orientação, em especial, SCHURIG, *Kollisionsnorm und Sachrecht*, pp. 322 ss., e «Zwingendes Recht, "Eingriffsnormen" und neues IPR», *RabelsZ* 1990, pp. 217 ss. (pp. 237 ss.).

[1945] Cfr. «I metodi di coordinamento tra ordinamenti nel progetto di riforma del diritto internazionale privato italiano», *in La riforma italiana del DIP*, pp. 3 ss. (pp. 7 ss.); «La teoria generale del DIP nella legge italiana di riforma della materia», *ibidem*, pp. 137 ss. (pp. 142 s.); e «Caratteri ed evoluzione del metodo tradizionale dei conflitti di leggi», *ibidem*, pp. 243 ss. (p. 252). Em sentido concordante com a opinião de PICONE pronuncia-se BONOMI, ob. cit., p. 146, n. 22.

[1946] Cfr. «Las normas de aplicación necesaria en derecho internacional privado», *REDI* 1970, pp. 19 ss. (pp. 40 s.).

Da Eficácia das Normas Internacionalmente Imperativas 637

regra auxiliar desta ou num princípio geral. Não basta, por conseguinte, para que se opere aquele reconhecimento, a própria *vis* aplicativa das normas em questão.

Em segundo lugar, incluímos entre os princípios norteadores da resolução das questões privadas com elementos internacionais alguns que constituem expressão de valores e interesses sociais[1947]. Não podem, pois, ter-se por *a priori* subtraídas ao jogo das regras de conflitos comuns todas e quaisquer normas materiais que prossigam valores e interesses desse tipo: o Direito Internacional Privado tutela-os também através daquelas regras.

Em terceiro lugar, os juízos de valor subjacentes às normas de Direito material e a sua teleologia nunca são irrelevantes na determinação da sua aplicabilidade às situações plurilocalizadas. Como se viu acima, na regulação destas situações não se podem atribuir efeitos às normas de qualquer ordenamento jurídico sem ter em conta o seu conteúdo e função[1948].

Semelhante entendimento não colhe, é certo, a unanimidade dos sufrágios na doutrina contemporânea. Contesta-o, por exemplo, Christian VON BAR, para quem o modo como a norma material resolve o conflito de interesses que tem por objecto é totalmente independente do seu âmbito de aplicação espacial[1949]. Mas esta orientação afigura-se-nos, salvo o devido respeito, insustentável. O juízo de valoração de interesses subjacente às normas de Direito material que no Estado do foro disciplinam cada categoria de questões ou relações jurídicas é em larga medida determinante dos factores de conexão consagrados pelo Direito de Conflitos local a fim de designar a lei aplicável a essas questões ou relações, bem como do âmbito de competência reconhecido à lei designada pela regra de conflitos. Assim se explica, por exemplo, que seja fundamentalmente nos domínios em que o princípio da autonomia privada impera no Direito material — *maxime* o das obrigações voluntárias — que idêntico princípio é acolhido no plano do Direito de Conflitos; e que a competência deferida a certa lei para disciplinar o instituto visado pela regra de conflitos que para ela remete vá restrita às normas que, pelo seu conteúdo e função, integram o regime desse instituto.

A realização concreta das valorações ínsitas nas normas de Direito material pode, pois, reclamar o reconhecimento a estas de um certo âmbito

---

[1947] Cfr. *supra*, § 3.°.
[1948] Cfr. *supra*, § 20.°.
[1949] Cfr. *IPR*, vol. I, p. 198.

638 *Da Responsabilidade Pré-Contratual em Direito Internacional Privado*

de aplicação espacial. Não é, por conseguinte, impossível, como pretende VON BAR, deduzir do conteúdo da norma material a sua esfera de eficácia no espaço ou, pelo menos, a sua aplicabilidade para além dos limites traçados pelo Direito de Conflitos comum do foro à competência do ordenamento jurídico em que essa norma se integra — o que não significa, cumpre sublinhá-lo, que possa ver-se o fundamento da eficácia da norma estrangeira na ordem interna exclusivamente na sua vontade de aplicação e que esta se subtraia a toda a heterolimitação.

O quarto postulado de que partimos na resolução do problema em apreço é a atendibilidade de disposições de Direito Público estrangeiro na disciplina das relações privadas internacionais[1950]. Essas disposições podem — até por força de normas em vigor no Direito português — ser chamadas a funcionar como pressupostos de facto da aplicação de precei-

---

[1950] Consagram expressamente essa atendibilidade a resolução do Instituto de Direito Internacional aprovada em 1975 na Sessão de Wiesbaden, intitulada «L'application du droit public étranger», *Ann.IDI*, vol. 56 (1975), pp. 550 ss., cujo n.º I.1 estabelece: «Le caractère public attribué à une disposition du droit étranger désigné par la règle de conflit de lois ne fait pas obstacle à l'application de cette disposition, sous la réserve fondamentale de l'ordre public»; e o art. 13 da lei suíça de Direito Internacional Privado, que dispõe: «La désignation d'un droit étranger par la présente loi comprend toutes les dispositions qui d'après ce droit sont applicables à la cause. L'application du droit étranger n'est pas exclue du seul fait qu'on attribue à la disposition un caractère de droit public».

Na doutrina, semelhante orientação é advogada, entre outros, por MANN, «Conflict of Laws and Public Law», cit., pp. 116 e 188 ss.; LALIVE, «Le droit public étranger et le droit international privé», *TCFDIP* 1973-75, pp. 215 ss. (p. 235); *idem*, «L'application du droit public étranger. Rapport préliminaire», *Ann.IDI*, vol. 56 (1975), pp. 157 ss. (especialmente pp. 167 ss.); *idem*, «L'application du droit public étranger. Rapport définitif et projets de résolutions», *Ann.IDI*, vol. 56 (1975), pp. 219 ss. (especialmente pp. 222 ss.); RIGAUX, «Les situations juridiques individuelles dans un système de relativité générale. Cours général de droit international privé», *Rec. cours*, vol. 213 (1989-I), pp. 9 ss. (p. 193); VISCHER, «General Course on Private International Law», *Rec. cours* vol. 232 (1992-I), pp. 9 ss. (pp. 150 s., 178 s.); e BATIFFOL-LAGARDE, *DIP*, t. I, pp. 416 s. No domínio específico da responsabilidade civil por facto ilícito ver WENGLER, *Die unerlaubten Handlungen im IPR*, tradução portuguesa, pp. 133 ss. Cfr. ainda sobre o tema, na doutrina portuguesa: MAGALHÃES COLLAÇO, *Da compra e venda em DIP*, vol. I, p. 315, n. 1; *idem, DIP,* vol. I, p. 61; BAPTISTA MACHADO, *Âmbito de eficácia e âmbito de competência das leis*, pp. 308 ss.; MOURA RAMOS, *Da lei aplicável ao contrato de trabalho internacional*, pp. 264 ss., especialmente pp. 305 ss.; MARQUES DOS SANTOS, *As normas de aplicação imediata no DIP*, vol. II, pp. 767 ss.; FERRER CORREIA, «A venda internacional de objectos de arte e a protecção do património cultural», *RLJ*, ano 125.º, pp. 290 ss. (ano 126.º, p. 9); LIMA PINHEIRO, *Contrato de empreendimento comum (joint venture) em DIP*, pp. 309 ss.; e Maria Helena BRITO, *A representação nos contratos internacionais*, p. 601, n. 72.

tos do Direito interno[1951]. Podem também ser aplicadas, quando pertençam à ordem jurídica designada para reger a questão privada internacional, se corresponderem a institutos qualificados na ordem interna como de Direito Privado ou se aquela questão não for destrinçável de questões de Direito Público que as disposições em causa visam disciplinar[1952]. E podem sê-lo ainda, em condições que adiante se examinarão mais detidamente, quando dimanem de terceiros países e a tutela dos valores fundamentais a que o Direito Internacional Privado se acha referido assim o reclame.

Cremos poder afirmar, em face do exposto, que o problema da eficácia a reconhecer às disposições imperativas que não se inscrevam no domínio de competência material da lei aplicável a dada situação da vida privada internacional é irredutível quer à sua aplicabilidade em sentido próprio quer à sua relevância como meros elementos de facto susceptíveis de desencadear a produção de consequências jurídicas previstas na *lex fori* ou na *lex causae*.

Compreendem-se nesse problema, segundo nos parece, tanto a determinação dos pressupostos a que obedece a valoração da situação controvertida à luz das disposições em causa como a fixação das condições em que dada situação jurídica, constituída em consequência da aplicação dessas disposições, pode determinar a produção no Estado do foro de certos efeitos jurídicos previstos por uma norma material do Direito local ou estrangeiro.

Como é bom de ver, só no primeiro caso aquilo que é prescrito por certo ordenamento local, pelo Direito Comunitário ou pelo Direito Internacional Público é levado à conta, no Estado do foro, de verdadeira norma, i. é, de um comando jurídico, fonte de um dever de conduta, já que que no segundo os efeitos do preceito em questão são tomados em consideração como puros factos sociais, insusceptíveis de servirem por si sós de critérios de valoração de condutas humanas.

Por outro lado, estamos em crer que aquele problema é essencialmente atinente às relações internormativas e como tal insusceptível de ser resolvido apenas na base da fixação dos caracteres individuantes das disposições em causa.

[1951] Vejam-se por exemplo os arts. 99.°, n.° 3, *b*), e 1096.°, *b*) e *d*), do Código de Processo Civil.

[1952] Cfr. neste sentido MAGALHÃES COLLAÇO, *DIP*, vol. I, pp. 60 ss.

640 *Da Responsabilidade Pré-Contratual em Direito Internacional Privado*

Dentre estas algumas há, na verdade, a que, na expressão da Convenção de Roma[1953], pode ser «dada prevalência» sobre as do ordenamento jurídico normalmente competente; outras, que com estas podem ser aplicadas cumulativamente ou combinadas em ordem a formarem um regime híbrido; e outras ainda que podem ser chamadas a fornecer tão-só um pressuposto de facto das segundas.

A determinação dos efeitos das disposições em questão depende, pois, de uma valoração a cargo do julgador sobre o modo como as mesmas devem relacionar-se com as da lei normalmente competente, atentos o seu conteúdo e fins, as circunstâncias do caso concreto e os valores e interesses tutelados pelo Direito Internacional Privado. Nessa valoração pesa ainda, como se verá adiante, a existência de uma certa comunhão de objectivos entre as disposições estrangeiras em questão e as do Direito do foro.

Entre essas disposições e as da lei competente segundo as regras de conflitos comuns podem constituir-se, em resultado da sobredita valoração, várias ordens de relações. Estas podem ser, fundamentalmente, de pressuposição, de cumulação, de combinação de efeitos ou de mútua exclusão. Ocorre a primeira destas espécies de relações quando a vigência ou a aplicação de uma das normas em jogo opera como um pressuposto da produção de efeitos previstos na outra; a segunda quando os efeitos estatuídos pelas normas em presença se mostram susceptíveis de ser adicionados sem adaptações; a terceira quando ao julgador é dado construir um regime misto mediante a conjugação dos efeitos estatuídos pelas normas em presença; e a quarta quando os conteúdos dessas normas se revelam contraditórios, em termos de a aplicação de uma excluir necessariamente a outra, havendo então que atribuir primazia a uma delas[1954].

As disposições imperativas de que aqui cuidamos não são, em suma, dotadas de uma esfera de aplicabilidade no espaço que se imponha sem reservas às jurisdições do Estado do foro; antes a natureza e o alcance dos efeitos que aí lhes são reconhecidos dependem de um juízo, a empreender pelo tribunal, acerca da forma segundo a qual essas disposições devem articular-se com as da lei chamada pelas regras de conflitos locais a disciplinar a situação controvertida. A imperatividade internacional das disposições em causa é assim, segundo cremos, um problema eminentemente relacional: uma característica que pode assistir a certas disposições nas

---

[1953] Art. 7.°, n.° 1.

[1954] Vejam-se exemplos destas modalidades de relações internormativas no domínio da responsabilidade pré-contratual, adiante, § 36.°.

suas relações com as demais e não uma qualidade que lhes pertença em absoluto.

De maneira, pois, que a circunstância de a aplicação de certa norma imperativa a uma situação privada internacional promover a realização dos objectivos de política legislativa através dela prosseguidos não significa que a mesma haja de ser-lhe necessariamente aplicada. Por onde se vê que seria improfícua a tentativa de decidir a questão de saber se e em que medida deve ser reconhecida eficácia às disposições em apreço atendendo unicamente aos interesses e fins por elas prosseguidos.

Aliás, supomos que sob este ponto de vista não existe diferença de natureza entre as normas em exame e a generalidade das que são chamadas a disciplinar as relações privadas internacionais: de alguma sorte todas se dirigem à realização de interesses públicos tutelados pelo Estado que as edita[1955]. Assim sucede mesmo pelo que respeita às mais caracteristicamente «privatísticas» dessas normas, como as que consagram o princípio da liberdade contratual — pois que também estas visam a realizar o interesse público no funcionamento eficiente da economia[1956]. O que não é para estranhar: sendo o Direito hoje essencialmente dimanado do Estado, ele serve primariamente, de uma maneira ou de outra, interesses e fins postos a seu cargo.

Estes variam, de resto, consoante as concepções de Estado positivamente encarnadas: algumas recusam-lhe fins próprios, tomando-o como simples meio ao serviço de valores individuais — *maxime* os direitos fundamentais dos cidadãos — ou da garantia da paz social; outras encaram-no como a corporização de um ente superior aos seus membros, dotado de fins próprios, aos quais se subordinariam os demais; outras ainda admitem que o Estado dê guarida tanto a fins individuais como aos colectivos, incluindo-se entre estes a compensação das desvantagens relativas entre os membros da sociedade mediante a protecção dos mais fracos, a limitação do poder dos mais fortes e a regulação das actividades económicas em vista de uma distribuição mais justa da riqueza — o que pressupõe evidentemente um maior intervencionismo na disciplina das relações entre privados.

[1955] Aspecto já notado por PILLET, *Traité pratique de DIP*, t. I, p. 107: «Toute loi poursuit donc un but intéressant pour l'Etat qui l'a faite». Neste sentido podem ver-se também, na doutrina mais recente: NYGH, «The Reasonable Expectations of the Parties as a Guide to the Choice of Law in Contract and Tort», *Rec. cours*, vol. 251 (1995), pp. 269 ss. (p. 381); e LOUSSOUARN-BOUREL, *DIP*, p. 124.

[1956] Cfr. ATIYAH, *An Introduction to the Law of Contract*, pp. 3 ss.

642 *Da Responsabilidade Pré-Contratual em Direito Internacional Privado*

Eis por que não se nos afigura possível delimitar as normas em apreço com base no critério da prossecução pelas mesmas dos fins do Estado: estes há-os tantos e tão diversos quantas as ideologias que o inspiram.

À mesma conclusão se chegará tendo presente que essas normas não visam somente assegurar a realização de fins e interesses estaduais, mas também proteger certas categorias de indivíduos[1957] ou — como sucede com as disposições emanadas de organizações supra- e internacionais — tutelar fins e interesses próprios da Comunidade Internacional, em especial a manutenção da paz e da segurança internacionais[1958].

Tão-pouco nos parece legítimo afirmar como característica distintiva de tais normas que, dada a transcendência dos fins que prosseguem, as mesmas não suportam a concorrência de leis estrangeiras, prescindindo a sua aplicação no espaço de uma regra de conflitos. Ainda que integradas na ordem jurídica do Estado do foro, as disposições em questão só podem ser aplicadas se houver um nexo espacial suficiente entre o sistema a que pertencem e os factos da lide; e podem em certos casos, como se verá, ceder o passo a disposições da *lex causae* que consagrem um regime mais favorável sob o ponto de vista dos fins que pretendem realizar. De modo que a susceptibilidade de certa disposição imperativa concorrer (na acepção em que a doutrina em apreço emprega esta expressão) com normas de outros ordenamentos é questão a que só pode responder-se à luz das circunstâncias do caso decidendo.

Levanta-se, por fim, a questão de saber se o reconhecimento de eficácia internacional às normas imperativas em apreço é susceptível de ser integrada no conflito de leis ou possui autonomia em relação a este.

[1957] Como os consumidores e os trabalhadores: cfr. *infra*, § 36.°. No sentido do texto pronuncia-se BONOMI, ob. cit., pp. 171 ss. e 218, que afirma a p. 175: «è arduo distinguere le norme imperative a seconda che siano volte a tutelare l'interesse della colletivittà o quello dei privati».

[1958] Pense-se nos embargos e outras medidas relativas às transacções económicas com certos países, decretadas pelo Conselho de Segurança das Nações Unidas, ao abrigo do artigo 41 da Carta que instituíu esta organização, e pelo Conselho da União Europeia, em aplicação do título V do Tratado da União Europeia. São exemplo das primeiras as medidas que constam da Resolução do Conselho de Segurança n.° 986 (1995), publicada em anexo ao Aviso do Ministério dos Negócios Estrangeiros n.° 180/96, *DR*, I série-A, de 17 de Julho de 1996 (referente à importação de petróleo e produtos petrolíferos do Iraque); e das segundas as medidas restritivas contra a República Federativa da Jugoslávia adoptadas na Posição Comum n.° 1999/318/PESC, de 10 de Maio de 1999, *in JOCE* n.° L 123, de 13 de Maio de 1999, pp. 1 s.

Como se viu, o problema em apreço só se suscita verdadeiramente quanto a disposições imperativas que não pertençam ao domínio de competência adjudicado à lei reguladora da situação controvertida segundo as regras de conflitos vigentes no Estado do foro[1959]. Nesta medida, a sua resolução parece pressupor a determinação desta lei. Será esse o caso, pelo menos, quando tais disposições sejam dotadas de uma imperatividade condicional — no sentido de que apenas devem ser aplicadas se a lei normalmente reguladora da situação *sub judice* não consagrar um regime mais favorável a certa categoria de sujeitos[1960] — e quando operem tão--somente como um pressuposto de facto da aplicação de certas normas da *lex causae*.

Por outro lado, embora o reconhecimento de efeitos a disposições imperativas não pertencentes à *lex causae* represente, tal como a reserva de ordem pública internacional, um limite ao funcionamento das regras de conflitos comuns, os pressupostos e os requisitos de actuação desse limite são estabelecidos pelo sistema de conflitos vigente no Estado do foro[1961]. Entre estes avulta a existência de dada conexão entre o ordenamento jurí-

---

[1959] Neste sentido cfr. MAGALHÃES COLLAÇO, *Da compra e venda em DIP*, vol. I, pp. 314 s.: «nenhuma dificuldade se levanta para impor o respeito de disposições imperativas como as que atrás referimos à compra e venda cuja *proper law* é a legislação nacional em que se integrem tais normas»; e Maria Helena BRITO, ob. cit., p. 601, n. 72: «As disposições da Convenção de Roma e da Convenção de Haia sobre representação que permitem a atribuição de relevância a normas imperativas apenas se referem — e apenas se justifica que se refiram — a normas dessa natureza não pertencentes à lei chamada pela regra de conflitos do foro para reger a situação em causa».

[1960] Cfr. por exemplo os arts. 5.°, n.° 2, e 6.°, n.° 1, da Convenção de Roma e 38.° do D.L. n.° 178/86, de 3 de Julho. Nos termos deste último preceito aos contratos de agência ou representação comercial que se desenvolvam exclusiva ou preponderantemente em território nacional só será aplicável legislação diversa da portuguesa, no que respeita ao regime da cessação, se a mesma se revelar mais vantajosa para o agente. Reconhecem que o funcionamento do preceito pressupõe a aplicação das regras de conflitos comuns, a fim de se determinar a lei reguladora do contrato: MARQUES DOS SANTOS, *As normas de aplicação imediata no DIP*, vol. II, p. 904; MOURA RAMOS, «La protection de la partie contractuelle la plus faible en DIP portugais», *in Droit International et Droit Communautaire*, pp. 97 ss. (p. 113); PINTO MONTEIRO, *Contrato de agência*, pp. 123 s.; e Maria Helena BRITO, ob. cit., pp. 699 s. (implicitamente).

[1961] No mesmo sentido *vide* SPERDUTI, est. cit. na *RCDIP* 1977, p. 265: «Ces lois sont également susceptibles d'application dans un Etat autre que celui de l'ordre juridique de leur appartenance, mais cette fois-ci en vertu des règles locales de droit international privé».

644 Da Responsabilidade Pré-Contratual em Direito Internacional Privado

dico de que dimana a disposição imperativa em causa e a situação contro-vertida[1962]: uma conexão «efectiva»[1963] ou «estreita»[1964].

Pois que esta exigência corresponde à vera essência do método de regulação das situações da vida privada internacional dito conflitual ou da conexão, tem de concluir-se que o reconhecimento de eficácia àquelas dis-posições não se situa à margem dele, antes se processa em conformidade com o pensamento fundamental que o inspira.

Aliás, se bem se reparar, algumas das normas que enunciam os pres-supostos a que se subordina o reconhecimento dessa eficácia não são senão regras de conflitos especiais, posto que com carácter unilateral[1965].

[1962] Assim já WENGLER, «Die Anknüpfung des zwingenden Schuldrechts im IPR. Eine rechtsvergleichende Studie», *ZfvglRW* 1941, pp. 168 ss. (p. 211): «Ausländisches zwingendes Recht über den Inhalt der Schuldverhältnisse wird gesondert angeknüpft [...] wenn [...] eine genügend enge Beziehung des ausländischen Rechts zu dem Schuldve-rhältnis vorliegt, die für jede einzelne Bestimmung des zwingenden Rechts — und zwar vom Kollisionsrecht der jeweiligen lex fori — besonders zu bestimmen ist». Na literatura estrangeira mais recente, ver em sentido idêntico: KROPHOLLER, *IPR*, p. 447; *Münchener Kommentar*-MARTINY, Art. 34 EGBGB, n.m. 32, p. 1832; e HARTLEY, est. cit., p. 359. Na mesma linha fundamental de orientação cfr., na doutrina portuguesa (embora reportando-se apenas aos preceitos imperativos do Estado do foro), MAGALHÃES COLLAÇO, prefácio ao estudo de CORTES ROSA, *Da questão incidental em Direito Internacional Privado*, p. xxii, onde a autora afirma: «só uma dada conexão (ainda que atípica ou "desconhecida") da questão concreta com a ordem interna será determinante da aplicação do preceito local imperativo», para concluir: «não existem questões das quais possa afirmar-se que foram subtraídas pelo legislador português *ab initio* e *ad aeternum* ao jogo das normas de confli-tos portuguesas». Também FERRER CORREIA reconhece que não é alheia às disposições em causa a ideia da necessidade de uma conexão; mas ressalva: «apenas, a conexão necessá-ria — e suficiente — não coincide com a requerida pela regra de DIP pertinente ao caso: é uma conexão específica» (cfr. *Lições de DIP*, pp. 24 s.). Em idêntico sentido ver Maria Helena BRITO, «O contrato de agência», *in Novas perspectivas do Direito Comercial*, pp. 105 ss. (p. 135).

[1963] Assim o art. 16.º da Convenção da Haia de 1978 sobre a Lei Aplicável aos Con-tratos de Mediação e à Representação.

[1964] É a expressão empregada no art. 7.º, n.º 1, da Convenção de Roma de 1980 sobre a Lei Aplicável às Obrigações Contratuais. Acerca da concretização do conceito em apreço ver KAYE, *The New Private International Law of Contract of the European Com-munity*, pp. 253 s., e *Münchener Kommentar*-MARTINY, Art. 34 EGBGB, n.m. 100 ss., pp. 1856 ss.

[1965] Será esse o caso, por exemplo, dos arts. 23.º, n.º 1, do cit. D.L. n.º 446/85, de 25 de Outubro (na redacção dada pelo D.L. n.º 249/99, de 7 de Julho), 38.º do D.L. n.º 178/86, de 3 de Julho, que regulamenta o contrato de agência ou representação comercial, 36.º do D.L. n.º 248/86, de 25 de Agosto, que cria o estabelecimento mercantil individual de responsabilidade limitada, 20.º do D.L. n.º 359/91, de 21 de Setembro, que estabelece

Outras, são antes de caracterizar como regras auxiliares de regras de conflitos, pois que as complementam, disciplinando o modo por que as disposições imperativas de certa lei, com o qual o caso decidendo se encontre conexo, hão-de articular-se com as da lei normalmente competente[1966].

O objectivo precípuo destas regras é definir as condições em que podem ser atribuídos efeitos, na disciplina das questões privadas internacionais, a disposições dimanadas de ordens jurídicas diversas das que em princípio são competentes para regulá-las. De comum com as regras de conflitos têm a circunstância de fornecerem um título de eficácia na ordem interna a normas materiais estrangeiras e de o reconhecimento desta eficácia depender, além do mais, da existência de uma conexão espacial entre o sistema jurídico a que pertencem e a situação controvertida. Deparamos, assim, nos mencionados preceitos com dois elementos característicos das regras de conflitos de leis no espaço.

---

normas relativas ao crédito ao consumo, 1.º, n.º 2, do D.L. n.º 371/93, de 29 de Outubro, que estabelece o regime geral de defesa e promoção da concorrência, e 108.º, n.º 1, do Código dos Valores Mobiliários. Também MOURA RAMOS admite que as regras pelas quais «o legislador vem traçar um âmbito espacial de aplicação para certos preceitos que ultrapassa a competência do sistema em que se encontram», pelo menos quando pertencentes ao Direito do Estado do foro, podem corresponder a «uma regulamentação especial que o legislador do direito de conflitos prescreve para certas hipóteses»: cfr. *Da lei aplicável ao contrato de trabalho internacional*, pp. 671 e 674. Mais longe ia MAURY, na sua recensão à tese de FRANCESCAKIS, *RCDIP* 1959, pp. 602 ss. (p. 603): «pour M. Francescakis ces règles qui, dans des conditions déterminées ou même de façon générale, déclarent applicable la loi interne à des faits du commerce international ne sont pas des règles de conflit; nous avouons avoir des doutes sur l'exactitude de cette thèse: les dites règles d'application immédiate nous apparaissent comme règles de rattachement particulières, traduisant les exigences de l'ordre public international du for, des règles exceptionelles par leur contenu (puisqu'elles donnent une solution différente de celle de la règle normale de conflit du droit considéré), exceptionelles, par suite, par leur domaine (puisqu'elles sont unilatérales)».

[1966] Referimo-nos aos arts. 16.º da Convenção da Haia sobre a Lei Aplicável aos Contratos de Mediação e à Representação e 7.º da Convenção de Roma. Na doutrina têm sido expendidas as mais diversas opiniões acerca da natureza deste último preceito. Classifica-o como uma regra de conflitos JAYME, «The Rome Convention on the Law Applicable to Contractual Obligations (1980)», *in International Contracts and Conflicts of Law*, pp. 37 ss. (p. 46). No sentido de que ele corresponde a uma «pré-norma» («*Normvorstufe*») pronuncia-se KEGEL, *IPR*, p. 230, que censura ao legislador o ter devolvido ao julgador nesse preceito certas «decisões» em lugar de as tomar ele próprio (mas sem razão, pois que o grau de discricionariedade de que o julgador goza na aplicação do preceito em apreço não é superior ao que lhe conferem outras regras do Direito Internacional Privado de fonte interna e convencional). MARQUES DOS SANTOS, ob. cit., vol. II, pp. 1046 e 1066, caracteriza-o como uma regra de reconhecimento das *lois de police* estrangeiras.

Supomos, no entanto, que isso não é suficiente para que se possa qualificá-los como regras de conflitos. Por duas ordens de razões:

Primeiramente, o objecto das regras em apreço são questões ou relações jurídicas delimitadas pelas regras de conflitos constantes das Convenções em que se integram; ele apenas se obtém, por conseguinte, em conjugação com estas últimas. O mesmo é dizer que tais regras não têm autonomia.

Em segundo lugar, a estatuição dessas regras não se traduz na atribuição de competência, a fim de regular aquelas questões ou relações jurídicas, a dada categoria de normas materiais pertencentes a certa ordem local designada por um elemento de conexão, antes consiste no reconhecimento ao julgador do poder de atribuir efeitos a disposições de um ordenamento diverso daquele que é declarado competente pelas regras de conflitos comuns; sendo que a eficácia concedida a tais disposições não se traduz necessariamente na sua aplicação, podendo consistir tão-só na atendibilidade, como pressupostos das normas da *lex causae*, das situações decorrentes da aplicação das disposições estrangeiras em questão.

Tanto basta para que não seja legítimo qualificar as regras em apreço, sob o ponto de vista estrutural, como regras de conflitos.

À mesma conclusão nos conduz o exame funcional dos preceitos em apreço, pois que os mesmos não visam propriamente regular questões ou relações interindividuais, atribuindo competência, para o efeito, a uma ou mais ordens jurídicas com que estas se encontram em contacto, nem delimitar o campo de aplicação de certos preceitos materiais do ordenamento a que pertencem, mas algo de muito mais circunscrito.

A circunstância de a hipótese legal dessas regras se achar formulada em termos de grande generalidade, quer pelo que respeita à conexão exigível quer quanto aos demais pressupostos que condicionam a sua estatuição, permite, ademais, caracterizá-las como cláusulas gerais[1967].

Do funcionamento das regras em questão resultará as mais das vezes, como se viu acima, que a regulamentação da situação da vida privada internacional terá de pedir-se a normas materiais de mais do que uma ordem jurídica; mas o mesmo sucede em todos os demais casos de conexão plural, de que são conhecidos múltiplos exemplos no Direito de Conflitos português[1968].

[1967] Classifica também o n.° 1 do art. 7.° como uma cláusula geral LIMA PINHEIRO, *O contrato de empreendimento comum (joint venture) em DIP*, p. 778.

[1968] Cfr., entre outros, os arts. 27.°, n.° 2, 33.°, n.° 3, 55.°, n.° 2, e 60.°, n.° 4, do Código Civil.

À luz de todo o exposto concluiremos, pois, que perante o Direito vigente entre nós a eficácia das normas imperativas em apreço não decorre de modo directo delas próprias, mas antes de uma regra de conflitos, de uma regra auxiliar desta ou (como melhor se verá a seguir) de um princípio geral do Direito de Conflitos; e que essa eficácia tanto pode traduzir--se na aplicação vera e própria das ditas normas como na sua tomada em consideração como pressupostos de facto da aplicação de outras normas da *lex causae* ou na sua combinação com estas.

§ 35.°
Principais valores e interesses a considerar

114. Cumpre agora determinar em que condições e sob que pressupostos podem ser chamadas a intervir na disciplina da responsabilidade pré-contratual emergente de relações privadas internacionais disposições imperativas não compreendidas no âmbito de competência adjudicado à lei reguladora dessa responsabilidade.

A caracterização do problema anteriormente feita permitiu-nos apurar que a eficácia internacional dessas disposições contende essencialmente com as relações internormativas; e que, como tal, ele não é passível de uma resposta em termos genéricos, antes requer uma valoração a empreender pelo julgador em face do caso singular.

Os critérios essenciais em que deve fundar-se essa valoração fornece-os, em nosso modo de ver, a própria ordem jurídica do foro. Quando tais disposições dimanem de uma ordem jurídica estrangeira, o julgador não tem, pois, de ater-se à delimitação da sua esfera de eficácia operada pelo legislador do Estado que as edita, nem se acha vinculado à vontade de aplicação que eventualmente se deduza do fim dessas disposições; antes lhe compete ponderar autonomamente, à luz dos ditos critérios, a admissibilidade do reconhecimento de efeitos a essas disposições e a natureza dos mesmos.

Nesta ponderação ganham decerto particular relevo as regras de conflitos, expressas ou implícitas, que delimitam o âmbito de aplicação espacial das disposições imperativas estrangeiras — em termos, de resto, análogos àqueles em que entre nós se mandam tomar em consideração regras de conflitos estrangeiras[1969] —; mas sem que possa deduzir-se daí que as mesmas serão efectivamente aplicadas no Estado do foro.

A importância do aspecto acabado de referir torna-se particularmente evidente nos casos em que pretendam aplicar-se simultaneamente à situação controvertida disposições imperativas de vários sistemas jurídicos.

[1969] Vejam-se os arts. 28.°, n.° 3, 31.°, n.° 2, e 47.° do Código Civil.

Da Eficácia das Normas Internacionalmente Imperativas 649

Supomos que em tais hipóteses só o reconhecimento ao julgador do poder de formular um juízo objectivo acerca dos títulos de eficácia espacial que se arrogam as disposições em presença permite resolver o conflito positivo assim gerado.

No exposto vai implícita a nossa rejeição da tese que procura fundamentar o reconhecimento de efeitos às disposições imperativas em apreço na circunstância de o Estado que as edita dispor da força material necessária a fim de impor coactivamente a sua observância (*Machttheorie*)[1970]. Trata-se, a bem dizer, de uma concepção sociológica e não normativa, pois que faz assentar a obrigatoriedade, à face da ordem local, das disposições de certo sistema jurídico na mera verificação da sua efectividade no plano dos factos; e eivada de estreito positivismo, visto que na lógica dela toda a lei valerá como tal desde que lhe assista a força necessária para se impor coercivamente («*might is right*»[1971]).

De acordo com uma concepção normativa, não positivista, do conflito de leis no espaço, este há-de resolver-se não com base no critério da eficácia real ou de facto de uma das leis em presença — ou seja, daquilo que é —, mas antes na maior aptidão de certa lei para reger a situação controvertida, *maxime* em virtude das conexões que com ela possui — dito de outro modo, em razão daquilo que deve ser.

Em nosso modo de ver, só esta última concepção é aceitável: o Direito, nacional ou estrangeiro, não se aplica *in foro* às relações privadas internacionais apenas porque logra impor-se eficazmente, mas porque dispõe, à luz dos valores fundamentantes da ordem jurídica local, de um título de competência apropriado para o efeito. E se isto é exacto no tocante ao conflito de leis em geral é-o igualmente, se bem cuidamos, pelo que respeita à questão da eficácia internacional das disposições imperativas. O critério que preside à resolução desta questão não pode, por isso, identificar-se com a possibilidade física de se aplicarem tais disposições, antes há-de corresponder, como é próprio de todo o critério jurídico, a uma ponderação de valores e interesses.

Importa, pois, antes de respondermos ao quesito acima formulado, averiguar quais os valores e interesses a considerar neste domínio e definir, a partir deles, as linhas gerais de solução a que deve obedecer o problema acima colocado. É o que procuraremos fazer de seguida.

[1970] Cfr. *supra*, § 34.º.

[1971] A expressão é de POPPER, *The Open Society and its Enemies*, vol. I, p. 71, e vol. II, pp. 206 e 395.

650 *Da Responsabilidade Pré-Contratual em Direito Internacional Privado*

115. Avulta desde logo na dilucidação da questão enunciada a preocupação, que perpassa todo o Direito de Conflitos, com a certeza e a segurança jurídicas.

Ora, à eficácia internacional das disposições imperativas de que nos vimos ocupando pode justamente opor-se o risco de imprevisibilidade das soluções judiciais e de insegurança do tráfico jurídico potencialmente decorrente do elevado número e da complexidade das valorações postas a cargo do julgador a fim de se decidir dessa mesma eficácia[1972].

Repare-se, a título de exemplo, no disposto no art. 16.° da Convenção da Haia de 1978 sobre a Lei Aplicável aos Contratos de Mediação e à Representação[1973] e no art. 7.°, n.° 1, da Convenção de Roma de 1980[1974]. De acordo com estes textos, o julgador pode, mas a tal não é obrigado, atribuir efeitos às disposições imperativas em causa[1975]. Porém, a natureza desses efeitos não se acha *a priori* fixada nas convenções, tanto podendo ser de índole normativa como meramente fáctica[1976]. Caberá, por conse-

---

[1972] Cfr., nesta linha geral de orientação, LALIVE, «Tendances et méthodes en droit international privé (Cours général)», *Rec. cours,* vol. 155 (1977-II), pp. 1 ss. (p. 129); MANN, «Sonderanknüpfung und zwingendes Recht im internationalen Privatrecht», *in FS Beitzke,* pp. 607 ss. (pp. 613 s. e 617).

[1973] Na versão portuguesa deste texto estabelece-se: «Na aplicação da presente Convenção poderá atribuir-se efeito às disposições imperativas de qualquer Estado com o qual a situação apresente uma conexão efectiva, se e na medida em que, segundo o direito desse Estado, tais disposições forem aplicáveis qualquer que seja a lei designada pelas suas regras de conflito».

[1974] Que preceitua: «Ao aplicar-se, por força da presente Convenção, a lei de um determinado país, pode ser dada prevalência às disposições imperativas da lei de outro país com o qual a situação apresente uma conexão estreita se, e na medida em que, de acordo com o direito deste último país, essas disposições forem aplicáveis, qualquer que seja a lei reguladora do contrato. Para se decidir se deve ser dada prevalência a estas disposições imperativas, ter-se-á em conta a sua natureza e o seu objecto, bem como as consequências que resultariam da sua aplicação ou da sua não aplicação» (uma disposição análoga figura no art. 9, n.° 1, da Proposta de Convenção Europeia Sobre a Lei Aplicável às Obrigações Não Contratuais, de 1998).

[1975] De uma *«Kannvorschrift»* fala, a respeito do art. 7.° da Convenção de Roma, FIRSCHING, «Übereinkommen über das auf vertragliche Schuldverhältnisse anzuwendende Recht (IPR-VertragsÜ) vom 11.6.1980», *IPRax* 1981, pp. 37 ss. (p. 40).

[1976] Embora na versão portuguesa da disposição da Convenção de Roma transcrita no texto se preveja apenas a faculdade de o julgador «dar prevalência» às disposições imperativas de um terceiro país sobre as da lei designada por força da Convenção, o que inculca a ideia de que se trata aqui apenas de reconhecer efeitos normativos às disposições imperativas estrangeiras, nas versões francesa, inglesa, alemã e italiana usam-se neste lugar, respectivamente, as expressões *donner effet, to give effect, Wirkung verleihen* e *dare*

Da Eficácia das Normas Internacionalmente Imperativas 651

guinte, ao julgador decidir sobre quais os efeitos que entende mais apropriados ao caso singular. Para tanto, é exigível uma «conexão estreita» entre a lei do país de que dimanam as disposições em causa e a situação *sub judice*, cuja natureza tão-pouco é precisada nas convenções. É ainda necessário que essas disposições sejam aplicáveis, de acordo com o Direito do dito país, qualquer que seja a lei reguladora do contrato; mas não se exige que uma regra de conflitos expressa assim o estabeleça. A fim de decidir sobre a eficácia a atribuir às disposições em causa deve ainda ter-se em conta, no âmbito da Convenção de Roma, «a sua natureza e o seu objecto»; e para o mesmo efeito requer esta Convenção um juízo de prognose sobre as consequências da aplicação e da não aplicação dessas disposições.

É assim muito vasto e de grande melindre o leque de valorações a empreender pelo julgador a fim de decidir da eficácia destas disposições. Verdade seja, porém, que não o são menos as que requer a intervenção da reserva de ordem pública internacional; e nem por isso se lhe tem negado relevância na dilucidação das questões privadas internacionais. Razão por que não se nos afigura decisiva a objecção extraída do valor da segurança jurídica contra a eficácia internacional das disposições imperativas em questão.

A mesma observação vale relativamente à crítica à eventual eficácia das disposições em apreço fundada no princípio da harmonia jurídica internacional. Diz-se, a este respeito, que a seguir-se o caminho traçado pela Convenção de Haia e pela Convenção de Roma dificilmente os tribunais de diferentes países chegarão a soluções coincidentes quanto aos problemas suscitados pela regulamentação das mesmas situações da vida privada internacional, dada a ampla discricionariedade que, por via dos preceitos mencionados, esses instrumentos conferem aos julgadores e atenta ainda a possibilidade de se suscitarem conflitos positivos entre disposições imperativas de diferentes ordenamentos que simultaneamente reclamem aplicação a dada situação da vida[1977].

Vimos acima qual o lugar que pertence ao princípio da harmonia de julgados, enquanto corolário da igualdade, na axiologia do Direito Internacional Privado[1978]; não iremos por isso retomar aqui a discussão deste

---

efficacia. Parece assim lícito duvidar da conformidade da tradução oficial portuguesa, mais restritiva, com os textos originais da Convenção.

[1977] Assim FIRSCHING, est. e loc. cit., e RADTKE, «Schuldstatut und Eingriffsrecht», *ZVglRW* 1985, pp. 325 ss. (pp. 352 ss.).

[1978] Cfr. *supra*, § 3.º.

652   *Da Responsabilidade Pré-Contratual em Direito Internacional Privado*

ponto. Apenas salientaremos que é o próprio princípio da harmonia de julgados que por vezes reclama o reconhecimento de eficácia a disposições imperativas dimanadas de país estrangeiro[1979]: assim sucede, em especial, quando a decisão a proferir no Estado do foro se destine a produzir os seus efeitos próprios nesse país, pois que de outro modo seria aquela decisão inexequível ou incongruente com a que ali se obteria quanto à mesma lide.

Releva ainda neste domínio o princípio da unidade da ordem jurídica. Este opõe-se ao fraccionamento da disciplina das situações privadas internacionais mediante a sujeição de cada um dos seus distintos aspectos a leis diferentes, visto que semelhante procedimento é fonte potencial de antinomias entre as normas desse modo convocadas[1980]. A tanto é susceptível de conduzir a solução consistente em submeter aquelas situações ao Direito imperativo de quaisquer legislações que com elas possuam uma conexão «efectiva» ou «estreita», como estabelecem os textos convencionais acima examinados. Donde se segue que seria preferível pedir unicamente à *lex causae* a definição do Direito imperativo chamado a reger a situação controvertida[1981].

O certo, porém, é que os problemas postos por essas antinomias não são insolúveis, como se verificou a propósito do regime dos concursos de normas. A simples possibilidade da sua ocorrência não deve, pois, por si só, obstar à atribuição de eficácia a disposições imperativas dimanadas de terceiros países, sempre que os valores que a fundamentam sobrelevem à desejável unidade da regulamentação jurídica das situações privadas internacionais.

De resto, a ideia de um estatuto unitário do contrato internacional — ao qual se subordinariam, além do seu regime substantivo, todos os seus efeitos e questões conexas — conhece importantes limitações no Direito

---

[1979] Assim também WENGLER, «Die Anknüpfung des zwingenden Schuldrechts», *ZvglRW* 1941, pp. 168 ss. (p. 181); MAGALHÃES COLLAÇO, *Da compra e venda em DIP*, vol. I, pp. 325 ss.; MOURA RAMOS, *Da lei aplicável ao contrato de trabalho internacional*, pp. 716 s.; MARQUES DOS SANTOS, *As normas de aplicação imediata no DIP*, vol. II, pp. 1043 e 1067; MAYER, *DIP*, p. 84; e BONOMI, *Le norme imperative nel DIP*, pp. 322 ss. (pelo que respeita aos arts. 7.º, n.º 1, da Convenção de Roma e 19 da lei suíça de Direito Internacional Privado).

[1980] Cfr. neste sentido WENGLER, «Les principes généraux du DIP et leurs conflits», *RCDIP* 1952, pp. 595 ss. (p. 604); e FERRER CORREIA, *DIP. Alguns problemas*, pp. 117 s.

[1981] Neste sentido pronunciava-se em 1954 MAGALHÃES COLLAÇO, que entendia ser uma solução do tipo da referida no texto de molde a fazer «perder toda a força à noção de estatuto de contrato»: cfr. *Da compra e venda em DIP*, vol. I, p. 328.

Da Eficácia das Normas Internacionalmente Imperativas   653

Internacional Privado vigente[1982]: é ver o elevado número de conexões autónomas consagradas nos textos legislativos e convencionais a fim de se determinar a lei aplicável quer ao regime substancial dos contratos internacionais, quer às questões parciais que suscita a sua regulamentação, quer ainda às diferentes espécies de efeitos que o mesmo é susceptível de produzir[1983]; assim como a faculdade expressamente reconhecida às partes de escolherem leis diversas para regerem diferentes partes do contrato[1984].

Seja como for, sempre que as disposições imperativas em causa pertençam ao sistema jurídico designado pelas regras de conflitos do foro para reger a situação controvertida, posto que não caibam nas categorias normativas visadas por essas regras de conflitos, é a própria salvaguarda da unidade daquele sistema que reclama o reconhecimento de eficácia às mesmas.

Outro valor a ter em conta na resolução do problema em apreço é a cooperação internacional. A ela são contrárias todas as formas de nacionalismo jurídico, de que a atribuição de um âmbito de eficácia excessivo às disposições imperativas do foro poderá constituir expressão[1985]. Mas não é menos verdade que a cooperação entre Estados postula também o reconhecimento *in foro* de certa eficácia às disposições imperativas dimanadas de Estados estrangeiros[1986]; pelo que a máxima em apreço não aponta decididamente, bem vistas as coisas, para qualquer das soluções de que o problema é passível.

[1982] Reconhece-o Maria Helena BRITO, que escreve a este respeito: «o propósito de aplicar um direito único a uma situação plurilocalizada é impossível de atingir e é, por vezes, insuficiente ou inadequado ao carácter internacional das situações que constituem o objecto do direito internacional privado» (cfr. *A representação nos contratos internacionais*, p. 724).

[1983] Assim, entre nós os arts. 25.º, 28.º, 35.º a 39.º, 47.º, 49.º a 51.º e 63.º a 65.º do Código Civil sujeitam as questões relativas à capacidade negocial, à falta e vícios da vontade, ao valor de um comportamento e do silêncio como declarações negociais, à forma destas e à representação, ao menos em parte, a leis próprias, subtraindo-as ao estatuto do negócio. Por outra parte, em virtude do art. 46.º do mesmo diploma os efeitos reais dos negócios jurídicos acham-se submetidos à *lex rei sitae* e os arts. 49.º, 53.º e 64.º designam leis especiais a fim de regerem certos negócios de carácter institucional. Cfr. ainda a este respeito o disposto nos arts. 1.º, n.º 2, 5.º, n.º 2, 6.º, n.º 1, 8.º, n.º 2, 9.º, 10.º, n.º 2, e 11.º da Convenção de Roma.

[1984] Cfr. o art. 3.º, n.º 1, *in fine*, da Convenção de Roma.

[1985] Cfr., nesta linha de orientação, LALIVE, est. cit., pp. 150 ss.

[1986] Cfr. DROBNIG, «Die Beachtung von ausländischen Eingriffsgesetzen — eine Interessenanalyse», *in FS Neumayer*, pp. 159 ss. (pp. 173 s. e 178); e MARQUES DOS SANTOS, ob. cit., vol. II, pp. 1043 s. e 1067.

654   *Da Responsabilidade Pré-Contratual em Direito Internacional Privado*

O mesmo pode dizer-se do princípio da tutela da confiança legítima nas relações privadas internacionais. Este tanto pode reclamar que as condutas daqueles que fundamente se hajam orientado por certas disposições imperativas sejam valoradas à luz delas, ainda que as mesmas não pertençam ao estatuto da situação controvertida segundo as regras de conflitos comuns do foro, como, inversamente, que não seja reconhecida localmente qualquer eficácia a disposições desse tipo com cuja aplicação um ou ambos os interessados não contavam, especialmente se delas decorrer a invalidade ou a susceptibilidade de modificação das condições estipuladas em actos por eles celebrados[1987].

Quando essas disposições dimanem de um sistema jurídico estrangeiro afigura-se-nos haver ainda que ponderar, na resolução do problema da sua eventual eficácia na ordem interna, o modo como os fins por elas visados se conciliam, por um lado, com os valores e princípios normativos translegais vigentes no foro e, por outro, com os interesses tidos como relevantes pelo Direito local no domínio a que as mesmas respeitam. Na medida em que esses fins se afigurem legítimos à face da ordem jurídica do foro, *v.g.* por isso que coincidem com os que são protegidos pelas normas homólogas nele vigentes, poderá ser-lhes aí reconhecida eficácia.

Não se trata, como já se tem sustentado, de «bilateralizar» por esta via as regras de conflitos unilaterais, expressas ou implícitas, que delimitam o âmbito de eficácia das disposições imperativas nacionais[1988]. Semelhante procedimento deve ter-se por inadmissível, pois que, nada permitindo presumir que os Estados estrangeiros conferem às disposições imperativas neles vigentes um âmbito de aplicação espacial simétrico daquele que pertence às disposições imperativas do foro, ele envolveria o risco de se atribuir a tais disposições na ordem interna uma eficácia que o seu Estado de origem lhes não imputa.

[1987] Assim, por exemplo, não deve admitir-se que uma das partes se subtraia a compromissos por si assumidos invocando para tanto a omissão de um registo posto a cargo da contraparte pelo Direito vigente no local onde a transacção foi celebrada: cfr. NYGH, «The Reasonable Expectation of the Parties as a Guide to the Choice of Law in Contract and Tort», *Rec. cours*, vol. 251 (1995), pp. 269 ss. (p. 386); *idem, Autonomy in International Contracts*, p. 212.

[1988] Cfr. sobre esse procedimento WENGLER, *IPR*, vol. I, p. 92; FERRER CORREIA, «Considerações sobre o método do DIP», *in Estudos vários de direito*, pp. 309 ss. (p. 390); SCHURIG, «Zwingendes Recht, "Eingriffsnormen" und neues IPR», *RabelsZ* 1990, pp. 217 ss. (p. 250); MARQUES DOS SANTOS, ob. cit., vol. II, pp. 1003 ss. e 1037 ss.; e LIMA PINHEIRO, *Contrato de empreendimento comum (joint venture) em DIP*, pp. 790 s.

Está antes em causa a sujeição do reconhecimento de efeitos a essas disposições à condição de as mesmas prosseguirem finalidades que sejam atendíveis à luz da ideia de Direito que subjaz à ordem jurídica do foro[1989] ou geralmente aceites pela comunidade internacional[1990].

Requer-se, além disso, o cotejo dos fins visados pelas disposições em causa com os interesses públicos ou sociais prosseguidos pelo Estado do foro no domínio a que as mesmas respeitam. É que aquelas disposições constituem amiúde, como se verificou acima, instrumentos da política económica internacional do Estado que as edita[1991]. Ora, sempre que os tribunais nacionais se defrontem com a questão da eficácia a atribuir a disposições imperativas estrangeiras a que presida semelhante teleologia e estas não se integrem no âmbito de competência reconhecido pelo Direito de Conflitos local ao ordenamento de que dimanam não parece defensável a forçosa concessão de eficácia a essas disposições se as finalidades por elas visadas forem contrárias a interesses tutelados pelo Direito do Estado do foro[1992].

[1989] Esta condição acha-se expressa de forma particularmente nítida no art. 19 da Lei Federal suíça de Direito Internacional Privado, que dispõe:

«1. Lorsque des intérêts légitimes et manifestement prépondérants au regard de la conception suisse du droit l'exigent, une disposition impérative d'un droit autre que celui désigné par la présente loi peut être prise en considération, si la situation visée présente un lien étroit avec ce droit.

2. Pour juger si une telle disposition doit être prise en considération, on tiendra compte du but qu'elle vise et des conséquences qu'aurait son application pour arriver à une décision adéquate au regard de la conception suisse du droit.»

[1990] Ver neste sentido o art. 9, n.º 2, da Resolução adoptada pelo Instituto de Direito Internacional em 1991 sobre «L'autonomie de la volonté des parties dans les contrats internationaux entre personnes privées» (in Ann. IDI, vol. 64-II, 1992, pp. 382 ss.), que dispõe: «S'il y a lieu de prende en considération les dispositions impératives, au sens du paragraphe précédent, d'un droit autre que la loi du for ou la loi choisie par les parties, ces dispositions ne peuvent écarter l'application de la loi choisie que s'il existe un lien étroit entre le contrat et le pays de ce droit et que si elles poursuivent des fins généralement acceptées par la communauté internationale».

[1991] Assim também WENGLER, ob. cit., vol. I, p. 87.

[1992] Vide na mesma linha fundamental de orientação: WENGLER, ob. cit., vol. I, p. 93; Christian VON BAR, IPR, vol. I, p. 236; MARQUES DOS SANTOS, ob. cit., vol. II, p. 1052; VISCHER, «General Course on Private International Law», Rec. cours, vol. 232 (1992-I), pp. 9 ss. (pp. 174 s.); LALIVE, «Nouveaux regards sur le droit international privé, aujourd'hui et demain», SZIER 1994, pp. 3 ss. (que observa, a p. 11: «Dans notre société internationale de concurrence, un Etat ne saurait [...] appuyer systématiquement et à l'aveuglette n'importe quelle politique étrangère, par exemple économique, qui est au service d'intérêts nationaux particuliers»); CALVO CARAVACA-CARRASCOSA GONZÁLEZ, «El Con-

656   *Da Responsabilidade Pré-Contratual em Direito Internacional Privado*

Assim, por exemplo, se um Estado estrangeiro proíbe a formação de cartéis de importação de certa mercadoria, mas o Estado do foro os admite em vista da exportação da mesma mercadoria, não se afigura razoável que, sendo os interesses dos dois Estados directamente conflituantes, os tribunais do segundo hajam de aplicar as disposições do primeiro que consagram as referidas proibições. O mesmo pode dizer-se da hipótese em que um Estado estrangeiro estabelece unilateralmente um embargo à exportação de certas mercadorias para um país inimigo e o Estado do foro não adere a esse embargo[1993].

Se, inversamente, as disposições imperativas estrangeiras forem conformes aos interesses do Estado do foro, essa circunstância depõe no sentido do reconhecimento de eficácia às mesmas na ordem interna. Assim sucederá, por exemplo, se, estando os Estados *A* e *B* em guerra com *C*, o Estado *B* editar uma lei que proíbe o cumprimento de contratos celebrados entre residentes no seu território e residentes no estrangeiro quando daí possa advir qualquer benefício para a economia do Estado *C*, ainda que a lei aplicável a tais contratos seja a de *C* ou a de outro país. Os tribunais de *A* podem, em tal hipótese, reconhecer efeitos a essa lei, quer aplicando-a quer tomando-a em consideração como causa da impossibilidade superveniente do cumprimento das obrigações emergentes de contratos celebrados entre residentes em *B* e *C*; e ainda, neste último caso, recusar ao credor o direito a qualquer indemnização pelo incumprimento com fundamento em que a implementação na ordem interna das medidas de guerra adoptadas por um país aliado corresponde ao interesse nacional[1994].

---

venio de Roma Sobre la Ley Aplicable a las Obligaciones Contractuales de 19 de Junio de 1980», *in Contratos internacionales*, pp. 41 ss. (p. 122); e HARTLEY, «Mandatory Rules in International Contracts. The Common Law Approach», *Rec. cours*, vol. 266 (1997), pp. 337 ss. (p. 365). Cfr. ainda DROBNIG, est. cit., pp. 172 s. e 178.

[1993] A jurisprudência de diversos países revela múltiplos casos em que este tipo de restrições impostas por Estados estrangeiros foi ignorado, até por tribunais de países aliados daqueles que as estabeleceram: cfr. os exemplos referidos por VON BAR, ob. cit., vol. I, pp. 236 s., e BAADE, «Operation of Foreign Public Law», *IECL*, vol. III, cap. 12, pp. 35 s.

[1994] O exemplo é de WENGLER, ob. cit., vol. I, pp. 92 s.

§ 36.°
Regime aplicável

116. Procurámos colocar em evidência no parágrafo antecedente os principais valores e interesses que devem orientar o julgador na resolução do problema da eficácia das disposições imperativas não pertencentes ao domínio de competência da lei reguladora da situação privada internacional segundo as regras de conflitos comuns vigentes no Estado do foro.

De todo o exposto deduz-se que nenhum desses valores e interesses é por si só bastante para afastar por via de regra a relevância dessas disposições, nem para impô-la sistematicamente; e que são de vária ordem, como já anteriormente notáramos, as relações que podem estabelecer-se entre essas disposições e as demais normas em presença.

Não se afigura viável, por conseguinte, enunciar um princípio único de solução para o problema em apreço. Este terá antes de ser equacionado e resolvido, em nosso modo de ver, à luz das circunstâncias do caso concreto.

Iremos agora averiguar em que medida os valores e interesses mencionados se reflectem no regime a que entre nós se acha subordinado o reconhecimento de efeitos às ditas disposições. Para tanto, há que distinguir consoante a fonte dessas disposições.

a) Pelo que respeita às disposições imperativas do Estado do foro parece-nos que o julgador tem de aplicá-las, por força do dever de obediência à lei, sempre que assim o determine uma regra de conflitos especial, unilateral[1995] ou bilateral[1996], expressa ou implícita na própria disposição material em causa[1997]. A plena eficácia de uma norma jurídica pode, na verdade, reclamar a sua aplicação a todas as situações que apresentem com o ordenamento local uma certa conexão, a qual há-de, assim, ser deduzida

---

[1995] *V.g.* o art. 1.°, n.° 2, do D.L. n.° 371/93, de 29 de Outubro.

[1996] Por exemplo o art. 9.°, n.° 6, da Convenção de Roma.

[1997] Neste sentido RADTKE, «Schuldstatut und Eingriffsrecht», *ZVglRW* 1985, pp. 325 ss. (p. 331); SCHURIG, «Zwingendes Recht, "Eingriffsnormen" und neues IPR», *RabelsZ* 1990, pp. 217 ss. (p. 234).

658 Da Responsabilidade Pré-Contratual em Direito Internacional Privado

das finalidades jurídico-políticas visadas pela norma, de conformidade com o princípio *ut res magis valeat quam pereat*.

Pode ainda o esteio formal desse procedimento consistir numa regra auxiliar, que faculte ao julgador a aplicação de disposições imperativas do Estado do foro, mesmo que a lei desse Estado não seja competente para disciplinar a situação controvertida[1998]. Essa regra não dispensa, porém, uma regra de conflitos donde se infira que a disposição material em causa é aplicável ao caso concreto, com a qual terá de ser conjugada a fim de se obter o seu sentido completo. É nesta medida, como dissemos, uma regra não autónoma.

Já se tem invocado no mesmo sentido uma «cláusula geral de ordem pública em sentido positivo» (*Generalklausel des positiven ordre public*), nos termos da qual deve ser excepcionalmente reconhecido a certas disposições legislativas do Estado do foro um âmbito de aplicação mais lato do que aquele que lhes conferem as regras de conflitos gerais quando assim o imponha a consecução dos fins visados por essas disposições[1999]. Porém, uma tal cláusula não tem consagração positiva na ordem jurídica portuguesa.

[1998] Cfr. o art. 7.º, n.º 2, da Convenção de Roma: «O disposto na presente Convenção não pode prejudicar a aplicação das regras do país do foro que regulem imperativamente o caso concreto, independentemente da lei aplicável ao contrato» (uma disposição análoga figura no art. 9, n.º 2, da Proposta de Convenção Europeia Sobre a Lei Aplicável às Obrigações Não Contratuais, de 1998); o art. 34 da EGBGB: «Dieser Unterabschnitt berührt nicht die Anwendung der Bestimmungen des deutschen Rechts, die ohne Rücksicht auf das auf den Vertrag anzuwendende Recht den Sachverhalt zwingend regeln» (cfr. a tradução portuguesa deste preceito *in* Ferrer Correia e Ferreira Pinto, *DIP. Leis e projectos de leis. Convenções internacionais*, p. 165, e *in* Marques dos Santos, *DIP. Colectânea de textos legislativos de fonte interna e internacional*, p. 1361); o art. 18 da lei suíça de Direito Internacional Privado: «Sont reservées les dispositions impératives du droit suisse qui, en raison de leur but particulier, sont applicables quel que soit le droit désigné par la présente loi»; e o art. 17 da Lei de Reforma do Sistema Italiano de Direito Internacional Privado: «É fatta salva la prevalenza sulle disposizioni che seguono delle norme italiane che, in considerazioni del loro oggettto e del loro scopo, debbono essere applicate nonostante il richiamo alla legge straniera». Também o art. 21.º do Código Civil de Macau, aprovado pelo Decreto-Lei n.º 39/99/M, de 3 de Agosto, e em vigor desde 1 de Novembro de 1999, dispõe, sob a epígrafe «Normas de aplicação imediata»: «As normas da lei de Macau que pelo seu objecto e fim específicos devam ser imperativamente aplicadas prevalecem sobre os preceitos da lei exterior designada nos termos da secção seguinte».

[1999] Assim Wengler, *IPR*, vol. I, p. 90. Sustenta também a aplicação das disposições em apreço com fundamento na cláusula de ordem pública Bucher, «L'ordre public et le but social des lois en droit international privé», *Rec. cours*, vol. 239 (1993-II), pp. 9 ss. (p. 43). A ideia não é rigorosamente nova: as chamadas «leis de ordem pública» são a sua

Em qualquer caso, pressupõe-se, tal como na intervenção da reserva de ordem pública internacional, uma conexão espacial entre a situação controvertida e a ordem jurídica do foro (*Inlandsbeziehung*) a fim de que as disposições imperativas de fonte interna possam ser aplicadas[2000]. Seja, por exemplo, a obrigação de a entidade patronal informar o trabalhador sobre as condições aplicáveis à relação de trabalho, consignada no Direito Comunitário e na ordem jurídica interna[2001]: para que as disposições legais de fonte interna que a consagram possam ter-se por aplicáveis será necessário, segundo se deduz do seu teor e finalidades[2002], que o contrato de trabalho haja de executar-se em território nacional (ainda que não se ache sujeito à lei portuguesa) ou, devendo ser executado no estrangeiro, que tenha sido negociado ou celebrado entre trabalhador e empregador portugueses ou aqui habitualmente residentes.

b) No tocante à eficácia das disposições imperativas estrangeiras requer-se, de igual modo, que a lei a que pertencem as tenha por aplicáveis à situação controvertida. Contudo, como se disse acima, esse requisito não se afigura bastante para que possam ser-lhes atribuídos efeitos no Estado do foro. As regras de conflitos comuns nele vigentes disciplinam em princípio todas as situações ou questões da vida privada internacional compreendidas no seu objecto. A subtracção de uma parte dessas situações ou questões à regulamentação por elas instituída apenas pode resultar de uma limitação expressa ou implicitamente imposta por uma norma ou princípio do Direito de Conflitos interno ou por regras de Direito Internacional recebidas na

---

estirpe. Sobre estas e a sua genealogia ver, por todos, MARQUES DOS SANTOS, *As normas de aplicação imediata no Direito Internacional Privado*, vol. II, pp. 698 ss., que se pronuncia em sentido contrário à utilização, neste contexto, do conceito de ordem pública internacional (*ibidem*, p. 738). O conceito em apreço acha-se ainda estreitamente associado à «função positiva» que a doutrina mais antiga imputava à ordem pública internacional: cfr. sobre o ponto na doutrina germânica JAYME, *Methoden der Konkretisierung des ordre public im IPR*, pp. 28 s., e KROPHOLLER, *IPR*, pp. 221 s.; e entre nós MAGALHÃES COLLAÇO, *DIP*, vol. II, p. 430.

[2000] Assim também REITHMANN-MARTINY, *Internationales Vertragsrecht*, pp. 360 s.; *Münchener Kommentar*-MARTINY, Art. 34 EGBGB, n.m. 94 e 100, pp. 1854 e 1856; e KROPHOLLER, *IPR*, p. 442.

[2001] Cfr. a Directiva n.º 91/533/CEE, de 14 de Outubro, e o D.L. n.º 5/94, de 11 de Janeiro. Sobre estes textos consulte-se ROMANO MARTINEZ, *Direito do Trabalho*, II vol., *Contrato de trabalho*, 1.º t., pp. 169 s., e bibliografia aí citada.

[2002] As quais são, segundo se lê no preâmbulo do cit. D.L. n.º 5/94, «melhorar a protecção dos trabalhadores contra o eventual desconhecimento dos seus direitos e tornar mais transparente o mercado de trabalho».

660 *Da Responsabilidade Pré-Contratual em Direito Internacional Privado*

ordem interna; nunca de uma regra material ou de conflitos estrangeira a que não haja sido conferido localmente qualquer título de aplicação.

Há, neste particular, que distinguir entre as disposições dimanadas da *lex causae* e as editadas por terceiros Estados.

No primeiro caso a aplicabilidade dessas disposições não suscita problemas especiais se as mesmas forem reconduzíveis ao conceito-quadro da regra de conflitos do foro que atribui competência à lei estrangeira[2003]. Já na hipótese inversa, em que as disposições em causa não se deixam assimilar pela categoria de conexão da referida regra de conflitos, a sua eficácia na ordem interna não pode, num sistema de referência selectiva à lei designada como aquele que vigora entre nós, fundar-se directamente na remissão para ela operada pela regra de conflitos. Poderão, não obstante, ser-lhes reconhecidos efeitos localmente com fundamento no respeito devido à unidade da ordem jurídica estrangeira e na tutela da confiança dos interessados no reconhecimento das situações jurídicas constituídas à sombra dessa ordem jurídica. Requer-se para tanto um procedimento correctivo do resultado da aplicação da regra de conflitos análogo àquele que propusemos para as hipóteses em que sejam aplicáveis à responsabilidade pré-contratual regimes materiais híbridos[2004].

O critério de solução que preconizamos para as hipóteses em apreço é, assim, diverso daquele que vale para os casos em que as disposições imperativas em questão dimanam de uma ordem jurídica a que em princípio o Estado do foro não reconhece competência.

Esta última categoria de casos corresponde ao aspecto da temática em apreço mais controvertido na doutrina e aquele relativamente ao qual se regista menor consenso entre os diferentes ordenamentos jurídicos: haja vista às reservas formuladas pela Alemanha, pela Irlanda, pelo Luxemburgo, por Portugal e pelo Reino Unido ao art. 7.º, n.º 1, da Convenção de Roma, que tem por objectivo discipliná-lo.

Antes de prosseguirmos, deve notar-se o seguinte sobre as relações entre este preceito e os arts. 3.º, n.º 3, 5.º, n.º 2, e 6.º, n.º 1, da mesma Convenção:

Tanto o art. 3.º, n.º 3, como o art. 7.º se reportam, consoante se refere naquele primeiro preceito, a «disposições não derrogáveis por acordo».

[2003] No âmbito da Convenção de Roma releva em particular na aferição da apreensibilidade das disposições imperativas da *lex causae* pela regra de conflitos que lhes defere competência o disposto nos arts. 8.º, n.º 1, e 10.º, n.º 1, alínea *e*).

[2004] Cfr. *supra*, § 30.º.

Simplesmente, nos casos previstos no art. 7.º essa inderrogabilidade exerce-se, segundo nele se diz, «qualquer que seja a lei reguladora do contrato» ou «independentemente da lei aplicável ao contrato». Por isso reservamos para as disposições reconduzíveis a este preceito a designação de «internacionalmente imperativas».

Estas disposições podem, segundo cremos, preencher a previsão de ambas as regras em questão[2005]. Mas as situações da vida a que estas se referem são diferentes: ao passo que o art. 3.º, n.º 3, se reporta a situações unicamente conexas com o ordenamento a que tais disposições pertencem (excepto pelo que respeita à lei e, eventualmente, ao tribunal escolhidos), no art. 7.º encontramo-nos perante situações plurilocalizadas.

Nesta conformidade, são também diversas, de acordo com essas regras, as condições de eficácia das disposições em questão: enquanto que nas situações previstas no art. 3.º, n.º 3, o tribunal deve aplicá-las, sem que sejam exigíveis outros requisitos além do seu carácter injuntivo e de a situação possuir todas as suas ligações com a lei a que tais disposições pertencem, no art. 7.º a atribuição de efeitos às ditas disposições depende de requisitos adicionais (nomeadamente, que o sistema a que pertencem as tenha por aplicáveis qualquer que seja a lei reguladora do contrato).

A Convenção é, pois, mais exigente nos casos previstos no art. 7.º do que naqueles a que se refere o art. 3.º, n.º 3; o que torna mais estreito o leque das disposições que reúnem os requisitos enunciados naquela regra do que as que são abrangidas por esta.

Entre os arts. 5.º, n.º 2, e 6.º, n.º 1, da Convenção, por um lado, e 7.º, por outro, ocorre uma relação de especialidade[2006]. Referindo-se todos estes preceitos a disposições imperativas, é o domínio de aplicação do último manifestamente mais extenso do que o dos primeiros, já porque o art. 7.º abrange contratos não compreendidos no âmbito dos arts. 5.º e 6.º, já porque nele se prevê a atribuição de efeitos a disposições imperativas

---

[2005] Concordam com este ponto de vista FIRSCHING-VON HOFFMANN, *IPR*, p. 384, e HAY, *IPR*, p. 162.

[2006] Tem interesse, a fim de compreender a relação existente entre estas normas, atentar na explicação fornecida por AUDIT para a autonomização das primeiras. Escreve o autor: «lorsqu'il existe une convergence suffisante des droits nationaux pour considérer une matière donnée comme "de police", en raison du nombre de règles impératives qu'l'on y trouve, le droit conventionnel européen est revenu à la méthode bilatéraliste pour assurer l'application globale de ces dispositions, et ce en formulant un rattachement spécial» (cfr. «Le Droit International Privé à fin du XXe siècle: progrès ou recul», *RIDC* 1998, pp. 421 ss., p. 443).

662 Da Responsabilidade Pré-Contratual em Direito Internacional Privado

com primazia sobre as da lei reguladora do contrato, quer esta seja escolhida pelas partes quer seja designada por uma conexão objectiva.

No entanto, o art. 7.º não é consumido pelos arts. 5.º, n.º 2, e 6.º, n.º 1. Por um lado, porque os interesses por ele tutelados não se contêm integralmente naqueles que estes preceitos visam satisfazer: limitando-se a garantir à parte mais fraca na relação jurídica, no caso de ter havido escolha da lei aplicável, o *standard* de protecção assegurado pelas disposições imperativas de certa lei (*maxime* a do país da residência habitual do consumidor, no caso dos contratos de consumo, e a que vigora no *locus laboris*, no caso do contrato de trabalho), os arts. 5.º, n.º 2, e 6.º, n.º 1, deixam por atender interesses de diversa ordem (*v.g.* interesses colectivos), tutelados por disposições imperativas de outros Estados conexos com a situação a regular. Por outro lado, porque nem todos os contratos celebrados por consumidores são abrangidos pelo disposto no art. 5.º, n.º 2, mas tão-só aqueles que preencham a previsão do n.º 1 desse preceito, hajam sido celebrados nas circunstâncias previstas no n.º 2 e não caibam em nenhuma das excepções formuladas no n.º 4.

O art. 7.º deve, por isso, ser interpretado no sentido de que faculta ao julgador a aplicação de disposições imperativas do Estado do foro ou de terceiros países, verificados que estejam os pressupostos nele enunciados, mesmo em matéria de contratos de consumo e de trabalho[2007].

[2007] A solução que preconizamos parece ser admitida pelos relatores da Convenção, que incluem entre os exemplos de regras abrangidas pelo art. 7.º, n.º 2, as que protegem o consumidor: cfr. GIULIANO-LAGARDE, «Rapport concernant la convention sur la loi applicable aux obligations contractuelles», *JOCE*, n.º C 282, de 31 de Outubro de 1980, nota 4 ao art. 7.º. Ela obteve consagração no acórdão do Tribunal Federal alemão de 26 de Outubro de 1993, *IPRax* 1994, pp. 449 ss., no qual se admite, a p. 452, a aplicação do art. 34 da EGBGB onde a regulamentação do art. 29 da mesma lei se mostre lacunar (preceitos estes que correspondem, respectivamente, aos art. 7.º e 5.º da Convenção de Roma). Na doutrina, também ROTH, «Zum Verhältnis von Art. 7 Abs. 2 und Art. 5 des Römer Schuldvertragskonvention», *in Internationales Verbraucherschutzrecht*, pp. 35 ss. (pp. 42 e 49 s.), reconhece que entre as disposições imperativas a que se refere o art. 7.º, n.º 2, da Convenção se incluem normas de protecção dos consumidores; mas no âmbito de aplicação deste preceito caberiam apenas, segundo o autor, os tipos contratuais não abrangidos pelo art. 5.º. Ver ainda no sentido da aplicabilidade do art. 7.º da Convenção a contratos celebrados por consumidores e por trabalhadores BONOMI, *Le norme imperative nel DIP*, pp. 179 ss. À luz do exposto no texto perdem razão de ser as críticas dirigidas por JUNKER às disposições da EGBGB correspondentes aos arts. 5.º, n.º 2, e 6.º, n.º 1, da Convenção de Roma, com fundamento numa suposta falta de harmonia entre as mesmas e o art. 34 daquela lei: cfr., do autor, «Die freie Rechtswahl und ihre Grenzen — Zur veränderten Rolle der Parteiautonomie im Schuldvertragsrecht», *IPRax* 1993, pp. 1 ss.

O que se acabou de dizer vale, *mutatis mutandis*, quanto ao art. 9.º, n.º 6, da Convenção, o qual, constituindo um desenvolvimento do art. 7.º no seu domínio próprio de aplicação, não implica necessariamente a exclusão deste.

Sempre que vigorem no Estado do foro regras de conflitos ou regras auxiliares de regras de conflitos que imponham ou autorizem a aplicação de disposições imperativas estrangeiras não pertencentes à *lex causae* — como as que encontramos nos preceitos por último referidos — está o julgador *ipso facto* legitimado a conferir-lhes efeitos.

Na falta de tais regras, o reconhecimento de eficácia a essas disposições só pode fundar-se nos valores e interesses enunciados no parágrafo anterior ou nos princípios gerais que visam exprimi-los e na aptidão dos mesmos para servirem de fundamento racional às decisões jurisdicionais, ainda que isso importe a derrogação ou a introdução de limites ao funcionamento de regras de conflitos positivas[2008]. Não é possível, neste contexto, prefigurar soluções válidas para todos os casos. Tudo depende da ponderação da hipótese decidenda que o julgador fizer à luz dos ditos princípios. A fim de que possam ser aplicadas no Estado do foro, requer-se, em qualquer caso, além da «vontade de aplicação» das disposições em causa, uma conexão espacial suficientemente estreita entre o sistema jurídico a que as mesmas pertencem e a situação controvertida, bem como a convergência de valores e de objectivos jurídico-políticos entre a *lex fori* e a lei estrangeira a que aludimos acima. Em contrapartida, a reciprocidade por parte da lei de que dimanam as disposições em causa não se afigura exigível[2009].

A circunstância de a República Portuguesa se ter reservado o direito de não aplicar o n.º 1 do art. 7.º da Convenção de Roma, em conformidade com o disposto na alínea *a*) do n.º 1 do seu art. 22.º[2010], não impede que, mesmo no tocante às obrigações contratuais sujeitas a este instrumento internacional, os nossos tribunais confiram eficácia na ordem interna a disposições imperativas estrangeiras não pertencentes à *lex causae*.

Desde logo porque o art. 23.º, n.º 2, do Regime Jurídico das Cláusulas Contratuais Gerais prevê a aplicabilidade de tais disposições aos con-

---

[2008] Veja-se sobre o ponto o que dissemos atrás, § 27.º.

[2009] Cfr., porém, cm sentido diverso WENGLER, *IPR*, vol. I, pp. 530 s.

[2010] Cfr. o art. 3.º da Resolução da Assembleia da República n.º 3/94, de 3 de Fevereiro. Critica essa reserva MARQUES DOS SANTOS, «Le statut des biens culturels en DIP», *in Estudos de DIP e Direito Processual Civil Internacional*, pp. 167 ss. (n. 82, p. 196).

664 *Da Responsabilidade Pré-Contratual em Direito Internacional Privado*

tratos abrangidos por este diploma[2011]. Esse preceito reduz, pois, no seu domínio próprio de aplicação, o alcance da mencionada reserva.

Depois, porque o art. 7.º, n.º 1, concedeu neste particular um poder discricionário aos órgãos de aplicação do Direito: verificadas certas circunstâncias, estes têm a faculdade de «dar prevalência» (*rectius*: de atribuir efeitos) às ditas disposições, faculdade essa que exercerão ou não consoante o seu juízo acerca da adequação de tal procedimento, no caso decidendo, às finalidades visadas pelo preceito. Ora, as reservas formuladas pelos Estados contratantes da Convenção evidentemente não suprimem o problema que o preceito se destina a resolver, nem a competência daqueles órgãos para esse efeito. Pelo que essas reservas não podem envolver a proibição do reconhecimento de efeitos às disposições em causa quando os valores e interesses relevantes neste domínio o impuserem, antes têm como consequência o surgimento de uma lacuna na regulamentação legal da matéria[2012], a suprir segundo os cânones hermenêuticos gerais.

Estes apontam no sentido da atribuição de efeitos às disposições imperativas estrangeiras, verificadas que estejam as condições atrás assinaladas. Eis por que em nosso modo de ver a consequência fundamental da reserva portuguesa ao art. 7.º, n.º 1, não é senão a subordinação do exercício de um poder funcional que a Convenção disciplinou em determinados moldes aos critérios supralegais em que esse preceito se funda[2013].

A eficácia atribuída às disposições em apreço pode ser de diferente índole, traduzindo-se na sua aplicação com primazia sobre as normas da *lex causae* ou na tomada em consideração da situação jurídica resultante

---

[2011] Cfr. *supra*, § 23.º

[2012] Admitem também que a falta de uma norma sobre a relevância de disposições imperativas estrangeiras se traduz numa lacuna: MARTINY, «Der Deutsche Vorbehalt gegen Art. 7 Abs. 1 des EG-Schuldvertragsübereinkommens vom 19.6.1980 — seine Folgen für die Anwendung ausländischen zwingenden Rechts», *IPRax* 1987, pp. 277 ss. (p. 278); FIRSCHING-VON HOFFMANN, *IPR*, p. 416; *Münchener Kommentar*-MARTINY, Art. 34 EGBGB, n.m. 46, p. 1836; e, entre nós, LIMA PINHEIRO, *Contrato de empreendimento comum (joint venture) em DIP*, p. 790.

[2013] Tem por isso razão LAGARDE quando salienta que a incerteza que o art. 7.º, n.º 1, inevitavelmente suscita será ainda maior nos Estados que formularem uma reserva a este preceito: cfr. «Le nouveau droit international privé des contrats après l'entrée en vigueur de la Convention de Rome du 19 juin 1980», *RCDIP* 1991, pp. 287 ss. (p. 324). Na mesma linha fundamental de orientação pronuncia-se, na doutrina inglesa, KAYE, *The New Private International Law of Contract of the European Community*, p. 256, que critica por aquele motivo a reserva aposta pelo Reino Unido ao art. 7.º, n.º 1.

Da Eficácia das Normas Internacionalmente Imperativas   665

da sua aplicação como elemento determinante do preenchimento da hipótese legal de normas de Direito Privado da *lex causae*.

Ocorre a primeira destas situações quando, sendo por hipótese válida, à face da *lex contractus* convencionalmente estipulada, uma cláusula contratual que exclua ou limite a responsabilidade do fornecedor de determinado produto pelos danos sofridos pelo respectivo consumidor em razão dos defeitos de que o mesmo padecer, a qual é proibida por uma disposição vigente no lugar onde reside habitualmente o consumidor e onde o contrato foi celebrado, o julgador a considere nula ao abrigo desta última disposição.

Verifica-se a segunda espécie de efeitos referidos se, na mesma hipótese, o contrato for reduzido às estipulações válidas, nos termos previstos pela *lex contractus*, por não se demonstrar que ele não teria sido concluído sem a parte viciada. Outras concretizações deste tipo de eficácia ocorrem, por exemplo, quando deva ter-se o devedor por exonerado à face da *lex contractus* com fundamento na impossibilidade do cumprimento decorrente da proibição de importação das mercadorias que constituem objecto do contrato decretada pelo país onde era devida a sua entrega; e quando se considere constituído em responsabilidade por acto ilícito praticado no foro ou em país estrangeiro, ao abrigo do Direito local, aquele que lesou através desse acto um interesse alheio tutelado por disposição imperativa dimanada de terceiro país, *v.g.* uma norma repressiva da concorrência desleal que compreenda no seu âmbito de protecção o dano sofrido pelo ofendido ou uma regra de circulação ou de segurança vigente no lugar e no momento de um acidente de viação[2014].

Deve, em princípio, ter-se a aplicação de disposições imperativas estrangeiras por sujeita à sindicância da reserva de ordem pública internacional do Estado do foro[2015]. Com ela não se confunde, cabe notá-lo, a con-

---

[2014] Assim o determina por exemplo o art. 7 da Convenção da Haia de 1971 Sobre a Lei Aplicável em Matéria de Acidentes de Circulação Rodoviária: «Quelle que soit la loi applicable, il doit, dans la détermination de la responsabilité, être tenu compte des règles de circulation et de sécurité en vigueur au lieu et au moment de l'accident».

[2015] Cfr, neste sentido: WENGLER, «Die Anknüpfung des zwingenden Schuldrechts im IPR. Eine rechtsvergleichende Studie», *ZfvglRW* 1941, pp. 168 ss. (pp. 197 e 211); ZWEIGERT, «Nichterfüllung auf Grund ausländischer Leistungsverbote», *RabelsZ* 1942, pp. 283 ss. (pp. 306 s.); FRANCESCAKIS, «Conflits de lois (principes généraux)», *in Répertoire de Droit International*, n.º 149; KROPHOLLER, *IPR*, pp. 139 e 232 s.; e HARTLEY, «Mandatory Rules in International Contracts. The Common Law Approach», *Rec. cours*, vol. 266 (1997), pp. 337 ss. (p. 381). Na doutrina portuguesa perfilham a opinião expendida no texto: MAGALHÃES COLLAÇO, *Da compra e venda em DIP*, vol. I, p. 315; e FERRER COR-

vergência valorativa e teleológica entre as disposições em causa e as que lhes correspondem no Estado do foro, que acima preconizámos como requisito da eficácia das primeiras na ordem interna. Do que se trata aqui não é, com efeito, de ajuizar da conformidade dos objectivos jurídico-políticos visados pelas disposições aplicandas com os que são prosseguidos pelo Direito do foro no mesmo domínio, mas antes da compatibilidade da situação concreta adveniente da sua aplicação aos factos da causa com as concepções ético-jurídicas fundamentais da *lex fori*. Ora, não pode *a priori* excluir-se que, verificando-se a primeira, todavia não ocorra a segunda, pois que o objecto da valoração é diverso nos dois casos: no primeiro, ele corresponde ao conteúdo da norma estrangeira em si mesma; no segundo ele consiste antes na situação jurídica decorrente da sua aplicação.

Suponhamos que a lei do país da residência habitual do adquirente de certo bem consagra, sob pena de anulabilidade do contrato, a obrigação de o vendedor prestar ao comprador, previamente à sua celebração, determinadas informações acerca das características do objecto transaccionado ou das condições do negócio, que a *lex contractus* não prevê. Nada a opor, do ponto de vista do conteúdo do preceito, à sua eficácia no foro. Admitamos que no caso vertente a informação não foi prestada pelo vendedor; mas que o adquirente do bem é um profissional do ramo de actividade económica em que se processou a transacção, que conhece perfeitamente as características do mesmo bem e que manifestamente apenas pretende prevalecer-se da disposição em causa a fim de se exonerar das suas obrigações contratuais. Semelhante actuação configura um abuso de direito, con-

---

REIA, «Considerações sobre o método do DIP», *in Estudos vários de direito*, pp. 309 ss. (p. 388). Em sentido contrário pronuncia-se MARQUES DOS SANTOS, ob. cit., vol. II, pp. 1051 s., que aduz para tanto dois argumentos: a circunstância de haver muitas vezes «coincidência de enunciados entre as regras [de aplicação imediata] dos vários Estados» e a «natureza eminentemente conflitualista» que a reserva de ordem pública internacional reveste. O primeiro destes argumentos não vale, porém, em todos os casos em que não haja identidade de conteúdo entre as disposições imperativas estrangeiras e as que porventura lhes correspondam no Estado do foro. O segundo assenta no pressuposto de que a reserva de ordem pública só funciona quando as normas estrangeiras hajam sido designadas por regras de conflitos; e de que tal não sucede pelo que respeita às disposições imperativas em apreço. Estamos todavia em crer que nada impede que essas disposições sejam designadas por regras de conflitos; e mesmo que assim não seja, não descortinamos razão suficiente para subtrair o resultado da aplicação de uma norma estrangeira ao controlo da reserva de ordem pública internacional do Estado do foro no facto de a mesma ter sido designada para reger a situação controvertida por um meio diverso de uma regra de conflitos.

trário à boa fé. A aplicação da disposição imperativa estrangeira em causa envolveria, por conseguinte, ofensa de um princípio fundamental da ordem pública internacional do Estado português. Não pode, por isso, ser--lhe reconhecida eficácia no caso concreto.

c) Consideremos, por fim, as disposições imperativas de fonte internacional. Poderia, à primeira vista, supor-se que a questão da sua eficácia na ordem interna não tem autonomia relativamente à das demais categorias de disposições atrás examinadas, por isso que as mesmas ou vigoram na ordem interna — hipótese em que valeriam quanto a elas, sem mais, as regras relativas à atribuição de efeitos às disposições imperativas do Estado do foro — ou apenas têm vigência noutros países — caso em que se lhes aplicariam os critérios gerais de solução enunciados para o problema da eficácia das disposições imperativas estrangeiras.

Cremos, no entanto, que não é assim.

Pelo que respeita às disposições imperativas constantes dos tratados institutivos da Comunidade e da União Europeia e do Direito Comunitário derivado, a sua aplicação ou tomada em consideração no Estado do foro não suscita qualquer problema de conflito de leis sempre que a situação controvertida apenas possua conexões com Estados membros da União Europeia e tais disposições sejam dotadas de efeito directo[2016]. É o caso das regras relativas à concorrência constantes dos artigos 81.° e seguintes do Tratado que Institui a Comunidade Europeia (ex-artigos 85.° e seguintes). Os tribunais podem aplicá-las às questões privadas internacionais que lhes sejam submetidas sem terem de recorrer a quaisquer regras de conflitos; e podem também os particulares, seja qual for a lei competente para reger a situação controvertida, invocar essas disposições nas suas relações recíprocas e perante os Estados ou outras entidades públicas, ainda que as mesmas se achem em conflito com as normas do Direito interno.

O mesmo não pode dizer-se das demais disposições imperativas de fonte internacional (i. é, não comunitárias). Por duas ordens de razões. Primeiramente, porque são muito diversos os sistemas de vigência do Direito Internacional na ordem interna adoptados pelos diferentes Estados, variando os mesmos entre a recepção automática e a sua transformação em Direito interno. Em segundo lugar, porque tais disposições não estão sub-

---

[2016] Cfr. sobre este conceito FAUSTO DE QUADROS, *Direito das Comunidades Europeias e Direito Internacional Público*, pp. 420 ss., e Maria Luísa DUARTE, *A teoria dos poderes implícitos e a delimitação de competências entre a União Europeia e os Estados--Membros*, pp. 311 ss.

668 *Da Responsabilidade Pré-Contratual em Direito Internacional Privado*

metidas à interpretação de um órgão jurisdicional comum, como sucede com o Direito Comunitário. Torna-se portanto imprescindível, a fim de determinar a eficácia dessas disposições, apurar previamente, além da lei aplicável à relação *sub judice*, se tais disposições vigoram na ordem jurídica do Estado do foro ou tão-só na de terceiros Estados e neste caso em que termos. Essas disposições serão, pois, aplicáveis à relação controvertida verificados os pressupostos de que depende a aplicação das disposições imperativas de fonte interna, atendendo-se, na sua interpretação e integração, ao modo como vigoram na ordem jurídica interna dos países considerados e como são interpretadas e integradas pela doutrina e pela jurisprudência locais. Pelo que respeita aos actos unilaterais dimanados das organizações internacionais haverá ainda que atentar no disposto nos respectivos tratados institutivos quanto ao regime da sua eficácia.

Poderia argumentar-se em contrário do exposto que sempre que as disposições imperativas de fonte internacional constituam expressão de valores fundamentais da comunidade internacional (como a paz e a segurança internacionais, a tutela dos direitos do Homem ou a preservação do património cultural da Humanidade) a sua aplicação às relações privadas internacionais se basearia num conceito de «ordem pública verdadeiramente internacional»[2017]. Esta ordem pública seria, por conseguinte, não um limite à constituição ou ao reconhecimento no Estado do foro de situações jurídicas que envolvam ofensa de valores próprios do sistema jurídico local, mas antes a expressão de princípios fundamentais reconhecidos pela generalidade das nações[2018].

A ideia é sedutora. Mas suporia, a fim de ser exacta, a possibilidade de certos valores e juízos de valor aspirarem a uma validade universal — e isso está por demonstrar. Mais: não só a superioridade de determinada constelação de valores é quanto a nós insusceptível de ser racionalmente provada, mas também a sua positividade à escala mundial nos é desmen-

---

[2017] Cfr. sobre o ponto MARQUES DOS SANTOS, ob. cit., vol. II, p. 1044, e, pelo que respeita à protecção dos tesouros artísticos nacionais, FERRER CORREIA, «A venda internacional de objectos de arte e a protecção do património cultural», *RLJ*, ano 125.°, pp. 289 ss. (ano 126.°, pp. 69 s.). Ver ainda Maria Helena BRITO, *A representação nos contratos internacionais*, p. 721.

[2018] Cfr. TABORDA FERREIRA, «Acerca da ordem pública no direito internacional privado», *RDES* 1959, pp. 1 ss., 185 ss. (pp. 185 s.); FERRER CORREIA, «Direito Internacional Privado», *Polis*, vol. 2, cols. 461 ss. (col. 473); e, na perspectiva própria do Direito Internacional Público, GONÇALVES PEREIRA-FAUSTO DE QUADROS, *Manual de Direito Internacional Público*, p. 278.

Da Eficácia das Normas Internacionalmente Imperativas 669

tida a cada passo. Em nosso modo de ver, a ordem pública será sempre, por isso, um conceito que exprime valores e juízos de valor privativos de um ordenamento jurídico individualmente considerado ou, quando muito, de um grupo de ordenamentos jurídicos[2019]. O conceito de «ordem pública verdadeiramente internacional» afigura-se-nos, por isso, inservível como fundamento da eficácia na ordem interna de quaisquer disposições imperativas de fonte internacional.

117. Averiguemos agora quais as conexões relevantes na atribuição de efeitos, em matéria de responsabilidade pré-contratual emergente de relações privadas internacionais, a disposições imperativas não compreendidas no âmbito de competência da lei reguladora desta responsabilidade.

Também aqui há que distinguir conforme se trate de disposições de fonte interna ou dimanadas de países estrangeiros.

a) Pelo que respeita às primeiras, deve o julgador, em conformidade com o que se expôs acima, observar o preceituado em regras de conflitos especiais e em regras auxiliares de regras de conflitos que disciplinem a sua eficácia.

Entre estas, há a salientar as que figuram na Convenção de Roma. Por força delas serão aplicáveis, por exemplo, as disposições da Lei de Defesa do Consumidor relativas ao direito à informação e à responsabilidade do fornecedor de bens e serviços e do prestador de serviços pela sua violação, assim como as do Código da Publicidade referentes à responsabilidade pelos danos causados pela difusão de mensagens publicitárias ilícitas, ainda que a situação *sub judice* não seja regida pela nossa lei, sempre que tais disposições garantam ao consumidor um *standard* de protecção superior ao da lei escolhida pelas partes, o consumidor tenha aqui a sua residência habitual e se verifiquem as demais condições exigidas pelo n.º 2 do art. 5.º da Convenção.

Serão ainda aplicáveis, por via do n.º 2 do art. 7.º da Convenção, as disposições do Regime Jurídico das Cláusulas Contratuais Gerais que impõem ao contratante que recorra a cláusulas deste tipo a prestação à

[2019] Na mesma linha fundamental de orientação escreve OLIVEIRA ASCENSÃO: «Os princípios de ordem pública internacional não são da comunidade internacional, são "do Estado português"» (cfr. «Tribunal competente. Acção de simples apreciação negativa respeitante a sentença estrangeira violadora da ordem pública internacional portuguesa», *CJ* 1985, t. IV, pp. 22 ss., p. 24). Outra não é a concepção que defendemos no nosso *Da arbitragem comercial internacional*, p. 89.

contraparte de certas informações e esclarecimentos a respeito das mesmas, se tal aplicação for reclamada pela finalidade precípua por elas visada: a protecção do aderente a cláusulas contratuais contra o poder de facto exercido pelo predisponente. Assim sucede, por exemplo, se for celebrado entre um empresário estabelecido em país estrangeiro e outro estabelecido em Portugal, por adesão a cláusulas contratuais elaboradas pelo primeiro, um contrato submetido a uma lei estrangeira e o predisponente não informar a contraparte de certa cláusula essencial nele contida cuja aclaração se justifique, sendo o contrato, em consequência, nulo nos termos do art. 9.º, n.º 2, do dito Regime Jurídico. Se o aderente sofrer prejuízos em virtude deste facto, a violação do dever de informação consignado no art. 6.º do mesmo Regime opera como um pressuposto da responsabilidade pré-contratual do predisponente, ainda que esta última se encontre sujeita à *lex contractus*[2020].

Além destas disposições, relevam na ordem jurídica portuguesa as que figuram no Código dos Valores Mobiliários. Assim, as ofertas públicas de valores mobiliários dirigidas especificamente a pessoas com residência ou estabelecimento em Portugal encontram-se sujeitas às disposições do Código relativas à informação a incluir em prospectos[2021] — solução que é reclamada pelas finalidades precípuas dessas disposições, entre as quais se inscrevem a protecção dos investidores e a eficiência e a regularidade do funcionamento dos mercados de valores mobiliários[2022]. Tais regras serão, por conseguinte, aplicáveis a essas ofertas, ainda que os correspondentes contratos não estejam sujeitos à lei portuguesa.

É o que ocorre, por exemplo, se uma entidade sedeada em país estrangeiro oferecer ao público em Portugal, para venda, valores mobiliários de que é titular. O prospecto alusivo a essa oferta deve, neste caso, conformar-se com o disposto nos arts. 135.º e seguintes do Código. Uma vez que os contratos que tenham por objecto a transmissão desses valores se encontram sujeitos às regras gerais da Convenção de Roma[2023], aplicar-

---

[2020] Depõe no mesmo sentido a circunstância de o art. 23.º, n.º 1, do Regime Jurídico das Cláusulas Contratuais Gerais prever a aplicação das normas constantes da secção III do respectivo capítulo V, independentemente da lei escolhida pelas partes para regular o contrato, sempre que este apresente uma conexão estreita com o território português.

[2021] Art. 108.º, n.º 1, do Código.

[2022] Cfr. o art. 358.º do Código.

[2023] Efectivamente, não parece valer quanto a eles o disposto no art. 1.º, n.º 1, alíneas *c*) e *e*), da Convenção, que excluem do âmbito desta, respectivamente, as «obrigações

-se-á aos mesmos, na falta de escolha da lei aplicável, a lei do Estado da sede do oferente, por ser esta a parte a que incumbe realizar a prestação característica[2024]. À mesma lei caberá regular, verificados os pressupostos anteriormente enunciados, a eventual responsabilidade do oferente dos títulos pelos danos resultantes do incumprimento dos deveres pré-contratuais de conduta que sobre si recaíam. Por força do disposto no art. 108.°, n.° 1, do referido Código, o conteúdo e a forma do prospecto a publicar pelo oferente dos títulos regem-se, não obstante, pela lei portuguesa. Sendo violadas disposições desta, poderá haver responsabilidade pelo conteúdo do prospecto nos termos previstos no Código; mas isso não prejudica o direito que os lesados eventualmente tenham, segundo as regras da *lex contractus*, de exigir, nos termos e nos prazos que delas resultem, indemnização *ex culpa in contrahendo*, desde que o dano não seja indemnizado mais do que uma vez[2025]. Na hipótese figurada assistirá, pois, ao lesado o direito de accionar o oferente dos títulos com fundamento na responsabilidade pelo prospecto cominada pela lei portuguesa e na responsabilidade pré-contratual prevista na *lex contractus*, invocando o ilícito consistente na violação das disposições imperativas da legislação bolsista portuguesa atinentes à informação a incluir no prospecto.

Devem igualmente ter-se como aplicáveis, qualquer que seja a lei reguladora do contrato, as disposições da lei portuguesa que impõem aos alienantes de direitos de habitação periódica em empreendimentos turísti-

---

decorrentes de letras, cheques, livranças, bem como de outros títulos negociáveis, na medida em que as obrigações surgidas desses outros títulos resultem do seu carácter negociável» e as «questões respeitantes ao direito das sociedades», pois que tais contratos não são títulos negociáveis nem contendem directamente com a constituição e o funcionamento das sociedades: cfr. GIULIANO-LAGARDE, «Rapport», cit., p. 11; MALATESTA, «Considerazioni sull'ambito di applicazione della Convenzione di Roma: il caso dei titoli di credito», *in La Convenzione di Roma sul diritto applicabile ai contratti internazionali*, pp. 181 ss. (p. 192); BALLARINO-BONOMI, «Materie escluse dal campo di applicazione della Convenzione di Roma», *in La Convenzione di Roma sulla legge applicabile alle obbligazioni contrattuali*, vol. II, pp. 87 ss. (pp. 125 ss.); e CALVO CARAVACA e outros, *DIP*, vol. II, pp. 651 e 661. Entre nós, *vide* sobre a aplicabilidade da Convenção de Roma à oferta internacional de valores mobiliários Paulo CÂMARA, «A oferta de valores mobiliários realizada através da Internet», *Cadernos do Mercado de Valores Mobiliários* 1997, pp. 13 ss. (pp. 48 ss.).

[2024] Observe-se que, segundo os próprios relatores da Convenção, as vendas de títulos se encontram excluídas do âmbito do art. 5.° desta: cfr. «Rapport», cit., p. 23. No sentido da aplicação a estes negócios da lei da sede do devedor da prestação característica pronuncia-se também HOPT, *Le banche nel mercato dei capitali*, p. 132.

[2025] Cfr. *supra*, § 12.°/I.

cos sitos em território nacional a prestação à contraparte de certas informações antes da celebração dos correspondentes contratos[2026].

b) Pelo que respeita às disposições imperativas estrangeiras, a admissibilidade do reconhecimento de efeitos às mesmas (assim como a extensão desses efeitos) tem de ser ponderada, na falta de regras legais ou convencionais que expressamente lhes confiram um título de eficácia na ordem interna, à luz dos valores e interesses atrás enunciados.

Aspecto central dessa ponderação é a determinação da existência de uma conexão suficientemente estreita entre a ordem jurídica de que dimanam as disposições em causa e a situação a regular, que confira legitimidade à «vontade de aplicação» dessas disposições[2027].

Para tanto, há que atender aos bens jurídicos protegidos por tais disposições[2028]. Distinguem-se, nesta base, as disposições imperativas que tutelam certa categoria de sujeitos (ou normas de protecção social) das que visam dar satisfação a necessidades colectivas (também ditas normas de intervenção).

O âmbito de eficácia espacial das primeiras define-se tendencialmente em razão de elementos de conexão pessoais; o das segundas, por conexões territoriais.

Assim, pelo que respeita às normas de protecção, deverá tomar-se em consideração o lugar da residência habitual dos sujeitos que as mesmas tipicamente visam proteger, sempre que aí se achar organizada em termos estáveis a sua vida familiar e profissional e se tiverem formado com base na lei vigente nesse lugar expectativas atendíveis desses sujeitos quanto à regulamentação em certo sentido das relações de que são partes.

Quanto às normas de intervenção, relevará em especial o lugar onde produzem efeitos as condutas que o interesse público reclama sejam regulamentadas ou proibidas.

No que se refere às normas estrangeiras que imponham deveres de informação tendentes a proteger o investidor e a salvaguardar interesses públicos atinentes ao funcionamento do mercado de capitais, afigura-se

---

[2026] É o que decorre do preceituado no n.º 7 do art. 60.º do D.L. n.º 275/93, de 5 de Agosto, aditado pelo D.L. n.º 180/99, de 22 de Maio.

[2027] Recorde-se que o art. 7.º, n.º 1, da Convenção de Roma exige, a fim de que seja dada prevalência a disposições imperativas estrangeiras, uma «conexão estreita» entre o país a cuja ordem jurídica as mesmas pertencem e a situação em apreço.

[2028] No art. 7.º, n.º 1, da Convenção de Roma manda-se ter em conta a «natureza» e o «objecto» das disposições imperativas estrangeiras.

Da Eficácia das Normas Internacionalmente Imperativas 673

que deve ser tida como conexão relevante, a fim de aferir a susceptibilidade de atribuição de efeitos às mesmas na ordem interna, o mercado onde os valores a que tais informações dizem respeito são emitidos, negociados ou transaccionados.

Depõem no sentido da atendibilidade dessa conexão a sua consagração nas regras internas atinentes à mesma matéria, constantes do Código dos Valores Mobiliários, e o acolhimento que ela tem tido no Direito estrangeiro (donde resulta a sua aptidão para promover a harmonia de julgados e os valores que a justificam)[2029].

A mesma ordem de considerações justificará a aplicação em Portugal de disposições estrangeiras que imponham deveres pré-contratuais de informação ao alienante de direitos de habitação periódica, desde que as mesmas dimanem do país onde se encontram situados os imóveis a que esses direitos se referem[2030].

Além destas, outras conexões serão atendíveis sempre que se trate não já de aplicar as disposições imperativas em causa com primazia sobre as da lei normalmente competente, mas antes de valorar a situação jurídica

---

[2029] Cfr., entre nós, o art. 3.º, n.º 2, alínea *a*), do Código dos Valores Mobiliários. Perante o Direito alemão admitem que o mercado é o elemento de conexão delimitador do âmbito de aplicação espacial das disposições imperativas locais relativas às transacções realizadas no mercado de capitais: GRUNDMANN, «Deutsches Anlegerschutzrecht in internationalen Sachverhalten», *RabelsZ* 1990, pp. 283 ss. (especialmente pp. 298 ss. e 321); HOPT, ob. cit., pp. 136 s.; REITHMANN-MARTINY, ob. cit., pp. 396 e 438; *Münchener Kommentar*-MARTINY, Art. 34 EGBGB, n.m. 77, pp. 1848 s.; e SCHNEIDER, *Kapitalmarktrechtlicher Anlegerschutz und IPR*, pp. 261 s., 272, 276 e 336 ss. Na Suíça pode conduzir ao mesmo resultado a regra de conflitos contida no art. 156.º da lei de Direito Internacional Privado, que dispõe: «Les prétentions qui dérivent de l'émission de titres de participation et d'emprunts au moyen de prospectus, circulaires ou autres publications analogues, sont régies soit par le droit applicable à la société, soit par le droit de l'Etat d'émission».

[2030] Recorde-se que o art. 9.º da Directiva n.º 94/47/CE, relativa à protecção dos adquirentes quanto a certos aspectos dos contratos de aquisição de um direito de utilização a tempo parcial de bens imóveis determina que os Estados membros tomem as medidas necessárias a fim de que, independentemente da lei aplicável, o adquirente não seja privado da protecção instituída pela mesma, «se o bem imóvel estiver situado no território de um Estado-membro». O n.º 7 do art. 60.º do D.L. n.º 275/93, que visa transpor aquele preceito da Directiva para a ordem jurídica interna, fica todavia aquém do exigido por esta disposição, pois que não assegura ao adquirente a protecção por ela instituída sempre que o imóvel sobre o qual se constituiu o direito de habitação se situe noutro Estado membro da Comunidade e as partes hajam escolhido a fim de reger o correspondente contrato a lei de um terceiro país.

674   Da Responsabilidade Pré-Contratual em Direito Internacional Privado

decorrente da sua aplicação à luz de normas de Direito Privado da *lex causae*. Neste contexto relevarão, nomeadamente, as disposições proibitivas de certos contratos ou acordos (ou de cláusulas deles constantes), bem como de certas práticas, dimanadas do país onde for devido o respectivo cumprimento ou onde ocorram ou possam ter efeitos tais práticas[2031].

Suponha-se, a título de exemplo, que uma empresa sedeada na Alemanha impõe a uma empresa sedeada em Portugal, que actua como distribuidora de produtos manufacturados pela primeira, determinadas limitações quanto às áreas geográficas ou aos segmentos do mercado nacional em que à segunda é dado exercer a sua actividade, no intuito de impedir a concorrência entre esta e outro distribuidor dos mesmos produtos; e que, para tanto, essa empresa explora a posição dominante que ocupa no mercado internacional desses produtos. O acordo que estabelece essas limitações (por hipótese sujeito, pelo que respeita às obrigações dele provenientes, à lei alemã) é nulo; e pode ser declarado ilegal pelo Conselho da Concorrência[2032]. Este facto pode ser tomado em consideração na aplicação das normas alemãs sobre a *culpa in contrahendo* numa acção intentada pelo distribuidor perante os tribunais portugueses com vista a obter o ressarcimento dos danos que houver sofrido em consequência da referida actuação da empresa alemã.

c) Vejamos, para concluir, que relações podem estabelecer-se entre as disposições imperativas em causa e as normas da lei reguladora da responsabilidade pré-contratual determinada nos termos atrás examinados.

Tais relações serão de cumulação quando os efeitos estatuídos pelas leis em presença se adicionem no caso concreto sem adaptações. É o que acontece, *v.g.*, se aos deveres pré-contratuais de conduta estabelecidos pela *lex causae* acrescer, na hipótese decidenda, um específico dever de informação imposto por certa disposição imperativa do país onde a transacção tem lugar ou se destina a produzir efeitos.

De combinação ou conjugação de efeitos pode falar-se a respeito de todas as hipóteses em que, preenchendo o mesmo facto a previsão de normas da *lex causae* e de disposições imperativas de terceiros países, o julgador haja de construir, atendendo a todas as normas em presença, o regime que se revelar mais adequado na perspectiva dos valores que a ordem jurídica do foro visa salvaguardar na situação controvertida, *v.g.* a

---

[2031] Cfr. entre nós o cit. art. 1.º, n.º 2, do D.L. n.º 371/93.

[2032] Cfr. o art. 2.º, n.º 2, do D.L. n.º 371/93, e a Portaria n.º 1097/93, de 29 de Outubro.

Da Eficácia das Normas Internacionalmente Imperativas   675

garantia de um *standard* mínimo de protecção à parte mais fraca na relação jurídica. É, no fundo, o que prescrevem os arts. 5.°, n.° 2, e 6.°, n.° 1, da Convenção de Roma, na medida em que apenas prevêem derrogações à aplicabilidade dos preceitos da lei escolhida pelas partes se as normas de protecção dos países neles referidos consagrarem um regime mais favorável ao consumidor ou ao trabalhador; e outra não é a directriz traçada entre nós pelo art. 38.° do diploma que regulamenta o contrato de agência ou representação comercial, por força do qual o agente beneficia simultaneamente de todos os direitos que lhe confere a *lex contractus* determinada nos termos gerais e do regime de cessação previsto na lei portuguesa, sempre que este se revele mais vantajoso do ponto de vista dos seus interesses.

No domínio da responsabilidade pré-contratual um tal regime compósito resultará, por exemplo, da aplicação simultânea das regras da *lex causae* que prevejam a indemnização do interesse positivo e das disposições do país da residência habitual do consumidor que lhe confiram o direito à reparação do dano sofrido *in contrahendo* independentemente de culpa da contraparte.

As relações entre as normas em causa serão de mútua exclusão sempre que os respectivos conteúdos se revelem de tal modo contraditórios que a aplicação de uma delas exclua necessariamente a da outra, sendo impossível a sua cumulação ou combinação. Assim sucederá, por exemplo, se a omissão de certa informação nos preliminares do contrato for fonte de responsabilidade pré-contratual segundo uma disposição imperativa de determinado país, que se tem por aplicável à situação controvertida, mas não de acordo com a lei reguladora dessa responsabilidade segundo as regras de conflitos gerais do Estado do foro. Levanta-se neste caso a questão de saber a qual das normas em presença deve o julgador atribuir primazia. Para tanto, haverá que lançar mão dos critérios de valoração atrás enunciados.

Verificar-se-ão, por fim, relações de mera pressuposição quando a valoração de dada situação da vida, operada à luz das disposições imperativas de determinado país, constituir um pressuposto da produção de certa consequência jurídica prevista numa norma da *lex causae*. Assim sucede, por exemplo, nos casos em que a omissão ilícita de certa informação, cuja prestação é prescrita por uma disposição imperativa do país *A*, é tomada como pressuposto da aplicação das regras gerais sobre a culpa na formação dos contratos consagradas no Direito do país *B*; ou em que a circunstância de certa disposição legal do país *C* determinar a ilicitude ou ilegalidade do objecto contratual ou a impossibilidade do cumprimento das obrigações dele emergentes, que uma das partes conhecia ou tinha a obrigação de conhecer, faz recair sobre esta, à face da lei do país *D*, o dever de informar a contraparte ou de se abster de formular uma proposta contratual, cuja violação importa a sua constituição em responsabilidade pré-contratual[2033].

[2033] Cfr., para uma aplicação jurisprudencial desta ideia, a sentença do *Bundesgerichtshof* de 14 de Junho de 1957, *WM* 1957, pp. 981 ss.: incorre em responsabilidade por culpa na formação do contrato, ao abrigo do Direito alemão, a parte que não informa a outra de que, segundo o Direito do país da sede da primeira, o contrato negociado entre ambas será nulo na falta de uma autorização cambial.

CAPÍTULO IX

DA RESERVA DE ORDEM PÚBLICA INTERNACIONAL

§ 37.°
Preliminares

118. Toda a aplicação de uma lei estrangeira às questões privadas internacionais encontra-se submetida, expressa ou implicitamente, a um juízo sobre o resultado material a que conduz. Tal é o alcance da consagração no Direito Internacional Privado português, entre outros institutos, da reserva de ordem pública internacional.

É justamente da intervenção desta figura na regulamentação da responsabilidade pré-contratual emergente de relações privadas internacionais que trataremos agora. Cuidaremos a este respeito, principalmente, de saber em que medida podem os tribunais portugueses recusar a aplicação dos preceitos da lei ou leis estrangeiras definidas como competentes nos termos examinados nos capítulos antecedentes, com fundamento em essa aplicação ser incompatível com os princípios básicos que entre nós regem a dita responsabilidade.

Assim enunciada, a questão em apreço não se confunde com a da eficácia das normas internacionalmente imperativas nem com as da intervenção da ordem pública dita «verdadeiramente internacional», da relevância no Estado do foro da ordem pública de um Estado estrangeiro e do cúmulo ou da falta de normas aplicáveis às situações da vida privada internacional.

Senão vejamos.

O reconhecimento de eficácia às disposições internacionalmente imperativas constitui, tal como a intervenção da reserva de ordem pública internacional, um limite à aplicação da lei normalmente competente[2034].

São, porém, muito diversos os critérios de justiça e as considerações de política legislativa que subjazem à admissão da possibilidade de os julgadores se valerem desses expedientes na resolução da questão privada internacional[2035]: ao passo que o primeiro representa uma cedência do Direito de Conflitos comum à especial «vontade de aplicação» das disposições nacionais ou estrangeiras que veiculam o intervencionismo e o proteccionismo estadual nas relações entre privados, tem o segundo essencialmente em vista a defesa dos valores fundamentais do ordenamento jurídico do foro, que a aplicação de dada lei estrangeira à situação controvertida poderia comprometer.

A intervenção da reserva de ordem pública ocorre, além disso, em momento posterior à determinação da eficácia das ditas disposições. Desde logo, porque compreende no seu objecto todas as normas estrangeiras potencialmente aplicáveis *in foro*, seja a que título for: quer por pertencerem à lei normalmente competente quer porque, dimanando de outros ordenamentos jurídicos interessados, são convocadas em razão da sua particular vontade de aplicação à relação *sub judice*. Depois, porque em certos casos o reconhecimento de imperatividade internacional a determinadas disposições do Direito interno é susceptível de restringir o campo de aplicação da lei estrangeira e, por conseguinte, também o da reserva de ordem pública internacional.

Concebida a ordem pública nestes moldes — que são aqueles em que a mesma se acha consagrada nas principais ordens jurídicas nacionais e nas convenções internacionais em vigor entre nós —, pertence-lhe fundamentalmente a função de impedir a produção no Estado do foro, em virtude da aplicação de preceitos estrangeiros, de resultados intoleráveis ao sentimento ético-jurídico local; não a de impor a aplicação incondicional de quaisquer disposições do Direito interno[2036]. Ela oferece-se-nos assim

---

[2034] E não, como pretendem LOUSSOUARN-BOUREL, *DIP*, p. 286, um meio de excluir *ab initio* a designação da lei estrangeira, visto que aquelas disposições podem, como vimos, ser aplicadas concorrentemente com as da lei normalmente competente.

[2035] Sobre o tema podem consultar-se nomeadamente: FRANCESCAKIS, «Y a-t-il du nouveau en matière d'ordre public?», *TCFDIP* 1966-1969, pp. 149 ss; SPERDUTI, «Norme di applicazione necessaria e ordine pubblico», *RDIPP* 1976, pp. 469 ss.; *idem*, «Les lois d'application nécessaire en tant que lois d'ordre public», *RCDIP* 1977, pp. 257 ss. (pp. 268 ss.); e WENGLER, «Sonderanknüpfung, positiver und negativer ordre public», *JZ* 1979, pp. 175 ss.

[2036] Acessoriamente, conferem alguns ordenamentos jurídicos à ordem pública internacional outras funções. Assim, por exemplo, os tribunais ingleses recorrem à *public*

Da Reserva de Ordem Pública Internacional

mais como um instrumento destinado a proteger certos valores fundamentais da ordem jurídica do foro do que como um meio de impor na ordem internacional a eficácia que porventura reclamem certas disposições imperativas nacionais[2037]. A eventual invocação pelo julgador de tais disposições no contexto da actuação da reserva de ordem pública internacional apenas pode, por conseguinte, ser entendida como referência aos valores e princípios de que as mesmas são expressão e que aquele instituto visa salvaguardar. Eis por que se nos afigura hoje carecida de actualidade a clássica distinção entre as concepções românica (também dita «apriorística») e germânica (ou «aposteriorística») da ordem pública[2038].

A reserva de ordem pública a que aqui nos reportamos é, como veremos, expressão da ideia de Direito que informa o ordenamento jurídico do Estado do foro e não de valores supostamente comuns à generalidade dos Estados, que formariam a denominada «ordem pública verdadeiramente internacional» a que fizemos alusão anteriormente[2039]; o que não significa, todavia, que entre os princípios que compõem aquela reserva se não contem princípios de Direito Internacional geral: justamente aqueles que, por via da sua recepção plena na ordem jurídica do Estado do foro, são parte integrante do Direito local[2040].

---

policy based on international comity para negar efeitos localmente a contratos internacionais celebrados em violação de disposições legais estrangeiras não pertencentes ao estatuto do contrato. A ordem pública não intervém, pois, em tais casos, a fim de excluir a aplicação da lei estrangeira, mas antes para lhe conferir um título de eficácia na ordem interna. Cfr. sobre o assunto ENONCHONG, «Public Policy in the Conflict of Laws: a Chinese Wall Around Little England?», *ICLQ* 1996, pp. 633 ss. (p. 649), e CHESHIRE-NORTH-FAWCETT, *Private International Law*, p. 585. Noutros sistemas, como o alemão, a cláusula de ordem pública é ainda utilizada como instrumento de repressão da fraude à lei em Direito Internacional Privado: cfr. KROPHOLLER, *IPR*, p. 147.

[2037] Demonstra-o entre nós a circunstância de, nos termos do art. 22.º, n.º 2, do Código Civil, a exclusão dos preceitos da lei estrangeira cuja aplicação envolva ofensa da ordem pública internacional do Estado português não conduzir necessariamente à aplicação das regras do Direito interno português, que apenas são chamadas a intervir a título subsidiário. Não é outra, neste particular, a orientação consignada no art. 16, n.º 2, da lei de reforma do Sistema Italiano de Direito Internacional Privado. Cfr. adiante, § 38.º.

[2038] Cfr. sobre o ponto TABORDA FERREIRA, «Acerca da Ordem Pública no Direito Internacional Privado», *RDES* 1957, pp. 1 ss.; FERRER CORREIA, *Lições de DIP*, pp. 559 ss.; e BAPTISTA MACHADO, *Lições de DIP*, pp. 257 ss.

[2039] Cfr. *supra*, § 36.º.

[2040] Diversa é a posição de MANN, que pretende que os tribunais nacionais poderiam recusar a aplicação de normas de Direito estrangeiro que violem o Direito Internacional Público sem para tanto terem de recorrer à reserva de ordem pública internacional do

Também não cabe no tema deste capítulo, tal como o delimitámos acima, a análise das condições da relevância no foro da ordem pública internacional de um Estado estrangeiro, *v.g.* no quadro da resolução de um problema de reenvio ou de uma questão prévia.

A ofensa da ordem pública de que aqui nos vamos ocupar é a que resulta da aplicabilidade das disposições materiais de determinada lei estrangeira, designada pelas regras de conflitos vigentes no foro. Ao estudo subsequente não pertence o exame das hipóteses em que da actuação conjugada de duas ou mais leis, chamadas a títulos diversos para reger a mesma situação da vida privada internacional, decorra um resultado inaceitável do ponto de vista da ordem jurídica do foro e, eventualmente, também segundo a óptica das próprias ordens jurídicas estrangeiras em presença. Porque a fonte dos problemas suscitados a este título reside nas próprias regras de conflitos e não nas normas materiais estrangeiras por elas convocadas é noutro plano, que não o da reserva de ordem pública internacional, que os mesmos hão-de em princípio ser resolvidos. A esta temática nos reportámos anteriormente, no capítulo em que analisámos os concursos e a falta de normas aplicáveis. Para aí remetemos, portanto.

À indagação que aqui nos propomos empreender são inerentes todas as dificuldades que o preenchimento de conceitos jurídicos indeterminados envolve. Em rigor, a definição dos valores e princípios que integram a reserva de ordem pública internacional nunca foi conseguida; nem parece que possa sê-lo completamente, dado que o preenchimento deste conceito

---

Estado do foro: cfr. «The Consequences of an International Wrong in International and National Law», *BYIL* 1976-77, pp. 1 ss. (pp. 28 ss.). A posição do autor só poderia, no entanto, ser aceita no quadro de um radical monismo jurídico internacionalista, que ferisse de nulidade toda a regra interna contrária ao Direito Internacional e legitimasse, com esse fundamento, a sua não aplicação pelos tribunais estrangeiros. Ora semelhante solução há--de necessariamente ser rejeitada por quem entenda que a sanção da violação do Direito Internacional não consiste na invalidade ou ineficácia da norma interna contrária à internacional, mas tão-só na responsabilidade internacional do Estado (cfr. neste sentido entre nós GONÇALVES PEREIRA-FAUSTO DE QUADROS, *Direito Internacional Público*, p. 87). A evicção da norma estrangeira contrária a princípios fundamentais do Direito Internacional só pode, pois, de acordo com esta orientação, fundar-se na cláusula de ordem pública internacional do Estado do foro. Contrariamente ao que supõe MANN (est. cit., p. 35), a intervenção dessa cláusula não requer, nos casos em que a norma estrangeira conflitue com princípios essenciais a toda a comunidade humana que se norteie por valores éticos, a conexão entre a situação da vida a regular e a ordem jurídica do Estado do foro que é exigível quando esteja em causa a ofensa de princípios privativos deste Estado: cfr. sobre o ponto *infra*, § 38.°.

Da Reserva de Ordem Pública Internacional

requer actos de valoração a realizar pelo julgador caso a caso, à luz do sentimento ético-jurídico prevalecente em determinado momento e em certo lugar. Este o motivo por que a incompatibilidade da aplicação da lei estrangeira com a ordem pública internacional do Estado do foro só em concreto pode ser determinada. Por isso também se afirma, com razão, que a reserva de ordem pública internacional não pode ser definida pelo seu conteúdo, mas tão-só pela sua função[2041].

Não significa isto, porém, que seja impossível identificar um núcleo de situações típicas em que, verificados certos pressupostos, a ordem pública internacional haja de intervir em determinado ordenamento jurídico. Para esse efeito, é possível apelar tanto às concretizações do conceito pelos órgãos locais de aplicação do Direito como à elaboração doutrinal dos princípios fundamentais que integram a ordem jurídica do foro. Vale isto por dizer que à ordem pública internacional pertence indubitavelmente um determinado conteúdo material, susceptível de ser objectivamente apreendido[2042]. Depõem neste sentido, além do mais, as referências aos «princípios fundamentais da ordem pública internacional do Estado português» constantes de diversos textos legislativos vigentes entre nós[2043].

É, pois, daquelas situações típicas que iremos tratar aqui. Referir-nos-emos em especial a dois princípios fundamentais que inspiram na ordem interna portuguesa a disciplina da responsabilidade pré-contratual: a boa fé nos preliminares e na conclusão dos contratos e a proporcionalidade da sanção do ilícito pré-contratual à gravidade do dano e à culpa das partes.

Já em 1874 salientava MANCINI a possibilidade de a aplicação de instituições estrangeiras ser rejeitada com fundamento na sua incompatibili-

---

[2041] Assim FERRER CORREIA, *Lições de DIP*, p. 564.

[2042] Define-o KEGEL como «a parte intocável da ordem jurídica própria»: cfr. *IPR*, p. 373.

[2043] Cfr. os arts. 22.°, n.° 1, 1651.°, n.° 2, e 1668.°, n.° 2, do Código Civil, 6.°, n.° 1, do Código do Registo Civil aprovado pelo D.L. n.° 131/95, de 6 de Junho, 1096.°, *f*), do Código de Processo Civil e 192.°, n.° 1, do D.L. n.° 94-B/98, de 17 de Abril (Regula as condições de acesso e de exercício da actividade seguradora e resseguradora). Em sentido análogo dispõe o art. 6 da EGBGB (na redacção dada pela Lei de 25 de Julho de 1986): «Öffentliche Ordnung (ordre public) Eine Rechtsnorm eines anderen Staates ist nicht anzuwenden, wenn ihre Anwendung zu einem Ergebnis führt, das mit wesentlichen Grundsätzen des deutschen Rechts offensichtlich unvereinbar ist. Sie ist insbesondere nicht anzuwenden, wenn die Anwendung mit den Grundrechten unvereinbar ist» (cfr. a tradução portuguesa deste preceito *in* FERRER CORREIA e FERREIRA PINTO, *DIP. Leis e projectos de leis. Convenções internacionais*, p. 149, e *in* MARQUES DOS SANTOS, *DIP. Colectânea de textos legislativos de fonte interna e internacional*, pp. 1347).

682   *Da Responsabilidade Pré-Contratual em Direito Internacional Privado*

dade não apenas com a ordem moral, mas também com a ordem económica vigente em determinada sociedade[2044]. O tema que aqui nos propomos versar constitui justamente um ensejo para aprofundar o estudo do *modus operandi* e do conteúdo desta segunda vertente — acaso menos explorada — da reserva de ordem pública: a que contende com a sua intervenção na disciplina jurídico-privada internacional dos direitos patrimoniais.

A fim de se compreender devidamente o sentido da nossa indagação, há-de ter-se presente que do que aqui curamos não é senão da possibilidade de ser recusada aplicação aos preceitos da lei estrangeira indicados pela regra de conflitos com fundamento na ofensa daqueles princípios. Através da reserva de ordem pública pretende-se evitar a situação jurídica concreta que adviria da aplicação de certos preceitos estrangeiros aos factos da lide, por a mesma se revelar intolerável ao sentimento ético-jurídico dominante no foro. Aquela situação, e não os preceitos de cuja aplicação ela resulta, constitui por isso o objecto da valoração segundo os princípios da ordem pública internacional do foro[2045]. Não temos, por conseguinte, a

---

[2044] Cfr. «De l'utilité de rendre obligatoires pour tous les Etats, sous la forme d'un ou de plusieurs traités internationaux, un certain nombre de règles générales du droit international privé, pour assurer la décision uniforme des conflits entre les différentes législations civiles et criminelles», *Clunet* 1874, pp. 221 ss. (p. 297).

[2045] Tal é o entendimento dominante na doutrina contemporânea: cfr. na literatura estrangeira LAGARDE, *Recherches sur l'ordre public en DIP*, pp. 164 s.; GIULIANO--LAGARDE, «Rapport concernant la convention sur la loi applicable aux obligations contractuelles», *JOCE* C 282, pp. 1 ss. (p. 37); SCHURIG, *Kollisionsnorm und Sachrecht*, p. 249; Christian VON BAR, *IPR*, vol. I, pp. 541 e 547; DICEY-MORRIS-COLLINS, *The Conflict of Laws*, vol. 1, p. 94; MOSCONI, «Exceptions to the Operation of Choice of Law Rules», *Rec. cours*, vol. 217 (1989-V), pp. 9 ss. (pp. 60 ss.); *idem*, *Diritto Internazionale Privato e Processuale. Parte Generale e Contratti*, p. 132; SPICKHOFF, *Der ordre public im IPR*, p. 79; JAYME, *Methoden der Konkretisierung des ordre public im Internationalen Privatrecht*, p. 33; *idem*, «Identité culturelle et intégration: le droit international privé postmoderne. Cours général de droit international privé», *Rec. cours*, vol. 251 (1995), pp. 9 ss. (pp. 227 e 236); MARTINY, «Gemeinschaftsrecht, ordre public, zwingende Bestimmungen und Exklusivnormen», *in Europäisches Gemeinschaftsrecht und Internationales Privatrecht*, pp. 211 ss. (p. 220); KAYE, *The New Private International Law of Contract of the European Community*, p. 347; MORRIS-McCLEAN, *The Conflict of Laws*, p. 42; BATIFFOL--LAGARDE, *DIP*, t. I, p. 575; KEGEL, *IPR*, pp. 374 e 379; FIRSCHING-VON HOFFMANN, *IPR*, pp. 249 s. e 253; LOUSSOUARN-BOUREL, *DIP*, p. 294; KROPHOLLER, *IPR*, p. 224; JUNKER, *IPR*, p. 241; e BALLARINO, *DIP*, p. 304. Entre nós, *vide* na mesma linha de orientação: FERRER CORREIA, *Lições de DIP*, p. 568; BAPTISTA MACHADO, *Lições de DIP*, p. 265; MARQUES DOS SANTOS, *DIP. Sumários* (1987), p. 187, e MOURA RAMOS, «L'ordre public international en droit portugais», *BFDUC* 1998, pp. 45 ss. (p. 54). Na jurisprudência portuguesa

pretensão de que o problema em apreço possa ser resolvido mediante o estabelecimento em abstracto da incompatibilidade de tais preceitos com os ditos princípios.

A ordem pública internacional tem carácter relativo, pois que a sua actuação pressupõe a existência de uma dada conexão entre o ordenamento do foro e a situação controvertida; e os seus efeitos podem ser de diversa ordem — positivos uns, negativos outros. A nossa investigação ficaria, assim, incompleta se omitíssemos a análise dos pressupostos e

---

pode consultar-se, no sentido do texto, o ac. do STJ de 26 de Outubro de 1994, *BMJ* 440, pp. 253 ss.

Contra, sustentando que é o conteúdo da norma abstracta do Direito estrangeiro designado pela regra de conflitos normal que deve ser comparado com a correspondente regra abstracta da *lex fori*, pronunciava-se WENGLER, «General Principles of Private International Law», *Rec. cours*, vol. 104 (1961-III), pp. 263 ss. (pp. 437 e 438, n. 14). Mas o autor parece ter entretanto modificado o seu pensamento sobre este ponto: cfr. «Sonderanknüpfung, positiver und negativer ordre public», *JZ* 1979, pp. 175 ss. (p. 177), onde refere que o sentido da cláusula de ordem pública negativa é a não aplicação de uma lei estrangeira «fortemente divergente» da lei alemã quando, verificando-se determinada conexão com a ordem interna, se revele «insustentável» o resultado concreto da aplicação da lei estrangeira pelo juiz alemão e «escandalosa» a prolação de uma sentença que o consagre; e *IPR*, vol. I, p. 79, onde reconhece que só se o resultado concreto da aplicação da disposição estrangeira no âmbito da ordem jurídica do foro for tido por intolerável pode a ordem pública ser chamada a intervir.

Mais recentemente, pretende CARTER ser lícita, à face do Direito inglês, a recusa da aplicação de normas estrangeiras com fundamento tão-só em o seu conteúdo ser «intrinsecamente repugnante»: cfr. «The Rôle of Public Policy in English Private International Law», *ICLQ* 1993, pp. 1 ss. (pp. 3 s.). Mas sem razão, como o permite demonstrar o exemplo seguinte. Suponha-se que durante a vigência das normas alemãs que proscreviam o casamento entre judeus e arianos dois alemães, um dos quais judeu, contraem casamento na Alemanha em contravenção àquelas normas. Mais tarde, sem que esse casamento haja sido declarado nulo, o marido, que entretanto adquirira nacionalidade britânica por naturalização, volta a casar em Inglaterra. Após a sua morte, ambas as viúvas aparecem a reclamar perante tribunal inglês o reconhecimento dos direitos sucessórios que o sistema jurídico local atribui ao cônjuge sobrevivo. Esses direitos pressupõem naturalmente a validade do casamento. Esta afere-se, de acordo com as regras de conflitos inglesas, pela *lex domicilii* ao tempo do casamento — na espécie, pelo que respeita ao primeiro casamento, a lei alemã, segundo a qual esse casamento era nulo. Pese embora o carácter repugnante, à luz das concepções ético-jurídicas inglesas, das ditas normas da lei alemã, não pode o tribunal deixar de decidir em conformidade com elas a questão prévia da validade do primeiro casamento e, em consequência, de reconhecer o direito à sucessão nos bens do *de cujus* apenas à segunda mulher deste. A solução concreta não choca, pois que a primeira mulher do falecido não era, na realidade, titular de qualquer expectativa digna de tutela jurídica quanto à sucessão dele; e apenas isso conta para o efeito da intervenção da reserva de ordem pública.

efeitos da actuação do instituto no domínio em apreço. Procuraremos, por isso, a propósito de cada um dos princípios mencionados, determinar os requisitos gerais a que se acha subordinada a sua intervenção na ordem jurídica portuguesa a este título e os efeitos dela resultantes. Para tanto, tomaremos como fontes primordiais os arts. 22.° do Código Civil e 16.° da Convenção de Roma.

Resta, a fechar estas considerações preliminares, dizer uma palavra acerca da relevância que o tema assume para a metodologia do Direito Internacional Privado.

Já acima se notou que a intervenção da reserva de ordem pública internacional do Estado do foro reclama um acto de valoração por parte do julgador: uma tomada de posição quanto à compatibilidade de certo resultado da aplicação da lei estrangeira com os princípios fundamentais do ordenamento jurídico do foro.

Como se verá, ela requer ainda a verificação pelo mesmo da existência de uma conexão espacial suficientemente estreita entre a situação controvertida e o ordenamento jurídico do foro — a qual equivale, vendo bem, à formulação de uma regra de conflitos *ad hoc*, destinada a balizar o campo de actuação daqueles princípios —, assim como um acto de criação pelo próprio julgador da disciplina material aplicável à situação controvertida, quer por apelo às normas da *lex causae* que se afigurem mais apropriadas ao caso segundo o ponto de vista do foro, quer mediante a combinação das regras daquela lei com as da *lex fori* que sejam chamadas a substituir as disposições estrangeiras incompatíveis com a ordem pública local.

Também por estes motivos haverá que reconhecer a insuficiência do modelo subsuntivo a fim de explicar o modo segundo o qual se processa a regulamentação das situações da vida privada internacional; e deverá, do mesmo passo, admitir-se a natureza constitutiva que reveste o juízo decisório em Direito Internacional Privado.

O primado absoluto da cláusula de ordem pública internacional sobre as regras de conflitos comuns importa, por outro lado, o reconhecimento de que nem os diferentes sistemas jurídicos são, como supunha SAVIGNY, essencialmente equivalentes uns aos outros, nem a justiça do Direito Internacional Privado é, como pretendem KEGEL e outros, eminentemente «formal» ou «neutra». Ao invés: os juízos de valor jurídicos subjacentes à *lex fori* ocupam, em virtude daquela cláusula, um lugar cimeiro na disciplina das questões privadas internacionais.

§ 38.°
Boa fé na formação dos contratos e ordem pública internacional

119. Suponhamos o seguinte exemplo: *A*, cidadão britânico, adquire à sociedade *B*, com sede em Faro, um imóvel de propriedade desta sito no Algarve, em parte arrendado a *C*. As partes sujeitam o negócio ao Direito inglês. Na véspera da venda, *B* e *C* alteram o contrato de arrendamento, estipulando a faculdade de o inquilino exercer no imóvel locado qualquer actividade comercial e de realizar nele quaisquer obras que entenda necessárias. *A* não é informado do facto e apenas vem a tomar conhecimento dele após a celebração do contrato. *A* reclama de *B*, perante tribunal português, o ressarcimento dos prejuízos patrimoniais sofridos em consequência do evento. *B* contrapõe que em matéria de compra e venda de imóveis não existe na *lex contractus* qualquer dever pré-contratual de informação a cargo do vende-dor[2046]. *A* objecta que a boa fé impunha a *B* a obrigação de informá-lo, antes da formalização da venda, de que ia modificar ou já modificara o contrato de arrendamento do prédio vendido[2047]; pelo que a solução extraída do Direito inglês é incompatível com um princípio fundamental da ordem pública internacional do Estado português e como tal deve ser afastada pelo tribunal. *Quid iuris*?

Tomemos agora estoutra hipótese: *D*, sociedade comercial com sede estatutária em Lisboa, mas cuja administração reúne habitualmente em Londres, dirige a *E*, residente em Lisboa, uma proposta de celebração de um contrato de trabalho. As negociações tendentes à celebração do contrato processam-se em Londres, aonde *E* se desloca expressamente para o efeito. No termo delas, chegam as partes a consenso quanto às condições do contrato, segundo o qual *E* se obrigaria a prestar os seus serviços profissionais num estabelecimento de *D* sito em Londres. Em consequência, *E* revoga o contrato de trabalho que mantinha com outra empresa do mesmo ramo sedeada

---

[2046] Cfr. neste sentido ATIYAH, *An Introduction to the Law of Contract*, p. 249.

[2047] Assim o ac. do STJ de 14 de Outubro de 1986, *BMJ* 360, pp. 583 ss.

686 *Da Responsabilidade Pré-Contratual em Direito Internacional Privado*

em Portugal e arrenda um apartamento em Londres. Quando se encontrava prestes a concluir-se o processo negocial, *D*, de forma injustificada e intempestiva, declara-se, em reunião havida em Londres com *E*, indisponível para a conclusão do contrato. Inconformado, *E* intenta contra *D*, perante tribunal português, acção em que pede a condenação desta no pagamento de uma indemnização pelos prejuízos que sofreu em consequência do procedimento da ré. Funda a sua pretensão no disposto no artigo 227.° do Código Civil português. *D* contesta, afirmando que o Direito aplicável é o inglês, segundo o artigo 6.°, n.° 2, da Convenção de Roma, e que, à face daquele Direito, a sua conduta é perfeitamente lícita, por isso que o mesmo não consagra qualquer dever geral de negociar de boa fé. Na réplica, *E* alega que o Direito inglês não é aplicável à espécie, porque tal envolveria ofensa da ordem pública internacional do Estado português, na qual se integra, em seu entender, o princípio da boa fé. Deverá o tribunal português julgar procedente, com este fundamento, a pretensão de *E*?

Nas hipóteses em apreço encontramo-nos perante condutas que são, à luz do Direito português, geradoras de responsabilidade pré-contratual por infringirem o princípio da boa fé nos preliminares e na conclusão dos contratos, mas que não têm esse alcance segundo a lei que as regula de acordo com as regras de conflitos vigentes entre nós, a qual confere primazia ao princípio da autonomia privada sobre as vinculações derivadas da boa fé pré-contratual.

Também o Direito Privado português tutela, como se sabe, a autonomia privada; mas institui diversos mecanismos de controlo social do seu exercício, fundados na boa fé. Frente a frente encontram-se, pois, nos casos figurados, os valores da liberdade individual, por um lado, e da paz social e da segurança do tráfico jurídico, por outro. O primeiro é assegurado através da vinculação das partes tão-só após a celebração do contrato e apenas até onde chegar a sua vontade real; os segundos, mediante a tutela da confiança legitimamente depositada por uma das partes na conduta pré-contratual da outra. Defrontam-se também neste particular as concepções individualista e social do Direito.

Será esta diversidade de concepções bastante para fazer intervir, obstando à aplicação da lei estrangeira, a reserva de ordem pública internacional do Estado português?

A fim de dilucidar este ponto, há que apurar se o princípio da boa fé nos preliminares e na conclusão dos contratos integra a reserva de ordem pública internacional, tal como esta é concebida entre nós; e, na hipótese afirmativa, quais os requisitos a que se subordina a sua intervenção a este título e que efeitos daí decorrem para a disciplina das situações privadas internacionais. É o que nos propomos fazer de seguida.

120. As normas legais que acolhem o princípio da boa fé como regra de conduta são inderrogáveis pelas partes. O princípio é, assim, de ordem pública interna. Esta só intervém, contudo, nas situações puramente internas e nas situações plurilocalizadas que, segundo o Direito de Conflitos do Estado do foro, estejam sujeitas ao ordenamento jurídico local. Diferentemente, a ordem pública internacional opera nas situações relativa ou absolutamente internacionais, como um limite à aplicação da lei estrangeira em princípio competente.

A caracterização da boa fé como princípio de ordem pública interna não é, assim, por si só suficiente a fim de que a mesma integre a ordem pública internacional do Estado português. Estes dois conceitos formam como que circunferências concêntricas, das quais a menor corresponde ao segundo deles. O seu conteúdo é preenchido pelos valores jurídicos fundamentais de que o Estado português entende não dever abdicar nas situações internacionais, ainda que a lei competente para regulá-la seja uma lei estrangeira[2048].

Será esse o caso do princípio da boa fé?

Estamos em crer que sim[2049]. Este corolário do *honeste vivere* constitui sem dúvida uma das traves mestras da nossa ordem jurídica[2050]. No Direito das Obrigações português — e não só — são muito vastas e significativas as suas consagrações positivas[2051]. Nelas se revela, pelas limita-

---

[2048] Análoga ordem de considerações foi aduzida em França a respeito da regulamentação local da responsabilidade civil delitual no *arrêt Lautour* proferido pela Cassação em 25 de Maio de 1948, *in* ANCEL-LEQUETTE, *Grands arrêts de la jurisprudence française de droit international privé*, pp. 145 ss. Aí se firmou a doutrina segundo a qual «[l]es dispositions étrangères de responsabilité civile délictuelle ne sont pas contraires à l'ordre public international français par cela seul qu'elles diffèrent des dispositions impératives du droit français mais uniquement en ce qu'elles heurtent des principes de justice universelle considérés dans l'opinion française comme doués de valeur internationale absolue».

[2049] Neste sentido pronuncia-se também OLIVEIRA ASCENSÃO, «Tribunal competente. Acção de simples apreciação respeitante a sentença estrangeira violadora da ordem pública internacional portuguesa», *CJ* 1985, t. IV, pp. 22 ss.

[2050] Cfr. MENEZES CORDEIRO, *Tratado de Direito Civil português*, vol. I, *Parte geral*, t. I, *Introdução. Doutrina geral. Negócio jurídico*, p. 180, que escreve: «A boa fé [...] traduz, até aos confins da periferia jurídica, os valores fundamentais do sistema».

[2051] Para um recenseamento dos preceitos do Código Civil em que o princípio é mencionado, *vide* MENEZES CORDEIRO, *Da boa fé no Direito Civil*, vol. I, pp. 19 ss. Cfr. também ALMEIDA COSTA, *Direito das obrigações*, pp. 92 ss.

688   *Da Responsabilidade Pré-Contratual em Direito Internacional Privado*

ções que introduzem na autonomia privada, a orientação social que inspira o sistema.

Por seu turno, a tutela da confiança legítima, que flui directamente daquele princípio, representa, por razões que mencionámos noutro ponto deste estudo[2052], a base sobre que se processa todo o tráfico jurídico interindividual[2053]; a sua defraudação não pode, por isso, deixar de ser tida, verificados que estejam os pressupostos gerais da intervenção da reserva de ordem pública internacional, como um resultado susceptível de fundamentar a recusa de aplicação dos preceitos da lei estrangeira que a tal conduzam.

Vejamos agora quais os pressupostos a que, segundo o Direito de Conflitos vigente entre nós, se subordina a actuação da ordem pública nos casos em apreço.

Avulta, em primeiro lugar, a exigência de uma conexão espacial suficiente entre a ordem jurídica do foro e a situação controvertida (*Inlandsbeziehung* ou *Binnenbeziehung*)[2054].

[2052] Cfr. *supra*, § 3.º.

[2053] *Vide* nesta linha fundamental de orientação, com referência ao Direito alemão, LARENZ, *Allgemeiner Teil des deutschen Bürgerlichen Rechts*, pp. 43 ss., e *Lehrbuch des Schuldrechts*, vol. I, *Allgemeiner Teil*, p. 127; LARENZ-WOLF, *Allgemeiner Teil des Bürgerlichen Rechts*, pp. 33 s.

[2054] Cfr., na literatura jurídica estrangeira, MAURY, *L'eviction de la loi normalement competente: l'ordre public international et la fraude à la loi*, pp. 84 s.; LAGARDE, *Recherches sur l'ordre public en DIP*, pp. 55 ss.; *idem*, «Public Policy», *IECL*, vol. III, cap. 11, pp. 22 ss.; WENGLER, «General Principles of Private International Law», *Rec. cours*, vol. 104 (1961-III), pp. 263 ss. (433); *idem*, *IPR*, vol. I, p. 79; SCHURIG, *Kolisionsnorm und Sachrecht*, p. 250; KELLER-SIEHR, *Allgemeine Lehren des IPR*, p. 544; Christian VON BAR, *IPR*, vol. I, p. 541; SPICKHOFF, *Der ordre public im IPR*, p. 97; JAYME, *Methoden der Konkretisierung des ordre public im Internationalen Privatrecht*, pp. 35 e 47; *idem*, «Identité culturelle et intégration: le droit international privé postmoderne. Cours général de droit international privé», *Rec. cours*, vol. 251 (1995), pp. 9 ss. (pp. 228 e 233); BUCHER, «L'ordre public et le but social des lois en droit international privé», *Rec. cours*, vol. 239 (1993-II), pp. 9 ss. (pp. 52 ss.); BATIFFOL-LAGARDE, *DIP*, t. I, pp. 576 ss.; KEGEL, *IPR*, pp. 379 s.; LOUSSOUARN-BOUREL, *DIP*, p. 295; FIRSCHING-VON HOFFMANN, *IPR*, p. 254; KROPHOLLER, *IPR*, p. 225; AUDIT, *DIP*, pp. 272 s.; MAYER, *DIP*, p. 137; JUNKER, *IPR*, p. 248; HAY, *IPR*, p. 155; e BALLARINO, *DIP*, p. 307. Na doutrina portuguesa *vide* MAGALHÃES COLLAÇO, *DIP*, vol. II, pp. 427 ss.; FERRER CORREIA, *Lições de DIP*, pp. 568 s.; BAPTISTA MACHADO, *Lições de DIP*, pp. 262; MARQUES DOS SANTOS, *DIP. Sumários* (1987), pp. 187 s.; *idem*, «Lei aplicável a uma sucessão por morte aberta em Hong Kong», *RFDUL* 1998, pp. 115 ss. (pp. 128 ss.); e MOURA RAMOS, «L'ordre public international en droit portugais», *BFDUC* 1998, pp. 45 ss. (p. 54).

Da Reserva de Ordem Pública Internacional 689

É este requisito expressão no Direito de Conflitos da relatividade dos valores e dos juízos de valor jurídicos. Através dele o Estado do foro reconhece, com a ressalva que adiante se fará, que não lhe é lícito pretender que os seus juízos acerca das relações entre os valores, mesmo aqueles que lhe são mais caros, sejam acolhidos por todos os demais ordenamentos jurídicos — ou, o que é o mesmo, que gozem de validez absoluta.

Quanto maior for o distanciamento espacial entre o ordenamento em que se inscrevem certos valores e a situação da vida *sub judice*, menor será, por conseguinte, o fundamento para que a significação jurídica desta seja aferida à luz daqueles. Uma situação totalmente desprovida de conexões com o foro pode assim ser regida por uma lei estrangeira, ainda que o resultado da sua aplicação seja muito diverso daquele a que se chegaria segundo a *lex fori*; mas já será mais difícil aceitar um tal resultado quanto a uma situação próxima, do ponto de vista da sua localização espacial, do Estado do foro.

Vistas as coisas sob outro ângulo, pode dizer-se que por trás da dita exigência se acha afinal o consabido carácter nacional da ordem pública internacional[2055], em virtude do qual esta só pode ter-se por violada na medida em que a solução extraída do Direito estrangeiro aplicável seja susceptível, no caso decidendo, de produzir efeitos sensíveis no Estado do foro[2056].

A admissão pelo Direito de Conflitos, através da exigência da *Inlandsbeziehung*, da relatividade no espaço dos juízos de valor jurídicos conhece, no entanto, certos limites. Existem, na verdade, princípios atinentes à vida em sociedade de tal modo vinculativos, que qualquer lei estrangeira que os viole se acha privada de eficácia na ordem interna, mesmo que não se verifique uma conexão substancial entre esta e o caso de espécie.

Ao exposto vai, por isso, subjacente a seguinte ressalva: conquanto seja, em princípio, de rejeitar qualquer pretensão de validade universal do sistema de valores do foro, haverá sempre um reduto axiológico aquém do qual não será admissível a aplicação à situação controvertida da lei estrangeira que contravenha, na espécie decidenda, às valorações do Direito interno. Isto, ainda que a única ligação dessa situação com a ordem jurídica do foro seja a circunstância que fundou a competência internacional dos tribunais locais para julgá-la[2057] — a qual, como se sabe, nem sempre

---

[2055] Cfr. MAURY, ob. cit., pp. 125 s.; MAGALHÃES COLLAÇO, ob. cit., pp. 416 e 425.
[2056] Assim BUCHER, est. cit., p. 52.
[2057] Vejam-se os exemplos de situações deste tipo referidos por FERRER CORREIA, ob. cit., p. 569, e por BAPTISTA MACHADO, ob. cit., p. 264.

690   *Da Responsabilidade Pré-Contratual em Direito Internacional Privado*

pressupõe uma conexão espacial entre a relação material litigada e a ordem jurídica local, como sucede, *v.g.*, nos casos em que se funde num pacto atributivo de jurisdição.

Não é, evidentemente, possível estabelecer de antemão um elenco exaustivo dos factores de conexão em que se consubstancia a *Inlandsbeziehung*[2058]. A existência de uma ligação espacial suficiente com a ordem jurídica do foro a fim de que a reserva de ordem pública internacional possa intervir tem de ser determinada pelo julgador mediante a ponderação de todas as circunstâncias relevantes do caso concreto. Supomos, no entanto, que pelo que respeita à disciplina da responsabilidade pré-contratual emergente de relações privadas internacionais é possível incluir entre aqueles factores os lugares da negociação e da celebração do contrato, da sua execução, do exercício por uma das partes no contrato ou nas negociações de certa actividade profissional ou comercial e do domicílio de uma delas. Situando-se qualquer deles no território do foro, é a vida jurídica local susceptível de ser afectada pelo reconhecimento pelos tribunais de certos efeitos à relação pré-contratual, mormente quando isso envolva a imposição a uma das partes de deveres de conduta cuja violação importe a constituição no dever de indemnizar os danos causados à outra parte. Já não sucederá o mesmo se o vínculo da situação em apreço com a ordem interna consistir tão-somente na nacionalidade portuguesa de uma ou de ambas as partes: visto que, em princípio, esta só releva como factor de conexão nas questões do estatuto pessoal, só poderá ser invocada como *Inlandsbeziehung* se se achar reforçada na situação controvertida por um elemento de conexão territorial.

Ocorrendo no caso concreto alguma daquelas conexões com a ordem jurídica portuguesa, pode, pois, a boa fé obstar à aplicação pelos nossos tribunais dos preceitos da lei estrangeira competente para reger a responsabilidade pré-contratual.

A exigência de uma conexão espacial com a ordem jurídica do foro evidencia a necessidade de o julgador tomar em consideração as circunstâncias do caso decidindo antes de fazer intervir a cláusula de ordem pública internacional.

Outra manifestação da mesma ideia é o requisito de que o juízo de incompatibilidade com as concepções ético-jurídicas dominantes no foro, em que se funda a actuação daquela cláusula, seja referido não ao con-

---

[2058] Por isso observa SCHURIG, *Kolisionsnorm und Sachrecht*, p. 257, constituir este domínio «a parte não articulada do Direito Internacional Privado».

teúdo da lei estrangeira, mas ao resultado da sua aplicação aos factos da lide[2059]. É esta a concepção que subjaz tanto ao art. 22.°, n.° 1, do Código Civil como ao art. 16.° da Convenção de Roma[2060].

Vem daqui que embora certos preceitos de uma lei estrangeira se afigurem em abstracto incompatíveis com o princípio da boa fé e os seus corolários pode essa lei, tomada na globalidade das suas disposições relevantes, conduzir no caso concreto a um resultado que não ofenda esse princípio: pense-se, por exemplo, no modo como a doutrina inglesa dos *implied terms* supre os efeitos mais nocivos da regra *caveat emptor* e da ausência no Direito inglês de um dever geral de informação nos preliminares do contrato[2061].

Por outro lado, como na concretização da boa fé o julgador tem de tomar em consideração, além do mais, as valorações do meio social em que se constituiu a situação *sub judice* (à luz das quais se formaram as expectativas dos interessados quanto ao padrão de conduta a adoptar pelas partes nos preliminares e na conclusão do contrato), não é de excluir que delas resulte numa situação plurilocalizada um juízo menos exigente acerca da consideração devida pelos interesses alheios do que aquele que valeria para uma situação exclusivamente conectada com a ordem jurídica local.

Da necessidade de não comprometer através da reserva de ordem pública a desejável abertura do ordenamento jurídico do foro aos sistemas estrangeiros e do carácter excepcional que, em consequência, a mesma assume no Direito de Conflitos resulta, como directriz de ordem geral, a sua aplicação restritiva. Esta reflecte-se não só na definição dos seus efeitos negativos — que devem cingir-se à evicção, dentre as disposições da lei estrangeira, daquelas cuja aplicação se revele em concreto inconciliável com valores fundamentais da ordem jurídica do foro[2062] —, como também na aferição dos seus pressupostos — exigindo-se uma incompatibilidade grave da situação decorrente da aplicação dos preceitos estrangeiros com as concepções ético-jurídicas locais a fim de que possa ter-se por justificado o seu afastamento. É, supomos, o que pretende frisar o art. 16.° da Convenção de Roma, ao dispor que «[a] aplicação de uma disposição da

---

[2059] Cfr. *supra*, § 37.°, e a bibliografia e a jurisprudência aí citadas.

[2060] Cfr. FERRER CORREIA, *Lições de DIP*, p. 568; GIULIANO-LAGARDE, «Rapport concernant la convention sur la loi applicable aux obligations contractuelles», *JOCE* n.° C 282, pp. 1 ss. (p. 37).

[2061] Cfr. *supra*, § 12.°.

[2062] Assim, por exemplo, MAGALHÃES COLLAÇO, ob. cit., p. 433.

692 *Da Responsabilidade Pré-Contratual em Direito Internacional Privado*

lei designada pela presente Convenção só pode ser afastada se essa aplicação for manifestamente incompatível com a ordem pública do foro»[2063]. Outra não é, quanto a nós, a orientação fixada no art. 22.º, n.º 1, do Código Civil português, na medida em que aí se limita o funcionamento do instituto em questão aos casos em que a aplicação da lei estrangeira envolva ofensa de «princípios fundamentais da ordem pública internacional do Estado português»[2064].

121. A intervenção da reserva de ordem pública internacional é, segundo o entendimento corrente, susceptível de originar duas ordens de efeitos: o afastamento dos preceitos da lei competente de cuja aplicação deriva um resultado incompatível com as concepções ético-jurídicas fundamentais do Estado do foro e, sempre que tal se mostre necessário a fim de suprir a lacuna deste modo surgida, a substituição daqueles preceitos

---

[2063] Segundo os relatores da Convenção, visa-se através do advérbio inserto nesta disposição, além de vincar o carácter restritivo da excepção de ordem pública, obrigar os tribunais a especificar os fundamentos da sua intervenção no caso singular: cfr. GIULIANO-LAGARDE, «Rapport», cit., p. 37. Ver também KAYE, *The New Private International Law of Contract of the European Community*, p. 348. Sendo assim, cremos que o preceito não deve ser tomado à letra: também uma ofensa não evidente ou notória da ordem pública do foro (por isso que apenas se torne aparente mediante a indagação pelo tribunal dos efeitos da aplicação da lei estrangeira competente no caso de espécie) pode, pela sua gravidade, justificar a sua evicção. A mesma formulação tem sido adoptada pela generalidade das Convenções dimanadas da Conferência da Haia de Direito Internacional Privado: vejam-se por exemplo a Convenção Relativa à Lei Aplicável em Matéria de Prestação de Alimentos a Menores, concluída em 24 de Outubro de 1956 e aprovada para ratificação pelo D.L. n.º 48.495, de 22 de Julho de 1968, art. 4.º; a Convenção Relativa à Competência das Autoridades e à Lei Aplicável em Matéria de Protecção de Menores, concluída em 5 de Outubro de 1961 e aprovada para ratificação pelo D.L. n.º 48.494, de 22 de Julho de 1968, art. 16.º; a Convenção Sobre a Lei Aplicável às Obrigações Alimentares, concluída em 2 de Outubro de 1973 e aprovada para ratificação pelo Decreto n.º 339/75, de 2 de Julho, art. 11.º; e a Convenção Sobre a Lei Aplicável aos Contratos de Mediação e à Representação, concluída em 14 de Março de 1978 e aprovada para ratificação pelo Decreto n.º 101/79, de 18 de Setembro, art. 17.º.

[2064] No sentido de que o papel da ordem pública internacional no Direito Internacional Privado português é próximo daquele que lhe reserva o art. 16.º da Convenção de Roma pronuncia-se MOURA RAMOS, «Droit International Privé vers la fin du vingtième siècle: avancement ou recul? Rapport National», *BDDC* 1998, pp. 87 ss. (p. 112). Entende, porém, que o art. 16.º da Convenção de Roma é mais exigente do que o art. 22.º do Código Civil português no tocante à intervenção da reserva de ordem pública internacional Geraldo da CRUZ ALMEIDA, *Convenção de Roma de 19 de Junho de 1980 Sobre a Lei Aplicável às Obrigações Contratuais*, pp. 68 s.

Da Reserva de Ordem Pública Internacional 693

por outros critérios de decisão relativamente aos quais não seja oponível, do ponto de vista do foro, a mesma objecção[2065].

Só o primeiro destes efeitos pode dizer-se necessário; o segundo é meramente eventual, uma vez que nem sempre a exclusão da norma da lei competente tem como resultado o surgimento da dita lacuna.

É, todavia, este o caso ocorrente quando o princípio da boa fé na formação dos contratos obsta à aplicação *in foro* de determinada regulamentação estrangeira por esta negar a uma das partes nas negociações contratuais o direito ao ressarcimento dos danos sofridos em consequência de determinado acto ou omissão praticado pela outra durante os preliminares ou aquando da conclusão do contrato. Levanta-se então o problema de saber à luz de que critérios de decisão deve fixar-se o conteúdo e o regime do direito à indemnização que a *lex causae* recusa ao lesado.

São duas as soluções fundamentais deste problema que o Direito comparado nos revela: a aplicação das disposições da *lex causae* que do ponto de vista da *lex fori* se antolhem mais apropriadas ao caso[2066]; e a aplicação de um «Direito de substituição» (*droit de remplacement, Ersatzrecht*). Este último pode ser o que for designado por um elemento de conexão subsidiário, se o houver[2067], ou o próprio Direito interno do foro[2068]. Podem ainda estas soluções ser combinadas, aplicando-se uma delas a título principal e a outra a título subsidiário[2069].

[2065] Cfr. na doutrina portuguesa MAGALHÃES COLLAÇO, *DIP*, vol. II, pp. 429 ss.; FERRER CORREIA, *Lições de DIP*, pp. 576 ss.; BAPTISTA MACHADO, *Lições de DIP*, pp. 269 ss. Na doutrina estrangeira *vide* no mesmo sentido LAGARDE, «Public Policy», *IECL*, vol. III, cap. 11, pp. 53 ss.; BATIFFOL-LAGARDE, *DIP*, t. I, p. 591; e MAYER, *DIP*, p. 140.

[2066] Solução adoptada pela jurisprudência germânica: cfr., por exemplo, a sentença do BGH de 14 de Outubro de 1992, *BGHZ* 120, pp. 29 ss. (p. 37); e também pelo Direito português: art. 22.º, n.º 2, 1ª parte, do Código Civil.

[2067] Trata-se da solução em primeira linha consignada no art. 16.º da lei de reforma do Sistema Italiano de Direito Internacional privado: «1. La legge straniera non è applicata se i suoi effeti sono contrari all'ordine pubblico. 2. In tal caso si applica la legge richiamata mediante altri criteri di collegamento eventualmente previsti per la medesima ipotesi normativa. In mancanza si applica la legge italiana».

[2068] Solução acolhida no Direito francês: cfr. o ac. da Cassação de 15 de Maio de 1963, *Patiño c. Dame Patiño*, in ANCEL-LEQUETTE, *Grands arrêts de la jurisprudence française de droit international privé*, pp. 287 ss. É esta também a orientação consagrada, a título principal, no Direito inglês (cfr. STONE, *The Conflict of Laws*, p. 257), na lei austríaca de Direito Internacional Privado (§ 6) e, a título subsidiário, no Direito português (art. 22.º, n.º 2, 2ª parte, do Código Civil).

[2069] É o que sucede nos Direitos português e italiano: cfr. as disposições citadas nas notas anteriores.

Supomos ser possível descobrir, por trás de qualquer destas orientações, o reconhecimento ao tribunal da competência necessária para modelar a solução do caso, corrigindo o resultado da aplicação da lei estrangeira na medida do necessário para torná-lo compatível com os princípios da ordem pública internacional do foro.

Isso afigura-se-nos particularmente nítido nas hipóteses em que haja de extrair-se aquela solução das disposições da lei competente tidas por mais adequadas na óptica do Direito do foro, atentos os resultados que concitem e a valoração da situação *sub judice* segundo a ordem jurídica local. Essa solução não é, na realidade, deduzida das normas que a *lex causae* predispõe para a factispécie, mas antes construída pelo julgador a partir dessa lei. Ao tribunal é, assim, dado criar uma solução material específica para a situação *sub judice*, tomando como pontos de orientação os princípios fundamentais da ordem pública do foro e as normas supérstites da lei estrangeira.

O mesmo pode dizer-se quando o julgador deva determinar a solução do caso mediante a combinação das regras da *lex causae* com as do referido Direito de substituição. É que este só intervém, dado o carácter excepcional que reveste a figura em apreço, naquilo que for absolutamente indispensável à salvaguarda da ordem pública do foro; pelo que não lhe compete substituir *in toto* a lei estrangeira mas tão-só as disposições desta que, na espécie, conduzam a resultados intoleráveis e as que delas sejam inseparáveis[2070]. A solução das questões suscitadas pela situação *sub judice* não corresponde, pois, nem à que se deduz da *lex causae*, nem à que resulta do Direito de substituição, antes é uma solução material *ad hoc* formulada pelo próprio julgador.

A fim de achar esta solução, carece o juiz, segundo alguns autores, de proceder à adaptação da lei estrangeira competente[2071], à substituição da norma estrangeira «eliminada» através da reserva de ordem pública por uma «norma especial» situada entre a *lex fori* e aquela norma[2072] ou à

[2070] Cfr. LAGARDE, *Recherches sur l'ordre public en DIP*, pp. 215 ss.; *idem*, «Public Policy», cit., p. 55; BATIFFOL-LAGARDE, *DIP*, t. I, pp. 592 s.

[2071] Entendimento sobretudo difundido na doutrina alemã: cfr. KEGEL, *IPR*, p. 384, e KROPHOLLER, *IPR*, p. 233. Admite uma «modificação» da *lex causae* de modo a conformá-la com a ordem pública do foro, SPICKHOFF, *Der ordre public im IPR*, pp. 105 ss. *Vide* também sobre o ponto, entre nós, MARQUES DOS SANTOS, *Breves considerações sobre a adaptação em DIP*, p. 80.

[2072] Assim WENGLER, «The General Principles of Private International Law», *Rec. cours*, vol. 104 (1961-III), pp. 273 ss. (438); *idem*, *IPR*, vol. I, p. 82.

«construção de uma nova norma material» cuja aplicação conduza a determinado resultado[2073]. No entanto, como notámos acima, a intervenção da reserva de ordem pública tem por objecto o resultado da aplicação de certas normas estrangeiras ao caso concreto e não estas normas abstractamente consideradas. Não cremos, por isso, que o julgador haja de proceder à prévia criação de quaisquer normas a fim de deduzir delas uma solução conforme com os princípios da ordem pública internacional do foro: basta-lhe corrigir aquele resultado à luz desses princípios. Estes, e não qualquer norma criada em vista de uma solução pré-concebida, constituem, pois, em nosso modo de ver, os critérios fundamentais de decisão das hipóteses em apreço[2074].

Eis por que também não podemos acompanhar aqueles autores que, embora reconheçam que «a ordem pública deve ser apreciada em função do resultado que envolve a aplicação da lei estrangeira» e não do teor dessa lei[2075], sustentam que «afastada a lei estrangeira, ao menos naquelas das suas disposições cujo conteúdo for julgado inadmissível, subsiste a obrigação de o juiz se referir a uma regra jurídica»[2076].

A mesma ordem fundamental de considerações leva-nos a excluir o recurso neste contexto a um «Direito de substituição» designado por um factor de conexão subsidiário. Nem se diga que semelhante solução (que o novo Direito Internacional Privado italiano acolheu) se justifica como forma de desincentivar o recurso abusivo pelos tribunais nacionais à reserva de ordem pública, com o intuito de maximizar a esfera de aplicação do Direito local[2077]: primeiro, porque esse é um problema relativo aos pressupostos do funcionamento da ordem pública, que deve ser resolvido no plano da disciplina destes — nomeadamente pela exigência da *Inlandsbeziehung* — e no da fiscalização do seu preenchimento efectivo, mas não no dos efeitos do instituto; depois, porque a actuação da reserva de ordem

---

[2073] Neste sentido Schurig, *Kolisionsnorm und Sachrecht*, pp. 260 s.

[2074] Valem aqui as considerações que fizemos acima, no § 27.°, a propósito do problema paralelo que se coloca quanto à solução dos concursos de normas em Direito Internacional Privado.

[2075] Assim, Loussouarn-Bourel, *DIP*, p. 278.

[2076] *Ibidem*, p. 295.

[2077] Como pretendem Mosconi e Ballarino: cfr., do primeiro, «Exceptions to the Operation of Choice of Law Rules», *Rec. cours*, vol. 217 (1989-V), pp. 9 ss. (p. 112), «Qualche considerazione sugli effeti dell'eccezione di ordine pubblico», *RDIPP* 1994, pp. 5 ss. (pp. 6 e 13 s.), e *Diritto Internazionale Privato e Processuale. Parte Generale e Contratti*, p. 135; e do segundo *Diritto internazionale privato*, p. 311.

696   Da Responsabilidade Pré-Contratual em Direito Internacional Privado

pública internacional assenta necessariamente, como se viu, sobre uma valoração da situação *sub judice* segundo os princípios fundamentais do foro, sendo por conseguinte destes e não das normas de uma terceira legislação que o tribunal deve, logicamente, extrair a solução mais apropriada ao caso.

Quid iuris se, qualificado determinado facto lesivo segundo a *lex fori* como infracção ao princípio da boa fé pré-contratual, a *lex causae* o não previr como fundamento do dever de indemnizar?

Supomos que a fim de determinar o regime material aplicável em tais casos à responsabilidade do lesante se impõe distinguir dois tipos de situações:

De um lado estão as situações em que a divergência entre a *lex fori* e a lei estrangeira radica apenas na caracterização do facto em apreço como pressuposto da obrigação de ressarcir, a que só a primeira dessas leis atribui tal qualidade, achando-se todavia perfeitamente definido na segunda o conteúdo e o regime da referida obrigação quanto a hipóteses análogas. Encontramos um exemplo deste tipo de situações na primeira das hipóteses acima figuradas. O princípio da boa fé, tal como é entendido entre nós, exigia aí a prestação por uma das partes de determinada informação, que a lei inglesa dispensa. Esta prevê, contudo, outras hipóteses de violação de *duties of disclosure* nos preliminares do contrato; e impõe ao lesante a obrigação de ressarcir os danos desse modo causados nos termos da responsabilidade por *misrepresentation*. Uma vez que na situação controvertida apenas a irresponsabilidade do lesante se revelaria chocante à luz das concepções ético-jurídicas que fundam a ordem jurídica portuguesa, nada impede que o regime do dever de indemnizar seja fixado por apelo às normas mais apropriadas da lei estrangeira. Ao tribunal português será assim lícito aplicar no caso as normas que disciplinam a responsabilidade por *misrepresentation*, posto que não se ache preenchida, segundo o Direito inglês, a respectiva previsão. A solução do caso corresponderá, deste modo, a uma solução específica: a única que, aproveitando o mais possível o regime instituído pela *lex causae*, se afigura tolerável à luz dos princípios fundamentais da ordem pública internacional do foro.

De outro, encontram-se as situações em que não só não corresponde ao facto lesivo, segundo a *lex causae*, a constituição na esfera jurídica do lesado de um direito ao ressarcimento dos danos sofridos, como, além disso, não se descobrem nela quaisquer disposições susceptíveis de definirem o conteúdo desse direito. É o que sucede na segunda das hipóteses que atrás figurámos: vigora no Direito inglês, como sabemos, a plena liberdade de as partes romperem as negociações sem que por esse motivo

Da Reserva de Ordem Pública Internacional 697

fiquem incursas no dever de indemnizar a contraparte; por isso, debalde procuraria o tribunal português na lei inglesa normas apropriadas à disciplina da ruptura intempestiva ou arbitrária das negociações contratuais. Resta-lhe, em consequência, decidir o caso segundo o princípio da boa fé, tal como o Direito português o consagra em matéria de preliminares e de formação dos contratos.

Em qualquer dos casos examinados a reserva de ordem pública internacional intervém não apenas no sentido de obstar à aplicação pelos tribunais locais de preceitos de uma lei estrangeira que conduziriam na espécie a um resultado ofensivo de princípios essenciais que integram a ordem jurídica interna, mas também por forma a possibilitar a constituição no Estado do foro de uma situação jurídica que aquela lei não permite: é o que usa designar-se por função positiva (ou permissiva) da ordem pública[2078].

[2078] Cfr. FERRER CORREIA, *Lições de DIP*, pp. 574 ss.; e MOSCONI, est. cit. no *Rec. cours*, vol. 217 (1989-V), p. 125.

§ 39.°
Proporcionalidade da sanção e ordem pública internacional

122. Subjaz à responsabilidade civil no Direito português uma ideia de justiça comutativa, conforme a qual a indemnização posta a cargo do lesante deve, em princípio, consistir na reposição das coisas no estado em que se encontravam se não se tivesse produzido o dano ou, quando seja fixada em dinheiro, equivaler ao dano sofrido pelo lesado[2079]. Inspira-a, além disso, um critério de justiça retributiva, por força do qual o valor da indemnização pode, em certos casos, ser graduado atendendo à culpabilidade do lesante[2080] e do próprio lesado[2081]. E avulta ainda neste domínio a preocupação do legislador em evitar indemnizações excessivas[2082], mesmo quando a fixação do montante da indemnização for feita pelas partes[2083].

[2079] Cfr. os arts. 562.°, 564.°, n.° 1, e 566.°, n.° 2, do Código Civil.

[2080] Assim, por exemplo, quando a responsabilidade se fundar em mera culpa — art. 494.° do Código Civil — e também nos casos em que sejam várias as pessoas responsáveis pelos danos, pois que, sendo as mesmas solidariamente responsáveis perante o lesado, o direito de regresso entre elas existe na medida das respectivas culpas — art. 497.° do Código.

[2081] Se um facto culposo deste tiver concorrido para a produção ou agravamento dos danos: art. 570.°, n.° 1, do Código Civil.

[2082] Essa preocupação aflora de modo particularmente nítido no art. 508.° do Código Civil (limites máximos da indemnização fundada em acidente de viação, quando não haja culpa do responsável); mas o apelo à temperança do julgador subjaz também às remissões para critérios de equidade ou para o prudente arbítrio do tribunal na fixação do montante da indemnização, constantes dos arts. 339.°, n.° 2, 489.°, 494.°, 566.°, n.° 3, e 1594.°, n.° 3 do Código Civil, e à restrição da indemnização dos danos não patrimoniais àqueles que, pela sua gravidade, mereçam a tutela do Direito (art. 496.°, n.° 1, do mesmo Código). Na doutrina tem-se, além disso, por excluído que o montante da indemnização possa superar o valor do dano: cfr. Antunes Varela, «Rasgos inovadores do Código Civil português de 1966 em matéria de responsabilidade civil», *BFDUC* 1972, pp. 77 ss. (pp. 90 s.), e F.M. Pereira Coelho, *O enriquecimento e o dano*, p. 34 e n. 70. Na jurisprudência nacional nota-se uma excessiva parcimónia na fixação de indemnizações, sobretudo no domínio dos danos pessoais, contra a qual se pronuncia Menezes Cordeiro, *Da responsabilidade civil dos administradores das sociedades comerciais*, pp. 550 ss.

[2083] Prevê-se por isso a redução das cláusulas penais manifestamente excessivas (art.

Consagra-se assim entre nós o princípio da proporcionalidade da sanção do acto ilícito, tanto no sentido da proscrição do excesso como no de que a sua fixação em concreto deve exprimir uma justa relação entre a gravidade da sanção, por um lado, e o valor do dano (que opera como seu limite superior) e a culpa das partes, por outro[2084].

Nem sempre este princípio tem tido acolhimento além-fronteiras. Os tribunais dos Estados Unidos, por exemplo, impõem frequentemente aos responsáveis por eventos lesivos, a título de *punitive* ou *exemplary damages*[2085], de compensação de «interesses económicos» (*economic interests*), de danos morais ou outros, elevadas sanções pecuniárias, não raro discricionariamente fixadas por júris, as quais não correspondem a qualquer perda *in natura* ou superam em muito os danos realmente sofridos pelas vítimas[2086]; e consideram mesmo contrária à ordem pública local a impo-

---

812.º, n.º 1, do Código Civil) ou usurárias (art. 1146.º, n.º 3); e proíbem-se as cláusulas contratuais gerais que consagrem cláusulas penais desproporcionadas aos danos a ressarcir (art. 19.º, *c*), do Regime Jurídico das Cláusulas Contratuais Gerais).

[2084] O mesmo princípio acha-se consagrado noutros lugares da ordem jurídica: cfr., em matéria de interpretação de negócios jurídicos, o art. 237.º do Código Civil; pelo que respeita às restrições de direitos, liberdades e garantias, os arts. 18.º, n.º 2, e 270.º da Constituição; e no tocante à actividade da administração, o art. 266.º, n.º 2, da Constituição. Sobre o tema *vide*, na doutrina, GOMES CANOTILHO-VITAL MOREIRA, *Fundamentos da Constituição*, pp. 84 s.; Paulo OTERO, *Lições de introdução ao estudo do direito*, I vol., 1.º t., pp. 163 ss.; Jorge MIRANDA, *Manual de Direito Constitucional*, t. IV, *Direitos fundamentais*, pp. 216 ss.; e GOMES CANOTILHO, *Direito Constitucional e Teoria da Constituição*, pp. 261 ss. e 1091.

[2085] Cfr. *supra*, §§ 6.º e 22.º.

[2086] Reconhecem-no abertamente PROSSER-KEETON, *The Law of Torts*, p. 15: «where the enormity of the defendant's outrage calls for it, very large awards of punitive damages, ranging far out of all conceivable proportion to the amount found by way of compensation, have been sustained».

Seja, a título de exemplo, o caso *Texaco, Inc. v. Pennzoil, Co.*, julgado em 12 de Fevereiro de 1987 pelo *Court of Appeals of Texas*, 729 *S.W. 2d*, 768. Em 2 de Janeiro de 1984 *Pennzoil Company* e os principais accionistas de *Getty Oil Company* subscreveram um documento, intitulado *Memorandum of Agreement*, pelo qual a primeira se comprometia a adquirir aos segundos, e estes a vender-lhe, por determinado preço, três sétimos das acções da dita *Getty Oil*. A eficácia do acordo ficava subordinada à sua aprovação pelo Conselho de Administração desta sociedade, a qual foi concedida em 3 de Janeiro do mesmo ano. Subsequentemente, as partes entabularam negociações com vista à conclusão de um *definitive agreement*, que pormenorizava os termos da transacção. Em 5 de Janeiro de 1984 os ditos accionistas da *Getty Oil* entraram em negociações paralelas com *Texaco, Inc.*, que culminaram na celebração, em 6 de Janeiro de 1984, de um acordo para a venda das acções da *Getty Oil* por um preço superior ao que havia sido previamente acordado

700 Da Responsabilidade Pré-Contratual em Direito Internacional Privado

sição de limites máximos à indemnização quando não haja culpa do responsável, como aqueles que a lei portuguesa prevê em certos casos[2087].

As sanções em causa, *maxime* os *punitive damages*, são também atribuíveis, segundo a jurisprudência norte-americana, com fundamento na prestação deliberada ou leviana (*wanton*) de informações falsas ou erradas[2088].

A questão que se nos coloca, no quadro da definição do regime da responsabilidade pré-contratual emergente de relações privadas internacionais, é, pois, a seguinte: pode a reserva de ordem pública internacional ser invocada perante tribunal português contra a imposição, ao abrigo de uma lei estrangeira, de uma sanção material de valor muito superior ao dano efectivamente sofrido pelo lesado (*hoc sensu*, uma sanção desproporcionada)?

Este o ponto que aqui pretendemos esclarecer à luz do Direito português vigente. Antes, porém, de o discutirmos nesta perspectiva, procuraremos averiguar qual a solução que ele tem merecido por parte de alguns dos sistemas jurídicos estrangeiros mais significativos.

---

com a *Pennzoil*. Esta demandou a *Texaco* perante os tribunais do Texas, reclamando o pagamento pela ré de uma indemnização por *tort of intentional interference with contractual relations* e *inducement of breach of contract*, bem como de *punitive damages* e juros. Na primeira instância, o *Memorandum of Agreement* de 3 de Janeiro de 1984 foi qualificado pelo júri como um acordo vinculativo das partes e a ocorrência do *tort of interference* foi dada como provada. Em consequência, foi a *Texaco* condenada a pagar à autora uma indemnização de 7,53 mil milhões de dólares dos Estados Unidos, correspondente aos encargos que esta hipoteticamente não teria suportado com a aquisição de reservas de petróleo se o acordo firmado com os accionistas da *Getty* houvesse sido cumprido (portanto, à sua expectativa de ganho ou interesse contratual positivo). A esse valor acresceram *punitive damages* no montante de 3 mil milhões de dólares, aplicados com fundamento na actuação da *Texaco* ter sido «intentional, willful, and in wanton disregard of the rights of Pennzoil», e juros, num total de 11,1 mil milhões de dólares. O valor patrimonial da *Texaco* era, à época, de 9,5 mil milhões de dólares. O montante da condenação excedia o Produto Nacional Bruto de mais de uma centena de países. A *Texaco* interpôs recurso para o *Texas Court of Appeals*. Este confirmou a decisão da primeira instância na parte relativa à indemnização, mas reduziu o montante dos *punitive damages* para mil milhões de dólares. O valor total da condenação excedeu, ainda assim, os dez mil milhões de dólares. Em consequência, a *Texaco* apresentou-se à falência (cfr. DRAETTA, «Legal effects of letters of intent: a case study», *in Formation of contracts and precontractual liability*, pp. 259 ss., p. 267).

[2087] Assim, por exemplo, no caso *Pancotto v. Sociedade de Safaris de Moçambique S.A.R.L. 422 F. Supp.* 405, o tribunal julgou contrários à ordem pública do Estado do Illinois os limites máximos da indemnização fundada em acidente de viação à data vigentes em Moçambique; e com esse motivo recusou a sua aplicação à determinação da responsabilidade civil emergente de um acidente ocorrido neste país.

[2088] Assim PROSSER-KEETON, ob. cit., p. 769.

123. A conformidade com a cláusula geral de ordem pública do reconhecimento de uma sentença dimanada de um tribunal norte-americano que condenava o réu a pagar à vítima uma indemnização por danos não patrimoniais de montante largamente superior aos limites máximos estabelecidos pelo Direito interno para situações do mesmo género, acrescida de *punitive damages*, foi examinada pelo Tribunal Federal alemão numa decisão proferida em 4 de Junho de 1992[2089].

No caso, a conduta lesiva ocorrera nos Estados Unidos, donde as partes eram nacionais e onde se achavam estabelecidas ao tempo dos factos. Após a instauração do processo perante o tribunal de origem, o réu transferira a sua residência para a Alemanha, país de que era também nacional. Por falta de uma conexão suficiente com a ordem interna a fim de que a reserva de ordem pública pudesse intervir[2090], o Tribunal Federal alemão deferiu o pedido de reconhecimento da sentença norte-americana na parte respeitante à indemnização arbitrada pelo tribunal estrangeiro[2091]; mas recusou-a, ao abrigo do disposto no § 328 (1), n.° 4, da *Zivilprozessordnung*[2092], no tocante à condenação do réu no pagamento ao autor de *punitive damages*, que considerou incompatível com a natureza exclusivamente compensatória da responsabilidade civil no Direito alemão[2093].

[2089] *BGHZ* 118, pp. 312 ss.; *NJW* 1992, pp. 3096 ss. A decisão revidenda, proferida pelo *Superior Court of the State of California in and for the County of San Joaquin*, condenava o réu, que praticara ilícitos sexuais contra o autor, a indemnizá-lo das despesas em que incorrera com tratamentos médicos, no montante de 260 dólares, e a pagar-lhe as quantias de 100.000 dólares por despesas futuras da mesma natureza, de 50.000 dólares por despesas com o seu realojamento, de 200.000 por danos não patrimoniais e de 400.000 dólares a título de *punitive damages*; e impunha-lhe ainda que pagasse ao advogado do autor honorários em montante correspondente a 40% daquelas quantias.

[2090] A *Inlandsbeziehung*, a que fizemos alusão acima: cfr. § 38.°.

[2091] *BGHZ* 118, pp. 346 ss.

[2092] Que dispõe: «Die Anerkennung des Urteils eines ausländischen Gerichts ist ausgeschlossen: [...] wenn die Anerkennung des Urteils zu einem Ergebnis führt, das mit wesentlichen Grundsätzen des deutschen Rechts offensichtlich unvereinbar ist, insbesondere wenn die Anerkennung mit den Grundrechten unvereinbar ist».

[2093] *BGHZ* 118, p. 338: «Die moderne deutsche Zivilrechtsordnung sieht als Rechtsfolge einer unerlaubten Handlung nur den Schadensausgleich (§§ 249 ff. BGB), nicht aber eine Bereicherung des Geschädigten vor [...]. Die Bestraffung und — im Rahmen des Schuldangemessenen — Abschreckung sind mögliche Ziele der Kriminalstrafe (§§ 46 f. StGB), dic als Geldstrafe an den Staat fliesst, nicht des Zivilrechts». *Idem*, p. 344: «Aus hiesiger Sicht erscheint es unerträglich, in einem Zivilurteil eine erhebliche Geldzahlung aufzuerlegen, die nicht dem Schadensausgleich dient, sondern wesentlich nach dem Inte-

Parece legítimo inferir do teor desta decisão que se o requisito da *Inlandsbeziehung* se achasse preenchido teria sido diversa a posição do Supremo Tribunal alemão quanto à admissibilidade do reconhecimento da sentença estrangeira na parte relativa à condenação do réu no pagamento da dita indemnização por danos não patrimoniais. *A fortiori*, poderá ser recusada, por ofensiva da reserva de ordem pública internacional, a concessão pelos tribunais alemães, ao abrigo de normas jurídicas estrangeiras, de indemnizações excessivas à luz do Direito local, ainda que o réu não seja de nacionalidade alemã[2094].

Em França admite também AUDIT[2095] a invocação da reserva de ordem pública internacional contra a aplicação de lei estrangeira que faça recair sobre o lesante uma responsabilidade excessiva (como a que deriva da imposição de *treble damages* ao abrigo do Direito *antitrust* norte-americano); mas o autor refere que a questão parece não se ter ainda colocado à jurisprudência francesa.

Entre os meios pelos quais as ordens jurídicas nacionais procuram obstar à atribuição pelos respectivos tribunais de indemnizações desproporcionadas fundadas em Direitos estrangeiros avultam também as chamadas cláusulas especiais de ordem pública[2096].

É o caso, no Direito suíço, das regras constantes dos arts. 135, n.º 2[2097], e 137, n.º 2[2098], da Lei Federal de Direito Internacional Privado, que proscrevem nos domínios da responsabilidade do produtor e da responsabilidade por práticas restritivas da concorrência a concessão pelos tribunais suíços, ao abrigo de leis estrangeiras, de indemnizações diversas daquelas que seriam atribuídas nos termos do Direito interno[2099].

---

resse der Allgemeinheit bemesen wird und möglicherweise neben eine Kriminalstrafe für dasselbe Vergehen treten kann».

[2094] Pronuncia-se neste sentido SPICKHOFF, *Der ordre public im IPR*, pp. 204 ss.

[2095] *DIP*, p. 644.

[2096] Cfr. sobre estas FERRER CORREIA, *Lições de DIP*, p. 562.

[2097] Que dispõe: «Si des prétentions fondées sur un défaut ou une description défectueuse d'un produit sont régies par le droit étranger, on ne peut en Suisse accorder d'autres indemnités que celles qui seraient allouées pour un tel dommage en vertu du droit suisse».

[2098] Nele se prescreve: «Si des prétentions fondées sur une entrave à la concurrence sont régies par le droit étranger, on ne peut, en Suisse, accorder d'autres indemnités que celles qui seraient allouées pour une entrave à la concurrence en vertu du droit suisse».

[2099] As disposições citadas apenas são aplicáveis, segundo BUCHER, em benefício de «empresas suíças» e não em litígios «atinentes a empresas estrangeiras», cuja única conexão com a Suíça seja, por hipótese, uma prorrogação de foro ou o lugar de um arresto: trata-se,

Na mesma linha fundamental de orientação, posto que com um âmbito de aplicação material mais amplo, situa-se o art. 40, n.° 3, da Lei de Introdução ao Código Civil alemão, nos termos do qual não são atendíveis pretensões indemnizatórias deduzidas ao abrigo de um Direito estrangeiro que excedam substancialmente o necessário a uma indemnização adequada do lesado ou que prossigam manifestamente finalidades diversas de uma tal indemnização[2100]. Esta disposição substituiu o anterior art. 38 da mesma lei, que, ao estabelecer que não podiam fazer-se valer contra nacionais alemães, em virtude de acto ilícito praticado no estrangeiro, pretensões mais amplas do que as fundadas nas leis alemãs[2101], permitia alcançar idêntico desiderato, posto que em benefício exclusivo dos nacionais alemães[2102].

Diversa é a técnica legislativa adoptada com o mesmo fim pelo Código Civil da Luisiana, cujo art. 3546 sujeita os *punitive damages* a uma conexão cumulativa, por força da qual os tribunais locais apenas podem impô-los se assim o previrem pelo menos duas das seguintes leis: a do

---

também aqui, do requisito da *Binnenbeziehung*. Cfr., do autor, «L'ordre public et le but social des lois en droit international privé», *Rec. cours*, vol. 239 (1993-II), pp. 9 ss. (pp. 54 s.).

[2100] Na redacção dada pela lei de 21 de Maio de 1999. É o seguinte o teor do mencionado preceito:

«Ansprüche, die dem Recht eines anderen Staates unterliegen, können nicht geltend gemacht werden, soweit sie

1. wesentlich weiter gehen als zur angemessenen Entschädigung des Verletzten erforderlich,

2. offensichtlich anderen Zwecken als einer angemessenen Entschädigung des Verletzten dienen oder

3. haftungsrechtlichen Regelungen eines für die Bundesrepublik Deutschland verbindlichen Übereinkommens widersprechen».

Sobre este texto e os que lhe correspondem nos projectos sobre a mesma matéria de 1993 e de 1998 consultem-se: ROHE, *Zu den Geltungsgründen des Deliktsstatuts*, p. 211; VON HOFFMANN, «Internationales Haftungsrecht im Referentenentwurf des Bundesjustizministeriums vom 1.12.1993», *IPRax* 1996, pp. 1 ss. (pp. 7 s.); WAGNER, «Der Regierungsentwurf eines Gesetzes zum Internationalen Privatrecht für ausservertragliche Schuldverhältnisse und für Sachen», *IPRax* 1998, pp. 429 ss. (pp. 433 s.); *idem*, «Zum Inkrafttreten des Gesetzes zum Internationalen Privatrecht für ausservertragliche Schuldverhältnnisse und für Sachen», *IPRax* 1999, pp. 210 ss. (p. 211).

[2101] «Aus einer im Auslande begangenen unerlaubten Handlung können gegen einen Deutschen nicht weitergehende Ansprüche geltend gemacht werden, als nach den deutschen Gesetzen begründet sind.»

[2102] A discriminação assim instituída a favor dos cidadãos nacionais (*privilegium germanicum*) era criticada pela generalidade da doutrina alemã, que preconizava a sua abolição: cfr. Christian VON BAR, *IPR*, vol. II, p. 494; LÜDERITZ, *IPR*, p. 141; KEGEL, *IPR*, p. 550; e *Münchener Kommentar*-KREUZER, Art. 38 EGBGB, n.m. 306, p. 2145.

704   *Da Responsabilidade Pré-Contratual em Direito Internacional Privado*

lugar do acto lesivo, a do lugar onde se produziu o dano correspondente e a do domicílio do lesante[2103]. O alcance desta disposição é, no entanto, muito atenuado pela cláusula de excepção consagrada no art. 3547 do mesmo Código, nos termos da qual será aplicável a lei de outro Estado se for «evidente» em face da totalidade das circunstâncias do caso que os objectivos de política legislativa por este prosseguidos no domínio em questão ficariam mais seriamente prejudicados do que os dos demais Estados em presença se a sua lei não fosse aplicada à espécie decidenda[2104].

Mais longe do que as legislações referidas ia até recentemente o *Common Law* inglês: através da regra da aplicação cumulativa da *lex fori* e da *lex loci* em matéria de responsabilidade extracontratual (ou *double actionability*), consagrada no caso *Philips v. Eyre*[2105], impedia-se, na verdade, a cominação de responsabilidade civil pelos tribunais ingleses por factos que não fossem constitutivos dela à luz do Direito local. Mas esta regra foi abolida pela secção 10 do *Private International Law (Miscellaneous Provisions) Act 1995*[2106], salvo no tocante às acções indemnizatórias fundadas em difamação (*defamation claims*)[2107].

[2103] «Punitive damages may not be awarded by a court of this state unless authorized: (1) By the law of the state where the injurious conduct occurred and by either the law of the state where the resulting injury occurred or the law of the place where the person whose conduct caused the injury was domiciled; or (2) By the law of the state in which the injury occurred and by the law of the state where the person whose conduct caused the injury was domiciled».

[2104] «The law applicable under Articles 3543-3546 shall not apply if, from the totality of the circumstances of an exceptional case, it is clearly evident under the principles of Article 3542, that the policies of another state would be more seriously impaired if its law were not applied to the particular issue. In such event, the law of the other state shall apply».

[2105] Julgado em 1870 pela Câmara dos Lordes: cfr. (1870) *L.R.* 6 *Q. B.* 1. A regra foi formulada nos seguintes termos por WILLES, J.: «As a general rule, in order to found a suit in England for a wrong alleged to have been committed abroad, two conditions must be fulfilled. First, the wrong must be of such a character that it would have been actionable if committed in England [...]. Secondly, the act must not have been justifiable by the law of the place where it was done» (cfr. loc. cit., p. 27).

[2106] Que dispõe: «The rules of the common law, in so far as they- (a) require actionability under both the law of the forum and the law of another country for the purpose of determining whether a tort or delict is actionable; or (b) allow (as an exception from the rules falling within paragraph (a) above) for the law of a single country to be applied for the purpose of determining the issues, or any of the issues, arising in the case in question, are hereby abolished so far as they apply to any claim in tort or delict which is not excluded from the operation of this Part by section 13 below».

[2107] Cfr. a secção 13 (1) da mesma lei: «Nothing in this Part applies to affect the determination of issues arising in any defamation claim».

124. À luz do Direito português deve ter-se por ofensiva da reserva de ordem pública internacional toda a sanção do ilícito pré-contratual que em concreto se revele desproporcionada ou excessiva. As pretensões indemnizatórias *ex culpa in contrahendo* fundadas num Direito estrangeiro só podem, assim, ser atendidas pelos tribunais portugueses na medida em que forem compatíveis com o princípio da proporcionalidade.

Na aferição da existência de uma justa proporção entre a gravidade do ilícito e a sanção para ele cominada por uma lei estrangeira há-de o julgador atender a todas as circunstâncias relevantes do caso, objectivas ou subjectivas. Avultam entre elas a natureza e o valor do dano suportado pelo lesado, o grau de culpabilidade das partes e a repercussão que têm sobre a sua situação económica o dano e a aplicação da sanção. Especial prudência requer a fixação pelo tribunal da expressão pecuniária de danos cuja quantificação seja insusceptível de se basear em critérios exactos ou cuja verificação não possa ter-se como absolutamente certa: é o que sucede quanto ao dano não patrimonial, ao dano puramente económico (i. é, não precedido de qualquer lesão *in natura*), ao lucro cessante e ao dano derivado do não cumprimento de obrigações contratuais (também dito positivo).

A proporcionalidade da sanção pressupõe que o dano que constitui o seu equivalente haja sido causado pelo sujeito a quem ela é aplicada. Por isso, apenas devem incluir-se nos danos indemnizáveis, dentre os sobrevindos ao facto lesivo, aqueles que constituam uma consequência provável, normal ou típica dele. A imposição da obrigação de reparar danos que apenas tenham ocorrido em virtude de circunstâncias anómalas, incognoscíveis para uma pessoa normal e que o agente efectivamente desconhecia e não tinha a obrigação de conhecer, afigura-se-nos, por excessiva, contrária à ordem pública. O mesmo vale pelo que respeita à indemnização das utilidades extraordinárias que, por hipótese, o lesado planeava retirar de certo bem ou prestação debitória afectados pelo acto ilícito[2108].

A orientação assim delineada aplica-se também aos *punitive damages* anglo-saxónicos. Destes não pode dizer-se — cumpre sublinhá-lo — que a sua aplicação pelos tribunais portugueses seja em abstracto contrária à ordem pública.

A pena privada constitui o precursor histórico da moderna indemnização por danos[2109] e a disciplina da responsabilidade civil no Direito por-

---

[2108] Veja-se a este propósito o exemplo referido acima, no n.° 122.

[2109] Cfr. pelo que respeita ao Direito romano ZIMMERMANN, *The Law of Obligations. Roman Foundations of the Civilian Tradition*, pp. 914 ss.

706 *Da Responsabilidade Pré-Contratual em Direito Internacional Privado*

tuguês, na medida em que prevê expressamente a redução do montante da indemnização nos casos de mera culpa do lesante e de conculpabilidade do lesado, revela que a regulamentação deste instituto se acha associada à ideia de retribuição de um acto culposo — portanto, de pena. A indemnização constitui, pois, entre nós uma instituição híbrida, que exerce uma função simultaneamente reparadora e sancionatória[2110].

Por outro lado, também a nossa lei admite a imposição de penas privadas, tanto pelo incumprimento de obrigações — é esse o caso, *v.g.*, da perda do sinal e da sua restituição em dobro[2111] quando o seu valor exceda o dos prejuízos sofridos pelo contraente não faltoso[2112], das multas ou penas convencionais[2113] e das sanções pecuniárias compulsórias[2114] —, como pela violação de deveres jurídicos gerais — assim, por exemplo, a revogação da doação por ingratidão do donatário[2115], a indignidade successória[2116] e a deserdação[2117].

Não repugna, pois, ao sentimento jurídico nacional a ideia de justiça retributiva que preside aos *punitive damages*; mas já será ofensiva da nossa ordem pública internacional a fixação da «indemnização punitiva» em montante desproporcionado à gravidade do dano e à culpa do lesante ou que tenha por consequência colocá-lo em situação de insolvência.

[2110] Cfr. sobre o ponto o que dissemos acima, no § 6.º.

[2111] Previstas no art. 442.º, n.º 2, do Código Civil.

[2112] Cfr. ANTUNES VARELA, *Sobre o contrato-promessa*, p. 73, n. 1; ALMEIDA COSTA, *Direito das Obrigações*, p. 368; Ana PRATA, *O contrato-promessa e o seu regime civil*, pp. 807 s.

[2113] No art. 810.º, n.º 1, do Código Civil regula-se, sob a designação de «cláusula penal», uma figura cujo escopo fundamental é, não obstante aquela designação, unicamente a fixação antecipada, por acordo das partes, do montante da indemnização exigível (assim PINTO MONTEIRO, *Cláusula penal e indemnização*, pp. 9, 20, 577 ss., 602 e 759). Nada impede, porém, que ao abrigo do princípio da autonomia privada as partes estipulem uma pena convencional que acresça à execução específica ou à indemnização pelo incumprimento da obrigação: cfr. neste sentido PINTO MONTEIRO, ob. cit., pp. 605, 672 e 759; GALVÃO TELLES, *Direito das Obrigações*, p. 447; e ALMEIDA COSTA, *Direito das Obrigações*, pp. 703 s.

[2114] Cfr. o art. 829.º-A do Código Civil e o art. 33.º do Regime Jurídico das Cláusulas Contratuais Gerais, aprovado pelo D.L. n.º 446/85, de 25 de Outubro.

[2115] Cfr. os arts. 970.º e seguintes do Código Civil.

[2116] Cfr. os arts. 2034.º e seguintes do Código Civil. Reconhecem carácter punitivo à indignidade sucessória: OLIVEIRA ASCENSÃO, *O Direito*, p. 68; GALVÃO TELLES, *Direito das Obrigações*, p. 439, n. 1; e PIRES DE LIMA-ANTUNES VARELA, *Código Civil anotado*, vol. VI, pp. 37, 41 e 43.

[2117] Cfr. o art. 2166.º do Código Civil.

Da Reserva de Ordem Pública Internacional 707

O mesmo pode dizer-se das hipóteses em que os *punitive damages*, revertendo na íntegra para o lesado, representem para este uma injustificada benesse ou um meio de enriquecer à custa do lesante; ou em que, concomitantemente, a punição do réu haja tido lugar em sede penal ou tenha sido incluída na indemnização atribuída ao autor, pois que, a ser assim, ver-se-ia aquele duplamente sancionado pelo mesmo facto, em violação do *ne bis in idem*.

Sempre que hajam de atribuí-los ao abrigo de uma lei estrangeira, hão-de, por isso, os tribunais portugueses guiar-se por critérios de razoabilidade, evitando todo o excesso na fixação do seu montante, ainda que para tanto tenham de desviar-se da doutrina geralmente observada no âmbito dessa lei.

CONCLUSÕES

§ 40.°
Conclusões

125. A determinação do regime jurídico da reparação dos danos causados por actos ou omissões verificados nos preliminares ou na conclusão dos contratos suscita, nas situações que se achem em contacto com mais do que uma ordem jurídica local, diversos problemas especiais para que buscámos solução neste estudo.

Colocámo-nos, na investigação a este respeito empreendida, na perspectiva do Direito Internacional Privado, de fonte interna e internacional, vigente em Portugal.

Excluímos, por isso, como métodos idóneos a fim de prover à disciplina das situações da vida privada internacional de que nos ocupámos quer a exclusiva aplicação da *lex fori*, quer a sistemática formulação pelo julgador de soluções materiais *ad hoc*, quer ainda a aplicação dentre as normas materiais em presença das que, na óptica do julgador, conduzam ao resultado material mais apropriado ou das que dimanem do Estado que maior interesse revele na realização dos objectivos de política legislativa a elas subjacentes.

É antes por intermédio de regras de conflitos que o regime jurídico daquelas situações há-de, em princípio, ser determinado. Só este *approach* se afigura consentâneo com o reconhecimento da diversidade dos modelos de regulação jurídica dos problemas sociais, que é inerente à pluralidade das comunidades humanas e das suas expressões culturais, bem como com os valores fundamentais que o Direito Internacional Privado visa realizar.

Tal não impede, contudo, que em determinados casos — dos quais alguns puderam ser identificados no presente estudo — seja permitido ao julgador apartar-se das regras de conflitos positivas ou das normas materi-

710   *Da Responsabilidade Pré-Contratual em Direito Internacional Privado*

ais dos ordenamentos por estas designados e assumir um papel modelador na resolução das questões suscitadas pelas situações privadas internacionais; nem que à *lex fori* seja conferida, em determinadas circunstâncias, uma posição de especial relevo na definição da disciplina aplicável àquelas situações; nem, finalmente, que a atribuição de competência a certa lei seja realizada em função de determinado resultado material tido como desejável pelo sistema de conflitos.

É, por conseguinte, mediante a combinação de vários métodos ou técnicas que deve prover-se à disciplina da responsabilidade pré-contratual emergente de relações privadas internacionais; sempre, porém, tomando por base as normas materiais de uma ou mais ordens jurídicas locais com que estas se encontram conexas, a determinar através de regras de conflitos (§ 3.°).

126. O Direito português estabelece, à semelhança da generalidade dos demais ordenamentos jurídicos, um sistema dualista de responsabilidade civil, autonomizando a regulamentação material da responsabilidade contratual relativamente à da responsabilidade extracontratual. Esta distinção repercute-se no Direito de Conflitos vigente, que contém regras distintas para cada uma destas categorias de responsabilidade.

Ora, os danos causados *in contrahendo* não decorrem do incumprimento de qualquer dos deveres de prestação que integram a relação contratual; mas devem-se a actos ou omissões verificados no limiar desta e em estreita ligação com ela. A hipótese de partida deste estudo é, pois, que as regras de conflitos a que as situações plurilocalizadas eventualmente geradoras de responsabilidade pré-contratual podem ser reconduzidas, a fim de se determinar a lei que lhes é aplicável, são fundamentalmente as que se reportam às obrigações contratuais (incluindo a obrigação de indemnização em que se consubstancia a responsabilidade contratual) e à responsabilidade extracontratual (§ 5.°).

A verificação desta hipótese pressupõe a delimitação dos conceitos que definem o objecto das mencionadas regras de conflitos e o apuramento, a partir dos dados obtidos através de uma análise comparativa, da apreensibilidade por esses conceitos das normas materiais sobre a causação de danos na formação dos contratos, consagradas nos diferentes ordenamentos jurídicos locais.

Empreendeu-se, para tanto, um exame da distinção entre as responsabilidades contratual e extracontratual. Verificou-se que esta se funda em relevantes diferenças do regime jurídico a que as duas formas de respon-

Conclusões

sabilidade se acham submetidas na generalidade dos sistemas considerados. Tais diferenças não são mero fruto da tradição ou do acaso, antes radicam na diversidade ontológica das situações da vida tipicamente geradoras de cada uma dessas formas de responsabilidade, dos bens jurídicos por elas tutelados e das funções sócio-económicas que as mesmas são chamadas a desempenhar.

Assim, ao passo que a responsabilidade contratual se reporta essencialmente ao incumprimento de obrigações, a responsabilidade extracontratual deriva sobretudo de danos causados pela infracção de deveres jurídicos gerais.

Por outro lado, enquanto que a responsabilidade contratual visa tipicamente proteger a expectativa do credor no cumprimento de deveres de prestação a cargo do devedor ou, de um modo geral, no respeito pela palavra dada, a responsabilidade extracontratual sanciona violações de direitos absolutos e de disposições legais destinadas à protecção de interesses alheios.

Finalmente, ao passo que a responsabilidade contratual é instrumental relativamente à modelação das relações jurídicas pelos respectivos sujeitos, realizada ao abrigo do princípio da autonomia da vontade, a responsabilidade extracontratual é um mecanismo de defesa social contra as violações mais graves da esfera jurídica individual, prevenindo-as e reprimindo-as; e é simultaneamente uma garantia da liberdade de actuação de cada um, pois que as suas normas definem reflexamente a medida em que se pode agir sem o receio de ser responsabilizado pelos danos causados a outrem.

Esta diversidade das situações da vida tipicamente abrangidas pelas duas figuras, dos bens jurídicos por elas protegidos e das funções sociais que lhes competem explica a diferente delimitação operada pelas respectivas normas dos danos gerados nos contactos sociais que devem ser tidos como imputáveis ao lesante: em princípio, apenas nos casos de violação de direitos de crédito se afigura admissível o ressarcimento de danos puramente patrimoniais, pois que só quanto a eles é possível uma fixação *ex ante* do círculo dos potenciais credores de indemnização; de outro modo, correr-se-ia o risco de um alargamento desmesurado da responsabilidade civil, que seria potencialmente inibidor da iniciativa privada e do livre desenvolvimento da personalidade humana. Além disso, a circunstância de, em regra, esses direitos terem fonte negocial e de lhes corresponder uma contrapartida remunerada reclama do devedor um grau de diligência superior, que justifica a imposição com maior amplitude de responsabili-

712 *Da Responsabilidade Pré-Contratual em Direito Internacional Privado*

dade pelo incumprimento dos deveres que lhe correspondem, bem como a consagração de um regime globalmente mais favorável ao credor.

Variam nos diferentes ordenamentos jurídicos locais tanto a disciplina das fontes da obrigação ressarcitória das duas formas de responsabilidade civil como o respectivo conteúdo e pressupostos. De um modo geral, o contrato tem um âmbito mais vasto nos sistemas de *Civil Law* do que nos de *Common Law*. Não existem, por conseguinte, um conceito de responsabilidade contratual nem um conceito de responsabilidade extracontratual comuns aos ordenamentos jurídicos considerados.

Em alguns ordenamentos, o desenvolvimento contemporâneo da responsabilidade civil apresenta mesmo tendências diametralmente opostas: à *fuga para o contrato* que se regista no Direito alemão — consubstanciada num sistemático alargamento da responsabilidade contratual a situações originariamente não cobertas por ela, através da criação, ao abrigo do princípio da boa fé, de novos deveres contratuais de prestação e de protecção — corresponde no Direito inglês uma inversa *fuga para o delito*, que teve como resultado a assinalável expansão da responsabilidade extracontratual nele verificada (§§ 6.° a 8.°).

A diversidade dos regimes nacionais de responsabilidade civil reflecte-se na disciplina dos concursos das duas formas de responsabilidade: ao passo que os sistemas que estabelecem uma delimitação muito genérica dos factos indutores de responsabilidade extracontratual (como o francês) tendem a excluir a sua cumulação com a responsabilidade contratual, a fim de lhe preservarem algum domínio útil, os sistemas que enunciam expressamente os bens jurídicos protegidos através da responsabilidade extracontratual como forma de restringirem o número dos potenciais titulares do direito à indemnização e de garantirem a liberdade de acção das pessoas (como o alemão) procuram suprir os efeitos socialmente desfavoráveis da aplicação desse regime através da admissão do cúmulo de responsabilidades.

É esta última a solução do concurso que se afigura preferível à face do Direito português, em que o contrato não exclui o dever geral de não ofender direitos e interesses alheios, antes visa reforçá-lo, sendo por isso injusto recusar ao lesado as garantias do regime da responsabilidade extracontratual (que em diversos aspectos se lhe pode revelar concretamente mais favorável) pelo facto de ter contratado com o agente. Deve, por isso, admitir-se entre nós a opção pelo lesado entre os regimes de responsabilidade concorrentes, bem como a combinação das normas que os integram (§ 9.°).

127. Concluída esta indagação preambular, procurámos determinar, à face dos ordenamentos locais mais representativos, qual o tratamento jurídico das situações em que se produzem danos como consequência de actos ou omissões verificados no decurso das negociações preparatórias ou da formação dos contratos (§§ 11.º a 15.º).

A comparação empreendida permitiu detectar a este respeito três tipos fundamentais de soluções: *a*) a dos ordenamentos que admitem a existência de específicos deveres de conduta no processo formativo dos contratos, os quais integram uma relação obrigacional constituída com a entrada em negociações, cuja violação determina um dever de indemnizar os danos causados segundo as normas da responsabilidade contratual (sistema alemão); *b*) a dos que rejeitam em princípio a existência de um vínculo obrigacional entre aqueles que negoceiam com vista à conclusão de um contrato e apenas admitem a imputação de danos causados *in contrahendo* nos termos das normas da responsabilidade extracontratual (sistemas francês e de *Common Law*) ou, excepcionalmente, de acordo com as normas de uma específica responsabilidade pela confiança gerada através da promessa contratual (Direito dos Estados Unidos); e *c*) a dos que admitem a existência de deveres pré-contratuais de conduta fundados na boa fé, sujeitando o dever de indemnizar inerente ao seu incumprimento às normas de uma ou de outra das referidas espécies de responsabilidade, consoante a natureza do respectivo facto indutor e da questão *sub judice* (sistemas suíço, italiano e português).

Verificou-se que o regime da responsabilidade pré-contratual, tal como este se oferece na lei, no costume e nas decisões emanadas dos tribunais dos sistemas jurídicos considerados, bem como a amplitude da sua consagração, são largamente tributários da configuração particular que as responsabilidades contratual e extracontratual assumem nesses sistemas.

Assim, o carácter restritivo da regulamentação da responsabilidade extracontratual constante do Código Civil alemão (mormente em razão das limitações da protecção por ela oferecida, que não cobre a causação negligente de danos patrimoniais se não houver a violação concomitante de certos bens jurídicos do lesado, de uma lei de protecção ou dos bons costumes, e da possibilidade de exoneração do agente pelos actos dos seus auxiliares, mediante a demonstração de que não houve da sua parte *culpa in eligendo* nem *culpa in vigilando*), bem como a índole mais favorável aos interesses do credor do regime da responsabilidade contratual consagrado no mesmo Código, estão na origem da autonomização da *culpa in contrahendo* pela jurisprudência germânica e da sujeição desta às regras

714 *Da Responsabilidade Pré-Contratual em Direito Internacional Privado*

da responsabilidade contratual. Nela se compreendem, pois, situações que de outro modo ficariam desprovidas de tutela, dadas as características próprias do Direito delitual germânico.

Diferentemente, a amplitude da cláusula geral da responsabilidade delitual no Direito francês e a inexistência nele de causas de exoneração do agente por actos dos seus auxiliares permitem incluir naquela cláusula as pretensões indemnizatórias emergentes de danos patrimoniais causados nos preliminares dos contratos.

Nos sistemas de *Common Law* é a estruturação do contrato em torno do princípio da *privity of contract* e do requisito da *consideration* que leva a admitir o ressarcimento ao abrigo das regras do *tort of deceit* e do *tort of negligence* dos danos patrimoniais sofridos por aquele que modificou a sua posição jurídica confiando em informações inexactas (*misrepresentations*) prestadas por quem consigo se encontre numa «relação especial», bem como a autonomização da responsabilidade *ex promissory estoppel* pela confiança depositada numa promessa informal a que não corresponda qualquer contrapartida susceptível de ser caracterizada como *consideration*. A concepção do contrato como garantia, que vigora nestes sistemas, determina o carácter objectivo da responsabilidade por *incorporated misrepresentation* e por *promissory estoppel*.

Nas ordens jurídicas em que as responsabilidades contratual e extra-contratual não se acham sujeitas, pelo menos com a mesma amplitude, aos mencionados constrangimentos — como a suíça, a italiana e a nossa — a responsabilidade pré-contratual assume uma fisionomia híbrida: trata-se aí de uma responsabilidade emergente da violação de deveres específicos de comportamento baseados na boa fé (*hoc sensu*, uma responsabilidade obrigacional), sujeita a um regime misto, que inclui elementos das duas espécies fundamentais de responsabilidade, consoante a natureza do respectivo facto indutor e os interesses e valores prevalecentes relativamente a cada questão concreta. A construção jurídica da responsabilidade pré-contratual tem, pois, nestes sistemas alcance limitado.

Transparecem igualmente na consagração e no regime da responsabilidade por danos ocorridos no período da formação e da conclusão do contrato as correntes do pensamento filosófico-jurídico predominantes em cada ordenamento local. Assim, nos países em que se procura salvaguardar ao máximo a liberdade de iniciativa e de vinculação jurídica dos indivíduos a responsabilidade pré-contratual tem menor acolhimento, ao passo que nos ordenamentos que atendem em maior grau a necessidades sociais no plano do Direito Privado e que valorizam mais fortemente a segurança do tráfico jurídico admite-se com maior amplitude a imputação de danos decorrentes de actos ou omissões *in contrahendo*.

As diferenças da regulamentação da responsabilidade pré-contratual nos sistemas jurídicos locais espelham, afinal, os diversos modos segundo os quais estes resolvem o conflito entre as duas ordens de interesses e valores que se acham no cerne da problemática em apreço: por um lado, a liberdade de comportamento de cada um na negociação e na conclusão de contratos; por outro, a tutela da confiança da contraparte na mesma fase do *iter* contratual e a segurança e fluidez do tráfico jurídico.

A elas subjazem ainda duas concepções fundamentalmente diversas do Direito: a que vê nele a expressão de certos imperativos morais ou lógicos e a que o encara como simples reflexo de necessidades sociais, que aos tribunais cumpre determinar. A segunda, consoante se pôde apurar, é fundamentalmente hostil à consagração da boa fé nos preliminares e na formação dos contratos.

128. A identificação das divergências entre as regulamentações nacionais da responsabilidade por danos emergentes do processo formativo dos contratos e das valorações que lhes subjazem permitiu-nos, assim, reconstituir os sistemas de valores de que as mesmas procedem. A essas divergências — que, como se observou, são determinadas por factores jurídicos e metajurídicos — é imputável, ao menos em parte, a inexistência, até à data, de Direito material uniforme neste domínio.

A generalidade das convenções de unificação do Direito dos contratos internacionais não inclui, com efeito, a responsabilidade pré-contratual no seu domínio de aplicação. Exemplo disso fornece-o a Convenção das Nações Unidas Sobre os Contratos de Compra e Venda Internacional de Mercadorias, concluída em Viena em 1980, cujas disposições apenas em aspectos pontuais limitam a aplicabilidade dos Direitos nacionais em matéria de responsabilidade pré-contratual.

O que demonstra que a unificação do Direito Privado só é viável e desejável nas matérias em que convirjam as coordenadas mundividenciais que inspiram as regulamentações instituídas pelos diferentes ordenamentos jurídicos locais; qualquer tentativa de lançá-la noutras bases reconduz--se à imposição de uma ideia de Direito alheia a algum ou alguns dos Estados partes desse processo ou à formulação de soluções intermédias, que não se ajustam a qualquer ideia de Direito positivamente encarnada (§§ 16.º a 18.º).

129. Faltando normas de Direito uniforme que se ocupem especificamente da responsabilidade pré-contratual em situações plurilocalizadas, há-de a sua disciplina jurídica ser obtida a partir das normas de um ou mais sistemas jurídicos locais, a determinar através de regras de conflitos.

Referem-se estas regras, em obediência a um princípio de especialização, a determinada matéria jurídica, que elas próprias delimitam, fixando para a mesma a conexão mais adequada a fim de se achar a lei aplicável aos casos decidendos.

De harmonia com o princípio da referência selectiva à *lex causae*, que o nosso Direito de Conflitos consagra, a competência atribuída à lei assim designada abrange tão-somente as normas que, pelo seu conteúdo e pela função que nela desempenham, integrem a categoria normativa visada pela regra de conflitos aplicanda.

A determinação em concreto da disciplina jurídica da responsabilidade pré-contratual em Direito Internacional Privado pressupõe, por conseguinte, a delimitação do objecto das regras de conflitos que, de acordo com a hipótese de partida atrás enunciada, são susceptíveis de ser actuadas para esse fim; e a caracterização das situações da vida que integram aquela responsabilidade à face dos ordenamentos jurídicos locais com que as mesmas se encontram conexas, em ordem a averiguar se são reconduzíveis àquelas regras de conflitos — isto é, a sua qualificação.

Pode esta operação ser levada a efeito fundamentalmente de dois modos, aliás complementares entre si: através da fixação do juízo de valoração de interesses subjacente à escolha do elemento de conexão consagrado na regra de conflitos, à qual se reconduzirão todas as normas e institutos jurídicos que prossigam, nos ordenamentos em que se integram, interesses e valores compatíveis com tal juízo; e mediante a determinação da existência entre as normas da *lex fori* cuja pertinência ao âmbito de relevância da regra de conflitos se encontre assente e as do ordenamento ou ordenamentos por ela designados de um grau de analogia tal, no tocante às respectivas finalidades jurídico-políticas, que justifique a inclusão desses preceitos no domínio da regra de conflitos (§ 20.°).

130. Procedemos, por isso, à delimitação das regras de conflitos que, segundo a hipótese de partida do estudo, são potencialmente aplicáveis à responsabilidade pré-contratual — as da Convenção Sobre a Lei Aplicável às Obrigações Contratuais, aberta à assinatura em Roma em 1980, e o art. 45.° do Código Civil —; e analisámos a susceptibilidade de inclusão nessas regras das normas materiais que disciplinam a responsabilidade pré-

-contratual nos ordenamentos jurídicos considerados no estudo comparativo previamente empreendido (§§ 21.º e 22.º).

Ora, o que explica a consagração na Convenção de Roma da faculdade de as partes escolherem a lei aplicável às obrigações contratuais, assim como a aplicação, na falta de tal escolha, *inter alia*, da lei do devedor da prestação característica, é a relevância fundamental, no domínio das relações creditícias, dos interesses das partes. No objecto das regras de conflitos da Convenção de Roma hão-de, assim, ter-se por compreendidos, antes de mais, o dever de prestar emergente do contrato e o correlativo poder de exigir a prestação, bem como o dever de indemnizar consequente ao seu incumprimento. Mas cabem também nele os deveres acessórios de prestação — de informação, de esclarecimento e de lealdade — relativos aos preliminares e à conclusão do contrato e a obrigação ressarcitória emergente do respectivo inadimplemento. Estes deveres acham-se, na verdade, teleologicamente conexos com os primeiros, por isso que se destinam a assegurar a correcta formação da vontade de contratar. Funcionalmente, justifica-se, pois, a equiparação da dita obrigação ressarcitória à responsabilidade contratual. Por outro lado, as normas que disciplinam a causação de danos *in contrahendo* assemelham-se estruturalmente às que regem o incumprimento de obrigações contratuais, na medida em que os bens jurídicos por elas tutelados são direitos de crédito a que correspondem específicos deveres de prestação e os sujeitos da obrigação de indemnizar são pessoas determináveis previamente à constituição dessa obrigação. Tanto basta, a nosso ver, para que possam incluir-se essas normas no âmbito das ditas regras de conflitos.

Por sua vez, o art. 45.º do Código Civil rege, no essencial, os conflitos de leis em matéria de responsabilidade civil resultante de factos que não se consubstanciem no incumprimento de obrigações em sentido estrito ou técnico: é a circunstância de a cada ordem jurídica caber a definição dos eventos danosos que, de acordo com as concepções nela dominantes, excedem os riscos normais da vida em comum e que, por isso mesmo, determinam a imposição ao agente do dever de indemnizar, assim como a necessidade de prevenir e reprimir as lesões de certos bens jurídicos susceptíveis de afectarem a paz social, que justificam a consagração nesse preceito da aplicabilidade da lei do lugar onde ocorreu o facto gerador de responsabilidade. E é esta também a conexão que mais convém às normas que prevejam a imputação de danos patrimoniais causados à margem de quaisquer vínculos contratuais constituídos ou constituendos, dada a estreita ligação das mesmas com a liberdade de iniciativa privada e, reflexamente, com a organização económica vigente em cada país.

São, assim, a nosso ver reconduzíveis às regras de conflitos da Convenção de Roma, entre outras disposições legais, o artigo 227.°, n.° 1, do Código Civil português — na medida em que dele resultam para os que negoceiam com vista à conclusão de contratos determinados deveres de conduta que integram uma relação jurídica obrigacional — e os arts. 229.°, 245.°, n.° 2, 246.° e 898.° do mesmo Código. Nelas se incluem também as normas italianas sobre a responsabilidade pré-contratual e as normas do Direito dos Estados Unidos sobre o *promissory estoppel*.

Pertencem ao âmbito do artigo 45.° do Código Civil, designadamente, as disposições do Direito alemão relativas à responsabilidade pela violação *in contrahendo* de deveres de protecção e cuidado e as que prevêem a responsabilidade de terceiros que hajam intervindo nas negociações; as regras inglesas e norte-americanas sobre a responsabilidade por *fraudulent* e *negligent misrepresentation*; e as normas que cominem responsabilidade civil pelo incumprimento de deveres legais de informação e esclarecimento que visem proteger interesses públicos (como, por exemplo, o regular funcionamento e a transparência dos mercados, a defesa da concorrência e a estabilidade dos preços).

131. Quando as situações de responsabilidade por danos causados nos preliminares ou na formação dos contratos internacionais forem de caracterizar como pertinentes ao âmbito de relevância próprio das regras de conflitos vigentes na ordem interna em matéria de obrigações contratuais — *maxime* as da Convenção de Roma — assiste às partes, dentro de certos limites, a faculdade de escolherem a lei aplicável a essa responsabilidade (§ 23.°). Na falta de tal escolha, compete em princípio ao tribunal aplicar a lei do país com que o contrato visado pelas partes possuir a conexão mais estreita, sendo de considerar como tal, na falta de uma conexão mais estreita com outro país, aquele onde o devedor da prestação característica tiver, no momento da conclusão do contrato (ou no do termo das negociações, se o contrato não houver chegado a ser concluído), a sua residência habitual, a sua administração central ou o seu estabelecimento (§ 24.°). Depõe neste sentido, além do mais, a possibilidade de assim se apreciarem à luz da mesma lei relações jurídicas funcionalmente conexas: a relação pré-contratual e a obrigação de indemnizar os danos surgidos do incumprimento dos deveres de conduta que a integram, por um lado, e a relação contratual para que a primeira tende, por outro. É esta também a solução mais condizente com a integração da generalidade dos deveres pré-contratuais de conduta numa relação obrigacional complexa, para que hoje se propende, e com o carácter acessório dos mesmos deveres relativamente aos deveres primários de prestação, que conferem a esta relação o seu perfil. É, pois, a aplicação da hipotética *lex contractus* à responsabilidade pré-contratual que fundamentalmente se preconiza nas hipóteses mencionadas.

Se, porém, a situação de responsabilidade pré-contratual *sub judice* for reconduzível às regras de conflitos atinentes à responsabilidade extra-contratual (entre nós o art. 45.° do Código Civil), é à lei do lugar do acto ou omissão que lhe deu origem que o tribunal deverá atender em primeira linha. Tal solução afigura-se particularmente ajustada às violações de deveres pré-contratuais de conduta que se mostrem susceptíveis de pôr em causa a segurança do tráfico jurídico ou outros interesses colectivos, cuja prevenção e repressão reclamam a aplicação da *lex loci*. Estão neste caso as violações de deveres pré-contratuais de protecção e cuidado relativamente à pessoa e aos bens da contraparte e dos deveres de informação e lealdade que visem primordialmente garantir a segurança e a facilidade do comércio jurídico local (§ 25.°).

À competência da *lex loci delicti* devem, no entanto, admitir-se dois desvios: um, no sentido da aplicação da lei da nacionalidade ou da residência habitual comum do agente e do lesado quando estes se encontrassem ocasionalmente em país estrangeiro; o outro, no da aplicação da lei reguladora do contrato visado pelas partes às pretensões indemnizatórias fundadas na lesão *in contrahendo* de um direito subjectivo ou de uma norma de protecção de interesses alheios, desde que a circunstância de as partes terem estabelecido contactos com vista à celebração do contrato haja sido determinante do surgimento do risco da lesão, o lugar do facto seja fortuito e as partes devessem contar com a aplicação daquela lei. Garante-se deste modo a desejável unidade da disciplina jurídica de situações materialmente conexas e a confiança dos interessados (§ 26.°).

À luz do exposto tem, pois, de concluir-se que não existe no Direito Internacional Privado vigente em Portugal um estatuto unitário da responsabilidade pré-contratual.

132. Dir-se-ia, numa primeira análise, que o problema da responsabilidade pré-contratual em Direito Internacional Privado não é, afinal, senão o de uma realidade normativa, entre tantas outras, que, revestindo uma multiplicidade de expressões no Direito comparado, se não integra linearmente nos quadros conceituais próprios do Direito de Conflitos do foro — portanto, de uma questão de qualificação.

720 *Da Responsabilidade Pré-Contratual em Direito Internacional Privado*

Verificou-se, contudo, que na determinação da disciplina jurídica da responsabilidade pelos danos provenientes da negociação e celebração de contratos internacionais essa questão tende a perder alguma da relevância que *prima facie* lhe pertence.

No Direito vigente isso sucede nomeadamente em virtude da consagração de cláusulas gerais que determinam a aplicação aos contratos internacionais da lei do país com o qual os mesmos apresentem a conexão mais estreita (como a que figura no artigo 4.° da Convenção de Roma), bem como de cláusulas de excepção que permitem ao tribunal preterir a lei competente em favor de outra que, no seu entender, possua com a relação *sub judice* uma conexão mais estreita (como é o caso do art. 6.°, n.° 2, *in fine*, daquela Convenção).

O mesmo acontece por força da referida sujeição à lei reguladora da relação contratual projectada pelas partes, através de uma conexão acessória, da responsabilidade por danos resultantes da violação, nos respectivos preliminares, de direitos subjectivos ou de normas de protecção.

Da concretização dos factores de conexão consagrados pelas regras de conflitos referidas resulta por vezes a aplicabilidade às situações da vida que constituem o objecto da presente investigação das disposições materiais de mais do que um ou de nenhum ordenamento jurídico. Trata-se das hipóteses que designámos por concurso e falta de normas aplicáveis, decorrentes da circunstância de tais situações, encontrando-se na intersecção das duas espécies fundamentais de responsabilidade, serem subsumíveis às normas materiais de dois ou mais ordenamentos e de estas, por seu turno, serem reconduzíveis a mais do que uma ou a nenhuma das regras de conflitos vigentes no Estado do foro (§§ 27.° e 28.°).

Verificámos que as situações deste tipo não são susceptíveis de solução por apelo a meros critérios lógico-formais — como a hierarquia das regras de conflitos em presença ou das qualificações supostamente conflituantes —, antes carecem de ser resolvidas atendendo às circunstâncias do caso concreto, aos valores fundamentais do Direito Internacional Privado e, em última análise, às próprias valorações do Direito material do foro.

Nesta conformidade, admitimos, nos casos de concurso, quer a aplicação das normas reguladoras de uma das formas de responsabilidade concorrentes — por ser essa a solução comum às leis interessadas ou por, ocorrendo contradição insanável entre os ordenamentos jurídicos relevantes, tais normas consagrarem o regime mais ajustado às valorações subjacentes ao Direito do foro —, quer a sua aplicação cumulativa, mediante o

Conclusões   721

deferimento de uma pretensão única plurifundamentada, quer ainda a combinação dos regimes em presença.

No tocante às hipóteses de falta de normas aplicáveis, concluímos pela aplicabilidade potencial das normas de qualquer dos ordenamentos em presença que contemplem a situação *sub judice*, ainda que as mesmas não sejam convocadas pelas regras de conflitos que para eles remetem. Estabelecendo esses ordenamentos uma solução comum para a situação controvertida, apenas essa deverá ser acolhida no Estado do foro; se divergirem as soluções neles adoptadas, haverá que reconhecer ao lesado e, subsidiariamente, ao julgador o poder de optar pela lei cuja aplicação se revele mais conforme com a tutela da confiança daquele.

Manifesta-se nestas hipóteses o poder, que entendemos assistir ao julgador, de corrigir o resultado da aplicação das regras de conflitos às situações plurilocalizadas quando o mesmo contravenha aos fins e valores a que o sistema de conflitos se acha ordenado.

Só aparentemente, pois, a determinação da disciplina jurídico-privada internacional da imputação de danos causados por factos ocorridos nos preliminares ou na conclusão dos contratos se resolve na determinação da lei que lhe é aplicável e na qualificação das normas materiais pertencentes a essa lei que visem regulá-la.

O carácter híbrido dessas situações da vida — que tem levado um sector da doutrina a ver nelas o campo de eleição de uma «terceira via» da responsabilidade civil — repercute-se, assim, no plano do Direito Internacional Privado, através do reconhecimento ao julgador de um poder conformador daquela disciplina.

133. A delimitação do âmbito de competência da lei aplicável à responsabilidade pré-contratual suscita particulares dificuldades sempre que as respectivas normas se refiram, como um seu pressuposto, a dada situação da vida submetida pelo Direito de Conflitos do foro a uma lei diversa da que aquela primeira lei tem por aplicável. Pergunta-se então se a competência deferida à *lex causae* da situação controvertida a título principal compreende também a definição dos requisitos de que depende a produção pela situação-pressuposto dos efeitos jurídicos ulteriores que a primeira lhe confere.

Este quesito não se nos afigura susceptível de uma resposta unívoca. Só uma valoração a empreender perante o caso singular permitirá concluir pela conveniência de sobrepor à solução extraída da regra de conflitos do foro a que decorre da disposição homóloga da *lex causae* como forma de resolver os problemas postos pelas relações de prejudicialidade entre questões privadas internacionais. Sempre, porém, que os juízos de valor a que se acha subordinado o Direito de Conflitos do foro não reclamem semelhante solução, deve ter-se por legítimo que uma situação jurídica autonomamente conectada pelas regras de conflitos locais seja tomada como pressuposto de efeitos jurídicos estatuídos pela lei reguladora da situação controvertida a título principal, independentemente do modo como esta lei a configura. A tanto conduzem os princípios da referência selectiva e da referência material ao Direito competente vigentes entre nós, bem como a necessidade de evitar que fiquem desprovidas de tutela jurídica pretensões que a merecem à luz de qualquer dos ordenamentos em presença.

Eis por que, a nosso ver, não devem em princípio as questões da perfeição e da validade dos contratos internacionais, quando se suscitem como pontos prévios à imputação de responsabilidade por danos surgidos do processo formativo desses contratos, ter-se por compreendidas no âmbito de competência da lei reguladora dessa responsabilidade (§ 29.º).

Já quando se ofereçam na lei designada pelas regras de conflitos do foro, como potencialmente aplicáveis às pretensões indemnizatórias fundadas na responsabilidade pré-contratual, regimes materiais híbridos integrados por normas da responsabilidade contratual e da responsabilidade extracontratual pode o respeito pela unidade de sentido do regime aplicável e pela confiança dos interessados reclamar a sua inclusão *ope judicis* no âmbito de competência da *lex causae* (§ 30.º).

Uma hipótese de certo modo inversa ocorre quando a lei reguladora da responsabilidade pré-contratual não preveja a imputação de danos *ex culpa in contrahendo* àquele que os causou, não obstante a lei aplicável ao facto determinante dos mesmos (*v.g.* a incapacidade de uma das partes, de que resulte a ineficácia do contrato) cominar tal responsabilidade. Em semelhante caso, poderá a tutela da confiança nas relações plurilocalizadas, ou outro princípio geral do Direito Internacional Privado, justificar a sujeição da responsabilidade pré-contratual, por conexão acessória, à lei a que, segundo o Direito de Conflitos do foro, pertence disciplinar o respectivo facto indutor (§ 31.º).

Também nas hipóteses em que pertença ao julgador, a fim de prover à resolução da questão privada internacional, concretizar conceitos indeterminados consignados nas normas da *lex causae* — como os de boa fé, *faute* e *due care* — cremos haver que reconhecer-lhe uma margem razoável de liberdade na realização das valorações para tanto necessárias, sem sujeição automática às orientações nela adoptadas a este respeito. A determinação desses conceitos poderá importar, nesta medida, uma definição autónoma pelo julgador do conteúdo do Direito estrangeiro aplicável à responsabilidade pré-contratual. Em Portugal as decisões proferidas sobre esta matéria comportam recurso de revista (§§ 32.º e 33.º).

134. É, porém, nos casos em que funcione algum dos limites à aplicação da lei normalmente competente admitidos pelo Direito de Conflitos vigente que de forma mais nítida colhe a observação conforme a qual a disciplina jurídica das situações privadas internacionais não se obtém necessariamente por dedução a partir das normas materiais do ordenamento designado pelas regras de conflitos do foro, antes carece amiúde de ser construída pelo julgador.

Assim sucede, designadamente, quando devam reconhecer-se efeitos a disposições imperativas não compreendidas no âmbito de competência deferido pelas regras de conflitos comuns à lei aplicável a dada situação da vida privada internacional. No domínio da presente investigação, poderá ser esse o caso das normas que impõem às partes certos deveres pré-contratuais (*v.g.* de informação ou de esclarecimento) ou que proíbam determinadas condutas nos preliminares dos contratos.

A admissibilidade desse reconhecimento pressupõe um título de eficácia de tais disposições na ordem interna, o qual tanto pode consistir numa regra de conflitos como numa regra auxiliar desta ou num princípio geral do Direito Internacional Privado. Por seu turno, a natureza e o alcance dos efeitos em questão dependem fundamentalmente de uma ponderação, a cargo do julgador, sobre o modo segundo o qual tais disposições hão-de relacionar-se com as da lei normalmente competente, atentos o seu conteúdo e fins, as circunstâncias do caso concreto e os valores tutelados pelo Direito Internacional Privado; sendo que, em resultado dessa ponderação, podem constituir-se entre as ditas disposições e as da lei designada pelas regras de conflitos comuns relações de pressuposição, de cumulação, de combinação de efeitos ou de mútua exclusão (§§ 34.º a 36.º).

Outro tanto ocorre nos casos em que haja de obstar-se à aplicação do Direito estrangeiro competente, por esta envolver ofensa de princípios fundamentais da ordem pública internacional do Estado português — como são, consoante pudemos verificar, a boa fé na formação dos contratos e a proporcionalidade da sanção do ilícito pré-contratual. A intervenção da reserva de ordem pública reclama, na verdade, uma tomada de posição do julgador quanto à compatibilidade de certo resultado da aplicação da lei estrangeira com os princípios estruturantes da ordem jurídica do foro e, frequentemente, a formulação de uma solução material específica para a situação controvertida, quer por apelo às normas da *lex causae* que se afigurem mais apropriadas ao caso segundo o ponto de vista do Direito local, quer pela combinação das normas supérstites da *lex causae* com as da *lex fori* (§§ 37.º a 39.º).

135. A responsabilidade pré-contratual emergente de relações privadas internacionais exige, pois, frequentemente, uma regulamentação material específica. Esta não é, porém, de fonte normativa, mas antes formulada pelo próprio julgador. Deste modo se obtêm soluções cuja adequação às circunstâncias do caso concreto dificilmente poderia ser conseguida por uma codificação internacional.

Esta conclusão corrobora o ponto de vista que perfilhámos acerca do problema, mais vasto, do sentido e alcance do juízo decisório em Direito Internacional Privado e do método que a ele preside.

Apurou-se, com efeito, que a aplicação da regra de conflitos não se reduz à sua interpretação e à subsunção nela de preceitos de Direito material, antes reclama uma valoração do julgador, tendente a determinar a concreta apreensibilidade pelo conceito-quadro daquela regra dos preceitos materiais aplicáveis à situação *sub judice* no ordenamento jurídico por ela designado, da qual resulta a explicitação do conteúdo desse conceito; o que importa a existência de um momento criador na qualificação em Direito Internacional Privado.

Verificou-se, por outro lado, que a competência atribuída a determinada lei não se cinge necessariamente às normas que, pelo seu conteúdo e função, integram a categoria normativa visada pela regra de conflitos que para ela remete, antes pode, verificados certos pressupostos, estender-se a outras normas.

Concluiu-se, além disso, que, a fim de determinar o regime aplicável às situações plurilocalizadas, o julgador, embora parta das regras de conflitos vigentes na ordem jurídica do Estado do foro — por imposição legal e constitucional e por ser essa a única solução conforme com os postulados axiológicos que presidem a este sector normativo —, pode ter de corrigir o resultado da aplicação dessas regras e das normas materiais dos sistemas nacionais por elas designados, de modo a respeitar os juízos de valor subjacentes àquelas regras, a salvaguardar princípios basilares da ordem jurídica do foro ou a atender a necessidades próprias do tráfico jurídico internacional.

Conclusões

Concretizar, integrar e corrigir o resultado das regras de conflitos são, por conseguinte, tarefas fundamentais do julgador na regulação das situações privadas internacionais.

O modelo metodológico clássico do Direito Internacional Privado, assente na percepção do problema específico desta disciplina como sendo fundamentalmente o da determinação da ordem local em que hão-de colher-se os preceitos jurídico-materiais aplicáveis à questão privada internacional, a determinar por meio de uma subsunção, e na configuração do processo de interpretação e aplicação da regra de conflitos como um silogismo, não pode, pois, ser tido como uma explicação satisfatória do modo específico de descoberta do Direito nas situações plurilocalizadas.

Sendo a regra de conflitos o ponto de partida da fixação do regime jurídico dessas situações, este não deriva pura e simplesmente da determinação de uma lei aplicável, antes pressupõe, em múltiplas hipóteses, a formulação de soluções que confiram adequada expressão a outros estratos, mais profundos, da ordem jurídica. Nessas hipóteses, o Direito aplicável não se oferece como algo preexistente, que apenas compete conhecer e aplicar, antes é criado no momento da decisão do caso concreto.

Há, por isso, que distinguir, na regulação das situações privadas internacionais, entre a determinação da lei competente e a obtenção do Direito aplicável. Sendo a primeira um momento fundamental da heurística jurídica própria do Direito Internacional Privado, esta não se esgota nela, pois que se exige frequentemente uma intervenção valoradora e constitutiva do julgador, só com esta se concluindo o processo de regulação das referidas situações: a um momento essencialmente analítico, caracterizado pela conexão separada das diferentes questões suscitadas por estas situações, sucede-se, na sua disciplina, uma síntese levada a efeito *ope judicis*.

Esta elaboração jurisprudencial do Direito, porque não se reduz a um puro decisionismo, deve, a nosso ver, processar-se à luz dos valores fundamentais que inspiram o sistema de conflitos.

ÍNDICE DE ABREVIATURAS

A.2d	– Atlantic Reporter Second Series (St. Paul, Minesota)
AAFDL	– Associação Académica da Faculdade de Direito de Lisboa
AAVV	– Autores vários
ac.	– acórdão
A.C.	– The Law Reports, Appeals Cases (Londres)
AcP	– Archiv für die civilistische Praxis (Tubinga)
ADC	– Anuario de Derecho Civil (Madrid)
AJ	– Actualidade Jurídica (Porto)
AJCL	– American Journal of Comparative Law (Berkeley, Califórnia)
All E.R.	– The All England Law Reports (Londres)
Ann. Dir. Compar.	– Annuario di Diritto Comparato e di Studi Legislativi (Roma)
Ann. IDI	– Annuaire de l'Institut de Droit International (Gand)
anot.	– anotação
AP	– Arbeitsrechtliche Praxis (Munique-Berlim)
Arch. Phil. Dr.	– Archives de Philosophie du Droit (Paris)
art.	– artigo
ASDI/SJIR	– Annuaire Suisse de Droit International/Schweizerisches Jahrbuch für internationales Recht (Zurique)
ATF/BGE	– Arrêts du Tribunal Fédéral Suisse/Entscheidungen des Schweizerischen Bundesgerichtes (Lausana)
Austr. L.J.	– Australian Law Journal (Sydney)
BAG	– Bundesarbeitsgericht (Alemanha)
Banca, borsa, tit. cred.	– Banca, borsa e titoli di credito (Milão)
BB	– Der Betriebs-Berater (Heidelberga)
BBl.	– Bundesblatt des schweizerischen Eidgenossenschaft (Berna)
BDDC	– Boletim de Documentação e Direito Comparado (Lisboa)
BFDB	– Boletim da Faculdade de Direito de Bissau (Bissau)
BFDUC	– Boletim da Faculdade de Direito da Universidade de Coimbra (Coimbra)

BGB	– Bürgerliches Gesetzbuch (Código Civil alemão)
BGBl	– Bundesgesetzblatt (Bona)
BGH	– Bundesgerichtshof (Alemanha)
BGHZ	– Entscheidungen des Bundesgerichtshofes in Zivilsachen (Berlim-Colónia)
BMJ	– Boletim do Ministério da Justiça (Lisboa)
Bull.	– Bulletin des arrêts de la Cour de Cassation (Paris)
BVerfGE	– Entscheidungen des Bundesverfassungsgerichtshofes (Tubinga)
BYIL	– British Yearbook of International Law (Londres)
Camb. L. J.	– Cambridge Law Journal (Londres)
cap.	– capítulo
CCI	– Câmara de Comércio Internacional
CDE	– Cahiers de Droit Européen (Bruxelas)
CEE	– Comunidade Económica Europeia
cfr.	– confrontar
Ch.	– The Law Reports, Chancery Division (Londres)
cit.	– citado
Clunet	– Journal de Droit International (Paris)
CJ	– Colectânea de Jurisprudência (Coimbra)
CJSTJ	– Colectânea de Jurisprudência — Acórdãos do Supremo Tribunal de Justiça (Coimbra)
CJTJ	– Colectânea de Jurisprudência do Tribunal de Justiça das Comunidades Europeias (Luxemburgo)
col.	– coluna
Col. L.R.	– Columbia Law Review (Nova Iorque)
Comp. Intl. L. J. South. Africa	– The Comparative and International Law Journal of Southern Africa (Pretória)
Cornell I.L.J.	– Cornell International Law Journal (Ithaca, Nova Iorque)
CTF	– Ciência e Técnica Fiscal (Lisboa)
Current Leg. Prob.	– Current Legal Problems (Londres)
D.	– Recueil Dalloz-Sirey (Paris)
DG	– Diário do Governo (Lisboa)
DIP	– Direito Internacional Privado
Dir.	– O Direito (Lisboa)
DL	– Decreto-Lei

Índice de Abreviaturas

DPCI   – Droit et Pratique du Commerce International (Paris)
DR   – Diário da República (Lisboa)

ed.   – edição
EDD   – Enciclopedia del Diritto
EGBGB   – Einführungsgesetz zum Bürgerlichen Gesetzbuche
    (Lei de Introdução ao Código Civil alemão)
Eng. Rep.   – The English Reports (Edimburgo-Londres)
Eur. Rev. Priv. Law   – European Review of Private Law (Deventer)
EuZW   – Europäische Zeitschrift für Wirtschaftsrecht (Munique-
    -Frankfurt am Main)
Exch.   – Law Reports. Exchequer Division (Londres)

F.2d   – Federal Reporter Second Series (St. Paul, Minesota)
FI   – Il foro italiano (Roma)
FS   – Festschrift
F. Supp.   – Federal Supplement Reporter (St. Paul, Minesota)
Foro Pad.   – Il Foro Padano (Milão)

Gaz.Pal.   – La Gazette du Palais (Paris)
Geo.Wash.J.I.L.E.   – George Washington Journal of International Law and
    Economics (Washington, District of Columbia)
Giur. Ital.   – Giurisprudenza italiana (Turim)

Harvard LR   – Harvard Law Review (Cambridge, Massachussets)
HGB   – Handelsgesetzbuch (Código Comercial alemão)
H.L.   – Law Reports. English and Irish Appeals (Londres)

ICLQ   – International and Comparative Law Quarterly (Londres)
IECL   – International Encyclopedia of Comparative Law (Tubinga)
Indian J.Int.L.   – Indian Journal of International Law (Nova Deli)
IPRax   – Praxis des Internationalen Privat- und Verfahrensrechts
    (Bielefeld)
IPRspr.   – Die deutsche Rechtsprechung auf dem Gebiete
    des internationalen Privatrechts (Tubinga)

JCP   – Juris-classeur Périodique. La Semaine Juridique (Paris)
JhJh   – Jherings Jahrbücher für die Dogmatik des bürgerlichen
    Rechts (Iena)

JOCE	– Jornal Oficial das Comunidades Europeias (Luxemburgo)
Journal L.St.	– Journal of Legal Studies (Chicago)
JR	– Juristische Rundschau (Berlim-Nova Iorque)
Jura	– Juristische Ausbildung (Berlim)
JuS	– Juristische Schulung (Munique)
JW	– Juristische Wochenschrift (Berlim)
JZ	– Juristen Zeitung (Tubinga)
K.B.	– The Law Reports, King's Bench Division (Londres)
Lloyd's Rep.	– Lloyd's Law Reports (Londres)
LM	– Das Nachschlagewerk des BGH in Zivilsachen (editado por Lindenmaier e Möhring) (Munique)
LQR	– Law Quarterly Review (Londres)
LR	– Law Reports (Londres)
Mich. L.Rev.	– Michigan Law Review (Ann Arbor, Michigan)
MittRhNotK	– Mitteilungen der Rheinischen Notarkammer (Colónia)
MLR	– The Modern Law Review (Londres)
n.	– nota
N.E./N.E. 2d	– North Eastern Reporter/North Eastern Reporter Second Series (St. Paul, Minesota)
New L.J.	– New Law Journal (Londres)
NILR/NTIR	– Netherlands International Law Review/Nederlands Tijdsschrift voor Internationaal Recht (Leida)
NJW	– Neue Juristische Wochenschrift (Munique-Frankfurt)
n.m.	– número à margem do texto
NssDI	– Novissimo Digesto Italiano (Turim)
NGCC	– La nuova giurisprudenza civile commentata (Pádua)
N.W./N.W. 2d	– North Western Reporter/ North Western Reporter Second Series (St. Paul, Minesota)
N.Y.S.	– New York Supplement Reporter (St. Paul, Minesota)
N.Y.U.L.Rev.	– New York University Law Review (Nova Iorque)
ob. cit.	– obra citada
ÖJZ	– Österreichisches Juristenzeitung (Viena)
OLG	– Oberlandesgericht (Alemanha)
org.	– organizador

Ox.J.L.St.	– Oxford Journal of Legal Studies (Londres)
p./pp.	– página/páginas
P. 2d	– Pacific Reporter Second Series (St. Paul, Minesota)
polic.	– policopiado
Polis	– Polis — Enciclopédia Verbo da Sociedade e do Estado (Lisboa/São Paulo)
Q.B.	– The Law Reports, Court of Queen's Bench (Londres)
RabelsZ	– Rabels Zeitschrift für ausländisches und internationales Privatrecht (Tubinga)
RCDIP	– Revue Critique de Droit International Privé (Paris)
RDCDGO	– Rivista di Diritto Commerciale e del Diritto Generale Delle Obbligazioni (Como)
RDE	– Revista de Direito e Economia (Coimbra)
RDES	– Revista de Direito e Estudos Sociais (Coimbra)
RDIPP	– Rivista di Diritto Internazionale Privato e Processuale (Pádua)
RDU	– Revue de Droit Uniforme/Uniform Law Review (Roma)
Rec. cours	– Recueil des cours de l'Academie de La Haye de Droit International (Haia)
Rep. foro it.	– Repertorio del foro italiano (Roma-Bolonha)
REDI	– Revista Española de Derecho Internacional (Madrid)
Rev. Arb.	– Revue de l'Arbitrage (Paris)
RFDUL	– Revista da Faculdade de Direito de Lisboa (Lisboa)
RG	– Reichsgericht (Alemanha)
RGZ	– Entscheidungen des Reichsgerichts in Zivilsachen (Leipzig)
RIDC	– Revue Internationale de Droit Comparé (Paris)
Riv. Dir. Civ.	– Rivista di Diritto Civile (Pádua)
Riv. Dir. Int.	– Rivista di Diritto Internazionale (Roma)
RIW/AWD	– Recht der Internationalen Wirtschaft/Aussenwirtschaftsdienst des Betriebs-Beraters (Heidelberga)
RJ	– Revista Jurídica (Lisboa)
RLJ	– Revista de Legislação e Jurisprudência (Coimbra)
ROA	– Revista da Ordem dos Advogados (Lisboa)
RPCC	– Revista Portuguesa de Ciência Criminal (Coimbra)
RSJ/ SJZ	– Revue Suisse de Jurisprudence/Schweizerische Juristenzeitung (Zurique)

RTDCiv.	– Revue Trimmestrielle de Droit Civil (Paris)
s./ss.	– seguinte/seguintes
S.	– Recueil Sirey (Paris)
s/d	– sem indicação de data
s/l	– sem indicação de local
S. 2d	– Southern Reporter Second Series (St.Paul, Minesota)
Sem. Jud.	– La Semaine Judiciaire (Genebra)
SI	– Scientia Iuridica (Braga)
SJZ/RSJ	– Schweizerische Juristenzeitung/Revue Suisse de Jurisprudence (Zurique)
Stan.L.R.	– Stanford Law Review (Stanford, Califórnia)
StAZ	– Das Standesamt (Frankfurt am Main)
STJ	– Supremo Tribunal de Justiça
S.W. 2d	– South Western Reporter Second Series (St. Paul, Minesota)
SZIER	– Schweizerisches Zeitschrift für Internationales und Europäisches Recht/Revue Suisse de Droit International et de Droit Européen (Zurique)
t.	– tomo
TCFDIP	– Travaux du Comité Français de Droit International Privé (Paris)
Tel Aviv U.St.Law	– Tel Aviv University Studies in Law (Tel Aviv)
TJCE	– Tribunal de Justiça da Comunidade Europeia
Tul. L.R.	– Tulane Law Review (Nova Orleães, Luisiana)
Tul.J.Int.Comp.L.	– Tulane Journal of International and Comparative Law (Nova Orleães, Luisiana)
v.	– ver
Va.L.R.	– Virginia Law Review (Charlottesville, Virginia)
VersR	– Versicherungsrecht (Karlsruhe)
vol.	– volume
Wis. L.R.	– Wisconsin Law Review (Madison, Wisconsin)
WLR	– The Weekly Law Reports (Londres)
WM	– Wertpapier-Mitteilungen — Zeitschrift für Wirtschaft und Bankenrecht (Colónia)
ZEuP	– Zeitschrift für Europäisches Privatrecht (Munique)

ZfRV	– Zeitschrift für Rechtsvergleichung, Internationales Privatrecht und Europarecht (Viena)
ZGB	– Zivilgesetzbuch (Código Civil suíço)
ZgesStaaW	– Zeitschrift für das gesamte Staatswissenschaft (Tubinga)
ZGR	– Zeitschrift für Unternehmens- und Gesellschaftsrecht (Berlim-Nova Iorque)
ZIP	– Zeitschrift für Wirtschaftsrecht und Insolvenzpraxis (Colónia)
ZPO	– Zivilprozessordnung (Código de Processo Civil alemão)
ZSR/RDS	– Zeitschrift für Schweizerisches Recht/Revue de Droit Suisse (Basileia)
ZvglRW	– Zeitschrift für vergleichende Rechtswissenschaft (Heidelberga)
ZverWiss	– Zeitschrift für die gesamte Versicherungswissenschaft (Berlim)

ÍNDICE BIBLIOGRÁFICO

ADAMS, John N., e Roger BROWNSWORD — «The Ideologies of Contract», *Legal Studies*, 1987, 205.

AGO, Roberto — «Règles générales des conflits de lois», *Rec. cours*, vol. 58 (1936-IV), 243.

AGOSTINI, Eric — *Droit comparé*, Paris, PUF, 1988 [tradução portuguesa sob o título *Direito comparado*, s/l, s/d, Rés Editora].

— — «Les questions préalables en droit international privé», *in* AAVV, *Droit international et droit communautaire. Actes du colloque. Paris, 5 et 6 avril 1990*, Paris, Fundação Calouste Gulbenkian, 1991.

AHRENS, Hans-Jürgen — «Wer haftet statt der zusammengebrochenden Abschreibungsgesellschaft? Zur Sachwalterhaftung im Kollisionsrecht», *IPRax* 1986, 355.

ALARCÃO, Rui de — *Direito das Obrigações*, Coimbra, 1983 [texto elaborado por J. SOUSA RIBEIRO, J. SINDE MONTEIRO, Almeno de SÁ e J. C. BRANDÃO PROENÇA, polic.].

ALBUQUERQUE, Martim de — v. ALBUQUERQUE, Ruy de.

ALBUQUERQUE, Pedro de — «A aplicação do prazo prescricional do n.º 1 do art. 498.º do Código Civil à responsabilidade civil contratual», *ROA* 1989, 793.

ALBUQUERQUE, Ruy de — *Da culpa in contrahendo no direito luso brasileiro* [estudo inédito apresentado pelo autor em 1961 ao Curso Complementar de Ciências Jurídicas da Universidade de Lisboa].

— — Recensão a L. FULLER e W. PARDUE, *Indemnización de los daños contractuales y protección de la confianza*, tradução castelhana por PUIG BRUTAU, *CTF* 1962, 544.

— — e Martim de ALBUQUERQUE — *História do Direito Português*, I vol., nova versão, 9.ª ed., Lisboa, Pedro Ferreira, 1998.

ALLEN, David K. — *Misrepresentation*, London, Sweet & Maxwell, 1988.

— — «England», *in* E. HONDIUS [org.], *Precontractual Liability. Reports to the XIIIth Congress International Academy of Comparative Law*, Deventer-Boston, Kluwer, 1990, 125 [=«Precontractual Liability», *in* J. P. GARDNER, *United Kingdom Law in the 1990s*, London, 1990, 90].

736   Da Responsabilidade Pré-Contratual em Direito Internacional Privado

ALEXANDRE, Danièle — «Rapport français. Première partie. Droit International Privé», *in Travaux de l'Association Henri Capitant des amis de la culture juridique française*, vol. XLIII (1992), *La bonne foi*, 547.

ALMEIDA, Carlos FERREIRA DE – *Os direitos dos consumidores*, Coimbra, Almedina, 1982.

— — «Negócio jurídico de consumo. Caracterização, fundamentação e regime jurídico», *BMJ* 347 (1985), 11.

— — *Texto e enunciado na teoria do negócio jurídico*, 2 vols., Coimbra, Almedina, 1992.

— — *O ensino do Direito Comparado*, Lisboa, 1996 [polic.; existe versão impressa, com o título *Direito Comparado. Ensino e método*, Lisboa, Edições Cosmos, 2000].

— — *Introdução ao Direito Comparado*, 2.ª ed., Coimbra, Almedina, 1998.

ALMEIDA, Geraldo da CRUZ – *Convenção de Roma de 19 de Junho de 1980 Sobre a Lei Aplicável às Obrigações Contratuais*, Lisboa, Pedro Ferreira, 1999.

ALMEIDA, José Carlos MOITINHO DE — «A responsabilidade civil do médico e o seu seguro», *SI* 1972, 327.

— — *Publicidade enganosa*, s/l, Arcádia, s/d.

ALPA, Guido — «Le contrat "individuel" et sa définition», *RIDC* 1988, 327.

— — «Italy», *in* E. HONDIUS [org.], *Precontractual Liability. Reports to the XIIIth Congress International Academy of Comparative Law*, Deventer-Boston, Kluwer, 1990, 195 [também publicado sob o título «Precontratual Liability», *in Italian National Reports to the XIIIth International Congress of Comparative Law*, Milano, 1990, 145].

— — «Princípios gerais e Direito dos Contratos. Um inventário de *Dicta* e de Questões», *in* António PINTO MONTEIRO [coordenador], *Contratos: actualidade e evolução*, Porto, Universidade Católica Portuguesa, 1997, 101.

— — *Istituzioni di Diritto Privato*, 2.ª ed., Torino, UTET, 1997.

ALVAREZ GONZALEZ, Santiago — «La ley aplicable a la responsabilidad precontratual en D.I.Pr. español», *REDI* 1990, 125.

AMARAL, Diogo FREITAS DO – *Direito Administrativo*, vol. II, Lisboa, 1988 [polic.].

AMERICAN LAW INSTITUTE — *Restatement of the Law Second. Conflict of Laws Second. As Adopted and Promulgated by the American Law Institute at Washington D.C. May 23, 1969*, St. Paul, Minnesota, American Law Institute Publishers, 1971, vol. 1, §§ 1-221; vol. 2, §§ 221-End.

— — *Restatement of the Law of Contracts. As Adopted and Promulgated by the American Law Institute at Washington, D.C., May 6, 1932*, vol. 1, St. Paul, Minnesota, American Law Institute Publishers, 1932.

—— Restatement of the Law Second. Contracts Second. As Adopted and Promulgated by the American Law Institute at Washington, D.C., May 17, 1979, St. Paul, Minnesota, American Law Institute Publishers, 1981, vol. 1, §§ 1-177; vol. 2, §§ 178-315; vol. 3, §§ 316-End.

—— Restatement of the Law Second. Torts Second, St. Paul, Minnesota, American Law Institute Publishers, vol. 1, § 1-280. As Adopted and Promulgated by the American Law Institute at Washington, D.C., May 25, 1963 and May 22, 1964, 1965; vol. 2, §§ 281-503. As Adopted and Promulgated by the American Law Institute at Washington, D.C., May 25, 1963 and May 22, 1964, 1965; vol. 3, §§ 504-707A. As Adopted and Promulgated by the American Law Institute at Washington, D.C., May 19, 1976, 1977; vol. 4, §§ 708-End. As Adopted and Promulgated by the American Law Institute at Washington, D.C., May 19, 1977, 1979.

V. AMSBERG, York-Gero — Anspruchskonkurrenz, Cumul und Samenloop: eine rechtsvergleichende Untersuchung der Konkurrenz von Ersatzansprüche aus Vertrag und Delikt im belgischen, niederländischen und deutschen Recht und ihrer Funktion in der Rechtssprechung, Frankfurt a. M., Lang, 1994.

ANCEL, Bertrand — «L'objet de la qualification», Clunet 1980, 227.

—— e Yves LEQUETTE — Grands arrêts de la jurisprudence française de droit international privé, 3.ª ed., Paris, Dalloz, 1998.

ANDRADE, Manuel de — «Sobre o conceito de "especificação da coisa" na promessa de compra e venda », RLJ, ano 80.°, 283.

—— «Sentido e valor da jurisprudência», BFDUC 1972, 255.

—— Noções elementares de processo civil [com a colaboração de ANTUNES VARELA; nova edição revista e actualizada por Herculano ESTEVES], Coimbra, Coimbra Editora, 1979.

—— Teoria Geral da Relação Jurídica, reimpressão, Coimbra, Almedina, 1983, vol. I, Sujeitos e objecto; vol. II, Facto Jurídico, em especial Negócio Jurídico.

—— Ensaio sobre a teoria da interpretação das leis, 4.ª ed., Coimbra, Arménio Amado Editor Sucessor, 1987.

Anson's Law of Contract, 27.ª ed., por J. BEATSON, Oxford, Oxford University Press, 1998.

ANZILOTTI, Dionisio – Corso di Diritto internazionale privato, Roma, 1925, in Dionisio ANZILOTTI, Corsi di diritto internazionale privato e processuale [edição organizada por Francesco SALERNO], Padova, Cedam, 1996.

ARIETTI, Marina — «Responsabilità precontrattuale», Riv. Dir. Civ. 1991, II, 729.

ARISTÓTELES – Éthique à Nicomaque [tradução francesa, com introdução, notas e índice por J. TRICOT, 4.ª ed., Paris, Librairie Philosophique J. Vrin, 1979].

ASCENSÃO, José de OLIVEIRA — «Expectativa», in Verbo — Enciclopédia Luso-Brasileira de Cultura, vol. 8, col. 136.

738 *Da Responsabilidade Pré-Contratual em Direito Internacional Privado*

—— *A tipicidade dos direitos reais*, Lisboa, 1968.

—— «Responsabilidade e pena civil na tutela do direito de autor», *in Estudos Jurídicos em homenagem ao Professor Orlando Gomes*, Rio de Janeiro, 1979, 3.

—— «Tribunal competente. Acção de simples apreciação respeitante a sentença estrangeira violadora da ordem pública internacional portuguesa», *CJ* 1985, t. IV, 22.

—— *Teoria geral do Direito Civil*, vol. IV, Lisboa, AAFDL,1993 [polic.].

—— *Direito Civil. Teoria geral*, Coimbra, Coimbra Editora, vol. I, *Introdução. As pessoas. Os bens*, 1997; vol. II, *Acções e factos jurídicos*, 1999.

—— «Parecer sobre "O ensino do Direito Comparado" do Doutor Carlos Ferreira de Almeida», *RFDUL* 1997, 573.

—— *O Direito. Introdução e teoria geral. Uma perspectiva luso-brasileira*, 10.ª ed., Coimbra, Almedina, 1997.

—— «Interpretação das leis. Integração das lacunas. Aplicação do princípio da analogia», *ROA* 1997, 913.

—— e Manuel CARNEIRO DA FRADA — «Contrato celebrado por agente de pessoa colectiva. Representação, responsabilidade e enriquecimento sem causa», *RDE* 1990-93, 43.

ASSMANN, Heinz-Dieter — *Prospekthaftung als Haftung für die Verletzung Kapitalmarktbezogener Informationsverkehrspflichten nach deutschem und US-amerikanischem Recht*, Köln-Berlin-Bonn-München, Carl Heymannns, 1985.

ASÚA GONZÁLEZ, Clara — *La culpa in contrahendo*, Bilbao, Universidad del Pais Vasco, s/d [1989].

ATIYAH, Patrick Selim — «Contracts, Promises and the Law of Obligations», *LQR* 1978, 94 [versão revista *in Essays on Contract*, 2.ª ed., Oxford, Clarendon Press, 1990, 2].

—— *The Rise and Fall of Freedom of Contract*, 3.ª ed., Oxford, Clarendon Press, reimpressão, 1988.

—— «Fuller and the Theory of Contract», *in Essays on Contract*, 2.ª ed., Oxford, Clarendon Press, 1990, 73.

—— «Contract and Fair Exchange», *in Essays on Contract*, 2.ª ed., Oxford, Clarendon Press, 1990, 329.

—— *Atiyah's Accidents, Compensation and the Law*, 5.ª ed. [por Peter CANE], London, etc., Butterworths, 1993.

—— *An Introduction to the Law of Contract*, 5.ª ed., Oxford, Clarendon Press, 1995.

AUDIT, Bernard — «Le caractère fonctionnel de la règle de conflit (sur la "crise des conflits de lois")», *Rec. cours*, vol. 186 (1984-III), 219.

—— *Droit international privé*, Paris, Economica, 2.ª ed., 1997.

—— «Le droit international privé a fin du XXe siècle: progrès ou recul», *RIDC* 1998, 421.

BAADE, Hans W — «Operation of Foreign Public Law», *IECL*, vol. III, *Private International Law*, cap. 12, 1991.

BADER, T.O. — «Der Schutz des guten Glaubens in Fällen mit Auslandsberührung», *MittRhNotK* 1994, 161.

BALLARINO, Tito — *Diritto internazionale privato*, 3.ª ed., Padova, Cedam, 1999 [com a colaboração de Andrea BONOMI].

—— e Andrea BONOMI — «Materie escluse dal campo di applicazione della Convenzione di Roma», *in* T. BALLARINO [org.] – *La Convenzione di Roma sulla legge applicabile alle obbligazioni contrattuali*, vol. II, *Limiti di applicazione. Lectio notariorum*, Milano, Giuffrè, 1994, 87.

BALLERSTEDT, Kurt — «Zur Haftung für culpa in contrahendo bei Geschäftsabschluss durch Stellvertreter», *AcP* 151 (1950/51), 501.

VON BAR, Christian — «Vertragliche Schadensersatzpflichten ohne Vertrag?», *JuS* 1982, 637.

—— «Vertrauenshaftung ohne Vertrauen — Zur Prospekthaftung bei der Publikums-KG in der Rechtsprechung des BGH», *ZGR* 1983, 476.

—— «Grundfragen des Internationalen Deliktsrechts», *JZ* 1985, 961.

—— *Internationales Privatrecht*, München, C.H. Beck, vol. I, *Allgemeine Lehren*, 1987; vol. II, *Besonderer Teil*, 1991.

—— «Limitation and Mitigation in German Tort Law», *in* J. SPIER [org.], *The Limits of Liability. Keeping the Floodgates Shut*, The Hague-London-Boston, Kluwer, 1996, 17.

—— *Gemeineuropäisches Deliktsrecht*, München, C.H. Beck, vol. I, 1996; vol. II, 1999.

VON BAR, Ludwig — *Theorie und Praxis des internationalen Privatrechts*, 2 vols., 2.ª ed., Hannover, Hahn'sche Buchhandlung, 1889.

BARBOSA, Pedro de ASCENSÃO — *Do contrato-promessa*, separata de *O Direito*, Lisboa, s/d.

BARILE, Giuseppe — «Qualificazione», *in EDD*, vol. XXXVIII, 1.

BARTIN, Etienne — «De l'impossibilité d'arriver à la suppression définitive des conflits de lois», *Clunet* 1897, 225, 466, 720 [= «La théorie des qualifications en droit international privé», *in Études de Droit International Privé*, Paris, Chevalier-Maresq, 1899, 1; parcialmente reproduzido *in* P. PICONE e W. WENGLER, *Internationales Privatrecht*, Darmstadt, Wissenschaftliche Buchgesellschaft, 1974, 345].

BASEDOW, Jürgen — «Qualifikation, Vorfrage und Anpassung im Internationalen Zivilverfahrensrecht», *in* P. SCHLOSSER [org.], *Materielles Recht und Prozessrecht und die Auswirkungen der Unterscheidung im Recht der Internationalen Zwangsvollstreckung — eine rechtsvergleichende Grundlagenuntersuchung*, Bielefeld, Gieseking, s/d [1992], 131.

740 *Da Responsabilidade Pré-Contratual em Direito Internacional Privado*

— — «Un droit commun des contrats pour le marché commun», *RIDC* 1998, 7.

BATIFFOL, Henri — *Les conflits de lois en matière de contrats. Étude de Droit International Privé comparé*, Paris, Sirey, 1938.

— — *Aspects philosophiques du droit international privé*, Paris, Dalloz, 1956.

— — «Observations sur les liens de la compétence judiciaire et de la compétence legislative», *NILR* 1962/II, 55 [= *in Mélanges Kollewijn et Offerhaus*, Leiden, 1962, 55, e *in Choix d'articles*, Paris, LGDJ, 1976, 303].

— — «Le pluralisme des méthodes en droit international privé», *Rec. cours*, vol. 139 (1973-II), 75.

— — «Les intérêts de droit international privé», *in* A. LÜDERITZ e J. SCHRÖDER [orgs.], *Festschrift für Gerhard Kegel*, Frankfurt a.M., 1977, 11.

— — «De l'usage des principes en droit international privé», *in* AAVV, *Estudos em homenagem ao Prof. Doutor A. Ferrer-Correia*, vol. I, Coimbra, 1986, 103.

— — e Paul LAGARDE — *Droit international privé*, Paris, LGDJ, t. I, 8.ª ed., 1993; t. II, 7.ª ed., 1983.

BAXTER, William — «Choice of Law and the Federal System», *StanL.R.* 1963, 1.

BEALE, Hugh, W. D. BISHOP e M.P.FURMSTON – *Contract. Cases and Materials*, London-Dublin-Edinburgh, Butterworths, 1995.

BEATSON, Jack, e Daniel FRIEDMANN — «From "Classical" to Modern Contract Law», *in* J. BEATSON e D. FRIEDMANN [orgs.], *Good Faith and Fault in Contract Law*, Oxford, Clarendon Press, 1995, 3.

BEITZKE, Günther – Anotação à sentença do *Landesarbeitsgericht Frankfurt a. M.* de 14 de Março de 1951, *AP* 1951, n.° 288, 545.

— — «Les obligations délictuelles en droit international privé», *Rec. Cours*, vol. 115 (1965-II), 63.

BENATTI, Francesco — *La responsabilità precontratuale*, Milano, 1963 [tradução portuguesa por A. VERA JARDIM e Miguel CAEIRO, sob o título *A responsabilidade pré-contratual*, Coimbra, 1970].

— — «Culpa in contrahendo», *Contrato e impresa*, 1987, 287.

BENTHAM, Jeremy – *An Introduction to the Principles of Morals and Legislation*, Londres, 1789, reimpressão, 1962.

BERNASCONI, Christophe – *Der Qualifikationsprozess im internationalen Privatrecht*, Zürich, Schulthess, 1997.

Berner Kommentar zum schweizerischen Privatrecht, Bern, Stämpfli, 1986 [cit. *Berner Kommentar*-autor].

BERNSTEIN, Herbert — «Kollisionsrechtliche Fragen der culpa in contrahendo», *RabelsZ* 1977, 281.

— — «Contracts», *in* D. CLARK e T. ANSAY [orgs.], *Introduction to the Law of the United States*, Deventer-Boston, Kluwer, 1992, 153.

BETTI, Emilio – *Problematica del Diritto Internazionale*, Milano, Giuffrè, 1956.

—— *Cours de droit civil comparé des obligations*, Milano, Giuffrè, 1958.

—— *Teoria generale del negozio giuridico*, 2.ª ed., Torino, UTET, [tradução portuguesa sob o título *Teoria geral do negócio jurídico*, por Fernando MIRANDA, 2 vols., Coimbra, Coimbra Editora, 1969].

—— *Interpretazione della legge e degli atti giuridici (Teoria generale e dogmatica)*, 2.ª ed. [por Giuliano CRIFÒ], Milano, Giuffrè, 1971.

—— *Teoria generale della interpretazione. Edizione corretta e ampliata a cura di Giuliano Crifò*, 2 vols., Milano, Giuffrè, 1990.

BIANCA, Cesare Massimo — *Diritto Civile*, Milano, Giuffrè, vol. III, *Il contratto*, ristampa, 1987; vol. V, *La responsabilità*, 1994.

—— [coordenador] — *Convenzione di Vienna sui contratti di vendita internazionale di beni mobile*, Padova, Cedam, 1992.

—— e Michael Joachim BONELL [orgs.] — *Commentary on the International Sales Law. The 1980 Vienna Sales Convention*, Milano, Giuffrè, 1987.

BINDER, Heinz — «Zur Auflockerung des Deliktsstatuts», *RabelsZ* 1955, 401.

BIRK, Rolf — *Schadensersatz und sonstige Restitutionsformen im Internationalen Privatrecht: Kollisionsrechtliche Fragen zum Inhalt und Bestand subjektiver Rechte, dargestellt an den Fällen der unerlaubten Handlung*, Karlsruhe, Verlag Versicherungswirtschaft, 1969.

BOBBIO, Norberto — «Analogia», *NssDI*, vol. I, 1, 601.

—— «Des critères pour résoudre les antinomies», *in* Ch. PERELMAN [org.], *Les antinomies en droit*, Bruxelles, Bruylant, 1965, 237.

BOER, Th. M. DE — *Beyond Lex Loci Delicti*, Deventer, Kluwer, 1987.

—— «The EEC Contracts Convention and the Dutch Courts. A Methodological Perspective», *RabelsZ* 1990, 24.

—— «Facultative Choice of Law: The Procedural Status of Choice-of-Law Rules and Foreign Law», *Rec. cours*, vol. 257 (1996), 223.

BOGDAN, Michael — *Comparative Law*, The Hague-London-Boston, Kluwer, 1994.

BONELL, Michael Joachim — «Formation of Contracts and Precontractual Liability Under the Vienna Convention on International Sale of Goods», *in* AAVV, *Formation of contracts and precontractual liability*, Paris, CCI, 1990, 157.

—— «Vertragsverhandlungen und culpa in contrahendo nach dem Wiener Kaufrechtsübereinkommen», *RIW* 1990, 693.

—— «The UNIDROIT Principles of International Commercial Contracts: Why? What? How?», *Tul. L.R.*, 1995, 1121.

—— *An International Restatement of Contract Law: The UNIDROIT Principles of International Commercial Contracts*, 2.ª ed., Irvington, New York, Transnational Publishers, 1997.

742 Da Responsabilidade Pré-Contratual em Direito Internacional Privado

— — «The need and possibilities of a codified European Contract Law», *Eur. Rev. Priv. Law* 1997, 505.

BONOMI, Andrea – *Le norme imperative nel diritto internazionale privato. Considerazione sulla convenzione europea sulla legge applicabile alle obbligazioni contrattuali del 19 giugno 1980 nonché sulle leggi italiana e svizzera di diritto internazionale privato*, Zürich, Schulthess Polygraphischer Verlag, 1998.

Botschaft zum Bundesgesetz über das internationale Privatrecht (IPR-Gesetz)/ Message relatif à la Loi Fédérale sur le droit international privé, de 10.11.1982, n.° 82.072, *BBl.* 1983, I, 263.

BOUREL, Pierre — *Les conflits de lois en matière d'obligations extracontractuelles*, Paris, LGDJ, 1961.

— — «Du rattachement de quelques délits spéciaux en droit international privé», *Rec. cours*, vol. 214 (1989-II), 255.

BRANDT, G. — *Die Sonderanknüpfung im internationalen Deliktsrecht*, Göttingen, Schwartz, 1993.

BRAVO, Luigi FERRARI – *Responsabilità civile e diritto internazionale privato*, Napoli, Jovene, 1973.

— — «Les rapports entre les contrats et les obligations délictuelles en droit international privé», *Rec. Cours*, vol. 146 (1975-II), 341.

BRILMAYER, Lea — «The Role of Substantive and Choice of Law Policies in the Formation and Application of Choice of Law Rules», *Rec. cours*, vol. 252 (1995), 9.

BRITO, Maria Helena — «O contrato de agência», *in* AAVV, *Novas perspectivas do Direito Comercial*, Coimbra, Almedina, 1988.

— — «Os contratos bancários e a Convenção de Roma de 19 de Junho de 1980 sobre a Lei Aplicável às Obrigações Contratuais», *Revista da Banca* 1993, 75.

— — *O* factoring *internacional e a Convenção do Unidroit*, Lisboa, Cosmos, 1998.

— — *A representação nos contratos internacionais. Um contributo para o estudo do princípio da coerência em direito internacional privado*, Coimbra, Almedina, 1999.

BRONZE, Fernando José — «"Continentalização" do direito inglês ou "insularização" do direito continental?», *BFDUC*, suplemento ao vol. XXII, 1.

— — *A metodomonologia entre a semelhança e a diferença (reflexão problematizante dos pólos da radical matriz analógica do discurso jurídico)*, Coimbra, Coimbra Editora, 1994.

BROX, Hans — *Allgemeines Schuldrecht*, 24.ª ed., München, C.H. Beck, 1997.

— — *Besonderes Schuldrecht*, 22.ª ed., München, C.H. Beck, 1997.

BUCHER, Andreas — *Droit international privé suisse*, Bâle, Helbing & Lichtenhahn, t. I/2, *Partie générale. Droit applicable*, 1995.

Índice Bibliográfico 743

— — «L'ordre public et le but social des lois en droit international privé», *Rec. cours*, vol. 239 (1993-II), 9.

— — «L'attente légitime des parties», *in* I. MEIER e K. SIEHR [orgs.], *Rechtskollisionen. Festschrift für Anton Heini zum 65. Geburtstag*, Zürich, Schulthess, 1995, 95.

BÜHLER-REIMANN, Theodor — «Zum Problem der "culpa in contrahendo" — Rechtfertigt es die culpa in contrahendo, die herkömmliche Einteilung der Haftung in eine vertragliche und eine ausser vertragliche aufzugeben?», *RSJ* 1979, 357.

BUNDESMINISTER DER JUSTIZ — *Abschlussbericht der Kommission zur Überarbeitung des Schuldrechts*, Köln, Bundesanzeiger Verlagsgesl., 1992.

BYDLINSKI, Franz — *Privatautonomie und objektive Grundlagen des verpflichtenden Rechtsgeschäftes*, Wien-New York, Springer Verlag, 1967.

— — *Juristische Methodenlehre und Rechtsbegriff*, 2.ª ed., Wien-New York, Springer Verlag, 1991.

— — «Privatrechtgesellschaft und etatisches Recht», *in* AAVV, *Rozprawy z polskiego i europejskiego prawa prywatnego. Ksiega parniatkewa ofiarowana Profesorowi Józefowi Skapskiemu*, Krakow, 1994, 23.

— — *Über prinzipiell-systematische Rechtsfindung im Privatrecht*, Berlin, Walter De Gruyter, 1995.

— — *System und Prinzipien des Privatrechts*, Wien-New York, Springer Verlag, 1996.

CABRAL, Rita AMARAL — «A responsabilidade por prospecto e a responsabilidade pré-contratual. Anotação ao acórdão do Tribunal Arbitral, de 31 de Março de 1993 (Acção proposta pelo Banco Mello contra o Banco Pinto & Sotto Mayor)», *ROA* 1995, 191.

— — v. SILVA, Manuel GOMES DA.

VON CAEMMERER, Ernst — «Wandlungen des Deliktsrechts», *in* AAVV, *Hundert Jahre Deutsches Rechtsleben. Festschrift zum 100jährigen Bestehen des Deutschen Juristentages 1860-1960*, vol. II, Karlruhe, C.F. Müller, 1960, 49.

— — [org.] — *Vorschläge und Gutachten zur Reform des deutschen internationalen Privatrechts der ausservertraglichen Schuldverhältnisse*, Tübingen, J.C.B. Mohr (Paul Siebeck), 1983.

— — e Peter SCHLECHTRIEM — *Kommentar zum Einheitlichen UN-Kaufrecht. Das Übereinkommen der Vereinten Nationen über Verträge über dem internationalen Warenkauf. CISG-Kommentar*, 2 .ª ed., München, C.H. Beck, 1995.

CAETANO, Marcello — «O respeito da legalidade e a justiça das leis», *Dir.* 1949, 5.

— — *Manual de Direito Administrativo*, t. I, 10.ª ed., 6.ª reimpressão [revista e actualizada por Diogo FREITAS DO AMARAL], Coimbra, Almedina, 1997.

CALABRESI, Guido — *The Cost of Accidents (A Legal and Economic Analysis)*, New Haven-Londres, Yale University Press, 1970 [tradução castelhana sob o título *El*

744   *Da Responsabilidade Pré-Contratual em Direito Internacional Privado*

coste de los accidentes. Análisis económico y jurídico de la responsabilidad civil, por Joaquim BISBAL, Barcelona, Editorial Ariel, 1984].

— — «La responsabilità civile come il diritto della società mista», *in* G. ALPA, F. PULITINI, S. RODOTÀ e F. ROMANI [orgs.], *Interpretazione giuridica e analisi economica*, Milano, Giuffrè, 1982, 496.

CALVO CARAVACA, Alfonso-Luis, e Javier CARRASCOSA GONZALEZ — «El Convenio de Roma Sobre la Ley Aplicable a las Obligaciones Contractuales de 19 de Junio de 1980», *in* Alfonso-Luis CALVO CARAVACA e Luis Fernández DE LA GÁNDARA [directores] e Pilar BLANCO-MORALES LIMONES [coordenadora], *Contratos internacionales*, Madrid, Tecnos, 1997, 41.

— — *Introducción al derecho internacional privado*, Granada, Editorial Comares, 1997.

— — *Derecho Internacional Privado*, Granada, Editorial Comares, vol. I, 1999; vol. II, 1998 [em colaboração com Javier CARRASCOSA GONZALEZ, Pilar BLANCO-MORALES LIMONES, José Luis IRIARTE ÁNGEL e Manuela ESLAVA RODRÍGUEZ].

CÂMARA, Paulo — «A oferta de valores mobiliários realizada através da Internet», *Cadernos do Mercado de Valores Mobiliários*, 1997, 13.

CÂMARA DE COMÉRCIO INTERNACIONAL — *Incoterms 1990*, Paris ICC Publishing, 1990 [tradução portuguesa, com o mesmo título, editada pela Delegação Nacional Portuguesa da Câmara de Comércio Internacional].

CAMPIGLIO, Cristina — «Prime applicazioni della clausola d'eccezione "europea" in materia contrattuale», *RDIPP* 1992, 241.

CAMPOS, Diogo LEITE DE — *Seguro de responsabilidade civil fundada em acidentes de viação. Da natureza jurídica*, Coimbra, Almedina, 1971.

CANARIS, Claus-Wilhelm — «Ansprüche wegen "positiver Vertragsverletzung" und "Schutzwirkung für Dritte" bei nichtigen Verträge. Zugleich ein Beitrag zur Vereinheitlichung der Regeln über die Schutzpflichtverletzungen», *JZ* 1965, 475.

— — *Die Vertrauenshaftung im Deutschen Privatrecht,* München, C.H. Beck, 1971 [reimpressão, 1981].

— — *Die Feststellung von Lücken im Gesetz*, 2.ª ed., Berlin, Duncker & Humblot, 1983.

— — *Systemdenken und Systembegriff in der Jurisprudenz*, 2.ª ed., 1983, Berlin. Dunker & Humblot [tradução portuguesa sob o título *Pensamento sistemático e conceito de sistema na ciência do Direito*, por A. MENEZES CORDEIRO, Lisboa, Fundação Calouste Gulbenkian, 1989].

— — «Schutzgesetze — Verkehrspflichten — Schutzpflichten», *in* C.-W. CANARIS e U. DIEDERICHSEN [orgs.], *Festschrift für Karl Larenz*, München, C.H. Beck, 1983, 27.

—— «Theorienrezeption und Theorienstruktur», *in* H. LESER e T. IMOSURA [orgs.], *Wege zum japanischen Recht. Festschrift für Zentaro Kitagawa*, Berlin, Duncker & Humblot, 1992, 59.

—— «A Liberdade e a Justiça Contratual na "Sociedade de Direito Privado"» *in* António PINTO MONTEIRO [coordenador], *Contratos: actualidade e evolução*, Porto, Universidade Católica Portuguesa, 1997, 49.

CANE, Peter — *Tort Law and Economic Interests*, 2.ª ed., Oxford, Clarendon Press, 1996.

—— *The Anatomy of Tort Law*, Oxford, Hart Publishing, 1997.

—— v. *Atiyah's Accidents, Compensation and the Law*.

CANOTILHO, José Joaquim GOMES — *Constituição dirigente e vinculação do legislador. Contributo para a compreensão das normas constitucionais programáticas*, Coimbra, Coimbra Editora, 1982.

—— *Direito Constitucional e Teoria da Constituição*, 3.ª ed., s/l, Almedina, s/d.

—— e Vital MOREIRA — *Fundamentos da Constituição*, Coimbra, Coimbra Editora, 1991.

CANSACCHI, Giorgio — «Le choix et l'adaptation de la règle étrangère dans le conflit de lois», *Rec. cours*, vol. 83 (1953-II), 79.

CARBONE, Sergio — «Il valore e gli effeti del diritto straniero nell'ordinamento italiano», *in Collisio Legum. Studi di diritto internazionale privato per Gerardo Broggini*, Milano, Giuffrè Editore, 1997, 83.

CARBONNIER, Jean — *Droit Civil*, Paris, PUF, *Introduction*, 25.ª ed., 1997; t. 4, *Les Obligations*, 21.ª ed., 1998.

CARRILLO SALCEDO, Juan Antonio — *Derecho Internacional Privado*, 3.ª ed., s/l, [Madrid], s/d [1983].

CARTER, P. B. — «The Rôle of Public Policy in English Private International Law», *ICLQ* 1993, 1.

—— «The Private International Law (Miscellaneous Provisions) Act 1995», *LQR* 1996, 190.

CARVALHO, Orlando de — «Negócio jurídico indirecto (teoria geral)», *BFDUC*, suplemento X, 1952.

—— *Critério e estrutura do estabelecimento comercial*, vol. I, *O problema da empresa como objecto de negócios*, Coimbra, 1967.

—— «A Teoria Geral da Relação Jurídica. Seu sentido e limites», *RDES* 1969, 55.

CAVERS, David — «A Critique of the Choice-of-Law Problem», *Harvard L.R.* 1933, 173 [=*in* PICONE-WENGLER, *Internationales Privatrecht*, Darmstadt, Wissenschaftliche Buchgesellschaft, 1974, 125].

—— «Contemporary Conflicts Law in American Perspective», *Rec. cours*, vol. 131 (1970-III), 75.

CHABAS, François – Anotação ao ac. da *Cour de Cassation* de 7 de Janeiro de 1981, *RTDCiv.* 1981, 849.

CHESHIRE, G. C., P. M. NORTH e J.J. FAWCETT — *Private International Law*, 13.ª ed., London-Edinburgh-Dublin, Butterworths, 1999.

CHESHIRE, G. C., C. H. S. FIFOOT e M. P. FURMSTON — *Law of Contract*, 11.ª ed., London-Dublin-Edinburgh, Butterworths, 1991.

Chitty on Contracts, 27.ª ed., London, Sweet & Maxwell, 1994, vol. I, *General Principles*; vol. II, *Specific Contracts* [por A. G. GUEST e outros].

CHORÃO, Mário Emílio BIGOTTE — *Introdução ao Direito*, vol. I, *O conceito de Direito*, Coimbra, Almedina, 1989.

— — «Direito», *in Temas fundamentais de direito*, reimpressão, Coimbra, Almedina, 1991, 29.

— — «Equidade», *in Temas fundamentais de direito*, reimpressão, Coimbra, Almedina, 1991, 85.

— — «Tridimensionalismo jurídico», *in Temas fundamentais de direito*, reimpressão, Coimbra, Almedina, 1991, 167.

CIAN, Giorgio e Alberto TRABUCCHI [orgs.] — *Commentario breve al Codice Civile*, 4.ª ed., Padova, Cedam, 1992; *Appendice*, 1993.

COELHO, Francisco Manuel PEREIRA — *O problema da causa virtual na responsabilidade civil*, reimpressão com uma nota prévia, Coimbra, Almedina, 1998.

— — *O enriquecimento e o dano*, reimpressão, Coimbra, Almedina, 1999.

— — e Rui de ALARCÃO — «Rapport portugais», *in La réaction de la doctrine à la création du droit par les juges. Travaux de l'Association Henri Capitant*, t. XXXI (1980), 163.

COHEN, Nili — «Pre-contractual duties: Two Freedoms and the Contract to Negotiate», *in* J. BEATSON e D. FRIEDMANN [orgs.], *Good Faith and Fault in Contract Law*, Oxford, Clarendon Press, 1995, 25.

COING, Helmut — «Rechtsverhältnis und Rechtsinstitution im allgemeinen und internationalen Privatrecht bei Savigny», *in* AAVV, *Eranion in honorem Georgii Maridakis*, vol. III, Athenis, 1964, 19.

— — «Die Bedeutung der europäischen Rechtsgeschichte für die Rechtsvergleichung», *RabelsZ* 1968, 1.

— — *Grundzüge der Rechtsphilosophie*, 5.ª ed., Berlin-New York, 1993.

COLLAÇO, Isabel de MAGALHÃES — *Da compra e venda em Direito Internacional Privado*, vol. I, *Aspectos fundamentais*, Lisboa, 1954.

— — *Direito Internacional Privado*, 3 vols., Lisboa, AAFDL, 1958-59 [polic.; existe reedição do vol. I, de 1966].

— — Prefácio a Manuel CORTES ROSA, *Da questão incidental em Direito Internacional Privado, RFDUL*, Suplemento, Lisboa, 1960.

—— «O risco nuclear e os problemas jurídicos que suscita», *Arquivos da Universidade de Lisboa*, Nova Série, 1961, 213.

—— *Da qualificação em Direito Internacional Privado*, Lisboa, 1964.

—— *Direito Internacional Privado*, vol. II, Lisboa, AAFDL, 1967 [polic.].

—— *Direito Internacional Privado. Problemas especiais de interpretação e aplicação da norma de conflitos. A conexão*, Lisboa, AAFDL, 1968 [polic.].

—— *Direito Internacional Privado. O regime da devolução no Código Civil de
1966*, Lisboa, AAFDL, 1968 [polic.].

—— *Direito Internacional Privado. Obrigações não voluntárias*, Lisboa, AAFDL,
1970-71 [apontamentos elaborados pelo aluno Marcelo REBELO DE SOUSA, polic.].

—— *Direito Internacional Privado. Das obrigações voluntárias*, Lisboa, AAFDL,
1972-73 [apontamentos elaborados pela aluna Maria Célia RAMOS, polic.].

—— *Direito Internacional Privado — Casos práticos de devolução e qualificação*,
Lisboa, AAFDL, 1983 [compilados pela equipa de docentes da cadeira sob a
coordenação da Prof.ª Isabel de Magalhães Collaço; polic.].

—— «L'arbitrage international dans la recente loi portugaise sur l'arbitrage volontaire (Loi n.° 31/86, du 29 aout 1986). Quelques réflexions», *in* AAVV, *Droit
international et droit communautaire. Actes du colloque Paris, 5-6 Avril 1990*,
Paris, Fundação Calouste Gulbenkian, 1991, 55.

—— Prefácio a Luís de LIMA PINHEIRO, *A venda com reserva de propriedade em
Direito Internacional Privado*, Lisboa, etc., McGraw-Hill, 1991.

COLLINS, Hugh — *The Law of Contract*, 2.ª ed., London, Butterworths, 1993.

COLLINS, Lawrence — «Interaction Between Contract and Tort in the Conflict of
Laws», *ICLQ* 1967, 103.

—— v. *Dicey and Morris on the Conflict of Laws*.

COMISSÃO DAS COMUNIDADES EUROPEIAS — «Ante-projecto de convenção das
Comunidades Europeias sobre a lei aplicável às obrigações contratuais e extra-
contratuais», *RDE* 1975, 137 [tradução portuguesa por A. FERRER CORREIA e M.
Isabel JALLES; versões inglesa, francesa, italiana e alemã *in AJCL* 1973, 587;
RCDIP 1973, 209; *RDIPP* 1973, 189; *RabelsZ* 1974, 211; e O. LANDO, B. HOFF-
MANN e K. SIEHR (orgs.), *European Private International Law of Obligations*,
Tübingen, J.C.B. Mohr, 1975, 220].

THE COMMISSION OF EUROPEAN CONTRACT LAW – *The Principles of European Contract Law. Part I: Performance, Non-Performance and Remedies*, Dordrecht-
-Boston-London, Martinus Nijhoff, 1995.

—— *Principles of European Contract Law. Full Text of Parts I & II, in* J. RAMBERG,
International Commercial Transactions, s/l, ICC-Kluwer-Norstedts, 1998 [versão
revista, com o título *Principles of European Contract Law. Parts I and II Combined and Revised*, The Hague-London-Boston, Kluwer Law International, 2000].

748 *Da Responsabilidade Pré-Contratual em Direito Internacional Privado*

CONFÉRENCE DE LA HAYE DE DROIT INTERNATIONAL PRIVÉ – *Recueil des Conventions. Collection of Conventions (1951-1996)*, Bureau Permanent de la Conférence, s/l, s/d.

CONSTANTINESCO, Léontin-Jean — *Inéxecution et faute contractuelle en droit comparé (Droits français, allemand, anglais)*, Stuttgart-Bruxelles, Kohlhammer-Librairie Encyclopedique, 1960.

— — *Traité de droit comparé*, Paris, LGDJ, vol. I, *Introduction au droit comparé*, 1972; vol. II, *La méthode comparative*, 1974; vol. III, *La science des droits comparés*, 1983.

— — «Ideologie als determinierendes Element zur Bildung der Rechtskreise», *ZfRV* 1978, 161.

COOTE, Brian — «The Essence of Contract», *J. Contract L.* 1988, 91 e 183.

CORBIN, Arthur Lindon — *Corbin on Contracts*, vol. 1A, St. Paul, Minnesotta, West, 1963.

CORDEIRO, António MENEZES — *Da boa fé no Direito Civil*, 2 vols., Coimbra, Almedina, 1985 [reimpressão em um volume, 1997].

— — «Lei (Aplicação da)», *Polis*, vol. 3, col. 1046.

— — «Princípios gerais de direito», *Polis*, vol. 4, col. 1490.

— — *Teoria Geral do Direito Civil*, vol. I, 2.ª ed., Lisboa, AAFDL, 1987-88.

— — «Da abertura de concurso para a celebração de um contrato no direito privado», *BMJ* 369 (1987), 27.

— — «Tendências actuais da interpretação da lei: do juiz-autómato aos modelos de decisão jurídica», *RJ* 1987, 7.

— — Introdução à edição portuguesa de Claus-Wilhelm CANARIS, *Pensamento sistemático e conceito de sistema na ciência do Direito*, Lisboa, Fundação Calouste Gulbenkian,1989.

— — «A decisão segundo a equidade», *Dir.* 1990, 261.

— — «Compra e venda internacional, inflação, moeda estrangeira e taxa de juros», *RDES* 1988 [= *in Banca, Bolsa e Crédito — Estudos de Direito Comercial e de Direito da Economia*, vol. I, Coimbra, Almedina, 1990, 213].

— — *Direito das Obrigações*, Lisboa, AAFDL, vol. I, reimpressão, 1994; vol. II, reimpressão, 1990.

— — *Das cartas de conforto no Direito Bancário*, Lisboa, Lex, 1993.

— — «Dolo na conclusão do negócio. *Culpa in contrahendo*. Acórdão do Supremo Tribunal de Justiça de 13 de Janeiro de 1993», *Dir.* 1993, 145.

— — Anotação ao acórdão do Tribunal Arbitral de 31 de Março de 1993, *ROA* 1995, 123.

— — «A boa fé nos finais do século XX», *ROA* 1996, 887.

Índice Bibliográfico

—— *Da responsabilidade civil dos administradores das sociedades comerciais*, Lisboa, Lex, 1997.

—— *Manual de Direito do Trabalho*, reimpressão, Coimbra, Almedina, 1999.

—— *A posse: perspectivas dogmáticas actuais*, 2.ª ed., Coimbra, Almedina, 1999.

—— *Tratado de Direito Civil português*, vol. I, *Parte geral*, t. I, *Introdução. Doutrina geral. Negócio jurídico*, Coimbra, Almedina, 1999.

—— v. COSTA, Mário Júlio de ALMEIDA.

—— e Manuel CARNEIRO DA FRADA — «Da inadmissibilidade da recusa de ratificação por *venire contra factum proprium*», *Dir.* 1994, 677.

CORNU, Gérard — «Le problème du cumul de la responsabilité contractuelle et de la responsabilité délictuelle», *in* AAVV, *Études de droit contemporain (Nouvelle Serie). Sixième Congrès International de Droit Comparé. Hambourg. 1962*, Paris, Cujas, 1962, 239.

CORREIA, António FERRER — «O problema das qualificações em Direito Internacional Privado», *RDES* 1949-50, 43 [= *in Estudos jurídicos III — Direito Internacional Privado*, Coimbra, Atlântida, 1970, 1].

—— «Direito Internacional Privado», *BMJ* 24 (1951), 9 [= *in* A. FERRER CORREIA e F.A. FERREIRA PINTO, *Direito Internacional Privado. Leis e projectos de leis. Convenções internacionais*, Coimbra, Almedina, 1988, 20].

—— «Unidade do estatuto pessoal», *BFDUC* 1954, 101 [= *in Estudos jurídicos III — Direito Internacional Privado*, Coimbra, Atlântida, 1970, 291].

—— *Lições de Direito Internacional Privado*, Coimbra, 1963 [com a colaboração de João BAPTISTA MACHADO; polic.].

—— «O problema da qualificação segundo o novo Direito Internacional Privado português», *BFDUC* 1968 [=*in Estudos jurídicos III — Direito Internacional Privado*, Coimbra, Atlântida, 1970, 43].

—— *Lições de Direito Internacional Privado*, Coimbra, 1973 [polic.].

—— *Lições de Direito Internacional Privado. Do reconhecimento e execução das sentenças estrangeiras. Aditamentos*, Coimbra, 1975 [polic.].

—— *Lições de Direito Internacional Privado. Aditamentos. I. Nacionalidade: doutrina geral e direito português. II. Lei reguladora do estatuto pessoal*, Coimbra, 1975 [polic.].

—— *Direito Internacional Privado. Alguns problemas*, Coimbra, 1981 [reimpressão, 1989].

—— «O novo Direito Internacional Privado português (alguns princípios gerais)», *in Estudos vários de direito*, 2.ª tiragem, Coimbra, 1982, 3.

—— «La doctrine des droits acquis dans un système de règles de conflit bilatérales», *in Estudos vários de direito*, 2.ª tiragem, Coimbra, 1982, 59.

750 *Da Responsabilidade Pré-Contratual em Direito Internacional Privado*

—— «Considerações sobre o método do Direito Internacional Privado», *in Estudos vários de direito*, 2.ª tiragem, Coimbra, 1982, 309.

—— «Direito Internacional Privado», *Polis*, vol. 2, col. 461 [= *in Temas de Direito Comercial e Direito Internacional Privado*, Coimbra, Almedina, 1989, 299].

—— «Direito Internacional Privado Matrimonial (Direito Português)», *RLJ*, ano 116.º, 321 e 353; ano 117.º, 17 e 37 [= *in Temas de Direito Comercial e Direito Internacional Privado*, Coimbra, Almedina, 1989, 331].

—— «Conflitos de leis em matéria de direitos sobre coisas corpóreas», *RLJ*, ano 117.º, 298, 325 e 357; ano 118.º, 5, 38, e 65 [=*in Temas de Direito Comercial e Direito Internacional Privado*, Coimbra, Almedina, 1989, 363].

—— *Erro e interpretação na teoria do negócio jurídico*, 2.ª ed., 3.ª tiragem, Coimbra, Almedina, 1985.

—— «O princípio da autonomia do direito internacional privado no sistema jurídico português», *RDE* 1986, 3 [= *in Festschrift für Gerhard Kegel zum 75. Geburtstag*, Stuttgart-Berlin-Köln-Mainz, Kohlhammer, 1987, 119, e *in Temas de Direito Comercial e Direito Internacional Privado*, Coimbra, Almedina, 1989, 451].

—— «O Direito Internacional Privado português e o princípio da igualdade», *RLJ*, ano 120.º, 33, 65, 129, 193 e 265.

—— «Algumas considerações acerca da Convenção de Roma de 19 de Junho de 1980 Sobre a Lei Aplicável às Obrigações Contratuais», *RLJ*, ano 122.º, 289, 321 e 362.

—— «Homenagem ao Doutor Baptista Machado», *RLJ*, ano 125.º, 193 e 225.

—— «A venda internacional de objectos de arte e a protecção do património cultural», *RLJ*, ano 125.º, 289, 321 e 353; ano 126.º, 8, 34, 66, 98 e 162.

—— «Le système portugais sur la compétence internationale (directe)», *in* C. DOMINICÉ, R. PATRY e C. REYMOND [orgs.], *Études de droit international en l'honneur de Pierre Lalive*, Bâle-Francfort sur le Main, Helbing Lichtenhahn, s/d [1993], 49.

—— e João BAPTISTA MACHADO — «Aplicação das leis no espaço. Direitos dos estrangeiros e conflitos de leis», *BMJ* 136 (1964), 17 [= *in* A. FERRER CORREIA e F.A. FERREIRA PINTO, *Direito Internacional Privado. Leis e projectos de leis. Convenções internacionais*, Coimbra, Almedina, 1988, 79].

—— e Fernando FERREIRA PINTO — *Direito Internacional Privado. Leis e projectos de leis. Convenções internacionais*, Coimbra, Almedina, 1988.

CORREIA, Eduardo – *Direito Criminal*, 2 vols., reimpressão, Coimbra, Almedina, 1971.

—— *A teoria do concurso em Direito Criminal*, 2.ª reimpressão, Coimbra, Almedina, 1996.

COSTA, Manuel FERNANDES — «Direitos adquiridos e reconhecimento de sentenças estrangeiras (Da interpretação da al. g) do art. 1096.º do Código de Processo

Civil)», *in* AAVV, *Estudos em homenagem ao Prof. Doutor A. Ferrer Correia*, vol. I, Coimbra, 1986, 121.

COSTA, Mário Júlio de ALMEIDA — *Responsabilidade civil por ruptura de negociações preparatórias de um contrato*, separata da *RLJ*, reimpressão, Coimbra, Coimbra Editora, 1994.

— — *Direito das Obrigações*, 7.ª ed., Coimbra, Almedina, 1998.

— — «O concurso da responsabilidade civil contratual e da extracontratual», *in* ANTUNES VARELA, FREITAS DO AMARAL, Jorge MIRANDA e GOMES CANOTILHO [orgs.], *Ab uno ad omnes. 75 anos da Coimbra Editora 1920-1995*, Coimbra, Coimbra Editora, 1998, 555.

— — e António MENEZES CORDEIRO – *Cláusulas contratuais gerais. Anotação ao Decreto-Lei n.º 446/85, de 25 de Outubro*, reimpressão, Coimbra, Almedina, 1995.

CRAUSHAAR, Götz von — *Der Einfluss des Vertrauens auf die Privatrechtsbildung*, München, C.H. Beck, 1969.

— — «Haftung aus culpa in contrahendo wegen Ablehnung des Vertragsschlusses — BGH, LM § 276 (Fa) BGB Nr. 28», *JuS* 1971, 127.

CUFFARO, Vicenzo — «Responsabilità precontrattuale», *in EDD*, vol. XXXIX, 1265.

CUNHA, Paulo — *Direito civil. Teoria geral da relação jurídica*, Lisboa, 1937-38 [apontamentos coligidos por Margarida PIMENTEL SARAIVA e Orlando COURRÈGE].

DE CUPIS, Adriano — «Il problema del cumulo della responsabilità contrattuale ed extracontrattuale», *Ann. Dir. Compar.* 1963, 249.

— — *Il danno. Teoria generale della responsabilità civile*, 2 vols., 3.ª ed., Milano, Giuffrè, 1979 [tradução castelhana da 2.ª ed. do original italiano, sob o título *El daño. Teoría general de la responsabilidad civil*, por A. MARTÍNEZ SARRIÓN, 1975].

CURRIE, Brainerd — «Notes on Methods and Objectives in the Conflict of Laws», *in Selected Essays on the Conflict of Laws*, Durham, North Carolina, Duke University Press, 1963, 177.

— — «The Constitution and the Choice of Law: Governmental Interests and the Judicial Function», *in Selected Essays on the Conflict of Laws*, Durham, North Carolina, Duke University Press, 1963,188.

— — Comentário à decisão proferida pelo *Court of Appeals of New York* no caso *Babcock v. Jackson, Col. L. R.* 1963, 1233.

DAVÌ, Angelo — «Responsabilità non contrattuale nel diritto internazionale privato», *in Digesto delle Discipline Privatistiche. Sezione Civile*, vol. XVII, Torino, UTET, 1998, 302.

752 *Da Responsabilidade Pré-Contratual em Direito Internacional Privado*

DAVID, René — «Cause et consideration», *in* AAVV, *Mélanges offerts à Jacques Maury*, vol. II, *Droit comparé. Théorie générale du droit et droit privé*, Paris, Dalloz & Sirey, s/d [1960], 111.

—— e Camille JAUFFRET-SPINOSI — *Les grands systèmes de droit contemporains*, 10.ª ed., Paris, Dalloz, 1992.

DEGNER, Egbert Paul — «Kollisionsrechtliche Anknüpfung der Geschäftsführung ohne Auftrag, des Bereicherungsrechts und der culpa in contrahendo», *RIW/AWD* 1983, 825.

—— *Kollisionsrechtliche Probleme zum Quasikontrakt*, Tübingen, J.C.B. Mohr (Paul Siebeck), 1984.

DEUTSCH, Erwin — «Zum Verhältnis von vertraglicher und deliktischer Haftung», *in* H.-M. PAWLOWSKI e F. WIEACKER [orgs.], *Festschrift für Karl Michaelis*, Göttingen, 1972, 26.

—— «Internationales Privatrecht und Haftungsrecht — dargestellt am Beispiel des Unfalls», *in* G. LÜKE [orgs.], *Grundfragen des Privatrechts*, Köln, Heymanns, 1989, 19.

—— *Fahrlässigkeit und erforderliche Sorgfalt. Eine Privatrechtliche Untersuchung*, 2.ª ed., Köln, etc., Carl Heymanns, 1995.

Dicey and Morris on the Conflict of Laws, 12.ª ed., 2 vols., London, Sweet & Maxwell, 1993 [por Lawrence COLLINS, Trevor HARTLEY, J.D. McCLEAN, C.G.J. MORSE e Brian DAVENPORT].

DIETZ, Rolf — *Anspruchskonkurrenz bei Vertragsverletzung und Delikt*, Bonn-Köln, Röhrscheid Verlag, 1934.

—— «Das Problem der Konkurrenz von Schadensersatzansprüchen bei Vertragsverletzung und Delikt», *in* H. DÖLLE [org.], *Deutsche Landesreferate zum VI. Internationalen Kongress für Rechtsvergleichung in Hamburg 1962*, Berlin-Tübingen, Gruyter e Mohr, 1962, 181.

DÍEZ-PICAZO, Luis — *Fundamentos del derecho civil patrimonial*, 2 vols., 5.ª ed., Madrid, Editorial Civitas, 1996.

—— e Antonio GULLÓN — *Sistema de derecho civil*, vol. II, *El contrato en general*, 6.ª ed., reimpressão, Madrid, Tecnos, 1990.

DIRIX, Eric – Anotação à sentença proferida pela Câmara dos Lordes no caso *White v. Jones*, *Eur. Rev. Priv. Law* 1996, 354.

DOBBS, Dan B. — «Direct and General Limits on Tort Damages in the United States», *in* J. SPIER [org.], *The Limits of Liability. Keeping the Floodgates Shut*, The Hague-London-Boston, Kluwer, 1996, 27.

DÖLLE, Hans — «Juristische Entdeckungen», *in* AAVV, *Verhandlungen des 42. Deutschen Juristentages*, Tübingen, J.C.B. Mohr (Paul Siebeck), 1958, 2.

DÖRNER, Heinrich — Anotação à sentença do Tribunal Federal Alemão de 9 de Outubro de 1986, *JR* 1987, 198.

—— «Qualifikation im IPR — Ein Buch mit sieben Siegeln?», *StAZ* 1988, 345.

DRAETTA, Ugo — «Legal effects of letters of intent: a case study», *in* AAVV, *Formation of contracts and precontractual liability*, Paris, CCI, 1990, 259.

—— v. LAKE, Ralph B.

DREYER, Dominique — «Switzerland», *in* AAVV, *Formation of contracts and precontractual liability*, Paris, CCI, 1990, 65.

DROBNIG, Ulrich — *American-German Private International Law*, 2.ª ed., Dobbs Ferry, New York, Oceana, 1972.

—— «Die Beachtung von ausländischen Eingriffsgesetzen — eine Interessenalyse», *in* W. BARFUSS e outros [orgs.], *Festschrift für Karl Neumayer zum 65. Geburtstag*, Baden-Baden, Nomos Verlagsgesellschaft, 1985, 159.

—— «Ein Vertragsrecht für Europa», *in* J. BAUR, K. HOPT e K. P. MAILÄNDER [orgs.], *Festschrift für Ernst Steindorff zum 70. Geburtstag am 13. März 1990*, Berlin-New York, Walter de Gruyter, 1990, 1141.

—— «Private Law in the European Union», *in Forum Internationale*, n.° 22 (1996), The Hague, Kluwer, 1997.

—— «Scope and general rules of a European civil code», *Eur. Rev. Priv. Law* 1997, 489.

—— v. ZWEIGERT, Konrad.

DROZ, Georges — «Regards sur le droit international privé comparé. Cours général de droit international privé», *Rec. Cours*, vol. 229 (1991-IV), 9.

DUARTE, Maria Luísa – *A teoria dos poderes implícitos e a delimitação de competências entre a União Europeia e os Estados-Membros*, Lisboa, Lex, 1997.

DUNNÉ, Jan M. van — «Liability for Pure Economic Loss: Rule Or Exception? A Comparatist's View of the Civil Law – Common Law Split on Compensation of Non-physical Damage in Tort Law», *Eur. Rev. Priv. Law* 1999, 397.

DUTOIT, Bernard — *Droit international privé suisse. Commentaire de la loi fédérale du 18 décembre 1987*, Bâle, Francfort-sur-le-Main, Helbing & Lichtenhahn, 1996.

EBKE, Werner F. — *Die zivilrechtliche Verantworlichkeit der wirtschaftsprüfenden, steuer- und rechtsberatenden Berufe im internationalen Vergleich*, Heidelberg, C.F. Müller, 1996.

EHRENZWEIG, Albert A. — «The Lex Fori — Basic Rule in the Conflict of Laws», *Mich. L.Rev.* 1960, 637.

—— «A Proper Law in a Proper Forum: A "Restatement" of the "Lex Fori Approach"», *Oklahoma L. Rev.*, 18 (1965), 340 [=*in* P. PICONE e W. WENGLER (orgs.), *Internationales Privatrecht*, Darmstadt, Wissenschaftliche Buchgesellschaft, 1974, 324].

754 *Da Responsabilidade Pré-Contratual em Direito Internacional Privado*

— — «Wirklichkeiten einer "Lex Fori Theorie". Zwischen dem Begriffshimmel der Überrrechte und der Begriffhölle des Eigenrechts», *in* J. TITTEL e outros [orgs.], *Multitudo Legum. Ius Unum. Festschrift für Wilhelm Wengler*, vol. II, *Kollisionsrecht und Rechtsvergleichung*, Berlin, Inter-Recht, 1973, 251.

— — e Stig STRÖMHOLM — «Torts — Introduction», *IECL* vol. III, *Private International Law*, cap. 31.

EHRICKE, Ulrich — «"Soft law" – Aspekte einer neuen Rechtsquelle», *NJW* 1989, 1906.

EICHLER, Hermann — *Die Rechtslehre vom Vertrauen. Privatrechtliche Untersuchungen über den Schutz des Vertrauens*, Tübingen, J.C.B. Mohr (Paul Siebeck), 1950.

ELST, Raymond VANDER — «Le rattachement accessoire en droit international privé», *in* AAVV, *L'unificazione del diritto internazionale privato e processuale. Studi in memoria di Mario Giuliano*, Padova, Cedam, 1989, 963.

EMMERICH, Volker — «Zum gegenwärtigen Stand der Lehre von der culpa in contrahendo», *Jura* 1987, 561.

ENGEL, Pierre – *Traité des obligations en droit suisse. Dispositions générales du CO*, 2.ª ed., Berne, Staempfli, 1997.

ENGISCH, Karl – «Der Begriff der Rechtslücke», *in* AAVV, *Festschrift für Wilhelm Sauer*, Berlin, De Gruyter, 1949, 85.

— — «Die Relativität der Rechtsbegriffe», *in* M. FERID [org.], *Deutsche Landesreferate zum V. Internationalen Kongress für Rechtsvergleichung in Brussel 1958*, s/l, s/d, 59.

— — *Die Idee der Konkretisierung in Recht und Rechtswissenschaft unserer Zeit*, 2.ª ed., Heidelberg, Carl-Winter Universitätsverlag, 1968.

— — *Die Einheit der Rechtsordnung*, reimpressão, Darmstadt, Wissenschaftliche Buchgesellschaft, 1987.

— — *Einführung in das juristische Denken*, 9.ª ed. refundida por Thomas WÜRTENBERGER e Dirk OTTO, Stuttgart-Berlin-Köln, Kohlhammer, 1997 [tradução portuguesa da 3.ª ed. do original alemão, sob o título *Introdução ao pensamento jurídico*, por J. BAPTISTA MACHADO, 5.ª ed., Lisboa, Fundação Calouste Gulbenkian, s/d].

ENNECCERUS, Ludwig, Theodor KIPP e Martin WOLFF – *Lehrbuch des Bürgerlichen Rechts*, 15.ª ed., Tübingen, J.C.B. Mohr (Paul Siebeck), vol. I, *Allgemeiner Teil des Bürgerlichen Rechts. Ein Lehrbuch, Erster Halbband*, 1959; *Zweiter Halbband*, 1960 [por Hans Carl NIPPERDEY]; vol. II, *Recht der Schuldverhältnisse*, 1958 [por Heinrich LEHMANN].

ENONCHONG, Nelson — «Public Policy in the Conflict of Laws: A Chinese Wall Around Little England?», *ICLQ* 1996, 633.

EÖRSI, Gyula — «A propos the 1980 Vienna Convention on Contracts for the International Sale of Goods», *AJCL* 1983, 333.

ERMAN, Walter, e outros — *Handkommentar zum Bürgerlichen Gesetzbuch*, 9.ª ed., Münster, Aschendorff, 1993 [cit. *Erman*-autor].

VAN ERP, Sjef – Anotação à sentença proferida pela Câmara dos Lordes no caso *White v. Jones, Eur. Rev. Priv. Law* 1996, 361.

— — «The Pre-contractual stage», *in* A. HARTKAMP e outros [orgs.], *Towards a European Civil Code*, 2.ª ed., Nijmegen, etc., Ars Aequi Libri-Kluwer, 1998, 201.

ESSER, Josef – *Vorverständnis und Methodenwahl in der Rechtsfindung. Rationalitätsgrundlagen richterlicher Entscheidungspraxis*, 2.ª ed., Frankfurt, Athenäum, 1972.

— — *Grundsatz und Norm in der richterlichen Fortbildung des Privatrechts*, 4.ª ed., Tübingen, J.C.B. Mohr (Paul Siebeck), 1990 [tradução espanhola sob o título *Princípio y norma en la elaboración jurisprudencial del derecho privado*, por Eduardo VALENTE FIOL, Barcelona, Bosch, s/d, (1961)].

— — e Eike SCHMIDT — *Schuldrecht*, Heidelberg, C.F. Müller, *Band I, Allgemeiner Teil, Teilband 1, Entstehung, Inhalt und Beendigung von Schuldverhältnisse*, 8.ª ed., 1995; *Teilband 2, Durchführungshindernisse und Vertragshaftung, Schadensausgleich und Mehrseitigkeit beim Schuldverhältnis*, 7.ª ed., 1993.

— — e Hans-Leo WEYERS — *Schuldrecht, Band 2, Besonderer Teil*, 7.ª ed., Heidelberg, C.F. Müller, 1991.

EVRIGENIS, Dimitrios — «Tendances doctrinales actuelles en Droit International Privé», *Rec. Cours*, vol. 118 (1966-II), 313.

FABRE-MAGNAN, Muriel — «Duties of Disclosure and French Contract Law: Contribution to an Economic Analysis», *in* J. BEATSON e D. FRIEDMANN [orgs.], *Good Faith and Fault in Contract Law*, Oxford, Clarendon Press, 1995, 99.

FAGGELLA, Gabriele — «Dei periodi precontrattuali e della loro vera ed esatta costruzione scientifica», *in* AAVV, *Studi Giuridici in Onore di Carlo Fadda*, vol. III, Napoli, Luigi Pierro, 1906, 271.

FALCONBRIDGE, John — «The Problem of Characterization», *in Essays on the Conflict of Laws*, 2.ª ed., Toronto, Canada Law Book Co, 1954, 50 [parcialmente reproduzido *in* P. PICONE e W. WENGLER (orgs.), *Internationales Privatrecht*, Darmstadt, Wissenschaftliche Buchgesellschaft, 1974, 375].

FALLON, Marc — «Proposition pour une convention européenne sur la loi applicable aux obligations non contractuelles», *Eur. Rev. Priv. Law* 1999, 45.

FARIA, Jorge Leite Areias RIBEIRO DE — *Direito das Obrigações*, 2 vols., Coimbra, Almedina, s/d.

FARNSWORTH, Allan Edward — «Precontratual Liability and Preliminary Agreements: Fair Dealing and Failed Negotiations», *Col. L.R.* 1987, 217.

756 Da Responsabilidade Pré-Contratual em Direito Internacional Privado

— — «Negotiation of Contracts and Precontractual Liability: General Report», *in* W. STOFFEL e P. VOLKEN [orgs.], *Mélanges en l'honneur de Alfred E. Von Overbeck*, Fribourg, Éditions Universitaires, 1990, 657.

— — *Farnsworth on Contracts*, Boston-Toronto-London, Little, Brown & Co., 3 vols, 1990; suplemento de actualização, 1994.

— — *The Concept of Good Faith in American Law*, Roma, Centro di Studi e Richerche di Diritto Comparato e Straniero, 1993.

— — «Duties of Good Faith and Fair Dealing under the UNIDROIT Principles. Relevant International Conventions and National Laws», *Tul.J.Int.Comp.L.* 1994, 47.

— — *An Introduction to the Legal System of the United States*, 3.ª ed., Oceana Publications, 1996.

FENTIMAN, Richard — «Foreign Law in English Courts», *LQR* 1992, 142.

— — *Foreign Law in English Courts*, Oxford, Oxford University Press, 1998.

FERID, Murad — *Das Französische Zivilrecht*, vol. I, *Allgemeine Lehren. Recht der Schuldverhältnisse*, Frankfurt a.M., Berlin, Metzner, 1971.

— — e Christof BÖHMER — *Internationales Privatrecht*, 3.ª ed., Frankfurt a.M., Alfred Metzner Verlag, s/d [1986].

— — e H. J. SONNENBERGER — *Das Französische Zivilrecht*, vol. 2, *Schuldrecht: Die einzelnen Schuldverhältnisse. Sachenrecht*, 2.ª ed., Heidelberg, Verlaggesl. Recht u. Wirtschaft, 1986.

FERNANDES, Carlos — *Lições de Direito Internacional Privado*, vol. I, *Teoria geral do DIP com incidência no Sistema Português*, Coimbra, Coimbra Editora, 1994.

FERNANDES, Luís A. CARVALHO – «Negócio jurídico», *Polis*, vol. 4, col. 603.

— — *A conversão dos negócios jurídicos civis*, Lisboa, Quid Iuris, 1993.

— — *Teoria geral do Direito Civil*, 2.ª ed., Lisboa, Lex, vol. I, 1995; vol. II, 1996.

FERNÁNDEZ DE LA GÁNDARA, Luis, e Alfonso-Luis CALVO CARAVACA — «La compraventa internacional de mercancías», *in* Alfonso-Luis CALVO CARAVACA e Luis Fernández DE LA GÁNDARA [directores] e Pilar BLANCO-MORALES LIMONES [coordenadora], *Contratos internacionales*, Madrid, Tecnos, 1997, 144.

FERNÁNDEZ ROZAS, José Carlos, e Sixto SÁNCHEZ LORENZO – *Derecho Internacional Privado*, s/l, Civitas, 1999.

FERRARI, Franco — «General Principles and International Uniform Commercial Law Conventions: A Study of the 1980 Vienna Sales Convention and the 1988 Unidroit Conventions», *RDU* 1997, 451.

— — «Remarks on the different methods in approaching liability for one's own acts on the occasion of the publication of Von Bar's *Gemeineuropäisches Deliktsrecht*», *Eur. Rev. Priv. Law* 1997, 439.

FERREIRA, Amadeu José – *Direito dos Valores Mobiliários*, Lisboa, AAFDL, 1997.

Índice Bibliográfico

FERREIRA, Manuel CAVALEIRO DE — *Direito Penal português*, 2 vols., s/l, Verbo, 1982.

—— *Lições de Direito Penal. Parte geral*, vol. I, *A lei penal e a teoria do crime no Código Penal de 1982*, 4.ª ed., s/l, Verbo, 1992.

FERREIRA, Vasco TABORDA — *Sistema do Direito Internacional Privado segundo a lei e a jurisprudência*, Lisboa, Ática, 1957.

—— «Acerca da Ordem Pública no Direito Internacional Privado», *RDES* 1959, 1, 185.

—— «Vers la solution du problème des qualifications», *in* AAVV, *De Conflictu Legum. Mélanges offerts à Roeland Duco Kollewijn/Johannes Offerhaus*, Leyden, Sijthoff, 1962, 493.

FEZER, Karl-Heinz — «Aspekte einer Rechtskritik an der *economic analysis of law* und am *property rights approach*», *JZ* 1986, 817.

—— «Nochmals: Kritik an der ökonomischen Analyse des Rechts», *JZ* 1988, 223.

FIGUEIREDO, Cândido de — *Dicionário da Língua Portuguesa*, 2 vols., 24.ª ed., Venda Nova, Bertrand Editora, 1991.

FIGUEIREDO, Mário de — *Os princípios gerais do direito internacional privado* [extracto de lições compilado por António BATOQUE e António César ABRANCHES], Coimbra, Livraria Neves-Editora, 1928.

FIKENTSCHER, Wolfgang — *Methoden des Rechts in vergleichender Darstellung*, 5 vols., Tübingen, J.C.B. Mohr (Paul Siebeck), 1975-1977.

—— *Schuldrecht*, 9.ª ed., Berlin, De Gruyter, 1997.

FIRSCHING, Karl — «Übereinkommen über das auf vertragliche Schuldverhältnisse anzuwendende Recht (IPR-VertragsÜ) vom 11.6.1980», *IPRax* 1981, 37.

—— «Das Prinzip der Akzessorietat im Deutschen Recht der Unerlaubten Handlungen — deutsche IPR-Reform», *in* R. GRAVESON e outros [orgs.], *Festschrift für Imre Zajtay*, Tübingen, J.C.B. Mohr (Paul Siebeck), 1982, 143.

—— *Einführung in das internationale Privatrecht*, 3.ª ed., München, C.H. Beck, 1987.

—— e Bernd VON HOFFMANN — *Internationales Privatrecht einschliesslich der Grundzüge des internationalen Zivilverfahrenrechts*, 5.ª ed., München, C.H. Beck, 1997.

FISCHER, Gerfried — «Culpa in contrahendo im Internationalen Privatrecht», *JZ* 1991, 168.

FISCHER, Peter — *Die Akzessorische Anknüpfung des Deliktsstatuts*, Berlin, 1989 [polic.].

FLEMING, John — «Is there a Future for Tort?», *Austr. L.J.* 1984, 131.

—— *An Introduction to the Law of Torts*, 2.ª ed., Oxford, Clarendon Press, 1985.

—— *The Law of Torts*, 8.ª ed., Sydney, The Law Book Co. Ltd., 1992.

FLESSNER, Axel — «Fakultatives Kollisionsrecht», *RabelsZ* 1970, 547.

758   Da Responsabilidade Pré-Contratual em Direito Internacional Privado

— — *Interessenjurisprudenz im internationalen Privatrecht*, Tübingen, J.C.B. Mohr (Paul Siebeck), 1990.

FLUME, Werner — *Allgemeiner Teil des Bürgerlichen Rechts*, vol. II, *Das Rechtsgeschäft*, 4.ª ed., Berlin, etc., Springer Verlag, 1992.

FONTAINE, Marcel — «Les lettres d'intention dans la négotiation des contrats internationaux», *DPCI* 1977, 73.

FRADA, Manuel CARNEIRO DA — *Contrato e deveres de protecção*, separata do vol. XXXVIII do *Suplemento ao BFDUC*, Coimbra, 1994.

— — *Uma «terceira via» no direito da responsabilidade civil?*, Coimbra, Almedina, 1997.

— — «A responsabilidade objectiva por facto de outrem face à distinção entre responsabilidade obrigacional e aquiliana», *Direito e Justiça* 1998, 297.

FRANCESCAKIS, Phocion — *La théorie du renvoi et les conflits de systèmes en droit international privé*, Paris, Sirey, 1958.

— — «Quelques précisions sur les "lois d'application immédiate" et leurs rapports avec les règles de conflits de lois», *RCDIP* 1966, 1.

— — «Lois d'application immédiate et règles de conflit», *RDIPP* 1967, 691.

— — «Y a-t-il du nouveau en matière d'ordre public?», *TCFDIP* 1966-1969, 148.

— — «Conflits de lois (principes généraux)», *in Répertoire de Droit International*, Paris, Dalloz, 1968, t. I, 470.

— — «Qualification», *in Répertoire de Droit International*, t. II, Paris, Dalloz, 1969, 703.

— — «Lois d'application immédiate et droit du travail», *RCDIP* 1974, 273.

FRANCO, António SOUSA — «Análise económica do Direito: exercício intelectual ou fonte de ensinamento?», *Sub judice* 1992, 63.

FRANK, R. — «Ein Fall von culpa in contrahendo internationalen Rechts», *SJZ* 1956, 106.

FRANKLIN, Benjamin – *Writings*, s/l, The Library of America, s/d.

FREITAS, José LEBRE DE – *Introdução ao processo civil. Conceito e princípios gerais. À luz do Código revisto*, s/l, Coimbra Editora, 1996.

— —, João REDINHA e Rui PINTO – *Código de Processo Civil anotado*, vol. 1.º, s/l, Coimbra Editora, 1999.

FRICK, Joachim F. — *Culpa in contrahendo — eine rechtsvergleichende und kollisionsrechtliche Studie,* Zürich, Schulthess, 1992.

FRIEDL, Birgit – «Haftung bei Abbruch von Vertragsverhandlungen im deutschen und anglo-australischen Recht», *ZvglRW* 1998, 161.

FRIGO, Manlio — «La determinazione della legge applicabile in mancanza di scelta dei contraenti e le norme imperative della Convenzione di Roma», *in* G. SACERDOTI e M. FRIGO, *La Convenzione di Roma sul Diritto applicabile ai contratti internazionali*, 2.ª ed., Milano, Giuffrè, 1993, 17.

FROTZ, Gerhard — «Die rechtsdogmatische Einordnung der Haftung für culpa in contrahendo», *in* C. FAISTENBERGER e H. MAYRHOFER [orgs.], *Gedenkenschrift für Franz Gschnitzer. Privatrechtliche Beiträge*, Aalen, Scientia Verlag, 1969, 163.

FULLER, Lon, e William PARDUE — «The Reliance Interest in Contract Damages», *Yale L.J.* 1936, 52 e 373 [tradução castelhana e comentário de Direito espanhol por PUIG BRUTAU, sob o título *Indemnización de los daños contractuales y protección de la confianza*, Barcelona, Bosch, 1957].

FURMSTON, Michael, Takao NORISADA e Jill POOLE — *Contract Formation and Letters of Intent*, Chichester, etc., Wiley & Sons, 1998.

FUSARO, Andrea — «Fondamento e limiti della responsabilità precontrattuale», *Giur. Ital.* 1984, Parte Prima, Sezione I, col. 1199.

GAIUS – *Institutiones* [texto estabelecido e traduzido para francês por Julien REINACH, sob o título *Institutes*, Paris, Société d'Édition Les belles lettres, 1950].

GALGANO, Francesco — *Diritto privato*, 9.ª ed., Padova, Cedam, 1996.

GAMILLSCHEG, Franz — «Überlegungen zur Methode der Qualifikation», *in Festschrift für Karl Michaelis*, Göttingen, Vandenhoek & Ruprecht, 1972, 79.

GANDOLFI, Giuseppe — «Pour un code européen des contrats», *RTDCiv.* 1992, 707.

GARCÍA RUBIO, M.ª Paz — *La responsabilidad precontractual en el Derecho español*, Madrid, Tecnos, 1991.

GAUDEMET-TALLON, Helène — *Les Conventions de Bruxelles et de Lugano. Compétence internationale, reconnaissance et exécution des jugements en Europe*, Paris, LGDJ, 1993.

GAUCH, Peter, Walter SCHLUEP, Jörg SCHMID e Heinz REY – *Schweizerisches Obligationenrecht. Allgemeiner Teil ohne ausservertragliches Haftpflichtrecht*, 2 vols., 7.ª ed., Zürich, Schulthess, 1998.

GEIMER, Reinhold — *Internationales Zivilprozessrecht*, 3.ª ed., Köln, Otto Schmidt, 1997.

—— *Europäisches Zivilverfahrensrecht. Kommentar zur EuGVÜ und zum Lugano--übereinkommen*, München, C.H. Beck, 1997.

GELDART, William e David YARDLEY — *Introduction to English Law*, 11.ª ed., Oxford-New York, Oxford University Press, 1995.

GEORGIADES, Apostolos — *Die Anspruchskonkurrenz im Zivilrecht und Zivilprozessrecht*, München, C.H. Beck, 1968.

GERNHUBER, Joachim — *Das Schuldverhältnis*, Tübingen, J.C.B. Mohr (Paul Siebeck), 1989.

VAN GERVEN, Walter, Jeremy LEVER, Pierre LAROUCHE, Christian VON BAR e Geneviève VINEY – *Tort Law. Scope of Protection*, Oxford, Hart Publishing, 1998.

760 Da Responsabilidade Pré-Contratual em Direito Internacional Privado

GHESTIN, Jacques — «L'obligation précontractuelle de renseignements en droit français», *in* D. TALLON-D. HARRIS [orgs.], *Le contrat aujourd'hui: comparaisons franco-anglaises*, Paris, LGDJ, 1987, 169.

—— «La notion de contrat», *D*. 1990, Chronique,148.

—— [org.] — *Traité de Droit Civil*, Paris, LGDJ, *Les obligations. La formation du contrat*, 3.ª ed., 1993 [por Jacques GHESTIN]; *Introduction à la responsabilité*, 2.ª ed., 1995 [por Geneviève VINEY]; *Les conditions de la responsabilité*, 2.ª ed., 1998 [por Geneviève VINEY e Patrice JOURDAIN]; *La responsabilité: effets*, 1988 [por Geneviève VINEY].

—— e Christophe JAMIN — «Le juste et l'utile dans les effets du contrat», *in* António PINTO MONTEIRO [coordenador], *Contratos: actualidade e evolução*, Porto, Universidade Católica Portuguesa, 1997, 123.

GIARDINA, Francesca — *Responsabilità contrattuale e responsabilità extracontrattuale. Significato attuale di una distinzione tradizionale*, Milano, Giuffrè, 1993.

GILMORE, Grant — *The Death of Contract*, 2.ª ed., Columbus, Ohio State University Press, 1995.

GIULIANO, Mario, e Paul LAGARDE — «Rapport concernant la convention sur la loi applicable aux obligations contractuelles», *JOCE* n.° C 282, de 31 de Outubro de 1980, 1.

GOLDSCHMIDT, Werner — «Die Philosophischen Grundlagen des Internationalen Privatrechtes», *in* E. von CAEMMERER e outros [orgs.], *Festschrift für Martin Wolff*, Tübingen, J.C.B. Mohr (Paul Siebeck), s/d [1952], 203.

GOMES, Júlio Manuel VIEIRA — *O conceito de enriquecimento, o enriquecimento forçado e os vários paradigmas do enriquecimento sem causa*, Porto, Universidade Católica Portuguesa, 1998.

GONZÁLEZ CAMPOS, Julio D., e outros — *Derecho internacional privado. Parte especial*, vol. II, *Derecho civil internacional*, 3.ª ed., Oviedo, 1990.

GONZENBACH, Gerald C. — *Die akzessorische Anknüpfung — ein Beitrag zur Verwirklichung des Vertrauensprinzips im IPR*, Zürich, Schulthess, 1986.

GONZENBACH, Rainer — *Culpa in contrahendo im schweizerischen Vertragsrecht*, Bern, Stämpfli, 1987.

GOODE, Roy — «England», *in* AAVV, *Formation of contracts and precontractual liability*, Paris, CCI, 1990, 51.

—— *The Concept of «Good Faith» in English Law*, Roma, Centro di Studi e Ricerche di Diritto Comparato e Straniero, 1992.

—— «International Restatements of Contract and English Contract Law», *RDU* 1997, 231.

GORDLEY, James — *The Philosophical Origins of Modern Contract Doctrine*, Oxford, Clarendon Press, 1991.

Índice Bibliográfico

—— «Common law und civil law: eine überholte Unterscheidung», *ZEuP* 1993, 498.

GOTHOT, Pierre — «Le renouveau de la tendance unilateraliste en Droit International Privé», *RCDIP* 1971, 1, 209 e 415.

GOTTLIEB, A. E. — «The Incidental Question Revisited — Theory and Practice in the Conflict of Laws», *ICLQ* 1977, 734.

GOTTWALD, Peter — «Die Haftung für culpa in contrahendo», *JuS* 1982, 877.

GOUVEIA, Jaime de — *Da responsabilidade contratual*, Lisboa, 1932.

GRAULICH, Paul — *Principes de Droit International Privé*, Paris, Dalloz, 1961.

GRIGOLEIT, Hans Christoph – *Vorvertragliche Informationshaftung. Vorsatzdogma, Rechtsfolgen, Schranken*, München, C.H. Beck, 1997.

GROTIUS, Hugo – *De jure belli ac pacis libri tres*, Paris, 1625 [tradução alemã e introdução por Walter SCHÄTZEL, Tübingen, J.C.B. Mohr (Paul Siebeck), 1950].

GROUPE EUROPÉEN DE DROIT INTERNATIONAL PRIVÉ — «Proposition pour une convention européenne sur la loi applicable aux obligations non contractuelles (Texte adopté lors de la réunion de Luxembourg du 25-27 septembre 1998)», *RCDIP* 1998, 802; *IPRax* 1999, 286 [versão inglesa *in Eur. Rev. Priv. Law* 1999, 46].

GRUNDMANN, Stefan — *Qualifikation gegen die Sachnorm. Deutsch-portugiesische Beiträge zur Autonomie des internationalen Privatrechts*, München, C.H. Beck, 1985.

—— «Deutsches Anlegersschutzrecht im internationalen Sachverhalten», *RabelsZ* 1990, 283.

GRUNEWALD, Barbara — «Das Scheitern von Vertragsverhandlungen ohne triftigen Grund», *JZ* 1984, 708.

GUHL, Theo — *Das Schweizerische Obligationenrecht*, 8.ª ed., reimpressão, Zürich, Schulthess, 1995 [por Hans MERZ, Max KUMMER, Alfred KOLLER e Jean Nicolas DRUEY].

GUNST, Dirk – Anotação à sentença do Tribunal Federal alemão de 22 de Fevereiro de 1989, *JZ* 1991, 202.

—— *Die Charakteristische Leistung. Zur funktionellen Anknüpfung im Internationalen Vertragsrecht Deutschlands, der Schweiz und der Europäischen Gemeinschaft*, Konstanz, Hartung-Gorre Verlag, 1994.

GUTMANN, Daniel – *Droit international privé*, Paris, Dalloz, 1999.

GUTTERIDGE, H. C. – *Comparative Law*, Cambridge, 1946 [tradução castelhana sob o título *El derecho comparado*, Barcelona, Consejo Superior de Investigaciones Cientificas, Instituto de Derecho Comparado, 1954].

HARRISON, Reziya — *Good Faith in Sales*, London, Sweet & Maxwell, 1997.

HART, Hebert L. A. — *The Concept of Law*, 2.ª ed., Oxford, Clarendon Press, 1994 [tradução portuguesa sob o título *O Conceito de Direito*, por Armindo RIBEIRO MENDES, 2.ª ed., Lisboa, Fundação Calouste Gulbenkian, s/d].

762 *Da Responsabilidade Pré-Contratual em Direito Internacional Privado*

HARTKAMP, Arthur — «The Unidroit Principles for International Commercial Contracts and the Principles of European Contract Law», *Eur. Rev. Priv. Law* 1994, 341.

—— «Principles of Contract Law», *in* A. HARTKAMP e outros [orgs.], *Towards a European Civil Code*, 2.ª ed., Nijmegen, etc., Ars Aequi Libri-Kluwer, 1998,105.

HARTLEY, Trevor C. — «Mandatory Rules in International Contracts: the Common Law Approach», *Rec. cours*, vol. 266 (1997), 337.

HAY, Peter — «The Interrelation of Jurisdiction and Choice-of-Law in United States Conflicts of Law», *ICLQ* 1979, 161.

—— Recensão a Axel FLESSNER, *Interessenjurisprudenz im internationalen Privatrecht, AJCL* 1991, 437.

—— *Internationales Privatrecht einschliesslich der Grundzüge des Internationalen Zivilverfahrensrechtes*, München, C.H. Beck, 1999.

HAYEK, Friedrich August – *The Road to Serfdom* [tradução portuguesa sob o título *O caminho para a servidão*, por Maria Ivone SERRÃO DE MOURA, Lisboa, Teoremas, 1977].

—— *Law, Legislation and Liberty. A New Statement of the Liberal Principles of Justice and Political Economy*, reimpressão, London, Routledge, 1993.

HECK, Philip — «Gesetzesauslegung und Interessenjurisprudenz», *AcP* 112 (1914), 1 [tradução portuguesa por José OSÓRIO ALBUQUERQUE, sob o título *Interpretação da lei e jurisprudência dos interesses*, Coimbra, Arménio Amado Editor, 1947].

HEINI, Anton — «Die Anknüpfungsgrundsätze in den Deliktsnormen eines zukünftigen schweizerischen IPR-Gesetzes», *in* W. FLUME, H. HAHN, G. KEGEL e K. SIMMONDS [orgs.], *Internationales Recht und Wirtschaftsordnung. Festschrift für F.A. Mann zum 70. Geburtstag*, München, 1977, 193.

—— «Vertrauensprinzip und Individualanknüpfung im internationalen Vertragsrecht», *in* P. BÖCKLI e outros [orgs.], *Festschrift für Frank Vischer zum 60. Geburtstag*, Zürich, 1983, 149.

HELDRICH, Andreas — «Die Interessen bei der Regelung der internationalen Zuständigkeit», *in* M. FERID [org.], *Festschrift für Hans Georg Ficker*, Frankfurt-Berlin, Metzner, 1967, 205.

—— *Internationale Zuständigkeit und anwendbares Recht*, Berlin-Tübingen, Walter de Gruyter-J.C.B. Mohr (Paul Siebeck), 1969.

HENRICH, Dieter — *Einführung in das englische Privatrecht*, 2.ª ed., Darmstadt, Wissenschaftliche Buchgesellschaft, 1993.

HESSELINK, Martijn — «Good Faith» *in* A. HARTKAMP e outros [orgs.], *Towards a European Civil Code*, 2.ª ed., Nijmegen, etc., Ars Aequi Libri-Kluwer, 1998, 285.

HESSEN, Johannes – *Wertphilosophie*, Paderborn, Ferdinand Schöningh, 1937 [tradução portuguesa e prefácio por L. CABRAL DE MONCADA, sob o título *Filosofia dos Valores*, Coimbra, Arménio Amado, 1944].

HEUZÉ, Vincent – *La vente internationale de marchandises. Droit uniforme*, Paris. Ed. Joly, 1992.

HEYN, Hans-Christian — *Die «Doppel-» und «Mehrfachqualifikation» im IPR*, Frankfurt am Main, Alfred Metzner Verlag, 1986.

HILDEBRANDT, Heinz — *Die Erklärungshaftung, ein Beitrag zum System des bürgerlichen Rechtes*, Berlin/Leipzig, Gruyter, 1931.

HOFFMANN, Bernd von — «Internationales Haftungsrecht im Referentenentwurf des Bundesjustizministeriums vom 1.12.1993», *IPRax* 1996, 1.

— — v. FIRSCHING, Karl.

HOHLOCH, Gerhard — *Das Deliktsstatut. Grundlagen und Grundlinien des internationalen Deliktsrechts*, Frankfurt a. M., Metzner, 1984.

— — «Grenzen der Auflockerung des Tatortprinzips im internationalen Deliktsrecht», *IPRax*, 1984, 14.

— — «Rechtsangleichung und Subsidiaritätsprinzip. Anmerkungen zur Vereiheitlichung und zum Kollisionsrecht der Produkthaftung in Europa», *in* AAVV *Rozprawy z polskeigo i europejskiego prawa prywatnego. Ksiega pamatkowa ofiarowana Profesorowi Józefowi Skapskiemu*, Kraków, 1994, 105.

HOLMES, Oliver Wendell – «The Path of the Law», *Harvard L.R.* 1897, 457 [=*in Collected Papers*, 167].

— — *The Common Law*, reimpressão, Boston-New York-Toronto-London, Little, Brown & Co., 1963.

HONDIUS, Edwoud — «General Report», *in* E. HONDIUS [org.], *Precontractual Liability. Reports to the XIIIth Congress International Academy of Comparative Law*, Boston, Deventer, 1991, 1.

HONNOLD, John D. — *Uniform Law for International Sales under the 1980 United Nations Convention*, 3.ª ed., s/l, Kluwer, 1999.

HONSELL, Heinrich, Nedim Peter VOGT e Anton SCHNYDER [orgs.], *Kommentar zum schweizerischen Privatrecht. Internationales Privatrecht*, Basel-Frankfurt a.M., Helbing & Lichtenhahn, 1996.

HOPT, Klaus — «Funktion, Dogmatik und Reichweite der Aufklärungs-, Warn- und Beratungspflichten der Kreditinstitute», *in* Herrmann LANGE, Knut NÖRR e Harm WESTERMANN [orgs.], *Festschrift für Joachim Gernhuber zum 70. Geburtstag*, Tübingen, J.C.B. Mohr (Paul Siebeck), s/d [1993], 169.

— — *Le banche nel mercato dei capitali. Collocamento di valori mobiliari e responsabilità* [tradução italiana por Costanza HONORATI; apresentação de Guido FERRARINI], Milano, Giuffrè, 1995.

HORLACHER, H. Matthew — «The Rome Convention and the German Paradigm: Forecasting the Demise of the European Convention on the Law Applicable to Contractual Obligations», *Cornell I.L.J.* 1994, 173.

764   *Da Responsabilidade Pré-Contratual em Direito Internacional Privado*

HORN, Norbert — «Culpa in contrahendo», *JuS* 1995, 377.

HÖRSTER, Heinrich E. — *A parte geral do Código Civil português. Teoria geral do direito civil*, Coimbra, Almedina, 1992.

HUBER, Peter — «Internationales Deliktsrecht und Einheitskaufrecht», *IPRax* 1996, 91.

HUBER, Ulrich – *De Conflictu Legum*, 1689 [tradução inglesa por LLEWELYN DAVIES, *BYIL* 1937, 49].

INSTITUTO DE DIREITO INTERNACIONAL — «Les obligations délictuelles en droit international privé» [resolução aprovada na Sessão de Edimburgo, em 1969], *Ann. IDI*, vol. 53-II (1969), 370.

—— «L'application du droit public étranger» [resolução aprovada na Sessão de Wiesbaden, em 1975], *Ann. IDI*, vol. 56 (1975), 550.

—— «L'autonomie de la volonté des parties dans les contrats internationaux entre personnes privées» [resolução aprovada na sessão de Basileia, em 1991], *Ann. IDI*, vol. 64-II (1992), 382.

IPRG Kommentar. Kommentar zum Bundesgesetz über das Internationale Privatrecht (IPRG) vom 1. Januar 1989, Zürich, Schulthess, 1993 [cit. *IPRG Kommentar--autor*].

ISAY, Hermann – *Rechtsnorm und Entscheidung*, Berlin, Franz Vahlen, 1929.

JAFFEY, A.J.E., C.M.V. CLARKSON e Jonathan HILL – *Jaffey on the Conflict of Laws*, 2.ª ed., London, Butterworths, 1997.

JÄGGI, Peter — «Zum Begriff der Vertraglichen Schadensersatzforderung», *in Mélanges en l'honneur de Wilhelm Schönenberger offertes à l'occasion de son 70e anniversaire*, Fribourg, Éditions Universitaires, 1968, 181.

JAYME, Erik — «Ausländische Rechtsregeln und Tatbestände inländischer Sachnormen. Betrachtungen zu Ehrenzweigs Datum-Theorie», *in* E. JAYME e G. KEGEL [orgs.], *Gedächtnisschrift für Albert Ehrenzweig*, Karlsruhe-Heidelberg, C.F. Müller, 1976, 35.

—— «Internationales Familienrecht heute», *in* DIECKMANN e outros [orgs.], *Festschrift für Wolfram Müller-Freienfels*, Baden-Baden, Nomos, 1986, 341.

—— «Richterliche Rechtsfortbildung im Internationalen Privatrecht», *in* AAVV, *Richterliche Rechtsfortbildung. Erscheinungsformen, Auftrag und Grenzen. Festschrift der Juristischen Fakultät zur 600-Jahr-Feier der Ruprecht-Karls--Universität Heidelberg*, Heidelberg, 1986, 567 [versão italiana sob o título «Formazione progressiva del diritto internazionale privato da parte dei giudici i l'esperienza americana e tedesca», *Contratto e impresa* 1988, 423].

—— «Betrachtungen zur "dépeçage" im internationalen Privatrecht», *in* H. MUSIE-
-LAK-K. SCHURIG [orgs.], *Festchrift für Gerhard Kegel zum 75. Geburtstag*,
Stuttgart-Berlin-Köln-Mainz, Kohlhammer, 1987, 253.

—— *Methoden der Konkretisierung des ordre public im Internationalen Privatrecht*,
Heidelberg, C.F. Müller, 1989.

—— «The Rome Convention on the Law Applicable to Contractual Obligations
(1980)», *in* P. SARCEVIC [org.], *International Contracts and Conflicts of Law. A
Collection of Essays*, London-Dordrecht-Boston, Graham & Trotman-Martinus
Nijhoff, s/d [1990], 36.

—— «L'autonomie de la volonté des parties dans les contrats internationaux entre
personnes privées. Rapport définitif», *Ann. IDI*, vol. 64-I (1991), 62.

—— «Die Parteiautonomie im internationalen Vertragsrecht auf dem Prüfstand – 65.
Sitzung des Institut de Droit International in Basel», *IPRax* 1991, 429.

—— «Les contrats conclus par les consommateurs et la Convention de Rome sur la
loi applicable aux obligations contractuelles», *in* AAVV, *Droit International et
Droit Communautaire. Actes du colloque Paris 5 et 6 avril 1990*, Paris, Fonda-
tion Calouste Gulbenkian, Centre Culturel Portugais, 1991, 77.

—— «Rechtssicherheit und Vorhersehbarkeit als Grundwerte des Internationalen
Privatrechts — Betrachtungen zum Lebenswerk von Karl Firsching», *in* P.
GOTTWALD e outros [orgs.], *Gerechtigkeit im Internationalen Privatrecht im
Wandel der Zeit*, Bielefeld, 1992, 31.

—— «Identité culturelle et intégration: le droit international privé postmoderne.
Cours général de droit international privé», *Rec. cours*, vol. 251 (1995), 9.

—— «Entwurf eines EU-Übereinkommen über das auf ausservertragliche Schuldverhältnisse anwendbare Recht. Tagung der Europäischen Gruppe für Internationales Privatrecht in Luxemburg», *IPRax* 1999, 298.

—— e Christian KOHLER — «L'interaction des règles de conflit contenues dans le
droit dérivé de la Communauté européenne et des conventions de Bruxelles et
de Rome», *RCDIP* 1995, 1.

JHERING, Rudolf von — «Culpa in contrahendo oder Schadenersatz bei Nichtigen oder
nicht zur perfektion Gelangten Vertragen», *in JhJh*, vol. IV, 1861, 1 [= *in
Gesammelte Aufsätze aus den Jahrbücher für die Dogmatik des heutigen römischen und deutschen Privatrechts von Rudolf von Jhering*, vol. I, Iena, Gustav
Fischer, 1881, 327].

JITTA, D. Josephus — *La méthode du Droit International Privé*, La Haye, Belinfante
Frères, 1890.

JOBARD-BACHELIER, Marie-Noëlle — *L'apparence en droit international privé —
Essai sur le rôle des représentations individuelles en droit international privé*,
Paris, LGDJ, 1984.

766 *Da Responsabilidade Pré-Contratual em Direito Internacional Privado*

Joerges, Christian – *Zum Funktionswandel des Kollisionsrechts. Die «Governmental Interest Analysis» und die «Krise des Internationalen Privatrechts»*, Berlin--Tübingen, Walter de Gruyter-J.C.B. Mohr (Paul Siebeck), 1971.

Jourdain, Patrice — *Les principes de la responsabilité civile*, 4.ª ed., Paris, Dalloz, 1998.

Juenger, Friedrich — «General Course on Private International Law (1983)», *Rec. cours*, vol. 193 (1985-IV), 119.

— — «Listening to Law Professors Talk About Good Faith: Some Afterthoughts», *Tul. L R.* 1995, 1253.

Júnior, E. Santos — «Acordos intermédios: entre o início e o termo das negociações para a celebração de um contrato», *ROA* 1997, 565.

Junker, Abbo — «Die einheitliche europäische Auslegung nach dem EG-Schuldvertragsübereinkommen», *RabelsZ* 1991, 674.

— — «Die freie Rechtswahl und ihre Grenzen – Zur veränderten Rolle der Parteiautonomie im Schuldvertragsrecht», *IPRax* 1993, 1.

— — *Internationales Privatrecht*, München, C.H. Beck, 1998.

Kahn, Franz — «Gesetzeskollisionen. Ein Beitrag zur Lehre des internationalen Privatrechts», *JhJb* 1891, 1 [= *in* O. Lenel e H. Lewald (orgs.), *Abhandlungen zum internationalen Privatrecht*, vol. I, München-Leipzig, Duncker & Humblot, 1928, 1].

— — «Über Inhalt, Natur und Methode des Internationalen Privatrechts», *JhJh* 1899, 1 [= *in* O. Lenel e H. Lewald (orgs.), *Abhandlungen zum internationalen Privatrecht*, vol. I, München-Leipzig, Duncker & Humblot, 1928, 255].

Kahn-Freund, Otto — «Delictual Liability and the Conflict of Laws», *Rec. cours*, vol. 124 (1968-II), 1.

— — «Delictual Obligations in Private International Law. Final Report and Draft Resolution», *Ann. IDI*, vol. 53-I (1969), 435.

— — «General Problems of Private International Law», *Rec. cours*, vol. 143 (1974--III), 139.

Kant, Immanuel – *Grundlegung zur Metaphysik der Sitten*, Riga, Johan Friedrich Hartknoch, 1786 [cit. ed. de Philipp Reclam jun., Stuttgart, s/d, com uma introdução de Hans Ebeling; tradução portuguesa sob o título *Fundamentação da metafísica dos costumes*, por Paulo Quintela, Lisboa, Edições 70, s/d].

— — *Zum Ewigen Frieden. Ein Philosophischer Entwurf*, 1795 [tradução portuguesa sob o título «A paz perpétua. Um projecto filosófico», *in A paz perpétua e outros opúsculos*, por Artur Morão, Lisboa, Edições 70, s/d].

— — *Die Metaphysik der Sitten*, Königsberg, Friedrich Nicolovius, 1797 [cit. ed. de Philip Reclam Jun., Stuttgart, s/d, com uma introdução de Hans Ebeling; tradução francesa, sob o título *Métaphysique des moeurs*, por Alain RENAULT, 2 vols., Paris, Flammarion, 1994; tradução parcial em castelhano, sob o título *Introducción a la teoría del derecho*, por Felipe GONZÁLEZ VICEN, Madrid, Marcial Pons, 1997].

KASSIS, Antoine — *Le nouveau droit européen des contrats internationaux*, Paris, LGDJ, 1993.

KAUFMANN, Arthur — *Analogie und «Natur der Sache»*, 2.ª ed., Heidelberg, R.v. Decker & C.F. Müller, 1982.

— — *Rechtsphilosophie*, 2.ª ed., München, C.H. Beck, 1997.

KAYE, Peter — *Civil Jurisdiction and Enforcement of Foreign Judgements*, Abingdon, Oxon, Professional Books Ltd., 1987.

— — *The New Private International Law of Contract of the European Community*, Aldershot, Dartmouth, 1992.

— — «Recent Developments in the English Private International Law of Tort», *IPRax* 1995, 406.

— — *An Explanatory Guide to the English Law of Torts*, Chichester, Barry Rose Law Publishers, 1996.

KEETON, W. Page — v. *Prosser and Keeton on the Law of Torts*.

KEGEL, Gerhard — «Begriffs- und Interessenjurisprudenz im Internationalen Privatrecht», *in* AAVV, *Festschrift für Hans Lewald*, Basel, 1953, 259.

— — «The Crisis of Conflict of Laws», *Rec. Cours*, vol. 112 (1964-II), 95.

— — «Fundamental Approaches», *IECL*, vol. III, *Private International Law*, cap. 3.

— — *Internationales Privatrecht*, 7.ª ed., München, C.H. Beck, 1995.

KELLER, Alfred — «Schweiz», *in* C. VON BAR [org.], *Deliktsrecht in Europa*, Köln, etc., Heymanns, 1993.

KELLER, Max, e Kurt SIEHR — *Allgemeine Lehren des internationalen Privatrechts*, Zürich, Schulthess, 1986.

KELSEN, Hans – «Les rapports de système entre le droit interne et le droit international public», *Rec. cours*, vol. 14 (1926-IV), 227.

— — *Reine Rechtslehre*, 2.ª ed., Wien, 1960 [tradução portuguesa sob o título *Teoria pura do direito*, por João BAPTISTA MACHADO, 2 vols., Coimbra, Arménio Amado, 1962].

KESSLER, Friedrich — «Der Schutz des Vertrauens bei Vertragsverhandlungen in der neueren Amerikanischen Rechtssprechung», *in* H. FICKER e outros [orgs.], *Festschrift für von Caemmerer*, Tübingen, J.C.B. Mohr (Paul Siebeck), 1978, 873.

— — e F. FINE — «"Culpa in contrahendo", Bargaining in Good Faith and Freedom of Contract: A Comparative Study», *Harvard LR* 1963-64, 401.

KNAPP, Charles — «Enforcing the Contract to Bargain», *N.Y.U.L.Rev.* 1969, 673.

KOHLER, Christian — «L'influence de la loi applicable sur la compétence judiciaire d'après la convention de Bruxelles», *in* Centro Nazionale di Prevenzione e

768   *Da Responsabilidade Pré-Contratual em Direito Internacional Privado*

Difesa Sociale, *La convenzione giudiziaria di Bruxelles del 1968 e la riforma del processo civile italiano*, Milano, 1985, 92.

KÖNDGEN, Johannes — *Selbstbindung ohne Vertrag. Zur Haftung aus geschäftsbezogenem Handlen*, Tübingen, J.C.B. Mohr (Paul Siebeck), 1981.

KÖSTLIN, Ulrich — *Anlegerschutzrecht und Auslandsbeziehungen. Eine Vergleichende Untersuchung zum Recht des grenzüberschreitenden Kapitalmarkts unter Berücksichtigung des deutschen und US-amerikanischen Rechts und der europäischen Rechtsangleichung*, Bonn, Stollfuss Verlag, 1985.

KÖTZ, Hein — «Ziele des Haftungsrechts», *in* Jürgen BAUR, Klaus HOPT e K. Peter MAILÄNDER [orgs.], *Festschrift für Ernst Steindorff zum 70. Geburtstag am 13. März 1990*, Berlin-New York, Walter de Gruyter, 1990, 643.

— — «The Doctrine of Privity of Contract in the Context of Contracts Protecting the Interests of Third Parties», *Tel Aviv St. L.* 1990, 195.

— — «Die ökonomische Analyse des Rechts», *ZverWiss* 1993, 57.

— — «Economic Loss in Tort and Contract», *RabelsZ* 1994, 423.

— — *Deliktsrecht*, 7.ª ed., Neuwied, Luchterhand, 1996.

— — «Abschied von der Rechtskreisenlehre?», *ZEuP* 1998, 493.

— — «Towards a European Civil Code: The Duty of Good Faith», *in* P. CANE e J. STAPLETON [orgs.], *The Law of Obligations. Essays in Celebration of John Fleming*, Oxford, Clarendon Press, 1998, 243.

— — e Axel FLESSNER — *Europäisches Vertragsrecht*, vol. I, *Abschluss, Gültigkeit und Inhalt des Vertrages. Die Beteiligung Dritter am Vertrag* [por Hein KÖTZ], Tübingen, J.C.B. Mohr (Paul Siebeck), 1996.

— — v. ZWEIGERT, Konrad.

KREUZER, Karl — «Zur Anknüpfung der Sachwalterhaftung», *IPRax* 1988, 16.

KRONMAN, Anthony — «Mistake, Disclosure, Information and the Law of Contracts», *Journal L. St.* 1978, 1.

KROPHOLLER, Jan — «Ein Anknüpfungssystem für das Deliktstatut», *RabelsZ* 1969, 602.

— — *Internationales Einheitsrecht. Allgemeine Lehren*, Tübingen, J.C.B. Mohr (Paul Siebeck), 1975.

— — «Die Anpassung im Kollisionsrecht», *in* A. HELDRICH e outros [orgs.], *Konflikt und Ordnung. Festschrift für Murad Ferid zum 70. Geburtstag*, München, C.H. Beck, 1978, 279.

— — *Internationale Zuständigkeit, in Handbuch des internationalen Zivilverfahrensrechts*, vol. I, Tübingen, J.C.B. Mohr (Paul Siebeck), 1982.

— — *Internationales Privatrecht*, 3.ª ed., Tübingen, J.C.B. Mohr (Paul Siebeck), 1997.

— — *Europäisches Zivilprozessrecht. Kommentar zum EuGVÜ und Lugano-Übereinkommen*, 6.ª ed., Heidelberg, Verlag Recht und Wirtschaft, 1998.

KÜHNE, Gunther — «Reliance, Promissory Estoppel and Culpa in Contrahendo: A Comparative Analysis», *Tel Aviv U. St. Law*. 1990, 279.

KÜPPER, Wolfgang — *Das Scheitern von Vertragsverhandlungen als Fallgruppe der culpa in contrahendo*, Berlin, Duncker & Humblot, 1988.

LAGARDE, Paul — *Recherches sur l'ordre public en droit international privé*, Paris, LGDJ, 1959.

— — «La règle de conflit applicable aux questions préalables», *RCDIP* 1960, 459.

— — «Le "dépeçage" dans le droit international privé des contrats», *RDIPP* 1975, 649.

— — «Le principe de proximité dans le droit international privé contemporain. Cours général de droit international privé», *Rec. cours*, vol. 196 (1986-I), 9.

— — «Le nouveau droit international privé des contrats aprés l'entrée en vigueur de la Convention de Rome du 19 juin 1980», *RCDIP* 1991, 287.

— — «Les limites objectives de la Convention de Rome (conflits de lois, primauté du droit communautaire, rapports avec les autres conventions)», *RDIPP* 1993, 33.

— — «Public Policy», *in IECL*, vol. III, *Private International Law*, cap. 11.

— — «Le droit international privé, aujourd'hui et demain», *in* AAVV, *Rozprawy z polskeigo i europejskiego prawa prywatnego. Ksiega pamatkowa ofiarowana Profesorowi Józefowi Skapskiemu*, Kraków, 1994, 175.

— — v. BATIFFOL, Henri.

— — v. GIULIANO, Mario.

LAKE, Ralph B. — «Letters of Intent: a Comparative Examination under English, U.S., French and West German Law», *Geo. Wash. J.I.L.E.* 1984, 331.

— — e Ugo DRAETTA — *Letters of Intent and Other Precontractual Documents. Comparative Analysis and Forms*, s/l, Butterworths, s/d.

LALIVE, Pierre — «Le droit public étranger et le droit international privé», *TCFDIP* 1973-75, 215.

— — «L'application du droit public étranger. Rapport préliminaire», *Ann. IDI*, vol. 56 (1975), 157.

— — «L'application du droit public étranger. Rapport définitif et projets de résolutions», *Ann. IDI*, vol. 56 (1975), 219.

— — «Tendances et méthodes en droit international privé (Cours général)», *Rec. Cours*, vol. 155 (1977-II), 1.

— — «Nouveaux regards sur le droit international privé, aujourd'hui et demain», *SZIER* 1994, 3.

LAMEGO, José — *Hermenêutica e jurisprudência*, s/l [Lisboa], Fragmentos, s/d [1990].

LANDO, Ole — «Contracts», *in IECL* vol. III, *Private International Law*, cap. 24.

— — «European Contract Law», *in* P. SARCEVIC [org.], *International Contracts and*

770 *Da Responsabilidade Pré-Contratual em Direito Internacional Privado*

Conflicts of Law. A Collection of Essays, London-Dordrecht-Boston, Graham & Trotman-Martinus Nijhoff, s/d [1990], 1.

— — «Principles of European Contract Law: An Alternative to or a Precursor of European Legislation?», *AJCL* 1992, 573 [= *in RabelsZ* 1992, 261].

— — «Die Regeln des Europäischen Vertragsrechts», *in* Peter-Christian MÜLLER--GRAFF [org.], *Gemeinsames Privatrecht in der Europäischen Gemeinschaft*, Baden-Baden, Nomos, 1993, 473.

— — «Each contracting party must act in accordance with good faith and fair dealing», *in* AAVV, *Festskrift till Jan Ramberg*, Stockholm, Juristförlaget, 1996, 346.

— —, Bernd VON HOFFMANN e Kurt SIEHR [orgs.] — *European Private Internatio- nal Law of Obligations*, Tübingen, J.C.B. Mohr, 1975.

LANGEN, Eugen – «From Private International Law to Transnational Commercial Law», *Comp. Intl. L. J. South. Africa* 1969, 313.

— — *Transnationales Recht*, Heidelberg, Verlagsgesellschaft Recht und Wirtschaft, s/d [1981].

LARENZ, Karl — «Richterliche Rechtsfortbildung als methodisches Problem», *NJW* 1965, 1.

— — «Bemerkungen zur Haftung für "culpa in contrahendo"», *in* W. FLUME, P. RAISCH e E. STEINDORFF [orgs.], *Festschrift für Kurt Ballerstedt*, Berlin, Dunker & Humblot, 1975, 397.

— — *Richtiges Recht. Grundzüge einer Rechtsethik*, München, C.H. Beck, 1979 [tra- dução castelhana e apresentação por Luis DÍEZ-PICAZO sob o título *Derecho justo. Fundamentos de etica juridica*, reimpressão, Madrid, Civitas, 1991].

— — *Lehrbuch des Schuldrechts*, München, C.H. Beck, vol. I, *Allgemeiner Teil*, 14.ª ed., 1987; vol. II, t. 1, *Besonderer Teil*, 13.ª ed.; t. 2, 13.ª ed. [por C.W. CANARIS], 1994.

— — *Allgemeiner Teil des deutschen Bürgerlichen Rechts*, 7.ª ed., München, C.H. Beck, 1989.

— — *Methodenlehre der Rechtswissenschaft*, 6.ª ed, Berlin, etc., Springer Verlag, 1991 [tradução portuguesa sob o título *Metodologia da Ciência do Direito*, por José LAMEGO, Lisboa, Fundação Calouste Gulbenkian, 1997].

— — e Manfred WOLF — *Allgemeiner Teil des Bürgerlichen Rechts*, 8.ª ed., Mün- chen, C.H. Beck, 1997.

LARROUMET, Christian — *Droit civil*, t. III, *Les obligations. Le contrat*, 2.ª ed., Paris, Economica, 1990.

THE LAW COMMISSION AND THE SCOTTISH LAW COMMISSION — *Private Internatio- nal Law. Choice of Law in Tort and Delict*, London, 1990.

LEFLAR, Robert A. — «Choice-Influencing Considerations in Conflicts Law», *N.Y.U.L.Rev.* 1966, 267.

— —, Luther L. McDOUGAL III e Robert L. FELIX — *American Conflicts Law*, 4.ª ed., Charlottesville, Virginia, The Michie Company, 1988.

LÉGIER, Gérard — Anotação ao ac. da *Cour de Cassation* de 8 de Fevereiro de 1983, *Clunet* 1984, 126.

LEGRAND Jr., Pierre — «Pre-Contractual Disclosure and Information: English and French Law Compared», *Ox.J.L.St.* 1986, 322.

— — «Sens et non-sens d'un Code Civil européen», *RIDC* 1996, 779.

— — «Against a European Civil Code», *MLR* 1997, 44.

— — *Le droit comparé*, Paris, PUF, 1999.

LEHMANN, Michael — *Vertragsanbahnung durch Werbung. Eine juristische und ökonomische Analyse der bürgerlich-rechtlichen Haftung für Werbeangaben gegenüber dem Letztverbraucher*, München, C.H. Beck, 1981.

LEITÃO, Luís de MENEZES – *O enriquecimento sem causa no Direito Civil*, Lisboa, Centro de Estudos Fiscais, 1996.

LENT, Friedrich — *Die Gesetzeskonkurrenz im bürgerlichen Recht und Zivilrecht*, Leipzig, A. Deichert'sche, vol. I, 1912; vol. II, 1916.

LENZ, Carl Otto [org.] — *Kommentar zu dem Vertrag zur Gründung der Europäischen Gemeinschaften*, Köln-Basel-Wien, Bundsanzeiger-Helbing & Lichtenhahn-Ueberreuter, 1994.

LEONHARD, Franz — *Verschulden beim Vertragsschlusse*, Berlin, Verlag Franz Vahlen, 1910.

LEQUETTE, Yves — «Le renvoi de qualifications», *in Mélanges dédiés à Dominique Holleaux*, Paris, Litec, s/d [1990], 249.

LEWALD, Hans — «Le contrôle des cours suprêmes sur l'application des lois étrangères (Étude de jurisprudence comparée)», *Rec. cours*, vol. 57 (1936-III), 203.

— — «Règles générales des conflits de lois. Contribution à la technique du droit international privé», *Rec. cours*, vol. 69 (1939-III), 1.

LIMA, Fernando PIRES DE — «Oração de sapiência proferida na Universidade de Coimbra», *BFDUC*, vol. XXXVII (1961), 61 [= *in BMJ* 110 (1961), 33].

— — e João de Matos ANTUNES VARELA — *Noções fundamentais de direito civil*, vol. I, 6.ª ed., Coimbra, Coimbra Editora, 1973.

— — *Código Civil anotado*, Coimbra, Coimbra Editora, vol. I, 4.ª ed. [com a colaboração de M. Henrique MESQUITA], 1987; vol. II, 4.ª ed., 1997; vol. IV, 2.ª ed., 1992; vol. VI, 1998.

LLEWELLYN, Karl N. – *The Bramble Bush. On our Law and its Study*, Dobbs Ferry, New York, Oceana, 1960.

LOHSE, Martin — *Das Verhältnis von Vertrag und Delikt. Eine rechtsvergleichende Studie zur vertragsautonomen Auslegung von Art. 5 Nr. 1 und Art. 5 Nr. 3 GVÜ*, München, VVF, 1990.

772   *Da Responsabilidade Pré-Contratual em Direito Internacional Privado*

LOOSCHELDERS, Dirk — *Die Anpassung im Internationalen Privatrecht*, Heidelberg, C.F. Müller, 1995.

LORENZ, Egon — *Zur Struktur des internationalen Privatrechts. Ein Beitrag zur Reformdiskussion*, Berlin, Duncker & Humblot, 1977.

LORENZ, Werner — «Die Einbeziehung Dritter in vertragliche Schuldverhältnisse — Grenzen zwischen vertraglicher und deliktischer Haftung», *JZ* 1960, 108.

— — «Einige Überlegungen zur Reform des deutschen internationalen Deliktsrechts», *in* N. HORN, K. LUIG e A. SÖLLNER [orgs.], *Europäische Rechtsdenken in Geschichte und Gegenwart. Festschrift für Helmut Coing zum 70. Geburtstag*, vol. II, München, 1982, 257.

— — «Die allgemeine Grundregel betreffend das auf die ausservertragliche Schadenshaftung anzuwendende Recht», *in* VON CAEMMERER [org.], *Vorschläge und Gutachten zur Reform des deutschen internationalen Privatrechts der ausservertraglichen Schuldverhältnisse*, 1983, 97.

— — «Vom alten zum neuen internationalen Schuldvertragsrecht», *IPRax* 1987, 269.

— — «"Le processus précontractuel": "Precontractual Liability" in the Law of the Federal Republic of Germany», *in* E. JAYME [org.], *German National Reports in Civil Law Matters for the XIIIth Congress of Comparative Law in Montreal*, 1990, Heidelberg, C.F. Müller, 1990, 41 [=*in* E. HONDIUS (org.), *Precontractual Liability. Reports to the XIIIth Congress International Academy of Comparative Law*, Deventer-Boston, Kluwer, 159].

LOUSSOUARN, Yvon — «Rapport de synthèse», *in Travaux de l'Association Henri Capitant*, vol. XLIII (1992), *La bonne foi*, 7.

— — e Jean-Denis BREDIN — *Droit du commerce international*, Paris, Dalloz-Sirey, 1969.

— — e Pierre BOUREL — *Droit International Privé*, 5.ª ed., Paris, Dalloz, 1996.

LÜDERITZ, Alexander — «Anknüpfung im Parteiinteresse», *in* A. LÜDERITZ e J. SCHRÖDER [orgs.], *Festschrift für Gerhard Kegel*, Frankfurt a.M., Metzner, 1977, 31.

— — *Internationales Privatrecht*, 2.ª ed., Frankfurt a. M., Metzner, 1992.

LUHMANN, Niklas — «Die Funktion des Rechts: Erwartungssicherung oder Verhaltenssteuerung?», *in Ausdifferenzierung des Rechts. Beiträge zur Rechtssoziologie und Rechtstheorie*, Frankfurt a.M., Suhrkamp, 1981, 73.

— — *Vertrauen. Ein Mechanismus der Reduktion sozialer Komplexität*, 3.ª ed., Stuttgart, Enke, 1989.

LUTTER, Marcus — *Der Letter of Intent. Zur rechtlichen Bedeutung von Absichtserklärungen*, 3.ª ed., Köln-Berlin-Bonn-München, Carl Heymanns, 1998.

MACHADO, João BAPTISTA — «Problemas na aplicação do direito estrangeiro — adaptação e substituição (nótula)», *BFDUC* 1960, 327.

—— *Âmbito de eficácia e âmbito de competência das leis (Limites das leis e conflitos de leis)*, Coimbra, Almedina, 1970 [reimpressão, 1998].

—— «Autonomia do problema do reconhecimento dos direitos adquiridos em Machado Vilela e suas implicações», *SI* 1971, 396.

—— «Acordo negocial e erro na venda de coisas defeituosas», *BMJ* 215 (1972), 5.

—— «Les faits, le droit de conflit et les questions préalables», *in* J. TITTEL e outros [orgs.] *Multitudo Legum. Ius Unum. Festschrift für Wilhelm Wengler zu seinem 65. Geburtstag*, vol. II, Berlin, Interrecht, 1973, 443.

—— Prefácio à tradução portuguesa de Karl ENGISCH, *Introdução ao pensamento jurídico*, 5.ª ed., Lisboa, Fundação Calouste Gulbenkian, s/d.

—— *Introdução ao Direito e ao discurso legitimador*, Coimbra, Almedina, 1983.

—— «Conflito de leis», *in Polis*, vol. 1, col. 1099 [= *in Obra dispersa*, vol. I, Braga, Scientia Iuridica, 1991, 829].

—— «Tutela da confiança e "venire contra factum proprium"», *RLJ*, ano 117.º, 229, 265, 294, 321 e 361; e ano 118.º, 9, 101, 169 e 227 [= *in Obra dispersa*, vol. I, Braga, Scientia Iuridica, 1991, 345].

—— *Contributo da escola de Coimbra para a teoria do Direito Internacional Privado*, Coimbra, 1985, separata do vol. LIX (1985) do *BFDUC*.

—— «A cláusula do razoável», *RLJ*, ano 119.º, 65, 101, 129, 161, 193, 229, 261, 296, 321 e 363; ano 120.º, 9, 105, 137, 161 e 202; ano 121.º, 65, 105 e 134; e ano 122.º, 39, 69, 101, 133 e 228 [= *in Obra Dispersa*, vol. I, Braga, Scientia Iuridica, 1991, 457].

—— *Lições de Direito Internacional Privado*, 4.ª ed., Coimbra, Almedina, 1990.

—— e Rui de MOURA RAMOS — «Direito Internacional Privado. Parecer», *CJ* 1985, t. V, 11.

—— v. CORREIA, António FERRER.

MAGNUS, Ulrich — «Die allgemeine Grundsätze im UN-Kaufrecht», *RabelsZ* 1995, 468.

MAIORCA, Carlo — «Responsabilità (teoria generale)», *in EDD*, vol. XXXIX, 1003.

MAKAROV, A. N. – *Quellen des Internationalen Privatrechts – Nationale Kodifikationen*, 3.ª ed. [por Jan KROPHOLLER, Paul Heinrich NEUHAUS e Jan Peter WAEHLER], Tübingen, J.C.B. Mohr (Paul Siebeck), 1978.

MALATESTA, Alberto Leone — «Considerazioni sull'ambito di applicazione della Convenzione di Roma: il caso dei titoli di credito», *in* G. SACERDOTI-M. FRIGO [orgs.], *La Convenzione di Roma sul diritto applicabile ai contratti internazionali*, Milano, Giuffrè, 1994, 181.

MALIK, Shahdeen — «Offer: Revocable or Irrevocable. Will Art. 16 of the Convention on Contracts For the International Sale Ensure Uniformity?», *Indian J. Int. L.* 1985, 26.

774   *Da Responsabilidade Pré-Contratual em Direito Internacional Privado*

MALTEZ, José Adelino – *Princípios de Ciência Política*, vol. II, *O problema do Direito. Elementos de Filosofia do Direito e de História do Pensamento Jurídico*, Lisboa, Instituto Superior de Ciências Sociais e Políticas, s/d.

MANCINI, Pasquale Stanislao — «De l'utilité de rendre obligatoires pour tous les Etats, sous la forme d'un ou de plusieurs traités internationaux, un certain nombre de règles générales du droit international privé, pour assurer la décision uniforme des conflits entre les différentes législations civiles et criminelles», *Clunet* 1874, 221, 285.

MANKOWSKI, Peter – Anotação à sentença do *Oberlandesgericht* de Dusseldórfia de 14 de Janeiro de 1994, *RIW* 1994, 421.

MANN, Friedrich Alexander – «Conflict of Laws and Public Law», *Rec. cours*, vol. 132 (1971-I), 107.

— — «Sonderanknüpfung und zwingendes Recht im internationalen Privatrecht», *in* O. SANDROCK [org.], *Festschrift für Günther Beitzke zum 70. Geburtstag*, Berlin-New York, 1979, 607.

— — «Einheitsrecht und internationales Privatrecht», *in* P. BÖCKLI e outros [org.], *Festschrift für Frank Vischer zum 60. Geburtstag*, Zürich, Schulthess, 1983, 207.

— — «The Proper Law of the Contract — An Obituary», *LQR* 1991, 353.

MANZANARES SECADES — «La naturaleza de la responsabilidad precontratual o culpa in contrahendo», *ADC* 1985, 979.

MARÍN LOPEZ, Antonio — «Las normas de aplicacion necesaria en derecho internacional privado», *REDI* 1970, 19.

MARKESINIS, Basil S. — «An Expanding Tort Law — The Price of a Rigid Contract Law», *LQR* 1987, 354.

— — «The Need to Set Acceptable Boundaries between Contract and Tort: An English Lawyer's Views on Some Recent American Trends», *in* AAVV, *Conflict and Integration. Comparative Law in the World Today*, Tokyo, Chuo University Press, 1988, 313.

— — «Litigation-Mania in England, Germany and the USA: Are we so very Different?», *Camb. L. J.* 1990, 233.

— — *The German Law of Obligations*, Oxford, Clarendon Press, vol. I, *The Law of Contracts and Restitution: A Comparative Introduction* [em colaboração com W. LORENZ e G. DANNEMANN], 1997; vol. II, *The Law of Torts: a Comparative Introduction*, 3.ª ed., 1997.

— — e S.F. DEAKIN — *Tort Law*, 3.ª ed., Oxford, Clarendon Press, 1994.

MARQUES, José DIAS – *Teoria geral do Direito Civil*, Coimbra, Coimbra Editora, vol. I, 1958; vol. II, 1959.

— — *Introdução ao estudo do Direito*, Lisboa, Danúbio, 1986.

— — *Noções elementares de Direito Civil*, 7.ª ed., Lisboa, 1992.

MARSCH, P.D.V. — *Comparative Contract Law. England, France, Germany*, Aldershot, Gower, 1994.

MARTINE, Edmond — *L'option entre la responsabilité contractuelle et la responsabilité délictuelle*, Paris, LGDJ, 1957.

MARTINEZ, Pedro ROMANO — *O subcontrato*, Coimbra, Almedina, 1989.

— — *Contrato de empreitada*, Coimbra, Almedina, 1994.

— — *Cumprimento defeituoso em especial na compra e venda e na empreitada*, Coimbra, Almedina, 1994.

— — *Direito do Trabalho*, 3.ª ed., Lisboa, Pedro Ferreira, I vol., *Parte geral*, 1998; II vol. *Contrato de trabalho*, 1.º t., 1999.

MARTÍNEZ, Pedro SOARES — *Filosofia do Direito*, 2.ª ed., Coimbra, Almedina, 1995.

— — «O Homem e a Economia», *RFDUL* 1997, 101.

MARTINY, Dieter — «Der Deutsche Vorbehalt gegen Art. 7 Abs. 1 des EG-Schuldvertragsübereinkommens vom 19.6.1980 – seine Folgen für die Anwendung ausländischen zwingenden Rechts», *IPRax* 1987, 277.

— — «Gemeinschaftsrecht, ordre public, zwingende Bestimmungen und Exklusivnormen», *in* C. VON BAR [org.], *Europäisches Gemeinschaftsrecht und Internationales Privatrecht*, Köln-Berlin-Bonn-München, Carl Heymanns, 1991, 211.

— — «Das Römische Vertragsrechtübereinkommen vom 19. Juni 1980», *ZEuP* 1993, 298.

— — «Europäisches Internationales Vertragsrecht – Erosion der Römischen Konvention?», *ZEuP* 1997, 107.

— — v. REITHMANN, Christoph.

MATTEI, Ugo, e Pier Giuseppe Monateri – *Introduzione breve al diritto comparato*, Padova, Cedam, 1997.

MAURY, Jacques — «Règles générales des conflits de lois», *Rec. Cours*, vol. 57 (1936--III), 325.

— — *L'éviction de la loi normalement compétente: l'ordre public international et la fraude à la loi*, Valladolid, Universidad de Valladolid, 1952.

— — Recensão a P. FRANCESKAKIS, *La théorie du renvoi et les conflits de systèmes en droit international privé*, *RCDIP* 1959, 602.

MAX-PLANCK-INSTITUT FÜR AUSLÄNDISCHES UND INTERNATIONALES PRIVATRECHT – Parecer, *in Gutachten zum internationalen und ausländischen Privatrecht 1967 und 1968*, Berlin-Tübingen, Walter de Gruyter-J.C.B. Mohr (Paul Siebeck), 1970, 103.

MAYER, Pierre — «Les lois de police étrangères», *Clunet* 1981, 277.

— — Anotação ao ac. da *Cour de Cassation* de 1 de Julho de 1997, *RCDIP* 1998, 62.

— — *Droit international privé*, 6.ª ed., Paris, Montchrestien, 1998.

MAZEAUD, Henri — «Responsabilité délictuelle et responsabilité contractuelle», *RTDCiv*. 1929, 551.

—— *Traité théorique et pratique de la responsabilité civile délictuelle et contractuelle*, Paris, Montchrestien, t. I, 6.ª ed. [por André LÉON-TUNC], 1965; t. II [por Jean MAZEAUD], 1970; t. III [por Jean MAZEAUD e François CHABAS], 1978.

——, Léon MAZEAUD, Jean MAZEAUD e François CHABAS — *Leçons de droit civil*, t. II, *Obligations, vol. 1, Théorie générale*, 9.ª ed., Paris, Montchrestien, 1998.

McGREGOR, Harvey — *On Damages*, 15.ª ed., London, Sweet & Maxwell, 1988.

MEDICUS, Dieter — «Grenzen der Haftung für culpa in contrahendo», *JuS* 1965, 209.

—— «Verschulden bei Vertragsverhandlungen», *in* BUNDESMINISTER DER JUSTIZ, *Gutachten und Vorschläge zur Überarbeitung des Schuldrechts*, Köln, Bundesanzeiger Verlagsges., 1981, vol. I, 479.

—— «Zur Entdeckungsgeschichte der culpa in contrahendo», *in* H.P.BENÖR e outros [orgs.], *Festgabe für Max Kaser*, Wien-Köln-Graz, Hermann Böhlam, 1986, 169.

—— «Die culpa in contrahendo zwischen Vertrag und Delikt», *in* P. FORSTMOSER e outros [orgs.], *Festschrift für Max Keller zum 65. Geburtstag*, Zürich, Schulthess, 1989, 205.

—— *Allgemeiner Teil des BGB*, 4.ª ed., Heidelberg, C.F. Müller, 1990.

—— *Schuldrecht*, vol. I, *Allgemeiner Teil*, 10.ª ed., München, C.H. Beck, 1998.

VON MEHREN, Arthur Taylor — «Special Substantive Rules for Multistate Problems. Their Role and Significance in Contemporary Choice of Law Methodology», *Harvard LR* 1974, 347.

—— «Recognition and Enforcement of Foreign Judgements — a General Theory and the Role of Jurisdictional Requirements», *Rec. cours*, vol. 167 (1980-II), 9.

—— «A General View of Contract», *IECL*, vol. VII, *Contracts in General*, cap. 1.

—— «Adjudicatory Jurisdiction: General Theories Compared and Evaluated», *Boston Univ. L. R.* 1983, 279.

—— *Law in the United States: A General and Comparative View*, Deventer, etc., Kluwer, 1988.

—— «The Formation of Contracts», *IECL*, vol. VII, *Contracts in General,* cap. 9.

MELCHIOR, George — *Die Grundlagen des deutschen internationalen Privatrechts*, Berlin-Leipzig, Walter De Gruyter, 1932.

MENDES, Armindo RIBEIRO — «Aspectos gerais da responsabilidade contratual em direito comparado inglês e português», *ROA* 1977, 5 e 317.

—— *Recursos em Processo Civil*, 2.ª ed., Lisboa, Lex, 1994.

MENDES, João de CASTRO — «Acerca do seguro de crédito», *Revista Bancária* 1972, 5.

—— *Direito Comparado* [revisto e actualizado por Maria Fernanda RODRIGUES e Armindo RIBEIRO MENDES] Lisboa, AAFDL, 1985.

Índice Bibliográfico

— — *Teoria geral do Direito Civil*, Lisboa, AAFDL, vol. I, 1978 [com a colaboração de Armindo RIBEIRO MENDES]; vol. II, 1979 [edição revista em 1985].

MENGONI, Luigi — «Sulla natura della responsabilità precontratttuale», *RDCDGO* 1956, II, 360.

— — «Responsabilità contrattuale (diritto vigente)», *in EDD*, vol. XXXIX, 1072.

MERTENS, Hans-Joachim — «Deliktsrecht und Sonderprivatrecht. Zur Rechtsfortbildung des deliktischen Schützes von Vermögensinteressen», *AcP* 178 (1978), 227.

MERZ, Hans — *Vertrag und Vertragsschluss*, Freiburg, Universitätssverlag, 1988.

MESQUITA, Manuel Henrique de – Anotação ao acórdão do Tribunal Arbitral de 31 de Março de 1993, *RLJ*, ano 127.°, 155, 186, 217, 259, 278.

— — v. LIMA, Joaquim PIRES DE.

MESTMÄCKER, Ernst-Joachim — «Der Kampf ums Recht in der offenen Gesellschaft», *in Recht in der offenen Gesellschaft. Hamburger Beiträge zum deutschen, europäischen und internationalen Wirtschafts- und Mediensrecht*, Baden-Baden, Nomos, 1993, 11.

— — «Der Wiederkehr der bürgerlichen Gesellschaft und ihres Rechts», *in Recht in der offenen Gesellschaft. Hamburger Beiträge zum deutschen, europäischen und internationalen Wirtschafts- und Mediensrecht*, Baden-Baden, Nomos, 1993, 60.

MINISTERIE VAN JUSTITIE – *Schets van een algemene wet betreffende het Internationaal Privaatrecht*, s/l, 1992.

MIRANDA, Jorge – *Direito Internacional Público – I*, Lisboa, 1991 [polic.].

— — *Manual de Direito Constitucional*, Coimbra, Coimbra Editora, t. II, *Constituição e inconstitucionalidade*, 3.ª ed. (reimpressão), 1996; t. IV, *Direitos Fundamentais*, 2.ª ed. (reimpressão), 1998.

— — «As relações entre ordem internacional e ordem interna na actual Constituição portuguesa», *in* ANTUNES VARELA, FREITAS DO AMARAL, Jorge MIRANDA e GOMES CANOTILHO [orgs.], *Ab uno ad omnes. 75 anos da Coimbra Editora 1920-1995*, Coimbra, Coimbra Editora, 1998, 275.

MONATERI, Pier Giuseppe — *Cumulo di responsabilità contrattuale e extracontrattuale (Analisi comparata di un problema)*, Padova, Cedam, 1989.

— — *La responsabilità contrattuale e precontrattuale*, Torino, UTET, 1998.

MONCADA, Luís CABRAL DE — *Filosofia do Direito e do Estado*, Coimbra, Coimbra Editora, vol. 1.°, 1953; vol. 2.°, 1966.

— — *Lições de Direito Civil*, 4.ª ed., Coimbra, Almedina, 1995.

MONTEIRO, Jorge Ferreira SINDE — «Responsabilidade civil. I. Introdução», *RDE* 1978, 313 [= *in Estudos sobre a responsabilidade civil*, Coimbra, 1983, 7].

— — «Análise económica do Direito», *BFDUC* 1981, 245.

778 *Da Responsabilidade Pré-Contratual em Direito Internacional Privado*

— — *Responsabilidade por conselhos, recomendações ou informações*, Coimbra, Almedina, 1989.

— — «Responsabilidade por informações face a terceiros», *BFDUC* 1997, 35.

— — «Portugal», *in* J. SPIER [org.], *The Limits of Expanding Liability*, Kluwer, 1998, 173

— — «Hipóteses típicas de responsabilidade civil ("trabalhos de casa" do Grupo de Tilburg)», *Revista Jurídica da Universidade Moderna* 1998, 1.

— — Anotação ao ac. do Supremo Tribunal de Justiça de 12 de Novembro de 1996, *RLJ*, ano 131.°, 48, 106 e 378; ano 132.°, 28, 60 e 90.

— —, Rui de MOURA RAMOS e Heinrich Ewald HÖRSTER — «Portugal», *in* Christian VON BAR [org.], *Deliktsrecht in Europa*, Köln, etc., 1993.

MONTEIRO, António PINTO — *Cláusulas limitativas e de exclusão da responsabilidade civil*, separata do vol. XXVIII do *suplemento ao BFDUC*, Coimbra, 1985.

— — *Cláusula penal e indemnização*, Coimbra, Almedina, 1990.

— — *Contrato de agência*, 3.ª ed., Coimbra, Almedina, 1998.

DE MOOR, Anne — «Contract and Agreement in English and French Law», *Ox. J. L. St.* 1986, 275.

— — «Common and Civil Law Conceptions of Contract and a European Law of Contract: the Case of the Directive on Unfair Terms in Consumer Contracts», *Eur. Rev. Priv. Law* 1995, 257.

MOREIRA, Fernando AZEVEDO — *Da questão prévia em Direito Internacional Privado*, Coimbra, Faculdade de Direito, 1968.

MOREIRA, Guilherme ALVES — *Instituições de Direito Civil português*, vol. II, *Das Obrigações*, 2.ª ed., Coimbra, Coimbra Editora, 1925.

MOREIRA, Vital – v. CANOTILHO, José Joaquim GOMES

MORRIS, John Humphrey Carlile — «The Proper Law of a Tort», *Harvard LR* 1951, 881.

— — e J. D. McLEAN — *The Conflict of Laws*, 4 .ª ed., London, Sweet & Maxwell, 1993.

MORSE, C.G.J. — «Torts in Private International Law: A New Statutory Framework», *ICLQ* 1996, 888.

MÖSCHEL, Werhard — «Zum Subsidiaritätsprinzip im Vertrag von Maastricht», *NJW* 1993, 3025.

MOSCONI, Franco — «Exceptions to the Operation of Choice of Law Rules», *Rec. cours*, vol. 217 (1989-V), 9.

— — «Qualche considerazione sugli effetti dell'eccezione di ordine pubblico», *RDIPP* 1994, 5.

— — «Sulla qualificazione delle norme di diritto internazionale privato di origine convenzionale», *in* AAVV, *Scintillae Iuris. Studi in memoria di Gino Gorla*, tomo II, *Dialogo tra ordinamenti. Diritto dei commerci e diritto europeo. Iura naturalia e diritti fondamentali*, Milano, Giuffrè, 1994, 1459.

— — *Diritto internazionale privato e processuale. Parte generale e contratti*, reimpressão, Torino, UTET, 1999.

— — v. VITTA, Edoardo.

Motive zu dem Entwurfe eines Bürgerlichen Gesetzbuches für das Deutsche Reich, vol. II, *Recht der Schuldverhältnisse*, Berlin-Leipzig, Verlag von J. Guttentag, 1888.

MOTULSKI, Henri – «L'office du juge et la loi étrangère», *in Écrits. Études et notes de Droit International Privé*, vol. III, Paris, Dalloz, 1978, 87.

Münchener Kommentar zum Bürgerlichen Gesetzbuch, 3.ª ed., München, C.H. Beck, 1993-98 [cit. *Münchener Kommentar*-autor].

MURRAY Jr., John Edward — *Murray on Contracts*, 3.ª ed., Michie, Charlottesville, Virginia, 1990.

MUSIELAK, Hans-Joachim — «Die Einbeziehung Dritter Personen in den Vertraglichen Schutzbereich», *in* António PINTO MONTEIRO [coordenador], *Contratos: actualidade e evolução*, Porto, Universidade Católica Portuguesa, 1997, 359 [tradução portuguesa sob o título «A Inserção de Terceiros no Domínio de Protecção Contratual», *in ibidem*, 283].

MUSY, Alberto — «Responsabilità precontrattuale (culpa in contrahendo)», *in Digesto delle Discipline Privatistiche. Sezione Civile*, vol. XVII, Torino, UTET, 1998, 391.

NANNI, Luca — *La buona fede contrattuale*, Padova, Cedam, 1988.

— — «Le trattative», *NGCC* 1989, II, 137.

NASCIMENTO, António BAIÃO DO — *Do concurso de normas*, Lisboa, Cadernos de Ciência e Técnica Fiscal, 1971.

NEUHAUS, Paul Heinrich — Recensão a A. FERRER CORREIA, «Das Problem der Qualifikation nach dem portugiesischen internationalen Privatrecht», *RabelsZ* 1971, 391.

— — *Die Grundbegriffe des Internationalen Privatrechts*, 2.ª ed., Tübingen, J.C.B. Mohr (Paul Siebeck), 1976.

— — «Abschied von Savigny?», *RabelsZ* 1982, 4.

— — e Hans RAU — «Das IPR im neuen portugiesischen Zivilgesetzbuch», *RabelsZ* 1968, 500.

NEUMAYER, Karl H. – «Autonomie de la volonté et dispositions impératives en droit international privé des obligations», *RCDIP* 1957, 579; 1958, 53.

— — «Betrachtungen zum rechtsvergleichenden Unterricht auf internationaler Grundlage», *RabelsZ* 1968, 405.

NEUNER, Jörg — *Die Rechtsfindung contra legem*, München, C.H. Beck, 1992.

NEUNER, Robert — «Die Anknüpfung im internationalen Privatrecht», *RabelsZ* 1934, 81 [reproduzido *in* P. PICONE e W. WENGLER, *Internationales Privatrecht*, Darmstadt, Wissenschaftliche Buchgesellschaft, 1974, 397].

780   *Da Responsabilidade Pré-Contratual em Direito Internacional Privado*

NEVES, António CASTANHEIRA — *Questão-de-facto* — *Questão-de-direito ou o problema metodológico da juridicidade (Ensaio de uma reposição crítica)*, vol. I, *A crise*, Coimbra, Almedina, 1967.

—— «A distinção entre a questão-de-facto e a questão-de-direito e a competência do Supremo Tribunal de Justiça como tribunal de "revista"», *in Digesta. Escritos acerca do Direito, do Pensamento Jurídico, da sua Metodologia e Outros*, vol. 1.º, Coimbra, Coimbra Editora, 1995, 483.

—— «Nótula a propósito do *Estudo sobre a responsabilidade civil*, de Guilherme Moreira», *BFDUC* 1977, 381 [= *in Digesta. Escritos acerca do Direito, do Pensamento Jurídico, da sua Metodologia e Outros*, vol 1.º, Coimbra, Coimbra Editora, 1995, 475].

—— «A unidade do sistema jurídico. O seu problema e o seu sentido (Diálogo com Kelsen)», separata dos *Estudos em Homenagem ao Prof. Doutor José Joaquim Teixeira Ribeiro*, Coimbra, 1979 [= *in Digesta. Escritos acerca do Direito, do Pensamento Jurídico, da sua Metodologia e Outros*, vol 2.º, Coimbra, Coimbra Editora, 1995, 95].

—— «Interpretação jurídica», *in Polis*, vol. 3, col. 651 [= *in Digesta. Escritos acerca do Direito, do Pensamento Jurídico, da sua Metodologia e Outros*, vol 2.º, Coimbra, Coimbra Editora, 1995, 337].

—— «Método jurídico», *in Polis*, vol. 4, col. 211 [= *in Digesta. Escritos acerca do Direito, do Pensamento Jurídico, da sua Metodologia e Outros*, vol 2.º, Coimbra, Coimbra Editora, 1995, 283].

—— *Metodologia jurídica. Problemas fundamentais*, Coimbra, Coimbra Editora, 1993.

—— «Pessoa, Direito e Responsabilidade», *RPCC* 1996, 1.

—— «Matéria de Facto-Matéria de Direito», *RLJ*, ano 129.º, 130 e 162.

—— «Da "jurisdição" no actual Estado-de-Direito», *in Ab uno ad omnes – 75 anos da Coimbra Editora*, Coimbra, Coimbra Editora, 1998, 177.

NIBOYET, Jean-Paul — «Le problème des "qualifications" sur le terrain des traités diplomatiques», *RCDIP* 1935, 1.

—— *Traité de droit international privé français*, t. V, Paris, Sirey, 1949.

NICHOLAS, Barry — «L'obligation précontractuelle de renseignements en droit anglais», *in* D. TALLON-D.HARRIS [orgs.], *Le contrat aujourd'hui: comparaisons Franco-Anglaises*, Paris, 1987, 185.

NICKL, Ulrich — *Die Qualifikation der culpa in contrahendo im internationalen Privatrecht*, Frankfurt a.M., etc., Peter Lang, 1992.

NIPPERDEY, Hans-Carl — v. ENNECCERUS, Ludwig.

NIRK, Rudolf — «Rechtsvergleichendes zur Haftung für culpa in contrahendo», *RabelsZ* 1953, 310.

Índice Bibliográfico

781

—— «Culpa in contrahendo — eine richterliche Rechtsfortbildung — in der Rechts-sprechung des Bundesgerichtshofes», *in* W. HEFERMEHL e H.C. NIPPERDEY [orgs.], *Festschrift fur Philip Möhring zum 65. Geburtstag*, München-Berlin, C.H. Beck, 1965, 385.

—— «Culpa in contrahendo — eine geglückte richterliche Rechtsfortbildung — Quo Vadis?», *in* W. HEFERMEHL, R.NIRK e H. WESTERMANN [orgs.], *Festschrift für Philip Möhring zum 75. Geburtstag*, München, C.H. Beck, 1975, 71.

NORTH, Peter — «Contract as a Tort Defence in the Conflict of Laws», *in* AAVV, *Contemporary Problems in the Conflict of Laws. Essays in Honour of John Humphrey Carlile Morris*, Leyden-Boston, A.W. Sijthoff, 1978, 214.

—— «Reform, but not Revolution. General Course on Private International Law», *in Rec. Cours*, vol. 220 (1990-I), 9.

NYGH, P. E. — «The Reasonable Expectation of the Parties as a Guide to the Choice of Law in Contract and Tort», *Rec. cours*, vol. 251 (1995), 269.

—— *Autonomy in International Contracts*, Oxford, Clarendon Press, 1999.

O'CONNOR, John F. — *Good Faith in English Law*, Aldershot, 1990.

OLAVO, Fernando – *Direito Internacional Privado*, Lisboa, AAFDL, 1957 [aponta-mentos compilados por Maria de Jesus LAMAS MOREIRA e Maria Teresa VICENTE, polic.].

D'OLIVEIRA Jessurun — «"Characteristic Obligation" In The Draft EEC Obligation Convention», *AJCL* 1977, 303.

OPPETIT, Bruno – «Les principes généraux en droit international privé», *Arch. Phil. Dr.* 1987, 179.

—— «Le droit international privé, droit savant», *Rec. cours*, vol. 234 (1992-III), 331.

—— *Philosophie du droit*, Paris, Dalloz, 1999.

D'ORS, Álvaro – *Nueva introducción al estudio del derecho*, Madrid, Civitas, 1999.

OSÓRIO, José — «Julgamento de facto», *RDES* 1954, 196.

OTERO, Paulo – *Lições de introdução ao estudo do direito*, Lisboa, Pedro Ferreira, I vol., 1.º t., 1998; 2.º t., 1999.

OTTO, Günter — «Der verunglückte § 293 ZPO und die Ermittlung ausländischen Rechts durch "Beweiserhebung"», *IPRax* 1995, 299.

VON OVERBECK, Alfred — «Internationale Zuständigkeit und anwendbares Recht», *ASDI* 1964, 25.

—— «Les quéstions générales du droit international privé à la lumière des codifica-tions et projets récents. Cours général de droit international privé», *Rec. cours*, vol. 176 (1982-III), 9.

PALANDT, Otto — *Bürgerliches Gesetzbuch* [por Peter BASSENGE e outros], 57.ª ed., München, C.H. Beck, 1998 [cit. *Palandt*-autor].

782 Da Responsabilidade Pré-Contratual em Direito Internacional Privado

PALLIERI, Giorgio BALLADORE – *Diritto internazionale privato italiano*, Milano, Giuffrè, 1974.

PALMIERI, Davide — *La responsabilità precontrattuale nella giurisprudenza*, Milano, Giuffrè, 1999.

PATOCCHI, Paolo Michele. — *Règles de rattachement localisatrices et règles de rattachement à caractère substantiel*, Genève, Georg, 1985.

– – «Characteristic Performance: A New Myth in the Conflict of Laws? Some Comments on a Recent Concept in the Swiss and European Private International Law of Contract», *in* C. DOMINICÉ, R. PATRY e C. RAYMOND [orgs.], *Études de droit international en l'honneur de Pierre Lalive*, Bâle-Francfort sur le Main, s/d [1993], 113.

PATRZEK, Katrin — *Die Vertragsakzessorische Anknüpfung im internationalen Privatrecht. Dargestellt anhand des Deliktsrechts, der Geschäftsführung ohne Auftrag, des Bereicherungsrechts und der culpa in contrahendo*, München, VVF, 1992.

PEREIRA, André GONÇALVES e Fausto de QUADROS — *Manual de Direito Internacional Público*, 3.ª ed., Coimbra, Almedina, 1993.

PERELMAN, Chaïm — «Les antinomies en droit. Essai de synthèse», *in* C. PERELMAN [org.], *Les antinomies en droit*, Bruxelles, Bruylant, 1965, 392.

PERES, Ana MENDONÇA — «Responsabilidade civil da entidade emitente pelo conteúdo do prospecto», *Cadernos do Mercado dos Valores Mobiliários*, n.º 5, Agosto de 1999, 53.

PERETTI-GRIVA, Domenico-Riccardo — «Concorso di responsabilità contrattuale ed extracontrattuale?», *Giur. ital.* 1951, Parte I, Sezione 2, col. 290.

– – «Ancora sul concorso delle responsabilità contrattuale ed extracontrattuale», *Giur. it.* 1952, Parte I, Sezione 1, col. 289.

– – «Concorso di responsabilità contrattuale ed extracontrattuale», *Foro Pad.* 1960, 639.

PÉREZ VERA, Elisa — *Derecho Internacional Privado*, Madrid, Universidad Nacional de Educacion a Distancia, vol. I, 5.ª ed., 1995 [com a colaboração de Paloma ABARCA JUNCO, A. L. CALVO CARAVACA, J. D. GONZÁLEZ CAMPOS e M. VIRGOS SORIANO]; vol. II, 6.ª ed., 1995 [com a colaboração de Paloma BARCA JUNCO, Mónica GUZMÁN ZAPATER e Pedro-Pablo MIRALLES SANGRO].

PESCATORE, G., e C. RUPERTO — *Codice Civile annotato con la giurisprudenza della corte costituzionale, della corte di casazione e delle giurisdizioni amministrative superiori*, t. I, 9.ª ed., 1993.

PESSOA JORGE, Fernando — *Lições de Direito das Obrigações*, vol. I, Lisboa, AAFDL, 1975-76 [polic.].

– – *Ensaio sobre os pressupostos da responsabilidade civil*, reimpressão, Coimbra, Almedina, 1995.

Índice Bibliográfico

PICKER, Eduard — «Positive Forderungsverletzung und culpa in contrahendo — zur Problematik der Haftungen "zwischen" Vertrag und Delikt», *AcP* 183 (1983), 369.

— — «Vertragliche und deliktische Schadenshaftung — Überlegungen zu einer Neustrukturierung der Haftungssysteme», *JZ* 1987, 1041.

PICONE, Paolo – *Saggio sulla strutura formale del problema delle questioni preliminari nel diritto internazionale privato*, Napoli, Jovene, 1971.

— — «La méthode de la référence à l'ordre juridique compétent en droit international privé», *Rec. cours*, vol. 197 (1986-II), 229.

— — *Ordinamento competente e diritto internazionale privato*, Padova, Cedam, 1986.

— — «I metodi di coordinamento tra ordinamenti nel progetto di riforma del diritto internazionale privato italiano», *in* G. GAJA [org.], *La riforma del diritto internazionale privato e processuale. Raccolta in ricordo di Edoardo Vitta*, Milano, Giuffrè, 1994, 173 [=*in La riforma italiana del diritto internazionale privato*, Padova, Cedam, 1998, 3].

— — «La teoria generale del diritto internazionale privato nella legge italiana di riforma della materia», *Riv. Dir. Int.* 1996, 289 [=*in La riforma italiana del diritto internazionale privato*, Padova, Cedam, 1998, 137].

— — «Caratteri e evoluzione del metodo tradizionale dei conflitti di leggi», *Riv. Dir. Int.* 1998, 5 [=*in La riforma italiana del diritto internazionale privato*, Padova, Cedam, 1998, 243].

— — e Wilhelm WENGLER [orgs.] — *Internationales Privatrecht,* Darmstadt, Wissenschaftliche Buchgesellschaft, 1974.

PILLET, Antoine – *Traité Pratique de Droit International Privé*, t. I, Grenoble-Paris, Allier-Sirey, 1923.

— — «La théorie générale des droits acquis», *Rec. cours*, vol. 8 (1925-III), 485.

PINA, Carlos COSTA — *Dever de informação e responsabilidade pelo prospecto no mercado primário de valores mobiliários*, s/l, Coimbra Editora, 1999.

PINHEIRO, Luís de LIMA — *A venda com reserva de propriedade em Direito Internacional Privado*, Lisboa, etc., McGraw-Hill, 1991.

— — «Venda marítima internacional: alguns aspectos fundamentais da sua regulação jurídica», *BFDB* 1998, 173.

— — *Contrato de empreendimento comum (joint venture) em Direito Internacional Privado*, Lisboa, Edições Cosmos, 1998.

— — «O Direito aplicável às sociedades. Contributo para o Direito Internacional Privado das sociedades», *ROA* 1998, 673.

— — *Direito Internacional Privado. Parte Especial (Direito de Conflitos)*, Coimbra, Almedina, 1999.

784   *Da Responsabilidade Pré-Contratual em Direito Internacional Privado*

PINTO, Carlos Alberto da MOTA — «A responsabilidade pré-negocial pela não conclusão dos contratos», *BFDUC* 1966, 143.

— — «Nulidade do contrato-promessa de compra e venda e responsabilidade pela culpa na formação dos contratos», *RDES* 1970, 77.

— — *Direito das Obrigações*, Coimbra, 1973 [apontamentos de alunos, polic.].

— — *Cessão da posição contratual*, reimpressão, Coimbra, Almedina, 1982.

— — *Teoria geral do Direito Civil*, 3.ª ed., 7.ª reimpressão, Coimbra, 1992.

— — e João CALVÃO DA SILVA – «Garantia de bom funcionamento e vícios do produto. Responsabilidade do produtor e do distribuidor», *CJ* 1985, t. 3, 17.

— — PINTO, Fernando FERREIRA — v. CORREIA, António FERRER.

PINTO, Paulo Cardoso Correia da MOTA — *Declaração tácita e comportamento concludente no negócio jurídico*, Coimbra, Almedina, 1995.

— — «O direito ao livre desenvolvimento da personalidade», *in* AAVV, *Portugal--Brasil ano 2000. Tema Direito*, Coimbra, Coimbra Editora, 1999, 149.

PIOTET, Paul — *Culpa in contrahendo et responsabilité précontractuelle en droit privé suisse*, Berne, Staempfli, 1963.

— — «Nature et modalités de la responsabilité precontractuelle», *ZSR* 1975, 252.

— — «La culpa in contrahendo aujourd'hui», *RSJ* 1981, 225.

— — «Développements récents de la théorie de la culpa in contrahendo», *in* B. DUTOIT, J. HOFSTETTER e P. PIOTET [orgs.], *Mélanges Guy Flattet — Recueil de travaux offerts à Guy Flattet*, Lausanne, Payot, s/d [1985], 363.

PIPKORN, Jörn — «Das Subsidiaritätsprinzip im Vertrag über die Europäische Union — Rechtliche Bedeutung und gerichtliche Überprüfbarkeit», *EuZW* 1992, 697.

PIRES, Florbela — «Da lei aplicável ao contrato de seguro», *Revista Jurídica* 1995-96, 259.

PLANIOL, Marcel e Georges RIPERT — *Traité pratique de droit civil français*, t. VI, *Obligations*, 1.ª parte, 2.ª ed., Paris, LGDJ, 1952 [por Paul ESMEIN].

POCAR, Fausto — «Le droit des obligations dans le nouveau droit international privé italien», *RCDIP* 1996, 41.

— —, Tullio TREVES, Sergio CARBONE, Andrea GIARDINA, Riccardo LUZZATO, Franco MOSCONI e Roberta CLERICI – *Commentario del nuovo diritto internazionale privato*, Padova, Cedam, 1996.

Pollock's Principles of Contract, 13.ª ed. [por Percy H. WINFIELD], London, Stevens & Sons, 1950.

PONZANELLI, Giulio — «Il concorso di responsabilità: Le esperienze italiana e francesa a confronto», *Responsabilità Civile e Previdenza*, 1984, 36.

POPPER, Karl R. – *The Open Society and its Enemies*, vol. I, *The Spell of Plato*; vol. II, *The High Tide of Prophecy: Hegel, Marx and the Aftermath*, 5.ª ed. reimpressão, London, Routledge, 1992.

POSNER, Alan — *Economic Analysis of Law*, 5.ª ed., s/l, Aspen Law & Business, 1998.

POUND, Roscoe — *An Introduction to the Philosophy of Law*, Yale University Press, New Haven-London, 1982.

POWELL, Raphael — «Good Faith in Contracts», *Current Leg. Prob.* 1956, 16.

PRATA, Ana – *Notas sobre responsabilidade pré-contratual*, separata da *Revista da Banca*, n.ºs 16 e 17, Lisboa, 1991.

—— *O contrato-promessa e o seu regime civil*, reimpressão, Coimbra, Almedina, 1999.

PROCURADORIA-GERAL DA REPÚBLICA – Parecer n.° 138/79, de 20 de Dezembro de 1979, *BMJ* 298, 5.

PROENÇA, José Carlos BRANDÃO – *A conduta do lesado como pressuposto e critério de imputação do dano extracontratual*, Coimbra, Almedina, 1997.

PROENÇA, José João GONÇALVES DE — *Direito Internacional Privado (Parte Geral)*, Universidade Lusíada, 1992.

Projet de Droit international privé élaboré par la Commission de Réforme du Code Civil, *RCDIP* 1950, 111.

Projet de loi complétant le Code Civil en matière de Droit International Privé, *RCDIP* 1970, 835.

PROSSER, William L. — «The Borderland of Tort and Contract», *in Selected Topics on the Law of Torts. Five Lectures Delivered at the University of Michigan*, Ann Arbor, 1953, 380.

Prosser and Keeton on the Law of Torts, 5.ª ed. [por W. Page KEETON, Dan DOBBS, Robert KEETON e David OWEN], St. Paul, Minnesota, West Publishing Co., 1984; suplemento de actualização, 1988.

Protokolle der Kommission für die zweite Lesung des Entwurfs des Bürgerlichen Gesetzbuchs, vol. II, *Recht der Schuldverhältnisse*, Berlin, Guttentag, 1898 [redigido por ACHILLES, GEBHARD e SPAHN].

PRYLES, M. C. — «Torts and Related Obligations in Private International Law», *Rec. Cours*, vol. 227 (1991-II), 11.

PUFENDORF, Samuel – *De iure naturae et gentium libri octo*, *Editio nova*, Frankfurt a. M., 1694.

QUADRI, Rolando — «Acquisiti (Diritti)», *in NssDI*, vol. I/1, 238.

—— *Lezioni di Diritto Internazionale Privato*, 5.ª ed., Napoli, Liguori Editore, 1969.

QUADROS, Fausto de – *Direito das Comunidades Europeias e Direito Internacional Público. Contributo para o estudo da natureza jurídica do Direito Comunitário Europeu*, Lisboa, Almedina, 1984.

—— *O princípio da subsidiariedade no direito comunitário após o Tratado da União Europeia*, Coimbra, Almedina, 1995.

786   *Da Responsabilidade Pré-Contratual em Direito Internacional Privado*

— — v. PEREIRA, André GONÇALVES.

RAAPE, Leo — *Internationales Privatrecht*, 5.ª ed., Berlin-Frankfurt, Verlag Franz
    Vahlen, 1961.
— — e Fritz STURM — *Internationales Privatrecht*, vol. I, *Allgemeine Lehren*, 6.ª ed.,
    München, Verlag Franz Vahlen, 1977.
RABEL, Ernst — «Das Problem der Qualifikation», *RabelsZ* 1931, 241 [separata,
    Darmstadt, Wissenschaftliche Buchgesellschaft, 1956].
— — *Das Recht des Warenkaufs. Eine rechtsvergleichende Darstellung*, vol. I, Ber-
    lin-Leipzig, Walter de Gruyter, 1936.
— — *The Conflict of Laws. A Comparative Study*, Ann Arbor, University of Michi-
    gan Law School, vol. I, 2.ª ed., 1958; vol. II, 2.ª ed., 1960.
RADBRUCH, Gustav — «Fünf Minuten Rechtsphilosophie», *in* A. KAUFMANN [org.],
    Gustav Radbruch. Gesamtausgabe, vol. 3, *Rechtsphilosophie III*, Heidelberg,
    C.F. Müller, 1990, 78 [tradução portuguesa por L. CABRAL DE MONCADA, publi-
    cada em apêndice a *Filosofia do Direito*, sob o título *Cinco minutos de Filoso-
    fia do direito*].
— — *Rechtsphilosophie*, 8.ª ed. [por Hans-Peter SCHNEIDER e Erik WOLF], Stuttgart,
    K.F. Köhler Verlag, 1973 [tradução portuguesa da 6.ª edição do original ale-
    mão, por L. CABRAL DE MONCADA, sob o título *Filosofia do Direito*, Coimbra,
    Arménio Amado-Editor, Sucessor, 1979].
RADTKE, Rolf C. — «Schuldstatut und Eingriffsrecht», *ZvglRW* 1985, 325.
RAFF, Diether – *Deutsche Geschichte vom alten Reich zur Bundesrepublik*, München,
    Wilhelm Heyne Verlag, 1989.
RAKOFF, Todd D. — «Fuller and Perdue's *The Reliance Interest* as a Work of Legal
    Scholarship», *Wis.L.R.* 1991, 203.
RAMBERG, Jan – *International Commercial Transactions*, s/l, ICC-Kluwer-Norstedts,
    1998.
RAMOS, Rui de MOURA — «Dos direitos adquiridos em Direito Internacional Pri-
    vado», *BFDUC* 1974, 175 [= *in Das Relações Privadas Internacionais. Estudos
    de Direito Internacional Privado*, Coimbra, Coimbra Editora, 1995, 11].
— — *Direito Internacional Privado e Constituição. Introdução a uma análise das
    suas relações*, Coimbra, Coimbra Editora, 1980.
— — «Estrangeiro», *in Polis*, vol. 2, col. 1215.
— — *Aspectos recentes do Direito Internacional Privado português*, separata dos
    Estudos em homenagem ao Prof. Doutor Afonso Rodrigues Queiró, Coimbra,
    1986 [= *in Das Relações Privadas Internacionais. Estudos de Direito Interna-
    cional Privado*, Coimbra, Coimbra Editora, 1995, 85].

Índice Bibliográfico

— — «La protection de la partie contractuelle la plus faible en droit international privé», *in* AAVV, *Droit international et droit communautaire. Actes du colloque Paris, 5 et 6 avril 1990*, Paris, Fundação Calouste Gulbenkian, 1991, 97 [= *in Das Relações Privadas Internacionais. Estudos de Direito Internacional Privado*, Coimbra, Coimbra Editora, 1995, 197].

— — *Da lei aplicável ao contrato de trabalho internacional*, Coimbra, Almedina, 1991.

— — «Les clauses d'exception en matière de conflits de lois et de conflits de juridictions — Portugal», *in Das Relações Privadas Internacionais. Estudos de Direito Internacional Privado*, Coimbra, Coimbra Editora, 1995, 295.

— — «Remarques sur les développements récents du droit international privé portugais en matière de protection des consommateurs», *in* A. BORRAS *et al.* [orgs.], *E Pluribus Unum. Liber Amicorum Georges Droz*, Kluwer, 1996, 235.

— — *Direito Internacional Privado. Programa, conteúdos e métodos de ensino*, Coimbra, 1996 [polic.; existe versão impressa, com o título *Direito Internacional Privado. Relatório sobre o programa, conteúdos e métodos de ensino da disciplina*, Coimbra, 2000].

— — «El contrato individual de trabajo», *in* Alfonso-Luis CALVO CARAVACA e Luis Fernández DE LA GÁNDARA [directores] e Pilar BLANCO-MORALES LIMONES [coordenadora], *Contratos internacionales*, Madrid, Tecnos, 1997, 1883.

— — «Contratos Internacionais e Protecção da Parte Mais Fraca no Sistema Jurídico Português», *in* António PINTO MONTEIRO [coordenador], *Contratos: actualidade e evolução*, Porto, Universidade Católica Portuguesa, 1997, 331.

— — «Droit International Privé vers la fin du vingtième siècle: avancement ou recul? Rapport National», *BDDC* 1998, 85.

— — «O contrato individual de trabalho em Direito Internacional Privado», *in* M. AFONSO VAZ-J.A. AZEREDO LOPES [coordenadores], *Juris et de jure. Nos 20 anos da Faculdade de Direito da Universidade Católica Portuguesa – Porto*, Porto, Universidade Católica Portuguesa, 1998, 41.

— — «L'ordre public international en droit portugais», *BFDUC* 1998, 45.

— — «Previsão normativa e modelação judicial nas convenções comunitárias relativas ao Direito Internacional Privado», *in* Orlando de CARVALHO e outros, *O Direito Comunitário e a Construção Europeia*, Coimbra, Coimbra Editora, 1999, 93.

— — v. MACHADO, João BAPTISTA.

— — v. MONTEIRO, Jorge Ferreira SINDE.

— — v. SOARES, Maria Ângela BENTO.

RAWLS, John — *A Theory of Justice*, Cambridge, Massachussets, Harvard University Press, 1971 [tradução portuguesa, sob o título *Uma teoria da justiça*, por Carlos PINTO CORREIA, Lisboa, Editorial Presença, 1993].

788 *Da Responsabilidade Pré-Contratual em Direito Internacional Privado*

REALE, Miguel — *Lições Preliminares de Direito*, 10.ª ed., Coimbra, Almedina, 1982.

RECASENS SICHES, Luis – *Panorama del pensamiento juridico en el siglo XX*, 2 vols., Mexico, Editorial Porrua, 1963.

Referentenentwurf eines Gesetzes zur Ergänzung des Internationalen Privatrechts (ausservertragliche Schuldverhältnisse und Sachen), *IPRax* 1995, 132.

Regierungsentwurf eines Gesetzes zum Internationalen Privatrecht für ausservertragliche Schuldverhältnisse und für Sachen, *IPRax* 1998, 513.

REI, Maria Raquel — «Da expectativa jurídica», *ROA* 1994, 149.

REINICKE, Dietrich e Klaus TIEDTKE — «Schadensersatzverpflichtungen aus Verschulden bei Vertragschluss nach Abbruch von Vertragsverhandlungen ohne triftigen Grund», *ZIP* 1989, 1093.

REIS, José Alberto dos — *Breve estudo sôbre a Reforma do Processo civil e comercial*, 2.ª ed., Coimbra, Coimbra Editora, 1929.

— — *Código de Processo Civil anotado*, Coimbra, Coimbra Editora, vol. III, 4.ª ed., reimpressão, 1985; vol. V, reimpressão, 1984; vol. VI, reimpressão, 1985.

REITHMANN, Christoph, Dieter MARTINY e outros — *Internationales Vertragsrecht. Das internationale Privatrecht der Schuldverträge*, 5.ª ed., Köln, Otto Schmidt, 1996.

Relazione della Commissione istituita con decreto del Ministro di Grazia e Giustizia 8 marzo 1985, sul progetto di riforma del sistema italiano di diritto internazionale privato, in CAMERA DEI DIPUTATI-SERVIZIO STUDI, *Riforma del sistema italiano di diritto internazionale privato*, s/l, s/d, 345.

RESCIGNO, Pietro [org.] — *Trattato di diritto privato*, vol. 10, t. II, Torino, UTET, 1982.

— — [org.] — *Codice civile*, Milano, Giuffrè, 1992.

RHEINSTEIN, Max, Reimer VON BORRIES e Hans-Eckart NIETHAMMER — *Einführung in die Rechtsvergleichung*, 2.ª ed., München, C.H. Beck, 1987.

RIBEIRO, Joaquim de SOUSA — *O problema do contrato. As cláusulas contratuais gerais e o princípio da liberdade contratual*, Coimbra, Almedina, 1999.

RIGAUX, François — *La théorie des qualifications en droit international privé*, Bruxelles, Larcier, 1956.

— — *Droit International Privé*, Bruxelles, Larcier, vol. I, *Théorie générale*, 2.ª ed., 1987; vol. II, *Droit positif belge*, 2.ª ed.,1993 [com a colaboração de M. FALLON].

— — «Les situations juridiques individuelles dans un système de relativité générale. Cours général de droit international privé», *Rec. cours*, vol. 213 (1989-I), 9.

— — «The Concept of Fact in Legal Science», *in* P. NERHOT [org.], *Law, Interpretation and Reality. Essays in Epistemology, Hermeneutics and Jurisprudence*, Dordrecht-Boston-London, Kluwer, 1989, 38.

— — «Examen de la détermination du droit applicable aux relations précontractuelles», *in* AAVV, *Formation of Contracts and Precontractual Liability*, Paris, CCI, 1990, 121.

RIPERT, Georges – *La règle morale dans les obligations civiles*, 4.ª ed., Paris, LGDJ, 1949.

—— e Jean BOULANGER — *Traité de droit civil*, t. II, Paris, LGDJ, 1957.

ROBERTSON, A. H. — *Characterisation in the Conflict of Laws*, Cambridge, Massachussets, Harvard University Press, 1940.

ROGERS, W. V. H. — «Keeping the Floodgates Shut: "Mitigation" and "Limitation" of Tort Liability in the English Common Law», *in* J. SPIER [org.], *The Limits of Liability. Keeping the Floodgates Shut*, The Hague-London-Boston, Kluwer, 1996, 75.

ROHE, Mathias — *Zu den Geltungsgründen des Deliktsstatuts*, Tübingen, J.C.B. Mohr, 1994.

ROPPO, Enzo — *Il contratto*, Bologna, 1977 [tradução portuguesa, sob o título *O contrato*, por Ana COIMBRA e M. Januário COSTA GOMES, Coimbra, Almedina, 1988].

ROSA, Manuel CORTES — *Da questão incidental em Direito Internacional Privado*, *RFDUL. Suplemento*, Lisboa, 1960.

—— *A delimitação do prejuízo indemnizável em direito comparado inglês e francês*, separata do vol. XIV da *RFDUL*, Lisboa, 1962.

ROSAS, Dias — *As qualificações em Direito Internacional Privado*, Lisboa, Separata do Jornal do Foro, 1947.

ROSSELLO, Carlo — «Responsabilità contrattuale ed extracontrattuale», *NGCC* 1985, II, 317 [=*in* Guido ALPA e Mario BESSONE (orgs.), *La responsabilità civile. Una rassegna di dottrina e giurisprudenza*, vol. I, Torino, 1987].

ROTH, Wulf-Henning — «Zum Verhältnis von Art. 7 Abs. 2 und Art. 5 des Römer Schuldvertragskonvention», *in* A. SCHNYDER, H. HEISS e B. RUDISCH [orgs.], *Internationales Verbraucherschutzrecht*, Tübingen, J.C.B. Mohr (Paul Siebeck), s/d [1995], 35.

ROTHOEFT, Dietrich, e Mathias ROHE — «Grund und Grenzen der Tatortregel im internationalen Deliktskollisionsrecht», *NJW* 1993, 974.

ROWSE, Alfred Leslie – *The English Spirit. Essays in History and Literature*, London, Macmillan & Co. Ltd., 1946.

RUBINO-SAMMARTANO, Mauro — «Il giudice nazionale di fronte alla legge straniera», *RDIPP* 1991, 315.

RUSSO, Raffaele — «Concorso di responsabilità contrattuale ed extracontrattuale e fatto illecito dei commessi», *FI* 1951, I, col. 1190.

SÁ, Almeno de – Anotação ao acórdão do Supremo Tribunal de Justiça de 14 de Novembro de 1991, *RDE* 1990-1993, 627.

—— *Responsabilidade bancária*, Coimbra, Coimbra Editora, 1998.

790   *Da Responsabilidade Pré-Contratual em Direito Internacional Privado*

— — *Cláusulas contratuais gerais e directiva sobre cláusulas abusivas*, Coimbra, Almedina, 1999.

SÁ, Fernando CUNHA DE – *Abuso do direito*, reimpressão, Coimbra, Almedina, 1997.

SACCO, Rodolfo — «Culpa in contrahendo e culpa aquiliana; culpa in eligendo e apparenza», *RDCDGO* 1951, II, 82.

— — «Affidamento», *in EDD*, vol. I, 661.

— — *Il contratto*, Torino, UTET, 1975.

— — «Concorso delle azzioni contrattuale e extracontrattuale», *in* G. VISINTINI [org.], *Risarcimento del danno contrattuale ed extracontrattuale*, Giuffrè, Milano, 1984, 155.

SACERDOTI, Giorgio — «Finalità e caratteri generali della Convenzione di Roma. La volontà delle parti come criterio di collegamento», *in* G. SACERDOTI e M. FRIGO, *La Convenzione di Roma sul Diritto applicabile ai contratti internazionali*, 2.ª ed., Milano, Giuffrè, 1993, 1.

SALEILLES, Raymond — «De la responsabilité pré-contractuelle — a propos d'une étude nouvelle sur la matière», *RTDCiv.* 1907, 697.

SALMOND, R.F.V. HEUSTON e R.A. BUCKLEY — *On the Law of Torts*, 19.ª ed., London, Sweet & Maxwell, 1987.

SALVI, Cesare — «Il paradosso della responsabilità civile», *RCDP* 1983, 123.

— — «Responsabilità extracontrattuale (diritto vigente)», *in EDD*, vol. XXXIX, 1186.

SÁNCHEZ JIMÉNEZ, Maria Ángeles — «El contrato de leasing», *in* Alfonso-Luis CALVO CARAVACA e Luis Fernández DE LA GÁNDARA [directores] e Pilar BLANCO--MORALES LIMONES [coordenadora], *Contratos internacionales*, Madrid, Tecnos, 1997, 933.

— — «El contrato de factoring», *in* Alfonso-Luis CALVO CARAVACA e Luis Fernández DE LA GÁNDARA [directores] e Pilar BLANCO-MORALES LIMONES [coordenadora], *Contratos internacionales*, Madrid, Tecnos, 1997, 978.

SANDROCK, Otto — *Über Sinn und Methode zivilistischer Rechtsvergleichung*, Frankfurt a.M.-Berlin, Metzner, 1966.

SANTI ROMANO – *L'ordinamento giuridico*, 2.ª ed., Firenze, Sansoni, s/d [1946].

SANTOS, António MARQUES DOS — *Direito Internacional Privado. Sumários*, Lisboa, AAFDL, 1987 [sumários das lições proferidas no ano lectivo de 1986-87; polic.].

— — *Breves considerações sobre a adaptação em Direito Internacional Privado*, separata dos *Estudos em memória do Prof. Paulo Cunha*, Lisboa, FDUL, 1988 [=*in Estudos de Direito Internacional Privado e de Direito Processual Civil Internacional*, Coimbra, Almedina, 1998, 51].

— — «Les règles d'application immédiate dans le droit international privé portugais», *in* AAVV, *Droit International et Droit Communautaire. Actes du Colloque.*

Paris, 5 et 6 avril 1990, Paris, Fundação Calouste Gulbenkian, 1991, 187 [=*in Estudos de Direito Internacional Privado e de Direito Processual Civil Internacional*, Coimbra, Almedina, 1998, 129].

— — *As normas de aplicação imediata no Direito Internacional Privado. Esboço de uma teoria geral*, 2 vols., Coimbra, Almedina, 1991.

— — «Sur une proposition italienne d'élaboration d'un Code européen des contrats (et des obligations)», *BDDC* 1991, 275 [=*in Estudos de Direito Internacional Privado e de Direito Processual Civil Internacional*, Coimbra, Almedina, 1998, 159].

— — «Le statut des biens culturels en droit international privé», *BDDC* 1994, 7 [=*in Estudos de Direito Internacional Privado e de Direito Processual Civil Internacional*, Coimbra, Almedina, 1998, 167].

— — *Direito Internacional Privado. Sumários*, Lisboa, AAFDL, 1997 [sumários das lições proferidas no ano lectivo de 1996-97, em curso de publicação].

— — «Constituição e Direito Internacional Privado. O estranho caso do artigo 51.°, n.° 3, do Código Civil», *in Perspectivas constitucionais. Nos 20 anos da Constituição de 1976*, vol. III, Coimbra, Coimbra Editora, 1998, 367.

— — «Lei aplicável a uma sucessão por morte aberta em Hong Kong», *RFDUL* 1998, 115.

— — *Defesa e ilustração do Direito Internacional Privado*, suplemento *da RFDUL*, Lisboa, Coimbra Editora, 1998.

— — *Direito Internacional Privado. Colectânea de textos legislativos de fonte interna e internacional*, Coimbra, Almedina, 1999.

SARAIVA, José Hermano — *O problema do contrato. A crise do contratualismo e a construção científica do direito privado*, Lisboa, Jornal do Fôro, 1950.

— — *Apostilha crítica ao projecto de Código Civil (Capítulos I e II)*, separata da *Revista da Ordem dos Advogados*, Lisboa, 1966.

SAUER, Wilhelm — «Securité et justice», *in* AAVV, *Introduction à l'étude du droit comparé. Recueil d'études en l'honneur d'Édouard Lambert*, vol. III, Paris, Sirey-LGDJ, 34.

SAVIGNY, Friedrich Karl von — *System des heutigen Römischen Rechts*, Berlin, Veit u. Comp., vol. 3, 1840; vol. 8, 1849; 2.ª reimpressão, Aalen, Scientia Verlag, 1981 [tradução francesa por Ch. GUENOUX, sob o título *Traité de Droit Romain*, Paris, Firmin Didot Frères, 1851].

SCHACK, Haimo — *Internationales Zivilverfahrensrecht*, 2.ª ed., München, C.H. Beck, 1996.

SCHÄFER, Hans-Bernd, e Claus OTT — *Lehrbuch der ökonomischen Analyse des Zivilrechts*, 2.ª ed., Berlin, etc., Springer Verlag, 1995.

SCHEFFLER, Arndt — «Culpa in contrahendo und Mängelgewährleistung bei deutsch--schweizerischen Werkverträgen», *IPRax* 1995, 20.

792   *Da Responsabilidade Pré-Contratual em Direito Internacional Privado*

SCHENKER, Franz — «Switzerland», *in* E. HONDIUS [org.], *Precontractual Liability. Reports to the XIIIth Congress International Academy of Comparative Law*, Deventer-Boston, Kluwer, 1991, 309 [=«Precontractual Liability in Swiss Law», *in Rapports suisses présentés au XIII Congrès international de droit comparé en Montreal*, 1990, 89].

SCHEUCHER, Leo — «Einige Bemerkungen zum Qualifikationsproblem», *ZfRV* 1961, 228.

SCHLECHTRIEM, Peter — *Vertragsordnung und ausservertragliche Haftung. Eine rechtsvergleichende Untersuchung zur Konkurrenz von Ansprüchen aus Vertrag und Delikt im französischen, amerikanischen und deutschen Recht*, Frankfurt a. M., Metzner, 1972.

— — «Vertragliche und ausservertragliche Haftung», *in* BUNDESMINISTER DER JUSTIZ, *Gutachten und Vorschläge zur Überarbeitung des Schuldrechts*, vol. II, Köln, Bundesanzeiger Verlagsges., 1981, 1591.

— — *Internationales UN-Kaufrecht*, Tübingen, J.C.B. Mohr (Paul Siebeck), 1996.

— — *Schuldrecht*, Tübingen, J.C.B. Mohr (Paul Siebeck), *Allgemeiner Teil*, 2.ª ed., 1994; *Besonderer Teil*, 4.ª ed., 1995.

— — v. VON CAEMMERER, Ernst.

SCHLESINGER, Rudolf — «The Common Core of Legal Systems: an Emerging Subject of Comparative Study», *in* K. NADELMANN, A. VON MEHREN e J. HAZARD [orgs.], *XXth Century Comparative and Conflicts Law. Legal Essays in Honor of Hessel E. Yntema*, Leyden, A.W.Sythoff, 1961, 65.

SCHLOSSER, Peter — «Relatório sobre a Convenção, de 9 de Outubro de 1978, relativa à adesão do Reino da Dinamarca, da Irlanda e do Reino Unido da Grã-Bretanha e da Irlanda do Norte à Convenção relativa à competência judiciária e à execução de decisões em matéria civil e comercial, bem como ao Protocolo relativo à sua interpretação pelo Tribunal de Justiça», *JOCE*, n.º C189, de 28 de Julho de 1990, 184.

— — *EuGVÜ. Europäisches Gerichtsstands- und Vollstreckungsübereinkommen mit Luganer Übereinkommen und den Haager Übereinkommen über Zustellung und Beweisaufnahme*, München, C.H. Beck, 1996.

SCHMIDT [-SZALEWSKI], Joanna — «La sanction de la faute précontractuelle», *RTDCiv.* 1974, 47.

— — Anotação à sentença da *Cour de Cassation* de 9 de Fevereiro de 1981, *D.* 1982, 4.

— — *Négociation et conclusion de contrats*, Paris, Dalloz, 1982.

— — «L'évolution de la responsabilité précontractuelle en droit français», *in* G. WEICK [org.], *Entwicklung des Deliktsrechts in rechtsvergleichender Sicht*, Frankfurt a.M., Metzner, 1987, 141.

— — «La période précontratuelle en droit français. Rapport au XIIIe Congrès International de Droit Comparé», *RIDC* 1990, 545 [versão inglesa *in* E. HONDIUS (org.), *Precontractual Liability. Reports to the XIIIth Congress International*

Índice Bibliográfico

Academy of Comparative Law Montreal Canada, Deventer-Boston, Kluwer, 1991, 145].

SCHMIDT, Suzanne — *Der Abbruch von Vertragsverhandlungen im deutsch-schweizerischen Handels- und Wirtschaftsverkehr*, Konstanz, Hartung-Gorre Verlag, 1994.

SCHMIDT, Torben Svenné — «The Incidental Question in Private International Law», *Rec. cours*, vol. 233 (1992-II), 305.

SCHMITT, Carl — *Die drei Arten des rechtswissenschaftlichen Denkens* [tradução portuguesa sob o título «Sobre as três modalidades científicas do pensamento jurídico», *BMJ* 26 (1951), 5; 27 (1951), 5].

SCHNEIDER, Joachim – *Kapitalmarktrechtlicher Anlegerschutz und Internationales Privatrecht*, Frankfurt a. M., etc., Peter Lang, 1998.

SCHNITZER, Adolf — *Handbuch des Internationalen Privatrechts*, 2 vols., 4.ª ed., Basel, Verlag für Recht und Gesellschaft, 1957-58.

— — «Les contrats internationaux en droit international privé suisse», *Rec. cours*, vol. 123 (1968-I), 541.

SCHÖNLE, Herbert — «Rapport suisse», *in Travaux de l'Association Henri Capitant*, vol. XLIII (1992), *La bonne foi*, 193.

SCHRÖDER, Jochen — *Die Anpassung von Kollisions- und Sachnormen*, Berlin, Walter de Gruyter, 1961.

— — *Internationale Zuständigkeit. Entwurf eines Systems von Zuständigkeitsinteressen im zwischenstaatlichen Privatverfahrensrecht aufgrund rechtshistorischer, rechtsvergleichender und rechtspolitischer Betrachtungen*, Opladen, Westdeutscher Verlag, 1971 [reimpressão, 1988].

SCHURIG, Klaus — *Kollisionsnorm und Sachrecht. Zur Struktur, Standort und Methode des internationalen Privatrechts*, Berlin, Duncker & Humblot, 1981.

— — «Die Struktur des kollisionsrechtlichen Vorfragenproblems», *in Festschrift für Gerhard Kegel zum 75. Geburtstag*, Stuttgart-Berlin-Köln-Mainz, Kohlhammer, 1987, 549.

— — «Zwingendes Recht, "Eingriffsnormen" und neues IPR», *RabelsZ* 1990, 217.

— — «Interessenjurisprudenz contra Interessenjurisprudenz im IPR — Anmerkungen zu Flessners Thesen», *RabelsZ* 1995, 229.

SCHÜTT, Heinrich – *Deliktstyp und Internationales Privatrecht. Dargestellt an grenzüberschreitenden Problemen der Artzhaftung*, Frankfurt a.M., etc., Peter Lang, 1998.

SCHÜTZ, Markus — *UN-Kaufrecht und culpa in contrahendo*, Frankfurt a.M., Lang, 1996.

SCHUZ, Rhona – *A Modern Approach to the Incidental Question*, London-The Hague-Boston, Kluwer, 1997.

794   *Da Responsabilidade Pré-Contratual em Direito Internacional Privado*

SCHWANDER, Ivo — «Der Wandel des Privatrechts und seine Rückwirkungen auf das Internationale Privatrecht», *ASDI* 1989, 247.

SCHWARTZ, Harald – *Internationales Privatrecht der Haftung für Vermögenschäden infolge fahrlässig falsch erteilter Auskünfte im Einmalkontakt*, München, Herbert Utz, 1998.

SCHWENZER, Ingeborg, e Markus MÜLLER-CHEN — *Rechtsvergleichung. Fälle und Materialien*, Tübingen, J.C.B. Mohr (Paul Siebeck), 1996.

SCHWIND, Fritz — *Internationales Privatrecht. Lehr- und Handbuch für Theorie und Praxis*, Wien, Manz Verlag, 1990.

SCOLES, Eugene F. e Peter HAY — *Conflict of Laws*, 2.ª ed., St. Paul, Minn., West Publishing Co., 1992.

SCONAMIGLIO, Renato — «Responsabilità civile», *in NssDI*, vol. XV, 628.

— — «Responsabilità contrattuale ed extracontrattuale», *in NssDI*, vol. XV, 670.

SEIDL-HOHENVELDERN, Ignaz — «International Economic "Soft Law"», *Rec. cours*, vol. 163 (1979-II), 165.

VON DER SEIPEN, Christoph — *Akzessorische Anknüpfung und engste Verbindung im Kollisionsrecht der komplexen Vertragsverhältnisse*, Heidelberg, Carl Winter,1989.

SENDIM, José de SOUSA CUNHAL — «Notas sobre o princípio da conexão mais estreita no Direito Internacional Privado Matrimonial Português», *Direito e Justiça* 1993, 311.

SERRA, Adriano VAZ — «Culpa do devedor ou do agente», *BMJ* 68 (1957),13.

— — «Responsabilidade do devedor pelos factos dos auxiliares, dos representantes legais ou dos substitutos», *BMJ* 72 (1958), 259.

— — «Objecto da obrigação. A prestação. Suas espécies, conteúdo e requisitos», *BMJ* 74 (1958), 15.

— — «Responsabilidade contratual e responsabilidade extracontratual», *BMJ* 85 (1959), 115.

— — «Abuso de direito (em matéria de responsabilidade civil)», *BMJ* 85 (1959), 243.

— — «Requisitos da responsabilidade civil», *BMJ* 92 (1960), 37.

— — «Empreitada», *BMJ* 145 (1965), 19; 146 (1965), 33.

— — Anotação ao acórdão do Supremo Tribunal de Justiça de 26 de Julho de 1968, *RLJ*, ano 102.º, 301 e 309.

— — Anotação ao acórdão do Supremo Tribunal de Justiça de 19 de Dezembro de 1969, *RLJ*, ano 104.º, 8.

— — Anotação ao acórdão do Supremo Tribunal de Justiça de 11 de Dezembro de 1970, *RLJ*, ano 104.º, 253, 260.

— — Anotação ao acórdão do Supremo Tribunal de Justiça de 7 de Outubro de 1976, *RLJ*, ano 110.º, 270 e 274.

Shaw, Josephine — «England und Wales», *in* C. Von Bar [org.], *Deliktsrecht in Europa*, Köln, etc., Heymanns, 1993.

Siehr, Kurt — «Ökonomische Analyse des Internationalen Privatrechts», *in* D. Henrich e B. Von Hoffmann [orgs.], *Festschrift für Karl Firsching*, München, 1985, 269.

—— v. Keller, Max.

Silva, João Calvão da — «Rapport portugais», *in Travaux de l'Association Henri Capitant*, t. XXXII, *La publicité-propagande*, Paris, 1981, 191.

—— *Responsabilidade civil do produtor*, Coimbra, Almedina, 1990 [reimpressão, 1999].

—— «Empreitada e responsabilidade civil», *in Estudos de Direito Civil e Processo Civil (Pareceres)*, Coimbra, Almedina, 1996, 5.

—— «Negociação e formação de contratos», *in Estudos de Direito Civil e Processo Civil (Pareceres)*, Coimbra, Almedina, 1996, 29.

—— «Negociações preparatórias de contrato-promessa e responsabilidade pré-contratual», *in Estudos de Direito Civil e Processo Civil (Pareceres)*, Coimbra, Almedina, 1996, 77.

—— «Incumprimento e responsabilidade civil», *in Estudos de Direito Civil e Processo Civil (Pareceres)*, Coimbra, Almedina, 1996, 97.

—— v. Pinto, Carlos Alberto da Mota.

Silva, Manuel Duarte Gomes da — *Conceito e estrutura da obrigação*, Lisboa, 1943.

—— *O dever de prestar e o dever de indemnizar*, vol. I, Lisboa, 1944.

—— [relator] – Parecer n.º 14/VIII, «Colheita de órgãos e tecidos nos cadáveres», *in Actas da Câmara Corporativa*, 1963, n.º 51, 421.

—— *Esboço de uma concepção personalista do Direito. Reflexões em torno da utilização do cadáver humano para fins terapêuticos e científicos*, separata da RFDUL, vol. XVII, Lisboa, 1965.

—— e Rita Amaral Cabral — Parecer de Direito, *in* AAVV, *A privatização da Sociedade Financeira Portuguesa*, Lisboa, Lex, 1995, 303 [= «Responsabilidade pré-contratual», *Dir.* 1995, 439].

Soares, Maria Ângela Bento, e Rui Moura Ramos – *Contratos internacionais. Compra e venda. Cláusulas penais. Arbitragem*, Coimbra, Almedina, 1986.

Soergel, H. T. e outros — *Bürgerliches Gesetzbuch mit Einführungsgesetz und Nebengesetzen*, 12.ª ed., Stuttgart-Berlin-Köln, Kohlhammer, 1987-1996 [cit. *Soergel*-autor].

Sonnenberger, Hans Jürgen — *La conclusione del contrato secondo il diritto tedesco*, Padova, Cedam, 1991.

—— «La loi allemande du 21 mai 1999 sur le droit international privé des obligations non contractuelles et des biens», *RCDIP* 1999, 647.

796 Da Responsabilidade Pré-Contratual em Direito Internacional Privado

SOUSA, António CARNEIRO DA FRADA DE — *Conflito de clausulados e consenso nos contratos internacionais*, Porto, Universidade Católica Portuguesa, 1999.

SOUSA, Marcelo REBELO DE — *Introdução ao estudo do direito*, Lisboa, 1987/88 [polic.].

— — «Responsabilidade pré-contratual — Vertentes privatística e publicística», *Dir.* 1993, 383.

— — *Lições de Direito Administrativo*, vol. I, Lisboa, Lex, 1999.

— — e Sofia GALVÃO — *Introdução ao estudo do direito*, 4.ª ed., Publicações Europa--América, s/l, s/d [1998].

SOUSA, Miguel TEIXEIRA DE — *O concurso de títulos de aquisição da prestação*, Coimbra, Almedina, 1988.

— — «Aspectos metodológicos e didácticos do direito processual civil», *RFDUL* 1994, 337.

— — *As partes, o objecto e a prova na acção declarativa*, Lisboa, Lex, 1995.

— — *Estudos sobre o novo processo civil*, Lisboa, Lex, 1997.

— — «O cumprimento defeituoso e a venda de coisas defeituosas», *in* ANTUNES VARELA, FREITAS DO AMARAL, Jorge MIRANDA e GOMES CANOTILHO [orgs.], *Ab uno ad omnes. 75 anos da Coimbra Editora 1920-1995*, Coimbra, Coimbra Editora, 1998, 567.

— — e Dário MOURA VICENTE — *Comentário à Convenção de Bruxelas de 27 de Setembro de 1968 Relativa à Competência Judiciária e à Execução de Decisões em Matéria Civil e Comercial e textos complementares*, Lisboa, Lex, 1994.

SPERDUTI, Giuseppe — «Théorie du Droit International Privé», *Rec. cours*, vol. 122 (1967-III), 173.

— — «Norme di applicazione necessaria e ordine pubblico», *RDIPP* 1976, 469.

— — «Les lois d'application nécessaire en tant que lois d'ordre public», *RCDIP* 1977, 257.

SPICKHOFF, Andreas — *Der ordre public im Internationalen Privatrecht. Entwicklung – Struktur — Konkretisierung*, Neuwied-Frankfurt a. M., Metzner, 1989.

SPIER, Jaap [org.] – *The Limits of Expanding Liability. Eight Fundamental Cases in a Comparative Perspective*, Kluwer, The Hague-London-Boston, 1998.

SPIRO, Karl — «Die Haftung für Abschluss und Verhandlungsgehilfen. Zugleich ein Beitrag zur Lehre von der culpa in contrahendo», *ZSR* 1986, 619.

STARCK, Boris, Henri ROLAND e Laurent BOYER — *Obligations, 1. Responsabilité délictuelle*, 4.ª ed., Paris, Litec, 1991.

— — *Droit civil. Les Obligations. 2. Contrat*, 6.ª ed., Paris, Litec, 1998.

J. von Staudingers Kommentar zum Bürgerlichen Gesetzbuch mit Einführungsgesetz und Nebengesetzen, 13.ª ed., Berlin, Sellier-De Gruyter, 1994-98 [cit. *Staudingers*-autor].

STEINDORFF, Ernst — *Sachnormen im Internationalen Privatrecht*, Frankfurt a.M., Vittorio Klostermann, 1958.

STOLL, Hans — «Consequences of Liability: Remedies», *in IECL*, vol. XI, *Torts*, cap. 8.

—— «Tatbestände und Funktionen der Haftung für culpa in contrahendo», *in* H. FICKER e outros [orgs.], *Festschrift für Ernst von Caemmerer*, Tübingen, J.C.B. Mohr (Paul Siebeck), 1978, 435.

—— «Deliktsstatut und Tatbestandswirkung ausländischen Rechts», *in* P. FUERSTEIN e C. PARRY [orgs.], *Multum non multa. Festschrift für Kurt Lipstein*, Heidelberg, 1980, 259.

—— «Internationalprivatrechtliche Fragen bei der landesrechtlichen Ergänzung des Einheitlichen Kaufrechts», *in* A. HELDRICH e H. SONNENBERGER [orgs.], *Festschrift für Murad Ferid*, Frankfurt a. M., Verlag für Standesamtswesen, s/d [1988], 495.

—— «Sturz vom Balkon auf Gran Canaria — Akzessorische Anknüpfung, deutsches Deliktsrecht und örtlicher Sicherheitsstandard», *IPRax* 1989, 89.

STOLL, Heinrich — «Begriff und Konstruktion in der Lehre der Interessenjurisprudenz», *in* H. STOLL [org.], *Festgabe für Philipp Heck, Max Rümelin und Arthur Benno Schmidt*, Tübingen. J.C.B. Mohr (Paul Siebeck), 1931, 60.

STONE, Peter — *The Conflict of Laws*, London-New York, Longman, 1995.

SUMMERS, Robert S. — «"Good Faith" in General Contract Law and the Sales Provisions of the Uniform Commercial Code», *Va. L.Rev.* 1968, 224.

SYMEONIDES, Symeon C. — «Private International Law Codification in a Mixed Jurisdiction: The Louisiana Experience», *RabelsZ* 1993, 460.

——, Wendy COLLINS PERDUE e Arthur T. von MEHREN – *Conflict of Laws: American, Comparative, International. Cases and Materials*, St. Paul, Minn., West, 1998.

TALLON, Denis — «The Notion of Contract: A French Jurist's Naïve Look at Common Contract Law», *in* D. CLARK [org.]., *Comparative and Private International Law. Essays in Honour of John Henry Merryman on his Seventieth Birthday*, Berlin, Duncker Humblot, 1990, 283.

—— «Vers un droit européen du contrat?», *in* AAVV, *Mélanges offertes à André Colomer*, Paris, Litec, 1993, 485.

—— e Donald HARRIS [orgs.] — *Le contrat aujourd'hui: comparaisons franco--anglaises*, Paris, LGDJ, 1987.

TEIXEIRA, Pedro NASCIMENTO — «A questão da protecção dos consumidores nos contratos plurilocalizados», *ROA* 1994, 181.

TELES, Eugénia GALVÃO — «A prestação característica: um novo conceito para determinar a lei subsidiariamente aplicável aos contratos internacionais. O artigo 4.°

798 Da Responsabilidade Pré-Contratual em Direito Internacional Privado

da Convenção de Roma sobre a Lei Aplicável às Obrigações Contratuais», *Dir.* 1995, 71.

TELLES, Inocêncio GALVÃO — «Expectativa jurídica (Algumas notas)», *Dir.* 1958, 2.

—— «Contratos civis (Projecto completo de um título de futuro Código Civil português e respectiva exposição de motivos)», *RFDUL* 1953-4, 183 [= *in BMJ* 83 (1959), 114].

—— *Manual de Direito das Obrigações*, t. I, 2.ª ed., Coimbra, Coimbra Editora, 1965.

—— «Culpa na formação do contrato», *Dir.* 1993, 333.

—— *Manual dos contratos em geral*, 3.ª ed., reimpressão, Lisboa, Lex, 1995.

—— *Direito das Obrigações*, 7.ª ed., Coimbra, Coimbra Editora, 1997.

—— *Introdução ao Estudo do Direito*, Coimbra Editora, vol. I, 11.ª ed., 1999; vol. II, reimpressão com notas de actualização, Lisboa, 1989.

TERRÉ, François, Philippe SIMLER e Yves LEQUETTE — *Droit civil. Les obligations*, 6.ª ed., Paris, Dalloz, 1996.

TEUBNER, Gunther — «Legal Irritants: Good Faith in British Law of How Unifying Law Ends Up in New Divergencies», *MLR* 1998, 11.

THIEMANN, Rudolf — *Culpa in contrahendo. Ein Beitrag zum Deliktsrecht*, Gelsenkirchen, Mannhold, 1984.

TILMANN, Winfried — «Eine Privatrechtskodifikation für die Europäische Gemeinschaft?», *in* P.-C. MÜLLER-GRAFF [org.], *Gemeinsames Privatrecht in der Europäischen Gemeinschaft*, Baden-Baden, Nomos, 1993, 485.

TOMÁS DE AQUINO (S.) – *Summa Theologica* [tradução brasileira por Alexandre CORRÊA, organização e direcção de Rovílio COSTA e Luís Alberto DE BONI, introdução de Martin GRABMANN, 2.ª ed., Porto Alegre, Escola Superior de Teologia São Lourenço de Brindes e Livraria Sulina Editora; Caxias do Sul, Universidade de Caxias do Sul, 1980].

TOURNEAU, Philippe LE, e Loïc CADIET — *Droit de la responsabilité*, Paris, Dalloz, 1996.

TREBILCOCK, Michael J. — *The Limits of Freedom of Contract,* Cambridge, Massachussets-London, Harvard University Press, 1993.

TREITEL, Guenter H. — *The Law of Contract*, 8.ª ed., London, Sweet & Maxwell-Stevens & Sons, 1991.

TUNC, André — «Les problèmes contemporains de la responsabilité civile délictuelle. Introduction», *RIDC* 1967, 757.

—— «Introduction», *in IECL*, vol. XI, *Torts*, cap. I.

—— *La responsabilité civile*, 2 .ª ed., Paris, Economica, 1989.

TURCO, Claudio — *Interesse negativo e responsabilità precontrattuale*, Milano, Giuffrè, 1990.

Índice Bibliográfico

ULMER, Peter, Hans Erich BRANDNER, Horst-Diether HENSEN e Harry SCHMIDT — *ABG-Gesetz. Kommentar zum Gesetz zur Regelung der Allgemeinen Geschäftsbedingungen*, 8.ª ed., Köln, Otto Schmidt, 1997.

UNIDROIT — *Principles of International Commercial Contracts*, Roma, International Institute for the Unification of Private Law, 1994 [versão provisória em língua portuguesa, sob o título *Princípios relativos aos Contratos Comerciais Internacionais*, publicada pelo Ministério da Justiça].

VALLADÃO, Haroldo — *Direito Internacional Privado*, Rio de Janeiro, Livraria Freitas Bastos S.A., vol. I, *Introdução e parte geral*, 5.ª ed., 1980; vol. II, *Parte especial. Conflitos de leis civis*, 3.ª ed., 1983.

VARELA, João de Matos ANTUNES — *Ineficácia do testamento e vontade conjectural do testador*, Coimbra, Coimbra Editora, 1950.

—— «Do projecto ao Código Civil», *BMJ* 161 (1966), 5.

—— «Valor da equidade como fonte de direito», *CTF* 1966, 7.

—— «Rasgos inovadores do Código Civil português de 1966 em matéria de responsabilidade civil», *BFDUC*, vol. XLVIII (1972), 77.

—— Anotação ao acórdão do Supremo Tribunal de Justiça de 29 de Janeiro de 1974, *RLJ*, ano 108.°, 56.

—— «Código Civil», *Polis*, vol. 1, col. 929.

—— *Sobre o contrato-promessa*, 2.ª ed., Coimbra, Coimbra Editora, 1989.

—— Anotação ao acórdão do Supremo Tribunal de Justiça de 8 de Novembro de 1984, *RLJ*, ano 122.°, 213.

—— Anotação ao acórdão do Tribunal Arbitral de 31 de Março de 1993, *RLJ*, ano 126.°, 160, 180, 285, 311 e 347.

—— «Os juízos de valor da lei substantiva, o apuramento dos factos na acção e o recurso de revista», *CJSTJ* 1995, t. IV, 5.

—— *Das Obrigações em geral*, Coimbra, Almedina, vol. I, 9.ª ed., 1996; vol. II, 7.ª ed., 1997.

—— Editorial, *RLJ*, ano 131.°, 2.

—— *Direito da Família*, 1.° vol., 5.ª ed., Lisboa, Petrony, 1999.

——, J. Miguel BEZERRA e SAMPAIO E NORA — *Manual de Processo Civil*, Coimbra, Coimbra Editora, 2.ª ed., 1985.

—— v. LIMA, Fernando PIRES DE.

VASCONCELOS, Pedro PAIS DE — *Contratos atípicos*, Coimbra, Almedina, 1995.

—— *Teoria geral do Direito Civil*, vol. I, Lisboa, Lex, 1999.

VASSILAKAKIS, Evangelos — *Orientations méthodologiques dans les codifications récentes du droit international privé en Europe*, Paris, LGDJ, 1987.

800   *Da Responsabilidade Pré-Contratual em Direito Internacional Privado*

VAZ, Isabel OLIVEIRA – *Direito internacional público e* lex mercatoria *na disciplina dos contratos internacionais*, Lisboa, 1990 [dissertação de Mestrado apresentada à Faculdade de Direito de Lisboa, polic.].

DEL VECCHIO, Giorgio – *Lições de Filosofia do Direito*, 5.ª ed., Coimbra, Arménio Amado, 1979 [tradução portuguesa da 10.ª ed. italiana, por António José BRANDÃO, revista e prefaciada por L. CABRAL DE MONCADA e actualizada por ANSELMO DE CASTRO].

VELOZO, Francisco José — «Orientações Filosóficas do Código de 1867 e do futuro Código», *SI* 1967, 155.

VICENTE, Dário MOURA — *Da arbitragem comercial internacional. Direito aplicável ao mérito da causa*, Coimbra, Coimbra Editora, 1990.

— — «L'évolution récente du droit de l'arbitrage au Portugal», *Rev. arb.* 1991, 419.

— — «Applicable Law in Voluntary Arbitrations in Portugal», *ICLQ* 1995, 179.

— — «A competência internacional no Código de Processo Civil revisto: aspectos gerais», *in* A. MARQUES DOS SANTOS e outros, *Aspectos do novo Processo Civil*, Lisboa, Lex, 1997, 71.

— — v. SOUSA, Miguel TEIXEIRA DE.

VIEHWEG, Theodor — *Topik und Jurisprudenz*, 5.ª ed., München, C.H. Beck, 1974.

VIGOTTI, Franco — «La responsabilità precontrattualle», *in* G. ALPA e M. BESSONE [orgs.], *La responsabilità civile. Una rassegna di dottrina e giurisprudenza*, vol. I, Torino, UTET, 1987, 257.

VILLELA, Álvaro MACHADO — *Tratado elementar (teórico e prático) de Direito Internacional Privado*, Coimbra, Coimbra Editora, livro I, 1921; livro II, 1922.

VINEY, Geneviève — *Les obligations. La responsabilité: effets, in* J. GHESTIN [org.], *Traité de Droit Civil*, t. V, Paris, LGDJ, 1988.

— — *Introduction à la responsabilité, in* J. GHESTIN [org.], *Traité de Droit Civil*, 2.ª ed., Paris, LGDJ, 1995.

— — «Modération et limitation des responsabilités et des indemnisations. Rapport sur le droit français», *in* J. SPIER [org.], *The Limits of Liability. Keeping the Floodgates Shut*, The Hague-London-Boston, Kluwer, 1996, 127.

— — «Sous-contrat et responsabilite civile», *in* António PINTO MONTEIRO [coordenador], *Contratos: actualidade e evolução*, Porto, Universidade Católica Portuguesa, 1997, 257.

— — e Patrice JOURDAIN — *Les conditions de la responsabilité, in* J. GHESTIN [org.], *Traité de Droit Civil*, 2.ª ed., Paris, LGDJ, 1998.

VISCHER, Frank — «Der Richter als Gesetzgeber im Internationalen Privatrecht», *ASDI* 1955, 75.

Índice Bibliográfico

— — «Die Kritik an der herkömmlichen Methode des Internationalen Privatrechts — Hintergründe und Versuch einer Antwort», *in* P. NOLL-G. STRATENWERTH [orgs.], *Festschrift für Oscar Adolf Germann*, Bern, Stämpfli, 1969, 287.

— — «The Antagonism Between Legal Security and the Search for Justice in the Field of Contracts», *Rec. cours*, vol. 142 (1974-II), 1.

— — Anotação à sentença do Tribunal Federal suíço de 17 de Dezembro de 1987, *ASDI* 1990, 361.

— — «General Course on Private International Law», *Rec. cours*, vol. 232 (1992-I), 9.

VISINTINI, Giovanna — *Trattato breve della responsabilità civile. Fatti illeciti. Inadempimento. Danno risarcibile*, Padova, Cedam, 1996.

VITTA, Edoardo – *Diritto internazionale privato*, 3 vols., Torino, UTET, 1972-75.

— — «Cours général de droit international privé», *Rec. cours*, vol. 162 (1979-I), 9.

— — *Corso di Diritto Internazionale Privato e Processuale*, Torino, UTET, 4.ª ed., 1992 [por Franco MOSCONI].

WÄCHTER, Carl Georg — «Über die Collision der Privatrechtsgesetze verschiedenen Staaten», *AcP* 24 (1841), 230; 25 (1842), 1, 161, 361.

WAGNER, Rolf — «Der Regierungsentwurf eines Gesetzes zum Internationalen Privatrecht für ausservertragliche Schuldverhältnisse und für Sachen», *IPRax* 1998, 429.

— — «Zum Inkrafttreten des Gesetzes zum Internationalen Privatrecht für ausservertragliche Schuldverhältnisse und für Sachen», *IPRax* 1999, 210.

WAHRENBERGER, André – *Vorvertragliche Aufklärungspflichte im Schuldrecht (unter besonderer Berücksichtigung des Kaufrechts). Zugleich ein Beitrag zur Lehre der culpa in contrahendo*, Zürich, Schulthess, 1992.

WALTER, Christoph von — *Die Konkurrenz vertraglicher und deliktischer Schadensersatznormen im deutschen, ausländischen und internationalen Privatrecht*, Regensburg, 1977 [polic.].

WATT, Horatia MUIR — «Droit public et droit privé dans les rapports internationaux (Vers la publicisation des conflits de lois?)», *Arch. Phil. Dr.* 1997, 207.

WEBER, Helmut — *Die Theorie der Qualifikation*, Tübingen, J.C.B. Mohr (Paul Siebeck), 1986.

WEBER, Max – «Die "objektivität" sozialwissenschaftlicher und sozialpolitischer Erkenntnis», *in Gesammelte Aufsätze zur Wissenschaftslehre*, 2.ª ed., Tübingen. J.C.B. Mohr (Paul Siebeck), 1951, 146.

— — *Die Protestantische Ethik und der Geist des Kapitalismus* [tradução portuguesa sob o título *A ética protestante e o espírito do capitalismo*, por Ana FALCÃO BASTOS e Luís LEITÃO, 4.ª edição, Lisboa, Editorial Presença, 1996].

802 *Da Responsabilidade Pré-Contratual em Direito Internacional Privado*

Webster's new Twentieth Century Dictionary of the English Language. Unabridged, 2.ª ed., Collins World, 1977.

WEILL, Alex, e François TERRÉ — *Droit civil*, vol. IV, *Les obligations*, 4.ª ed., Paris, Dalloz, 1980.

WEIR, John Anthony — «Complex Liabilities», *in IECL*, vol. XI, *Torts*, cap. 12.

WELSER, Rudolf — «Das Verschulden beim Vertragsschluss im österreichischen bürgerlichen Recht», *ÖJZ* 1973, 281.

WENGLER, Wilhelm — «Die Vorfrage im Kollisionsrecht», *RabelsZ* 1934, 148.

—— «Die Anknüpfung des zwingenden Schuldrechts im internationalen Privatrecht. Eine rechtsvergleichende Studie», *ZvglRW* 1941, 168.

—— «Die Funktion der richterlichen Entscheidung über internationale Rechtsverhältnisse. Feststellung und Gestaltung im Internationalen Privatrecht», *RabelsZ* 1951, 1.

—— «Les principes généraux du droit international privé et leurs conflits», *RCDIP* 1952, 595; 1953, 37.

—— «Die Qualifikation der materiellen Rechtssätze im Internationalen Privatrecht», *in* E. VON CAEMMERER e outros [orgs.], *Festschrift für Martin Wolff*, Tübingen, J.C.B. Mohr (Paul Siebeck), s/d [1954], 337.

—— «Réflexions sur la technique des qualifications en droit international privé», *RCDIP* 1954, 661.

—— Recensão a Ernst STEINDORFF, *Sachnormen im internationalen Privatrecht, AcP* 158 (1959/1960), 543.

—— «The General Principles of Private International Law», *Rec. Cours*, vol. 104 (1961-III), 273.

—— «Das Gleichheitprinzip im Kollisionsrecht», *in* AAVV, *Eranion in honorem Georgii Maridakis*, vol. III, Athenis, 1964, 323.

—— «Les conflits de lois et le principe de l'égalité», *RCDIP* 1963, 203, 503.

—— «Nouvelles réflexions sur les "questions préalables"», *RCDIP* 1966, 165.

—— *Die unerlaubten Handlungen im internationalen Privatrecht. Versuch eines Neubaus* [tradução italiana sob o título «La responsabilità per fatto illecito nel diritto internazionale privato. Ricerca di una nuova sistematica», *in Annuario di diritto internazionale* 1966, 1; tradução portuguesa, por Fernando AZEVEDO MOREIRA, sob o título *A responsabilidade por facto ilícito em Direito Internacional Privado. Tentativa de uma nova construção*, Coimbra, Centro de Direito Comparado da Faculdade de Direito de Coimbra, 1974].

—— «Observations de M. Wilhelm Wengler» [anexo II.2 a «Final Report and Draft Resolution Presented by M. Otto Kahn-Freund on Delictual Obligations in Private International Law»], *Ann. IDI*, vol. 53-I (1969), 505.

—— «Sonderanknüpfung, positiver und negativer ordre public», *JZ* 1979, 175.

—— *Internationales Privatrecht*, 2 vols., Berlin-New York, De Gruyter, 1981.

—— «Les principes généraux du droit en tant que loi du contrat», *RCDIP* 1982, 467.

—— «Der deutsche Richter vor unaufklärbarem und unbestimmten ausländischen Recht», *JR* 1983, 221.

—— «The Law Applicable to Preliminary (Incidental) Questions», *IECL*, vol. III, *Private International Law*, cap. 7.

—— «L'évolution moderne du droit international privé et la previsibilité du droit applicable», *RCDIP* 1990, 657 [=*in* AAVV, *Droit international et droit communautaire. Actes du colloque Paris, 5-6 Avril 1990*, Paris, Fundação Calouste Gulbenkian, 1991, 11].

—— *IPR-Rechtsnormen und Wahl des Vertragsstatuts. Parteiautonomie im Internationalen Privatrecht, insbesondere unter der Rom-Konvention vom 19.6.1980*, Saarbrücken, Europa-Institut der Universität des Saarlandes, 1991.

—— v. PICONE, Paolo.

WHEELER, S. e J. SHAW — *Contract Law. Cases, Materials and Commentary*, Oxford, Clarendon Press, 1994.

WHITE, James J., e Robert S. SUMMERS — *Uniform Commercial Code*, 4.ª ed., St. Paul, Minn., West Publishing Co., 1995.

WIEACKER, Franz — *Zur rechtstheoretische Präzisierung des § 242 BGB*, Tübingen, 1956 [=*in Kleine Juristische Schriften. Eine Sammlung Zivilrechtlicher Beiträge aus den Jahren 1932 bis 1986*, Göttingen, Otto Schwarz, 1988, 43; tradução castelhana sob o título *El principio general de la buena fe*, Civitas, 1977].

—— «Gesetzesrecht und richterliche Kunstregel. Zu Essers Buch "Grundsatz und Norm"», *JZ* 1957, 701 [=*in Kleine Juristische Schriften. Eine Sammlung Zivilrechtlicher Beiträge aus den Jahren 1932 bis 1986*, Göttingen, Otto Schwarz, 1988, 13].

—— *Privatrechtsgeschichte der Neuzeit unter besonderer Berücksichtigung der deutschen Entwicklung*, 2.ª ed., Göttingen, Vandenhoek & Ruprecht, 1967 [tradução portuguesa por António HESPANHA, sob o título *História do Direito Privado Moderno*, 2.ª ed., Lisboa, Fundação Calouste Gulbenkian, 1989].

WIEDEMANN, Herbert, e Erich SCHMITZ — «Kapitalanlegerschutz bei unrichtiger oder unvollständiger Information — Besprechung der Entscheidungen BGHZ 71, 284 und BGHZ 72, 382», *ZGR* 1980, 129.

WOLF, Ernst — *Lehrbuch des Schuldrechts*, vol. I, *Allgemeiner Teil*, Köln-Berlin--Bonn-München, Carl Heymanns Verlag, s/d [1978].

—— *Allgemeiner Teil des Bürgerlichen Rechts*, 3.ª ed., Köln-Berlin-Bonn-München, Carl Heymanns Verlag, s/d [1982].

WOLF, Manfred, Norbert HORN e Walter LINDACHER — *AGB Gesetz. Gesetz zur Regelung des Rechts der Allgemeinen Geschäftsbedingungen. Kommentar*, München, C.H. Beck, 1994.

WOLFF, Martin — *Private International Law*, Oxford, Clarendon, 1950.

—— *Das Internationale Privatrecht Deutschlands*, 3.ª ed., Berlin-Göttingen-Heidelberg, Springer-Verlag, 1954 [existe tradução espanhola da 2.ª ed. inglesa, sob o título *Derecho Internacional Privado*, por Antonio MARÍN LOPEZ, Barcelona, Bosch, 1958].

XAVIER, Luís BARRETO — «Direito internacional privado», *in Enciclopédia Verbo Luso-Brasileira de Cultura. Edição Século XXI*, Lisboa-São Paulo, Editorial Verbo, vol. 9, col. 529.

YNTEMA, Hessel — «Les objectifs du Droit International Privé», *RCDIP* 1959, 1.

ZAJTAY, Imre — «The Application of Foreign Law», *IECL*, vol. III, *Private International Law*, cap. 14.

ZIMMERMANN, Reinhard — *The Law of Obligations. Roman Foundations of the Civilian Tradition*, Cape Town, etc., Juta & Co., 1990.

ZIPPELIUS, Reinhold — *Rechtsphilosophie*, 3.ª ed., München, C.H. Beck, 1994.

ZITTELMANN, Ernst — *Internationales Privatrecht*, Duncker & Humblot, vol. I, Leipzig, 1897.

ZONCA, Stefano — «Convenzione di Roma e diritto dellle società», *in* G. SACERDOTI-M. FRIGO, *La Convenzione di Roma sul diritto applicabile ai contratti internazionali*, 2.ª ed., Milano, Giuffrè, 1994, 201.

ZWEIGERT, Konrad — «Nichterfüllung auf Grund ausländischer Leistungsverbote», *RabelsZ* 1942, 283.

—— «Die dritte Schule im internationalen Privatrecht. Zur neueren Wissenschaftsgeschichte des Kollisionsrechts», *in* AAVV, *Festschrift für Leo Raape*, Hamburg, Rechts- und Staatswissenschaftlicher Verlag GmbH, 1948, 44.

—— «Méthodologie du droit comparé», *in* AAVV, *Mélanges offerts à Jacques Maury*, t. I, *Droit International Privé et Public*, Paris, s/d, Dalloz-Sirey, 579.

—— «Des solutions identiques par des voies différentes (quelques observations en matière de droit comparé)», *RIDC* 1966,1.

—— «"Rechtsgeschäft" und "Vertrag" heute», *in* E. VON CAEMMERER, S. MENTSCHIKOFF e K. ZWEIGERT [orgs.], *Ius Privatum Gentium. Festschrift für Max Rheinstein zum 70. Geburtstag am 5. Juli 1969*, vol. II, Tübingen, J.C.B. Mohr (Paul Siebeck), 1969, 493.

—— «Zur Armut des Internationalen Privatrechts an sozialen Werten», *RabelsZ* 1973, 435.

—— e Ulrich DROBNIG — «Einheitliches Kaufgesetz und internationales Privatrecht», *RabelsZ* 1965, 146.

—— e Hein KÖTZ — *Einführung in die Rechtsvergleichung auf dem Gebiete des Privatrechts*, Tübingen, J.C.B. Mohr (Paul Siebeck), 2.ª ed., 2 vols., 1984; 3.ª ed., 1996.

ÍNDICE DE JURISPRUDÊNCIA*

I – Tribunal de Justiça das Comunidades Europeias

14.10.1976, *LTU c. Eurocontrol*, CJTJ 1976, 1541 [78]

30.11.1976, *Bier c. Mines de Potasse d'Alsace*, CJTJ 1976, 1735 [92]

22.3.1983, *Peters c. ZNAV*, CJTJ 1983, 987 [78]

15.1.1987, *Shenavai c. Kreischer*, CJTJ 1987, 239 [95]

8.3.1988, *Arcado c. SA Haviland*, CJTJ 1988, 1539 [78]

27.9.1988, *Kalfelis c. Schröder*, CJTJ 1988, 5565 [78]

17.6.1992, *Handte et Cie c. TMCS*, CJTJ 1992, I, 3697 [78]

19.1.1993, *Shearson Lehman Hutton Inc. c. TVB Treuhandsgesellschaft für Vermögensverwaltung und Beteiligungen mbH*, CJTJ 1993, I, 139 [78]

13.7.1993, *Mulox IBC Ltd. c. Hendrick Geels*, CJTJ 1993, I, 4075 [89]

13.10.1993, *CMC Motorradcenter GmbH c. Pelin Baskiciogullari*, CJTJ 1993, I, 5009 [112]

7.3.1995, *Fiona Shevill e outros c. Presse Alliance S.A.*, CJTJ 1995, I, 415 [92]

19.9.1995, *Antonio Marinari c. Lloyds Bank plc e Zubaidi Trading Co.*, CJTJ 1995, I, 2719 [92]

9.1.1997, *Petrus Wilhelmus Rutten c. Cross Medical Ltd.*, CJTJ 1997, I, 57 [89]

3.7.1997, *Francesco Benincasa c. Dentalkit Srl*, CJTJ 1997, I, 3767 [85]

28.9.1999, *GIE Groupe Concorde e o. c. Capitão do navio "Suhardiwarno Panjan" e o.*, CJTJ 1997, I, 6307 [5].

---

* Indicam-se abreviadamente os tribunais de que dimanam as decisões referenciadas, a data e o local de publicação das mesmas e, entre colchetes, o número de texto desta obra onde se encontram citadas. As decisões dimanadas de tribunais ingleses e norte-americanos citam-se, como é usual, por ordem alfabética do nome das partes.

808 *Da Responsabilidade Pré-Contratual em Direito Internacional Privado*

II — Tribunais alemães

a) Bundesverfassungsgericht
  12.10.1993, BVerfGE 89, 155 [72]

b) Reichsgerichtshof
  23.1.1882, RGZ 7, 21 [99]
  20.11.1888, RGZ 23, 305 [92]
  7.12.1911, RGZ 78, 239 [47]
  26.4.1912, JW 1912, 743 [47, 63]
  28.6.1918, RGZ 93, 182 [113]
  24.9.1918, RGZ 95, 58 [47]
  5.4.1922, JW 1922, 1313; RGZ 104, 265 [47]
  1.3.1928, RGZ 120, 249 [47]
  29.10.1938, RGZ 159, 33; IPRspr. 1935-44, 65 [83]

c) Bundesgerichtshof
  20.6.1952, BGHZ 6, 330 [47, 58]
  4.3.1955, BB 1955, 429 [47]
  14.6.1957, WM 1957, 981 [117]
  19.12.1958, BGHZ 29, 137 [76]
  24.11.1960, NJW 1961, 410 [109]
  28.3.1961, VersR 1961, 518 [40]
  26.9.1961, NJW 1962, 31 [47]
  31.1.1962, NJW 1962, 1196 [47]
  29.1.1965, NJW 1965, 812 [60]
  22.3.1967, BGHZ 47, 324 [76]
  14.7.1967, LM, § 276 BGB (Fa), n.° 23; NJW 1967, 2199 [47]
  6.2.1969, MDR 1969, 641; [58, 59, 110]
  10.7.1970, NJW 1970, 1840 [47, 56]
  4.3.1971, BGHZ 55, 392 [40]
  7.6.1972, NJW 1972, 1363 [95]
  22.6.1972, BGHZ 59, 82; NJW 1972, 1575 [113]
  22.2.1973, BGHZ 60, 221 [47, 63]
  18.10.1974, NJW 1975, 43 [59]
  21.1.1975, BGHZ 63, 382 [63]
  27.1.1975, IPRspr. 1975, n.° 6, p. 9 [80]
  12.6.1975, NJW 1975, 1774 [47]
  28.1.1976, BGHZ 66, 51 [47]

4.5.1976, IPRspr. 1976, n.° 16, 61 [80]
24.4.1978, BGHZ 71, 284 [47]
8.6.1978, BGHZ 71, 386 [47]
16.11.1978, BGHZ 72, 382 [47]
10.1.1979, NJW 1979, 643 [95]
12.2.1979, NJW 1979, 1595 [33]
11.5.1979, NJW 1979, 1983 [47]
20.3.1980, NJW 1980, 2022 [109]
22.5.1980, BGHZ 77, 172 [47]
6.10.1980, BGHZ 79, 337 [47]
12.12.1980, NJW 1981, 1035 [47, 63]
17.3.1981, IPRax 1982, 13 [25]
26.3.1981, NJW 1981, 1673 [60]
22.3.1982, BGHZ 83, 222 [47]
20.9.1984, BGHZ 92, 164 [47]
23.1.1985, JZ 1985, 951 [33]
7.11.1985, BGHZ 96, 221 [40]
9.10.1986, IPRax 1988, 27; NJW 1987, 1141 [93]
12.11.1986, BGHZ 99, 101 [47, 63]
26.11.1986, NJW 1987, 1758 [33]
4.3.1987, BGHZ 100, 117 [33]
22.2.1989, JZ 1991, 199 [59]
4.7.1989, NJW 1989, 3095 [22]
28.3.1990, BGHZ 111, 75 [47, 60]
3.4.1990, NJW 1990, 1907 [47]
31.5.1990, NJW 1990, 2461 [47]
6.6.1991, ZIP 1991, 1207 [47]
30.4.1992, NJW 1992, 2026 [109]
4.6.1992, BGHZ 118, 312; NJW 1992, 3096 [123]
7.7.1992, BGHZ 119, 137; NJW 1992, 3091 [94]
14.10.1992, BGHZ 120, 29 [121]
26.10.1993, IPRax 1994, 449 [116]

d) Bundesarbeitsgericht
7.6.1963, JZ 1964, 324 [47]

e) Tribunais de apelação
OLG München 15.7.1954, IPRspr. 1954/5, n.° 18, 57 [80, 112]
OLG Hamburg 2.6.1965, IPRspr. 1964/5 n.° 46, 153 [80]

810   *Da Responsabilidade Pré-Contratual em Direito Internacional Privado*

OLG Köln 29.5.1967, IPRspr., 1966/7, n.° 25, 78 [80]
OLG Hamburg 9.7.1976, IPRspr. 1976, n.° 125b, 366 [5]
OLG München 24.2.1983, WM 1983, 1093 [93]
OLG Frankfurt 11.7.1985, IPRspr. 1985, n.° 21, 53 [80]
OLG Hamburg 14.12.1988, IPRspr. 1988, n.° 34, 69; WM 1989, 1241 [80]
OLG Düsseldorf 14.1.1994, RIW 1994, 420 [85]

f) Tribunais de primeira instância
Landesarbeitsgericht Frankfurt, 14.3.1951, AP 1951, 541 [2, 80]
Landsgericht Aschaffenburg, 7.7.1953, IPRspr. 1952/3, n.° 38, 132 [80]
Landesgericht Hamburg, 9.11.1977, IPRspr. 1977, n.° 28, 73 [80]

III — Tribunais dos Estados Unidos da América

Associated Tabulating Services Inc. v. Olympic Life Ins. Co., United States Court
of Appeals for the 5th Circuit, 9.9.1969, 414 F. 2d 1306 [55]
Autrey e outros v. Chemtrust Industries Corp., United States District Court D.
Delaware, 1.8.1973, 362 F. Supp. 1085 [92]
Babcock v. Jackson, Court of Appeals of New York, 9.5.1963, Col. L. R. 1963,
1212; RCDIP 1964, 284 [94]
Boulevard Airport v. Consolidated Vultec Aircraft Corp., United States District
Court E.D. Pennsylvania, 11.8.1949, 85 F. Supp. 876 [22]
Candid Productions Inc. v. International Skating Union, United States District
Court, S.D. New York, 29.1.1982, 530 F. Supp. 1330 [56]
Channel Home Centers Division of Grace Retail Corp. v. Grossman, United Sta-
tes Court of Appeals for the Third Circuit, 30.6.1986, 795 F. 2d 291 [56]
Chrysler v. Quimby, Supreme Court of Delaware, 30.4.1958, 144 A. 2d 123 [60]
Comunale v. Traders & General Insurance Co., Supreme Court of California,
21.8.1958, 328 P. 2d 198 [41]
Cooper Petroleum Co. v. LaGloria Oil and Gas Co., Supreme Court of Texas,
22.1.1969, 436 S.W. 2d 889 [55]
Doody v. John Sexton & Co., United States Court of Appeals for the 1st Circuit,
27.5.1969, 411 F. 2d 1119 [22]
Drennan v. Star Paving Co., Supreme Court of California, 31.12.1958, 333 P. 2d.
757 [55]
General Dynamics Corp. v. Selb Manufacturing Co., United States Court of
Appeals for the 8th Circuit, 30.7.1973, 481 F. 2d 1204 [22]

Goodman v. Dicker, United States Court of Appeals, District of Columbia, 26.7.1948, 169 F. 2d 684 [55]

Griffith v. United Airlines Inc., Supreme Court of Pennsylvania, 14.10.1964, 203 A. 2d 796 [41]

Gruenberg v. Aetna Insurance Co., Supreme Court of California, 11.6.1973, 510 P. 2d 1032 [56]

Hoffman v. Red Owl Stores, Inc., Supreme Court of Wisconsin, 2.3.1965, 133 N.W. 2d, 267 [55, 60]

Hunter v. Hayes, Colorado Court of Appeals, 25.3.1975, 533 P. 2d 952 [55, 60]

Itek Corp. v. Chicago Aerial Industries, Supreme Court of Delaware, 10.7.1968, 248 A. 2d 625 [56, 102]

Jillcy Film Enterprises Inc. v. Home Box Office Inc., United States District Court, S.D. New York, 593 F. Supp 515 [56]

Markov v. ABC Transfer and Storage Co., Supreme Court of the State of Washington, 17.7.1969, 457 P. 2d 535 [54]

Metromedia Broadcasting Corp. v. MGM/UA Entertainment Co., United States District Court, C.D. California, 1.4.1985, 611 F. Supp. 415 [56]

Mooney v. Craddock, Colorado Court of Appeals, 19.11.1974, 530 P. 2d 1302 [55]

Murphy v. Erwin Wasey Inc., United States Court of Appeals for the 1st Circuit, 26.5.1972, 460 F. 2d 661 [92]

Palmer v. Beverly Enterprises, United States Court of Appeals for the 7th Circuit, 7.7.1987, 823 F. 2d 1105 [22]

Pancotto v. Sociedade de Safaris de Moçambique S.A.R.L., United States District Court, N. D. Illinois, 29.9.1976, 422 F. Supp. 405 [122]

Pepsico Inc. v. W. R. Grace & Co. and Philip Morris Inc., United States District Court, S.D. New York, 29.12.1969, 307 F. Supp. 713 [56]

Pinnacle Books Inc. v. Harlequin Enterprises Ltd., United States District Court, S.D. New York, 13.5.1981, 519 F. Supp. 118 [56]

Reprosystem BV v. SCM Corp., U.S. District Court, S.D. New York, 30.6.1981, 522 F. Supp. 1257 [56]

Ricketts v. Scothorn, Supreme Court of Nebraska, 8.12.1898, 77 N.W. 365 [55]

Ridgeway Coal Co. v. FMC Corp., U.S. District Court, S.D. West Virginia, 6.8.1985, 616 F. Supp. 404 [56]

Rosenblum Inc. v. Adler, Supreme Court of New Jersey, 9.6.1983, 461 A.2d 138 [37]

St. Louis Union Trust Co. v. Merryl Lynch, etc., United States District Court, 24.3.1976, 412 F. Supp. 45 [22]

St. Louis Union Trust Co. v. Merril Lynch, etc., United States Court of Appeals for the 8th Circuit, 26.8.1977, 562 F. 2d 1040 [22]

812   *Da Responsabilidade Pré-Contratual em Direito Internacional Privado*

Texaco, Inc. v. Pennzoil Co., Court of Appeals of Texas, 12.2.1987, 729 S.W. 2 nd 768 [122]

Texas Tunnelling Co. v. City of Chattanooga, Tenessee, United States District Court, E.D. Tenessee, S.D., 23.3.1962, 204 F. Supp. 821 [22]

Texas Tunnelling Co. v. Chattanooga, United States Court of Appeals for the 6th Circuit, 23.3.1964, 329 F. 2d 402 [22]

Thompson v. Liquichimica of America Inc., United States District Court, S.D. New York, 1.11.1979, 481 F. Supp. 365 [56]

Ultramares Corp. v. Touche, New York Court of Appeals, 174 N.E. 441 [37]

Vigoda v. Denver Renewal Authority, Supreme Court of Colorado, 28.6.1982, 646 P. 2d 900 [55]

Werner v. Xerox Corp., United States Court of Appeals for the 7th Circ., 18.4.1984, 732 F. 2d 580 [55]

Wheeler v. White, Supreme Court of Texas, 10.11.1965, 398 S.W. 2d 93 [55]

IV — Tribunais franceses

a) Cour de Cassation

11.1.1922, D. 1922, I, 16 [39]

25.5.1948, ANCEL-LEQUETTE, Grands arrêts de la jurisprudence française de droit international privé, 145 [120]

24.11.1954, JCP 1955, II, n.° 8625 [39]

7.12.1955, D. 1956, II, 136; JCP 1956, II, n.° 9246 [39]

12.5.1959, ANCEL-LEQUETTE, Grands arrêts de la jurisprudence française de droit international privé, 248 [109]

2.3.1960, ANCEL-LEQUETTE, Grands arrêts de la jurisprudence française de droit international privé, 248 [109]

7.11.1961, D. 1962, Jurisprudence, 146 [49]

21.11.1961, ANCEL-LEQUETTE, Grands arrêts de la jurisprudence française de droit international privé, 268 [109]

30.10.1962, D. 1963, Jurisprudence, 57 [39]

4.3.1963, RCDIP 1964, 264 [66]

15.5.1963, ANCEL-LEQUETTE, Grands arrêts de la jurisprudence française de droit international privé, 287 [121]

12.2.1964, D. 1964, Jurisprudence, 358 [49]

29.11.1968, Gaz. Pal. 1969, I, 63 [49]

9.3.1970, Bull. 1970, I, n.° 87, 71 [39]

20.3.1972, Bull. 1972, IV, n.° 93, 90; JCP 1973, II, n.° 17543 [49]

3.10.1972, Bull. 1972, III, n.° 491, 359 [59]

4.2.1975, JCP 1975, II, n.° 18100 [49]

3.10.1978, D. 1980, Jurisprudence, 55 [49]

14.11.1979, Bull. 1979, I, n.° 279, 226; D. 1980, Informations Rapides, 264 [49]

7.1.1981, Bull. Civ. 1981, IV, n.° 14, 11 [102]

9.2.1981, D. 1982, Jurisprudence, 4 [60]

8.2.1983, Clunet 1984, 124 [92]

11.1.1984, Bull. 1984, IV, n.° 16, 13 [49]

25.2.1986, Bull. 1986, IV, n.° 33, 28 [58]

11.3.1986, RCDIP 1988, 302 [101]

11.10.1988, ANCEL-LEQUETTE, Grands arrêts de la jurisprudence française de droit international privé, 566, 1er arrêt [109]

18.10.1988, ANCEL-LEQUETTE, Grands arrêts de la jurisprudence française de droit international privé, 566, 2e arrêt [109]

4.12.1990, ANCEL-LEQUETTE, Grands arrêts de la jurisprudence française de droit international privé, 566, 3e arrêt [109]

12.7.1991, D., Sommaires Commentés, 321 [33]

10.12.1991, RCDIP 1992, 314, 2e espèce [109]

31.3.1992, Bull., 1992, IV, n.° 145, 102 [49]

18.11.1992, RCDIP 1993, 276 [109]

16.11.1993, ANCEL-LEQUETTE, Grands arrêts de la jurisprudence française de droit international privé, 607 [109]

22.2.1994, Bull. 1994, II, n.° 79, 61 [49]

21.2.1995, Bull. 1995, I, 95 [33]

14.1.1997, RCDIP 1997, 504 [92]

1.7.1997, D. 1998, Jurisprudence, 104 [109]

1.7.1997, RCDIP 1998, 60, 1re espèce [109]

1.7.1997, RCDIP 1998, 60, 2e espèce [11]

24.11.1998, RCDIP 1999, 88, 1er arrêt [109]

26.5.1999, RCDIP 1999, 707, 1er arrêt [11]

26.5.1999, RCDIP 1999, 707, 2e arrêt [109]

26.5.1999, RDCIP 1999, 713 [109]

b) Tribunais de apelação

Cour d'Appel de Pau, 14.1.1969, D. 1969, Jurisprudence, 716 [49, 58]

Cour d'Appel de Rennes, 9.7.1975, D. 1976, Jurisprudence, 417 [61]

Cour d'Appel de Versalhes, 6.2.1991, Clunet 1991, 705; RCDIP 1991, 745 [86]

814   *Da Responsabilidade Pré-Contratual em Direito Internacional Privado*

c) Outros tribunais

Tribunal de Grande Instance de Chambéry, 14.12.1965, RCDIP 1967, 110 [97]
Tribunal de Grande Instance de Dinan, 24.9.1968, D. 1969, 404 [97]

V — Tribunais ingleses

Adams and others v. Lindsell and another, King's Bench, (1818) 106 Eng. Rep. 250 [102]

Agnew and others v. Lansförsäkringsbolagens AB, Court of Appeal, (1997) 4 All E.R. 937 [22].

André et Cie. v. Ets. Michel Blanc & Fils, Queen's Bench Division (Commercial Court), (1977) 2 Lloyd's Rep. 166 [52]

Argy Trading Development Co. Ltd. v. Lapid Developments Ltd., Queen's Bench Division, (1977) 3 All E.R. 785 [55]

Batty and another v. Metropolitan Property Realizations Ltd and others, Court of Appeal, (1978) 2 All E.R. 445 [41]

Beesly v. Hallwood Estates Ltd., Chancery Division, (1960) 2 All E.R. 314 [55]

Bolton v. Madden, Court of Queen's Bench, (1873) 9 Q.B. 55 [32]

Box v. Midland Bank Ltd., Queen's Bench Division (Commercial Court), (1979) 2 Lloyd's Rep. 391 [37]

Boys v. Chaplin, Court of Appeal, (1968) 2 Q.B. 1 [94]

British Steel Corporation v. Cleveland Bridge & Engineering Company Ltd., Queen's Bench Division (Commercial Court) (1984) 1 All E.R. 504 [102]

Caparo Industries plc v. Dickman, House of Lords, (1990) 1 All E.R. 568 [37]

Carter v. Boehm, 97 Eng. Rep. 1162 [56]

Central London Property Trust Ltd. v. High Trees House Ltd., King's Bench Division, (1947) K.B. 130 [55]

Chaplin v. Boys, House of Lords, (1969) 2 All E.R. 1085; RCDIP 1970, 78 [94, 98]

Combe v. Combe, Court of Appeal, (1951) All E.R. 767 [55]

Courtney & Fairbairn Ltd. v. Tolaini Bros. (Hotels) Ltd., Court of Appeal, Civil Division, (1975) All E.R. 716; (1975) 1 WLR 297 [56]

Coupland v. Arabian Gulf Oil Co., Court of Appeal, (1983) 1 WLR 1136 [95, 97]

Crossan v. Ward Bracewell, Queen's Bench Division, (1986) 136 New L. J. 849 [37]

Currie and Other v. Misa, Exchequer Chamber, (1874/5) 10 Exch., 153 [32]

Davis Contractors Ltd. v. Fareham U.D.C., House of Lords, (1956) 2 All E.R. 145 [34]

Derry v. Peek, House of Lords, (1889) 14 A.C. 337 [52, 53, 59]

Diamond v. Bank of London & Montreal Ltd., Court of Appeal, (1979) Q.B. 333; (1979) 1 All E.R. 561 [2, 80, 92]

Doyle v. Olby (Ironmongers), Court of Appeal, (1969) 2 Q.B. 158; (1969) 2 All. E.R. 119 [61]

Dunlop Pneumatic Tyre Co. Ltd. v. Selfridge & Co. Ltd., House of Lords (1915) A.C. 847 [32]

Emmanuel Ajayi v. RT Briscoe (Nigeria) Ltd., Privy Council, (1964) 3 All E.R. 556 [55]

Esso Petroleum Co. Ltd v. Mardon, Court of Appeal, Civil Division, (1976) 2 All E.R. 5 [41]

Hadley v. Baxendale, (1854) 9 Exch. 341; (1843-60) All E.R. Reprint 461 [25]

Hedley Byrne & Co. Ltd. v. Heller & Partners Ltd., House of Lords, (1964) A.C. 465; (1963) 2 All E.R. 575 [37, 53]

Henderson and Others v. Merrett Syndicates Ltd. and Others, House of Lords, (1994) 3 All E.R. 506 [41]

Interfoto Picture Library Ltd. v. Stilletto Visual Programmes Ltd., Court of Appeal, (1989) 1 Q.B. 433 [56]

Johnson v. Coventry Churchill International Ltd., Queen's Bench Division at Manchester, (1992) 3 All E.R. 14 [95]

Junior Books v. Veitchi Co. Ltd., House of Lords, (1983) 1 A.C. 520; (1982) 3 All E.R. 201 [37]

Koufos v. Czarnikow Ltd. (The Heron II), House of Lords, (1969) 1 A.C. 350 [25]

Leigh and Sillavan Ltd. v. The Aliakmon Shipping Co. Ltd., House of Lords, (1985) Q.B. 350; (1986) A.C. 785 [37]

Lister v. Romford Ice & Cold Storage Co., House of Lords, (1957) A.C. 555 [41]

Matthews v. Kuwait Bechtel Corporation, Queen's Bench Division, (1959) 2 Q.B. 57 [41]

Monro (George), Limited v. American Cyanamid and Chemical Corporation, Court of Appeal, (1944) K.B. 432 [80]

National Westminster Bank plc. v. Morgan, House of Lords, (1985) A.C. 686 [34]

Overseas Tankship (U.K.) Ltd. v. Morts Dock & Engineering Co., Ltd. (The Wagon Mound), Privy Council, (1961) 1 All E.R. 404 [25]

Philips v. Eyre, Exchequer Chamber, (1870) 6 Q.B. 1 [123]

Raineri v. Miles and another, House of Lords, (1981) A.C. 1050 [26]

Ralli Brothers v. Compania Naviera Sota y Aznar, Court of Appeal, (1920) K.B. 287 [113]

Red Sea Insurance Co. Ltd. v. Bouygues SA and others, Privy Council, (1995) 1 A.C. 190 [98]

816 Da Responsabilidade Pré-Contratual em Direito Internacional Privado

Rookes v. Barnard, House of Lords, (1964) A.C. 1129 [82]

Ross v. Caunters, Chancery Divison, (1980) Ch. 297 [37]

Rylands v. Fletcher, Exchequer Chamber, (1866) 1 Exch. 265; House of Lords, (1868) 3 H.L. 330 [26]

Sayers v. International Drilling Co. N.V., Court of Appeal, (1971) 1 WLR 1176 [95]

Seager v. Copydex Ltd., Court of Appeal, (1967) 2 All E.R. 415 [56]

Smith v. Hughes, Queen's Bench Division, (1871) LR 6 Q.B. 597 [52]

Syros Shipping Co. SA v. Elaghill Trading Co. (The Proodos C), Queen's Bench Division (Commercial Court), (1981) 3 All E.R. 189 [55]

Tai Hing Cotton Mill Ltd. v. Liu Chong Hing Bank Ltd., Privy Council (1985) 2 All E.R. 947 [41]

Trade Indemnity plc. v. Forsäkringsaktiebolaget Njord (in liq.), Queen's Bench Division (Commercial Court), (1995) 1 All E. R. 796 [80]

Turner v. Arding & Hobbs, King's Bench Division, (1949) 2 All E.R. 911; RabelsZ 1951, 409 [56]

Victoria Laundry (Windsor) Ltd. v. Newman Industries Ltd., Court of Appeal, (1949) K.B. 528; (1949) 1 All E.R. 997 [25]

Walford and others v. Miles and another, House of Lords, (1992) 2 WLR 174 [56]

Ward v. Tesco Stores Ltd., Court of Appeal, (1976) 1 WLR 810 [56]

White v. Jones, House of Lords, (1995) 1 All E.R. 691; (1995) 1 WLR 187; Eur. Rev. Priv. Law 1996, 351 [37]

Woodhouse AC Israel Cocoa Ltd. SA v. Nigerian Produce Marketing Co. Ltd., House of Lords, (1972) A.C. 741 [55]

VI — Tribunais italianos

a) Corte di Cassazione

16.4.1951, FI 1951, Parte I, col. 1190 [40]

18.4.1951, Giur. Ital. 1952, Parte I, Sezione I, col. 290 [40]

7.5.1952, FI 1952, Parte I, col. 1638 [58]

28.3.1955, FI 1955, Parte I, col. 812 [58]

20.10.1956, Giur. it. 1957, Parte I, Sezione I, col. 16 [40]

28.1.1972, FI 1972, Parte I, col. 2088 [58]

17.1.1981, Rep.Foro It. 1981, Contrato in genere, n.º 112 [58, 63]

22.10.1982, Giur. Ital. 1984, Parte I, Sezione I, col. 1199 [58]

19.11.1983, FI 1984, Parte I, col. 459 [58]

18.1.1988, Rep. Foro It. 1988, Contrato in genere, n.º 267 [58]

Índice de Jurisprudência   817

11.9.1989, Rep. foro it. 1989, Contratto in genere, n.° 255 [50]
11.5.1990, FI 1991, Parte I, col. 184 [50]
25.2.1992, FI 1992, Parte I, col. 1766 [58]

b) Tribunais de apelação
Corte di Appello di Milano, 2.2.1990, Banca, borsa, tit. cred. 1990, II, 734 [50]

VII — Tribunais portugueses

a) Supremo Tribunal de Justiça
16.1.1970, BMJ 193, 359 [35]
10.12.1974, BMJ 242, 231 [2]
23.5.1975, BMJ 247, 158 [59]
11.6.1975, BMJ 248, 402 [28]
19.1.1978, BMJ 273, 206 [63]
27.6.1978, BMJ 278, 232 [97]
8.11.1979, BMJ 291, 456 [94]
5.2.1981, RLJ, ano 116.°, 81 [56, 58]
11.3.1982, BMJ 315, 249 [59]
7.2.1985, BMJ 344, 411; RLJ, ano 119.°, 16 [59]
14.10.1986, BMJ 360, 583 [119]
6.11.1986, BMJ 361, 506 [43]
22.10.1987, BMJ 370, 529 [43]
26.9.1989, AJ 1 (1989), 17 [110]
3.10.1989, AJ 1 (1989), 10 [61]
21.2.1991, AJ 15/16 (1991), 32 [110]
4.7.1991, BMJ 409, 743 [51, 59]
3.10.1991, BMJ 410, 754 [51]
14.11.1991, BMJ 411, 527; RDE 1990-1993, 607 [58]
13.1.1993, Dir. 1993, 145 [51]
9.2.1993, BMJ 424, 607 [59]
15.6.1993, BMJ 428, 530 [25]
26.10.1994, BMJ 440, 253 [118]
28.3.1995, CJSTJ 1995, t. I, 141 [59]
23.5.1995, CJSTJ, 1995, t. II, 103 [43]
22.5.1996, BMJ 457, 308 [63]
11.6.1996, CJSTJ 1996, t. II, 266 [113]
22.6.1996, BMJ 457, 308 [51, 63]

818   *Da Responsabilidade Pré-Contratual em Direito Internacional Privado*

12.11.1996, BMJ 461, 411; RLJ, ano 131.°, 41 [33]
14.1.1997, CJSTJ 1997, t. I, 42 [33]
10.7.1997, BMJ 469, 524 [76]
2.10.1997, BMJ 470, 619 [67]
28.10.1997, BMJ 470, 597 [9]
3.3.1998, CJSTJ 1998, t. I, 107 [51]
9.7.1998, BMJ 479, 580 [11]
25.11.1998, BMJ 481, 470 [25, 43]
9.2.1999, CJSTJ 1999, t. I, 84 [51, 58]
17.6.1999, DR, I Série-A, n.° 179, 3.8.1999, 5016 [29]

b) Tribunais da Relação
Relação de Lisboa, 23.1.1977, CJ, 1977, t. 1, 213 [58]
Relação do Porto, 26.2.1980, CJ, 1980, t. 1, 58 [60]
Relação de Lisboa, 17.11.1981, CJ 1981, t. 5, 147 [59]
Relação de Évora, 23.1.1986, CJ 1986, t. 1, 229 [51]
Relação de Lisboa, 18.1.1990, CJ 1990, t. 1, 144 [58, 60]
Relação de Coimbra, 13.2.1991, CJ 1991, t. 1, 71 [60]
Relação do Porto, 25.11.1991, CJ 1991, t. V, 232 [113]
Relação do Porto, 28.11.1991, BMJ 411, 648 [82]
Relação de Coimbra, 15.11.1994, CJ 1994, t. V, 41 [60]
Relação do Porto, 22.2.1996, BMJ 454, 803 [35]
Relação de Évora, 30.10.1997, CJ 1997, t. IV, 282 [59]
Relação de Évora, 21.5.1998, CJ 1998, t. III, 258 [35]
Relação de Coimbra, 30.6.1998, CJ 1998, t. III, 43 [25]
Relação de Lisboa, 29.10.1998, CJ 1998, t. IV, 132 [60]

c) Tribunais de primeira instância
1.° Juízo Cível do Porto, 17.4.1985, SI 1990, 220 [58]
3.° Juízo Cível de Lisboa, 16.10.1992, CJ 1992, t. IV, 336 [58]
Tribunal do Trabalho de Santa Maria da Feira, Corpus Juris, 1994, n.° 22, 44 [113]
Tribunal Judicial de Aveiro, 1995, CJ 1998, t. IV, 295 [51]

VII — Tribunais suíços

a) Tribunal Federal
26.5.1910, ATF, 36, II, 193 [48, 60]
29.5.1914, ATF, 40, II, 370 [60]

30.10.1919, ATF, 45, II, 548 [48]
17.2.1931, ATF, 57, II, 81 [48]
7.10.1942, ATF, 68, II, 295 [48]
6.6.1951, ATF, 77, II, 135 [48]
22.10.1964, ATF, 90, II, 449 [48]
20.12.1966, ATF, 92, II, 328 [48]
28.3.1972, ATF, 98, II, 23 [61]
2.5.1973, ATF, 99, II, 315 [95]
21.5.1975, ATF, 101, II, 266 [48]
14.6.1978, ATF, 104, II, 94 [48]
6.2.1979, ATF, 105, II, 75 [48, 60]
8.6.1982, ATF, 108, II, 305 [48]
14.12.1982, ATF, 108, II, 419 [48]
26.11.1985, ATF 111, II, 471 [33]
17.12.1987, ATF, 113, II, 476; ASDI 1990, 361 [2, 80]
20.9.1990, ATF, 116, II, 695 [48]
15.8.1991, ATF 117, II, 315 [33]
10.10.1995, Die Praxis, 1996, 613 [63]

b) Outros tribunais

Cour de Justice Civile de Genève, 8.3.1974, Sem. Jud. 1975, 7 [48]
Cour de Justice Civile de Genève, 23.11.1979, Sem. Jud. 1981, 562 [48]
Obergericht Luzern, 22.5.1989, SJZ 1990, 159 [48]

VIII — Tribunais arbitrais

22.8.1988, *Liscont – Operadores de Contentores, S.A., c. Administração do Porto de Lisboa*, Dir. 1989, 591 [76]
31.3.1993, *Banco Mello S.A. c. Banco Pinto & Sotto Mayor S.A.*, RLJ, ano 126.°, 128; ROA 1995, 87 [51, 59, 60, 76]
Processo arbitral da Câmara de Comércio Internacional n.° 8128, Clunet 1996, 1024 [72]

ÍNDICE GERAL

Agradecimentos 7
Plano da obra 9
Advertências 13

INTRODUÇÃO

§ 1.° Objecto do estudo
    1. Definição dos problemas a examinar; suas causas 15
    2. Exemplificação 16

§ 2.° Delimitação do âmbito da investigação
    3. Categorias de factos geradores de responsabilidade pré-contratual
       compreendidos na investigação 20
    4. Restrição do estudo à responsabilidade pré-contratual emergente
       da negociação e da conclusão de contratos obrigacionais 21
    5. Exclusão da problemática da competência internacional
       e do reconhecimento de sentenças estrangeiras 23
    6. Questões a examinar previamente 27

§ 3.° Sobre os valores e o método do Direito Internacional Privado
    7. Objecto e justificação do parágrafo 28
    8. Os valores do Direito Internacional Privado: aspectos gerais 28
    9. Continuação 33
    10. A pessoa humana 36
    11. A autonomia privada 37
    12. A tutela da confiança 41
    13. A igualdade 57
    14. Valores sociais 60
    15. O método do Direito Internacional Privado 63
    16. Conclusão 80

822   *Da Responsabilidade Pré-Contratual em Direito Internacional Privado*

§ 4.º Plano da exposição

17. Plano da exposição   86

CAPÍTULO I

**DA RESPONSABILIDADE CIVIL E DAS SUAS MODALIDADES
NO DIREITO PRIVADO CONTEMPORÂNEO**

§ 5.º Preliminares: sentido e alcance da indagação

18. Hipótese de partida do estudo   93
19. A interpretação dos conceitos de conexão e os problemas que levanta   95
20. Síntese. Indicação de sequência   103

§ 6.º Unidade ou pluralidade de formas da responsabilidade civil?

21. Da responsabilidade civil em geral   105
22. A tese da dualidade de formas da responsabilidade civil e dos regimes aplicáveis: origens   107
23. A tese da unidade da responsabilidade civil   108
24. A distinção entre a responsabilidade contratual e a responsabilidade extracontratual no Direito Privado contemporâneo: aspectos gerais . .   115
25. Continuação: delimitação do dano indemnizável   119
26. Continuação: exigibilidade de culpa   135
27. Continuação: sujeitos da obrigação de indemnizar   143
28. Continuação: outros aspectos   145
29. Continuação: critérios de distinção das duas formas de responsabilidade   148
30. Continuação: limites à possibilidade de uma distinção   155

§ 7.º Do âmbito da responsabilidade contratual

31. Objecto e justificação do parágrafo   158
32. O contrato no Direito Privado contemporâneo: estrutura   158
33. Continuação: âmbito dos efeitos possíveis   167
34. Continuação: fundamento de eficácia   176

§ 8.º Do âmbito da responsabilidade extracontratual

35. Sistemas de delimitação dos factos geradores de responsabilidade extracontratual   187
36. Responsabilidade extracontratual e outras formas de reparação do dano   195

Índice Geral 823

37. Tendências expansivas da responsabilidade extracontratual 201

§ 9.° O concurso das responsabilidades contratual e extracontratual e o seu regime

38. Posição do problema. Razão de ordem 208
39. Direito comparado: o sistema do «não cúmulo» de responsabilidades 209
40. Continuação: o sistema do concurso de normas de pretensão 211
41. Continuação: soluções intermédias 217
42. Síntese comparativa 221
43. O concurso de responsabilidades no Direito português 221

§ 10.° Síntese e conclusões

44. Síntese e conclusões 233

CAPÍTULO II
DA RESPONSABILIDADE PRÉ-CONTRATUAL
NOS SISTEMAS JURÍDICOS NACIONAIS. ENSAIO DE UMA COMPARAÇÃO

§ 11.° Finalidade, objecto e âmbito da comparação

45. Finalidade, objecto e âmbito da comparação 239

§ 12.° Das consagrações, do âmbito e da integração sistemática da responsabilidade pré-contratual

I – Sistemas jurídicos romano-germânicos

46. Direito alemão: antecedentes 241
47. Continuação: recepção da figura na lei e seu desenvolvimento jurisprudencial 245
48. Direito suíço 252
49. Direito francês 256
50. Direito italiano 259
51. Direito português 262

II – Sistemas de *Common Law*

52. Aspectos gerais 274
53. A *misrepresentation*: Direito inglês 276
54. Continuação: Direito dos Estados Unidos da América 281
55. O *promissory estoppel* 284

824 *Da Responsabilidade Pré-Contratual em Direito Internacional Privado*

56. A boa fé nos preliminares e na conclusão dos contratos 290

§ 13.° Dos pressupostos da responsabilidade pré-contratual
57. Posição do problema e indicação de sequência 300
58. Facto ilícito 301
59. Culpa do lesante 311
60. Dano indemnizável 318
61. Nexo de causalidade entre o facto e o dano 330

§ 14.° Dos fundamentos e funções sócio-económicas da responsabilidade pré-contratual
62. Posição do problema. Sua relevância 335
63. Análise comparativa 335
64. Conclusão 347

§ 15.° Síntese comparativa
65. Síntese comparativa 349

CAPÍTULO III
DA RESPONSABILIDADE PRÉ-CONTRATUAL NO DIREITO UNIFORME

§ 16.° Generalidades sobre a unificação do Direito Privado
66. As relações entre o Direito uniforme e o Direito Internacional Privado: principais teorias 353
67. Continuação: crítica; limites à unificação do Direito Privado 355

§ 17.° Da responsabilidade pré-contratual nas convenções de unificação do Direito Privado
68. Da responsabilidade pré-contratual na Convenção das Nações Unidas Sobre os Contratos de Compra e Venda Internacional de Mercadorias 359
69. Da responsabilidade pré-contratual em outras convenções de unificação do Direito Privado 363

§ 18.° Da responsabilidade pré-contratual em outros instrumentos de unificação e de harmonização do Direito Privado
70. Os *Princípios Unidroit* e os *Princípios Europeus de Direito dos Contratos*: aspectos gerais 366

Índice Geral 825

71. *Princípios Unidroit* e *Princípios Europeus* em matéria de responsabilidade pré-contratual 367

72. Relevância dos *Princípios* na disciplina da responsabilidade pré-
-contratual emergente de relações privadas internacionais 369

73. Da necessidade e da possibilidade de uma codificação europeia do
Direito dos Contratos 373

CAPÍTULO IV
DA LEI APLICÁVEL À RESPONSABILIDADE PRÉ-CONTRATUAL

SECÇÃO I
PRELIMINARES

§ 19.° Enunciado do problema. Razão de ordem

74. Enunciado do problema. Razão de ordem 379

SECÇÃO II
PROBLEMAS DE QUALIFICAÇÃO

§ 20.° Generalidades

75. Posição do problema. Sua relevância actual 381

76. Critério geral de solução 387

77. Síntese. Indicação de sequência 417

§ 21.° Do objecto das regras de conflitos aplicáveis

78. Do objecto das regras de conflitos em matéria de obrigações contratuais 419

79. Do objecto das regras de conflitos em matéria de responsabilidade
extracontratual 424

**§ 22.° Problemas específicos de qualificação em matéria
de responsabilidade pré-contratual**

80. Posição do problema. Direito comparado 427

81. Da qualificação sob as regras de conflitos que designam a lei aplicável às obrigações contratuais 445

82. Da qualificação sob as regras de conflitos que designam a lei aplicável à responsabilidade extracontratual 449

826   *Da Responsabilidade Pré-Contratual em Direito Internacional Privado*

SECÇÃO III
DA DETERMINAÇÃO DA LEI APLICÁVEL

§ 23.º Da designação pelas partes da lei aplicável

83. Admissibilidade 457
84. Requisitos 461
85. Limites 463

§ 24.º Da lei supletivamente aplicável

86. A aplicação da lei do devedor da prestação característica: sentido e alcance 469
87. Continuação: fundamento 473
88. Continuação: relevância em matéria de responsabilidade pré-contratual 476
89. Regras especiais sobre os contratos celebrados por consumidores e os contratos individuais de trabalho 478

§ 25.º Da lei do lugar do facto

90. Fundamento geral da sua competência 481
91. Aplicabilidade à responsabilidade pré-contratual 483
92. Problemas de concretização 484
93. Problemas de reenvio 492

§ 26.º Dos desvios à aplicação da lei do lugar do facto

94. Aplicabilidade da *lex communis* 494
95. Conexão acessória 497

CAPÍTULO V
DO CONCURSO E DA FALTA DE NORMAS APLICÁVEIS

§ 27.º Do concurso de normas

96. Delimitação do problema 511
97. Critérios gerais de solução 516
98. Do concurso de normas em matéria de responsabilidade pré-contratual 545

§ 28.º Da falta de normas aplicáveis

99. Posição do problema 555

Índice Geral 827

100. Critérios de solução 558

CAPÍTULO VI
PROBLEMAS ESPECIAIS RELATIVOS AO ÂMBITO DE APLICAÇÃO DO DIREITO COMPETENTE

§ 29.º Da questão prévia

101. Colocação do problema. Principais teorias 563

102. Incidência no tema do estudo 102

103. Solução preconizada 579

§ 30.º Problemas decorrentes da aplicabilidade de regimes materiais híbridos

104. Exposição do problema. Distinção relativamente a questões afins 589

105. Critério geral de solução 591

§ 31.º Problemas decorrentes do desmembramento das situações jurídicas plurilocalizadas

106. Descrição do fenómeno e dos problemas que levanta 593

107. Critério geral de solução 595

CAPÍTULO VII
PROBLEMAS DE APLICAÇÃO DO DIREITO ESTRANGEIRO COMPETENTE: DA CONCRETIZAÇÃO DA BOA FÉ E DE OUTROS CONCEITOS INDETERMINADOS

§ 32.º Generalidades

108. Objecto do capítulo. Razão de ordem 599

§ 33.º O problema no Direito comparado e no Direito português

109. Direito comparado 603

110. Direito português 610

111. Conclusões 622

828 Da Responsabilidade Pré-Contratual em Direito Internacional Privado

CAPÍTULO VIII

DA EFICÁCIA DAS NORMAS INTERNACIONALMENTE IMPERATIVAS

§ 34.° Posição do problema. Sua caracterização
112. Posição do problema 625
113. Caracterização 630

§ 35.° Principais valores e interesses a considerar
114. Ordem jurídica de referência 648
115. Principais valores e interesses a considerar 650

§ 36.° Regime aplicável
116. Critérios gerais de solução 657
117. Aplicações à responsabilidade pré-contratual 669

CAPÍTULO IX

DA RESERVA DE ORDEM PÚBLICA INTERNACIONAL

§ 37.° Preliminares
118. Objecto e sentido da indagação 677

§ 38.° Boa fé na formação dos contratos e ordem pública internacional
119. Posição do problema 685
120. A boa fé na formação dos contratos como princípio integrante da
reserva de ordem pública internacional do Estado português 687
121. Efeitos da intervenção da reserva de ordem pública internacional
com fundamento na violação da boa fé na formação dos contratos 692

§ 39.° Proporcionalidade da sanção e ordem pública internacional
122. Sentido e alcance do problema 698
123. Direito comparado 701
124. Direito português 705

CONCLUSÕES

§ 40.° Conclusões 709

Índice de abreviaturas 727

Índice bibliográfico 735

Índice de jurisprudência 807

Índice geral 821